曲禮至月令

重歸文獻——影印經學要籍善本叢刊

影印南宋越刊八行本

禮記正義

（上冊）

（唐）孔穎達 撰

北京大學出版社
PEKING UNIVERSITY PRESS

國家古籍整理出版專項經費資助項目
全國高等院校古籍整理研究工作委員會規劃項目

重歸文獻——影印經學要籍善本叢刊

主編 安平秋 楊忠

「重歸文獻」叢書序

學術從建立各種相關概念開始，逐漸討論各概念之間的關係，追求建設精緻完美的理論體系。不難想像，在這追求的過程中，脫離實有世界的傾向是不可避免的，因爲他們的出發點是諸概念，目標是理論世界的完美。西漢章句學發展到極點，遭到班固、桓譚、王充等的批評，班固等轉而主張兼通五經；南北朝義疏學發展到極點，遭到顔之推、王劭、劉炫等的鄙視，顔之推等轉而主張廣泛閱讀典籍。朱熹以四書爲基礎建立一套經學體系，元儒紛紛爲之義疏，研究透徹，理論精密，理學理論貫徹到五經所有內容。於是出現一個悖理：五經所述既然不外乎四書之道理，讀五經有何意義？所以明代中期以後學者才逐漸轉移目光，開始閱讀漢注唐疏以及唐代以前各種典籍。二十世紀史學界，曾經盛行馬列理論，經過諸多學者辛勤研究，所有歷史現象都被證明符合馬列理論。同樣出現的問題是：既然知道都符合馬列理論，還有必要學歷史嗎？我們利用概念、理論，可以收到以簡馭繁的效果，但這種概括方式走到最後，只能導致學術的貧瘠，甚至口號化。若欲拯救這種貧瘠，唯有回到文獻的豐饒世界裡。

經過八十年代的理論熱，九十年代的國學熱，近十年來文史領域的論文數量猛增，而我們又開始感覺到學術的空虛。現在我們要暫時告別學術界，跳出學術發展的大潮流，上岸腳踏實地，重新調查實有的歷史文獻，仔細探索各種概念、理論與實有文獻之間的關係。我們不求速成，準備從容悠長地進行調查。首先要有可供調查的材料，所以我們策劃推出這套叢書。我們選擇最基本的文獻，尋找該書最重要的版本，儘可能全面、如實地展現其實有真相。因此，本叢書會有殘、破、髒、重、小等看似十分糟糕的特點，而我們爲此感到驕傲。版片磨損，印葉殘破，背面有公文等情況，本叢書都如實影印，絕不加工。原版、補版儘量並列對照，不怕重複。爲便個人學者長期收藏、調查，又爲便掌握全書結構，先後對照，本叢書經過縮印。希望本叢書能夠爲文史研究提供一片原始森林，既爲學界提供必要的稀有資源，又作爲可以退守的根據地。也希望本叢書能爲那些有能力體察實有文獻真相的同道所購，時常引誘他們踏進實有文獻的世界中。

【出版説明】

禮記正義現存早期傳本有日本舊抄本及南宋初年刊單疏本，皆見四部叢刊三編收録。然抄本不足一卷，單疏僅八卷，始過全書十分之一而已。七十卷足本之存世者，獨南宋紹熙三年兩浙東路茶鹽司刊注疏合編本流傳，世稱「越刊八行本」。八行本所載經注文本，亦屬精善，可與撫州公使庫刊本媲美。越刊八行本禮記正義，無疑是校勘經注、閱讀孔疏之最佳版本。

乾隆年間惠棟曾見八行本，有校本流傳。同時日本有山井鼎調查足利學校所藏八行本，其校記見七經孟子考文。阮元等撰校勘記，以惠棟校本並七經孟子考文爲主要依據，未能親見八行本，故多缺憾。惠棟所見八行本，近代爲潘明訓所得，有董康製作之珂羅版影印本。珂羅版精美無倫，而流傳極罕，學者所見往往不過其影刻本，已失原貌。足利學校藏本雖缺其中八卷，但印製時間早於潘氏藏本，補版較少，彌足珍貴。可惜足利本從未有影印本，故未爲學界廣泛參考利用。

本社幸獲足利市教育委員會、史跡足利學校事務所之允許，首次影印所藏八行本禮記正義。本書又取董康珂羅版影印潘氏本，使足利本與潘本逐葉對照。對校兩本，不僅可以驗證惠棟、山井鼎之校記，又可以探索原版磨損，經過補修變化之跡，其樂無窮。

北京大學出版社典籍與文化事業部　二零一四年三月

【凡例】

一、足利學校藏越刊八行本禮記正義宋修印本，本書簡稱「足利本」。

一、潘氏舊藏宋元遞修本，後歸北京圖書館，本書簡稱「潘本」或「潘氏本」。

一、本書對照影印足利本、潘本，上欄爲足利本，下欄爲潘本。

一、足利本缺卷三十三至四十，則上下欄接排潘本。

一、足利本書影以斯道文庫藏膠卷爲主，遇其圖像不佳者，則以足利學校藏膠片代之。

一、潘本書影據東京大學東洋文化研究所藏一九二七年董康珂羅版影印本。

一、董康珂羅版影印潘氏本缺卷三十九第八葉，今據陳冠華先生所藏原書照片配補。

一、書前加目次，以便檢閱。書後附編後記，附錄相關外語資料譯文，供讀者參考。

由於斯道文庫膠卷、足利學校膠片均屬四五十年前拍照製作之古舊資料，圖像頗有不清晰之處。此次影印，為保證本書資料之可信，未嘗爲之描摹、加強筆畫等加工，因此容有不易辨認之處。又因偶或用足利學校膠片抽換，與斯道文庫膠卷圖像拼接，有左右半葉之間亮度懸殊之處。凡此等不美觀，皆如實反映膠卷、膠片之狀態，並非編輯、印製之失誤，特此聲明，並請理解。

目次

上册

中　册

下册

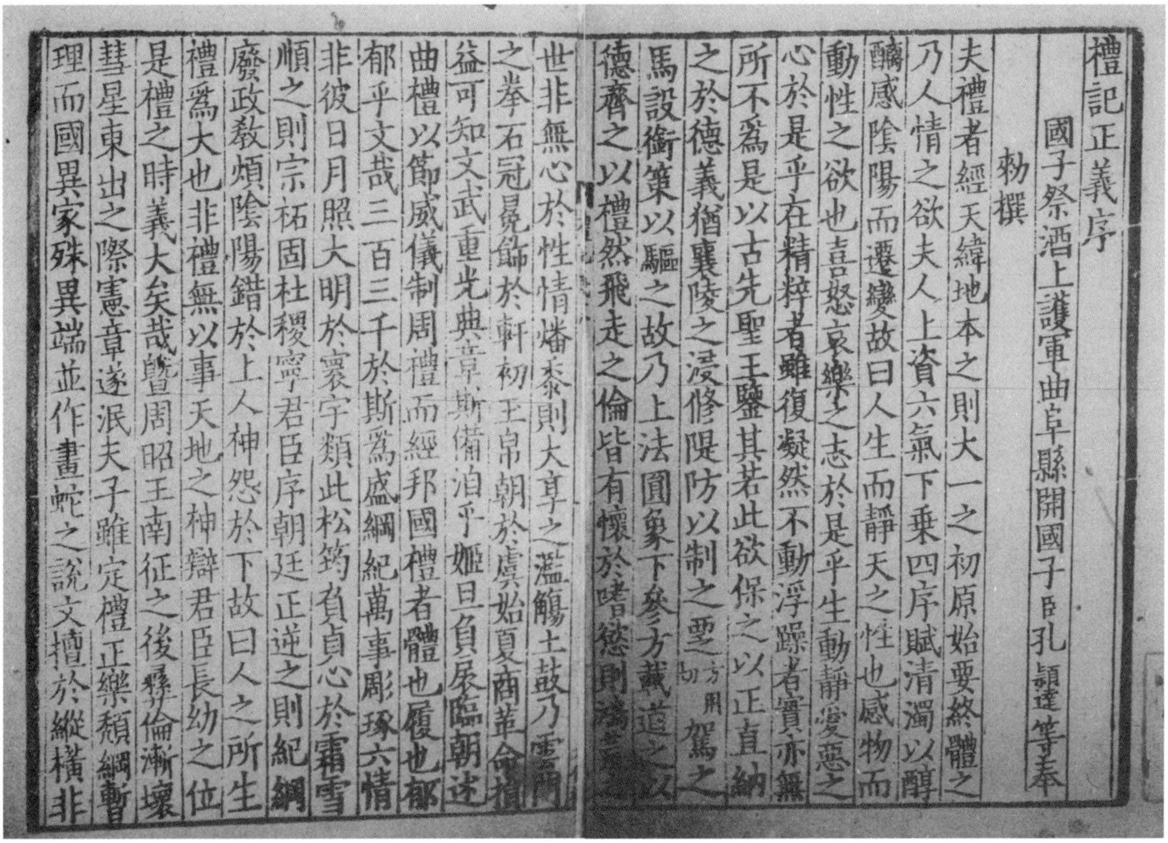
禮記正義序
國子祭酒上護軍曲阜縣開國子臣孔穎達等奉
勑撰
夫禮者經天緯地本之則大一之初原始要終體之乃人情之欲夫人上資六氣下乘四序賦清濁以醇醨感陰陽而遷變故曰人生而靜天之性也感物而動性之欲也喜怒哀樂之志於是乎生動靜愛惡之心於是乎在精粹者雖復凝然不動浮躁者實亦無所不爲是以古先聖王鑒其若此欲保之以正直納之於德義猶襄陵之浸修隄防以制之要（方用切）駕之馬設銜策以驅之故乃上法圓象下參方載道之以德齊之以禮然飛走之倫皆有懷於嗜慾則鴻荒之世非無心於性情燔黍則大享之濫觴土鼓乃雲門之拳石冠冕飾於軒初玉帛朝於虞始夏商革命損益可知文武重光典章斯備洎乎姬旦負扆臨朝述曲禮以節威儀制周禮而經邦國禮者體也履也郁郁乎文哉三百三千於斯爲盛綱紀萬事彫琢六情非彼日月照大明於寰宇類此松筠負貞心於霜雪順之則宗祏固社稷寧君臣序朝廷正逆之則紀綱廢政教煩陰陽錯於上人神怨於下故曰人之所生禮爲大也非禮無以事天地之神辯君臣長幼之位是禮之時義大矣哉暨周昭王南征之後彝倫漸壞彗星東出之際憲章遂泯夫子雖定禮正樂頹綱暫理而國異家殊異端並作畫蛇之說文擅於縱橫非

足利本序第一葉

禮記正義序
國子祭酒上護軍曲阜縣開國子臣孔穎達等奉
勑撰
夫禮者經天緯地本之則大一之初原始要終體之乃人情之欲夫人上資六氣下乘四序賦清濁以醇醨感陰陽而遷變故曰人生而靜天之性也感物而動性之欲也喜怒哀樂之志於是乎生動靜愛惡之心於是乎在精粹者雖復凝然不動浮躁者實亦無所不爲是以古先聖王鑒其若此欲保之以正直納之於德義猶襄陵之浸修隄防以制之要（方用切）駕之馬設銜策以驅之故乃上法圓象下參方載道之以德齊之以禮然飛走之倫皆有懷於嗜慾則鴻荒之世非無心於性情燔黍則大享之濫觴土鼓乃雲門之拳石冠冕飾於軒初玉帛朝於虞始夏商革命損益可知文武重光典章斯備洎乎姬旦負扆臨朝述曲禮以節威儀制周禮而經邦國禮者體也履也郁郁乎文哉三百三千於斯爲盛綱紀萬事彫琢六情非彼日月照大明於寰宇類此松筠負貞心於霜雪順之則宗祏固社稷寧君臣序朝廷正逆之則紀綱廢政教煩陰陽錯於上人神怨於下故曰人之所生禮爲大也非禮無以事天地之神辯君臣長幼之位是禮之時義大矣哉暨周昭王南征之後彝倫漸壞彗星東出之際憲章遂泯夫子雖定禮正樂頹綱暫理然國異家殊異端並作畫蛇之說文擅於縱橫非

潘本序第一葉

足利本序第二葉

馬之談辯離於堅白暨乎道喪兩楹義乖四術上自游夏之初下終秦漢之際其閒歧塗詭說雖紛然競起而餘風曩烈亦時或獨存於是博物通人知今溫古考前代之憲章參當時之得失俱以所見各記舊聞錯綜鳩聚以類相附禮記之目於是乎在去聖逾遠異端漸扇故大小二戴共氏而分門王鄭兩家同經而異注爰從晉宋逮于周隋其傳禮業者江左尤盛其爲義疏者南人有賀循賀瑒庾蔚崔靈恩沈重宣皇甫侃等北人有徐道明李業興李寶鼎侯聰熊安等其見於世者唯皇熊二家而已熊則違背本經多引外義猶之楚而北行馬雖疾而去逾遠矣又欲釋經文唯聚難義猶治絲而棼之手雖繁而絲益亂也皇氏雖章句詳正微稍繁廣又既遵鄭氏乃時乖鄭義此是木落不歸其本狐死不首其丘此皆二家之弊未爲得也然以熊比皇皇氏勝矣雖體例既別不可因循今奉

勑刪理仍據皇氏以爲本其有不備以熊氏補焉必取文證詳悉義理精審翦其繁蕪撮其機要恐獨見膚淺不敢自專謹與中散大夫守國子司業臣朱子奢國子助教臣李善信守太學博士臣賈公彥行太常博士臣柳士宣魏王東閤祭酒臣范義頵魏王參軍事臣張權等對共量定至十六年又奉

勑與前修疏人及儒林郎守太學助教雲騎尉臣周玄達儒林郎守四門助教雲騎尉臣趙君贊儒林郎

潘本序第二葉

馬之談辯離於堅白暨乎道喪兩楹義乖四術上自游夏之初下終秦漢之際其閒歧塗詭說雖紛然競起而餘風曩烈亦時或獨存於是博物通人知今溫古考前代之憲章參當時之得失俱以所見各記舊聞錯綜鳩聚以類相附禮記之目於是乎在去聖逾遠異端漸扇故大小二戴共氏而分門王鄭兩家同經而異注爰從晉宋逮于周隋其傳禮業者江左尤盛其爲義疏者南人有賀循賀瑒庾蔚崔靈恩沈重宣皇甫侃等北人有徐道明李業興李寶鼎侯聰熊安等其見於世者唯皇熊二家而已熊則違背本經多引外義猶之楚而北行馬雖疾而去逾遠矣又欲釋經文唯聚難義猶治絲而棼之手雖繁而絲益亂也皇氏雖章句詳正微稍繁廣又既遵鄭氏乃時乖鄭義此是木落不歸其本狐死不首其丘此皆二家之弊未爲得也然以熊比皇皇氏勝矣雖體例既別不可因循今奉

勑刪理仍據皇氏以爲本其有不備以熊氏補焉必取文證詳悉義理精審翦其繁蕪撮其機要恐獨見膚淺不敢自專謹與中散大夫守國子司業臣朱子奢國子助教臣李善信守太學博士臣賈公彥行太常博士臣柳士宣魏王東閤祭酒臣范義頵魏王參軍事臣張權等對共量定至十六年又奉

勑與前修疏人及儒林郎守太學助教雲騎尉臣周玄達儒林郎守四門助教雲騎尉臣趙君贊儒林郎

守四門助教雲騎尉臣王士雄等對勑使趙弘智覆
更詳審爲之正義凡成七十卷庶能光贊大猷垂法
後進故叙其意義列之云爾

禮記正義序

禮記正義序　三

足利本序第三葉

守四門助教雲騎尉臣王士雄等對勑使趙弘智覆
更詳審爲之正義凡成七十卷庶能光贊大猷垂法
後進故叙其意義列之云爾

禮記正義序

五十六　禮記正義序　三　胡

潘本序第三葉

足利本第一卷第一葉

禮記正義卷第一

國子祭酒上護軍曲阜縣開國子臣孔穎達等奉

勑撰

夫禮者經天地理人倫本其所起在天地未分之前故禮運云夫禮必本於大一是天地未分之前已有禮也禮者理也其用以治則與天地俱興故昭二十六年左傳稱晏子云禮之可以爲國也久矣與天地並但于時質略物生則自然而有尊卑若羊羔跪乳鴻鴈飛有行列豈由教之者哉是三才旣判尊卑自然而有但天地初分之後即應有君臣治國但年代緜遠無文以言案易緯通卦驗云天皇之先與乾曜合元君有五期輔有三名注云君之用事五行王亦有五期輔有三名公卿大夫也又云遂皇始出握機矩注云遂皇謂遂人在伏犧前始王天下也矩法也言遂皇持斗機運轉之法指天以施政教既云始王天下是尊卑之禮起於遂皇也持斗星以施政教者即禮緯斗威儀云宮主君商主臣角主父徵主子羽主夫少宮主婦少商主政是法北斗而爲七政七政之立是禮迹所興也鄭康成六藝論云易者陰陽之象天地之所變化政教之所生自人皇初起人皇即遂皇也既政教所生初起於遂皇則七政是也六藝論又云遂皇之後歷六紀九十一代至伏犧始作十二言之教然則伏犧之時易道既彰則禮事彌著案譙周古史考云有聖人以火德王造作鑽燧出火教民熟食人民大悅號曰遂人次有三姓乃至伏犧制嫁娶以儷皮爲禮作琴瑟以爲樂又帝王世紀云燧人氏沒包犧氏代之以此言之則嫁娶嘉禮始於伏犧也但古史考遂皇至于伏犧唯經三姓六藝論云歷六紀九十一代其文不同未知孰是或於三姓而爲九十一代也案廣雅云一紀二十七萬六千年方叔璣注六藝論云六紀者九頭紀五龍紀攝提紀合洛紀連通紀序命紀凡六紀也

潘本第一卷第一葉

禮記正義卷第一

國子祭酒上護軍曲阜縣開國子臣孔穎達等奉

勑撰

夫禮者經天地理人倫本其所起在天地未分之前故禮運云夫禮必本於大一是天地未分之前已有禮也禮者理也其用以治則與天地俱興故昭二十六年左傳稱晏子云禮之可以爲國也久矣與天地並但于時質略物生則自然而有尊卑若羊羔跪乳鴻鴈飛有行列豈由教之者哉是三才旣判尊卑自然而有但天地初分之後即應有君臣治國但年代緜遠無文以言案易緯通卦驗云天皇之先與乾曜合元君有五期輔有三名注云君之用事五行王亦有五期輔有三名公卿大夫也又云遂皇始出握機矩注云遂皇謂遂人在伏犧前始王天下也矩法也言遂皇持斗機運轉之法指天以施政教既云始王天下是尊卑之禮起於遂皇也持斗星以施政教者即禮緯斗威儀云宮主君商主臣角主父徵主子羽主夫少宮主婦少商主政是法北斗而爲七政七政之立是禮迹所興也鄭康成六藝論云易者陰陽之象天地之所變化政教之所生自人皇初起人皇即遂皇也既政教所生初起於遂皇則七政是也六藝論又云遂皇之後歷六紀九十一代至伏犧始作十二言之教然則伏犧之時易道既彰則禮事彌著案譙周古史考云有聖人以火德王造作鑽燧出火教民熟食人民大悅號曰遂人次有三姓乃至伏犧制嫁娶以儷皮爲禮作琴瑟以爲樂又帝王世紀云燧人氏沒包犧氏代之以此言之則嫁娶嘉禮始於伏犧也但古史考遂皇至于伏犧唯經三姓六藝論云歷六紀九十一代其文不同未知孰是或於三姓而爲九十一代也案廣雅云一紀二十七萬六千年方叔璣注六藝論云六紀者九頭紀五龍紀攝提紀合洛紀連通紀序命紀凡六紀也

足利本第一卷第二葉

九十一代者九頭一五龍五攝提七十二合洛三連通六序命四凡九十一代也但伏犧之前及伏犧之後年代參差所說不一緯候紛紜各相乖背且復煩而無用今並略之唯據六藝論之文及帝王世紀以爲說也案易繫辭云包犧氏沒神農氏作案帝王世紀云伏犧之後女媧氏亦風姓也女媧氏沒次有大庭氏柏皇氏中央氏栗陸氏驪連氏赫胥氏尊盧氏渾沌氏昊英氏有巢氏朱襄氏葛天氏陰康氏無懷氏凡十五代皆襲伏犧之號然鄭玄以大庭氏是神農之别號案封禪書無懷氏在伏犧之前今在伏犧之後則世紀之文未可信用世紀又云神農始教天下種穀故人號曰神農案禮運云夫禮之初始諸飲食燔黍捭豚蕢桴而土鼓又明堂位云土鼓葦籥伊耆氏之樂又郊特牲云伊耆氏始爲蜡蜡即田祭與種穀相協土鼓葦籥又與蕢桴土鼓相當故熊氏云伊耆氏即神農也既云始諸飲食致敬鬼神則祭祀吉禮起於神農也又史記云黃帝與蚩尤戰於涿鹿則有軍禮也易繫辭黃帝九事章云古者葬諸中野則有凶禮也又論語撰考云軒知地利九牧倡教既有九州之牧當有朝聘是賓禮也若然自伏犧以後至黃帝吉凶賓軍嘉五禮始具皇氏云禮有三起禮理起於大一禮事起於遂皇禮名起於黃帝其禮理起於太一其義通也其禮事起於遂皇禮名起於黃帝其義乖也且遂皇在伏犧之前禮運燔黍捭豚在伏犧之後何得以祭祀在遂皇之時其唐堯則舜典云修五禮鄭康成以爲公侯伯子男之禮又云命伯夷典朕三禮五禮其文亦見經也案舜典云類于上帝則吉禮也百姓如喪考妣則凶禮也羣后四朝則賓禮也舜征有苗則軍禮也嬪于虞則嘉禮也是舜時五禮具備直云典朕三禮者據事天地與人爲三禮其實事天地唯吉禮也其餘四禮並人事兼之也案論語云殷因於夏禮周因於殷禮則禮記揔陳虞夏商周則是虞夏商周各有當代之禮則夏商亦有五禮鄭康成注大宗伯唯云唐虞有三禮至周分爲五禮不言夏商者但書篇散亡夏商之禮絶滅無文以言故據

禮記義一　二

潘本第一卷第二葉

九十一代者九頭一五龍五攝提七十二合洛三連通六序命四凡九十一代也但伏犧之前及伏犧之後年代參差所說不一緯候紛紜各相乖背且復煩而無用今並略之唯據六藝論之文及帝王世紀以爲說也案易繫辭云包犧氏沒神農氏作案帝王世紀云伏犧之後女媧氏亦風姓也女媧氏沒次有大庭氏柏皇氏中央氏栗陸氏驪連氏赫胥氏尊盧氏渾沌氏昊英氏有巢氏朱襄氏葛天氏陰康氏無懷氏凡十五代皆襲伏犧之號然鄭玄以大庭氏是神農之别號案封禪書無懷氏在伏犧之前今在伏犧之後則世紀之文未可信用世紀又云神農始教天下種穀故人號曰神農案禮運云夫禮之初始諸飲食燔黍捭豚蕢桴而土鼓又明堂位云土鼓葦籥伊耆氏之樂又郊特牲云伊耆氏始爲蜡蜡即田祭與種穀相協土鼓葦籥又與蕢桴土鼓相當故熊氏云伊耆氏即神農也既云始諸飲食致敬鬼神則祭祀吉禮起於神農也又史記云黃帝與蚩尤戰於涿鹿則有軍禮也易繫辭黃帝九事章云古者葬諸中野則有凶禮也又論語撰考云軒知地利九牧倡教既有九州之牧當有朝聘是賓禮也若然自伏犧以後至黃帝吉凶賓軍嘉五禮始具皇氏云禮有三起禮理起於大一禮事起於遂皇禮名起於黃帝其禮理起於太一其義通也其禮事起於遂皇禮名起於黃帝其義乖也且遂皇在伏犧之前禮運燔黍捭豚在伏犧之後何得以祭祀在遂皇之時其唐堯則舜典云修五禮鄭康成以爲公侯伯子男之禮又云命伯夷典朕三禮五禮其文亦見經也案舜典云類于上帝則吉禮也百姓如喪考妣則凶禮也羣后四朝則賓禮也舜征有苗則軍禮也嬪于虞則嘉禮也是舜時五禮具備直云典朕三禮者據事天地與人爲三禮其實事天地唯吉禮也其餘四禮並人事兼之也案論語云殷因於夏禮周因於殷禮則禮記揔陳虞夏商周則是虞夏商周各有當代之禮則夏商亦有五禮鄭康成注大宗伯唯云唐虞有三禮至周分爲五禮不言夏商者但書篇散亡夏商之禮絶滅無文以言故據

禮記義一　二　永昌

周禮有文者而言耳武王没後成王幼弱周公代之攝政
六年致太平述文武之德而制禮也故洛誥云考朕昭子
刑乃單文祖德又禮記明堂位云周公攝政六年制禮作
樂頒度量於天下但所制之禮則周官儀禮也鄭作序云
禮者體也履也統之於心曰體踐而行之曰履鄭知然者
禮器云禮者體也祭義云禮者履此者也禮記既有此釋
故鄭依而用之禮雖合訓體履則周官爲體儀禮爲履故
鄭序又云然則三百三千雖混同爲禮至於並立俱陳則
曰此經禮也此曲禮也或云此經文也此威儀也是周禮
儀禮有體履之別也所以周禮爲體者周禮是立治之本
統之心體以齊正於物故爲體賀瑒云其體有二一是物
體言萬物貴賤高下小大文質各有其體二曰禮體言聖
人制法體此萬物使高下貴賤各得其宜也其儀禮但明
體之所行踐履之事物雖萬體皆同一履履無兩義也子
周之禮其文大備故論語云周監於二代郁郁乎文哉吾
從周也然周既禮道大用何以老子云失道而後德失德

禮記義一　三

而後仁失仁而後義失義而後禮禮者忠信之薄道德之
華爭愚之始故先師準緯候之文以爲三皇行道五帝行
德三王行仁五霸行義若失義而後禮豈周之成康在五
霸之後所以不同者老子盛言道德質素之事無爲靜默
之教故云此也禮爲浮薄而施所以抑浮薄故云忠信之
薄且聖人之王天下道德仁義及禮並蘊于心但量時設
教道德仁義及禮須用則行豈可三皇五帝之時全無仁
義禮也殷周之時全無道德也老子意有所主不可據之
以難經也既周禮爲體其周禮見於經籍其名異者見有
七處案孝經說云禮經三百一也禮器云經禮三百二也
中庸云禮儀三百三也春秋說云禮經三百四也禮說云
有正經三百五也周官外題謂爲周禮六也漢書藝文志
云周官經六篇七也七者皆云三百故知俱是周官周官
三百六十舉其大數而云三百也其儀禮之別亦有七處
而有五名一則孝經說春秋及中庸並云威儀三千二則
禮器云曲禮三千三則禮說云動儀三千四則謂爲儀禮

足利本第一卷第三葉

周禮有文者而言耳武王没後成王幼弱周公代之攝政
六年致太平述文武之德而制禮也故洛誥云考朕昭子
刑乃單文祖德又禮記明堂位云周公攝政六年制禮作
樂頒度量於天下但所制之禮則周官儀禮也鄭作序云
禮者體也履也統之於心曰體踐而行之曰履鄭知然者
禮器云禮者體也祭義云禮者履此者也禮記既有此釋
故鄭依而用之禮雖合訓體履則周官爲體儀禮爲履故
鄭序又云然則三百三千雖混同爲禮至於並立俱陳則
曰此經禮也此曲禮也或云此經文也此威儀也是周禮
儀禮有體履之別也所以周禮爲體者周禮是立治之本
統之心體以齊正於物故爲體賀瑒云其體有二一是物
體言萬物貴賤高下小大文質各有其體二曰禮體言聖
人制法體此萬物使高下貴賤各得其宜也其儀禮但明
體之所行踐履之事物雖萬體皆同一履履無兩義也子
周之禮其文大備故論語云周監於二代郁郁乎文哉吾
從周也然周既禮道大用何以老子云失道而後德失德

禮記義一　三　董用

而後仁失仁而後義失義而後禮禮者忠信之薄道德之
華爭愚之始故先師準緯候之文以爲三皇行道五帝行
德三王行仁五霸行義若失義而後禮豈周之成康在五
霸之後所以不同者老子盛言道德質素之事無爲靜默
之教故云此也禮爲浮薄而施所以抑浮薄故云忠信之
薄且聖人之王天下道德仁義及禮並蘊于心但量時設
教道德仁義及禮須用則行豈可三皇五帝之時全無仁
義禮也殷周之時全無道德也老子意有所主不可據之
以難經也既周禮爲體其周禮見於經籍其名異者見有
七處案孝經說云禮經三百一也禮器云經禮三百二也
中庸云禮儀三百三也春秋說云禮經三百四也禮說云
有正經三百五也周官外題謂爲周禮六也漢書藝文志
云周官經六篇七也七者皆云三百故知俱是周官周官
三百六十舉其大數而云三百也其儀禮之別亦有七處
而有五名一則孝經說春秋及中庸並云威儀三千二則
禮器云曲禮三千三則禮說云動儀三千四則謂爲儀禮

潘本第一卷第三葉

足利本第一卷第四葉

五則漢書藝文志謂儀禮爲古禮經凡此七處五名稱謂並承三百之下故知即儀禮也所以三千者其履行周官五禮之别其事委曲條數繁廣故有三千也非謂篇有三千但事之殊别有三千條耳故一篇一卷則有數條之事今行於世者唯十七篇而已故漢書藝文志云漢初高堂生傳禮十七篇是也至武帝時河間獻王得古禮五十六篇獻王獻之又六藝論云後得孔子壁中古文禮凡五十六篇其十七篇與高堂生所傳同而字多異其十七篇外則逸禮是也周禮爲本則聖人體之儀禮爲末賢人履之故鄭序云體之謂聖履之爲賢是也既周禮爲本則重者在前故宗伯序五禮以吉禮爲上儀禮爲末故輕者在前故儀禮先冠昏後喪祭故鄭序云二者或施而上或循而下其周禮六藝論云周官壁中所得六篇漢書説河間獻王開獻書之路得周官有五篇失其冬官一篇乃購千金不得取考工記以補其闕漢書云得五篇六藝論云得其六篇其文不同未知孰是其禮記之作出自孔氏但正禮

禮記義一　四

殘缺無復能明故范武子不識殽烝趙鞅及魯君謂儀爲禮至孔子没後七十二子之徒共撰所聞以爲此記或録舊禮之義或録變禮所由或兼記體履或雜序得失故編而録之以爲記也中庸是子思伋所作緇衣公孫尼子所撰鄭康成云月令吕不韋所脩盧植云王制謂漢文時博士所録其餘衆篇皆如此例但未能盡知所記之人也其周禮儀禮是禮記之書自漢以後各有傳授鄭君六藝論云案漢書藝文志儒林傳云傳禮者十三家唯高堂生及五傳弟子戴德戴聖名在也又案儒林傳云漢興高堂生傳禮十七篇而魯徐生善爲容孝文時徐生以容爲禮官大夫瑕丘蕭奮以禮至淮陽太守孟卿東海人事蕭奮以授戴德戴聖六藝論云五傳弟子者熊氏云則高堂生蕭奮孟卿后倉及戴德戴聖爲五也此所傳皆儀禮也六藝論云今禮行於世者戴德戴聖之學也又云戴德傳記八十五篇則大戴禮是也戴聖傳禮四十九篇則此禮記是也儒林傳云大戴授琅邪徐氏小戴授梁人橋仁字季卿楊

潘本第一卷第四葉

五則漢書藝文志謂儀禮爲古禮經凡此七處五名稱謂並承三百之下故知即儀禮也所以三千者其履行周官五禮之别其事委曲條數繁廣故有三千也非謂篇有三千但事之殊别有三千條耳故一篇一卷則有數條之事今行於世者唯十七篇而已故漢書藝文志云漢初高堂生傳禮十七篇是也至武帝時河間獻王得古禮五十六篇獻王獻之又六藝論云後得孔子壁中古文禮凡五十六篇其十七篇與高堂生所傳同而字多異其十七篇外則逸禮是也周禮爲本則聖人體之儀禮爲末賢人履之故鄭序云體之謂聖履之爲賢是也既周禮爲本則重者在前故宗伯序五禮以吉禮爲上儀禮爲末故輕者在前故儀禮先冠昏後喪祭故鄭序云二者或施而上或循而下其周禮六藝論云周官壁中所得六篇漢書説河間獻王開獻書之路得周官有五篇失其冬官一篇乃購千金不得取考工記以補其闕漢書云得五篇六藝論云得其六篇其文不同未知孰是其禮記之作出自孔氏但正禮

禮記義一　四

殘缺無復能明故范武子不識殽烝趙鞅及魯君謂儀爲禮至孔子没後七十二子之徒共撰所聞以爲此記或録舊禮之義或録變禮所由或兼記體履或雜序得失故編而録之以爲記也中庸是子思伋所作緇衣公孫尼子所撰鄭康成云月令吕不韋所脩盧植云王制謂漢文時博士所録其餘衆篇皆如此例但未能盡知所記之人也其周禮儀禮是禮記之書自漢以後各有傳授鄭君六藝論云案漢書藝文志儒林傳云傳禮者十三家唯高堂生及五傳弟子戴德戴聖名在也又案儒林傳云漢興高堂生傳禮十七篇而魯徐生善爲容孝文時徐生以容爲禮官大夫瑕丘蕭奮以禮至淮陽太守孟卿東海人事蕭奮以授戴德戴聖六藝論云五傳弟子者熊氏云則高堂生蕭奮孟卿后倉及戴德戴聖爲五也此所傳皆儀禮也六藝論云今禮行於世者戴德戴聖之學也又云戴德傳記八十五篇則大戴禮是也戴聖傳禮四十九篇則此禮記是也儒林傳云大戴授琅邪徐氏小戴授梁人橋仁字季卿楊

足利本第一卷第五葉

榮字子仁孫爲大鴻臚家世傳業其周官者始皇深惡之至孝武帝時始開獻書之路既出於山巖屋壁復入祕府五家之儒莫得見焉至孝成時通人劉歆校理秘書始得列序著于録略爲衆儒排棄歆獨識之知是周公致太平之道河南緱氏杜子春永平時初能通其讀鄭衆賈逵往授業焉其後馬融鄭玄之等各有傳授不復繁言也

曲禮上第一

正義曰案鄭目録云名曰曲禮者以其篇記五禮之事祭祀之説吉禮也喪荒去國之説凶禮也致貢朝會之説賓禮也兵車旌鴻之説軍禮也事長敬老執贄納女之説嘉禮也此於別録屬制度案鄭此説則此曲禮篇中有含五禮之義是以經云禱祠祭祀之説當吉禮也送喪不由徑歲凶年穀不登又云大夫士去國如此之類是喪荒去國之説當凶禮也五官致貢曰享天子當宁而立曰朝相見於郤地曰會如此之類是致貢朝會之説當賓禮也兵車不式前有水則載青旌如此之類是兵車旌鴻之説當軍禮也侍坐於長者故君子式黄髪婦人之贄椇榛棗栗納女於天子如此之類是事長敬老執贄納女之説當嘉禮也必知執贄當婦人之贄者以其士相見鄭目録以士執贄爲賓禮故也此篇既含五禮故其篇名爲曲禮曲禮之與儀禮其事是一以其屈曲行事則曰曲禮見於威儀則曰儀禮但曲之與儀相對周禮統心爲號若揔而言之則周禮亦有曲名故藝文志云帝王爲政世有損益至周曲爲之防事爲之制故曰經禮三百威儀三千是二禮互而相通皆有曲稱也云上者對下生名本以語多簡策重大分爲上下更無義也 第一者小爾雅云第次也吕靖云一者數之始禮記者一部之大名曲禮者當篇之小目既題曲禮於上故著禮記於下以配注耳 鄭氏者姓鄭名玄字康成北海高密縣人前漢僕射鄭崇八世之孫也後漢徵爲大司農年七十四乃卒然鄭亦附盧馬之本

禮記義一 五

潘本第一卷第五葉

榮字子仁孫爲大鴻臚家世傳業其周官者始皇深惡之至孝武帝時始開獻書之路既出於山巖屋壁復入祕府五家之儒莫得見焉至孝成時通人劉歆校理秘書始得列序著于録略爲衆儒排棄歆獨識之知是周公致太平之道河南緱氏杜子春永平時初能通其讀鄭衆賈逵往授業焉其後馬融鄭玄之等各有傳授不復繁言也

曲禮上第一

正義曰案鄭目録云名曰曲禮者以其篇記五禮之事祭祀之説吉禮也喪荒去國之説凶禮也致貢朝會之説賓禮也兵車旌鴻之説軍禮也事長敬老執贄納女之説嘉禮也此於別録屬制度案鄭此説則此曲禮篇中有含五禮之義是以經云禱祠祭祀之説當吉禮也送喪不由徑歲凶年穀不登又云大夫士去國如此之類是喪荒去國之説當凶禮也五官致貢曰享天子當宁而立曰朝相見於郤地曰會如此之類是致貢朝會之説當賓禮也兵車不式前有水則載青旌如此之類是兵車旌鴻之説當軍禮也侍坐於長者故君子式黄髪婦人之贄椇榛棗栗納女於天子如此之類是事長敬老執贄納女之説當嘉禮也必知執贄當婦人之贄者以其士相見鄭目録以士執贄爲賓禮故也此篇既含五禮故其篇名爲曲禮曲禮之與儀禮其事是一以其屈曲行事則曰曲禮見於威儀則曰儀禮但曲之與儀相對周禮統心爲號若揔而言之則周禮亦有曲名故藝文志云帝王爲政世有損益至周曲爲之防事爲之制故曰經禮三百威儀三千是二禮互而相通皆有曲稱也云上者對下生名本以語多簡策重大分爲上下更無義也 第一者小爾雅云第次也吕靖云一者數之始禮記者一部之大名曲禮者當篇之小目既題曲禮於上故著禮記於下以配注耳 鄭氏者姓鄭名玄字康成北海高密縣人前漢僕射鄭崇八世之孫也後漢徵爲大司農年七十四乃卒然鄭亦附盧馬之本

禮記義一 五

而爲之注注者即解書之名但釋義之人多稱爲傳傳謂傳述爲義或親承聖旨或師儒相傳故云傳今謂之注者謙也不敢傳授直注己意而已若然則傳之與注各出己情皇氏以爲自漢以前爲傳自漢以後爲注然王肅在鄭之後何以亦謂之傳其義非也

曲禮曰毋不敬禮主於敬**儼若思**儼矜莊貌人之坐思貌必儼然**安定辭**審言語也易曰言語者君子之樞機**安民哉**此上三句可以安民說曲禮者美之云耳

疏正義曰此一節明人君立治之本先當肅心謹身慎口之事　曲禮曰者案下文安民哉是爲君上所行故記人引儀禮正經毋不敬以下三句而爲實驗也　毋不敬者人君行禮無有不敬行五禮皆須敬也　儼若思者儼矜莊貌也若如也思計慮也夫人計慮狀必端慤今明人君矜莊之貌如人之思也　安定辭者安定審也辭言語也人君出言必當慮之於心然後宣之於口是詳審於言語也　安民哉者但人君發舉不離口與身心既能肅敬身乃矜莊口復審愼三者依於德義則政教可以安民也云哉者記人美此三句者也　注禮主於敬　正義曰孝經云禮者敬而已矣是也又案鄭目錄云曲禮之中體含五禮今云曲禮曰毋不敬則五禮皆須敬故鄭云禮主於敬然五禮皆以拜爲敬禮則祭極敬主人拜尸之類是吉禮須敬也拜而後稽顙之類是凶禮須敬也主人拜迎賓之類是賓禮須敬也軍中之拜肅拜之類是軍禮須敬也冠昬飲酒皆有賓主拜荅之類是嘉禮須敬也兵車不式乘玉路不式鄭云大事不崇曲敬者謂敬天神及軍之大事故不崇曲小之敬熊氏以爲唯此不敬者恐義不然也既云曲禮曰是引儀禮正經若引春秋曰詩曰之類所引者若冠禮戒辭云壽考惟祺介爾景福之等今不見者或在三千散亡之中也　注儼矜至儼然　正義曰經唯云儼若思不云坐鄭必知坐思者案大學云定而

而爲之注注者即解書之名但釋義之人多稱爲傳傳謂傳述爲義或親承聖旨或師儒相傳故云傳今謂之注者謙也不敢傳授直注己意而已若然則傳之與注各出己情皇氏以爲自漢以前爲傳自漢以後爲注然王肅在鄭之後何以亦謂之傳其義非也

曲禮曰毋不敬禮主於敬儼若思儼矜莊貌人之坐思貌必儼然安定辭審言語也易曰言語者君子之樞機安民哉此上三句可以安民說曲禮者美之云耳

疏正義曰此一節明人君立治之本先當肅心謹身慎口之事　曲禮曰者案下文安民哉是爲君上所行故記人引儀禮正經毋不敬以下三句而爲實驗也　毋不敬者人君行禮無有不敬行五禮皆須敬也　儼若思者儼矜莊貌也若如也思計慮也夫人計慮狀必端慤今明人君矜莊之貌如人之思也　安定辭者安定審也辭言語也人君出言必當慮之於心然後宣之於口是詳審於言語也　安民哉者但人君發舉不離口與身心既能肅敬身乃矜莊口復審愼三者依於德義則政教可以安民也云哉者記人美此三句者也　注禮主於敬　正義曰孝經云禮者敬而已矣是也又案鄭目錄云曲禮之中體含五禮今云曲禮曰毋不敬則五禮皆須敬故鄭云禮主於敬然五禮皆以拜爲敬禮則祭極敬主人拜尸之類是吉禮須敬也拜而後稽顙之類是凶禮須敬也主人拜迎賓之類是賓禮須敬也軍中之拜肅拜之類是軍禮須敬也冠昬飲酒皆有賓主拜荅之類是嘉禮須敬也兵車不式乘玉路不式鄭云大事不崇曲敬者謂敬天神及軍之大事故不崇曲小之敬熊氏以爲唯此不敬者恐義不然也既云曲禮曰是引儀禮正經若引春秋曰詩曰之類所引者若冠禮戒辭云壽考惟祺介爾景福之等今不見者或在三千散亡之中也　注儼矜至儼然　正義曰經唯云儼若思不云坐鄭必知坐思者案大學云定而

足利本第一卷第七葉

後能靜靜而後能安安而後能慮慮即思故知思必當坐也 注 審言至樞機　正義曰論語云駟不及舌故審言語也易曰者易繫辭之文也故彼云君子出其言善則千里之外應之況其邇者乎出其言不善則千里之外違之況其邇者乎言行者君子之樞機鄭注樞謂戶樞機謂弩牙戶樞之發或明或闇弩牙之發或中或否以喻君子之言或榮或辱引之者證審言語之事彼爲言行鄭云言語者既證經辭無取於行故變文爲語也

敖不可長欲不可從志不可滿樂不可極　四者慢遊之道桀紂所以自禍 疏 正義曰此一節承上人君敬慎之道此亦據人君恭謹節儉之事故鄭引桀紂以證之　敖不可長者敖者矜慢在心之名長者行敖著迹之稱夫矜我慢物中人不免若有心而無迹則於物無傷若迹著而行用則侵虐爲甚傾國亡家必由於此故戒不可長　欲不可從者心所貪愛爲欲則飲食男女人之大欲存焉是也人皆有欲但不得從之也　志不可滿者六情徧覩在心未見爲志凡人各有志意但不得自滿故六韜云器滿則傾志滿則覆　樂不可極者樂者天子宮縣以下皆得有樂但主歡心人情所不能已當自抑止不可極爲故樂記云樂盈而反以反爲文 注 四者至自禍　正義曰案尚書史記說紂惡甚多不可具載皇氏云斮朝涉之脛剖賢人之心是長敖也糟丘酒池之等是從欲也玉杯象箸之等是志滿也靡靡之樂是樂極也桀之爲惡唯有民隊塗炭淫於妹嬉之事雖史傳不言四事亦應俱有四者之惡故紂焚宣室桀放南巢但天作孽猶可違自作孽不可逭桀紂皆自身爲惡以致滅亡故云自禍也

賢者狎而敬之　狎習也近也謂附而近之習其所行也月令曰雖有貴戚近習　畏而愛之　心服曰畏曾子曰吾先子之所畏　愛而知其惡憎而知其善　謂凡與人交不可以已心之愛憎誣人之善惡

潘本第一卷第七葉

後能靜靜而後能安安而後能慮慮即思故知思必當坐也 注 審言至樞機　正義曰論語云駟不及舌故審言語也易曰者易繫辭之文也故彼云君子出其言善則千里之外應之況其邇者乎出其言不善則千里之外違之況其邇者乎言行者君子之樞機鄭注樞謂戶樞機謂弩牙戶樞之發或明或闇弩牙之發或中或否以喻君子之言或榮或辱引之者證審言語之事彼爲言行鄭云言語者既證經辭無取於行故變文爲語也

敖不可長欲不可從志不可滿樂不可極　四者慢遊之道桀紂所以自禍 疏 正義曰此一節承上人君敬慎之道此亦據人君恭謹節儉之事故鄭引桀紂以證之　敖不可長者敖者矜慢在心之名長者行敖著迹之稱夫矜我慢物中人不免若有心而無迹則於物無傷若迹著而行用則侵虐爲甚傾國亡家必由於此故戒不可長　欲不可從者心所貪愛爲欲則飲食男女人之大欲存焉是也人皆有欲但不得從之也　志不可滿者六情徧覩在心未見爲志凡人各有志意但不得自滿故六韜云器滿則傾志滿則覆　樂不可極者樂者天子宮縣以下皆得有樂但主歡心人情所不能已當自抑止不可極爲故樂記云樂盈而反以反爲文 注 四者至自禍　正義曰案尚書史記說紂惡甚多不可具載皇氏云斮朝涉之脛剖賢人之心是長敖也糟丘酒池之等是從欲也玉杯象箸之等是志滿也靡靡之樂是樂極也桀之爲惡唯有民隊塗炭淫於妹嬉之事雖史傳不言四事亦應俱有四者之惡故紂焚宣室桀放南巢但天作孽猶可違自作孽不可逭桀紂皆自身爲惡以致滅亡故云自禍也

賢者狎而敬之　狎習也近也謂附而近之習其所行也月令曰雖有貴戚近習　畏而愛之　心服曰畏曾子曰吾先子之所畏　愛而知其惡憎而知其善　謂凡與人交不可以已心之愛憎誣人之善惡

足利本第一卷第八葉

積而能散謂已有蓄積見貧窮者則當能散以賙救之若宋樂氏安安而能遷謂已今安此之安圖後有害則當能遷晉舅犯與姜氏醉重耳而行近之臨財毋苟得爲傷廉也臨難毋苟免爲傷義也很毋求勝分毋求多爲傷平也很鬩也謂爭訟也詩云兄弟鬩於牆疑事毋質質成也彼已俱疑而已成言之終不然則傷知直而勿有直正也已若不疑則當稱師友而正之謙也

疏正義曰此一節總明愛敬安危忠信之事各隨文解之 賢者狎而敬之者賢是有德成之稱狎謂近也習也賢者身有道藝朋類見賢思齊焉必須附而近之習其德藝儕倫易相褻慢戒令相敬也 注狎習至近習 正義曰引月令者案月令仲冬之月禁戒婦功不得奢慢貴戚謂王之姑姊妹近習謂王之所親幸嬪御之屬言近習者王附而近之習其色引之者證賢者附而近之習其道藝連引貴戚於義無所當也 畏而愛之 正義曰賢者有其德行人皆心服畏之既有所畏必當愛其德義不可疏之 注心服至所畏 正義曰引曾子曰吾先子之所畏者孟子云或問曾西曰吾子與子路孰賢曾西蹴然曰吾先子之所畏也先子謂祖曾參不在四科而子路入四科故曾參心服子路引之者證經畏是心服之義 愛而知其惡憎而知其善 正義曰愛謂已所親幸憎謂已所嫌恨人多愛而不知其惡憎而不知其善故記人戒之云凡人雖愛必當知其心懷惡行崔氏云若石碏知子厚是也心雖憎疾亦當知其善能若祁奚知其解狐是也若然乃可審知人之賢愚 積而能散 正義曰凡人貪蓄皆好積而不好散今謂已有蓄積能賑乏賙無則是仁惠也 注謂已至樂氏 正義曰引宋樂氏者案襄二十九年左傳云鄭國飢子皮貸民粟戶一鍾樂氏者宋司城官姓樂名喜字子罕宋亦飢樂喜請於平公云鄰於善民之望請貸民

禮記義一 八

潘本第一卷第八葉

積而能散謂已有蓄積見貧窮者則當能散以賙救之若宋樂氏安安而能遷謂已今安此之安圖後有害則當能遷晉舅犯與姜氏醉重耳而行近之臨財毋苟得爲傷廉也臨難毋苟免爲傷義也很毋求勝分毋求多爲傷平也很鬩也謂爭訟也詩云兄弟鬩於牆疑事毋質質成也彼已俱疑而已成言之終不然則傷知直而勿有直正也已若不疑則當稱師友而正之謙也

疏正義曰此一節總明愛敬安危忠信之事各隨文解之 賢者狎而敬之者賢是有德成之稱狎謂近也習也賢者身有道藝朋類見賢思齊焉必須附而近之習其德藝儕倫易相褻慢戒令相敬也 注狎習至近習 正義曰引月令者案月令仲冬之月禁戒婦功不得奢慢貴戚謂王之姑姊妹近習謂王之所親幸嬪御之屬言近習者王附而近之習其色引之者證賢者附而近之習其道藝連引貴戚於義無所當也 畏而愛之 正義曰賢者有其德行人皆心服畏之既有所畏必當愛其德義不可疏之 注心服至所畏 正義曰引曾子曰吾先子之所畏者孟子云或問曾西曰吾子與子路孰賢曾西蹴然曰吾先子之所畏也先子謂祖曾參不在四科而子路入四科故曾參心服子路引之者證經畏是心服之義 愛而知其惡憎而知其善 正義曰愛謂已所親幸憎謂已所嫌恨人多愛而不知其惡憎而不知其善故記人戒之云凡人雖愛必當知其心懷惡行崔氏云若石碏知子厚是也心雖憎疾亦當知其善能若祁奚知其解狐是也若然乃可審知人之賢愚 積而能散 正義曰凡人貪蓄皆好積而不好散今謂已有蓄積能賑乏賙無則是仁惠也 注謂已至樂氏 正義曰引宋樂氏者案襄二十九年左傳云鄭國飢子皮貸民粟戶一鍾樂氏者宋司城官姓樂名喜字子罕宋亦飢樂喜請於平公云鄰於善民之望請貸民

禮記義一 八 德潤

足利本第一卷第九葉

粟并使諸大夫亦貸之今不引鄭罕氏而引宋樂氏者鄭罕氏施而斂之宋樂氏施而不斂故晉叔向聞之曰鄭之罕宋之樂施而不德樂氏加焉熊氏云禮家施不及國大夫不收公利二家彼非也今鄭爲能散者直取一邊能散之義是同不據家施非禮之事鄭不言是而言若者但禮與諸經事實是一惟文字不同鄭則言是若檀弓云諸侯伐秦曹桓公卒於會鄭注引春秋傳云曹伯廬卒於師是也以其一事故云是也此禮本不爲樂氏而作但事類相似引以爲證故云若也　安安而能遷　正義曰上安據心下安據處凡人多居危如安故記人戒之云謂已心安於此所處之安當圖謀於後有害以否若後當有害必須早遷則離害也　注謂已至近之　正義曰晉舅犯者案左傳僖二十三年晉重耳自翟之齊齊桓公妻之有馬二十乘重耳心安於齊不歸晉從者重耳之舅字子犯謀於桑下蠶妾在其上以告姜氏姜氏殺之而謂公子曰子有四方之志其聞之者吾殺之矣公子曰無之姜氏曰行也

禮記義一　九

懷與安實敗名公子不可姜氏與子犯謀醉而遣之醒以戈逐子犯至秦秦伯納之卒爲霸主是安安而能遷之事鄭不云是又不云若而言近之者安安能遷亦不爲重耳而作不得云是遷又非重耳之意不得云若故云近之也　臨財毋苟得　正義曰財利人之所貪非義而取謂之苟得故記人戒之今有財利元非兩人之物兩人俱臨而求之若苟得入已則傷廉隅故鄭云爲傷廉也　臨難毋苟免　正義曰難謂有寇仇謀害君父爲人臣子當致身授命以救之故記人戒之云若君父有難臣子若苟且免身而不鬭則陷君父於危亡故云毋苟免見義不爲無勇也故鄭云爲傷義也　很毋求勝分毋求多　正義曰很謂小小鬩很凡人所爭皆欲求勝故記人戒之云而有小小鬩很當引過歸已不可求勝　分毋多求者此元是衆人之物當共分之人皆貪欲望多入已故記人戒之云所分之物毋得求多也　注爲傷至於牆　正義曰所引詩者是小雅常棣閔管蔡失道之詩也彼云兄弟鬩於牆外禦

潘本第一卷第九葉

粟并使諸大夫亦貸之今不引鄭罕氏而引宋樂氏者鄭罕氏施而斂之宋樂氏施而不斂故晉叔向聞之曰鄭之罕宋之樂施而不德樂氏加焉熊氏云禮家施不及國大夫不收公利二家彼非也今鄭爲能散者直取一邊能散之義是同不據家施非禮之事鄭不言是而言若者但禮與諸經事實是一惟文字不同鄭則言是若檀弓云諸侯伐秦曹桓公卒於會鄭注引春秋傳云曹伯廬卒於師是也以其一事故云是也此禮本不爲樂氏而作但事類相似引以爲證故云若也　安安而能遷　正義曰上安據心下安據處凡人多居危如安故記人戒之云謂已心安於此所處之安當圖謀於後有害以否若後當有害必須早遷則離害也　注謂已至近之　正義曰晉舅犯者案左傳僖二十三年晉重耳自翟之齊齊桓公妻之有馬二十乘重耳心安於齊不歸晉從者重耳之舅字子犯謀於桑下蠶妾在其上以告姜氏姜氏殺之而謂公子曰子有四方之志其聞之者吾殺之矣公子曰無之姜氏曰行也

禮記義一　九

懷與安實敗名公子不可姜氏與子犯謀醉而遣之醒以戈逐子犯至秦秦伯納之卒爲霸主是安安而能遷之事鄭不云是又不云若而言近之者安安能遷亦不爲重耳而作不得云是遷又非重耳之意不得云若故云近之也　臨財毋苟得　正義曰財利人之所貪非義而取謂之苟得故記人戒之今有財利元非兩人之物兩人俱臨而求之若苟得入已則傷廉隅故鄭云爲傷廉也　臨難毋苟免　正義曰難謂有寇仇謀害君父爲人臣子當致身授命以救之故記人戒之云若君父有難臣子若苟且免身而不鬭則陷君父於危亡故云毋苟免見義不爲無勇也故鄭云爲傷義也　很毋求勝分毋求多　正義曰很謂小小鬩很凡人所爭皆欲求勝故記人戒之云而有小小鬩很當引過歸已不可求勝　分毋多求者此元是衆人之物當共分之人皆貪欲望多入已故記人戒之云所分之物毋得求多也　注爲傷至於牆　正義曰所引詩者是小雅常棣閔管蔡失道之詩也彼云兄弟鬩於牆外禦

其侮引之者證經很亦是小小閱很之事若大很則當報之故論語孔子云以直報怨是也　疑事毋質　正義曰人多專固未知而爲已知故戒之云彼已俱疑而來問已質成也若已亦疑則無得成言之若成言疑事後爲賢人所識則傷已智也故孔子戒子路云不知爲不知是知也　直而勿有　正義曰此謂彼疑已不疑者仍須謙退直正也彼有疑事而來問已已若不疑而荅之則當稱師友所說以正之勿爲已有此義也　若夫　言若欲爲丈夫也春秋傳曰是謂我非夫　坐如尸　視貌正　立如齊　磬且聽也齊謂祭祀時　禮從宜　事不可常也晉士匄帥師侵齊聞齊侯卒乃還春秋善之　使從俗　亦事不可常也牲幣之屬則當從俗所出禮器曰天不生地不養君子不以爲禮鬼神不饗　疏　正義曰此一節論爲丈夫之法當坐如尸以下四行並備乃可立身各依文解之若夫者凡人若爲丈夫之法必當如下所陳故曰丈夫於

禮記義一　十

上下乃論其行以結之　注　言若至非夫　正義曰案左傳宣十二年邲之戰楚侵鄭晉救之及河聞鄭既及楚平中軍將荀林父欲還不濟上軍將士會曰善中軍佐先縠曰不可成師以出聞敵彊而退非夫也又哀十一年齊伐魯魯武叔初不欲戰爲冉求所非武叔曰是謂我不成丈夫也退而蒐乘二傳之言當是先縠之辭也彼無是謂我鄭君足之也　坐如尸　尸居神位坐必矜莊言人雖不爲尸若所在坐法必當如尸之坐故鄭云視貌正也　立如齊　人之倚立多慢不恭故戒之云倚立之時雖不齊亦當如祭前之齊必須磬折屈身　注　磬且聽也齊謂祭祀時　正義曰磬且聽案士虞禮云無尸者主人哭出復位祝闔牖戶如食間是祭時主人有聽法云磬者謂屈身如磬之折殺案考工記云磬氏爲磬倨句一矩有半鄭云必先度一矩爲句一矩爲股而求其弦既而以一矩有半觸其弦則磬之倨句也是磬之折殺其形必曲人之倚立亦當然也又云齊謂祭祀時者凡齊皆在祭前自整齊之名

其侮引之者證經很亦是小小閱很之事若大很則當報之故論語孔子云以直報怨是也　疑事毋質　正義曰人多專固未知而爲已知故戒之云彼已俱疑而來問已質成也若已亦疑則無得成言之若成言疑事後爲賢人所識則傷已智也故孔子戒子路云不知爲不知是知也　直而勿有　正義曰此謂彼疑已不疑者仍須謙退直正也彼有疑事而來問已已若不疑而荅之則當稱師友所說以正之勿爲已有此義也　若夫　言若欲爲丈夫也春秋傳曰是謂我非夫　坐如尸　視貌正　立如齊　磬且聽也齊謂祭祀時　禮從宜　事不可常也晉士匄帥師侵齊聞齊侯卒乃還春秋善之　使從俗　亦事不可常也牲幣之屬則當從俗所出禮器曰天不生地不養君子不以爲禮鬼神不饗　疏　正義曰此一節論爲丈夫之法當坐如尸以下四行並備乃可立身各依文解之若夫者凡人若爲丈夫之法必當如下所陳故曰丈夫於

禮記義一　十

上下乃論其行以結之　注　言若至非夫　正義曰案左傳宣十二年邲之戰楚侵鄭晉救之及河聞鄭既及楚平中軍將荀林父欲還不濟上軍將士會曰善中軍佐先縠曰不可成師以出聞敵彊而退非夫也又哀十一年齊伐魯魯武叔初不欲戰爲冉求所非武叔曰是謂我不成丈夫也退而蒐乘二傳之言當是先縠之辭也彼無是謂我鄭君足之也　坐如尸　尸居神位坐必矜莊言人雖不爲尸若所在坐法必當如尸之坐故鄭云視貌正也　立如齊　人之倚立多慢不恭故戒之云倚立之時雖不齊亦當如祭前之齊必須磬折屈身　注　磬且聽也齊謂祭祀時　正義曰磬且聽案士虞禮云無尸者主人哭出復位祝闔牖戶如食間是祭時主人有聽法云磬者謂屈身如磬之折殺案考工記云磬氏爲磬倨句一矩有半鄭云必先度一矩爲句一矩爲股而求其弦既而以一矩有半觸其弦則磬之倨句也是磬之折殺其形必曲人之倚立亦當然也又云齊謂祭祀時者凡齊皆在祭前自整齊之名

足利本第一卷第十一葉

並於適寢之中坐而無立今云立如齊者齊有立者但祭前有齊所以自整齊也則祭日神前亦當齊則齊者先後後通稱此言立如齊非祭前坐齊故鄭云齊謂祭祀時也若然此立謂侍尊者之時故玉藻云凡侍於君紳垂足如履齊視下聽上是也　禮從宜　皇氏云上二事丈夫爲儼恪之儀此下二事丈夫爲君出使之法義或然也禮從宜者謂人臣奉命出使征伐之禮雖奉命出征梱外之事將軍裁之知可而進知難而退前事不可準定貴從當時之宜也　注事不至善之　正義曰案春秋襄十九年齊侯環卒晉士匄帥師侵齊至穀聞齊侯卒乃還公羊云還者何善辭也何善爾大其不伐喪也此受命於君而伐齊則何大其不伐喪也大夫以君命出使進退在大夫也

使從俗　使謂臣爲君出聘之法皆出土俗牲幣以爲享禮土俗若無不可境外求物故云使從俗也皇氏云上禮從宜與此使從俗互而相通皆是以禮而使義或然也

注亦事至不饗　正義曰牲幣之屬當從俗所出者謂若

禮記義一　十一

郊特牲及聘禮朝聘皆有皮馬龜金竹箭辟帛之等有則致之無則已故云不可常也禮器曰天不生者謂天不以四時而生若李梅冬實地不養者謂居山以魚鼈居澤以鹿豕君子不以爲禮者謂天不生地不養之等君子不將爲饗禮鬼神不饗者言君子不以爲禮者秪由鬼神不歆饗此非常之物明鬼神依人也　夫禮者所以定親疏決嫌疑別同異明是非也禮不妄說人　爲近佞媚也君子說之不以其道則不說也　不辭費　爲傷信君子先行其言而後從之　禮不踰節不侵侮不好狎　爲傷敬也人則習近爲好狎　脩身踐言謂之善行　踐履也言履而行之　行脩言道禮之質也　言道言合於道質猶本也禮爲之文飾耳　禮聞取於人不

潘本第一卷第十一葉

並於適寢之中坐而無立今云立如齊者齊有立者但祭前有齊所以自整齊也則祭日神前亦當齊則齊者是先後通稱此言立如齊非祭前坐齊故鄭云齊謂祭祀時也若然此立謂侍尊者之時故玉藻云凡侍於君紳垂足如履齊視下聽上是也　禮從宜　皇氏云上二事丈夫爲儼恪之儀此下二事丈夫爲君出使之法義或然也禮從宜者謂人臣奉命出使征伐之禮雖奉命出征梱外之事將軍裁之知可而進知難而退前事不可準定貴從當時之宜也　注事不至善之　正義曰案春秋襄十九年齊侯環卒晉士匄帥師侵齊至穀聞齊侯卒乃還公羊云還者何善辭也何善爾大其不伐喪也此受命於君而伐齊則何大其不伐喪也大夫以君命出使進退在大夫也

使從俗　使謂臣爲君出聘之法皆出土俗牲幣以爲享禮土俗若無不可境外求物故云使從俗也皇氏云上禮從宜與此使從俗互而相通皆是以禮而使義或然也

注亦事至不饗　正義曰牲幣之屬當從俗所出者謂若

礼記義一　十一　徐因

郊特牲及聘禮朝聘皆有皮馬龜金竹箭辟帛之等有則致之無則已故云不可常也禮器曰天不生者謂天不以四時而生若李梅冬實地不養者謂居山以魚鼈居澤以鹿豕君子不以爲禮者謂天不生地不養之等君子不將爲饗禮鬼神不饗者言君子不以爲禮者秪由鬼神不歆饗此非常之物明鬼神依人也　夫禮者所以定親疏決嫌疑別同異明是非也禮不妄說人　爲近佞媚也君子說之不以其道則不說也　不辭費　爲傷信君子先行其言而後從之　禮不踰節不侵侮不好狎　爲傷敬也人則習近爲好狎　脩身踐言謂之善行　踐履也言履而行之　行脩言道禮之質也　言道言合於道質猶本也禮爲之文飾耳　禮聞取於人不

足利本第一卷第十二葉

聞取人謂君人者取於人謂高尚其道取人謂制服其身禮聞來學不聞往教尊道藝

疏正義曰此一節揔明治身立行交接得否皆由於禮故以禮爲目各隨文解之

夫禮者所以定親踈者五服之内大功已上服麤者爲親小功已下服精者爲踈故周禮小史掌定繫世辨昭穆也 決嫌疑者若妾爲女君期女君爲妾若報之則太重降之則有舅姑爲婦之嫌故全不服是決嫌疑者孔子之喪門人疑所服子貢曰昔者夫子喪顔回若喪子而無服喪子路亦然請喪夫子若喪父而無服是決疑也 別同異者賀瑒云本同今異姑姊妹是也本異今同世母叔母及子婦是也 明是非也者得禮爲是失禮爲非若主人未小斂子游裼裘而弔得禮是也曾子襲裘而弔失禮非也但嫌疑同異是非之屬在禮甚衆各舉一事爲證而皇氏具引今亦略之 禮不妄説人者禮動不虛若説人之德則爵之問人之寒則衣之若無爵無衣則爲妄説近於佞媚也

禮記義一　十二

注君子至説也 正義曰此論語文孔子曰君子説之不以其道則不説也不以其道説之是妄説故君子不説也引證經禮不妄説人之事 不辭費 正義曰凡爲人之道當言行相副今直有言而無行爲辭費 禮不至好狎禮者所以辨尊卑別等級使上不逼下下不僭上故云禮不踰越節度也不侵侮者禮主於敬自卑而尊人故戒之不得侵犯侮慢於人也 不好狎者 賢者當狎而敬之若直近而習之不加於敬則是好狎故鄭云習近爲好狎也 行脩至質也 凡爲禮之法皆以忠信仁義爲本禮以爲文飾行脩者忠信之行脩言道者言合於仁義之道質本也則可與禮爲本也 禮聞取於人不聞取人 熊氏以爲此謂人君在上招賢之禮當用賢人德行不得虛致其身禮聞取於人者謂禮之所聞既招致有賢之人當於身上取於德行用爲政教不聞直取賢人授之以位制服而已故鄭云謂君人者皇氏以爲人君取師受學之法取於人謂自到師門取其道藝 禮聞來學不聞往教

潘本第一卷第十二葉

聞取人謂君人者取於人謂高尚其道取人謂制服其身禮聞來學不聞往教尊道藝

疏正義曰此一節揔明治身立行交接得否皆由於禮故以禮爲目各隨文解之

夫禮者所以定親踈者五服之内大功已上服麤者爲親小功已下服精者爲踈故周禮小史掌定繫世辨昭穆也 決嫌疑者若妾爲女君期女君爲妾若報之則太重降之則有舅姑爲婦之嫌故全不服是決嫌疑者孔子之喪門人疑所服子貢曰昔者夫子喪顔回若喪子而無服喪子路亦然請喪夫子若喪父而無服是決疑也 別同異者賀瑒云本同今異姑姊妹是也本異今同世母叔母及子婦是也 明是非也者得禮爲是失禮爲非若主人未小斂子游裼裘而弔得禮是也曾子襲裘而弔失禮非也但嫌疑同異是非之屬在禮甚衆各舉一事爲證而皇氏具引今亦略之 禮不妄説人者禮動不虛若説人之德則爵之問人之寒則衣之若無爵無衣則爲妄説近於佞媚也

禮記義一　十二

注君子至説也 正義曰此論語文孔子曰君子説之不以其道則不説也不以其道説之是妄説故君子不説也引證經禮不妄説人之事 不辭費 正義曰凡爲人之道當言行相副今直有言而無行爲辭費 禮不至好狎禮者所以辨尊卑別等級使上不逼下下不僭上故云禮不踰越節度也不侵侮者禮主於敬自卑而尊人故戒之不得侵犯侮慢於人也 不好狎者 賢者當狎而敬之若直近而習之不加於敬則是好狎故鄭云習近爲好狎也 行脩至質也 凡爲禮之法皆以忠信仁義爲本禮以爲文飾行脩者忠信之行脩言道者言合於仁義之道質本也則可與禮爲本也 禮聞取於人不聞取人 熊氏以爲此謂人君在上招賢之禮當用賢人德行不得虛致其身禮聞取於人者謂禮之所聞既招致有賢之人當於身上取於德行用爲政教不聞直取賢人授之以位制服而已故鄭云謂君人者皇氏以爲人君取師受學之法取於人謂自到師門取其道藝 禮聞來學不聞往教

足利本第一卷第十三葉

禮聞來學者凡學之法當就其師處北面伏膺不聞往教者不可以屈師親來就己故鄭云尊道藝也

禮記正義卷第一

潘本第一卷第十三葉

禮聞來學者凡學之法當就其師處北面伏膺不聞往教者不可以屈師親來就己故鄭云尊道藝也

禮記正義卷第一

禮記正義卷第二

國子祭酒上護軍曲阜縣開國子臣孔穎達等奉

勅撰

道德仁義非禮不成教訓正俗非禮不備分爭辨訟非禮不決君臣上下父子兄弟非禮不定宦學事師非禮不親班朝治軍涖官行法非禮威嚴不行禱祠祭祀供給鬼神非禮不誠不莊分辨皆別也宦仕也班次也涖臨也莊敬也學或爲御是以君子恭敬撙節退讓以明禮撙猶趨也鸚鵡能言不離飛鳥猩猩能言不離禽獸今人而無禮雖能言不亦禽獸之心乎夫唯禽獸無禮故父子聚麀聚猶共也鹿牝曰麀是故聖人作爲禮以教人使人以有禮知自別於禽獸

疏 正義曰此一節明禮爲諸事之本言人能有禮然可異於禽獸也 道德仁義非禮不成者道者通物之名德者得理之稱仁是施恩及物義是裁斷合宜言人欲行四事不用禮無由得成故云非禮不成也道德爲萬事之本仁義爲羣行之大故舉此四者爲用禮之主則餘行須禮可知也道是通物德是理物理物由於開通是德從

足利本第二卷第一葉

禮記正義卷第二

國子祭酒上護軍曲阜縣開國子臣孔穎達等奉

勅撰

道德仁義非禮不成教訓正俗非禮不備分爭辨訟非禮不決君臣上下父子兄弟非禮不定宦學事師非禮不親班朝治軍涖官行法非禮威嚴不行禱祠祭祀供給鬼神非禮不誠不莊分辨皆別也宦仕也班次也涖臨也莊敬也學或爲御是以君子恭敬撙節退讓以明禮撙猶趨也鸚鵡能言不離飛鳥猩猩能言不離禽獸今人而無禮雖能言不亦禽獸之心乎夫唯禽獸無禮故父子聚麀聚猶共也鹿牝曰麀是故聖人作爲禮以教人使人以有禮知自別於禽獸

疏 正義曰此一節明禮爲諸事之本言人能有禮然可異於禽獸也 道德仁義非禮不成者道者通物之名德者得理之稱仁是施恩及物義是裁斷合宜言人欲行四事不用禮無由得成故云非禮不成也道德爲萬事之本仁義爲羣行之大故舉此四者爲用禮之主則餘行須禮可知也道是通物德是理物理物由於開通是德從

潘本第二卷第一葉

道生故道在德上此經道謂才藝德謂善行故鄭注周禮
云道多才藝德能躬行非是老子之道德也熊氏云此是
老子失道而後德失德而後仁失仁而後義今謂道德大
而言之則包羅萬事小而言之則人之才藝善行無問大
小皆須禮以行之是禮爲道德之具故云非禮不成然人
之才藝善行得爲道德者以身有才藝事得開通身有美
善於理爲得故稱道德也　教訓正俗非禮不備者熊氏
云教謂教人師法訓謂訓說義理以此教訓正其風俗非
得其禮不能備具故云非禮不備但教之與訓小異大同
分爭辨訟非禮不決者周禮司寇以兩造禁民訟又云以
兩劑禁民獄故鄭云爭罪曰獄爭財曰訟爭則萬事通名
故左傳云凡有血氣皆有爭心又云錐刀之末將盡爭之
是也此爭財曰訟對文異耳散則通名故左傳云衛侯與
元咺訟是爭罪亦曰訟也　君臣上下父子兄弟非禮不
定者上謂公卿大夫下謂士也君父南面臣子北面公卿
大夫則列位於上士則列位於下兄前弟後唯禮能定也

禮記義二　二

白虎通云君羣也羣下之所歸心也臣堅也厲志自堅也
父矩也以法度教子也子孳也孳孳無已也兄況也況父
法也弟悌也心順行篤也　宦學事師非禮不親者熊氏
云宦謂學仕宦之事學謂習學六藝此二者俱是事師非
禮不親左傳宣二年趙盾見靈輒餓問之云宦三年矣服
虔云宦學也是學職事爲宦也　班朝治軍涖官行法非
禮威嚴不行者班次也朝朝廷也次謂司士正朝儀之位
次也治軍謂師旅卒伍各正其部分也涖臨也官謂卿大
夫士各有職掌行法謂司寇士師明刑法也皆用禮威嚴
乃行也　禱祠祭祀供給鬼神非禮不誠不莊者周禮都
宗人云國有大故則令禱祠鄭注云祠謂報塞又小宗伯
注云求福曰禱得求曰祠熊氏云祭祀者國家常禮牲幣
之屬以供給鬼神唯有禮乃能誠敬　是以君子恭敬撙
節退讓以明禮者君子是有德有爵之通稱王肅云君上
位子下民又康成注少儀云君子卿大夫若有異德者凡
禮有深疑則舉君子以正之恭敬者何胤云在貌爲恭在

足利本第二卷第二葉

道生故道在德上此經道謂才藝德謂善行故鄭注周禮
云道多才藝德能躬行非是老子之道德也熊氏云此是
老子失道而後德失德而後仁失仁而後義今謂道德大
而言之則包羅萬事小而言之則人之才藝善行無問大
小皆須禮以行之是禮爲道德之具故云非禮不成然人
之才藝善行得爲道德者以身有才藝事得開通身有美
善於理爲得故稱道德也　教訓正俗非禮不備者熊氏
云教謂教人師法訓謂訓說義理以此教訓正其風俗非
得其禮不能備具故云非禮不備但教之與訓小異大同
分爭辨訟非禮不決者周禮司寇以兩造禁民訟又云以
兩劑禁民獄故鄭云爭罪曰獄爭財曰訟爭則萬事通名
故左傳云凡有血氣皆有爭心又云錐刀之末將盡爭之
是也此爭財曰訟對文異耳散則通名故左傳云衛侯與
元咺訟是爭罪亦曰訟也　君臣上下父子兄弟非禮不
定者上謂公卿大夫下謂士也君父南面臣子北面公卿
大夫則列位於上士則列位於下兄前弟後唯禮能定也

禮記義二　二

白虎通云君羣也羣下之所歸心也臣堅也厲志自堅也
父矩也以法度教子也子孳也孳孳無已也兄況也況父
法也弟悌也心順行篤也　宦學事師非禮不親者熊氏
云宦謂學仕宦之事學謂習學六藝此二者俱是事師非
禮不親左傳宣二年趙盾見靈輒餓問之云宦三年矣服
虔云宦學也是學職事爲宦也　班朝治軍涖官行法非
禮威嚴不行者班次也朝朝廷也次謂司士正朝儀之位
次也治軍謂師旅卒伍各正其部分也涖臨也官謂卿大
夫士各有職掌行法謂司寇士師明刑法也皆用禮威嚴
乃行也　禱祠祭祀供給鬼神非禮不誠不莊者周禮都
宗人云國有大故則令禱祠鄭注云祠謂報塞又小宗伯
注云求福曰禱得求曰祠熊氏云祭祀者國家常禮牲幣
之屬以供給鬼神唯有禮乃能誠敬　是以君子恭敬撙
節退讓以明禮者君子是有德有爵之通稱王肅云君上
位子下民又康成注少儀云君子卿大夫若有異德者凡
禮有深疑則舉君子以正之恭敬者何胤云在貌爲恭在

潘本第二卷第二葉

足利本第二卷第三葉

心爲敬何之所說從多舉也夫貌多心少爲恭心多貌少爲敬所以知者書云奉先思孝接下思恭又云貌曰恭又少儀云賓客主恭祭祀主敬論語云巧言令色足恭又云至於犬馬皆能有養不敬何以別乎又孝經說君父同敬爲毋不同敬以此諸文言之凡稱敬多爲尊故知貌多爲恭心多爲敬也又通而言之則恭敬是一左傳云敬恭父命士昏禮云敬恭聽宗父母之言孝經云恭敬安親此並恭敬連言明是一也撙者趨也節法度也言恒趨於法度退讓以明禮者應進而遷曰退應受而推曰讓以明禮者既道德仁義已下並須禮以成故君子之身行恭敬趨法度及退讓之事以明禮也　猩猩至禽獸　正義曰爾雅云猩猩小而好啼郭注山海經云人面豕身能言語今交阯封谿縣出猩猩狀如貛㹠聲似小兒啼今案禽獸之名經記不同爾雅云二足而羽謂之禽四足而毛謂之獸今鸚鵡是羽曰禽猩猩四足而毛正可是獸今並云禽獸者凡語有通別別而言之羽則曰禽毛則曰獸所以然者禽者擒也言鳥力小可擒捉而取之獸者守也言其力多不易可擒先須圍守然後乃獲故曰獸也通而爲說鳥不可曰獸獸亦可曰禽故鸚鵡不曰獸而猩猩通曰禽也故易云王用三驅失前禽則驅走者亦曰禽也又周禮司馬職云大獸公之小禽私之以此而言則禽未必皆鳥也又康成注周禮云凡鳥獸未孕曰禽周禮又云以禽作六贄卿羔大夫鴈白虎通云禽者鳥獸之揔名以此諸經證禽名通獸者以其小獸可擒故得通名禽也

大上貴德 大上帝皇之世其民施而不惟報 其次務施報 三王之世禮始興焉 禮尚往來往而不來非禮也來而不往亦非禮也人有禮則安無禮則危故曰禮者不可不學也夫禮者自卑而尊人雖負販

潘本第二卷第三葉

心爲敬何之所說從多舉也夫貌多心少爲恭心多貌少爲敬所以知者書云奉先思孝接下思恭又云貌曰恭又少儀云賓客主恭祭祀主敬論語云巧言令色足恭又云至於犬馬皆能有養不敬何以別乎又孝經說君父同敬爲毋不同敬以此諸文言之凡稱敬多爲尊故知貌多爲恭心多爲敬也又通而言之則恭敬是一左傳云敬恭父命士昏禮云敬恭聽宗父母之言孝經云恭敬安親此並恭敬連言明是一也撙者趨也節法度也言恒趨於法度退讓以明禮者應進而遷曰退應受而推曰讓以明禮者既道德仁義已下並須禮以成故君子之身行恭敬趨法度及退讓之事以明禮也　猩猩至禽獸　正義曰爾雅云猩猩小而好啼郭注山海經云人面豕身能言語今交阯封谿縣出猩猩狀如貛㹠聲似小兒啼今案禽獸之名經記不同爾雅云二足而羽謂之禽四足而毛謂之獸今鸚鵡是羽曰禽猩猩四足而毛正可是獸今並云禽獸者凡語有通別別而言之羽則曰禽毛則曰獸所以然者禽者擒也言鳥力小可擒捉而取之獸者守也言其力多不易可擒先須圍守然後乃獲故曰獸也通而爲說鳥不可曰獸獸亦可曰禽故鸚鵡不曰獸而猩猩通曰禽也故易云王用三驅失前禽則驅走者亦曰禽也又周禮司馬職云大獸公之小禽私之以此而言則禽未必皆鳥也又康成注周禮云凡鳥獸未孕曰禽周禮又云以禽作六贄卿羔大夫鴈白虎通云禽者鳥獸之揔名以此諸經證禽名通獸者以其小獸可擒故得通名禽也

大上貴德 大上帝皇之世其民施而不惟報 其次務施報 三王之世禮始興焉 禮尚往來往而不來非禮也來而不往亦非禮也人有禮則安無禮則危故曰禮者不可不學也夫禮者自卑而尊人雖負販

足利本第二卷第四葉

者必有尊也而況富貴乎負販者尤輕恌志利宜若無禮然富貴而知好禮則不驕不淫貧賤而知好禮則志不懾懾猶怯惑疏正義曰此一節明世變道殊所貴有異雖負販者必須有禮各隨文解之　大上貴德者大上謂三皇五帝之世也其時猶淳厚其德不尚往來之禮所貴者在於有德故曰貴德也德主務施其事但施而不希其反也皇是三皇帝是五帝不云皇帝者恐是一事不分故鄭升帝於皇上以殊異代矣然五帝雖有三禮五玉陟方朝會而猶是揖讓故上同三皇是以禮運注謂五帝爲大道之時也熊氏云三皇稱皇者皆行合天皇之星故詩緯含神霧宋均注云北極天皇大帝其精生人然則稱皇者皆得天皇之氣也鄭玄意則以伏犧女媧神農爲三皇故注中候勑省圖引運斗樞伏犧女媧神農爲三皇也然宋均注援神契引甄耀度

禮記義二　四

數燧人伏犧神農爲三皇譙周古史考亦然白虎通取伏犧神農祝融爲三皇孔安國則伏犧神農黃帝爲三皇並與鄭不同此皆無所據其言非也鄭數伏犧女媧神農非謂其人身自相接其間代之王多矣六藝論云燧人至伏犧一百八十七代宋均注文耀鉤云女媧以下至神農七十二姓譙周以爲伏犧以次有三姓始至女媧女媧之後五十姓至神農神農至炎帝一百三十三姓是不當身相接譙周以神農炎帝爲別人又以神農爲木德女媧爲水德皆非鄭義也其五帝者鄭注中候勑省圖云德合五帝坐星者稱帝則黃帝金天氏高陽氏高辛氏陶唐氏有虞氏是也實六人而稱五者以其俱合五帝坐星也五帝所以稱帝者坤靈圖云德配天地在正不在私稱之曰帝三王稱王者莊三年穀梁傳曰其曰王者人所歸往也散而言之則三皇亦稱帝則月令云其帝太昊是也五帝亦稱皇則呂刑云皇帝清問下民是也至三王德劣不得上同於天唯稱王而已此云大上貴德鄭云帝皇之世則帝皇

潘本第二卷第四葉

者必有尊也而況富貴乎負販者尤輕恌志利宜若無禮然富貴而知好禮則不驕不淫貧賤而知好禮則志不懾懾猶怯惑疏正義曰此一節明世變道殊所貴有異雖負販者必須有禮各隨文解之　大上貴德者大上謂三皇五帝之世也其時猶淳厚其德不尚往來之禮所貴者在於有德故曰貴德也德主務施其事但施而不希其反也皇是三皇帝是五帝不云皇帝者恐是一事不分故鄭升帝於皇上以殊異代矣然五帝雖有三禮五玉陟方朝會而猶是揖讓故上同三皇是以禮運注謂五帝爲大道之時也熊氏云三皇稱皇者皆行合天皇之星故詩緯含神霧宋均注云北極天皇大帝其精生人然則稱皇者皆得天皇之氣也鄭玄意則以伏犧女媧神農爲三皇故注中候勑省圖引運斗樞伏犧女媧神農爲三皇也然宋均注援神契引甄耀度

禮記義二　四　朱文

數燧人伏犧神農爲三皇譙周古史考亦然白虎通取伏犧神農祝融爲三皇孔安國則伏犧神農黃帝爲三皇並與鄭不同此皆無所據其言非也鄭數伏犧女媧神農非謂其人身自相接其間代之王多矣六藝論云燧人至伏犧一百八十七代宋均注文耀鉤云女媧以下至神農七十二姓譙周以爲伏犧以次有三姓始至女媧女媧之後五十姓至神農神農至炎帝一百三十三姓是不當身相接譙周以神農炎帝爲別人又以神農爲木德女媧爲水德皆非鄭義也其五帝者鄭注中候勑省圖云德合五帝坐星者稱帝則黃帝金天氏高陽氏高辛氏陶唐氏有虞氏是也實六人而稱五者以其俱合五帝坐星也五帝所以稱帝者坤靈圖云德配天地在正不在私稱之曰帝三王稱王者莊三年穀梁傳曰其曰王者人所歸往也散而言之則三皇亦稱帝則月令云其帝太昊是也五帝亦稱皇則呂刑云皇帝清問下民是也至三王德劣不得上同於天唯稱王而已此云大上貴德鄭云帝皇之世則帝皇

以上皆行德也所以中候握河紀云皇道帝德非朕所事是三皇行道五帝行德不同者但德由道生道爲其本故道優於德散而言之德亦是道故揔云貴德既三皇行道五帝行德以次推之則三王行仁五霸行義五帝雖行德亦能有仁故大學云堯舜率天下以仁是也案老子云道常無名河上公云能生天地人則當大易之氣也道德經云上德不德其德稍劣於常道則三皇之世法大易之道行之也然則可行之道則伏犧畫八卦之屬是也三皇所行者也下德不失德河上公云下德謂號謚之君則五帝所行者也但三皇則道多德少五帝則道少德多此皆熊氏之說也今謂道者開通濟物之名萬物由之而有生之不爲功有之不自伐虛無寂寞隨物推移則天地所生微妙不測聖人能同天地之性其愛養如此謂之爲道此則常道人行大道也其如此善行爲心於已爲得雖不矜伐意恒爲善謂之爲德此則劣於道也既能推恩濟養惻隱矜恤於物謂之爲仁又劣於德若其以仁招物物不從已

禮記義二　五

征伐刑戮使人服從謂之爲義又劣於仁以義服從恐其叛散以禮制約苟相羈縻是之謂禮又劣於義此是人情小禮非大禮也聖人之身俱包五事遇可道行道可德行德可仁行仁可義行義皆隨時應物其實諸事並有非是有道德之時無仁義有仁義之時無道德也此道德以大言之則天地聖人之功也以小言之則凡人之行也故鄭注周禮云道多才藝德能躬行謂於一人之上亦能開通亦於已爲德以此言之則周禮三德六德及臯陶九德及洪範三德諸經傳道德皆有分域小大殊名不足怪也

注 其民施而不惟報　正義曰惟思也世既貴德但有施惠而不思求報也　其次務施報　正義曰其次謂三王之世也務猶事也三王之世獨親其親獨子其子貨力爲已施則望報以爲恒事故云務施報　禮尚往來者言三王之世其禮主尚往來　貧賤至不懾　懾怯也惑也貧者之容好怯惑畏人使心志不遂若知禮者則持禮而行之故志不懾怯是以於貧賤之中必有所尊也　注 懾猶怯

以上皆行德也所以中候握河紀云皇道帝德非朕所事是三皇行道五帝行德不同者但德由道生道爲其本故道優於德散而言之德亦是道故揔云貴德既三皇行道五帝行德以次推之則三王行仁五霸行義五帝雖行德亦能有仁故大學云堯舜率天下以仁是也案老子云道常無名河上公云能生天地人則當大易之氣也道德經云上德不德其德稍劣於常道則三皇之世法大易之道行之也然則可行之道則伏犧畫八卦之屬是也三皇所行者也下德不失德河上公云下德謂號謚之君則五帝所行者也但三皇則道多德少五帝則道少德多此皆熊氏之說也今謂道者開通濟物之名萬物由之而有生之不爲功有之不自伐虛無寂寞隨物推移則天地所生微妙不測聖人能同天地之性其愛養如此謂之爲道此則常道人行大道也其如此善行爲心於已爲得雖不矜伐意恒爲善謂之爲德此則劣於道也既能推恩濟養惻隱矜恤於物謂之爲仁又劣於德若其以仁招物物不從已

禮記義二　五

征伐刑戮使人服從謂之爲義又劣於仁以義服從恐其叛散以禮制約苟相羈縻是之謂禮又劣於義此是人情小禮非大禮也聖人之身俱包五事遇可道行道可德行德可仁行仁可義行義皆隨時應物其實諸事並有非是有道德之時無仁義有仁義之時無道德也此道德以大言之則天地聖人之功也以小言之則凡人之行也故鄭注周禮云道多才藝德能躬行謂於一人之上亦能開通亦於已爲德以此言之則周禮三德六德及臯陶九德及洪範三德諸經傳道德皆有分域小大殊名不足怪也

注 其民施而不惟報　正義曰惟思也世既貴德但有施惠而不思求報也　其次務施報　正義曰其次謂三王之世也務猶事也三王之世獨親其親獨子其子貨力爲已施則望報以爲恒事故云務施報　禮尚往來者言三王之世其禮主尚往來　貧賤至不懾　懾怯也惑也貧者之容好怯惑畏人使心志不遂若知禮者則持禮而行之故志不懾怯是以於貧賤之中必有所尊也　注 懾猶怯

足利本第二卷第六葉

惑正義曰何胤云憚所行爲怯迷於事爲惑義或當然人生十年曰幼學名曰幼時始可學也內則曰十年出就外傳居宿於外學書計二十曰弱冠三十曰壯有室有室有妻也妻稱室四十曰強而仕五十曰艾服官政艾老也六十曰耆指使指事使人也六十不與服戎不親學七十曰老而傳傳家事任子孫是謂宗子之父八十九十曰耄耄惛忘也春秋傳曰謂老將知而耄又及之七年曰悼悼憐愛也悼與耄雖有罪不加刑焉愛幼而尊老百年曰期頤期猶要也頤養也不知衣服食味孝子要盡養道而已大夫七十而致事致其所掌之事於君而告老若不得謝謝猶聽也君必有命勞苦辭謝之其有德尚壯則不聽耳則必賜之几杖行役以婦人適四方乘安車几杖婦人安車所以養其身體也安車坐乘若今小車也自稱曰老夫老人稱也亦明君貪賢春秋傳曰老夫耄矣於其國則稱名君雖尊異之自稱猶若臣越國而問焉必告之以其制鄭國來問必問於老者以荅之制法度疏正義曰此一節明人幼而從學至於成德終始之行皆遵禮制各隨文解之人生十年曰幼學者謂初生之時至十歲依內則子生八年始教之讓九年教之數日十年出就外傳居宿於外學書計故以十年爲節也幼者自始生至十九時故檀弓云幼名者三月爲名稱幼冠禮云棄爾幼志是十九以前爲幼喪服傳云子幼鄭康成

禮記義二　六

潘本第二卷第六葉

惑正義曰何胤云憚所行爲怯迷於事爲惑義或當然人生十年曰幼學名曰幼時始可學也內則曰十年出就外傳居宿於外學書計二十曰弱冠三十曰壯有室有室有妻也妻稱室四十曰強而仕五十曰艾服官政艾老也六十曰耆指使指事使人也六十不與服戎不親學七十曰老而傳傳家事任子孫是謂宗子之父八十九十曰耄耄惛忘也春秋傳曰謂老將知而耄又及之七年曰悼悼憐愛也悼與耄雖有罪不加刑焉愛幼而尊老百年曰期頤期猶要也頤養也不知衣服食味孝子要盡養道而已大夫七十而致事致其所掌之事於君而告老若不得謝謝猶聽也君必有命勞苦辭謝之其有德尚壯則不聽耳則必賜之几杖行役以婦人適四方乘安車几杖婦人安車所以養其身體也安車坐乘若今小車也自稱曰老夫老人稱也亦明君貪賢春秋傳曰老夫耄矣於其國則稱名君雖尊異之自稱猶若臣越國而問焉必告之以其制鄭國來問必問於老者以荅之制法度疏正義曰此一節明人幼而從學至於成德終始之行皆遵禮制各隨文解之人生十年曰幼學者謂初生之時至十歲依內則子生八年始教之讓九年教之數日十年出就外傳居宿於外學書計故以十年爲節也幼者自始生至十九時故檀弓云幼名者三月爲名稱幼冠義云棄爾幼志是十九以前爲幼喪服傳云子幼鄭康成

禮記義二　六

云十五以下皆別有義今云十年曰幼學是十歲而就業也二十曰弱冠者二十成人初加冠體猶未壯故曰弱也至二十九通得名弱冠以其血氣未定故也不曰人生並承上可知也今謂庶人及士之子若卿大夫十五以上則冠故喪服云大夫爲昆弟之長殤是也其冠儀與士同故郊特牲云無大夫冠禮是也其大夫之子亦二十而冠其諸侯之子亦二十而冠天子之子則十二而冠若天子諸侯之身則皆十二而冠具釋在冠義三十曰壯有室者三十而立血氣已定故曰壯也壯有妻妻居室中故呼妻爲室若通而言之則宮室通名故爾雅云宮謂之室室謂之宮別而言之論其四面穹隆則曰宮因其貯物充實則曰室室之言實也今不云有妻而云有室者妻者齊也齊爲狹局云室者含妾媵事類爲廣案媒氏云男三十女二十鄭康成云二三者天地相承覆之數也易曰參天兩地而倚數焉白虎通云男三十筋骨堅強任爲人父女二十肌膚充盛任爲人母合爲五十應大衍之數生萬物也

禮記義二　七

四十曰強而仕者三十九以前通曰壯壯久則強故四十曰強強有二義一則四十不惑是智慮強二則氣力強也五十曰艾服官政者四十九以前通曰強年至五十氣力已衰髮蒼白色如艾也五十是知天命之年堪爲大夫服事也大夫得專事其官政故曰服官政也鄭康成注孝經云張官設府謂之卿大夫即此之謂也熊氏云案中候運衡云年耆既艾注云七十曰艾言七十者以時堯年七十故以七十言之又中候準讖哲云仲父年艾誰將逮政注云七十曰艾者云誰將逮政是告老致政致政當七十之時故以七十曰艾　六十曰耆指使賀瑒云耆至也至老之境也六十耳順不得執事但指事使人也鄭注射義云耆耋皆老也　注六十至不親學　正義曰此王制文引之者證不自使也　七十曰老而傳　六十至老境而未全老七十其老已全故言老也既年已老則傳徙家事付委子孫不復指使也　注傳家至之父　正義曰然庶子年老亦得傳付子孫而鄭唯云謂宗子者爲喪服有宗子孤爲

云十五以下皆別有義今云十年曰幼學是十歲而就業也二十曰弱冠者二十成人初加冠體猶未壯故曰弱也至二十九通得名弱冠以其血氣未定故也不曰人生並承上可知也今謂庶人及士之子若卿大夫十五以上則冠故喪服云大夫爲昆弟之長殤是也其冠儀與士同故郊特牲云無大夫冠禮是也其大夫之子亦二十而冠其諸侯之子亦二十而冠天子之子則十二而冠若天子諸侯之身則皆十二而冠其釋在冠義三十曰壯有室者三十而立血氣已定故曰壯也壯有妻妻居室中故呼妻爲室若通而言之則宮室通名故爾雅云宮謂之室室謂之宮別而言之論其四面穹隆則曰宮因其貯物充實則曰室室之言實也今不云有妻而云有室者妻者齊也齊爲狹局云室者含妾媵事類爲廣案媒氏云男三十女二十鄭康成云二三者天地相承覆之數也易曰參天兩地而倚數焉白虎通云男三十筋骨堅強任爲人父女二十肌膚充盛任爲人母合爲五十應大衍之數生萬物也

禮記義二　七

四十曰強而仕者三十九以前通曰壯壯久則強故四十曰強強有二義一則四十不惑是智慮強二則氣力強也五十曰艾服官政者四十九以前通曰強年至五十氣力已衰髮蒼白色如艾也五十是知天命之年堪爲大夫服事也大夫得專事其官政故曰服官政也鄭康成注孝經云張官設府謂之卿大夫即此之謂也熊氏云案中候運衡云年耆既艾注云七十曰艾言七十者以時堯年七十故以七十言之又中候準讖哲云仲父年艾誰將逮政注云七十曰艾者云誰將逮政是告老致政致政當七十之時故以七十曰艾　六十曰耆指使賀瑒云耆至也至老之境也六十耳順不得執事但指事使人也鄭注射義云耆耋皆老也　注六十至不親學　正義曰此王制文引之者證不自使也　七十曰老而傳　六十至老境而未全老七十其老已全故言老也既年已老則傳徙家事付委子孫不復指使也　注傳家至之父　正義曰然庶子年老亦得傳付子孫而鄭唯云謂宗子者爲喪服有宗子孤爲

足利本第二卷第八葉

殤鄭云言孤有不孤者謂父有廢疾若七十而老子代主宗事者也鄭今欲會成喪服義故引宗子之父也又一云宗子並謂五宗也五宗之子並是傳祭之身故指之也庶子乃授家事於子非相傳之事此既云傳故鄭知非庶子也必爲宗子父者以經言傳傳者上受父祖之事下傳子孫子孫之所傳家事祭事爲重若非宗子無由傳之但七十之時祭祀之事猶親爲之其視濯溉則子孫故序卦注云謂父退居田里不能備祭宗廟長子當親視滌濯鼎俎是也若至八十祭亦不爲故王制云八十齊喪之事不及也注云不齊則不祭也　八十九十曰耄耄者僻謬也人或八十而耄或九十而耄故並言二時也　注耄惛至及之　正義曰耄惛忘也者惛忘即僻謬也　所引春秋案左傳昭元年周景王使劉定公勞[illegible]趙孟定公勸趙孟纂禹之績廣遠樹之功趙孟對云老[illegible]戾朝不謀夕劉子歸語王曰諺所謂老將知而耄及之[illegible]趙孟之謂乎引之者證老爲耄　七年曰悼　悼憐愛也未有識慮甚可憐愛

禮記義二　八　毛俊

也年七歲而在九十後者以其同不加刑故退而次之也悼與耄雖有罪不加刑焉者幼無識慮則可憐愛老巳耄而可尊敬雖有罪而同不加其刑辟也周禮司剌有三赦一曰幼弱二曰老旄三曰惷愚鄭注云若今時律令未滿八歲八十以上非手殺人他皆不坐故司剌有三赦皆放免不坐也　百年曰期頤者期要也頤養也人生百歲不復知衣服飲食寒煖氣味故人子用心要求親之意而盡養道也頤養也易序卦文　大夫七十而致事者七十曰老在家則傳家事於子孫在官致所掌職事還君退還田里也不云置而云致者置是廢絕致是與人明朝廷必有賢代巳也白虎通云臣年七十懸車致仕者臣以執事趨走爲職七十耳目不聰明是以退老去避賢也所以長廉遠恥懸車示不用也致事致職於君君不使退而自去者尊賢也　若不得謝者謝猶聽許也君若許其罷職必辭謝云在朝日久劬勞歲積是許其致事也今不得聽是其有德尚壯猶堪掌事不聽去也　則必賜之几杖者熊氏云既

潘本第二卷第八葉

殤鄭云言孤有不孤者謂父有廢疾若七十而老子代主宗事者也鄭今欲會成喪服義故引宗子之父也又一云宗子並謂五宗也五宗之子並是傳祭之身故指之也庶子乃授家事於子非相傳之事此既云傳故鄭知非庶子也必爲宗子父者以經言傳傳者上受父祖之事下傳子孫子孫之所傳家事祭事爲重若非宗子無由傳之但七十之時祭祀之事猶親爲之其視濯溉則子孫故序卦注云謂父退居田里不能備祭宗廟長子當親視滌濯鼎俎是也若至八十祭亦不爲故王制云八十齊喪之事不及也注云不齊則不祭也　八十九十曰耄耄者僻謬也人或八十而耄或九十而耄故並言二時也　注耄惛至及之　正義曰耄惛忘也者惛忘即僻謬也　所引春秋案左傳昭元年周景王使劉定公勞晉趙孟定公勸趙孟纂禹之績廣遠樹之功趙孟對云老夫罪戾朝不謀夕劉子歸語王曰諺所謂老將知而耄及之者其趙孟之謂乎引之者證老爲耄　七年曰悼者悼憐愛也未有識慮甚可憐愛

禮記義二　八　毛俊

也年七歲而在九十後者以其同不加刑故退而次之也悼與耄雖有罪不加刑焉者幼無識慮則可憐愛老巳耄而可尊敬雖有罪而同不加其刑辟也周禮司剌有三赦一曰幼弱二曰老旄三曰惷愚鄭注云若今時律令未滿八歲八十以上非手殺人他皆不坐故司剌有三赦皆放免不坐也　百年曰期頤者期要也頤養也人生百歲不復知衣服飲食寒煖氣味故人子用心要求親之意而盡養道也頤養也易序卦文　大夫七十而致事者七十曰老在家則傳家事於子孫在官致所掌職事還君退還田里也不云置而云致者置是廢絕致是與人明朝廷必有賢代巳也白虎通云臣年七十懸車致仕者臣以執事趨走爲職七十耳目不聰明是以退老去避賢也所以長廉遠恥懸車示不用也致事致職於君君不使退而自去者尊賢也　若不得謝者謝猶聽許也君若許其罷職必辭謝云在朝日久劬勞歲積是許其致事也今不得聽是其有德尚壯猶堪掌事不聽去也　則必賜之几杖者熊氏云既

不聽致事則祭義云七十杖於朝是也聽致事則王制云七十杖於國八十杖於朝是也案書傳云七十杖於朝鄭注云朝當爲國者以其下有八十杖於朝故以朝當爲國也與王制同並謂聽致事也　行役以婦人者行役謂本國廵行役事婦人能養人故許自隨也　適四方乘安車者適四方謂遠聘異國時乘安車安車小車也亦老人所宜然此養老之具在國及出皆得用之今言行役婦人四方安車則相互也從語便故離言之耳　自稱曰老夫者君此老臣行役及適四方應與人語其自稱爲老夫言已是老大夫也必稱老者明君貪賢之故而臣老猶在其朝也　注几杖至耄矣　正義曰安車坐乘若今小車者古者乘四馬之車立乘此臣既老故乘一馬小車坐乘也虞尉云漢世駕一馬而坐乘也熊氏云案書傳略說云致仕者以朝乘車輲輪鄭云乘車安車言輲輪明其小也春秋傳曰老夫耄矣者引左傳證老臣對他國人自稱老夫也此是春秋隱四年衛石碏辭也石碏子厚與衛州吁遊吁弑其異母兄完而自立未能和民欲結強援時陳侯有寵於周桓王州吁與石厚往陳欲因陳自達於周而石碏遣人告陳曰衛國褊小老夫耄矣無能爲也此二人者實弑寡君敢即圖之　於其國則稱名者於其國謂自與其君言也雖老猶自稱名也　注君雖尊異之自稱猶若臣者案玉藻云上大夫曰下臣士相見禮云士大夫於他邦之君曰外臣是上大夫於己君自稱爲下臣於他國君自稱爲外臣又玉藻云下大夫自名又鄭注玉藻云下大夫自名於他國則曰外臣某是下大夫於己君稱名於他國曰外臣某此既自稱老夫宜是上大夫而稱名從下大夫者既被君尊異故臣亦謙退從下大夫之例而稱名也且玉藻所云是其從下大夫例然臣於君單稱名無嫌也　越國而問焉必告之以其制　越國猶他國也若他國來問已國君之政君雖已達其事猶宜問於老賢老賢則稱國之舊制以對他國之問也　謀於長者必操几杖以從之　從猶就也

禮記義二　九

不聽致事則祭義云七十杖於朝是也聽致事則王制云七十杖於國八十杖於朝是也案書傳云七十杖於朝鄭注云朝當爲國者以其下有八十杖於朝故以朝當爲國也與王制同並謂聽致事也　行役以婦人者行役謂本國廵行役事婦人能養人故許自隨也　適四方乘安車者適四方謂遠聘異國時乘安車安車小車也亦老人所宜然此養老之具在國及出皆得用之今言行役婦人四方安車則相互也從語便故離言之耳　自稱曰老夫者君此老臣行役及適四方應與人語其自稱爲老夫言已是老大夫也必稱老者明君貪賢之故而臣老猶在其朝也　注几杖至耄矣　正義曰安車坐乘若今小車者古者乘四馬之車立乘此臣既老故乘一馬小車坐乘也虞尉云漢世駕一馬而坐乘也熊氏云案書傳略說云致仕者以朝乘車輲輪鄭云乘車安車言輲輪明其小也春秋傳曰老夫耄矣者引左傳證老臣對他國人自稱老夫也此是春秋隱四年衛石碏辭也石碏子厚與衛州吁遊吁弑其異母兄完而自立未能和民欲結強援時陳侯有寵於周桓王州吁與石厚往陳欲因陳自達於周而石碏遣人告陳曰衛國褊小老夫耄矣無能爲也此二人者實弑寡君敢即圖之　於其國則稱名者於其國謂自與其君言也雖老猶自稱名也　注君雖尊異之自稱猶若臣者案玉藻云上大夫曰下臣士相見禮云士大夫於他邦之君曰外臣是上大夫於己君自稱爲下臣於他國君自稱爲外臣又玉藻云下大夫自名又鄭注玉藻云下大夫自名於他國則曰外臣某是下大夫於己君稱名於他國曰外臣某此既自稱老夫宜是上大夫而稱名從下大夫者既被君尊異故臣亦謙退從下大夫之例而稱名也且玉藻所云是其從下大夫例然臣於君單稱名無嫌也　越國而問焉必告之以其制　越國猶他國也若他國來問已國君之政君雖已達其事猶宜問於老賢老賢則稱國之舊制以對他國之問也　謀於長者必操几杖以從之　從猶就也

禮記義二　九

足利本第二卷第十葉

長者問不辭讓而對非禮也當謝不敏若曾子之爲疏正義
曰此一節明有事取謀議於長者各依文解之　操几杖
以從之者操執持也杖可以策身几可以扶己俱是養尊
者之物故於謀議之時將就也凡爲人子之禮冬溫而夏凊昏
定而晨省定安其牀衽也省問其安否何如在醜夷不爭醜衆也夷
猶儕也四皓曰陛下之等夷疏正義曰此一節明人子事親奉養之禮
又去爭訟今各隨文解之　昏定而晨
省者上云冬溫夏凊是四時之法今說一日之法定安也晨
昏旦也應臥當齊整牀衽使親體安定之後退至明旦既
隔夜早來視親之安否何如先昏後晨兼示經宿之禮熊
氏云晨省者案內則云同宮則雞初鳴異宮則昧爽而朝
在醜夷不爭者此一句明朋儕禮也醜衆也夷猶儕也皆
等類之名風俗語不同故兼言之夫貴賤相臨則有畏憚

禮記正義二　十

朋儕等輩喜爭勝負亡身及親故宜誡之以不爭　注醜
衆至等夷　正義曰醜衆也釋詁文謂在衆不忿爭也云
四皓曰陛下之等夷者證夷是等類也四皓漢時隱人高
士也其四人一東園公二綺里季三夏黃公四甪里先生
皆老鬢白皓素因呼爲四皓隱商山不仕高祖數召不出
後爲高祖欲廢呂后之子盈而立戚夫人之子趙王如意
爲太子張良使太子卑辭安車遣辯士以請四皓四皓果
來舍建城侯所至漢十一年黥布反高祖令太子將兵擊
之四皓自相謂曰凡來欲以安太子太子將兵事危矣乃
說建城侯曰太子將兵有功則位不益無功則從此受禍
且太子所與諸將皆嘗與上定天下梟將也今使太子將
之此無異使羊將狼皆不肯爲用其無功必矣臣聞母愛
者子抱之今戚夫人日夜侍御趙王常居前上終不使不
肖子居愛子之上明乎其代太子之位必矣君何不急請
呂后承間爲上泣言黥布天下猛將善用兵諸將皆陛下
之等夷今令太子將此屬莫肯爲用於是呂后如四皓言

潘本第二卷第十葉原缺抄補

長者問不辭讓而對非禮也當謝不敏若曾子之爲疏
謀於至從之　正義曰此一節明有事取謀議於長者各
依文解之　操几杖以從之者操執持也杖可以策身几
可以扶己俱是養尊者之物故於謀議之時持就也凡爲人子之禮冬溫而
夏清昏定而晨省安定其牀衽也省問其安否何如在醜
夷不爭醜衆也夷猶儕也四皓曰陛下之等夷疏凡爲至不爭正義曰此一節明人子
事親奉養之禮又去爭訟今各隨文解之　昏定而晨省
者上云冬溫夏清是四時之法今說一日之法定安也晨
旦也應臥當齊整牀衽使親體安定之後退至明旦既隔
夜早來視親之安否何如先昏後晨兼示經宿之禮熊氏
云晨省者案內則云同宮則雞初鳴異宮則昧爽而朝
在醜夷不爭者此一句明朋儕禮也醜衆也夷猶儕也皆

禮記正義二　一

等類之名風俗語不同故兼言之夫貴賤相臨則有畏憚
朋儕等輩喜爭勝負亡身及親故宜誡之以不爭　醜衆
至等夷　正義曰醜衆也釋詁文謂在衆不忿爭也云四
皓曰陛下之等夷者證夷是等類也四皓漢時隱人高士
也其四人一東園公二綺里季三夏黃公四甪里先生皆
老髮白皓素因呼爲四皓隱商山不仕高祖數召不出後爲
高祖欲廢呂后之子盈而立戚夫人之子趙王如意爲太
子張良使太子卑辭安車遣辯士以請四皓四皓果來舍
建成侯所至漢十一年黥布反高祖令太子將兵擊之四
皓自相謂曰凡來欲以安太子太子將兵事危矣乃說建
成侯曰太子將兵有功則位不益無功則從此受禍且太
子所與諸將皆嘗與上定天下梟將也今使太子將之此
無異使羊將狼皆不肯爲用其無功必矣臣聞母愛者子
抱之今戚夫人日夜侍御趙王常居前上終不使不肖子
居愛子之上明乎其代太子之位必矣君何不急請呂后承間
爲上泣言黥布天下猛將善用兵諸將皆陛下之等夷今令太

以請高祖高祖時疾自行十二年破黥布還而疾益甚愈
欲易太子及燕置酒太子侍四皓從太子高祖驚曰吾召
公數歲公逃我今反從我兒乎四皓曰陛
下輕士善罵臣等義不受辱故恐而亡匿 夫爲人子者
三賜不及車馬 三賜三命也凡仕者一命而受爵
再命而受衣服三命而受車馬車
馬而身所以尊者備矣卿大夫士之子不受不敢以
成尊比踰於父天子諸侯之子不受自卑遠於君 故州
閭鄉黨稱其孝也兄弟親戚稱其慈也僚
友稱其弟也執友稱其仁也交遊稱其信
也 不敢受重賜者心也 如此而五者備有焉周禮二十
五家爲閭四閭爲族五族爲黨五黨爲州五州爲鄉
僚友官同者
執友志同者 見父之執不謂之進不敢進不

謂之退不敢退不問不敢對 敬父同志如事父 此孝
子之行也 疏 正義曰此一節明人子謙卑行著於外所敬又廣今各隨文解之 言夫者貴
賤悉然也三賜三命也言爲人子雖受三命之尊終不敢
受車馬車馬則身有成尊便比踰於父故不受所以許受
三命而不許受車馬者命是榮美光顯祖父故受也車馬
是安身身安不關先祖故不受也不云不受而云不及者
受是已到之目明人子非唯外迹不受抑亦心所不及於
此賜也 注 三賜至於君 正義曰云三賜三命者受命
即受賜故三賜三命故公羊云命者何加我服錫者何賜
也是其命賜相將也云凡仕者一命受爵再命受衣服三
命受車馬者皆約周禮大宗伯之文案大宗伯一命受職
職則爵也又宗伯三命受位鄭康成云始有列位於王朝
今言受車馬者但三命受位即受車馬以經云車馬故以
車馬言之云卿大夫士之子不受不敢以成尊比踰於父

子將此屬莫肯爲用於是呂后如四皓言以請高祖高祖
時疾自行十二年破黥布還而疾益甚愈欲易太子及燕
置酒太子侍四皓從太子高祖驚曰吾召公數歲公逃我
今反從我兒乎四皓曰陛下輕士善罵臣等義不受辱故
恐而亡匿 夫爲人子者三賜不及車馬 三賜三命也凡仕者一命
而受爵再命而受衣服三命而受車馬車馬而身所以尊
者備矣卿大夫士之子不受不敢以成尊比踰於父天子
諸侯之子不受自卑遠於君 故州閭鄉黨稱其孝也兄弟親
戚稱其慈也僚友稱其弟也執友稱其仁
也交遊稱其信也 不敢重受賜者心也如此而五者備有焉周禮二十五家爲閭
四閭爲族五族爲黨五黨爲州五州爲鄉僚友官同者執友志同者 見父之執不謂之

進不敢進不謂之退不敢退不問不敢對
敬父同志如事父 此孝子之行也 疏 夫爲至行也 正義曰此一節明人子謙
卑行著於外所敬又廣今各隨文解之言夫者貴賤悉然
也三賜三命也言爲人子雖受三命之尊終不敢受車馬
車馬則身有成尊便比踰於父故不受所以許受三命而
不許受車馬者命是榮美光顯祖父故受也車馬是安身
身安不關先祖故不受也不云不受而云不及者受是已
到之日明人子非唯外迹不受抑亦心所不及於此賜也
三賜至於君 正義曰云三賜不及者受命即受賜故
三賜三命故公羊云命者何加我服錫者何賜也是其命賜相將也云凡仕
者一命受爵再命受衣服三命受車馬者皆約周禮大宗伯之文
案大宗伯一命受職職則爵也又宗伯三命受位鄭康成云始有
列位於王朝今言受車馬者但三命受位即受車馬以經云車馬
故以車馬言之云卿大夫士之子不受不敢以成尊比踰於父

者以公侯伯卿三命其子不受不敢比於父公侯伯大夫子男卿再命公侯伯士一命子男之士不命其子三命不受車馬者皆是不敢踰於父不言天子諸侯之子不敢受者以其父位既尊不得言不敢比踰故云自卑遠於君案周禮九儀一命受職再命受服三命受位四命受器五命賜則六命賜官七命賜國八命作牧九命作伯案含文嘉九賜一曰車馬二曰衣服三曰樂則四曰朱戸五曰納陛六曰虎賁七曰斧鉞八曰弓矢九曰秬鬯宋均注云進退有節行步有度賜以車馬以代其勞言成文章行成法則賜以衣服以表其德動作有禮賜以納陛以安其體長於教誨内懷至仁賜以樂則以化其民居處修理房内不泄賜以朱戸以明其别勇猛勁疾執義堅强賜之虎賁以備非常抗揚威武志在宿衛賜以斧鉞使得專殺内懷仁德執義不傾賜以弓矢使其專征慈孝父母賜以秬鬯以歸祭祀鄭司農以周禮九命與九賜是一也然則此三賜鄭康成知非九賜之第三而云三命之賜者康成以九命與九賜不同九賜謂八命作牧九命作伯之後始加九賜知者王制云三公一命卷若有加則賜二曰衣服之屬是也又宗伯八命作牧注云侯伯有功德加命得專征伐王制云賜弓矢然後征詩云瑟彼玉瓚黄流在中傳曰九命然後賜以圭瓚又尚書文侯仇受弓矢秬鬯左傳晉文公受大路戎路弓矢秬鬯虎賁此皆九命之外始有衣服弓矢秬鬯等之賜故知九賜不與九命同也且此云三賜不及車馬其九賜一曰車馬何由三賜不及車馬乎故知此三賜非九賜之三賜也若是九賜之三賜即是身八命九命之尊禮絶凡庶何得下文云州閭鄉黨僚友交遊也故康成以爲諸侯及卿大夫之子三命者其公羊説九賜之次與含文嘉不同一曰加服二曰朱戸三曰納陛四曰輿馬五曰樂則六曰虎賁七曰斧鉞八曰弓矢九曰秬鬯異人之説故文有參差大略同也異義許慎説九賜九命鄭康成以爲不同具如前説其大夫賜樂鄉飲酒注云大夫若君賜樂及左傳魏絳有金石之樂非九賜之正法也車馬

足利本第二卷第十二葉

潘本第二卷第十二葉

者以公侯伯卿三命其子不受不敢比於父公侯伯大夫子男卿再命公侯伯士一命子男之士不命其子三命不受車馬者皆是不敢踰於父不言天子諸侯之子不敢受者以其父位既尊不得言不敢比踰故云自卑遠於君案周禮九儀一命受職再命受服三命受位四命受器五命賜則六命賜官七命賜國八命作牧九命作伯案含文嘉九賜一曰車馬二曰衣服三曰樂則四曰朱戸五曰納陛六曰虎賁七曰斧鉞八曰弓矢九曰秬鬯宋均注云進退有節行步有度賜以車馬以代其勞言成文章行成法則賜以衣服以表其德動作有禮賜以納陛以安其體長於教誨内懷至仁賜以樂則以化其民居處修理房内不泄賜以朱戸以明其别勇猛勁疾執義堅强賜之虎賁以備非常抗揚威武志在宿衛賜以斧鉞使得專殺内懷仁德執義不傾賜以弓矢使其專征慈孝父母賜以秬鬯以歸祭祀鄭司農以周禮九命與九賜是一也然則此三賜鄭康成知非九賜之第三而云三命之賜者康成以九命與九賜不同九賜謂八命作牧九命作伯之後始加九賜知者王制云三公一命卷若有加則賜二曰衣服之屬是也又宗伯八命作牧注云侯伯有功德加命得專征伐王制云賜弓矢然後征詩云瑟彼玉瓚黄流在中傳曰九命然後賜以圭瓚又尚書文侯仇受弓矢秬鬯左傳晉文公受大路戎路弓矢秬鬯虎賁此皆九命之外始有衣服弓矢秬鬯等之賜故知九賜不與九命同也且此云三賜不及車馬其九賜一曰車馬何由三賜不及車馬乎故知此三賜非九賜之三賜也若是九賜之三賜即是身八命九命之尊禮絶凡庶何得下文云州閭鄉黨僚友交遊也故康成以爲諸侯及卿大夫之子三命者其公羊説九賜之次與含文嘉不同一曰加服二曰朱戸三曰納陛四曰輿馬五曰樂則六曰虎賁七曰斧鉞八曰弓矢九曰秬鬯異人之説故文有參差大略同也異義許慎説九賜九命鄭康成以爲不同具如前説其大夫賜樂鄉飲酒注云大夫若君賜樂及左傳魏絳有金石之樂非九賜之正法也車馬

足利本第二卷第十三葉

之賜進退由於君命今言不受者君子仕辭位不辭祿其賜終必受之故鄭注下文不敢受重賜者心也　故州至信也　周禮司徒去王城百里置遠郊遠郊之内爲六鄉六鄉之民五家爲比使之相保五比爲閭使之相受四閭爲族使之相葬五族爲黨使之相救五黨爲州使之相賙五州爲鄉使之相賓又遂人職主六遂六遂之民在遠郊之外五家爲鄰五鄰爲里四里爲酇五酇爲鄙五鄙爲縣五縣爲遂今不言六遂者舉近耳若六遂之中有此孝者則亦稱之也

慈者篤愛之名兄弟外内通稱親踈交接並見其慈而稱之　僚友稱其弟也僚友同官者也弟者事長次第之名孝子能接同官有所次序不敢踰越等級故同官之友稱之　執友稱其仁也執友執志同者也同師之友意趣相得綢繆切瑳故其見仁恩之心而稱之　交遊稱其信也交遊汎交也結交遊往本資信合故稱信也熊氏云然此五句上始州閭下及交遊亦其次也前孝後信又爲差序

禮記義二　十三

略舉五者餘行可知不敢受賜者心也不受由心故有五稱也　見父之執者此亦承爲人子之事也明非唯見交遊爲善乃徧至父友也自上詣下曰見自下朝上曰見父之執謂執友與父同志者也或故往見或路中相見也

夫爲人子者出必告反必面告面同耳反言面者從外來宜知親之顔色安否**所遊必有常所習必有業**緣親之意欲知之**恒言不稱老**廣敬**年長以倍則父事之**謂年二十於四十者人年二十弱冠成人有爲人父之端今四十於二十者有子道内則曰年二十惇行孝弟**十年以長則兄事之五年以長則肩隨之**肩隨者與之並行差退**羣居五人則長者必異席**席以四人爲節因宜有所尊

疏

潘本第二卷第十三葉

之賜進退由於君命今言不受者君子仕辭位不辭祿其賜終必受之故鄭注下文不敢受重賜者心也　故州至信也　周禮司徒去王城百里置遠郊遠郊之内爲六鄉六鄉之民五家爲比使之相保五比爲閭使之相受四閭爲族使之相葬五族爲黨使之相救五黨爲州使之相賙五州爲鄉使之相賓又遂人職主六遂六遂之民在遠郊之外五家爲鄰五鄰爲里四里爲酇五酇爲鄙五鄙爲縣五縣爲遂今不言六遂者舉近耳若六遂之中有此孝者則亦稱之也

慈者篤愛之名兄弟外内通稱親踈交接並見其慈而稱之　僚友稱其弟也僚友同官者也弟者事長次第之名孝子能接同官有所次序不敢踰越等級故同官之友稱之　執友稱其仁也執友執志同者也同師之友意趣相得綢繆切瑳故其見仁恩之心而稱之　交遊稱其信也交遊汎交也結交遊往本資信合故稱信也熊氏云然此五句上始州閭下及交遊亦其次也前孝後信又爲差序

禮記義二　十三

略舉五者餘行可知不敢受賜者心也不受由心故有五稱也　見父之執者此亦承爲人子之事也明非唯見交遊爲善乃徧至父友也自上詣下曰見自下朝上曰見父之執謂執友與父同志者也或故往見或路中相見也

夫爲人子者出必告反必面告面同耳反言面者從外來宜知親之顔色安否**所遊必有常所習必有業**緣親之意欲知之**恒言不稱老**廣敬**年長以倍則父事之**謂年二十於四十者人年二十弱冠成人有爲人父之端今四十於二十者有子道内則曰年二十惇行孝弟**十年以長則兄事之五年以長則肩隨之**肩隨者與之並行差退**羣居五人則長者必異席**席以四人爲節因宜有所尊

疏

足利本第二卷第十四葉

正義曰此一節亦明人子事親之法遊方習業及汎交之禮亦各隨文解之　恒言不稱老者老是尊稱若其稱老乃是己自尊大非是孝子卑退之情故注云廣敬言廣者非但敬親因敬親廣敬他人或云子若自稱老父母則甚老則感動其親故舜年五十而慕是也　年長以倍則父事之者此謂鄉里之中非親非友但二十以後年長倍已則以父道事之即父黨隨行也　注　謂年至孝弟　正義曰人年三十而娶於後乃有子則三十於六十乃是倍年今鄭言二十於四十者但二十加冠成人責以爲人父爲人子之禮雖未有妻子有爲人父之端又内則云二十乃能敦行孝弟可責以孝子之行故二十於四十約之爲倍年也以二十未合有子故鄭云爲人父之端有子道也　十年以長則兄事之者謂年二十於三十者全倍者父事之半倍故兄事之也兄事之則正差退而鴈行也　五年以長則肩隨之者謂並行而差退若未二十童子則無此禮以其不能敦行孝弟論語云與先生並行王制云父之齒隨行兄之齒鴈行者舉成人有此禮也童子禮則無也此謂二十於二十五者肩隨則脅於鴈行也然則以此肩隨而推之上云父兄事之豈是溫凊如親正言其或行來坐席推前相類耳　羣居五人則長者必異席者謂朋友居處法也羣朋友也子夏曰吾離羣是也古者地敷橫席而容四人四人則推長者居席端若有五人會應一人別席因推長者一人於異席也　注　席以至所尊　正義曰熊氏云知四人爲節者以此云羣居五人則長者必異席既長者一人異席餘則四人矣案公食大夫禮云蒲筵常加萑席尋此以蒲席者故得容四人此羣居之法若賓主禮席皆無同坐之法故鄉飲酒賓介異席又云衆賓之席皆不屬焉不相連屬也鄉射衆賓之席繼而西謂相連屬也燕禮及大射公三重大夫再重是皆異席也　爲人子者居不主奧坐不中席行不中道立不中門　謂與父同宮者也不敢當

禮記正義一　十四

潘本第二卷第十四葉

正義曰此一節亦明人子事親之法遊方習業及汎交之禮亦各隨文解之　恒言不稱老者老是尊稱若其稱老乃是己自尊大非是孝子卑退之情故注云廣敬言廣者非但敬親因敬親廣敬他人或云子若自稱老父母則甚老則感動其親故舜年五十而慕是也　年長以倍則父事之者此謂鄉里之中非親非友但二十以後年長倍已則以父道事之即父黨隨行也　注　謂年至孝弟　正義曰人年三十而娶於後乃有子則三十於六十乃是倍年今鄭言二十於四十者但二十加冠成人責以爲人父爲人子之禮雖未有妻子有爲人父之端又内則云二十乃能敦行孝弟可責以孝子之行故二十於四十約之爲倍年也以二十未合有子故鄭云爲人父之端有子道也　十年以長則兄事之者謂年二十於三十者全倍者父事之半倍故兄事之也兄事之則正差退而鴈行也　五年以長則肩隨之者謂並行而差退若未二十童子則無此禮以其不能敦行孝弟論語云與先生並行王制云父之齒隨行兄之齒鴈行者舉成人有此禮也童子禮則無也此謂二十於二十五者肩隨則脅於鴈行也然則以此肩隨而推之上云父兄事之豈是溫凊如親正言其或行來坐席推前相類耳　羣居五人則長者必異席者謂朋友居處法也羣朋友也子夏曰吾離羣是也古者地敷橫席而容四人四人則推長者居席端若有五人會應一人別席因推長者一人於異席也　注　席以至所尊　正義曰熊氏云知四人爲節者以此云羣居五人則長者必異席既長者一人異席餘則四人矣案公食大夫禮云蒲筵常加萑席尋此以蒲席者故得容四人此羣居之法若賓主禮席皆無同坐之法故鄉飲酒賓介異席又云衆賓之席皆不屬焉不相連屬也鄉射衆賓之席繼而西謂相連屬也燕禮及大射公三重大夫再重是皆異席也　爲人子者居不主奧坐不中席行不中道立不中門　謂與父同宮者也不敢當

禮記正義一　十四

足利本第二卷第十五葉

其尊處室中西南隅謂之奥道有左右中門謂棖闑之中央内則曰由命士以上父子皆異宮 食饗不爲槩 槩量也不制待賔客饌具之所有 祭祀不爲尸 尊者之處爲其失子道然則尸卜筮無父者 聽於無聲視於無形 恒若親之將有教使然 不登高不臨深不苟訾不苟笑 爲其近危辱也 人之性不欲見毁訾不欲見笑君子樂然後笑 疏 正義曰此一節明孝子居處及行立待賔祭祀敬愼之事各隨文解之此明孝子居處閨門之内不言凡者或異居禮則不然 居不主奥者主猶坐也奥者室内西南隅也室嚮南户近東南角則西南隅隱奥無事故呼其名爲奥常推尊者于閑樂無事之處故尊者居必主奥也既是尊者所居則人子不宜處之也 坐不中席者一席四人則席端爲上今不云上席而言中者舊通有二一云敬無餘

禮記義二 十五

席非唯不可上亦不可中也一云共坐則席端爲上獨坐則席中爲尊尊者宜獨不與人共則坐常居中故卑者坐不得居中也 行不中道者尊者常正路而行卑者故不得也男女各路路各有中也 立不中門者中央有闑闑傍有棖棖謂之門梱今云不中門者謂棖闑之中是尊者所行故人子不得當之而行也 注 謂與至異宮 正義曰凡上四事皆謂與父同宮者爾若命士以上則父子異宮則不禁所以爾者有命既尊各有臣僕子孫應敬已故也云不敢當其尊處者四事皆尊者之處室中西南隅謂之奥者爾雅釋宮文郭璞注云隱奥之處西北隅謂之屋漏孫氏云日光所漏入東北隅謂之宧孫氏云日側之明是宧明也東南隅謂之窔郭氏云隱闇也云内則曰由命士以上父子皆異宮者證有異居之道也 食饗不爲槩熊氏云謂傳家事任子孫若不傳家事則子孫無待賔之事大夫士或相往者設於饗食槩量也不制設待賔饌具事由尊者所裁而子不得輒豫限量多少也 祭祀不爲

潘本第二卷第十五葉

其尊處室中西南隅謂之奥道有左右中門謂棖闑之中央内則曰由命士以上父子皆異宮 食饗不爲槩 槩量也不制待賔客饌具之所有 祭祀不爲尸 尊者之處爲其失子之道然則尸卜筮無父者 聽於無聲視於無形 恒若親之將有教使然 不登高不臨深不苟訾不苟笑 爲其近危辱也 人之性不欲見毁訾不欲見笑君子樂然後笑 疏 正義曰此一節明孝子居處及行立待賔祭祀敬愼之事各隨文解之此明孝子居處閨門之内不言凡者或異居禮則不然 居不主奥者主猶坐也奥者室内西南隅也室嚮南户近東南角則西南隅隱奥無事故呼其名爲奥常推尊者于閑樂無事之處故尊者居必主奥也既是尊者所居則人子不宜處之也一坐不中席者一席四人則席端爲上今不云上席而言中者舊通有二一云敬無餘

禮記義二 十五

席非唯不可上亦不可中也一云共坐則席端爲上獨坐則席中爲尊尊者宜獨不與人共則坐常居中故卑者坐不得居中也 行不中道者尊者常正路而行卑者故不得也男女各路路各有中也 立不中門者中央有闑闑傍有棖棖謂之門梱今云不中門者謂棖闑之中是尊者所行故人子不得當之而行也 注 謂與至異宮 正義曰凡上四事皆謂與父同宮者爾若命士以上則父子異宮則不禁所以爾者有命既尊各有臣僕子孫應敬已故也云不敢當其尊處者四事皆尊者之處室中西南隅謂之奥者爾雅釋宮文郭璞注云隱奥之處西北隅謂之屋漏孫氏云日光所漏入東北隅謂之宧孫氏云日側之明是宧明也東南隅謂之窔郭氏云隱闇也云内則曰由命士以上父子皆異宮者證有異居之道也 食饗不爲槩熊氏云謂傳家事任子孫若不傳家事則子孫無待賔之事大夫士或相往來設於饗食槩量也不制設待賔饌具事由尊者所裁而子不得輒豫限量多少也 祭祀不爲

足利本第二卷第十六葉

尸者尸代尊者之處故人子不爲也　聽於無聲者謂聽而不聞父母之聲此明人子常禮也　視於無形者謂視而不見父母之形雖無聲無形怕常於心想像似見形聞聲謂父母將有教使已然也　不苟訾不苟笑者苟且也相毁曰訾不樂而笑爲苟笑彼雖有是非而已苟譏毁訾笑之皆非彼所欲必反見毁辱故孝子不爲也　注 爲其至後笑　正義曰危辭不登高不臨深辱釋不訾不笑也云君子樂然後笑者引論語證不苟笑之事也此是公明賈荅孔子云夫子樂然後笑人不厭其笑也　孝子不服闇不登危懼辱親也　服事也闇冥也不於闇冥之中從事爲卒有非常且嫌失禮也男女夜行以燭　父母存不許友以死　爲忘親也死爲報仇讎　不有私財　疏 正義曰此一節明孝子自謹愼其身不許友以死及不得有私財之事各隨文解之　不服闇者服事也謂不行事於闇中也一則爲卒有非常二則闇中行事好生物嫌故孝子深戒之父母存不許友以死者謂不許爲其友報仇讎也親存須供養則孝子不可死也若父母存許友報仇怨而死是忘親也鄭云則得許友報仇故周禮有主友之讎視從父兄弟白虎通云親友之道不得行者亦不許友以爲死耳　不有私財者家事統於尊財關尊者故無私財　人子者父母存冠衣不純素　爲其有喪象也純緣也玉藻曰縞冠玄武子姓之冠也縞冠素紕既祥之冠也深衣曰具父母衣純以青　疏 正義曰此一節明爲人子父母存及孤子衣冠純飾不同之事各隨文解之不言凡者若仕者或遇凶荒雖親存亦須素服非要在親沒故不言凡　父母存冠衣不純素者冠純謂冠飾也衣純謂深衣領緣也禮具父母太父母存冠衣純以績若有父母無太父母則純以青若少而并無則乃純素也故親存者不得純素也　注 爲其至以青　正義曰引玉藻縞冠玄武子姓之

禮記義二　十六

潘本第二卷第十六葉

尸者尸代尊者之處故人子不爲也　聽於無聲者謂聽而不聞父母之聲此明人子常禮也　視於無形者謂視而不見父母之形雖無聲無形怕常於心想像似見形聞聲謂父母將有教使已然也　不苟訾不苟笑者苟且也相毁曰訾不樂而笑爲苟笑彼雖有是非而已苟譏毁訾笑之皆非彼所欲必反見毁辱故孝子不爲也　注 爲其至後笑　正義曰危辭不登高不臨深辱釋不訾不笑也云君子樂然後笑者引論語證不苟笑之事也此是公明賈荅孔子云夫子樂然後笑人不厭其笑也　孝子不服闇不登危懼辱親也　服事也闇冥也不於闇冥之中從事爲卒有非常且嫌失禮也男女夜行以燭　父母存不許友以死　爲忘親也死爲報仇讎　不有私財　疏 正義曰此一節明孝子自謹愼其身不許友以死及不得有私財之事各隨文解之　不服闇者服事也謂不行事於闇中也一則爲卒有非常二則闇中行事好生物嫌故孝子深戒之父母存不許友以死者謂不許爲其友報仇讎也親存須供養則孝子不可死也若父母存許友報仇怨而死是忘親也鄭云則得許友報仇故周禮有主友之讎視從父兄弟白虎通云親友之道不得行者亦不許友以爲死耳　不有私財者家事統於尊財關尊者故無私財　人子者父母存冠衣不純素　爲其有喪象也純緣也玉藻曰縞冠玄武子姓之冠也縞冠素紕既祥之冠也深衣曰具父母衣純以青　疏 正義曰此一節明爲人子父母存及孤子衣冠純飾不同之事各隨文解之不言凡者若仕者或遇凶荒雖親存亦須素服非要在親沒故不言凡　父母存冠衣不純素者冠純謂冠飾也衣純謂深衣領緣也禮具父母太父母存冠衣純以績若有父母無太父母則純以青若少而并無則乃純素也故親存者不得純素也　注 爲其至以青　正義曰引玉藻縞冠玄武子姓之

禮記義二　十六

足利本第二卷第十七葉

冠諡冠純有吉凶之别也縞冠者薄絹爲之玄武者以黑
繒爲冠卷也子姓者姓生也孫是子所生故謂孫爲子姓
父有服未畢子雖已除猶未全吉也故縞冠玄武玄武是
吉縞冠爲凶明吉凶兼服也何胤云繒裏卷武也云縞冠
素紕既祥之冠也又諡有素爲凶也當祥之日朝服縞冠
祥祭之後則縞冠素紕何胤云素紕謂緣冠兩邊云深衣
曰具父母衣純以青者 孤子當室冠衣不純采
引證不純以素之事
早喪親雖除喪不忘哀也謂年未三十者三十壯有室有
代親之端不爲孤也當室適子也深衣曰孤子衣純以素
疏正義曰上言有親而不素此言無親而素者也孤子
謂二十九以下而無父者當室謂適子也既少孤故
雖除服猶自素也然深衣云孤子衣純以素則嫡庶悉然
今云當室則似庶子不同所以爾者通者有二云凡子皆
然豈唯當室但嫡子内理蒸嘗外交宗族代親既備嫌或
不同故特明之所以鄭引深衣爲注會證凡孤子悉同也
崔靈恩云指謂當室者不當室則純采所以然者當室之
孤内理蒸嘗外交宗族所履之事莫不傷心故特純素示
哀也深衣不云當室者文略耳注早喪至以素 正義
曰三十以外遭喪者除服後即得純采今所言雖是除喪
未三十不得純采若至三十則亦采也故云當室適子也
深衣曰孤子衣純以素也然注前解適子後引深衣似崔
解也深衣不言冠者從可知也 幼子常視毋誑 視今之示字小未有所知常示以正
物以正教之無誑欺 童子不衣裘裳 裘大溫消陰氣使不堪苦不衣裘裳便易
立必正方不傾聽 習其自端正 長者與之提攜
則兩手奉長者之手 習其扶持尊者提攜謂牽將行 負劍
辟咡詔之 負謂置之於背劍謂挾之於旁辟咡詔之謂傾頭與語口旁曰咡 則掩

潘本第二卷第十七葉

冠諡冠純有吉凶之别也縞冠者薄絹爲之玄武者以黑
繒爲冠卷也子姓者姓生也孫是子所生故謂孫爲子姓
父有服未畢子雖已除猶未全吉也故縞冠玄武玄武是
吉縞冠爲凶明吉凶兼服也何胤云繒裏卷武也云縞冠
素紕既祥之冠也又諡有素爲凶也當祥之日朝服縞冠
祥祭之後則縞冠素紕何胤云素紕謂緣冠兩邊云深衣
曰具父母衣純以青者 孤子當室冠衣不純采
引證不純以素之事
早喪親雖除喪不忘哀也謂年未三十者三十壯有室有
代親之端不爲孤也當室適子也深衣曰孤子衣純以素
疏正義曰上言有親而不素此言無親而素者也孤子
謂二十九以下而無父者當室謂適子也既少孤故
雖除服猶自素也然深衣云孤子衣純以素則嫡庶悉然
今云當室則似庶子不同所以爾者通者有二云凡子皆
然豈唯當室但嫡子内理蒸嘗外交宗族代親既備嫌或
不同故特明之所以鄭引深衣爲注會證凡孤子悉同也
崔靈恩云指謂當室者不當室則純采所以然者當室之
孤内理蒸嘗外交宗族所履之事莫不傷心故特純素示
哀也深衣不云當室者文略耳注早喪至以素 正義
曰三十以外遭喪者除服後即得純采今所言雖是除喪
未三十不得純采若至三十則亦采也故云當室適子也
深衣曰孤子衣純以素也然注前解適子後引深衣似崔
解也深衣不言冠者從可知也 幼子常視毋誑 視今之示字小未有所知常示以正
物以正教之無誑欺 童子不衣裘裳 裘大溫消陰氣使不堪苦不衣裘裳便易
立必正方不傾聽 習其自端正 長者與之提攜
則兩手奉長者之手 習其扶持尊者提攜謂牽將行 負劍
辟咡詔之 負謂置之於背劍謂挾之於旁辟咡詔之謂傾頭與語口旁曰咡 則掩

足利本第二卷第十八葉

口而對習其鄉尊者屏氣也疏正義曰此一節明父母教子及衣裘裳之法也各隨文解之　小兒恒習效長者長者常示以正事不宜示以欺誑恐即學之故曾子兒啼妻云兒莫啼吾當與汝殺豕兒聞輒止妻後向曾子說之曾子曰勿教兒欺即殺豕食兒是不誑也　注視今之示字　正義曰古者觀視於物及以物視人則皆作示傍著見後世已來觀視於物作示傍著見以物示人單作示字故鄭注經中視字者是今之以物示人之示也是舉今以辨古昏禮視諸衿鞶注云視乃正字今文視作示俗誤行之言視正字也言古之以物示人作視字爲正故云視乃正字今文儀禮應爲古視字乃作今示字故言俗誤也　童子不衣裘裳童子未成人之名也衣猶著也童子體熱不宜著裘裘大温傷陰氣也又應給役若著裳則不便故並不著也故童子並緇布襦袴也注裘大至便易　正義曰使不堪苦者熱消陰氣則不堪苦使也此童子不衣裘裳二十則可故內則云二十可以衣裘帛國君十二冠則裘裳早矣女子十五許嫁者則亦衣帛詩云乃生男子載衣之裳是初生暫行此禮　立必至而對　立必正方立宜正嚮一方不得傾頭屬聽左右也張逸云此說其威儀常然　長者與之提攜則兩手奉長者之手者非唯教之聽立至於行步亦宜教之提攜謂牽將行時因牽行之又教之爲節也奉長者之手爲兒長大方當供養扶持長者故先使學之令習便也張逸云說其見與行之法也　負劒辟咡詔之者豈但在行須教正在抱時亦令習也負謂致兒背上也劒謂挾於脇下如帶劒也辟傾也咡口旁也詔告也長者或若負兒之時而與之語當傾頭以告之也不正嚮之令氣不觸兒也亦令兒長者所爲而復習之也張逸云辟咡詔之傾頭以告教之也此長者之爲也此負謂兒在人背上曰負兒在懷中亦稱負謂兒負之故內則云三日始負子注云負之謂抱之注口旁曰咡　正義曰案管子書弟子職云食已循咡覆手謂弟子食訖以手循覆於咡故知是口旁也　則掩口

潘本第二卷第十八葉

口而對習其鄉尊者屏氣也疏正義曰此一節明父母教子及衣裘裳之法也各隨文解之　小兒恒習效長者長者常示以正事不宜示以欺誑恐即學之故曾子兒啼妻云兒莫啼吾當與汝殺豕兒聞輒止妻後向曾子說之曾子曰勿教兒欺即殺豕食兒是不誑也　注視今之示字　正義曰古者觀視於物及以物視人則皆作示傍著見後世已來觀視於物作示傍著見以物示人單作示字故鄭注經中視字者是今之以物示人之示也是舉今以辨古昏禮視諸衿鞶注云視乃正字今文視作示俗誤行之言視正字也言古之以物示人作視字爲正故云視乃正字今文儀禮應爲古視字乃作今示字故言俗誤也　童子不衣裘裳童子未成人之名也衣猶著也童子體熱不宜著裘裘大温傷陰氣也又應給役若著裳則不便故並不著也故童子並緇布襦袴也注裘大至便易　正義曰使不堪苦者熱消陰氣則不堪苦使也此童子不衣裘裳二十則可故內則云二十可以衣裘帛國君十二冠則裘裳早矣女子十五許嫁者則亦衣帛詩云乃生男子載衣之裳是初生暫行此禮　立必至而對　立必正方立宜正嚮一方不得傾頭屬聽左右也張逸云此說其威儀常然　長者與之提攜則兩手奉長者之手者非唯教之聽立至於行步亦宜教之提攜謂牽將行時因牽行之又教之爲節也奉長者之手爲兒長大方當供養扶持長者故先使學之令習便也張逸云說其見與行之法也　負劒辟咡詔之者豈但在行須教正在抱時亦令習也負謂致兒背上也劒謂挾於脇下如帶劒也辟傾也咡口旁也詔告也長者或若負兒之時而與之語當傾頭以告之也不正嚮之令氣不觸兒也亦令兒長者所爲而復習之也張逸云辟咡詔之傾頭以告教之也此長者之爲也此負謂兒在人背上曰負兒在懷中亦稱負謂兒負之故內則云三日始負子注云負之謂抱之注口旁曰咡　正義曰案管子書弟子職云食已循咡覆手謂弟子食訖以手循覆於咡故知是口旁也　則掩口

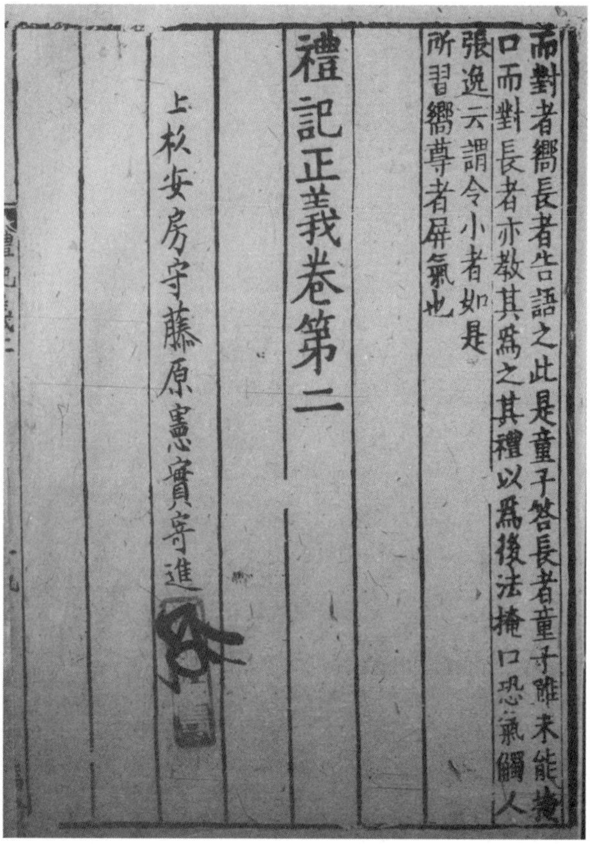

而對者鄉長者告語之此是童子答長者童子雖未能掩
口而對長者亦教其爲之其禮以爲後法掩口恐氣觸人
張逸云謂令小者如是
所習鄉尊者屏氣也

禮記正義卷第二

上杉安房守藤原憲實寄進

足利本第二卷第十九葉左半葉無圖像

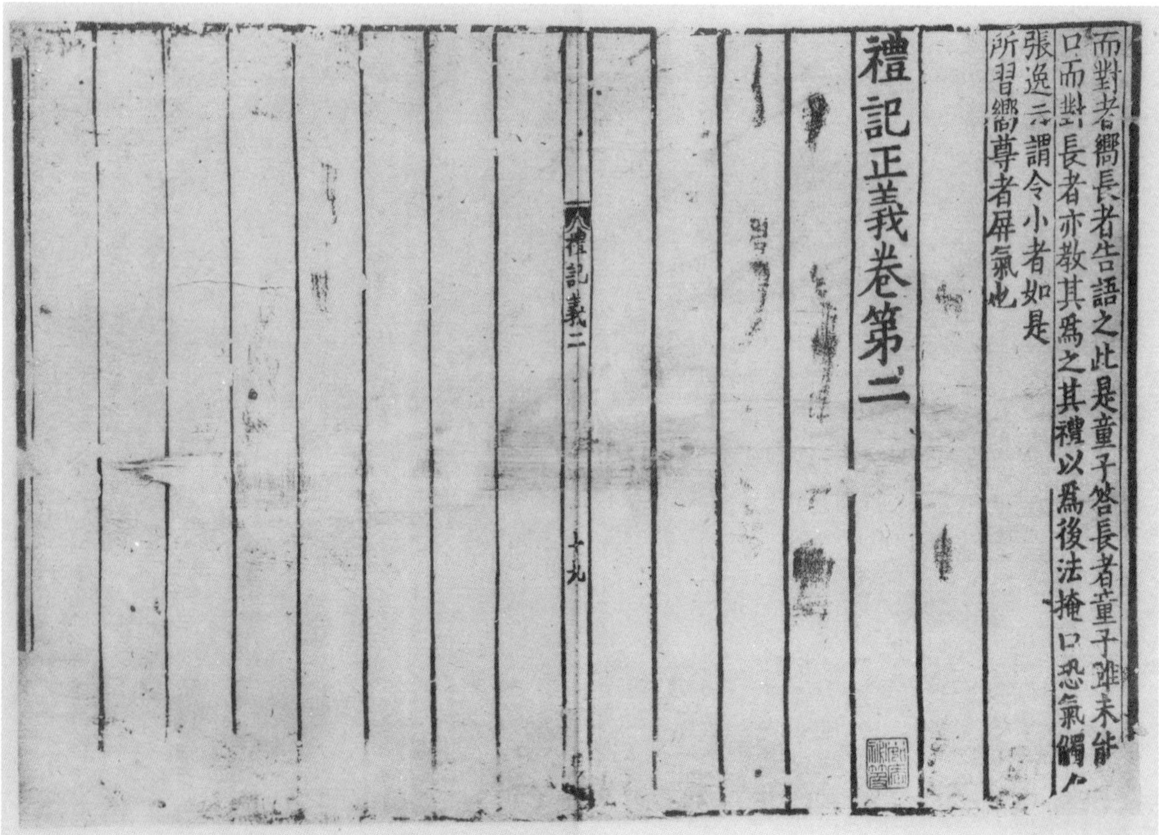

而對者鄉長者告語之此是童子答長者童子雖未能掩
口而對長者亦教其爲之其禮以爲後法掩口恐氣觸人
張逸云謂令小者如是
所習鄉尊者屏氣也

禮記正義卷第二

禮記義二　十九

潘本第二卷第十九葉

足利本第三卷第一葉

禮記正義卷第三

國子祭酒上護軍曲阜縣開國子臣孔穎達等奉

勑撰

從於先生不越路而與人言尊不二也先生老人教學者遭先生於道趨而進正立拱手爲有教使先生與之言則對不與之言則趨而退爲其不欲與己並行從長者而上丘陵則必鄉長者所視爲遠視不察有所問登城不指城上不呼爲惑人將適舍求毋固謂行而就人館固猶常也求主人物不可以舊常或時乏無周禮士訓辨地物原其生以詔地求其類將上堂聲必揚警内人也戶外有二屨言聞則入言不聞則不入將入戶視必下入戶奉扃視瞻毋回不干掩人之私也奉扃敬也戶開亦開戶闔亦闔不以後來變先有後入者闔而勿遂示不拒人毋踐屨毋踖席摳衣趨隅必慎唯諾趨隅升席必由下也慎唯諾者不先舉見問乃應【疏】正義曰此一節明事師長之禮并自恭謹之法今各隨文解之○從於先生者謂從行時先生師也謂師爲先生者言彼先己而生其德多厚也自稱爲

禮記義三

潘本第三卷第一葉

禮記正義卷第三

國子祭酒上護軍曲阜縣開國子臣孔穎達等奉

勑撰

從於先生不越路而與人言尊不二也先生老人教學者遭先生於道趨而進正立拱手爲有教使先生與之言則對不與之言則趨而退爲其不欲與己並行從長者而上丘陵則必鄉長者所視爲遠視不察有所問登城不指城上不呼爲惑人將適舍求毋固謂行而就人館固猶常也求主人物不可以舊常或時乏無周禮士訓辨地物原其生以詔地求其類將上堂聲必揚警内人也戶外有二屨言聞則入言不聞則不入將入戶視必下入戶奉扃視瞻毋回不干掩人之私也奉扃敬也戶開亦開戶闔亦闔不以後來變先有後入者闔而勿遂示不拒人毋踐屨毋踖席摳衣趨隅必慎唯諾趨隅升席必由下也慎唯諾者不先舉見問乃應【疏】正義曰此一節明事師長之禮并自恭謹之法今各隨文解之○從於先生者謂從行時先生師也謂師爲先生者言彼先己而生其德多厚也自稱爲

禮記義三

弟子者言己自處如弟子則尊師如父兄也故公西華子夏之徒答孔子皆自稱弟子也雷次宗以爲師如父兄故自稱弟子也今明若從師行不得輒往路傍與他人言也而論語云有酒食先生饌則先生之號亦通父兄崔靈恩云凡言先生謂年德俱高又教道於物者凡云長者直以年爲稱也凡爲君子者皆爲有德尊之不據年之長幼故所稱不同也　遭先至拱手　此明道路與師長相逢之法遭逢也趨疾也拱手見師而起敬故疾趨而進就之也又不敢斥問先生所爲故正立拱手而聽先生之教〇注先生老人教學者　正義曰案書傳略說云大夫士七十而致仕大夫爲父師士爲少師教於州里鄉射注云先生鄉大夫致仕者此云老人教學者則通凡老而教學者是未必皆致仕者　與之言則對　此謂問時事之言則對若問已大事則辭讓然後對故前文云長者問不辭讓而對非禮也　則必鄉長者所視　長者東視則東視長者西視則西視從先生君子亦然　將適舍求毋固　正義

禮記義三　二

曰自此以下雖從師長兼明爲賓客禮也適猶往也舍主人家也固猶常也凡往人家不可責求於主人覓常舊有之物故曰求毋固也〇注周禮至其類　正義曰案地官土訓職云辨地物鄭注云別其所有所無原其生者生有時以告王之求也若地所無及物未生則不求與此相類也故引之證求毋固也　戶外至唯諾　正義曰此一節明謂室有兩人故戶外有二屨此謂兩人體敵故二屨在外知者以鄉飲酒無筭爵賓主皆降脫屨於堂下以體敵故也若尊卑不同則長者一人脫屨於戶內故少儀云排闔脫屨於戶內者一人而已矣是也案屨人注云複下曰舄禪下曰屨古人言屨以通於複今世言屨以通於禪如鄭此言古人之言無問禪之與複皆名爲屨今人言屨正謂禪者也　言聞則入言不聞則不入者若一屨有一人一人無非法之私事則外人可即入若有二屨二屨是有二人或清閑密事若內人語聞於戶外則外人乃可入也熊氏以爲一人之屨在戶內其戶外有二屨則三人也下

弟子者言己自處如弟子則尊師如父兄也故公西華子夏之徒答孔子皆自稱弟子也雷次宗以爲師如父兄故自稱弟子也今明若從師行不得輒往路傍與他人言也而論語云有酒食先生饌則先生之號亦通父兄崔靈恩云凡言先生謂年德俱高又教道於物者凡云長者直以年爲稱也凡爲君子者皆爲有德尊之不據年之長幼故所稱不同也　遭先至拱手　此明道路與師長相逢之法遭逢也趨疾也拱手見師而起敬故疾趨而進就之也又不敢斥問先生所爲故正立拱手而聽先生之教〇注先生老人教學者　正義曰案書傳略說云大夫士七十而致仕大夫爲父師士爲少師教於州里鄉射注云先生鄉大夫致仕者此云老人教學者則通凡老而教學者是未必皆致仕者　與之言則對　此謂問時事之言則對若問已大事則辭讓然後對故前文云長者問不辭讓而對非禮也　則必鄉長者所視　長者東視則東視長者西視則西視從先生君子亦然　將適舍求毋固　正義

禮記義三　二

曰自此以下雖從師長兼明爲賓客禮也適猶往也舍主人家也固猶常也凡往人家不可責求於主人覓常舊有之物故曰求毋固也〇注周禮至其類　正義曰案地官土訓職云辨地物鄭注云別其所有所無原其生者生有時以告王之求也若地所無及物未生則不求與此相類也故引之證求毋固也　戶外至唯諾　正義曰此一節明謂室有兩人故戶外有二屨此謂兩人體敵故二屨在外知者以鄉飲酒無筭爵賓主皆降脫屨於堂下以體敵故也若尊卑不同則長者一人脫屨於戶內故少儀云排闔脫屨於戶內者一人而已矣是也案屨人注云複下曰舄禪下曰屨古人言屨以通於複今世言屨以通於禪如鄭此言古人之言無問禪之與複皆名爲屨今人言屨正謂禪者也　言聞則入言不聞則不入者若一屨有一人一人無非法之私事則外人可即入若有二屨二屨是有二人或清閑密事若內人語聞於戶外則外人乃可入也熊氏以爲一人之屨在戶內其戶外有二屨則三人也下

足利本第三卷第三葉

文云離坐離立無往參焉則知戶內二人不得參之故知戶外有二屨者當有三人義亦通也　將入戶視必下者雖聞言而入亦不得舉目而視恐覩人私故必下　入戶奉扃者奉扃之說事有多家今謂禮有鼎扃所以關鼎今關戶之木與關鼎相似亦得稱扃凡常奉扃之時必兩手向心而奉之今入戶雖不奉扃木其手若奉扃然以其手對戶若奉扃言恭敬故言奉扃也是以注云奉扃敬也　視瞻無回者初將入時視必下而竟不得迴轉廣有瞻視也　戶開亦開者既入戶不以後來變先若戶本開則今入者不須闔也　戶闔亦闔者戶若本闔則今入者不須開也　有後入者闔而勿遂者有後入者謂己於先入後猶有人又應入者也雖已應還闔當徐徐欲作闔勢以待後入不得遂闔以成拒後入故注云示不拒人　毋踐屨者踐蹋也既並脫屨戶外其人或多若後進者不得蹋先入者屨　毋踖席者踖猶躐也席既地鋪當有上下將就坐當從下而升當己位上不發初從上從上爲躐席也王

禮記義三　三　徐仁

藻云升席不由前爲躐席也熊氏以爲踖席猶逆席逆席謂從上升故鄭云必由下王藻所云者自是不由席前升與此別　摳衣趨隅者摳提也衣裳也趨猶向也隅猶角也既不踏席當兩手提裳之前徐徐向席之下角從下而升當己位而就坐也必慎唯諾者唯唯也唯諾應對也既坐定又慎於應對　注趨隅至乃應　正義曰案鄉飲酒云賓升席自西方注云升由下也升必中席彼謂近主人爲上故以主西爲之下凡席皆升由下降由前云慎唯諾者不先舉見問乃應者舉猶問也謂不先問也

大夫士出入君門由闑右　闑門橛臣統於君　**不踐閾**　閾門限也

疏　正義曰此一節明大夫士出入君門之法門以向堂爲正右在東也故盧注檀弓下云門以向堂爲正主人位在門東客位在門西今此大夫士是臣臣皆統於君不敢自由賓故出入君門恒從闑東也其士之朝位雖在西方東面入時仍依闑東其大射注云左

潘本第三卷第三葉

文云離坐離立無往參焉則知戶內二人不得參之故知戶外有二屨者當有三人義亦通也　將入戶視必下者雖聞言而入亦不得舉目而視恐覩人私故必下　入戶奉扃者奉扃之說事有多家今謂禮有鼎扃所以關鼎今關戶之木與關鼎相似亦得稱扃凡常奉扃之時必兩手向心而奉之今入戶雖不奉扃木其手若奉扃然以其手對戶若奉扃言恭敬故言奉扃也是以注云奉扃敬也　視瞻無回者初將入時視必下而竟不得迴轉廣有瞻視也　戶開亦開者既入戶不以後來變先若戶本開則今入者不須闔也　戶闔亦闔者戶若本闔則今入者不須開也　有後入者闔而勿遂者有後入者謂己於先入後猶有人又應入者也雖已應還闔當徐徐欲作闔勢以待後入不得遂闔以成拒後入故注云示不拒人　毋踐屨者踐蹋也既並脫屨戶外其人或多若後進者不得蹋先入者屨　毋踖席者踖猶躐也席既地鋪當有上下將就坐當從下而升當己位上不發初從上從上爲躐席也王

禮記義三　三　徐仁

藻云升席不由前爲躐席也熊氏以爲踖席猶逆席逆席謂從上升故鄭云必由下王藻所云者自是不由席前升與此別　摳衣趨隅者摳提也衣裳也趨猶向也隅猶角也既不踏席當兩手提裳之前徐徐向席之下角從下而升當己位而就坐也必慎唯諾者唯唯也唯諾應對也既坐定又慎於應對　注趨隅至乃應　正義曰案鄉飲酒云賓升席自西方注云升由下也升必中席彼謂近主人爲上故以主西爲之下凡席皆升由下降由前云慎唯諾者不先舉見問乃應者舉猶問也謂不先問也

大夫士出入君門由闑右　闑門橛臣統於君　**不踐閾**　閾門限也

疏　正義曰此一節明大夫士出入君門之法門以向堂爲正右在東也故盧注檀弓下云門以向堂爲正主人位在門東客位在門西今此大夫士是臣臣皆統於君不敢自由賓故出入君門恒從闑東也其士之朝位雖在西方東面入時仍依闑東其大射注云左

足利本第三卷第四葉

則由闑西者汎解賔客入門之法也不踐閾者踐履也閾門限也出入不得踐履門限所以爾者一則自高二則不淨並爲不敬

凡與客入者每門讓於客下賔也敵者迎於大門外聘禮曰若迎賔於大門內客至於寢門則主人請入爲席爲猶敷也雖君亦然然後出迎客客固辭又讓先入主人肅客而入肅進也進客謂道之主人入門而右客入門而左右就其右左就其左主人就東階客就西階客若降等則就主人之階降下也謂大夫於君士於大夫也不敢輒由其階卑統於尊不敢自專主人固辭然後客復就西階復其正主人

禮記義三　四

與客讓登主人先登客從之拾級聚足拾當爲涉聲之誤也級等也涉等聚足謂前足躡一等後足從之併連步以上重蹉跌也連步謂足相隨不相過也上於東階則先右足上於西階則先左足近於相鄉敬

疏正義曰此一節明賔與主人送迎相讓及升堂行步之法各隨文解之言凡者通貴賤也每門者天子五門諸侯三門大夫二門客敵者主人出門外迎客主人輒先讓不先入故曰每門讓於客也貴賤禮不並存且諸侯自相爲賔之禮凡賔主各有副賔副曰介主副曰擯及行人若諸侯自行則介各從其命數至主國大門外主人及擯出門相接若主君是公則擯者五人侯伯則擯者四人子男則擯者三人所以不隨命者謙也故並用強半之數也賔若是公來至門外直當闑西去門九十步而下車當軹北鄉而立鄭注考工

潘本第三卷第四葉

則由闑西者汎解賔客入門之法也不踐閾者踐履也閾門限也出入不得踐履門限所以爾者一則自高二則不淨並爲不敬

凡與客入者每門讓於客下賔也敵者迎於大門外聘禮曰若迎賔於大門內客至於寢門則主人請入爲席爲猶敷也雖君亦然然後出迎客客固辭又讓先入主人肅客而入肅進也進客謂道之主人入門而右客入門而左右就其右左就其左主人就東階客就西階客若降等則就主人之階降下也謂大夫於君士於大夫也不敢輒由其階卑統於尊不敢自專主人固辭然後客復就西階復其正主人

禮記義三　四

與客讓登主人先登客從之拾級聚足拾當爲涉聲之誤也級等也涉等聚足謂前足躡一等後足從之併連步以上重蹉跌也連步謂足相隨不相過也上於東階則先右足上於西階則先左足近於相鄉敬

疏正義曰此一節明賔與主人送迎相讓及升堂行步之法各隨文解之言凡者通貴賤也每門者天子五門諸侯三門大夫二門客敵者主人出門外迎客主人輒先讓不先入故曰每門讓於客也貴賤禮不並存且諸侯自相爲賔之禮凡賔主各有副賔副曰介主副曰擯及行人若諸侯自行則介各從其命數至主國大門外主人及擯出門相接若主君是公則擯者五人侯伯則擯者四人子男則擯者三人所以不隨命者謙也故並用強半之數也賔若是公來至門外直當闑西去門九十步而下車當軹北鄉而立鄭注考工

足利本第三卷第五葉

記云軹轂末也其侯伯立當前疾胡下此子男立當衡注衡謂車軛其君當軫而九介立在公之北邐迤西北並東嚮而列主公出直闑東南西嚮立擯在主人之南邐迤東南立並西嚮也使末擯與末介相對中間傍相去三丈六尺列擯介既竟則主君就賓求辭所以須求辭者不敢自許人來詣已恐爲他事而至故就求辭自謙之道也求辭之法主人先傳求辭之言與上擯上擯傳以至次擯次擯繼傳以此至末擯末擯傳與賓末介末介以次繼傳上至於賓賓答辭隨其來意又從上介而傳下至末介末介又傳與末擯末擯傳相次而上至於主人傳辭既竟而後進迎賓至門知擯介朝位如此者大行人職文又知傳辭拜迎賓前至門者司儀職文其傳辭司儀之交擯也其列擯介傳辭委曲約聘禮文若諸侯使卿大夫相聘其介與主位則大行人云卿大夫之禮各下其君二等鄭注云介與朝位是也主君待之擯數如待其君其有異者主君至大門而不出限南面而立也若公之使亦直闑西北嚮七介

禮記義三　五　李甫

而去門七十步侯伯使列五介而去門五十步子男使三介而去門三十步上擯出閾外闑東南西嚮陳介西北東面邐迤如君自相見也而末介末擯相對亦相去三丈六尺陳擯介竟則不傳命而上擯進至末擯間南揖賓賓亦進至末介間上擯與賓相去亦三丈六尺而上擯揖而請事入告君君在限内後乃相與入也知者約聘禮文不傳辭司儀及聘禮謂之旅擯君自來所以必傳命者聘義云君子於其所尊弗敢質敬之至也又若天子春夏受朝宗則無迎法受享則有之故大行人云廟中將幣三享鄭云朝先享不言朝者朝正禮不嫌有等也若秋冬覲遇一受之於廟則亦無迎法故郊特牲云覲禮天子不下堂而見諸侯明冬遇依秋也此云凡與客入者謂燕也故下文云至寢門謂燕在寢也若相朝饗食皆在廟　每門讓於客者　每門讓於客自謙下敬於賓也　注迎於至門内　正義曰迎於大門外謚敵者則主人自出聘禮云君迎賓於大門内者謚不敵者主人不出門也使者是彼臣故主

潘本第三卷第五葉

記云軹轂末也其侯伯立當前疾胡下此子男立當衡注衡謂車軛其君當軫而九介立在公之北邐迤西北並東嚮而列主公出直闑東南西嚮立擯在主人之南邐迤東南立並西嚮也使末擯與末介相對中間傍相去三丈六尺列擯介既竟則主君就賓求辝所以須求辝者不敢自許入來詣已恐爲他事而至故就求辝自謙之道也求辝之法主人先傳求辝之言與上擯上擯傳以至次擯次擯繼傳以　至末擯末擯傳與賓末介末介以次繼傳上至於賓賓答辝隨其來意又從上介而傳下至末介末介又傳與末擯末擯傳相次而上至於主人傳辝既竟而後進迎賓至門知擯介朝位如此者大行人職文又知傳辝拜迎賓前至門者司儀職文其傳辝司儀之交擯也其列擯介傳辝委曲約聘禮文若諸侯使卿大夫相聘其介與主位則大行人云卿大夫之禮各下其君二等鄭注云介與朝位是也主君待之擯數如待其君其有異者主君至大門而不出限南面而立也若公之使亦直闑西北嚮七介

礼記義三　五

而去門七十步侯伯使列五介而去門五十步子男使三介而去門三十步上擯出閾外闑東南西嚮陳介西北東面邐迤如君自相見也而末介末擯相對亦相去三丈六尺陳擯介竟則不傳命而上擯進至末擯間南揖賓賓亦進至末介間上擯與賓相去亦三丈六尺而上擯揖而請事入告君君在限内後乃相與入也知者約聘禮文不傳辝司儀及聘禮謂之旅擯君自來所以必傳命者聘義云君子於其所尊弗敢質敬之至也又若天子春夏受朝宗則無迎法受享則有之故大行人云廟中將幣三享鄭云朝先享不言朝者朝正禮不嫌有等也若秋冬覲遇一受之於廟則亦無迎法故郊待牲云覲禮天子不下堂而見諸侯明冬遇依秋也此云凡與客入者謂燕也故下文云至寢門謂燕在寢也若相朝饗食皆在廟　每門讓於客者　每門讓於客自謙下敬於賓也　注迎於至門内　正義曰迎於大門外謚敵者則主人自出聘禮云君迎賓於大門内者謚不敵者主人不出門也使者是彼臣故主

足利本第三卷第六葉

君迎至門内而不出也客至於寢門則主人請入爲席寢門最内門也謂客與主人入至主人内門也主人請入爲席者爲猶敷也客至於内門而主人請先獨入敷席也然主人嚮已應正席今客至門方請先入敷席者其意有二一則自謙示不敢逆設席以招賢也二則重慎更宜視之 注雖君亦然 正義曰知君迎臣君亦先入者案聘禮云及廟門公揖入于中庭是也若敵者則更出迎其不敵則不出迎故聘禮云立於中庭注不復出如此得君行一臣行二是也聘禮君使卿歸饔餼於賓賓迎於門外及廟門賓揖俱入是敵禮不重出迎者尊主君之命不敢當也聘禮賓見主國大夫及廟門大夫揖入不出迎者尊聘君之命不敢當也 然後出迎客 入鋪席竟後更出迎客也 客固辭 固如故也禮有三辭初曰禮辭再曰固辭三曰終辭主人入鋪席竟出而迎客再辭不先入也 主人肅客而入 肅進也謂先導之也客以再辭故主人進道客也故公食大夫禮云公揖入賓從是也 客若降等則就主人之階 者降等卑下之客也不敢亢禮故就主人階是繼屬於主人 注降下至自專 正義曰謂大夫於君士於大夫者此大夫於君大夫謂他國大夫也案聘禮云公迎賓賓入不就主人階公食大夫禮公迎賓賓入門左注云左西方此皆是降等不就主人階者以聘禮及公食大夫禮並奉已君之命不可苟下主人故從客禮也若君燕於臣命宰夫爲主人則主人與賓皆從西階升與此異也案聘禮賓面主國大夫他國大夫是敵禮賓亦入門右鄭注見私事雖敵賓猶讓入門右爲若降等然 主人與客讓登 客主至其階又各讓不先升也 主人先登者讓必以三三竟而客不從故主人先登亦肅客之義不言三者略可知也 客從之 者言主人前升至第二級客乃升中較一級故云從之也公食禮云公升二等賓升是也案燕禮大射賓先升者公以宰夫爲主人賓尊也故下注云賓每先升尊也案聘禮君使卿歸饔餼於賓館卿升一等賓從於時賓爲主人不先升者卿銜主君之命尊故

潘本第三卷第六葉

君迎至門内而不出也客至於寢門則主人請入爲席寢門最内門也謂客與主人入至主人内門也主人請入爲席者爲猶敷也客至於内門而主人請先獨入敷席也然主人嚮已應正席今客至門方請先入敷席者其意有二一則自謙示不敢逆設席以招賢也二則重慎更宜視之 注雖君亦然 正義曰知君迎臣君亦先入者案聘禮云及廟門公揖入于中庭是也若敵者則更出迎其不敵則不出迎故聘禮云立於中庭注不復出如此得君行一臣行二是也聘禮君使卿歸饔餼於賓賓迎於門外及廟門賓揖俱入是敵禮不重出迎者尊主君之命不敢當也聘禮賓見主國大夫及廟門大夫揖入不出迎者尊聘君之命不敢當也 然後出迎客 入鋪席竟後更出迎客也 客固辭 固如故也禮有三辭初曰禮辭再曰固辭三曰終辭主人入鋪席竟出而迎客再辭不先入也 主人肅客而入 肅進也謂先導之也客以再辭故主人進道客也故公食大夫禮云公揖入賓從是也 客若降等則就主人之階 者降等卑下之客也不敢亢禮故就主人階是繼屬於主人 注降下至自專 正義曰謂大夫於君士於大夫者此大夫於君大夫謂他國大夫也案聘禮云公迎賓賓入不就主人階公食大夫禮公迎賓賓入門左注云左西方此皆是降等不就主人階者以聘禮及公食大夫禮並奉已君之命不可苟下主人故從客禮也若君燕於臣命宰夫爲主人則主人與賓皆從西階升與此異也案聘禮賓面主國大夫他國大夫是敵禮賓亦入門右鄭注見私事雖敵賓猶讓入門右爲若降等然 主人與客讓登 客主至其階又各讓不先升也 主人先登者讓必以三三竟而客不從故主人先登亦肅客之義不言三者略可知也 客從之 者言主人前升至第二級客乃升中較一級故云從之也公食禮云公升二等賓升是也案燕禮大射賓先升者公以宰夫爲主人賓尊也故下注云賓每先升尊也案聘禮君使卿歸饔餼於賓館卿升一等賓從於時賓爲主人不先升者卿銜主君之命尊故

足利本第三卷第七葉

先升也至於賔設禮擯卿賔升一等大夫從升者以賔作主人故也　拾級聚足者此上階法也拾涉也級等也聚足謂每階先舉一足而後足併之不得後過前也涉等聚足謂前足躡一等後足從而併之也　連步以上者上上堂也在級未在堂後足不相過故云連步也涉而升堂故云以上

帷薄之外不趨不見尊者行自由不爲容也入則容行而張足曰趨**堂上不趨**爲其迫也堂下則趨**執玉不趨**志重玉也聘禮曰上介授賔玉於廟門外**堂上接武**武迹也迹相接謂每移足半躡之中人之迹尺二寸**堂下布武**武謂每移足各自成迹不相躡**室中不翔**又爲其迫也行而張拱曰翔**並坐不橫肱**爲害旁人**授立不跪授坐不立**爲煩尊者俛仰受之

疏正義曰此一節言趨步授受之儀帷幔也薄簾也趨謂行而張足疾趨而行敬也貴賤各有臣吏故其敬處亦各有遠近也禮天子外屏諸侯內屏卿大夫以簾士以帷外屏門外爲之內屏門內爲之邦君樹塞門是也臣來朝君至屏而加肅敬屏外不敬故不趨也今言帷薄謂大夫士也其外不趨則內可趨爲敬也此帷薄外不趨謂平常法也若祭祀之禮爾雅云室中謂之時堂上謂之行堂下謂之步門外謂之趨中庭謂之走大路謂之奔知爾雅是祭祀者以召誥云王朝步自周則至于豐注云告文王廟告文王則告武王可知出廟入廟不以遠爲文是也若迎賔則樂師云行以肆夏趨以采薺行謂大寢之庭至路門趨謂路門至應門　堂上不趨者亦謂不疾趨堂上迫狹故也下階則趨故論語云沒階趨進翼如也然論語云是孔子見於君也　執玉不趨者執玉須慎不論堂之上下皆不疾趨也若張足疾趨則或蹉跌失玉故不趨注云聘禮曰上介授賔玉於廟門外者引證賔有執玉於堂下時也賔當進聘故上介授賔玉於主人廟門外賔執玉進入

禮記義三　三卷

潘本第三卷第七葉

先升也至於賔設禮擯卿賔升一等大夫從升者以賔作主人故也　拾級聚足者此上階法也拾涉也級等也聚足謂每階先舉一足而後足併之不得後過前也涉等聚足謂前足躡一等後足從而併之也　連步以上者上上堂也在級未在堂後足不相過故云連步也涉而升堂故云以上

帷薄之外不趨不見尊者行自由不爲容也入則容行而張足曰趨**堂上不趨**爲其迫也堂下則趨**執玉不趨**志重玉也聘禮曰上介授賔玉於廟門外**堂上接武**武迹也迹相接謂每移足半躡之中人之迹尺二寸**堂下布武**武謂每移足各自成迹不相躡**室中不翔**又爲其迫也行而張拱曰翔**並坐不橫肱**爲害旁人**授立不跪授坐不立**爲煩尊者俛仰受之

疏正義曰此一節言趨步授受之儀帷幔也薄簾也趨謂行而張足疾趨而行敬也貴賤各有臣吏故其敬處亦各有遠近也禮天子外屏諸侯內屏卿大夫以簾士以帷外屏門外爲之內屏門內爲之邦君樹塞門是也臣來朝君至屏而加肅敬屏外不敬故不趨也今言帷薄謂大夫士也其外不趨則內可趨爲敬也此帷薄外不趨謂平常法也若祭祀之禮爾雅云室中謂之時堂上謂之行堂下謂之步門外謂之趨中庭謂之走大路謂之奔知爾雅是祭祀者以召誥云王朝步自周則至于豐注云告文王廟告文王則告武王可知出廟入廟不以遠爲文是也若迎賔則樂師云行以肆夏趨以采薺行謂大寢之庭至路門趨謂路門至應門　堂上不趨者亦謂不疾趨堂上迫狹故也下階則趨故論語云沒階趨進翼如也然論語云是孔子見於君也　執玉不趨者執玉須慎不論堂之上下皆不疾趨也若張足疾趨則或蹉跌失玉故不趨注云聘禮曰上介授賔玉於廟門外者引證賔有執玉於堂下時也賔當進聘故上介授賔玉於主人廟門外賔執玉進入

大四小壹百七九　礼記義三　七　王仝

足利本第三卷第八葉

門内不疾趨而爲徐趨徐趨者則玉藻云圈豚行不舉足齊如流注云孔子執圭則然也又云執龜玉舉前曳踵蹜蹜如也注云著徐趨之事疾趨者則玉藻云疾趨則欲發而手足毋移注云疾趨謂直行也跡數自若毋移欲其直且正也　堂上接武者武跡也既不欲疾趨故跡相接也鄭云每移足半躡之王云足相接也庾云謂接則足連非躡之是每進六寸也　堂下布武者鄭謂每移足各自成半也武跡相接謂每移足半躡之也中人跡一尺二寸半跡不半相躡王云謂跡間容足若間容足則中武王説非也　授立不跪者謂尊者立之時卑者以物授尊者不得跪煩尊者俯俛若尊者形短雖卑者得跪以授之故少儀云受立授立不坐性之直者則有之也注云尊者短則跪不敢以長臨之是也

凡爲長者糞之禮必加帚於箕上如是得兩手奉箕恭也謂初執而往時也弟子職曰執箕膺擖厥中有帚以袂拘而退其塵不及長者謂掃時也以袂擁帚之前掃而卻行之以箕自鄉而扱之扱讀曰吸謂收糞時也箕去弃物以鄉尊者則不恭奉席如橋衡横奉之令左昂右低如有首尾然橋井上㮧槔衡上低昂請席何鄉請衽何趾坐問鄉臥問趾因於陰陽席南鄉北鄉以西方爲上東鄉西鄉以南方爲上布席無常此其順之也上謂席端也坐在陽則上左坐在陰則上右

疏　正義曰此一節明爲尊者埽除布席之儀各隨文解之　必加帚於箕上者謂初持箕往時也以帚加置箕上兩手舉箕也　注弟子至有帚　正義曰證加帚箕上弟子職者管子之書篇名也其書述爲弟子職也膺謂前也擖箕舌也厥其也言執箕之禮以箕舌鄉曾而帚置於箕中箕是棄

禮記卷三　八

潘本第三卷第八葉

門内不疾趨而爲徐趨徐趨者則玉藻云圈豚行不舉足齊如流注云孔子執圭則然也又云執龜玉舉前曳踵蹜蹜如也注云著徐趨之事疾趨者則玉藻云疾趨則欲發而手足毋移注云疾趨謂直行也跡數自若毋移欲其直且正也　堂上接武者武跡也既不欲疾趨故跡相接也鄭云每移足半躡之王云足相接也庾云謂接則足連非躡之是每進六寸也　堂下布武者鄭謂每移足各自成半也武跡相接謂每移足半躡之也中人跡一尺二寸半跡不半相躡王云謂跡間容足若間容足則中武王説非也　授立不跪者謂尊者立之時卑者以物授尊者不得跪煩尊者俯俛若尊者形短雖卑者得跪以授之故少儀云受立授立不坐性之直者則有之也注云尊者短則跪不敢以長臨之是也

凡爲長者糞之禮必加帚於箕上如是得兩手奉箕恭也謂初執而往時也弟子職曰執箕膺擖厥中有帚以袂拘而退其塵不及長者謂掃時也以袂擁帚之前掃而卻行之以箕自鄉而扱之扱讀曰吸謂收糞時也箕去弃物以鄉尊者則不恭奉席如橋衡横奉之令左昂右低如有首尾然橋井上㮧槔衡上低昂請席何鄉請衽何趾坐問鄉臥問趾因於陰陽席南鄉北鄉以西方爲上東鄉西鄉以南方爲上布席無常此其順之也上謂席端也坐在陽則上左坐在陰則上右

疏　正義曰此一節明爲尊者掃除布席之儀各隨文解之　必加帚於箕上者謂初持箕往時也以帚加置箕上兩手舉箕也　注弟子至有帚　正義曰證加帚箕上弟子職者管子之書篇名也其書述爲弟子職也膺謂前也擖箕舌也厥其也言執箕之禮以箕舌鄉曾而帚置於箕中箕是棄

禮記義三　八　文

足利本第三卷第九葉

物之器故不持鄉尊也 以袂拘而退 謂埽時也袂衣
袂也退遷也當埽時卻遷以一手捉帚又舉一手衣袂以
拘障於帚前且埽且遷故云拘而退 以箕自鄉而扱之
扱斂取也謂以箕自鄉斂取糞穢亦不以箕鄉尊也 注
扱讀曰吸 正義曰必讀扱爲吸者以其穢物少吸然則
盡不得爲一扱再扱故讀從吸也 奉席如橋衡 所奉
席席頭令左昂右低如橋之衡衡橫也左尊故昂右卑故
垂也但席舒則有首尾卷則無首尾此謂卷席奉之法故
注云如有首尾然言如有則實無首尾至於舒席之時則
有首尾故公食禮云莞席尋卷自末注云末終也終則尾
也 請席何鄉請衽何趾者既奉席來當隨尊者所欲眠
坐也席坐席也鄉面也衽卧席也趾足也坐爲陽面亦陽
也坐故問面欲何所鄉也卧是陰足亦陰也卧故問足欲
何所趾也皆從尊者所安也 注衽卧席也 正義曰案
昏禮同牢禮畢將卧云御衽於奧媵衽良席有枕北趾此
是以衽爲卧席也 席南鄉北鄉以西方爲上者謂東西設

禮記義三 九

席南鄉北鄉則以西方爲上頭也所以然者凡坐隨於陰
陽若坐在陽則貴左坐在陰則貴右南坐是陽其左在西
北坐是陰其右亦在西也俱以西方爲上 東鄉西鄉以
南方爲上者謂南北設席皆以南方爲上者坐在東方西
鄉是在陽以南方爲上坐若在西方東鄉是在陰亦以南
方爲上亦是坐在陽則上左坐在陰則上右此據平常布
席如此若禮席則不然案鄉飲酒禮注云賓席牖前南面
主人席阼階上西面介席西階上東面與此不同是也
若非飲食之客則布席席間函丈 謂講問之
客也函猶容也講問宜相對容丈足以指畫也飲食之客布席於牖前丈或爲杖 主人跪正席
雖來講問猶以客禮待之異於弟子 客跪撫席而辭 撫之者答主人之親正 客
徹重席主人固辭 徹去也去重席謙也再辭曰固 客踐席乃

潘本第三卷第九葉

物之器故不持鄉尊也 以袂拘而退 謂埽時也袂衣
袂也退遷也當埽時卻遷以一手捉帚又舉一手衣袂以
拘障於帚前且埽且遷故云拘而退 以箕自鄉而扱之
扱斂取也謂以箕自鄉斂取糞穢亦不以箕鄉尊也 注
扱讀曰吸 正義曰必讀扱爲吸者以其穢物少吸然則
盡不得爲一扱再扱故讀從吸也 奉席如橋衡 所奉
席席頭令左昂右低如橋之衡衡橫也左尊故昂右卑故
垂也但席舒則有首尾卷則無首尾此謂卷席奉之法故
注云如有首尾然言如有則實無首尾至於舒席之時則
有首尾故公食禮云莞席尋卷自末注云末終也終則尾
也 請席何鄉請衽何趾者既奉席來當隨尊者所欲眠
坐也席坐席也鄉面也衽卧席也趾足也坐爲陽面亦陽
也坐故問面欲何所鄉也卧是陰足亦陰也卧故問足欲
何所趾也皆從尊者所安也 注衽卧席也 正義曰案
昏禮同牢禮畢將卧云御衽於奧媵衽良席有枕北趾此
是以衽爲卧席也 席南鄉北鄉以西方爲上者謂東西設

禮記義三 九

席南鄉北鄉則以西方爲上頭也所以然者凡坐隨於陰
陽若坐在陽則貴左坐在陰則貴右南坐是陽其左在西
北坐是陰其右亦在西也俱以西方爲上 東鄉西鄉以
南方爲上者謂南北設席皆以南方爲上者坐在東方西
鄉是在陽以南方爲上坐若在西方東鄉是在陰亦以南
方爲上亦是坐在陽則上左坐在陰則上右此據平常布
席如此若禮席則不然案鄉飲酒禮注云賓席牖前南面
主人席阼階上西面介席西階上東面與此不同是也
若非飲食之客則布席席間函丈 謂講問之
客也函猶容也講問宜相對容丈足以指畫也飲食之客布席於牖前丈或爲杖 主人跪正席
雖來講問猶以客禮待之異於弟子 客跪撫席而辭 撫之者答主人之親正 客
徹重席主人固辭 徹去也去重席謙也再辭曰固 客踐席乃

足利本第三卷第十葉

坐（客安主人乃敢安也講問宜坐）主人不問客不先舉（客自外來宜問其安否無恙及所爲來故）將即席容毋怍（怍顏色變也）兩手摳衣去齊尺（齊謂裳下緝也）衣毋撥（撥發揚貌）足毋蹶（蹶行遽貌）

【疏】正義曰此一節明客主之禮儀云若非飲食之客者飲食之客謂來共飲食者非飲食客謂來講問者布席謂舒之令相對若飲食之客不須相對若講問之客布席相對須講說指畫使相見也　席間函丈者函容也既來講說則所布兩席中間相去使容一丈之地足以指畫也文王世子云侍坐於大司成遠近間三席席之制三尺三寸三分寸之一則三席是一丈故鄭云容丈也　【注】講問至爲杖　正義曰凡飲食燕饗則賓位在室外牖前列筵南嚮不得布席相對相對者唯講說之客可不在牖前或在於室云丈或爲杖者王肅以爲杖言古人講說用杖指畫故使容杖也然二家可會　主人跪正席客雖來講問而主人宜敬故跪而正席示親客之來也雖來講問猶以客禮待之異於弟子也　客跪撫席而辭撫謂以手按止之也客跪以手按止於席而辭不聽主人之正席也撫之者若主人之親正席也　客徹重席者禮器云諸侯三重大夫再重又鄉飲酒之禮公三重大夫再重是尊者多卑者少故主人爲客設多重席客謙而自徹也　主人固辭者固辭再辭止客之徹也然尊卑有數而容必徹之者既言講說本以德義相接不以尊卑爲用故雖尊猶自徹也　客踐席者猶履也客起徹重席主人止之故客還履席將坐　乃坐者主人待客坐乃坐也　主人不問客不先舉者舉亦問也客從外來宜問路中寒熱無恙若主人未問則客不可先問也爾雅釋詁文恙憂也　將即席容無怍者此明弟子講問初來之法即就也怍顏色變也初將來就席顏色宜莊不得變動顏色也　兩手摳衣去齊尺者摳提挈也衣謂裳也齊是裳下緝也亦謂

禮記正義三　十

潘本第三卷第十葉

坐（客安主人乃敢安也講問宜坐）主人不問客不先舉（客自外來宜問其安否無恙及所爲來故）將即席容毋怍（怍顏色變也）兩手摳衣去齊尺（齊謂裳下緝也）衣毋撥（撥發揚貌）足毋蹶（蹶行遽貌）

【疏】正義曰此一節明客主之禮儀云若非飲食之客者飲食之客謂來共飲食者非飲食客謂來講問者布席謂舒之令相對若飲食之客不須相對若講問之客布席相對須講說指畫使相見也　席間函丈者函容也既來講說則所布兩席中間相去使容一丈之地足以指畫也文王世子云侍坐於大司成遠近間三席席之制三尺三寸三分寸之一則三席是一丈故鄭云容丈也　【注】講問至爲杖　正義曰凡飲食燕饗則賓位在室外牖前列筵南嚮不得布席相對相對者唯講說之客可不在牖前或在於室云丈或爲杖者王肅以爲杖言古人講說用杖指畫故使容杖也然二家可會　主人跪正席客雖來講問而主人宜敬故跪而正席示親客之來也雖來講問猶以客禮待之異於弟子也　客跪撫席而辭撫謂以手按止之也客跪以手按止於席而辭不聽主人之正席也撫之者若主人之親正席也　客徹重席者禮器云諸侯三重大夫再重又鄉飲酒之禮公三重大夫再重是尊者多卑者少故主人爲客設多重席客謙而自徹也　主人固辭者固辭再辭止客之徹也然尊卑有數而容必徹之者既言講說本以德義相接不以尊卑爲用故雖尊猶自徹也　客踐席者猶履也客起徹重席主人止之故客還履席將坐　乃坐者主人待客坐乃坐也　主人不問客不先舉者舉亦問也客從外來宜問路中寒熱無恙若主人未問則客不可先問也爾雅釋詁文恙憂也　將即席容無怍者此明弟子講問初來之法即就也怍顏色變也初將來就席顏色宜莊不得變動顏色也　兩手摳衣去齊尺者摳提挈也衣謂裳也齊是裳下緝也亦謂

禮記正義三　十

足利本第三卷第十一葉

將就席之時以兩手當裳前提挈裳使起令裳下緝去地一尺恐衣長轉足躡履之　足毋蹶者蹶行急遽貌也亦謂客初至之時勿得以爲行遽恐有蹶蹪之貌也　先生書策琴瑟在前坐而遷之戒勿越廣敬也在前謂當行之前虛坐盡後謙也食坐盡前爲汙席坐必安執爾顏執猶守也長者不及毋儳言儳猶暫也非類雜正爾容聽必恭聽先生之言既說又敬毋勦說勦猶擥也謂取人之說以爲己說毋雷同雷之發聲物無不同時應者人之言當各由己不當然也孟子曰人無是非之心非人也必則古昔稱先王言必有依據侍坐於先生先生問焉

禮記義三　十一

終則對不敢錯亂尊者之言請業則起請益則起尊師重道也起若今摳衣前請也業謂篇卷也益謂受說不了欲師更明說之子路問政子曰先之勞之請益曰無倦父召無諾先生召無諾唯而起應辭唯恭於諾侍坐於所尊敬毋餘席必盡其所近尊者之端爲有後來者見同等不起不爲私敬燭至起異晝夜食至起爲饌變上客起敬尊者燭不見跋跋本也燭盡則去之嫌若燼多有厭倦尊客之前不叱狗主人於尊客之前不敢倦嫌若風去之讓食不唾嫌有穢惡

疏 正義曰此一節明弟子事師子事父之禮各隨文解之　先生書策者策篇雙

潘本第三卷第十一葉

將就席之時以兩手當裳前提挈裳使起令裳下緝去地一尺恐衣長轉足躡履之　足毋蹶者蹶行急遽貌也亦謂客初至之時勿得以爲行遽恐有蹶蹪之貌也　先生書策琴瑟在前坐而遷之戒勿越廣敬也在前謂當行之前虛坐盡後謙也食坐盡前爲汙席坐必安執爾顏執猶守也長者不及毋儳言儳猶暫也非類雜正爾容聽必恭聽先生之言既說又敬毋勦說勦猶擥也謂取人之說以爲己說毋雷同雷之發聲物無不同時應者人之言當各由己不當然也孟子曰人無是非之心非人也必則古昔稱先王言必有依據侍坐於先生先生問焉

禮記義三　十一

終則對不敢錯亂尊者之言請業則起請益則起尊師重道也起若今摳衣前請也業謂篇卷也益謂受說不了欲師更明說之子路問政子曰先之勞之請益曰無倦父召無諾先生召無諾唯而起應辭唯恭於諾侍坐於所尊敬毋餘席必盡其所近尊者之端爲有後來者見同等不起不爲私敬燭至起異晝夜食至起爲饌變上客起敬尊者燭不見跋跋本也燭盡則去之嫌若燼多有厭倦尊客之前不叱狗主人於尊客之前不敢倦嫌若風去之讓食不唾嫌有穢惡

疏 正義曰此一節明弟子事師子事父之禮各隨文解之　先生書策者策篇雙

足利本第三卷第十二葉

也坐亦跪也坐通名跪跪名不通坐也越踰也弟子將行
若遇師諸物或當己前則跪而遷移之戒愼勿得踰越廣
敬也　虛坐盡後者凡坐各有其法虛空也空謂非飲食
坐也盡後不敢近前以爲謙也玉藻云徒坐不盡席尺是
也食坐盡前者謂飲食坐也古者地鋪席而俎豆皆陳於
席前之地若坐近後則濺汙席故盡前也玉藻云讀書食
則齊豆去席尺是也　坐必安者凡坐好自搖動故戒之
令必安坐　執爾顏者執守也久坐好異故必戒之宜如
嚮者無作顏容也故注云執猶守也　長者不及毋儳言
者長者猶先生也互言耳及謂所及之事也儳暫也長者
正論甲事未及乙事少者不得輒以乙事雜甲事暫然雜
錯師長之說　正爾容者正謂矜莊也方受先生之道當
正己矜莊也顏容通語耳　聽必恭者聽師長之說宜恭
敬也　毋勦說者語當稱師友而言無得擥取人之說以
爲己語　毋雷同者凡爲人之法當自立己心斷其是非
不得聞他人之語輒附而同之若聞而輒同則似萬物之

禮記義三　十二

生聞雷聲而應故云毋雷同但雷之發聲物無不同時而
應者人之言當各由己不當然也　必則古昔者則法也
雖不雷同又不得專輒故當必法於古昔之正　稱先王
者既法古者而所言之事必稱先王先王聖人爲天子者
也如孔子說孝經稱先王有至德也言必有所依據　注
人之至人也　正義曰人之言評議是非須自出己情不
當然者然謂如此也謂不當如此隨附他意孟子云人無
惻隱之心非人也人無是非之心非人也引之者明是非
由己不可一同餘人　請益則起　益謂己受說而不解
了更諮問審之也尊師重道也起若今摳衣前請也漢時
受學有摳衣前請之法故鄭引證之也　注子路至無倦
正義曰子路受師說不了故就孔子請益也案論語云子
路問爲政之道孔子荅云爲政先行恩惠後乃可使人爲
勞役子路嫌少就孔子更請益孔子荅云但勤行前恩惠
之事無倦怠則自足爲政引之者證請益也　注唯恭於
諾　正義曰父與先生呼召稱唯唯㕧也不得稱諾其稱

潘本第三卷第十二葉

也坐亦跪也坐通名跪跪名不通坐也越踰也弟子將行
若遇師諸物或當己前則跪而遷移之戒愼勿得踰越廣
敬也　虛坐盡後者凡坐各有其法虛空也空謂非飲食
坐也盡後不敢近前以爲謙也玉藻云徒坐不盡席尺是
也食坐盡前者謂飲食坐也古者地鋪席而俎豆皆陳於
席前之地若坐近後則濺汙席故盡前也玉藻云讀書食
則齊豆去席尺是也　坐必安者凡坐好自搖動故戒之
令必安坐　執爾顏者執守也久坐好異故必戒之宜如
嚮者無作顏容也故注云執猶守也　長者不及毋儳言
者長者猶先生也互言耳及謂所及之事也儳暫也長者
正論甲事未及乙事少者不得輒以乙事雜甲事暫然雜
錯師長之說　正爾容者正謂矜莊也方受先生之道當
正己矜莊也顏容通語耳　聽必恭者聽師長之說宜恭
敬也　毋勦說者語當稱師友而言無得擥取人之說以
爲己語　毋雷同者凡爲人之法當自立己心斷其是非
不得聞他人之語輒附而同之若聞而輒同則似萬物之

禮記義三　十二

生聞雷聲而應故云毋雷同但雷之發聲物無不同時而
應者人之言當各由己不當然也　必則古昔者則法也
雖不雷同又不得專輒故當必法於古昔之正　稱先王
者既法古者而所言之事必稱先王先王聖人爲天子者
也如孔子說孝經稱先王有至德也言必有所依據　注
人之至人也　正義曰人之言評議是非須自出己情不
當然者然謂如此也謂不當如此隨附他意孟子云人無
惻隱之心非人也人無是非之心非人也引之者明是非
由己不可一同餘人　請益則起　益謂己受說而不解
了更諮問審之也尊師重道也起若今摳衣前請也漢時
受學有摳衣前請之法故鄭引證之也　注子路至無倦
正義曰子路受師說不了故就孔子請益也案論語云子
路問爲政之道孔子荅云爲政先行恩惠後乃可使人爲
勞役子路嫌少就孔子更請益孔子荅云但勤行前恩惠
之事無倦怠則自足爲政引之者證請益也　注唯恭於
諾　正義曰父與先生呼召稱唯唯㕧也不得稱諾其稱

諾則似寬緩驕慢但今人稱諾猶古之稱唯則其意急也今之稱吚猶古之稱諾其意緩也是今古異也　侍坐於所尊敬毋餘席　謂先生坐一席已坐一席已必坐於近尊者之端勿得使近尊者之端更有空餘之席所以然者欲得親近先生似若扶持然備擬先生顧問不可過遠且擬後人之來故闕其在下空處以待之　見同等不起者雖見已之同等後來不爲之起任其坐在下空處所以然者尊敬先生不敢曲爲私敬也　上客起者上客謂尊者之上客也尊者見之則起故侍者宜從之而起然食與燭至起則尊者不起　燭不見跋者小爾雅云跋本也本把處也古者未有蠟燭唯呼火炬爲燭也火炬照夜易盡盡則藏所然殘本所以爾者若積聚殘本客見之則知夜深慮主人厭倦或欲辭退也故不見殘本恒如然未盡也尊客之前不叱狗者若有尊客至而主人叱罵於狗則似厭倦其客欲去之也卑客亦當然舉尊爲甚　侍坐於君子君子欠伸

禮記義三　十三　馬祥

撰杖屨視日蚤莫侍坐者請出矣　以君子有倦意也撰猶持也　侍坐於君子君子問更端則起而對　離席對敬異事也君子必令復坐　侍坐於君子君子若有告者曰少閒願有復也則左右屏而待　復白也言欲須少空閒有所白也屏猶退也隱也　毋側聽　嫌探人之私也側聽耳屬於垣　毋噭應毋淫視毋怠荒遊毋倨立毋跛坐毋箕寢毋伏斂髮毋髢冠毋免勞毋袒暑毋褰裳　皆爲其不敬噭號呼之聲也淫視睇眄也怠荒放散身體也跛偏任也伏覆也髢髲也毋垂餘如髲

足利本第三卷第十三葉

諾則似寬緩驕慢但今人稱諾猶古之稱唯則其意急也今之稱吚猶古之稱諾其意緩也是今古異也　侍坐於所尊敬毋餘席　謂先生坐一席已坐一席已必坐於近尊者之端勿得使近尊者之端更有空餘之席所以然者欲得親近先生似若扶持然備擬先生顧問不可過遠且擬後人之來故闕其在下空處以待之　見同等不起者雖見已之同等後來不爲之起任其坐在下空處所以然者尊敬先生不敢曲爲私敬也　上客起者上客謂尊者之上客也尊者見之則起故侍者宜從之而起然食與燭至起則尊者不起　燭不見跋者小爾雅云跋本也本把處也古者未有蠟燭唯呼火炬爲燭也火炬照夜易盡盡則藏所然殘本所以爾者若積聚殘本客見之則知夜深慮主人厭倦或欲辭退也故不見殘本恒如然未盡也尊客之前不叱狗者若有尊客至而主人叱罵於狗則似厭倦其客欲去之也卑客亦當然舉尊爲甚　侍坐於君子君子欠伸

禮記義三　十三　馬祥

撰杖屨視日蚤莫侍坐者請出矣　以君子有倦意也撰猶持也　侍坐於君子君子問更端則起而對　離席對敬異事也君子必令復坐　侍坐於君子君子若有告者曰少閒願有復也則左右屏而待　復白也言欲須少空閒有所白也屏猶退也隱也　毋側聽　嫌探人之私也側聽耳屬於垣　毋噭應毋淫視毋怠荒遊毋倨立毋跛坐毋箕寢毋伏斂髮毋髢冠毋免勞毋袒暑毋褰裳　皆爲其不敬噭號呼之聲也淫視睇眄也怠荒放散身體也跛偏任也伏覆也髢髲也毋垂餘如髲

潘本第三卷第十三葉

足利本第三卷第十四葉

也免去也褰袪　疏 正義曰此一節明卑者事君子之禮
也髮或爲肆　君子欠伸者君子志疲則欠體疲則
伸　撰杖屨者則君子自執杖在坐著屨升堂脫之在側
若倦則自撰持之也　視日蚤莫者君子或瞻視其庭影
望日蚤晚也　侍坐者請出矣者禮卑者賤者請進不請
退退由尊者是以論語云杖者出斯出矣不敢自專今若
見尊者爲上諸事皆是欲起之漸故侍坐者得請出矣
侍坐於君子者此又明卑侍尊也事異於上故又言侍坐也
君子問更端者更端別事也謂嚮語已畢更問他事　則
起而對者事異宜新更敬又起對也　侍坐於君子者此
亦卑事於尊所明既異故更言侍坐　若有告者曰少閒
願有復也者閒謂清閑也復白也卑者正侍坐於君子而
忽有一人來告君子云欲得君子少時無事清閑已願有
所白也　則左右屏而待者屏退也侍者聞告欲有所白
則當各自屏退左右避之不得遠也　毋側聽者此以下
亦是侍君子之法凡人宜當正立不得傾欹側聽人之語

禮記義三　十四　伯暗

嫌探人之私故注云側聽耳屬於垣若側聽則耳屬於垣
壁聽旁人私言也　毋噭應者噭謂聲響高急如叫之號
呼也應荅宜徐徐而和不得高急也　毋淫視者淫謂流
移也目當直瞻視不得流動邪眄也　毋怠荒者謂身體
放縱不自拘斂也　遊毋倨者遊行也倨慢也身當恭謹
不得倨慢也　立毋跛者跛偏也謂挈舉一足一足蹋地
立宜如齊雙足並立不得偏也　坐毋箕者箕謂舒展兩
足狀如箕舌也　寢毋伏者寢臥也伏覆也臥當或側或
仰而不覆也　斂髮毋髢者髢髮也垂如髮也古人重髮
以纚韜之不使垂也　冠毋免者免脫也常著在首不可
脫也　勞毋袒者袒露也雖有疲勞之事厭患其衣而不
得袒露身體　暑毋褰裳者暑雖炎熱而不得褰袪取涼
也然上諸事條目誡侍者左右屏隱之人也既屏隱好生
上事或私覘清閑或隔尊自恣故宜兼誡亦可通誡爲人
之法也

侍坐於長者屨不上於堂　屨賤空則不陳於尊者之

潘本第三卷第十四葉

也免去也褰袪　疏 正義曰此一節明卑者事君子之禮
也髮或爲肆　君子欠伸者君子志疲則欠體疲則
伸　撰杖屨者則君子自執杖在坐著屨升堂脫之在側
若倦則自撰持之也　視日蚤莫者君子或瞻視其庭影
望日蚤晚也　侍坐者請出矣者禮卑者賤者請進不請
退退由尊者是以論語云杖者出斯出矣不敢自專今若
見尊者爲上諸事皆是欲起之漸故侍坐者得請出矣
侍坐於君子者此又明卑侍尊也事異於上故又言侍坐也
君子問更端者更端別事也謂嚮語已畢更問他事　則
起而對者事異宜新更敬又起對也　侍坐於君子者此
亦卑事於尊所明既異故更言侍坐　若有告者曰少閒
願有復也者閒謂清閑也復白也卑者正侍坐於君子而
忽有一人來告君子云欲得君子少時無事清閑已願有
所白也　則左右屏而待者屏退也侍者聞告欲有所白
則當各自屏退左右避之不得遠也　毋側聽者此以下
亦是侍君子之法凡人宜當正立不得傾欹側聽人之語

禮記義三　十四　伯暗

嫌探人之私故注云側聽耳屬於垣若側聽則耳屬於垣
壁聽旁人私言也　毋噭應者噭謂聲響高急如叫之號
呼也應荅宜徐徐而和不得高急也　毋淫視者淫謂流
移也目當直瞻視不得流動邪眄也　毋怠荒者謂身體
放縱不自拘斂也　遊毋倨者遊行也倨慢也身當恭謹
不得倨慢也　立毋跛者跛偏也謂挈舉一足一足蹋地
立宜如齊雙足並立不得偏也　坐毋箕者箕謂舒展兩
足狀如箕舌也　寢毋伏者寢臥也伏覆也臥當或側或
仰而不覆也　斂髮毋髢者髢髮也垂如髮也古人重髮
以纚韜之不使垂也　冠毋免者免脫也常著在首不可
脫也　勞毋袒者袒露也雖有疲勞之事厭患其衣而不
得袒露身體　暑毋褰裳者暑雖炎熱而不得褰袪取涼
也然上諸事條目誡侍者左右屏隱之人也既屏隱好生
上事或私覘清閑或隔尊自恣故宜兼誡亦可通誡爲人
之法也

侍坐於長者屨不上於堂　屨賤空則不陳於尊者之

足利本第三卷第十五葉

側解屨不敢當階爲妨後升者就屨跪而舉之屛於側謂獨退也就猶著也屛亦不當階鄉長者而屨跪而遷屨俯而納屨謂長者送之也不得屛遷之而已俯俛也納內也遷或爲還

疏正義曰此一節明解屨著屨之法事異於上故别言侍坐也　屨不上於堂者長者在堂而侍者屨賤故脫於階下不著上堂若長者在室則侍者得著屨上堂而不得入室戶外有二屨是也或云悉不得上也戶外有二屨是狎客非須擯通也　解屨不敢當階者解脫也屨既不上於堂故解之於階下也謂脫爲解者案內則云屨著綦鄭云綦屨繫也又冠禮云黑屨青絇鄭云絇之言拘也以爲行戒狀如刀衣鼻在屨頭案內則注有屨繫之文冠禮有絇如刀衣鼻在屨頭及行戒之間故師說云用物穿屨頭爲絇相連爲行戒也今云解屨是解繫也故隱義云古者屨頭皐綦繩相連結之將升堂解之也不敢當階者謂人與屨並不當階側就階邊而解若留屨置階道爲妨後升也　就屨跪而舉之者此侍者或獨暫退時取屨法也就猶著也初升時解置階側今下著之先往階側跪舉取之故云就屨跪而舉之　屛於側者屛退也退不當階也　鄉長者而屨者此明少者禮畢退去爲長者所送之法也既爲長者所送則於階側跪取屨稍移之面鄉長者而著之故云鄉長者而屨　跪而遷屨者遷徙也就階側跪取稍移近前　俯而納屨者納內也既取因俯身鄉長者而內足著之不跪者若跪則足鄉後不便故俯也雖不並跪亦坐左納右坐右納左耳

三五　禮記義三　十五　徐珥

離坐離立毋往參焉離立者不出中間爲干人私也離兩也男女不雜坐不同椸枷不同巾櫛不親授嫂叔不通問諸

潘本第三卷第十五葉

側解屨不敢當階爲妨後升者就屨跪而舉之屛於側謂獨退也就猶著也屛亦不當階鄉長者而屨跪而遷屨俯而納屨謂長者送之也不得屛遷之而已俯俛也納內也遷或爲還

疏正義曰此一節明解屨著屨之法事異於上故别言侍坐也　屨不上於堂者長者在堂而侍者屨賤故脫於階下不著上堂若長者在室則侍者得著屨上堂而不得入室戶外有二屨是也或云悉不得上也戶外有二屨是狎客非須擯通也　解屨不敢當階者解脫也屨既不上於堂故解之於階下也謂脫爲解者案內則云屨著綦鄭云綦屨繫也又冠禮云黑屨青絇鄭云絇之言拘也以爲行戒狀如刀衣鼻在屨頭案內則注有屨繫之文冠禮有絇如刀衣鼻在屨頭及行戒之間故師說云用物穿屨頭爲絇相連爲行戒也今云解屨是解繫也故隱義云古者屨頭皐綦繩相連結之將升堂解之也不敢當階者謂人與屨並不當階側就階邊而解若留屨置階道爲妨後升也　就屨跪而舉之者此侍者或獨暫退時取屨法也就猶著也初升時解置階側今下著之先往階側跪舉取之故云就屨跪而舉之　屛於側者屛退也退不當階也　鄉長者而屨者此明少者禮畢退去爲長者所送之法也既爲長者所送則於階側跪取屨稍移之面鄉長者而著之故云鄉長者而屨　跪而遷屨者遷徙也就階側跪取梢移近前　俯而納屨者納內也既取因俯身鄉長者而內足著之不跪者若跪則足鄉後不便故俯也雖不並跪亦坐左納右坐右納左耳

禮記義三　十五　文

離坐離立毋往參焉離立者不出中間爲干人私也離兩也男女不雜坐不同椸枷不同巾櫛不親授嫂叔不通問諸

母不漱裳外言不入於梱內言不出於梱女子許嫁纓非有大故不入其門姑姊妹女子子已嫁而反兄弟弗與同席而坐弗與同器而食皆爲重别防淫亂不雜坐謂男子在堂女子在房也椸可以枷衣者通問謂相稱謝也諸母庶母賤可使漱衣不可使漱裳裳賤尊之者亦所以遠別外言內言男女之職也不出入者不以相問也梱門限也女子許嫁繫纓有從人之端也大故宫中有災變若疾病乃後入也女子有官者亦謂由命士以上也春秋傳曰羣公子之舍則已卑矣女子十年而不出嫁及成人可以出矣猶不與男子共席而坐亦遠別也父子不同席異尊卑也男女非

禮記義三　十六

有行媒不相知名見媒往來傳昏姻之言乃相知姓名非受幣不交不親重别有禮乃相纏固故日月以告君周禮凡取判妻入子者媒氏書之以告君謂此也齊戒以告鬼神昏禮凡受女之禮皆於廟爲神席以告鬼神謂此也爲酒食以召鄉黨僚友會賓客也以厚其別也厚重慎也取妻不取同姓故買妾不知其姓則卜之爲其近禽獸也妾賤或時非媵取之於賤者世無本繫寡婦之子非有見焉弗與爲友辟嫌也有見謂有奇才卓然衆人所知疏正義曰此一節揔明不干人私并遠嫌之法今各隨文解之離坐離立離兩也若見彼或

足利本第三卷第十六葉

母不漱裳外言不入於梱內言不出於梱女子許嫁纓非有大故不入其門姑姊妹女子子已嫁而反兄弟弗與同席而坐弗與同器而食皆爲重别防淫亂不雜坐謂男子在堂女子在房也椸可以枷衣者通問謂相稱謝也諸母庶母賤可使漱衣不可使漱裳裳賤尊之者亦所以遠別外言內言男女之職也不出入者不以相問也梱門限也女子許嫁繫纓有從人之端也大故宫中有災變若疾病乃後入也女子有官者亦謂由命士以上也春秋傳曰羣公子之舍則已卑矣女子十年而不出嫁及成人可以出矣猶不與男子共席而坐亦遠別也父子不同席異尊卑也男女非

禮記義三　十六

有行媒不相知名見媒往來傳昏姻之言乃相知姓名非受幣不交不親重别有禮乃相纏固故日月以告君周禮凡取判妻入子者媒氏書之以告君謂此也齊戒以告鬼神昏禮凡受女之禮皆於廟爲神席以告鬼神謂此也爲酒食以召鄉黨僚友會賓客也以厚其別也厚重慎也取妻不取同姓故買妾不知其姓則卜之爲其近禽獸也妾賤或時非媵取之於賤者世無本繫寡婦之子非有見焉弗與爲友辟嫌也有見謂有奇才卓然衆人所知疏正義曰此一節揔明不干人私并遠嫌之法今各隨文解之離坐離立離兩也若見彼或

潘本第三卷第十六葉

足利本第三卷第十七葉

二人併坐或兩人併立既唯二人恐密有所論則已不得輙往參預也　離立者不出中間者又若見有二人併立當己行路則避之不得輙當其中間出也不云離坐者道路中非安坐之地故不云坐也識與不識通如此也　注　離兩也　正義曰案易象云明兩作離是離爲兩也　男女至而食　不親授者男女有物不親相授也内則云非祭非喪不相授器其相授則女授以篚無篚則皆坐奠之而后取之　諸母不漱裳者諸母謂父之諸妾有子者漱浣也諸母賤乃可使漱浣盛服而不可使漱裳裳卑褻也欲尊崇於兄弟之母故不可使漱裳耳又欲遠別也　外言不入於梱者外言男職也梱門限也男職在於官政各有其限域不得令婦人預之故云外言不入於梱也　内言不出於梱者内言女職也女職謂織紝男子不得濫預故云不出梱也　女子許嫁纓者女子婦人通稱也不要對文故不重云子也婦人質弱不能自固必有繫屬故恒繫纓纓有二時一是少時常佩香纓二是許嫁時繫纓此

禮記義三　十七

則爲許嫁時繫纓何以知然者内則云男女未冠笄紟纓鄭以爲佩香纓不云纓之形制此云許嫁有從人之端也又昏禮主人入親說婦纓鄭注云婦人十五許嫁笄而禮之因著纓明有繫也蓋以五采爲之其制未聞又内則云婦事舅姑紟纓鄭云婦人有纓示繫屬也以此而言故知有二纓也但婦人之紟纓即是五采者故鄭云示繫屬也今此許嫁謂十五時　非有大故不入其門者大故謂喪病之屬也女子已許嫁則有宮門列爲成人唯有喪病等乃可入其門非大故則不入門也　女子子者謂已嫁女子子是已之女不直云女子而云女子子者凡男子女子皆是父生同爲父之子男子則單稱子女子則重言子者案鄭注喪服云重言女子子是別於男子故云女子子　兄弟弗與同席而坐者雖已嫁及成人猶宜別席不云姪及父唯云兄弟者姪父尊卑禮殊不嫌也　弗與同器而食者熊氏以爲不得傳同器未嫁亦然今嫌嫁或有異於未出故明之皆爲重別防淫亂也　注　不雜至別也　正

潘本第三卷第十七葉

二人併坐或兩人併立既唯二人恐密有所論則已不得輙往參預也　離立者不出中間者又若見有二人併立當己行路則避之不得輙當其中間出也不云離坐者道路中非安坐之地故不云坐也識與不識通如此也　注　離兩也　正義曰案易象云明兩作離是離爲兩也　男女至而食　不親授者男女有物不親相授也内則云非祭非喪不相授器其相授則女授以篚無篚則皆坐奠之而后取之　諸母不漱裳者諸母謂父之諸妾有子者漱浣也諸母賤乃可使漱浣盛服而不可使漱裳裳卑褻也欲尊崇於兄弟之母故不可使漱裳耳又欲遠別也　外言不入於梱者外言男職也梱門限也男職在於官政各有其限域不得令婦人預之故云外言不入於梱也　内言不出於梱者内言女職也女職謂織紝男子不得濫預故云不出梱也　女子許嫁纓者女子婦人通稱也不要對文故不重云子也婦人質弱不能自固必有繫屬故恒繫纓纓有二時一是少時常佩香纓二是許嫁時繫纓此

禮記義三　十七

則爲許嫁時繫纓何以知然者内則云男女未冠笄紟纓鄭以爲佩香纓不云纓之形制此云許嫁有從人之端也又昏禮主人入親說婦纓鄭注云婦人十五許嫁笄而禮之因著纓明有繫也蓋以五采爲之其制未聞又内則云婦事舅姑紟纓鄭云婦人有纓示繫屬也以此而言故知有二纓也但婦人之紟纓即是五采者故鄭云示繫屬也今此許嫁謂十五時　非有大故不入其門者大故謂喪病之屬也女子已許嫁則有宮門列爲成人唯有喪病等乃可入其門非大故則不入門也　女子子者謂已嫁女子子是已之女不直云女子而云女子子者凡男子女子皆是父生同爲父之子男子則單稱子女子則重言[illegible]案鄭注喪服云重言女子子是別於男子故云女子子[illegible]兄弟弗與同席而坐者雖已嫁及成人猶宜別席不云[illegible]及父唯云兄弟者姪父尊卑禮殊不嫌也　弗與同[illegible]食者熊氏以爲不得傳同器未嫁亦然今嫌嫁或有[illegible][illegible]出故明之皆爲重別防淫亂也　注　不雜至別也　[illegible]

義曰謂男子在堂女子在房也　熊氏云謂若大宗收族宗子燕食族人於堂宗子之婦燕食族婦於房也　注春秋傳曰羣公子之舍則已卑矣　引公羊傳證女子有別宮也莊元年秋築王姬之館於外公羊傳曰路寢則不可小寢則嫌羣公子之舍則以卑矣何休云路寢是君聽事之處不可嫁他女小寢是夫人所居天王女宜遠別不可往也羣公子之舍則以卑矣者羣公子是魯侯之諸女也魯侯女宮爲卑不可處王女也何休又云當築夫人宮下羣公子宮上公羊以爲築宮於外非禮也左氏以爲築宮於外禮也鄭康成亦以爲築宮當於宮外是也　男女非有行媒不相知名　相知男女名者先須媒氏行傳昏姻之意後乃知名見媒往來傳昏姻之言乃相知姓名也故昏禮有六禮二曰問名　非受幣不交不親者幣謂聘之玄纁束帛也先須禮幣然後可交親也　故日月以告君者旣男女須辨故婦來則書取婦之年月日時以告國君也　注周禮凡取判妻入子者媒氏書之以告君謂此也引媒

禮記義三　十八　周泉

氏職證必書告君也妻是判合故云判也入子者鄭康成注云入子謂容媵及姪娣不聘者也妾旣非判合但廣於子姓而已故云入子　齋戒以告鬼神者並厚重遠別也齊戒謂嫁女之家受於六禮並在於廟布席告先祖也明女是先祖之遺體不可專輒許人而取婦之家父命子親迎乃並自齊絜但在已寢不在廟也所以爾者白虎通云娶妻不告廟者示不必人女也然夫家若無父母則三月廟見亦是告鬼神故云齋戒以告鬼神　注昏禮至此也　正義曰昏禮納采主人筵於户西西上右几注爲神布席將以先祖之遺體許人不敢不告昏禮又云受諸禮於廟而設几筵也　故買妾不知其姓則卜之　熊氏云卜者卜吉凶旣不知其姓但卜吉則取之義或然也　注爲其至本繫　正義曰郊特牲云無別無義禽獸之道此不取同姓爲其近禽獸故也云妾賤或時非媵取之於賤者如諸侯取一國之女則二國同姓以姪娣媵媵送也妾送嫡行則明知姓氏大夫士取亦各有妾媵或時非此媵

足利本第三卷第十八葉

義曰謂男子在堂女子在房也　熊氏云謂若大宗收族人子燕食族人於堂宗子之婦燕食族婦於房也　注春秋傳曰羣公子之舍則已卑矣　引公羊傳證女子有別宮也莊元年秋築王姬之館於外公羊傳曰路寢則不可小寢則嫌羣公子之舍則以卑矣何休云路寢是君聽事之處不可嫁他女小寢是夫人所居天王女宜遠別不可也羣公子之舍則以卑矣者羣公子是魯侯之諸女也魯侯女宮爲卑不可處王女也何休又云當築夫人宮下羣公子宮上公羊以爲築宮於外非禮也左氏以爲築宮於外禮也鄭康成亦以爲築宮當於宮外是也　男女非有行媒不相知名　相知男女名者先須媒氏行傳昏姻之意後乃知名見媒往來傳昏姻之言乃相知姓名也故昏禮有六禮二曰問名　非受幣不交不親者幣謂聘之玄纁束帛也先須禮幣然後可交親也　故日月以告君者旣男女須辨故婦來則書取婦之年月日時以告國君也　注周禮凡取判妻入子者媒氏書之以告君謂此也引媒

禮記義三　十八　周泉

氏職證必書告君也妻是判合故云判也入子者鄭康成注云入子謂容媵及姪娣不聘者也妾旣非判合但廣於子姓而已故云入子　齋戒以告鬼神者並厚重遠別也齊戒謂嫁女之家受於六禮並在於廟布席告先祖也明女是先祖之遺體不可專輒許人而取婦之家父命子親迎乃並自齊絜但在已寢不在廟也所以爾者白虎通云娶妻不告廟者示不必人女也然夫家若無父母則三月廟見亦是告鬼神故云齋戒以告鬼神　注昏禮至此也　正義曰昏禮納采主人筵於户西西上右几注爲神布席將以先祖之遺體許人不敢不告昏禮又云受諸禮於廟而設几筵也　故買妾不知其姓則卜之　熊氏云卜者卜吉凶旣不知其姓但卜吉則取之義或然也　注爲其至本繫　正義曰郊特牲云無別無義禽獸之道此不取同姓爲其近禽獸故也云妾賤或時非媵取之於賤者如諸侯取一國之女則二國同姓以姪娣媵媵送也妾送嫡行則明知姓氏大夫士取亦各有妾媵或時非此媵

潘本第三卷第十八葉

足利本第三卷第十九葉

類取於賤者不知何姓之後則世無本繫但卜得吉者取
之　寡婦之子非有見焉弗與為友　明避嫌也見謂奇
才卓異可見也寡婦無夫若其子有奇才異行者則己可
與之為友若此子凡庸而已與其往來則於寡婦有嫌也
是以鄭注有見謂奇才卓然衆人所知也　賀取妻者曰某子使某
聞子有客使某羞　謂不在賓客之中使人往者羞進也言進於客古者謂候
為進其禮蓋壺酒束脩若犬也不斥主人昏禮不賀　貧者不以貨財為禮
老者不以筋力為禮　禮許儉不非無也年五十始杖八十拜君命一坐再
至　疏　正義曰謂親朋友有昏已有事礙不得自往而遣人往也案郊特牲云昏禮不賀人之序也此云賀
者聞彼昏而送筐篚將表厚意身實不在為賀故云賀
而其辭則不稱賀曰某子使某者此使者辭也某子者

禮記義三　十九　高彥

賀以者名使某者使自稱名也言彼使我來也　聞子有客
者聞子呼娶妻者為子也昏禮既不稱賀故云聞子有客
也客者鄉黨僚友之屬也　使某羞者某是使者名也羞
進也子既召賓客或須飲食故使我將此酒食以與子進
賓客也　注謂不至不賀　正義曰羞進也言進於客也
古者謂候為進者證呼送禮為進候猶進也古時謂迎客
為進漢時謂迎客為候此記是古法故飲食與彼迎接呼
為進也鄭注周禮候人云候候迎賓客之來是也云其禮
蓋壺酒束脩若犬也者言於禮物用壺酒及束脩束脩十
脡脯也若無脯則壺酒及一犬故云若犬也少儀云其以
乘壺酒束脩一犬賜人若獻人則陳酒執脩以將命是酒
脩獻人之法也此賀用酒或亦四壺也云不斥主人昏禮
不賀者解所以不云賀主人昏而云有客之義主人有嗣代之序故不斥云賀也　名子者不
以國不以日月不以隱疾不以山川　此在

潘本第三卷第十九葉

類取於賤者不知何姓之後則世無本繫但卜得吉者取
之　寡婦之子非有見焉弗與為友　明避嫌也見謂奇
才卓異可見也寡婦無夫若其子有奇才異行者則己可
與之為友若此子凡庸而已與其往來則於寡婦有嫌也
是以鄭注有見謂奇才卓然衆人所知也　賀取妻者曰某子使某
聞子有客使某羞　謂不在賓客之中使人往者羞進也言進於客古者謂候
為進其禮蓋壺酒束脩若犬也不斥主人昏禮不賀　貧者不以貨財為禮
老者不以筋力為禮　禮許儉不非無也年五十始杖八十拜君命一坐再
至　疏　正義曰謂親朋友有昏已有事礙不得自往而遣人往也案郊特牲云昏禮不賀人之序也此云賀
者聞彼昏而送筐篚將表厚意身實不在為賀故云賀
而其辭則不稱賀曰某子使某者此使者辭也某子者

禮記義三　十九　高彥

賀以者名使某者使自稱名也言彼使我來也　聞子有客
者聞子呼娶妻者為子也昏禮既不稱賀故云聞子有客
也客者鄉黨僚友之屬也　使某羞者某是使者名也羞
進也子既召賓客或須飲食故使我將此酒食以與子進
賓客也　注謂不至不賀　正義曰羞進也言進於客也
古者謂候為進者證呼送禮為進候猶進也古時謂迎客
為進漢時謂迎客為候此記是古法故飲食與彼迎接呼
為進也鄭注周禮候人云候候迎賓客之來是也云其禮
蓋壺酒束脩若犬也者言於禮物用壺酒及束脩束脩十
脡脯也若無脯則壺酒及一犬故云若犬也少儀云其以
乘壺酒束脩一犬賜人若獻人則陳酒執脩以將命是酒
脩獻人之法也此賀用酒或亦四壺也云不斥主人昏禮
不賀者解所以不云賀主人昏而云有客之義主人有嗣代之序故不斥云賀也　名子者不
以國不以日月不以隱疾不以山川　此在

足利本第三卷第二十葉

常語之中爲後難諱也春秋傳曰名終將諱之隱疾衣中
之疾也謂若黑臀黑肱矣疾在外者雖不得言尚可指擿
此則無時可辟俗 疏 正義曰此一節明與子造名字之
語云隱疾難爲醫 法各隨文解之 名子者不以國
者不以本國爲名故杜氏注春秋桓六年傳云不以本國
爲名如是他國即得爲名故桓十二年衛侯晉卒襄十五
年晉侯周卒是也 不以日月者不以甲乙丙丁爲名殷
家得以爲名者殷質不諱名故也然案春秋魯僖公名申
蔡莊公名甲午者周末亂世不能如禮或以爲不以日月
二字爲名也 不以隱疾者謂不以體上幽隱之處疾病
爲名 注謂若黑臀黑肱矣 正義曰案宣二年晉使趙
穿逆公子黑臀於周而立之周語單子云吾聞晉成公之
生夢神規其臀以黑使有晉國此天所命也有由而得爲
名昭元年楚公子黑肱昭三十一年邾黑肱得爲名或亦
有由或亂世而不能如禮云名終將諱之者案桓六年九
月丁卯子同生公問名於申繻申繻對曰名有五有信有

禮記義三 二十

義有象有假有類以名生爲信杜注云若唐叔虞魯公子
友以德命爲義若文王名昌武王名發以類命爲象若仲
尼首象尼丘取於物爲假若伯魚生人有饋之魚因名之
曰鯉取於父爲類若魯莊公與桓公同日生名之曰同也
案傳文云不以官不以畜牲不以器幣此記文略耳傳云
以官則廢職以山川則廢主以畜牲則廢祀以器幣則廢
禮晉以僖侯廢司徒宋以武公廢司空先君獻武廢二山
杜注云司徒改爲中軍司空改爲司城魯獻公名具武公
名敖案國語范獻子聘魯問具敖之山魯人以鄉名對獻
子云何不云具敖乎對曰先君獻武之所諱也此等所以
皆爲名者以其不能如禮故申繻言之周人以諱事神者
謂周人諱神之名而事神其名終没爲神之後將須諱之
故不可以爲名也 男女異長 各自爲伯季也 男子二十冠
而字 成人矣敬其名 父前子名君前臣名 對至尊無大小皆相

潘本第三卷第二十葉原缺抄補

常語之中爲後難諱也春秋傳曰名終將諱之隱疾衣中
之疾也謂若黑臀黑肱矣疾在外者雖不得言尚可指擿
此則無時可避俗 疏 名子至山川 正義曰此一節明與
語云隱疾難爲醫 子造名字之法各依文解之 名子
者不以國者不以本國爲名故杜氏注春秋桓六年傳云
不以本國爲名如是他國既得爲名故桓十二年衛侯晉
卒襄十五年晉侯周卒是也 不以日月者不以甲乙丙
丁爲名殷家得以爲名者殷質不諱名故也然案春秋魯
僖公名申蔡莊公名甲午者周末亂世不能如禮或以爲
不以日月二字爲名也 不以隱疾者謂不以體上幽隱之處
疾病爲名 謂若黑臀黑肱矣 正義曰案宣二年晉
使趙穿迎公子黑臀於周而立之周語單子云吾聞晉成
公之生夢神規其臀以黑使有晉國此天所命也有由而
得爲名昭元年楚公子黑肱昭三十一年邾黑肱得爲名
或亦有由或亂世而不能如禮云名終將諱之者案桓六
年九月丁卯子同生公問名於申繻申繻對曰名有五有

禮記正義三卷 二十

信有義有象有假有類以名生爲信杜注云若唐叔虞魯
公子友以德命爲義若文王名昌武王名發以類命爲象
若仲尼首象尼丘取於物爲假若伯魚生人有饋之魚因
名之鯉取於父爲類若魯莊公與桓公同日生名之曰同
也按傳文云不以官不以畜牲不以器幣此記文略耳傳
云以官則廢職以山川則廢主以畜牲則廢祀以器幣則
廢禮晉以僖侯廢司徒宋以武公廢司空先君獻武廢二
山杜注云司徒改爲中軍司空改爲司城魯獻公名具武
公名敖按國語范獻子聘魯問具敖之山魯人以鄉名對
獻子云何不云具敖乎對曰先君獻武之所諱也此等所
以皆爲名者以其不能知禮故申繻言之周人以諱事神
者謂周人諱神之名而事神其名終没爲神之後將須諱
之故不可以爲名也 男女異長 各自爲伯季也 男子二十冠
而字 成人矣敬其名 父前子名君前臣名 對至尊無大小皆相

足利本第三卷第二十一葉

名女子許嫁笄而字以許嫁為成人疏正義曰此一節明男女冠
笄名字之法各依文解之　男女異長者案冠禮加字之
時伯某甫仲叔季唯其所當又檀弓云幼名冠字五十以
伯仲知女子亦各自為叔季者春秋隱公二年伯姬歸于
紀隱七年叔姬歸于紀是也禮緯含文嘉云文家稱叔質
家稱仲以此言之則周有管叔蔡叔之屬是文家故稱叔
也禮緯又云嫡長稱伯庶長稱孟　君前臣名　成十六
年鄢陵之戰公陷于淖欒書欲載晉侯鍼曰書退鍼
是書之子對晉侯而稱書是於君前臣名其父也　凡
進食之禮左殽右胾食居人之左羹居
人之右皆便食也殽骨體也胾切肉也食飯屬也居人左右明其近也殽在俎胾在豆膾
炙處外醯醬處內殽胾之外內也近醯醬者食之主膾炙皆在豆葱
禮記義三　二十一
渫處末渫烝葱也處醯醬之左言末者殊加也渫在豆酒漿處右處羹
之右此言若酒若漿耳兩有之則左酒右漿此大夫
士與賓客燕食之禮其禮食則宜放公食大夫禮云以脯
脩置者左朐右末亦便食也屈中曰朐客若降等執
食興辭辭者辭主人之臨己食若欲食於堂下然主人興辭於客
然後客坐復坐主人延客祭延道也祭祭先也君子有事不忘本
也客不降等則先祭祭食祭所先進主人所先進先祭之所後進後祭之如其
次殽之序徧祭之謂胾炙膾也以其本出於牲體也公食大夫禮魚腊湆醬不祭
也三飯主人延客食胾然後辯殽先食胾後食殽

潘本第三卷第二十一葉

名女子許嫁笄而字以許嫁為成人疏正義曰此一節明男女冠
笄名字之法各依文解之　男女異長者案冠禮加字之
時伯某甫仲叔季唯其所當又檀弓云幼名冠字五十以
伯仲知女子亦各自為叔季者春秋隱公二年伯姬歸于
紀隱七年叔姬歸于紀是也禮緯含文嘉云文家稱叔質
家稱仲以此言之則周有管叔蔡叔之屬是文家故稱叔
也禮緯又云嫡長稱伯庶長稱孟　君前臣名　成十六
年鄢陵之戰公陷于淖欒書欲載晉侯鍼曰書退鍼
是書之子對晉侯而稱書是於君前臣名其父也　凡
進食之禮左殽右胾食居人之左羹居
人之右皆便食也殽骨體也胾切肉也食飯屬也居人左右明其近也殽在俎胾在豆膾
炙處外醯醬處內殽胾之外內也近醯醬者食之主膾炙皆在豆葱
禮記義三　二十一
渫處末渫烝葱也處醯醬之左言末者殊加也渫在豆酒漿處右處羹
之右此言若酒若漿耳兩有之則左酒右漿此大夫
士與賓客燕食之禮其禮食則宜放公食大夫禮云以脯
脩置者左朐右末亦便食也屈中曰朐客若降等執
食興辭辭者辭主人之臨己食若欲食於堂下然主人興辭於客
然後客坐復坐主人延客祭延道也祭祭先也君子有事不忘本
也客不降等則先祭祭食祭所先進主人所先進先祭之所後進後祭之如其
次殽之序徧祭之謂胾炙膾也以其本出於牲體也公食大夫禮魚腊湆醬不祭
也三飯主人延客食胾然後辯殽先食胾後食殽

殽尊也凡食殽辯於肴食肴則飽也主人未辯客不虛口侯主人也虛口謂酳也客自敵以上其酳不侍主人飽主人不先飽也侍食於長者主人親饋則拜而食勸長者食耳雖賤不得執食與辭拜而已示敬也主人不親饋則不拜而食以其禮於已不隆共食不飽謙也謂共羹飯之大器也共飯不澤手為汙生不絜也澤謂挼莎也禮飯以手澤或為擇毋摶飯為欲致飽不謙毋放飯去手餘飯於器中人所穢毋流歠大歠嫌欲疾毋咤食嫌薄之毋齧骨為有聲響不敬毋反魚肉為已歷口人所穢毋投與狗骨為其賤飲食之物

禮記卷三　二十二

毋固獲為其不廉也欲專之曰固爭取曰獲毋揚飯飯黍毋以箸毋嚃羹亦嫌欲疾也嚃為不嚼菜毋絮羹為其詳於味也絮猶調也毋刺齒為其弄口也口容止毋歠醢亦嫌詳於味也歠者為其淡故客絮羹主人辭不能亨客歠醢主人辭以窶優賓濡肉齒決決猶斷也乾肉不齒決堅宜用手毋嘬炙為其貪食甚也嘬謂一舉盡臠特牲少牢嚌之加于俎卒食客自前跪徹飯齊以授相者謙也自從也齊醬屬也相者主人贊饌者公食大夫禮賓卒食北面取粱與醬以降也主人興辭於客然後客坐

足利本第三卷第二十二葉

殽尊也凡食殽辯於肴食肴則飽也主人未辯客不虛口侯主人也虛口謂酳也客自敵以上其酳不侍主人飽主人不先飽也侍食於長者主人親饋則拜而食勸長者食耳雖賤不得執食與辭拜而已示敬也主人不親饋則不拜而食以其禮於已不隆共食不飽謙也謂共羹飯之大器也共飯不澤手為汙生不絜也澤謂挼莎也禮飯以手澤或為擇毋摶飯為欲致飽不謙毋放飯去手餘飯於器中人所穢毋流歠大歠嫌欲疾毋咤食嫌薄之毋齧骨為有聲響不敬毋反魚肉為已歷口人所穢毋投與狗骨為其賤飲食之物

禮記卷三　二十二

毋固獲為其不廉也欲專之曰固爭取曰獲毋揚飯飯黍毋以箸毋嚃羹亦嫌欲疾也嚃為不嚼菜毋絮羹為其詳於味也絮猶調也毋刺齒為其弄口也口容止毋歠醢亦嫌詳於味也歠者為其淡故客絮羹主人辭不能亨客歠醢主人辭以窶優賓濡肉齒決決猶斷也乾肉不齒決堅宜用手毋嘬炙為其貪食甚也嘬謂一舉盡臠特牲少牢嚌之加于俎卒食客自前跪徹飯齊以授相者謙也自從也齊醬屬也相者主人贊饌者公食大夫禮賓卒食北面取粱與醬以降也主人興辭於客然後客坐

潘本第三卷第二十二葉

足利本第三卷第二十三葉

不聽親徹侍飲於長者酒進則起拜受於尊所降席拜受敬也燕飲之禮鄉尊長者辭少者反席而飲長者舉未釂少者不敢飲不敢先尊者盡爵曰釂燕禮曰公卒爵而後飲也長者賜少者賤者不敢辭不敢亢禮也賤者僮僕之屬賜果於君前其有核者懷其核嫌弃尊者物也木實曰果御食於君君賜餘器之溉者不寫其餘皆寫重汙辱君之器也溉謂陶梓之器不溉謂萑竹之器也寫者傳己器中乃食之也勸侑曰御餕餘不祭父不祭子夫不

禮記疏三　二十三　周良

祭妻食人之餘曰餕餕而不祭唯此類也食尊者之餘則祭盛之御同於長者雖貳不辭謂侍食於長者饌具與之同也貳謂重殽膳也辭之爲長者嫌偶坐不辭盛饌不爲己羞之有菜者用梜其無菜者不用梜梜猶箸也今人或謂箸爲梜提爲天子削瓜者副之巾以絺副析也既削又四析之乃橫斷之而巾覆焉爲國君者華之巾以綌華中裂之不四析也爲大夫累之累倮也謂不巾覆也士疐之不中裂橫斷去疐而已庶人齕之不橫斷疏正義曰此一節雜明飲食之法也各隨文解之今此明御大夫與客燕食之禮　左殽右胾者熟肉帶骨而臠曰殽純肉切之

潘本第三卷第二十三葉

不聽親徹侍飲於長者酒進則起拜受於尊所降席拜受敬也燕飲之禮鄉尊長者辭少者反席而飲長者舉未釂少者不敢飲不敢先尊者盡爵曰釂燕禮曰公卒爵而後飲也長者賜少者賤者不敢辭不敢亢禮也賤者僮僕之屬賜果於君前其有核者懷其核嫌弃尊者物也木實曰果御食於君君賜餘器之溉者不寫其餘皆寫重汙辱君之器也溉謂陶梓之器不溉謂萑竹之器也寫者傳己器中乃食之也勸侑曰御餕餘不祭父不祭子夫不

禮記疏三　二十三　周良

祭妻食人之餘曰餕餕而不祭唯此類也食尊者之餘則祭盛之御同於長者雖貳不辭謂侍食於長者饌具與之同也貳謂重殽膳也辭之爲長者嫌偶坐不辭盛饌不爲己羞之有菜者用梜其無菜者不用梜梜猶箸也今人或謂箸爲梜提爲天子削瓜者副之巾以絺副析也既削又四析之乃橫斷之而巾覆焉爲國君者華之巾以綌華中裂之不四析也爲大夫累之累倮也謂不巾覆也士疐之不中裂橫斷去疐而已庶人齕之不橫斷疏正義曰此一節雜明飲食之法也各隨文解之今此明御大夫與客燕食之禮　左殽右胾者熟肉帶骨而臠曰殽純肉切之

足利本第三卷第二十四葉

曰胾骨是陽故在左肉是陰故在右　食居人之左羹居人之右者食飯燥爲陽故居左羹濕是陰故右設之並在殽胾之内 注 云皆便至在豆　正義曰皆便食也者此中有三便一則純肉在右先取爲便也二則羹飯並近人之食先取羹飯亦便三則飯在左羹在右右手取羹羹重於右亦便故云皆便食云食飯屬者知食是飯者春秋左氏傳云粢食不鑿論語云一簞食玉藻云子卯稷食皆飯也言屬者諸飯悉然故云屬也云居人左右明其近也者以其繫人言之故云近也云殽在俎者春秋宣十六年王享士會殽烝下云宴有折俎又昏禮及特牲少牢皆骨體在俎是殽在俎知胾在豆者公食大夫禮庶羞十六豆有牛胾羊胾是胾在豆 注 殽胾至在豆　正義曰知在殽胾之外内者以此饌之設羹食最近人羹食之外乃有殽胾今云膾炙處外醯醬處内明其不得在羹食之内故知在殽胾之外内此醯醬徐音作海則醯之與醬兩物各别依昏禮及公食大夫禮醬皆在右醯在左此醯醬處内亦當

禮記義三　二十四　李師正

醬在右醯在左也案公食大夫禮宰夫自東房授醯醬公設之鄭注云以醯和醬也又周禮醯人祭祀共齊菹醯物則醯醬共爲一物也今此經文若作醯字則是一物也醯之與醯其義皆通未知孰是但鄭注葱渫云處醯醬之左則醯醬一物爲勝云膾炙皆在豆者以公食下大夫十六豆有牛炙羊炙及芥醬魚膾故知在豆 注 處醯醬之左言末者殊加也渫在豆　正義曰知處醯醬之左者地道尊右既云處末則末在左上繼醯醬文承其下故云在醯醬之左知葱渫殊加者以儀禮正饌唯有菹醯無葱渫故知葱渫爲殊加也以其菹類故知在豆也 注 若酒至禮云　正義曰卑客則或酒或漿若尊客則有酒有漿案公食大夫禮云設酒於豆東是酒在左也公食大夫禮又云賓三飯設漿飲於稻西鄭注云酒在東漿在西所謂左酒右漿是也云此大夫與賓客燕食之禮其禮食則宜放公食大夫禮云者從上進食之禮至此所陳饌具皆是卿大夫燕食也其禮食則似公食大夫禮所陳是也案公食大

潘本第三卷第二十四葉

曰胾骨是陽故在左肉是陰故在右　食居人之左羹居人之右者食飯燥爲陽故居左羹濕是陰故右設之並在殽胾之内 注 云皆便至在豆　正義曰皆便食也者此中有三便一則純肉在右先取爲便也二則羹飯並近人之食先取羹飯亦便三則飯在左羹在右右手取羹羹重於右亦便故云皆便食云食飯屬者知食是飯者春秋左氏傳云粢食不鑿論語云一簞食玉藻云子卯稷食皆飯也言屬者諸飯悉然故云屬也云居人左右明其近也者以其繫人言之故云近也云殽在俎者春秋宣十六年王享士會殽烝下云宴有折俎又昏禮及特牲少牢皆骨體在俎是殽在俎知胾在豆者公食大夫禮庶羞十六豆有牛胾羊胾是胾在豆 注 殽胾至在豆　正義曰知在殽胾之外内者以此饌之設羹食最近人羹食之外乃有殽胾今云膾炙處外醯醬處内明其不得在羹食之内故知在殽胾之外内此醯醬徐音作海則醯之與醬兩物各别依昏禮及公食大夫禮醬在右醯在左此醯醬處内亦當

禮記義三　二十四　李師正

醬在右醯在左也案公食大夫禮宰夫自東房授醯醬公設之鄭注云以醯和醬也又周禮醯人祭祀共齊菹醯物則醯醬共爲一物也今此經文若作醯字則是一物也醯之與醯其義皆通未知孰是但鄭注葱渫云處醯醬之左則醯醬一物爲勝云膾炙皆在豆者以公食下大夫十六豆有牛炙羊炙及芥醬魚膾故知在豆 注 處醯醬之左言末者殊加也渫在豆　正義曰知處醯醬之左者地道尊右既云處末則末在左上繼醯醬文承其下故云在醯醬之左知葱渫殊加者以儀禮正饌唯有菹醯無葱渫故知葱渫爲殊加也以其菹類故知在豆也 注 若酒至禮云　正義曰卑客則或酒或漿若尊客則有酒有漿案公食大夫禮云設酒於豆東是酒在左也公食大夫禮又云賓三飯設漿飲於稻西鄭注云酒在東漿在西所謂左酒右漿是也云此大夫與賓客燕食之禮其禮食則宜放公食大夫禮云者從上進食之禮至此所陳饌具皆是卿大夫燕食也其禮食則似公食大夫禮所陳是也案公食大

足利本第三卷第二十五葉

夫禮醯醬陳於席前豆於設於醬東西上韭菹以東醓醢昌本南麇臡以西菁菹鹿臡士設俎於豆南牛俎在西牛俎東羊俎羊俎東豕俎又牛俎南魚俎魚俎東腊俎腊俎東有腸胃俎又有膚俎在兩行俎之東縱設之黍稷六簋設於俎西黍簋當牛俎西其西稷稷西黍黍南稷稷東黍黍東稷屈爲兩行大羹湆在醬西鉶四設於豆西牛鉶在東牛西羊羊南豕豕東牛飲酒設於豆東粱飯設於湆西稻于粱西庶羞十六豆設於稻南屈折而陳凡爲四行膷東臐臐東膮膮東牛炙炙南醢醢西牛胾胾西醢醢西牛膾膾南羊炙炙東羊胾胾東醢醢東豕炙炙南醢醢西豕胾胾西芥醬醬西魚膾此皆是公食下大夫禮云若上大夫八豆八簋六鉶九俎庶羞二十也　以脯脩置者　設食竟所須也脯訓始始作即成也脩亦脯也脩訓治治之乃成鄭注腊人云薄析曰脯捶而施薑桂曰鍛脩今明置設脯脩與客之法故云以脯脩置者　左朐右末者朐謂中屈也屈脯朐然也左朐朐置左也右末末邊際置右右

禮記義三　二十五

手取際擘之便也脯脩則處酒左以燥爲陽也脯脩皆左邊也注亦便食者右手取際食之便也　客若降等　下等也謂大夫爲卿之客其品等卑下也　執食興辭者　執捉也食飯也興起也客既卑故未食必先捉飯而起以辭謝主人之臨己也又若欲往堂下食然也堂下是卑者食處飯爲食主故特執之也公食大夫禮云賓北面自間坐左擁簠粱右執湆以降是也鄭云自間坐由兩饌之間也辭主人臨己食若欲食於堂下然此降等謂大夫於卿故欲降而不降若臣於君則降也故公食云賓擁簠粱以降是也若敵者全無欲降之禮故公食禮云大夫相食賓執粱與湆之西序端無降法也　主人興辭於客然後客坐　主人見客執飯起故主人亦起辭止之則客從辭而止乃坐食復坐也　主人延客祭　延道也祭者君子不忘本有德必酬之故得食而種種出少許置在豆間之地以報先代造食之人也若敵客則得自祭不須主人之延道今此卑客聽主人先祭道之己乃從之故云延客祭也

潘本第三卷第二十五葉

夫禮醯醬陳於席前豆於設於醬東西上韭菹以東醓醢昌本南麇臡以西菁菹鹿臡士設俎於豆南牛俎在西牛俎東羊俎羊俎東豕俎又牛俎南魚俎魚俎東腊俎腊俎東有腸胃俎又有膚俎在兩行俎之東縱設之黍稷六簋設於俎西黍簋當牛俎西其西稷稷西黍黍南稷稷東黍黍東稷屈爲兩行大羹湆在醬西鉶四設於豆西牛鉶在東牛西羊羊南豕豕東牛飲酒設於豆東粱飯設於湆西稻于粱西庶羞十六豆設於稻南屈折而陳凡爲四行膷東臐臐東膮膮東牛炙炙南醢醢西牛胾胾西醢醢西牛膾膾南羊炙炙東羊胾胾東醢醢東豕炙炙南醢醢西豕胾胾西芥醬醬西魚膾此皆是公食下大夫禮云若上大夫八豆八簋六鉶九俎庶羞二十也　以脯脩置者　設食竟所須也脯訓始始作即成也脩亦脯也脩訓治治之乃成鄭注腊人云薄析曰脯捶而施薑桂曰鍛脩今明置設脯脩與客之法故云以脯脩置者　左朐右末者朐謂中屈也屈脯朐然也左朐朐置左也右末末邊際置右右

禮記義三　二十五

手取際擘之便也脯脩則處酒左以燥爲陽也脯脩皆左邊也注亦便食者右手取際食之便也　客若降等　下等也謂大夫爲卿之客其品等卑下也　執食興辭者　執捉也食飯也興起也客既卑故未食必先捉飯而起以辭謝主人之臨己也又若欲往堂下食然也堂下是卑者食處飯爲食主故特執之也公食大夫禮云賓北面自間坐左擁簠粱右執湆以降是也鄭云自間坐由兩饌之間也辭主人臨己食若欲食於堂下然此降等謂大夫於卿故欲降而不降若臣於君則降也故公食云賓擁簠粱以降是也若敵者全無欲降之禮故公食禮云大夫相食賓執粱與湆之西序端無降法也　主人興辭於客然後客坐　主人見客執飯起故主人亦起辭止之則客從辭而止乃坐食復坐也　主人延客祭　延道也祭者君子不忘本有德必酬之故得食而種種出少許置在豆間之地以報先代造食之人也若敵客則得自祭不須主人之延道今此卑客聽主人先祭道之己乃從之故云延客祭也

足利本第三卷第二十六葉

祭食祭所先進凡祭食之法隨主人所設前後次第種種而次祭之故主人所先進先祭之所後進後祭之所從如其次也　殽之序徧祭之　序次序也謂膾炙胾之屬也徧匝也炙胾之屬雖同出於牲今祭之故種種次序徧匝祭之　注謂胾至祭也　正義曰案公食大夫禮云三牲之肺不離贊者辯取之壹以授賓賓興受坐祭挩手又云魚腊醬湆不祭也　三飯主人延客食胾　三飯謂三食也禮食三飡而告飽須勸乃更食三飯竟而主人乃道客食胾也公食大夫禮云賓三飯以湆醬鄭云每飯歠湆以殽擩醬食正饌也案彼文是三飯但食醬及他饌而未食胾故三飡竟而主人道客使之食胾也所以至三飡後乃食胾者公食禮亦以胾為加故客三飡前未食之故鄭注云以殽擩醬食正饌正饌則非胾也然公食禮三飡竟挩手起受漿漱口受束帛之物升降拜禮畢方是升還坐食取飽又三漱不云三飯延客食胾者與此異也　然後辯殽　然後謂食胾竟後也辯匝也主人皆道客令食至

禮記義三　二十六

餕食殽得匝也　注先食至飽也　正義曰純肉為陰陰卑也帶骨為陽陽尊也尊故後食之也云凡食殽辯於肩食肩則飽者案特牲少牢云初食殽次食脊次食骼後食肩是辯於肩也故云食肩則飽也鄭云舉前正脊後肩自上而卻下綿而前終始之次也案鄭云是先食脇脊次食骼食骼竟又屈食脇脊竟乃食肩　主人未辯客不虛口　虛口謂食竟飲酒蕩口使清絜及安食也用漿曰漱令口以絜清為義用酒曰酳酳訓演言食畢以酒演養其氣主人若食殽未辯則客雖已辯而不得輒酳漱也主人恒讓客不肯先飽故客待主人辯乃得為酳也此謂卑客耳敵客以上則不待主人也音義隱云飯畢蕩口也　注俟主人也虛口謂酳也　正義曰案公食禮云賓卒食會飯三飲鄭云三漱漿也明是食竟漱也又初三飯竟設漿稻西賓坐祭遂飲鄭云飲漱也案此漱是三飡竟又有事故用漿漱口若如斯則公食之禮雖設酒為優賓不得用酳故鄭注彼云設而不舉明但以漿漱口而已也此是私客故

潘本第三卷第二十六葉

祭食祭所先進凡祭食之法隨主人所設前後次第種種而次祭之故主人所先進先祭之所後進後祭之所從如其次也　殽之序徧祭之　序次序也謂膾炙胾之屬也徧匝也炙胾之屬雖同出於牲今祭之故種種次序徧匝祭之　注謂胾至祭也　正義曰案公食大夫禮云三牲之肺不離贊者辯取之壹以授賓賓興受坐祭挩手又云魚腊醬湆不祭也　三飯主人延客食胾　三飯謂三食也禮食三飡而告飽須勸乃更食三飯竟而主人乃道客食胾也公食大夫禮云賓三飯以湆醬鄭云每飯歠湆以殽擩醬食正饌也案彼文是三飯但食醬及他饌而未食胾故三飡竟而主人道客使之食胾也所以至三飡後乃食胾者公食禮亦以胾為加故客三飡前未食之故鄭注云以殽擩醬食正饌正饌則非胾也然公食禮三飡竟挩手起受漿漱口受束帛之物升降拜禮畢方是升還坐食取飽又三漱不云三飯延客食胾者與此異也　然後辯殽　然後謂食胾竟後也辯匝也主人皆道客令食至

禮記義三　二十六

餕食殽得匝也　注先食至飽也　正義曰純肉為陰陰卑也帶骨為陽陽尊也尊故後食之也云凡食殽辯於肩食肩則飽者案特牲少牢云初食殽次食脊次食骼後食肩是辯於肩也故云食肩則飽也鄭云舉前正脊後肩自上而卻下綿而前終始之次也案鄭云是先食脇脊次食骼食骼竟又屈食脇脊竟乃食肩　主人未辯客不虛口　虛口謂食竟飲酒蕩口使清絜及安食也用漿曰漱令口以絜清為義用酒曰酳酳訓演言食畢以酒演養其氣主人若食殽未辯則客雖已辯而不得輒酳漱也主人恒讓客不肯先飽故客待主人辯乃得為酳也此謂卑客耳敵客以上則不待主人也音義隱云飯畢蕩口也　注俟主人也虛口謂酳也　正義曰案公食禮云賓卒食會飯三飲鄭云三漱漿也明是食竟漱也又初三飯竟設漿稻西賓坐祭遂飲鄭云飲漱也案此漱是三飡竟又有事故用漿漱口若如斯則公食之禮雖設酒為優賓不得用酳故鄭注彼云設而不舉明但以漿漱口而已也此是私客故

足利本第三卷第二十七葉

用酒以酳所以異於公食禮也故鄭此云謂酳也云客自敵己上其酳不待主人飽者客不敵故待主人主人不先飽者緣主人不先飽故待之也 侍食至而食 嚮是自爲容法此明侍從尊長爲容禮也 主人親饋則拜而食者饋謂進饌也己雖侍尊長而主人若自親饋與己己則拜謝之而後食也 注勸長至敬也 正義曰言己今侍食雖賤不得執食興辭故但拜之以示敬也

禮記正義卷第三

禮記義三

潘本第三卷第二十七葉

用酒以酳所以異於公食禮也故鄭此云謂酳也云客自敵己上其酳不待主人飽者客不敵故待主人主人不先飽者緣主人不先飽故待之也 侍食至而食 嚮是自爲容法此明侍從尊長爲容禮也 主人親饋則拜而食者饋謂進饌也己雖侍尊長而主人若自親饋與己己則拜謝之而後食也 注勸長至敬也 正義曰言己今侍食雖賤不得執食興辭故但拜之以示敬也

禮記正義卷第三

禮記義三

禮記正義卷第四

國子祭酒上護軍曲阜縣開國子臣孔穎達等奉

勑撰

共食至澤手　正義曰共食謂同事聚居非禮食則有同器食法共食宜謙不輒厭飫爲飽也　共飯不澤手者亦是共器盛飯也澤謂光澤也古之禮飯不用箸但用手既與人共飯手宜絜淨不得臨食始挼莎手乃食恐爲人穢也

注爲汗生不絜　正義曰絜淨也若澤手手必汗生則不絜淨也一本汗生不圭圭絜也言手澤汗飯也　毋摶飯　正義曰共器若取飯作摶則易得多是欲爭飽非謙也故注云爲欲致飽不謙也　毋放至嚃炙　正義曰放飯者手就器中取飯飯若黏著手不得拂放本器中也去手餘飯於器中人所穢者當棄餘於篚無篚棄餘於會會謂篕

禮記正義四　李信

蓋也　毋流歠者謂開口大歠汁入口如水流則欲多而速是傷廉也故鄭云大歠嫌欲疾　毋咤食者咤謂以舌口中作聲也似若嫌主人之食也　毋齧骨者一則有聲二則嫌主人食不足以骨致飽故庾云爲無肉之嫌三則齧之口脣可憎故不齧也爲有聲響不敬鄭舉一隅也　毋反魚肉者謂與人同器也已齧殘不可反還器中爲人穢之也故鄭云謂已歷口人所穢崔靈恩云不可反於故處是以少牢禮尸所食之餘肉皆別致於肵俎不反本處也　毋投與狗骨者投致也狗犬也言爲客之禮無得食主肉後棄其骨與犬故鄭云爲其賤飲食之物　毋固獲者專取曰固爭取曰獲與人共食不可專固獨得及爭取也盧植云固獲取之爲其不廉也　毋揚飯者飯熱當待冷若揚去熱氣則爲貪快傷廉也　飯黍毋以箸者飯黍無用箸當用匕故少牢云廩人溉匕與敦注云匕所以匕黍稷是也　毋嚃羹者人若不嚼菜含而歠吞之其欲速而多又有聲不敬傷廉也故鄭云亦嫌欲疾也嚃爲不嚼菜羹

足利本第四卷第一葉

禮記正義卷第四

國子祭酒上護軍曲阜縣開國子臣孔穎達等奉

勑撰

共食至澤手　正義曰共食謂同事聚居非禮食則有同器食法共食宜謙不輒厭飫爲飽也　共飯不澤手者亦是共器盛飯也澤謂光澤也古之禮飯不用箸但用手既與人共飯手宜絜淨不得臨食始挼莎手乃食恐爲人穢也

注爲汗生不絜　正義曰絜淨也若澤手手必汗生則不絜淨也一本汗生不圭圭絜也言手澤汗飯也　毋摶飯　正義曰共器若取飯作摶則易得多是欲爭飽非謙也故注云爲欲致飽不謙也　毋放至嚃炙　正義曰放飯者手就器中取飯飯若黏著手不得拂放本器中也去手餘飯於器中人所穢者當棄餘於篚無篚棄餘於會會謂篕

禮記正義四

蓋也　毋流歠者謂開口大歠汁入口如水流則欲多而速是傷廉也故鄭云大歠嫌欲疾　毋咤食者咤謂以舌口中作聲也似若嫌主人之食也　毋齧骨者一則有聲二則嫌主人食不足以骨致飽故庾云爲無肉之嫌三則齧之口脣可憎故不齧也爲有聲響不敬鄭舉一隅也　毋反魚肉者謂與人同器也已齧殘不可反還器中爲人穢之也故鄭云謂已歷口人所穢崔靈恩云不可反於故處是以少牢禮尸所食之餘肉皆別致於肵俎不反本處也　毋投與狗骨者投致也狗犬也言爲客之禮無得食主肉後棄其骨與犬故鄭云爲其賤飲食之物　毋固獲者專取曰固爭取曰獲與人共食不可專固獨得及爭取也盧植云固獲取之爲其不廉也　毋揚飯者飯熱當待冷若揚去熱氣則爲貪快傷廉也　飯黍毋以箸者飯黍無用箸當用匕故少牢云廩人溉匕與敦注云匕所以匕黍稷是也　毋嚃羹者人若不嚼菜含而歠吞之其欲速而多又有聲不敬傷廉也故鄭云亦嫌欲疾也嚃爲不嚼菜羹

潘本第四卷第一葉

足利本第四卷第二葉

有菜者用梜故不得歠當梜嚼也　毋絮羹者絮謂就食器中調足鹽梅也若得主人羹更於器中調和是嫌主人食味惡也　注爲其詳於味也絮猶調也詳審也謂更詳審嫌淡也　毋刺齒者口容止不得刺弄之爲不敬謂其弄口少儀曰口容止容儀欲靜止也　毋歠醢者醢肉醬也醬宜鹹客若歠之則是醬淡也　客絮羹主人辭不能亨者亨煑也若客失禮而絮羹則主人宜有優賓之辭謝之云以家不能亨煑故羹味不調適也　客歠醢主人辭以寠者寠無禮也若客失禮而歠醢則主人亦致謝云主人作醢淡而無鹽故可歠也詩云終寠且貧毛云寠無禮也箋云君於己祿薄終不足以爲禮也兩辭皆優饒於賓也　濡肉齒決者濡濕也濕軟不可用手擘故用齒斷決而食之決猶斷也　乾肉不齒決者乾肉脯屬也堅肕不可齒決斷之故須用手擘而食之鄭注腊人云大物解肆乾之謂之乾肉也　毋嘬炙者火灼曰炙炙肉濡若食炙先當以齒嚌而反置俎上不一舉而併食併食之曰嘬是貪

禮記正義四　二　李師正

食也　注爲其至于俎　正義曰不細齧之是一舉盡臠也特牲少牢嚌之加于俎者嚌至齒也特牲少牢饋食禮尸及祝佐食主人之徒得肉皆嚌之嚌之竟而加至于俎上也但此所嚌取彼嚌至齒反置于俎則同然前云無反魚肉此得反于俎者上文謂共人同器而食者故鄭云爲其已歷口人所穢特牲少牢獨食故得反也　卒食客自前跪徹飯齊以授相者　正義曰卒食食已也自從也食坐在前南嚮俟客食竟加于俎起從坐前北面當已坐而跪自徹已所食飯與齊飯齊食主故荅主人初所親饋者也此是卑者侍食之客耳若敵者則否　以授相者相者謂主人佐助進食者賓以所徹飯齊以授之　注謙也至降也　正義曰齊醬屬也齊醬菹通名耳公食大夫禮賓卒食北面取粱與醬以降者引證自徹是卑客也大夫卑於公所爲客故食竟自取飯及醬以降下當知敵者否　主人興辭於客然後客坐者主人起辭不聽自徹則客亦止而坐也　侍飲於長者　正義曰明侍尊長飲酒法也

潘本第四卷第二葉

有菜者用梜故不得歠當梜嚼也　毋絮羹者絮謂就食器中調足鹽梅也若得主人羹更於器中調和是嫌主人食味惡也　注爲其詳於味也絮猶調也詳審也謂更詳審嫌淡也　毋刺齒者口容止不得刺弄之爲不敬謂其弄口少儀曰口容止容儀欲靜止也　毋歠醢者醢肉醬也醬宜鹹客若歠之則是醬淡也　客絮羹主人辭不能亨者亨煑也若客失禮而絮羹則主人宜有優賓之辭謝之云以家不能亨煑故羹味不調適也　客歠醢主人辭以寠者寠無禮也若客失禮而歠醢則主人亦致謝云主人作醢淡而無鹽故可歠也詩云終寠且貧毛云寠無禮也箋云君於己祿薄終不足以爲禮也兩辭皆優饒於賓也　濡肉齒決者濡濕也濕軟不可用手擘故用齒斷決而食之決猶斷也　乾肉不齒決者乾肉脯屬也堅肕不可齒決斷之故須用手擘而食之鄭注腊人云大物解肆乾之謂之乾肉也　毋嘬炙者火灼曰炙炙肉濡若食炙先當以齒嚌而反置俎上不一舉而併食併食之曰嘬是貪

禮記正義四　二　李師正

食也　注爲其至于俎　正義曰不細齧之是一舉盡臠也特牲少牢嚌之加于俎者嚌至齒也特牲少牢饋食禮尸及祝佐食主人之徒得肉皆嚌之嚌之竟而加至于俎上也但此所嚌取彼嚌至齒反置于俎則同然前云無反魚肉此得反于俎者上文謂共人同器而食者故鄭云爲其已歷口人所穢特牲少牢獨食故得反也　卒食客自前跪徹飯齊以授相者　正義曰卒食食已也自從也食坐在前南嚮俟客食竟加于俎起從坐前北面當已坐而跪自徹已所食飯與齊飯齊食主故荅主人初所親饋者也此是卑者侍食之客耳若敵者則否　以授相者相者謂主人佐助進食者賓以所徹飯齊以授之　注謙也至降也　正義曰齊醬屬也齊醬菹通名耳公食大夫禮賓卒食北面取粱與醬以降者引證自徹是卑客也大夫卑於公所爲客故食竟自取飯及醬以降下當知敵者否　主人興辭於客然後客坐者主人起辭不聽自徹則客亦止而坐也　侍飲於長者　正義曰明侍尊長飲酒法也

足利本第四卷第三葉

食竟宜飲酒故次之　酒進則起者謂長者賜侍者酒進
至侍者前則起侍者見酒至不敢即飲故起也　拜受於
尊所者尊所謂陳尊之處也侍者起而往尊處拜受之也
陳尊之所貴賤不同若諸侯燕禮大射設尊在東楹之西
自北鄉南陳之酌者在尊東西鄉以酌者之左為上尊尊
面有鼻鼻向君示君專有此惠也若鄉飲酒及鄉大夫燕
則設尊陳於房戶之間東西列尊尊面鄉南酌者鄉北以
西為上尊時主人在阼西鄉賓在戶西牖前南鄉使賓主
得夾尊示不敢專惠也今云拜受於尊所者當是燕禮而
燕禮不云拜受於尊所鄉飲酒亦無此語正是文不具耳
近尊鄉長者故往於尊所鄉長者而拜　注降席至鄉尊
正義曰何胤云尊者主人也拜者在尊所對主人也降席
下奠爵再拜稽首鄉尊謂主人尊也崔靈恩云鄉大夫燕
飲主人面亦鄉尊若鄉飲酒皆主人與賓夾尊也今案何
崔並是解此拜受尊若所鄉長者之證也　長者辭少者
反席而飲者長者辭止少者之起長者既止故少者復反

禮記義四　三

還其席而飲賜也　長者舉未釂少者不敢飲者舉猶飲
也釂盡也飲酒尊卑異爵故燕禮公執膳爵受賜爵者執
散爵今少者雖反席而飲要須待長者盡爵後少者乃得
飲也若長者飲未盡則少者不敢飲也　注不敢至飲也
正義曰證長者未盡少者不敢飲也燕禮曰受賜爵者以
爵就席坐公卒爵然後飲鄭注云不敢先虛爵明此勸惠
從尊者來也然此與燕禮及注合而與士相見及玉藻違
案士相見禮云若君賜之爵則下席再拜稽首受爵升席
祭卒爵而俟君卒爵然後授虛爵鄭云受爵者於尊所至
於授爵坐授人耳必俟君卒爵者若欲其釂然也玉藻云
君若賜之爵則越席再拜稽首受登席祭之飲卒爵而俟
君卒爵然後授虛爵注云不敢先君盡爵案二文皆先君
卒爵而此云後飲者此據燕飲正禮故引燕禮以證之玉
藻及士相見禮謂私燕之禮故不同也　長者賜少者賤
者不敢辭　正義曰此明凡受賜禮也少謂幼稚賤謂僮
僕之屬也若少者及賤者被尊長之賜則不敢辭謙宜即

潘本第四卷第三葉

食竟宜飲酒故次之　酒進則起者謂長者賜侍者酒進
至侍者前則起侍者見酒至不敢即飲故起也　拜受於
尊所者尊所謂陳尊之處也侍者起而往尊處拜受之也
陳尊之所貴賤不同若諸侯燕禮大射設尊在東楹之西
自北鄉南陳之酌者在尊東西鄉以酌者之左為上尊尊
面有鼻鼻向君示君專有此惠也若鄉飲酒及鄉大夫燕
則設尊陳於房戶之間東西列尊尊面鄉南酌者鄉北以
西為上尊時主人在阼西鄉賓在戶西牖前南鄉使賓主
得夾尊示不敢專惠也今云拜受於尊所者當是燕禮而
燕禮不云拜受於尊所鄉飲酒亦無此語正是文不具耳
近尊鄉長者故往於尊所鄉長者而拜　注降席至鄉尊
正義曰何胤云尊者主人也拜者在尊所對主人也降席
下奠爵再拜稽首鄉尊謂主人尊也崔靈恩云鄉大夫燕
飲主人面亦鄉尊若鄉飲酒皆主人與賓夾尊也今案何
崔並是解此拜受尊若所鄉長者之證也　長者辭少者
反席而飲者長者辭止少者之起長者既止故少者復反

禮記義四　三

還其席而飲賜也　長者舉未釂少者不敢飲者舉猶飲
也釂盡也飲酒尊卑異爵故燕禮公執膳爵受賜爵者執
散爵今少者雖反席而飲要須待長者盡爵後少者乃得
飲也若長者飲未盡則少者不敢飲也　注不敢至飲也
正義曰證長者未盡少者不敢飲也燕禮曰受賜爵者以
爵就席坐公卒爵然後飲鄭注云不敢先虛爵明此勸惠
從尊者來也然此與燕禮及注合而與士相見及玉藻違
案士相見禮云若君賜之爵則下席再拜稽首受爵升席
祭卒爵而俟君卒爵然後授虛爵鄭云受爵者於尊所至
於授爵坐授人耳必俟君卒爵者若欲其釂然也玉藻云
君若賜之爵則越席再拜稽首受登席祭之飲卒爵而俟
君卒爵然後授虛爵注云不敢先君盡爵案二文皆先君
卒爵而此云後飲者此據燕飲正禮故引燕禮以證之玉
藻及士相見禮謂私燕之禮故不同也　長者賜少者賤
者不敢辭　正義曰此明凡受賜禮也少謂幼稚賤謂僮
僕之屬也若少者及賤者被尊長之賜則不敢辭謙宜即

足利本第四卷第四葉

受也不敢亢禮也敵者亢而有辭少者賤者故不敢也
御食於君　正義曰御者非侍者但是勸侑君食也　君
賜餘者謂君食竟以食殘餘賜御者也器之漑者不寫者
漑滌也寫謂倒傳之也若所賜食之器可滌漑者不畏汙
則不須倒寫仍於器中食之食訖乃澡絜以還君也　其
餘皆寫者其餘謂不可滌漑之器也若不倒寫久則浸汙
其器又不可澡絜則壞尊者物也故皆倒寫之　注重汙
至曰御　正義曰漑謂陶梓之器者陶是瓦甒之屬梓是
杯杅之屬並可滌絜之者何胤云梓漆也不漑謂萑竹之
器者萑葦也是織萑爲之器竹是織竹爲之器並謂筐筥
之屬並不可澡絜者鄭注司几筵職云萑如葦而細云勸
侑曰御者何胤云勸侑謂卑者勸美尊者之食也　餕餘
至祭吏　正義曰餕者食餘之名祭謂祭先也因前有賜
餘故明食人之餘不祭者也凡食人之餘及日晚食朝饌之
餘皆云餕故玉藻云日中而餕鄭云餕食朝之餘也今此
明凡食餘悉祭若不祭者唯此下二條也　父不祭子夫

禮記正義四　四

不祭妻者若父得子餘夫得妻餘不須祭者言其卑故也
非此二條悉祭也父得有子餘者熊氏云謂年老致仕傳
家事於子孫子孫有賓客之事故父得餕其子餘夫餕其
妻餘者謂宗婦與族人婦燕飲有餘夫得食之　御同於
長者雖貳不辭　正義曰御謂侍也同謂侍食而與長者
同饌也貳謂重也侍者雖獲殽膳重而已不須辭其多也
所以然者此饌本爲長者設耳若辭之則嫌當長者何胤
云禮當盛饌冝辭以賤不能當之此侍食於長者盛饌不
在己故鄭云貳謂重殽膳也辭之爲長者嫌也　偶坐不
辭　正義曰偶媲也或彼爲客設饌而召己往媲偶於客
共食此饌本不爲己設故已不辭之也又一云偶二也若
唯獨有己主人設饌己當辭謝若與他人俱坐則己不假
辭以主人意不必在己也故鄭云盛饌不爲己並會兩通也
羹之至用梜　正義曰有菜者爲鉶羹是也以其有菜交
橫非梜不可無菜者謂大羹湆也直歠之而已其有肉調
者犬羹兔羹之屬或當用匕也　爲天子削瓜者副之巾

潘本第四卷第四葉

受也不敢亢禮也敵者亢而有辭少者賤者故不敢也
御食於君　正義曰御者非侍者但是勸侑君食也　君
賜餘者謂君食竟以食殘餘賜御者也器之漑者不寫者
漑滌也寫謂倒傳之也若所賜食之器可滌漑者不畏汙
則不須倒寫仍於器中食之食訖乃澡絜以還君也　其
餘皆寫者其餘謂不可滌漑之器也若不倒寫久則浸汙
其器又不可澡絜則壞尊者物也故皆倒寫之　注重汙
至曰御　正義曰漑謂陶梓之器者陶是瓦甒之屬梓是
杯杅之屬並可滌絜之者何胤云梓漆也不漑謂萑竹之
器者萑葦也是織萑爲之器竹是織竹爲之器並謂筐筥
之屬並不可澡絜者鄭注司几筵職云萑如葦而細云勸
侑曰御者何胤云勸侑謂卑者勸美尊者之食也　餕餘
至祭吏　正義曰餕者食餘之名祭謂祭先也因前有賜
餘故明食人之餘不祭者也凡食人之餘及日晚食朝饌之
餘皆云餕故玉藻云日中而餕鄭云餕食朝之餘也今此
明凡食餘悉祭若不祭者唯此下二條也　父不祭子夫

禮記正義四　四

不祭妻者若父得子餘夫得妻餘不須祭者言其卑故也
非此二條悉祭也父得有子餘者熊氏云謂年老致仕傳
家事於子孫子孫有賓客之事故父得餕其子餘夫餕其
妻餘者謂宗婦與族人婦燕飲有餘夫得食之　御同於
長者雖貳不辭　正義曰御謂侍也同謂侍食而與長者
同饌也貳謂重也侍者雖獲殽膳重而已不須辭其多也
所以然者此饌本爲長者設耳若辭之則嫌當長者何胤
云禮當盛饌冝辭以賤不能當之此侍食於長者盛饌不
在己故鄭云貳謂重殽膳也辭之爲長者嫌也　偶坐不
辭　正義曰偶媲也或彼爲客設饌而召己往媲偶於客
共食此饌本不爲己設故已不辭之也又一云偶二也若
唯獨有己主人設饌己當辭謝若與他人俱坐則己不假
辭以主人意不必在己也故鄭云盛饌不爲己並會兩通也
羹之至用梜　正義曰有菜者爲鉶羹是也以其有菜交
橫非梜不可無菜者謂大羹湆也直歠之而已其有肉調
者犬羹兔羹之屬或當用匕也　爲天子削瓜者副之巾

以絺 正義曰此爲人君削爪禮也削刊也副析也絺細葛也謂先刊其皮而析爲四解又横切之既破又横解而細葛爲巾覆上而進之也 爲國君者華之巾以綌者華謂半破也綌麤葛也諸侯禮降故破而不四析也亦横斷之雖與天子俱無文推理亦横斷而巾用麤葛覆而進之爾雅云瓜曰華之郭璞云食啖治擇之名 爲大夫累之者累倮也不巾覆也大夫降於諸侯直削而中裂横斷而巳不巾覆而進之知對破而横斷之者鄭云士不中裂横斷去疐而巳則知大夫猶中裂而横斷倮而巳 士疐之者疐謂脫華處士不半破但除疐而横斷亦不覆也下注庶人云不横斷則知士横斷也故鄭云士不中裂横斷去疐而巳 庶人齕之者庶人府史之屬也齕齧也既注云不横斷故知去疐而齧之也然此削瓜等級不同非謂平常之日當是公庭大會之時也

父母有疾冠者不櫛行不翔 憂不爲容也 言不惰 憂不在私好

禮記義四　五　王允

琴瑟不御 憂不在樂 食肉不至變味飲酒不至變貌 憂不在味 笑不至矧怒不至詈 憂在心難變也齒本曰矧大笑則見 疾止復故 自若常也 有憂者側席而坐 側猶特也憂不在接人不布他面席 有喪者專席而坐 降居處也專猶單也

疏 正義曰此已下明親疾人子之禮及除喪後之儀各隨文解之 言不惰者惰訛不正之言 注憂不在私好 正義曰好謂華好言語戲劇華飾文辭故云不在私好 食肉不至變味 正義曰猶許食肉但不許多耳變味者少食則味不變多食則口味變也 有憂者側席而坐者憂亦謂親有疾也側猶獨也獨席謂獨坐不舒他面席也明憂不在接人故也平常則舒他面席也 注側猶特也 正義曰案聘禮云公禮賓公側受醴是側

足利本第四卷第五葉

以絺 正義曰此爲人君削爪禮也削刊也副析也絺細葛也謂先刊其皮而析爲四解又横切之既破又横解而細葛爲巾覆上而進之也 爲國君者華之巾以綌者華謂半破也綌麤葛也諸侯禮降故破而不四析也亦横斷之雖與天子俱無文推理亦横斷而巾用麤葛覆而進之爾雅云瓜曰華之郭璞云食啖治擇之名 爲大夫累之者累倮也不巾覆也大夫降於諸侯直削而中裂横斷而巳不巾覆而進之知對破而横斷之者鄭云士不中裂横斷去疐而巳則知大夫猶中裂而横斷倮而巳 士疐之者疐謂脫華處士不半破但除疐而横斷亦不覆也下注庶人云不横斷則知士横斷也故鄭云士不中裂横斷去疐而巳 庶人齕之者庶人府史之屬也齕齧也既注云不横斷故知去疐而齧之也然此削瓜等級不同非謂平常之日當是公庭大會之時也

父母有疾冠者不櫛行不翔 憂不爲容也 言不惰 憂不在私好

禮記義四　五　王允

琴瑟不御 憂不在樂 食肉不至變味飲酒不至變貌 憂不在味 笑不至矧怒不至詈 憂在心難變也齒本曰矧大笑則見 疾止復故 自若常也 有憂者側席而坐 側猶特也憂不在接人不布他面席 有喪者專席而坐 降居處也專猶單也

疏 正義曰此已下明親疾人子之禮及除喪後之儀各隨文解之 言不惰者惰訛不正之言 注憂不在私好 正義曰好謂華好言語戲劇華飾文辭故云不在私好 食肉不至變味 正義曰猶許食肉但不許多耳變味者少食則味不變多食則口味變也 有憂者側席而坐者憂亦謂親有疾也側猶獨也獨席謂獨坐不舒他面席也明憂不在接人故也平常則舒他面席也 注側猶特也 正義曰案聘禮云公禮賓公側受醴是側

潘本第四卷第五葉

足利本第四卷第六葉

猶特也 有喪者專席而坐 正義曰專猶單也吉時貴賤有重席之禮若父母始喪寢苫無席卒哭後乃有苄翦不納自齊衰以下始喪而有席並不重降居處也

水潦降不獻魚鼈 不饒多也

獻鳥者佛其首 爲其喙害人也佛戾也蓋爲小竹籠以冒之 畜鳥者則勿佛也 畜養也養則馴

獻車馬者執策綏獻甲者執胄獻杖者執末獻民虜者操右袂獻粟者執右契獻米者操量鼓獻孰食者操醬齊獻田宅者操書致 凡操執者謂手所舉以告者也設其大者舉其小者便也甲鎧也胄兜鍪也民虜軍所獲也操其右袂制之契券要也右爲尊量鼓量器名

禮記義四 六

凡遺人弓者張弓尚筋弛弓尚角 弓有往來體皆欲令其下曲隤然順也遺人無時巳定體則張之未定體則弛之

右手執簫左手承弣 簫弭頭也謂之簫簫邪也弣把中

尊卑垂帨 帨佩巾也磬折則佩垂授受之儀尊卑一

若主人拜 拜受也 則客還辟辟拜 辟拜謙不敢當

主人自受由客之左接下承弣 由從也從客之左右客尊之接下接客手下也承弣郤手則簫覆手與

鄉與客並然後受 於堂上則俱南面禮敵者並授

進劍者左首 左首尊也

進戈者前其鐏後其刃進矛戟者前其鐓 後刃敬也

潘本第四卷第六葉

猶特也 有喪者專席而坐 正義曰專猶單也吉時貴賤有重席之禮若父母始喪寢苫無席卒哭後乃有苄翦不納自齊衰以下始喪而有席並不重降居處也

水潦降不獻魚鼈 不饒多也

獻鳥者佛其首 爲其喙害人也佛戾也蓋爲小竹籠以冒之 畜鳥者則勿佛也 畜養也養則馴

獻車馬者執策綏獻甲者執胄獻杖者執末獻民虜者操右袂獻粟者執右契獻米者操量鼓獻孰食者操醬齊獻田宅者操書致 凡操執者謂手所舉以告者也設其大者舉其小者便也甲鎧也胄兜鍪也民虜軍所獲也操其右袂制之契券要也右爲尊量鼓量器名

禮記義四 六

凡遺人弓者張弓尚筋弛弓尚角 弓有往來體皆欲令其下曲隤然順也遺人無時巳定體則張之未定體則弛之

右手執簫左手承弣 簫弭頭也謂之簫簫邪也弣把中

尊卑垂帨 帨佩巾也磬折則佩垂授受之儀尊卑一

若主人拜 拜受也 則客還辟辟拜 辟拜謙不敢當

主人自受由客之左接下承弣 由從也從客之左右客尊之接下接客平下也承弣郤手則簫覆手與

鄉與客並然後受 於堂上則俱南面禮敵者並授

進劍者左首 左首尊也

進戈者前其鐏後其刃進矛戟者前其鐓 後刃敬也

足利本第四卷第七葉

三兵鐏鐓雖在下猶爲首銳底曰鐏取其鐏地平底曰鐓取其鐓地　進几杖者拂之
尊者所馮依拂去塵敬　效馬效羊者右牽之　用右手便效猶呈見　效
犬者左牽之　犬齧人右手當禁備之　執禽者左首　左首
尊　飾羔鴈者以繢　繢畫也諸侯大夫以布天子大夫以畫　受珠
玉者以掬　慎也掬手中　受弓劒者以袂　敬也　飲玉
爵者弗揮　爲其寶而脃　凡以弓劒苞苴簞笥
問人者　問猶遺也苞苴裹魚肉或以葦或以茅簞笥盛飯食者圓曰簞方曰笥　操以受
命如使之容　謂使者　疏　正義曰此一節明獻遺人物及授受之儀今各隨文解之

禮記義四　七

水潦降不獻魚鼈者案定四年左傳云水潦方降今謂水
潦降者天降下水潦魚鼈難得故注云不饒多也盧植庾
蔚之等並以爲然或解鄭云不饒多者以爲水潦降下魚
鼈豐足不饒益其多　獻鳥者佛其首者王云佛謂取首
戾轉之恐其喙害人也鄭云佛戾也蓋爲小竹籠以冒之
案王鄭義同而加籠籠之爲其喙害人也　畜鳥者則勿
佛也者畜養也養則馴也馴善也鳥經人養則不喙害人
故獻之不用籠冒及戾之　獻車馬者執策綏者策是馬
杖綏是上車之繩車馬不上於堂不可投進尊者之前但
執策綏策綏易呈呈之則知有車馬也　獻甲者執冑者
甲鎧也謂鎧爲甲者言如龜鼈之有甲也冑兜鍪也鎧大
兜鍪小小者易舉執以呈之耳　獻杖者執末者末柱地
頭也柱地不淨不可嚮人故執以自嚮持淨頭授與人　獻
民虜者操右袂者民虜謂征伐所獲彼民以爲外虜故云
民虜也右袂者右邊袖也獻之而以左手操于囚之右邊
袂右邊有力故此用右手以防其異心　凡言執操互言耳

潘本第四卷第七葉

三兵鐏鐓雖在下猶爲首銳底曰鐏取其鐏地平底曰鐓取其鐓地　進几杖者拂之
尊者所馮依拂去塵敬　效馬效羊者右牽之　用右手便效猶呈見　效
犬者左牽之　犬齧人右手當禁備之　執禽者左首　左首
尊　飾羔鴈者以繢　繢畫也諸侯大夫以布天子大夫以畫　受珠
玉者以掬　慎也掬手中　受弓劒者以袂　敬也　飲玉
爵者弗揮　爲其寶而脃　凡以弓劒苞苴簞笥
問人者　問猶遺也苞苴裹魚肉或以葦或以茅簞笥盛飯食者圓曰簞方曰笥　操以受
命如使之容　謂使者　疏　正義曰此一節明獻遺人物及授受之儀今各隨文解之

禮記義四　七

水潦降不獻魚鼈者案定四年左傳云水潦方降今謂水
潦降者天降下水潦魚鼈難得故注云不饒多也盧植庾
蔚之等並以爲然或解鄭云不饒多者以爲水潦降下魚
鼈豐足不饒益其多　獻鳥者佛其首者王云佛謂取首
戾轉之恐其喙害人也鄭云佛戾也蓋爲小竹籠以冒之
案王鄭義同而加籠籠之爲其喙害人也　畜鳥者則勿
佛也者畜養也養則馴也馴善也鳥經人養則不喙害人
故獻之不用籠冒及戾之　獻車馬者執策綏者策是馬
杖綏是上車之繩車馬不上於堂不可投進尊者之前但
執策綏策綏易呈呈之則知有車馬也　獻甲者執冑者
甲鎧也謂鎧爲甲者言如龜鼈之有甲也冑兜鍪也鎧大
兜鍪小小者易舉執以呈之耳　獻杖者執末者末柱地
頭也柱地不淨不可嚮人故執以自嚮持淨頭授與人　獻
民虜者操右袂者民虜謂征伐所獲彼民以爲外虜故云
民虜也右袂者右邊袖也獻之而以左手操于囚之右邊
袂右邊有力故此用右手以防其異心　凡言執操互言耳

獻粟者執右契者粟粱稻之屬也契謂兩書一札同而別
之鄭注此云契券要也右爲尊以先書爲尊故也 獻米
者操量鼓者米六米之等量是知斗斛之數鼓是量器名
也隱義云東海樂浪人呼容十二斛者爲鼓以量米故云
量鼓獻米者執器以呈之米云量則粟亦量粟云契則米
亦書但米可即食爲急故言量粟可久儲爲緩故云書書
比量爲緩也 獻孰食者操醬齊者孰食葱渫之屬醬齊
爲食之主執主來則食可知若見芥醬必知獻魚膾之屬
也 獻田宅者操書致者書致謂圖書於板丈尺委曲書
之而致之於尊者也以上諸物可動故不云致而田宅著
土故板圖書畫以致之故言書又言致也然古者田宅悉
爲官所賦本不屬民今得此田宅獻者是或有董勳爲君
王所賜可爲己有故得有獻 凡遺人弓者此謂敵體故
稱遺者也 張弓尚筋者弓之爲體以木爲身以角爲面
筋在外面張之時曲來嚮內故遺人之時使筋在上弓身
曲嚮其下其弛弓之時反張嚮外筋在曲內角在曲外今

禮記義四 八

遺人之時角嚮其上弓形示曲嚮下故鄭皆欲令其下曲
隤然順也 【注】遺人至弛之 正義曰案稾人云春獻素
秋獻成注云矢箙春作秋成矢箙既獻素明知弓亦獻素
素形朴也故士喪禮注云形法定爲素又弓人云秋合三
材冬定體則合三材之時可以獻入故此注云未定體則
弛之是也 右手執簫者簫弓頭頭稍剡差邪似簫故謂
爲簫也謂弓頭爲鞘鞘簫之言亦相似也然執簫謂捉下
頭客覆右手執弓下頭也 左手承弣者弣謂弓把也授
在地地道貴右主人推客居右客覆右手執弓下頭又卻
下左手以承弓把把當中央而高兩頭穨下以授主人主
人在左所以知是執於弓下頭柱地不淨不可與人故自
執之而以上頭授人所以爲敬也 尊卑垂帨者尊卑謂
賓主俱是大夫則爲尊若俱是士則爲卑帨佩巾也 若
主人拜者主人將受應當賓前而拜受所遺也則客還辟
辟拜者還辟猶逡巡也客謙不欲當主人之拜已故少逡
巡還延辟之也不云客荅拜者執弓不得拜也何胤云執

足利本第四卷第八葉

潘本第四卷第八葉

獻粟者執右契者粟粱稻之屬也契謂兩書一札同而別
之鄭注此云契券要也右爲尊以先書爲尊故也 獻米
者操量鼓者米六米之等量是知斗斛之數鼓是量器名
也隱義云東海樂浪人呼容十二斛者爲鼓以量米故云
量鼓獻米者執器以呈之米云量則粟亦量粟云契則米
亦書但米可即食爲急故言量粟可久儲爲緩故云書書
比量爲緩也 獻孰食者操醬齊者孰食葱渫之屬醬齊
爲食之主執主來則食可知若見芥醬必知獻魚膾之屬
也 獻田宅者操書致者書致謂圖書於板丈尺委曲書
之而致之於尊者也以上諸物可動故不云致而田宅著
土故板圖書畫以致之故言書又言致也然古者田宅悉
爲官所賦本不屬民今得此田宅獻者是或有董勳爲君
王所賜可爲己有故得有獻 凡遺人弓者此謂敵體故
稱遺者也 張弓尚筋者弓之爲體以木爲身以角爲面
筋在外面張之時曲來嚮內故遺人之時使筋在上弓身
曲嚮其下其弛弓之時反張嚮外筋在曲內角在曲外今

禮記義四 八

遺人之時角嚮其上弓形示曲嚮下故鄭皆欲令其下曲
隤然順也 【注】遺人至弛之 正義曰案稾人云春獻素
秋獻成注云矢箙春作秋成矢箙既獻素明知弓亦獻素
素形朴也故士喪禮注云形法定爲素又弓人云秋合三
材冬定體則合三材之時可以獻入故此注云未定體則
弛之是也 右手執簫者簫弓頭頭稍剡差邪似簫故謂
爲簫也謂弓頭爲鞘鞘簫之言亦相似也然執簫謂捉下
頭客覆右手執弓下頭也 左手承弣者弣謂弓把也授
在地地道貴右主人推客居右客覆右手執弓下頭又卻
下左手以承弓把把當中央而高兩頭穨下以授主人主
人在左所以知是執於弓下頭柱地不淨不可與人故自
執之而以上頭授人所以爲敬也 尊卑垂帨者尊卑謂
賓主俱是大夫則爲尊若俱是士則爲卑帨佩巾也 若
主人拜者主人將受應當賓前而拜受所遺也則客還辟
辟拜者還辟猶逡巡也客謙不欲當主人之拜已故少逡
巡還延辟之也不云客荅拜者執弓不得拜也何胤云執

弓者迴還見主人拜而辟之也　主人自受由客之左者
由從也主人既敵故自受也拜客既竟從客左而受之
接下承弣者主人既還在客左與客並以郤左手接客左
手之下而承弣又覆右手捉弓下頭　注由從至手與
正義曰客在右故云右客也是尊客故使客在右也云接
下接客手下也者客郤左手承弣今主人郤左手接客
左手之下而取弓必知其客主俱郤左手承弣右手覆簫
者若主人用右手承弣便是主人倒執弓故知然也云承
弣郤手則簫覆手與者簫謂弓下頭也客以弓上頭授與
主人主人以左手郤之接客手下故又覆右手案捉弓下
頭也是客主授受皆郤左手承弣覆右手執簫也　鄉與
客並然後受者前漫云由左恐人或相對而左右也今明
既拜客竟則還前立處與客俱嚮南而立乃後受弓故云
鄉與客並然後受也　注於堂至並授　正義曰俱南面
解鄉與客並也言於堂上俱南面是嚮明故也若不於堂
上則未必南面當隨時便而俱嚮明云禮敵者並授者若

禮記義四　九

不敵則不並授此又證遺人是敵者也然敵者並授案聘
禮賓問主國之卿卿北面受幣聘賓南面授幣卿與聘賓
是敵不並授者以聘賓銜聘君之命問卿故卿北面受之
敬聘君之命也　進劒者左首　正義曰進亦謂遺也言
進授與人時也首劒拊環也少儀曰澤劒首鄭云澤弄也
推尋劒刃利不容可弄正是劒環也又云刀郤刃授穎鄭
云穎鐶也案少儀而言首則鐶也不以刃授人敬也春秋
魯定公十年叔孫之圉人欲殺公若僞不解禮而授劒末
杜云以劒鋒末授之案解鋒爲末則鐶是首也然劒有匣
又有衣也故少儀云劒則啓櫝蓋襲之加夫襓是也鄭云
左首尊者客在右主人在左劒首首爲尊以尊處與主人
也假令對授則亦左首尊左亦尊爲宜也　進戈者前其鐏
後其刃　正義曰戈鉤孑戟也如戟而横安刃但頭不嚮
上爲鉤也直刃長八寸横刃長六寸刃下接柄處長四寸
並廣二寸用以鉤害人也刃當頭而利者也利故不持嚮
人也鐏在尾而鈍鈍嚮人爲敬所以前鐏後刃也　進矛

足利本第四卷第九葉

弓者迴還見主人拜而辟之也　主人自受由客之左者
由從也主人既敵故自受也拜客既竟從客左而受之
接下承弣者主人既還在客左與客並以郤左手接客左
手之下而承弣又覆右手捉弓下頭　注由從至手與
正義曰客在右故云右客也是尊客故使客在右也云接
下接客手下也者客郤左手承弣今主人郤左手接客
左手之下而取弓必知其客主俱郤左手承弣右手覆簫
者若主人用右手承弣便是主人倒執弓故知然也云承
弣郤手則簫覆手與者簫謂弓下頭也客以弓上頭授與
主人主人以左手郤之接客手下故又覆右手案捉弓下
頭也是客主授受皆郤左手承弣覆右手執簫也　鄉與
客並然後受者前漫云由左恐人或相對而左右也今明
既拜客竟則還前立處與客俱嚮南而立乃後受弓故云
鄉與客並然後受也　注於堂至並授　正義曰俱南面
解鄉與客並也言於堂上俱南面是嚮明故也若不於堂
上則未必南面當隨時便而俱嚮明云禮敵者並授者若

禮記正義四　九

不敵則不並授此又證遺人是敵者也然敵者並授案聘
禮賓問主國之卿卿北面受幣聘賓南面授幣卿與聘賓
是敵不並授者以聘賓銜聘君之命問卿故卿北面受之
敬聘君之命也　進劒者左首　正義曰進亦謂遺也言
進授與人時也首劒拊環也少儀曰澤劒首鄭云澤弄也
推尋劒刃利不容可弄正是劒環也又云刀郤刃授穎鄭
云穎鐶也案少儀而言首則鐶也不以刃授人敬也春秋
魯定公十年叔孫之圉人欲殺公若僞不解禮而授劒末
杜云以劒鋒末授之案解鋒爲末則鐶是首也然劒有匣
又有衣也故少儀云劒則啓櫝蓋襲之加夫襓是也鄭云
左首尊者客在右主人在左劒首首爲尊以尊處與主人
也假令對授則亦左首首尊左亦尊爲宜也　進戈者前其鐏
後其刃　正義曰戈鉤孑戟也如戟而横安刃但頭不嚮
上爲鉤也直刃長八寸横刃長六寸刃下接柄處長四寸
並廣二寸用以鉤害人也刃當頭而利者也利故不持嚮
人也鐏在尾而鈍鈍嚮人爲敬所以前鐏後刃也　進矛

潘本第四卷第九葉

足利本第四卷第十葉

戟者前其鐓者矛如鋋而三廉也戟今之戟也古作戟兩邊皆安横刃長六寸中刃長七寸半横刃下接柄處又長四寸半並廣寸半鐓爲矛戟柄尾平底如鐓柄下也以平嚮人敬也亦應並授不云左右而云前後者互文也若相對則前後也若並授則左右也　進几至之容　正義曰此一節皆謂相獻遺及呈見之儀各依文解之　進几杖者拂之謂拂去塵埃爲當馮執故也前云獻杖執末與此互文也此兼言几者几雖無首末亦拂之或云進几者以彎外授人亦得順也　效馬效羊者右牽之者效呈見也此亦是遺人而言效亦互文也馬羊多力人右手亦有力故用右手牽掣之也　效犬者左牽之者犬好齧齧人故左牽之而右手防禦也案少儀云獻犬則右牽之者彼是田犬畜犬不齧人不須防今此是充食之犬故防禦之也然通而言之狗犬通名若分而言之則大者爲犬小者爲狗故月令皆爲犬而周禮有犬人職無狗人職也故爾雅云未成毫狗是也但燕禮亨狗或是小者或通語耳　執

禮記義四　十

禽者左首者禽鳥也左陽也首亦陽也左首謂横捧之也凡鳥皆然若並授則主人在左故客以鳥首授之也不奪故執之也　飾羔鴈者以繢者飾覆也羔羊也繢畫也畫布爲雲氣以覆羔鴈爲飾以相見也士相見禮云下大夫以鴈上大夫以羔飾之以布並不言繢此言繢者鄭云彼是諸侯之卿大夫卑但用布此天子之卿大夫尊故畫之也　受珠玉者以掬者掬謂手中也珠玉寶重宜愼若受之開匣而出置在手中不用袂承之恐墜落也　受弓劒者以袂者不露手取之故用衣袂承接之以爲敬也　飲玉爵者弗揮者玉爵玉杯也揮振去餘也春秋左氏傳云奉匜沃盥既而揮之揮之是振去餘也　凡以弓劒苞苴簞笥問人者凡謂凡此數事皆同然苞者以草苞裹魚肉之屬也故尚書云厥苞橘柚是其類也苴者亦以草藉器而貯物也簞圓笥方俱是竹器亦以葦爲之問人者問謂因問有物遺之也問者或自有事問人或謂聞彼有事而問之問之悉有物表其意故自弓劒以下皆是也　注苞苴

潘本第四卷第十葉

戟者前其鐓者矛如鋋而三廉也戟今之戟也古作戟兩邊皆安横刃長六寸中刃長七寸半横刃下接柄處又長四寸半並廣寸半鐓爲矛戟柄尾平底如鐓柄下也以平嚮人敬也亦應並授不云左右而云前後者互文也若相對則前後也若並授則左右也　進几至之容　正義曰此一節皆謂相獻遺及呈見之儀各依文解之　進几杖者拂之謂拂去塵埃爲當馮執故也前云獻杖執末與此互文也此兼言几者几雖無首末亦拂之或云進几者以彎外授人亦得順也　效馬效羊者右牽之者效呈見也此亦是遺人而言效亦互文也馬羊多力人右手亦有力故用右手牽掣之也　效犬者左牽之者犬好齧齧人故左牽之而右手防禦也案少儀云獻犬則右牽之者彼是田犬畜犬不齧人不須防今此是充食之犬故防禦之也然通而言之狗犬通名若分而言之則大者爲犬小者爲狗故月令皆爲犬而周禮有犬人職無狗人職也故爾雅云未成毫狗是也但燕禮亨狗或是小者或通語耳　執

禮記義四　十

禽者左首者禽鳥也左陽也首亦陽也左首謂横捧之也凡鳥皆然若並授則主人在左故客以鳥首授之也不奪故執之也　飾羔鴈者以繢者飾覆也羔羊也繢畫也畫布爲雲氣以覆羔鴈爲飾以相見也士相見禮云下大夫以鴈上大夫以羔飾之以布並不言繢此言繢者鄭云彼是諸侯之卿大夫卑但用布此天子之卿大夫尊故畫之也　受珠玉者以掬者掬謂手中也珠玉寶重宜愼若受之開匣而出置在手中不用袂承之恐墜落也　受弓劒者以袂者不露手取之故用衣袂承接之以爲敬也　飲玉爵者弗揮者玉爵玉杯也揮振去餘也春秋左氏傳云奉匜沃盥既而揮之揮之是振去餘也　凡以弓劒苞苴簞笥問人者凡謂凡此數事皆同然苞者以草苞裹魚肉之屬也故尚書云厥苞橘柚是其類也苴者亦以草藉器而貯物也簞圓笥方俱是竹器亦以葦爲之問人者問謂因問有物遺之也問者或自有事問人或謂聞彼有事而問之問之悉有物表其意故自弓劒以下皆是也　注苞苴

至以茅　正義曰知裹魚肉者詩云野有死麕白茅苞之內則云炮取豚編萑以苴之既夕禮云葦苞長三尺是其裹魚肉用茅用葦也　操以受命如使之容者言使者操持此上諸物以進受尊者之命如臣爲君聘使受君命先習其威儀進退令如其至所使之國時之儀容故云如使之容也

凡爲君使者已受命君言不宿於家急君使也言謂有故所問也聘禮曰若有言則以束帛如享禮君言至則主人出拜君言之辱使者歸則必拜送于門外敬君命也此謂國君問事於其臣若使人於君所則必朝服而命之使者反則必下堂而受命此臣有所告請於其君

禮記義四　十一

博聞強識而讓敦善行而不怠謂之君子敦厚

疏正義曰此一節論相聘問及君臣使人相告之事今各依文解之受命謂受得君命爲聘使也君言謂受君言宜急去不得停留宿於家也故聘禮既受命遂行舍於郊是也

注言謂至享禮　正義曰解君言也君之所言謂有事故所問也或問其臣或問他人鄭注聘禮記有故謂災患及時事相告也云聘禮曰若有言則以束帛如享禮者又證有言必有物將之也此謂行享禮畢而又有此言而又加束帛也鄭注彼云有言有所告請若有所問也記曰有故則束帛加書以將命春秋臧孫辰告糴於齊公子遂如楚乞師晉侯使韓穿來言汶陽之田是其類也　君言至則主人出拜君言之辱　正義曰此謂君使人問其臣臣對使禮也出出門也君使初至則主人出門拜迎君命也辱者言屈辱尊者之命來也　使者歸則必拜送于門外者君之使去而又出拜送門外也去既送出門則知初至迎亦出

至以茅　正義曰知裹魚肉者詩云野有死麕白茅苞之內則云炮取豚編萑以苴之既夕禮云葦苞長三尺是其裹魚肉用茅用葦也　操以受命如使之容者言使者操持此上諸物以進受尊者之命如臣爲君聘使受君命先習其威儀進退令如其至所使之國時之儀容故云如使之容也

凡爲君使者已受命君言不宿於家急君使也言謂有故所問也聘禮曰若有言則以束帛如享禮君言至則主人出拜君言之辱使者歸則必拜送于門外敬君命也此謂國君問事於其臣若使人於君所則必朝服而命之使者反則必下堂而受命此臣有所告請於其君

禮記義四　十一

博聞強識而讓敦善行而不怠謂之君子敦厚

疏正義曰此一節論相聘問及君臣使人相告之事今各依文解之受命謂受得君命爲聘使也君言謂受君言宜急去不得停留宿於家也故聘禮既受命遂行舍於郊是也

注言謂至享禮　正義曰解君言也君之所言謂有事故所問也或問其臣或問他人鄭注聘禮記有故謂災患及時事相告也云聘禮曰若有言則以束帛如享禮者又證有言必有物將之也此謂行享禮畢而又有此言而又加束帛也鄭注彼云有言有所告請若有所問也記曰有故則束帛加書以將命春秋臧孫辰告糴於齊公子遂如楚乞師晉侯使韓穿來言汶陽之田是其類也　君言至則主人出拜君言之辱　正義曰此謂君使人問其臣臣對使禮也出出門也君使初至則主人出門拜迎君命也辱者言屈辱尊者之命來也　使者歸則必拜送于門外者君之使去而又出拜送門外也去既送出門則知初至迎亦出

足利本第四卷第十二葉

門也此謂國君問事於其臣也若臣遣人往君所及問他人則送迎亦然　若使人於君所則必朝服而命之者此謂臣有故而遣使告君法也亦有物以將之敬君故朝服命使也然命使者言朝服則君言至亦朝服受之互言也使者反則必下堂而受命者謂已使者從君處反還至也去不下送反而下迎者尊君命也不出門者已使卑於君使也亦當拜之不言從上可知也　君子不盡人之歡不竭人之忠以全交也　歡謂飲食忠謂衣服之物　疏　正義曰此明君子所行之事也鄭云歡謂飲食忠謂衣服飲食是會樂之具承歡爲易衣服比飲食爲難必關忠誠籌度故名忠各有所以也明與人交者不宜事事悉受若使彼罄盡則交結之道不全若不竭盡交乃全也　禮曰君子抱孫不抱子此言孫可以爲王父尸子不可以爲父尸　以孫與祖昭穆同　爲君尸者大夫士見之則下之君知所以爲尸者則自下之　尊尸也下下車也國君或時幼少不能盡識羣臣有以告者乃下之　尸必式　禮之　乘必以几　尊者慎也　齊者不樂不弔　爲哀樂則失正散其思也　疏　正義曰此一節論立尸用人相尊敬之法各依文解之抱孫不抱子者此以明昭穆之例凡稱禮曰者皆舊禮語也爲下事難明故引舊禮爲證案此篇之首作記之人引舊禮而言曲禮曰此直言禮曰不言曲者從略可知也抱孫不抱子者謂祭祀之禮必須尸尸必以孫今子孫行並皆幼弱則必抱孫爲尸不得抱子爲尸所以然者作記之者既引其禮又自解云此言孫可以爲王父尸子不可以爲父尸故也曾子問云祭成喪者必有尸尸必以孫孫幼

禮記義四　十二　高政

潘本第四卷第十二葉

門也此謂國君問事於其臣也若臣遣人往君所及問他人則送迎亦然　若使人於君所則必朝服而命之者此謂臣有故而遣使告君法也亦有物以將之敬君故朝服命使也然命使者言朝服則君言至亦朝服受之互言也使者反則必下堂而受命者謂已使者從君處反還至也去不下送反而下迎者尊君命也不出門者已使卑於君使也亦當拜之不言從上可知也　君子不盡人之歡不竭人之忠以全交也　歡謂飲食忠謂衣服之物　疏　正義曰此明君子所行之事也鄭云歡謂飲食忠謂衣服飲食是會樂之具承歡爲易衣服比飲食爲難必關忠誠籌度故名忠各有所以也明與人交者不宜事事悉受若使彼罄盡則交結之道不全若不竭盡交乃全也　禮曰君子抱孫不抱子此言孫可以爲王父尸子不可以爲父尸　以孫與祖昭穆同　爲君尸者大夫士見之則下之君知所以爲尸者則自下之　尊尸也下下車也國君或時幼少不能盡識羣臣有以告者乃下之　尸必式　禮之　乘必以几　尊者慎也　齊者不樂不弔　爲哀樂則失正散其思也　疏　正義曰此一節論立尸用人相尊敬之法各依文解之抱孫不抱子者此以明昭穆之例凡稱禮曰者皆舊禮語也爲下事難明故引舊禮爲證案此篇之首作記之人引舊禮而言曲禮曰此直言禮曰不言曲者從略可知也抱孫不抱子者謂祭祀之禮必須尸尸必以孫今子孫行並皆幼弱則必抱孫爲尸不得抱子爲尸所以然者作記之者既引其禮又自解云此言孫可以爲王父尸子不可以爲父尸故也曾子問云祭成喪者必有尸尸必以孫孫幼

禮記義四　十二　高政

則使人抱之無孫則取於同姓可也是有抱孫之法也言無孫取於同姓可者謂無服内之孫取服外同姓也天子至士皆有尸特牲是士禮少牢是大夫禮並皆有尸又祭統云君執圭瓚祼尸是諸侯有尸也又守祧職云若將祭祀則各以其服授尸是天子有尸也天子以下宗廟之祭皆用同姓之嫡故祭統云祭之道孫爲王父尸所使爲尸者於祭者爲子行父北面而事之注云子行猶子列也祭祖則用孫列皆取於同姓之適孫也天子諸侯之祭朝事延尸於户外是以有北面事尸之禮也雖取孫列用卿大夫爲之故既醉注云天子以卿鄭箋云諸侯入爲天子卿大夫故云公尸天子既然明諸侯亦爾故大夫士亦用同姓嫡者曾子問云無孫取於同姓可也又鄭注特牲禮大夫士以孫之倫爲尸是也言倫明非已孫皇侃用崔靈恩義以大夫用已孫爲尸恐非也天子祭天地社稷山川四方百物及七祀之屬皆有尸也故鳧鷖並云公尸推此而言諸侯祭社稷竟内山川及大夫有菜地祭五祀皆有尸

禮記義四　十三　高彦

也外神之屬不問同姓異姓但卜吉則可爲尸案曾子問祭成人必有尸則祭殤無尸若新喪虞祭之時男女各立尸故士虞禮云男男尸女女尸至祔祭之後正用男之一尸以其祔祭漸吉故也凡吉祭秖用一尸故祭統云設同几是也若祭勝國之社稷則士師爲尸知者士師職文用士師者略之故異義公羊説祭天無尸左氏説晉祀夏郊以董伯爲尸虞夏傳云舜入唐郊以丹朱爲尸是祭天有尸也許愼引魯郊祀曰祝延帝尸從左氏之説也　爲君尸者大夫士見之則下之　正義曰此臣爲君作尸者巳被卜吉君許用者也下謂下車也古者致齊各於其家散齊亦猶出在路及至祭日之旦俱來入廟故羣臣得於路見君之尸皆下車而敬之　君知所以爲尸者則自下之者此亦謂散齊之時君若在路見尸亦自下車敬之不直云君見尸而云君知者言知則初有不知不知謂君年或幼少不能並識羣臣故於路或不識而臣告君君乃知之所以下也所以知是散齊者若致齊不復出行若祭日君

足利本第四卷第十三葉

則使人抱之無孫則取於同姓可也是有抱孫之法也言無孫取於同姓可者謂無服内之孫取服外同姓也天子至士皆有尸特牲是士禮少牢是大夫禮並皆有尸又祭統云君執圭瓚祼尸是諸侯有尸也又守祧職云若將祭祀則各以其服授尸是天子有尸也天子以下宗廟之祭皆用同姓之嫡故祭統云祭之道孫爲王父尸所使爲尸者於祭者爲子行父北面而事之注云子行猶子列也祭祖則用孫列皆取於同姓之適孫也天子諸侯之祭朝事延尸於户外是以有北面事尸之禮也雖取孫列用卿大夫爲之故既醉注云天子以卿鄭箋云諸侯入爲天子卿大夫故云公尸天子既然明諸侯亦爾故大夫士亦用同姓嫡者曾子問云無孫取於同姓可也又鄭注特牲禮大夫士以孫之倫爲尸是也言倫明非已孫皇侃用崔靈恩義以大夫用已孫爲尸恐非也天子祭天地社稷山川四方百物及七祀之屬皆有尸也故鳧鷖並云公尸推此而言諸侯祭社稷竟内山川及大夫有菜地祭五祀皆有尸

禮記義四　十三　高彦

也外神之屬不問同姓異姓但卜吉則可爲尸案曾子問祭成人必有尸則祭殤無尸若新喪虞祭之時男女各立尸故士虞禮云男男尸女女尸至祔祭之後正用男之一尸以其祔祭漸吉故也凡吉祭秖用一尸故祭統云設同几是也若祭勝國之社稷則士師爲尸知者士師職文用士師者略之故異義公羊説祭天無尸左氏説晉祀夏郊以董伯爲尸虞夏傳云舜入唐郊以丹朱爲尸是祭天有尸也許愼引魯郊祀曰祝延帝尸從左氏之説也　爲君尸者大夫士見之則下之　正義曰此臣爲君作尸者巳被卜吉君許用者也下謂下車也古者致齊各於其家散齊亦猶出在路及至祭日之旦俱來入廟故羣臣得於路見君之尸皆下車而敬之　君知所以爲尸者則自下之者此亦謂散齊之時君若在路見尸亦自下車敬之不直云君見尸而云君知者言知則初有不知不知謂君年或幼少不能並識羣臣故於路或不識而臣告君君乃知之所以下也所以知是散齊者若致齊不復出行若祭日君

潘本第四卷第十三葉

尸入廟後乃尸至也　尸必式者廟門之外尸尊未伸不敢亢禮不可下車故式爲敬以荅君也式謂俯下頭也古者車箱長四尺四寸而三分前一後二横一木下去車牀三尺三寸謂之爲式又於式上二尺二寸横一木謂之爲較較去車牀凡五尺五寸於時立乘若平常則馮較故詩云倚重較兮是也又若應爲敬則落手隱下式而頭得俯俛故後云式視馬尾是也鄭注考工記云兵車之式高三尺三寸較兩輢上出式者也兵車自較而下凡五尺五寸然尸在廟中尊伸尚荅主人之拜今在路其尊猶屈君下而已式者以其在路尊未伸故未敢亢禮至於廟中禮伸則亢故荅之　乘必以几者几案在式之上尊者有所敬事以手據之几上有冪君以羔皮以虎緣之

居喪之禮毀瘠不形視聽不衰　爲其廢喪事　形謂骨見

升降不由阼階出入不當門隧　常若親存　隧道也

禮記正義四　十四

居喪之禮頭有創則沐身有瘍則浴有疾則飲酒食肉疾止復初不勝喪乃比於不慈不孝　勝任也　五十不致毀六十不毀七十唯衰麻在身飲酒食肉處於内　所以養老人人五十始衰也

疏　正義曰此一節明孝子居喪此先明居喪平常之法也毀瘠不形者毀瘠羸瘦也形骨露也骨爲人形之主故謂骨爲形也居喪乃許羸瘦不許骨露見也　升降不由阼階者阼階主人之階也孝子事死如事生故在喪思慕猶若父在不忍從父阼階上下也若祔祭以後即得升阼階知者案士虞禮云卒哭以後稱哀子祔祭稱孝子祔祭如饋食之禮既同然吉則孝子得升阼階也然雜記云弔者入主人升堂西面

尸入廟後乃尸至也　尸必式者廟門之外尸尊未伸不敢亢禮不可下車故式爲敬以荅君也式謂俯下頭也古者車箱長四尺四寸而三分前一後二横一木下去車牀三尺三寸謂之爲式又於式上二尺二寸横一木謂之爲較較去車牀凡五尺五寸於時立乘若平常則馮較故詩云倚重較兮是也又若應爲敬則落手隱下式而頭得俯俛故後云式視馬尾是也鄭注考工記云兵車之式高三尺三寸較兩輢上出式者也兵車自較而下凡五尺五寸然尸在廟中尊伸尚荅主人之拜今在路其尊猶屈君下而已式者以其在路尊未伸故未敢亢禮至於廟中禮伸則亢故荅之　乘必以几者几案在式之上尊者有所敬事以手據之几上有冪君以羔皮以虎緣之

居喪之禮毀瘠不形視聽不衰　爲其廢喪事　形謂骨見

升降不由阼階出入不當門隧　常若親存　隧道也

禮記正義四　十四

居喪之禮頭有創則沐身有瘍則浴有疾則飲酒食肉疾止復初不勝喪乃比於不慈不孝　勝任也　五十不致毀六十不毀七十唯衰麻在身飲酒食肉處於内　所以養老人人五十始衰也

疏　正義曰此一節明孝子居喪此先明居喪平常之法也毀瘠不形者毀瘠羸瘦也形骨露也骨爲人形之主故謂骨爲形也居喪乃許羸瘦不許骨露見也　升降不由阼階者阼階主人之階也孝子事死如事生故在喪思慕猶若父在不忍從父阼階上下也若祔祭以後即得升阼階知者案士虞禮云卒哭以後稱哀子祔祭稱孝子祔祭如饋食之禮既同然吉則孝子得升阼階也然雜記云弔者入主人升堂西面

足利本第四卷第十五葉

下云既葬蒲席則升堂西面未葬也既言西面則是升自阼階此未葬得升阼階者敬異國之賓也　不勝喪乃比於不慈不孝者結所以沐浴酒肉之義也不勝喪謂疾不食酒肉創瘍不沐浴毁而滅性者也不留身繼世是不慈也滅性又是違親生時之意故云不孝不云同而云比者此滅性本心實非爲不孝故言比也　五十不致毁者致極也五十始衰居喪乃許有毁而不得極羸瘦　六十不毁者轉更衰甚都不許毁也魯襄公三十一年經書九月癸巳子野卒傳云毁也是也

生與來日死與往日　與猶數也生數來日謂成服杖以死明日數也死數往日謂殯斂以死日數也此士禮貶於大夫者大夫以上皆以來日數士喪禮曰死日而襲厥明而小斂又厥明大斂而殯則死三日而更言三日成服杖似異日矣喪大記曰士之喪二日而殯三日之朝主人杖二者相推其然明矣與或爲予

疏　正義曰生與來日者此謂士禮與數也謂生人成服杖數來日爲三日死數往日者謂死者殯斂數死日爲三日

注　與數至爲予　正義曰貶猶屈也士卑屈故降不如大夫所以厭其殯日然士惟屈殯日不屈成服杖日者成服必在殯後故也云大夫以上皆以來日數者大夫尊則成服及殯皆不數死日也大夫云三日殯不數死日則天子諸侯亦悉不數死日也故鄭云大夫以上云士喪禮曰死日而襲者注引士喪禮者證殯與成服不同日以其未審故云似異日又引喪大記者更證明士殯與成服不同日故云二者相推其然明矣謂以士喪禮喪大記二者相推校然猶是也殯與成服是異日明矣無所復疑言與或爲予者謂諸本禮記有作予字者故云與或爲予

知生者弔知死者傷知生而不知死弔而不傷知死而不知生傷而不弔　人恩各施於所知也弔傷皆謂致命辭也雜記曰諸侯使人弔辭曰寡君聞君之喪

禮記義四　十五

潘本第四卷第十五葉

下云既葬蒲席則升堂西面未葬也既言西面則是升自阼階此未葬得升阼階者敬異國之賓也　不勝喪乃比於不慈不孝者結所以沐浴酒肉之義也不勝喪謂疾不食酒肉創瘍不沐浴毁而滅性者也不留身繼世是不慈也滅性又是違親生時之意故云不孝不云同而云比者此滅性本心實非爲不孝故言比也　五十不致毁者致極也五十始衰居喪乃許有毁而不得極羸瘦　六十不毁者轉更衰甚都不許毁也魯襄公三十一年經書九月癸巳子野卒傳云毁也是也

生與來日死與往日　與猶數也生數來日謂成服杖以死明日數也死數往日謂殯斂以死日數也此士禮貶於大夫者大夫以上皆以來日數士喪禮曰死日而襲厥明而小斂又厥明大斂而殯則死三日而更言三日成服杖似異日矣喪大記曰士之喪二日而殯三日之朝主人杖二者相推其然明矣與或爲予

疏　正義曰生與來日者此謂士禮與數也謂生人成服杖數來日爲三日死數往日者謂死者殯斂數死日爲三日

注　與數至爲予　正義曰貶猶屈也士卑屈故降不如大夫所以厭其殯日然士惟屈殯日不屈成服杖日者成服必在殯後故也云大夫以上皆以來日數者大夫尊則成服及殯皆不數死日也大夫云三日殯不數死日則天子諸侯亦悉不數死日也故鄭云大夫以上云士喪禮曰死日而襲者注引士喪禮者證殯與成服不同日以其未審故云似異日又引喪大記者更證明士殯與成服不同日故云二者相推其然明矣謂以士喪禮喪大記二者相推校然猶是也殯與成服是異日明矣無所復疑言與或爲子者謂諸本禮記有作予字者故云與或爲予

知生者弔知死者傷知生而不知死弔而不傷知死而不知生傷而不弔　人恩各施於所知也弔傷皆謂致命辭也雜記曰諸侯使人弔辭曰寡君聞君之喪

禮記義四　十五　徐

足利本第四卷第十六葉

寡君使某如何不淑此施於生者傷辭未聞也說者有弔
辭云皇天降災子遭罹之如何不淑此施於死者蓋本傷
辭辭畢退皆哭弔喪弗能賻不問其所費問疾弗
能遺不問其所欲見人弗能館不問其
所舍賜人者不曰來取與人者不問其
所欲皆謂傷恩也見人見行人館舍也與人不問其所欲已物或時非其所欲將不與也適墓
不登壟爲其不敬壟冢也墓塋域疏正義曰此一節論弔傷之法若存之與亡並識則遺
設弔辭傷辭兼行若但識生而不識亡則唯遺設弔辭而
無傷辭　知死而不知生傷而不弔者若但識亡唯施傷
辭而無弔辭也然生弔死傷其文可悉但記者丁寧言之
故其文詳也　注弔傷至皆哭　正義曰皆不自往而遺

禮記義四　十六　徐仁

使致己之命也雜記曰諸侯使人弔辭曰寡君聞君之喪
寡君使某如何不淑此施於生者也引雜記者證諸侯有
鄰國之喪不得自往遣使往弔致命弔辭之法也然弔辭
唯使者口傳之於主國孤而已云傷辭未聞者經典散亡
故未聞也說者有弔辭云皇天降災子遭罹之如何不淑
者既未聞傷辭有舊說者云有弔辭如此也施於死者蓋
本傷辭也鄭此云舊說疑其非弔辭正是傷辭耳所以然
者一則不與雜記弔辭同二則既言皇天降災子遭罹之
明是傷於亡者自身非關弔子孝子也云辭畢退皆哭者
然弔辭乃使口致命若傷辭當書之於板使者讀之而奠
致殯前也知辭畢皆退而哭者案雜記行弔之後致含襚
賵畢乃臨若不致含襚賵則弔訖乃臨也故鄭云弔傷辭
畢皆哭助葬必執紼葬喪之大事紼引車索臨喪不笑臨喪
宜有哀色揖人必違其位禮以變爲敬望柩不歌入

潘本第四卷第十六葉

寡君使某如何不淑此施於生者傷辭未聞也說者有弔
辭云皇天降災子遭罹之如何不淑此施於死者蓋本傷
辭辭畢退皆哭弔喪弗能賻不問其所費問疾弗
能遺不問其所欲見人弗能館不問其
所舍賜人者不曰來取與人者不問其
所欲皆謂傷恩也見人見行人館舍也與人不問其所欲已物或時非其所欲將不與也適墓
不登壟爲其不敬壟冢也墓塋域疏正義曰此一節論弔傷之法若存之與亡並識則遺
設弔辭傷辭兼行若但識生而不識亡則唯遺設弔辭而
無傷辭　知死而不知生傷而不弔者若但識亡唯施傷
辭而無弔辭也然生弔死傷其文可悉但記者丁寧言之
故其文詳也　注弔傷至皆哭　正義曰皆不自往而遺

禮記義四　十六　徐仁

使致己之命也雜記曰諸侯使人弔辭曰寡君聞君之喪
寡君使某如何不淑此施於生者也引雜記者證諸侯有
鄰國之喪不得自往遣使往弔致命弔辭之法也然弔辭
唯使者口傳之於主國孤而已云傷辭未聞者經典散亡
故未聞也說者有弔辭云皇天降災子遭罹之如何不淑
者既未聞傷辭有舊說者云有弔辭如此也施於死者蓋
本傷辭也鄭此云舊說疑其非弔辭正是傷辭耳所以然
者一則不與雜記弔辭同二則既言皇天降災子遭罹之
明是傷於亡者自身非關弔子孝子也云辭畢退皆哭者
然弔辭乃使口致命若傷辭當書之於板使者讀之而奠
致殯前也知辭畢皆退而哭者案雜記行弔之後致含襚
賵畢乃臨若不致含襚賵則弔訖乃臨也故鄭云弔傷辭
畢皆哭助葬必執紼葬喪之大事紼引車索臨喪不笑臨喪
宜有哀色揖人必違其位禮以變爲敬望柩不歌入

足利本第四卷第十七葉

臨不翔哀傷之無容樂當食不歎食或以樂非歎所鄰有喪
舂不相里有殯不巷歌助哀也相謂送杵聲適墓不
歌非樂所哭日不歌哀未忘也送喪不由徑送
葬不辟塗潦所哀在此臨喪則必有哀色執
紼不笑臨樂不歎介胄則有不可犯之
色貌與事宜相配介甲也故君子戒慎不失色於人
色厲而内荏貌恭心很非情者也國君撫式大夫下之大夫
撫式士下之撫猶據也據式小俛崇敬也乘車必正立禮不下庶人

禮記義四　十七

爲其遽於事且不能備物刑不上大夫不與賢者犯法其犯法則在八議輕重不在刑
書刑人不在君側爲怨恨爲害也春秋傳曰近刑人則輕死之道疏正義
此一節記人雜記吉凶舉動威儀之事各依文解之　助
葬必執紼者助葬本非爲客正是助事耳故宜必執紼也
注葬喪至車索　正義曰葬喪之大事解所以必執紼之
義云紼引車索者繩屬棺曰紼屬車曰引引紼亦通名故
鄭云紼引車索也　揖人必違其位　位謂己之位也於
位而見前人己所宜敬者當離己位而嚮彼遥揖禮以變
爲敬是以燕禮君降階爾卿大夫鄭注云爾近也揖而移
近之明雖君臣皆須違位而揖也　入臨不翔者謂入臨
人之喪不得趨翔爲容不翔故不歌歌則猶翔也　當食
不歎者吉食奏樂既樂故不宜歎也又若助喪事而食使
充饑不令廢事亦不宜歎歎則不飽也　注食或以樂非
歎所　正義曰人君吉食則有樂賤者則無故云或也

潘本第四卷第十七葉

臨不翔哀傷之無容樂當食不歎食或以樂非歎所鄰有喪
舂不相里有殯不巷歌助哀也相謂送杵聲適墓不
歌非樂所哭日不歌哀未忘也送喪不由徑送
葬不辟塗潦所哀在此臨喪則必有哀色執
紼不笑臨樂不歎介胄則有不可犯之
色貌與事宜相配介甲也故君子戒慎不失色於人
色厲而内荏貌恭心很非情者也國君撫式大夫下之大夫
撫式士下之撫猶據也據式小俛崇敬也乘車必正立禮不下庶人

禮記義四　十七

爲其遽於事且不能備物刑不上大夫不與賢者犯法其犯法則在八議輕重不在刑
書刑人不在君側爲怨恨爲害也春秋傳曰近刑人則輕死之道疏正義
此一節記人雜記吉凶舉動威儀之事各依文解之　助
葬必執紼者助葬本非爲客正是助事耳故宜必執紼也
注葬喪至車索　正義曰葬喪之大事解所以必執紼之
義云紼引車索者繩屬棺曰紼屬車曰引引紼亦通名故
鄭云紼引車索也　揖人必違其位　位謂己之位也於
位而見前人己所宜敬者當離己位而嚮彼遥揖禮以變
爲敬是以燕禮君降階爾卿大夫鄭注云爾近也揖而移
近之明雖君臣皆須違位而揖也　入臨不翔者謂入臨
人之喪不得趨翔爲容不翔故不歌歌則猶翔也　當食
不歎者吉食奏樂既樂故不宜歎也又若助喪事而食使
充饑不令廢事亦不宜歎歎則不飽也　注食或以樂非
歎所　正義曰人君吉食則有樂賤者則無故云或也

足利本第四卷第十八葉

哭日不歌　哭日謂弔人日也哭歌不可共日也　注哀
未忘也　正義曰論語云子於是日哭則不歌而鄭此云
哀未忘也則弔日之朝亦得歌樂但弔以還其日晚不歌
耳亦得會是日哭則不歌是先哭後乃不歌也　送葬不
辟塗潦者前文送喪此云送葬上下文勢皆據他人知者
以上適墓不登壟入臨不翔及哭日不歌以文類之故知
此等皆據他人也而本亦有云送喪不辟塗潦者義亦通
也　介冑則有不可犯之色　亦內外宜相稱也戎容暨
暨若身被甲首冠冑則使形勢高岸有不可干犯之色以
稱其服也　故君子戒慎不失色於人者并結前義也故
承上起下之辭上既言內外宜稱故君子接人凡所行用
並使心色如一不得色違於心故云不失色於人也　注
色厲至者也　正義曰此舉失色之事也小人顏色嚴厲
而心內荏弱爲佞又外乃象恭而心實敖很此並情不副
色也故論語云色厲而內荏譬諸小人其猶穿窬之盜也
䖍又云巧言令色足恭書云象恭滔天　國君撫式大夫

禮記義四　十八

下之　撫謂手據之謂君臣俱行君式宗廟則臣宜下車此
獨云大夫則士可知也　大夫撫式士下之者士爲大夫
之臣亦如大夫於君也　注乘車必正立　正義曰謂所
式義也乘車駟馬之車也既並立乘故爲敬時則俯僂據
式　禮不下庶人　謂庶人貧無物爲禮又分地是務不
服燕飲故此禮不下與庶人行也白虎通云禮爲有知制
刑爲無知設禮謂酬酢之禮不及庶人勉民使至於士也
故士相見禮云庶人見於君不爲容進退走是也張逸云
非是都不行禮也但以其遽務不能備之故不著於經文
三百威儀三千耳其有事則假士禮行之　刑不上大夫
者制五刑三千之科條不設大夫犯罪之目也所以然者
大夫必用有德若逆設其刑則是君不知賢也張逸云謂
所犯之罪不在夏三千周二千五百之科不使賢者犯法
也非謂都不刑其身也其有罪則以八議議其輕重耳
注不與至刑書　正義曰與猶許也不許賢者犯法若許
之則非進賢之道也大夫無刑科而周禮有犯罪致殺放

潘本第四卷第十八葉

哭日不歌　哭日謂弔人日也哭歌不可共日也　注言
未忘也　正義曰論語云子於是日哭則不歌而鄭此云
哀未忘也則弔日之朝亦得歌樂但弔以還其日晚不歌
耳亦得會是日哭則不歌是先哭後乃不歌也　送葬不
辟塗潦者前文送喪此云送葬上下文勢皆據他人知者
以上適墓不登壟入臨不翔及哭日不歌以文類之故知
此等皆據他人也而本亦有云送喪不辟塗潦者義亦通
也　介冑則有不可犯之色　亦內外宜相稱也戎容暨
暨若身被甲首冠冑則使形勢高岸有不可干犯之色以
稱其服也　故君子戒慎不失色於人者并結前義也故
承上起下之辭上既言內外宜稱故君子接人凡所行用
並使心色如一不得色違於心故云不失色於人也　注
色厲至者也　正義曰此舉失色之事也小人顏色嚴厲
而心內荏弱爲佞又外乃象恭而心實敖很此並情不副
色也故論語云色厲而內荏譬諸小人其猶穿窬之盜也
輿又云巧言令色足恭書云象恭滔天　國君撫式大夫

禮記義四　十八

下之　撫謂手據之謂君臣俱行君式宗廟則臣宜下車此
獨云大夫則士可知也　大夫撫式士下之者士爲大夫
之臣亦如大夫於君也　注乘車必正立　正義曰謂所
式義也乘車駟馬之車也既並立乘故爲敬時則俯僂據
式　禮不下庶人　謂庶人貧無物爲禮又分地是務不
服燕飲故此禮不下與庶人行也白虎通云禮爲有知制
刑爲無知設禮謂酬酢之禮不及庶人勉民使至於士也
故士相見禮云庶人見於君不爲容進退走是也張逸云
非是都不行禮也但以其遽務不能備之故不著於經文
三百威儀三千耳其有事則假士禮行之　刑不上大夫
者制五刑三千之科條不設大夫犯罪之目也所以然者
大夫必用有德若逆設其刑則是君不知賢也張逸云謂
所犯之罪不在夏三千周二千五百之科不使賢者犯法
也非謂都不刑其身也其有罪則以八議議其輕重耳
注不與至刑書　正義曰與猶許也不許賢者犯法若許
之則非進賢之道也大夫無刑科而周禮有犯罪致殺放

足利本第四卷第十九葉

者鄭恐人疑故出其事雖不制刑書若脫或犯法則在八議議有八條事在周禮一曰議親之辟謂是王宗室有罪也二曰議故之辟謂與王故舊也三曰議賢之辟謂有德行者也四曰議能之辟謂有道藝者也五曰議功之辟謂有大勳立功者也六曰議貴之辟謂貴者犯罪即大夫以上也鄭司農云若今之吏墨綬有罪先請者案漢時墨綬者是貴人也七曰議勤之辟謂憔悴憂國也八曰議賓之辟謂所不臣者三恪二代之後也異義禮戴說刑不上大夫古周禮說士尸肆諸市大夫尸肆諸朝是大夫有刑許慎謹案易曰鼎折足覆公餗其刑渥凶無刑不上大夫之事從周禮之說鄭康成駮之云凡有爵者與王同族大夫以上適甸師氏令人不見是以云刑不上大夫如鄭之言則於戴禮及周禮二說俱合但大夫罪未定之前則皆在八議此經注是也若罪已定將刑殺則適甸師氏是也凡王朝大夫以上及王之同姓皆刑之於甸師氏故掌戮云凡有爵者及王之同族有罪則死刑焉是也若王之庶姓

禮記疏四　十九　趙通

之士及諸侯大夫則戮於朝故襄二十二年楚殺令尹子南尸諸朝是大夫於朝也列國大夫入天子之國曰某士明天子之士亦在朝也諸侯大夫既在朝則諸侯之士在市故檀弓云君之臣不免於罪則將肆諸市朝鄭云大夫於朝士於市是也　**刑人不在君側**　被刑殘者不得令近君爲其怨恨也白虎通云古者刑殘之人公家不畜大夫不養士遇之路不與語放諸境埆不毛之地使與禽獸爲伍　注春秋至之道　正義曰此引公羊傳證刑人在君側之失者也春秋魯襄公二十九年閽弒吳子餘祭公羊云閽者何刑人也君子不近刑人近刑人則輕死之道也又左傳云吳伐越獲俘焉以爲閽使守舟吳子餘祭觀舟閽以刀弒之　**兵車不式**　尚威武不崇敬　**武車綏旌**　盡飾也綏謂垂舒之也武車亦兵車　**德車結旌**　不盡飾也結謂收斂之也德車乘車　疏　正義曰此一節明德車兵車旌旗之異　兵車革路也兵車尚武猛宜無

潘本第四卷第十九葉

者鄭恐人疑故出其事雖不制刑書若脫或犯法則在八議議有八條事在周禮一曰議親之辟謂是王宗室有罪也二曰議故之辟謂與王故舊也三曰議賢之辟謂有德行者也四曰議能之辟謂有道藝者也五曰議功之辟謂有大勳立功者也六曰議貴之辟謂貴者犯罪即大夫以上也鄭司農云若今之吏墨綬有罪先請者案漢時墨綬者是貴人也七曰議勤之辟謂憔悴憂國也八曰議賓之辟謂所不臣者三恪二代之後也異義禮戴說刑不上大夫古周禮說士尸肆諸市大夫尸肆諸朝是大夫有刑許慎謹案易曰鼎折足覆公餗其刑渥凶無刑不上大夫之事從周禮之說鄭康成駮之云凡有爵者與王同族大夫以上適甸師氏令人不見是以云刑不上大夫如鄭之言則於戴禮及周禮二說俱合但大夫罪未定之前則皆在八議此經注是也若罪已定將刑殺則適甸師氏是也凡王朝大夫以上及王之同姓皆刑之於甸師氏故掌戮云凡有爵者及王之同族有罪則死刑焉是也若王之庶姓

禮記疏四　十九　趙通

之士及諸侯大夫則戮於朝故襄二十二年楚殺令尹子南尸諸朝是大夫於朝也列國大夫入天子之國曰某士明天子之士亦在朝也諸侯大夫既在朝則諸侯之士在市故檀弓云君之臣不免於罪則將肆諸市朝鄭云大夫於朝士於市是也　刑人不在君側　被刑殘者不得令近君爲其怨恨也白虎通云古者刑殘之人公家不畜大夫不養士遇之路不與語放諸境埆不毛之地使與禽獸爲伍　注春秋至之道　正義曰此引公羊傳證刑人在君側之失者也春秋魯襄公二十九年閽弒吳子餘祭公羊云閽者何刑人也君子不近刑人近刑人則輕死之道也又左傳云吳伐越獲俘焉以爲閽使守舟吳子餘祭觀舟閽以刀弒之　兵車不式　尚威武不崇敬　武車綏旌　盡飾也綏謂垂舒之也武車亦兵車　德車結旌　不盡飾也結謂收斂之也德車乘車　疏　正義曰此一節明德車兵車旌旗之異　兵車革路也兵車尚武猛宜無

推讓故不爲式敬也　武車綏旌者武車亦革路也取其
建戈刃即云兵車取其威猛即云武車也綏謂舒垂散之
也旌謂車上旗幡也尚威武故舒散旗幡垂綏然何胤云
垂放旌旗之旒以見於美也　德車結旌者德車謂王路
金路象路木路四路不用兵故曰德車德美在內不尚赫
弈故結纏其旒著於竿也何胤云以德爲美故略於飾此
坐乘之車也鄭前云乘車必正立此云是乘車則非坐乘也　史載筆士載言　謂從
於會同各持其職以待事也筆謂書具之屬言謂會同盟要之辭　前有水則載青
旌前有塵埃則載鳴鳶前有車騎則載
飛鴻前有士師則載虎皮前有摯獸則
載貔貅　載謂舉於旌首以警衆也禮君行師從卿行旅從前驅舉此則士衆知所有所舉各以其

禮記義四　二十　陶彦

類　象青青雀水鳥鳶鳴則將風鴻取飛有行列也士師謂兵衆虎取其有威勇也貔貅亦摯獸也書曰如虎如貔士
或爲仕　行前朱鳥而後玄武左青龍而右
白虎招搖在上急繕其怒　以此四獸爲軍陳象天也急猶堅也
繕讀曰勁又畫招搖星於旌旗上以起居堅勁軍之威怒象天帝也招搖星在北斗杓端主指者　進退
有度　度謂伐與步數　左右有局各司其局　局部分也
疏　正義曰此一節明君以軍行之禮各隨文解之　史謂國史書錄王事者王若舉動史必書之王若行往則史載書
具而從之也不言簡牘而云筆者筆是書之主則餘載可知爾雅云不律謂之筆郭云書筆名四方之異言也　士
載言　士謂司盟之士言謂盟會之辭舊事也崔靈恩云必載盟會之辭者或尋舊盟或用舊會之禮應須知之故

推讓故不爲式敬也　武車綏旌者武車亦革路也取其
建戈刃即云兵車取其威猛即云武車也綏謂舒垂散之
也旌謂車上旗幡也尚威武故舒散旗幡垂綏然何胤云
垂放旌旗之旒以見於美也　德車結旌者德車謂王路
金路象路木路四路不用兵故曰德車德美在內不尚赫
弈故結纏其旒著於竿也何胤云以德爲美故略於飾此
坐乘之車也鄭前云乘車必正立此云是乘車則非坐乘也　史載筆士載言　謂從
於會同各持其職以待事也筆謂書具之屬言謂會同盟要之辭　前有水則載青
旌前有塵埃則載鳴鳶前有車騎則載
飛鴻前有士師則載虎皮前有摯獸則
載貔貅　載謂舉於旌首以警衆也禮君行師從卿行旅從前驅舉此則士衆知所有所舉各以其

禮記義四　二十　陶彦

類　象青青雀水鳥鳶鳴則將風鴻取飛有行列也士師謂兵衆虎取其有威勇也貔貅亦摯獸也書曰如虎如貔士
或爲仕　行前朱鳥而後玄武左青龍而右
白虎招搖在上急繕其怒　以此四獸爲軍陳象天也急猶堅也
繕讀曰勁又畫招搖星於旌旗上以起居堅勁軍之威怒象天帝也招搖星在北斗杓端主指者　進退
有度　度謂伐與步數　左右有局各司其局　局部分也
疏　正義曰此一節明君以軍行之禮各隨文解之　史謂國史書錄王事者王若舉動史必書之王若行往則史載書
具而從之也不言簡牘而云筆者筆是書之主則餘載可知爾雅云不律謂之筆郭云書筆名四方之異言也　士
載言　士謂司盟之士言謂盟會之辭舊事也崔靈恩云必載盟會之辭者或尋舊盟或用舊會之禮應須知之故

足利本第四卷第二十一葉

載自隨也　前有至貔貅　王行宜警衛善惡必先知之故備設軍陳行止之法也軍陳卒伍行則並銜枚無諠聲若有非常不能傳道且人衆廣遠難可周徧故前有變異則舉類示之故宣十二年左傳云前茅慮無是也青旌者青雀旌謂旌旗軍行若前值水則畫爲青雀旌旗幡上舉示之所以然者青雀是水鳥軍士望見則咸知前必值水而各防也　前有塵埃則載鳴鳶者鳶今時鴟也鴟鳴則風生風生則塵埃起前有塵埃起則畫鴟於旌首而載之衆見咸知以爲備也不直言鳶而云鳴者鳶不鳴則風不生故畫作開口如鳴時也不言旌從可知也　前有車騎則載飛鴻者車騎彼人之車騎也鴻鴻鴈也鴈飛有行列與車騎相似若軍前忽遥見彼人有多車騎則畫鴻於旌首而載之使衆見而爲防也然古人不騎馬故但經記正典無言騎者今言騎者當是周末時禮　前有士師則載虎皮者士師兵衆也虎是威猛亦兵衆之象若見前有兵衆則舉虎皮於竿首使兵衆見以爲防也　前有摯獸則

禮記義四　二十一

載貔貅者摯獸猛而能摯謂虎狼之屬也貔貅是一獸亦有威猛也若前有猛獸則舉此貔貅使衆知爲備也但不知爲載其皮爲畫其形耳通有二家一云與虎皮並畫作皮於旌也一云並載其皮　注載謂至如貔　正義曰載謂舉於旌首以警衆也文並爲載而鄭今云舉於旌首是明諸物並在旌旗首也云禮君行師從卿行旅從此是定四年祝佗之辭此嘉好之事若爲其出軍征伐則隨軍多少與此不同云書曰如虎如貔者此尚書牧誓引證虎貔同是猛獸也此武王伐紂時於牧野作誓誡士卒爲戰之辭也令士衆皆如虎貔然也鄭注尚書云其威當如獸之將攫搏也貔一名曰豹虎類也爾雅云貔白狐也此行前至其怒　前明軍行逢值之禮此明軍行象天文而作陳法也前南後北左東右西也朱鳥玄武青龍白虎四方宿名也軍前宜捷故用鳥軍後須殿捍故用玄武玄武龜也龜有甲能禦侮用也左爲陽陽能發生象其龍變生也右爲陰陰沈能殺虎沈殺也軍之左右生殺變應威猛如龍

潘本第四卷第二十一葉

載自隨也　前有至貔貅　王行宜警衛善惡必先知之故備設軍陳行止之法也軍陳卒伍行則並銜枚無諠聲若有非常不能傳道且人衆廣遠難可周徧故前有變異則舉類示之故宣十二年左傳云前茅慮無是也青旌者青雀旌謂旌旗軍行若前值水則畫爲青雀旌旗幡上舉示之所以然者青雀是水鳥軍士望見則咸知前必值水而各防也　前有塵埃則載鳴鳶者鳶今時鴟也鴟鳴則風生風生則塵埃起前有塵埃起則畫鴟於旌首而載之衆見咸知以爲備也不直言鳶而云鳴者鳶不鳴則風不生故畫作開口如鳴時也不言旌從可知也　前有車騎則載飛鴻者車騎彼人之車騎也鴻鴻鴈也鴈飛有行列與車騎相似若軍前忽遥見彼人有多車騎則畫鴻於旌首而載之使衆見而爲防也然古人不騎馬故但經記正典無言騎者今言騎者當是周末時禮　前有士師則載虎皮者士師兵衆也虎是威猛亦兵衆之象若見前有兵衆則舉虎皮於竿首使兵衆見以爲防也　前有摯獸則

禮記義四　二十一

載貔貅者摯獸猛而能摯謂虎狼之屬也貔貅是一獸亦有威猛也若前有猛獸則舉此貔貅使衆知爲備也但不知爲載其皮爲畫其形耳通有二家一云與虎皮並畫作皮於旌也一云並載其皮　注載謂至如貔　正義曰載謂舉於旌首以警衆也文並爲載而鄭今云舉於旌首是明諸物並在旌旗首也云禮君行師從卿行旅從此是定四年祝佗之辭此嘉好之事若爲其出軍征伐則隨軍多少與此不同云書曰如虎如貔者此尚書牧誓引證虎貔同是猛獸也此武王伐紂時於牧野作誓誡士卒爲戰之辭也令士衆皆如虎貔然也鄭注尚書云其威當如獸之將攫搏也貔一名曰豹虎類也爾雅云貔白狐也此行前至其怒　前明軍行逢值之禮此明軍行象天文而作陳法也前南後北左東右西也朱鳥玄武青龍白虎四方宿名也軍前宜捷故用鳥軍後須殿捍故用玄武玄武龜也龜有甲能禦侮用也左爲陽陽能發生象其龍變生也右爲陰陰沈能殺虎沈殺也軍之左右生殺變應威猛如龍

虎也何胤云如鳥之翔如蛇之毒龍騰虎奮無能敵此四物鄭注四獸爲軍陳則是軍陳之法也但不知何以爲之耳今之軍行畫此四獸於旌旗以標前後左右之軍陳 招摇在上者招摇北斗七星也北斗居四方宿之中以斗末從十二月建而指之則四方宿不差今軍行法之亦作此北斗星在軍中舉之於上以指正四方使四方之陳不差故云招摇在上也然並作七星而獨云招摇者舉指者爲主餘從可知也 急繕其怒者謂明軍陳之法此舉士卒之用也急堅也勁利也其怒士卒之怒也軍行既張四宿於四方標招摇於中上象天之行故軍旅士卒起居舉動堅勁奮勇如天帝之威怒也然若類前而論四宿之陳畫旌爲勝且鄭云又畫招摇於旌上則知四物是畫故星約言云又畫也崔靈恩云此謂軍行所置旌旗於四方以法天此旌之旒數皆放其星龍旗則九旒雀則七旒虎則六旒龜蛇則四旒皆放星數以法天也皆畫招摇於此四旗之上案崔並畫四旗皆爲北斗星於義不安何者天唯

禮記義四　二十二　方

一斗以指四方何用四斗乎 注以四至指者 正義曰此朱雀是禽而揔言獸者通言耳言爲軍陳者則四獸各有軍陳之法故昭二十一年宋人與華亥戰云鄭翩願爲鸛其御願爲鵞又兵書云善用兵者似率然率然者常山蛇擊其首則尾至擊其尾則首至擊其中則首尾俱至是其各有陳法也知招摇在北斗杓端者春秋運斗樞云北斗七星第一天樞第二旋第三機第四權第五衡第六開陽第七摇光第一至第四爲魁第五至第七爲標案此摇光則招摇也在下云端者明魁以上爲首標則以下爲端也 注度謂伐與步數 正義曰牧誓武王誓衆云今日之事不愆于六步七步乃止齊焉四伐五伐乃止齊焉一擊一刺爲一伐鄭注尚書云伐謂擊刺也始前就敵六步七步當止齊正行列及兵相接少者四伐多者五伐又當止齊正行列也 左右有局 局部分也軍之在左右各有部分不相濫也各司其局者軍行須監領故主帥部分各有所司部分也爾雅云局分也郭云謂分部也 父

足利本第四卷第二十二葉

潘本第四卷第二十二葉

虎也何胤云如鳥之翔如蛇之毒龍騰虎奮無能敵此四物鄭注四獸爲軍陳則是軍陳之法也但不知何以爲之耳今之軍行畫此四獸於旌旗以標前後左右之軍陳 招摇在上者招摇北斗七星也北斗居四方宿之中以斗末從十二月建而指之則四方宿不差今軍行法之亦作此北斗星在軍中舉之於上以指正四方使四方之陳不差故云招摇在上也然並作七星而獨云招摇者舉指者爲主餘從可知也 急繕其怒者謂明軍陳之法此舉士卒之用也急堅也勁利也其怒士卒之怒也軍行既張四宿於四方標招摇於中上象天之行故軍旅士卒起居舉動堅勁奮勇如天帝之威怒也然若類前而論四宿之陳畫旌爲勝且鄭云又畫招摇於旌上則知四物是畫故星約言云又畫也崔靈恩云此謂軍行所置旌旗於四方以法天此旌之旒數皆放其星龍旗則九旒雀則七旒虎則六旒龜蛇則四旒皆放星數以法天也皆畫招摇於此四旗之上案崔並畫四旗皆爲北斗星於義不安何者天唯

禮記義四　二十二　方

一斗以指四方何用四斗乎 注以四至指者 正義曰此朱雀是禽而揔言獸者通言耳言爲軍陳者則四獸各有軍陳之法故昭二十一年宋人與華亥戰云鄭翩願爲鸛其御願爲鵞又兵書云善用兵者似率然率然者常山蛇擊其首則尾至擊其尾則首至擊其中則首尾俱至是其各有陳法也知招摇在北斗杓端者春秋運斗樞云北斗七星第一天樞第二旋第三機第四權第五衡第六開陽第七摇光第一至第四爲魁第五至第七爲標案此摇光則招摇也在下云端者明魁以上爲首標則以下爲端也 注度謂伐與步數 正義曰牧誓武王誓衆云今日之事不愆于六步七步乃止齊焉四伐五伐乃止齊焉一擊一刺爲一伐鄭注尚書云伐謂擊刺也始前就敵六步七步當止齊正行列及兵相接少者四伐多者五伐又當止齊正行列也 左右有局 局部分也軍之在左右各有部分不相濫也各司其局者軍行須監領故主帥部分各有所司部分也爾雅云局分也郭云謂分部也 父

足利本第四卷第二十三葉

之讎弗與共戴天父者子之天殺己之天與共戴天非孝子也行求殺之乃止　兄弟之讎不反兵恒執殺之備　交遊之讎不同國讎不吾辟則殺之交遊或爲朋友　疏正義曰此一節論親疏復讎之法今各依文解之

父之讎弗與共戴天者父是子之天彼殺己父是殺己之天故必報殺之不可與共處於天下也天在上故曰戴又檀弓云父母之仇寢苫枕土不仕弗與共天下也遇諸市朝不反兵而鬬並是不共天下矣而調人云父之讎辟諸海外則得與共戴天此不共戴天者謂孝子之心不許共讎人戴天必殺之乃止調人謂逢遇赦宥王法辟諸海外孝子雖欲往殺力所不能故鄭答趙商云讎若在九夷之東八蠻之南六戎之西五狄之北雖有至孝之心能往討之乎是也　兄弟之讎不反兵者兄弟謂親兄弟也有兄弟之讎乃得仕而報之不反兵者謂帶兵自隨也若行逢

禮記義四　二十三

讎身不帶兵方反家取之此來則讎已逃辟終不可得故恒帶兵見即殺之也檀弓云父母之讎不反兵兄弟之仇仕弗與共國而此云兄弟不反兵者父母不反兵於普天之下也兄弟不共國謂不同中國也而亦不反兵者父母仇讎則不仕不辟市朝兄弟仇讎則猶仕而辟市朝也而亦同不反兵則同體重之也而調人云兄弟之讎辟諸千里之外二文不同者調人亦謂會遇恩赦之法辟諸千里之外檀弓又云衘君命而使雖遇之不鬬雖同不反兵與父母讎異也　交遊之讎不同國者交遊朋友也爲朋友亦報仇也故前云父母存不許友以死則知父母沒得爲朋友報也此云不同國者謂不共五等一國之中也而調人云從父母兄弟之讎不同國與此同又調人云主友之讎視從父兄弟是主友亦同此與調人皆謂會赦故不同國讎不同國國外百里二百里則可其兄弟仕不與共國者必須相去千里之外故調人云兄弟之讎辟諸千里之外是也但從父兄弟及交遊主友報讎之時不自爲首故

潘本第四卷第二十三葉

之讎弗與共戴天父者子之天殺己之天與共戴天非孝子也行求殺之乃止　兄弟之讎不反兵恒執殺之備　交遊之讎不同國讎不吾辟則殺之交遊或爲朋友　疏正義曰此一節論親疏復讎之法今各依文解之

父之讎弗與共戴天者父是子之天彼殺己父是殺己之天故必報殺之不可與共處於天下也天在上故曰戴又檀弓云父母之仇寢苫枕土不仕弗與共天下也遇諸市朝不反兵而鬬並是不共天下矣而調人云父之讎辟諸海外則得與共戴天此不共戴天者謂孝子之心不許共讎人戴天必殺之乃止調人謂逢遇赦宥王法辟諸海外孝子雖欲往殺力所不能故鄭答趙商云讎若在九夷之東八蠻之南六戎之西五狄之北雖有至孝之心能往討之乎是也　兄弟之讎不反兵者兄弟謂親兄弟也有兄弟之讎乃得仕而報之不反兵者謂帶兵自隨也若行逢

禮記義四　二十三

讎身不帶兵方反家取之此來則讎已逃辟終不可得故恒帶兵見即殺之也檀弓云父母之讎不反兵兄弟之仇仕弗與共國而此云兄弟不反兵者父母不反兵於普天之下也兄弟不共國謂不同中國也而亦不反兵者父母仇讎則不仕不辟市朝兄弟仇讎則猶仕而辟市朝也而亦同不反兵則同體重之也而調人云兄弟之讎辟諸千里之外二文不同者調人亦謂會遇恩赦之法辟諸千里之外檀弓又云衘君命而使雖遇之不鬬雖同不反兵與父母讎異也　交遊之讎不同國者交遊朋友也爲朋友亦報仇也故前云父母存不許友以死則知父母沒得爲朋友報也此云不同國者謂不共五等一國之中也而調人云從父母兄弟之讎不同國與此同又調人云主友之讎視從父兄弟是主友亦同此與調人皆謂會赦故不同國讎不同國國外百里二百里則可其兄弟仕不與共國者必須相去千里之外故調人云兄弟之讎辟諸千里之外是也但從父兄弟及交遊主友報讎之時不自爲首故

足利本第四卷第二十四葉

檀弓云從父兄弟之仇不爲魁主人能則執兵而陪其後也其君之讎調人云視父師長之讎視兄弟則姑姊妹伯叔皆視兄弟異義公羊說復百世之讎古周禮說復讎之義不過五世許愼謹案魯桓公爲齊襄公所殺其子莊公與齊桓公會春秋不譏又定公是魯桓公九世孫孔子相定公與齊會於夾谷是不復百世之讎也從周禮說鄭康成不駁即與許愼同凡君非理殺臣公羊說子可復讎故子胥伐楚春秋賢之左氏說君命天也是不可復讎鄭駁異義稱子思云今之君子退人若將隊諸淵無爲戎首不亦善乎子胥父兄之誅隊淵不足喻伐楚　使吳首兵合於子思之言也是鄭善子胥同公羊之義也

禮記正義卷第四

上杉安房守藤原憲實寄進

禮記正義四　二十四

潘本第四卷第二十四葉

檀弓云從父兄弟之仇不爲魁主人能則執兵而陪其後也其君之讎調人云視父師長之讎視兄弟則姑姊妹伯叔皆視兄弟異義公羊說復百世之讎古周禮說復讎之義不過五世許愼謹案魯桓公爲齊襄公所殺其子莊公與齊桓公會春秋不譏又定公是魯桓公九世孫孔子相定公與齊會於夾谷是不復百世之讎也從周禮說鄭康成不駁即與許愼同凡君非理殺臣公羊說子可復讎故子胥伐楚春秋賢之左氏說君命天也是不可復讎鄭駁異義稱子思云今之君子退人若將隊諸淵無爲戎首不亦善乎子胥父兄之誅隊淵不足喻伐楚　使吳首兵合於子思之言也是鄭善子胥同公羊之義也

禮記正義卷第四

禮記義四　二十四

禮記正義卷第五

國子祭酒上護軍曲阜縣開國子臣孔穎達等奉

勑撰

四郊多壘此卿大夫之辱也辱其謀人之國不能安也壘軍壁也數見侵伐則多壘地廣大荒而不治此亦士之辱也辱其親民不能安荒穢也疏正義曰此明食祿所宜任其事也四郊者王城四面並有郊近郊五十里遠郊百里諸侯亦各有四面之郊里數隨地廣狹故云四郊也壘軍壁也言卿大夫尊高任當軍帥若有威德則無敢見侵若尸祿素餐則寇戎充斥數戰郊垌故多軍壘罪各有所歸故爲卿大夫之恥辱也　地廣大荒而不治此亦士之辱也者地采地也荒廢穢也士邑宰也士爲君邑宰必宜地民相得若使土地廣大而荒廢民散而流移亦邑宰之恥辱也而云亦者今謂非但大夫之辱亦是士之辱言四郊多壘獨爲大夫之辱不云士辱者但大夫官尊入則與君同謀出則身爲將帥故多壘爲大夫之辱士則職卑位下爲君邑宰勸課耕稼故地荒爲士之辱也

臨祭不惰爲無神也祭服敝則焚之祭器敝則埋之龜筴敝則埋之牲死則埋之此皆不欲人褻之也焚之必已不用埋之不知鬼神之所爲凡祭於公者必自徹其俎臣不敢煩君使也大夫以下或使人歸之祭於公助祭於君也疏正義曰此一節明接神及歸俎之禮　臨祭不惰者祭如在故臨祭須敬不得怠惰故鄭注云爲無神也鬼神享德祭若怠惰則神不歆是無神也既謂其不敬亦是無神之心也

足利本第五卷第一葉

禮記正義卷第五

國子祭酒上護軍曲阜縣開國子臣孔穎達等奉

勑撰

四郊多壘此卿大夫之辱也辱其謀人之國不能安也壘軍壁也數見侵伐則多壘地廣大荒而不治此亦士之辱也辱其親民不能安荒穢也疏正義曰此明食祿所宜任其事也四郊者王城四面並有郊近郊五十里遠郊百里諸侯亦各有四面之郊里數隨地廣狹故云四郊也壘軍壁也言卿大夫尊高任當軍帥若有威德則無敢見侵若尸祿素餐則寇戎充斥數戰郊垌故多軍壘罪各有所歸故爲卿大夫之恥辱也　地廣大荒而不治此亦士之辱也者地采地也荒廢穢也士邑宰也士爲君邑宰必宜地民相得若使土地廣大而荒廢民散而流移亦邑宰之恥辱也而云亦者今謂非但大夫之辱亦是士之辱言四郊多壘獨爲大夫之辱不云士辱者但大夫官尊入則與君同謀出則身爲將帥故多壘爲大夫之辱士則職卑位下爲君邑宰勸課耕稼故地荒爲士之辱也

臨祭不惰爲無神也祭服敝則焚之祭器敝則埋之龜筴敝則埋之牲死則埋之此皆不欲人褻之也焚之必已不用埋之不知鬼神之所爲凡祭於公者必自徹其俎臣不敢煩君使也大夫以下或使人歸之祭於公助祭於若也疏正義曰此一節明接神及歸俎之禮　臨祭不惰者祭如在故臨祭須敬不得怠惰故鄭注云爲無神也鬼神享德祭若怠惰則神不歆是無神也既謂其不敬亦是無神之心也

潘本第五卷第一葉

足利本第五卷第二葉

注此皆不欲人褻之 正義曰若不焚埋人或用之爲褻慢鬼神之物所以焚之埋之異者服是身著之物故焚之牲器之類並爲鬼神之用雖敗不知鬼神用與不用故埋之猶在焚之則消故焚埋異也 注臣不至君也 正義曰此謂士助君祭也若大夫以上則君使人歸之於俎而禮本並云大夫以下或使人歸之是鄭因君以明臣言大夫以下自祭其廟則使人歸賓俎故曾子問云攝主不歸俎明正主則歸也

卒哭乃諱 敬鬼神之名也諱辟也生者不相辟名衛侯名惡大夫有名惡君臣同名春秋不非

禮不諱嫌名二名不偏諱 爲其難辟也嫌名謂音聲相近若禹與雨丘與區也偏謂二名不一一諱也孔子之母名徵在言在不稱徵言徵不稱在

逮事父母則諱王父母不逮事父母則不諱王父母 逮及也謂幼孤不及識父母恩不至於祖名孝子聞名心瞿諱之由心此謂庶人適士以上廟事祖雖不逮事父母猶諱祖

君所無私諱 謂臣言於君前不辟家諱尊無二

大夫之所有公諱 辟君諱也

詩書不諱臨文不諱 爲其失事正

廟中不諱 爲有事於高祖則不諱曾祖以下尊無二也於下則諱上

夫人之諱雖質君之前臣不諱也 臣於夫人之家恩遠也質猶對也

婦諱不出門 婦親遠於宮中言辟之

大功小功不諱入竟而問禁入國而問俗入門而問諱 皆爲敬主人也禁謂政教俗謂常所行與所惡也國城中也

疏 正義曰此一節論諱與不諱之事各依文解之 古人生不諱故卒哭前猶以生事之則未諱至卒哭後服已受變

潘本第五卷第二葉

注此皆不欲人褻之 正義曰若不焚埋人或用之爲褻慢鬼神之物所以焚之埋之異者服是身著之物故焚之牲器之類並爲鬼神之用雖敗不知鬼神用與不用故埋之猶在焚之則消故焚埋異也 注臣不至君也 正義曰此謂士助君祭也若大夫以上則君使人歸之於俎而禮本並云大夫以下或使人歸之是鄭因君以明臣言大夫以下自祭其廟則使人歸賓俎故曾子問云攝主不歸俎明正主則歸也

卒哭乃諱 敬鬼神之名也諱辟也生者不相辟名衛侯名惡大夫有名惡君臣同名春秋不非

禮不諱嫌名二名不偏諱 爲其難辟也嫌名謂音聲相近若禹與雨丘與區也偏謂二名不一一諱也孔子之母名徵在言在不稱徵言徵不稱在

逮事父母則諱王父母不逮事父母則不諱王父母 逮及也謂幼孤不及識父母恩不至於祖名孝子聞名心瞿諱之由心此謂庶人適士以上廟事祖雖不逮事父母猶諱祖

君所無私諱 謂臣言於君前不辟家諱尊無二

大夫之所有公諱 辟君諱也

詩書不諱臨文不諱 爲其失事正

廟中不諱 爲有事於高祖則不諱曾祖以下尊無二也於下則諱上

夫人之諱雖質君之前臣不諱也 臣於夫人之家恩遠也質猶對也

婦諱不出門 婦親遠於宮中言辟之

大功小功不諱入竟而問禁入國而問俗入門而問諱 皆爲敬主人也禁謂政教俗謂常所行與所惡也國城中也

疏 正義曰此一節論諱與不諱之事各依文解之 古人生不諱故卒哭前猶以生事之則未諱至卒哭後服已受變

禮記義五 二 陳文

神靈遷廟乃神事之敬鬼神之名故諱之諱避也生不相避名名以名質故言之不諱死則質藏言之則感動孝子故諱之也 注衛侯至不非 正義曰謚生不相諱也時君臣同名春秋不譏案魯襄公二十八年衛石惡出奔晉二十九年衛侯衎卒衛侯惡乃即位與石惡不相干熊氏云石字誤當云大夫有名惡知者昭七年衛侯惡卒穀梁傳云昭元年有衛齊惡今衛侯惡何謂君臣同名也君子不奪人親所名也是衛齊惡不得爲石惡也 禮不諱嫌名 注若禹與雨丘與區 正義曰今謂禹與雨音同而義異丘與區音異而義同此二者各有嫌疑禹與雨有同音嫌疑丘與區有同義嫌疑如此者不諱若其音異義異全是無嫌不涉諱限必其音同義同乃始諱也 二名不偏諱 注孔子至稱在 正義曰不偏諱者謂兩字作名不一一諱之也孔子言徵不言在言在不言徵者案論語云足則吾能徵之矣是言徵也又云某在斯是言在也案異義公羊說譏二名謂二字作名若魏曼多也左氏說二

禮記義五　　三　　陳文

名者楚公子棄疾弑其君即位之後改爲熊居是爲二名許慎謹案云文武賢臣有散宜生蘇忿生則公羊之說非也從左氏義也 逮事至父母 逮及也王父母謂祖父母也若及事父母則諱祖也何以然孝子聞名心瞿祖是父之所諱則子不敢言既已終不言若父母已亡而已言便心瞿憶父母故諱之也 不逮事父母則不諱王父母者孝子若幼少孤不及識父母便得言之故不諱祖父母庾云諱王父母之恩正應由父所以連言母者婦事舅姑同事父母且配夫爲禮諱敬不殊故幼無父而識母者則可以諱王父母也 注此謂至諱祖 正義曰適士已上廟事祖者祭法云適士二廟祖之與禰各一廟其中士下士亦廟事祖但禰共廟則既夕禮一廟是也熊氏云此適士者包中下士對庶人府史亦稱適也 大夫之所有公諱 今謂人於大夫之所正得避公家之諱不得避大夫諱所以然者尊君諱也若兼爲大夫諱則君諱不尊也不言士之所諱者士卑人不爲之諱故也或可大夫所有公

足利本第五卷第三葉

神靈遷廟乃神事之敬鬼神之名故諱之諱避也生不相避名名以名質故言之不諱死則質藏言之則感動孝子故諱之也 注衛侯至不非 正義曰謚生不相諱也時君臣同名春秋不譏案魯襄公二十八年衛石惡出奔晉二十九年衛侯衎卒衛侯惡乃即位與石惡不相干熊氏云石字誤當云大夫有名惡知者昭七年衛侯惡卒穀梁傳云昭元年有衛齊惡今衛侯惡何謂君臣同名也君子不奪人親所名也是衛齊惡不得爲石惡也 禮不諱嫌名 注若禹與雨丘與區 正義曰今謂禹與雨音同而義異丘與區音異而義同此二者各有嫌疑禹與雨有同音嫌疑丘與區有同義嫌疑如此者不諱若其音異義異全是無嫌不涉諱限必其音同義同乃始諱也 二名不偏諱 注孔子至稱在 正義曰不偏諱者謂兩字作名不一一諱之也孔子言徵不言在言在不言徵者案論語云足則吾能徵之矣是言徵也又云某在斯是言在也案異義公羊說譏二名謂二字作名若魏曼多也左氏說二

禮記義五　　三　　陳文

名者楚公子棄疾弑其君即位之後改爲熊居是爲二名許慎謹案云文武賢臣有散宜生蘇忿生則公羊之說非也從左氏義也 逮事至父母 逮及也王父母謂祖父母也若及事父母則諱祖也何以然孝子聞名心瞿祖是父之所諱則子不敢言既已終不言若父母已亡而已言便心瞿憶父母故諱之也 不逮事父母則不諱王父母者孝子若幼少孤不及識父母便得言之故不諱祖父母庾云諱王父母之恩正應由父所以連言母者婦事舅姑同事父母且配夫爲禮諱敬不殊故幼無父而識母者則可以諱王父母也 注此謂至諱祖 正義曰適士已上廟事祖者祭法云適士二廟祖之與禰各一廟其中士下士亦廟事祖但禰共廟則既夕禮一廟是也熊氏云此適士者包中下士對庶人府史亦稱適也 大夫之所有公諱 今謂人於大夫之所正得避公家之諱不得避大夫諱所以然者尊君諱也若兼爲大夫諱則君諱不尊也不言士之所諱者士卑人不爲之諱故也或可大夫所有公

潘本第五卷第三葉

諱者君及大夫諱耳亦無己之私諱王藻云於大夫所有公諱無私諱但此文上承君所無私諱之下唯云大夫之所有公諱故略之不云無私諱耳　詩書不諱何胤云詩書謂教學時也臨文謂禮執文行事時也案論語云詩書執禮是教學唯詩書有誦禮則不誦唯臨文行事若有所諱則並失事正故不諱也　廟中不諱者謂有事於高祖廟祝嘏辭說不爲曾祖已下諱也爲尊無二上也於下則諱上也若有事於禰則諱祖已上也　夫人之諱雖質君之前臣不諱也者夫人君之妻質對也夫人本家所諱臣雖對君前而言語不爲諱也臣於夫人之家恩遠故不諱也　婦諱不出門者門謂婦宮門婦家之諱但於婦宮中不言耳若於宮外則不諱也故臣對君前不諱也　注婦親遠於宮中言辟之　陳鏗問云雜記母之諱宮中諱妻之諱不舉諸其側也此則與母諱同何也田瓊荅曰雜記方分尊卑故詳言之曲禮據不出門大略言之耳母諱遠妻諱近則亦宜言也但所辟者狹耳　大功小功不諱

禮記義五　四　馬祐

古者期親則爲諱陳鏗問曰亦爲父乎自己親乎田瓊荅曰雜記云卒哭而諱王父母兄弟世父叔父姑姊妹子與父同諱父諱齊衰親也然則大功小功不諱矣熊氏云大功亦諱小功不諱若小功與父同諱則亦諱之知者雜記云王父母兄弟世父叔父姑姊妹子與父同諱是父之世叔父及姑姊妹以下皆爲之小功父爲諱故已從父爲之諱　入竟而問禁者此以下並爲敬主人也竟界首也禁謂國中政教所忌凡至竟界當先訪問主國何所禁也入國而問俗者國城中城中如今國門內也俗謂常所行也入主人之城內亦先問風俗常行也　入門而問諱者門主人之門也諱主人祖先君名宜先知之欲爲避之也問諱而以門爲限者主人出至大門外迎客客入門方應交接故於門爲限也故注云皆爲敬主人也　外事以剛日　順其出爲陽也出郊爲外事春秋傳曰甲午祠兵　內事以柔日　順其居內爲陰　凡卜筮日旬之

諱者君及大夫諱耳亦無己之私諱王藻云於大夫所有公諱無私諱但此文上承君所無私諱之下唯云大夫之所有公諱故略之不云無私諱耳　詩書不諱何胤云詩書謂教學時也臨文謂禮執文行事時也案論語云詩書執禮是教學唯詩書有誦禮則不誦唯臨文行事若有所諱則並失事正故不諱也　廟中不諱者謂有事於高祖廟祝嘏辭說不爲曾祖已下諱也爲尊無二上也於下則諱上也若有事於禰則諱祖已上也　夫人之諱雖質君之前臣不諱也者夫人君之妻質對也夫人本家所諱臣雖對君前而言語不爲諱也臣於夫人之家恩遠故不諱也　婦諱不出門者門謂婦宮門婦家之諱但於婦宮中不言耳若於宮外則不諱也故臣對君前不諱也　注婦親遠於宮中言辟之　陳鏗問云雜記母之諱宮中諱妻之諱不舉諸其側也此則與母諱同何也田瓊荅曰雜記方分尊卑故詳言之曲禮據不出門大略言之耳母諱遠妻諱近則亦宜言也但所辟者狹耳　大功小功不諱

禮記義五　四　馬祐

古者期親則爲諱陳鏗問曰亦爲父乎自己親乎田瓊荅曰雜記云卒哭而諱王父母兄弟世父叔父姑姊妹子與父同諱父諱齊衰親也然則大功小功不諱矣熊氏云大功亦諱小功不諱若小功與父同諱則亦諱之知者雜記云王父母兄弟世父叔父姑姊妹子與父同諱是父之世叔父及姑姊妹以下皆爲之小功父爲諱故已從父爲之諱　入竟而問禁者此以下並爲敬主人也竟界首也禁謂國中政教所忌凡至竟界當先訪問主國何所禁也入國而問俗者國城中城中如今國門內也俗謂常所行也入主人之城內亦先問風俗常行也　入門而問諱者門主人之門也諱主人祖先君名宜先知之欲爲避之也問諱而以門爲限者主人出至大門外迎客客入門方應交接故於門爲限也故注云皆爲敬主人也　外事以剛日　順其出爲陽也出郊爲外事春秋傳曰甲午祠兵　內事以柔日　順其居內爲陰　凡卜筮日旬之

外曰遠某日旬之内曰近某日旬十日也喪事先遠日吉事先近日孝子之心喪事葬與練祥也吉事祭祀冠取之屬也曰爲曰假爾泰龜有常假爾泰筮有常命龜筮辭龜筮於吉凶有常大事卜小事筮卜筮不過三求吉不過三魯四卜郊春秋譏之卜筮不相襲卜不吉則又筮筮不吉則又卜是瀆龜筴也晉獻公卜取驪姬不吉公曰筮之是也龜爲卜筴爲筮卜筮者先聖王之所以使民信時日敬鬼神畏法令也所以使民決嫌疑定猶與也故曰疑而筮之則弗非也日而行事則必踐之弗非無非之者日所卜筮之吉日也

禮記義五　五

踐讀曰善聲之誤也筴或爲著【疏】正義曰此一節明卜筮及用日之法各依文解之○外事以剛日者外事郊外之事也剛奇日也十日有五奇五偶甲丙戊庚壬五奇爲剛也外事剛義故用剛日也【注】順其至祠兵○正義曰以出在郊外故順用剛日也公羊莊公八年正月師次於郎以俟陳人蔡人甲午祠兵傳云祠兵者何出曰祠兵何休云禮兵不徒使故將出兵必祠於近郊此鄭所引直取甲午證用剛日事耳其祠兵之文鄭所不用故異義公羊說以爲甲午祠兵左氏說甲午治兵鄭駁之云公羊字誤也以治爲祠因爲作說引周禮四時田獵治兵振旅之法是從左氏之說不用公羊也○内事以柔日○内事郊内之事也乙丁己辛癸五偶爲柔也然則郊天是國外之事應用剛日而郊特牲云郊之用辛非剛也又社稷是郊内應用柔日而郊特牲云祀社日用甲非柔也所以然

外曰遠某日旬之内曰近某日旬十日也喪事先遠日吉事先近日孝子之心喪事葬與練祥也吉事祭祀冠取之屬也曰爲曰假爾泰龜有常假爾泰筮有常命龜筮辭龜筮於吉凶有常大事卜小事筮卜筮不過三求吉不過三魯四卜郊春秋譏之卜筮不相襲卜不吉則又筮筮不吉則又卜是瀆龜筴也晉獻公卜取驪姬不吉公曰筮之是也龜爲卜筴爲筮卜筮者先聖王之所以使民信時日敬鬼神畏法令也所以使民決嫌疑定猶與也故曰疑而筮之則弗非也日而行事則必踐之弗非無非之者日所卜筮之吉日也

禮記義五　五

踐讀曰善聲之誤也筴或爲著【疏】正義曰此一節明卜筮及用日之法各依文解之○外事以剛日者外事郊外之事也剛奇日也十日有五奇五偶甲丙戊庚壬五奇爲剛也外事剛義故用剛日也【注】順其至祠兵○正義曰以出在郊外故順用剛日也公羊莊公八年正月師次於郎以俟陳人蔡人甲午祠兵傳云祠兵者何出曰祠兵何休云禮兵不徒使故將出兵必祠於近郊此鄭所引直取甲午證用剛日事耳其祠兵之文鄭所不用故異義公羊說以爲甲午祠兵左氏說甲午治兵鄭駁之云公羊字誤也以治爲祠因爲作說引周禮四時田獵治兵振旅之法是從左氏之說不用公羊也○内事以柔日○内事郊内之事也乙丁己辛癸五偶爲柔也然則郊天是國外之事應用剛日而郊特牲云郊之用辛非剛也又社稷是郊内應用柔日而郊特牲云祀社日用甲非柔也所以然

足利本第五卷第六葉

者郊社尊不敢同外内之義故也此言外剛内柔自謂郊社之外他禮則皆隨外内而用之崔靈恩云外事指用兵之事内事指宗廟之祭者以郊用辛社用甲非順其居外内剛柔故也祭社用甲所以召誥用戊者召誥是告祭非常禮也郊之用辛者唯夏正郊天及雩大享明堂耳若圜丘自用冬至日五時迎氣各用其初朔之日不皆用辛　凡卜筮日者凡先聖王之所以立卜筮者下云所以使民信時日敬鬼神决嫌疑定猶與也卜筮必用龜蓍者案劉向云蓍之言耆龜之言久龜千歲而靈蓍百年而神以其長久故能辯吉凶也說文云蓍蒿屬也生千歲三百莖易以爲數天子九尺諸侯七尺大夫五尺士三尺陸璣草木疏云似藾蕭青色科生洪範五行傳曰蓍生百年一本生百莖論衡云七十年生一莖七百年生十莖神靈之物故生遲也史記曰滿百莖者其下必有神龜守之其上常有雲氣覆之淮南子云上有蘩蓍下有伏龜卜筮實問於神龜筮能傳神命以告人故金縢告大王王季文王云爾之許

禮記義五　六

我乃卜三龜一襲吉是能傳神命也又鄭注天府云卜筮實問於鬼神龜筮能出其卦兆之占耳案白虎通稱禮三正記天子龜一尺二寸諸侯一尺大夫八寸士六寸龜陰也故其數偶筮者案少牢大夫立筮鄭云大夫蓍長五尺推此而言天子九尺諸侯七尺士三尺蓍陽也故其數奇所以謂之卜筮者師說云卜覆也以覆審吉凶筮決也以決定其惑劉氏以爲卜赴也赴來者之心筮問也問筮者之事赴問互言之案易繫辭云定天下之吉凶成天下之亹亹者莫大乎蓍龜又云蓍之德圓而神卦之德方以知神以知來知以藏往又說卦云昔者聖人幽贊於神明而生蓍據此諸文蓍龜知靈相似無長短也所以僖四年左傳云筮短龜長不如從長者時晉獻公卜娶驪姬不吉更欲筮之故太史史蘇欲止公之意託云筮短龜長耳實無優劣也若杜預鄭玄因筮短龜長之言以爲實有長短故杜預注傳云物生而後有象象而後有滋滋而後有數龜象筮數故象長數短是也象所以長者以物初生則有象

潘本第五卷第六葉

者郊社尊不敢同外内之義故也此言外剛内柔自謂郊社之外他禮則皆隨外内而用之崔靈恩云外事指用兵之事内事指宗廟之祭者以郊用辛社用甲非順其居外内剛柔故也祭社用甲所以召誥用戊者召誥是告祭非常禮也郊之用辛者唯夏正郊天及雩大享明堂耳若圜丘自用冬至日五時迎氣各用其初朔之日不皆用辛　凡卜筮日者凡先聖王之所以立卜筮者下云所以使民信時日敬鬼神决嫌疑定猶與也卜筮必用龜蓍者案劉向云蓍之言耆龜之言久龜千歲而靈蓍百年而神以其長久故能辯吉凶也說文云蓍蒿屬也生千歲三百莖易以爲數天子九尺諸侯七尺大夫五尺士三尺陸璣草木疏云似藾蕭青色科生洪範五行傳曰蓍生百年一本生百莖論衡云七十年生一莖七百年生十莖神靈之物故生遲也史記曰滿百莖者其下必有神龜守之其上常有雲氣覆之淮南子云上有蘩蓍下有伏龜卜筮實問於神龜筮能傳神命以告人故金縢告大王王季文王云爾之許

禮記正義五　六　洪福

我乃卜三龜一襲吉是能傳神命也又鄭注天府云卜筮實問於鬼神龜筮能出其卦兆之占耳案白虎通稱禮三正記天子龜一尺二寸諸侯一尺大夫八寸士六寸龜陰也故其數偶筮者案少牢大夫立筮鄭云大夫蓍長五尺推此而言天子九尺諸侯七尺士三尺蓍陽也故其數奇所以謂之卜筮者師說云卜覆也以覆審吉凶筮決也以決定其惑劉氏以爲卜赴也赴來者之心筮問也問筮者之事赴問互言之案易繫辭云定天下之吉凶成天下之亹亹者莫大乎蓍龜又云蓍之德圓而神卦之德方以知神以知來知以藏往又說卦云昔者聖人幽贊於神明而生蓍據此諸文蓍龜知靈相似無長短也所以僖四年左傳云筮短龜長不如從長者時晉獻公卜娶驪姬不吉更欲筮之故太史史蘇欲止公之意託云筮短龜長耳實無優劣也若杜預鄭玄因筮短龜長之言以爲實有長短故杜預注傳云物生而後有象象而後有滋滋而後有數龜象筮數故象長數短是也象所以長者以物初生則有象

足利本第五卷第七葉

去初既近且包羅萬形故爲長數短者數是終末去初既遠推尋事數始能求象故以爲短也又鄭康成注占人云占人亦占筮言掌占龜者筮短龜長主於長者是鄭及杜預皆以爲龜長筮短凡卜筮天子諸侯若大事則卜筮並用皆先筮後卜故筮人云凡國之大事先筮而後卜卽事之漸大事者則大卜云國大貞卜立君卜大封大祭祀凡出軍旅喪事及龜之八命一曰征二曰象三曰與四曰謀五曰果六曰至七曰雨八曰瘳此等皆爲大事故鄭注占人云將卜八事皆先以筮筮之是也若次事則唯卜不筮也故表記云天子無筮鄭注云謂征伐出師若巡守天子至尊大事皆用卜也是天子出行唯卜無筮是也小事無卜唯筮筮人掌九筮之名一曰筮更謂遷都邑也二曰筮咸咸猶僉也謂筮衆心歡不也三曰筮式謂制作法式也四曰筮目謂事衆筮其要所當也五曰筮易謂民衆不說筮所改易也六曰筮比謂輿民和比也七曰筮祠謂筮牲輿日也八曰筮參謂筮御輿右也九曰筮環謂筮可致

禮記義五　七

師不鄭注占人不卜而徒筮者則用九筮是也天子既爾諸侯亦然故春秋僖二十五年晉卜納襄王得黃帝戰於阪泉之兆又筮之得大有之睽哀九年晉卜伐宋亦卜而後筮是大事卜筮並用也但春秋亂世皆先卜後筮不能如禮其禮既先筮後卜尚書先云龜從者以尊卑言之故先言龜也鄭注周禮云筮凶則止不卜所以洪範有筮逆龜從者崔靈恩云凡卜筮天子皆用三代蓍龜若三筮並凶則止而不卜鄭云若一吉一凶雖筮逆猶得卜之也則洪範所云者是也其大夫則大事卜小事筮大事則葬地及葬日爲事之大則卜故雜記云大夫卜宅與葬日是也其小事用筮則少牢常祀筮日是也士亦大事卜小事筮故士喪禮卜葬日以喪葬爲重須定吉凶故用卜也其尋常吉祭比葬爲輕故筮日也葬既十日得吉餘事皆吉可知故唯筮葬地不復用卜也　旬之外曰遠某日　案少牢大夫禮今月下旬筮來月上旬是旬之外日也主人告筮者云欲用遠某日故少牢云日用丁巳筮旬有一日吉

潘本第五卷第七葉

去初既近且包羅萬形故爲長數短者數是終末去初既遠推尋事數始能求象故以爲短也又鄭康成注占人云占人亦占筮言掌占龜者筮短龜長主於長者是鄭及杜預皆以爲龜長筮短凡卜筮天子諸侯若大事則卜筮並用皆先筮後卜故筮人云凡國之大事先筮而後卜卽事之漸大事者則大卜云國大貞卜立君卜大封大祭祀凡出軍旅喪事及龜之八命一曰征二曰象三曰與四曰謀五曰果六曰至七曰雨八曰瘳此等皆爲大事故鄭注占人云將卜八事皆先以筮筮之是也若次事則唯卜不筮也故表記云天子無筮鄭注云謂征伐出師若巡守天子至尊大事皆用卜也是天子出行唯卜無筮是也小事無卜唯筮筮人掌九筮之名一曰筮更謂遷都邑也二曰筮咸咸猶僉也謂筮衆心歡不也三曰筮式謂制作法式也四曰筮目謂事衆筮其要所當也五曰筮易謂民衆不說筮所改易也六曰筮比謂輿民和比也七曰筮祠謂筮牲輿日也八曰筮參謂筮御輿右也九曰筮環謂筮可致

禮記義五　七

師不鄭注占人不卜而徒筮者則用九筮是也天子既爾諸侯亦然故春秋僖二十五年晉卜納襄王得黃帝戰於阪泉之兆又筮之得大有之睽哀九年晉卜伐宋亦卜而後筮是大事卜筮並用也但春秋亂世皆先卜後筮不能如禮其禮既先筮後卜尚書先云龜從者以尊卑言之故先言龜也鄭注周禮云筮凶則止不卜所以洪範有筮逆龜從者崔靈恩云凡卜筮天子皆用三代蓍龜若三筮並凶則止而不卜鄭云若一吉一凶雖筮逆猶得卜之也則洪範所云者是也其大夫則大事卜小事筮大事則葬地及葬日爲事之大則卜故雜記云大夫卜宅與葬日是也其小事用筮則少牢常祀筮日是也士亦大事卜小事筮故士喪禮卜葬日以喪葬爲重須定吉凶故用卜也其尋常吉祭比葬爲輕故筮日也葬既十日得吉餘事皆吉可知故唯筮葬地不復用卜也　旬之外曰遠某日　案少牢大夫禮今月下旬筮來月上旬是旬之外日也主人告筮者云欲用遠某日故少牢云日用丁巳筮旬有一日吉

足利本第五卷第八葉

乃官戒既云旬有一日是旬外一日此謂大夫禮　旬之內日近某日者案特牲士禮云不諏日注云士賤職褻時至事暇可以祭則筮其日不如少牢大夫先與有司於廟門諏丁巳之日是士於旬初即筮旬內之日是旬之內日也主人告筮者云用近某日此據大夫士故有旬內旬外之日也若天子諸侯其有雜祭或用旬內或用旬外其辭皆與此同案少牢特牲其辭皆云來日丁亥不云遠某日近某日者彼文不具也　喪事先遠日　喪事謂葬與二祥是奪哀之義也非孝子之所欲但制不獲已故卜先從遠日而起示不宜急微伸孝心也故宣八年左傳云禮卜葬先遠日辟不懷杜云懷思也辟不思親也此尊卑俱然雖士亦應今月下旬先卜來月下旬不吉卜中旬不吉卜上旬　吉事先近日者吉事謂祭祀冠昏之屬故少牢云若不吉則及遠日又筮日如初是先近日也　曰爲至有常　曰命龜筮辭也卜擇吉日故云曰爲日　假爾泰龜有常假爾泰筮有常者假因也爾汝也爾謂指著龜也泰

禮記義五　八

大中之大也欲褒美此龜筮故謂爲大龜大筮也有常者言汝泰龜泰筮決判吉凶分明有常也故云假爾泰龜泰筮有常凡卜筮大夫以上命龜有三命筮有二其一爲事命龜涖卜之官以主人卜事命卜史是一也二卜史既得所卜之命更序述涖卜所陳之辭名曰述命二也卜人即席西面命龜云假爾泰龜有常三也命筮二者一爲事命筮則主人以所爲之事命筮史是一也二則筮史得主人之命遂述之爲述命是二也士則命龜有二命筮有一知士命筮有一者士喪禮云命筮人哀子某爲其父筮宅筮人許諾不述命注云不述者士禮略是士命筮一也知士命龜二者士喪禮涖卜命曰哀子某卜葬其父無有近悔許諾不述命乃云即席西面坐命龜既云不述命是士命龜二也知大夫命筮二者以士云命筮不述命則知大夫以上述命也故少牢云主人曰孝孫某來日丁亥用薦歲事於皇祖伯某又云史遂述命曰假爾大筮有常孝孫某來日丁亥云是大夫命筮二但冠即席所命于述命之上

潘本第五卷第八葉

乃官戒既云旬有一日是旬外一日此謂大夫禮　旬之內日近某日者案特牲士禮云不諏日注云士賤職褻時至事暇可以祭則筮其日不如少牢大夫先與有司於廟門諏丁巳之日是士於旬初即筮旬內之日是旬之內日也主人告筮者云用近某日此據大夫士故有旬內旬外之日也若天子諸侯其有雜祭或用旬內或用旬外其辭皆與此同案少牢特牲其辭皆云來日丁亥不云遠某日近某日者彼文不具也　喪事先遠日　喪事謂葬與二祥是奪哀之義也非孝子之所欲但制不獲已故卜先從遠日而起示不宜急微伸孝心也故宣八年左傳云禮卜葬先遠日辟不懷杜云懷思也辟不思親也此尊卑俱然雖士亦應今月下旬先卜來月下旬不吉卜中旬不吉卜上旬　吉事先近日者吉事謂祭祀冠昏之屬故少牢云若不吉則及遠日又筮日如初是先近日也　曰爲至有常　曰命龜筮辭也卜擇吉日故云曰爲日　假爾泰龜有常假爾泰筮有常者假因也爾汝也爾謂指著龜也泰

禮記義五　八

大中之大也欲褒美此龜筮故謂爲大龜大筮也有常者言汝泰龜泰筮決判吉凶分明有常也故云假爾泰龜泰筮有常凡卜筮大夫以上命龜有三命筮有二其一爲事命龜涖卜之官以主人卜事命卜史是一也二卜史既得所卜之命更序述涖卜所陳之辭名曰述命二也卜人即席西面命龜云假爾泰龜有常三也命筮二者一爲事命筮則主人以所爲之事命筮史是一也二則筮史得主人之命遂述之爲述命是二也士則命龜有二命筮有一知士命筮有一者士喪禮云命筮人哀子某爲其父筮宅筮人許諾不述命注云不述者士禮略是士命筮一也知士命龜二者士喪禮涖卜命曰哀子某卜葬其父無有近悔許諾不述命乃云即席西面坐命龜既云不述命是士命龜二也知大夫命筮二者以士云命筮不述命則知大夫以上述命也故少牢云主人曰孝孫某來日丁亥用薦歲事於皇祖伯某又云史遂述命曰假爾大筮有常孝孫某來日丁亥云是大夫命筮二但冠即席所命于述命之上

足利本第五卷第九葉

也知大夫命龜三者以士喪禮涖卜爲事命龜又有即席西面命龜云不述命明大夫有述命故知大夫命龜三也　注大事卜小事筮　正義曰此大事者謂小事之中爲大事非周禮大貞大封及八事之等故得用十而已或云大事卜者摠兼大貞大封及八事等雖卜筮並用摠皆用卜故云大事卜但大事則先筮後卜卜筮俱有若小事筮徒有筮而無卜也　卜筮不過三　王肅云禮以三爲成也上旬中旬下旬三卜筮不吉則不舉也鄭意不過三者謂一卜不吉而凶又卜以至於三三若不吉則止若筮亦然也故魯有四卜之譏崔靈恩云謂不過三用若大事龜筮並用者先用三王筮次用三王龜始是一也三如是乃爲三也若初始之時三筮三龜皆凶則止或逆多從少或從多逆少如此者皆至於三也單卜單筮其法唯一用而已不吉則擇遠日不至於三也前以用三王之龜筮者有逆有從故至三也此唯用一故不至三也案崔解亦有三王龜筮也　注魯四卜郊春秋譏之　正義曰卜郊之事或

禮記義五　九

三或四或五襄七年夏四月三卜郊不從乃免牲僖三十一年及襄十一年夏四月四卜郊不從成十年夏四月五卜郊不從三傳之說參差不同若左氏之說魯郊常祀不須卜可郊與否但卜牲與日唯周之三月爲之不可在四月雖三卜亦爲非禮故僖三十一年左傳云禮不卜常祀是常祀不卜也襄七年左傳云啓蟄而郊郊而後耕今既耕而卜郊宜其不從也是用周之三月不可至四月也若公羊之義所云卜者皆爲卜日故僖三十一年公羊傳云三卜禮也四卜非禮也又成十七年公羊傳云郊用正月上辛何休云魯郊博卜三正三王之郊一用夏正又定十五年禮三卜之運也何休云運轉也已卜春三正不吉復轉卜夏三月周五月得二吉故五月郊如休之意魯郊轉卜三正假令春正月卜不吉又卜殷正殷正不吉則用夏正郊天若此三正之内有凶不從則得卜夏三月但滿三吉日則得爲郊此公羊及何休之意也穀梁之說春秋卜者皆卜日也哀元年穀梁傳云郊自正月至三月郊之時

潘本第五卷第九葉

也知大夫命龜三者以士喪禮涖卜爲事命龜又有即席西面命龜云不述命明大夫有述命故知大夫命龜三也　注大事卜小事筮　正義曰此大事者謂小事之中爲大事非周禮大貞大封及八事之等故得用十而已或云大事卜者摠兼大貞大封及八事等雖卜筮並用摠皆用卜故云大事卜但大事則先筮後卜卜筮俱有若小事筮徒有筮而無卜也　卜筮不過三　王肅云禮以三爲成也上旬中旬下旬三卜筮不吉則不舉也鄭意不過三者謂一卜不吉而凶又卜以至於三三若不吉則止若筮亦然也故魯有四卜之譏崔靈恩云謂不過三用若大事龜筮並用者先用三王筮次用三王龜始是一也三如是乃爲三也若初始之時三筮三龜皆凶則止或逆多從少或從多逆少如此者皆至於三也單卜單筮其法唯一用而已不吉則擇遠日不至於三也前以用三王之龜筮者有逆有從故至三也此唯用一故不至三也案崔解亦有三王龜筮也　注魯四卜郊春秋譏之　正義曰卜郊之事或

禮記義五　九

三或四或五襄七年夏四月三卜郊不從乃免牲僖三十一年及襄十一年夏四月四卜郊不從成十年夏四月五卜郊不從三傳之說參差不同若左氏之說魯郊常祀不須卜可郊與否但卜牲與日唯周之三月爲之不可在四月雖三卜亦爲非禮故僖三十一年左傳云禮不卜常祀是常祀不卜也襄七年左傳云啓蟄而郊郊而後耕今既耕而卜郊宜其不從也是用周之三月不可至四月也若公羊之義所云卜者皆爲卜日故僖三十一年公羊傳云三卜禮也四卜非禮也又成十七年公羊傳云郊用正月上辛何休云魯郊博卜三正三王之郊一用夏正又定十五年禮三卜之運也何休云運轉也已卜春三正不吉復轉卜夏三月周五月得二吉故五月郊如休之意魯郊轉卜三正假令春正月卜不吉又卜殷正殷正不吉則用夏正郊天若此三正之内有凶不從則得卜夏三月但滿三吉日則得爲郊此公羊及何休之意也穀梁之說春秋卜者皆卜日也哀元年穀梁傳云郊自正月至三月郊之時

足利本第五卷第十葉

也我以十二月下辛卜正月上辛卜如不從則以正月下
辛卜二月上辛如不從則以二月下辛卜三月上辛如不
從則不郊如是穀梁三正正月卜吉則爲四月五月則不
可與公羊之説同與何休意異休以四月五月卜滿三吉
則可郊也若鄭玄意禮不當卜常祀與左氏同故鄭箴膏
肓云當卜祀日月爾不當卜可祀與否鄭又云以魯之郊
天惟用周正建子之月牲數有災不吉改卜後月故或用周
之二月三月故有啓蟄而郊四月則不可故駁異義引明
堂云孟春正月乘大路祀帝於郊又云魯用孟春建子之
月則與天子不同明矣魯數失禮牲數有災不吉則改卜
後月如鄭之言則與公羊穀梁傳卜三正不同也此云魯
四卜郊春秋譏之用公羊穀梁傳三卜正四卜非正也是
四卜爲譏三卜得正與左氏意違左氏三卜亦非故也
卜筮不相襲　襲因也前卜不吉則止不得因更筮若前
筮不吉則止不得因更卜是不相襲也若相因不止是瀆
龜筮則神不告也王云三筮及三卜不相襲三者初各專

禮記義五　十

其心也　注卜不至是也　正義曰晉獻公初卜不吉故
公云更筮之是因襲也表記云卜筮不相襲鄭云襲因也
大事則卜小事則筮然與此注不同者明襲有二義故兩
注各舉其一一則大事小事各有所施不得因龜卜小事
因蓍筮大事也二則筮不吉不可復卜卜不吉不可復筮
也　龜爲至踐之　解卜筮所用也龜處筮後龜覆於筮
筴爲筮者筮在龜前爲決也謂蓍爲筴者筴以謀筴爲義
言用此物以謀於前事也　卜筮者先聖王之所以使民
信時日者解所以須卜筮之義也先聖王伏犧以來聖人
爲天子者不直云先王又加聖字者夫王未必聖古來非
一聖不必王孔子是也明造制卜筮必須聖位兼并時者四
時及一日十二時也日者甲乙之屬聖王制此卜筮使民
擇慎而信時日與吉凶也　敬鬼神者乃擇吉而祭祀是
敬鬼神　畏法令者法典則也令敎訓也君行法令若依
卜筮而爲之則民敬而畏之也　所以使民決嫌疑者事
既異故更云所以有嫌疑而卜筮決斷之也　定猶與也

潘本第五卷第十葉

也我以十二月下辛卜正月上辛卜如不從則以正月下
辛卜二月上辛如不從則以二月下辛卜三月上辛如不
從則不郊如是穀梁三正正月卜吉則爲四月五月則不
可與公羊之説同與何休意異休以四月五月卜滿三吉
則可郊也若鄭玄意禮不當卜常祀與左氏同故鄭箴膏
肓云當卜祀日月爾不當卜可祀與否鄭又云以魯之郊
天惟用周正建子之月牲數有災不吉改卜後月故或用周
之二月三月故有啓蟄而郊四月則不可故駁異義引明
堂云孟春正月乘大路祀帝於郊又云魯用孟春建子之
月則與天子不同明矣魯數失禮牲數有災不吉則改卜
後月如鄭之言則與公羊穀梁傳卜三正不同也此云魯
四卜郊春秋譏之用公羊穀梁傳三卜正四卜非正也是
四卜爲譏三卜得正與左氏意違左氏三卜亦非故也
卜筮不相襲　襲因也前卜不吉則止不得因更筮若前
筮不吉則止不得因更卜是不相襲也若相因不止是瀆
龜筮則神不告也王云三筮及三卜不相襲三者初各專

禮記義五　十

其心也　注卜不至是也　正義曰晉獻公初卜不吉故
公云更筮之是因襲也表記云卜筮不相襲鄭云襲因也
大事則卜小事則筮然與此注不同者明襲有二義故兩
注各舉其一一則大事小事各有所施不得因龜卜小事
因蓍筮大事也二則筮不吉不可復卜卜不吉不可復筮
也　龜爲至踐之　解卜筮所用也龜處筮後龜覆於筮
筴爲筮者筮在龜前爲決也謂蓍爲筴者筴以謀筴爲義
言用此物以謀於前事也　卜筮者先聖王之所以使民
信時日者解所以須卜筮之義也先聖王伏犧以來聖人
爲天子者不直云先王又加聖字者夫王未必聖古來非
一聖不必王孔子是也明造制卜筮必須聖位兼并時者四
時及一日十二時也日者甲乙之屬聖王制此卜筮使民
擇慎而信時日與吉凶也　敬鬼神者乃擇吉而祭祀是
敬鬼神　畏法令者法典則也令敎訓也君行法令若依
卜筮而爲之則民敬而畏之也　所以使民決嫌疑者事
既異故更云所以有嫌疑而卜筮決斷之也　定猶與也

者說文云猶獸名玃屬與亦是獸名象屬此二獸皆進退多疑人多疑惑者似之故謂之猶與　故曰疑而筮之則弗非也者引舊語以結之卜筮所以定是非也若有疑而發之則人無非之也不言卜者從可知也　日而行事則必踐之者踐善也言卜得吉而行事必善也王云卜得可行之日必履而行之踐履也弗非無非之者也　君

車將駕則僕執策立於馬前監駕且為馬行已駕僕展軨展軨具視效駕白已駕奮衣由右上取貳綏奮振去塵也貳副也跪乘未敢立敬也執策分轡驅之五步而立調試之君出就車則僕并轡授綏車上僕所主左右攘辟謂羣臣陪位侍駕者攘卻也或者攘古讓字車驅而騶至于

禮記義五　十一

大門君撫僕之手而顧命車右就車門閭溝渠必步車右勇力之士備制非常者君行則陪乘君式則下步行凡僕人之禮必授人綏若僕者降等則受不然則否若僕者降等則撫僕之手不然則自下拘之撫小止之謙也自下拘之由僕手下取之也僕與己同爵則不受之客車不入大門讓也婦人不立乘異於男子犬馬不上於堂非摯幣也故君子式黃髮敬老也發句言故明此衆篇雜辭也下卿位尊賢也卿位卿之朝位也君出過之而上車入未至而下車入國不馳愛人也馳善蘭人也入里必

者說文云猶獸名玃屬與亦是獸名象屬此二獸皆進退多疑人多疑惑者似之故謂之猶與　故曰疑而筮之則弗非也者引舊語以結之卜筮所以定是非也若有疑而發之則人無非之也不言卜者從可知也　日而行事則必踐之者踐善也言卜得吉而行事必善也王云卜得可行之日必履而行之踐履也弗非無非之者也　君

車將駕則僕執策立於馬前監駕且為馬行已駕僕展軨展軨具視效駕白已駕奮衣由右上取貳綏奮振去塵也貳副也跪乘未敢立敬也執策分轡驅之五步而立調試之君出就車則僕并轡授綏車上僕所主左右攘辟謂羣臣陪位侍駕者攘卻也或者攘古讓字車驅而騶至于

禮記義五　十一

大門君撫僕之手而顧命車右就車門閭溝渠必步車右勇力之士備制非常者君行則陪乘君式則下步行凡僕人之禮必授人綏若僕者降等則受不然則否若僕者降等則撫僕之手不然則自下拘之撫小止之謙也自下拘之由僕手下取之也僕與己同爵則不受客車不入大門讓也婦人不立乘異於男子犬馬不上於堂非摯幣也故君子式黃髮敬老也發句言故明此衆篇雜辭也下卿位尊賢也卿位卿之朝位也君出過之而上車入未至而下車入國不馳愛人也馳善蘭人也入里必

足利本第五卷第十二葉

式不誣十室君命召雖賤人大夫士必自御之御當爲訝訝迎也君雖使賤人來必自出迎之尊君命也春秋傳曰跛者御跛者眇者御眇者皆訝也世人亂之介者不拜爲其拜而蓌拜蓌則失容節蓌猶詐也祥車曠左空神位也祥車葬之乘車乘君之乘車不敢曠左左必式君存惡空其位僕御婦人則進左手後右手遠嫌御國君則進右手後左手而俯敬也國君不乘奇車出入必正也奇車獵衣之屬車上不廣欬爲若自矜不妄指爲惑衆立視五巂立平視也巂猶規也謂輪轉之度巂或爲槼式

禮記義五　十二

視馬尾小俛顧不過轂爲掩在後國中以策彗卹勿驅塵不出軌入國不馳彗竹帚卹勿搔摩也國君下齊牛式宗廟大夫士下公門式路馬乘路馬必朝服載鞭策不敢授綏左必式步路馬必中道以足蹙路馬芻有誅齒路馬有誅皆廣敬也路馬君之馬載鞭策不敢執也齒欲年也誅罰也

【疏】正義曰此以下摠明乘車顧式僕御謹敬之事各隨文解之　君車將駕者謂爲君僕御之禮君車君所乘之車也將駕謂始欲駕行時也　則僕執策立於馬前者僕即御車者也古者僕用好人爲之故孔子曰吾執御矣又云子適衛冉有僕及周禮諸僕皆用大夫士也策馬杖也別有人牽馬駕

潘本第五卷第十二葉

式不誣十室君命召雖賤人大夫士必自御之御當爲訝訝迎也君雖使賤人來必自出迎之尊君命也春秋傳曰跛者御跛者眇者御眇者皆訝也世人亂之介者不拜爲其拜而蓌拜蓌則失容節蓌猶詐也祥車曠左空神位也祥車葬之乘車乘君之乘車不敢曠左左必式君存惡空其位僕御婦人則進左手後右手遠嫌御國君則進右手後左手而俯敬也國君不乘奇車出入必正也奇車獵衣之屬車上不廣欬爲若自矜不妄指爲惑衆立視五巂立平視也巂猶規也謂輪轉之度巂或爲槼式

禮記義五　十二

視馬尾小俛顧不過轂爲掩在後國中以策彗卹勿驅塵不出軌入國不馳彗竹帚卹勿搔摩也國君下齊牛式宗廟大夫士下公門式路馬乘路馬必朝服載鞭策不敢授綏左必式步路馬必中道以足蹙路馬芻有誅齒路馬有誅皆廣敬也路馬君之馬載鞭策不敢執也齒欲年也誅罰也

【疏】正義曰此以下摠明乘車顧式僕御謹敬之事各隨文解之　君車將駕者謂爲君僕御之禮君車君所乘之車也將駕謂始欲駕行時也　則僕執策立於馬前者僕即御車者也古者僕用好人爲之故孔子曰吾執御矣又云子適衛冉有僕及周禮諸僕皆用大夫士也策馬杖也別有人牽馬

足利本第五卷第十三葉

車而此僕既知車事故監駕也又恐馬奔走故自執馬杖
立當馬前也執策是監駕立馬前恐馬行也　已駕僕展
軨者已駕駕竟展視也舊解云軨車欄也駕竟僕則從車
軨左右四面看視之上至於欄也盧氏云軨轄頭轄也皇
氏謂軨是轄頭盧言是也一則車行由轄二則欄之𠔥字
不作車邊爲之鄭云展軨具視謂徧視之　效駕者效白
也僕監視駕竟而入白君道駕畢故鄭云白已駕也　奮
衣由右上者奮振也由從也從右邊上升也僕入白駕竟
先出就車於車後自振其衣去塵從右邊升上必從右者
君位在左故辟君空位　取貳綏者貳副也綏登車索綏
有二一是正綏擬君之升一是副綏擬僕右之升故僕振
衣畢取副貳綏而升也詩云淑旂綏章箋云綏所引登車
也　跪乘者謂僕先試車時君既未出未敢依常而立所
以跪而乘之爲敬也然此是暫試空左不嫌也　執策分
轡者策馬杖也轡御馬索也車有一轅而四馬駕之中央
兩馬夾轅者名服馬兩邊名騑馬亦曰驂馬故詩云兩服

禮記義五　十三　琥俊

上驤兩驂鴈行鄭云兩服中央夾轅者也鴈行者言與中
服相次序也然每一馬有兩轡四馬八轡以驂馬内轡繫
於軾前其驂馬外轡并夾轅兩服馬各二轡六轡在手分
置兩手是各得三轡故詩云六轡在手是也今言執策分
轡謂一手執杖又六轡以三置空手中以三置杖手中故
云執策分轡也　驅之者分轡既竟而試驅行之也　五
步而立者僕向跪而驅令馬行之得五步止而僕倚立待
君出也何胤云跪以見敬則立調試之也　君出就車者
謂君始出上車時也　則僕并轡授綏者君初來欲上而
僕并六轡及策置一手中所餘一空手取正綏授與君令
登車也當右手并轡左手授綏轉身向後引君上也　左
右攘辟者左右謂侍駕陪位諸臣也攘郤也辟遠也君已
上車車欲進行故左右侍者悉遷郤以辟車使不妨車行
也　車驅而騶者左右已辟故驅車而進則左右從者疾
趨從車行也　至於大門者君最外門謂車行至外門時
也　君撫僕之手者撫按止也僕手執轡車行由僕君欲

潘本第五卷第十三葉

車而此僕既知車事故監駕也又恐馬奔走故自執馬杖
立當馬前也執策是監駕立馬前恐馬行也　已駕僕展
軨者已駕駕竟展視也舊解云軨車欄也駕竟僕則從車
軨左右四面看視之上至於欄也盧氏云軨轄頭轄也皇
氏謂軨是轄頭盧言是也一則車行由轄二則欄之𠔥字
不作車邊爲之鄭云展軨具視謂徧視之　效駕者效白
也僕監視駕竟而入白君道駕畢故鄭云白已駕也　奮
衣由右上者奮振也由從也從右邊上升也僕入白駕竟
先出就車於車後自振其衣去塵從右邊升上必從右者
君位在左故辟君空位　取貳綏者貳副也綏登車索綏
有二一是正綏擬君之升一是副綏擬僕右之升故僕振
衣畢取副貳綏而升也詩云淑旂綏章箋云綏所引登車
也　跪乘者謂僕先試車時君既未出未敢依常而立所
以跪而乘之爲敬也然此是暫試空左不嫌也　執策分
轡者策馬杖也轡御馬索也車有一轅而四馬駕之中央
兩馬夾轅者名服馬兩邊名騑馬亦曰驂馬故詩云兩服

禮記義五　十三　琥俊

上驤兩驂鴈行鄭云兩服中央夾轅者也鴈行者言與中
服相次序也然每一馬有兩轡四馬八轡以驂馬内轡繫
於軾前其驂馬外轡并夾轅兩服馬各二轡六轡在手分
置兩手是各得三轡故詩云六轡在手是也今言執策分
轡謂一手執杖又六轡以三置空手中以三置杖手中故
云執策分轡也　驅之者分轡既竟而試驅行之也　五
步而立者僕向跪而驅令馬行之得五步止而僕倚立待
君出也何胤云跪以見敬則立調試之也　君出就車者
謂君始出上車時也　則僕并轡授綏者君初來欲上而
僕并六轡及策置一手中所餘一空手取正綏授與君令
登車也當右手并轡左手授綏轉身向後引君上也　左
右攘辟者左右謂侍駕陪位諸臣也攘郤也辟遠也君已
上車車欲進行故左右侍者悉遷郤以辟車使不妨車行
也　車驅而騶者左右已辟故驅車而進則左右從者疾
趨從車行也　至於大門者君最外門謂車行至外門時
也　君撫僕之手者撫按止也僕手執轡車行由僕君欲

足利本第五卷第十四葉

令駐車故君抑止僕手也　而顧命車右就車者顧迴頭也鄭箋詩云迴首曰顧也車右勇力之士也就車謂君命勇力士令上車也車行則有三人君在左僕人中央勇士在右也初在門內未顧勇士勇士故從趨在車後令車行既至大門方出履險阻恐有非常故迴頭命車右上車也　門閭溝渠必步者是車右勇士之禮也門閭謂凡所過門閭處也溝廣深四尺者渠亦溝也步謂下車也勇士雖即上車車若至門閭溝渠而勇士必下車所以然者一則君子不誣十室過門閭必式君式則臣當下也二則溝渠是險阻恐有傾覆故勇士亦須下扶持之也而僕不下者車行由僕僕下則車無御故不下也　凡僕人之禮必授人綏　凡僕人謂爲一切僕非但爲君僕時也車上既僕爲主故爲人僕必授綏與所升之人也　若僕者降等則受者謂士與大夫大夫與卿御也若御者卑降則主人不須謙故受取綏也　不然則否者不然謂僕者敵體雖御其主人宜謙不受其綏也　若僕者降等則撫僕之手者僕

禮記義五　十四　王虔

者雖卑而受其綏不謙猶當撫止僕手若不聽自授然後乃受也　不然則自下拘之者不然不降等者既敵不受而僕者必授則主人當卻手從僕手下自拘取之　注撫小至不受　正義曰由從也此時主人初欲上而僕在車上轉身嚮主人以授綏主人不就僕手外取之而以手從僕手下進拘取僕手裏上邊示不用僕授也僕與已同爵則不受謂不降等者　客車不入大門　案公食大夫禮云賓之乘車在大門外西方注云賓車不入門廣敬也與此同覲禮云偏駕不入王門謂同姓金路異姓象路之等舍之於賓館謂不得入王門又云墨車龍旂以朝墨車得入大門但不得入廟門耳　婦人不立乘者立倚也婦人質弱不倚乘異男子也男子倚乘而婦人坐乘所以異也　犬馬不上於堂者賓主相見之禮也犬馬將爲禮而賤不牽上堂也犬則執紲馬則執靮以呈之耳非贄幣故也贄謂羔鴈錦玉之屬乃上堂也犬馬用充庭實而已非物聘之贄幣故不上堂也　故君子式黃髮　此以下明雜

潘本第五卷第十四葉

令駐車故君抑止僕手也　而顧命車右就車者顧迴頭也鄭箋詩云迴首曰顧也車右勇力之士也就車謂君命勇力士令上車也車行則有三人君在左僕人中央勇士在右也初在門內未顧勇士勇士故從趨在車後令車行既至大門方出履險阻恐有非常故迴頭命車右上車也　門閭溝渠必步者是車右勇士之禮也門閭謂凡所過門閭處也溝廣深四尺者渠亦溝也步謂下車也勇士雖即上車車若至門閭溝渠而勇士必下車所以然者一則君子不誣十室過門閭必式君式則臣當下也二則溝渠是險阻恐有傾覆故勇士亦須下扶持之也而僕不下者車行由僕僕下則車無御故不下也　凡僕人之禮必授人綏　凡僕人謂爲一切僕非但爲君僕時也車上既僕爲主故爲人僕必授綏與所升之人也　若僕者降等則受者謂士與大夫大夫與卿御也若御者卑降則主人不須謙故受取綏也　不然則否者不然謂僕者敵體雖御其主人宜謙不受其綏也　若僕者降等則撫僕之手者僕

禮記義五　十四　王虔

者雖卑而受其綏不謙猶當撫止僕手若不聽自授然後乃受也　不然則自下拘之者不然不降等者既敵不受而僕者必授則主人當卻手從僕手下自拘取之　注撫小至不受　正義曰由從也此時主人初欲上而僕在車上轉身嚮主人以授綏主人不就僕手外取之而以手從僕手下進拘取僕手裏上邊示不用僕授也僕與已同爵則不受謂不降等者　客車不入大門　案公食大夫禮云賓之乘車在大門外西方注云賓車不入門廣敬也與此同覲禮云偏駕不入王門謂同姓金路異姓象路之等舍之於賓館謂不得入王門又云墨車龍旂以朝墨車得入大門但不得入廟門耳　婦人不立乘者立倚也婦人質弱不倚乘異男子也男子倚乘而婦人坐乘所以異也　犬馬不上於堂者賓主相見之禮也犬馬將爲禮而賤不牽上堂也犬則執紲馬則執靮以呈之耳非贄幣故也贄謂羔鴈錦玉之屬乃上堂也犬馬用充庭實而已非物聘之贄幣故不上堂也　故君子式黃髮　此以下明雜

敬禮也君子謂人君也黃髮太老人也人初老則髮白太
老則髮黃髮黃彌老宜敬之故人君見而式敬也人君尚
爾則大夫士可知也若與君同行君式則臣下若異行則
式而已詩云黃髮兒齒皆謂老人也　注　發句言故明此
衆篇雜辭也　正義曰謂他篇上舊禮雜辭連上至下所
以有故今作曲禮記者引此他篇雜辭而來爲此篇發首
有故也　下卿位　卿位路門之內門東北面位故論語
鄉黨云入公門又云過位色悖如也注過位謂入門右北
面君揖之位故燕禮大射卿大夫門右北面公降阼階南
鄉爾卿是也今謂尋常出入故出則過卿位而上車入則
未到卿位而下車若迎賓客則案樂師注云登車於大寢
西階之前反降於阼階之前或可下卿位是諸侯禮樂師
據天子禮　入國不馳者國中人多若馳車則害人故不
馳注云愛人也馳善藺人也善猶好也藺雷剌也若車馳
則好行剌人也何胤云藺躐也　入里必式者二十五家
爲里里巷首有門十室不誣故入里則必式而禮之爲敬

禮記義五　十五

也里必式則門閭亦式故門閭必步不誣十室也論語云
十室之邑必有忠信如丘者焉是不誣十室也　君命召
者謂有君命呼召臣也　雖賤人者君之使者假令是賤
人爲之來大夫士必自御之御迎也使者雖賤而君命可
尊故雖大夫士貴亦自出迎之也　注　御當至亂之　正
義曰鄭引春秋證御者訝也成二年季孫行父臧孫許會
晉郤克衛孫良夫曹公子首及齊侯戰于鞌公羊傳云前
此者晉郤克與臧孫許同時而聘於齊蕭同姪子者齊君
之母也窺客或跛或眇於是使跛者迓跛者眇者迓眇者
二大夫歸相與率師爲鞌之戰穀梁傳云曹公子手僂同
時聘齊齊頃公使跛者御跛者眇者御眇者禿者御禿者
僂者御僂者齊傾公母蕭同姪子處臺上而笑之也鄭言
彼既以爲訝此御故宜是訝而世人亂之讀云御耳　介
者不拜者介甲鎧也著鎧者不爲式敬故宜無所拜之也
爲其拜而蓌拜者解所以不拜蓌挫也戎容暨暨著甲而
屈拜則挫損其戎威之容也一云蓌詐也言著鎧而拜形

敬禮也君子謂人君也黃髮太老人也人初老則髮白太
老則髮黃髮黃彌老宜敬之故人君見而式敬也人君尚
爾則大夫士可知也若與君同行君式則臣下若異行則
式而已詩云黃髮兒齒皆謂老人也　注　發句言故明此
衆篇雜辭也　正義曰謂他篇上舊禮雜辭連上至下所
以有故今作曲禮記者引此他篇雜辭而來爲此篇發首
有故也　下卿位　卿位路門之內門東北面位故論語
鄉黨云入公門又云過位色悖如也注過位謂入門右北
面君揖之位故燕禮大射卿大夫門右北面公降阼階南
鄉爾卿是也今謂尋常出入故出則過卿位而上車入則
未到卿位而下車若迎賓客則案樂師注云登車於大寢
西階之前反降於阼階之前或可下卿位是諸侯禮樂師
據天子禮　入國不馳者國中人多若馳車則害人故不
馳注云愛人也馳善藺人也善猶好也藺雷剌也若車馳
則好行剌人也何胤云藺躐也　入里必式者二十五家
爲里里巷首有門十室不誣故入里則必式而禮之爲敬

禮記義五　十五

也里必式則門閭亦式故門閭必步不誣十室也論語云
十室之邑必有忠信如丘者焉是不誣十室也　君命召
者謂有君命呼召臣也　雖賤人者君之使者假令是賤
人爲之來大夫士必自御之御迎也使者雖賤而君命可
尊故雖大夫士貴亦自出迎之也　注　御當至亂之　正
義曰鄭引春秋證御者訝也成二年季孫行父臧孫許會
晉郤克衛孫良夫曹公子首及齊侯戰于鞌公羊傳云前
此者晉郤克與臧孫許同時而聘於齊蕭同姪子者齊君
之母也窺客或跛或眇於是使跛者迓跛者眇者迓眇者
二大夫歸相與率師爲鞌之戰穀梁傳云曹公子手僂同
時聘齊齊頃公使跛者御跛者眇者御眇者禿者御禿者
僂者御僂者齊傾公母蕭同姪子處臺上而笑之也鄭言
彼既以爲訝此御故宜是訝而世人亂之讀云御耳　介
者不拜者介甲鎧也著鎧者不爲式敬故宜無所拜之也
爲其拜而蓌拜者解所以不拜蓌挫也戎容暨暨著甲而
屈拜則挫損其戎威之容也一云蓌詐也言著鎧而拜形

足利本第五卷第十六葉

惑不足似許也虛作矯蔑則失容節是蔑猶詐也　祥車
曠左　此以下又明僕御之禮祥猶吉也吉車謂平生時
所乘也死葬時因爲魂車鬼神尚吉故葬魂乘吉車也曠
空也車上貴左故僕在右空左以擬神也　注空神位也
祥車葬之乘車　知葬之乘車者以其大小二祥生人所
乘之車無空左之法言空左唯據葬時魂車故知也　乘
君之乘車　乘車謂君之次路也王者五路玉象木金革
各一路王自乘一所餘四路皆從行臣若乘此車不敢空
左故典路云凡會同軍旅弔于四方以路從鄭云王出於
事無常王乘一路典路以其餘路從行亦以華國又戎右
職云會同充革車鄭云會同王雖乘金路猶以革路行充之
者謂居左也曲禮曰乘君之乘車不敢曠左若曠左則似祥
車近於凶時故乘者自居左也　左必式者雖處左而不敢
自安故恒馮式云乘車則君皆在左若兵戎革路則君在
中央御者居左故成二年韓厥代御居中杜云自非元帥
御者皆在中將在左以此而言則元帥及君宜在中也又

詩云左旋右抽鄭箋云左左人謂御者右車右也中軍爲
將也兵車之法將居鼓下故御者在左君存惡空其位也
太僕云王出入則自左馭而前驅注云前驅如今道引也
道而居左自馭不參乘辟王也亦有車右焉　僕御婦人
則進左手　正義曰僕在中央婦人在左僕御之時進左
手持轡所以爾者形微相背也　後右手者若進右手則
近相嚮相嚮則生嫌故後右手遠嫌也　御國君則進右
手後左手者禮以相嚮爲敬故進右手非男女無所嫌也
而俯者既御不得恒式故但俯俛而爲敬也并兩御也
國君不乘奇車　國君出入宜正不可乘奇邪不正之車
盧氏云不如御者之車也　注出入至之屬　正義曰隱
義曰獵車之形今之鉤車是也衣車如鼈而長也漢桓帝
之時禁臣下乘之　車上不廣欬　廣弘大也欬聲欬也
車已高若在上而聲大欬似自驕矜又驚衆也　不妄指
者妄虛也在車上高若無事忽虛以手指麾於四方並爲
惑衆也　立視五巂者車上依禮巂規也車輪一周爲一

潘本第五卷第十六葉

惑不足似許也虛作矯蔑則失容節是蔑猶詐也　祥車
曠左　此以下又明僕御之禮祥猶吉也吉車謂平生時
所乘也死葬時因爲魂車鬼神尚吉故葬魂乘吉車也曠
空也車上貴左故僕在右空左以擬神也　注空神位也
祥車葬之乘車　知葬之乘車者以其大小二祥生人所
乘之車無空左之法言空左唯據葬時魂車故知也　乘
君之乘車　乘車謂君之次路也王者五路玉象木金革
各一路王自乘一所餘四路皆從行臣若乘此車不敢空
左故典路云凡會同軍旅弔于四方以路從鄭云王出於
事無常王乘一路典路以其餘路從行亦以華國又戎右
職云會同充革車鄭云會同王雖乘金路猶以革路行充之
者謂居左也曲禮曰乘君之乘車不敢曠左若曠左則似祥
車近於凶時故乘者自居左也　左必式者雖處左而不敢
自安故恒馮式云乘車則君皆在左若兵戎革路則君在
中央御者居左故成二年韓厥代御居中杜云自非元帥
御者皆在中將在左以此而言則元帥及君宜在中也又

禮記疏五　十六

詩云左旋右抽鄭箋云左左人謂御者右車右也中軍爲
將也兵車之法將居鼓下故御者在左君存惡空其位也
太僕云王出入則自左馭而前驅注云前驅如今道引也
道而居左自馭不參乘辟王也亦有車右焉　僕御婦人
則進左手　正義曰僕在中央婦人在左僕御之時進左
手持轡所以爾者形微相背也　後右手者若進右手則
近相嚮相嚮則生嫌故後右手遠嫌也　御國君則進右
手後左手者禮以相嚮爲敬故進右手非男女無所嫌也
而俯者既御不得恒式故但俯俛而爲敬也并兩御也
國君不乘奇車　國君出入宜正不可乘奇邪不正之車
盧氏云不如御者之車也　注出入至之屬　正義曰隱
義曰獵車之形今之鉤車是也衣車如鼈而長也漢桓帝
之時禁臣下乘之　車上不廣欬　廣弘大也欬聲欬也
車已高若在上而聲大欬似自驕矜又驚衆也　不妄指
者妄虛也在車上高若無事忽虛以手指麾於四方並爲
惑衆也　立視五巂者車上依禮巂規也車輪一周爲一

規乘車之輪高六尺六寸徑一圍三三六十八得一丈八尺又六寸爲一尺八寸揔一規爲一丈九尺八寸五規爲九十九尺六尺爲步揔爲十六步半在車上所視則前十六步半地 注 舊猶規也 正義曰知舊爲規者以舊規聲相近故爲規規是圓故讀從規言或爲縈他本禮記有作縈字者 式視馬尾者馬引車其尾近在車欄前故車上憑式下頭時不得遠矚而令瞻視馬尾 顧不過轂者車轂也若轉頭不得過轂過轂則掩後人私也論語云車中不內顧是也 國中以策彗卹勿驅者前云入國不馳此爲不馳故爲遲行法也策馬杖彗竹帚也 注 卹勿搔摩也入國不馳故不用鞭策但取竹帚帶葉者爲杖形如埽帚故云策彗云卹勿者以策微近馬體不欲令疾也但僕搔摩之時其形狀卹勿然 塵不出軌者軌車轍也車行遲故塵埃不起不飛揚出轍外也 國君下齊牛式宗廟 案齊右職云凡有牲事則前馬注云王見牲則拱而式又引曲禮曰國君下宗廟式齊牛鄭注周官與此文異者

禮記義五　十七

熊氏云此文誤當以周禮注爲正宜云下宗廟式齊牛 大夫士下公門式路馬者公門謂君之門也路馬君之馬也敬君至門下車重君物故見君馬而式之也馬比門輕故有下式之異也 乘路馬必朝服者謂臣行儀習禮獨行時也路馬君之車馬臣雖得乘之猶不可慢故必朝服而自御乘之也 載鞭策者又不敢執杖杖馬故但載杖以行也 不敢授綏者君在則僕人授綏今習儀者身既居左自馭而乘雖有車右而不敢授綏與己也 左必式者既不空左故亦居左式而敬之此言不敢授綏與前不敢曠左文互也 步路馬必中道者此謂單牽君馬行時步猶行也若牽行君之馬必在中道正路爲敬也 以足蹙路馬芻有誅 芻食馬草也誅罰也此草擬爲供馬所食君以足蹴蹹之者則被責罰也 齒路馬有誅者齒年也若論量君馬歲數亦爲不敬亦被責罰皆廣敬也

曲禮下第二

規乘車之輪高六尺六寸徑一圍三三六十八得一丈八尺又六寸爲一尺八寸揔一規爲一丈九尺八寸五規爲九十九尺六尺爲步揔爲十六步半在車上所視則前十六步半地 注 舊猶規也 正義曰知舊爲規者以舊規聲相近故爲規規是圓故讀從規言或爲縈他本禮記有作縈字者 式視馬尾者馬引車其尾近在車欄前故車上憑式下頭時不得遠矚而令瞻視馬尾 顧不過轂者車轂也若轉頭不得過轂過轂則掩後人私也論語云車中不內顧是也 國中以策彗卹勿驅者前云入國不馳此爲不馳故爲遲行法也策馬杖彗竹帚也 注 卹勿搔摩也入國不馳故不用鞭策但取竹帚帶葉者爲杖形如埽帚故云策彗云卹勿者以策微近馬體不欲令疾也但僕搔摩之時其形狀卹勿然 塵不出軌者軌車轍也車行遲故塵埃不起不飛揚出轍外也 國君下齊牛式宗廟 案齊右職云凡有牲事則前馬注云王見牲則拱而式又引曲禮曰國君下宗廟式齊牛鄭注周官與此文異者

禮記義五　十七

熊氏云此文誤當以周禮注爲正宜云下宗廟式齊牛 大夫士下公門式路馬者公門謂君之門也路馬君之馬也敬君至門下車重君物故見君馬而式之也馬比門輕故有下式之異也 乘路馬必朝服者謂臣行儀習禮獨行時也路馬君之車馬臣雖得乘之猶不可慢故必朝服而自御乘之也 載鞭策者又不敢執杖杖馬故但載杖以行也 不敢授綏者君在則僕人授綏今習儀者身既居左自馭而乘雖有車右而不敢授綏與己也 左必式者既不空左故亦居左式而敬之此言不敢授綏與前不敢曠左文互也 步路馬必中道者此謂單牽君馬行時步猶行也若牽行君之馬必在中道正路爲敬也 以足蹙路馬芻有誅 芻食馬草也誅罰也此草擬爲供馬所食君以足蹴蹹之者則被責罰也 齒路馬有誅者齒年也若論量君馬歲數亦爲不敬亦被責罰皆廣敬也

曲禮下第二

正義曰案鄭目録云義與前篇同簡策重多分爲上下

凡奉者當心提者當帶高下之節執天子之器則上衡謂高於心彌敬也此衡謂與心平國君則平衡大夫則綏之士則提之綏讀曰妥妥之謂下於心凡執主器執輕如不克重愼之也主君也克勝也執主器操幣圭璧則尚左手行不舉足車輪曳踵重愼也尚左手尊左也車輪謂行不絶也立則磬折垂佩主佩倚則臣佩垂主佩垂則臣佩委君臣俛仰之節倚謂附於身小俛則垂大俛則委於地執

禮記義五　十八

玉其有藉者則裼無藉者則襲藉藻也裼襲文質相變耳有藻爲文裼見美亦文無藻爲質襲充美亦質圭璋特而襲璧琮加束帛而裼亦是也

【疏】正義曰此一節論臣所奉持及俛仰裼襲之節各依文解之○凡奉者當心提者當帶物有宜奉持之者有宜提挈之者各因其宜奉之者謂仰手當心奉持其物提之者謂屈臂當帶而提挈其物帶有二處朝服之屬其帶則高於心深衣之類其帶則下於脇何以知然玉藻説大帶云三分帶下紳居二焉紳長三尺而居帶之下三分之二則帶之下去地四尺五寸矣人長八尺爲限若帶下四尺五寸則帶上所餘正三尺五寸故知朝服等帶則高也而深衣云帶下毋厭髀上毋厭脇當毋骨者故知深衣之帶則下也今云提者當帶謂深衣之帶且古人恒著深衣此明平常提奉故並可知也○執天至提之○嚮明常法此以下明臣各爲其君上提奉之禮也執持也上猶高也衡平也平謂人之拱手

正義曰案鄭目録云義與前篇同簡策重多分爲上下

凡奉者當心提者當帶高下之節執天子之器則上衡謂高於心彌敬也此衡謂與心平國君則平衡大夫則綏之士則提之綏讀曰妥妥之謂下於心凡執主器執輕如不克重愼之也主君也克勝也執主器操幣圭璧則尚左手行不舉足車輪曳踵重愼也尚左手尊左也車輪謂行不絶也立則磬折垂佩主佩倚則臣佩垂主佩垂則臣佩委君臣俛仰之節倚謂附於身小俛則垂大俛則委於地執

禮記義五　十八

玉其有藉者則裼無藉者則襲藉藻也裼襲文質相變耳有藻爲文裼見美亦文無藻爲質襲充美亦質圭璋特而襲璧琮加束帛而裼亦是也

【疏】正義曰此一節論臣所奉持及俛仰裼襲之節各依文解之○凡奉者當心提者當帶物有宜奉持之者有宜提挈之者各因其宜奉之者謂仰手當心奉持其物提之者謂屈臂當帶而提挈其物帶有二處朝服之屬其帶則高於心深衣之類其帶則下於脇何以知然玉藻説大帶云三分帶下紳居二焉紳長三尺而居帶之下三分之二則帶之下去地四尺五寸矣人長八尺爲限若帶下四尺五寸則帶上所餘正三尺五寸故知朝服等帶則高也而深衣云帶下毋厭髀上毋厭脇當毋骨者故知深衣之帶則下也今云提者當帶謂深衣之帶且古人恒著深衣此明平常提奉故並可知也○執天至提之○嚮明常法此以下明臣各爲其君上提奉之禮也執持也上猶高也衡平也平謂人之拱手

正當心平故謂心爲衡天子至尊器不宜下故臣爲擎奉皆高於心彌敬也此衡謂與心平也凡言衡有二處若大夫衡視則面爲衡此爲天子執器則上衡謂高心也旣有二處不同故鄭云此衡與心平明他衡者不與心平也　國君則平衡者國君諸侯也降於天子故其臣爲奉持器與心齊平也　大夫則綏之者綏下也又降於諸侯故其臣爲奉器下於心也　士則提之者上云大夫綏之已下於心今爲士提之又在綏之下即上提者當帶然凡常提物尚得當帶今爲士提物更在帶下者士臣爲士卑遠於君故厭降在下故禮云大夫之臣不稽首以辟君其義同也　凡執主器執輕如不克　鄉明持奉高下之節此辨持奉之容儀也主亦君也禮大夫稱主今此言主上通天子諸侯下含大夫爲君者故幷曰主士則不然克勝也尊者之器不論輕重其臣執之唯宜重愼器雖輕小而執之恒如實重如不勝之容也故論語云孔子執圭鞠躬如也如不勝聘禮曰上介執玉如重是也　執主至曳踵　又

禮記義五　十九

明提奉用手足之儀也圭璧瑞玉也尚上也謂執持君器及幣玉也若擎奉此物則右手在下左手在上左尊故云尚左手　行不舉足車輪曳踵者曳拽也踵脚後也若執器行時則不得舉足但起前拽後使踵如車輪曳地而行故云車輪曳踵　立則磬折垂佩　鄉明奉持及手足之儀此明授受時禮也立倚也佩謂玉佩也帶佩於兩邊臣則身宜僂折如磬之背故云磬折也身旣僂折則所著之佩從兩邊出縣垂於前也　主佩倚者主謂君也倚猶附也君宜直立則佩直附倚身而縣垂不出前　則臣佩垂者君若直立佩倚於身則臣宜曲折曲折則佩不得倚身故縣垂於前也　主佩垂則臣佩委者主君也言君若重愼折身而佩垂則臣彌曲故佩磬委於地然臣不發初太曲必待君僂而後方曲者亦授立不跪之義也　執玉其有藉者則裼無藉者則襲　凡執玉之時必有其藻以承於玉若盡飾見美之時必垂藻於兩端令垂向於下謂之有藉當時所執之人則去體上外服以見在內裼衣故云有

足利本第五卷第十九葉

正當心平故謂心爲衡天子至尊器不宜下故臣爲擎奉皆高於心彌敬也此衡謂與心平也凡言衡有二處若大夫衡視則面爲衡此爲天子執器則上衡謂高心也旣有二處不同故鄭云此衡與心平明他衡者不與心平也　國君則平衡者國君諸侯也降於天子故其臣爲奉持器與心齊平也　大夫則綏之者綏下也又降於諸侯故其臣爲奉器下於心也　士則提之者上云大夫綏之已下於心今爲士提之又在綏之下即上提者當帶然凡常提物尚得當帶今爲士提物更在帶下者士臣爲士卑遠於君故厭降在下故禮云大夫之臣不稽首以辟君其義同也　凡執主器執輕如不克　鄉明持奉高下之節此辨持奉之容儀也主亦君也禮大夫稱主今此言主上通天子諸侯下含大夫爲君者故幷曰主士則不然克勝也尊者之器不論輕重其臣執之唯宜重愼器雖輕小而執之恒如實重如不勝之容也故論語云孔子執圭鞠躬如也如不勝聘禮曰上介執玉如重是也　執主至曳踵　又

禮記義五　十九

明提奉用手足之儀也圭璧瑞玉也尚上也謂執持君器及幣玉也若擎奉此物則右手在下左手在上左尊故云尚左手　行不舉足車輪曳踵者曳拽也踵脚後也若執器行時則不得舉足但起前拽後使踵如車輪曳地而行故云車輪曳踵　立則磬折垂佩　鄉明奉持及手足之儀此明授受時禮也立倚也佩謂玉佩也帶佩於兩邊臣則身宜僂折如磬之背故云磬折也身旣僂折則所著之佩從兩邊出縣垂於前也　主佩倚者主謂君也倚猶附也君宜直立則佩直附倚身而縣垂不出前　則臣佩垂者君若直立佩倚於身則臣宜曲折曲折則佩不得倚身故縣垂於前也　主佩垂則臣佩委者主君也言君若重愼折身而佩垂則臣彌曲故佩磬委於地然臣不發初太曲必待君僂而後方曲者亦授立不跪之義也　執玉其有藉者則裼無藉者則襲　凡執玉之時必有其藻以承於玉若盡飾見美之時必垂藻於兩端令垂向於下謂之有藉當時所執之人則去體上外服以見在內裼衣故云有

潘本第五卷第十九葉

足利本第五卷第二十葉

藉者則裼也其事質充美之時承玉之藻不使下垂屈而
在手謂之無藉當時所執之人則掩其上服襲蓋裼衣謂
之無藉者則襲此謂執玉之人朝聘行禮或有裼時或有
襲時 注圭璋至是也 正義曰鄭云此者以經云裼襲
據人之裼襲欲明玉亦有裼襲云圭璋特而襲者上公享
王圭以馬享后璋以皮皮馬既不上於堂其上唯特有圭
璋圭璋既是寶物不可露見必以物覆襲之故云圭璋特
而襲也云璧琮加束帛而裼者謂侯伯子男享天子璧以
帛享后琮以錦既有帛錦承玉上唯用輕細之物蒙覆以
裼之故云璧琮加束帛而裼也云亦是者非但人有裼襲
其玉亦有裼襲之義此皇氏之說熊氏以為上明賔介二
人為裼襲圭璋特以下又明賔主各自為裼襲謂朝時用
圭璋特賔主俱襲行享時用璧琮加束帛賔主俱裼亦是
也凡執玉天子執冒四寸以朝諸侯注云德能覆蓋天下
四寸者方以尊接卑以小為貴又孔安國注顧命云方四
寸邪刻之用之以冒諸侯之圭以為瑞信子男執璧蓋亦

刻驗覆之但無以言焉又執鎮圭以朝日及祭天地宗廟
知者典瑞云王執鎮圭以朝日又鄭志云祭天地宗廟亦
執之是朝日既執鎮圭則夕月亦當然也大宗伯云王執
鎮圭注以四鎮之山為瑑飾圭長尺有二寸故玉人云鎮
圭尺有二寸天子守之是也其五等諸侯大宗伯又云公
執桓圭注云雙植謂之桓桓宮室之象所以安其上也圭
長九寸故玉人云命圭九寸公守之是也宗伯又云侯執
信圭伯執躬圭注云蓋皆象以人形為瑑飾文有麤縟耳
欲其慎行以保身圭皆長七寸故玉人云命圭七寸謂之
信圭侯守之命圭七寸謂之躬圭伯守之江南儒者解云
直者為信其文縟細曲者為躬其文麤略義或然也宗伯
又云子執穀璧男執蒲璧注云穀所以養人蒲為席所以
安人不執圭者未成國也蓋瑑為穀稼及蒲葦之文蓋皆
徑五寸故大行人云子執穀璧男執蒲璧五寸是也凡圭
廣三寸厚半寸剡上左右各寸半知者是聘禮記文其璧
則內有孔外有玉其孔謂之好故爾雅釋器云肉倍好謂

潘本第五卷第二十葉

藉者則裼也其事質充美之時承玉之藻不使下垂屈而
在手謂之無藉當時所執之人則掩其上服襲蓋裼衣謂
之無藉者則襲此謂執玉之人朝聘行禮或有裼時或有
襲時 注圭璋至是也 正義曰鄭云此者以經云裼襲
據人之裼襲欲明玉亦有裼襲云圭璋特而襲者上公享
王圭以馬享后璋以皮皮馬既不上於堂其上唯特有圭
璋圭璋既是寶物不可露見必以物覆襲之故云圭璋特
而襲也云璧琮加束帛而裼者謂侯伯子男享天子璧以
帛享后琮以錦既有帛錦承玉上唯用輕細之物蒙覆以
裼之故云璧琮加束帛而裼也云亦是者非但人有裼襲
其玉亦有裼襲之義此皇氏之說熊氏以為上明賔介二
人為裼襲圭璋特以下又明賔主各自為裼襲謂朝時用
圭璋特賔主俱襲行享時用璧琮加束帛賔主俱裼亦是
也凡執玉天子執冒四寸以朝諸侯注云德能覆蓋天下
四寸者方以尊接卑以小為貴又孔安國注顧命云方四
寸邪刻之用之以冒諸侯之圭以為瑞信子男執璧蓋亦

刻驗覆之但無以言焉又執鎮圭以朝日及祭天地宗廟
知者典瑞云王執鎮圭以朝日又鄭志云祭天地宗廟亦
執之是朝日既執鎮圭則夕月亦當然也大宗伯云王執
鎮圭注以四鎮之山為瑑飾圭長尺有二寸故玉人云鎮
圭尺有二寸天子守之是也其五等諸侯大宗伯又云公
執桓圭注云雙植謂之桓桓宮室之象所以安其上也圭
長九寸故玉人云命圭九寸公守之是也宗伯又云侯執
信圭伯執躬圭注云蓋皆象以人形為瑑飾文有麤縟耳
欲其慎行以保身圭皆長七寸故玉人云命圭七寸謂之
信圭侯守之命圭七寸謂之躬圭伯守之江南儒者解云
直者為信其文縟細曲者為躬其文麤略義或然也宗伯
又云子執穀璧男執蒲璧注云穀所以養人蒲為席所以
安人不執圭者未成國也蓋瑑為穀稼及蒲葦之文蓋皆
徑五寸故大行人云子執穀璧男執蒲璧五寸長也凡圭
廣三寸厚半寸剡上左右各寸半知者是聘禮記文其璧
則內有孔外有玉其孔謂之[redacted]故爾雅釋器云肉倍好謂

足利本第五卷第二十一葉

之璧好倍肉謂之瑗肉好若一謂之環此謂諸侯所執圭
璧皆朝於王及相朝所用也故典瑞前既陳玉則云朝覲
宗遇會同於王諸侯相見亦如之是也其公侯伯朝后皆
用璋知者以聘禮聘君用圭聘夫人以璋則知於天子及
后亦然也其子男既朝王用璧朝后宜用琮以璧琮相對
故也鄭注小行人云其上公及二王之後享天子圭以馬
享后璋以皮其侯伯子男享天子璧以帛享后琮以錦其
玉大小各如其命數知者玉人云璧琮九寸諸侯以享天
子是也其諸侯相朝所執之玉與朝天子同其享玉皆以
璧享君以琮享夫人知者聘禮璧以享君琮以享夫人明
相朝禮亦當然子男相享則降用琥以繡璜以黼故鄭注
小行人云其於諸侯亦用璧琮耳子男於諸侯則享用琥
璜下其瑞是也其諸侯之臣聘天子及聘諸侯其聘玉及
享玉降其君瑞一等故玉人云瑑圭璋八寸璧琮八寸以
覜聘是也其藉玉之藻鄭注覲禮云繅所以藉玉以韋衣
木廣袤各如其玉之大小天子則以五采畫之諸侯則三

禮記義五　二十一

采子男二采其卿大夫亦二采故典瑞云王五采五就公
侯伯三采三就子男二采二就又云瑑圭璋璧琮繅皆二
采一就是也熊氏云五采五就者采別二行爲一就故五
就也三采三就者亦采別二行爲一就故三就也二采二
就者亦采別二行爲一就故再就也二采一就者以卿大
夫卑二采采則別唯一行共爲一就知然者雜記及聘禮
記三采六等則知天子諸侯采別爲二等也此是周法其
殷以上則禮説含文嘉云天子三公諸侯皆以三帛以薦
玉宋均注云其殷禮三帛謂朱白倉象三正其五帝之禮
薦玉用一色之帛故鄭注虞書三帛高陽氏之後用赤繒
高辛氏之後用黑繒其餘用白繒其餘謂堯舜之諸侯既
以采色畫韋衣於板上前後垂之又有五采組繩以爲繫
其組上以玄爲天下以黄爲地長尺無事則以繫玉有事
則垂爲飾故聘禮記云皆玄纁繫長尺絇組注云采成文
曰絇繫無事則以繫玉因以爲飾皆用五采組上以玄下
以絳爲地是也其裼襲之義者藻藉有二種一者以韋衣

潘本第五卷第二十一葉

之璧好倍肉謂之瑗肉好若一謂之環此謂諸侯所執圭
璧皆朝於王及相朝所用也故典瑞前既陳玉則云朝覲
宗遇會同於王諸侯相見亦如之是也其公侯伯朝后皆
用璋知者以聘禮聘君用圭聘夫人以璋則知於天子及
后亦然也其子男既朝王用璧朝后宜用琮以璧琮相對
故也鄭注小行人云其上公及二王之後享天子圭以馬
享后璋以皮其侯伯子男享天子璧以帛享后琮以錦其
玉大小各如其命數知者玉人云璧琮九寸諸侯以享天
子是也其諸侯相朝所執之玉與朝天子同其享玉皆以
璧享君以琮享夫人知者聘禮璧以享君琮以享夫人明
相朝禮亦當然子男相享則降用琥以繡璜以黼故鄭注
小行人云其於諸侯亦用璧琮耳子男於諸侯則享用琥
璜下其瑞是也其諸侯之臣聘天子及聘諸侯其聘玉及
享玉降其君瑞一等故玉人云瑑圭璋八寸璧琮八寸以
覜聘是也其藉玉之藻鄭注覲禮云繅所以藉玉以韋衣
木廣袤各如其玉之大小天子則以五采畫之諸侯則三

禮記義五　二十一

采子男二采其卿大夫亦二采故典瑞云王五采五就公
侯伯三采三就子男二采二就又云瑑圭璋璧琮繅皆二
采一就是也熊氏云五采五就者采別二行爲一就故五
就也三采三就者亦采別二行爲一就故三就也二采二
就者亦采別二行爲一就故再就也二采一就者以卿大
夫卑二采采則別唯一行共爲一就知然者雜記及聘禮
記三采六等則知天子諸侯采別爲二等也此是周法其
殷以上則禮説含文嘉云天子三公諸侯皆以三帛以薦
玉宋均注云其殷禮三帛謂朱白倉象三正其五帝之禮
薦玉用一色之帛故鄭注虞書三帛高陽氏之後用赤繒
高辛氏之後用黑繒其餘用白繒其餘謂堯舜之諸侯既
以采色畫韋衣於板上前後垂之又有五采組繩以爲繫
其組上以玄爲天下以黄爲地長尺無事則以繫玉有事
則垂爲飾故聘禮記云皆玄纁繫長尺絇組注云采成文
曰絇繫無事則以繫玉因以爲飾皆用五采組上以玄下
以絳爲地是也其裼襲之義者藻藉有二種一者以韋衣

足利本第五卷第二十二葉

木畫之也二者絢組垂之若板之藻藉則常有今言無有
據垂之也其垂藻之時則須裼屈藻之時則須襲案聘禮
賔至主人廟門之外賈人東面坐啓櫝取圭垂繅不起而
授上介注云不言裼襲者賤不裼也以賈賤故不言裼明
貴者垂藻當裼也又云上介不襲執圭屈繅授賔注上介
不襲者以盛禮不在於己明屈藻合襲也又云賔襲執圭
又云公襲受玉於時圭皆屈藻故賔與公執玉皆襲是屈
藻之時皆襲則所謂無藉者襲是也聘禮又云賔出公授
宰玉裼降立是授玉之後乃裼也又云賔裼奉束帛加璧享
是有藉者裼凡朝之與聘賔與主君行禮皆屈而襲至于
行享之時皆裼也知者以聘禮行聘則襲受享則裼凡享
時其玉皆無藉藻故崔靈恩云初享圭璋特故有藻其餘
則束帛加璧既有束帛不須藻凡諸侯朝天子皆行三享
之禮故大行人云公侯伯子男並云廟中將幣三享覲禮
云四享者鄭注云四當爲三初享或用虎豹之皮其次享
三牲魚腊籩金丹漆唯國所有分爲三享皆以璧帛致之

禮記義五　二十二

若其臣出聘唯行一享故聘禮致夫人聘享唯一享也裼
所以異於襲者凡衣近體有袍襗之屬其外有裘夏月則
衣葛其上有裼衣裼衣上有襲衣襲衣之上有常著之服
則皮弁之屬也掩而不開則謂之爲襲若開此皮弁及中
衣左袒出其裼衣謂之爲裼故鄭注聘禮云裼者左袒也
一玉之上若垂藻之時其人則裼屈藻之時其人則襲則
裼襲不相因表記云裼襲不相因者彼謂各執
其物執龜玉者則襲受享者則裼與此同也

國君不名卿老世婦大夫不名世臣姪娣士不名家相長妾雖貴於其國家猶有所尊也卿老上卿也世臣父時老臣**君大夫之子不敢自稱曰余小子**辟天子之子未除喪之名君大夫天子大夫有土地者**大夫士之子不敢自稱曰嗣子某**亦辟

潘本第五卷第二十二葉

木畫之也二者絢組垂之若板之藻藉則常有今言無有
據垂之也其垂藻之時則須裼屈藻之時則須襲案聘禮
賔至主人廟門之外賈人東面坐啓櫝取圭垂繅不起而
授上介注云不言裼襲者賤不裼也以賈賤故不言裼明
貴者垂藻當裼也又云上介不襲執圭屈繅授賔注上介
不襲者以盛禮不在於己明屈藻合襲也又云賔襲執圭
又云公襲受玉於時圭皆屈藻故賔與公執玉皆襲是屈
藻之時皆襲則所謂無藉者襲是也聘禮又云賔出公授
宰玉裼降立是授玉之後乃裼也又云賔裼奉束帛加璧享
是有藉者裼凡朝之與聘賔與主君行禮皆屈而襲至于
行享之時皆裼也知者以聘禮行聘則襲受享則裼凡享
時其玉皆無藉藻故崔靈恩云初享圭璋特故有藻其餘
則束帛加璧既有束帛不須藻凡諸侯朝天子皆行三享
之禮故大行人云公侯伯子男並云廟中將幣三享覲禮
云四享者鄭注云四當爲三初享或用虎豹之皮其次享
三牲魚腊籩金丹漆唯國所有分爲三享皆以璧帛致之

禮記義五　二十二

若其臣出聘唯行一享故聘禮致夫人聘享唯一享也裼
所以異於襲者凡衣近體有袍襗之屬其外有裘夏月則
衣葛其上有裼衣裼衣上有襲衣襲衣之上有常著之服
則皮弁之屬也掩而不開則謂之爲襲若開此皮弁及中
衣左袒出其裼衣謂之爲裼故鄭注聘禮云裼者左袒也
一玉之上若垂藻之時其人則裼屈藻之時其人則襲則
裼襲不相因表記云裼襲不相因者彼謂各執
其物執龜玉者則襲受享者則裼與此同也

國君不名卿老世婦大夫不名世臣姪娣士不名家相長妾雖貴於其國家猶有所尊也卿老上卿也世臣父時老臣君大夫之子不敢自稱曰余小子辟天子之子未除喪之名君大夫天子大夫有土地者大夫士之子不敢自稱曰嗣子某亦辟

其君之子未除喪之名**不敢與世子同名**辟僭傚也其先之生則亦不改世或爲大

〔疏〕正義曰此一節總明稱謂之事各依文解之國君不名卿老者人君雖有國家之貴猶宜有所敬不得呼其名者也卿老謂上卿上卿貴故曰卿老世婦者謂兩媵也次於夫人而貴於諸妾也言諸侯雖貴不得呼其名也　大夫不名世臣姪娣者世臣父在時老臣也姪是妻之兄女娣是妻之妹從妻來爲妾也大夫不得呼世臣及貴妾名也然王制云大夫不世爵此有世臣者子賢謂襲父爵者也　士不名家相長妾者家相謂助知家事者也長妾妾之有子者也士不得呼此二等人名也不名長妾者熊氏云士有一妻二妾言長妾者當爲娣也故鄭注昏禮云娣尊姪卑義或然也　君大至同名　此以下明孝子在喪擯者接對賓客之辭也君大夫謂天子大夫有地者大夫有地者則亦稱曰君故云君大夫也天子未除喪自稱曰余小子今大夫有地雖同曰君而其子在

禮記義五　二十三

喪不敢同天子稱余小子也　大夫士之子不敢自稱曰嗣子某者此諸侯之大夫士之子也諸侯在喪稱嗣子某臣之子避之也　不敢與世子同名者世子謂諸侯之適子也諸侯之臣爲其子作名不得與君適子名同也白虎通云父在稱世子何繫於君也　〔注〕辟僭至爲大　正義曰若名子與君世子同則嫌其名自比擬於君故云避僭傚也世子貴不得同則與庶子同不嫌又若其子生在君之世子前已爲名而君來同之此是君來同已不須易也故穀梁昭七年傳云何爲君臣同名君子不奪人親之所名重其所由來也是臣先名君後名同之臣不改也又案雜記云與君之諱同則稱字若先生與世子同名亦當然也諸侯之子不可同天子之子故宜不也異義公羊說臣子先死君父猶名之孔子云鯉也死是已死而稱名左氏說既沒稱字而不名桓二年宋督弒其君與夷及其大夫孔父先君死故稱其字穀梁同左氏說許慎謹案同左氏穀梁說以爲論語稱鯉也死時實未死假言死耳鄭康成

足利本第五卷第二十三葉

其君之子未除喪之名**不敢與世子同名**辟僭傚也其先之生則亦不改世或爲大

〔疏〕正義曰此一節總明稱謂之事各依文解之國君不名卿老者人君雖有國家之貴猶宜有所敬不得呼其名者也卿老謂上卿上卿貴故曰卿老世婦者謂兩媵也次於夫人而貴於諸妾也言諸侯雖貴不得呼其名也　大夫不名世臣姪娣者世臣父在時老臣也姪是妻之兄女娣是妻之妹從妻來爲妾也大夫不得呼世臣及貴妾名也然王制云大夫不世爵此有世臣者子賢謂襲父爵者也　士不名家相長妾者家相謂助知家事者也長妾妾之有子者也士不得呼此二等人名也不名長妾者熊氏云士有一妻二妾言長妾者當爲娣也故鄭注□禮云娣尊姪卑義或然也　君大至同名　此以下明孝□在喪擯者接對賓客之辭也君大夫謂天子大夫有地者大夫有地者則亦稱曰君故云君大夫也天子未除喪自稱曰余小子今大夫有地雖同曰君而其子在

禮記義五　二十三

喪不敢同天子稱余小子也　大夫士之子不敢自稱曰嗣子某者此諸侯之大夫士之子也諸侯在喪稱嗣子其臣之子避之也　不敢與世子同名者世子謂諸侯之適子也諸侯之臣爲其子作名不得與君適子名同也白虎通云父在稱世子何繫於君也　〔注〕辟僭至爲大　正義曰若名子與君世子同則嫌其名自比擬於君故云避僭傚也世子貴不得同則與庶子同不嫌又若其子生在君之世子前已爲名而君來同之此是君來同已不須易也故穀梁昭七年傳云何爲君臣同名君子不奪人親之所名重其所由來也是臣先名君後名同之臣不改也又案雜記云與君之諱同則稱字若先生與世子同名亦當然也諸侯之子不可同天子之子故宜不也異義公羊說臣子先死君父猶名之孔子云鯉也死是已死而稱名左氏說既沒稱字而不名桓二年宋督弒其君與夷及其大夫孔父先君死故稱其字穀梁同左氏說許慎謹案同左氏穀梁說以爲論語稱鯉也死時實未死假言死耳鄭康成

潘本第五卷第二十三葉

足利本第五卷第二十四葉

亦同左氏穀梁之義以論語云鯉也死有棺而無椁是實死未葬已前也故鄭駁許慎云設言死凡人於恩猶不然况賢聖乎然鯉也死未滿五十鯉死稱伯魚者案冠禮二十已稱伯某甫未必要五十也但五十直稱伯耳焦氏問案春秋君在稱世子君薨稱子某旣葬稱子無言嗣子某者也又大夫之子當何稱張逸答曰此避子某耳大夫之子稱未聞案稱嗣子某或殺禮也

君使士射不能則辭以疾言曰某有負薪之憂射者所以觀德唯有疾可以辭也使士射謂以備耦也憂或爲疾 [疏] 正義曰射法每兩人相對以决勝負名之曰耦耦貴賤必對故卿與卿耦大夫與大夫耦或奇餘不足則使士備耦案大射君與賓耦卿大夫自相耦又有士御於大夫又司射誓耦卑者與尊者爲耦不異侯是言士得備預爲耦故此有使士射之禮也不能則辭以疾者士若不能不得云不能但當自稱有疾也

禮記義五　二十四　張

所以然者夫射以表德士旣升朝必宜有德若不能則是素餐之辱兼辱君不知人誤用已也 言曰某有負薪之憂者此稱疾之辭也某士名也負擔也薪樵也大樵曰薪詩云析薪如之何匪斧不克是大故用斧也憂勞也言已有擔樵之餘勞不堪射也不直云疾而云負薪者若直云疾則似敖慢故陳疾之所由明非假也然士祿代耕且後問庶人子云能負薪而今云士負薪者亦謙辭也兼言昔未爲士時經擔樵今猶發動昔日之勞也白虎通云天子病曰不豫言不復豫政也諸侯曰負子子民也言憂民不復子之也桓十六年衛侯朔出奔齊公羊云有疾曰負茲諸侯之疾所以名不同者蓋子茲聲相近其字相亂未知孰是音義隱云天子曰不豫諸侯曰不茲大夫曰犬馬士曰負薪 [注] 使士至爲疾 正義曰知非士自射而云備耦者熊氏云若其自射不須云使又不應辭以其言使言辭故云備耦

侍於君子不顧望而對非禮也禮尚

潘本第五卷第二十四葉

亦同左氏穀梁之義以論語云鯉也死有棺而無椁是實死未葬已前也故鄭駁許慎云設言死凡人於恩猶不然况賢聖乎然鯉也死未滿五十鯉死稱伯魚者案冠禮二十已稱伯某甫未必要五十也但五十直稱伯耳焦氏問案春秋君在稱世子君薨稱子某旣葬稱子無言嗣子某者也又大夫之子當何稱張逸答曰此避子某耳大夫之子稱未聞案稱嗣子某或殺禮也

君使士射不能則辭以疾言曰某有負薪之憂射者所以觀德唯有疾可以辭也使士射謂以備耦也憂或爲疾 [疏] 正義曰射法每兩人相對以决勝負名之曰耦耦貴賤必對故卿與卿耦大夫與大夫耦或奇餘不足則使士備耦案大射君與賓耦卿大夫自相耦又有士御於大夫又司射誓耦卑者與尊者爲耦不異侯是言士得備預爲耦故此有使士射之禮也不能則辭以疾者士若不能不得云不能但當自稱有疾也

禮記義五　二十四　張

所以然者夫射以表德士旣升朝必宜有德若不能則是素餐之辱兼辱君不知人誤用已也 言曰某有負薪之憂者此稱疾之辭也某士名也負擔也薪樵也大樵曰薪詩云析薪如之何匪斧不克是大故用斧也憂勞也言已有擔樵之餘勞不堪射也不直云疾而云負薪者若直云疾則似敖慢故陳疾之所由明非假也然士祿代耕且後問庶人子云能負薪而今云士負薪者亦謙辭也兼言昔未爲士時經擔樵今猶發動昔日之勞也白虎通云天子病曰不豫言不復豫政也諸侯曰負子子民也言憂民不復子之也桓十六年衛侯朔出奔齊公羊云有疾曰負茲諸侯之疾所以名不同者蓋子茲聲相近其字相亂未知孰是音義隱云天子曰不豫諸侯曰不茲大夫曰犬馬士曰負薪 [注] 使士至爲疾 正義曰知非士自射而云備耦者熊氏云若其自射不須云使又不應辭以其言使言辭故云備耦

侍於君子不顧望而對非禮也禮尚

謙也不顧望若子路帥爾而對 疏 正義曰謂多人侍而君子有問若指問一人則一人直對若問多人則侍者當先顧望坐中或有勝己者宜前而已不得率爾先對先對非禮也 注 禮尚至而對 正義曰此證問多人而不顧望對者論語云子路曾晳冉有公西華侍於孔子孔子問四人各言其志而子路率爾先對云願治千乘之國而孔子哂之云爲國以禮其言不讓是故哂之

君子行禮不求變俗 求猶務也不務變其故俗重本也謂去先祖之國居他國 祭祀之禮居喪之服哭泣之位皆如其國之故謹脩其法而審行之 其法謂其先祖之制度若夏殷 去國三世爵祿有列於朝出入有詔於國 三世自祖至孫踰久可以忘故俗而猶不變者

禮記義五 二十五

爵祿有列於朝謂君不絕其祖祀復立其族若臧紇奔邾立臧爲矣詔告也謂與卿大夫吉凶往來相赴告 若兄弟宗族猶存則反告於宗後 謂無列無詔者反告亦謂吉凶也宗後宗子也 去國三世爵祿無列於朝出入無詔於國唯興之日從新國之法 以故國與己無恩興謂起爲卿大夫 疏 正義曰此一節論臣去本國行禮之事各隨文解之 君子行禮者謂去先祖之國居他國者也求猶務也俗者本國禮法所行也明雖居他國猶宜重本行故國法不務變之從新也如杞宋之臣入於齊魯齊魯之臣入於杞宋各宜行己本國禮法也此云不變俗謂大夫出在他國不變己本國之俗案鄭答趙商以爲衞武公居殷墟故用殷禮即引此云君子行禮不求變俗如鄭之意不變所往之國舊時風俗與此不同者熊

謙也不顧望若子路帥爾而對 疏 正義曰謂多人侍而君子有問若指問一人則一人直對若問多人則侍者當先顧望坐中或有勝己者宜前而已不得率爾先對先對非禮也 注 禮尚至而對 正義曰此證問多人而不顧望對者論語云子路曾晳冉有公西華侍於孔子孔子問四人各言其志而子路率爾先對云願治千乘之國而孔子哂之云爲國以禮其言不讓是故哂之

君子行禮不求變俗 求猶務也不務變其故俗重本也謂去先祖之國居他國 祭祀之禮居喪之服哭泣之位皆如其國之故謹脩其法而審行之 其法謂其先祖之制度若夏殷 去國三世爵祿有列於朝出入有詔於國 三世自祖至孫踰久可以忘故俗而猶不變者

禮記義五 二十五

爵祿有列於朝謂君不絕其祖祀復立其族若臧紇奔邾立臧爲矣詔告也謂與卿大夫吉凶往來相赴告 若兄弟宗族猶存則反告於宗後 謂無列無詔者反告亦謂吉凶也宗後宗子也 去國三世爵祿無列於朝出入無詔於國唯興之日從新國之法 以故國與己無恩興謂起爲卿大夫 疏 正義曰此一節論臣去本國行禮之事各隨文解之 君子行禮者謂去先祖之國居他國者也求猶務也俗者本國禮法所行也明雖居他國猶宜重本行故國法不務變之從新也如杞宋之臣入於齊魯齊魯之臣入於杞宋各宜行己本國禮法也此云不變俗謂大夫出在他國不變己本國之俗案鄭答趙商以爲衞武公居殷墟故用殷禮即引此云君子行禮不求變俗如鄭之意不變所往之國舊時風俗與此不同者熊

足利本第五卷第二十六葉

氏云若人臣出居他國亦不忘本故云不變本國風俗人
君務在化民因其舊俗往之新國不須改也然則不求變
俗其文雖一但人君人臣兩義不同熊氏云必知人君不
易舊俗者王制云修其教不易其俗又左傳定四年封魯
公因商奄之人封康叔於殷墟啓以商政封唐叔於夏虛
啓以夏政皆因其舊俗也案有列於朝有詔於國三代之
内喪服爲舊君齊衰三月傳曰三諫不從待放未絶者爵
禄尚有列於朝出入尚有詔於國如喪服所云大夫待放
之時名爲有列有詔不至三世者熊氏云彼據爲舊君著
服故以未去之時名爲有列有詔此據去國之後但有列
有詔仍行舊國之禮斷章取諸故彼此不同　祭祀之禮
者此陳不變之事若祭祀之禮不變即夏立尸殷坐尸周
旅酬六尸及先求陰陽犧牲騂黑之屬也居喪之服者殷
雖尊貴猶服傍親周則以尊降服　哭泣之位者殷不重
適以班高處上周世貴正嗣孫居其首　皆如其國之故
者謂故俗也凡上諸事悉不改革行之如本國俗也然上

禮記義五　二十六

旣舉三條餘冠昏之屬從可知也　謹脩其法而審行之
者弁結前事各令分明謹脩本國之法審慎以行之其法
謂其先祖之制度若夏殷子孫在周者悉行其先世之禮
是不變俗也　去國至宗後　正義曰此以下明在他國
而得變俗者也將明得變故上先明未得者也　去國三
世謂三諫不從及他事礙被黜出入新國已經三世者則
鄭注云三世自祖至孫也　爵禄有列於朝者謂本國君
不絶其祖祀復立族爲後在朝者也　出入有詔於國者
出入猶吉凶之事更相往來也詔告也去已三世而本國
之君猶爲立後不絶則若有吉凶之事當與本國卿大夫
往來出入共相赴告故云出入有詔於國　注若臧紇奔
邾立臧爲矣　正義曰引之者證有列法也臧紇武仲也
時爲季氏家廢長立少故與孟氏相惡遂出奔邾魯人以
臧紇有功復立其異毋兄臧爲以守先祀是有列也故魯
襄二十三年左傳云臧紇奔邾使告臧賈且致大蔡焉曰
紇不佞失守宗祧敢告不弔紇之罪不及不祀子以大蔡

潘本第五卷第二十六葉

氏云若人臣出居他國亦不忘本故云不變本國風俗人
君務在化民因其舊俗往之新國不須改也然則不求變
俗其文雖一但人君人臣兩義不同熊氏云必知人君不
易舊俗者王制云修其教不易其俗又左傳定四年封魯
公因商奄之人封康叔於殷墟啓以商政封唐叔於夏虛
啓以夏政皆因其舊俗也案有列於朝有詔於國三代之
内喪服爲舊君齊衰三月傳曰三諫不從待放未絶者爵
禄尚有列於朝出入尚有詔於國如喪服所云大夫待放
之時名爲有列有詔不至三世者熊氏云彼據爲舊君著
服故以未去之時名爲有列有詔此據去國之後但有列
有詔仍行舊國之禮斷章取諸故彼此不同　祭祀之禮
者此陳不變之事若祭祀之禮不變即夏立尸殷坐尸周
旅酬六尸及先求陰陽犧牲騂黑之屬也居喪之服者殷
雖尊貴猶服傍親周則以尊降服　哭泣之位者殷不重
適以班高處上周世貴正嗣孫居其首　皆如其國之故
者謂故俗也凡上諸事悉不改革行之如本國俗也然上

禮記義五　二十六

旣舉三條餘冠昏之屬從可知也　謹脩其法而審行之
者弁結前事各令分明謹脩本國之法審慎以行之其法
謂其先祖之制度若夏殷子孫在周者悉行其先世之禮
是不變俗也　去國至宗後　正義曰此以下明在他國
而得變俗者也將明得變故上先明未得者也　去國三
世謂三諫不從及他事礙被黜出入新國已經三世者則
鄭注云三世自祖至孫也　爵禄有列於朝者謂本國君
不絶其祖祀復立族爲後在朝者也　出入有詔於國者
出入猶吉凶之事更相往來也詔告也去已三世而本國
之君猶爲立後不絶則若有吉凶之事當與本國卿大夫
往來出入共相赴告故云出入有詔於國　注若臧紇奔
邾立臧爲矣　正義曰引之者證有列法也臧紇武仲也
時爲季氏家廢長立少故與孟氏相惡遂出奔邾魯人以
臧紇有功復立其異毋兄臧爲以守先祀是有列也故魯
襄二十三年左傳云臧紇奔邾使告臧賈且致大蔡焉曰
紇不佞失守宗祧敢告不弔紇之罪不及不祀子以大蔡

納請其可賈曰是家之禍非子之過賈聞命矣再拜受龜使爲以納請遂自爲也乃立臧爲紇致防而奔齊是其事也　若兄弟至宗後　此是出已三世而爵禄無列於朝吉凶不相詔告而不仕新國者宗族兄弟謂本國之親宗後大宗之後也已本國不列不告若宗族猶存兄弟尚在已有吉凶當反還告宗適不忘本故也前告國者亦告兄弟耳然既未仕新國猶用本國禮也音義隱云雖無列於朝有吉凶猶反告於宗後其都無親在故國不復來往也　去國至之法　此猶是無列無詔而反告宗後者今得仕新國者也但仕新國有異故重言三世也　唯興之日從新國之法者唯興謂已始仕也雖有宗族相告已仕新國而本國無列無詔故所行禮俗悉改從新也然推此而言若本國猶有列詔者雖仕新國猶行故俗何以知然既云無列而從新明有列理不從也又若無詔而不仕新者不得從新何以知然既云唯興明不興則不從無列無詔唯興之日三世即從新國之制孔子去宋既久父爲大夫尚

禮記義五　二十七　李仕

冠章甫之冠送葬皆從殷制者熊氏云案句命決云丘爲制法之主黒緑不代蒼黄聖人特爲制法不與常禮同也

注興謂起爲卿大夫　正義曰鄭意云起爲卿大夫者則若爲士猶卑不得變本也

禮記正義卷第五

納請其可賈曰是家之禍非子之過賈聞命矣再拜受龜使爲以納請遂自爲也乃立臧爲紇致防而奔齊是其事也　若兄弟至宗後　此是出已三世而爵禄無列於朝吉凶不相詔告而不仕新國者宗族兄弟謂本國之親宗後大宗之後也已本國不列不告若宗族猶存兄弟尚在已有吉凶當反還告宗適不忘本故也前告國者亦告兄弟耳然既未仕新國猶用本國禮也音義隱云雖無列於朝有吉凶猶反告於宗後其都無親在故國不復來往也　去國至之法　此猶是無列無詔而反告宗後者今得仕新國者也但仕新國有異故重言三世也　唯興之日從新國之法者唯興謂已始仕也雖有宗族相告已仕新國而本國無列無詔故所行禮俗悉改從新也然推此而言若本國猶有列詔者雖仕新國猶行故俗何以知然既云無列而從新明有列理不從也又若無詔而不仕新者不得從新何以知然既云唯興明不興則不從無列無詔唯興之日三世即從新國之制孔子去宋既久父爲大夫尚

禮記義五　二十七　李仕

冠章甫之冠送葬皆從殷制者熊氏云案句命決云丘爲制法之主黒緑不代蒼黄聖人特爲制法不與常禮同也

注興謂起爲卿大夫　正義曰鄭意云起爲卿大夫者則若爲士猶卑不得變本也

禮記正義卷第五

禮記正義卷第六

國子祭酒上護軍曲阜縣開國子臣孔穎達等奉

勑撰

君子已孤不更名亦重本已孤暴貴不爲父作謚子事父無貴賤

疏正義曰此一節論父没不可輒改爲名謚之事 已孤不更名者不復改易更作新名所以然者名是父之所作父今已死若其更名以遺棄其父故鄭注云亦重本也言亦者亦上行本國之俗上是重本故云亦也 已孤暴貴不爲父作謚者此孤不辨老少惟無父則是也暴貴本爲士庶今起爲諸侯非一等之位故云暴貴也謚者列平生德行而爲作美號若父昔賤本無謚而已今暴貴升爲諸侯乃得制謚而不

得爲父作謚所以爾者父賤無謚子今雖貴而忽爲造之如似鄙薄父賤不宜爲貴人之父也或舉武王爲難鄭荅趙商曰周道之基隆於二王功德由之王迹興焉凡爲人父豈能賢乎若夏禹殷湯則不然矣 注子事父無貴賤 正義曰子不得言已昔賤今貴父賤不宜爲貴人之父也

居喪未葬讀喪禮既葬讀祭禮喪復常讀樂章爲禮各於其時居喪不言樂祭事不言凶公庭不言婦女非其時也

疏正義曰此一節明行禮各有時之事各隨文解之 居喪者居父母之喪也喪禮謂朝夕奠下室朔望奠殯宫及葬等禮也此禮皆未葬以前 既葬讀祭禮者祭禮虞卒哭祔小祥大祥之禮也 喪復常讀樂章者復常謂大祥除服之後也樂章謂樂書之篇章謂詩也禫而後吉祭故知禫後宜讀之此上三節事須預習故

足利本第六卷第一葉

潘本第六卷第一葉

禮記正義卷第六

國子祭酒上護軍曲阜縣開國子臣孔穎達等奉

勑撰

君子已孤不更名亦重本已孤暴貴不爲父作謚子事父無貴賤

疏正義曰此一節論父没不可輒改爲名謚之事 已孤不更名者不復改易更作新名所以然者名是父之所作父今已死若其更名以遺棄其父故鄭注云亦重本也言亦者亦上行本國之俗上是重本故云亦也 已孤暴貴不爲父作謚者此孤不辨老少惟無父則是也暴貴本爲士庶今起爲諸侯非一等之位故云暴貴也謚者列平生德行而爲作美號若父昔賤本無謚而已今暴貴升爲諸侯乃得制謚而不

禮記義六 陸譜

得爲父作謚所以爾者父賤無謚子今雖貴而忽爲造之如似鄙薄父賤不宜爲貴人之父也或舉武王爲難鄭荅趙商曰周道之基隆於二王功德由之王迹興焉凡爲人父豈能賢乎若夏禹殷湯則不然矣 注子事父無貴賤 正義曰子不得言已昔賤今貴父賤不宜爲貴人之父也

居喪未葬讀喪禮既葬讀祭禮喪復常讀樂章爲禮各於其時居喪不言樂祭事不言凶公庭不言婦女非其時也

疏正義曰此一節明行禮各有時之事各隨文解之 居喪者居父母之喪也喪禮謂朝夕奠下室朔望奠殯宫及葬等禮也此禮皆未葬以前 既葬讀祭禮者祭禮虞卒哭祔小祥大祥之禮也 喪復常讀樂章者復常謂大祥除服之後也樂章謂樂書之篇章謂詩也禫而後吉祭故知禫後宜讀之此上三節事須預習故

皆許讀之振書端書於君前有誅倒筴側龜於君前有誅臣不豫事不敬也振去塵也端正也倒顛倒也側反側也皆謂甫省視之龜筴几杖席蓋重素袗絺綌不入公門龜筴嫌問國家吉凶几杖嫌自長老席蓋載喪車也雜記曰士輤葦席以爲屋蒲席以爲裳帷重素衣裳皆素喪服也袗單也孔子曰當暑袗絺綌必表而出之爲其形褻苞屨扱衽厭冠不入公門此皆凶服也苞藨也齊衰藨蒯之菲也問喪曰親始死扱上衽厭猶伏也喪冠厭伏苞或爲菲書方衰凶器不以告不入公門此謂喪在內不得不入當先告君耳方板也士喪禮下篇曰書賵於方若九若七若五凶器明器也公事不私議謙若姦也

禮記義六　張樞

君子將營宮室宗廟爲先廄庫爲次居室爲後重先祖及國之用疏正義曰此一節揔明臣當預事并明臣入公門當謹敬之禮也各依文解之　振書者拂去塵也書簿領也端正也誅責也臣不豫慎若將文書簿領於君前臨時乃拂整則宜誅責也　倒筴側龜於君前有誅者倒顛倒也側反側也龜筴君之卜筮所須也不預周正而來在君前方顛倒反側齊正則有責罰也　注臣不至視之　正義曰甫者始也謂不豫整理今於君前始正之　龜筴至公門　此以下明臣物不得入君門者也　龜筴者謂臣之龜筴也將入嫌問國家吉凶　几杖者臣之几杖也若將入謂欲驕矜嫌自長老　席蓋者喪車蓋也臣有死於公宮可許將柩出門不得將喪車凶物入也車比棺爲緩宜停外也　重素者衣裳皆以素謂遭喪之服也亦不宜著入也　袗絺綌者袗單也絺綌葛也上無衣表則肉露見爲不敬故

皆許讀之振書端書於君前有誅倒筴側龜於君前有誅臣不豫事不敬也振去塵也端正也倒顛倒也側反側也皆謂甫省視之龜筴几杖席蓋重素袗絺綌不入公門龜筴嫌問國家吉凶几杖嫌自長老席蓋載喪車也雜記曰士輤葦席以爲屋蒲席以爲裳帷重素衣裳皆素喪服也袗單也孔子曰當暑袗絺綌必表而出之爲其形褻苞屨扱衽厭冠不入公門此皆凶服也苞藨也齊衰藨蒯之菲也問喪曰親始死扱上衽厭猶伏也喪冠厭伏苞或爲菲書方衰凶器不以告不入公門此謂喪在內不得不入當先告君耳方板也士喪禮下篇曰書賵於方若九若七若五凶器明器也公事不私議謙若姦也

禮記義六　張樞

君子將營宮室宗廟爲先廄庫爲次居室爲後重先祖及國之用疏正義曰此一節揔明臣當預事并明臣入公門當謹敬之禮也各依文解之　振書者拂去塵也書簿領也端正也誅責也臣不豫慎若將文書簿領於君前臨時乃拂整則宜誅責也　倒筴側龜於君前有誅者倒顛倒也側反側也龜筴君之卜筮所須也不預周正而來在君前方顛倒反側齊正則有責罰也　注臣不至視之　正義曰甫者始也謂不豫整理今於君前始正之　龜筴至公門　此以下明臣物不得入君門者也　龜筴者謂臣之龜筴也將入嫌問國家吉凶　几杖者臣之几杖也若將入謂欲驕矜嫌自長老　席蓋者喪車蓋也臣有死於公宮可許將柩出門不得將喪車凶物入也車比棺爲緩宜停外也　重素者衣裳皆以素謂遭喪之服也亦不宜著入也　袗絺綌者袗單也絺綌葛也上無衣表則肉露見爲不敬故

足利本第六卷第三葉

不著入也不入公門者弁絰上諸條車皆不得入也若尸
乘以几至廟門及八十杖於朝則几杖得入公門也
龜筴至形褺　正義曰引雜記證席蓋是喪車也輤喪車
邊牆也在上曰屋在邊曰裳帷士喪車用葦席爲上屋蒲
席以爲邊牆也然天子諸侯㯃布爲輤色大夫但布而不
㯃士用席而亦言輤者因天子輤通名也今言席蓋謂士
耳舉士爲例卿大夫喪車亦不得入云重素衣裳皆素喪
服也者若臣之待放衣裳皆素既是待放本無得入公門
之理此云重素不入公門者謂私服又文王世子公族有
死罪公親素服唯君得素服入臣則不可引論語證入公
門不單也形褺謂肉露見也　苞屨至公門　苞屨謂藨
蒯之草爲齊衰喪屨　扱衽者親始死孝子徒跣扱上衽　不
也厭冠者喪冠也厭帖無著彊爲五服喪所著也
入公門者此弁五服之內喪服差次不合入不得著入公
門也苞謂杖齊衰之屨故喪服杖齊衰章云疏屨者藨蒯
之菲也此云苞屨扱衽不入公門服問云唯公門有稅齊

禮記正義六　三

衰注云不杖齊衰也於公門有免齊衰則大功有免絰也
如鄭之言五服入公門與否各有差降熊氏云父之喪唯
扱上衽不入公門冠絰衰屨皆得入也杖齊衰則屨不得
入不杖齊衰衰又不得入其大功絰又不得入其小功以
下冠又不得入此厭冠者謂小功以下之冠故云不入公
門凡喪冠皆厭大功以上厭冠宜得入公門也凡喪屨案
喪服斬衰用菅屨杖齊衰用苞不杖齊衰用麻大功用繩
故小記云齊衰三月與大功同者繩屨其小功以下鄭引
舊說云小功以下吉屨無絇　書方者此謂臣有死於公
宮應須凶具此下諸物並宜告而後入者也書謂條録送
死者物件數目多少如今死人移書也方板也百字以上
用方板書之故云書方也　衰者孝子喪服也　凶器者
棺材及棺中明器也　不以告不入公門者臣在公宮而
死營凶器所須而不得輙將入公門故須告也然衰之屬
今厭冠苞屨尚不入云衰告乃入者熊氏云上不入謂公
宮庫雉路之門今此不入公門者國城之門謂卿大夫之

潘本第六卷第三葉

不著入也不入公門者弁絰上諸條車皆不得入也若尸
乘以几至廟門及八十杖於朝則几杖得入公門也
龜筴至形褺　正義曰引雜記證席蓋是喪車也輤喪車
邊牆也在上曰屋在邊曰裳帷士喪車用葦席爲上屋蒲
席以爲邊牆也然天子諸侯㯃布爲輤色大夫但布而不
㯃士用席而亦言輤者因天子輤通名也今言席蓋謂士
耳舉士爲例卿大夫喪車亦不得入云重素衣裳皆素喪
服也者若臣之待放衣裳皆素既是待放本無得入公門
之理此云重素不入公門者謂私服又文王世子公族有
死罪公親素服唯君得素服入臣則不可引論語證入公
門不單也形褺謂肉露見也　苞屨至公門　苞屨謂藨
蒯之草爲齊衰喪屨　扱衽者親始死孝子徒跣扱上衽　不
也厭冠者喪冠也厭帖無著彊爲五服喪所著也
入公門者此弁五服之內喪服差次不合入不得著入公
門也苞謂杖齊衰之屨故喪服杖齊衰章云疏屨者藨蒯
之菲也此云苞屨扱衽不入公門服問云唯公門有稅齊

禮記正義六　三

衰注云不杖齊衰也於公門有免齊衰則大功有免絰也
如鄭之言五服入公門與否各有差降熊氏云父之喪唯
扱上衽不入公門冠絰衰屨皆得入也杖齊衰則屨不得
入不杖齊衰衰又不得入其大功絰又不得入其小功以
下冠又不得入此厭冠者謂小功以下之冠故云不入公
門凡喪冠皆厭大功以上厭冠宜得入公門也凡喪屨案
喪服斬衰用菅屨杖齊衰用苞不杖齊衰用麻大功用繩
故小記云齊衰三月與大功同者繩屨其小功以下鄭引
舊說云小功以下吉屨無絇　書方者此謂臣有死於公
宮應須凶具此下諸物並宜告而後入者也書謂條録送
死者物件數目多少如今死人移書也方板也百字以上
用方板書之故云書方也　衰者孝子喪服也　凶器者
棺材及棺中明器也　不以告不入公門者臣在公宮而
死營凶器所須而不得輙將入公門故須告也然衰之屬
今厭冠苞屨尚不入云衰告乃入者熊氏云上不入謂公
宮庫雉路之門今此不入公門者國城之門謂卿大夫之

足利本第六卷第四葉

喪從外來書方衰凶器須告乃入今謂既同稱公門又國城之内百姓民衆所居方衰凶器須告乃入事恐非也蓋公門非一或是公之外門及百官治事之處君許其在内殯及將葬之禮故有明器書方須告乃入 注 士喪至器也 正義曰謚喪禮書方也送死者車馬曰賵衣服曰襚亦通曰賵若九若七等謂書送物於板行列之數多少也物多則九行少則七行五行也

凡家造祭器爲先犧賦爲次養器爲後大夫稱家謂家始造事犧賦以稅出牲無田祿者不設祭器有田祿者先爲祭服祭器可假祭服宜自有君子雖貧不粥祭器雖寒不衣祭服爲宮室不斬於丘木廣敬鬼神也粥賣也丘壟也大夫士去國祭器不踰竟此用君祿所作取以出竟恐辱親也大夫寓祭器於大夫士寓祭器於士寓寄也與得用者言寄覲己後還

疏 正義曰此一節總論大夫所造祭器衣服并明祭器所寄之事各依文解之 凡家造謂大夫始造家事也大夫稱家 祭器爲先者崇敬祖禰故在先 犧賦爲次者諸侯大夫少牢此言犧謂牛即是天子之大夫祭祀賦斂邑民供出牲牢故曰犧賦 養器爲後者養器供養人之飲食器也自贍爲私宜後造然諸侯言宗廟大夫言祭器諸侯言廄庫居室大夫言犧賦養器者互言也此據有地大夫故得造祭器若無田祿者但爲祭服耳其有地大夫祭器祭服俱造則先造祭服乃造祭器此言祭器爲先者對犧賦養器爲先其實在祭服之後 無田至祭服 鄭明得造祭器此明不得造者不同也若大夫及士有田祿者乃得造器猶不具唯天子大夫四命以上者得備具若諸侯

潘本第六卷第四葉

喪從外來書方衰凶器須告乃入今謂既同稱公門又國城之内百姓民衆所居方衰凶器須告乃入事恐非也蓋公門非一或是公之外門及百官治事之處君許其在内殯及將葬之禮故有明器書方須告乃入 注 士喪至器也 正義曰謚喪禮書方也送死者車馬曰賵衣服曰襚亦通曰賵若九若七等謂書送物於板行列之數多少也物多則九行少則七行五行也

凡家造祭器爲先犧賦爲次養器爲後大夫稱家謂家始造事犧賦以稅出牲無田祿者不設祭器有田祿者先爲祭服祭器可假祭服宜自有君子雖貧不粥祭器雖寒不衣祭服爲宮室不斬於丘木廣敬鬼神也粥賣也丘壟也大夫士去國祭器不踰竟此用君祿所作取以出竟恐辱親也大夫寓祭器於大夫士寓祭器於士寓寄也與得用者言寄覲己後還

疏 正義曰此一節總論大夫所造祭器衣服并明祭器所寄之事各依文解之 凡家造謂大夫始造家事也大夫稱家 祭器爲先者崇敬祖禰故在先 犧賦爲次者諸侯大夫少牢此言犧謂牛即是天子之大夫祭祀賦斂邑民供出牲牢故曰犧賦 養器爲後者養器供養人之飲食器也自贍爲私宜後造然諸侯言宗廟大夫言祭器諸侯言廄庫居室大夫言犧賦養器者互言也此據有地大夫故得造祭器若無田祿者但爲祭服耳其有地大夫祭器祭服俱造則先造祭服乃造祭器此言祭器爲先者對犧賦養器爲先其實在祭服之後 無田至祭服 鄭明得造祭器此明不得造者不同也若大夫及士有田祿者乃得造器猶不具唯天子大夫四命以上者得備具若諸侯

足利本第六卷第五葉

大夫非四命無田祿則不得造故禮運云大夫聲樂皆具祭器不假非禮也據諸侯大夫言之也熊氏以禮運據天子大夫得造不得具非也　有田祿者先爲祭服者若有田祿雖得造器而先爲祭服後爲祭器耳所以然者緣人形參差衣服有大小不可假借故宜先造而祭器之品量同官可以共有以其制同既可暫假故營之在後　大夫至於士　此以下明人臣三諫不從去國之禮　祭器不踰竟者既明出禮先從重物爲始也踰越也此祭器是君祿所造令既放出故不得自隨越竟也注云此用君祿所作取以出竟恐辱親也無德而出若猶濫用其器是辱親也隱義云嫌見奪故云恐辱親也　大夫寓祭器於大夫士寓祭器於士者寓猶寄也既不將去故留寄其同僚必寄之者冀其復還得用也魯季友奔陳國人復之傳曰季子來歸是也　注寓寄至後還　正義曰此解言寄之義也夫物不被用則生蟲蠹故寄於同官令彼得用不使毀敗冀還復用大夫士義皆然也　大夫士去

禮記義六　五

國踰竟爲壇位鄉國而哭素衣素裳素冠徹緣鞮屨素簚乘髦馬不蚤鬋不祭食不說人以無罪婦人不當御三月而復服　言以喪禮自處也臣無君猶無天也壇位除地爲位也徹猶去也鞮屨無絇之菲也簚覆苓也髦馬不鬄落也蚤讀爲爪鬋鬋鬚也不自說於人以無罪嫌惡其君也御接見也三月一時天氣變可以遂去也簚或爲幕

疏　正義曰此大夫士三諫而不從出在竟上大夫則待放三年聽於君命若與環則還與玦便去隱義云去國當待玦也若士不待放臨去皆行此禮也　爲壇位鄉國而哭者壇者除地不爲壇臣之無君猶人無天也嫌去父母之邦有桑梓之戀故爲壇鄉國而哭以喪禮自處也所以待放必三年者三年一閏天道一變因天道變望君

潘本第六卷第五葉

大夫非四命無田祿則不得造故禮運云大夫聲樂皆具祭器不假非禮也據諸侯大夫言之也熊氏以禮運據天子大夫得造不得具非也　有田祿者先爲祭服者若有田祿雖得造器而先爲祭服後爲祭器耳所以然者緣人形參差衣服有大小不可假借故宜先造而祭器之品量同官可以共有以其制同既可暫假故營之在後　大夫至於士　此以下明人臣三諫不從去國之禮　祭器不踰竟者既明出禮先從重物爲始也踰越也此祭器是君祿所造令既放出故不得自隨越竟也注云此用君祿所作取以出竟恐辱親也無德而出若猶濫用其器是辱親也隱義云嫌見奪故云恐辱親也　大夫寓祭器於大夫士寓祭器於士者寓猶寄也既不將去故留寄其同僚必寄之者冀其復還得用也魯季友奔陳國人復之傳曰季子來歸是也　注寓寄至後還　正義曰此解言寄之義也夫物不被用則生蟲蠹故寄於同官令彼得用不使毀敗冀還復用大夫士義皆然也　大夫士去

禮記義六　五

國踰竟爲壇位鄉國而哭素衣素裳素冠徹緣鞮屨素簚乘髦馬不蚤鬋不祭食不說人以無罪婦人不當御三月而復服　言以喪禮自處也臣無君猶無天也壇位除地爲位也徹猶去也鞮屨無絇之菲也簚覆苓也髦馬不鬄落也蚤讀爲爪鬋鬋鬚也不自說於人以無罪嫌惡其君也御接見也三月一時天氣變可以遂去也簚或爲幕

疏　正義曰此大夫士三諫而不從出在竟上大夫則待放三年聽於君命若與環則還與玦便去隱義云去國當待玦也若士不待放臨去皆行此禮也　爲壇位鄉國而哭者壇者除地不爲壇臣之無君猶人無天也嫌去父母之邦有桑梓之戀故爲壇鄉國而哭以喪禮自處也所以待放必三年者三年一閏天道一變因天道變望君

足利本第六卷第六葉

自敗也然在竟未去聽君環玦不謂待歸而謂待放者既已在竟不敢必還言唯待君見放乃去也　素衣素裳素冠者今既離君故其衣裳冠皆素爲凶飾也　徹緣者緣中衣緣也素服裏亦有中衣若吉時中衣用采緣此既凶喪故徹緣而純素　鞮屨者謂無絇飾屨也屨以絇爲飾凶故無絇也士冠禮云玄冠黑屨青絇博寸鄭云絇之言拘也以爲行戒狀如刀衣鼻在屨頭故解者云古屨以物繫之爲行戒故用繒一寸屈之爲絇絇爲拘著屨頭以容受繫穿貫也其屈之形似漢時刀衣鼻也其色或青或黑不同而冠禮屨夏用葛冬用皮又各隨裳色今素裳則屨白色也　素簚者素白狗皮也簚車覆蘭也禮人君羔幦虎犆大夫鹿幦豹犆今此喪禮故用白狗皮也既夕禮云主人乘惡車白狗幦是也然吉凶覆苓又必用皮者象始服牛馬初當用皮爲覆乘髦馬者吉則翦剔馬毛爲飾凶則無飾不翦而乘之也　不蚤鬋者蚤治手足爪也鬋剔治鬚髮也吉則治翦爲飾凶故不翦也士虞禮曰蚤翦謂

八　禮記義六　六

爪翦鬚也　不祭食者祭祭先也夫食盛饌則祭食之先喪凶故不祭也不說人以無罪者若善則稱君過則稱己今雖放逐猶不得嚮人自說道己無罪而君惡故見放退也婦人不當御者御接見也吉時婦人以次侍御寢宿今喪禮自貶故不也　三月而復服者自貶三月然後事事反還如吉禮而遂去也所以三月者爲一時天氣一變故三月人情亦宜易也　注鞮屨無絇之菲也　正義曰知鞮是無絇之屨者案周禮屨人屨舃皆有絇繶純案鞮屨氏無絇繶之文故知是無絇之菲也云髦馬不鬄落也者以其稱髦馬與童子垂髦同故知不鬄落鬈鬣案大戴禮王度記云大夫俟放於郊三年得環乃還得玦乃去此踰國三月乃行不同者得玦之後從郊至竟三月之内而行此禮也

大夫士見於國君君若勞之則還辟再拜稽首謂見君既拜矣而後見勞也聘禮曰君勞使者及介君皆答拜君若迎

潘本第六卷第六葉

自敗也然在竟未去聽君環玦不謂待歸而謂待放者既已在竟不敢必還言唯待君見放乃去也　素衣素裳素冠者今既離君故其衣裳冠皆素爲凶飾也　徹緣者緣中衣緣也素服裏亦有中衣若吉時中衣用采緣此既凶喪故徹緣而純素　鞮屨者謂無絇飾屨也屨以絇爲飾凶故無絇也士冠禮云玄冠黑屨青絇博寸鄭云絇之言拘也以爲行戒狀如刀衣鼻在屨頭故解者云古屨以物繫之爲行戒故用繒一寸屈之爲絇絇爲拘著屨頭以容受繫穿貫也其屈之形似漢時刀衣鼻也其色或青或黑不同而冠禮屨夏用葛冬用皮又各隨裳色今素裳則屨白色也　素簚者素白狗皮也簚車覆蘭也禮人君羔幦虎犆大夫鹿幦豹犆今此喪禮故用白狗皮也既夕禮云主人乘惡車白狗幦是也然吉凶覆苓又必用皮者象始服牛馬初當用皮爲覆乘髦馬者吉則翦剔馬毛爲飾凶則無飾不翦而乘之也　不蚤鬋者蚤治手足爪也鬋剔治鬚髮也吉則治翦爲飾凶故不翦也士虞禮曰蚤翦謂

八　禮記義六　六

爪翦鬚也　不祭食者祭祭先也夫食盛饌則祭食之先喪凶故不祭也不說人以無罪者若善則稱君過則稱己今雖放逐猶不得嚮人自說道己無罪而君惡故見放退也婦人不當御者御接見也吉時婦人以次侍御寢宿今喪禮自貶故不也　三月而復服者自貶三月然後事事反還如吉禮而遂去也所以三月者爲一時天氣一變故三月人情亦宜易也　注鞮屨無絇之菲也　正義曰去鞮是無絇之屨者案周禮屨人屨舃皆有絇繶純案鞮屨氏無絇繶之文故知是無絇之菲也云髦馬不鬄落也者以其稱髦馬與童子垂髦同故知不鬄落鬈鬣案大戴禮王度記云大夫俟放於郊三年得環乃還得玦乃去此踰國三月乃行不同者得玦之後從郊至竟三月之内而行此禮也

大夫士見於國君君若勞之則還辟再拜稽首謂見君既拜矣而後見勞也聘禮曰君勞使者及介君皆答拜君若迎

足利本第六卷第七葉

拜則還辟不敢答拜嫌與君亢賓主之禮迎拜謂君迎而先拜之聘禮曰大夫入門再拜君拜其辱大夫士相見雖貴賤不敵主人敬客則先拜客客敬主人則先拜主人尊賢凡非弔喪非見國君無不答拜者禮尚往來喪賓不答拜不自賓客也國君見士不答其拜士賤大夫見於國君國君拜其辱士見於大夫大夫拜其辱同國始相見主人拜其辱自外來而拜拜見也自內來而拜拜辱也君於士不答拜也非其臣則答拜之不臣人之臣

禮記義六　七

大夫於其臣雖賤必答拜之辟正君男女相答拜也嫌遠別不相答拜以明之疏正義曰此一節論君臣男女相答拜之法各依文解之　大夫士見於國君者謂大夫士出聘他國君之禮君若勞之則還辟再拜稽首者勞慰勞也還辟逡巡也初至行聘享私覿禮畢而主君又別慰勞已在道路之勤故已逡巡而退者辟君之答已之意也　案聘禮行聘享及私覿訖賓出主君送至大門內主君問聘君問大夫竟乃云公勞賓賓再拜稽首公答拜公勞介介再拜稽首公答拜即此大夫出聘他國君勞之是也聘禮無還辟之文者文不備也注謂見至答拜　正義曰案聘禮勞賓之前不見賓先拜此云賓既拜矣謂賓初行私覿之時已拜主君矣在後始主君勞故曰既拜矣而後見勞引聘禮者證君勞賓再拜之事熊氏以爲唯云大夫士謂小聘大夫爲賓士爲介故也今謂大聘小聘皆然故鄭引聘禮以證之此

潘本第六卷第七葉

拜則還辟不敢答拜嫌與君亢賓主之禮迎拜謂君迎而先拜之聘禮曰大夫入門再拜君拜其辱大夫士相見雖貴賤不敵主人敬客則先拜客客敬主人則先拜主人尊賢凡非弔喪非見國君無不答拜者禮尚往來喪賓不答拜不自賓客也國君見士不答其拜士賤大夫見於國君國君拜其辱士見於大夫大夫拜其辱同國始相見主人拜其辱自外來而拜拜見也自內來而拜拜辱也君於士不答拜也非其臣則答拜之不臣人之臣

禮記義六　七

大夫於其臣雖賤必答拜之辟正君男女相答拜也嫌遠別不相答拜以明之疏正義曰此一節論君臣男女相答拜之法各依文解之　大夫士見於國君者謂大夫士出聘他國君之禮君若勞之則還辟再拜稽首者勞慰勞也還辟逡巡也初至行聘享私覿禮畢而主君又別慰勞已在道路之勤故已逡巡而退者辟君之答已之意也　案聘禮行聘享及私覿訖賓出主君送至大門內主君問聘君問大夫竟乃云公勞賓賓再拜稽首公答拜公勞介介再拜稽首公答拜即此大夫出聘他國君勞之是也聘禮無還辟之文者文不備也注謂見至答拜　正義曰案聘禮勞賓之前不見賓先拜此云賓既拜矣謂賓初行私覿之時已拜主君矣在後始主君勞故曰既拜矣而後見勞引聘禮者證君勞賓再拜之事熊氏以爲唯云大夫士謂小聘大夫爲賓士爲介故也今謂大聘小聘皆然故鄭引聘禮以證之此

大夫之中則舍卿也知者以此經皆總云大夫不別言卿故知大夫舍卿也君若迎拜則還辟不敢答拜者君若迎先拜賓賓是使臣不敢當禮則還辟逡巡不敢答主君之拜 注嫌與至其辱 正義曰此主君迎拜者謂聘賓初至主國大門外主君迎而拜之故聘禮云賓入門左公再拜賓辟不答拜是也故鄭引聘禮大夫入門再拜君拜其辱者初入門主君再拜其辱也 大夫至主人 正義曰此謂使臣行禮受勞已竟次見彼國卿大夫也唯賢是敬不計賓主貴賤雖爲大夫而德劣亦先拜有德之士也謂異國則爾同國則否又士相見禮若先生異爵者謂士則先拜之此則不必同國也 凡非弔喪非見國君無不答拜者 此明禮尚往來也已雖賢德而必皆相答拜也凡拜而不答拜者唯有弔喪也士見已君此二條耳弔所以賓不答拜者已本來爲助執於喪事非行賓主之禮故主人雖拜已已不答也故士喪禮有賓則拜之賓不答拜是也君不答士者謂士見已君君尊不答也 注國君至士

禮記義六　八

賤 正義曰案聘禮士介四人君皆答拜者以其他國之士故也 大夫至其辱 辱謂見他國君也故聘禮云公在門左拜是拜其辱也 士見於大夫大夫拜其辱者謂平常相答拜非加敬也故聘禮賓朝服問卿卿迎於廟門外再拜是主人必拜辱也士相見禮士見大夫於其入也主人一拜賓退送又再拜熊氏以爲同國大夫見已君君拜其辱者以初爲大夫敬之故也若尋常則不拜也 同國始相見主人拜其辱者前是異國此明同國同國則主人必先拜辱不論有德也 君於士不答拜也非其臣則答拜之君於已士以其賤故不答拜然聘禮云聘使還士介四人君旅答拜者敬其奉使而還士相見禮士見國君君答拜者以其初爲士敬之故也 非其臣則答拜之者以其他國之士非已尊所加故答之也 大夫於其臣雖賤必答拜之者大夫爲君宜辟正君故不辨已臣貴賤皆答拜也 男女相答拜也 男女宜別或嫌其不相答故明雖別必宜答也俗本云男女不相答也禮男女拜悉相答

足利本第六卷第八葉

大夫之中則舍卿也知者以此經皆總云大夫不別言卿故知大夫舍卿也君若迎拜則還辟不敢答拜者君若迎先拜賓賓是使臣不敢當禮則還辟逡巡不敢答主君之拜 注嫌與至其辱 正義曰此主君迎拜者謂聘賓初至主國大門外主君迎而拜之故聘禮云賓入門左公再拜賓辟不答拜是也故鄭引聘禮大夫入門再拜君拜其辱者初入門主君再拜其辱也 大夫至主人 正義曰此謂使臣行禮受勞已竟次見彼國卿大夫也唯賢是敬不計賓主貴賤雖爲大夫而德劣亦先拜有德之士也謂異國則爾同國則否又士相見禮若先生異爵者謂士則先拜之此則不必同國也 凡非弔喪非見國君無不答拜者 此明禮尚往來也已雖賢德而必皆相答拜也凡拜而不答拜者唯有弔喪也士見已君此二條耳弔所以賓不答拜者已本來爲助執於喪事非行賓主之禮故主人雖拜已已不答也故士喪禮有賓則拜之賓不答拜是也君不答士者謂士見已君君尊不答也 注國君至士

禮記義六　八

賤 正義曰案聘禮士介四人君皆答拜者以其他國之士故也 大夫至其辱 辱謂見他國君也故聘禮云公在門左拜是拜其辱也 士見於大夫大夫拜其辱者謂平常相答拜非加敬也故聘禮賓朝服問卿卿迎於廟門外再拜是主人必拜辱也士相見禮士見大夫於其入也主人一拜賓退送又再拜熊氏以爲同國大夫見已君君拜其辱者以初爲大夫敬之故也若尋常則不拜也 同國始相見主人拜其辱者前是異國此明同國同國則主人必先拜辱不論有德也 君於士不答拜也非其臣則答拜之君於已士以其賤故不答拜然聘禮云聘使還士介四人君旅答拜者敬其奉使而還士相見禮士見國君君答拜者以其初爲士敬之故也 非其臣則答拜之者以其他國之士非已尊所加故答之也 大夫於其臣雖賤必答拜之者大夫爲君宜辟正君故不辨已臣貴賤皆答拜也 男女相答拜也 男女宜別或嫌其不相答故明雖別必宜答也俗本云男女不相答也禮男女拜悉相答

潘本第六卷第八葉

拜則有不字爲非故鄭云
嫌遠別不相答拜以明之
國君春田不圍澤大夫
不掩羣士不取麛卵生乳之時
重傷其類疏正義曰
此明貴
賤田獵不同國君諸侯也春時萬物產孕不欲多傷殺故
不合圍繞取也夏亦當然　大夫不掩羣者羣謂禽獸共
聚也羣聚則多不可掩取之　士不取麛卵者麛乃是鹿
子之稱而凡獸子亦得通名也卵鳥卵也春方乳長故不
得取也然國君春田不圍也則天子春圍大夫春不掩則
國君春掩也士春不取麛卵則大夫春取也而王制云天
子不合圍諸侯不掩羣則與此異者彼上云天子諸侯無
事則歲三田鄭云三田者謂夏不田謂夏時也案周禮四
時田而云三田者下因云不合圍則知彼亦夏禮也又史
記湯立三面網而天下歸仁亦是不合圍也此間所明周
制
矣
歲凶年穀不登登成
也
君膳不祭肺馬不

禮記義六　九

食穀馳道不除祭事不縣大夫不食粱
士飲酒不樂皆爲自貶損憂民也禮食殺牲則祭
先有虞氏以首夏后氏以心殷人以
肝周人以肺不祭肺則不殺也天子食日少牢朔月大牢
諸侯食日特牲朔月少牢除治也不治道爲妨民取蔬食
也縣樂器鍾磬之屬也
粱加食也不樂去琴瑟
疏
正義曰此下明凶荒人君憂
民自貶退禮也　歲凶者謂
水旱災害也　年穀不登者歲既凶荒而年中穀稼不登
登成也然年歲雖通其亦有異鄭注太史職中數曰歲朔
數曰年釋者云年是據有氣之初歲是舉年中之稱故云
朔數曰年中數曰歲也　君膳不祭肺者膳美食名禮天
子食日少牢朔月太牢諸侯食日特牲朔月少牢夫盛食
必祭周人重肺故食先祭肺歲既凶饑故不祭肺則不殺
牲也　馬不食穀者年豐則馬食穀今凶年故不食也
馳道不除者馳道正道如今御路也是君馳走車馬之處

拜則有不字爲非故鄭云
嫌遠別不相答拜以明之
國君春田不圍澤大夫
不掩羣士不取麛卵生乳之時
重傷其類疏正義曰
此明貴
賤田獵不同國君諸侯也春時萬物產孕不欲多傷殺故
不合圍繞取也夏亦當然　大夫不掩羣者羣謂禽獸共
聚也羣聚則多不可掩取之　士不取麛卵者麛乃是鹿
子之稱而凡獸子亦得通名也卵鳥卵也春方乳長故不
得取也然國君春田不圍也則天子春圍大夫春不掩則
國君春掩也士春不取麛卵則大夫春取也而王制云天
子不合圍諸侯不掩羣則與此異者彼上云天子諸侯無
事則歲三田鄭云三田者謂夏不田謂夏時也案周禮四
時田而云三田者下因云不合圍則知彼亦夏禮也又史
記湯立三面網而天下歸仁亦是不合圍也此間所明周
制
矣
歲凶年穀不登登成
也
君膳不祭肺馬不

禮記義六　九

食穀馳道不除祭事不縣大夫不食粱
士飲酒不樂皆爲自貶損憂民也禮食殺牲則祭
先有虞氏以首夏后氏以心殷人以
肝周人以肺不祭肺則不殺也天子食日少牢朔月大牢
諸侯食日特牲朔月少牢除治也不治道爲妨民取蔬食
也縣樂器鍾磬之屬也
粱加食也不樂去琴瑟
疏
正義曰此下明凶荒人君憂
民自貶退禮也　歲凶者謂
水旱災害也　年穀不登者歲既凶荒而年中穀稼不登
登成也然年歲雖通其亦有異鄭注太史職中數曰歲朔
數曰年釋者云年是據有氣之初歲是舉年中之稱故云
朔數曰年中數曰歲也　君膳不祭肺者膳美食名禮天
子食日少牢朔月太牢諸侯食日特牲朔月少牢夫盛食
必祭周人重肺故食先祭肺歲既凶饑故不祭肺則不殺
牲也　馬不食穀者年豐則馬食穀今凶年故不食也
馳道不除者馳道正道如今御路也是君馳走車馬之處

足利本第六卷第十葉

故曰馳道也除治也不治謂不除於草萊也所以不除者
凶年人各應採蔬食今若使人治路則廢取蔬食故不除
也　祭事不縣者樂有縣鐘磬因曰縣也凶年雖祭而不
作樂也自貶損故先言膳後言祭　大夫不食粱者大夫
食黍稷以粱為加故凶年去之也　士飲酒不樂者士平
常飲酒奏樂今凶年猶許飲酒但不奏樂也　君膳不祭
肺以下及士飲酒不樂各舉一邊而言其實互而相通但君
尊故舉不殺牲及不縣之等大者而言大夫士卑直舉飲
酒之小者言耳　注有虞至琴瑟　正義曰此明堂位文
引之者證不祭肺天子食日少牢朔月大牢諸侯食日特
牲朔月少牢此玉藻文引之者證天子諸侯非凶年殺牲
之事案周禮膳夫云王日一舉大牢不引膳夫而引玉藻
者以膳夫秖有王禮玉藻兼載天子諸侯此經云君膳不
祭肺又連言大夫士是其文既廣故引玉藻天子諸侯為
證也玉藻所以與膳夫者膳夫是周之正禮玉藻是衰世
之法故鄭志云作記之時或諸侯同天子或天子與諸侯

同作記者亂之耳云粱加食也者以其公食大夫禮設正
饌之後乃設稻粱以其是加也此歲凶者案襄二十四年
冬大饑穀粱傳曰五穀不升為大饑一穀不升謂之嗛二
穀不升謂之饑三穀不升謂之饉四穀不升謂之康五穀
不升謂之大侵大侵之禮君食不兼味臺榭不塗弛侯廷
道不除百官布而不制鬼神禱而不祀此云歲凶與彼大
侵同也此膳不祭肺則食不兼味也此祭事不縣謂祈禱
之祭則與大侵禱而不祀一白虎通云一穀不升徹鶉鷃
二穀不升徹鳧鴈三穀不升徹雉兔四穀不升損囿獸五
穀不升不備三牲其不備三牲與此君膳不祭肺同也
君無故玉不去身大夫無故不徹縣士無
故不徹琴瑟憂樂不相干也故謂災患喪病　疏　正義曰此明無災者也君諸侯
也玉謂佩也君子於玉比德故恒佩玉明身恒有德也且
以玉爲容飾無故則有其容飾故佩玉也　大夫無故不

潘本第六卷第十葉

故曰馳道也除治也不治謂不除於草萊也所以不除者
凶年人各應採蔬食今若使人治路則廢取蔬食故不除
也　祭事不縣者樂有縣鐘磬因曰縣也凶年雖祭而不
作樂也自貶損故先言膳後言祭　大夫不食粱者大夫
食黍稷以粱為加故凶年去之也　士飲酒不樂者士平
常飲酒奏樂今凶年猶許飲酒但不奏樂也　君膳不祭
肺以下及士飲酒不樂各舉一邊而言其實互而相通但君
尊故舉不殺牲及不縣之等大者而言大夫士卑直舉飲
酒之小者言耳　注有虞至琴瑟　正義曰此明堂位文
引之者證不祭肺天子食日少牢朔月大牢諸侯食日特
牲朔月少牢此玉藻文引之者證天子諸侯非凶年殺牲
之事案周禮膳夫云王日一舉大牢不引膳夫而引玉藻
者以膳夫秖有王禮玉藻兼載天子諸侯此經云君膳不
祭肺又連言大夫士是其文既廣故引玉藻天子諸侯為
證也玉藻所以與膳夫者膳夫是周之正禮玉藻是衰世
之法故鄭志云作記之時或諸侯同天子或天子與諸侯
禮記義六　十
同作記者亂之耳云粱加食也者以其公食大夫禮設正
饌之後乃設稻粱以其是加也此歲凶者案襄二十四年
冬大饑穀粱傳曰五穀不升為大饑一穀不升謂之嗛二
穀不升謂之饑三穀不升謂之饉四穀不升謂之康五穀
不升謂之大侵大侵之禮君食不兼味臺榭不塗弛侯廷
道不除百官布而不制鬼神禱而不祀此云歲凶與彼大
侵同也此膳不祭肺則食不兼味也此祭事不縣謂祈禱
之祭則與大侵禱而不祀一白虎通云一穀不升徹鶉鷃
二穀不升徹鳧鴈三穀不升徹雉兔四穀不升損囿獸五
穀不升不備三牲其不備三牲與此君膳不祭肺同也
君無故玉不去身大夫無故不徹縣士無
故不徹琴瑟憂樂不相干也故謂災患喪病　疏　正義曰此明無災者也君諸侯
也玉謂佩也君子於玉比德故恒佩玉明身恒有德也且
以玉爲容飾無故則有其容飾故佩玉也　大夫無故不

足利本第六卷第十一葉

徹縣者徹亦去也無災變則不去樂也　士無故不徹琴瑟者此無災則亦不去也故鄭前注士不樂去琴瑟取此文琴瑟此是不命之士爾若其命士則特縣也自士以上皆有玉佩上云君無故不去玉則知下通於士也下言士不去琴瑟亦上通於君也但比德爲重故君上明之也又大夫言縣士言琴瑟亦互言耳但縣勝故大夫言之矣

注憂樂至喪病　正義曰災水火也熊氏云案春秋説題辭樂無大夫士制鄭玄箴膏肓從題辭之義大夫士無樂小胥云大夫判縣士特縣者小胥所云娛身之樂及治人之樂則有之也故鄉飲酒有工歌之樂是也説題辭云無樂者謂無祭祀之樂故特牲少牢無樂若然此云大夫不徹縣士不徹琴瑟者謂娛身及治民之樂也

士有獻於國君他日君問之曰安取彼再拜稽首而后對起敬也　大夫私行出疆必請

禮記義六　十一　楊昌

反必有獻士私行出疆必請反必告臣不敢自專也私行謂以己事也士言告者不必有其獻也告反而已　君勞之則拜問其行拜而后對亦起敬也問行謂道中無恙及所經過

疏　正義曰此一節論大夫士饋獻之事各依文解之　士有獻者謂士有物奉貢於君也　他日君問之曰安取彼者他日謂别日也非是獻物之日安取彼猶何處取彼物别日君問士云何處得前所獻之物所以須問者士卑德薄嫌其無有也不即問而待他日者士有貢獻當日乃自致於外而不敢容易見恐君答己拜故别日乃見君君得問之也　再拜稽首而后對者士聞君問故先拜稽首而後起對得物所由　大夫至后對　私行謂非爲君行也疆界也既非公事故宜必請也然大夫無外交而此有私行出界或是新來大夫婣婭猶在本國故有私行往來但不得執交於外耳

潘本第六卷第十一葉

徹縣者徹亦去也無災變則不去樂也　士無故不徹琴瑟者此無災則亦不去也故鄭前注士不樂去琴瑟取此文琴瑟此是不命之士爾若其命士則特縣也自士以上皆有玉佩上云君無故不去玉則知下通於士也下言士不去琴瑟亦上通於君也但比德爲重故君上明之也又大夫言縣士言琴瑟亦互言耳但縣勝故大夫言之矣

注憂樂至喪病　正義曰災水火也熊氏云案春秋説題辭樂無大夫士制鄭玄箴膏肓從題辭之義大夫士無樂小胥云大夫判縣士特縣者小胥所云娛身之樂及治人之樂則有之也故鄉飲酒有工歌之樂是也説題辭云無樂者謂無祭祀之樂故特牲少牢無樂若然此云大夫不徹縣士不徹琴瑟者謂娛身及治民之樂也

士有獻於國君他日君問之曰安取彼再拜稽首而后對起敬也　大夫私行出疆必請

禮記義六　十一　楊昌

反必有獻士私行出疆必請反必告臣不敢自專也私行謂以己事也士言告者不必有其獻也告反而已　君勞之則拜問其行拜而后對亦起敬也問行謂道中無恙及所經過

疏　正義曰此一節論大夫士饋獻之事各依文解之　士有獻者謂士有物奉貢於君也　他日君問之曰安取彼者他日謂别日也非是獻物之日安取彼猶何處取彼物别日君問士云何處得前所獻之物所以須問者士卑德薄嫌其無有也不即問而待他日者士有貢獻當日乃自致於外而不敢容易見恐君答己拜故别日乃見君君得問之也　再拜稽首而后對者士聞君問故先拜稽首而後起對得物所由　大夫至后對　私行謂非爲君行也疆界也既非公事故宜必請也然大夫無外交而此有私行出界或是新來大夫婣婭猶在本國故有私行往來但不得執交於外耳

足利本第六卷第十二葉

反必有獻者大夫有德必能招人餉遺故還必有獻有獻由德亦示君若賢無異志　士私行出疆必請者出與大夫同也　反必告者還與大夫異也士德劣故不必有獻但必知還而已　君勞之則拜者大夫士通如此謂行還而君若慰勞己之勞苦則己拜之也或有本云士有獻字非也　問其行拜而后對者君若問其行道中無恙及遊涉所至則又拜拜竟而起對也先拜後荅急謝見問之恩也

國君去其國止之曰奈何去社稷也大夫曰奈何去宗廟也士曰奈何去墳墓也皆民臣勠勤之言國君死社稷死其所受於天子也謂見侵伐也春秋傳曰國滅君死之正也大夫死衆士死制死其所受於君衆謂軍師制謂君教令所使為之

疏　正義曰此一節論國君以下去國臣民止留之辭及死其所守之事各依文解之　國君去其國者謂諸侯去國而其臣民止留勠勤之辭也奈何猶言如何也國主社稷君去故云去社稷異義公羊說國滅君死正也故禮運云君死社稷無去國之義左傳說昔大王居豳狄人攻之乃踰梁山邑於岐山故知是有去國之義也許慎謹案易曰係遯有疾厲畜臣妾吉知諸侯無去國之義也鄭不駁之明從許君用公羊義也然則公羊之說正禮左氏之說權法義皆通也　大夫曰奈何去宗廟也大夫去國謂三諫不從或以罪見黜者亦臣民止留之辭也大夫無社稷故云宗廟也故孝經云諸侯保其社稷大夫守其宗廟也　士曰奈何去墳墓也士亦謂三諫不從及或以罪見黜雖無臣民而屬吏止之也士亦有廟辟大夫言墳墓亦與大夫互也然孝經云士保其祿位而守其祭祀今不云祭祀者明雖去此之彼而猶得祭祀但墳墓不隨耳　國君至死制　國君體國國以社稷為主若有寇難則以死衛之故不可去也注云死其

禮記義六　十二

潘本第六卷第十二葉

反必有獻者大夫有德必能招人餉遺故還必有獻有獻由德亦示君知賢無異志　士私行出疆必請者出與大夫同也　反必告者還與大夫異也士德劣故不必有獻但必知還而已　君勞之則拜者大夫士通如此謂行還而君若慰勞己之勞苦則己拜之也或有本云士有獻字非也　問其行拜而后對者君若問其行道中無恙及遊涉所至則又拜拜竟而起對也先拜後荅急謝見問之恩也

國君去其國止之曰奈何去社稷也大夫曰奈何去宗廟也士曰奈何去墳墓也皆民臣勠勤之言國君死社稷死其所受於天子也謂見侵伐也春秋傳曰國滅君死之正也大夫死衆士死制死其所受於君衆謂軍師制謂君教令所使為之

疏　正義曰此一節論國君以下去國臣民止留之辭及死其所守之事各依文解之　國君去其國者謂諸侯去國而其臣民止留勠勤之辭也奈何猶言如何也國主社稷君去故云去社稷異義公羊說國滅君死正也故禮運云君死社稷無去國之義左傳說昔大王居豳狄人攻之乃踰梁山邑於岐山故知是有去國之義也許慎謹案易曰係遯有疾厲畜臣妾吉知諸侯無去國之義也鄭不駁之明從許君用公羊義也然則公羊之說正禮左氏之說權法義皆通也　大夫曰奈何去宗廟也大夫去國謂三諫不從或以罪見黜者亦臣民止留之辭也大夫無社稷故云宗廟也故孝經云諸侯保其社稷大夫守其宗廟也　士曰奈何去墳墓也士亦謂三諫不從及或以罪見黜雖無臣民而屬吏止之也士亦有廟辟大夫言墳墓亦與大夫互也然孝經云士保其祿位而守其祭祀今不云祭祀者明雖去此之彼而猶得祭祀但墳墓不隨耳　國君至死制　國君體國國以社稷為主若有寇難則以死衛之故不可去也注云死其

禮記義六　十二

足利本第六卷第十三葉

所受於天子也謂見侵伐也鄭又引公羊襄六年傳云國滅君死之正也以證之是也大夫死衆者大夫職主領衆將軍若四郊多壘則爲已辱故有寇難當保國必率衆禦之以死爲度士死制者制謂君教命所使也雖不得率師若君命使之則唯致死熊氏云上云國君去社稷此云死社稷上云大夫去宗廟士去墳墓此不云大夫死宗廟士死墳墓而云死衆死制者以宗廟墳墓已私有之大夫士爲臣事君不可爲私事而死秖得死君之師衆及君政令然君言死社稷則宗廟墳墓亦死可知也但社稷受於天子故特舉言焉

君天下曰天子朝諸侯分職授政任功曰予一人 皆擯者辭也天下謂外及四海也今漢於蠻夷稱天子於王侯稱皇帝覲禮曰伯父寔來予一人嘉之余予古今字

踐阼臨祭祀內事曰孝王某外事曰嗣王某 皆祝辭也唯宗廟稱孝天地社稷祭之郊內而曰嗣王不敢同外內

五・十五　礼記義六　十三　章東

臨諸侯畛於鬼神曰有天王某甫 畛致也祝告至于鬼神辭也曰有天王某甫某甫且字也不名者不親往也周禮大會同過山川則大祝用事焉鬼神謂百辟卿士也畛或爲祇

崩曰天王崩 史書策辭 復曰天子復矣 始死時呼魂辭也不呼名臣不名君也諸侯呼字

告喪曰天王登假 告赴也登上也假已也上已者若僊去云耳

措之廟立之主曰帝 同之天神春秋傳曰凡君卒哭而祔祔而作主

天子未除喪曰予小子 謙未敢稱一人春秋傳曰以諸侯之踰年即位亦知天子之踰年即位以天子三年然後稱王亦知諸侯於其封內三年稱子

生名之死亦

潘本第六卷第十三葉

所受於天子也謂見侵伐也鄭又引公羊襄六年傳云國滅君死之正也以證之是也大夫死衆者大夫職主領衆將軍若四郊多壘則爲已辱故有寇難當保國必率衆禦之以死爲度士死制者制謂君教命所使也雖不得率師若君命使之則唯致死熊氏云上云國君去社稷此云死社稷上云大夫去宗廟士去墳墓此不云大夫死宗廟士死墳墓而云死衆死制者以宗廟墳墓已私有之大夫士爲臣事君不可爲私事而死秖得死君之師衆及君政令然君言死社稷則宗廟墳墓亦死可知也但社稷受於天子故特舉言焉

君天下曰天子朝諸侯分職授政任功曰予一人 皆擯者辭也天下謂外及四海也今漢於蠻夷稱天子於王侯稱皇帝覲禮曰伯父寔來予一人嘉之余予古今字

踐阼臨祭祀內事曰孝王某外事曰嗣王某 皆祝辭也唯宗廟稱孝天地社稷祭之郊內而曰嗣王不敢同外內

五・十五　礼記義六　十三　章東

臨諸侯畛於鬼神曰有天王某甫 畛致也祝告至于鬼神辭也曰有天王某甫某甫且字也不名者不親往也周禮大會同過山川則大祝用事焉鬼神謂百辟卿士也畛或爲祇

崩曰天王崩 史書策辭 復曰天子復矣 始死時呼魂辭也不呼名臣不名君也諸侯呼字

告喪曰天王登假 告赴也登上也假已也上已者若僊去云耳

措之廟立之主曰帝 同之天神春秋傳曰凡君卒哭而祔祔而作主

天子未除喪曰予小子 謙未敢稱一人春秋傳曰以諸侯之踰年即位亦知天子之踰年即位以天子三年然後稱王亦知諸侯於其封內三年稱子

生名之死亦

名之生名之曰小子王死亦曰小子王也晉有小子侯是僭取於天子號也

疏正義曰此一節論天子稱謂之事各依文解之　君天下者天下謂七千里外也天子若接七千里外四海之諸侯則擯者稱天子以對之也所以然者四海難伏宜尊名以威臨之也不言王者以父天母地是上天之子又爲天所命子養下民此尊名也崔靈恩云夷狄不識王化無有歸往之義故不稱王臨之也不云皇者戎狄不識尊極之理皇號尊大也夷狄唯知畏天故舉天子威之也　朝諸侯者此謂接七千里以内諸侯也　授政者謂所縣象魏之法授於諸侯也任功者謂使人專掌委任之功若五侯九伯汝實征之也曰予一人者予我也自朝諸侯以下皆是内事故不假以威稱但自謂予一人者言我是人中之一人與物不殊故自謙損白虎通云王自謂一人者謙也欲言已才能當一人耳故論語云百姓有過在予一人臣下謂之一人者所以尊王者也以天下之人四海之内所共尊者一人耳

禮記義六　十四

注皆擯至天子　正義曰知擯者之辭者以覲禮云擯者曰伯父寔來予一人嘉之此經亦稱予一人故知擯者辭引漢禮於夷狄稱天子者證此經君天下謂夷狄之内也異義天子有爵不易孟京說易有周人五號帝天稱一也王美稱二也天子爵號三也大君者興盛行異四也大人者聖人德備五也是天子有爵古周禮說天子無爵同號於天何爵之有許慎謹案春秋左氏云施於夷狄稱天子施於諸夏稱天王施於京師稱王知天子非爵稱同古周禮義鄭駁云案士冠禮云古者生無爵死無謚自周及漢天子有謚此有爵甚明云無爵失之矣若杜預之義天子王者之通稱故成公八年天子使召伯來錫公命魯非夷狄稱天子莊元年冬王使榮叔來錫桓公命魯非京師而單稱王是無義例其許慎服虔等依京師曰王夷狄曰天子與此不同具有別說　踐阼至某甫　踐履也阼主人階也天子祭祀升阼階天子吉凶之稱凡自稱及擯者之辭曰予一人故玉藻云凡自稱天子曰予一人是也在喪

名之生名之曰小子王死亦曰小子王也晉有小子侯是僭取於天子號也

疏正義曰此一節論天子稱謂之事各依文解之　君天下者天下謂七千里外也天子若接七千里外四海之諸侯則擯者稱天子以對之也所以然者四海難伏宜尊名以威臨之也不言王者以父天母地是上天之子又爲天所命子養下民此尊名也崔靈恩云夷狄不識王化無有歸往之義故不稱王臨之也不云皇者戎狄不識尊極之理皇號尊大也夷狄唯知畏天故舉天子威之也　朝諸侯者此謂接七千里以内諸侯也　授政者謂所縣象魏之法授於諸侯也任功者謂使人專掌委任之功若五侯九伯汝實征之也曰予一人者予我也自朝諸侯以下皆是内事故不假以威稱但自謂予一人者言我是人中之一人與物不殊故自謙損白虎通云王自謂一人者謙也欲言已才能當一人耳故論語云百姓有過在予一人臣下謂之一人者所以尊王者也以天下之人四海之内所共尊者一人耳

禮記義六　十四

注皆擯至天子　正義曰知擯者之辭者以覲禮云擯者曰伯父寔來予一人嘉之此經亦稱予一人故知擯者辭引漢禮於夷狄稱天子者證此經君天下謂夷狄之内也異義天子有爵不易孟京說易有周人五號帝天稱一也王美稱二也天子爵號三也大君者興盛行異四也大人者聖人德備五也是天子有爵古周禮說天子無爵同號於天何爵之有許慎謹案春秋左氏云施於夷狄稱天子施於諸夏稱天王施於京師稱王知天子非爵稱同古周禮義鄭駁云案士冠禮云古者生無爵死無謚自周及漢天子有謚此有爵甚明云無爵失之矣若杜預之義天子王者之通稱故成公八年天子使召伯來錫公命魯非夷狄稱天子莊元年冬王使榮叔來錫桓公命魯非京師而單稱王是無義例其許慎服虔等依京師曰王夷狄曰天子與此不同具有別說　踐阼至某甫　踐履也阼主人階也天子祭祀升阼階天子吉凶之稱凡自稱及擯者之辭曰予一人故玉藻云凡自稱天子曰予一人是也在喪

足利本第六卷第十五葉

未葬自稱曰小童故僖九年在喪未葬王曰小童是也若既葬之後未踰年則稱名稱子故昭二十二年六月葬景王冬十月王子猛卒是也若踰年之後三年之内稱予小子故下文云天子未除喪曰予小子是也若三年除喪稱王故公羊文九年傳云天子三年然後稱王是也或稱予或稱我故泰誓云予克受又曰我友邦冢君是也或稱朕故湯誥云朕躬有罪是也其祝告神之辭則下文云内事曰孝王某外事曰嗣王某又曰天王某甫是也其史書策辭下文云天王崩其招魂之辭下文云天子復矣是也其謙虚卑退或稱小子湯誓云非台小子是也或曰不穀僖二十四年左傳云不穀不德得罪于母弟之寵子帶是也或曰寡人故中候洛予命湯東觀於洛云寡人愼機是也踰年則稱王者據臣子稱也若王自稱必待三年顧命成王殯後未踰年稱予一人者熊氏云天下不可一日無王故也今謂予一人者以麻冕黼裳即位受顧命從吉故暫稱一人也顧主階行事故云踐阼也　臨祭祀者謂天子

禮記義六　十五

臨郊廟之祭祀也　内事曰孝王某者内事宗廟是事親事親宜言孝故升阼階祭廟則祝辭云孝王某某爲天子名也　外事曰嗣王某者外事郊社也天地尊遠不敢同親云孝故云嗣王某言此王繼嗣前王而立也　注皆祝至内外　正義曰天子以四郊爲外圜丘方澤明堂社稷皆在郊内應稱孝而猶同外辭曰嗣王者尊天地雖祭之郊内猶從外辭崔靈恩云天地社稷是外神而祭之郊内不敢外之今案鄭注云而曰嗣王不敢同外内則是唯於嗣王之稱有外内不關祭祀之處崔所云天地祭之在内不敢外恐非鄭義謂不敢外内者若宗廟之祭從内事之例而祭辭稱孝若凡常山川并岳瀆之神祭之在外之例而辭稱嗣是在内從内辭在外從外辭今天地社稷既尊不敢同外内之例雖祭之在内而用外辭天地是尊不敢同外内之常例也　臨諸至某甫　此謂天子巡守祝告神時也巡守徧於方岳臨視諸侯故曰臨諸侯也鄭云以尊適卑曰臨　畛於鬼神者畛致也王往方岳凡所過山川

潘本第六卷第十五葉

未葬自稱曰小童故僖九年在喪未葬王曰小童是也若既葬之後未踰年則稱名稱子故昭二十二年六月葬景王冬十月王子猛卒是也若踰年之後三年之内稱予小子故下文云天子未除喪曰予小子是也若三年除喪稱王故公羊文九年傳云天子三年然後稱王是也或稱予或稱我故泰誓云予克受又曰我友邦冢君是也或稱朕故湯誥云朕躬有罪是也其祝告神之辭則下文云内事曰孝王某外事曰嗣王某又曰天王某甫是也其史書策辭下文云天王崩其招魂之辭下文云天子復矣是也其謙虚卑退或稱小子湯誓云非台小子是也或曰不穀僖二十四年左傳云不穀不德得罪于母弟之寵子帶是也或曰寡人故中候洛予命湯東觀於洛云寡人愼機是也踰年則稱王者據臣子稱也若王自稱必待三年顧命成王殯後未踰年稱予一人者熊氏云天下不可一日無王故也今謂予一人者以麻冕黼裳即位受顧命從吉故暫稱一人也顧主階行事故云踐阼也　臨祭祀者謂天子

小六百九十六字二　禮記義六　十五

臨郊廟之祭祀也　内事曰孝王某者内事宗廟是事親事親宜言孝故升阼階祭廟則祝辭云孝王某某爲天子名也　外事曰嗣王某者外事郊社也天地尊遠不敢同親云孝故云嗣王某言此王繼嗣前王而立也　注皆祝至内外　正義曰天子以四郊爲外圜丘方澤明堂社稷皆在郊内應稱孝而猶同外辭曰嗣王者尊天地雖祭之郊内猶從外辭崔靈恩云天地社稷是外神而祭之郊内不敢外之今案鄭注云而曰嗣王不敢同外内則是唯於嗣王之稱有外内不關祭祀之處崔所云天地祭之在内不敢外恐非鄭義謂不敢外内者若宗廟之祭從内事之例而祭辭稱孝若凡常山川并岳瀆之神祭之在外之例而辭稱嗣是在内從内辭在外從外辭今天地社稷既尊不敢同外内之例雖祭之在内而用外辭天地是尊不敢同外内之常例也　臨諸至某甫　此謂天子巡守祝告神時也巡守徧於方岳臨視諸侯故曰臨諸侯也鄭云以尊適卑曰臨　畛於鬼神者畛致也王往方岳凡所過山川

悉使祝往致辭告於山川鬼神也　曰有天王某甫者旣
不自往故祝辭不稱名而曰某甫者鄭云且字也解且字
者云某是天子之字甫是男子美稱也祝稱天子字而下
云甫猶𡰥父之類也故穀梁傳云父猶傅也男子美稱也
士冠禮注曰甫丈夫美稱而雜記附於殤稱陽童某甫鄭
注云尊神不名爲之造字以此而言某者是字甫者丈夫
美稱而鄭所以謂爲且字者舊説云未斥其人且以美稱
配成其字音義隱云且假借此字也　注眕致至事焉一
正義曰致於鬼神謂天子所行過諸侯之國則止於諸侯
之廟而使大祝告鬼神云有天王某甫鬼神謂百辟卿士
者謂昔爲諸侯卿士者若過山川亦使大祝用事往告曰
有某甫故引大祝職以證之　崩曰至復矣　此謂告王者
升假而史書載於方策之辭崩者自上墜下曰崩王者死
如從天墜下故曰崩也然崩通於壞敗之稱則防墓崩及
春秋沙鹿崩是也　復曰天子復矣者復招魂復魄也夫
精氣爲魂身形爲魄人若命至終畢必是精氣離形而臣

禮記義六　十六　應俊

子罔極之至猶望應生故使人升屋北面招呼死者之魂
令還復身中故曰復也若漫招呼則無指的故男子呼名
婦人呼字令魂識知其名字而還王者不呼名字者一則
臣子不可名君二則普天率土王者一人而已故呼天子
復而王者必知呼已而返也以例而言之則王后死亦呼
王后復也崔靈恩云復所以呼天子者凡王者皆感五精
之帝而生是天之子今天王崩是其精氣還復於上呼稱
天子望更生之義　告喪曰天王登假　此謂天王崩而
遣使告天下萬國之辭也登上也假已也言天子上升已
矣若僊去然也而史策書云天王崩復曰天子復赴云天王
登假三稱不同者爲義然也王是歸往而策及赴告是有
存亡往來之義故崩赴並言之也　措之至曰帝　措置
也王葬後卒哭竟而祔置於廟立主使神依之也白虎通
云所以有主者神無依據孝子以繼心也主用木木有始
終又與人相似也蓋記之以爲題欲令後可知也方尺或
曰尺二寸鄭云周以栗漢書前方後圓五經異義云主狀

悉使祝往致辭告於山川鬼神也　曰有天王某甫者旣
不自往故祝辭不稱名而曰某甫者鄭云且字也解且字
者云某是天子之字甫是男子美稱也祝稱天子字而下
云甫猶𡰥父之類也故穀梁傳云父猶傅也男子美稱也
士冠禮注曰甫丈夫美稱而雜記附於殤稱陽童某甫鄭
注云尊神不名爲之造字以此而言某者是字甫者丈夫
美稱而鄭所以謂爲且字者舊説云未斥其人且以美稱
配成其字音義隱云且假借此字也　注眕致至事焉一
正義曰致於鬼神謂天子所行過諸侯之國則止於諸侯
之廟而使大祝告鬼神云有天王某甫鬼神謂百辟卿士
者謂昔爲諸侯卿士者若過山川亦使大祝用事往告曰
有某甫故引大祝職以證之　崩曰至復矣　此謂告王者
升假而史書載於方策之辭崩者自上墜下曰崩王者死
如從天墜下故曰崩也然崩通於壞敗之稱則防墓崩及
春秋沙鹿崩是也　復曰天子復矣者復招魂復魄也夫
精氣爲魂身形爲魄人若命至終畢必是精氣離形而臣

禮記義六　十六　應俊

子罔極之至猶望應生故使人升屋北面招呼死者之魂
令還復身中故曰復也若漫招呼則無指的故男子呼名
婦人呼字令魂識知其名字而還王者不呼名字者一則
臣子不可名君二則普天率土王者一人而已故呼天子
復而王者必知呼已而返也以例而言之則王后死亦呼
王后復也崔靈恩云復所以呼天子者凡王者皆感五精
之帝而生是天之子今天王崩是其精氣還復於上呼稱
天子望更生之義　告喪曰天王登假　此謂天王崩而
遣使告天下萬國之辭也登上也假已也言天子上升已
矣若僊去然也而史策書云天王崩復曰天子復赴云天王
登假三稱不同者爲義然也王是歸往而策及赴告是有
存亡往來之義故崩赴並言之也　措之至曰帝　措置
也王葬後卒哭竟而祔置於廟立主使神依之也白虎通
云所以有主者神無依據孝子以繼心也主用木木有始
終又與人相似也蓋記之以爲題欲令後可知也方尺或
曰尺二寸鄭云周以栗漢書前方後圓五經異義云主狀

足利本第六卷第十七葉

正方穿中央達四方天子長尺二寸諸侯長一尺　曰帝
者天神曰帝今號此主同於天神故題稱帝云文帝武帝
之類也崔靈恩云古者帝王生死同稱生稱帝者死亦稱
帝生稱王者死亦稱王今云措之廟立之主曰帝者蓋是
爲記時有主入廟稱帝之義記者録以爲法也〔注〕同之
至作生　正義曰此是左傳僖三十三年之言也天子七
月而葬九月而卒哭諸侯五月而葬七月而卒哭大夫三
月而葬五月而卒哭士三月而葬是月而卒哭卒哭者是
葬竟虞數畢後之祭名也孝子親始死哭晝夜無時葬後
虞竟乃行神事故卒其無時之哭猶朝夕各一哭故謂其
祭爲卒哭卒哭明日而立主祔於廟隨其昭穆從祖父食
卒哭主暫時祔廟畢更還殯宮至小祥作栗主入廟乃埋
桑主於祖廟門左埋重處故鄭云虞而作主至祔奉以祔
祖廟既事畢反之殯宮然大夫士亦卒哭而祔而左傳唯
據人君有主者言之故云凡君鄭注祭法云大夫士無主
也此言凡君明不關大夫士也崔靈恩云大夫士無主以

禮記義六　十七　王桂

幣帛祔祔竟並還殯宮至小祥而入廟也又檀弓云重主
道也鄭注引公羊傳云虞主用桑練主用栗則似虞巳有
主而左傳云祔而作主二傳不同者案說公羊者朝葬日
中則作虞主若鄭君以二傳之文雖異其意則同皆是虞
祭總了然後作主以作主去虞實近故公羊上係之於虞
作主謂之虞主又作主爲祔所須故知左氏據祔而言故
云祔而作主故異義云古春秋左氏說既葬反虞天子九
虞九虞者以柔日九虞十六日也諸侯七虞十二日也大
夫五虞八日也士三虞四日也既虞然後祔死者於先死
者祔而作主謂桑主也期年然後作栗主許慎謹案左氏
說與禮記同鄭君不駁明同許意故注檀弓云重既虞而
埋之乃後作主是總行虞祭竟乃埋重作主耳下檀弓云
虞而立尸有几筵卒哭而諱生事畢而鬼事始巳既卒哭
宰夫執木鐸以命於宮中曰舍故而諱新鄭云故謂高祖
之父當遷者據檀弓文句相連鄭■以爲人君之禮明虞
唯立尸未作主也　天子至小子　夫適嗣於初喪但人

潘本第六卷第十七葉

正方穿中央達四方天子長尺二寸諸侯長一尺　曰帝
者天神曰帝今號此主同於天神故題稱帝云文帝武帝
之類也崔靈恩云古者帝王生死同稱生稱帝者死亦稱
帝生稱王者死亦稱王今云措之廟立之主曰帝者蓋是
爲記時有主入廟稱帝之義記者録以爲法也〔注〕同之
至作主　正義曰此是左傳僖三十三年之言也天子七
月而葬九月而卒哭諸侯五月而葬七月而卒哭大夫三
月而葬五月而卒哭士三月而葬是月而卒哭卒哭者是
葬竟虞數畢後之祭名也孝子親始死哭晝夜無時葬後
虞竟乃行神事故卒其無時之哭猶朝夕各一哭故謂其
祭爲卒哭卒哭明日而立主祔於廟隨其昭穆從祖父食
卒哭主暫時祔廟畢更還殯宮至小祥作栗主入廟乃埋
桑主於祖廟門左埋重處故鄭云虞而作主至祔奉以祔
祖廟既事畢反之殯宮然大夫士亦卒哭而祔而左傳唯
據人君有主者言之故云凡君鄭注祭法云大夫士無主
也此言凡君明不關大夫士也崔靈恩云大夫士無主以

禮記義六　十七　王桂

幣帛祔祔竟並還殯宮至小祥而入廟也又檀弓云重主
道也鄭注引公羊傳云虞主用桑練主用栗則似虞巳有
主而左傳云祔而作主二傳不同者案說公羊者朝葬日
中則作虞主若鄭君以二傳之文雖異其意則同皆是虞
祭總了然後作主以作主去虞實近故公羊上係之於虞
作主謂之虞主又作主爲祔所須故知左氏據祔而言故
云祔而作主故異義云古春秋左氏說既葬反虞天子九
虞九虞者以柔日九虞十六日也諸侯七虞十二日也大
夫五虞八日也士三虞四日也既虞然後祔死者於先死
者祔而作主謂桑主也期年然後作栗主許慎謹案左氏
說與禮記同鄭君不駁明同許意故注檀弓云重既虞而
埋之乃後作主是總行虞祭竟乃埋重作主耳下檀弓云
虞而立尸有几筵卒哭而諱生事畢而鬼事始巳既卒哭
宰夫執木鐸以命於宮中曰舍故而諱新鄭云故謂高祖
之父當遷者據檀弓文句相連鄭■以爲人君之禮明虞
唯立尸未作主也　天子至小子　夫適嗣於初喪但人

足利本第六卷第十八葉

子當未忍即受天王之稱，故不曰予一人而稱予小子者，言我德狹小也。 注春秋至稱子 正義曰：鄭所引者，文九年公羊傳文。案公羊傳，説文八年八月天王崩，九年毛伯來求金，公羊云：踰年矣，何以不言王使？未稱君也。以諸侯踰年即位，亦知天子之踰年即位也。以天子三年然後稱王，亦知諸侯於其封内三年稱子也。若然，天子踰年即位無文，約魯十二公；諸侯三年内稱子亦無文，約天子踰年不稱使也。是天子諸侯互相明也。引之者，證天子三年之内稱予小子也。又准左傳之義，諸侯薨而嗣子即位，凡有三時：一是始喪即適子之位，二是踰年正月即一國正君臣之位，三是除喪而見於天子，天子命之嗣列爲諸侯之位。今此公羊踰年即位，是遭喪明年爲元年正月即位。白虎通云：父没稱子某，屈於尸柩也；既葬稱子者，即尊之漸也；踰年稱公者，緣民臣之心不可一日無君，終始之義不可一年二君，故踰年即位，保民臣之心也；三年後受爵者，緣孝子之思未忍安吉。故僖三十三年十二月乙巳公

禮記義六　十八

薨於小寢，文公元年正月公即位，四月丁巳葬。韓詩内傳曰：諸侯世子三年喪畢，上受爵命於天子，乃歸即位。何明爵天子有也？臣無自爵之義是也。童子亦當受爵命，使大夫就其國命之，不與童子爲禮也。 生名之，死亦名之。 嗣王既呼爲小子，若於喪中而死，亦謚爲小子。王喪質，故不變稱也。 注生名至號也 正義曰：以晉爲證也。晉有小子侯，哀侯之子也。魯桓公七年左傳曲沃伯誘晉小子侯殺之，是在喪而死，猶呼爲小子侯也。其應稱嗣子某，不得同天子稱小子，是僭取之耳。

天子有后，有夫人，有世婦，有嬪，有妻，有妾。 妻八十一御妻，周禮謂之女御，以其御序於王之燕寢。妾賤者。

天子建天官，先六大，曰大宰、大宗、大史、大祝、大士、大卜，典司六典。 典，法也。此蓋殷時制也。周則大宰爲天官，大宗曰宗

潘本第六卷第十八葉

子當未忍即受天王之稱，故不曰予一人而稱予小子者，言我德狹小也。 注春秋至稱子 正義曰：鄭所引者，文九年公羊傳文。案公羊傳，説文八年八月天王崩，九年毛伯來求金，公羊云：踰年矣，何以不言王使？未稱君也。以諸侯踰年即位，亦知天子之踰年即位也。以天子三年然後稱王，亦知諸侯於其封内三年稱子也。若然，天子踰年即位無文，約魯十二公；諸侯三年内稱子亦無文，約天子踰年不稱使也。是天子諸侯互相明也。引之者，證天子三年之内稱予小子也。又准左傳之義，諸侯薨而嗣子即位，凡有三時：一是始喪即適子之位，二是踰年正月即一國正君臣之位，三是除喪而見於天子，天子命之嗣列爲諸侯之位。今此公羊踰年即位，是遭喪明年爲元年正月即位。白虎通云：父没稱子某，屈於尸柩也；既葬稱子者，即尊之漸也；踰年稱公者，緣民臣之心不可一日無君，終始之義不可一年二君，故踰年即位，保民臣之心也；三年後受爵者，緣孝子之思未忍安吉。故僖三十三年十二月乙巳公

禮記義六　十八

薨於小寢，文公元年正月公即位，四月丁巳葬。韓詩内傳曰：諸侯世子三年喪畢，上受爵命於天子，乃歸即位。何明爵天子有也？臣無自爵之義是也。童子亦當受爵命，使大夫就其國命之，不與童子爲禮也。 生名之，死亦名之。 嗣王既呼爲小子，若於喪中而死，亦謚爲小子。王喪質，故不變稱也。 注生名至號也 正義曰：以晉爲證也。晉有小子侯，哀侯之子也。魯桓公七年左傳曲沃伯誘晉小子侯殺之，是在喪而死，猶呼爲小子侯也。其應稱嗣子某，不得同天子稱小子，是僭取之耳。

天子有后，有夫人，有世婦，有嬪，有妻，有妾。 妻八十一御妻，周禮謂之女御，以其御序於王之燕寢。妾賤者。

天子建天官，先六大，曰大宰、大宗、大史、大祝、大士、大卜，典司六典。 典，法也。此蓋殷時制也。周則大宰爲天官，大宗曰宗

足利本第六卷第十九葉

伯宗伯爲春官大史以下屬焉大士以神仕者天子之五官曰司徒司馬司空司士司寇典司五衆衆謂羣臣也此亦殷時制也周則司士屬司馬大宰司徒宗伯司馬司寇司空爲六官天子之六府曰司土司木司水司草司器司貨典司六職府主藏六物之稅者此亦殷時制也周則皆屬司徒司土土均也司木山虞也司水川衡也司草稻人也司器角人也司貨丱人也天子之六工曰土工金工石工木工獸工草工典制六材此亦殷時制也周則皆屬司空土工陶旊也金工築冶鳧栗鍛桃也石工玉人磬人也木工輪輿弓廬匠車梓也獸工函鮑韗韋裘也唯草工職亡蓋謂作萑葦之器五官

禮記義六　十九　吴宝

致貢曰享貢功也享獻也致其歲終之功於王謂之獻也周禮大宰歲終則令百官府各正其治受其會聽其致事而詔王廢置【疏】正義曰此一節總論立男官女官之事各隨文解之　天子有后者天子立官則先從后妃爲始所以然者爲治之法刑於寡妻始於家邦終於四海故刪詩則以后妃爲首若論氣先陰後陽故此言天子有后也謂之爲后者后後也言其後於天子亦以廣後胤也　有夫人者夫扶也言扶持於王也　有世婦者婦服也言其進以服事君子也以其猶貴故加以世言之亦廣世胤也　有嬪者嬪婦人之美稱可賓敬也　有妻者鄭注内則云妻之言齊也以禮見問得與夫敵體也案彼是判合齊體者今此言齊者以進御於王之時暫有齊同之義　有妾者鄭注内則云妾之言接也聞彼有禮走而往焉以得接見於君子也周禮則嬪在世婦上又無妾之文也今此所陳與周禮雜而不次者記者之言不可一依周禮或可雜夏殷而言之鄭注檀弓云

潘本第六卷第十九葉

伯宗伯爲春官大史以下屬焉大士以神仕者天子之五官曰司徒司馬司空司士司寇典司五衆衆謂羣臣也此亦殷時制也周則司士屬司馬大宰司徒宗伯司馬司寇司空爲六官天子之六府曰司土司木司水司草司器司貨典司六職府主藏六物之稅者此亦殷時制也周則皆屬司徒司土土均也司木山虞也司水川衡也司草稻人也司器角人也司貨丱人也天子之六工曰土工金工石工木工獸工草工典制六材此亦殷時制也周則皆屬司空土工陶旊也金工築冶鳧栗鍛桃也石工玉人磬人也木工輪輿弓廬匠車梓也獸工函鮑韗韋裘也唯草工職亡蓋謂作萑葦之器五官

禮記義六　十九　吴宝

致貢曰享貢功也享獻也致其歲終之功於王謂之獻也周禮大宰歲終則令百官府各正其治受其會聽其致事而詔王廢置【疏】正義曰此一節總論立男官女官之事各隨文解之　天子有后者天子立官則先從后妃爲始所以然者爲治之法刑於寡妻始於家邦終於四海故刪詩則以后妃爲首若論氣先陰後陽故此言天子有后也謂之爲后者后後也言其後於天子亦以廣後胤也　有夫人者夫扶也言扶持於王也　有世婦者婦服也言其進以服事君子也以其猶貴故加以世言之亦廣世胤也　有嬪者嬪婦人之美稱可賓敬也　有妻者鄭注内則云妻之言齊也以禮見問得與夫敵體也案彼是判合齊體者今此言齊者以進御於王之時暫有齊同之義　有妾者鄭注内則云妾之言接也聞彼有禮走而往焉以得接見於君子也周禮則嬪在世婦上又無妾之文也今此所陳與周禮雜而不次者記者之言不可一依周禮或可雜夏殷而言之鄭注檀弓云

舜不告而取不立正妃但三夫人夏則因而廣之增九女
則十二人所增九女者則九嬪也故鄭云春秋說云天子
娶十二人夏制鄭又云殷增三九二十七人總三十九人
所增二十七世婦也周又三二十七因爲八十一人則女
御也 注周禮至賤者 正義曰解周名爲女御之義以
其御於王之燕寢御法案周禮王有六寢一是正寢餘五
寢在後通名燕寢其一在東北王春居之一在西北王冬
居之一在西南王秋居之一在東南王夏居之一在中央
六月居之凡后妃以下更與次序而上御王於五寢之中
也故鄭注周禮九嬪云凡御見之法月與后妃其象也卑
者宜先尊者宜後女御八十一人當九夕世婦二十七人
當三夕九嬪九人當一夕三夫人當一夕后當一夕亦十
五日而徧云自望後反之孔子云日者天之明月者地之
理陰[illegible]契制故月上屬爲天使婦從夫放月紀月紀是星
也而婦人上御必有女史彤管以差次之毛詩傳貽我彤
管云古者后夫人必有女史彤管之法史不記過其罪殺

禮記義六　二十

之后妃羣妾以禮御於君所女史書其日月授之環以進
退之生子月辰則以金環退之當御者以銀環進之著左
手既御著於右手事無大小記以成法 天子至六典
此以下是殷禮所明異於周法案甘誓云六事之人鄭云
周禮六軍皆命卿則三代同矣案甘誓及鄭注則三王同
有六卿又鄭注大傳夏書云所謂六卿者后稷司徒秩宗
司馬作士共工也而不說殷家六卿之名今此記所言上
非夏法下異周典鄭唯指爲殷禮也然天官以下殷家六
卿何者大宰司徒司馬司空司士司寇是也但周立六卿
放天地四時而殷六卿所法則有異也殷以大宰爲一卿
以象天時司徒以下五卿法於地事故鄭志崇精問焦氏
云鄭云三王同六卿殷應六卿此云五官何也焦氏荅曰
殷立天官與五行其取象異耳是司徒以下法五行并此
大宰即爲六官也但大宰既尊故先列大宰并顯大宰之
下隸屬大宰之官既法於天故同受大名故云先六大大
宰一大宗二大史三大祝四大士五大卜六也典司六典

足利本第六卷第二十葉

舜不告而取不立正妃但三夫人夏則因而廣之增九女
則十二人所增九女者則九嬪也故鄭云春秋說云天子
娶十二人夏制鄭又云殷增三九二十七人總三十九人
所增二十七世婦也周又三二十七因爲八十一人則女
御也 注周禮至賤者 正義曰解周名爲女御之義以
其御於王之燕寢御法案周禮王有六寢一是正寢餘五
寢在後通名燕寢其一在東北王春居之一在西北王冬
居之一在西南王秋居之一在東南王夏居之一在中央
六月居之凡后妃以下更與次序而上御王於五寢之中
也故鄭注周禮九嬪云凡御見之法月與后妃其象也卑
者宜先尊者宜後女御八十一人當九夕世婦二十七人
當三夕九嬪九人當一夕三夫人當一夕后當一夕亦十
五日而徧云自望後反之孔子云日者天之明月者地之
理陰陽契制故月上屬爲天使婦從夫放月紀月紀是星
也而婦人上御必有女史彤管以差次之毛詩傳貽我彤
管云古者后夫人必有女史彤管之法史不記過其罪殺

禮記義六　二十　禄宣

之后妃羣妾以禮御於君所女史書其日月授之環以進
退之生子月辰則以金環退之當御者以銀環進之著左
手既御著於右手事無大小記以成法 天子至六典
此以下是殷禮所明異於周法案甘誓云六事之人鄭云
周禮六軍皆命卿則三代同矣案甘誓及鄭注則三王同
有六卿又鄭注大傳夏書云所謂六卿者后稷司徒秩宗
司馬作士共工也而不說殷家六卿之名今此記所言上
非夏法下異周典鄭唯指爲殷禮也然天官以下殷家六
卿何者大宰司徒司馬司空司士司寇是也但周立六卿
放天地四時而殷六卿所法則有異也殷以大宰爲一卿
以象天時司徒以下五卿法於地事故鄭志崇精問焦氏
云鄭云三王同六卿殷應六卿此云五官何也焦氏荅曰
殷立天官與五行其取象異耳是司徒以下法五行并此
大宰即爲六官也但大宰既尊故先列大宰并顯大宰之
下隸屬大宰之官既法於天故同受大名故云先六大大
宰一大宗二大史三大祝四大士五大卜六也典司六典

潘本第六卷第二十葉

足利本第六卷第二十一葉

者結上也上典是守典下典是典則之典言立此六官以
守主於六事之法 注此蓋至仕者 正義曰知辨制者
以其上與夏官不同下與周禮有異故疑辨制也知大士
非司士及士師卿士之等者以其下別有司士司寇故知
非士師卿士也與大祝大卜相連皆主神之士故知神仕
也 天子之五官 嚮立六官以法天之六氣此又置五
官以象地之五行也天地五行踐立故復云天子不云建
從天官也又天官尊陽故一卿以攝衆地官卑陰故五卿
俱陳也不云地者與前互也天尊故沒其數地卑故明言
其五也司徒一司馬二司空三司士四司寇五也 典司
五衆者結上也言用此上五官使各守其所掌上之羣衆
也然此五官亦各有所領羣衆如大宰領太宗以下也而
不條出其人者略也天言六典地言五衆者互言也但天
尊故云典地卑故云衆也 注衆謂至六官 正義曰知
此非是天下衆人而爲羣臣也者以經云五衆明官各有
所衆如周禮大宰總主六官之職司徒主

禮記義六　二十一

教教其徒衆宗伯者伯長也宗尊也以主鬼神故以尊爲
名司馬主征伐馬是征伐所用司寇主除賊寇司空主土
居民司士主公卿以下版籍爵禄之等特以司士爲名者
士是官之總首故詩云濟濟多士是也諸官皆云司而大
宰宗伯不云司者司主也大宰總主六官不偏有所司故
不言司也宗伯之官不言司者以主天地鬼神之事天地
鬼神既尊非人所司故不云司也 天子至六職 辨六
卿外復別立此六官也府者藏物之處也既法天地立官
天地應生萬物故爲萬物立府也 曰司土一也於周爲
土均也均平地稅之政令也土生萬物故爲均也 司木
二也於周則爲山虞也虞度也主量度山之大小所生之
物 司水三也於周則爲川衡衡平也掌巡行川澤平其禁
令 司草四也於周爲稻人也掌稼種下地及除草萊
司器五也於周爲角人也掌以時徵齒角於山澤之農供
爲器用也 司貨六也於周爲卝人言鑛器未成者也掌
金玉錫石之地而爲之守禁以時取之以供器物金玉曰

潘本第六卷第二十一葉

者結上也上典是守典下典是典則之典言立此六官以
守主於六事之法 注此蓋至仕者 正義曰知辨制者
以其上與夏官不同下與周禮有異故疑辨制也知大士
非司士及士師卿士之等者以其下別有司士司寇故知
非士師卿士也與大祝大卜相連皆主神之士故知神仕
也 天子之五官 嚮立六官以法天之六氣此又置五
官以象地之五行也天地五行踐立故復云天子不云建
從天官也又天官尊陽故一卿以攝衆地官卑陰故五卿
俱陳也不云地者與前互也天尊故沒其數地卑故明言
其五也司徒一司馬二司空三司士四司寇五也 典司
五衆者結上也言用此上五官使各守其所掌上之羣衆
也然此五官亦各有所領羣衆如大宰領太宗以下也而
不條出其人者略也天言六典地言五衆者互言也但天
尊故云典地卑故云衆也 注衆謂至六官 正義曰知
此非是天下衆人而爲羣臣也者以經云五衆明官各有
所衆如周禮大宰總主六官之職司徒主

禮記義六　二十一

教教其徒衆宗伯者伯長也宗尊也以主鬼神故以尊爲
名司馬主征伐馬是征伐所用司寇主除賊寇司空主土
居民司士主公卿以下版籍爵禄之等特以司士爲名者
士是官之總首故詩云濟濟多士是也諸官皆云司而大
宰宗伯不云司者司主也大宰總主六官不偏有所司故
不言司也宗伯之官不言司者以主天地鬼神之事天地
鬼神既尊非人所司故不云司也 天子至六職 辨六
卿外復別立此六官也府者藏物之處也既法天地立官
天地應生萬物故爲萬物立府也 曰司土一也於周爲
土均也均平地稅之政令也土生萬物故爲均也 司木
二也於周則爲山虞也虞度也主量度山之大小所生之
物 司水三也於周則爲川衡衡平也掌巡行川澤平其禁
令 司草四也於周爲稻人也掌稼種下地及除草萊
司器五也於周爲角人也掌以時徵齒角於山澤之農供
爲器用也 司貨六也於周爲卝人言鑛器未成者也掌
金玉錫石之地而爲之守禁以時取之以供器物金玉曰

貨故稱貨人　典司六職者結上立此六官使各主其所
掌職也　注府主至人也　正義曰此皆與周不同故云
亦殷制也司土土均也案周禮土均上士二人司木山虞
每大山中士四人中山下士六人小山下士二人不言林
衡者略舉山虞耳司水於周爲川衡川衡每大川下士十
有二人中川下士六人小川下士二人不言澤虞者亦略
舉川衡耳司草稻人者上士二人周禮亦有草人令以司
草爲稻人者二官俱主殺草鄭舉稻人欲見司草兼有二
官也司器角人者下士二人司貨丱人者中士二人　天
子至六材　工能也言能作器物者也前既有六府之物
宜立六工以作之爲器物故爲次也亦有六者依府以用
事也　曰土工金工石工木工獸工草工者此六官於周
禮並屬司空而司空職散亡漢購千金不得今唯有考工
記代之　典制六材者材謂材物結上立此六工使典制
六府之材物　注土工至之器　正義曰考工記陶人爲
甗實二鬴又甑實二鬴七穿旊人職云旊人爲簋旊是放

禮記義六　二十二

法陶是陶冶互文耳但簋是祭器故取放法之名也云金
工謂築氏掌爲削削書刀也冶謂煎金石者冶鑄爲之冶
氏掌爲戈戟故因呼煎金爲冶鳧氏世能爲鍾以供樂器
故因呼作鍾爲鳧氏也㮚氏爲量器謂豆區鬴鍾之屬也
㮚氏世能爲之段氏主作錢鎛田器桃氏爲刃刃謂刀劒
之屬云石工玉人磬人者玉人謂作圭璧者磬人作磬也
玉及磬同出於石故謂石工也云木工輪輿弓廬匠車梓
也者此七物並用木故曰木工也輪車輪也輿車牀也車
難不能一人獨成各有所善故輪輿不同也弓能作弓者
也廬能作戈戟秘者也匠能作宮室之屬者車謂能作大
車及羊車也梓謂杯勺爲筍虡之屬也獸工函鮑韗韋裘
者此物並用獸皮故曰獸工函謂能作甲鎧者鮑謂能治
皮供作甲者韗謂考工記韗人爲皐陶鼓木謂能以皮冒
鼓者韋熟皮爲衣及韎韐者裘謂帶毛狐裘之屬者考工
記韋裘二職存唯草工職亡考工無蓋謂作萑葦之器盛
食之器及葦席之屬也或言氏或言人者鄭注考工記云

足利本第六卷第二十二葉

貨故稱貨人　典司六職者結上立此六官使各主其所
掌職也　注府主至人也　正義曰此皆與周不同故云
亦殷制也司土土均也案周禮土均上士二人司木山虞
每大山中士四人中山下士六人小山下士二人不言林
衡者略舉山虞耳司水於周爲川衡川衡每大川下士十
有二人中川下士六人小川下士二人不言澤虞者亦略
舉川衡耳司草稻人者上士二人周禮亦有草人令以司
草爲稻人者二官俱主殺草鄭舉稻人欲見司草兼有二
官也司器角人者下士二人司貨丱人者中士二人　天
子至六材　工能也言能作器物者也前既有六府之物
宜立六工以作之爲器物故爲次也亦有六者依府以用
事也　曰土工金工石工木工獸工草工者此六官於周
禮並屬司空而司空職散亡漢購千金不得今唯有考工
記代之　典制六材者材謂材物結上立此六工使典制
六府之材物　注土工至之器　正義曰考工記陶人爲
甗實二鬴又甑實二鬴七穿旊人職云旊人爲簋旊是放

禮記義六　二十二

法陶是陶冶互文耳但簋是祭器故取放法之名也云金
工謂築氏掌爲削削書刀也冶謂煎金石者冶鑄爲之冶
氏掌爲戈戟故因呼煎金爲冶鳧氏世能爲鍾以供樂器
故因呼作鍾爲鳧氏也㮚氏爲量器謂豆區鬴鍾之屬也
㮚氏世能爲之段氏主作錢鎛田器桃氏爲刃刃謂刀劒
之屬云石工玉人磬人者玉人謂作圭璧者磬人作磬也
玉及磬同出於石故謂石工也云木工輪輿弓廬匠車梓
也者此七物並用木故曰木工也輪車輪也輿車牀也車
難不能一人獨成各有所善故輪輿不同也弓能作弓者
也廬能作戈戟秘者也匠能作宮室之屬者車謂能作大
車及羊車也梓謂杯勺爲筍虡之屬也獸工函鮑韗韋裘
者此物並用獸皮故曰獸工函謂能作甲鎧者鮑謂能治
皮供作甲者韗謂考工記韗人爲皐陶鼓木謂能以皮冒
鼓者韋熟皮爲衣及韎韐者裘謂帶毛狐裘之屬者考工
記韋裘二職存唯草工職亡考工無蓋謂作萑葦之器盛
食之器及葦席之屬也或言氏或言人者鄭注考工記云

潘本第六卷第二十二葉

足利本第六卷第二十三葉

其曰某人者以其事名官也其曰某氏者官有世功若族
有世業者也干寶云凡言司者總其領也凡言師者訓其
徒也凡言職者主其業也凡言衡者平其政也凡言掌者
主其事也凡言氏者世其官也凡言人者終其身也不氏
不人權其材也通權其材者旣云不世又不終身隨其材
而權暫用也然案周禮建官列職有司會之屬是言司者
也有甸師之屬是言師者也有職内之屬是言職者也有
川衡之屬是言衡者也有掌舍之屬是言掌者也有師氏
之屬是言氏者也有庖人之屬是言人者也有宫正膳夫
外饔内饔之屬皆不氏不人者也　五官致貢曰享　五
官即前自后以下之五官后一天官二地官三六府四六
工五貢功也享獻也歲終則此五官各考其屬一年之
功以獻於天子故云致貢曰享也王后之屬致蠶職之功
天官以下各獻其職之功　注貢功至廢置　正義曰引
周禮諸歲終百官各獻其功以禮詔告也周則冢宰至歲
終受於百官之簿書所會之最而考一年之功多少以告

禮記義六　二十三

天子也若功少則廢黜其人功多則遷置其職也今謂五
官則上天子五官司徒以下故下云五官之長曰伯與此
五官一也但大宰總攝羣職總受五官之貢故不入其數
也若以五官爲后以下則下云五官之長豈有長於后乎
熊氏以爲五等諸侯亦非也
五官之長曰伯　謂爲三公者周禮九命作伯　是
職方　職主也是伯分主東西者春秋傳曰自陝以東周公主之自陝以西召公主之一相處乎内是或爲
氏
其擯於天子也曰天子之吏　擯者辭也春秋傳曰王命委之
三吏　謂三公也　天子同姓謂之伯父異姓謂之伯舅
自稱於諸侯曰天子之老於外曰公於其
國曰君　稱之以父與舅親親之辭也外自其私土之外天子畿内　九州之長入

潘本第六卷第二十三葉

其曰某人者以其事名官也其曰某氏者官有世功若族
有世業者也干寶云凡言司者總其領也凡言師者訓其
徒也凡言職者主其業也凡言衡者平其政也凡言掌者
主其事也凡言氏者世其官也凡言人者終其身也不氏
不人權其材也通權其材者旣云不世又不終身隨其材
而權暫用也然案周禮建官列職有司會之屬是言司者
也有甸師之屬是言師者也有職内之屬是言職者也有
川衡之屬是言衡者也有掌舍之屬是言掌者也有師氏
之屬是言氏者也有庖人之屬是言人者也有宫正膳夫
外饔内饔之屬皆不氏不人者也　五官致貢曰享　五
官即前自后以下之五官后一天官二地官三六府四六
工五貢功也享獻也歲終則此五官各考其屬一年之
功以獻於天子故云致貢曰享也王后之屬致蠶職之功
天官以下各獻其職之功　注貢功至廢置　正義曰引
周禮諸歲終百官各獻其功以禮詔告也周則冢宰至歲
終受於百官之簿書所會之最而考一年之功多少以告

禮記義六　二十三

天子也若功少則廢黜其人功多則遷置其職也今謂五
官則上天子五官司徒以下故下云五官之長曰伯與此
五官一也但大宰總攝羣職總受五官之貢故不入其數
也若以五官爲后以下則下云五官之長豈有長於后乎
熊氏以爲五等諸侯亦非也
五官之長曰伯　謂爲三公者周禮九命作伯　是
職方　職主也是伯分主東西者春秋傳曰自陝以東周公主之自陝以西召公主之一相處乎内是或爲
氏
其擯於天子也曰天子之吏　擯者辭也春秋傳曰王命委之
三吏　謂三公也　天子同姓謂之伯父異姓謂之伯舅
自稱於諸侯曰天子之老於外曰公於其
國曰君　稱之以父與舅親親之辭也外自其私工之外天子畿内　九州之長入

足利本第六卷第二十四葉

天子之國曰牧每一州之中天子選諸侯之賢者以爲之牧也周禮曰乃施典於邦國而建其牧天子同姓謂之叔父異姓謂之叔舅牧尊於大國之君而謂之叔父辟二伯也亦以於外曰侯於其國曰君此爲尊禮或損之而益謂此類也外自其國之外九州之中曰侯者本爵也二王之後不爲牧其在東夷北狄西戎南蠻雖大曰子謂九州之外長也天子亦選其諸侯之賢者以爲之子子猶牧也入天子之國曰子天子亦謂之子雖有侯伯之地本爵亦無過子是以同名曰子於內自稱曰不穀與民言之謙稱穀善也於外自稱曰王老威遠國也外亦其戎狄之中庶方小侯入天子之國曰

禮記義六　二十四

某人於外曰子自稱曰孤謂戎狄子男君也男者於外亦曰男擧尊言之

【疏】正義曰此一節總論二伯及州牧諸侯等稱謂令各依文解之　五官之長曰伯職外之大莫大於二伯故此先言之也五官者即司徒以下五官也云長者謂三公無職故不在五官之中即三公加一命出爲分陝二伯者也伯長也謂朝廷之長言此二伯爲內外官之長是職方者言二伯於是職主當方之事也【注】職主至乎內　正義曰引公羊傳證周家二伯所主之事隱五年公羊傳云天子三公者何天子之相也則何以三自陝而東者周公主之自陝而西者召公主之一相處乎內又案三公八命者堯時爲四伯故詩崧高注云當堯時姜氏爲四伯至堯之末分置八伯故虞書傳云元祀巡守四岳八伯舜之元祀有八伯明堯末置之夏則無文殷則改置二伯與周同故王制云八州八伯又云天子之老二人曰二伯是也　其擯至之吏此是二伯也擯謂天子接賓之

潘本第五卷第二十四葉

天子之國曰牧每一州之中天子選諸侯之賢者以爲之牧也周禮曰乃施典於邦國而建其牧天子同姓謂之叔父異姓謂之叔舅牧尊於大國之君而謂之叔父辟二伯也亦以於外曰侯於其國曰君此爲尊禮或損之而益謂此類也外自其國之外九州之中曰侯者本爵也二王之後不爲牧其在東夷北狄西戎南蠻雖大曰子謂九州之外長也天子亦選其諸侯之賢者以爲之子子猶牧也入天子之國曰子天子亦謂之子雖有侯伯之地本爵亦無過子是以同名曰子於內自稱曰不穀與民言之謙稱穀善也於外自稱曰王老威遠國也外亦其戎狄之中庶方小侯入天子之國曰

禮記義六　二十四

某人於外曰子自稱曰孤謂戎狄子男君也男者於外亦曰男擧尊言之

【疏】正義曰此一節總論二伯及州牧諸侯等稱謂令各依文解之　五官之長曰伯職外之大莫大於二伯故此先言之也五官者即司徒以下五官也云長者謂三公無職故不在五官之中即三公加一命出爲分陝二伯者也伯長也謂朝廷之長言此二伯爲內外官之長是職方者言二伯於是職主當方之事也【注】職主至乎內　正義曰引公羊傳證周家二伯所主之事隱五年公羊傳云天子三公者何天子之相也則何以三自陝而東者周公主之自陝而西者召公主之一相處乎內又案三公八命者堯時爲四伯故詩崧高注云當堯時姜氏爲四伯至堯之末分置八伯故虞書傳云元祀巡守四岳八伯舜之元祀有八伯明堯末置之夏則無文殷則改置二伯與周同故王制云八州八伯又云天子之老二人曰二伯是也　其擯至之吏此是二伯也擯謂天子接賓之

足利本第六卷第二十五葉

人也若擯者傳辭於天子則稱此二伯爲天子之吏也亦當言名也記者略可知也然擯呼在朝三公亦爲天子之吏若然玉藻云伯曰天子之力臣者謂介傳命稱天子力臣擯者受辭傳於天子則曰天子之吏　注擯者至公也　正義曰引證呼三公並爲吏之意也此左傳成二年晉使鞏朔獻齊捷于王王命委之三吏杜預注云三吏三公也於時王不見鞏朔王命委付三公接對之故云委之三吏　天子同姓謂之伯父　此三公與王同姓者王呼爲伯父伯者長大之名父乃同姓重親之稱也　異姓謂之伯舅者異族重親之名也異族無父稱故呼爲伯舅亦親之故也案晉文公爲二伯左傳僖二十八年云王曰叔父不稱伯者以州牧之禮命之故稱叔也然晉既稱叔父所以昭九年云伯父惠公歸自秦而誘以來又云我在伯父猶衣服之有冠冕晉稱伯父者以晉既稱伯父又以晉爲州牧又爲二伯若以州牧爲禮稱之則曰叔父若以二伯之禮稱之則曰伯父故晉或稱伯或稱叔也周公分陝爲二伯

禮記正義六　二十五　徐有

詩稱王曰叔父者成王以本親命之晉文侯仇爲伯尚書直云父義和不云伯者親親之也又二伯稱天子之老自敵以下曰寡人僖四年齊桓公對楚屈完稱不穀者謙也凡常諸侯皆稱寡人莊十一年宋災魯往弔之宋閔公稱孤者傳云列國有凶稱孤禮也以有凶災故降名稱孤　自稱於諸侯曰天子之老者二伯若與九州及四夷之諸侯言已自謂天子之老係於天子言之以威遠國也　於外曰公者外者其私土采地之外也而猶在王畿之內如周公食邑於周鄉國外之人其自稱則曰公也　於其國曰君者其國采地内也若與采地内臣民言則自稱曰君其既主分陝又在王朝嫌不正爲采地君故明之也不云自稱承上可知也　注稱之至畿内　正義曰自稱爲公正在畿内耳畿外則曰天子之老也　九州至曰君　殷曰伯周曰牧此云牧據周禮也天子於每州之中選取賢侯一人加一命使主一州爲牧若入天子國則自稱曰牧牧養也言其養一州之人故周禮八命作牧是也然伯不

潘本第六卷第二十五葉

人也若擯者傳辭於天子則稱此二伯爲天子之吏也亦當言名也記者略可知也然擯呼在朝三公亦爲天子之吏若然玉藻云伯曰天子之力臣者謂介傳命稱天子力臣擯者受辭傳於天子則曰天子之吏　注擯者至公也　正義曰引證呼三公並爲吏之意也此左傳成二年晉使鞏朔獻齊捷于王王命委之三吏杜預注云三吏三公也於時王不見鞏朔王命委付三公接對之故云委之三吏　天子同姓謂之伯父　此三公與王同姓者王呼爲伯父伯者長大之名父乃同姓重親之稱也　異姓謂之伯舅者異族重親之名也異族無父稱故呼爲伯舅亦親之故也案晉文公爲二伯左傳僖二十八年云王曰叔父不稱伯者以州牧之禮命之故稱叔也然晉既稱叔父所以昭九年云伯父惠公歸自秦而誘以來又云我在伯父猶衣服之有冠冕晉稱伯父者以晉既稱伯父又以晉爲州牧又爲二伯若以州牧爲禮稱之則曰叔父若以二伯之禮稱之則曰伯父故晉或稱伯或稱叔也周公分陝爲二伯

禮記正義六　二十五　徐有

詩稱王曰叔父者成王以本親命之晉文侯仇爲伯尚書直云父義和不云伯者親親之也又二伯稱天子之老自敵以下曰寡人僖四年齊桓公對楚屈完稱不穀者謙也凡常諸侯皆稱寡人莊十一年宋災魯往弔之宋閔公稱孤者傳云列國有凶稱孤禮也以有凶災故降名稱孤　自稱於諸侯曰天子之老者二伯若與九州及四夷之諸侯言已自謂天子之老係於天子言之以威遠國也　於外曰公者外者其私土采地之外也而猶在王畿之內如周公食邑於周鄉國外之人其自稱則曰公也　於其國曰君者其國采地内也若與采地内臣民言則自稱曰君其既主分陝又在王朝嫌不正爲采地君故明之也不云自稱承上可知也　注稱之至畿内　正義曰自稱爲公正在畿内耳畿外則曰天子之老也　九州至曰君　殷曰伯周曰牧此云牧據周禮也天子於每州之中選取賢侯一人加一命使主一州爲牧若入天子國則自稱曰牧牧養也言其養一州之人故周禮八命作牧是也然伯不

足利本第六卷第二十六葉

云入天子國者伯不出故不言入耳州長云入曰牧出則否也崔靈恩云州長自稱也白虎通云往來牧視諸侯也天子同姓謂之叔父異姓謂之叔舅者牧劣於二伯故天子謂之叔叔小也父舅義如前一本云天下同姓然則二伯云其擯於天子曰天子之吏此不云擯於天子是記者略之也故下云諸侯見天子鄭云爲州牧則曰天子之老臣某侯某是也　於外曰侯者外謂其所封外九州內也自稱曰侯侯是本爵不云牧自稱承前可知也　於其國曰君者若與國內臣民言猶自稱爲君也　注牧尊至爲牧　正義曰大國之君是侯使稱伯今選侯之賢者加一命爲牧則是尊貴於不牧之侯而不謂爲伯降呼爲叔父者分陝已稱伯今牧若又呼爲伯則亂於分陝若猶呼本稱則不見其異故呼爲叔亦異常也云禮或損之而益謂此類也者崔云覲禮大國之君同姓謂之伯父異姓謂之伯舅此小者同姓謂之叔父異姓謂之叔舅此各當一國不嫌敵二伯州牧雖爲侯封皆是大國之君本自稱伯牧

禮記義六　二十六

今總攝衆國嫌其敵義故更稱叔此是損也叔名雖損卽是明其爲牧故謂之爲益故云損之而益謂此類也熊氏云三夫人致飲有醴清醫酏糟不體王故申得二飲后致飲醫酏糟以體王故屈二飲亦是損之而益之類也云二王之後不爲牧知不爲牧者以二王之後其爵稱公今此經云九州之長曰牧於外曰侯不言於外曰公故知二王之後不爲牧牧用侯以下二王之後所以不爲牧者以其先祖嘗爲天子統領海內若更遣爲牧恐有專權之心故也　其在至曰子　此天子亦選其中賢者爲之牧也但不知幾國立一人耳卑不得名爲牧又不得謂爲父舅其本爵不過子男若其本爵子者今朝天子擯辭曰子若本爵是男亦謂爲子也所以爾者舉其高者言之亦尊異故也不云入天子國及不云擯者略可知也故爾雅云九夷八狄七戎六蠻謂之四海李巡注四海遠於四荒晦冥無形不可教誨故云四海也　海者晦也言其晦暗無知案爾雅所列與此同但數異爾　注謂九至曰子　正義曰其

潘本第六卷第二十六葉

云入天子國者伯不出故不言入耳州長云入曰牧出則否也崔靈恩云州長自稱也白虎通云往來牧視諸侯也天子同姓謂之叔父異姓謂之叔舅者牧劣於二伯故天子謂之叔叔小也父舅義如前一本云天下同姓然則二伯云其擯於天子曰天子之吏此不云擯於天子是記者略之也故下云諸侯見天子鄭云爲州牧則曰天子之老臣某侯某是也　於外曰侯者外謂其所封外九州內也自稱曰侯侯是本爵不云牧自稱承前可知也　於其國曰君者若與國內臣民言猶自稱爲君也　注牧尊至爲牧　正義曰大國之君是侯使稱伯今選侯之賢者加一命爲牧則是尊貴於不牧之侯而不謂爲伯降呼爲叔父者分陝已稱伯今牧若又呼爲伯則亂於分陝若猶呼本稱則不見其異故呼爲叔亦異常也云禮或損之而益謂此類也者崔云覲禮大國之君同姓謂之伯父異姓謂之伯舅此小者同姓謂之叔父異姓謂之叔舅此各當一國不嫌敵二伯州牧雖爲侯封皆是大國之君本自稱伯牧

禮記義六　二十六

今總攝衆國嫌其敵義故更稱叔此是損也叔名雖損卽是明其爲牧故謂之爲益故云損之而益謂此類也熊氏云三夫人致飲有醴清醫酏糟不體王故申得二飲后致飲醫酏糟以體王故屈二飲亦是損之而益之類也云二王之後不爲牧知不爲牧者以二王之後其爵稱公今此經云九州之長曰牧於外曰侯不言於外曰公故知二王之後不爲牧牧用侯以下二王之後所以不爲牧者以其先祖嘗爲天子統領海內若更遣爲牧恐有專權之心故也　其在至曰子　此天子亦選其中賢者爲之牧也但不知幾國立一人耳卑不得名爲牧又不得謂爲父舅其本爵不過子男若其本爵子者今朝天子擯辭曰子若本爵是男亦謂爲子也所以爾者舉其高者言之亦尊異故也不云入天子國及不云擯者略可知也故爾雅云九夷八狄七戎六蠻謂之四海李巡注四海遠於四荒晦冥無形不可教誨故曰四海也海者晦也言其晦暗無知案爾雅所列與此同但數異爾　注謂九至曰子　正義曰其

或有多功益土雖加侯伯之地而爵不得進終守子男以卑遠故也今雖別爲牧長而同呼爲子不得過本爵也於內自稱曰不穀於外自稱曰王老　謂其國之外夷狄之中也以爲牧長恐夷狄難服須尊名威之故與一切言自稱曰我是天子之老臣也崔云方伯牧稱天子之老四夷之長稱曰王老方伯之職帶三公之任猶謂之內臣化同天子無有歸往之義故云天子之老四夷之君去王遠由有歸往之義賢始得爲長故以王老爲稱也　庶方至曰孤　庶衆也小侯謂四夷之君非爲牧者也以其賤故曰衆方也若入王國自稱曰某人若牟人介人也六服之內但舉伯之與牧不顯其餘諸侯九州之外既舉大國之子又舉其餘小國者以六服諸侯下文別更具顯故於此略之　於外曰子者此君在其本國外四夷之中自稱依其本爵或子或男今言子是舉其尊稱耳若男亦稱男也自稱曰孤者若自與臣民言則曰孤孤者特立無德能也凡二伯自稱及介傳命則曰天子之力臣故王藻云伯曰

禮記義六　二十七

天子之力臣是也若擯者傳命於天子則曰天子之吏故此云擯於天子則曰天子之吏是也於諸侯及朝廷則曰天子之老則此文及昭公十三年劉獻公對晉叔向云天子之老是也九州之長及介傳命則曰某土之守臣某知者玉藻云若其擯者傳命於天子則曰天子之老臣某侯某知者約此文天子之老及下文云某侯某其餘諸侯介傳命云某土之守臣某知者亦約玉藻文也擯者傳命云某侯某知者約下文也凡九州之外大國之子介傳命某屏之守臣某故玉藻又云其在邊邑曰某屏之守臣某是也擯者告天子稱某子某與中國諸侯同庶方小侯介傳命云某土之孤某知者玉藻云小國之君曰孤是也擯者告天子亦應云某孤某知者約尋常諸侯稱某侯某但稱孤爲異耳其二伯以下對天子皆稱名也　上杉安房守藤原憲實寄進

禮記正義卷第六

或有多功益土雖加侯伯之地而爵不得進終守子男以卑遠故也今雖別爲牧長而同呼爲子不得過本爵也於內自稱曰不穀於外自稱曰王老　謂其國之外夷狄之中也以爲牧長恐夷狄難服須尊名威之故與一切言自稱曰我是天子之老臣也崔云方伯牧稱天子之老四夷之長稱曰王老方伯之職帶三公之任猶謂之內臣化同天子無有歸往之義故云天子之老四夷之君去王遠由有歸往之義賢始得爲長故以王老爲稱也　庶方至曰孤　庶衆也小侯謂四夷之君非爲牧者也以其賤故曰衆方也若入王國自稱曰某人若牟人介人也六服之內但舉伯之與牧不顯其餘諸侯九州之外既舉大國之子又舉其餘小國者以六服諸侯下文別更具顯故於此略之　於外曰子者此君在其本國外四夷之中自稱依其本爵或子或男今言子是舉其尊稱耳若男亦稱男也自稱曰孤者若自與臣民言則曰孤孤者特立無德能也凡二伯自稱及介傳命則曰天子之力臣故王藻云伯曰

禮記義六　二十七

天子之力臣是也若擯者傳命於天子則曰天子之吏故此云擯於天子則曰天子之吏是也於諸侯及朝廷則曰天子之老則此文及昭公十三年劉獻公對晉叔向云天子之老是也九州之長及介傳命則曰某土之守臣某知者玉藻云若其擯者傳命於天子則曰天子之老臣某侯某知者約此文天子之老及下文云某侯某其餘諸侯介傳命云某土之守臣某知者亦約玉藻文也擯者傳命云某侯某知者約下文也凡九州之外大國之子介傳命某屏之守臣某故玉藻又云其在邊邑曰某屏之守臣某是也擯者告天子稱某子某與中國諸侯同庶方小侯介傳命云某土之孤某知者玉藻云小國之君曰孤是也擯者告天子亦應云某孤某知者約尋常諸侯稱某侯某但稱孤爲異耳其二伯以下對天子皆稱名也

禮記正義卷第六

足利本第七卷第一葉

禮記正義卷第七

國子祭酒上護軍曲阜縣開國子臣孔穎達等奉

勑撰

天子當依而立諸侯北面而見天子曰覲天子當宁而立諸公東面諸侯西面曰朝諸侯春見曰朝受摯於朝受享於廟生氣文也秋見曰覲一受之於廟殺氣質也朝者位於內朝而序進覲者位於廟門外而序入王南面立於依宁而受焉夏宗依春冬遇依秋春秋時齊侯唁魯昭公以遇禮相見取易略也覲禮今存朝宗遇禮今亡

【疏】正義曰此一節論諸侯四時朝覲宗遇之法各隨文解之　天子當依而立者依狀如屏風以絳為質高八尺東西當戶牖之間繡為斧文也亦曰斧依故覲禮云天子設斧依於戶牖之間左右凡天子袞冕負斧依鄭注云依如今綈素屏風也有繡斧文所以示威也爾雅云牖戶之間謂之扆郭注云窻東戶西也依此諸解是設依於廟堂戶牖之間天子見諸侯則依而立負之而南面以對諸侯也凡諸侯朝王一年四時案宗伯春曰朝夏曰宗秋曰覲冬曰遇鄭注朝猶朝也欲其來之早宗尊也欲其尊王覲之言勤也欲其勤王之事遇猶偶也欲其若不期而俱至若通而言之悉曰朝從初受名覲禮云諸侯前朝皆受舍于朝又云乘墨車載龍旂弧韣乃朝又春秋僖二十八年夏五月經曰公朝於王所知朝通名也但朝覲宗遇禮異耳案大行人云侯服歲壹見甸服二歲壹見男服三歲壹見采服四歲壹見衛服五歲壹見要服六歲壹見隨服更來周而復始然而六服分來又每方服別分為四分一分朝春一分宗夏一分覲秋一分遇冬四方並然故鄭注云其朝貢之歲四方各四分

潘本第七卷第一葉

禮記正義卷第七

國子祭酒上護軍曲阜縣開國子臣孔穎達等奉

勑撰

天子當依而立諸侯北面而見天子曰覲天子當宁而立諸公東面諸侯西面曰朝諸侯春見曰朝受摯於朝受享於廟生氣文也秋見曰覲一受之於廟殺氣質也朝者位於內朝而序進覲者位於廟門外而序入王南面立於依宁而受焉夏宗依春冬遇依秋春秋時齊侯唁魯昭公以遇禮相見取易略也覲禮今存朝宗遇禮今亡

【疏】正義曰此一節論諸侯四時朝覲宗遇之法各隨文解之　天子當依而立者依狀如屏風以絳為質高八尺東西當戶牖之間繡為斧文也亦曰斧依故覲禮云天子設斧依於戶牖之間左右凡天子袞冕負斧依鄭注云依如今綈素屏風也有繡斧文所以示威也爾雅云牖戶之間謂之扆郭注云窻東戶西也依此諸解是設依於廟堂戶牖之間天子見諸侯則依而立負之而南面以對諸侯也凡諸侯朝王一年四時案宗伯春曰朝夏曰宗秋曰覲冬曰遇鄭注朝猶朝也欲其來之早宗尊也欲其尊王覲之言勤也欲其勤王之事遇猶偶也欲其若不期而俱至若通而言之悉曰朝從初受名覲禮云諸侯前朝皆受舍于朝又云乘墨車載龍旂弧韣乃朝又春秋僖二十八年夏五月經曰公朝於王所知朝通名也但朝覲宗遇禮異耳案大行人云侯服歲壹見甸服二歲壹見男服三歲壹見采服四歲壹見衛服五歲壹見要服六歲壹見隨服更來周而復始然而六服分來又每方服別分為四分一分朝春一分宗夏一分覲秋一分遇冬四方並然故鄭注云其朝貢之歲四方各四分

足利本第七卷第二葉

趨四時而來或朝春或宗夏或覲秋或遇冬要服之外有
夷鎮藩三服案大行人云九州之外謂之藩國世壹見鄭
注云世謂父死子立及嗣王即位乃一來耳六服之中服
數朝外又有四名一是時見曰會者若諸侯有不服者王
將有征討之事若東方諸侯不服則與東方諸侯共討之
若南方諸侯不服則與南方諸侯共討之諸方皆然朝竟
王乃爲壇於國外與之會盟春於國東夏南秋西冬北會
則隨事無有定期有時而然故曰時見曰會也二曰殷見
曰同者天子十二年一巡守或應巡守之歲而天下未平
或王有他故不獲自行則四方諸侯並朝京師朝竟亦於
國外爲壇以命之政事殷衆也其來既衆故曰殷見曰同
也三曰時聘曰問者謂王有事諸侯非朝王之歲不得自
來遣大夫來聘因而問王起居此亦無常期故曰時聘曰
問也四曰殷覜曰視者謂元年七年十一年唯有侯服來
朝朝者既少諸侯遣卿大夫以大禮來聘聘者既衆故曰
殷也覜亦見也爲來見王起居故曰覜也殷覜亦並依時

禮記疏二　二　蔡仲

春東夏南秋西冬北各隨方逐時但不每方分爲四耳故
鄭注大行人云其殷同四方四時分來如平時也鄭既云
四時分來如平時而前六服初時唯云四時雖不言四方
後又云四方各分趨四時明其同也然所以殷覜不須分
見四時者小禮不須更見四時法也天子當依而立是秋
於廟受覲禮也諸侯來朝至於近郊王使大行人皮弁用
璧以迎勞之諸侯亦皮弁從使者以入天子賜舍諸侯受
舍聽天子之命其朝日未出之前諸侯上介受舍于廟門
外同姓西面北上異姓東面北上至朝日質明諸侯裨冕
先釋幣於其齊車之行主天子袞冕在廟當依前南面而
立不迎賓諸侯自廟門外位天子使上擯進諸侯諸侯入
廟門右坐奠圭玉而再拜所以奠圭玉者卑見於尊奠贄
不授也擯者命升西階親授諸侯於是坐取圭玉升堂王
受王是當依而立之時也　諸侯北面而見天子曰覲者
王既受玉而諸侯降階並北面再拜稽首擯者延之使升
成拜是北面曰覲時所以同北面者覲遇秋冬陰氣質斂

潘本第七卷第二葉

趨四時而來或朝春或宗夏或覲秋或遇冬要服之外有
夷鎮藩三服案大行人云九州之外謂之藩國世壹見鄭
注云世謂父死子立及嗣王即位乃一來耳六服之中服
數朝外又有四名一是時見曰會者若諸侯有不服者王
將有征討之事若東方諸侯不服則與東方諸侯共討之
若南方諸侯不服則與南方諸侯共討之諸方皆然朝竟
王乃爲壇於國外與之會盟春於國東夏南秋西冬北會
則隨事無有定期有時而然故曰時見曰會也二曰殷見
曰同者天子十二年一巡守或應巡守之歲而天下未平
或王有他故不獲自行則四方諸侯並朝京師朝竟亦於
國外爲壇以命之政事殷衆也其來既衆故曰殷見曰同
也三曰時聘曰問者謂王有事諸侯非朝王之歲不得自
來遣大夫來聘因而問王起居此亦無常期故曰時聘曰
問也四曰殷覜曰視者謂元年七年十一年唯有侯服來
朝朝者既少諸侯遣卿大夫以大禮來聘聘者既衆故曰
殷也覜亦見也爲來見王起居故曰覜也殷覜亦並依時

禮記疏二　二　蔡仲

春東夏南秋西冬北各隨方逐時但不每方分爲四耳故
鄭注大行人云其殷同四方四時分來如平時也鄭既云
四時分來如平時而前六服初時唯云四時雖不言四方
後又云四方各分趨四時明其同也然所以殷覜不須分
見四時者小禮不須更見四時法也天子當依而立是秋
於廟受覲禮也諸侯來朝至於近郊王使大行人皮弁用
璧以迎勞之諸侯亦皮弁從使者以入天子賜舍諸侯受
舍聽天子之命其朝日未出之前諸侯上介受舍于廟門
外同姓西面北上異姓東面北上至朝日質明諸侯裨冕
先釋幣於其齊車之行主天子袞冕在廟當依前南面而
立不迎賓諸侯自廟門外位天子使上擯進諸侯諸侯入
廟門右坐奠圭玉而再拜所以奠圭玉者卑見於尊奠贄
不授也擯者命升西階親授諸侯於是坐取圭玉升堂王
受王是當依而立之時也　諸侯北面而見天子曰覲者
王既受玉而諸侯降階並北面再拜稽首擯者延之使升
成拜是北面曰覲時所以同北面者覲遇秋冬陰氣質斂

足利本第七卷第三葉

故不布散　天子當宁而立者此爲春夏受朝時也宁者爾雅云門屏之間謂之宁郭注云人君視朝所宁立處李巡云正門内兩塾間曰宁謂天子受朝於路門外之朝於門外而宁立以待諸侯之至故云當宁而立也然路門外有屏者即樹塞門是也爾雅云正門謂之應門又云屏謂之樹李巡云恒當門自蔽名曰樹郭云小牆當門中今案李郭二注以推驗禮文諸侯内屏在路門之内天子外屏在路門之外而近應門者矣　諸公東面諸侯西面曰朝者王既立宁諸侯次第而進諸公在西諸侯在東而朝王陽氣文也故因父而分布也崔云地道貴右公故在西也然此是春朝也先受朝竟然後入廟受享也　注諸侯至今云　正義曰庭實受之於廟生氣文也陽生之時其氣文舒而布散故分於兩處受也云秋見曰覲一受之於廟一弁朝享皆廟受之殺氣質也此陰殺之時其氣質斂故弁於一處受之也云朝者位於内朝而序進者此内朝即路門外朝也對皐門内三槐九棘之外朝故稱内也若對

禮記義七　三　高文

路寢庭朝又爲外故文王世子云朝於外朝則以官是也崔云諸侯春夏來朝各乘其命車至皐門外陳介也天子車時在大門内傳辭既訖則乘車出大門下車若升朝之時王但迎公自諸侯以下則隨之而入更不別迎也入至文王廟門天子還服朝服立於路門之外諸侯更易服朝服執贄而入應門而行禮故王當宁以待諸侯次第而進故云序進謂入應門諸公東面諸侯西面若熊氏之義則朝無迎法唯享有迎諸侯之禮案覲禮諸侯乘墨車而入朝鄭云墨車者大夫制也入天子之國車服不可盡同也云覲者位於廟門外而序入者其宿受位次在廟門外至朝之旦秋冬王不出迎其尊卑各在其次中未得相見聽上擯進之乃於位次第而入故云序入也云王南面立於依宁而受焉者二處皆南面也云夏宗依春冬遇依秋者陰陽同各相依也云春秋時齊侯唁魯昭公以遇禮相見取易略也者此引證宗依朝遇依覲非唯並受爲異其禮有難易繁省之殊也穀梁傳曰弔失國曰唁魯昭公伐季

潘本第七卷第三葉

故不布散　天子當宁而立者此爲春夏受朝時也宁者爾雅云門屏之間謂之宁郭注云人君視朝所宁立處李巡云正門内兩塾間曰宁謂天子受朝於路門外之朝於門外而宁立以待諸侯之至故云當宁而立也然路門外有屏者即樹塞門是也爾雅云正門謂之應門又云屏謂之樹李巡云恒當門自蔽名曰樹郭云小牆當門中今案李郭二注以推驗禮文諸侯内屏在路門之内天子外屏在路門之外而近應門者矣　諸公東面諸侯西面曰朝者王既立宁諸侯次第而進諸公在西諸侯在東而朝王陽氣文也故因父而分布也崔云地道貴右公故在西也然此是春朝也先受朝竟然後入廟受享也　注諸侯至今云　正義曰庭實受之於廟生氣文也陽生之時其氣文舒而布散故分於兩處受也云秋見曰覲一受之於廟一弁朝享皆廟受之殺氣質也此陰殺之時其氣質斂故弁於一處受之也云朝者位於内朝而序進者此内朝即路門外朝也對皐門内三槐九棘之外朝故稱内也若對

禮記義七　三　高文

路寢庭朝又爲外故文王世子云朝於外朝則以官是也崔云諸侯春夏來朝各乘其命車至皐門外陳介也天子車時在大門内傳辭既訖則乘車出大門下車若升朝之時王但迎公自諸侯以下則隨之而入更不別迎也入至文王廟門天子還服朝服立於路門之外諸侯更易服朝服執贄而入應門而行禮故王當宁以待諸侯次第而進故云序進謂入應門諸公東面諸侯西面若熊氏之義則朝無迎法唯享有迎諸侯之禮案覲禮諸侯乘墨車而入朝鄭云墨車者大夫制也入天子之國車服不可盡同也云覲者位於廟門外而序入者其宿受位次在廟門外至朝之旦秋冬王不出迎其尊卑各在其次中未得相見聽上擯進之乃於位次第而入故云序入也云王南面立於依宁而受焉者二處皆南面也云夏宗依春冬遇依秋者陰陽同各相依也云春秋時齊侯唁魯昭公以遇禮相見取易略也者此引證宗依朝遇依覲非唯並受爲異其禮有難易繁省之殊也穀梁傳曰弔失國曰唁魯昭公伐季

足利本第七卷第四葉

氏不勝而出故春秋昭二十五年九月公孫於齊次于陽
州齊侯唁公於野井公羊云以人爲菑以幦爲席以鞌爲
几以遇禮相見是也分六服隨服而朝則六年一遍此鄭
康成之義尚書六年五服一朝而孔注云五服一朝侯甸
男采衛六年一朝會京師孔鄭不同孔以昭十三年左傳
云歲聘以志業間朝以講禮再朝而會以示威再會而盟
以顯昭明以爲諸侯三年一朝六年一會十二年一盟是
周之正朝法也其大行人依服數見者是諸侯遣使貢獻
而見耳知覲在廟者此云當依而立覲禮又有負斧依及
侯氏入廟門告聽事鄭注云告王以國所用爲罪之事大
行人云廟中將幣三享故也知在文王廟者聘禮云不腆
先君之祧明天子受覲於廟之祧可知也又案覲禮同姓
西面異姓東面鄭注分別同姓異姓者受之將有先後也
則是覲禮之法先同姓後異姓若然案檀弓注云朝覲爵
同同位則爵尊先見覲禮見不同者二文雖異其意則同
就爵同之中先受同姓之朝周之盟會亦先同姓也故定

禮記義七　四　李仁

四年祝佗稱踐土之盟載書云晉重魯申蔡甲午鄭捷齊
潘鄭雖小國而在齊上故隱十一年傳云周之宗盟異姓
爲後若其餘盟分國大小爲次故襄二十七年宋之盟晉
楚爭先楚人先歃是也必知然者案杜預釋例云若王官
之伯主盟異姓爲後其餘則否也凡天子三朝其一在路
門內謂之燕朝大僕掌之故大僕云王眡燕朝則正其位
文王世子云公族朝於內朝親之也此則王與宗人圖其
嘉事及王退侯大夫之朝也其二是路門外之朝謂之治
朝司士掌之故司士云正朝儀之位王南鄉三公北面東
上孤東面北上卿大夫西面北上王族故士虎士在路門
之右南面東上大僕大右大僕從者在路門之左南面西
上此是每日視朝之位其王與諸侯賓射亦與治朝同
故射人云三公北面孤東面卿大夫西面諸侯在朝則皆
北面不云王族故士虎士大僕大右者文不具耳不云士
者鄭注云此與諸侯射士不與案諸侯大射士立於西方
東面是天子大射士亦預禮也其三是皐門之內庫門之

潘本第七卷第四葉

氏不勝而出故春秋昭二十五年九月公孫於齊次于陽
州齊侯唁公於野井公羊云以人爲菑以幦爲席以鞌爲
几以遇禮相見是也分六服隨服而朝則六年一遍此鄭
康成之義尚書六年五服一朝而孔注云五服一朝侯甸
男采衛六年一朝會京師孔鄭不同孔以昭十三年左傳
云歲聘以志業間朝以講禮再朝而會以示威再會而盟
以顯昭明以爲諸侯三年一朝六年一會十二年一盟是
周之正朝法也其大行人依服數見者是諸侯遣使貢獻
而見耳知覲在廟者此云當依而立覲禮又有負斧依及
侯氏入廟門告聽事鄭注云告王以國所用爲罪之事大
行人云廟中將幣三享故也知在文王廟者聘禮云不腆
先君之祧明天子受覲於廟之祧可知也又案覲禮同姓
西面異姓東面鄭注分別同姓異姓者受之將有先後也
則是覲禮之法先同姓後異姓若然案檀弓注云朝覲爵
同同位則爵尊先見覲禮見不同者二文雖異其意則同
就爵同之中先受同姓之朝周之盟會亦先同姓也故定

禮記義七　四　李仁

四年祝佗稱踐土之盟載書云晉重魯申蔡甲午鄭捷齊
潘鄭雖小國而在齊上故隱十一年傳云周之宗盟異姓
爲後若其餘盟分國大小爲次故襄二十七年宋之盟晉
楚爭先楚人先歃是也必知然者案杜預釋例云若王官
之伯主盟異姓爲後其餘則否也凡天子三朝其一在路
門內謂之燕朝大僕掌之故大僕云王眡燕朝則正其位
文王世子云公族朝於內朝親之也此則王與宗人圖其
嘉事及王退侯大夫之朝也其二是路門外之朝謂之治
朝司士掌之故司士云正朝儀之位王南鄉三公北面東
上孤東面北上卿大夫西面北上王族故士虎士在路門
之右南面東上大僕大右大僕從者在路門之左南面西
上此是每日視朝之位其王與諸侯賓射亦與治朝同
故射人云三公北面孤東面卿大夫西面諸侯在朝則皆
北面不云王族故士虎士大僕大右者文不具耳不云士
者鄭注云此與諸侯射士不與案諸侯大射士立於西方
東面是天子大射士亦預禮也其三是皐門之內庫門之

外謂之外朝朝士掌之故朝士云左九棘孤卿大夫位焉右九棘公侯伯子男位焉面三槐三公位焉此是詢衆庶之朝也凡朝三公北面者以其貴臣荅王之義也孤及諸侯東面者尊之故從賓位卿大夫西面者君之臣子統於君也士門西東面者以其卑賤故外之其外朝孤與士辟諸侯故就東方西面同其位案燕禮云卿西面大夫北面士門西東面大射亦然知諸侯有路門外朝者案玉藻云君朝服日出而視朝退適路寢是也其外詢衆庶之所經雖無文亦當與天子同其位無三公及諸侯當同燕禮大射之位若然周禮天子有射朝燕儀禮諸侯有燕朝也射雖無正朝當與天子同則天子諸侯皆三朝也

諸侯未及期相見曰遇相見於郤地曰會諸侯使大夫問於諸侯曰聘約信曰誓涖牲曰盟 及至也郤閒也涖臨也坎用牲臨而讀其盟書

禮記義七　五　王宗

聘禮今存遇會誓盟禮亡誓之辭尚書見有六篇

疏 正義曰今若未至前所期之日及非所期之地而忽相見則並用遇禮相接故曰遇也所以爾者遇禮易略既期未至故用簡易禮也　相見於郤地曰會者此謂及期之禮郤閒也既及期又至所期之地則其禮閒暇　諸侯使大夫問於諸侯曰聘者聘問也謂遣大夫往相存問　約信曰誓者亦諸侯事也約信以其不能自和好故用言辭共相約束以爲信也若用言相約束以相見則用誓禮故曰誓也鄭注司寇云約言語之約束也　涖牲曰盟者亦諸侯事也涖臨也臨牲者盟所用也盟者殺牲歃血誓於神也若約束而臨牲則用盟禮故云涖牲曰盟也然天下太平之時則諸侯不得擅相與盟唯天子巡守至方嶽之下會畢然後乃與諸侯相盟同好惡獎王室以昭事神訓民事君凡國有疑則盟詛其不信者及殷見曰同並用此禮後至於五霸之道卑於三王有事而會不協而盟盟之爲法先鑿地爲方坎殺牲於坎上割牲左耳盛以珠槃又

足利本第七卷第五葉

外謂之外朝朝士掌之故朝士云左九棘孤卿大夫位焉右九棘公侯伯子男位焉面三槐三公位焉此是詢衆庶之朝也凡朝三公北面者以其貴臣荅王之義也孤及諸侯東面者尊之故從賓位卿大夫西面者君之臣子統於君也士門西東面者以其卑賤故外之其外朝孤與士辟諸侯故就東方西面同其位案燕禮云卿西面大夫北面士門西東面大射亦然知諸侯有路門外朝者案玉藻云君朝服日出而視朝退適路寢是也其外詢衆庶之所經雖無文亦當與天子同其位無三公及諸侯當同燕禮大射之位若然周禮天子有射朝燕儀禮諸侯有燕朝也射雖無正朝當與天子同則天子諸侯皆三朝也

諸侯未及期相見曰遇相見於郤地曰會諸侯使大夫問於諸侯曰聘約信曰誓涖牲曰盟 及至也郤閒也涖臨也坎用牲臨而讀其盟書

禮記義七　五　王宗

聘禮今存遇會誓盟禮亡誓之辭尚書見有六篇

疏 正義曰今若未至前所期之日及非所期之地而忽相見則並用遇禮相接故曰遇也所以爾者遇禮易略既期未至故用簡易禮也　相見於郤地曰會者此謂及期之禮郤閒也既及期又至所期之地則其禮閒暇　諸侯使大夫問於諸侯曰聘者聘問也謂遣大夫往相存問　約信曰誓者亦諸侯事也約信以其不能自和好故用言辭共相約束以爲信也若用言相約束以相見則用誓禮故曰誓也鄭注司寇云約言語之約束也　涖牲曰盟者亦諸侯事也涖臨也臨牲者盟所用也盟者殺牲歃血誓於神也若約束而臨牲則用盟禮故云涖牲曰盟也然天下太平之時則諸侯不得擅相與盟唯天子巡守至方嶽之下會畢然後乃與諸侯相盟同好惡獎王室以昭事神訓民事君凡國有疑則盟詛其不信者及殷見曰同並用此禮後至於五霸之道卑於三王有事而會不協而盟盟之爲法先鑿地爲方坎殺牲於坎上割牲左耳盛以珠槃又

潘本第七卷第五葉

足利本第七卷第六葉

取血盛以玉敦用血爲盟書成乃歃血而讀書知坎血加
書者案僖二十五年左傳云坎血加書又襄二十六年左
傳云欿用牲加書是也知用耳者戎右職云賛牛耳知用
左者以馘者用左耳故也知珠槃玉敦者戎右職云以玉
敦辟盟又玉府云則共珠槃玉敦知口歃血者隱七年左
傳云陳五父及鄭伯盟歃如忘又襄九年云新與楚盟口
血未乾是也異義云禮約盟不令春秋公羊説古者不盟
結言而退故穀梁傳云誥誓不及五帝盟詛不及三王交
質子不及二伯且盟非禮故春秋左氏云周禮有司盟之
官殺牲歃血所以盟事神明又云凡國有疑盟詛其不信
者是知於禮得盟許君謹案從左氏説以大平之時有盟
詛之禮鄭氏不駁從許慎義也盟詛不及三王非鄭所用
然盟牲所用許慎據韓詩云天子諸侯以牛豕大夫以犬
庶人以雞又云毛詩説君以豕臣以犬民以雞又左傳云
鄭伯使卒出豭行出犬雞以詛射潁考叔者又云衛伯姬
盟孔悝以豭鄭云詩説及鄭伯皆謂詛小於盟周禮戎右

禮記義一　六

職云盟則以玉敦辟盟遂役之鄭注云役之者傳敦血授
當歃者下云賛牛耳桃茢又左傳云孟武伯問於高柴曰
諸侯盟誰執牛耳然則盟者人君以牛伯姬盟孔悝以豭
下人君也皇氏以爲春秋時盟乃割心取血故定四年鑪
金云王割子期之心與隨人盟杜云當心前割取血以盟
示其至心是也 注及至至六篇 正義曰鄭注司盟云
盟者書其辭於策殺牲取血坎其牲加書於上而埋之謂
之載書云聘禮今存遇會誓盟禮亡誓之辭尚書見有六
篇者一曰甘誓夏啓伐有扈氏誓羣衆二曰湯誓謂湯伐
桀誓羣臣也三曰泰誓武王伐紂度孟津誓勑士衆之辭
也四曰牧誓武王伐紂於牧野時所作五曰費誓徐戎作
難魯侯伯禽誓羣臣與兵征之也六曰秦誓秦穆公襲鄭
不從蹇叔之謀果敗諸崤後
穆公悔過與羣臣自誓也

諸侯見天子曰臣某侯某 謂當夫承命告天子辭也其爲州牧
則曰天子之老臣某侯某奉圭請覲 **其與民**

潘本第七卷第六葉

取血盛以玉敦用血爲盟書成乃歃血而讀書知坎血加
書者案僖二十五年左傳云坎血加書又襄二十六年左
傳云欿用牲加書是也知用耳者戎右職云賛牛耳知用
左者以馘者用左耳故也知珠槃玉敦者戎右職云以玉
敦辟盟又玉府云則共珠槃玉敦知口歃血者隱七年左
傳云陳五父及鄭伯盟歃如忘又襄九年云新與楚盟口
血未乾是也異義云禮約盟不令春秋公羊説古者不盟
結言而退故穀梁傳云誥誓不及五帝盟詛不及三王交
質子不及二伯且盟非禮故春秋左氏云周禮有司盟之
官殺牲歃血所以盟事神明又云凡國有疑盟詛其不信
者是知於禮得盟許君謹案從左氏説以大平之時有盟
詛之禮鄭氏不駁從許慎義也盟詛不及三王非鄭所用
然盟牲所用許慎據韓詩云天子諸侯以牛豕大夫以犬
庶人以雞又云毛詩説君以豕臣以犬民以雞又左傳云
鄭伯使卒出豭行出犬雞以詛射潁考叔者又云衛伯姬
盟孔悝以豭鄭云詩説及鄭伯皆謂詛小於盟周禮戎右

禮記義一　六

職云盟則以玉敦辟盟遂役之鄭注云役之者傳敦血授
當歃者下云賛牛耳桃茢又左傳云孟武伯問於高柴曰
諸侯盟誰執牛耳然則盟者人君以牛伯姬盟孔悝以豭
下人君也皇氏以爲春秋時盟乃割心取血故定四年鑪
金云王割子期之心與隨人盟杜云當心前割取血以盟
示其至心是也 注及至至六篇 正義曰鄭注司盟云
盟者書其辭於策殺牲取血坎其牲加書於上而埋之謂
之載書云聘禮今存遇會誓盟禮亡誓之辭尚書見有六
篇者一曰甘誓夏啓伐有扈氏誓羣衆二曰湯誓謂湯伐
桀誓羣臣也三曰泰誓武王伐紂度孟津誓勑士衆之辭
也四曰牧誓武王伐紂於牧野時所作五曰費誓徐戎作
難魯侯伯禽誓羣臣與兵征之也六曰秦誓秦穆公襲鄭
不從蹇叔之謀果敗諸崤後
穆公悔過與羣臣自誓也

諸侯見天子曰臣某侯某 謂當夫承命告天子辭也其爲州牧
則曰天子之老臣某侯某奉圭請覲 **其與民**

足利本第七卷第七葉

言自稱曰寡人 謙也於臣亦然 其在凶服曰適子
孤 凶服亦謂未除喪 臨祭祀內事曰孝子某侯某
外事曰曾孫某侯某 稱國者遠辟天子 死曰薨 亦史書策
辭 復曰某甫復矣 某甫且字 既葬見天子曰
類見 代父受國類猶象也執皮帛象諸侯之禮見也其禮亡 言諡曰類 使大夫行
象聘問之禮也言諡者序其行及諡所宜其禮亡 諸侯使人使於諸侯使
者自稱曰寡君之老 繫於君以爲尊也此謂諸侯之卿上大夫 疏 正義曰此一節明諸侯及臣稱謂之法各隨文解之 諸
侯謂五等諸侯見天子而擯者將命之辭也同得稱臣故

禮記義七　七

曰臣也 某侯某者若言齊侯衛侯下某是名若伯子男
則云曹伯許男某也 注 謂嗇至請覲 正義曰嗇夫承
命告天子辭也此注並覲禮之文也鄭云嗇夫蓋司空屬
也爲末擯承命於侯氏未介傳而上上擯以告于天子也
音義隱云嗇夫主諸侯所齎幣帛皮圭之禮奉以白於天
子也云其爲州牧則曰天子之老臣某侯某者若爲州牧
既尊若來見故擯者加此四字也前州牧闕此故鄭補言
之也云奉圭請覲是鄭意述擯者之辭文無所出也 其
與民言自稱曰寡人 此亦自與民言法也寡人者言己
是寡德之人 其在凶服曰適子孫者謂擯者告賓之辭
知者雜記云相者告曰孤某須矣但彼文不云適子文不
備此直云適子孫不云名亦文不具也稱孤稱名者皆謂
父死未葬之前也故雜記云孤某須矣下則云既葬蒲席
明孤某是未葬也凡諸侯在喪之稱公羊未葬稱子某者
莊三十二年子般卒襄三十一年子野卒皆是君薨未葬
稱子某也既葬稱子則文公十八年子惡卒經書子卒是

潘本第七卷第七葉

言自稱曰寡人 謙也於臣亦然 其在凶服曰適子
孤 凶服亦謂未除喪 臨祭祀內事曰孝子某侯某
外事曰曾孫某侯某 稱國者遠辟天子 死曰薨 亦史書策
辭 復曰某甫復矣 某甫且字 既葬見天子曰
類見 代父受國類猶象也執皮帛象諸侯之禮見也其禮亡 言諡曰類 使大夫行
象聘問之禮也言諡者序其行及諡所宜其禮亡 諸侯使人使於諸侯使
者自稱曰寡君之老 繫於君以爲尊也此謂諸侯之卿上大夫 疏 正義曰此一節明諸侯及臣稱謂之法各隨文解之 諸
侯謂五等諸侯見天子而擯者將命之辭也同得稱臣故

禮記義七　七

曰臣也 某侯某者若言齊侯衛侯下某是名若伯子男
則云曹伯許男某也 注 謂嗇至請覲 正義曰嗇夫承
命告天子辭也此注並覲禮之文也鄭云嗇夫蓋司空屬
也爲末擯承命於侯氏未介傳而上上擯以告于天子也
音義隱云嗇夫主諸侯所齎幣帛皮圭之禮奉以白於天
子也云其爲州牧則曰天子之老臣某侯某者若爲州牧
既尊若來見故擯者加此四字也前州牧闕此故鄭補言
之也云奉圭請覲是鄭意述擯者之辭文無所出也 其
與民言自稱曰寡人 此亦自與民言法也寡人者言己
是寡德之人 其在凶服曰適子孫者謂擯者告賓之辭
知者雜記云相者告曰孤某須矣但彼文不云適子文不
備此直云適子孫不云名亦文不具也稱孤稱名者皆謂
父死未葬之前也故雜記云孤某須矣下則云既葬蒲席
明孤某是未葬也凡諸侯在喪之稱公羊未葬稱子某者
莊三十二年子般卒襄三十一年子野卒皆是君薨未葬
稱子某也既葬稱子則文公十八年子惡卒經書子卒是

足利本第七卷第八葉

也踰年稱君者則僖公十年里克殺其君卓及文公元年公即位是踰年稱君也謂臣子稱君也若其君自稱猶曰子故公羊傳文九年諸侯於其封內三年稱子是也案昭十一年楚滅蔡執世子有其時蔡君已死其子仍稱世子者何休云稱世子者不許楚之滅蔡也猶若君存然故猶稱世子文十四年九月齊商人弒其君舍舍爲君商人之弒也襄二十九年吴子使季札來聘先君未踰年吴稱子者賢季子故録之桓十一年鄭忽出奔衛先君既葬而尚稱名者公羊云何以名伯子男一也辭無所貶何休云直以喪降稱名無餘罪致貶凡以王事出會未踰年皆稱子僖九年會於葵丘宋襄公稱子僖二十八年會於踐土陳共公稱子定四年會召陵陳懷公稱子皆未踰年會王事而稱子也若未踰年非王事而稱爵者皆譏耳成四年鄭伯伐許是也從上以來皆公羊之義也其左氏之義君薨未葬未行即位之禮前稱子某子般子野是也其出會諸侯未葬之前稱子故僖九年左氏傳云凡在喪王曰小童

禮記義七　八　楊昌

公侯曰子葵丘之會宋襄公稱子踐土之會陳共公稱子是也葬雖未踰年則稱君則晉里克弒其君卓齊商人弒其君舍是也文十八年子惡卒先君葬後稱子者杜預云時史畏襄仲不敢稱君故云子也其王事出會則稱爵成四年鄭伯伐許是也案桓十三年經書衛惠公稱侯成十三年經書宋公衛侯此並先君未葬而稱爵者賈服注譏其不稱子杜預云非禮也僖二十五年會衛子莒慶盟於洮時先君已葬衛成公猶稱子者杜預云善其成父之志故上繫於父而稱子服虔亦云明不失子道成十年晉侯伐鄭時厲公父景公患未薨而厲公出會稱爵譏其生代父位不子也此皆左氏之義公羊以奚齊僖九年死卓子十年死以卓子踰年故稱君左氏卓子亦九年死但赴告在十年以葬後故稱君左氏公羊二傳不同也公羊以成四年鄭伯伐許非王事未踰年而稱爵譏之也左氏則以鄭伯伐許爲王事雖未踰年得稱爵當與公羊異鄭駁異義從公羊義以鄭伯伐許爲非禮及公羊未踰年爲王事

潘本第七卷第八葉

也踰年稱君者則僖公十年里克殺其君卓及文公元年公即位是踰年稱君也謂臣子稱君也若其君自稱猶曰子故公羊傳文九年諸侯於其封內三年稱子是也案昭十一年楚滅蔡執世子有其時蔡君已死其子仍稱世子者何休云稱世子者不許楚之滅蔡也猶若君存然故猶稱世子文十四年九月齊商人弒其君舍舍爲君商人之弒也襄二十九年吴子使季札來聘先君未踰年吴稱子者賢季子故録之桓十一年鄭忽出奔衛先君既葬而尚稱名者公羊云何以名伯子男一也辭無所貶何休云直以喪降稱名無餘罪致貶凡以王事出會未踰年皆稱子僖九年會於葵丘宋襄公稱子僖二十八年會於踐土陳共公稱子定四年會召陵陳懷公稱子皆未踰年會王事而稱子也若未踰年非王事而稱爵者皆譏耳成四年鄭伯伐許是也從上以來皆公羊之義也其左氏之義君薨未葬未行即位之禮前稱子某子般子野是也其出會諸侯未葬之前稱子故僖九年左氏傳云凡在喪王曰小童

禮記義七　八　楊昌

公侯曰子葵丘之會宋襄公稱子踐土之會陳共公稱子是也葬雖未踰年則稱君則晉里克弒其君卓齊商人弒其君舍是也文十八年子惡卒先君葬後稱子者杜預云時史畏襄仲不敢稱君故云子也其王事出會則稱爵成四年鄭伯伐許是也案桓十三年經書衛惠公稱侯成十三年經書宋公衛侯此並先君未葬而稱爵者賈服注譏其不稱子杜預云非禮也僖二十五年會衛子莒慶盟於洮時先君已葬衛成公猶稱子者杜預云善其成父之志故上繫於父而稱子服虔亦云明不失子道成十年晉侯伐鄭時厲公父景公患未薨而厲公出會稱爵譏其生代父位不子也此皆左氏之義公羊以奚齊僖九年死卓子十年死以卓子踰年故稱君左氏卓子亦九年死但赴告在十年以葬後故稱君左氏公羊二傳不同也公羊以成四年鄭伯伐許非王事未踰年而稱爵譏之也左氏則以鄭伯伐許爲王事雖未踰年得稱爵當與公羊異鄭駁異義從公羊義以鄭伯伐許爲非禮及公羊未踰年爲王事

足利本第七卷第九葉

皆稱子即宋襄公稱子陳共公稱子是也左氏未踰年爲
王事皆稱爵鄭駮異義引宋襄公稱子從公羊說以爲稱
子禮也　外事曰曾孫某侯某　外事謂社稷山川在封
内者也天子外事言嗣王某諸侯不得稱嗣侯但稱曾孫
所以然者天子尊謂能繼天德而立也諸侯無德不繼嗣
爲侯故不云嗣但是父祖重孫故言曾孫也　死曰薨者
此謂諸侯死而國史策辭也若異國史書之則但云卒也
在四夷不言亦賤略也自此以下皆然　注亦史書策辭
正義曰上文云天王崩書策辭今諸侯云薨故亦史策辭
若告於諸侯則辭當謙退故雜記云赴於諸侯曰寡君不
禄　復曰某甫復矣天子復則曰天子諸侯不可復云諸
侯復故呼其字言某甫故鄭注前文諸侯呼字是也　既
葬見天子曰類見　此諸侯世子父死葬畢而見於天子
禮也類象也言葬後未執玉而執皮帛以象諸侯見故曰
類見然春秋之義三年除喪之後乃見而今云既葬者謂
天子或巡守至竟故得見也若未葬未正君臣故雖天子
巡守亦不見也　言謚曰類者言謚謂將葬就君請謚也
凡謚既是表德故由尊者所裁故將葬之前親使人請之
於天子若檀弓云其子成請謚於君曰日月有時將葬矣
請所以易其名者是言謚於君也而曰類者王肅云請謚
於天子必以其實爲謚類於平生之行也何胤云類其德
而稱之如經天緯地曰文也鄭云使大夫行象聘問之禮
也今案鄭旨謂吉時遣大夫行則曰聘今請謚遣大夫不
得曰聘而名曰類言類象聘而行此禮也故云言謚曰類
也　注使大至禮亡　正義曰言象聘問之禮者解經中
類字言比類聘問之禮請謚於天子　諸侯至之老　案
玉藻云上大夫曰下臣擯者曰寡君之老下大夫自名擯
者曰寡大夫此云自稱曰寡君之老則上大夫擯者傳辭
及自稱於他國亦曰寡君之老若於己君則玉藻云下臣某　天子穆穆諸侯皇
皇大夫濟濟士蹌蹌庶人僬僬　皆行容止之貌也聘

禮記義七　九

潘本第七卷第九葉

皆稱子即宋襄公稱子陳共公稱子是也左氏未踰年爲
王事皆稱爵鄭駮異義引宋襄公稱子從公羊說以爲稱
子禮也　外事曰曾孫某侯某　外事謂社稷山川在封
内者也天子外事言嗣王某諸侯不得稱嗣侯但稱曾孫
所以然者天子尊謂能繼天德而立也諸侯無德不繼嗣
爲侯故不云嗣但是父祖重孫故言曾孫也　死曰薨者
此謂諸侯死而國史策辭也若異國史書之則但云卒也
在四夷不言亦賤略也自此以下皆然　注亦史書策辭
正義曰上文云天王崩書策辭今諸侯云薨故亦史策辭
若告於諸侯則辭當謙退故雜記云赴於諸侯曰寡君不
禄　復曰某甫復矣天子復則曰天子諸侯不可復云諸
侯復故呼其字言某甫故鄭注前文諸侯呼字是也　既
葬見天子曰類見　此諸侯世子父死葬畢而見於天子
禮也類象也言葬後未執玉而執皮帛以象諸侯見故曰
類見然春秋之義三年除喪之後乃見而今云既葬者謂
天子或巡守至竟故得見也若未葬未正君臣故雖天子
巡守亦不見也　言謚曰類者言謚謂將葬就君請謚也
凡謚既是表德故由尊者所裁故將葬之前親使人請之
於天子若檀弓云其子成請謚於君曰日月有時將葬矣
請所以易其名者是言謚於君也而曰類者王肅云請謚
於天子必以其實爲謚類於平生之行也何胤云類其德
而稱之如經天緯地曰文也鄭云使大夫行象聘問之禮
也今案鄭旨謂吉時遣大夫行則曰聘今請謚遣大夫不
得曰聘而名曰類言類象聘而行此禮也故云言謚曰類
也　注使大至禮亡　正義曰言象聘問之禮者解經中
類字言比類聘問之禮請謚於天子　諸侯至之老　案
玉藻云上大夫曰下臣擯者曰寡君之老下大夫自名擯
者曰寡大夫此云自稱曰寡君之老則上大夫擯者傳辭
及自稱於他國亦曰寡君之老若於己君則玉藻云下臣某　天子穆穆諸侯皇
皇大夫濟濟士蹌蹌庶人僬僬　皆行容止之貌也聘

禮記義七　九

禮曰賓入門皇又曰皇且行又曰衆介北面鏘焉凡行容尊者體盤卑者體蹙
疏　正義曰此一節論天子至庶人行容之貌云天子穆穆者威儀多貌也天子尊重故行止威儀多也　諸侯皇皇者自莊盛也諸侯不及穆穆而猶有莊盛鄭注聘禮云皇自莊盛也　大夫濟濟者濟濟徐行有節大夫降於諸侯不得自莊盛但徐行而已也　士蹌蹌者鄭注聘禮云容貌舒揚也案鄭意則不得濟濟也但舒揚而已　庶人僬僬者卑盡之貌也庶人卑賤都無容儀並自直行而已崔云凡形容下不得兼上上得兼下故詩有濟濟辟王穆穆魯侯者詩人頌美舉盛以言非對例也　注聘禮至體蹙　正義曰引聘禮證皇皇是容儀也此是入門時容也又曰皇且行者又證行時容也然皇是諸侯之容聘禮是臣而云皇者執玉入廟門得進其容亦如其君行禮宜已申也若在本國則濟濟然云又曰衆介北面蹌焉亦聘禮文也衆介士也卑故不得進容猶蹌蹌而已云凡行容尊者體盤卑者體蹙尊者體盤穆穆皇皇卑者體蹙蹌蹌僬僬是也

禮記義七　十

天子之妃曰后（后之言後也）諸侯曰夫人（夫之言扶）大夫曰孺人（孺之言屬）士曰婦人（婦之言服）庶人曰妻（妻之言齊）公侯有夫人有世婦有妻有妾（娶於天子也無后與嬪去上中）夫人自稱於天子曰老婦（自稱於天子謂畿內諸侯之夫人助祭若時事見）自稱於諸侯曰寡小君（謂饗來朝諸侯之時）自稱於其君曰小童自世婦以下自稱曰婢子（小童若云未成人也婢之言卑也於其君稱此以接見體敵嫌）其當子於父母則自名也（名父母所爲也言子者通男女）列國

足利本第七卷第十葉

禮曰賓入門皇又曰皇且行又曰衆介北面鏘焉凡行容尊者體盤卑者體蹙
疏　正義曰此二節論天子至庶人行容之貌云天子穆穆者威儀多貌也天子尊重故行止威儀多也　諸侯皇皇者自莊盛也諸侯不及穆穆而猶有莊盛鄭注聘禮云皇自莊盛也　大夫濟濟者濟濟徐行有節大夫降於諸侯不得自莊盛但徐行而已也　士蹌蹌者鄭注聘禮云容貌舒揚也案鄭意則不得濟濟也但舒揚而已　庶人僬僬者卑盡之貌也庶人卑賤都無容儀並自直行而已崔云凡形容下不得兼上上得兼下故詩有濟濟辟王穆穆魯侯者詩人頌美舉盛以言非對例也　注聘禮至體蹙　正義曰引聘禮證皇皇是容儀也此是入門時容也又曰皇且行者又證行時容也然皇是諸侯之容聘禮是臣而云皇者執玉入廟門得進其容亦如其君行禮宜已申也若在本國則濟濟然云又曰衆介北面蹌焉亦聘禮文也衆介士也卑故不得進容猶蹌蹌而已云凡行容尊者體盤卑者體蹙尊者體盤穆穆皇皇卑者體蹙蹌蹌僬僬是也

禮記義七　十

天子之妃曰后（后之言後也）諸侯曰夫人（夫之言扶）大夫曰孺人（孺之言屬）士曰婦人（婦之言服）庶人曰妻（妻之言齊）公侯有夫人有世婦有妻有妾（娶於天子也無后與嬪去上中）夫人自稱於天子曰老婦（自稱於天子謂畿內諸侯之夫人助祭若時事見）自稱於諸侯曰寡小君（謂饗來朝諸侯之時）自稱於其君曰小童自世婦以下自稱曰婢子（小童若云未成人也婢之言卑也於其君稱此以接見體敵嫌）其當子於父母則自名也（名父母所爲也言子者通男女）列國

潘本第七卷第十葉

之大夫入天子之國曰某士亦謂諸侯之卿也三命以下於天子爲士曰某士者若晉韓起聘於周擯者曰晉士起自稱曰陪臣某陪重也於外曰子子有德之稱魯春秋曰齊高子來盟於其國曰寡君之老使者自稱曰某使謂使人於諸侯也某名也疏正義曰此一節論天子以下妃妾及臣子稱謂之法各隨文解之天子之妃曰后諸侯曰夫人大夫曰孺人士曰婦人庶人曰妻者皆敵其夫如王之后故以后居前耳妃配也判合配王諸侯以下通有妃義故以妃字冠之以特牲少牢是大夫士之禮皆云某妃配某氏尊卑通稱也白虎通云后君也明配至尊爲海內小君天下尊之故繼其王言之曰王后也　諸侯曰夫人者夫人之名唯諸侯得稱論語云邦君之妻邦人稱之曰君夫人是也　大夫曰孺人者孺

禮記義七　十一

屬也言其爲親屬注孺之言屬也　正義曰案爾雅云孺屬也　士曰婦人者婦之言服也服事其夫也其婦號亦上下通名故春秋逆婦姜於齊是諸侯亦呼婦也穀梁傳云言婦有姑之辭言服事舅姑知通名也　庶人曰妻者妻之言齊也庶人賤無別稱判合齊體而已尊卑如此若通而言之則貴賤悉曰妻故詩曰刑於寡妻是天子曰妻也周家大夫妻曰內子趙姬以叔隗爲內子是也　公侯至有妾　正義曰今言公侯舉其上者餘從可知也既下於天子不得立后故以敵體一人正者爲夫人　有世婦者謂夫人之姪娣故公羊云夫人無子立姪娣子也質家先立姪之子文家先立娣之子左氏亦夫人姪娣貴於二媵則此世婦者謂夫人姪娣也其數二人　有妻者謂二媵及姪娣也凡六人　有妾者謂九女之外別有其妾知者以上文云天子八十一御妻之外更有妾鄭注云妾賤者不入百二十人數故知此妾不在九女之數也　夫人至婢子　此夫人謂畿內諸侯之妻也其助祭於后得接

之大夫入天子之國曰某士亦謂諸侯之卿也三命以下於天子爲士曰某士者若晉韓起聘於周擯者曰晉士起自稱曰陪臣某陪重也於外曰子子有德之稱魯春秋曰齊高子來盟於其國曰寡君之老使者自稱曰某使謂使人於諸侯也某名也疏正義曰此一節論天子以下妃妾及臣子稱謂之法各隨文解之天子之妃曰后諸侯曰夫人大夫曰孺人士曰婦人庶人曰妻者皆敵其夫如王之后故以后居前耳妃配也判合配王諸侯以下通有妃義故以妃字冠之以特牲少牢是大夫士之禮皆云某妃配某氏尊卑通稱也白虎通云后君也明配至尊爲海內小君天下尊之故繼其王言之曰王后也　諸侯曰夫人者夫人之名唯諸侯得稱論語云邦君之妻邦人稱之曰君夫人是也　大夫曰孺人者孺

禮記義七　十一

屬也言其爲親屬注孺之言屬也　正義曰案爾雅云孺屬也　士曰婦人者婦之言服也服事其夫也其婦號亦上下通名故春秋逆婦姜於齊是諸侯亦呼婦也穀梁傳云言婦有姑之辭言服事舅姑知通名也　庶人曰妻者妻之言齊也庶人賤無別稱判合齊體而已尊卑如此若通而言之則貴賤悉曰妻故詩曰刑於寡妻是天子曰妻也周家大夫妻曰內子趙姬以叔隗爲內子是也　公侯至有妾　正義曰今言公侯舉其上者餘從可知也既下於天子不得立后故以敵體一人正者爲夫人　有世婦者謂夫人之姪娣故公羊云夫人無子立姪娣子也質家先立姪之子文家先立娣之子左氏亦夫人姪娣貴於二媵則此世婦者謂夫人姪娣也其數二人　有妻者謂二媵及姪娣也凡六人　有妾者謂九女之外別有其妾知者以上文云天子八十一御妻之外更有妾鄭注云妾賤者不入百二十人數故知此妾不在九女之數也　夫人至婢子　此夫人謂畿內諸侯之妻也其助祭於后得接

見天子故得自稱也言老而服事也以畿外諸侯夫人無見天子之禮此云自稱於天子故注云畿内諸侯之夫人助祭若時事見謂若獻繭之屬　自稱於諸侯曰寡小君者此諸侯謂他國君也古者諸侯相饗夫人亦出故得自稱也知者坊記云陽侯殺繆侯竊其夫人故大饗廢夫人之禮於此之前有夫人饗法故注云謂饗來朝諸侯之時也君之妻曰小君而云寡者亦從君爲謙也　自稱於其君曰小童者小童未成人之稱也其與夫言自謙稱爲小童若未成人言無知也　自世婦以下自稱曰婢子者降於夫人故並自稱婢子賤故也婢之言卑也繫其夫自稱言己卑故春秋晉懷嬴謂公曰寡君使婢子侍執巾櫛是也注云接見體敵嫌其當者爲其接見之時暫有體敵嫌若當夫人然也　列國之大夫入天子之國曰某士　謂擯者辭也列國五等諸侯也天子上士三命中士再命下士一命而五等之臣唯公國一孤四命耳自卿大夫從三命而下其命等於王之士故入天子之國則擯者稱爲某

禮記義七　十二

國之士也故注引春秋襄二十六年晉韓起聘於周擯者曰晉士起言晉國之士起以謙之也　自稱曰陪臣某陪重也某名也其君已爲王臣已今又爲己君之臣故自稱對王曰重臣也若襄二十一年晉欒盈辭於行人曰天子陪臣盈是也　於外曰子者亦擯者辭外謂在他國時也擯者則稱其姓而曰子子是有德之稱故注引閔公二年冬齊高子來盟證於外曰子也高子高傒是也　於其國曰寡君之老者其國自國中也其君與民言自稱曰寡人故此卿若與國中人語自稱曰寡君之老也　使者自稱曰某者某名也若此卿爲使在他國與彼君語則稱名也若與彼臣民言則自稱寡君之老也　注使謂至名也　正義曰知者以玉藻云上大夫於他國擯者曰寡君之老下大夫於他國擯者曰寡大夫皆無稱名之事玉藻又云大夫私事使私人擯則稱名注云私事使謂以君命私行非聘也若晉韓穿來言汶陽之田彼以私事使稱名此文使自稱曰某稱名與彼相當故知使謂使人於諸侯也

足利本第七卷第十二葉

見天子故得自稱也言老而服事也以畿外諸侯夫人無見天子之禮此云自稱於天子故注云畿内諸侯之夫人助祭若時事見謂若獻繭之屬　自稱於諸侯曰寡小君者此諸侯謂他國君也古者諸侯相饗夫人亦出故得自稱也知者坊記云陽侯殺繆侯竊其夫人故大饗廢夫人之禮於此之前有夫人饗法故注云謂饗來朝諸侯之時也君之妻曰小君而云寡者亦從君爲謙也　自稱於其君曰小童者小童未成人之稱也其與夫言自謙稱爲小童若未成人言無知也　自世婦以下自稱曰婢子者降於夫人故並自稱婢子賤故也婢之言卑也繫其夫自稱言己卑故春秋晉懷嬴謂公曰寡君使婢子侍執巾櫛是也注云接見體敵嫌其當者爲其接見之時暫有體敵嫌若當夫人然也　列國之大夫入天子之國曰某士　謂擯者辭也列國五等諸侯也天子上士三命中士再命下士一命而五等之臣唯公國一孤四命耳自卿大夫從三命而下其命等於王之士故入天子之國則擯者稱爲某

禮記義七　十二

國之士也故注引春秋襄二十六年晉韓起聘於周擯者曰晉士起言晉國之士起以謙之也　自稱曰陪臣某陪重也某名也其君已爲王臣已今又爲己君之臣故自稱對王曰重臣也若襄二十一年晉欒盈辭於行人曰天子陪臣盈是也　於外曰子者亦擯者辭外謂在他國時也擯者則稱其姓而曰子子是有德之稱故注引閔公二年冬齊高子來盟證於外曰子也高子高傒是也　於其國曰寡君之老者其國自國中也其君與民言自稱曰寡人故此卿若與國中人語自稱曰寡君之老也　使者自稱曰某者某名也若此卿爲使在他國與彼君語則稱名也若與彼臣民言則自稱寡君之老也　注使謂至名也　正義曰知者以玉藻云上大夫於他國擯者曰寡君之老下大夫於他國擯者曰寡大夫皆無稱名之事玉藻又云大夫私事使私人擯則稱名注云私事使謂以君命私行非聘也若晉韓穿來言汶陽之田彼以私事使稱名此文使自稱曰某稱名與彼相當故知使謂使人於諸侯也

潘本第七卷第十二葉

天子不言出諸侯不生名君子不親惡天子之言出諸侯之生名皆有大惡君子所遠出名以絶之春秋傳曰天王出居於鄭衛侯朔入於衛是也**諸侯失地名滅同姓名**絶之

疏正義曰此一節論天子諸侯有罪書出名之事名隨文解之　天子不言出者天子以天下爲家策書不得言出所在稱君　諸侯不生名者諸侯南面之尊名者質賤之稱諸侯相見秪可稱爵不可稱名　君子不親惡者謂策書君子謂孔子書經若見天子大惡書出以絶之諸侯大惡書名以絶之君子不親此惡人故書出名以罪之也　注天子至是也　正義曰案僖二十四年天王出居於鄭公羊云王者無外此其言出何不能乎母也謂不能以孝事於母此鄭注天子言出大惡用公羊義也案春秋莊六年衛侯朔入於衛朔未爲君之時與其母讒搆世子伋及爲君被逐出奔齊王立公子黔牟朔自

禮記義七　十三　吴宗

齊而入衛以逐黔牟公羊云朔何以名絶曷爲絶之犯命也謂犯王命鄭注以朔爲大惡亦用公羊義也　諸侯失地名滅同姓名　春秋莊十年荆敗蔡師於莘以蔡侯獻舞歸公羊云何以名絶曷爲絶之獲也此失地名也僖二十五年衛侯燬滅邢公羊云何以名絶曷爲絶之滅同姓也此滅同姓名也故鄭總言絶之

爲人臣之禮不顯諫爲奪美也顯明也謂明言其君惡不幾微**三諫而不聽則逃之**逃去也君臣有義則合無義則離

疏正義曰案莊二十四年曹羈出奔陳公羊傳云戎將侵曹曹羈諫曰戎衆以無義君請勿自敵也曹伯曰不可三諫不從遂去之何休云諫有五一曰諷諫者案定十二年公羊傳云孔子以季氏之強謂季孫曰家不藏甲邑無百雉之城季孫聞之墮費邑是諷諫也何休又云二曰順諫曹羈是也即上諫曹君無以戎敵三諫不從遂出奔陳所謂以道事君不可則止此是順諫也何

足利本第七卷第十三葉

天子不言出諸侯不生名君子不親惡天子之言出諸侯之生名皆有大惡君子所遠出名以絶之春秋傳曰天王出居於鄭衛侯朔入於衛是也**諸侯失地名滅同姓名**絶之

疏正義曰此一節論天子諸侯有罪書出名之事名隨文解之　天子不言出者天子以天下爲家策書不得言出所在稱君　諸侯不生名者諸侯南面之尊名者質賤之稱諸侯相見秪可稱爵不可稱名　君子不親惡者謂策書君子謂孔子書經若見天子大惡書出以絶之諸侯大惡書名以絶之君子不親此惡人故書出名以罪之也　注天子至是也　正義曰案僖二十四年天王出居於鄭公羊云王者無外此其言出何不能乎母也謂不能以孝事於母此鄭注天子言出大惡用公羊義也案春秋莊六年衛侯朔入於衛朔未爲君之時與其母讒搆世子伋及爲君被逐出奔齊王立公子黔牟朔自

禮記義七　十三　吴宗

齊而入衛以逐黔牟公羊云朔何以名絶曷爲絶之犯命也謂犯王命鄭注以朔爲大惡亦用公羊義也　諸侯失地名滅同姓名　春秋莊十年荆敗蔡師於莘以蔡侯獻舞歸公羊云何以名絶曷爲絶之獲也此失地名也僖二十五年衛侯燬滅邢公羊云何以名絶曷爲絶之滅同姓也此滅同姓名也故鄭總言絶之

爲人臣之禮不顯諫爲奪美也顯明也謂明言其君惡不幾微**三諫而不聽則逃之**逃去也君臣有義則合無義則離

疏正義曰案莊二十四年曹羈出奔陳公羊傳云戎將侵曹曹羈諫曰戎衆以無義君請勿自敵也曹伯曰不可三諫不從遂去之何休云諫有五一曰諷諫者案定十二年公羊傳云孔子以季氏之強謂季孫曰家不藏甲邑無百雉之城季孫聞之墮費邑是諷諫也何休又云二曰順諫曹羈是也即上諫曹君無以戎敵三諫不從遂出奔陳所謂以道事君不可則止此是順諫也何

潘本第七卷第十三葉

足利本第七卷第十四葉

休又云三日直諫子家駒是也案昭二十五年公羊傳云昭公將弒季氏子家駒諫曰諸侯僭於天子大夫僭於諸侯久矣是不辟君僭而言之是直諫也何休又云四曰爭諫子反請歸是也案宣十五年公羊云楚莊王圍宋子反華元乘堙相對語華元謂子反云易子而食之析骸而炊之子反謂華元吾軍有七日之粮子反勸楚王赦宋而歸楚王不可子反頻諫不聽乃引師去楚王亦歸是爭諫也何休又云五曰贛諫百里子蹇叔子是也案僖三十三年公羊云秦穆公將襲鄭百里子與蹇叔子諫穆公不從百里子蹇叔子從其子而哭之是贛諫也凡諫諷諫爲上贛諫爲下事君雖主諫爭亦當依微納進善言耳不得顯然明言君惡以奪君之美也　三諫不聽則逃之者聽猶從也逃猶去也君臣有離合之義有義則合無義則離若三諫不從則待放而去也

子之事親也三諫而不聽則號泣而隨之 至親無去志在感動

禮記義七　十四　吳志

之 疏 正義曰父子天然理不可逃難不從則當號泣而隨之冀有悟而改也然論語云事父母幾諫此不云者以其略耳檀弓云事親無犯相互耳又云事君有犯故此論其微檀弓言事親無犯此論其犯亦互言耳故注云至親無去志在感動之

君有疾飲藥臣先嘗之親有疾飲藥子先嘗之 嘗度其所堪

醫不三世不服其藥 愼物齊也

疏 正義曰凡人病疾蓋以筋血不調故服藥以治之其藥不愼於物必無其徵故宜戒之擇其父子相承至三世也是愼物調齊也又說云三世者一曰黃帝針灸二曰神農本草三曰素女脉訣又云夫子脉訣若不習此三世之書不得服食其藥然鄭云愼物齊也則非謂本草針經脉訣於理不當其義非也

儗人必於其倫 儗猶比也倫猶類也比大夫當於大夫比

潘本第七卷第十四葉

休又云三日直諫子家駒是也案昭二十五年公羊傳云昭公將弒季氏子家駒諫曰諸侯僭於天子大夫僭於諸侯久矣是不辟君僭而言之是直諫也何休又云四曰爭諫子反請歸是也案宣十五年公羊云楚莊王圍宋子反華元乘堙相對語華元謂子反云易子而食之析骸而炊之子反謂華元吾軍有七日之粮子反勸楚王赦宋而歸楚王不可子反頻諫不聽乃引師去楚王亦歸是爭諫也何休又云五曰贛諫百里子蹇叔子是也案僖三十三年公羊云秦穆公將襲鄭百里子與蹇叔子諫穆公不從百里子蹇叔子從其子而哭之是贛諫也凡諫諷諫爲上贛諫爲下事君雖主諫爭亦當依微納進善言耳不得顯然明言君惡以奪君之美也　三諫不聽則逃之者聽猶從也逃猶去也君臣有離合之義有義則合無義則離若三諫不從則待放而去也

子之事親也三諫而不聽則號泣而隨之 至親無去志在感動

禮記義七　十四　吳志

之 疏 正義曰父子天然理不可逃難不從則當號泣而隨之冀有悟而改也然論語云事父母幾諫此不云者以其略耳檀弓云事親無犯相互耳又云事君有犯故此論其微檀弓言事親無犯此論其犯亦互言耳故注云至親無去志在感動之

君有疾飲藥臣先嘗之親有疾飲藥子先嘗之 嘗度其所堪

醫不三世不服其藥 愼物齊也

疏 正義曰凡人病疾蓋以筋血不調故服藥以治之其藥不愼於物必無其徵故宜戒之擇其父子相承至三世也是愼物調齊也又說云三世者一曰黃帝針灸二曰神農本草三曰素女脉訣又云夫子脉訣若不習此三世之書不得服食其藥然鄭云愼物齊也則非謂本草針經脉訣於理不當其義非也

儗人必於其倫 儗猶比也倫猶類也比大夫當於大夫比

足利本第七卷第十五葉

士當於士不以其類則有所褻 疏 正義曰儗比也倫匹類也凡欲比方於人當以類相並不得以貴比賤則爲不敬也

問天子之年對曰聞之始服衣若干尺矣既不敢言年又不敢斥至尊所能問國君之年長曰能從宗廟社稷之事矣幼曰未能從宗廟社稷之事也問大夫之子長曰能御矣幼曰未能御也問士之子長曰能典謁矣幼曰未能典謁也問庶人子長曰能負薪矣幼曰未能負薪也皆言其能則長幼可知御猶主也書曰越乃御事謂主事者謁請也謂能擯贊出入以事請告也禮四十強而仕五十命爲大夫

禮記義七　十五

疏 正義曰此謂幼少新立之王或有遠方異域人來不知王年大小問朝廷之臣　對曰聞之始服衣若干尺矣者臣爲答之必有法則禮齒路馬有誅而至尊體貴故臣不可輕言君年及形長短與才技所堪故依違而對也但云聞之謙不敢言見也云始服衣若干尺既不敢指斥即云服衣若干尺謂或五尺或六尺隨長短而言之也幼則衣短長則衣長問者聞之則知王之長幼也古者謂數爲若干故儀禮鄉射大射數射筭云若干純若干奇若如也干求也言事本不定常如此求之也故云若干也　問國君之年者亦謂幼少新立爲君而他人問其臣也　長曰能從宗廟社稷之事矣幼曰未能從宗廟社稷之事也不言聞之及衣而言所能主國者辟天子也國保宗廟社稷故以所保答之也人君十五有養子之禮長則能主國聞其能主國則知十五以上爲長也若聞未能主國則知十四以下是爲幼也　問大夫之子者亦

潘本第七卷第十五葉

士當於士不以其類則有所褻 疏 正義曰儗比也倫匹類也凡欲比方於人當以類相並不得以貴比賤則爲不敬也

問天子之年對曰聞之始服衣若干尺矣既不敢言年又不敢斥至尊所能問國君之年長曰能從宗廟社稷之事矣幼曰未能從宗廟社稷之事也問大夫之子長曰能御矣幼曰未能御也問士之子長曰能典謁矣幼曰未能典謁也問庶人子長曰能負薪矣幼曰未能負薪也皆言其能則長幼可知御猶主也書曰越乃御事謂主事者謁請也謂能擯贊出入以事請告也禮四十強而仕五十命爲大夫

禮記義七　十五

疏 正義曰此謂幼少新立之王或有遠方異域人來不知王年大小問朝廷之臣　對曰聞之始服衣若干尺矣者臣爲答之必有法則禮齒路馬有誅而至尊體貴故臣不可輕言君年及形長短與才技所堪故依違而對也但云聞之謙不敢言見也云始服衣若干尺既不敢指斥即云服衣若干尺謂或五尺或六尺隨長短而言之也幼則衣短長則衣長問者聞之則知王之長幼也古者謂數爲若干故儀禮鄉射大射數射筭云若干純若干奇若如也干求也言事本不定常如此求之也故云若干也　問國君之年者亦謂幼少新立爲君而他人問其臣也　長曰能從宗廟社稷之事矣幼曰未能從宗廟社稷之事也不言聞之及衣而言所能主國者辟天子也國保宗廟社稷故以所保答之也人君十五有養子之禮長則能主國聞其能主國則知十五以上爲長也若聞未能主國則知十四以下是爲幼也　問大夫之子者亦

足利本第七卷第十六葉

他國人問此大夫之子長幼於大夫之臣也天子諸侯繼世象賢其年不定故問其年而大夫五十乃爵故不問大夫而問其子　長曰能御矣幼曰未能御也御謂主事也官有世功子學父業故有御事之因也舉其所能則長幼可知也大夫子卑長幼當以二十爲限也　問士之子者亦謂他國人來問此士之屬吏也四十強而仕故問其子也　長曰能典謁矣幼曰未能典謁也謁請也士之子年數長則言能主賓客告請之事幼則言未能也士賤無臣但以子自典告也　問庶人之子者庶人謂府史之屬亦有同僚或他國人問其同僚府史熊氏云庶人年無長幼亦問其子者順上大夫士而言之　長曰能負薪矣幼曰未能負薪也者少儀云問士之子長幼長則曰能耕矣幼則曰能負薪未能負薪謂士祿薄子猶以能農事爲業也與此不同者亦當有田無田之異此所言之士者是有田者故子免耕負薪而典謁　注書曰越乃御事謂主事者正義曰引大誥證御事是大夫禮四十強而仕五十命爲

禮記義七　十六

大夫曲禮文引之釋所以不問大夫士庶人之身而問其子之義也以大夫士其年既定故不假問其年而問其子也

問國君之富數地以對山澤之所出問大夫之富曰有宰食力祭器衣服不假問士之富以車數對問庶人之富數畜以對

皆在其所制以多少對宰邑士也食力謂民之賦稅　疏正義曰謂問知其君封內土地所出也云富者非問其多金帛正是問最所優饒者也不問天子者率土之物莫非王有天下共見故不須問而諸侯止一國故致問也　數地以對者數土地廣狹對之也山澤之所出者又以魚鹽蜃蛤金銀錫石之屬隨有而對也晉文公謂楚成王曰羽毛齒革君地生焉是也　問大夫之富者亦他國人問其臣也　曰有

潘本第七卷第十六葉

他國人問此大夫之子長幼於大夫之臣也天子諸侯繼世象賢其年不定故問其年而大夫五十乃爵故不問大夫而問其子　長曰能御矣幼曰未能御也御謂主事也官有世功子學父業故有御事之因也舉其所能則長幼可知也大夫子卑長幼當以二十爲限也　問士之子者亦謂他國人來問此士之屬吏也四十強而仕故問其子也　長曰能典謁矣幼曰未能典謁也謁請也士之子年數長則言能主賓客告請之事幼則言未能也士賤無臣但以子自典告也　問庶人之子者庶人謂府史之屬亦有同僚或他國人問其同僚府史熊氏云庶人年無長幼亦問其子者順上大夫士而言之　長曰能負薪矣幼曰未能負薪也者少儀云問士之子長幼長則曰能耕矣幼則曰能負薪未能負薪謂士祿薄子猶以能農事爲業也與此不同者亦當有田無田之異此所言之士者是有田者故子免耕負薪而典謁　注書曰越乃御事謂主事者正義曰引大誥證御事是大夫禮四十強而仕五十命爲

禮記義七　十六

大夫曲禮文引之釋所以不問大夫士庶人之身而問其子之義也以大夫士其年既定故不假問其年而問其子也

問國君之富數地以對山澤之所出問大夫之富曰有宰食力祭器衣服不假問士之富以車數對問庶人之富數畜以對

皆在其所制以多少對宰邑士也食力謂民之賦稅　疏正義曰謂問知其君封內土地所出也云富者非問其多金帛正是問最所優饒者也不問天子者率土之物莫非王有天下共見故不須問而諸侯止一國故致問也　數地以對者數土地廣狹對之也山澤之所出者又以魚鹽蜃蛤金銀錫石之屬隨有而對也晉文公謂楚成王曰羽毛齒革君地生焉是也　問大夫之富者亦他國人問其臣也　曰有

宰食力者答之也宰邑宰也有宰明有采地即公山弗擾爲季氏宰是也食力謂食民下賦稅之力也　祭器衣服不假者謂四命大夫也衣服祭服也若四命大夫得自造祭器衣服故云不假若三命以下有田者造而不備則假借也　問士之富以車數對者士有地不多亦無邑宰故其屬吏但以其車數對也上士三命則得賜車馬也副車隨命中士乘棧車無副車也　問庶人之富數畜以對者謂雞豚之屬聞師云凡庶民不畜者祭無牲不耕者祭無盛不樹者無椁不蠶者不帛不績者不衰故以畜數對鄭注周禮云始養曰畜將用之曰牲引春秋云卜日曰牲、

天子祭天地祭四方祭山川祭五祀歲徧諸侯方祀祭山川祭五祀歲徧大夫祭五祀歲徧士祭其先　祭四方謂祭五官之神於四郊也句芒在東祝融后土在南蓐收在西玄冥在北詩云來方禋祀方祀者各祭其方之官而已五祀戶竈中霤門行也此蓋殷時制也祭法曰天子立七祀諸侯立五祀大夫立三祀士立二祀謂周制也　凡祭有其廢之莫敢舉也有其舉之莫敢廢也　爲其瀆神也廢舉謂若殷廢農祀棄後不可復廢棄祀農也後有德者繼之不嫌也　非其所祭而祭之名曰淫祀淫祀無福　妄祭神不饗　天子以犧牛諸侯以肥牛大夫以索牛士以羊豕　犧純毛也肥養於滌也索求得而用之　支子不祭祭必告于宗子　不敢自專謂宗子有故支子當攝而祭者也五宗皆然

疏　正義曰此一節論天子以下祭祀尊卑不同并論神有廢置之事各隨文

宰食力者答之也宰邑宰也有宰明有采地即公山弗擾爲季氏宰是也食力謂食民下賦稅之力也　祭器衣服不假者謂四命大夫也衣服祭服也若四命大夫得自造祭器衣服故云不假若三命以下有田者造而不備則假借也　問士之富以車數對者士有地不多亦無邑宰故其屬吏但以其車數對也上士三命則得賜車馬也副車隨命中士乘棧車無副車也　問庶人之富數畜以對者謂雞豚之屬聞師云凡庶民不畜者祭無牲不耕者祭無盛不樹者無椁不蠶者不帛不績者不衰故以畜數對鄭注周禮云始養曰畜將用之曰牲引春秋云卜日曰牲、

天子祭天地祭四方祭山川祭五祀歲徧諸侯方祀祭山川祭五祀歲徧大夫祭五祀歲徧士祭其先　祭四方謂祭五官之神於四郊也句芒在東祝融后土在南蓐收在西玄冥在北詩云來方禋祀方祀者各祭其方之官而已五祀戶竈中霤門行也此蓋殷時制也祭法曰天子立七祀諸侯立五祀大夫立三祀士立二祀謂周制也　凡祭有其廢之莫敢舉也有其舉之莫敢廢也　爲其瀆神也廢舉謂若殷廢農祀棄後不可復廢棄祀農也後有德者繼之不嫌也　非其所祭而祭之名曰淫祀淫祀無福　妄祭神不饗　天子以犧牛諸侯以肥牛大夫以索牛士以羊豕　犧純毛也肥養於滌也索求得而用之　支子不祭祭必告于宗子　不敢自專謂宗子有故支子當攝而祭者也五宗皆然

疏　正義曰此一節論天子以下祭祀尊卑不同并論神有廢置之事各隨文

足利本第七卷第十八葉

解之 天子祭天地者祭天謂四時迎氣祭五天帝於四郊各以當方人帝配之月令春曰其帝太皥夏曰其帝炎帝季夏曰其帝黄帝秋曰其帝少皥冬曰其帝顓頊明爲配天及告朔而言之其雩祭亦然故月令孟夏云大雩帝爲命祀百辟卿士既云祀百辟卿士明五方人帝天子亦雩祀之其夏正郊感生之帝周以后稷配之其於明堂緫享五帝以文王武王配之故孝經説云后稷爲天地之主文王爲五帝之宗是也周人祭明堂時又兼以武王配之故祭法云周人宗武王是也知方岳之神是崐崘者案地統書括地象云地中央曰崐崘又云其東南方五千里曰神州以此言之崐崘在西北別統四方九州其神州者是崐崘東南一州耳於一州中更分爲九州則禹貢之九州是也其配地之神孝經緯既云后稷爲天地之主則后稷配天南郊又配地北郊則周人以嚳配圓丘亦當配方澤也 祭山川者周禮兆五帝於四郊四望四類亦如之也 祭五祀者春祭戸夏祭竈季夏祭中霤秋祭門冬祭行也

禮記義七　十八

歲徧者謂五方之帝迎氣雩祀明堂及郊雖有重者諸神緫徧故云歲徧 諸侯方祀者諸侯既不得祭天地又不得緫祭五方之神唯祀當方故云方祀 祭山川者王制云在其地則祭之亡其地則不祭是也 大夫祭五祀者大夫不得方祀及山川直祭五祀而已 士祭其先不云歲徧者以士祭先祖歲有四時更無餘神故也天子祭天地者天地有覆載大功天子王有四海故得緫祭天地以報其功其天有六祭之一歲有九昊天上帝冬至祭之一也蒼帝靈威仰立春之日祭之於東郊二也赤帝赤熛怒立夏之日祭之於南郊三也黄帝含樞紐季夏六月土王之日亦祭之於南郊四也白帝白招拒立秋之日祭之於西郊五也黒帝汁光紀立冬之日祭之於北郊六也王者各稟五帝之精氣而王天下於夏正之月祭於南郊七也四月龍星見而雩緫祭五帝於南郊八也季秋大饗五帝於明堂九也地神有二歲有二祭夏至之日祭崐崘之神於方澤一也夏正之月祭神州地祇於北郊二也或云建

潘本第七卷第十八葉

解之 天子祭天地者祭天謂四時迎氣祭五天帝於四郊各以當方人帝配之月令春曰其帝太皥夏曰其帝炎帝季夏曰其帝黄帝秋曰其帝少皥冬曰其帝顓頊明爲配天及告朔而言之其雩祭亦然故月令孟夏云大雩帝爲命祀百辟卿士既云祀百辟卿士明五方人帝天子亦雩祀之其夏正郊感生之帝周以后稷配之其於明堂緫享五帝以文王武王配之故孝經説云后稷爲天地之主文王爲五帝之宗是也周人祭明堂時又兼以武王配之故祭法云周人宗武王是也知方岳之神是崐崘者案地統書括地象云地中央曰崐崘又云其東南方五千里曰神州以此言之崐崘在西北別統四方九州其神州者是崐崘東南一州耳於一州中更分爲九州則禹貢之九州是也其配地之神孝經緯既云后稷爲天地之主則后稷配天南郊又配地北郊則周人以嚳配圓丘亦當配方澤也 祭山川者周禮兆五帝於四郊四望四類亦如之也 祭五祀者春祭戸夏祭竈季夏祭中霤秋祭門冬祭行也

禮記義七　十八　蔣信

歲徧者謂五方之帝迎氣雩祀明堂及郊雖有重者諸神緫徧故云歲徧 諸侯方祀者諸侯既不得祭天地又不得緫祭五方之神唯祀當方故云方祀 祭山川者王制云在其地則祭之亡其地則不祭是也 大夫祭五祀者大夫不得方祀及山川直祭五祀而已 士祭其先不云歲徧者以士祭先祖歲有四時更無餘神故也天子祭天地者天地有覆載大功天子王有四海故得緫祭天地以報其功其天有六祭之一歲有九昊天上帝冬至祭之一也蒼帝靈威仰立春之日祭之於東郊二也赤帝赤熛怒立夏之日祭之於南郊三也黄帝含樞紐季夏六月土王之日亦祭之於南郊四也白帝白招拒立秋之日祭之於西郊五也黒帝汁光紀立冬之日祭之於北郊六也王者各稟五帝之精氣而王天下於夏正之月祭於南郊七也四月龍星見而雩緫祭五帝於南郊八也季秋大饗五帝於明堂九也地神有二歲有二祭夏至之日祭崐崘之神於方澤一也夏正之月祭神州地祇於北郊二也或云建

申之月祭之與郊天相對冬至祭昊天上帝者春秋緯云
紫微爲天帝北極耀魄寶是也其配之人以帝嚳配之故
祭法云周人禘嚳是也其五帝則春秋緯文耀鉤云蒼帝
曰靈威仰赤帝曰赤熛怒黃帝曰含樞紐白帝曰白招拒
黑帝曰汁光紀 注 祭四至制也 正義曰此經直言祭
四方知非祭五天帝於四方者以上云祭天地則五帝在
其中矣故知非天帝也案宗伯云疈辜祭四方百物知此
方祀非四方百物者以此文在山川五祀之上與大宗伯
血祭社稷五祀五嶽五祀在五嶽之上此四方亦在山川
之上故知是五官之神云祝融后土在南者鄭意以爲黎
兼爲后土土位在南方故知祝融后土在南引詩云來方
禋祀者是小雅大田之詩以刺幽王之無道追論成王之
時太平時和年豐至秋報祭招來四方之神禋絜祭祀引
之者證四方之義也云五祀戶竈中霤門行者此月令文
大宗伯五祀以爲五官者以其在五嶽之上此五祀在山
川之下又與大夫同祭故知是戶竈等云此蓋殷時制也

禮記義七 十九 張明

者以天子諸侯大夫同云祭五祀既無等差故疑殷時制
也案王制云大夫祭五祀文與此同而鄭云五祀謂司命
也中霤也門也行也厲也與此不同者王制之文上云天
子祭天地諸侯祭社稷大夫祭五祀既有尊卑等級疑是周
禮故引祭法五祀以解之與此不同是有地大夫祭五祀
無地大夫祭三祀 凡祭至廢也 正義曰此明祭有常
典不可輒擅廢與如殷時廢柱祀棄則後人不得復舉柱
而祭之也 有其舉之莫敢廢也者若已舉棄祀之後人
不得復廢棄也 注 爲其至嫌也 正義曰農即柱也有
農功故曰農也棄即后稷也爲稷官故曰稷也尚書云弃
黎民阻飢汝后稷是也云後有德者繼之不嫌也者鄭恐
人疑之昔以舉柱何意廢柱祀稷乎故此解之者若後有
德者繼之則不在今所言之例也 天子至羊豕 正義
曰此天子以犧牛諸侯以肥牛大夫以索牛皆上得兼下
下不得僭上故左傳云聖王先成民而後致力於神故奉
牲以告曰博碩肥腯是天子亦得以肥也又公羊云帝牲

足利本第七卷第十九葉

申之月祭之與郊天相對冬至祭昊天上帝者春秋緯云
紫微爲天帝北極耀魄寶是也其配之人以帝嚳配之故
祭法云周人禘嚳是也其五帝則春秋緯文耀鉤云蒼帝
曰靈威仰赤帝曰赤熛怒黃帝曰含樞紐白帝曰白招拒
黑帝曰汁光紀 注 祭四至制也 正義曰此經直言祭
四方知非祭五天帝於四方者以上云祭天地則五帝在
其中矣故知非天帝也案宗伯云疈辜祭四方百物知此
方祀非四方百物者以此文在山川五祀之上與大宗伯
血祭社稷五祀五嶽五祀在五嶽之上此四方亦在山川
之上故知是五官之神云祝融后土在南者鄭意以爲黎
兼爲后土土位在南方故知祝融后土在南引詩云來方
禋祀者是小雅大田之詩以刺幽王之無道追論成王之
時太平時和年豐至秋報祭招來四方之神禋絜祭祀引
之者證四方之義也云五祀戶竈中霤門行者此月令文
大宗伯五祀以爲五官者以其在五嶽之上此五祀在山
川之下又與大夫同祭故知是戶竈等云此蓋殷時制也

禮記義七 十九 張明

者以天子諸侯大夫同云祭五祀既無等差故疑殷時制
也案王制云大夫祭五祀文與此同而鄭云五祀謂司命
也中霤也門也行也厲也與此不同者王制之文上云天
子祭天地諸侯祭社稷大夫祭五祀既有尊卑等級疑是周
禮故引祭法五祀以解之與此不同是有地大夫祭五祀
無地大夫祭三祀 凡祭至廢也 正義曰此明祭有常
典不可輒擅廢與如殷時廢柱祀棄則後人不得復舉柱
而祭之也 有其舉之莫敢廢也者若已舉棄祀之後人
不得復廢棄也 注 爲其至嫌也 正義曰農即柱也有
農功故曰農也棄即后稷也爲稷官故曰稷也尚書云弃
黎民阻飢汝后稷是也云後有德者繼之不嫌也者鄭恐
人疑之昔以舉柱何意廢柱祀稷乎故此解之者若後有
德者繼之則不在今所言之例也 天子至羊豕 正義
曰此天子以犧牛諸侯以肥牛大夫以索牛皆上得兼下
下不得僭上故左傳云聖王先成民而後致力於神故奉
牲以告曰博碩肥腯是天子亦得以肥也又公羊云帝牲

潘本第七卷第十九葉

足利本第七卷第二十葉

必在滌三月稷牛惟具𫝀有災故臨時得別求之是天子諸侯得有索牛 大夫以索牛士以羊豕者天子大夫士也若諸侯大夫即用少牢士則用特牲其喪祭大夫亦得用牛士亦用羊豕故雜記云上大夫之虞也少牢卒哭成事附皆大牢下大夫之虞也犆牲卒哭成事附皆少牢是也據此諸侯不得用犧牛祭義云天子諸侯必有養獸之官下云犧牷祭牲必於是取之諸侯有犧牲大牢者諸侯對卿大夫亦得云犧若對天子則稱肥耳其大夫牲體完全亦有犧牲之稱故上云大夫犧賦爲次但不毛色純耳

注 肥養於滌也 正義曰案楚語觀射父云大者牛羊必在滌三月小者犬豕不過十日然者即此大夫索牛士羊豕既不在滌三月當十日以上但不知其日數耳 支子至宗子 正義曰支子庶子也祖禰廟在適子之家而庶子賤不敢輒祭之也若濫祭亦是淫祀 祭必告於宗子者支子雖不得祭若宗子有疾不堪當祭則庶子代攝可也猶宜告宗子然後祭故鄭云不敢自專

凡祭

禮記義七 二十

宗廟之禮牛曰一元大武豕曰剛鬣豚曰腯肥羊曰柔毛雞曰翰音犬曰羹獻雉曰疏趾兔曰明視脯曰尹祭槀魚曰商祭鮮魚曰脡祭水曰清滌酒曰清酌黍曰薌合粱曰薌萁稷曰明粢稻曰嘉蔬韭曰豐本鹽曰鹹鹺玉曰嘉玉幣曰量幣 號牲物者異於人用也元頭也武迹也腯亦肥也春秋傳作腯腯充貌也翰猶長也羹獻食人之餘也尹正也商猶量也脡直也萁辭也嘉善也稻菰蔬之屬也豐茂也大鹹曰鹺今河東云幣帛也

疏 正義曰此一節論祭廟牲幣告神之法

潘本第七卷第二十葉

必在滌三月稷牛惟具𫝀有災故臨時得別求之是天子諸侯得有索牛 大夫以索牛士以羊豕者天子大夫士也若諸侯大夫即用少牢士則用特牲其喪祭大夫亦得用牛士亦用羊豕故雜記云上大夫之虞也少牢卒哭成事附皆大牢下大夫之虞也犆牲卒哭成事附皆少牢是也據此諸侯不得用犧牛祭義云天子諸侯必有養獸之官下云犧牷祭牲必於是取之諸侯有犧牲大牢者諸侯對卿大夫亦得云犧若對天子則稱肥耳其大夫牲體完全亦有犧牲之稱故上云大夫犧賦爲次但不毛色純耳

注 肥養於滌也 正義曰案楚語觀射父云大者牛羊必在滌三月小者犬豕不過十日然者即此大夫索牛士羊豕既不在滌三月當十日以上但不知其日數耳 支子至宗子 正義曰支子庶子也祖禰廟在適子之家而庶子賤不敢輒祭之也若濫祭亦是淫祀 祭必告於宗子者支子雖不得祭若宗子有疾不堪當祭則庶子代攝可也猶宜告宗子然後祭故鄭云不敢自專

凡祭

禮記義七 二十

宗廟之禮牛曰一元大武豕曰剛鬣豚曰腯肥羊曰柔毛雞曰翰音犬曰羹獻雉曰疏趾兔曰明視脯曰尹祭槀魚曰商祭鮮魚曰脡祭水曰清滌酒曰清酌黍曰薌合粱曰薌萁稷曰明粢稻曰嘉蔬韭曰豐本鹽曰鹹鹺玉曰嘉玉幣曰量幣 號牲物者異於人用也元頭也武迹也腯亦肥也春秋傳作腯腯充貌也翰猶長也羹獻食人之餘也尹正也商猶量也脡直也萁辭也嘉善也稻菰蔬之屬也豐茂也大鹹曰鹺今河東云幣帛也

疏 正義曰此一節論祭廟牲幣告神之法

足利本第七卷第二十一葉

凡祭者爲貴賤悉然　牛曰一元大武者元頭也武迹也牛若肥則脚大脚大則迹痕大故云一元大武也　豕曰剛鬣者豕肥則毛鬣剛大也王云剛鬣言肥大也　豚曰腯肥者腯即充滿貌也　羊曰柔毛者若羊肥則毛細而柔弱故王云柔毛言肥澤也　雞曰翰音者翰長也雞肥則其鳴聲長也　犬曰羹獻者人將所食羹餘以與犬犬得食之肥肥可以獻祭於鬼神故曰羹獻也　雉曰疏趾者趾足也雉肥則兩足開張趾相去疏也音義隱云雉之肥則足疏故王云足開疏也　兔曰明視者兔肥則目開而視明也故王云目精明皆肥貌也然自牛至兔凡有八物唯有牛云一頭而豕以下不云數者皆從其所用而言數也則並宜云若干也雞雉或爲膳及腊則不數也　脯曰尹祭者尹正也裁截方正而用之祭一通云正謂自作之也脯自作則知肉之所用也故論語云沽酒市脯不食言其不正也　槀魚曰商祭者槀乾也商量也祭用乾魚量度燥溼得中而用之也　鮮魚曰脡祭者脡直也祭有鮮魚

禮記義七　二十一

必須鮮者煑熟則脡直若餒則敗碎不直　水曰清滌者古祭用水當酒謂之玄酒也而云清滌言其甚清皎潔也樂記云尚玄酒是也　酒曰清酌者酌斟酌也言此酒甚清澈可斟酌當爲三酒未必爲五齊　黍曰薌合者夫穀秫者曰黍秫既軟而相合氣息又香故曰薌合也　梁曰薌萁者梁謂白梁黃梁也萁語助也　稷曰明粢者稷粟也明白也言此祭祀明白粢也鄭注甸師云粢稷也爾雅云粢稷也注今江東人呼粟爲粢隋秘書監王劭勘晉宋古本皆無稷曰明粢一句立八疑十二難以爲無此一句爲是今尚書云黍稷非馨詩云我黍與與我稷翼翼爲酒爲食以享以祀然則黍稷爲五穀之主是粢盛之貴黍既別有異號稷何因獨無美名爾雅又以粢爲稷此又云稷曰明粢正與爾雅相合又士虞禮云明齊溲酒鄭注云或曰明齊當爲明視謂兔腊也今文曰明粢粢稷也皆非其次也如鄭言云皆非其次由此禮有明粢之文故注儀禮云非其次王劭既背爾雅之說又不見鄭玄之言苟信錯

潘本第七卷第二十一葉

凡祭者爲貴賤悉然　牛曰一元大武者元頭也武迹也牛若肥則脚大脚大則迹痕大故云一元大武也　豕曰剛鬣者豕肥則毛鬣剛大也王云剛鬣言肥大也　豚曰腯肥者腯即充滿貌也　羊曰柔毛者若羊肥則毛細而柔弱故王云柔毛言肥澤也　雞曰翰音者翰長也雞肥則其鳴聲長也　犬曰羹獻者人將所食羹餘以與犬犬得食之肥肥可以獻祭於鬼神故曰羹獻也　雉曰疏趾者趾足也雉肥則兩足開張趾相去疏也音義隱云雉之肥則足疏故王云足開疏也　兔曰明視者兔肥則目開而視明也故王云目精明皆肥貌也然自牛至兔凡有八物唯有牛云一頭而豕以下不云數者皆從其所用而言數也則並宜云若干也雞雉或爲膳及腊則不數也　脯曰尹祭者尹正也裁截方正而用之祭一通云正謂自作之也脯自作則知肉之所用也故論語云沽酒市脯不食言其不正也　槀魚曰商祭者槀乾也商量也祭用乾魚量度燥溼得中而用之也　鮮魚曰脡祭者脡直也祭有鮮魚

禮記義七　二十一

必須鮮者煑熟則脡直若餒則敗碎不直　水曰清滌者古祭用水當酒謂之玄酒也而云清滌言其甚清皎潔也樂記云尚玄酒是也　酒曰清酌者酌斟酌也言此酒甚清澈可斟酌當爲三酒未必爲五齊　黍曰薌合者夫穀秫者曰黍秫既軟而相合氣息又香故曰薌合也　梁曰薌萁者梁謂白梁黃梁也萁語助也　稷曰明粢者稷粟也明白也言此祭祀明白粢也鄭注甸師云粢稷也爾雅云粢稷也注今江東人呼粟爲粢隋秘書監王劭勘晉宋古本皆無稷曰明粢一句立八疑十二難以爲無此一句爲是今尚書云黍稷非馨詩云我黍與與我稷翼翼爲酒爲食以享以祀然則黍稷爲五穀之主是粢盛之貴黍既別有異號稷何因獨無美名爾雅又以粢爲稷此又云稷曰明粢正與爾雅相合又士虞禮云明齊溲酒鄭注云或曰明齊當爲明視謂兔腊也今文曰明粢粢稷也皆非其次也如鄭言云皆非其次由此禮有明粢之文故注儀禮云非其次王劭既背爾雅之說又不見鄭玄之言苟信錯

足利本第七卷第二十二葉

書妄生同異改亂經籍深可哀哉 注號牲至幣帛 正義曰元頭也案釋詁文元首首則頭也武迹也釋訓文春秋傳作腯者桓六年左傳云博碩肥腯是也云羹獻食人之餘也者周禮稾人云掌豢祭祀之犬是也尹正也嘉善也釋言文此等諸號若一祭並有則舉其大者牲牢酒齊而言不應諸事皆道故少牢禮稱敢用柔毛剛鬣嘉薦普淖是也或唯有犬雞或唯魚兎及水酒韭鹽之祭則各舉其美號故此經備載其名必知然者案士虞禮祝辭云尹祭鄭注云尹祭脯也大夫士祭無云脯者今不言牲號而云尹祭亦記者誤矣如鄭此言明單用脯者稱尹祭以此推之餘亦可知也

天子死曰崩諸侯曰薨大夫曰卒士曰不祿庶人曰死 異死名者爲人褻其無知若猶不同然也自上顛壞曰崩薨顛壞之聲卒終也不祿不終其祿死之言澌也精神澌盡也 在牀曰尸 尸陳也言形體在

禮記義七 二十二 陳文

在棺曰柩 柩之言究也 羽鳥曰降四足曰漬 異於人也降落也漬謂相瀸汙而死也春秋傳曰大災者何大瀆也 死寇曰兵 異於凡人當饗祿其後

祭王父曰皇祖考王母曰皇祖妣父曰皇考母曰皇妣夫曰皇辟 更設稱號尊神異於人也皇君也考成也言其德行之成也妣之言媲也媲於考也辟法也妻所取法也 生曰父曰母曰妻死曰考曰妣曰嬪 嬪婦人有法度者之稱也周禮九嬪掌婦學之法教九御婦德婦言婦容婦功 壽考曰卒短折曰不祿 祿謂有德行任爲大夫士而不爲者老而死從大夫之稱少而死從士之稱 疏 正義曰此一節論死後稱謂尊卑不同之事各隨文解之但生

潘本第七卷第二十二葉

書妄生同異改亂經籍深可哀哉 注號牲至幣帛 正義曰元頭也案釋詁文元首首則頭也武迹也釋訓文春秋傳作腯者桓六年左傳云博碩肥腯是也云羹獻食人之餘也者周禮稾人云掌豢祭祀之犬是也尹正也嘉善也釋言文此等諸號若一祭並有則舉其大者牲牢酒齊而言不應諸事皆道故少牢禮稱敢用柔毛剛鬣嘉薦普淖是也或唯有犬雞或唯魚兎及水酒韭鹽之祭則各舉其美號故此經備載其名必知然者案士虞禮祝辭云尹祭鄭注云尹祭脯也大夫士祭無云脯者今不言牲號而云尹祭亦記者誤矣如鄭此言明單用脯者稱尹祭以此推之餘亦可知也

天子死曰崩諸侯曰薨大夫曰卒士曰不祿庶人曰死 異死名者爲人褻其無知若猶不同然也自上顛壞曰崩薨顛壞之聲卒終也不祿不終其祿死之言澌也精神澌盡也 在牀曰尸 尸陳也言形體在

禮記義七 二十二 陳文

在棺曰柩 柩之言究也 羽鳥曰降四足曰漬 異於人也降落也漬謂相瀸汙而死也春秋傳曰大災者何大瀆也 死寇曰兵 異於凡人當饗祿其後

祭王父曰皇祖考王母曰皇祖妣父曰皇考母曰皇妣夫曰皇辟 更設稱號尊神異於人也皇君也考成也言其德行之成也妣之言媲也媲於考也辟法也妻所取法也 生曰父曰母曰妻死曰考曰妣曰嬪 嬪婦人有法度者之稱也周禮九嬪掌婦學之法教九御婦德婦言婦容婦功 壽考曰卒短折曰不祿 祿謂有德行任爲大夫士而不爲者老而死從大夫之稱少而死從士之稱 疏 正義曰此一節論死後稱謂尊卑不同之事各隨文解之但生

時尊卑著見可識而死蔭爲野土嫌若可棄而稱輕褻之故爲制尊卑之名則明其猶有貴賤之異也　崩者墜壞之名譬若天形墜壓然則四海必覩古之王者登假也則率土咸知故曰崩　諸侯曰薨者薨者崩之餘聲也而詩云蟲飛薨薨是聲也諸侯卑死不得效崩之形但如崩後之餘聲聲遠劣於形壓諸侯之死知者亦局也　大夫曰卒者卒畢竟也大夫是有德之位仕能至此亦是畢了平生故曰卒也　士曰不祿者士祿以代耕而今遂死是不終其祿　庶人曰死者死者澌也澌是消盡無餘之目庶人極賤生無令譽死絶餘芳精氣一去身名俱盡故曰死今俗呼盡爲澌即舊語有存者也云崩薨異號至葬同者以臣子藏其君父安厝貴賤同也　在床曰尸者尸陳也古人病困氣未絶之時下置在地氣絶之後更還牀上所以如此者凡人初生在地既病將死故下復其初生冀脫得死重生也若其不生復反本床既未殯斂陳列在牀故曰尸也白虎通云失氣亡神形體獨陳是也言形體在也

禮記義七　二十三　陳文

在棺曰柩者柩究也三日不生斂之在棺死事究竟於此也白虎通云柩究也久也不復變也然尸柩亦通名也案曾子問云如小斂則子免而從柩此謂小斂舉尸在爲柩也春秋左氏傳贈死不及尸是呼未葬之柩爲尸　羽鳥至曰漬　鳥獸死異名也降落也羽鳥飛翔之物今云其降落是知死也　四足曰漬者牛馬之屬也若一箇死則餘者更相染漬而死今云其漬則知死也異於人耳春秋傳曰大災者何大漬也公羊莊二十年夏齊大災大災者何大瘠也大瘠者何痢也注云痢者民疾疫也然此云漬彼云瘠字異而意同也　死寇曰兵　謂父祖死君之寇而子孫爲名也言人能爲國家捍難禦侮爲寇所殺者謂爲兵兵器仗之名言其爲器仗之用也故君恒祿恤其子孫異於凡人也故鄭云當饗祿其後春饗孤子是也　祭王至皇辟　此更爲神設尊號亦廣其義也　王父祖父也皇君也考成也此言祖有君德已成之也　王母曰皇祖妣者王母祖母也妣媲也言得媲匹於祖也　父曰皇

時尊卑著見可識而死蔭爲野土嫌若可棄而稱輕褻之故爲制尊卑之名則明其猶有貴賤之異也　崩者墜壞之名譬若天形墜壓然則四海必覩古之王者登假也則率土咸知故曰崩　諸侯曰薨者薨者崩之餘聲也而詩云蟲飛薨薨是聲也諸侯卑死不得效崩之形但如崩後之餘聲聲遠劣於形壓諸侯之死知者亦局也　大夫曰卒者卒畢竟也大夫是有德之位仕能至此亦是畢了平生故曰卒也　士曰不祿者士祿以代耕而今遂死是不終其祿　庶人曰死者死者澌也澌是消盡無餘之目庶人極賤生無令譽死絶餘芳精氣一去身名俱盡故曰死今俗呼盡爲澌即舊語有存者也云崩薨異號至葬同者以臣子藏其君父安厝貴賤同也　在床曰尸者尸陳也古人病困氣未絶之時下置在地氣絶之後更還牀上所以如此者凡人初生在地既病將死故下復其初生冀脫得死重生也若其不生復反本床既未殯斂陳列在牀故曰尸也白虎通云失氣亡神形體獨陳是也言形體在也

禮記義七　二十三　陳文

在棺曰柩者柩究也三日不生斂之在棺死事究竟於此也白虎通云柩究也久也不復變也然尸柩亦通名也案曾子問云如小斂則子免而從柩此謂小斂舉尸在爲柩也春秋左氏傳贈死不及尸是呼未葬之柩爲尸　羽鳥至曰漬　鳥獸死異名也降落也羽鳥飛翔之物今云其降落是知死也　四足曰漬者牛馬之屬也若一箇死則餘者更相染漬而死今云其漬則知死也異於人耳春秋傳曰大災者何大漬也公羊莊二十年夏齊大災大災者何大瘠也大瘠者何痢也注云痢者民疾疫也然此云漬彼云瘠字異而意同也　死寇曰兵　謂父祖死君之寇而子孫爲名也言人能爲國家捍難禦侮爲寇所殺者謂爲兵兵器仗之名言其爲器仗之用也故君恒祿恤其子孫異於凡人也故鄭云當饗祿其後春饗孤子是也　祭王至皇辟　此更爲神設尊號亦廣其義也　王父祖父也皇君也考成也此言祖有君德已成之也　王母曰皇祖妣者王母祖母也妣媲也言得媲匹於祖也　父曰皇

足利本第七卷第二十四葉

考母曰皇妣者義如上祖父母也　夫曰皇辟者辟法也
夫是妻所取法如君故言君法也　注皇君至法也　正
義曰皇君也考成也辟法也皆釋詁文也　生曰至曰嬪
生時所稱也不言祖及夫者以生號無別稱也　死曰考
曰妣曰嬪者嬪婦人有法度之名也前是宗廟之祭加其
尊稱故父母並曰皇也此謂非祭時所稱也　注嬪婦至
婦功　正義曰周禮九嬪掌婦學之法教九御者此證嬪
有德之名周禮以九嬪教宮內之婦人學四德也謂九御
者自世婦以下九九而御者也嬪所教不教后夫人及世
婦唯教九御而已云婦德婦言婦容婦功者此九嬪所教
之事也婦德謂貞順也婦言謂辭令也婦容謂婉娩也婦
功謂絲枲也此生死異稱出爾雅文言其別於生時耳若
通而言之亦通也尚書云大傷其考心又云聰聽祖考之
彝訓倉頡篇云考妣延年又云嬪于虞詩大明云曰嬪于
京周禮九嬪之官並非生死異稱矣　壽考至不祿　此
並是有德未經仕而死者之稱也考壽老也短折少也若

禮記義七　二十四　金昇

有德不仕老而死者從大夫之稱故曰卒也若少而死者
則從士之稱故曰不祿　注有德至之稱　正義曰鄭知
有德行任爲大夫士而不爲者若實是大夫士前文已顯
今更別云卒與不祿同大夫士之稱故知堪爲大夫士而
不爲者檀弓云君子曰終小人曰死與此不同者此據年
之老者從大夫之稱少者從士之稱檀弓不據年之老少
但據君子取終其成功小人精神盡澌與此別也　天子視不上於袷不下於
帶　袷交領也天子至尊臣視之目不過此　國君綏視　視國君彌高綏讀爲妥妥視謂
視上於袷　大夫衡視　視大夫又彌高也衡平也平視謂視面也　士視五步
士視得旁遊目五步之中也視大夫以上上下遊目不得旁　凡視上於面則敖
傲則仰　下於帶則憂　憂則低　傾則姦　辟頭旁視心不正也傾或

潘本第七卷第二十四葉

考母曰皇妣者義如上祖父母也　夫曰皇辟者辟法也
夫是妻所取法如君故言君法也　注皇君至法也　正
義曰皇君也考成也辟法也皆釋詁文也　生曰至曰嬪
生時所稱也不言祖及夫者以生號無別稱也　死曰考
曰妣曰嬪者嬪婦人有法度之名也前是宗廟之祭加其
尊稱故父母並曰皇也此謂非祭時所稱也　注嬪婦至
婦功　正義曰周禮九嬪掌婦學之法教九御者此證嬪
有德之名周禮以九嬪教宮內之婦人學四德也謂九御
者自世婦以下九九而御者也嬪所教不教后夫人及世
婦唯教九御而已云婦德婦言婦容婦功者此九嬪所教
之事也婦德謂貞順也婦言謂辭令也婦容謂婉娩也婦
功謂絲枲也此生死異稱出爾雅文言其別於生時耳若
通而言之亦通也尚書云大傷其考心又云聰聽祖考之
彝訓倉頡篇云考妣延年又云嬪于虞詩大明云曰嬪于
京周禮九嬪之官並非生死異稱矣　壽考至不祿　此
並是有德未經仕而死者之稱也考壽老也短折少也若

禮記義七　二十四　金昇

有德不仕老而死者從大夫之稱故曰卒也若少而死者
則從士之稱故曰不祿　注有德至之稱　正義曰鄭知
有德行任爲大夫士而不爲者若實是大夫士前文已顯
今更別云卒與不祿同大夫士之稱故知堪爲大夫士而
不爲者檀弓云君子曰終小人曰死與此不同者此據年
之老者從大夫之稱少者從士之稱檀弓不據年之老少
但據君子取終其成功小人精神盡澌與此別也　天子視不上於袷不下於
帶　袷交領也天子至尊臣視之目不過此　國君綏視　視國君彌高綏讀爲妥妥視謂
視上於袷　大夫衡視　視大夫又彌高也衡平也平視謂視面也　士視五步
士視得旁遊目五步之中也視大夫以上上下遊目不得旁　凡視上於面則敖
傲則仰　下於帶則憂　憂則低　傾則姦　辟頭旁視心不正也傾或

足利本第七卷第二十五葉

爲側 疏 正義曰此一節論天子以下其臣視君尊卑有異之事 天子視不上於袷者袷謂朝祭服之曲領也天子至尊臣之所視不得上過於袷過袷則慢供奉至尊須承候顏色又不得下過於帶若下過於帶則似自憂戚不供其事 國君綏視者國君諸侯也妥下也若臣視君目不得平看於面當視面下袷上旣卑稍得上視也庾氏云妥頹下之貌前執器以心爲平故以下爲妥此視以面爲平故妥下於面則上於袷也 大夫衡視者衡平也人相看以面爲平若大夫之臣視大夫平看其面也故前云綏視形大夫爲言士視五步者若視大夫以上唯直瞻上下並不得旁視若士之屬吏視士亦不得高面下帶而得旁視左右五步也 凡視上於面則敖者此解所以觀視有節限之義也視人過高則是敖慢定十五年邾子執玉高其容仰高仰驕也 下於帶則憂者若視過下則似有憂有憂頭低垂定十五年魯公受玉卑其容俯卑俯替也又昭十一年秋會於厥慭單子視不登帶是也 傾則姦者傾敧側也若視尊者而敧側旁視流目東西則似有姦惡之意也

禮記義七　二十五　陳文

君命大夫與士肄 肄習也君有命大夫則與士展習其事謂欲有所發爲也

在官言官在府言府在庫言庫在朝言朝 唯君命所在就展習之也官謂板圖文書之處府謂寶藏貨賄之處也庫謂車馬兵甲之處也朝謂君臣謀政事之處也

朝言不及犬馬 非公議也

輟朝而顧不有異事必有異慮 心不正志不在君輟猶止也

故輟朝而顧君子謂之固 固謂不達於禮也

在朝言禮問禮對以禮 於朝廷言無所不用禮

疏 正義曰此一節論臣事君所在皆當謹習其事各隨文解之 君命謂君有敎命有所營爲也其大夫則與士先習

潘本第七卷第二十五葉

爲側 疏 正義曰此一節論天子以下其臣視君尊卑有異之事 天子視不上於袷者袷謂朝祭服之曲領也天子至尊臣之所視不得上過於袷過袷則慢供奉至尊須承候顏色又不得下過於帶若下過於帶則似自憂戚不供其事 國君綏視者國君諸侯也妥下也若臣視君目不得平看於面當視面下袷上旣卑稍得上視也庾氏云妥頹下之貌前執器以心爲平故以下爲妥此視以面爲平故妥下於面則上於袷也 大夫衡視者衡平也人相看以面爲平若大夫之臣視大夫平看其面也故前云綏視形大夫爲言士視五步者若視大夫以上唯直瞻上下並不得旁視若士之屬吏視士亦不得高面下帶而得旁視左右五步也 凡視上於面則敖者此解所以觀視有節限之義也視人過高則是敖慢定十五年邾子執玉高其容仰高仰驕也 下於帶則憂者若視過下則似有憂有憂頭低垂定十五年魯公受玉卑其容俯卑俯替也又昭十一年秋會於厥慭單子視不登帶是也 傾則姦者傾敧側也若視尊者而敧側旁視流目東西則似有姦惡之意也

禮記義七　二十五　陳文

君命大夫與士肄 肄習也君有命大夫則與士展習其事謂欲有所發爲也

在官言官在府言府在庫言庫在朝言朝 唯君命所在就展習之也官謂板圖文書之處府謂寶藏貨賄之處也庫謂車馬兵甲之處也朝謂君臣謀政事之處也

朝言不及犬馬 非公議也

輟朝而顧不有異事必有異慮 心不正志不在君輟猶止也

故輟朝而顧君子謂之固 固謂不達於禮也

在朝言禮問禮對以禮 於朝廷言無所不用禮

疏 正義曰此一節論臣事君所在皆當謹習其事各隨文解之 君命謂君有敎命有所營爲也其大夫則與士先習

足利本第七卷第二十六葉

學所爲之事備擬君之所使　在官言官者此是君命所使之事言猶議也若君命之在官則臣當展習言議在官之事　在府言府者命之在府亦當習議在府之事也　在庫言庫者命之在庫亦隨而習議在庫之事也　在朝言朝者命之在朝亦隨而習議在朝之事也　注唯君至處也　正義曰知官謂板圖文書者與府相對周禮內府之屬皆主財貨故知官謂板圖文書故周禮八法治官府　朝言至以禮　此以下明在朝言朝之事朝既如此則官及府庫可知也朝是謀於政教之處也不宜私褻論議以及犬馬也　輟朝而顧不有異事必有異慮者輟止也異事非常之事異慮非常之慮也臣於朝矜莊儼恪視不流目若忽止朝而迴顧此若非見異事則心有異慮也此由不先習也　故輟朝而顧君子謂之固者固陋也若身無異事心無異慮忽止朝而顧君子謂此爲固陋不達禮意也魯哀公荅孔子云寡人固不固是也固謂不達禮也　在朝言禮問禮對以禮者朝事既重謀政不輕故勸誡之

禮記義七　二十六　王壽

言及問對則宜每事稱禮也故鄭注於朝廷言無所不用禮故論語云孔子謂顏回曰非禮勿動非禮勿言非禮勿視非禮勿聽是也

大饗不問卜　祭五帝於明堂莫適卜也郊特牲曰郊血大饗腥

不饒富　富之言備也備而已勿多於禮也

疏　正義曰此大饗總祭五帝其神非一若卜其牲曰五帝總卜而已不得每帝問卜若其一一問卜神有多種恐吉凶不同故鄭云莫適卜總一卜而已　不饒富者富之言備也雖曰大饗諸帝配以文武然禮數有常取備而已不得以其大饗豐饒其物使之過禮此經直云大饗鄭知祭五帝於明堂者以其上文云不問卜又與月令季秋大饗帝同諸帝皆在不得每帝問卜若其祫之大饗則周禮宗伯享大鬼皆卜不得云不問卜知非大祫也鄭引郊特牲云郊血大饗腥者取大饗二字以證此大饗之文其實彼大饗文在郊下謂祫祭也然此祭五帝莫適卜而雩總祭五帝得每帝問卜者以雩祭爲百穀祈雨非

潘本第七卷第二十六葉

學所爲之事備擬君之所使　在官言官者此是君命所使之事言猶議也若君命之在官則臣當展習言議在官之事　在府言府者命之在府亦當習議在府之事也　在庫言庫者命之在庫亦隨而習議在庫之事也　在朝言朝者命之在朝亦隨而習議在朝之事也　注唯君至處也　正義曰知官謂板圖文書者與府相對周禮內府之屬皆主財貨故知官謂板圖文書故周禮八法治官府　朝言至以禮　此以下明在朝言朝之事朝既如此則官及府庫可知也朝是謀於政教之處也不宜私褻論議以及犬馬也　輟朝而顧不有異事必有異慮者輟止也異事非常之事異慮非常之慮也臣於朝矜莊儼恪視不流目若忽止朝而迴顧此若非見異事則心有異慮也此由不先習也　故輟朝而顧君子謂之固者固陋也若身無異事心無異慮忽止朝而顧君子謂此爲固陋不達禮意也魯哀公荅孔子云寡人固不固是也固謂不達禮也　在朝言禮問禮對以禮者朝事既重謀政不輕故勸誡之

禮記義七　二十六　王壽

言及問對則宜每事稱禮也故鄭注於朝廷言無所不用禮故論語云孔子謂顏回曰非禮勿動非禮勿言非禮勿視非禮勿聽是也

大饗不問卜　祭五帝於明堂莫適卜也郊特牲曰郊血大饗腥

不饒富　富之言備也備而已勿多於禮也

疏　正義曰此大饗總祭五帝其神非一若卜其牲曰五帝總卜而已不得每帝問卜若其一一問卜神有多種恐吉凶不同故鄭云莫適卜總一卜而已　不饒富者富之言備也雖曰大饗諸帝配以文武然禮數有常取備而已不得以其大饗豐饒其物使之過禮此經直云大饗鄭知祭五帝於明堂者以其上文云不問卜又與月令季秋大饗帝同諸帝皆在不得每帝問卜若其祫之大饗則周禮宗伯享大鬼皆卜不得云不問卜知非大祫也鄭引郊特牲云郊血大饗腥者取大饗二字以證此大饗之文其實彼大饗文在郊下謂祫祭也然此祭五帝莫適卜而雩總祭五帝得每帝問卜者以雩祭爲百穀祈雨非

一帝之功故每帝適卜至於大饗之時歲功總畢配以文武祭報其功不須每帝皆卜故唯一卜而已

凡摯天子鬯諸侯圭卿羔大夫鴈士雉庶人之摯匹童子委摯而退 摯之言至也天子無客禮以鬯爲摯者所以唯用告神爲至也童子委摯而退不與成人爲禮也說者以匹爲鶩

野外軍中無摯以纓拾矢可也 非爲禮之處用時物相禮而已纓馬繁纓也拾謂射韝

婦人之摯椇榛脯脩棗栗 婦人無外事見以羞物也椇榛木名椇枳也有實今邳郯之東食之榛實似栗而小

【疏】正義曰天子鬯者釀黑黍爲酒其氣芬芳調暢故因謂爲鬯也天子無客禮必用鬯爲摯者天子弔臨適諸侯必舍其祖廟既至諸侯祖廟仍以鬯禮於廟神以表天子之至故鄭注鬯人亦然也　諸侯圭者謂公侯伯也公侯伯用圭子男則用璧以朝王及相朝聘表於至也此唯云圭不言璧者略可知也　卿羔者鄭注宗伯云羔小羊取其羣而不失類也白虎通云羔取其羣而不黨卿職在盡忠率下不黨也周禮云公之孤以皮帛若諸侯適子被王命者各下其君一等公之子如侯伯執圭侯伯之子如子男執璧子男之子命與未命者皆以皮帛繼子男也　大夫鴈者鄭注宗伯云鴈取其候時而行也白虎通云鴈取飛有行列也大夫職在奉命適四方動則當以正道事君也　士雉者雉取性耿介唯敵是赴士始升朝宜爲赴敵故用雉也羔鴈生執雉則死持亦表見危致命書云二生一死是也故鄭注宗伯云雉取其守介而死不失其節也然白虎通云雉取其不可誘之以食撓之則威死不可畜也士行威介守節死義不當移士摯冬雉夏腒也　庶人之摯匹者匹鶩也野鴨曰鳧家鴨曰鶩鶩不能飛騰如庶人但守耕稼而已故鄭注宗伯云鶩取其不飛遷爾雅釋鳥云舒鳬

一帝之功故每帝適卜至於大饗之時歲功總畢配以文武祭報其功不須每帝皆卜故唯一卜而已

凡摯天子鬯諸侯圭卿羔大夫鴈士雉庶人之摯匹童子委摯而退 摯之言至也天子無客禮以鬯爲摯者所以唯用告神爲至也童子委摯而退不與成人爲禮也說者以匹爲鶩

野外軍中無摯以纓拾矢可也 非爲禮之處用時物相禮而已纓馬繁纓也拾謂射韝

婦人之摯椇榛脯脩棗栗 婦人無外事見以羞物也椇榛木名椇枳也有實今邳郯之東食之榛實似栗而小

【疏】正義曰天子鬯者釀黑黍爲酒其氣芬芳調暢故因謂爲鬯也天子無客禮必用鬯爲摯者天子弔臨適諸侯必舍其祖廟既至諸侯祖廟仍以鬯禮於廟神以表天子之至故鄭注鬯人亦然也　諸侯圭者謂公侯伯也公侯伯用圭子男則用璧以朝王及相朝聘表於至也此唯云圭不言璧者略可知也　卿羔者鄭注宗伯云羔小羊取其羣而不失類也白虎通云羔取其羣而不黨卿職在盡忠率下不黨也周禮云公之孤以皮帛若諸侯適子被王命者各下其君一等公之子如侯伯執圭侯伯之子如子男執璧子男之子命與未命者皆以皮帛繼子男也　大夫鴈者鄭注宗伯云鴈取其候時而行也白虎通云鴈取飛有行列也大夫職在奉命適四方動則當以正道事君也　士雉者雉取性耿介唯敵是赴士始升朝宜爲赴敵故用雉也羔鴈生執雉則死持亦表見危致命書云二生一死是也故鄭注宗伯云雉取其守介而死不失其節也然白虎通云雉取其不可誘之以食撓之則威死不可畜也士行威介守節死義不當移士摯冬雉夏腒也　庶人之摯匹者匹鶩也野鴨曰鳧家鴨曰鶩鶩不能飛騰如庶人但守耕稼而已故鄭注宗伯云鶩取其不飛遷爾雅釋鳥云舒鳬

禮記義七　二十七　楊昌

足利本第七卷第二十八葉

鶩郭景純云鶩音木舍人及李巡云鳧野鴨名鶩家鴨名某氏云在野舒飛遠者爲鳧 童子委摯而退者童子見先生或尋朋友既未成人不敢與主人相授受拜伉之儀但奠委其摯於地而自退辟之然童子之摯悉用束脩也故論語云孔子自行束脩以上則吾未嘗無誨焉是謂童子也然凡用牲爲摯主人皆食之故司士云掌擯士者膳其摯鄭司農云王食其所執羔鴈之摯玄謂膳者入於王之膳人 注摯之至至也 正義曰鄭知然者以上文云天子臨諸侯畛於鬼神又𠎝人云供介鬯是天子於諸侯有告神之義 野外軍中無摯以纓拾矢可也 謂人在野外軍旅之中或應相見而無物可持爲摯者則不以舊禮當隨時所用纓謂馬繁纓即馬鞅也拾射鞲也矢猶箭也軍在野無物故用此爲摯可也不直云軍中而云野外者若軍在都邑中則宜依舊禮不可用軍物也云若非軍中而在野外亦申時物或纓拾之徒隨所有也舉一隅耳觸類而長之則若土地無正幣則時物皆可也 婦人之摯

禮記義七　二十八　張明

俱榛脯脩棗栗 婦人無外事唯初嫁用摯以見舅姑故用此六物爲摯也椇即今之白石李也形如珊瑚味甜美榛似栗而小也脯搏肉無骨而曝之脩取肉鍛治而加薑桂乾之如脯者所以用此六物者椇訓法也榛訓至也脯始也脩治也棗早也栗肅也婦人有法始至脩身早起肅敬也故后夫人以下皆以棗栗爲摯取其早起戰栗自正也必知以名爲義者案莊二十四年左傳云女贄不過榛栗棗脩以告虔也見榛是虔義之名明諸物皆取名爲義案昏禮婦見舅以棗栗見姑以腶脩其榛椇所用無文

納女於天子曰備百姓於國君曰備酒漿於大夫曰備埽灑

納女猶致女也壻不親迎則女之家遣人致之此其辭也姓之言生也天子皇后以下百二十人廣子姓也酒漿埽灑婦人之職

疏 正義曰納猶致也致者壻不親迎則女之家三月廟見使人致之而爲此辭姓生也言致此女

潘本第七卷第二十八葉

鶩郭景純云鶩音木舍人及李巡云鳧野鴨名鶩家鴨名某氏云在野舒飛遠者爲鳧 童子委摯而退者童子見先生或尋朋友既未成人不敢與主人相授受拜伉之儀但奠委其摯於地而自退辟之然童子之摯悉用束脩也故論語云孔子自行束脩以上則吾未嘗無誨焉是謂童子也然凡用牲爲摯主人皆食之故司士云掌擯士者膳其摯鄭司農云王食其所執羔鴈之摯玄謂膳者入於王之膳人 注摯之至至也 正義曰鄭知然者以上文云天子臨諸侯畛於鬼神又𠎝人云供介鬯是天子於諸侯有告神之義 野外軍中無摯以纓拾矢可也 謂人在野外軍旅之中或應相見而無物可持爲摯者則不以舊禮當隨時所用纓謂馬繁纓即馬鞅也拾射鞲也矢猶箭也軍在野無物故用此爲摯可也不直云軍中而云野外者若軍在都邑中則宜依舊禮不可用軍物也云若非軍中而在野外亦申時物或纓拾之徒隨所有也舉一隅耳觸類而長之則若土地無正幣則時物皆可也 婦人之摯

禮記義七　二十八　張明

俱榛脯脩棗栗 婦人無外事唯初嫁用摯以見舅姑故用此六物爲摯也椇即今之白石李也形如珊瑚味甜美榛似栗而小也脯搏肉無骨而曝之脩取肉鍛治而加薑桂乾之如脯者所以用此六物者椇訓法也榛訓至也脯始也脩治也棗早也栗肅也婦人有法始至脩身早起肅敬也故后夫人以下皆以棗栗爲摯取其早起戰栗自正也必知以名爲義者案莊二十四年左傳云女贄不過榛栗棗脩以告虔也見榛是虔義之名明諸物皆取名爲義案昏禮婦見舅以棗栗見姑以腶脩其榛椇所用無文

納女於天子曰備百姓於國君曰備酒漿於大夫曰備埽灑

納女猶致女也壻不親迎則女之家遣人致之此其辭也姓之言生也天子皇后以下百二十人廣子姓也酒漿埽灑婦人之職

疏 正義曰納猶致也致者壻不親迎則女之家三月廟見使人致之而爲此辭姓生也言致此女

備王之后妃以下百二十人以生廣子孫故云百姓也　於國君曰備酒漿者致女於諸侯也酒漿是婦人之職也故送女而持此爲辭轉卑不敢言百姓也詩云無非無儀唯酒食是議是也　於大夫曰備埽灑彌賤也不敢同諸侯故不得言酒漿也唯及大夫不及士者士卑故也諸侯功成得備八妾重國廣嗣也　注納女至之職　正義曰成九年夏季孫行父如宋致女此云納女故云納女猶致女也知壻不親迎嫁女之家使人致女者以成九年二月伯姬歸於宋時宋公不親迎故魯季孫行父如宋致女是也而天子亦有親迎以否者異義云禮戴說天子親迎左氏說天子不親迎使上卿迎之諸侯亦不親迎使上大迎鄭駁異義云文王迎大姒親迎於渭又引孔子答哀公合二姓之好以繼先聖之後以爲天地宗廟社稷之主冕而親迎君何謂已重乎此天子諸侯有親迎也若不親迎則宜致女云備百姓也

禮記義七　二十九

禮記正義卷第七

足利本第七卷第二十九葉

備王之后妃以下百二十人以生廣子孫故云百姓也　於國君曰備酒漿者致女於諸侯也酒漿是婦人之職也故送女而持此爲辭轉卑不敢言百姓也詩云無非無儀唯酒食是議是也　於大夫曰備埽灑彌賤也不敢同諸侯故不得言酒漿也唯及大夫不及士者士卑故也諸侯功成得備八妾重國廣嗣也　注納女至之職　正義曰成九年夏季孫行父如宋致女此云納女故云納女猶致女也知壻不親迎嫁女之家使人致女者以成九年二月伯姬歸於宋時宋公不親迎故魯季孫行父如宋致女是也而天子亦有親迎以否者異義云禮戴說天子親迎左氏說天子不親迎使上卿迎之諸侯亦不親迎使上大迎鄭駁異義云文王迎大姒親迎於渭又引孔子答哀公合二姓之好以繼先聖之後以爲天地宗廟社稷之主冕而親迎君何謂已重乎此天子諸侯有親迎也若不親迎則宜致女云備百姓也

禮記義七　二十九

禮記正義卷第七

潘本第七卷第二十九葉

足利本第八卷第一葉

禮記正義卷第八

國子祭酒上護軍曲阜縣開國子臣孔穎達等奉

勑撰

檀弓第四

正義曰案鄭目録云名曰檀弓者以其記人善於禮故著姓名以顯之姓檀名弓今山陽有檀氏此於别録屬通論此檀弓在六國之時知者以仲梁子是六國時人此篇載仲梁子故知也案子游譏司寇惠子廢適立庶又檀弓亦譏仲子舍適孫而立庶子其事同不以子游名篇而以檀弓爲首者子游是孔門習禮之人未足可嘉檀弓非是門徒而能達禮故善之以爲篇目

公儀仲子之喪檀弓免焉故爲非禮以非仲子也禮朋友皆在他邦乃袒免仲子舍其孫而立其子此其所立非也公儀蓋魯同姓周禮適子死立適孫爲後檀弓曰何居我未之前聞也居讀爲姬姓之姬齊魯之間語助也前猶故也趨而就子服伯子於門右曰仲子舍其孫而立其子何也去賓位就主人兄弟之賢者而問之子服伯子蓋仲孫蔑之玄孫子服景伯蔑魯大夫伯子曰仲子亦猶行古之道也昔者文王舍伯邑考而立武王微子舍其孫腯而立衍也夫仲子亦猶行古之道

禮記義八　一　壽業

潘本第八卷第一葉　篇題「檀弓第四」應爲「檀弓上第三」

禮記正義卷第八

國子祭酒上護軍曲阜縣開國子臣孔穎達等奉

勑撰

檀弓第四

正義曰案鄭目録云名曰檀弓者以其記人善於禮故著姓名以顯之姓檀名弓今山陽有檀氏此於别録屬通論此檀弓在六國之時知者以仲梁子是六國時人此篇載仲梁子故知也案子游譏司寇惠子廢適立庶又檀弓亦譏仲子舍適孫而立庶子其事同不以子游名篇而以檀弓爲首者子游是孔門習禮之人未足可嘉檀弓非是門徒而能達禮故善之以爲篇目

公儀仲子之喪檀弓免焉故爲非禮以非仲子也禮朋友皆在他邦乃袒免仲子舍其孫而立其子此其所立非也公儀蓋魯同姓周禮適子死立適孫爲後檀弓曰何居我未之前聞也居讀爲姬姓之姬齊魯之間語助也前猶故也趨而就子服伯子於門右曰仲子舍其孫而立其子何也去賓位就主人兄弟之賢者而問之子服伯子蓋仲孫蔑之玄孫子服景伯蔑魯大夫伯子曰仲子亦猶行古之道也昔者文王舍伯邑考而立武王微子舍其孫腯而立衍也夫仲子亦猶行古之道

禮記義八　一　壽業

足利本第八卷第二葉

也伯子爲親者隱耳立子非也文王之立武王權也微子適子死立其弟衍殷禮也子游問
諸孔子孔子曰否立孫據周禮疏公儀至立孫正義曰此一節
論仲子廢適立庶爲檀弓所譏之事公儀仲子身今喪亡
檀弓與之爲友又非處他邦爲之著免故爲重服譏其失
禮所以譏者仲子適子既死舍其適孫而立其庶子檀弓
居在賓位而言曰何居居是語辭言仲子舍適孫立庶子
是何道理乎我未之前聞前猶故也言我未聞故昔有此
事既言之後乃從賓位趨而就子服伯子於門右問之曰
仲子舍其適孫而立庶子是何禮也伯子爲仲子隱諱乃
言曰仲子雖生周世猶上行古之道也言亦者餘人有行
古之道仲子亦如餘人故云亦也即引文王微子之事爲
古之道也更繼之云仲子亦猶行古之道與文王微子無
異子游以此爲疑問諸孔子孔子以仲子周人當從周禮
不得立庶子當立孫也注禮朋友皆在他邦乃袒免

六七十　禮記義八　二　賈祥

正義曰知者喪服記云若他邦來還家而無主猶爲之免
故鄭注云歸有主人乃止明無主猶袒免也若朋友俱在
家則弔服加麻加麻者素弁上加緦之環經若一在一否
亦然知者以云皆在他邦乃袒免明不皆在者則否注
公儀蓋魯同姓　正義曰知者案史記魯相公儀休此云
子服伯子是魯人故疑魯同姓也知同姓者以春秋有公
爲公若公儀同稱公故知同姓也注去賓至大夫　正
義曰案賓位之法隨主人而變小斂之前主人未忍在主
位有事在西階下則賓亦入門西弔於西階下故士喪禮
君使人襚主人拜送拜賓即位西階下東面鄭云未忍即
主人位也小斂之後尸則出堂廉然後有飾主人位則在
阼階下西面賓弔者入門東於東階下弔也故士喪禮小
斂訖故士舉男女奉尸俠於堂主人降自西階即位踊襲
經于序東鄭云即位踊東方位也則衆主人不接賓發初
在東耳而檀弓之來者當在小斂之前初于西階行譏弔
而主人未覺後乃趨嚮門右問伯子焉必知小斂前者以

潘本第八卷第二葉

也伯子爲親者隱耳立子非也文王之立武王權也微子適子死立其弟衍殷禮也子游問
諸孔子孔子曰否立孫據周禮疏公儀至立孫正義曰此一節
論仲子廢適立庶爲檀弓所譏之事公儀仲子身今喪亡
檀弓與之爲友又非處他邦爲之著免故爲重服譏其失
禮所以譏者仲子適子既死舍其適孫而立其庶子檀弓
居在賓位而言曰何居居是語辭言仲子舍適孫立庶子
是何道理乎我未之前聞前猶故也言我未聞故昔有此
事既言之後乃從賓位趨而就子服伯子於門右問之曰
仲子舍其適孫而立庶子是何禮也伯子爲仲子隱諱乃
言曰仲子雖生周世猶上行古之道也言亦者餘人有行
古之道仲子亦如餘人故云亦也即引文王微子之事爲
古之道也更繼之云仲子亦猶行古之道與文王微子無
異子游以此爲疑問諸孔子孔子以仲子周人當從周禮
不得立庶子當立孫也注禮朋友皆在他邦乃袒免

六七十　禮記義八　二　賈祥

正義曰知者喪服記云若他邦來還家而無主猶爲之免
故鄭注云歸有主人乃止明無主猶袒免也若朋友俱在
家則弔服加麻加麻者素弁上加緦之環經若一在一否
亦然知者以云皆在他邦乃袒免明不皆在者則否注
公儀蓋魯同姓　正義曰知者案史記魯相公儀休此云
子服伯子是魯人故疑魯同姓也知同姓者以春秋有公
爲公若公儀同稱公故知同姓也注去賓至大夫　正
義曰案賓位之法隨主人而變小斂之前主人未忍在主
位有事在西階下則賓亦入門西弔於西階下故士喪禮
君使人襚主人拜送拜賓即位西階下東面鄭云未忍即
主人位也小斂之後尸則出堂廉然後有飾主人位則在
阼階下西面賓弔者入門東於東階下弔也故士喪禮小
斂訖故士舉男女奉尸俠於堂主人降自西階即位踊襲
經于序東鄭云即位踊東方位也則衆主人不接賓發初
在東耳而檀弓之來者當在小斂之前初于西階行譏弔
而主人未覺後乃趨嚮門右問伯子焉必知小斂前者以

仲子初喪即正適庶之位故也未小斂而著免者故爲非禮之弔亦異常也然則子游之弔惠子是小斂後也故服衰而在門東故鄭云大夫家臣位在賓後又云在門內北面云子服伯子蓋仲孫蔑之玄孫子服景伯者案世本獻子蔑生孝伯孝伯生惠伯惠伯生昭伯昭伯生景伯云蓋者彼云子服景伯此云子服伯子不同故云蓋景是謚伯是字也　注文王之立武王權也　正義曰案文王在殷之世殷禮自得舍伯邑考而立武王而言權者殷禮若適子死得立弟也今伯邑考見在而立武王故云權也故中候云發行誅紂且弘道也是七百年之基驗也

事親有隱而無犯 隱謂不稱揚其過失也無犯不犯顏而諫論語曰事父母幾諫 **左右就養無方** 左右謂扶持之方猶常也子則然無常人 **服勤至死** 勤勞辱之事也 **致喪三年** 致謂戚容稱其服也凡此以恩爲制 **事君有犯而無隱** 既諫人有問其國政者可以語其得失若齊晏子爲晉叔向言之 **左右就養有方** 不可侵官 **服勤至死方喪三年** 方喪資於事父凡此以義爲制 **事師無犯無隱左右就養無方服勤至死心喪三年** 心喪戚容如父而無服也凡此以恩義之間爲制

禮記義八　三　方堅

疏 事親至三年　正義曰此一節論事親事君及事師之法臣子著服之義各依文解之　注無犯至幾諫　正義曰據親有尋常之過故無犯若有大惡亦當犯顏故孝經云父有爭子則身不陷於不義是也論語曰事父母幾諫是尋常之諫也　注左右至常人　正義曰凡言左右者據僕從之臣故立有左右僕從之官位此左右言扶持之謂子在親左相右相而奉持之云子則然無常人然猶如是也但是子則須如是或左右奉持不常遣一人在左一人在右故云無常人　注勤

仲子初喪即正適庶之位故也未小斂而著免者故爲非禮之弔亦異常也然則子游之弔惠子是小斂後也故服衰而在門東故鄭云大夫家臣位在賓後又云在門內北面云子服伯子蓋仲孫蔑之玄孫子服景伯者案世本獻子蔑生孝伯孝伯生惠伯惠伯生昭伯昭伯生景伯云蓋者彼云子服景伯此云子服伯子不同故云蓋景是謚伯是字也　注文王之立武王權也　正義曰案文王在殷之世殷禮自得舍伯邑考而立武王而言權者殷禮若適子死得立弟也今伯邑考見在而立武王故云權也故中候云發行誅紂且弘道也是七百年之基驗也

事親有隱而無犯 隱謂不稱揚其過失也無犯不犯顏而諫論語曰事父母幾諫 左右就養無方 左右謂扶持之方猶常也子則然無常人 服勤至死 勤勞辱之事也 致喪三年 致謂戚容稱其服也凡此以恩爲制 事君有犯而無隱 既諫人有問其國政者可以語其得失若齊晏子爲晉叔向言之 左右就養有方 不可侵官 服勤至死方喪三年 方喪資於事父凡此以義爲制 事師無犯無隱左右就養無方服勤至死心喪三年 心喪戚容如父而無服也凡此以恩義之間爲制

禮記義八　三　方堅

疏 事親至三年　正義曰此一節論事親事君及事師之法臣子著服之義各依文解之　注無犯至幾諫　正義曰據親有尋常之過故無犯若有大惡亦當犯顏故孝經云父有爭子則身不陷於不義是也論語曰事父母幾諫是尋常之諫也　注左右至常人　正義曰凡言左右者據僕從之臣故立有左右僕從之官位此左右言扶持之謂子在親左相右相而奉持之云子則然無常人然猶如是也但是子則須如是或左右奉持不常遣一人在左一人在右故云無常人　注勤

足利本第八卷第四葉

勞至爲制　正義曰言服勤者謂服持勤苦勞辱之事云致謂戚容稱其服也者　致之言至也謂哀情至極而居喪禮故云致謂戚容稱其服也上曲禮云五十不致毀與此同云凡此以恩爲制者凡上三事對下君與師故云以恩爲制　注既諫至言之　正義曰知既諫而後人有問其國政可以語其得失者昭三年左傳云晏子謂景公曰小人近市朝夕得所求景公曰子近市何貴何賤於是景公繁於刑有鬻踊者故對曰踊貴屨賤諫景公重刑後及其聘晉與叔向言齊國之政將歸陳氏景公厚斂焉陳氏厚施焉是既諫得言君之過若其未諫而言君過則不可故昭三年子大叔如晉張趯與子大叔言云火星中而寒暑退此其極也能無退乎未曾諫君輒言君德之退故傳云張趯有知其猶在君子之後乎是其被譏也魯昭公取同姓孔子不仕昭公既先諫所以論語稱孔子爲昭公諱而稱丘也過者聖人含弘勸獎擘過歸己非實事也若史策書理則不一若其良史直筆不隱君過董狐書趙盾

禮記義八　四　馬春

弑君及丹楹刻桷之屬是也若忠順臣則諱君親之惡者春秋辟諱皆是故僖元年左傳云諱國惡禮也　注不可侵官　正義曰案成十六年左傳云晉楚戰于鄢陵時欒書將中軍欒鍼爲晉侯車右晉侯陷於淖欒書將載晉侯鍼曰書退侵官冒也失官慢也離局姦也詩欒書棄元帥之任欲載晉侯是侵官也故云不可侵官此謂君有平常小事若有危難當致死故論語云事君能致其身　注方喪資於事父　正義曰方謂比方也謂比方父喪禮以喪君故云資於事父資取也取事父之喪禮以喪君但居處飲食同耳不能戚容稱其服　注心喪至爲制　正義曰凡親有冥造之功又有生育之恵故懷哀戚之痛同君喪服之限君則徒有榮身顯親之事而無冥造生育之功故唯服麤衰表盡哀戚師則以恩愛成己有同於親故不爲制服故云心喪戚容如喪父爲恩愛成己故也云而無服者既無親之冥造又無君之榮顯故無服也云以恩義之閒爲制者無犯是同親之恩無隱是同君之義兼有親恩君義故言恩

潘本第八卷第四葉

勞至爲制　正義曰言服勤者謂服持勤苦勞辱之事云致謂戚容稱其服也者　致之言至也謂哀情至極而居喪禮故云致謂戚容稱其服也上曲禮云五十不致毀與此同云凡此以恩爲制者凡上三事對下君與師故云以恩爲制　注既諫至言之　正義曰知既諫而後人有問其國政可以語其得失者昭三年左傳云晏子謂景公曰小人近市朝夕得所求景公曰子近市何貴何賤於是景公繁於刑有鬻踊者故對曰踊貴屨賤諫景公重刑後及其聘晉與叔向言齊國之政將歸陳氏景公厚斂焉陳氏厚施焉是既諫得言君之過若其未諫而言君過則不可故昭三年子大叔如晉張趯與子大叔言云火星中而寒暑退此其極也能無退乎未曾諫君輒言君德之退故傳云張趯有知其猶在君子之後乎是其被譏也魯昭公取同姓孔子不仕昭公既先諫所以論語稱孔子爲昭公諱而稱丘也過者聖人含弘勸獎擘過歸己非實事也若史策書理則不一若其良史直筆不隱君過董狐書趙盾

禮記義八　四　馬春

弑君及丹楹刻桷之屬是也若忠順臣則諱君親之惡者春秋辟諱皆是故僖元年左傳云諱國惡禮也　注不可侵官　正義曰案成十六年左傳云晉楚戰于鄢陵時欒書將中軍欒鍼爲晉侯車右晉侯陷於淖欒書將載晉侯鍼曰書退侵官冒也失官慢也離局姦也詩欒書棄元帥之任欲載晉侯是侵官也故云不可侵官此謂君有平常小事若有危難當致死故論語云事君能致其身　注方喪資於事父　正義曰方謂比方也謂比方父喪禮以喪君故云資於事父資取也取事父之喪禮以喪君但居處飲食同耳不能戚容稱其服　注心喪至爲制　正義曰凡親有冥造之功又有生育之恵故懷哀戚之痛同君喪服之限君則徒有榮身顯親之事而無冥造生育之功故唯服麤衰表盡哀戚師則以恩愛成己有同於親故不爲制服故云心喪戚容如喪父爲恩愛成己故也云而無服者既無親之冥造又無君之榮顯故無服也云以恩義之閒爲制者無犯是同親之恩無隱是同君之義兼有親恩君義故言恩

足利本第八卷第五葉

義之閒爲制但子之事親本主恩愛不欲聞親有過惡故有隱不欲違親顏色故無犯臣之事君利在功義若有惡不諫社稷傾亡故有犯君之過惡衆所同知故云無隱也**季武子成寢**武子魯公子季友之曾孫季孫夙**杜氏之葬在西階之下請合葬焉許之入宮而不敢哭武子曰合葬非古也自周公以來未之有改也**自見夷人冢墓以爲宅欲文過**吾許其大而不許其細何居命之哭**記此者善其不奪人之恩

疏 季武至之哭　正義曰此一節明不奪人之恩兼論夷人冢墓爲寢欲文過之事各隨文解之 〇注武子至孫夙　正義曰案世本公子友生齊仲齊仲生無逸無逸生行父行父生夙夙是公子友曾孫也 〇注自見至文過　正義曰言文過者武子自云合葬之禮非古昔之法從周公以來始有合葬至今未改我成寢之時謂此冢墓是周公以前之事不須合葬故我夷平之以爲寢不肯服理是文飾其過先儒皆以杜氏喪從外來就武子之寢合葬與孔子合葬於防同又案晏子春秋景公成路寢之臺逢於阿盆成逆後喪並得附葬景公寢中與此同也 〇注吾許至何居　吾許其大者聽之將喪而入葬是許其大不許其細哭是細也何居居語辭既許其大而不許其細是何道理故云何居

子上之母死而不喪子上孔子曾孫子思伋之子名白其母出**門人問諸子思曰昔者子之先君子喪出母乎曰然**禮爲出母期父卒爲父後者不服耳**子之不使白也喪之何也子思曰昔者吾先君子無所失道道**

禮記義八　五　李寔

潘本第八卷第五葉

義之閒爲制但子之事親本主恩愛不欲聞親有過惡故有隱不欲違親顏色故無犯臣之事君利在功義若有惡不諫社稷傾亡故有犯君之過惡衆所同知故云無隱也**季武子成寢**武子魯公子季友之曾孫季孫夙**杜氏之葬在西階之下請合葬焉許之入宮而不敢哭武子曰合葬非古也自周公以來未之有改也**自見夷人冢墓以爲宅欲文過**吾許其大而不許其細何居命之哭**記此者善其不奪人之恩

疏 季武至之哭　正義曰此一節明不奪人之恩兼論夷人冢墓爲寢欲文過之事各隨文解之 〇注武子至孫夙　正義曰案世本公子友生齊仲齊仲生無逸無逸生行父行父生夙夙是公子友曾孫也 〇注自見至文過　正義曰言文過者武子自云合葬之禮非古昔之法從周公以來始有合葬至今未改我成寢之時謂此冢墓是周公以前之事不須合葬故我夷平之以爲寢不肯服理是文飾其過先儒皆以杜氏喪從外來就武子之寢合葬與孔子合葬於防同又案晏子春秋景公成路寢之臺逢於阿盆成逆後喪並得附葬景公寢中與此同也 〇注吾許至何居　吾許其大者聽之將喪而入葬是許其大不許其細哭是細也何居居語辭既許其大而不許其細是何道理故云何居

子上之母死而不喪子上孔子曾孫子思伋之子名白其母出**門人問諸子思曰昔者子之先君子喪出母乎曰然**禮爲出母期父卒爲父後者不服耳**子之不使白也喪之何也子思曰昔者吾先君子無所失道道**

禮記義八　五　李寔

隆則從而隆道汙則從而汙汙猶殺也有隆有殺進退如禮伋則安能自子不能及爲伋也妻者是爲白也母不爲伋也妻者是不爲白也母故孔氏之不喪出母自子思始也記禮所由廢非之

疏子上至始也　正義曰此一節論子上不喪出母之事各隨文解之　注禮爲至服耳　正義曰案喪服齊衰杖期章出妻之子爲母又云出妻之子爲父後者則爲出母無服傳云與尊者爲一體不敢服其私親是也子思既在子上當爲出母有服故門人疑而問之云子之先君子謂孔子也令子喪出母乎子思曰然然猶如是也言是喪出母故也伯魚之母被出死期而猶哭是喪出母也　子思至而汙　道猶禮也言吾之先君子無所失道道有可隆則從而隆謂父在爲出母宜加隆厚爲之著服道汙者汙猶殺也若禮可殺則從而殺謂父卒子爲父後上繼至尊不敢私爲出母禮當滅殺則不爲之著服　伋則安能者子思自以才能淺薄不及聖祖故云伋則何能鄭云自子不能及子猶許也自許不能及也

禮記義八　六

孔子曰拜而后稽顙頹乎其順也此殷之喪拜也頹順也先拜賓順於事也稽顙而后拜頎乎其至也此周之喪拜也頎至也先觸地無容哀之至三年之喪吾從其至者重者尚哀戚自期如殷可

疏孔子至至者　正義曰此一節論殷周喪拜之異也拜者主人孝子拜賓也稽顙者觸地無容也頹然不逆之意也拜是爲賓稽顙爲己前賓後己各以爲頹然而順序也　稽顙而后拜頎乎其至也者頎惻隱貌也先觸地無容後乃拜賓也是爲親痛深貌惻隱之至也三年之喪吾從其至者孔子許二代所拜也至者謂先稽

隆則從而隆道汙則從而汙汙猶殺也有隆有殺進退如禮伋則安能自子不能及爲伋也妻者是爲白也母不爲伋也妻者是不爲白也母故孔氏之不喪出母自子思始也記禮所由廢非之

疏子上至始也　正義曰此一節論子上不喪出母之事各隨文解之　注禮爲至服耳　正義曰案喪服齊衰杖期章出妻之子爲母又云出妻之子爲父後者則爲出母無服傳云與尊者爲一體不敢服其私親是也子思既在子上當爲出母有服故門人疑而問之云子之先君子謂孔子也令子喪出母乎子思曰然然猶如是也言是喪出母故也伯魚之母被出死期而猶哭是喪出母也　子思至而汙　道猶禮也言吾之先君子無所失道道有可隆則從而隆謂父在爲出母宜加隆厚爲之著服道汙者汙猶殺也若禮可殺則從而殺謂父卒子爲父後上繼至尊不敢私爲出母禮當滅殺則不爲之著服　伋則安能者子思自以才能淺薄不及聖祖故云伋則何能鄭云自子不能及子猶許也自許不能及也

禮記義八　六

孔子曰拜而后稽顙頹乎其順也此殷之喪拜也頹順也先拜賓順於事也稽顙而后拜頎乎其至也此周之喪拜也頎至也先觸地無容哀之至三年之喪吾從其至者重者尚哀戚自期如殷可

疏孔子至至者　正義曰此一節論殷周喪拜之異也拜者主人孝子拜賓也稽顙者觸地無容也頹然不逆之意也拜是爲賓稽顙爲己前賓後己各以爲頹然而順序也　稽顙而后拜頎乎其至也者頎惻隱貌也先觸地無容後乃拜賓也是爲親痛深貌惻隱之至也三年之喪吾從其至者孔子許二代所拜也至者謂先稽

足利本第八卷第七葉

顙後拜也重喪主貌惻隱故三年喪則從其頎至者也
注重者至殷可　正義曰三年之喪尚哀戚則從周自期
以下如殷可此經直云拜而后稽顙稽顙而后拜鄭知拜
而后稽顙是殷之喪拜稽顙而后拜是周之喪拜者以孔
子所論每以二代相對故下檀弓云殷人旣封而弔周人
反哭而弔殷以慤吾從周又云殷朝而殯於祖周朝而遂
葬皆以殷周相對故知此亦殷周相對也知並是殷周喪
拜者此云三年之喪吾從其至明非三年喪者則從其頎
故知並是喪拜但殷之喪拜自斬衰以下緦麻以上皆拜
而后稽顙以其質故也周則杖期以上皆先稽顙而后拜
不杖期以下乃作殷之喪拜鄭知殷先拜而後稽顙周先
稽顙而後拜者以孔子所論皆先殷而後周今拜而后稽
顙文在其上故爲殷也稽顙而后拜文在其下故爲周也
且下檀弓云秦穆公使人弔公子重耳重耳稽顙而不拜
示不爲後也若爲後當稽顙而後拜也重耳旣在周時明
知先稽顙而後拜者若然士喪禮旣是周禮所以主人拜

禮記義八　七　李光詞

稽顙似亦先拜而後稽顙者士喪禮云拜稽顙者謂爲拜
之時先稽顙其喪大記每拜稽顙者與士喪禮同案晉語
云秦穆公弔重耳重耳再拜不稽顙與下篇重耳稽顙不
拜文異者國語之文不可用此稽顙而後拜卽大祝凶拜
之下鄭注稽顙而後拜謂三年服者此拜而後稽顙卽大
祝吉拜鄭注云謂齊衰不杖以下者鄭知凶拜是三年服
者以雜記云三年之喪以其喪拜喪拜卽凶拜鄭又云吉
拜齊衰不杖以下則齊衰杖者亦用凶拜者知齊衰杖用
凶拜者以雜記云父母在爲妻不杖不稽顙明父母歿爲
妻杖得稽顙也是知杖齊衰得爲凶拜若然雜記云三年
之喪以其喪拜非三年之喪以吉拜則杖期以下皆用吉
拜今此杖期得用凶拜者雜記所云大判而言雖有杖期
揔屬三年之内熊氏以爲雜記所論是拜問拜賜故杖期
亦屬吉拜必知然者以鄭注大祝凶拜云三年服者是用
雜記之文解以凶拜之義則拜賓拜問拜賜不得殊也且
雜記問與賜與於拜文上下不相接次不可用也周禮大

潘本第八卷第七葉

顙後拜也重喪主貌惻隱故三年喪則從其頎至者也
注重者至殷可　正義曰三年之喪尚哀戚則從周自期
以下如殷可此經直云拜而后稽顙稽顙而后拜鄭知拜
而后稽顙是殷之喪拜稽顙而后拜是周之喪拜者以孔
子所論每以二代相對故下檀弓云殷人旣封而弔周人
反哭而弔殷以慤吾從周又云殷朝而殯於祖周朝而遂
葬皆以殷周相對故知此亦殷周相對也知並是殷周喪
拜者此云三年之喪吾從其至明非三年喪者則從其頎
故知並是喪拜但殷之喪拜自斬衰以下緦麻以上皆拜
而后稽顙以其質故也周則杖期以上皆先稽顙而后拜
不杖期以下乃作殷之喪拜鄭知殷先拜而後稽顙周先
稽顙而後拜者以孔子所論皆先殷而後周今拜而后稽
顙文在其上故爲殷也稽顙而后拜文在其下故爲周也
且下檀弓云秦穆公使人弔公子重耳重耳稽顙而不拜
示不爲後也若爲後當稽顙而後拜也重耳旣在周時明
知先稽顙而後拜者若然士喪禮旣是周禮所以主人拜

禮記義八　李光詞

稽顙似亦先拜而後稽顙者士喪禮云拜稽顙者謂爲拜
之時先稽顙其喪大記每拜稽顙者與士喪禮同案晉語
云秦穆公弔重耳重耳再拜不稽顙與下篇重耳稽顙不
拜文異者國語之文不可用此稽顙而後拜卽大祝凶拜
之下鄭注稽顙而後拜謂三年服者此拜而後稽顙卽大
祝吉拜鄭注云謂齊衰不杖以下者鄭知凶拜是三年服
者以雜記云三年之喪以其喪拜喪拜卽凶拜鄭又云吉
拜齊衰不杖以下則齊衰杖者亦用凶拜者知齊衰杖用
凶拜者以雜記云父母在爲妻不杖不稽顙明父母歿爲
妻杖得稽顙也是知杖齊衰得爲凶拜若然雜記云三年
之喪以其喪拜非三年之喪以吉拜則杖期以下皆用吉
拜今此杖期得用凶拜者雜記所云大判而言雖有杖期
揔屬三年之内熊氏以爲雜記所論是拜問拜賜故杖期
亦屬吉拜必知然者以鄭注大祝凶拜云三年服者是用
雜記之文解以凶拜之義則拜賓拜問拜賜不得殊也且
雜記問與賜與於拜文上下不相接次不可用也周禮大

祝一曰稽首鄭云頭至地案中候我應云王再拜稽首鄭
云稽首頭至手也此即臣拜君之拜故左傳云天子在寡
君無所稽首大夫於諸侯亦稽首故下曲禮云大夫之臣
不稽首則大夫於君得稽首二曰頓首鄭曰頭叩地不停
留也此平敵以下拜也諸侯相拜則然以其不稽首唯頓
首也三曰空首鄭云頭至手所謂拜手也以其與拜手是
一故爲頭至手也此荅臣下之拜其敵者既用頓首故知
不敵者用空首四曰振動鄭云戰栗變動之拜謂有敬懼
故爲振動故尚書泰誓火流爲烏王動色變是也五曰吉
拜者謂先作頓首拜後作稽顙故鄭康成注與頓首相近
六曰凶拜者既重於吉拜當先作稽顙而後稽首七曰奇
拜鄭大夫云奇拜謂一拜也鄭康成云一拜荅臣下然燕
禮大射公荅再拜者爲初敬之爲賓尊之故再拜燕末無
筭爵之後唯止一拜而已八曰褒拜者鄭大夫云褒讀爲
報報拜再拜也鄭康成云再拜拜神與尸九曰肅拜者鄭
司農云但俯下手今時揖是也介者不拜引成十六年爲

禮記義八　八

事故敢肅使者此禮拜體爲空首一拜而已其餘皆再拜
也其肅拜或至再故成十六年晉郤至三肅使者此肅又
謂婦人之拜故少儀云婦人吉事雖有君賜肅拜是也
孔子既得合葬於防
言既得者少孤不知其墓
曰吾聞之古也墓而不墳
墓謂兆域今之封塋也古謂殷時也土之高者曰墳
今丘也東西南北之人也不
可以弗識也於是封之崇四尺
東西南北言居無常也聚土曰封封之周禮也周禮曰以爵等爲丘封之度崇高也高四尺蓋周之士制
孔子先反
當脩虞事
門人後雨甚至
後待封也
孔子問焉曰爾來何遲
也曰防墓崩
言所以遲者脩之而來
孔子不應
以其非禮
三
言三

足利本第八卷第八葉

潘本第八卷第八葉

祝一曰稽首鄭云頭至地案中候我應云王再拜稽首鄭
云稽首頭至手也此即臣拜君之拜故左傳云天子在寡
君無所稽首大夫於諸侯亦稽首故下曲禮云大夫之臣
不稽首則大夫於君得稽首二曰頓首鄭曰頭叩地不停
留也此平敵以下拜也諸侯相拜則然以其不稽首唯頓
首也三曰空首鄭云頭至手所謂拜手也以其與拜手是
一故爲頭至手也此荅臣下之拜其敵者既用頓首故知
不敵者用空首四曰振動鄭云戰栗變動之拜謂有敬懼
故爲振動故尚書泰誓火流爲烏王動色變是也五曰吉
拜者謂先作頓首拜後作稽顙故鄭康成注與頓首相近
六曰凶拜者既重於吉拜當先作稽顙而後稽首七曰奇
拜鄭大夫云奇拜謂一拜也鄭康成云一拜荅臣下然燕
禮大射公荅再拜者爲初敬之爲賓尊之故再拜燕末無
筭爵之後唯止一拜而已八曰褒拜者鄭大夫云褒讀爲
報報拜再拜也鄭康成云再拜拜神與尸九曰肅拜者鄭
司農云但俯下手今時揖是也介者不拜引成十六年爲

校廿　禮記義八　八　用之

事故敢肅使者此禮拜體爲空首一拜而已其餘皆再拜
也其肅拜或至再故成十六年晉郤至三肅使者此肅又
謂婦人之拜故少儀云婦人吉事雖有君賜肅拜是也
孔子既得合葬於防
言既得者少孤不知其墓
曰吾聞之古也墓而不墳
墓謂兆域今之封塋也古謂殷時也土之高者曰墳
今丘也東西南北之人也不
可以弗識也於是封之崇四尺
東西南北言居無常也聚土曰封封之周禮也周禮曰以爵等爲丘封之度崇高也高四尺蓋周之士制
孔子先反
當脩虞事
門人後雨甚至
後待封也
孔子問焉曰爾來何遲
也曰防墓崩
言所以遲者脩之而來
孔子不應
以其非禮
三
言三

足利本第八卷第九葉

之以孔子不聞孔子泫然流涕曰吾聞之古不脩墓
脩猶治也䟽孔子至脩墓　正義曰此一節論古者不脩墓之事各依文解之　天子之墓一丈諸侯八尺
其次降差以兩　今丘也東西南北之人也不可以弗識也　今既東西南北不恒在鄉若久乃歸還不知葬之處
所故云不可以不作封墳記識其處　注周禮至士制　正義曰引周禮冢人云高四尺蓋周之士制者其父梁紇
雖爲大夫周禮公侯伯之大夫再命與天子中士同云周之士制者謂天子之士也　曰防墓崩　防地之墓新始
積土遇甚雨而崩庾蔚云防守其墓備擬其崩若如庾之言墓實不崩鄭何以言脩之而來孔子何以言古不脩墓
違經背注妄說異同非也　孔子泫然流涕自傷脩墓違古致令今崩弟子重脩故流涕也　孔子
哭子路於中庭寢中庭也與哭師同親之有人弔者而夫子

禮記義八　九

拜之爲之主也既哭進使者而問故使者自衛來赴者故謂死之意
狀使者曰醢之矣時衞世子蒯聵篡輒而立子路死之醢之者示欲啗食以怖衆遂
命覆醢覆棄之不忍食䟽孔子至覆醢　正義曰此一節論師資之恩兼明子路死之意狀
注寢中至親之　正義曰下文云師吾哭諸寢今哭子路於中庭故云與哭師同親之若其不親當哭於寢門外與
朋友同故下云朋友哭諸寢門外案奔喪云師於廟門外者謂周禮也下文據殺法也　注故謂死之意狀　正義
曰案哀十五年左傳云孔子聞衞亂曰柴也其來由也其死矣則是預知所以進使者問故者以子路忠而好勇必
知其死難但不知其死之委曲更問之也　注時衞至怖衆　正義曰案哀十五年左傳云蒯聵潛入孔悝之家與
伯姬迫孔悝於廁強盟之遂劫以登臺子路入逐之至臺下且曰大子無勇若燔臺半必舍孔叔大子聞之懼下石

潘本第八卷第九葉

之以孔子不聞孔子泫然流涕曰吾聞之古不脩墓
脩猶治也䟽孔子至脩墓　正義曰此一節論古者不脩墓之事各依文解之　天子之墓一丈諸侯八尺
其次降差以兩　今丘也東西南北之人也不可以弗識也　今既東西南北不恒在鄉若久乃歸還不知葬之處
所故云不可以不作封墳記識其處　注周禮至士制　正義曰引周禮冢人云高四尺蓋周之士制者其父梁紇
雖爲大夫周禮公侯伯之大夫再命與天子中士同云周之士制者謂天子之士也　曰防墓崩　防地之墓新始
積土遇甚雨而崩庾蔚云防守其墓備擬其崩若如庾之言墓實不崩鄭何以言脩之而來孔子何以言古不脩墓
違經背注妄說異同非也　孔子泫然流涕自傷脩墓違古致令今崩弟子重脩故流涕也　孔子
哭子路於中庭寢中庭也與哭師同親之有人弔者而夫子

禮記義八　九

拜之爲之主也既哭進使者而問故使者自衛來赴者故謂死之意
狀使者曰醢之矣時衞世子蒯聵篡輒而立子路死之醢之者示欲啗食以怖衆遂
命覆醢覆棄之不忍食䟽孔子至覆醢　正義曰此一節論師資之恩兼明子路死之意狀
注寢中至親之　正義曰下文云師吾哭諸寢今哭子路於中庭故云與哭師同親之若其不親當哭於寢門外與
朋友同故下云朋友哭諸寢門外案奔喪云師於廟門外者謂周禮也下文據殺法也　注故謂死之意狀　正義
曰案哀十五年左傳云孔子聞衞亂曰柴也其來由也其死矣則是預知所以進使者問故者以子路忠而好勇必
知其死難但不知其死之委曲更問之也　注時衞至怖衆　正義曰案哀十五年左傳云蒯聵潛入孔悝之家與
伯姬迫孔悝於廁強盟之遂劫以登臺子路入逐之至臺下且曰大子無勇若燔臺半必舍孔叔大子聞之懼下石

乞盂黶敵子路以戈擊之斷纓子路曰君子死冠不免注云不使冠在地遂結纓而死　曾子曰朋友之墓有宿草而不哭焉宿草謂陳根也爲師心喪三年於朋友期可

【疏】曾子至哭焉　正義曰曾子孔子弟子姓曾名參字子輿魯人也宿草陳根也草經一年則根陳也朋友相爲哭一期草根陳乃不哭也所以然者朋友雖無親而有同道之恩言朋友期而猶哭者非謂在家立哭位以終期年張敷云謂於一期之内如聞朋友之喪或經過朋友之墓及事故須哭如此則哭焉若一期之外則不哭也

子思曰喪三日而殯凡附於身者必誠必信勿之有悔焉耳矣三月而葬凡附於棺者必誠必信勿之有悔焉耳矣言其日月欲以盡心脩備之附於身謂衣衾附於棺謂明器之屬　喪三年以爲極亡去已久遠而除其喪則弗之忘矣則之言曾　故君子有終身之憂念其親　而無一朝之患毀不滅性　故忌日不樂謂死日言忌日不用舉吉事

【疏】子思至不樂　正義曰此一節論喪之初死及葬送終之具須盡孝子之情及思念父母不忘之事今各隨文解之　三日而殯者據大夫士禮故云三日也　凡附於身者謂衣衾也夫祀必求仁者之粟故送終之物悉用誠信必令合禮不使少多非法後追悔咎焉耳矣者助句之辭　三月而葬凡附於棺者必誠必信勿之有悔焉耳矣者三月而葬亦大夫士禮也附謂明器之屬亦當必誠信不追悔也　注言其至之屬　正義曰此言其日月欲以盡心脩備之鄭意但言凡附身附棺自足又更云三日三月言棺中物少者三日之期家計可使量

禮記義八　十　李浦

足利本第八卷第十葉

乞盂黶敵子路以戈擊之斷纓子路曰君子死冠不免注云不使冠在地遂結纓而死　曾子曰朋友之墓有宿草而不哭焉宿草謂陳根也爲師心喪三年於朋友期可

【疏】曾子至哭焉　正義曰曾子孔子弟子姓曾名參字子輿魯人也宿草陳根也草經一年則根陳也朋友相爲哭一期草根陳乃不哭也所以然者朋友雖無親而有同道之恩言朋友期而猶哭者非謂在家立哭位以終期年張敷云謂於一期之内如聞朋友之喪或經過朋友之墓及事故須哭如此則哭焉若一期之外則不哭也

子思曰喪三日而殯凡附於身者必誠必信勿之有悔焉耳矣三月而葬凡附於棺者必誠必信勿之有悔焉耳矣言其日月欲以盡心脩備之附於身謂衣衾附於棺謂明器之屬　喪三年以爲極亡去已久遠而除其喪則弗之忘矣則之言曾　故君子有終身之憂念其親　而無一朝之患毀不滅性　故忌日不樂謂死日言忌日不用舉吉事

【疏】子思至不樂　正義曰此一節論喪之初死及葬送終之具須盡孝子之情及思念父母不忘之事今各隨文解之　三日而殯者據大夫士禮故云三日也　凡附於身者謂衣衾也夫祀必求仁者之粟故送終之物悉用誠信必令合禮不使少多非法後追悔咎焉耳矣者助句之辭　三月而葬凡附於棺者必誠必信勿之有悔焉耳矣者三月而葬亦大夫士禮也附謂明器之屬亦當必誠信不追悔也　注言其至之屬　正義曰此言其日月欲以盡心脩備之鄭意但言凡附身附棺自足又更云三日三月言棺中物少者三日之期家計可使量

禮記義八　十　李浦

潘本第八卷第十葉

足利本第八卷第十一葉

度則必中棺外物多三月之賖思忖必就故言日月欲見宜慎也云謂明器之屬者案既夕禮除明器之外有用器弓矢耒耜兩敦兩杅槃匜燕樂器甲胄干笮杖笠翣等故云之屬也 喪三年以爲極亡 此亦子思語辭也言服親之喪以經三年以爲極亡可以棄忘而孝子有終身之痛曾不暫忘於心也注云則之言曾故君子有終竟已身怕慘念親此則是不忘之事雖終身念親而不得有一朝之閒有滅性禍患恐其常毀故唯忌日不爲樂事他日則可防其滅性故也所以不滅性者父母生己欲其存寧若滅性傷親之志又身已絶滅無可祭祀故也 注謂死至吉事 正義曰下篇子卯爲人君忌日恐此忌日亦爲子卯故云謂死日也言忌者以其親亡忌難吉事不舉之 孔子少孤不知其墓 孔子之父郰叔梁紇與顔氏之女徵在野合而生孔子徵在恥焉不告 殯於五父之衢 欲有所就而問之孔子亦爲隱焉殯於家則知之者無由怪己欲發問端五父衢名蓋郰曼父之鄰 人之見之者皆以爲葬也 見柩行於路 其慎也蓋殯也 慎當爲引禮家讀然聲之誤也殯引飾棺以輤葬引飾棺以柳翣孔子是時以殯引不以葬引時人見者謂不知禮 問於郰曼父之母然後得合葬於防 曼父之母與徵在爲鄰相善 鄰有喪舂不相里有殯不巷歌 皆所以助哀也相謂以音聲相勸 喪冠不緌 去飾 疏 孔子至於防 正義曰此一節論孔子訪父墓之事云孔子既少孤失父其母不告父墓之處今母既死欲將合葬不知父墓所在意欲問人故若殯母於家則禮之常事他人無由怪己故殯於五父之衢欲使他人怪而致問於己外人見柩行路皆以爲葬但葬引柩之時飾棺以柳翣其殯引之禮飾棺以輤當夫子飾其所引之棺以輤故云其

禮記義八 十一 周泉

潘本第八卷第十一葉

度則必中棺外物多三月之賖思忖必就故言日月欲見宜慎也云謂明器之屬者案既夕禮除明器之外有用器弓矢耒耜兩敦兩杅槃匜燕樂器甲胄干笮杖笠翣等故云之屬也 喪三年以爲極亡 此亦子思語辭也言服親之喪以經三年以爲極亡可以棄忘而孝子有終身之痛曾不暫忘於心也注云則之言曾故君子有終竟已身怕慘念親此則是不忘之事雖終身念親而不得有一朝之閒有滅性禍患恐其常毀故唯忌日不爲樂事他日則可防其滅性故也所以不滅性者父母生己欲其存寧若滅性傷親之志又身已絶滅無可祭祀故也 注謂死至吉事 正義曰下篇子卯爲人君忌日恐此忌日亦爲子卯故云謂死日也言忌者以其親亡忌難吉事不舉之 孔子少孤不知其墓 孔子之父郰叔梁紇與顔氏之女徵在野合而生孔子徵在恥焉不告 殯於五父之衢 欲有所就而問之孔子亦爲隱焉殯於家則知之者無由怪己欲發問端五父衢名蓋郰曼父之鄰 人之見之者皆以爲葬也 見柩行於路 其慎也蓋殯也 慎當爲引禮家讀然聲之誤也殯引飾棺以輤葬引飾棺以柳翣孔子是時以殯引不以葬引時人見者謂不知禮 問於郰曼父之母然後得合葬於防 曼父之母與徵在爲鄰相善 鄰有喪舂不相里有殯不巷歌 皆所以助哀也相謂以音聲相勸 喪冠不緌 去飾 疏 孔子至於防 正義曰此一節論孔子訪父墓之事云孔子既少孤失父其母不告父墓之處今母既死欲將合葬不知父墓所在意欲問人故若殯母於家則禮之常事他人無由怪己故殯於五父之衢欲使他人怪而致問於己外人見柩行路皆以爲葬但葬引柩之時飾棺以柳翣其殯引之禮飾棺以輤當夫子飾其所引之棺以輤故云其

禮記義八 十一 周泉

足利本第八卷第十二葉

引也蓋殯也殯不應在外故稱蓋爲不定之辭於時郰曼
父之母素與孔子母相善見孔子殯母於外怪問孔子孔
子因其所怪遂問郰曼父之母始知父墓所在而後得以
父母尸柩合葬於防　注孔子至不告　正義曰案史記
孔子世家云叔梁紇與顏氏女野合而生孔子鄭用世家
之文故注言野合不備於禮也若論語云先進於禮樂野
人也及野哉由也非謂草野而合也但徵在恥其與夫不
備禮爲妻見孔子知禮故不告言不知其墓者謂不委曲
適知柩之所在不是全不知墓之去處其或出辭入告揔
望本處而拜今將欲合葬須正知處所故云不知其墓今
古不知墓處於事大有而講者諠諠競爲異說恐非經記
之旨案家語云叔梁紇年餘七十無妻顏父有三女顏父
謂其三女曰郰大夫身長七尺武力絶倫年餘七十誰能
與之爲妻二女莫對徵在進曰從父所制將何問焉父曰
即爾能矣遂以妻之爲妻而生孔子三歲而叔梁紇卒王
肅據家語之文以爲禮記之妄又論語緯撰考云叔梁紇

禮記義八　十二　葛異

與徵在禱尼丘山感黑龍之精以生仲尼今鄭云叔梁紇
與顏氏之女徵在野合於家語文義亦無殊何者七十之
男始取徵在灼然不能備禮亦名野合又徵在幼少之女
而嫁七十之夫是以羞慙不能告子又梁紇生子三歲而
後卒是孔子少孤又與撰考之文禱尼丘山而生孔子於
野合之說亦義理無妨鄭與家語史記並悉符同王肅妄
生疑難於義非也　注慎當至知禮　正義曰挽柩爲引
無名慎者以慎引聲相近故云慎當爲引云禮家讀然若
然猶如是也言禮家讀如是引字故大司徒云大喪屬其
六引是讀引也云殯引飾棺以輤者案雜記云諸侯行而
死於道其輤有裧緇布裳帷輤爲赤色大夫布裳帷士葦
席以爲屋蒲席以爲裳帷大夫以下雖無輤取諸侯輤同
名故飾棺以輤云葬引飾棺以柳翣者案喪大記云君龍
帷黼荒黼翣二黻翣二畫翣二大夫畫帷畫荒黻翣二畫
翣二士布帷布荒畫翣二在上曰荒在
旁曰帷揔謂之柳故云飾棺以柳翣　有虞氏瓦棺

潘本第八卷第十二葉

引也蓋殯也殯不應在外故稱蓋爲不定之辭於時郰曼
父之母素與孔子母相善見孔子殯母於外怪問孔子孔
子因其所怪遂問郰曼父之母始知父墓所在而後得以
父母尸柩合葬於防　注孔子至不告　正義曰案史記
孔子世家云叔梁紇與顏氏女野合而生孔子鄭用世家
之文故注言野合不備於禮也若論語云先進於禮樂野
人也及野哉由也非謂草野而合也但徵在恥其與夫不
備禮爲妻見孔子知禮故不告言不知其墓者謂不委曲
適知柩之所在不是全不知墓之去處其或出辭入告揔
望本處而拜今將欲合葬須正知處所故云不知其墓今
古不知墓處於事大有而講者諠諠競爲異說恐非經記
之旨案家語云叔梁紇年餘七十無妻顏父有三女顏父
謂其三女曰郰大夫身長七尺武力絶倫年餘七十誰能
與之爲妻二女莫對徵在進曰從父所制將何問焉父曰
即爾能矣遂以妻之爲妻而生孔子三歲而叔梁紇卒王
肅據家語之文以爲禮記之妄又論語緯撰考云叔梁紇

禮記義八　十二　葛異

與徵在禱尼丘山感黑龍之精以生仲尼今鄭云叔梁紇
與顏氏之女徵在野合於家語文義亦無殊何者七十之
男始取徵在灼然不能備禮亦名野合又徵在幼少之女
而嫁七十之夫是以羞慙不能告子又梁紇生子三歲而
後卒是孔子少孤又與撰考之文禱尼丘山而生孔子於
野合之說亦義理無妨鄭與家語史記並悉符同王肅妄
生疑難於義非也　注慎當至知禮　正義曰挽柩爲引
無名慎者以慎引聲相近故云慎當爲引云禮家讀然若
然猶如是也言禮家讀如是引字故大司徒云大喪屬其
六引是讀引也云殯引飾棺以輤者案雜記云諸侯行而
死於道其輤有裧緇布裳帷輤爲赤色大夫布裳帷士葦
席以爲屋蒲席以爲裳帷大夫以下雖無輤取諸侯輤同
名故飾棺以輤云葬引飾棺以柳翣者案喪大記云君龍
帷黼荒黼翣二黻翣二畫翣二大夫畫帷畫荒黻翣二畫
翣二士布帷布荒畫翣二在上曰荒在
旁曰帷揔謂之柳故云飾棺以柳翣　有虞氏瓦棺

足利本第八卷第十三葉

始不用薪也有虞氏上陶夏后氏堲周火孰曰堲燒土冶以周於棺也或謂之土周由是也弟子職曰右手折堲殷人棺椁椁大也以木爲之言椁大於棺也殷人上梓周人牆置翣牆柳衣也凡此言後王之制文周人以殷人之棺椁葬長殤以夏后氏之堲周葬中殤下殤以有虞氏之瓦棺葬無服之殤略未成人

疏有虞至之殤　正義曰此一節論棺椁所起及用棺椁之差各隨文解之　注始不至上陶　正義曰案易下繫辭云古之葬者厚衣之以薪葬之中野不封不樹喪期無數後世聖人易之以棺椁蓋取諸大過大過者巽下兌上之卦初六在巽體巽爲木上六位在巳巳當巽位巽又爲木二木在外以夾四陽四陽互體爲二乾乾爲君父二木夾君父是棺椁之象今虞氏既造

禮記義八　十三

瓦棺故云始不用薪然虞氏瓦棺則未有椁也繫辭何以云後世聖人易之以棺椁連言椁者以後世聖人其文既廣遠揔殷周而言喪期有虞氏則然故尚書云三載四海遏密八音云有虞氏上陶者案考工記陶人造瓦器故引之證瓦棺　注火孰至折堲　正義曰火孰者以弟子職云折燭之炎燼名之曰堲故知堲是火孰者云燒土冶以周於棺也者謂鑿土爲陶冶之形大小得容棺故云燒土冶以周於棺也云或謂之土周由是也者曾子問云下殤土周葬於園云由是者燒土周棺得喚作土周引弟子職者證火孰曰堲之意案管子書有弟子職篇云左手秉燭右手正堲鄭云折堲者即是正除之義　注椁大至上梓　正義曰椁聲與寬廓相近故云大於棺也殷人上梓亦考工記文引之以證椁也考工記又云夏后氏上匠於堲周不引之者以匠無所不爲非獨堲周而已故不引也考工記又云周人上輿輿非牆之事故於周人牆置翣亦不引之也　注牆柳至制文　正義曰案喪大記注云在旁

潘本第八卷第十三葉

始不用薪也有虞氏上陶夏后氏堲周火孰曰堲燒土冶以周於棺也或謂之土周由是也弟子職曰右手折堲殷人棺椁椁大也以木爲之言椁大於棺也殷人上梓周人牆置翣牆柳衣也凡此言後王之制文周人以殷人之棺椁葬長殤以夏后氏之堲周葬中殤下殤以有虞氏之瓦棺葬無服之殤略未成人

疏有虞至之殤　正義曰此一節論棺椁所起及用棺椁之差各隨文解之　注始不至上陶　正義曰案易下繫辭云古之葬者厚衣之以薪葬之中野不封不樹喪期無數後世聖人易之以棺椁蓋取諸大過大過者巽下兌上之卦初六在巽體巽爲木上六位在巳巳當巽位巽又爲木二木在外以夾四陽四陽互體爲二乾乾爲君父二木夾君父是棺椁之象今虞氏既造

禮記義八　十三

瓦棺故云始不用薪然虞氏瓦棺則未有椁也繫辭何以云後世聖人易之以棺椁連言椁者以後世聖人其文既廣遠揔殷周而言喪期有虞氏則然故尚書云三載四海遏密八音云有虞氏上陶者案考工記陶人造瓦器故引之證瓦棺　注火孰至折堲　正義曰火孰者以弟子職云折燭之炎燼名之曰堲故知堲是火孰者云燒土冶以周於棺也者謂鑿土爲陶冶之形大小得容棺故云燒土冶以周於棺也云或謂之土周由是也者曾子問云下殤土周葬於園云由是者燒土周棺得喚作土周引弟子職者證火孰曰堲之意案管子書有弟子職篇云左手秉燭右手正堲鄭云折堲者即是正除之義　注椁大至上梓　正義曰椁聲與寬廓相近故云大於棺也殷人上梓亦考工記文引之以證椁也考工記又云夏后氏上匠於堲周不引之者以匠無所不爲非獨堲周而已故不引也考工記又云周人上輿輿非牆之事故於周人牆置翣亦不引之也　注牆柳至制文　正義曰案喪大記注云在旁

足利本第八卷第十四葉

曰帷在上曰荒帷荒所以衣柳則以帷荒之內木材爲柳其實帷荒及木材等揔名曰柳故縫人云衣翣柳之材注云柳之言聚諸飾之所聚是帷荒揔稱柳也云凡此言後王之制文者凡謂虞夏殷周有虞氏唯有瓦棺夏后氏瓦棺之外加堲周殷則梓棺替瓦棺又有木爲椁替堲周周人棺椁又更於椁傍置柳置翣扇是後王之制以漸加文也夏言后者白虎通云以揖讓受於君故稱后殷周稱人者以行仁義人所歸往故稱人夏對殷周稱人故言后見受之於君虞則不對殷周自五帝之內雖受於君不須稱后也

夏后氏尚黑以建寅之月爲正物生色黑大事斂用昏昏時亦黑此大事謂喪事也戎事乘驪戎兵也馬黑色曰驪爾雅曰騋牝驪牡玄牲用玄玄黑類也殷人尚白以建丑之月爲正物牙色白大事斂用日中日中時亦白戎事乘翰翰白色馬也易曰白馬翰如牲用白周人尚赤以建子之月爲正物萌色赤大事斂用日出日出時亦赤戎事乘騵騵駵馬白腹牲用騂騂赤類

疏 夏后至用騂 正義曰此一節論三代正朔所尚色不同各依文解之 夏尚黑殷尚白周尚赤此之謂三統故書傳略說云天有三統物有三變故正色有三天有三生三死故土有三王王特一生死又春秋緯元命苞及樂緯稽耀嘉云夏以十三月爲正息卦受泰注云物之始其色尚黑以寅爲朔殷以十二月爲正息卦受臨注云物之牙其色尚白以雞鳴爲朔周以十一月爲正息卦受復其色尚赤以夜半爲朔又三正記云正朔三而改文質再而復以此推之自夏以上皆正朔三而改也鄭注尚書三帛高陽氏之後用赤繒高辛氏之後用黑繒其餘諸侯用白繒如鄭此意卻而推之舜以十一月爲正尚赤堯以十二月爲正尚白故曰其餘諸侯用白繒高辛氏以十三

潘本第八卷第十四葉

曰帷在上曰荒帷荒所以衣柳則以帷荒之內木材爲柳其實帷荒及木材等揔名曰柳故縫人云衣翣柳之材注云柳之言聚諸飾之所聚是帷荒揔稱柳也云凡此言後王之制文者凡謂虞夏殷周有虞氏唯有瓦棺夏后氏瓦棺之外加堲周殷則梓棺替瓦棺又有木爲椁替堲周周人棺椁又更於椁傍置柳置翣扇是後王之制以漸加文也夏言后者白虎通云以揖讓受於君故稱后殷周稱人者以行仁義人所歸往故稱人夏對殷周稱人故言后見受之於君虞則不對殷周自五帝之內雖受於君不須稱后也

夏后氏尚黑以建寅之月爲正物生色黑大事斂用昏昏時亦黑此大事謂喪事也戎事乘驪戎兵也馬黑色曰驪爾雅曰騋牝驪牡玄牲用玄玄黑類也殷人尚白以建丑之月爲正物牙色白大事斂用日中日中時亦白戎事乘翰翰白色馬也易曰白馬翰如牲用白周人尚赤以建子之月爲正物萌色赤大事斂用日出日出時亦赤戎事乘騵騵駵馬白腹牲用騂騂赤類

疏 夏后至用騂 正義曰此一節論三代正朔所尚色不同各依文解之 夏尚黑殷尚白周尚赤此之謂三統故書傳略說云天有三統物有三變故正色有三天有三生三死故土有三王王特一生死又春秋緯元命苞及樂緯稽耀嘉云夏以十三月爲正息卦受泰注云物之始其色尚黑以寅爲朔殷以十二月爲正息卦受臨注云物之牙其色尚白以雞鳴爲朔周以十一月爲正息卦受復其色尚赤以夜半爲朔又三正記云正朔三而改文質再而復以此推之自夏以上皆正朔三而改也鄭注尚書三帛高陽氏之後用赤繒高辛氏之後用黑繒其餘諸侯用白繒如鄭此意卻而推之舜以十一月爲正尚赤堯以十二月爲正尚白故曰其餘諸侯用白繒高辛氏以十三

月爲正尚黑故云高辛氏之後用黑繒高陽氏以十一月
爲正尚赤故云高陽氏之後用赤繒有少皥以十二月爲
正尚白黄帝以十三月爲正尚黑神農以十一月爲正尚
赤女媧以十二月爲正尚白伏犧以上未有聞焉易説卦
云帝出乎震則伏犧也建寅之月又木之始其三正當從
伏犧以下文質再而復者文質法天地文法天質法地周
文法地而爲天正殷質法天而爲地正者正朔文質不相
須正朔以三而改文質以二而復各自爲義不相須也建
子之月爲正者謂之天統以天之陽氣始生爲下物得陽
氣微稍動變故爲天統建丑之月爲地統者以其物已吐
牙不爲天氣始動物又未出不得爲人所施功唯在地中
含養萌牙故爲地統建寅之月爲人統者以其物出於地
人功當須修理故謂之人統統者本也謂天地人之本也
然王者必以此三月爲正者以其此月物生微細又是歲
之始生王者繼天理物含養微細又取其歲初爲正朔之
始既天地人之三者所繼不同故各改正朔不相襲也所

禮記義八　十五

尚既異符命亦隨所尚而來故禮緯稽命徵云其天命以
黑故夏有玄圭天命以赤故周有赤雀銜書天命以白故
殷有白狼銜鈎是天之所命亦各隨人所尚符命雖逐所
尚不必皆然故天命禹觀河見白面長人洛予命云湯觀
於洛沉璧而黑龜與之書黄魚雙躍泰誓言武王伐紂而
白魚入於王舟是符命不皆逐正色也鄭康成之義自古
以來皆改正朔若孔安國則改正朔殷周二代故注尚書
湯承堯舜禪代之後革命創制改正易服是從湯始改正
朔也〔注〕昏時至事也　正義曰知大事是喪事者以其
與斂文連故知大事是喪事也〔注〕爾雅曰騋牝驪牡玄
正義曰引爾雅釋畜文騋牝驪牡玄謂七尺曰騋牡者
色驪牡者色玄引之者證驪是玄之類也案庾人云八尺
以上爲龍七尺以上爲騋六尺以上爲馬凡馬皆有驪牡
玄獨言騋者舉中以見上下明其諸馬皆然或爾雅釋詩
云騋牝郭璞注玄駒小馬稍異鄭也〔注〕玄黑類也　正
義曰案周禮考工記七入爲緇鄭云玄則六入者與是玄

月爲正尚黑故云高辛氏之後用黑繒高陽氏以十一月
爲正尚赤故云高陽氏之後用赤繒有少皥以十二月爲
正尚白黄帝以十三月爲正尚黑神農以十一月爲正尚
赤女媧以十二月爲正尚白伏犧以上未有聞焉易説卦
云帝出乎震則伏犧也建寅之月又木之始其三正當從
伏犧以下文質再而復者文質法天地文法天質法地周
文法地而爲天正殷質法天而爲地正者正朔文質不相
須正朔以三而改文質以二而復各自爲義不相須也建
子之月爲正者謂之天統以天之陽氣始生爲下物得陽
氣微稍動變故爲天統建丑之月爲地統者以其物已吐
牙不爲天氣始動物又未出不得爲人所施功唯在地中
含養萌牙故爲地統建寅之月爲人統者以其物出於地
人功當須修理故謂之人統統者本也謂天地人之本也
然王者必以此三月爲正者以其此月物生微細又是歲
之始生王者繼天理物含養微細又取其歲初爲正朔之
始既天地人之三者所繼不同故各改正朔不相襲也所

禮記義八　十五

尚既異符命亦隨所尚而來故禮緯稽命徵云其天命以
黑故夏有玄圭天命以赤故周有赤雀銜書天命以白故
殷有白狼銜鈎是天之所命亦各隨人所尚符命雖逐所
尚不必皆然故天命禹觀河見白面長人洛予命云湯觀
於洛沉璧而黑龜與之書黄魚雙躍泰誓言武王伐紂而
白魚入於王舟是符命不皆逐正色也鄭康成之義自古
以來皆改正朔若孔安國則改正朔殷周二代故注尚書
湯承堯舜禪代之後革命創制改正易服是從湯始改正
朔也〔注〕昏時至事也　正義曰知大事是喪事者以其
與斂文連故知大事是喪事也〔注〕爾雅曰騋牝驪牡玄
正義曰引爾雅釋畜文騋牝驪牡玄謂七尺曰騋牡者
色驪牡者色玄引之者證驪是玄之類也案庾人云八尺
以上爲龍七尺以上爲騋六尺以上爲馬凡馬皆有驪牡
玄獨言騋者舉中以見上下明其諸馬皆然或爾雅釋詩
云騋牝郭璞注玄駒小馬稍異鄭也〔注〕玄黑類也　正
義曰案周禮考工記七入爲緇鄭云玄則六入者與是玄

黑類　注　翰白至翰如　正義曰所引易者易賁卦六四賁如皤如白馬翰如賁离下艮上鄭注云六四巽爻也有應於初九欲自飾以適初既進退未定故皤如也白馬翰如設九三位在辰得巽氣爲白馬翰猶幹也見六四適初未定欲幹而有之引此者證翰爲白色案彼以幹爲翰者以翰如白馬連文故以翰爲幹望經爲義以此不同　注　物萌色赤　正義曰案上郞尚白之下注云物牙色白此萌色赤不同者萌是牙之微細故建子云萌建丑云牙若散而言之萌即牙也故書傳略說云周以至動郞以萌夏以牙此皆據一種之草大汎而言故建子始動建寅乃出至如薺麥以秋而生月令仲冬荔挺出不在此例也此文質雖異郞質周文大汎言之乃前代質後代文也故表記云虞夏之質郞周之文是也　注　騵駵馬白腹　正義曰爾雅釋畜文武王伐紂所乘也故詩云駟騵彭彭毛傳云上周下郞故周人戎事乘之若其餘事則明堂位云周人黃馬蕃鬣是也

穆公之母卒　穆公魯哀公之曾孫　使人問於曾子曰如之何　問居喪之禮曾子曾參之子名　對曰申也聞諸申之父曰哭泣之哀齊斬之情饘粥之食自天子達　子喪父母尊卑同　布幕衛也繆幕魯也　幕所以覆棺上也繆縑也繆讀如綃衛諸侯禮魯天子禮兩言之者僭已久矣幕或爲幦

疏　穆公至魯也　正義曰此一節論尊卑之喪有同有異之事各依文解之　注　穆公至曾孫　正義曰案世本傳記哀公蔣生悼公寧寧生元公嘉嘉生穆公不衍是曾孫也　曰哭泣至子達　曾申對穆公使人云哭泣之哀謂有聲之哭無聲之泣並爲哀然故曰哭泣之哀也齊斬之情者齊是爲母斬是爲父父母情同故荅云之情也饘粥之食者厚曰饘希曰粥朝夕食米一溢孝子以此爲食故曰食也自天子達者父母之喪貴賤

禮記義八　十六　李真

黑類　注　翰白至翰如　正義曰所引易者易賁卦六四賁如皤如白馬翰如賁离下艮上鄭注云六四巽爻也有應於初九欲自飾以適初既進退未定故皤如也白馬翰如設九三位在辰得巽氣爲白馬翰猶幹也見六四適初未定欲幹而有之引此者證翰爲白色案彼以幹爲翰者以翰如白馬連文故以翰爲幹望經爲義以此不同　注　物萌色赤　正義曰案上郞尚白之下注云物牙色白此萌色赤不同者萌是牙之微細故建子云萌建丑云牙若散而言之萌即牙也故書傳略說云周以至動郞以萌夏以牙此皆據一種之草大汎而言故建子始動建寅乃出至如薺麥以秋而生月令仲冬荔挺出不在此例也此文質雖異郞質周文大汎言之乃前代質後代文也故表記云虞夏之質郞周之文是也　注　騵駵馬白腹　正義曰爾雅釋畜文武王伐紂所乘也故詩云駟騵彭彭毛傳云上周下郞故周人戎事乘之若其餘事則明堂位云周人黃馬蕃鬣是也

穆公之母卒　穆公魯哀公之曾孫　使人問於曾子曰如之何　問居喪之禮曾子曾參之子名　對曰申也聞諸申之父曰哭泣之哀齊斬之情饘粥之食自天子達　子喪父母尊卑同　布幕衛也繆幕魯也　幕所以覆棺上也繆縑也繆讀如綃衛諸侯禮魯天子禮兩言之者僭已久矣幕或爲幦

疏　穆公至魯也　正義曰此一節論尊卑之喪有同有異之事各依文解之　注　穆公至曾孫　正義曰案世本傳記哀公蔣生悼公寧寧生元公嘉嘉生穆公不衍是曾孫也　曰哭泣至子達　曾申對穆公使人云哭泣之哀謂有聲之哭無聲之泣並爲哀然故曰哭泣之哀也齊斬之情者齊是爲母斬是爲父父母情同故荅云之情也饘粥之食者厚曰饘希曰粥朝夕食米一溢孝子以此爲食故曰食也自天子達者父母之喪貴賤

禮記義八　十六　李真

足利本第八卷第十七葉

不殊哭泣以下自天子至庶人如一故云自天子達布幕衛也縿幕魯也者既言齊斬饘粥同又言覆棺之幕天子諸侯各別以布爲幕者衛是諸侯之禮以縿爲幕者魯是天子之制幕者謂覆殯棺者也下文云加斧於椁上鄭云以刺繡於縿幕加椁以覆棺已乃屋其上盡塗之如鄭此言繡幕加斧文塗之内以覆棺椁也周公一人得用天子禮而後代僭用之故曾申舉衛與魯俱是諸侯則後代不宜異謂魯之諸公不宜與衛異也崔靈恩云當時諸侯僭效天子也恐魯穆公不能辨故兩言以明顯魯與諸侯之别也今案崔言雖異而是曾申爲穆公説則同也然周禮幕人掌帷幕幄帟注云在傍曰帷在上曰幕幕或在地展陳於上帷幕皆以布爲之四合象宫室曰幄王所居之帳也帟小幕幕若幄中坐上承塵也幄帟皆以繒爲之而今云天子用綃幕者崔靈恩云周禮所陳祇謂幄帟之帷幕不論襯棺自用縿也天子别加斧于椁上畢塗屋此所陳祇謂襯棺幕在於畢塗之内者也若其塗上之帟則大

禮記義八　十七

夫以上有之故掌次云凡喪王則張帟三重諸侯再重孤卿大夫不重下云君於士有賜帟然士無覆棺之幕下云子張之喪褚幕丹質者彼謂將葬啓殯以覆棺故鄭注彼云葬覆棺別也

晉獻公將殺其世子申生信驪姬之譖公子重耳謂之曰子蓋言子之志於公乎蓋皆當爲盍盍何不也志意也重耳欲使言見譖之意重耳申生異母弟後立爲文公世子曰不可君安驪姬是我傷公之心也言其意則驪姬必誅也驪姬獻公伐驪戎所獲女也申生之母蚤卒驪姬嬖焉曰然則蓋行乎行猶去也世子曰不可君謂我欲弑君也天下豈有無父之國哉吾何行如之言人有父

潘本第八卷第十七葉

不殊哭泣以下自天子至庶人如一故云自天子達布幕衛也縿幕魯也者既言齊斬饘粥同又言覆棺之幕天子諸侯各別以布爲幕者衛是諸侯之禮以縿爲幕者魯是天子之制幕者謂覆殯棺者也下文云加斧於椁上鄭云以刺繡於縿幕加椁以覆棺已乃屋其上盡塗之如鄭此言繡幕加斧文塗之内以覆棺椁也周公一人得用天子禮而後代僭用之故曾申舉衛與魯俱是諸侯則後代不宜異謂魯之諸公不宜與衛異也崔靈恩云當時諸侯僭效天子也恐魯穆公不能辨故兩言以明顯魯與諸侯之别也今案崔言雖異而是曾申爲穆公説則同也然周禮幕人掌帷幕幄帟注云在傍曰帷在上曰幕幕或在地展陳於上帷幕皆以布爲之四合象宫室曰幄王所居之帳也帟小幕幕若幄中坐上承塵也幄帟皆以繒爲之而今云天子用綃幕者崔靈恩云周禮所陳祇謂幄帟之帷幕不論襯棺自用縿也天子别加斧于椁上畢塗屋此所陳祇謂襯棺幕在於畢塗之内者也若其塗上之帟則大

禮記義八　十七

夫以上有之故掌次云凡喪王則張帟三重諸侯再重孤卿大夫不重下云君於士有賜帟然士無覆棺之幕下云子張之喪褚幕丹質者彼謂將葬啓殯以覆棺故鄭注彼云葬覆棺別也

晉獻公將殺其世子申生信驪姬之譖公子重耳謂之曰子蓋言子之志於公乎蓋皆當爲盍盍何不也志意也重耳欲使言見譖之意重耳申生異母弟後立爲文公世子曰不可君安驪姬是我傷公之心也言其意則驪姬必誅也驪姬獻公伐驪戎所獲女也申生之母蚤卒驪姬嬖焉曰然則蓋行乎行猶去也世子曰不可君謂我欲弑君也天下豈有無父之國哉吾何行如之言人有父

足利本第八卷第十八葉

則皆惡欲弑父者使人辭於狐突曰申生有罪不念伯氏之言也以至于死申生不敢愛其死辭猶告也狐突申生之傅舅犯之父也前此者獻公使申生伐東山皋落氏狐突謂申生欲使之行今言此者謝之伯氏狐突別氏雖然吾君老矣子少國家多難子驪姬之子奚齊伯氏不出而圖吾君圖猶謀也不出爲君謀國家之政然則自皋落氏反後狐突懼乃稱疾伯氏苟出而圖吾君申生受賜而死賜猶惠也再拜稽首乃卒既告狐突乃雉經是以爲恭世子也言行如此可以爲恭於孝則未之有疏晉獻至子也　正義曰此一節論獻公殺申生之事各依文解之注信驪姬之譖　正義曰案僖四年左傳云姬謂大子曰君夢齊姜必速祭之大子祭於曲沃歸胙於公公田姬寘諸宮六日毒而獻之公祭之地地墳與犬犬斃與小臣小臣亦斃姬泣曰賊由大子又晉語云姬寘鴆於酒寘堇於肉堇謂烏頭是驪姬譖申生之事也注蓋言至文公　正義曰此云蓋言子志及下蓋行乎以蓋非一故云皆當爲盍盍言重耳欲使言見譖之意者重耳欲使申生言見驪姬所譖之意左傳云或謂大子曰子辭君必辯焉杜預云以六日之狀自理謂毒酒經宿輒敗若申生初則置藥經六日其酒必壞何以經六日其酒尚好明臨至加藥焉云重耳申生異母弟者案莊二十八年左傳云晉獻公烝於齊姜生大子申生大戎狐姬生公子重耳是異母弟也注言其至嬖焉　正義曰案僖四年左傳云大子曰君非姬氏居不安食不飽君老矣吾又不樂謂我若自理驪姬必誅姬死之後公無復懽樂故此云是我傷公之心云驪姬獻公伐驪戎所獲女也者莊二十八年左傳

禮記義八　十八

潘本第八卷第十八葉

則皆惡欲弑父者使人辭於狐突曰申生有罪不念伯氏之言也以至于死申生不敢愛其死辭猶告也狐突申生之傅舅犯之父也前此者獻公使申生伐東山皋落氏狐突謂申生欲使之行今言此者謝之伯氏狐突別氏雖然吾君老矣子少國家多難子驪姬之子奚齊伯氏不出而圖吾君圖猶謀也不出爲君謀國家之政然則自皋落氏反後狐突懼乃稱疾伯氏苟出而圖吾君申生受賜而死賜猶惠也再拜稽首乃卒既告狐突乃雉經是以爲恭世子也言行如此可以爲恭於孝則未之有疏晉獻至子也　正義曰此一節論獻公殺申生之事各依文解之注信驪姬之譖　正義曰案僖四年左傳云姬謂大子曰君夢齊姜必速祭之大子祭於曲沃歸胙於公公田姬寘諸宮六日毒而獻之公祭之地地墳與犬犬斃與小臣小臣亦斃姬泣曰賊由大子又晉語云姬寘鴆於酒寘堇於肉堇謂烏頭是驪姬譖申生之事也注蓋言至文公　正義曰此云蓋言子志及下蓋行乎以蓋非一故云皆當爲盍盍言重耳欲使言見譖之意者重耳欲使申生言見驪姬所譖之意左傳云或謂大子曰子辭君必辯焉杜預云以六日之狀自理謂毒酒經宿輒敗若申生初則置藥經六日其酒必壞何以經六日其酒尚好明臨至加藥焉云重耳申生異母弟者案莊二十八年左傳云晉獻公烝於齊姜生大子申生大戎狐姬生公子重耳是異母弟也注言其至嬖焉　正義曰案僖四年左傳云大子曰君非姬氏居不安食不飽君老矣吾又不樂謂我若自理驪姬必誅姬死之後公無復懽樂故此云是我傷公之心云驪姬獻公伐驪戎所獲女也者莊二十八年左傳

禮記義八　十八

足利本第八卷第十九葉

云初晉獻公伐驪戎驪戎男女以驪姬驪姬嬖生奚齊其
娣生卓子是驪姬嬖也云申生之母蚤卒者以左傳云姬
命太子祭齊姜是蚤卒也　使人至而死　時狐突謝病
在晉都大子出奔曲沃於是狐突欲令大子出奔大子不
用其言故今臨死使人辭謝告於狐突曰申生有愚短之
罪不念伯氏之言出奔避禍今日被譖以至於死申生不
敢愛惜其身命之死言死不愛命雖然不惜身命猶有所
憂吾君年老子又幼少又國家多有危難伯氏又謝病不
出圖吾君之事吾以爲憂伯氏誠能出外而圖謀吾君國
家之事申生受伯氏恩賜甘心以死　注　前此至別氏
正義曰案左傳閔二年獻公使申生伐東山皐落氏狐突
欲令申生行云雖欲勉之狄可盡乎下又云狐突欲行是
狐突欲使行之事言前此者此謂僖四年申生將死之時
前謂閔二年伐皐落氏之時在前五年故云前皐落氏在
晉都之東居在山内皐落氏杜預云是赤狄別種故云東
山皐落氏云伯氏狐突別氏者既言辭狐突又云伯氏故

禮記義八　十九

云狐突別氏狐是惣氏伯仲者是兄弟之字字伯者謂之
伯氏字仲者謂之仲氏故傳云叔氏其忘諸乎又下云叔
氏專以禮許人是一人身字則別爲氏也　注　圖猶至稱
疾　正義曰圖謀釋詁文自皐落氏反後狐突懼乃稱疾
者以經云伯氏不出而圖吾君故知稱疾必有所因反自
皐落去此不遠知自皐落反而稱疾也　注　既告狐突乃
雉經　正義曰雉牛鼻繩也申生以牛繩自縊而死也故
鄭注封人云絼著牛鼻繩所以牽牛者也今時人謂之雉
或爲雉性耿介被人所獲必自屈折其頭而死漢書載趙
人貫高自絕亢而死申生當亦然也傳云申生縊死晉語
申生使猛足辭於狐突乃雉於新成廟　注　言行至之有
正義曰春秋左傳云晉侯殺其世子申生父不義也孝
子不陷親於不義而申生不能自理遂陷父有殺子之惡
雖心存孝而於理終非故不曰孝但謚爲恭以其恭順於
父事而已謚法曰
敬順事上曰恭

魯人有朝祥而莫歌者子路

潘本第八卷第十九葉

云初晉獻公伐驪戎驪戎男女以驪姬驪姬嬖生奚齊其
娣生卓子是驪姬嬖也云申生之母蚤卒者以左傳云姬
命太子祭齊姜是蚤卒也　使人至而死　時狐突謝病
在晉都大子出奔曲沃於是狐突欲令大子出奔大子不
用其言故今臨死使人辭謝告於狐突曰申生有愚短之
罪不念伯氏之言出奔避禍今日被譖以至於死申生不
敢愛惜其身命之死言死不愛命雖然不惜身命猶有所
憂吾君年老子又幼少又國家多有危難伯氏又謝病不
出圖吾君之事吾以爲憂伯氏誠能出外而圖謀吾君國
家之事申生受伯氏恩賜甘心以死　注　前此至別氏
正義曰案左傳閔二年獻公使申生伐東山皐落氏狐突
欲令申生行云雖欲勉之狄可盡乎下又云狐突欲行是
狐突欲使行之事言前此者此謂僖四年申生將死之時
前謂閔二年伐皐落氏之時在前五年故云前皐落氏在
晉都之東居在山内皐落氏杜預云是赤狄別種故云東
山皐落氏云伯氏狐突別氏者既言辭狐突又云伯氏故

禮記義八　十九

云狐突別氏狐是惣氏伯仲者是兄弟之字字伯者謂之
伯氏字仲者謂之仲氏故傳云叔氏其忘諸乎又下云叔
氏專以禮許人是一人身字則別爲氏也　注　圖猶至稱
疾　正義曰圖謀釋詁文自皐落氏反後狐突懼乃稱疾
者以經云伯氏不出而圖吾君故知稱疾必有所因反自
皐落去此不遠知自皐落反而稱疾也　注　既告狐突乃
雉經　正義曰雉牛鼻繩也申生以牛繩自縊而死也故
鄭注封人云絼著牛鼻繩所以牽牛者也今時人謂之雉
或爲雉性耿介被人所獲必自屈折其頭而死漢書載趙
人貫高自絕亢而死申生當亦然也傳云申生縊死晉語
申生使猛足辭於狐突乃雉於新成廟　注　言行至之有
正義曰春秋左傳云晉侯殺其世子申生父不義也孝
子不陷親於不義而申生不能自理遂陷父有殺子之惡
雖心存孝而於理終非故不曰孝但謚爲恭以其恭順於
父事而已謚法曰
敬順事上曰恭

魯人有朝祥而莫歌者子路

足利本第八卷第二十葉

笑之笑其爲樂速夫子曰由爾責於人終無已夫三年之喪亦已久矣夫爲時如此人行三年喪者希抑子路以善彼子路出夫子曰又多乎哉踰月則其善也又復也

疏魯人至善也○正義曰此一節論大祥除衰杖之日不得即歌之事今各依文解之○魯人有朝祥莫歌者魯人不辨其姓名祥謂二十五月大祥歌哭不同日故仲由笑之也故鄭注笑其爲樂速然祥日得鼓素琴○夫子至善也○夫子抑子路呼其名云由若人治喪不備三年各有可責今此人既滿三年爾尚責之女罪於人終無休已之時夫是語助也三年之喪計其日月已過亦已久矣人皆廢此獨能行其人既美何須笑之時孔子抑子路善彼人既不當實禮恐學者致惑待子路出後更以正禮言之夫子曰魯人可歌之時節豈有多經日月哉但踰越後月即其善言歌合於禮案喪服四制祥之日鼓素琴不譏彈琴而譏歌者下注云琴以手笙歌以氣手在外而遠氣在內而近也

禮記義八　二十

禮記正義卷第八

上杉安房守藤原憲實寄進

潘本第八卷第二十葉

笑之笑其爲樂速夫子曰由爾責於人終無已夫三年之喪亦已久矣夫爲時如此人行三年喪者希抑子路以善彼子路出夫子曰又多乎哉踰月則其善也又復也

疏魯人至善也○正義曰此一節論大祥除衰杖之日不得即歌之事今各依文解之○魯人有朝祥莫歌者魯人不辨其姓名祥謂二十五月大祥歌哭不同日故仲由笑之也故鄭注笑其爲樂速然祥日得鼓素琴○夫子至善也○夫子抑子路呼其名云由若人治喪不備三年各有可責今此人既滿三年爾尚責之女罪於人終無休已之時夫是語助也三年之喪計其日月已過亦已久矣人皆廢此獨能行其人既美何須笑之時孔子抑子路善彼人既不當實禮恐學者致惑待子路出後更以正禮言之夫子曰魯人可歌之時節豈有多經日月哉但踰越後月即其善言歌合於禮案喪服四制祥之日鼓素琴不譏彈琴而譏歌者下注云琴以手笙歌以氣手在外而遠氣在內而近也

禮記義八　二十

禮記正義卷第八

足利本第九卷第一葉

禮記正義卷第九

國子祭酒上護軍曲阜縣開國子臣孔穎達等奉
勑撰

魯莊公及宋人戰于乘丘（十年夏）縣賁父御
卜國爲右（縣卜皆氏也凡車右勇力者爲之）馬驚敗績（驚奔失列）公
隊佐車授綏（戎車之貳曰佐授綏乘公）公曰末之卜也（末之猶微
哉言卜國無勇）縣賁父曰他日不敗績而今敗績是
無勇也（公他日戰其御馬未嘗驚奔）遂死之（二人赴敵而死）圉人浴馬
有流矢在白肉（圉人掌養馬者白肉股裏肉）公曰非其罪也
（流矢中馬非御與右之罪）遂誄之（誄其赴敵之功以爲諡）士之有誄自此
始也（記禮失所由來也周雖以士爲爵猶無諡也殷大夫以上爲爵）【疏】魯莊至始也 ○正義曰此
一節論魯莊公與士爲諡失禮之事各依文解之 ○戰于乘丘者乘丘魯地也莊公十年夏六月齊師宋師次于郎
公子偃曰宋師不整可敗也宋敗齊必還請擊之大敗宋師于乘丘齊師乃還 【注】縣卜皆氏也 ○正義曰知縣卜
皆氏者此有縣賁父下有縣子瑣七十二弟子傳有卜商故知皆氏也 【注】戎車之貳曰佐 ○正義曰案周禮戎僕
掌倅車之政道僕掌貳車之政田僕掌佐車之政則戎車之貳曰倅此云佐者周禮相對爲文有異若散而言之則
田獵兵戎俱是武車故同稱佐車少儀注戎獵之副曰佐
是也熊氏以爲此皆諸侯法 ○公曰末之卜也 ○末微也

潘本第九卷第一葉

禮記正義卷第九

國子祭酒上護軍曲阜縣開國子臣孔穎達等奉
勑撰

魯莊公及宋人戰于乘丘（十年夏）縣賁父御
卜國爲右（縣卜皆氏也凡車右勇力者爲之）馬驚敗績（驚奔失列）公
隊佐車授綏（戎車之貳曰佐授綏乘公）公曰末之卜也（末之猶微
哉言卜國無勇）縣賁父曰他日不敗績而今敗績是
無勇也（公他日戰其御馬未嘗驚奔）遂死之（二人赴敵而死）圉人浴馬
有流矢在白肉（圉人掌養馬者白肉股裏肉）公曰非其罪也
（流矢中馬非御與右之罪）遂誄之（誄其赴敵之功以爲諡）士之有誄自此
始也（記禮失所由來也周雖以士爲爵猶無諡也殷大夫以上爲爵）【疏】魯莊至始也 ○正義曰此
一節論魯莊公與士爲諡失禮之事各依文解之 ○戰于乘丘者乘丘魯地也莊公十年夏六月齊師宋師次于郎
公子偃曰宋師不整可敗也宋敗齊必還請擊之大敗宋師于乘丘齊師乃還 【注】縣卜皆氏也 ○正義曰知縣卜
皆氏者此有縣賁父下有縣子瑣七十二弟子傳有卜商故知皆氏也 【注】戎車之貳曰佐 ○正義曰案周禮戎僕
掌倅車之政道僕掌貳車之政田僕掌佐車之政則戎車之貳曰倅此云佐者周禮相對爲文有異若散而言之則
田獵兵戎俱是武車故同稱佐車少儀注戎獵之副曰佐
是也熊氏以爲此皆諸侯法 ○公曰末之卜也 ○末微也

之哉也言微弱哉此卜國也以其微弱無勇致使我馬敗
績 注 二人赴敵而死 正義曰知二人者以卜國被責
縣賁父職掌馬事自稱無勇既序兩人於上即陳遂死於
下明兩人俱死也 注 圉人至裏肉 正義曰圉人掌養
馬者案昭七年左傳云牛有牧馬有圉是圉人掌馬也云
白肉股裏肉者以股裏白故謂之白肉非謂肉色白也
注 周雖至爲爵 正義曰知周以士爲爵者案掌客云凡
介行人宰史皆有飧饔餼以其爵等爲之牢禮之數陳凡
介行人皆爲士而云爵等是士有爵也故鄭注大行人云
命者五公侯伯子男爵者四孤卿大夫士云猶無謚也者
以此云士之有誄自此始故知周士無謚也云殷大夫以
上爲爵者案士冠禮云古者生無爵死無謚於士冠之下
而爲此記又云諸侯大夫明生無爵死無謚據
士也士冠禮是周禮而云古者故知是殷以上 曾子寢
疾病 病謂疾困 樂正子春坐於牀下 子春曾參弟子 曾元

禮記義九 二

曾申坐於足 元申曾參之子 童子隅坐而執燭 隅坐不與
並成人 童子曰華而睆大夫之簀與 華畫也簀謂牀笫也說者
以睆爲刮節目字或爲刮 子春曰止 以病困不可動 曾子聞之瞿然
曰呼 呼虛憊之聲 曰華而睆大夫之簀與曾子曰
然斯季孫之賜也我未之能易也元起易
簀 未之能易已病故也 曾子曰夫子之病革矣不可以
變幸而至於旦請敬易之 言夫子者曾子親沒之後齊嘗聘以爲卿
而不爲也革急也變動也幸覬也 曾子曰爾之愛我也不如彼

之哉也言微弱哉此卜國也以其微弱無勇致使我馬敗
績 注 二人赴敵而死 正義曰知二人者以卜國被責
縣賁父職掌馬事自稱無勇既序兩人於上即陳遂死於
下明兩人俱死也 注 圉人至裏肉 正義曰圉人掌養
馬者案昭七年左傳云牛有牧馬有圉是圉人掌馬也云
白肉股裏肉者以股裏白故謂之白肉非謂肉色白也
注 周雖至爲爵 正義曰知周以士爲爵者案掌客云凡
介行人宰史皆有飧饔餼以其爵等爲之牢禮之數陳凡
介行人皆爲士而云爵等是士有爵也故鄭注大行人云
命者五公侯伯子男爵者四孤卿大夫士云猶無謚也者
以此云士之有誄自此始故知周士無謚也云殷大夫以
上爲爵者案士冠禮云古者生無爵死無謚於士冠之下
而爲此記又云諸侯大夫明生無爵死無謚據
士也士冠禮是周禮而云古者故知是殷以上 曾子寢
疾病 病謂疾困 樂正子春坐於牀下 子春曾參弟子 曾元

禮記義九 二

曾申坐於足 元申曾參之子 童子隅坐而執燭 隅坐不與
並成人 童子曰華而睆大夫之簀與 華畫也簀謂牀笫也說者
以睆爲刮節目字或爲刮 子春曰止 以病困不可動 曾子聞之瞿然
曰呼 呼虛憊之聲 曰華而睆大夫之簀與曾子曰
然斯季孫之賜也我未之能易也元起易
簀 未之能易已病故也 曾子曰夫子之病革矣不可以
變幸而至於旦請敬易之 言夫子者曾子親沒之後齊嘗聘以爲卿
而不爲也革急也變動也幸覬也 曾子曰爾之愛我也不如彼

足利本第九卷第三葉

彼童子也君子之愛人也以德成己之德細人之愛人也以姑息息猶安也言苟容取安也吾何求哉吾得正而斃焉斯已矣斃仆也舉扶而易之反席未安而沒言病雖困猶勤於禮疏曾子至而沒　正義曰此一節論曾子臨死守禮不變之事各依文解之　注華畫至爲刮　正義曰凡繪畫五色必有光華故云華畫也云簀謂牀第者爾雅釋器云簀謂之第云說者以睆爲刮節目者說者謂在鄭之前解說禮者說此睆爲刮削木之節目使其睆睆然好故詩云睍睆黃鳥傳云睍睆好貌是也云字或爲刮者謂禮記之本有以睆字爲刮云華而刮者故云字或爲刮　注未之能易已病故也　正義曰言此未病之時猶得寢臥既病之後當須改正以己今病氣力虛弱故時復一時未能改易聞童子之言

禮記義九　三　李詠

乃更驚駭　注曾子至覩也　正義曰知齊嘗聘以爲卿者韓詩外傳云曾子仕於莒得粟三秉方是之時曾子重其祿而輕其身親沒之後齊迎以相楚迎以令尹晉迎以上卿方是之時曾子重其身而輕其祿既言輕其祿是不爲也但齊以相楚以令尹晉以上卿而鄭言齊嘗聘爲卿者以三國文連含帶爲注耳且相即是上卿華急也釋言文　曾子至已矣　曾參謂曾元曰爾之愛我也不如彼童子何者君子之愛人也必以善事成己之德則童子是也細小之人愛人也不顧道理且相寧息即汝是也吾今更何求焉唯求正道易換其簀而即仆焉斯已矣者斯此也已猶了也此則正一世事了不陷於惡故君子慎終如始禮云男子不死於婦人之手婦人不死於男子之手故春秋魯僖公薨于小寢譏即安也成公薨于路寢傳曰言道也他人名己得呼爲大夫之稱而言夫子若己不爲大夫則己所爲當須依禮不得寢大夫之牀也始死充充如有窮既殯

潘本第九卷第三葉

彼童子也君子之愛人也以德成己之德細人之愛人也以姑息息猶安也言苟容取安也吾何求哉吾得正而斃焉斯已矣斃仆也舉扶而易之反席未安而沒言病雖困猶勤於禮疏曾子至而沒　正義曰此一節論曾子臨死守禮不變之事各依文解之　注華畫至爲刮　正義曰凡繪畫五色必有光華故云華畫也云簀謂牀第者爾雅釋器云簀謂之第云說者以睆爲刮節目者說者謂在鄭之前解說禮者說此睆爲刮削木之節目使其睆睆然好故詩云睍睆黃鳥傳云睍睆好貌是也云字或爲刮者謂禮記之本有以睆字爲刮云華而刮者故云字或爲刮　注未之能易已病故也　正義曰言此未病之時猶得寢臥既病之後當須改正以己今病氣力虛弱故時復一時未能改易聞童子之言

禮記義九　三　李詠

乃更驚駭　注曾子至覩也　正義曰知齊嘗聘以爲卿者韓詩外傳云曾子仕於莒得粟三秉方是之時曾子重其祿而輕其身親沒之後齊迎以相楚迎以令尹晉迎以上卿方是之時曾子重其身而輕其祿既言輕其祿是不爲也但齊以相楚以令尹晉以上卿而鄭言齊嘗聘爲卿者以三國文連含帶爲注耳且相即是上卿華急也釋言文　曾子至已矣　曾參謂曾元曰爾之愛我也不如彼童子何者君子之愛人也必以善事成己之德則童子是也細小之人愛人也不顧道理且相寧息即汝是也吾今更何求焉唯求正道易換其簀而即仆焉斯已矣者斯此也已猶了也此則正一世事了不陷於惡故君子慎終如始禮云男子不死於婦人之手婦人不死於男子之手故春秋魯僖公薨于小寢譏即安也成公薨于路寢傳曰言道也他人名己得呼爲大夫之稱而言夫子若己不爲大夫則己所爲當須依禮不得寢大夫之牀也始死充充如有窮既殯

足利本第九卷第四葉

瞿瞿如有求而弗得既葬皇皇如有望而弗至練而慨然祥而廓然皆憂悼在心之貌也求猶索物

疏 始死至廓然 正義曰此記人因前有死事遂廣說孝子形節也事盡理屈爲窮言親始死孝子匍匐而哭之心形充屈如急行道極無所復去窮急之容也既殯瞿瞿如有求而弗得者殯斂後心形稍緩也瞿瞿眼目速瞻之貌求猶覓也貌恒瞿瞿如有所失而求覓之不得然也既葬皇皇如有望而弗至者又漸緩也皇皇猶栖栖也至葬後親歸草土孝子心形栖栖皇皇無所依託如有望彼人來而彼人不至也 練而慨然者轉緩也至小祥但數慨日月若馳之速也 祥而廓然者至大祥而寥廓情意不樂而已

邾婁復之以矢蓋自戰於外陘始也戰於外陘魯僖二十二年秋也時師雖勝死傷亦甚無衣可以招魂

魯婦人之髽而弔也自敗於臺鮐始也敗於臺鮐魯襄四年秋也臺當爲壺字之誤也春秋傳作狐鮐時家家有喪髽而相弔去纚而紒曰髽禮婦人弔服大夫之妻錫衰士之妻則疑衰與皆吉笄無首素總

疏 邾婁至始也 正義曰此一節論二國失禮之事 注戰於至招魂 正義曰魯僖公二十二年春伐邾取須句秋八月及邾人戰于外陘左傳云邾人以須句故出師公卑邾不設備而禦之臧文仲曰國無小不可易也無備雖衆不可恃也先王之明德無不懼也況我小國乎君其無謂邾小蜂蠆有毒而況國乎不聽公及邾師戰于外陘是也 注時師雖勝死傷亦甚者則傳云我師敗績邾人獲公冑縣諸魚門是也鄭云此者解復之以矢之意以其死傷者多無衣可以招魂故用矢招之也必用矢者時邾人志在勝敵矢是心之所好故用所好招魂冀其復反然招魂唯據死者而鄭兼云傷者以其雖勝故連言死傷以俠句

潘本第九卷第四葉

瞿瞿如有求而弗得既葬皇皇如有望而弗至練而慨然祥而廓然皆憂悼在心之貌也求猶索物

疏 始死至廓然 正義曰此記人因前有死事遂廣說孝子形節也事盡理屈爲窮言親始死孝子匍匐而哭之心形充屈如急行道極無所復去窮急之容也既殯瞿瞿如有求而弗得者殯斂後心形稍緩也瞿瞿眼目速瞻之貌求猶覓也貌恒瞿瞿如有所失而求覓之不得然也既葬皇皇如有望而弗至者又漸緩也皇皇猶栖栖也至葬後親歸草土孝子心形栖栖皇皇無所依託如有望彼人來而彼人不至也 練而慨然者轉緩也至小祥但數慨日月若馳之速也 祥而廓然者至大祥而寥廓情意不樂而已

邾婁復之以矢蓋自戰於外陘始也戰於外陘魯僖二十二年秋也時師雖勝死傷亦甚無衣可以招魂

禮記義九 四

魯婦人之髽而弔也自敗於臺鮐始也敗於臺鮐魯襄四年秋也臺當爲壺字之誤也春秋傳作狐鮐時家家有喪髽而相弔去纚而紒曰髽禮婦人弔服大夫之妻錫衰士之妻則疑衰與皆吉笄無首素總

疏 邾婁至始也 正義曰此一節論二國失禮之事 注戰於至招魂 正義曰魯僖公二十二年春伐邾取須句秋八月及邾人戰于外陘左傳云邾人以須句故出師公卑邾不設備而禦之臧文仲曰國無小不可易也無備雖衆不可恃也先王之明德無不懼也況我小國乎君其無謂邾小蜂蠆有毒而況國乎不聽公及邾師戰于外陘是也 注時師雖勝死傷亦甚者則傳云我師敗績邾人獲公冑縣諸魚門是也鄭云此者解復之以矢之意以其死傷者多無衣可以招魂故用矢招之也必用矢者時邾人志在勝敵矢是心之所好故用所好招魂冀其復反然招魂唯據死者而鄭兼云傷者以其雖勝故連言死傷以俠句

足利本第九卷第五葉

耳若因兵而死身首斷絕不生者應無復法若身首不殊因傷致死復有可生之理者則用矢招魂左氏直言邾公羊云邾婁者何休云夷言婁聲相近也

㊟敗於至素總　正義曰案左傳魯襄公四年冬十月邾人伐鄫臧紇救鄫侵邾敗於狐駘魯人怨而歌之魯襄四年冬也此云秋鄭舉其初也云臺當爲壺字之誤也春秋傳作狐鮐左傳云臧之狐裘敗我於狐駘我君小子朱儒是使朱儒朱儒使我敗於邾臧紇武仲也言狐裘武仲所服也是時襄公年七歲微弱故云我君小子也朱儒短人也臧武仲短小故云朱儒云去纚而紒曰髽者案士冠禮纚廣終幅長六尺所以縚髮今以凶事故去之但露紒而已云禮婦人弔服大夫之妻錫衰者喪服傳云大夫弔於命婦錫衰命婦弔於大夫亦錫衰是大夫之妻弔服錫衰也云士之妻則疑衰與者以士妻弔服無文故云疑衰與必以疑衰者案周禮司服有錫衰緦衰疑衰錫衰爲上緦衰次之疑衰爲下案喪服大夫弔服錫衰喪服小記云諸侯弔必皮弁錫

禮記義九　五　余政

衰則君弔大夫大夫相弔皆錫衰其服同也錫衰之下但有緦衰疑衰天子弔諸侯皆以緦衰弔大夫士以疑衰若諸侯弔大夫以錫衰弔同姓之士緦衰弔異姓之士疑衰故鄭注文王世子云同姓士緦衰異姓士疑衰以其士自相弔如一皆疑衰故鄭注司服云舊説士弔服素委貌冠朝服此士不以緦衰爲弔服者以緦衰是士之喪服不以弔也故注喪服云士以緦衰爲喪服其弔服則疑衰也改其裳以素辟諸侯近庶人弔服而衣猶非也疑衰變其裳以素耳以此言之是士弔服疑衰素裳也故以爲士妻弔服疑衰必知弔服夫妻同者以喪服大夫命婦俱以錫衰弔故也云皆吉笄無首素總者大戴禮文也

南宮縚之妻之姑之喪　南宮縚孟僖子之子南宮閱也字子容其妻孔子兄女

夫子誨之髽曰爾毋從從爾爾毋扈扈爾　誨教也爾女也從從謂大高扈扈謂大廣爾語助

潘本第九卷第五葉

耳若因兵而死身首斷絕不生者應無復法若身首不殊因傷致死復有可生之理者則用矢招魂左氏直言邾公羊云邾婁者何休云夷言婁聲相近也

㊟敗於至素總　正義曰案左傳魯襄公四年冬十月邾人伐鄫臧紇救鄫侵邾敗於狐駘魯人怨而歌之魯襄四年冬也此云秋鄭舉其初也云臺當爲壺字之誤也春秋傳作狐鮐左傳云臧之狐裘敗我於狐駘我君小子朱儒是使朱儒朱儒使我敗於邾臧紇武仲也言狐裘武仲所服也是時襄公年七歲微弱故云我君小子也朱儒短人也臧武仲短小故云朱儒云去纚而紒曰髽者案士冠禮纚廣終幅長六尺所以縚髮今以凶事故去之但露紒而已云禮婦人弔服大夫之妻錫衰者喪服傳云大夫弔於命婦錫衰命婦弔於大夫亦錫衰是大夫之妻弔服錫衰也云士之妻則疑衰與者以士妻弔服無文故云疑衰與必以疑衰者案周禮司服有錫衰緦衰疑衰錫衰爲上緦衰次之疑衰爲下案喪服大夫弔服錫衰喪服小記云諸侯弔必皮弁錫

禮記義九　五　余政

衰則君弔大夫大夫相弔皆錫衰其服同也錫衰之下但有緦衰疑衰天子弔諸侯皆以緦衰弔大夫士以疑衰若諸侯弔大夫以錫衰弔同姓之士緦衰弔異姓之士疑衰故鄭注文王世子云同姓士緦衰異姓士疑衰以其士自相弔如一皆疑衰故鄭注司服云舊説士弔服素委貌冠朝服此士不以緦衰爲弔服者以緦衰是士之喪服不以弔也故注喪服云士以緦衰爲喪服其弔服則疑衰也改其裳以素辟諸侯近庶人弔服而衣猶非也疑衰變其裳以素耳以此言之是士弔服疑衰素裳也故以爲士妻弔服疑衰必知弔服夫妻同者以喪服大夫命婦俱以錫衰弔故也云皆吉笄無首素總者大戴禮文也

南宮縚之妻之姑之喪　南宮縚孟僖子之子南宮閱也字子容其妻孔子兄女

夫子誨之髽曰爾毋從從爾爾毋扈扈爾　誨教也爾女也從從謂大高扈扈謂大廣爾語助

蓋榛以爲笄長尺而總八寸總束髮垂爲飾齊衰之總八寸

疏南宮至八寸　正義曰此一節論婦人爲舅姑服髽與笄總之法　南宮縚之妻之姑之喪者之並是語辭也南宮縚妻姑喪謂夫之母也以是夫子兄之女故夫子誨之作髽法　曰爾毋從從爾爾毋扈扈爾者上爾爲女下爾語辭言期之髽稍輕自有常法女造髽時無得從從而大高又無得扈扈而大廣既教以作髽又教以笄總之法其笄用木無定故教之云蓋用榛木爲笄其長尺而束髮垂餘之總垂八寸　注南宮至兄女　正義曰知孟僖子之子南宮閱者案左氏昭七年傳云孟僖子將卒召其大夫云屬說與何忌於夫子以事仲尼以南宮爲氏故世本云仲孫玃生南宮縚是也云字子容其妻孔子兄女者論語云以其兄之子妻之是也　注從從謂大高扈扈謂大廣　正義曰從從是高之貌狀故楚辭招隱云山氣巃嵸兮石嵯峨則巃嵸是高也扈扈猶廣也爾雅釋山云卑

禮記義九　六　李詢

而大扈郭云扈是廣貌也此云無得高廣者謂無得如斬衰高廣也　注總束至八寸　正義曰案喪服傳云總六寸謂斬衰也故此齊衰長八寸也以二寸爲差也以下亦當然無文以言之喪服箭笄長一尺吉笄長尺二寸榛笄長尺斬衰齊衰笄同一尺降於吉笄二寸也但惡笄或用櫛或用榛故喪服有櫛笄故夫子稱蓋以疑之

孟獻子禫縣而不樂比御而不入可以御婦人矣尚不復寢孟獻子魯大夫仲孫蔑夫子曰獻子加於人一等矣加猶踰也

疏孟獻至等矣　正義曰此一節論獻子除喪作樂得禮之宜也依禮禫祭暫縣省樂而不恒作也至二十八月乃始作樂又依禮禫後吉祭乃始復寢當時人禫祭之後則恒作樂未至吉祭而復寢今孟獻子既禫暫縣省樂而不恒作比可以御婦人而不入寢雖於禮是常而特異餘人故夫子善之云獻子加於人一等矣不謂加於禮

蓋榛以爲笄長尺而總八寸總束髮垂爲飾齊衰之總八寸

疏南宮至八寸　正義曰此一節論婦人爲舅姑服髽與笄總之法　南宮縚之妻之姑之喪者之並是語辭也南宮縚妻姑喪謂夫之母也以是夫子兄之女故夫子誨之作髽法　曰爾毋從從爾爾毋扈扈爾者上爾爲女下爾語辭言期之髽稍輕自有常法女造髽時無得從從而大高又無得扈扈而大廣既教以作髽又教以笄總之法其笄用木無定故教之云蓋用榛木爲笄其長尺而束髮垂餘之總垂八寸　注南宮至兄女　正義曰知孟僖子之子南宮閱者案左氏昭七年傳云孟僖子將卒召其大夫云屬說與何忌於夫子以事仲尼以南宮爲氏故世本云仲孫玃生南宮縚是也云字子容其妻孔子兄女者論語云以其兄之子妻之是也　注從從謂大高扈扈謂大廣　正義曰從從是高之貌狀故楚辭招隱云山氣巃嵸兮石嵯峨則巃嵸是高也扈扈猶廣也爾雅釋山云卑

禮記義九　六　李詢

而大扈郭云扈是廣貌也此云無得高廣者謂無得如斬衰高廣也　注總束至八寸　正義曰案喪服傳云總六寸謂斬衰也故此齊衰長八寸也以二寸爲差也以下亦當然無文以言之喪服箭笄長一尺吉笄長尺二寸榛笄長尺斬衰齊衰笄同一尺降於吉笄二寸也但惡笄或用櫛或用榛故喪服有櫛笄故夫子稱蓋以疑之

孟獻子禫縣而不樂比御而不入可以御婦人矣尚不復寢孟獻子魯大夫仲孫蔑夫子曰獻子加於人一等矣加猶踰也

疏孟獻至等矣　正義曰此一節論獻子除喪作樂得禮之宜也依禮禫祭暫縣省樂而不恒作也至二十八月乃始作樂又依禮禫後吉祭乃始復寢當時人禫祭之後則恒作樂未至吉祭而復寢今孟獻子既禫暫縣省樂而不恒作比可以御婦人而不入寢雖於禮是常而特異餘人故夫子善之云獻子加於人一等矣不謂加於禮

足利本第九卷第七葉

一等其祥禫之月先儒不同王肅以二十五月大祥其月爲禫二十六月作樂所以然者以下云祥而縞是月禫徙月樂又與上文魯人朝祥而莫歌孔子云踰月則其善是皆祥之後月作樂也又閒傳云三年之喪二十五月而畢又士虞禮中月而禫是祥月之中也與尚書文王中身享國謂身之中閒同又文公二年冬公子遂如齊納幣是僖公之喪至此二十六月左氏云納幣禮也故王肅以二十五月禫除喪畢而鄭康成則二十五月大祥二十七月而禫二十八月而作樂復平常鄭必以爲二十七月禫者以雜記云父在爲母爲妻十三月大祥十五月禫爲母爲妻尚祥禫異月豈容三年之喪乃祥禫同月若以父在爲母屈而不申故延禫月其爲妻當亦不申祥禫異月乎若以中月而禫爲月之中閒應云月中而禫何以言中月乎案喪服小記云妾祔於妾祖姑亡則中一以上而祔又學記云中年考校皆以中爲閒謂閒隔一年故以中月爲閒隔一月也下云祥而縞是月禫徙月樂是也謂大祥者縞冠

禮記義九　七

是月禫謂是此禫月而禫二者各自爲義事不相干故論語云子於是日哭則不歌文無所繼亦云是日文公二年公子遂如齊納幣者鄭箴膏肓僖公母成風主婚得權時之禮若公羊猶譏其喪娶其魯人朝祥而莫歌及喪服四制云祥之日鼓素琴及夫子五日彈琴不成聲十日成笙歌并此獻子禫縣之屬皆據省樂忘哀非正樂也其八音之樂工人所奏必待二十八月也即此下文是月禫徙月樂是也其朝祥莫歌非正樂歌是樂之細别亦得稱樂故鄭云笑其爲樂速也其三年問云三年之喪二十五月而畢據喪事終除衰去杖其餘哀未盡故更延兩月非喪之正也王肅難鄭云若以二十七月禫其歲末遭喪則出入四年喪服小記何以云再期之喪三年如王肅此難則爲母十五月而禫出入三年小記何以云期之喪二年明小記所云據喪之大斷也又肅以月中而禫案曲禮喪事先遠日則大祥當在下旬禫祭又在祥後何得云中月而禫又禫後何以容吉祭故鄭云二十七月也戴德喪服變除

潘本第九卷第七葉

一等其祥禫之月先儒不同王肅以二十五月大祥其月爲禫二十六月作樂所以然者以下云祥而縞是月禫徙月樂又與上文魯人朝祥而莫歌孔子云踰月則其善是皆祥之後月作樂也又閒傳云三年之喪二十五月而畢又士虞禮中月而禫是祥月之中也與尚書文王中身享國謂身之中閒同又文公二年冬公子遂如齊納幣是僖公之喪至此二十六月左氏云納幣禮也故王肅以二十五月禫除喪畢而鄭康成則二十五月大祥二十七月而禫二十八月而作樂復平常鄭必以爲二十七月禫者以雜記云父在爲母爲妻十三月大祥十五月禫爲母爲妻尚祥禫異月豈容三年之喪乃祥禫同月若以父在爲母屈而不申故延禫月其爲妻當亦不申祥禫異月乎若以中月而禫爲月之中閒應云月中而禫何以言中月乎案喪服小記云妾祔於妾祖姑亡則中一以上而祔又學記云中年考校皆以中爲閒謂閒隔一年故以中月爲閒隔一月也下云祥而縞是月禫徙月樂是也謂大祥者縞冠

禮記義九　七

是月禫謂是此禫月而禫二者各自爲義事不相干故論語云子於是日哭則不歌文無所繼亦云是日文公二年公子遂如齊納幣者鄭箴膏肓僖公母成風主婚得權時之禮若公羊猶譏其喪娶其魯人朝祥而莫歌及喪服四制云祥之日鼓素琴及夫子五日彈琴不成聲十日成笙歌并此獻子禫縣之屬皆據省樂忘哀非正樂也其八音之樂工人所奏必待二十八月也即此下文是月禫徙月樂是也其朝祥莫歌非正樂歌是樂之細别亦得稱樂故鄭云笑其爲樂速也其三年問云三年之喪二十五月而畢據喪事終除衰去杖其餘哀未盡故更延兩月非喪之正也王肅難鄭云若以二十七月禫其歲末遭喪則出入四年喪服小記何以云再期之喪三年如王肅此難則爲母十五月而禫出入三年小記何以云期之喪二年明小記所云據喪之大斷也又肅以月中而禫案曲禮喪事先遠日則大祥當在下旬禫祭又在祥後何得云中月而禫又禫後何以容吉祭故鄭云二十七月也戴德喪服變除

禮二十五月大祥二十七月而禫故鄭依而用焉鄭以二十八月樂作喪大記何以云禫而內無哭者樂作矣以禫後許作樂者大記所謂禫後方將作樂釋其內無哭者之意非謂即作樂大記又云禫而從御吉祭而復寢閒傳何以云大祥居復寢閒傳所云者去堊室復殯宮之寢大記云禫而從御謂禫後得御婦人必待吉祭然後復寢其吉祭者是禫月值四時而吉祭外而爲之其祝辭猶不稱以某妃配故士虞禮云吉祭猶未配　注孟獻子魯大夫仲孫蔑　正義曰知者案襄五年經書仲孫蔑會吳于善道傳云孟獻子會吳于善道是孟獻子爲仲孫蔑也仲稱孟者是慶父之後鄭注論語云慶父輙稱死時人爲之諱故云孟氏杜預以爲慶父是莊公長庶兄庶長故稱孟　孔**子既祥五日彈琴而不成聲**哀未忘**十日而成笙歌**踰月且異旬也祥亦凶事用遠日五日彈琴十日笙歌除由外也琴以手笙歌以氣

疏 孔子至笙歌　正義曰此一節論孔子除喪作樂之限　十日而成笙歌者上云彈琴而不成聲此云十日而成笙歌之聲音曲諧和也　注五日至以氣　正義曰此者解先彈琴後笙歌之意由彈以手手是形之外故曰除由外也祥是凶事用遠日故十日得踰月若其卜遠不吉則用近日雖祥後十日亦不成笙歌以其未踰月也　**有子蓋既祥而絲屨組纓**譏其早也禮既祥白屨無絇縞冠素紕有子孔子弟子有若

疏 有子蓋既祥而絲屨組纓　正義曰此一節明除喪失禮之事　有子孔子弟子有若也蓋是疑辭故錄記之人傳聞有子既祥而絲屨未知審否意以爲實故云蓋既祥而絲屨組纓　注譏其至有若　正義曰此絲屨組纓禫後之服今既祥而著故云譏其早也云禮既祥白屨無絇戴德喪服變除禮文云縞冠素紕者王藻文素紕當用素爲纓未用組今用素組爲纓故譏之案王藻云玄冠綦組纓知此非綦組纓者若其綦組爲纓則

禮二十五月大祥二十七月而禫故鄭依而用焉鄭以二十八月樂作喪大記何以云禫而內無哭者樂作矣以禫後許作樂者大記所謂禫後方將作樂釋其內無哭者之意非謂即作樂大記又云禫而從御吉祭而復寢閒傳何以云大祥居復寢閒傳所云者去堊室復殯宮之寢大記云禫而從御謂禫後得御婦人必待吉祭然後復寢其吉祭者是禫月值四時而吉祭外而爲之其祝辭猶不稱以某妃配故士虞禮云吉祭猶未配　注孟獻子魯大夫仲孫蔑　正義曰知者案襄五年經書仲孫蔑會吳于善道傳云孟獻子會吳于善道是孟獻子爲仲孫蔑也仲稱孟者是慶父之後鄭注論語云慶父輙稱死時人爲之諱故云孟氏杜預以爲慶父是莊公長庶兄庶長故稱孟　孔**子既祥五日彈琴而不成聲**哀未忘**十日而成笙歌**踰月且異旬也祥亦凶事用遠日五日彈琴十日笙歌除由外也琴以手笙歌以氣

禮記義九　八　李信

疏 孔子至笙歌　正義曰此一節論孔子除喪作樂之限　十日而成笙歌者上云彈琴而不成聲此云十日而成笙歌之聲音曲諧和也　注五日至以氣　正義曰此者解先彈琴後笙歌之意由彈以手手是形之外故曰除由外也祥是凶事用遠日故十日得踰月若其卜遠不吉則用近日雖祥後十日亦不成笙歌以其未踰月也　**有子蓋既祥而絲屨組纓**譏其早也禮既祥白屨無絇縞冠素紕有子孔子弟子有若

疏 有子蓋既祥而絲屨組纓　正義曰此一節明除喪失禮之事　有子孔子弟子有若也蓋是疑辭故錄記之人傳聞有子既祥而絲屨未知審否意以爲實故云蓋既祥而絲屨組纓　注譏其至有若　正義曰此絲屨組纓禫後之服今既祥而著故云譏其早也云禮既祥白屨無絇戴德喪服變除禮文云縞冠素紕者王藻文素紕當用素爲纓未用組今用素組爲纓故譏之案王藻云玄冠綦組纓知此非綦組纓者若其綦組爲纓則

足利本第九卷第九葉

當以玄色爲冠若既祥玄冠則失禮之甚不應直譏組纓也案士冠禮冬皮屨夏用葛無云絲屨者此絲屨以絲爲飾絇繶純之屬故士冠禮云白屨緇絇繶純纁屨黒絇繶純鄭注屨人云絇屨頭飾繶是縫中紃純緣也此有子蓋亦白屨以素絲爲繶純也

死而不弔者三謂輕身忘孝也**畏**人或時以非罪攻已不能有以說之死之者孔子畏於匡**厭**行止危險之下**溺**不乘橋船

疏「死而至厭溺」正義曰此一節論非理橫死不合弔哭之事畏謂有人以非罪攻已已若不有以解說之而死者則不弔鄭玄注引論語以證之明須解說也案世家云陽虎嘗侵暴於匡時又孔子弟子顏剋爲陽虎御車後孔子亦使剋御車從匡過孔子與陽虎相似故匡人謂孔子爲陽虎因圍欲殺之孔子自說故匡人解圍也自說者謂卑辭遜禮論語注云微服而去謂身著微服潛行而去不敢與匡人鬬以媚悅之也　厭謂行止危險之下爲崩墜所厭殺也　溺謂不乘

禮記義九　九

橋船而入水死者何胤云馮河潛泳不爲弔也除此三事之外其有死不得禮亦不弔故昭二十年衛齊豹欲攻孟縶宗魯嘗事孟縶孟縶是時齊豹欲攻孟縶宗魯許齊豹攻之不告孟縶及孟縶被殺而死宗魯亦死之孔子弟子琴張欲往弔之孔子止之曰齊豹之盜而孟縶之賊女何弔焉杜預云言齊豹所以爲盜孟縶所以見賊皆由宗魯是矣禮者亦不弔也

子路有姊之喪可以除之矣而弗除也孔子曰何弗除也子路曰吾寡兄弟而弗忍也孔子曰先王制禮行道之人皆弗忍也行道猶行仁義**子路聞之遂除之**

疏「子路至除之」正義曰庾蔚云子路緣姊妹無主後猶可得反服推己寡兄弟亦有申其本服之理故於降制已遠而猶不除非在室之

潘本第九卷第九葉

當以玄色爲冠若既祥玄冠則失禮之甚不應直譏組纓也案士冠禮冬皮屨夏用葛無云絲屨者此絲屨以絲爲飾絇繶純之屬故士冠禮云白屨緇絇繶純纁屨黒絇繶純鄭注屨人云絇屨頭飾繶是縫中紃純緣也此有子蓋亦白屨以素絲爲繶純也

死而不弔者三謂輕身忘孝也**畏**人或時以非罪攻已不能有以說之死之者孔子畏於匡**厭**行止危險之下**溺**不乘橋船

疏「死而至厭溺」正義曰此一節論非理橫死不合弔哭之事畏謂有人以非罪攻已已若不有以解說之而死者則不弔鄭玄注引論語以證之明須解說也案世家云陽虎嘗侵暴於匡時又孔子弟子顏剋爲陽虎御車後孔子亦使剋御車從匡過孔子與陽虎相似故匡人謂孔子爲陽虎因圍欲殺之孔子自說故匡人解圍也自說者謂卑辭遜禮論語注云微服而去謂身著微服潛行而去不敢與匡人鬬以媚悅之也　厭謂行止危險之下爲崩墜所厭殺也　溺謂不乘

禮記義九　九

橋船而入水死者何胤云馮河潛泳不爲弔也除此三事之外其有死不得禮亦不弔故昭二十年衛齊豹欲攻孟縶宗魯嘗事孟縶孟縶是時齊豹欲攻孟縶宗魯許齊豹攻之不告孟縶及孟縶被殺而死宗魯亦死之孔子弟子琴張欲往弔之孔子止之曰齊豹之盜而孟縶之賊女何弔焉杜預云言齊豹所以爲盜孟縶所以見賊皆由宗魯是矣禮者亦不弔也

子路有姊之喪可以除之矣而弗除也孔子曰何弗除也子路曰吾寡兄弟而弗忍也孔子曰先王制禮行道之人皆弗忍也行道猶行仁義**子路聞之遂除之**

疏「子路至除之」正義曰庾蔚云子路緣姊妹無主後猶可得反服推己寡兄弟亦有申其本服之理故於降制已遠而猶不除非在室之

足利本第九卷第十葉

姊妹欲申服過期也是子路已事仲尼始服姊喪明姊已出嫁非在室也**大公封於營丘比及五世皆反葬於周**齊大公受封留爲大師死葬於周子孫生焉不忍離也五世之後乃葬於齊齊曰營丘**君子曰樂樂其所自生禮不忘其本**言其似禮樂之義**古之人有言曰狐死正丘首仁也**正丘首正首丘也仁恩也

疏大公至仁也　正義曰此一節論忠臣不欲離王室之事大公封於營丘者周之大師大公封於營丘及其死也反葬於鎬京陪文武之墓其大公子孫比及五世雖死於齊以大公在周其子孫皆反葬於周也言反葬者既從周嚮齊今又從齊反往歸周君子善其反葬似禮樂之意故云先王所制樂者樂其所自生謂愛樂己之王業所由生以制樂名若舜愛樂其王業所由能紹堯之德則樂名大韶

禮記義九　十　趙通

禹愛樂其王業所由由治水廣大中國則樂名大夏　禮不忘其本者謂先王制禮其王業根本由質而興則制禮不忘其本而尚質也若王業根本由文而興制禮尚文也是不忘其本也禮之與樂皆是重本今反葬於周亦是重本故引禮樂以美之君子既引禮樂又引古之人有遺言云狐死正丘首謂狐之死正首而嚮丘所以正首而嚮丘者丘是狐窟穴根本之處雖狼狽而死意猶嚮此丘是有仁恩之心也今五世反葬亦仁恩之心也但樂之與禮兩文相互樂云樂其所自生則禮當云反其所自本禮云不忘其本則樂當云不忘其生也樂云樂其所自生者初生王業因民之所樂而得天下今王者制樂自愛樂己之所由得天下樂者是王者自樂不據民之所樂也

注齊大至營丘　正義曰知留爲大師者案詩大雅云維師尚父毛傳云師大師也史記齊世家云大公望呂尚者東海上人也四岳之後尚佐武王伐紂爲大師云死葬於周子孫是大公所生焉故不忍離其先祖非謂子孫生在於周子

潘本第九卷第十葉

姊妹欲申服過期也是子路已事仲尼始服姊喪明姊已出嫁非在室也**大公封於營丘比及五世皆反葬於周**齊大公受封留爲大師死葬於周子孫生焉不忍離也五世之後乃葬於齊齊曰營丘**君子曰樂樂其所自生禮不忘其本**言其似禮樂之義**古之人有言曰狐死正丘首仁也**正丘首正首丘也仁恩也

疏大公至仁也　正義曰此一節論忠臣不欲離王室之事大公封於營丘者周之大師大公封於營丘及其死也反葬於鎬京陪文武之墓其大公子孫比及五世雖死於齊以大公在周其子孫皆反葬於周也言反葬者既從周嚮齊今又從齊反往歸周君子善其反葬似禮樂之意故云先王所制樂者樂其所自生謂愛樂己之王業所由生以制樂名若舜愛樂其王業所由能紹堯之德則樂名大韶

禮記義九　十　趙通

禹愛樂其王業所由由治水廣大中國則樂名大夏　禮不忘其本者謂先王制禮其王業根本由質而興則制禮不忘其本而尚質也若王業根本由文而興制禮尚文也是不忘其本也禮之與樂皆是重本今反葬於周亦是重本故引禮樂以美之君子既引禮樂又引古之人有遺言云狐死正丘首謂狐之死正首而嚮丘所以正首而嚮丘者丘是狐窟穴根本之處雖狼狽而死意猶嚮此丘是有仁恩之心也今五世反葬亦仁恩之心也但樂之與禮兩文相互樂云樂其所自生則禮當云反其所自本禮云不忘其本則樂當云不忘其生也樂云樂其所自生者初生王業因民之所樂而得天下今王者制樂自愛樂己之所由得天下樂者是王者自樂不據民之所樂也

注齊大至營丘　正義曰知留爲大師者案詩大雅云維師尚父毛傳云師大師也史記齊世家云大公望呂尚者東海上人也四岳之後尚佐武王伐紂爲大師云死葬於周子孫是大公所生焉故不忍離其先祖非謂子孫生在於周子

孫生焉者不忍離其生處必五世者五世之外則服盡也然觀經及注則大公之外爲五世便是玄孫之子服盡亦反者其實反葬正四世知者案世本大公望生丁公伋伋生乙公得生癸公慈母慈母生哀公不臣案齊世家哀公荒淫被紀侯譖之周周夷王烹哀公亦葬周也哀公是大公玄孫哀公死弟胡公靖立靖死獻公山立山死武公壽立若以相生爲五世則武公以上皆反葬於周者以爲君五世則獻公以上反葬周二者未知孰是云齊曰營丘者地理志云臨淄縣齊大公所封案釋丘云水出其前而左曰營丘以水營遶故曰營丘然周公封魯其子孫不反葬於周者以其有次子在周世守其采地則春秋周公是也故鄭康成作詩譜云元子伯禽封魯次子君陳世守采地下云延陵季子葬于嬴博之間者古禮也故舜葬蒼梧周則族葬故冢人云先王之葬居中以昭穆爲左右凡諸侯居左右以前卿大夫士居後各以其族是也

伯魚之母死期而猶哭伯魚孔子子也名鯉猶尚也夫子聞之曰誰與哭者門人曰鯉也夫子曰嘻其甚也嘻悲恨之聲伯魚聞之遂除之

【疏】伯魚至除之○正義曰此一節論過哀之事○注嘻悲恨之聲○正義曰悲恨之聲者謂非責伯魚悲恨之聲也時伯魚母出父在爲出母亦應十三月祥十五月禫言期而猶哭則是祥後禫前祥外無哭于時伯魚在外哭故夫子怪之恨其甚也或曰爲出母無禫期後全不合哭

舜葬於蒼梧之野舜征有苗而死因留葬焉書說舜曰陟方乃死蒼梧於周南越之地今爲郡蓋三妃未之從也古者不合葬帝嚳而立四妃矣象后妃四星其一明者爲正妃餘三小者爲次妃帝堯因焉至舜不告而取不立正妃但三妃而已謂之三夫人離騷所歌湘夫人舜妃也夏后氏增以三三而九合十二人春秋說云

禮記義九 十一

足利本第九卷第十一葉

孫生焉者不忍離其生處必五世者五世之外則服盡也然觀經及注則大公之外爲五世便是玄孫之子服盡亦反者其實反葬正四世知者案世本大公望生丁公伋伋生乙公得得生癸公慈母慈母生哀公不臣案齊世家哀公荒淫被紀侯譖之周周夷王烹哀公亦葬周也哀公是大公玄孫哀公死弟胡公靖立靖死獻公山立山死武公壽立若以相生爲五世則武公以上皆反葬於周者以爲君五世則獻公以上反葬周二者未知孰是云齊曰營丘者地理志云臨淄縣齊大公所封案釋丘云水出其前而左曰營丘以水營遶故曰營丘然周公封魯其子孫不反葬於周者以其有次子在周世守其采地則春秋周公是也故鄭康成作詩譜云元子伯禽封魯次子君陳世守采地下云延陵季子葬于嬴博之間者古禮也故舜葬蒼梧周則族葬故冢人云先王之葬居中以昭穆爲左右凡諸侯居左右以前卿大夫士居後各以其族是也

伯魚之母死期而猶哭伯魚孔子子也名鯉猶尚也夫子聞之曰誰與哭者門人曰鯉也夫子曰嘻其甚也嘻悲恨之聲伯魚聞之遂除之

【疏】伯魚至除之○正義曰此一節論過哀之事○注嘻悲恨之聲○正義曰悲恨之聲者謂非責伯魚悲恨之聲也時伯魚母出父在爲出母亦應十三月祥十五月禫言期而猶哭則是祥後禫前祥外無哭于時伯魚在外哭故夫子怪之恨其甚也或曰爲出母無禫期後全不合哭

舜葬於蒼梧之野舜征有苗而死因留葬焉書說舜曰陟方乃死蒼梧於周南越之地今爲郡蓋三妃未之從也古者不合葬帝嚳而立四妃矣象后妃四星其一明者爲正妃餘三小者爲次妃帝堯因焉至舜不告而取不立正妃但三妃而已謂之三夫人離騷所歌湘夫人舜妃也夏后氏增以三三而九合十二人春秋說云

禮記義九 十一

潘本第九卷第十一葉

足利本第九卷第十二葉

天子取十二即夏制也以虞夏及周制差之則㲋人又增以三九二十七合三十九人周人上法帝嚳立正妃又三二十七爲八十一人以增之合百二十一人其位后也夫人也嬪也世婦也女御也五者相三以定尊卑

季武子曰周公蓋附附謂合葬合葬自周公以來

疏 舜葬至蓋附 正義曰此一節論古者不合葬之事 舜葬於蒼梧之野者舜南巡守因征有苗而死以古代不合葬且天下爲家故遂葬於蒼梧之野 蓋三妃未之從也 從猶就也古不合葬故舜之三妃不就蒼梧與舜合葬也云蓋者記人以周公始附舜時如此未知審悉故云蓋未之從者記之人傳云舜時未有此禮故云未之從也記者旣論古不合葬與周不同引季武子之言云周公以來蓋始附葬附即合也言將後喪合前喪武子去周公不遠無可疑亦云蓋者意有謙退不敢指斥事雖不疑亦云蓋也故孝經夫子云蓋天子之孝也蓋諸侯之孝也非是不知謙爲疑辭 注 舜征至爲郡 正義曰鄭案淮南子云舜征三苗而遂死蒼梧史記云舜踐帝位三十九年南巡守崩于蒼梧之野葬於九疑山是爲零陵案尚書竄三苗于三危在西裔今舜征有苗乃死於蒼梧者張逸荅焦氏問云初竄西裔後分之在南野漢書地理志有蒼梧郡是今爲郡名也 注 古者至尊卑 正義曰知帝嚳立四妃者案大戴禮帝繫篇云帝嚳卜四妃之子皆有天下長妃有邰氏之女曰姜嫄生稷次妃有娀氏之女曰簡狄生契次妃陳豐氏之女曰慶都生堯次妃陬氏之女曰常宜生帝摯帝嚳崩帝摯即位摯崩而堯立鄭此注用帝繫之文稷爲堯之異母弟也及注詩生民之篇與此異也以爲姜嫄是高辛之世妃謂高辛後世子孫之妃用命歷序之文以爲帝嚳傳十世姜嫄是帝嚳十世以後子孫之妃云象后妃四星案援神契云辰極橫后妃四星縱曲相扶案祭法云帝嚳能序星辰以著衆明象星立妃也云帝堯因焉者以此經云舜三妃未之從明堯亦四妃也云舜不告而取者案孟子萬章問孟

潘本第九卷第十二葉

天子取十二即夏制也以虞夏及周制差之則㲋人又增以三九二十七合三十九人周人上法帝嚳立正妃又三二十七爲八十一人以增之合百二十一人其位后也夫人也嬪也世婦也女御也五者相三以定尊卑

季武子曰周公蓋附附謂合葬合葬自周公以來

疏 舜葬至蓋附 正義曰此一節論古者不合葬之事 舜葬於蒼梧之野者舜南巡守因征有苗而死以古代不合葬且天下爲家故遂葬於蒼梧之野 蓋三妃未之從也 從猶就也古不合葬故舜之三妃不就蒼梧與舜合葬也云蓋者記人以周公始附舜時如此未知審悉故云蓋未之從者記之人傳云舜時未有此禮故云未之從也記者旣論古不合葬與周不同引季武子之言云周公以來蓋始附葬附即合也言將後喪合前喪武子去周公不遠無可疑亦云蓋者意有謙退不敢指斥事雖不疑亦云蓋也故孝經夫子云蓋天子之孝也蓋諸侯之孝也非是不知謙爲疑辭 注 舜征至爲郡 正義曰鄭案淮南子云舜征三苗而遂死蒼梧史記云舜踐帝位三十九年南巡守崩于蒼梧之野葬於九疑山是爲零陵案尚書竄三苗于三危在西裔今舜征有苗乃死於蒼梧者張逸荅焦氏問云初竄西裔後分之在南野漢書地理志有蒼梧郡是今爲郡名也 注 古者至尊卑 正義曰知帝嚳立四妃者案大戴禮帝繫篇云帝嚳卜四妃之子皆有天下長妃有邰氏之女曰姜嫄生稷次妃有娀氏之女曰簡狄生契次妃陳豐氏之女曰慶都生堯次妃陬氏之女曰常宜生帝摯帝嚳崩帝摯即位摯崩而堯立鄭此注用帝繫之文稷爲堯之異母弟也及注詩生民之篇與此異也以爲姜嫄是高辛之世妃謂高辛後世子孫之妃用命歷序之文以爲帝嚳傳十世姜嫄是帝嚳十世以後子孫之妃云象后妃四星案援神契云辰極橫后妃四星縱曲相扶案祭法云帝嚳能序星辰以著衆明象星立妃也云帝堯因焉者以此經云舜三妃未之從明堯亦四妃也云舜不告而取者案孟子萬章問孟

子云舜不告而取何也孟子曰告則不得取父母終不爲取妻是絶其後也云但三妃而已者案帝王世紀云長妃娥皇無子次妃女英生商均次妃癸比生二女霄明燭光是也云離騷所歌湘夫人者案楚辭九歌第三曰湘夫人云帝子降兮北渚目眇眇兮愁予是也王逸注離騷云娥皇女英墮湘水溺焉又秦紀云死而葬焉非溺也山海經以爲二女此云三者當以記爲正山海經不可用云周人上法帝嚳立正妃者案昏義后一夫人三是也若然案鄭注尚書帝乙妻生微子後立爲正妃生紂則巳有后者謂三妃裏之正仍無后也云夫人也者即舜之三妃也嬪也者即夏所增九女也世婦也者即殷所增二十七人也女御也者即周所增八十一人也自夏以下節級三倍加之

曾子之喪浴於爨室　見曾元之辭易簀矯之以謙儉也禮死浴於適室

疏　曾子之喪浴於爨室　正義曰此一節論曾子故爲非禮以正其子也　注見曾至適室　正義曰案上

禮記義九　十三

易簀之後反席未安而沒焉得有浴爨室遺語者以反席之前欲易之後足可有言但記文不備必知謂曾元之辭易簀貴故矯之者曾子達禮之人應須浴於正寢今乃浴於爨室明知意有所爲故云矯之也云禮死浴於適室者士喪禮死於適室下云甸人掘坎于階閒爲垼于西牆下新盆槃瓶造于西階下乃浴於適室也於爨室爲謙無甸人掘坎爲垼之事是儉也

大功廢業或曰大功誦可也　許其口習故也

疏　大功至可也　正義曰此一節論遭喪廢業之事也　大功廢業者業謂所學習業則身有外營思慮他事恐其忘哀故廢業也誦則在身所爲其事稍靜不慮忘哀故許其口習言或曰者以其事疑故稱或曰然録記之人必當明禮應事無疑使後世作法今檢禮記多有不定之辭仲尼門徒親承聖旨子游裼裘而弔曾子襲裘而弔又小斂之奠或云東方或云西方同母異父昆弟魯人或云爲之齊衰或云大功其作記之人多云蓋多云

子云舜不告而取何也孟子曰告則不得取父母終不爲取妻是絶其後也云但三妃而已者案帝王世紀云長妃娥皇無子次妃女英生商均次妃癸比生二女霄明燭光是也云離騷所歌湘夫人者案楚辭九歌第三曰湘夫人云帝子降兮北渚目眇眇兮愁予是也王逸注離騷云娥皇女英墮湘水溺焉又秦紀云死而葬焉非溺也山海經以爲二女此云三者當以記爲正山海經不可用云周人上法帝嚳立正妃者案昏義后一夫人三是也若然案鄭注尚書帝乙妻生微子後立爲正妃生紂則巳有后者謂三妃裏之正仍無后也云夫人也者即舜之三妃也嬪也者即夏所增九女也世婦也者即殷所增二十七人也女御也者即周所增八十一人也自夏以下節級三倍加之

曾子之喪浴於爨室　見曾元之辭易簀矯之以謙儉也禮死浴於適室

疏　曾子之喪浴於爨室　正義曰此一節論曾子故爲非禮以正其子也　注見曾至適室　正義曰案上

禮記義九　十三

易簀之後反席未安而沒焉得有浴爨室遺語者以反席之前欲易之後足可有言但記文不備必知謂曾元之辭易簀貴故矯之者曾子達禮之人應須浴於正寢今乃浴於爨室明知意有所爲故云矯之也云禮死浴於適室者士喪禮死於適室下云甸人掘坎于階閒爲垼于西牆下新盆槃瓶造于西階下乃浴於適室也於爨室爲謙無甸人掘坎爲垼之事是儉也

大功廢業或曰大功誦可也　許其口習故也

疏　大功至可也　正義曰此一節論遭喪廢業之事也　大功廢業者業謂所學習業則身有外營思慮他事恐其忘哀故廢業也誦則在身所爲其事稍靜不慮忘哀故許其口習言或曰者以其事疑故稱或曰然録記之人必當明禮應事無疑使後世作法今檢禮記多有不定之辭仲尼門徒親承聖旨子游裼裘而弔曾子襲裘而弔又小斂之奠或云東方或云西方同母異父昆弟魯人或云爲之齊衰或云大功其作記之人多云蓋多云

足利本第九卷第十四葉

或曰皆無指的並設疑辭者以周公制禮永世作法時經幽厲之亂又遇齊晉之強國異家殊樂崩禮壞諸侯奢僭典法訛舛是以普天率土不閑禮教故子思聖人之胤不喪出母隨武子晉之賢相不識殺烝作記之人隨後撰録善惡兼載得失備書但初制禮之時文已不具畧其細事舉其大綱況乃時經離亂日月懸遠數百年後何能曉達記人所以不定止爲失禮者多推此而論未爲怪也亦兼有或人之言也

子張病召申祥而語之曰君子曰終小人曰死申祥子張子欲使執喪成己志也死之言澌也事卒爲終消盡爲澌大史公傳曰子張姓顓孫今曰申祥周秦之聲二者相近未聞孰是**吾今日其庶幾乎**言易成也

疏子張至幾乎　正義曰此一節論子張將終戒勗其子之事　子張病困召子申祥而語之曰若君子之死謂之爲終言但身終功名尚在若小人之死但謂之爲死無功名可録但形骸澌盡也　子張言此欲令子執治其喪每事從禮使我得成君子　吾今日其庶幾乎者庶幸也幾異也言吾若平生爲惡不可幸異爲君子之人吾即平生以善自脩今日將死其幸異爲君子乎汝但執喪成禮以助我意則功名得存但身終而已

注申祥至孰是　正義曰知申祥子張子者以病而召之與曾子召申元同故知子張子也云大史公傳曰子張姓顓孫者案史記大史公姓司馬名談前漢人作大史官脩史未成而卒其子遷續成史記作仲尼七十二弟子傳云子張姓顓孫今曰申祥者謂今禮記作申祥云周秦之聲二者相近者謂周國秦國之人言申與顓聲音相近今不知顓是不知申是故云未聞孰是也

曾子曰始死之奠其餘閣也與不容改新閣庋藏食物

疏曾子至也與　正義曰此一節論初死奠之所用之事　始死之奠者鬼神所依於歆食故必有祭酹但始死未容改異故以生時庋閣上所餘脯醢以

禮記正義九　十四

潘本第九卷第十四葉

或曰皆無指的並設疑辭者以周公制禮永世作法時經幽厲之亂又遇齊晉之強國異家殊樂崩禮壞諸侯奢僭典法訛舛是以普天率土不閑禮教故子思聖人之胤不喪出母隨武子晉之賢相不識殺烝作記之人隨後撰録善惡兼載得失備書但初制禮之時文已不具畧其細事舉其大綱況乃時經離亂日月懸遠數百年後何能曉達記人所以不定止爲失禮者多推此而論未爲怪也亦兼有或人之言也

子張病召申祥而語之曰君子曰終小人曰死申祥子張子欲使執喪成己志也死之言澌也事卒爲終消盡爲澌大史公傳曰子張姓顓孫今曰申祥周秦之聲二者相近未聞孰是**吾今日其庶幾乎**言易成也

疏子張至幾乎　正義曰此一節論子張將終戒勗其子之事　子張病困召子申祥而語之曰若君子之死謂之爲終言但身終功名尚在若小人之死但謂之爲死無功名可録但形骸澌盡也　子張言此欲令子執治其喪每事從禮使我得成君子　吾今日其庶幾乎者庶幸也幾異也言吾若平生爲惡不可幸異爲君子之人吾即平生以善自脩今日將死其幸異爲君子乎汝但執喪成禮以助我意則功名得存但身終而已

注申祥至孰是　正義曰知申祥子張子者以病而召之與曾子召申元同故知子張子也云大史公傳曰子張姓顓孫者案史記大史公姓司馬名談前漢人作大史官脩史未成而卒其子遷續成史記作仲尼七十二弟子傳云子張姓顓孫今曰申祥者謂今禮記作申祥云周秦之聲二者相近者謂周國秦國之人言申與顓聲音相近今不知顓是不知申是故云未聞孰是也

曾子曰始死之奠其餘閣也與不容改新閣庋藏食物

疏曾子至也與　正義曰此一節論初死奠之所用之事　始死之奠者鬼神所依於歆食故必有祭酹但始死未容改異故以生時庋閣上所餘脯醢以

禮記正義九　十四

爲奠也士喪禮復魄畢以脯醢外自阼階奠于尸東此之
謂也 注 不容改新閣庋藏食物 正義曰閣架橙之屬
人老及病飲食不離寢恐忽須無常故並將近置室裏閣
上也若死仍用閣之餘奠者爲時期切促急令奠酹不容
方始改新也 曾子曰小功不爲位也者是委巷之
禮也 識之也位謂以親疏敘列哭也委巷猶街里委曲所爲也 子思之哭嫂也
爲位 善之也禮嫂叔無服 婦人倡踊 有服者娣姒婦小功倡先也 申祥之
哭言思也亦然 說者云言思子游之子申祥妻之昆弟亦無服過此以往獨哭不爲位
疏 曾子至亦然 正義曰此一節論無服爲位哭之禮
小功不爲位也者曾子以爲哭小功之喪當須爲
位時有哭小功不爲位者故曾子非之云若哭小功不爲
位者是委細屈曲街巷之禮言禮之末略非典儀正法既

禮記義九 十五 李信

言其失乃引得禮之人子思之哭嫂爲親疏之位於時子
思婦與子思之嫂有小功之服故子思之婦先踊子思乃
隨之而哭非直子思如此其申祥哭妻之兄弟言思亦然
是亦如子思也 注 位謂至爲也 正義曰知位謂親疏
敘列者以其子思哭嫂爲位下云婦人倡踊婦人既在先
明知爲位也云委巷猶街里委曲所爲也者謂庶人微賤
在街巷里邑委細屈曲所爲不能方正也此子思哭嫂是
孔子之孫以兄先死故有嫂也皇氏以爲原憲字子思若
然鄭無容不注鄭既不注皇氏非也孔氏連叢云一子相
承以至九世及史記所說亦同者不妨雖有二子相承者
唯存一人或其兄早死故得有嫂且雜說不與經合非一
也 注 娣姒婦小功倡先也 正義曰案喪服小功章娣
姒婦報傳云弟長也鄭注云娣姒婦者兄弟之妻相名也
長婦謂穉婦爲娣婦娣婦謂長婦爲姒婦謂據婦年之長
幼則不據夫年之大小故成十一年左傳云聲伯之母不
聘穆姜曰吾不以妾爲姒穆姜魯宣公夫人聲伯之母魯

爲奠也士喪禮復魄畢以脯醢外自阼階奠于尸東此之
謂也 注 不容改新閣庋藏食物 正義曰閣架橙之屬
人老及病飲食不離寢恐忽須無常故並將近置室裏閣
上也若死仍用閣之餘奠者爲時期切促急令奠酹不容
方始改新也 曾子曰小功不爲位也者是委巷之
禮也 識之也位謂以親疏敘列哭也委巷猶街里委曲所爲也 子思之哭嫂也
爲位 善之也禮嫂叔無服 婦人倡踊 有服者娣姒婦小功倡先也 申祥之
哭言思也亦然 說者云言思子游之子申祥妻之昆弟亦無服過此以往獨哭不爲位
疏 曾子至亦然 正義曰此一節論無服爲位哭之禮
小功不爲位也者曾子以爲哭小功之喪當須爲
位時有哭小功不爲位者故曾子非之云若哭小功不爲
位者是委細屈曲街巷之禮言禮之末略非典儀正法既

禮記義九 十五 李信

言其失乃引得禮之人子思之哭嫂爲親疏之位於時子
思婦與子思之嫂有小功之服故子思之婦先踊子思乃
隨之而哭非直子思如此其申祥哭妻之兄弟言思亦然
是亦如子思也 注 位謂至爲也 正義曰知位謂親疏
敘列者以其子思哭嫂爲位下云婦人倡踊婦人既在先
明知爲位也云委巷猶街里委曲所爲也者謂庶人微賤
在街巷里邑委細屈曲所爲不能方正也此子思哭嫂是
孔子之孫以兄先死故有嫂也皇氏以爲原憲字子思若
然鄭無容不注鄭既不注皇氏非也孔氏連叢云一子相
承以至九世及史記所說亦同者不妨雖有二子相承者
唯存一人或其兄早死故得有嫂且雜說不與經合非一
也 注 娣姒婦小功倡先也 正義曰案喪服小功章娣
姒婦報傳云弟長也鄭注云娣姒婦者兄弟之妻相名也
長婦謂穉婦爲娣婦娣婦謂長婦爲姒婦謂據婦年之長
幼則不據夫年之大小故成十一年左傳云聲伯之母不
聘穆姜曰吾不以妾爲姒穆姜魯宣公夫人聲伯之母魯

足利本第九卷第十六葉

宣八公弟叔肸之妻是弟妻爲姒又昭二十八年左傳云子容之母走謁諸姑曰長叔姒生男子容之母伯華之妻也長叔姒是伯華之弟叔肸之妻是亦謂弟妻爲姒也皆不繫夫身長幼云倡先也者案詩云倡予和女是倡爲先 注言思子游之子申祥妻之昆弟者謂妻之親昆弟也自此以外皆不爲位故奔喪禮哭妻之黨於寢鄭引逸奔喪禮云壹哭而已不爲位矣 古者冠縮縫今也衡縫 縮從也今禮制衡讀爲横今冠横縫以其辟積多 故喪冠之反吉非古也 解時人之惑喪冠縮縫古冠耳 疏 古者至古也 正義曰此一節論記者解時人之惑也古者自殷以上質吉凶冠皆直縫直縫者辟積攝少故一一前後直縫之 今也衡縫者今周也衡横也周世文冠多辟積不復一一直縫但多作攝而并横縫之 故喪冠之反吉非古也者周吉冠文故多積攝而横縫也若喪冠質猶疏辟而直縫是喪冠

禮記義九　十六　李光祖

與吉冠相反故云喪冠之反吉也而時人因謂古時亦喪冠與吉冠反故記者釋云非古也正是周世如此耳古則吉凶冠同從縫 曾子謂子思曰伋吾執親之喪也水漿不入於口者七日 言己以疾時禮而不如 子思曰先王之制禮也過之者俯而就之不至焉者跂而及之故君子之執親之喪也水漿不入於口者三日杖而后能起 爲曾子言難繼以禮抑之 疏 曾子至能起 正義曰此一節論曾子疾時居喪不能以禮子思以正禮抑之之事 曾子謂子思伋誇己居親之喪能行於禮故云吾水漿不入於口七日意疾時人行禮不如己也故子思以正禮抑之云古昔先代聖王制其禮

潘本第九卷第十六葉

宣八公弟叔肸之妻是弟妻爲姒又昭二十八年左傳云子容之母走謁諸姑曰長叔姒生男子容之母伯華之妻也長叔姒是伯華之弟叔肸之妻是亦謂弟妻爲姒也皆不繫夫身長幼云倡先也者案詩云倡予和女是倡爲先 注言思子游之子申祥妻之昆弟者謂妻之親昆弟也自此以外皆不爲位故奔喪禮哭妻之黨於寢鄭引逸奔喪禮云壹哭而已不爲位矣 古者冠縮縫今也衡縫 縮從也今禮制衡讀爲横今冠横縫以其辟積多 故喪冠之反吉非古也 解時人之惑喪冠縮縫古冠耳 疏 古者至古也 正義曰此一節論記者解時人之惑也古者自殷以上質吉凶冠皆直縫直縫者辟積攝少故一一前後直縫之 今也衡縫者今周也衡横也周世文冠多辟積不復一一直縫但多作攝而并横縫之 故喪冠之反吉非古也者周吉冠文故多積攝而横縫也若喪冠質猶疏辟而直縫是喪冠

禮記義九　十六　李光祖

與吉冠相反故云喪冠之反吉也而時人因謂古時亦喪冠與吉冠反故記者釋云非古也正是周世如此耳古則吉凶冠同從縫 曾子謂子思曰伋吾執親之喪也水漿不入於口者七日 言己以疾時禮而不如 子思曰先王之制禮也過之者俯而就之不至焉者跂而及之故君子之執親之喪也水漿不入於口者三日杖而后能起 爲曾子言難繼以禮抑之 疏 曾子至能起 正義曰此一節論曾子疾時居喪不能以禮子思以正禮抑之之事 曾子謂子思伋誇己居親之喪能行於禮故云吾水漿不入於口七日意疾時人行禮不如己也故子思以正禮抑之云古昔先代聖王制其禮

法使後人依而行之故賢者俯而就之不肖者跂而及之
以水漿不入於口三日尚以杖扶病若曾子之言即後人
難爲繼也 **曾子曰小功不稅** 據禮而言也日月已過乃聞喪而服曰稅大功以上然小
功輕不服 **則是遠兄弟終無服也** 言相離遠者聞之恒晚 **而可**
乎 以己恩怪之 疏「曾子至可乎」○正義曰此一節論曾子怪於禮小功不著稅服之事曾子以
爲依禮小功之喪日月已過不更稅而追服則是遠處兄
弟聞喪恒晚終無服而可乎言其不可也曾子仁厚禮雖
如此猶以爲薄故怪之此據正服小功也故喪服小記云
降而在緦小功者則稅之其餘則否鄭康成義若限內聞
喪則追全服若王肅義限內聞喪但服殘日若限滿即止
假令如王肅之義限內秖少一日乃始聞喪若其成服服
未得成即除也若其不服又何名追服進退無理王義非也 **伯高之喪** 伯高死時在衛未聞

何國人 **孔氏之使者未至** 謂賻賵者 **冉子攝束帛乘**
馬而將之 冉子孔子弟子冉有攝猶貸也 **孔子曰異哉徒使我**
不誠於伯高 徒猶空也禮所以副忠信也忠信而無禮何傳乎 疏「伯高至伯高」
正義曰此一節論禮所以副忠信之事各依文解之 注
冉子孔至貸也 正義曰案仲尼弟子傳冉有名求魯人
也攝猶貸也謂冉子見孔子使人未至貸之以束帛乘馬
而行禮 孔子曰至伯高 孔子既聞冉有貸之行禮故
怪恨之云空使我不得誠信行禮於伯高 注 徒猶至傳
乎 正義曰忠信由心禮在外貌若內無忠信禮何所施
故云忠信而無禮謂無忠信也既無忠信禮何傳乎言不
可傳行也冉有代孔子行弔非孔子本意是非孔子忠信
虛有弔禮若孔子重遣人更弔即彌爲不
可故云空使我不得誠信行禮於伯高 **伯高死於衛**

法使後人依而行之故賢者俯而就之不肖者跂而及之
以水漿不入於口三日尚以杖扶病若曾子之言即後人
難爲繼也 曾子曰小功不稅 據禮而言也日月已過乃聞喪而服曰稅大功以上然小
功輕不服 則是遠兄弟終無服也 言相離遠者聞之恒晚 而可
乎 以己恩怪之 疏「曾子至可乎」○正義曰此一節論曾子怪於禮小功不著稅服之事曾子以
爲依禮小功之喪日月已過不更稅而追服則是遠處兄
弟聞喪恒晚終無服而可乎言其不可也曾子仁厚禮雖
如此猶以爲薄故怪之此據正服小功也故喪服小記云
降而在緦小功者則稅之其餘則否鄭康成義若限內聞
喪則追全服若王肅義限內聞喪但服殘日若限滿即止
假令如王肅之義限內秖少一日乃始聞喪若其成服服
未得成即除也若其不服又何名追服進退無理王義非也 伯高之喪 伯高死時在衛未聞
禮記義九 十七
何國人 孔氏之使者未至 謂賻賵者 冉子攝束帛乘
馬而將之 冉子孔子弟子冉有攝猶貸也 孔子曰異哉徒使我
不誠於伯高 徒猶空也禮所以副忠信也忠信而無禮何傳乎 疏「伯高至伯高」
正義曰此一節論禮所以副忠信之事各依文解之 注
冉子孔至貸也 正義曰案仲尼弟子傳冉有名求魯人
也攝猶貸也謂冉子見孔子使人未至貸之以束帛乘馬
而行禮 孔子曰至伯高 孔子既聞冉有貸之行禮故
怪恨之云空使我不得誠信行禮於伯高 注 徒猶至傳
乎 正義曰忠信由心禮在外貌若內無忠信禮何所施
故云忠信而無禮謂無忠信也既無忠信禮何傳乎言不
可傳行也冉有代孔子行弔非孔子本意是非孔子忠信
虛有弔禮若孔子重遣人更弔即彌爲不
可故云空使我不得誠信行禮於伯高 伯高死於衛

赴於孔子 赴告也凡有舊恩者則使人告之 孔子曰吾惡乎哭諸 以其交會尚新 兄弟吾哭諸廟父之友吾哭諸廟門之外 別親疏也 師吾哭諸寢朋友吾哭諸寢門之外所知吾哭諸野 別輕重也 於野則已疏於寢則已重 已猶大也 夫由賜也見我吾哭諸賜氏 本於恩哭於子貢寢門之外 遂命子貢爲之主 明恩所由 曰爲爾哭也來者拜之知伯高而來者勿拜也 異於正主

疏 伯高至拜也 正義曰此一節論親疏所哭之處各依文解之 注別親疏也 正義曰兄弟親父

禮記義九　十八

友疏必哭諸廟及廟門外者兄弟是先祖子孫則哭之於廟此殷禮周則哭於寢故雜記云有殯聞遠兄弟之喪哭之側室若無殯當哭諸正寢父之友與父同志故哭諸廟門外非先祖之親故在門外也 注別輕重也 正義曰師友爲重所知爲輕所以哭師於寢寢是己之所居師又成就于己故哭之在正寢此謂殷禮若周禮則奔喪云師哭諸廟門外故鄭荅趙商之問亦以爲然孫炎云奔喪師哭諸廟門外是周禮也依禮而哭諸野若不依此禮則不可故下云惡野哭者以違禮爲野哭也 曰爲至拜也 夫子既命子貢爲主又教子貢拜與不拜之法若與女相知之人爲爾哭伯高之故而來弔爾者則爾拜之若與伯高相知而來哭者女則勿拜也凡喪之正主知生知死來者悉拜今與伯高相知而來不拜故鄭云異於正主 曾子曰喪有疾食肉飲酒必有草木之滋焉 增以香味爲其疾不嗜食 以爲薑桂之

赴於孔子 赴告也凡有舊恩者則使人告之 孔子曰吾惡乎哭諸 以其交會尚新 兄弟吾哭諸廟父之友吾哭諸廟門之外 別親疏也 師吾哭諸寢朋友吾哭諸寢門之外所知吾哭諸野 別輕重也 於野則已疏於寢則已重 已猶大也 夫由賜也見我吾哭諸賜氏 本於恩哭於子貢寢門之外 遂命子貢爲之主 明恩所由 曰爲爾哭也來者拜之知伯高而來者勿拜也 異於正主

疏 伯高至拜也 正義曰此一節論親疏所哭之處各依文解之 注別親疏也 正義曰兄弟親父

禮記義九　十八

友疏必哭諸廟及廟門外者兄弟是先祖子孫則哭之於廟此殷禮周則哭於寢故雜記云有殯聞遠兄弟之喪哭之側室若無殯當哭諸正寢父之友與父同志故哭諸廟門外非先祖之親故在門外也 注別輕重也 正義曰師友爲重所知爲輕所以哭師於寢寢是己之所居師又成就于己故哭之在正寢此謂殷禮若周禮則奔喪云師哭諸廟門外故鄭荅趙商之問亦以爲然孫炎云奔喪師哭諸廟門外是周禮也依禮而哭諸野若不依此禮則不可故下云惡野哭者以違禮爲野哭也 曰爲至拜也 夫子既命子貢爲主又教子貢拜與不拜之法若與女相知之人爲爾哭伯高之故而來弔爾者則爾拜之若與伯高相知而來哭者女則勿拜也凡喪之正主知生知死來者悉拜今與伯高相知而來不拜故鄭云異於正主 曾子曰喪有疾食肉飲酒必有草木之滋焉 增以香味爲其疾不嗜食 以爲薑桂之

足利本第九卷第十九葉

謂也爲記者正曾子所云草木滋者謂薑桂疏曾子至謂也　正義曰此一節論居喪有疾得食美味之事　注爲記至薑桂　正義曰知非曾子之言而云爲記者以上云草木之滋焉下云以爲薑桂之謂也是解上草木之滋豈可曾子自言還自解乎故以爲記者正曾子之言子夏喪其子而喪其明明目精曾子弔之曰吾聞之也朋友喪明則哭之痛之曾子哭子夏亦哭曰天乎予之無罪也怨天罰無罪曾子怒曰商女何無罪也吾與女事夫子於洙泗之間言其有師也洙泗魯水名退而老於西河之上西河龍門至華陰之地使西河之民疑女於夫子爾罪一也言其不稱師也喪爾親使民未有聞焉爾罪二也言居親喪無異稱喪爾子喪爾明爾罪三也言隆於妻子而曰女何無罪與子夏投其杖而拜曰吾過矣吾過矣謝之且服罪也吾離羣而索居亦已久矣羣謂同門朋友也索猶散也疏子夏至久矣　正義曰此一節論子夏恩隆於子之事　案仲尼弟子傳云子夏姓卜名商魏人也哀喪其子而哭喪失其明曾子是子夏之友故云朋友喪明則哭之子夏喪子之時曾子已弔今爲喪明更弔故曾子先哭子夏始哭云疑女於夫子者既不稱其師自爲談說辯慧聰睿絕異於人使西河之民疑女道德與夫子相似皇氏言疑子夏是夫子之身然子夏魏人居

禮記義九　十九

潘本第九卷第十九葉

謂也爲記者正曾子所云草木滋者謂薑桂疏曾子至謂也　正義曰此一節論居喪有疾得食美味之事　注爲記至薑桂　正義曰知非曾子之言而云爲記者以上云草木之滋焉下云以爲薑桂之謂也是解上草木之滋豈可曾子自言還自解乎故以爲記者正曾子之言子夏喪其子而喪其明明目精曾子弔之曰吾聞之也朋友喪明則哭之痛之曾子哭子夏亦哭曰天乎予之無罪也怨天罰無罪曾子怒曰商女何無罪也吾與女事夫子於洙泗之間言其有師也洙泗魯水名退而老於西河之上西河龍門至華陰之地使西河之民疑女於夫子爾罪一也言其不稱師也喪爾親使民未有聞焉爾罪二也言居親喪無異稱喪爾子喪爾明爾罪三也言隆於妻子而曰女何無罪與子夏投其杖而拜曰吾過矣吾過矣謝之且服罪也吾離羣而索居亦已久矣羣謂同門朋友也索猶散也疏子夏至久矣　正義曰此一節論子夏恩隆於子之事　案仲尼弟子傳云子夏姓卜名商魏人也哀喪其子而哭喪失其明曾子是子夏之友故云朋友喪明則哭之子夏喪子之時曾子已弔今爲喪明更弔故曾子先哭子夏始哭云疑女於夫子者既不稱其師自爲談說辯慧聰睿絕異於人使西河之民疑女道德與夫子相似皇氏言疑子夏是夫子之身然子夏魏人居

禮記義九　十九

在西河之上姓卜名商西河之民無容不識而言是魯國孔丘不近人情皇氏非也夫晝居於内問其疾可也似有疾夜居於外弔之可也似有喪是故君子非有大故不宿於外大故謂喪憂非致齊也非疾也不晝夜居於内内正寢之中

疏夫晝至於内　正義曰此一節論君子居處當合於禮各依文解之　注大故謂喪憂　正義曰上文云夜居於外弔之可也鄭云似有喪此注兼云憂者以其文云大故語意既寬非獨喪也故周禮每云國有大故皆據寇戎災禍故此兼云憂也身既有憂而夜在於外者既憂禍難不暇入内或與臣下外人夜裏在外圖謀禍患此謂中門外也故禮斬衰及期喪皆中門外爲廬堊室是有喪夜居中門外也非致至於内　平常無事之時或出或入雖晝居於外亦有入内雖夜居於内亦有出外時唯致齊與疾無問晝夜恒居於内故云非致齊也非疾也不晝夜居於内　注内正寢之中　正義曰恐内是燕寢故云正寢之中必知正寢者以其經云非致齊不居於内致齊在正寢疾則或容在内寢若危篤亦在正寢上文云晝居於内問其疾可也不問齊者齊是爲祭之事衆所共知不須問也此齊在内祭統云君致齊於外夫人致齊於内對夫人之寢爲外内耳

高子皐之執親之喪也子皐孔子弟子名柴泣血三年言泣無聲如血出未嘗見齒言笑之微君子以爲難言人不能然

疏高子至爲難　正義曰此一節論高柴居喪過禮之事各依文解之　注子皐孔子弟子名柴　正義曰案史記仲尼弟子傳高柴鄭人字子皐　注言泣無聲如血出　正義曰凡人涕淚必因悲聲而出若血出則不由聲也今子皐悲無聲其涕亦出如血之出故云泣血

在西河之上姓卜名商西河之民無容不識而言是魯國孔丘不近人情皇氏非也夫晝居於内問其疾可也似有疾夜居於外弔之可也似有喪是故君子非有大故不宿於外大故謂喪憂非致齊也非疾也不晝夜居於内内正寢之中

疏夫晝至於内　正義曰此一節論君子居處當合於禮各依文解之　注大故謂喪憂　正義曰上文云夜居於外弔之可也鄭云似有喪此注兼云憂者以其文云大故語意既寬非獨喪也故周禮每云國有大故皆據寇戎災禍故此兼云憂也身既有憂而夜在於外者既憂禍難不暇入内或與臣下外人夜裏在外圖謀禍患此謂中門外也故禮斬衰及期喪皆中門外爲廬堊室是有喪夜居中門外也非致至於内　平常無事之時或出或入雖晝居於外亦有入内雖夜居於内亦有出外時唯致齊與疾無問晝夜恒居於内故云非致齊也非疾也不晝夜居於内　注内正寢之中　正義曰恐内是燕寢故云正寢之中必知正寢者以其經云非致齊不居於内致齊在正寢疾則或容在内寢若危篤亦在正寢上文云晝居於内問其疾可也不問齊者齊是爲祭之事衆所共知不須問也此齊在内祭統云君致齊於外夫人致齊於内對夫人之寢爲外内耳

高子皐之執親之喪也子皐孔子弟子名柴泣血三年言泣無聲如血出未嘗見齒言笑之微君子以爲難言人不能然

疏高子至爲難　正義曰此一節論高柴居喪過禮之事各依文解之　注子皐孔子弟子名柴　正義曰案史記仲尼弟子傳高柴鄭人字子皐　注言泣無聲如血出　正義曰凡人涕淚必因悲聲而出若血出則不由聲也今子皐悲無聲其涕亦出如血之出故云泣血

禮記義九　二十　李良

足利本第九卷第二十一葉

注言笑之微 正義曰既云泣血三年得有微笑者凡人之情有哀有樂哀至則泣血樂至則微笑凡人大笑則露齒本中笑則露齒微笑則不見齒君子以爲難 君子以高柴所爲凡人難可爲之何者凡人發聲始涕出樂至爲大笑今高柴恒能如此餘人不能故爲難也 衰與其不當物也寧無衰 惡其亂禮不當物謂精麤廣狹不應法制 齊衰不以邊坐大功不以服勤 爲褻喪服邊偏倚也 疏 衰與至服勤 正義曰此一節論衰裳外數形制必須依禮又著服不得爲褻之事各依文解之 衰與其不當物也者此語乃通於五服而初發斬衰也衰喪服也當猶應也物謂外縷及法制長短幅數也衰以表情故制有法度若精麤不應廣狹乖法便爲失禮故云寧無衰也是雖有不如無也 齊衰不以邊坐者因上寧無衰以廣其事也邊坐謂偏倚也喪服宜敬坐起必正不可著衰而偏倚也齊衰輕既不倚斬重不言亦可知也 大功不以服勤者大功雖輕亦不可著衰服以爲勤勞事也齊衰言不邊坐則大功可也大功不勤則齊衰固不可而小功可也 孔子之衛遇舊館人之喪 前日君所使舍己 入而哭之哀出使子貢說驂而賻之 賻助喪用也騑馬曰驂 子貢曰於門人之喪未有所說驂說驂於舊館無乃已重乎 言說驂大重比於門人恩爲偏頗 夫子曰予鄉者入而哭之遇於一哀而出涕 遇見也舊館人恩雖輕我入哭見主人爲我盡一哀是以厚恩待我我爲出涕恩重宜有施惠 予惡夫涕之無從也小子行之 客行無他物可以易之者使遂以往 疏 孔子

禮記義九　二十一　李良

潘本第九卷第二十一葉

注言笑之微 正義曰既云泣血三年得有微笑者凡人之情有哀有樂哀至則泣血樂至則微笑凡人大笑則露齒本中笑則露齒微笑則不見齒君子以爲難 君子以高柴所爲凡人難可爲之何者凡人發聲始涕出樂至爲大笑今高柴恒能如此餘人不能故爲難也 衰與其不當物也寧無衰 惡其亂禮不當物謂精麤廣狹不應法制 齊衰不以邊坐大功不以服勤 爲褻喪服邊偏倚也 疏 衰與至服勤 正義曰此一節論衰裳外數形制必須依禮又著服不得爲褻之事各依文解之 衰與其不當物也者此語乃通於五服而初發斬衰也衰喪服也當猶應也物謂外縷及法制長短幅數也衰以表情故制有法度若精麤不應廣狹乖法便爲失禮故云寧無衰也是雖有不如無也 齊衰不以邊坐者因上寧無衰以廣其事也邊坐謂偏倚也喪服宜敬坐起必正不可著衰而偏倚也齊衰輕既不倚斬重不言亦可知也 大功不以服勤者大功雖輕亦不可著衰服以爲勤勞事也齊衰言不邊坐則大功可也大功不勤則齊衰固不可而小功可也 孔子之衛遇舊館人之喪 前日君所使舍己 入而哭之哀出使子貢說驂而賻之 賻助喪用也騑馬曰驂 子貢曰於門人之喪未有所說驂說驂於舊館無乃已重乎 言說驂大重比於門人恩爲偏頗 夫子曰予鄉者入而哭之遇於一哀而出涕 遇見也舊館人恩雖輕我入哭見主人爲我盡一哀是以厚恩待我我爲出涕恩重宜有施惠 予惡夫涕之無從也小子行之 客行無他物可以易之者使遂以往 疏 孔子

禮記義九　二十一　李良

足利本第九卷第二十二葉

至行之　正義曰此一節論孔子欲示人行禮副忠信之事各依文解之　注前曰君所使舍己　正義曰知非舊所經過主人必以爲君所使舍己者若是經過主人當云遇舊主人之喪故禮稱皆云主人是以左傳云以爲東道主又云昔吾主於趙氏皆主人爲主今此云館人明置館舍於己故以爲君所使舍己者　注賻助至曰驂　正義曰謂助生者喪家使用故既夕禮知死者贈知生者賻是賻爲助生也熊氏以此賻助喪用謂助死者因云賻得生死兩施熊氏非也案隱元年穀梁傳云錢財曰賻此用馬者即財也故少儀云賻馬不入廟門云騑馬曰驂者説文云騑旁馬是在服馬之旁又詩云騏騮是中騧驪是驂驂在外也孔子得有驂馬者案王度記云天子駕六馬諸侯四大夫三士二古毛詩云天子至大夫皆駕四孔子既身爲大夫若依王度記則有一驂馬也若依毛詩説則有二驂馬也　子貢至行之　以子貢不欲説驂故夫子語其説驂之意云我所説驂者我鄉者入而哭之遇值主人盡於一哀丈厚恩待我我爲之出涕既爲出涕當有厚施惠予惡夫涕之無從者謂我感舊館人恩深涕淚交下豈得虛然客行更無他物易換此馬女小子但將驂馬以行之副此涕淚然論語云顏回之喪子哭之慟慟比出涕慟則爲甚矣又舊館之恩不得比顏回之極而説驂於舊館惜車於顏回者但舊館情疏厚恩待我須有贈賻故説驂賻之顏回則師徒之恩親乃是常事則顏回之死必當以物與之顏回無厭更請賣車爲椁以其不知止足故夫子抑之

孔子在衛有送葬者而夫子觀之曰善哉爲喪乎足以爲法矣小子識之子貢曰夫子何善爾也曰其往也如慕其反也如疑　慕謂小兒隨父母啼呼疑者哀親之在彼如不欲還然　子貢曰豈若速

禮記義九　二十二　李富

潘本第九卷第二十二葉

至行之　正義曰此一節論孔子欲示人行禮副忠信之事各依文解之　注前曰君所使舍己　正義曰知非舊所經過主人必以爲君所使舍己者若是經過主人當云遇舊主人之喪故禮稱皆云主人是以左傳云以爲東道主又云昔吾主於趙氏皆主人爲主今此云館人明置館舍於己故以爲君所使舍己者　注賻助至曰驂　正義曰謂助生者喪家使用故既夕禮知死者贈知生者賻是賻爲助生也熊氏以此賻助喪用謂助死者因云賻得生死兩施熊氏非也案隱元年穀梁傳云錢財曰賻此用馬者即財也故少儀云賻馬不入廟門云騑馬曰驂者説文云騑旁馬是在服馬之旁又詩云騏騮是中騧驪是驂驂在外也孔子得有驂馬者案王度記云天子駕六馬諸侯四大夫三士二古毛詩云天子至大夫皆駕四孔子既身爲大夫若依王度記則有一驂馬也若依毛詩説則有二驂馬也　子貢至行之　以子貢不欲説驂故夫子語其説驂之意云我所説驂者我鄉者入而哭之遇值主人盡於一哀是厚恩待我我爲之出涕既爲出涕當有厚施惠予惡夫涕之無從者謂我感舊館人恩深涕淚交下豈得虛然客行更無他物易換此馬女小子但將驂馬以行之副此涕淚然論語云顏回之喪子哭之慟慟比出涕慟則爲甚矣又舊館之恩不得比顏回之極而説驂於舊館惜車於顏回者但舊館情疏厚恩待我須有贈賻故説驂賻之顏回則師徒之恩親乃是常事則顏回之死必當以物與之顏路無厭更請賣車爲椁以其不知止足故夫子抑之

孔子在衛有送葬者而夫子觀之曰善哉爲喪乎足以爲法矣小子識之子貢曰夫子何善爾也曰其往也如慕其反也如疑　慕謂小兒隨父母啼呼疑者哀親之在彼如不欲還然　子貢曰豈若速

禮記義九　二十二　李富

足利本第九卷第二十三葉

反而虞乎速疾子曰小子識之我未之能行也哀戚本也祭祀末也顏淵之喪饋祥肉饋遺也孔子出受之入彈琴而后食之彈琴以散哀也疏孔子至行也○正義曰此一節論喪禮以哀戚爲本之事各依文解之○注慕謂至還然○正義曰言慕如小兒啼呼者謂父母在前嬰兒在後恐不及之故在後啼呼而隨之今親喪在前孝子在後恐不逮及如嬰兒之慕疑者謂凡人意有所疑在傍徨不進今孝子哀親在外不知神之來否如不欲還然故如疑問喪云其反也如疑鄭注云疑者不知神之來否與此相兼乃足○子貢曰豈若速反而虞乎○子貢之意葬既已竟神靈須安豈如速反虞祭安神乎但哀親在彼是痛切之本情反而安神是祭祀之末禮故下文夫子不許孔子與門人立拱而尚右

禮記義九　二十三　李良

二三子亦皆尚右做孔子也孔子曰二三子之嗜學也嗜貪我則有姊之喪故也二三子皆尚左復正也喪尚右右陰也吉尚左左陽也疏孔子至尚左○正義曰此一節論拱手之禮○注喪尚至陽也○正義曰此既凶事尚右吉事尚左案特牲少牢吉祭皆載右胖士虞禮是凶事載左胖者取義不同吉祭載右胖者從地道尊右士虞禮凶祭載左胖者取其反吉故士虞禮設洗于西階西南鄭注反吉是也孔子蚤作作起負手曳杖消搖於門欲人之怪己歌曰泰山其穨乎泰山衆山所仰梁木其壞乎梁木衆木所放哲人其萎乎哲人亦衆人所仰放也以上二句喻之萎病也詩云無木不萎既歌而入

潘本第九卷第二十三葉

反而虞乎速疾子曰小子識之我未之能行也哀戚本也祭祀末也顏淵之喪饋祥肉饋遺也孔子出受之入彈琴而后食之彈琴以散哀也疏孔子至行也○正義曰此一節論喪禮以哀戚爲本之事各依文解之○注慕謂至還然○正義曰言慕如小兒啼呼者謂父母在前嬰兒在後恐不及之故在後啼呼而隨之今親喪在前孝子在後恐不逮及如嬰兒之慕疑者謂凡人意有所疑在傍徨不進今孝子哀親在外不知神之來否如不欲還然故如疑問喪云其反也如疑鄭注云疑者不知神之來否與此相兼乃足○子貢曰豈若速反而虞乎○子貢之意葬既已竟神靈須安豈如速反虞祭安神乎但哀親在彼是痛切之本情反而安神是祭祀之末禮故下文夫子不許孔子與門人立拱而尚右

禮記義九　二十三　李良

二三子亦皆尚右做孔子也孔子曰二三子之嗜學也嗜貪我則有姊之喪故也二三子皆尚左復正也喪尚右右陰也吉尚左左陽也疏孔子至尚左○正義曰此一節論拱手之禮○注喪尚至陽也○正義曰此既凶事尚右吉事尚左案特牲少牢吉祭皆載右胖士虞禮是凶事載左胖者取義不同吉祭載右胖者從地道尊右士虞禮凶祭載左胖者取其反吉故士虞禮設洗于西階西南鄭注反吉是也孔子蚤作作起負手曳杖消搖於門欲人之怪己歌曰泰山其穨乎泰山衆山所仰梁木其壞乎梁木衆木所放哲人其萎乎哲人亦衆人所仰放也以上二句喻之萎病也詩云無木不萎既歌而入

當户而坐 蚤坐急見人也 子貢聞之曰泰山其穨則吾將安仰梁木其壞哲人其萎則吾將安放夫子殆將病也 覺孔子歌意殆幾也 遂趨而入夫子曰賜爾來何遲也 坐則望之 夏后氏殯於東階之上則猶在阼也殷人殯於兩楹之間則與賓主夾之也周人殯於西階之上則猶賓之也 以三王之禮占己夢 而丘也殷人也予疇昔之夜夢坐奠於兩楹之間 是夢坐兩楹之間而見饋食也言奠者以爲凶象疇發聲也昔猶前也 夫明王不興而天下其孰能宗予予殆將死也 孰誰也宗尊也兩楹之間南面鄉明人君聽治正坐之處今無明王誰能尊我以爲人君乎是我殷家奠殯之象以此自知將死 蓋寢疾七日而沒 明聖人知命

【疏】孔子至而沒 正義曰此一節論孔子自說死之意狀各依文解之【注】欲人之怪己 正義曰杖以扶身恒在前而用今乃反手卻後以曳其杖示不復杖也又夫子禮度自守貌恒矜莊今乃消搖放蕩以自寬縱皆是特異尋常陵且如此故云欲人之怪己杖曳於後示不復用消搖寬縱示不能以禮自特並將死之意狀【注】梁木衆木所放 正義曰衆木榱桷之屬依放橫梁乃存並放則依也故論語云放於利而行孔曰放依也【注】以上至不萎 正義曰泰山梁木並指他物哲人其萎指夫子之身以二物比己故云以上二句喻之云詩云無

禮記正義九 二十四

足利本第九卷第二十四葉

當户而坐 蚤坐急見人也 子貢聞之曰泰山其穨則吾將安仰梁木其壞哲人其萎則吾將安放夫子殆將病也 覺孔子歌意殆幾也 遂趨而入夫子曰賜爾來何遲也 坐則望之 夏后氏殯於東階之上則猶在阼也殷人殯於兩楹之間則與賓主夾之也周人殯於西階之上則猶賓之也 以三王之禮占己夢 而丘也殷人也予疇昔之夜夢坐奠於兩楹之間 是夢坐兩楹之間而見饋食也言奠者以爲凶象疇發聲也昔猶前也 夫明王不興而天下其孰能宗予予殆將死也 孰誰也宗尊也兩楹之間南面鄉明人君聽治正坐之處今無明王誰能尊我以爲人君乎是我殷家奠殯之象以此自知將死 蓋寢疾七日而沒 明聖人知命

【疏】孔子至而沒 正義曰此一節論孔子自說死之意狀各依文解之【注】欲人之怪己 正義曰杖以扶身恒在前而用今乃反手卻後以曳其杖示不復杖也又夫子禮度自守貌恒矜莊今乃消搖放蕩以自寬縱皆是特異尋常陵且如此故云欲人之怪己杖曳於後示不復用消搖寬縱示不能以禮自持並將死之意狀【注】梁木衆木所放 正義曰衆木榱桷之屬依放橫梁乃存並放則依也故論語云放於利而行孔曰放依也【注】以上至不萎 正義曰泰山梁木並指他物哲人其萎指夫子之身以二物比己故云以上二句喻之云詩云無

禮記正義九 二十四

潘本第九卷第二十四葉

木不萎者此小雅谷風刺幽王之詩言天下俗薄朋友道絕其詩云無草不死無木不萎證萎病 注蚤坐急見人也 正義曰君子尋常不自當戶巳歌而入即當戶而坐故云蚤坐坐不在隱處是急欲見人 泰山至安放 上既泰山梁木哲人三句今子貢所云泰山其頹云吾將安仰梁木哲人摠云吾將安放者以泰山梁木共喻哲人子貢意在忩遽不暇句句別言故直引梁木哲人相喻而足摠云吾將安放 夏后至之也 夏后氏殯於東階則猶在阼周人殯於西階則猶賓之夏與周並言猶者以其既死無所知識孝子不忍以生禮待之猶尚阼階以爲主猶尚西階以爲賓客故言猶也殷人殯於兩楹之閒不云猶者庾蔚云東階西階平生賓主所行禮之處故云猶兩楹之閒生無此禮故不云猶然賓主敵者授受於兩楹之閒又是南面聽朝之處庾云生無此禮於義疑也蓋以夫子夢在兩楹而見饋食知是凶象無聽朝之事不得云則猶尊之以有賓主二事故云與也鄭注考工記宗廟路寢制如明堂周之明堂東西九筵南北七筵

禮記義九　二十五

則五室每室二筵則五室之外堂上窄狹得容殯者以路寢廣大故得容之其上圓下方五室之屬如明堂耳至明堂具解 注言奠者以爲凶象 正義曰時夫子夢見饋食不夢凶奠也但奠禮既死之後未葬之前柩仍在地未立尸主唯奠停飲食故云奠也 注孰誰至將死 正義曰孰誰也釋詁文禮有大宗小宗故云宗尊也知兩楹之閒人君聽治正坐之處者案覲禮天子負斧依南面又顧命云牖閒南嚮是天子兩楹治事之處也每日視朝雖在路門外退坐當路寢兩楹也其諸侯視朝亦南面知者以諸侯一國之尊故論語云雍也可使南面鄭注言任諸侯治也則在路寢南面聽政若其燕饗則在阼階西面燕禮大射是也案莊子聖人無夢莊子意在無爲欲令靜寂無事不有思慮故云聖人無夢但聖人雖異人者神明同人者五情五情既同焉得無夢故禮記文王世子有九齡之夢尚書有武王夢協之言

禮記正義卷第九

足利本第九卷第二十五葉

木不萎者此小雅谷風刺幽王之詩言天下俗薄朋友道絕其詩云無草不死無木不萎證萎病 注蚤坐急見人也 正義曰君子尋常不自當戶巳歌而入即當戶而坐故云蚤坐坐不在隱處是急欲見人 泰山至安放 上既泰山梁木哲人三句今子貢所云泰山其頹云吾將安仰梁木哲人摠云吾將安放者以泰山梁木共喻哲人子貢意在忩遽不暇句句別言故直引梁木哲人相喻而足摠云吾將安放 夏后至之也 夏后氏殯於東階則猶在阼周人殯於西階則猶賓之夏與周並言猶者以其既死無所知識孝子不忍以生禮待之猶尚阼階以爲主猶尚西階以爲賓客故言猶也殷人殯於兩楹之閒不云猶者庾蔚云東階西階平生賓主所行禮之處故云猶兩楹之閒生無此禮故不云猶然賓主敵者授受於兩楹之閒又是南面聽朝之處庾云生無此禮於義疑也蓋以夫子夢在兩楹而見饋食知是凶象無聽朝之事不得云則猶尊之以有賓主二事故云與也鄭注考工記宗廟路寢制如明堂周之明堂東西九筵南北七筵

禮記義九　二十五

則五室每室二筵則五室之外堂上窄狹得容殯者以路寢廣大故得容之其上圓下方五室之屬如明堂耳至明堂具解 注言奠者以爲凶象 正義曰時夫子夢見饋食不夢凶奠也但奠禮既死之後未葬之前柩仍在地未立尸主唯奠停飲食故云奠也 注孰誰至將死 正義曰孰誰也釋詁文禮有大宗小宗故云宗尊也知兩楹之閒人君聽治正坐之處者案覲禮天子負斧依南面又顧命云牖閒南嚮是天子兩楹治事之處也每日視朝雖在路門外退坐當路寢兩楹也其諸侯視朝亦南面知者以諸侯一國之尊故論語云雍也可使南面鄭注言任諸侯治也則在路寢南面聽政若其燕饗則在阼階西面燕禮大射是也案莊子聖人無夢莊子意在無爲欲令靜寂無事不有思慮故云聖人無夢但聖人雖異人者神明同人者五情五情既同焉得無夢故禮記文王世子有九齡之夢尚書有武王夢協之言

禮記正義卷第九

潘本第九卷第二十五葉

足利本第十卷第一葉

禮記正義卷第十

國子祭酒上護軍曲阜縣開國子臣孔穎達等奉

勑撰

孔子之喪門人疑所服無喪師之禮子貢曰昔者夫子之喪顔淵若喪子而無服喪子路亦然請喪夫子若喪父而無服無服不爲衰弔服而加麻心喪三年

疏 正義曰此一節論弟子爲師喪制之禮各依文解之門人疑所服者依禮喪師無服其事分明今夫子之喪門人疑者以夫子聖人與凡師不等當應特加喪禮故疑所服 注 弔服至三年 正義曰知爲師弔服加麻者案喪服朋友麻其師與朋友同故知亦加麻也必知喪師與朋友同者案下云孔子之喪二三子皆絰而出群居則絰出則否是弟子相爲與爲夫子同但絰出與不出有異明其服同也云弔服而加麻麻謂絰與帶也皆以麻爲之故云加麻也又喪服緦麻章云朋友麻鄭云朋友雖無親而有同道之恩相爲服緦之絰帶是也鄭知服緦之絰帶者緦爲五服之輕又與錫衰等同爲弔服之限故知緦之絰帶也論云爲師及朋友皆既葬除之案司服云王爲三公六卿錫衰爲諸侯緦衰爲大夫士疑衰其首服皆弁絰鄭司農云錫者十五升去其半有事其布無事其縷鄭康成云無事其縷哀在内以服稍重故但治事其布不治事其縷鄭司農又云緦十五升布去其半有事其縷無事其布鄭康成云無事其布哀在外以其稍輕故得治縷也司農又云疑衰十四升康成云疑之言擬也擬於吉服謂比擬吉服十五升也首服弁絰者鄭注司服云弁絰如爵弁而素加環絰鄭知如爵弁者見下文云

禮記義一　一

潘本第十卷第一葉

禮記正義卷第十

國子祭酒上護軍曲阜縣開國子臣孔穎達等奉

勑撰

孔子之喪門人疑所服無喪師之禮子貢曰昔者夫子之喪顔淵若喪子而無服喪子路亦然請喪夫子若喪父而無服無服不爲衰弔服而加麻心喪三年

疏 正義曰此一節論弟子爲師喪制之禮各依文解之門人疑所服者依禮喪師無服其事分明今夫子之喪門人疑者以夫子聖人與凡師不等當應特加喪禮故疑所服 注 弔服至三年 正義曰知爲師弔服加麻者案喪服朋友麻其師與朋友同故知亦加麻也必知喪師與朋友同者案下云孔子之喪二三子皆絰而出群居則絰出則否是弟子相爲與爲夫子同但絰出與不出有異明其服同也云弔服而加麻麻謂絰與帶也皆以麻爲之故云加麻也又喪服緦麻章云朋友麻鄭云朋友雖無親而有同道之恩相爲服緦之絰帶是也鄭知服緦之絰帶者緦爲五服之輕又與錫衰等同爲弔服之限故知緦之絰帶也論云爲師及朋友皆既葬除之案司服云王爲三公六卿錫衰爲諸侯緦衰爲大夫士疑衰其首服皆弁絰鄭司農云錫者十五升去其半有事其布無事其縷鄭康成云無事其縷哀在内以服稍重故但治事其布不治事其縷鄭司農又云無十五升布去其半有事其縷無事其布鄭康成云無事其布哀在外以其稍輕故得治縷也司農又云疑衰十四升康成云疑之言擬也擬於吉服謂比擬吉服十五升也首服弁絰者鄭注司服云弁絰如爵弁而素加環絰鄭知如爵弁者見下文云

禮記義十　一

足利本第十卷第二葉

殷人冔而葬又云弁絰葛而葬與神交之道冔是祭冠也故知弁絰是爵弁也知加環絰者以雜記云小斂環絰公大夫士一也天子弔諸臣之服無問當事與不當事皆弁絰也諸侯以錫衰爲弔服但首服有異弔他國皆首服皮弁故喪服小記云諸侯弔必皮弁錫衰是也若弔已臣當事則弁絰故服問云公弔當事則弁絰於士雖當事亦皮弁諸侯雖以錫衰爲常弔之服其弔士亦有緦衰疑衰故鄭注文王世子云同姓之士則緦衰異姓之士則疑衰卿大夫亦以錫衰爲弔服當事亦弁絰故鄭注喪服云諸侯及卿大夫亦以錫衰爲弔服當事乃弁絰否則皮弁辟天子也其士之弔服則疑衰故鄭注喪服云士以緦衰爲喪服其弔服則疑衰也舊說以爲士弔服布上素下鄭注云此實疑衰也改其裳以素辟諸侯也當事亦弁絰故鄭注喪服云士弁絰皮弁之時如卿大夫凡弔服唯有弁絰皆無帶也知無帶者周禮司服及服問但云弁絰不云帶故知然也其朋友之服諸侯及大夫等則皆疑衰故鄭注喪

禮記義一　二　徐仁

服云朋友之相爲服則士弔服也既特云士弔服明諸侯大夫等皆用士之弔服唯加緦之絰帶爲異耳是以喪服朋友麻鄭注云服緦之絰帶又下文云子游襲裘帶絰而入鄭注云所弔者朋友是朋友相爲加帶凡朋友相爲者雖不當事亦弁絰故下文云群居則絰是也其庶人鄭注喪服云庶人不爵弁則其弔服素冠委貌鄭注不顯所著之服文承疑衰素裳之下則庶人亦用疑衰或者庶人布深衣當服布深衣冠素委貌也

孔子之喪公西赤爲志焉公西赤孔子弟子字子華志謂章識飾棺牆牆之障柩猶垣牆障家置翣牆柳衣翣以布衣木如攝與設披周也設崇殷也綢練設旐夏也夫子雖殷人兼用三王之禮尊之披柩行夾引棺者、崇牙旗旌飾也綢練以練綢旌之杠此旌葬乘車所建也旌之旒緇布廣充幅長尋曰旐爾雅說旌旗曰素錦綢杠疏正義曰此一節

潘本第十卷第二葉

殷人冔而葬又云弁絰葛而葬與神交之道冔是祭冠也故知弁絰是爵弁也知加環絰者以雜記云小斂環絰公大夫士一也天子弔諸臣之服無問當事與不當事皆弁絰也諸侯以錫衰爲弔服但首服有異弔他國皆首服皮弁故喪服小記云諸侯弔必皮弁錫衰是也若弔已臣當事則弁絰故服問云公弔當事則弁絰於士雖當事亦皮弁諸侯雖以錫衰爲常弔之服其弔士亦有緦衰疑衰故鄭注文王世子云同姓之士則緦衰異姓之士則疑衰卿大夫亦以錫衰爲弔服當事亦弁絰故鄭注喪服云諸侯及卿大夫亦以錫衰爲弔服當事乃弁絰否則皮弁辟天子也其士之弔服則疑衰故鄭注喪服云士以緦衰爲喪服其弔服則疑衰也舊說以爲士弔服布上素下鄭注云此實疑衰也改其裳以素辟諸侯也當事亦弁絰故鄭注喪服云士弁絰皮弁之時如卿大夫凡弔服唯有弁絰皆無帶也知無帶者周禮司服及服問但云弁絰不云帶故知然也其朋友之服諸侯及大夫等則皆疑衰故鄭注喪

禮記義十　二　徐仁

服云朋友之相爲服則士弔服也既特云士弔服明諸侯大夫等皆用士之弔服唯加緦之絰帶爲異耳是以喪服朋友麻鄭注云服緦之絰帶又下文云子游襲裘帶絰而入鄭注云所弔者朋友是朋友相爲加帶凡朋友相爲者雖不當事亦弁絰故下文云群居則絰是也其庶人鄭注喪服云庶人不爵弁則其弔服素冠委貌鄭注不顯所著之服文承疑衰素裳之下則庶人亦用疑衰或者庶人布深衣當服布深衣冠素委貌也

孔子之喪公西赤爲志焉公西赤孔子弟子字子華志謂章識飾棺牆牆之障柩猶垣牆障家置翣牆柳衣翣以布衣木如攝與設披周也設崇殷也綢練設旐夏也夫子雖殷人兼用三王之禮尊之披柩行夾引棺者、崇牙旗旌飾也綢練以練綢旌之杠是旌葬乘車所建也旌之旒緇布廣充幅長尋曰旐爾雅說旌旗曰素錦綢杠疏正義曰此一節

足利本第十卷第三葉

論孔子之喪送葬用三王之禮各依文解之　注公西至子華　正義曰案仲尼弟子傳云公西赤字子華少孔子四十二歲鄭云魯人也　飾棺至夏也　孔子之喪公西赤以飾棺榮夫子故爲盛禮備三王之法以章明志識焉於是以素爲褚褚外加牆車邊置翣恐柩車傾虧而以繩左右維持之此皆周之法也其送葬乘車所建旌旗刻繒爲崇牙之飾此則殷法又韜盛旌旗之竿以素錦於杠首設長尋之旐此則夏禮也既尊崇夫子故兼用三代之飾也　注牆柳至攝與　正義曰牆之障柩猶垣牆障家故謂障柩之物爲牆障柩之物即柳也外旁帷荒中央材木揔而言之皆謂之爲柳也縫人注云柳聚也諸飾所聚前文注云牆柳者以經直云周人牆置翣文無所對故注直云牆柳也此文爲下對設披設崇設旐之事皆委曲備言故亦委曲解之故注云牆柳衣也其實牆則柳也雜記喪從外來雖非葬節以裳帷障棺亦與垣牆相似故鄭注不毁牆之下云牆裳帷也皆望經爲義故三注不同云翣以

禮記義十　三　徐仁

布衣木者鄭注喪大記云漢禮翣以木爲筐廣三尺高二尺四寸方兩角高衣以白布畫雲氣柄長五尺云如攝與者攝是漢時之扇與疑辭鄭恐人不識翣體故云如今攝與　注披柩至綢杠　正義曰案喪大記國君纁披六鄭云設之於旁所以備傾虧也故此云披柩行夾引棺者云崇牙旌旗飾也者對下綢練設旐故爲旌旗飾也謂旌旗之旁刻繒爲崇牙殷必以崇牙爲飾者殷湯以武受命恒以牙爲飾云此旌葬乘車所建也者案既夕禮陳車門內右北面乘車載旜道車載朝服稾車載蓑笠故知此旌乘車所建也凡送葬之旌經文不具案既夕士禮而有二旌一是銘旌是初死書名於上則士喪禮爲銘各以其物書名於末曰某氏某之柩置於西階上葬則在柩車之前至壙與茵同入於壙也二是乘車之旌則既夕禮乘車載旜亦在柩之前至壙柩既入壙乃斂乘車所載之旌載於柩車而還故鄭注既夕禮云柩車至壙祝脫載除飾乃斂乘車道車稾車之服載之而還不空以歸送形而往迎精而

潘本第十卷第三葉

論孔子之喪送葬用三王之禮各依文解之　注公西至子華　正義曰案仲尼弟子傳云公西赤字子華少孔子四十二歲鄭云魯人也　飾棺至夏也　孔子之喪公西赤以飾棺榮夫子故爲盛禮備三王之法以章明志識焉於是以素爲褚褚外加牆車邊置翣恐柩車傾虧而以繩左右維持之此皆周之法也其送葬乘車所建旌旗刻繒爲崇牙之飾此則殷法又韜盛旌旗之竿以素錦於杠首設長尋之旐此則夏禮也既尊崇夫子故兼用三代之飾也　注牆柳至攝與　正義曰牆之障柩猶垣牆障家故謂障柩之物爲牆障柩之物即柳也外旁帷荒中央材木揔而言之皆謂之爲柳也縫人注云柳聚也諸飾所聚前文注云牆柳者以經直云周人牆置翣文無所對故注直云牆柳也此文爲下對設披設崇設旐之事皆委曲備言故亦委曲解之故注云牆柳衣也其實牆則柳也雜記喪從外來雖非葬節以裳帷障棺亦與垣牆相似故鄭注不毁牆之下云牆裳帷也皆望經爲義故三注不同云翣以

禮記義十　三　徐仁

布衣木者鄭注喪大記云漢禮翣以木爲筐廣三尺高二尺四寸方兩角高衣以白布畫雲氣柄長五尺云如攝與者攝是漢時之扇與疑辭鄭恐人不識翣體故云如今攝與　注披柩至綢杠　正義曰案喪大記國君纁披六鄭云設之於旁所以備傾虧也故此云披柩行夾引棺者云崇牙旌旗飾也者對下綢練設旐故爲旌旗飾也謂旌旗之旁刻繒爲崇牙殷必以崇牙爲飾者殷湯以武受命恒以牙爲飾云此旌葬乘車所建也者案既夕禮陳車門內右北面乘車載旜道車載朝服稾車載蓑笠故知此旌乘車所建也凡送葬之旌經文不具案既夕士禮而有二旌一是銘旌是初死書名於上則士喪禮爲銘各以其物書名於末曰某氏某之柩置於西階上葬則在柩車之前至壙與茵同入於壙也二是乘車之旌則既夕禮乘車載旜亦在柩之前至壙柩既入壙乃斂乘車所載之旌載於柩車而還故鄭注既夕禮云柩車至壙祝脫載除飾乃斂乘車道車稾車之服載之而還不空以歸送形而往迎精而

反此是士之二旌也其大夫諸侯則無文其天子亦有銘
旌與士禮同故司常云大喪共銘旌鄭注云王則大常也
士喪禮曰爲銘各以其物初死亦置於西階將葬移置於
茵從遣車之後亦入於壙也是其一旌也司常又云建廞
車之旌廞謂興作之則明器之車也其旌則明器之旌止
則陳建於遣車之上行則執之以從遣車至壙從明器而
納之壙中此二旌也案士禮既有乘車載旜攝孤卿之旜
則天子亦當有乘車載大常謂以金路載之至壙載之而
歸但禮文不具耳此其三旌也然則天子三旌也士以禮
無遣車故無廞車之旌但二旌耳諸侯及大夫無文熊氏
以爲大夫以上有遣車即有廞旌並有三旌也云旌之旗
緇布廣充幅長尋曰旐者爾雅釋天文引之者證經中設
旐夏也案鄭注明堂位云有虞氏當言綏夏后氏當言旂
以此差之古代尚質有虞氏但注旄竿首未有繒帛故云
綏也夏家漸文故有素錦綢杠又垂八尺之旐故夏云旂
也旂是大古名非交龍之旂周則文物大備旂有九等垂

禮記義十　四

之以縿繫之以旂又有交龍之旂龜蛇之旐與夏不同夏
雖八尺之旐更無餘飾又引爾雅素錦綢杠者亦爾雅釋
天文引之者證經文綢練
練則素錦用以爲綢杠也 **子張之喪公明儀爲志**
焉 志亦謂章識 **褚幕丹質** 以丹布幕爲褚葬覆棺不牆不翣 **蟻結于**
四隅 畫褚之四角其文如蟻行往來相交錯蟻蚍蜉也殷之蟻結似今地文畫 **殷士也** 學於
孔子倣殷禮

疏 正義曰此一節論孔子弟子送葬車飾學孔子行殷禮之事各隨文解之
○子張之喪公明儀爲志焉者公明儀是其弟子亦如公
西赤爲章識焉此公明儀又爲曾子弟子故祭義云公明
儀問於曾子曰夫子可以爲孝乎是也 ○褚幕丹質者褚
謂覆棺之物若大夫以上其形似幄士則無褚今公明儀
尊敬其師故特爲褚不得爲幄但似幕形故云褚幕以丹
質之布而爲之也 ○蟻結者蟻蚍蜉也又於褚之四角畫

反此是士之二旌也其大夫諸侯則無文其天子亦有銘
旌與士禮同故司常云大喪共銘旌鄭注云王則大常也
士喪禮曰爲銘各以其物初死亦置於西階將葬移置於
茵從遣車之後亦入於壙也是其一旌也司常又云建廞
車之旌廞謂興作之則明器之車也其旌則明器之旌止
則陳建於遣車之上行則執之以從遣車至壙從明器而
納之壙中此二旌也案士禮既有乘車載旜攝孤卿之旜
則天子亦當有乘車載大常謂以金路載之至壙載之而
歸但禮文不具耳此其三旌也然則天子三旌也士以禮
無遣車故無廞車之旌但二旌耳諸侯及大夫無文熊氏
以爲大夫以上有遣車即有廞旌並有三旌也云旌之旗
緇布廣充幅長尋曰旐者爾雅釋天文引之者證經中設
旐夏也案鄭注明堂位云有虞氏當言綏夏后氏當言旂
以此差之古代尚質有虞氏但注旄竿首未有繒帛故云
綏也夏家漸文故有素錦綢杠又垂八尺之旐故夏云旂
也旂是大古名非交龍之旂周則文物大備旂有九等垂

大二千六百十二　禮記義十　四　康耕

之以縿繫之以旂又有交龍之旂龜蛇之旐與夏不同夏
雖八尺之旐更無餘飾又引爾雅素錦綢杠者亦爾雅釋
天文引之者證經文綢練
練則素錦用以爲綢杠也 **子張之喪公明儀爲志**
焉 志亦謂章識 **褚幕丹質** 以丹布幕爲褚葬覆棺不牆不翣 **蟻結于**
四隅 畫褚之四角其文如蟻行往來相交錯蟻蚍蜉也殷之蟻結似今虵文畫 **殷士也** 學於
孔子倣殷禮

疏 正義曰此一節論孔子弟子送葬車飾學孔子行殷禮之事各隨文解之
○子張之喪公明儀爲志焉者公明儀是其弟子亦如公
西赤爲章識焉此公明儀又爲曾子弟子故祭義云公明
儀問於曾子曰夫子可以爲孝乎是也 ○褚幕丹質者褚
謂覆棺之物若大夫以上其形似幄士則無褚今公明儀
尊敬其師故特爲褚不得爲幄但似幕形故云褚幕以丹
質之布而爲之也 ○蟻結者蟻蚍蜉也又於褚之四角畫

足利本第十卷第五葉

蚳蝑之形交結往來故云蟻結於四隅所以不牆不翣者用殷禮也所以畫蟻者殷禮士葬之飾也棺蓋亦或取蚳蝑夫子聖人雖行殷禮弟子尊之故葬兼三代之禮今公明儀雖尊其師秖用殷法不牆不翣唯特加褚幕而已上葬夫子用三代之飾案士喪禮既非聖人亦用夏祝商祝彼謂祝習夏禮商禮摠是周祝也故鄭注士喪禮云夏祝祝習夏禮者也夏人教以忠其於養宜故主饋食商祝祝習商禮者商人教之以敬於接神宜故主衣服襲斂周人之喪皆有夏商二祝與夫子用三代之禮其義不同夫子用三代之禮不爲僭者用其大夫之禮耳必用三代者夫子聖人德備三代文物故也

子夏問於孔子曰居父母之仇如之何夫子曰寢苫枕干不仕雖除喪居處猶若喪也干盾也弗與共天下也不可以並生遇諸市朝不反兵而鬭言雖適市朝不釋兵曰請問居昆弟之仇如之何曰仕弗與共國銜君命而使雖遇之不鬭爲負而廢君命曰請問居從父昆弟之仇如之何曰不爲魁魁猶首也天文北斗魁爲首杓爲末主人能則執兵而陪其後爲其負當成之孔子之喪二三子皆絰而出尊師也出謂有所之適然則凡弔服加麻者出則變服羣居則絰出則否羣謂七十二弟子相爲朋友服子夏曰吾離羣而索居

疏 正義曰此一節論親疏報仇之法各依文解之 遇諸市朝者上既云不仕得有遇諸朝者身雖不仕或有事須入朝故得有遇諸朝也不反兵而鬭者言執殺之

潘本第十卷第五葉

蚳蝑之形交結往來故云蟻結於四隅所以不牆不翣者用殷禮也所以畫蟻者殷禮士葬之飾也棺■亦或取蚳蝑夫子聖人雖行殷禮弟子尊之故葬兼■代之禮今公明儀雖尊其師秖用殷法不牆不翣唯特加褚幕而已上葬夫子用三代之飾案士喪禮既非聖人亦用夏祝商祝■謂祝習夏禮商禮摠是周祝也故鄭注士喪禮云夏祝祝習夏禮者也夏人教■忠其於養宜故主饋食商祝祝習商禮者商人教之以敬於接神宜故主衣服襲斂周人之喪皆有夏商二祝與夫子用三代之禮其義不同夫子用三代之禮不爲僭者用其大夫之禮耳必用三代者夫子聖人德備三代文物故也

子夏問於孔子曰居父母之仇如之何夫子曰寢苫枕干不仕雖除喪居處猶若喪也干盾也弗與共天下也不可以並生遇諸市朝不反兵而鬭言雖適市朝不釋兵曰請問居昆弟之仇如之何曰仕弗與共國銜君命而使雖遇之不鬭爲負而廢君命曰請問居從父昆弟之仇如之何曰不爲魁魁猶首也天文北斗魁爲首杓爲末主人能則執兵而陪其後爲其負當成之孔子之喪二三子皆絰而出尊師也出謂有所之適然則凡弔服加麻者出則變服羣居則絰出則否羣謂七十二弟子相爲朋友服子夏曰吾離羣而索居

疏 正義曰此一節論親疏報仇之法各依文解之 遇諸市朝者上既云不仕得有遇諸朝者身雖不仕或有事須入朝故得有遇諸朝也不反兵而鬭者言執殺之

備身常帶兵雖在市朝不待反還取兵即當鬭也然朝在公門之内兵器不入公門身得持兵入朝者案閽人掌中門之禁但兵器不得入中門耳其大詢衆庶在皐門之内則得入也且朝文既廣設朝或在野外或在縣鄙鄉遂但有公事之處皆謂之朝兵者亦謂佩刀已上不必要是矛戟皇氏以爲市朝正謂市也市有行肆似朝故云市朝此辭非也上曲禮唯云不與共戴天文不備也上曲禮云兄弟之讎不反兵此父母之仇云不反兵又此昆弟之仇不云不反兵者父母與昆弟之仇皆不反兵上曲禮昆弟之讎云不反兵者謂非公事或不仕者故恒執持殺之備此文昆弟之仇據身仕爲君命出使遇之不鬭故不得云不反兵也二文相互乃足　注爲負而廢君命　正義曰負猶不勝也爲其鬭而不勝廢君命也下注云爲其負當成之負亦謂不勝也　注天文北斗魁爲首杓爲末　正義曰案春秋運斗樞云北斗七星第一天樞第二旋第三機第四權第五衡第六開陽第七搖光第一至第四爲魁第五至第七爲杓是魁爲首杓爲末　主人能則執兵而陪其後　謂從父昆弟之仇既不爲報仇魁首若主人能自報之則執兵陪助其後

禮記義十　六　李消

易墓非古也　易謂芟治草木不易者丘陵也　疏　易墓非古也　正義曰此一節論墓内不合芟治之事　注易謂至陵也　正義曰墓謂冢旁之地易謂芟治草木不使荒穢不易者使有草木如丘陵然言易墓非古也則古者殯以前墓而不墳是不治易也

子路曰吾聞諸夫子喪禮與其哀不足而禮有餘也不若禮不足而哀有餘也　喪主哀　祭禮與其敬不足而禮有餘也不若禮不足而敬有餘也　祭主敬　疏　正義曰此一節論喪主哀祭主敬之事　吾聞諸夫子者

備身常帶兵雖在市朝不待反還取兵即當鬭也然朝在公門之内兵器不入公門身得持兵入朝者案閽人掌中門之禁但兵器不得入中門耳其大詢衆庶在皐門之内則得入也且朝文既廣設朝或在野外或在縣鄙鄉遂但有公事之處皆謂之朝兵者亦謂佩刀已上不必要是矛戟皇氏以爲市朝正謂市也市有行肆似朝故云市朝此辭非也上曲禮唯云不與共戴天文不備也上曲禮云兄弟之讎不反兵此父母之仇云不反兵又此昆弟之仇不云不反兵者父母與昆弟之仇皆不反兵上曲禮昆弟之讎云不反兵者謂非公事或不仕者故恒執持殺之備此文昆弟之仇據身仕爲君命出使遇之不鬭故不得云不反兵也二文相互乃足　注爲負而廢君命　正義曰負猶不勝也爲其鬭而不勝廢君命也下注云爲其負當成之負亦謂不勝也　注天文北斗魁爲首杓爲末　正義曰案春秋運斗樞云北斗七星第一天樞第二旋第三機第四權第五衡第六開陽第七搖光第一至第四爲魁第五至第七爲杓是魁爲首杓爲末　主人能則執兵而陪其後　謂從父昆弟之仇既不爲報仇魁首若主人能自報之則執兵陪助其後

禮記義十　六　李消

易墓非古也　易謂芟治草木不易者丘陵也　疏　易墓非古也　正義曰此一節論墓内不合芟治之事　注易謂至陵也　正義曰墓謂冢旁之地易謂芟治草木不使荒穢不易者使有草木如丘陵然言易墓非古也則古者殯以前墓而不墳是不治易也

子路曰吾聞諸夫子喪禮與其哀不足而禮有餘也不若禮不足而哀有餘也　喪主哀　祭禮與其敬不足而禮有餘也不若禮不足而敬有餘也　祭主敬　疏　正義曰此一節論喪主哀祭主敬之事　吾聞諸夫子者

足利本第十卷第七葉

諸之也據所聞事於孔子也 喪禮與其哀不足而禮有餘也此所聞事喪禮居喪之禮也與及也禮有餘明器衣衾之屬也言居喪及其哀少而禮物多也不若禮不足而哀有餘也者若物多而哀少則不如物少而哀多也 祭禮與其敬不足而禮有餘也者祭禮謂祭祀之禮也而禮有餘謂俎豆牲牢之屬多也言敬少而牢多也 不若禮不足而敬有餘也者若牲器多而敬少則不如牲器少而敬多也

曾子弔於負夏負夏衛地主人既祖塡池祖謂移柩車去載處爲行始也塡池當爲奠徹聲之誤也奠徹謂徹遣奠設祖奠推柩而反之反於載處榮曾子弔欲更始降婦人而后行禮禮既祖而婦人降今反柩婦人辟之復升堂矣柩無反而反之而又降婦人蓋欲矜賓於此婦人皆非從者曰禮與怪之曾子曰夫祖者且也且未定之辭且胡爲其不可以反宿也給說從者又問諸子游曰禮與疑曾子言非子游曰飯於牖下小斂於户内大斂於阼殯於客位祖於庭葬於墓所以即遠也故喪事有進而無退明反柩非曾子聞之曰多矣乎予出祖者善子游言且服

疏 正義曰此一節論負夏氏葬禮所失之事 既祖塡池者案既夕禮啓殯之後柩遷于祖重先奠從柩從升自西階正柩于兩楹閒用夷牀鄭注云是時柩北首設奠于柩西此奠謂啓殯之奠也質明徹去啓奠乃設遷祖之奠于柩西至日側乃卻下柩載於階閒乘蜃車載訖降下遷祖之奠設於柩車西當前束時柩猶北首前束

禮記義十 七

潘本第十卷第七葉

諸之也據所聞事於孔子也 喪禮與其哀不足而禮有餘也此所聞事喪禮居喪之禮也與及也禮有餘明器衣衾之屬也言居喪及其哀少而禮物多也不若禮不足而哀有餘也者若物多而哀少則不如物少而哀多也 祭禮與其敬不足而禮有餘也者祭禮謂祭祀之禮也而禮有餘謂俎豆牲牢之屬多也言敬少而牢多也 不若禮不足而敬有餘也者若牲器多而敬少則不如牲器少而敬多也

曾子弔於負夏負夏衛地主人既祖塡池祖謂移柩車去載處爲行始也塡池當爲奠徹聲之誤也奠徹謂徹遣奠設祖奠推柩而反之反於載處榮曾子弔欲更始降婦人而后行禮禮既祖而婦人降今反柩婦人辟之復升堂矣柩無反而反之而又降婦人蓋欲矜賓於此婦人皆非從者曰禮與怪之曾子曰夫祖者且也且未定之辭且胡爲其不可以反宿也給說從者又問諸子游曰禮與疑曾子言非子游曰飯於牖下小斂於户内大斂於阼殯於客位祖於庭葬於墓所以即遠也故喪事有進而無退明反柩非曾子聞之曰多矣乎予出祖者善子游言且服

疏 正義曰此一節論負夏氏葬禮所失之事 既祖塡池者案既夕禮啓殯之後柩遷于祖重先奠從柩從升自西階正柩于兩楹閒用夷牀鄭注云是時柩北首設奠于柩西此奠謂啓殯之奠也質明徹去啓奠乃設遷祖之奠于柩西至日側乃卻下柩載於階閒乘蜃車載訖降下遷祖之奠設於柩車西當前束時柩猶北首前束

禮記義十 七

足利本第十卷第八葉

近北前束者謂棺於車東有前後故云前束乃飾柩設披屬引徹去遷祖之奠遷柩嚮外而爲行始謂之祖也婦人降即位于階間乃設祖奠于柩西至厥明徹祖奠又設遣奠於柩車之西然後徹之苞牲取下體以載之遂行此是啓殯之後至柩車出之節也曾子弔於負夏氏正當主人祖祭之明旦既徹祖奠之後設遣奠之時而來弔主人榮曾子之來乃徹去遣奠更設祖奠又推柩少退而返之嚮北又遣婦人外堂至明旦婦人從堂更降而後乃行遣車禮從曾子者意以爲疑問曾子云此是禮與曾子既見主人榮已不欲指其錯失爲之隱諱云夫祖者且也且是未定之辭祖是行始未是實行且去住二者皆得既得且住何爲不可以反宿明日乃去 注 祖謂至祖奠 正義曰祖謂移柩車去載處爲行始者案既夕禮注云束棺於柩車賓出遂匠納車於階間柩從兩楹卻下載於車乃迴車南出是爲祖也祖始也謂將行之始也云奠徹謂徹遣奠設祖奠者案既夕禮祖日明旦徹祖奠設遣奠曾子正當

禮記正義十 八 國彥

設遣奠時來主人乃徹去遣奠還設祖奠似若不爲遣奠然經云主人既祖祖之明日既徹祖奠之時故謂之既祖鄭云祖謂移柩車去載處者解正祖之名也皇氏熊氏皆云曾子雖今日來弔遥指昨日爲既祖於文縣緩其義非也 注 禮既祖而婦人降 正義曰既夕禮文以既祖柩車南出階間既空故婦人得降立階間今柩車反還階間故婦人辟之外堂婦人既已外堂柩車未迴南出則婦人未合降也今乃降之者以曾子賢人欲矜誇賓於此婦人也言皆非者柩無反而反之是一非既反之未迴車南出不合降婦人而降之是二非也 注 給說 正義曰論語云禦人以口給謂不顧道理以捷給說於人也 曾子至祖者 多猶勝也曾子自知己說之非聞子游之荅是故善服子游也故言子游所說出祖之事勝於我所說出祖也 曾子襲裘而弔子游裼裘而弔曾子指子游而示人曰夫夫

潘本第十卷第八葉

近北前束者謂棺於車東有前後故云前束乃飾柩設披屬引徹去遷祖之奠遷柩嚮外而爲行始謂之祖也婦人降即位于階間乃設祖奠于柩西至厥明徹祖奠又設遣奠於柩車之西然後徹之苞牲取下體以載之遂行此是啓殯之後至柩車出之節也曾子弔於負夏氏正當主人祖祭之明旦既徹祖奠之後設遣奠之時而來弔主人榮曾子之來乃徹去遣奠更設祖奠又推柩少退而返之嚮北又遣婦人外堂至明旦婦人從堂更降而後乃行遣車禮從曾子者意以爲疑問曾子云此是禮與曾子既見主人榮已不欲指其錯失爲之隱諱云夫祖者且也且是未定之辭祖是行始未是實行且去住二者皆得既得且住何爲不可以反宿明日乃去 注 祖謂至祖奠 正義曰祖謂移柩車去載處爲行始者案既夕禮注云束棺於柩車賓出遂匠納車於階間柩從兩楹卻下載於車乃迴車南出是爲祖也祖始也謂將行之始也云奠徹謂徹遣奠設祖奠者案既夕禮祖日明旦徹祖奠設遣奠曾子正當

禮記正義十 八 國彥

設遣奠時來主人乃徹去遣奠還設祖奠似若不爲遣奠然經云主人既祖祖之明日既徹祖奠之時故謂之既祖鄭云祖謂移柩車去載處者解正祖之名也皇氏熊氏皆云曾子雖今日來弔遥指昨日爲既祖於文縣緩其義非也 注 禮既祖而婦人降 正義曰既夕禮文以既祖柩車南出階間既空故婦人得降立階間今柩車反還階間故婦人辟之外堂婦人既已外堂柩車未迴南出則婦人未合降也今乃降之者以曾子賢人欲矜誇賓於此婦人也言皆非者柩無反而反之是一非既反之未迴車南出不合降婦人而降之是二非也 注 給說 正義曰論語云禦人以口給謂不顧道理以捷給說於人也 曾子至祖者 多猶勝也曾子自知己說之非聞子游之荅是故善服子游也故言子游所說出祖之事勝於我所說出祖也 曾子襲裘而弔子游裼裘而弔曾子指子游而示人曰夫夫

也爲習於禮者如之何其裼裘而弔也曾子蓋知臨喪無飾夫夫猶言此丈夫也子游於時名爲習禮主人既小斂袒括髮子游趨而出襲裘帶絰而入於主人變乃變也所弔者朋友曾子曰我過矣我過矣夫夫是也服且善子游

疏正義曰此一節論弔禮得失之事各依文解之○子游趨而出襲裘帶絰而入凡弔喪之禮主人未變之前弔者吉服而弔吉服謂羔裘玄冠緇衣素裳又袒去上服以露裼衣則此裼裘而弔是也主人既變之後雖著朝服而加武以絰又掩其上服若是朋友又加帶則此襲裘帶絰而入是也案喪大記云弔者襲裘加武帶絰注云始死弔者朝服裼裘如吉時也小斂則改襲而加武與帶絰矣武吉冠之卷也加武者朋不改冠但加絰於武喪

禮記義十　九

大記所云亦據朋友故云帶絰帶既在要鄭注加武與帶絰似帶亦加武者其實加武唯絰連言帶耳主人成服之後弔者大夫則錫衰士則疑衰當事皆首服弁絰此子游之弔未知主人小斂以否何因出則有帶絰服之而入但子游既及弔喪豫備其事故將帶絰行也

子夏既除喪而見見於孔子予之琴和之而不和彈之而不成聲樂由人心作而曰哀未忘也先王制禮而弗敢過也作起子張既除喪而見予之琴和之而和彈之而成聲作而曰先王制禮不敢不至焉雖情異善其俱順禮

疏正義曰此一節論子夏子張居喪順禮之事此言子夏子張者案家語及詩傳皆言子夏

也爲習於禮者如之何其裼裘而弔也曾子蓋知臨喪無飾夫夫猶言此丈夫也子游於時名爲習禮主人既小斂袒括髮子游趨而出襲裘帶絰而入於主人變乃變也所弔者朋友曾子曰我過矣我過矣夫夫是也服且善子游

疏正義曰此一節論弔禮得失之事各依文解之○子游趨而出襲裘帶絰而入凡弔喪之禮主人未變之前弔者吉服而弔吉服謂羔裘玄冠緇衣素裳又袒去上服以露裼衣則此裼裘而弔是也主人既變之後雖著朝服而加武以絰又掩其上服若是朋友又加帶則此襲裘帶絰而入是也案喪大記云弔者襲裘加武帶絰注云始死弔者朝服裼裘如吉時也小斂則改襲而加武與帶絰矣武吉冠之卷也加武者朋不改冠但加絰於武喪

禮記義十　九

大記所云亦據朋友故云帶絰帶既在要鄭注加武與帶絰似帶亦加武者其實加武唯絰連言帶耳主人成服之後弔者大夫則錫衰士則疑衰當事皆首服弁絰此子游之弔未知主人小斂以否何因出則有帶絰服之而入但子游既及弔喪豫備其事故將帶絰行也

子夏既除喪而見見於孔子予之琴和之而不和彈之而不成聲樂由人心作而曰哀未忘也先王制禮而弗敢過也作起子張既除喪而見予之琴和之而和彈之而成聲作而曰先王制禮不敢不至焉雖情異善其俱順禮

疏正義曰此一節論子夏子張居喪順禮之事此言子夏子張者案家語及詩傳皆言子夏

足利本第十卷第十葉

喪畢夫子與琴援琴而絃衎衎而樂閔子騫喪畢夫子與琴援琴而絃切切而哀與此不同者當以家語及詩傳爲正知者以子夏喪親無異聞焉能彈琴而不成聲而閔子騫至孝之人故孔子善之云孝哉閔子騫然家語詩傳云援琴而絃切切以爲正也熊氏以爲子夏居父母之喪異故不同也

司寇惠子之喪惠子衛將軍文子彌牟之弟惠叔蘭也生虎者子游爲之麻衰牡麻絰惠子廢適立庶爲之重服以譏之麻衰以吉服之布爲衰文子辭曰子辱與彌牟之弟游謝其存時又辱爲之服敢辭止之服也子游曰禮也文子退反哭子游名習禮文子亦以爲當然未覺其所譏子游趨而就諸臣之位深譏之大夫之家臣位在賓後文子又辭曰子辱與彌牟之弟游又辱爲之服又辱臨其喪敢辭止之在臣位子游曰固以請再不從命文子退扶適子南面而立曰子辱與彌牟之弟游又辱爲之服又辱臨其喪虎也敢不復位覺所譏也虎適子名文子親扶而辭敬子游也南面而立則諸臣位在門內北面明矣子游趨而就客位所譏行

疏 正義曰此一節論子游譏司寇惠子廢適立庶得行之事各依文解之 注惠子至虎者 正義曰案世本靈公生昭子郢郢生文子木及惠叔蘭蘭生虎爲司寇氏文子生簡子瑕瑕生衛將軍文氏然則彌牟是木之字 注爲之至爲衰 正義曰子游既與惠子爲朋友應著弔服加緦

潘本第十卷第十葉

禮記義十 十

喪畢夫子與琴援琴而絃衎衎而樂閔子騫喪畢夫子與琴援琴而絃切切而哀與此不同者當以家語及詩傳爲正知者以子夏喪親無異聞焉能彈琴而不成聲而閔子騫至孝之人故孔子善之云孝哉閔子騫然家語詩傳云援琴而絃切切以爲正也熊氏以爲子夏居父母之喪異故不同也

司寇惠子之喪惠子衛將軍文子彌牟之弟惠叔蘭也生虎者子游爲之麻衰牡麻絰惠子廢適立庶爲之重服以譏之麻衰以吉服之布爲衰文子辭曰子辱與彌牟之弟游謝其存時又辱爲之服敢辭止之服也子游曰禮也文子退反哭子游名習禮文子亦以爲當然未覺其所譏子游趨而就諸臣之位深譏之大夫之家臣位在賓後文子又辭曰子辱與彌牟之弟游又辱爲之服又辱臨其喪敢辭止之在臣位子游曰固以請再不從命文子退扶適子南面而立曰子辱與彌牟之弟游又辱爲之服又辱臨其喪虎也敢不復位覺所譏也虎適子名文子親扶而辭敬子游也南面而立則諸臣位在門內北面明矣子游趨而就客位所譏行

疏 正義曰此一節論子游譏司寇惠子廢適立庶得行之事各依文解之 注惠子至虎者 正義曰案世本靈公生昭子郢郢生文子木及惠叔蘭蘭生虎爲司寇氏文子生簡子瑕瑕生衛將軍文氏然則彌牟是木之字 注爲之至爲衰 正義曰子游既與惠子爲朋友應著弔服加緦

足利本第十卷第十一葉

麻帶絰今乃著麻衰牡麻絰故云重服識之云麻衰以吉服之布爲衰者案詩云麻衣如雪又間傳云大祥素縞麻衣皆吉服之布稱麻故知此麻衰亦吉服之布也案喪服云公子爲其母麻衣鄭注云小功布深衣者以大夫之子爲其母厭降大功則公子爲其母厭降宜小功布衰與此別也案弔服錫衰十五升去其半疑衰十四升今子游麻衰乃吉服十五升輕於弔服而云重服以識之者據牡麻絰爲重弔服弁絰大如緦之絰一股而環之今乃用牡麻絞絰與齊衰絰同故云重也 注深識至賔後 正義曰大夫之賔位在門東近北大夫之家臣位亦在門東而南近門並皆北鄉故在賔後也故盧云喪賔後主人同在門東家臣賔後則近南也 注南面至明矣 正義曰然鄭亦不知臣定位今以此爲證故云明矣子游弔在臣位適子既鄉南面對子游故知臣位在門內北面也案鄭注之意前既云大夫家臣位在賔後則此又云臣位在門內北面則凡賔位在門東亦得與盧合也而前檀弓云趨而就伯子於門右注云去賔位就主人之兄弟賢者若案彼注云則未趨時賔位應在門左者以檀弓之弔當在小斂前同國并異國並在門左若諸侯禮大國賔辟寄公故在門右耳或云檀弓爲異國禮識於仲子故自處異國之賔故在門西也

將軍文子之喪既除喪而后越人來弔主人深衣練冠待于廟垂涕洟 主人文子之子簡子瑕也深衣練冠凶服變也待于廟受弔不迎賔也 子游觀之曰將軍文氏之子其庶幾乎亡於禮者之禮也其動也中 中禮之變

疏 正義曰此一節論居喪得中禮之變各依文解之 將軍文子其身終亡既除喪大祥祭之後越人來弔謂遠國之人始弔其喪主人文子之子身著深衣是既祥之麻衣也首著練冠謂未祥之

潘本第十卷第十一葉

麻帶絰今乃著麻衰牡麻絰故云重服識之云麻衰以吉服之布爲衰者案詩云麻衣如雪又間傳云大祥素縞麻衣皆吉服之布稱麻故知此麻衰亦吉服之布也案喪服云公子爲其母麻衣鄭注云小功布深衣者以大夫之子爲其母厭降大功則公子爲其母厭降宜小功布衰與此別也案弔服錫衰十五升去其半疑衰十四升今子游麻衰乃吉服十五升輕於弔服而云重服以識之者據牡麻絰爲重弔服弁絰大如緦之絰一股而環之今乃用牡麻絞絰與齊衰絰同故云重也 注深識至賔後 正義曰大夫之賔位在門東近北大夫之家臣位亦在門東而南近門並皆北鄉故在賔後也故盧云喪賔後主人同在門東家臣賔後則近南也 注南面至明矣 正義曰然鄭亦不知臣定位今以此爲證故云明矣子游弔在臣位適子既鄉南面對子游故知臣位在門內北面也案鄭注之意前既云大夫家臣位在賔後則此又云臣位在門內北面則凡賔位在門東亦得與盧合也而前檀弓云趨而就伯子於門右注云去賔位就主人之兄弟賢者若案彼注云則未趨時賔位應在門左者以檀弓之弔當在小斂前同國并異國並在門左若諸侯禮大國賔辟寄公故在門右耳或云檀弓爲異國禮識於仲子故自處異國之賔故在門西也

將軍文子之喪既除喪而后越人來弔主人深衣練冠待于廟垂涕洟 主人文子之子簡子瑕也深衣練冠凶服變也待于廟受弔不迎賔也 子游觀之曰將軍文氏之子其庶幾乎亡於禮者之禮也其動也中 中禮之變

疏 正義曰此一節論居喪得中禮之變各依文解之 將軍文子其身終亡既除喪大祥祭之後越人來弔謂遠國之人始弔其喪主人文子之子身著深衣是既祥之麻衣也首著練冠謂未祥之

足利本第十卷第十二葉

練冠也待賓於廟目垂於涕鼻垂於洟子游觀之曰將軍文氏之子其庶幾乎亡於禮者之禮也者亡無也其始死至練祥來弔是有文之禮祥後來弔是無文之禮言文氏之子庶幾堪行乎無於禮文之禮也所以堪行者以其舉動也中當於禮之變節也　注主人至賓也　正義曰文子之子簡子瑕也知者世本文云深衣練冠凶服變也者深衣即閒傳麻衣也但制如深衣緣之以布曰麻衣緣之以素曰長衣緣之以采曰深衣　練冠者謂祭前之冠若祥祭則縞冠也此謂由來未弔者故練冠若曾來已弔祥後爲喪事更來雖不及祥祭之日主人必服祥日之服以受之故雜記云既祥雖不當縞者必縞然後反服注云謂有以喪事贈賵來者雖不及時猶變服服祥祭之服以受之重其禮也其於此時始弔者則衞將軍文子之子爲之雜記經文本爲重來者故縞冠衞將軍之子始來者故練冠故雜記注引此文者證祥後來弔之事一邊耳推此而言禫後始來弔者則著祥冠若禫後更來有事主人則著

禮記義十　十二　李信

禫服其吉祭已後或來弔者其服無文除喪之後亦有弔法故春秋文九年秦人來歸僖公成風之襚是也云待于廟受弔不迎賓也者以其死者遷入於廟故今待弔於廟就死者案士喪禮始死爲君命出小斂以後爲大夫出是有受弔迎賓今以除服受弔故不迎賓也或曰此非己君之命以敵禮待之故不迎也或云此是禫後吉時來也故不在寢而待於廟也禮論亦同

幼名冠字五十以伯仲死諡周道也經也者實也所以表哀戚掘中霤而浴毀竈以綴足及葬毀宗躐行出于大門殷道也明不復有事於此周人浴不掘中霤葬不毀宗躐行毀宗毀廟門之西而出行神之位在廟門之外學者行之學於孔子者行之傚殷禮　疏　正義曰此一節論殷周禮異之事各

潘本第十卷第十二葉

練冠也待賓於廟目垂於涕鼻垂於洟子游觀之曰將軍文氏之子其庶幾乎亡於禮者之禮也者亡無也其始死至練祥來弔是有文之禮祥後來弔是無文之禮言文氏之子庶幾堪行乎無於禮文之禮也所以堪行者以其舉動也中當於禮之變節也　注主人至賓也　正義曰文子之子簡子瑕也知者世本文云深衣練冠凶服變也者深衣即閒傳麻衣也但制如深衣緣之以布曰麻衣緣之以素曰長衣緣之以采曰深衣　練冠者謂祭前之冠若祥祭則縞冠也此謂由來未弔者故練冠若曾來已弔祥後爲喪事更來雖不及祥祭之日主人必服祥日之服以受之故雜記云既祥雖不當縞者必縞然後反服注云謂有以喪事贈賵來者雖不及時猶變服服祥祭之服以受之重其禮也其於此時始弔者則衞將軍文子之子爲之雜記經文本爲重來者故縞冠衞將軍之子始來者故練冠故雜記注引此文者證祥後來弔之事一邊耳推此而言禫後始來弔者則著祥冠若禫後更來有事主人則著

禮記義十　十二　李信

禫服其吉祭已後或來弔者其服無文除喪之後亦有弔法故春秋文九年秦人來歸僖公成風之襚是也云待于廟受弔不迎賓也者以其死者遷入於廟故今待弔於廟就死者案士喪禮始死爲君命出小斂以後爲大夫出是有受弔迎賓今以除服受弔故不迎賓也或曰此非己君之命以敵禮待之故不迎也或云此是禫後吉時來也故不在寢而待於廟也禮論亦同

幼名冠字五十以伯仲死諡周道也經也者實也所以表哀戚掘中霤而浴毀竈以綴足及葬毀宗躐行出于大門殷道也明不復有事於此周人浴不掘中霤葬不毀宗躐行毀宗毀廟門之西而出行神之位在廟門之外學者行之學於孔子者行之傚殷禮　疏　正義曰此一節論殷周禮異之事各

足利本第十卷第十三葉

依文解之　幼名冠字者名以名質生若無名不可分別故始生三月而加名故云幼名也　冠字者人年二十有爲人父之道朋友等類不可復呼其名故冠而加字年至五十者艾轉尊又捨其二十之字直以伯仲別之至死而加謚凡此之事皆周道也然則自殷以前爲字不在冠時伯仲不當五十以殷尚質不諱名故也又殷以上有生號仍爲死後之稱更無別謚堯舜禹湯之例是也周則死後別立謚故揔云周道也士冠禮二十巳有伯某甫仲叔季此云五十以伯仲者二十之時雖云伯仲皆配某甫而言五十之時直呼伯仲耳禮緯含文嘉云質家稱仲文家稱叔周代是文故有管叔蔡叔霍叔康叔聃季等末者稱季是也　掘中至道也　此以下三句明殷禮也每一條義兼二事也中霤室中也死而掘室中之地作坎所以然者一則言此室於死者無用二則以牀架坎上尸於牀上浴令浴汁入坎故云掘中霤而浴也　毀竈以綴足者亦義兼二事一則死而毀竈示死無復飲食之事故毀竈也二

禮記義十　十三

則恐死人冷强足辟戾不可著屨故用毀竈之甓連綴死人足令直可著屨也　及葬毀宗躐行出于大門者亦義兼二事也毀宗毀廟也殷人殯於廟至葬柩出毀廟門西邊牆而出于大門所以然者一則明此廟於死者無事故毀之也二則行神之位在廟門西邊當所毀宗之外若生時出行則爲壇幣告行神告竟車躐行壇上而出使道中安穩如在壇今鄉毀宗處出仍得躐此行壇如生時之出也故云毀宗躐行出于大門也　殷道也者道禮也上三句皆是殷禮也　注明不至之外　正義曰此謂中霤竈宗所以掘中霤毀竈及宗是明不復有事於此處也云周人浴不掘中霤者用盤承浴汁也是以喪大記浴水用盆沃水用枓沐用瓦盤鄭注云浴沃用枓沐於盤中文相變也案鄭前則知浴用盤也云葬不毀宗躐行者周殯於正寢至葬而朝廟從正門出不毀宗也故士喪禮不云躐行也然周家亦不毀竈綴足而鄭注不云者以周綴足用燕几其文可見故此不言耳至於毀宗躐行掘中霤周雖不爲而

潘本第十卷第十三葉

依文解之　幼名冠字者名以名質生若無名不可分別故始生三月而加名故云幼名也　冠字者人年二十有爲人父之道朋友等類不可復呼其名故冠而加字年至五十者艾轉尊又捨其二十之字直以伯仲別之至死而加謚凡此之事皆周道也然則自殷以前爲字不在冠時伯仲不當五十以殷尚質不諱名故也又殷以上有生號仍爲死後之稱更無別謚堯舜禹湯之例是也周則死後別立謚故揔云周道也士冠禮二十巳有伯某甫仲叔季此云五十以伯仲者二十之時雖云伯仲皆配某甫而言五十之時直呼伯仲耳禮緯含文嘉云質家稱仲文家稱叔周代是文故有管叔蔡叔霍叔康叔聃季等末者稱季是也　掘中至道也　此以下三句明殷禮也每一條義兼二事也中霤室中也死而掘室中之地作坎所以然者一則言此室於死者無用二則以牀架坎上尸於牀上浴令浴汁入坎故云掘中霤而浴也　毀竈以綴足者亦義兼二事一則死而毀竈示死無復飲食之事故毀竈也二

禮記義十　十三

則恐死人冷强足辟戾不可著屨故用毀竈之甓連綴死人足令直可著屨也　及葬毀宗躐行出于大門者亦義兼二事也毀宗毀廟也殷人殯於廟至葬柩出毀廟門西邊牆而出于大門所以然者一則明此廟於死者無事故毀之也二則行神之位在廟門西邊當所毀宗之外若生時出行則爲壇幣告行神告竟車躐行壇上而出使道中安穩如在壇今鄉毀宗處出仍得躐此行壇如生時之出也故云毀宗躐行出于大門也　殷道也者道禮也上三句皆是殷禮也　注明不至之外　正義曰此謂中霤竈宗所以掘中霤毀竈及宗是明不復有事於此處也云周人浴不掘中霤者用盤承浴汁也是以喪大記浴水用盆沃水用枓沐用瓦盤鄭注云浴沃用枓沐於盤中文相變也案鄭前則知浴用盤也云葬不毀宗躐行者周殯於正寢至葬而朝廟從正門出不毀宗也故士喪禮不云躐行也然周家亦不毀竈綴足而鄭注不云者以周綴足用燕几其文可見故此不言耳至於毀宗躐行掘中霤周雖不爲而

足利本第十卷第十四葉

經文無云不搖不毀故鄭注言之也但舉首末言之則中從可知也云毀宗毀廟門之西而出者廟門西邊牆也云行神之位在廟門之外者以其毀宗即云躐行故知行神在廟門之外當毀處之外也行神於後更説

子柳之母死子碩請具具葬之器用子柳魯叔仲皮之子子碩兄子柳曰何以哉言無其財子碩曰請粥庶弟之母粥謂嫁之也妾賤取之曰買子柳曰如之何其粥人之母以葬其母也不可忠恕既葬子碩欲以賻布之餘具祭器古者謂錢爲泉布所以通布貨財子柳曰不可吾聞之也君子不家於喪惡因死者以爲利請班諸兄弟之貧者以分死者所矜也祿多則與鄰里鄉黨

禮記義十　十四

君子曰謀人之軍師敗則死之謀人之邦邑危則亡之利己亡衆非忠也言亡之者雖辟賢非義退

疏正義曰此一節論不粥人之母及因死爲利之事各依文解之注子柳至碩兄正義曰案下檀弓云叔仲皮學子柳故知子柳是叔仲皮之子知子碩兄者以此云子碩曰請粥庶弟之母故知子碩兄也注古者至貨財正義曰解布名也言古者謂錢爲泉布所以然者言其通流有如水泉而徧布貨買天下貨財也鄭注周禮云藏曰泉其行曰布取名於水泉其流行無不徧也鄭又云泉始蓋一品周景王鑄大泉而有二品後數變易不復識本制至漢唯有五銖久行案鄭此言云五銖者其重五銖凡十黍爲一參十參爲一銖二十四銖爲一兩故錢邊作五銖字也鄭又云王莽改貨而異作泉布多至十品今存於民間多者有貨布大泉貨

潘本第十卷第十四葉

經文無云不搖不毀故鄭注言之也但舉首末言之則中從可知也云毀宗毀廟門之西而出者廟門西邊牆也云行神之位在廟門之外者以其毀宗即云躐行故知行神在廟門之外當毀處之外也行神於後更説

子柳之母死子碩請具具葬之器用子柳魯叔仲皮之子子碩兄子柳曰何以哉言無其財子碩曰請粥庶弟之母粥謂嫁之也妾賤取之曰買子柳曰如之何其粥人之母以葬其母也不可忠恕既葬子碩欲以賻布之餘具祭器古者謂錢爲泉布所以通布貨財子柳曰不可吾聞之也君子不家於喪惡因死者以爲利請班諸兄弟之貧者以分死者所矜也祿多則與鄰里鄉黨

禮記義十　十四

君子曰謀人之軍師敗則死之謀人之邦邑危則亡之利己亡衆非忠也言亡之者雖辟賢非義退

疏正義曰此一節論不粥人之母及因死爲利之事各依文解之注子柳至碩兄正義曰案下檀弓云叔仲皮學子柳故知子柳是叔仲皮之子知子碩兄者以此云子碩曰請粥庶弟之母故知子碩兄也注古者至貨財正義曰解布名也言古者謂錢爲泉布所以然者言其通流有如水泉而徧布貨買天下貨財也鄭注周禮云藏曰泉其行曰布取名於水泉其流行無不徧也鄭又云泉始蓋一品周景王鑄大泉而有二品後數變易不復識本制至漢唯有五銖久行案鄭此言云五銖者其重五銖凡十黍爲一參十參爲一銖二十四銖爲一兩故錢邊作五銖字也鄭又云王莽改貨而異作泉布多至十品今存於民間多者有貨布大泉貨

泉貨布長二寸五分廣寸首長八分有奇廣八分其圜好徑二分半足枝長八分其右文曰貨左文曰布重二十五銖直貨泉二十五大泉徑一寸二分重十二銖文曰大泉直十五貨泉貨泉徑一寸重五銖右文曰貨左曰泉直一也案食貨志云今世謂之笄錢是也邊猶爲貨泉之字大泉即今大四文錢也四邊並有文也貨布之形今世難識世人或耕地猶有得者古時一箇準二十五錢也然古又有刀刀有二種一是契刀一是錯刀也契刀直五百錯刀直一千契刀無鏤而錯刀用金鏤之刀形如錢而邊作刀字形也故世猶呼錢爲錢刀也

公叔文子升於瑕丘蘧伯玉從二子衞大夫文子獻公之孫名拔文子曰樂哉斯丘也死則我欲葬焉蘧伯玉曰吾子樂之則瑗請前刺其欲害人良田瑗伯玉名

疏 公叔至請前 正義曰此一節論蘧伯玉仁者刺文子欲害人良田之事注文子獻公之孫名拔 正義曰案世本云獻公生成子當當生文子拔拔生朱爲公叔氏

禮記義十　十五　毛端

弁人有其母死而孺子泣者言聲無節孔子曰哀則哀矣此誠哀而難爲繼也失禮中夫禮爲可傳也爲可繼也故哭踊有節

疏 正義曰此一節論孔子譏弁人哀過之事　而難爲繼也者此哀之深後人無能繼學之者也　夫禮爲可傳也爲可繼也故哭踊有節者又廣述其難繼爲失也夫聖人制禮使後人可傳可繼故制爲哭踊之節以中爲度耳豈可過甚皆使後人不可傳繼乎然雜記曾申問於曾子曰哭父母有常聲乎曰中路嬰兒失其母何常聲之有則與此違者云曾子所言是始死之時悲哀志懣未可爲節此之所言在襲斂之日可以禮制故哭踊有節也所

足利本第十卷第十五葉

泉貨布長二寸五分廣寸首長八分有奇廣八分其圜好徑二分半足枝長八分其右文曰貨左文曰布重二十五銖直貨泉二十五大泉徑一寸二分重十二銖文曰大泉直十五貨泉貨泉徑一寸重五銖右文曰貨左曰泉直一也案食貨志云今世謂之笄錢是也邊猶爲貨泉之字大泉即今大四文錢也四邊並有文也貨布之形今世難識世人或耕地猶有得者古時一箇準二十五錢也然古又有刀刀有二種一是契刀一是錯刀也契刀直五百錯刀直一千契刀無鏤而錯刀用金鏤之刀形如錢而邊作刀字形也故世猶呼錢爲錢刀也

公叔文子升於瑕丘蘧伯玉從二子衞大夫文子獻公之孫名拔文子曰樂哉斯丘也死則我欲葬焉蘧伯玉曰吾子樂之則瑗請前刺其欲害人良田瑗伯玉名

疏 公叔至請前 正義曰此一節論蘧伯玉仁者刺文子欲害人良田之事注文子獻公之孫名拔 正義曰案世本云獻公生成子當當生文子拔拔生朱爲公叔氏

禮記義十　十五　毛端

弁人有其母死而孺子泣者言聲無節孔子曰哀則哀矣此誠哀而難爲繼也失禮中夫禮爲可傳也爲可繼也故哭踊有節

疏 正義曰此一節論孔子譏弁人哀過之事　而難爲繼也者此哀之深後人無能繼學之者也　夫禮爲可傳也爲可繼也故哭踊有節者又廣述其難繼爲失也夫聖人制禮使後人可傳可繼故制爲哭踊之節以中爲度耳豈可過甚皆使後人不可傳繼乎然雜記曾申問於曾子曰哭父母有常聲乎曰中路嬰兒失其母何常聲之有則與此違者云曾子所言是始死之時悲哀志懣未可爲節此之所言在襲斂之日可以禮制故哭踊有節也所

潘本第十卷第十五葉

以知然者曾申之問泛問於哭時故知舉重時荅也此之所言哭踊有節節哭之時在於後也**叔孫武叔之母死**武叔公子牙之六世孫名州仇毀孔子者**既小斂舉者出戶出戶袒且投其冠括髮**尸出戶乃變服失哀節冠素委貌**子游曰知禮**之嗤

【疏】正義曰此一節論武叔失禮之事各依文解之【注】武叔至子者 正義曰案世本桓公生僖叔牙牙生戴伯茲茲生莊叔得臣臣生穆叔豹豹生昭子婼婼生成子不敢敢生武叔州仇仇是公子牙六世孫故云公子牙六世孫也云毀孔子者論語云叔孫武叔毀仲尼是也【注】尸出至委貌 正義曰案士喪禮卒斂徹帷主人西面馮尸踊無筭主婦東面馮亦如之主人髺髮袒衆主人免下云士舉男女奉尸侇于堂喪大記亦云卒小斂主人袒說髦括髮以麻下云奉尸夷于堂是括髮在小斂之後奉尸夷于堂之前

禮記義十　十六

主人為欲奉尸故袒而括髮在前今武叔奉尸夷堂之後乃投冠括髮故云尸出戶乃變服失哀節云冠素委貌者案雜記云小斂環絰公大夫士一也注云士素委貌大夫以上素爵弁而加此絰焉鄭知然者以喪大記云君將大斂子弁絰大夫大斂無文明亦弁絰大斂既爾明小斂亦然故云大夫以上弁絰案武叔投冠武叔是諸侯大夫當天子之士故云士素委貌若然案士喪禮主人括髮鄭注云始死將斬衰者雞斯將括髮者去笄纚而紒無素委貌者熊氏云士喪禮謂諸侯之士故無素冠也崔氏云將小斂之時已括髮括髮後大夫以上加素弁士加素委貌至小斂訖乃投去其冠而見括髮今案士喪禮及大記皆小斂卒乃括髮括髮無小斂之前為括髮者崔氏之言非也案士喪禮小斂括髮鄭注喪服變除云襲而括髮者彼據大夫以上之禮死之明日而襲與士小斂同日俱是死後二日也鄭注士喪禮一括髮之後此至大斂自若所以大記云小斂主人袒說髦括髮是諸侯小斂之時更括髮者崔氏

足利本第十卷第十六葉

以知然者曾申之問泛問於哭時故知舉重時荅也此之所言哭踊有節節哭之時在於後也**叔孫武叔之母死**武叔公子牙之六世孫名州仇毀孔子者**既小斂舉者出戶出戶袒且投其冠括髮**尸出戶乃變服失哀節冠素委貌**子游曰知禮**之嗤

【疏】正義曰此一節論武叔失禮之事各依文解之【注】武叔至子者 正義曰案世本桓公生僖叔牙牙生戴伯茲茲生莊叔得臣臣生穆叔豹豹生昭子婼婼生成子不敢敢生武叔州仇仇是公子牙六世孫故云公子牙六世孫也云毀孔子者論語云叔孫武叔毀仲尼是也【注】尸出至委貌 正義曰案士喪禮卒斂徹帷主人西面馮尸踊無筭主婦東面馮亦如之主人髺髮袒衆主人免下云士舉男女奉尸侇于堂喪大記亦云卒小斂主人袒說髦括髮以麻下云奉尸夷于堂是括髮在小斂之後奉尸夷于堂之前

禮記義十　十六

主人為欲奉尸故袒而括髮在前今武叔奉尸夷堂之後乃投冠括髮故云尸出戶乃變服失哀節云冠素委貌者案雜記云小斂環絰公大夫士一也注云士素委貌大夫以上素爵弁而加此絰焉鄭知然者以喪大記云君將大斂子弁絰大夫大斂無文明亦弁絰大斂既爾明小斂亦然故云大夫以上弁絰案武叔投冠武叔是諸侯大夫當天子之士故云士素委貌若然案士喪禮主人括髮鄭注云始死將斬衰者雞斯將括髮者去笄纚而紒無素委貌者熊氏云士喪禮謂諸侯之士故無素冠也崔氏云將小斂之時已括髮括髮後大夫以上加素弁士加素委貌至小斂訖乃投去其冠而見括髮今案士喪禮及大記皆小斂卒乃括髮括髮無小斂之前為括髮者崔氏之言非也案士喪禮小斂括髮鄭注喪服變除云襲而括髮者彼據大夫以上之禮死之明日而襲與士小斂同日俱是死後二日也鄭注士喪禮一括髮之後此至大斂自若所以大記云小斂主人袒說髦括髮是諸侯小斂之時更括髮者崔氏

潘本第十卷第十六葉

云謂說去其髽更正括髮非重爲括髮也子游曰知禮子游是習禮之人見武叔失禮反謂之知禮故知嗤之也

扶君卜人師扶右射人師扶左謂君疾時也卜當爲僕聲之誤也僕人射人皆平生時贊正君服位者君薨以是舉不忍變也周禮射人大喪與僕人遷尸

疏扶君至是舉　正義曰此一節論君薨所舉遷尸之人　注謂君至位者　正義曰知是君疾時者以下云君薨以是舉故知君疾時也知卜當爲僕者以卜人無正君之事案周禮大僕職掌正王之服位射人職掌國之三公孤卿大夫之位及王舉動悉隨王故知也

從母之夫舅之妻二夫人相爲服君子未之言也二夫人猶言此二人也時有此二人同居死相爲服者甥居外家而非之

或曰同爨緦以同居生緦之親可

疏正義曰此一節論失禮之事各依文解之　注時有至非之　正義曰知同居者以下云同爨緦故知同居也云甥居外家而非之者以言從母及舅皆是外甥稱謂之辭故知甥也若他人之言應云妻之兄弟婦夫之姊妹夫相爲服不得云從母之夫舅之妻也言甥居外家而非之者謂甥來居在外姓舅氏之家見有此事而非之或云外家者以二人同住甥居外旁之家遥譏之　或曰同爨緦甥既狎爲非禮或人以爲於禮可許既同爨而食合有緦麻之親此皆據緦麻正衰非弔服也故云相爲服若是弔服疏人皆可何怪此二人何亂以爲弔服加麻絰如朋友然非也凡弔服不得稱服故上云請喪夫子若喪父而無服時朋友弔服而稱無服故知此相爲服非弔服也

喪事欲其縱縱爾趨事貌縱讀如揔領之揔吉事欲其折折爾安舒貌詩云好人提提故喪事雖遽不陵節吉事雖

云謂說去其髽更正括髮非重爲括髮也子游曰知禮子游是習禮之人見武叔失禮反謂之知禮故知嗤之也

扶君卜人師扶右射人師扶左謂君疾時也卜當爲僕聲之誤也僕人射人皆平生時贊正君服位者君薨以是舉不忍變也周禮射人大喪與僕人遷尸

疏扶君至是舉　正義曰此一節論君薨所舉遷尸之人　注謂君至位者　正義曰知是君疾時者以下云君薨以是舉故知君疾時也知卜當爲僕者以卜人無正君之事案周禮大僕職掌正王之服位射人職掌國之三公孤卿大夫之位及王舉動悉隨王故知也

從母之夫舅之妻二夫人相爲服君子未之言也二夫人猶言此二人也時有此二人同居死相爲服者甥居外家而非之

或曰同爨緦以同居生緦之親可

疏正義曰此一節論失禮之事各依文解之　注時有至非之　正義曰知同居者以下云同爨緦故知同居也云甥居外家而非之者以言從母及舅皆是外甥稱謂之辭故知甥也若他人之言應云妻之兄弟婦夫之姊妹夫相爲服不得云從母之夫舅之妻也言甥居外家而非之者謂甥來居在外姓舅氏之家見有此事而非之或云外家者以二人同住甥居外旁之家遥譏之　或曰同爨緦甥既狎爲非禮或人以爲於禮可許既同爨而食合有緦麻之親此皆據緦麻正衰非弔服也故云相爲服若是弔服疏人皆可何怪此二人何亂以爲弔服加麻絰如朋友然非也凡弔服不得稱服故上云請喪夫子若喪父而無服時朋友弔服而稱無服故知此相爲服非弔服也

喪事欲其縱縱爾趨事貌縱讀如揔領之揔吉事欲其折折爾安舒貌詩云好人提提故喪事雖遽不陵節吉事雖

禮記義十　十七

足利本第十卷第十八葉

止不怠陵躐也止立俟事時也怠惰也故騷騷爾則野謂太疾鼎鼎爾則小人謂大舒君子蓋猶猶爾疾舒之中疏喪事至猶爾　正義曰此一節論吉凶趨容之事各依文解之注詩云好人提提　正義曰所引者魏風葛屨之詩也魏俗褊薄遺新來婦人縫作衣裳故述而刺之云美好婦人初來之時提提然引之者證安舒之意　故喪至猶爾以上喪事欲疾吉事欲舒因上生下故云喪事雖須促遽亦當有常不得陵越喪禮之節吉事雖有行止住之時不得怠惰寬慢故喪事騷騷耳過爲急疾則如田野之人急切無禮若吉事鼎鼎爾不自嚴敬則如小人然形體寬慢也若君子之人於喪事之內得疾之中於吉事之內得舒之中蓋行禮之時明閑法則志意猶猶然猶猶是曉達之貌喪具君子恥具辟不懷也喪具棺衣之屬一日二日而可

禮記正義十　十八

爲也者君子弗爲也謂絞紟衾冒疏喪具至弗爲也　正義曰此一節論孝子備喪具之事各依文解之注辟不至之屬　正義曰此辟不懷宣八年左傳云禮卜葬先遠日辟不懷也懷思也葬用近日則是不思念其親今送死百物皆具是速棄其親今未即辦具是辟不思親之事也云喪具棺衣之屬者棺即須造衣亦漸制但不一時頓具故王制云六十歲制七十時制八十月制九十日脩唯絞紟衾冒死而后制是也喪服兄弟之子猶子也蓋引而進之也嫂叔之無服也蓋推而遠之也或引或推重親遠別姑姊妹之薄也蓋有受我而厚之者也欲其一心於厚之者姑姊妹嫁大功夫爲妻期食於有喪者之側未嘗飽

潘本第十卷第十八葉

止不怠陵躐也止立俟事時也怠惰也故騷騷爾則野謂太疾鼎鼎爾則小人謂大舒君子蓋猶猶爾疾舒之中疏喪事至猶爾　正義曰此一節論吉凶趨容之事各依文解之注詩云好人提提　正義曰所引者魏風葛屨之詩也魏俗褊薄遺新來婦人縫作衣裳故述而刺之云美好婦人初來之時提提然引之者證安舒之意　故喪至猶爾以上喪事欲疾吉事欲舒因上生下故云喪事雖須促遽亦當有常不得陵越喪禮之節吉事雖有行止住之時不得怠惰寬慢故喪事騷騷耳過爲急疾則如田野之人急切無禮若吉事鼎鼎爾不自嚴敬則如小人然形體寬慢也若君子之人於喪事之內得疾之中於吉事之內得舒之中蓋行禮之時明閑法則志意猶猶然猶猶是曉達之貌喪具君子恥具辟不懷也喪具棺衣之屬一日二日而可

禮記正義十　十八

爲也者君子弗爲也謂絞紟衾冒疏喪具至弗爲也　正義曰此一節論孝子備喪具之事各依文解之注辟不至之屬　正義曰此辟不懷宣八年左傳云禮卜葬先遠日辟不懷也懷思也葬用近日則是不思念其親今送死百物皆具是速棄其親今未即辦具是辟不思親之事也云喪具棺衣之屬者棺即須造衣亦漸制但不一時頓具故王制云六十歲制七十時制八十月制九十日脩唯絞紟衾冒死而后制是也喪服兄弟之子猶子也蓋引而進之也嫂叔之無服也蓋推而遠之也或引或推重親遠別姑姊妹之薄也蓋有受我而厚之者也欲其一心於厚之者姑姊妹嫁大功夫爲妻期食於有喪者之側未嘗飽

足利本第十卷第十九葉

也助哀戚也［疏］喪服至者也　正義曰喪服是儀禮正經記者録喪服中有下三事各以釋之其兄弟之
子期姑姊妹出適大功皆喪服經文嫂叔無服喪服傳文
所以嫂叔無服進在姑姊妹之上者取或引或推二者相
對其子服重是引而進之其嫂無服是推而遠之並云蓋
者記人雖解其義猶若不審然故謙而言蓋［注］或引至
遠別　正義曰己子服期今昆弟之子亦服期牽引進之
同於己子案喪服傳昆弟之子期報之也此云引者喪服
有世父母叔父母期又云昆弟之子何以亦期也有相報
荅之義故云報也己子服期昆弟之子應降一等服大功
今乃服期故云引也二文相兼乃備或推者昆弟相爲服
期其妻應降一等服大功今乃使之無服是推使疏而斥
遠之也言重親解或引言遠別解或推遠別者何平叔云
夫男女相爲服不有骨肉之親則有尊卑之異也嫂叔親
非骨肉不異尊卑恐有混交之失推使無服也　姑姊妹
之薄也者未嫁之時爲之厚今姑姊妹出嫁之後爲之薄

蓋有夫壻受我之厚而重親之欲一心事於厚重故我爲之薄曾子與客立於門
側其徒趨而出徒謂客之旅曾子曰爾將何之曰
吾父死將出哭於巷以爲不可發凶於人館曰反哭於爾
次次舍也禮館人使專之若其自有然曾子北面而弔焉［疏］
正義曰此一節論館客使如其已有之事　曰反哭
於爾次　於時立曾子之門故曾子許其反哭於汝
次舍之處依禮喪主西面曾子所以北面弔者案士喪禮
主人西面其賓亦在東門北面謂同國之賓曾子既許其
哭於次故以同國賓禮北面弔焉孔子曰之死而致死之不仁
而不可爲也之死而致生之不知而不可

潘本第十卷第十九葉

也助哀戚也［疏］喪服至者也　正義曰喪服是儀禮正經記者録喪服中有下三事各以釋之其兄弟之
子期姑姊妹出適大功皆喪服經文嫂叔無服喪服傳文
所以嫂叔無服進在姑姊妹之上者取或引或推二者相
對其子服重是引而進之其嫂無服是推而遠之並云蓋
者記人雖解其義猶若不審然故謙而言蓋［注］或引至
遠別　正義曰己子服期今昆弟之子亦服期牽引進之
同於己子案喪服傳昆弟之子期報之也此云引者喪服
有世父母叔父母期又云昆弟之子何以亦期也有相報
荅之義故云報也己子服期昆弟之子應降一等服大功
今乃服期故云引也二文相兼乃備或推者昆弟相爲服
期其妻應降一等服大功今乃使之無服是推使疏而斥
遠之也言重親解或引言遠別解或推遠別者何平叔云
夫男女相爲服不有骨肉之親則有尊卑之異也嫂叔親
非骨肉不異尊卑恐有混交之失推使無服也　姑姊妹
之薄也者未嫁之時爲之厚今姑姊妹出嫁之後爲之薄

禮記正義十　十九　高秀

蓋有夫壻受我之厚而重親之欲一心事於厚重故我爲之薄曾子與客立於門
側其徒趨而出徒謂客之旅曾子曰爾將何之曰
吾父死將出哭於巷以爲不可發凶於人館曰反哭於爾
次次舍也禮館人使專之若其自有然曾子北面而弔焉［疏］
正義曰此一節論館客使如其已有之事　曰反哭
於爾次　於時立曾子之門故曾子許其反哭於女
次舍之處依禮喪主西面曾子所以北面弔者案士喪禮
主人西面其賓亦在東門北面謂同國之賓曾子既許其
哭於次故以同國賓禮北面弔焉孔子曰之死而致死之不仁
而不可爲也之死而致生之不知而不可

足利本第十卷第二十葉

爲也之往也死之生之謂無知與有知也爲猶行也是故竹不成用瓦不成味木不成斲成猶善也竹不可善用謂邊無縢味當作沬沬靧也琴瑟張而不平竽笙備而不和無宮商之調有鐘磬而無簨虡不縣之也橫曰簨植曰虡其曰明器神明之也言神明死者也神明者非人所知故其器如此

疏正義曰此一節論生人於死者不可致死致生之事。之死而致死之者之往也謂生者以物往送葬於死者而致死之意謂之無復有知是不仁之事也而不可爲也　之死而致生之者謂以物往送葬者而雖死猶致生之意是不知之事而不可爲也　注之往至知也　正義曰謂生者以物往送死者故何胤云言往死者處而致此死者之意謂死如草木無知如此用情則不仁不可行

禮記義十　二十

於世也往死者處而致此死者於全生之物則不知而不可行也捨此二塗不仁不知之閒聖人之所難言付之不測之竟言無知與有知者即下云夏后氏用明器示民無知殷人用祭器示民有知也　是故竹不成用者聖人爲教使人子不死於亡者不便謂無知不生於死者不便謂有知故制明器以神明求之不死不生不可測也成善也故爲器用並不精善也竹不善用謂竹器邊無縢緣也何胤云若全無知則不應用若全有知則亦不應不成故有器不成是不死不生也　瓦不成味者味猶黑光也今世亦呼黑爲沬也瓦不善沬謂瓦器無光澤也　木不成斲者斲雕飾也木不善斲鄭注云味當作沬沬靧也靧謂靧面謂沬爲光澤也琴瑟張而不平者亦張弦而不調平也　竽笙備而不和者亦備而無宮商之調和也有鐘磬而無簨虡者簨虡縣鐘磬格也亦有鐘磬而不用格縣掛之鄭云不縣之也者案典庸器云大喪廞筍虡明知有而不縣之也云橫曰簨植曰虡者虡距也以用力故曰虡也

潘本第二卷第二十葉

爲也之往也死之生之謂無知與有知也爲猶行也是故竹不成用瓦不成味木不成斲成猶善也竹不可善用謂邊無縢味當作沬沬靧也琴瑟張而不平竽笙備而不和無宮商之調有鐘磬而無簨虡不縣之也橫曰簨植曰虡其曰明器神明之也言神明死者也神明者非人所知故其器如此

疏正義曰此一節論生人於死者不可致死致生之事。之死而致死之者之往也謂生者以物往送葬於死者而致死之意謂之無復有知是不仁之事也而不可爲也　之死而致生之者謂以物往送葬者而雖死猶致生之意是不知之事而不可爲也　注之往至知也　正義曰謂生者以物往送死者故何胤云言往死者處而致此死者之意謂死如草木無知如此用情則不仁不可行

禮記義十　二十

於世也往死者處而致此死者於全生之物則不知而不可行也捨此二塗不仁不知之閒聖人之所難言付之不測之竟言無知與有知者即下云夏后氏用明器示民無知殷人用祭器示民有知也　是故竹不成用者聖人爲教使人子不死於亡者不便謂無知不生於死者不便謂有知故制明器以神明求之不死不生不可測也成善也故爲器用並不精善也竹不善用謂竹器邊無縢緣也何胤云若全無知則不應用若全有知則亦不應不成故有器不成是不死不生也　瓦不成味者味猶黑光也今世亦呼黑爲沬也瓦不善沬謂瓦器無光澤也　木不成斲者斲雕飾也木不善斲鄭注云味當作沬沬靧也靧謂靧面謂沬爲光澤也琴瑟張而不平者亦張弦而不調平也　竽笙備而不和者亦備而無宮商之調和也有鐘磬而無簨虡者簨虡縣鐘磬格也亦有鐘磬而不用格縣掛之鄭云不縣之也者案典庸器云大喪廞筍虡明知有而不縣之也云橫曰簨植曰虡者虡距也以用力故曰虡也

禮記正義卷第十

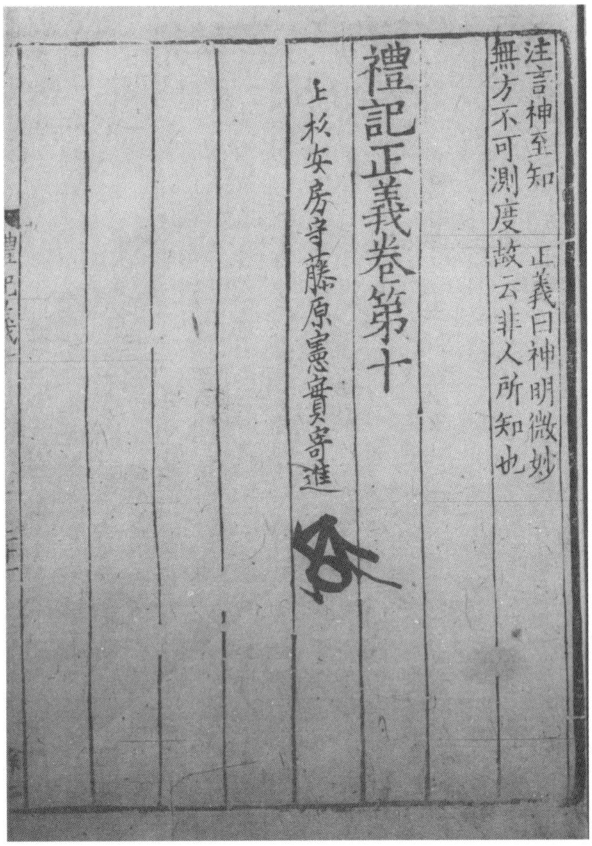

注言神至知　正義曰神明微妙無方不可測度故云非人所知也

禮記正義卷第十

上杉安房守藤原憲實寄進

足利本第十卷第二十一葉左半葉無圖像

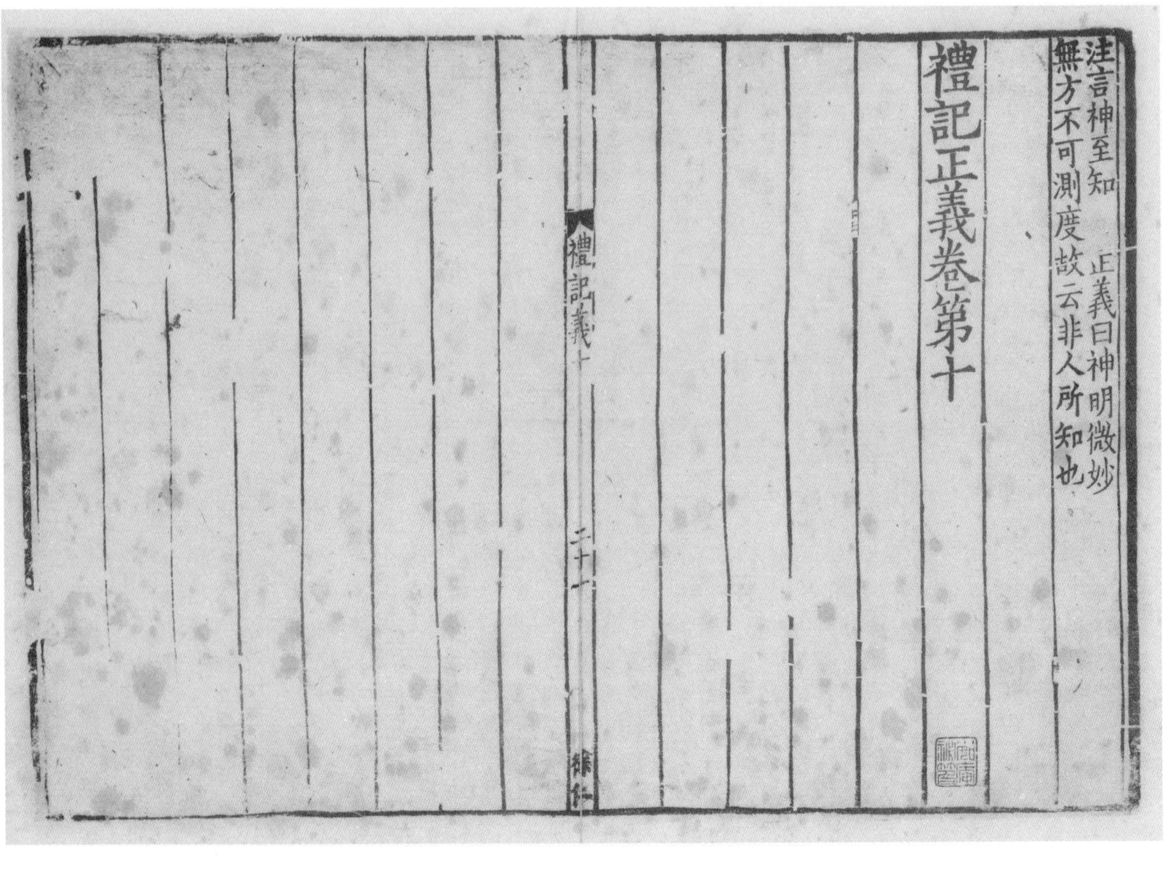

注言神至知　正義曰神明微妙無方不可測度故云非人所知也

禮記正義卷第十

禮記義十　二十一

潘本第十卷第二十一葉

足利本第十一卷第一葉

禮記正義卷第十一

國子祭酒上護軍曲阜縣開國子臣孔穎達等奉

勑撰

有子問於曾子曰問喪於夫子乎有子孔子弟子有若也夫子卒後問此庶有異聞也喪謂仕失位也魯昭公孫於齊曰喪人其何稱曰聞之矣喪欲速貧死欲速朽有子曰是非君子之言也貧朽非人所欲曾子曰參也聞諸夫子也有子又曰是非君子之言也曾子曰參也與子游聞之有子曰然然則夫子有為言之也曾子以斯言告於子游子游曰甚哉有子之言似夫子也昔者夫子居於宋見桓司馬自為石椁三年而不成桓司馬宋向戌之孫名魋夫子曰若是其靡也死不如速朽之愈也死之欲速朽為桓司馬言之也靡侈南宮敬叔反必載寶而朝敬叔魯孟僖子之子仲孫閱蓋嘗失位去魯得反載其寶來朝於君夫子曰若是其貨也喪不如速貧之愈也喪之欲速

潘本第十一卷第一葉

禮記正義卷第十一

國子祭酒上護軍曲阜縣開國子臣孔穎達等奉

勑撰

有子問於曾子曰問喪於夫子乎有子孔子弟子有若也夫子卒後問此庶有異聞也喪謂仕失位也魯昭公孫於齊曰喪人其何稱曰聞之矣喪欲速貧死欲速朽有子曰是非君子之言也貧朽非人所欲曾子曰參也聞諸夫子也有子又曰是非君子之言也曾子曰參也與子游聞之有子曰然然則夫子有為言之也曾子以斯言告於子游子游曰甚哉有子之言似夫子也昔者夫子居於宋見桓司馬自為石椁三年而不成桓司馬宋向戌之孫名魋夫子曰若是其靡也死不如速朽之愈也死之欲速朽為桓司馬言之也靡侈南宮敬叔反必載寶而朝敬叔魯孟僖子之子仲孫閱蓋嘗失位去魯得反載其寶來朝於君夫子曰若是其貨也喪不如速貧之愈也喪之欲速

足利本第十一卷第二葉

貧爲敬叔言之也曾子以子游之言告於有子有子曰然吾固曰非夫子之言也曾子曰子何以知之有子曰夫子制於中都四寸之棺五寸之椁以斯知不欲速朽也中都魯邑名也孔子嘗爲之宰爲民作制孔子由中都宰爲司空由司空爲司寇昔者夫子失魯司寇將之荆將應聘於楚蓋先之以子夏又申之以冉有以斯知不欲速貧也言汲汲於仕得禄

疏正義曰此一節論喪不欲速貧死不欲速朽之事各隨文解之　有子問於曾子者此孔子卒後弟子相問冀有所異聞也問喪謂問失本位居他國禮也有子問於曾子云汝曾聞失位在他國之禮於孔子否乎　注有子至何稱　正義曰案仲尼弟子傳有若少孔子四十三歲彼注云魯人也曾參南武城人字子輿少孔子四十六歲云魯昭公孫於齊曰喪人其何稱者引公羊證失位者稱喪也昭公孫于齊次于楊州齊侯唁公于野井昭公曰喪人其何稱　有子至言也　以曾子云喪欲速貧死欲速朽有子云如是之語非君子之言也夫子既是君子必不爲此言時有子唯問喪不問死曾子以喪死二事報有子者以喪死俱爲惡事貧朽又事類相似既言喪欲速貧遂言死欲速朽案此速貧在前速朽在後而下子游之對先云死欲速朽後言喪欲速貧隨孔子所見言之先後也且孔子爲中都宰之時制其棺椁不用速朽其事在前夫子失魯司寇使子夏冉有先適楚不欲速貧其事在後故子游先言速朽後言速貧亦隨夫子之事前後　注桓司至名雕　正義曰案世本向戌生東鄉叔

潘本第十一卷第二葉

貧爲敬叔言之也曾子以子游之言告於有子有子曰然吾固曰非夫子之言也曾子曰子何以知之有子曰夫子制於中都四寸之棺五寸之椁以斯知不欲速朽也中都魯邑名也孔子嘗爲之宰爲民作制孔子由中都宰爲司空由司空爲司寇昔者夫子失魯司寇將之荆將應聘於楚蓋先之以子夏又申之以冉有以斯知不欲速貧也言汲汲於仕得禄

疏正義曰此一節論喪不欲速貧死不欲速朽之事各隨文解之　有子問於曾子者此孔子卒後弟子相問冀有所異聞也問喪謂問失本位居他國禮也有子問於曾子云汝曾聞失位在他國之禮於孔子否乎　注有子至何稱　正義曰案仲尼弟子傳有若少孔子四十三歲彼注云魯人也曾參南武城人字子輿少孔子四十六歲云魯昭公孫於齊曰喪人其何稱者引公羊證失位者稱喪也昭公孫于齊次于楊州齊侯唁公于野井昭公曰喪人其何稱　有子至言也　以曾子云喪欲速貧死欲速朽有子云如是之語非君子之言也夫子既是君子必不爲此言時有子唯問喪不問死曾子以喪死二事報有子者以喪死俱爲惡事貧朽又事類相似既言喪欲速貧遂言死欲速朽案此速貧在前速朽在後而下子游之對先云死欲速朽後言喪欲速貧隨孔子所見言之先後也且孔子爲中都宰之時制其棺椁不用速朽其事在前夫子失魯司寇使子夏冉有先適楚不欲速貧其事在後故子游先言速朽後言速貧亦隨夫子之事前後　注桓司至名雕　正義曰案世本向戌生東鄉叔

子超超生左師眇眇即向巢也雎是巢之弟故云向戌孫也 注 孔子至司寇 正義曰孔子世家定公九年孔子年五十定公以孔子爲中都宰一年四方皆則之由中都宰爲司空由司空爲司寇定公十年會于夾谷攝相事此云司寇者崔靈恩云諸侯三卿司徒兼冢宰司馬兼宗伯司空兼司寇三卿之下則五小卿爲五大夫故周禮太宰職云諸侯立三卿五大夫也五大夫者司徒之下立二人小宰小司徒司馬之下以其事省立一人爲小司馬兼宗伯之事司空之下立二人小司寇小司空今夫子爲司空者爲小司空也從小司空爲小司寇也崔所以知然者魯有孟叔季三卿爲政又有臧氏爲司寇故知孔子爲小司寇崔解可依 昔夫子至之荊 案世家定十四年齊人歸女樂孔子去魯適衛從衛之陳過匡邑匡人圍之又復去過蒲又反於衛又去衛過曹適宋時定公卒宋桓魋欲殺孔子伐夫子所過之樹削夫子所過之跡去宋適鄭去鄭適陳居三歲又適衛既不見用將西見趙簡子至河而

禮記義十一　三　李用

聞殺竇鳴犢與舜華也又反於衛復行如陳時哀公三年孔子年六十明年孔子自陳遷于蔡三歲孔子在陳蔡之間楚使人聘孔子陳蔡乃圍孔子絕糧乏食七日於是使子貢至楚楚昭王興師迎孔子將書社七百里封孔子楚令尹子西諫而止之是歲楚昭王卒孔子自楚反于衛孔子年六十三是魯哀公六年以此言之失司寇在定十四年之楚在哀公六年其間年月甚遠且失司寇之後嚮宋不嚮楚而云失魯司寇將之荊者謂失魯司寇之後將往之荊則哀公六年之荊亦是失司寇之後非謂失司寇之年即之荊也

陳莊子死赴於魯魯人欲勿哭君無哭鄰國大夫之禮陳莊子齊大夫陳恒之孫名伯繆公召縣子而問焉縣子曰古之大夫束脩之問不出竟雖欲哭之安得而哭之以其不外交今

潘本第十一卷第三葉

子超超生左師眇眇即向巢也雎是巢之弟故云向戌孫也 注 孔子至司寇 正義曰孔子世家定公九年孔子年五十定公以孔子爲中都宰一年四方皆則之由中都宰爲司空由司空爲司寇定公十年會于夾谷攝相事此云司寇者崔靈恩云諸侯三卿司徒兼冢宰司馬兼宗伯司空兼司寇三卿之下則五小卿爲五大夫故周禮太宰職云諸侯立三卿五大夫也五大夫者司徒之下立二人小宰小司徒司馬之下以其事省立一人爲小司馬兼宗伯之事司空之下立二人小司寇小司空今夫子爲司空者爲小司空也從小司空爲小司寇也崔所以知然者魯有孟叔季三卿爲政又有臧氏爲司寇故知孔子爲小司寇崔解可依 昔夫子至之荊 案世家定十四年齊人歸女樂孔子去魯適衛從衛之陳過匡邑匡人圍之又復去過蒲又反於衛又去衛過曹適宋時定公卒宋桓魋欲殺孔子伐夫子所過之樹削夫子所過之跡去宋適鄭去鄭適陳居三歲又適衛既不見用將西見趙簡子至河而

禮記義十一　三　李用

聞殺竇鳴犢與舜華也又反於衛復行如陳時哀公三年孔子年六十明年孔子自陳遷于蔡三歲孔子在陳蔡之間楚使人聘孔子陳蔡乃圍孔子絕糧乏食七日於是使子貢至楚楚昭王興師迎孔子將書社七百里封孔子楚令尹子西諫而止之是歲楚昭王卒孔子自楚反于衛孔子年六十三是魯哀公六年以此言之失司寇在定十四年之楚在哀公六年其間年月甚遠且失司寇之後嚮宋不嚮楚而云失魯司寇將之荊者謂失魯司寇之後將往之荊則哀公六年之荊亦是失司寇之後非謂失司寇之年即之荊也

陳莊子死赴於魯魯人欲勿哭君無哭鄰國大夫之禮陳莊子齊大夫陳恒之孫名伯繆公召縣子而問焉縣子曰古之大夫束脩之問不出竟雖欲哭之安得而哭之以其不外交今

足利本第十一卷第四葉

之大夫交政於中國雖欲勿哭焉得而弗哭言時君弱臣強政在大夫專盟會以交接且臣聞之哭有二道有愛而哭之有畏而哭之以權微勸之公曰然然則如之何而可縣子曰請哭諸異姓之廟明不當哭於是與哭諸縣氏疏正義曰此一節記哭鄰國臣之法注陳莊至名伯　正義曰案世本成子當生襄子班班生莊子伯鄭依世本知也仲憲言於曾子曰夏后氏用明器示民無知也所謂致死之仲憲孔子弟子原憲殷人用祭器示民有知也所謂致生之

禮記義十一　四　李良

周人兼用之示民疑也言使民疑於無知與有知曾子曰其不然乎其不然乎非其說之非也夫明器鬼器也祭器人器也夫古之人胡爲而死其親乎言仲憲之言三者皆非此或用鬼器或用人器疏正義曰此一節論不可致意於死人爲死爲生之事各隨文解之注仲憲孔子弟子原憲　正義曰案仲尼弟子傳云原憲字子思彼注云魯人也其時與曾子評論三代送終器具之義也　曰夏后至親乎　此以下是憲所說並非也其言夏后氏所以別作明器送亡人者言亡人無知故以不堪用之器送之表示其無知也殷人用祭器示民有知也者憲又言殷家不別作明器而即用祭祀之器送亡人者言祭器堪爲人用以言亡者有知與人同故以有用之器送之表示其有知也　周人兼

潘本第十一卷第四葉

之大夫交政於中國雖欲勿哭焉得而弗哭言時君弱臣強政在大夫專盟會以交接且臣聞之哭有二道有愛而哭之有畏而哭之以權微勸之公曰然然則如之何而可縣子曰請哭諸異姓之廟明不當哭於是與哭諸縣氏疏正義曰此一節記哭鄰國臣之法注陳莊至名伯　正義曰案世本成子當生襄子班班生莊子伯鄭依世本知也仲憲言於曾子曰夏后氏用明器示民無知也所謂致死之仲憲孔子弟子原憲殷人用祭器示民有知也所謂致生之

禮記義十一　四　李良

周人兼用之示民疑也言使民疑於無知與有知曾子曰其不然乎其不然乎非其說之非也夫明器鬼器也祭器人器也夫古之人胡爲而死其親乎言仲憲之言三者皆非此或用鬼器或用人器疏正義曰此一節論不可致意於死人爲死爲生之事各隨文解之注仲憲孔子弟子原憲　正義曰案仲尼弟子傳云原憲字子思彼注云魯人也其時與曾子評論三代送終器具之義也　曰夏后至親乎　此以下是憲所說並非也其言夏后氏所以別作明器送亡人者言亡人無知故以不堪用之器送之表示其無知也殷人用祭器示民有知也者憲又言殷家不別作明器而即用祭祀之器送亡人者言祭器堪爲人用以言亡者有知與人同故以有用之器送之表示其有知也　周人兼

足利本第十一卷第五葉

用之示民疑也者𢡟又言周世并用夏殷二代之器送亡者不知定無知如夏爲當定有知如殷周人爲之致惑不可定者故并用送之是示於民疑惑不定也　曾子曰其不然乎其不然乎者曾子聞𢡟所説不是故重稱不然深鄙之也　夫明器鬼器也祭器人器也者曾子鄙𢡟言畢而自更説其義也言二代用此器送亡者非是爲有知與無知也正是質文異耳夏代文言鬼與人異故純用鬼器送之非言爲無知也殷世質言雖復鬼與人有異亦應恭敬是同故用恭敬之器仍貯食送之非言爲有知也説二代既了則周并用之非爲疑可知故不重説尋周家極文言亡者亦宜鬼事亦宜敬事故并用鬼敬二器非爲示民言疑惑也然周唯大夫以上兼用耳士唯用鬼器不用人器崔靈恩云此王者質文相變耳　夫古之人胡爲而死其親乎者曾子説義既竟又更鄙於仲𢡟所言也古謂夏時也言古人雖質何容死其親乎若是無知則是死之義也然𢡟子言三事皆非而曾子此獨譏無知者以夏后氏

禮記義十一　五

尤古故也譏一則餘從可知也　公叔木有同母異父之昆弟死問於子游木當爲朱春秋作戌衛公叔文子之子定公十四年奔魯　子游曰其大功乎疑所服也親者屬大功是　狄儀有同母異父之昆弟死問於子夏子夏曰我未之前聞也魯人則爲之齊衰狄儀行齊衰今之齊衰狄儀之問也　疏　正義曰此一節論爲同母異父昆弟死著服得失之事各依文解之　注木當至奔魯　正義曰案世本衛獻公生成子當當生文子拔拔生朱故知木當爲朱也言春秋作戌者定十四年衛公叔戌來奔是也　注疑所至功是　正義曰爲同母異父昆弟之服喪服無文故子游疑之其大功乎

潘本第十一卷第五葉

用之示民疑也者𢡟又言周世并用夏殷二代之器送亡者不知定無知如夏爲當定有知如殷周人爲之致惑不可定者故并用送之是示於民疑惑不定也　曾子曰其不然乎其不然乎者曾子聞𢡟所説不是故重稱不然深鄙之也　夫明器鬼器也祭器人器也者曾子鄙𢡟言畢而自更説其義也言二代用此器送亡者非是爲有知與無知也正是質文異耳夏代文言鬼與人異故純用鬼器送之非言爲無知也殷世質言雖復鬼與人有異亦應恭敬是同故用恭敬之器仍貯食送之非言爲有知也説二代既了則周并用之非爲疑可知故不重説尋周家極文言亡者亦宜鬼事亦宜敬事故并用鬼敬二器非爲示民言疑惑也然周唯大夫以上兼用耳士唯用鬼器不用人器崔靈恩云此王者質文相變耳　夫古之人胡爲而死其親乎者曾子説義既竟又更鄙於仲𢡟所言也古謂夏時也言古人雖質何容死其親乎若是無知則是死之義也然𢡟子言三事皆非而曾子此獨譏無知者以夏后氏

禮記義十一　五

尤古故也譏一則餘從可知也　公叔木有同母異父之昆弟死問於子游木當爲朱春秋作戌衛公叔文子之子定公十四年奔魯　子游曰其大功乎疑所服也親者屬大功是　狄儀有同母異父之昆弟死問於子夏子夏曰我未之前聞也魯人則爲之齊衰狄儀行齊衰今之齊衰狄儀之問也　疏　正義曰此一節論爲同母異父昆弟死著服得失之事各依文解之　注木當至奔魯　正義曰案世本衛獻公生成子當當生文子拔拔生朱故知木當爲朱也言春秋作戌者定十四年衛公叔戌來奔是也　注疑所至功是　正義曰爲同母異父昆弟之服喪服無文故子游疑之其大功乎

足利本第十一卷第六葉

乎是疑辭也云親者屬大功是者鄭意以爲同母兄弟母之親屬服大功是也所以是者以同父同母則服期今但同母而以母是我親生其兄弟是親者血屬故降一等而服大功案聖證論王肅難鄭禮稱親者血屬謂出母之身不謂出母之子服也若出母之子服大功則出母之父母服應更重何以爲出母之父母無服王肅云同母異父兄弟服大功者謂繼父服齊衰其子降一等故服大功馬昭難王肅云異父昆弟恩繼於母不繼於父肅以爲從繼父而服非也張融以爲繼父同居有子正服齊衰三月乃爲其子大功非服之差玄說是也　今之齊衰狄儀之問也不云自狄儀始者庾蔚云狄儀之前魯人先巳行之故不云自狄儀始也

子思之母死於衛　子思孔子孫伯魚之子伯魚卒其妻嫁於衛　柳若謂子思曰子聖人之後也四方於子乎觀禮子蓋慎諸　柳若衛人也見子思欲爲嫁母服恐其失禮戒之嫁母齊衰期　子思曰吾何慎哉

吾聞之有其禮無其財君子弗行也　謂時可行而財不足以備禮　有其禮有其財無其時君子弗行也　謂財足以備禮而時不得行者　吾何慎哉　時所止則止時所行則行無所疑也喪之禮如子贈襚之屬不踰主人

疏　正義曰此一節論爲出母之喪行禮之事　注子思孔子孫伯魚之子　正義曰孔子世家文鄭言之者以下云子聖人之後故具言之　注柳若至衰期　正義曰云嫁母齊衰期者嫁母之服喪服無文案喪服杖期章云父卒繼母嫁從爲之服報則親母可知故鄭約云齊衰期也又鄭止言齊衰期不言嫡庶故譙周袁準並云父卒母嫁非父所絕嫡子雖主祭猶宜服期而喪服爲出母期嫁母與出母俱是絕

潘本第十一卷第六葉

乎是疑辭也云親者屬大功是者鄭意以爲同母兄弟母之親屬服大功是也所以是者以同父同母則服期今但同母而以母是我親生其兄弟是親者血屬故降一等而服大功案聖證論王肅難鄭禮稱親者血屬謂出母之身不謂出母之子服也若出母之子服大功則出母之父母服應更重何以爲出母之父母無服王肅云同母異父兄弟服大功者謂繼父服齊衰其子降一等故服大功馬昭難王肅云異父昆弟恩繼於母不繼於父肅以爲從繼父而服非也張融以爲繼父同居有子正服齊衰三月乃爲其子大功非服之差玄說是也　今之齊衰狄儀之問也不云自狄儀始者庾蔚云狄儀之前魯人先巳行之故不云自狄儀始也

子思之母死於衛　子思孔子孫伯魚之子伯魚卒其妻嫁於衛　柳若謂子思曰子聖人之後也四方於子乎觀禮子蓋慎諸　柳若衛人也見子思欲爲嫁母服恐其失禮戒之嫁母齊衰期　子思曰吾何慎哉

禮記義十一　六　毛昭

吾聞之有其禮無其財君子弗行也　謂時可行而財不足以備禮　有其禮有其財無其時君子弗行也　謂財足以備禮而時不得行者　吾何慎哉　時所止則止時所行則行無所疑也喪之禮如子贈襚之屬不踰主人

疏　正義曰此一節論爲出母之喪行禮之事　注子思孔子孫伯魚之子　正義曰孔子世家文鄭言之者以下云子聖人之後故具言之　注柳若至衰期　正義曰云嫁母齊衰期者嫁母之服喪服無文案喪服杖期章云父卒繼母嫁從爲之服報則親母可知故鄭約云齊衰期也又鄭止言齊衰期不言嫡庶故譙周袁準並云父卒母嫁非父所絕嫡子雖主祭猶宜服期而喪服爲出母期嫁母與出母俱是絕

足利本第十一卷第七葉

族故知與出母同也張逸問舊儒世本皆以孔子後數世皆一子禮適子爲父後爲嫁母無服檀弓說子思從於嫁母服何鄭荅云子思哭嫂爲位必非適子或者兄若早死無繼故云數世皆一子 注 謂財至行者 正義曰謂若嫁母之家主人貧乏斂手足形還葬已雖有財不得過於主人故下注喪之禮如子贈襚之屬不踰主人是也

縣子瑣曰吾聞之古者不降上下各以其親 古謂殷時也上不降遠下不降卑 滕伯文爲孟虎齊衰其叔父也爲孟皮齊衰其叔父也 伯文殷時滕君也爵爲伯名文 疏 正義曰此一節論古者著服上不降遠下不降卑之事各依文解之 瑣縣子名據所聞而言也古者不降所聞之事也古者殷時也周禮以貴降賤以適降庶唯不降正耳而殷世以上雖貴不降賤也上下各以其

禮記義十一　七

親不降之事也上謂旁親族曾祖從祖及伯叔之班族下謂從子從孫之流彼雖賤不以己尊降之猶各隨本屬之親輕重而服之故云上下各以其親庾蔚云上下猶尊卑也正尊周禮猶不降則知所明者旁尊也鄭恐尊名亂於正尊故變文言遠也 滕伯至父也謂滕國之伯名文爲叔父孟虎著齊衰之服其虎是滕伯文叔父也爲孟皮齊衰其叔父也謂滕伯爲兄弟之子孟皮著齊衰之服其滕伯是皮之叔父也言滕伯上爲叔父下爲兄弟之子皆著齊衰是上不降遠下不降卑也

后木曰喪吾聞諸縣子曰夫喪不可不深長思也 后木魯孝公子惠伯鞏之後 買棺外內易我死則亦然 此孝子之事非所託 疏 正義曰此一節論屬子以死事非禮之事各依文解之 后木云孝子居喪之禮吾聞之於縣子云夫居喪不可不深思長慮也孝子既深思

潘本第十一卷第七葉

族故知與出母同也張逸問舊儒世本皆以孔子後數世皆一子禮適子爲父後爲嫁母無服檀弓說子思從於嫁母服何鄭荅云子思哭嫂爲位必非適子或者兄若早死無繼故云數世皆一子 注 謂財至行者 正義曰謂若嫁母之家主人貧乏斂手足形還葬已雖有財不得過於主人故下注喪之禮如子贈襚之屬不踰主人是也

縣子瑣曰吾聞之古者不降上下各以其親 古謂殷時也上不降遠下不降卑 滕伯文爲孟虎齊衰其叔父也爲孟皮齊衰其叔父也 伯文殷時滕君也爵爲伯名文 疏 正義曰此一節論古者著服上不降遠下不降卑之事各依文解之 瑣縣子名據所聞而言也古者不降所聞之事也古者殷時也周禮以貴降賤以適降庶唯不降正耳而殷世以上雖貴不降賤也上下各以其

禮記義十一　七

親不降之事也上謂旁親族曾祖從祖及伯叔之班族下謂從子從孫之流彼雖賤不以己尊降之猶各隨本屬之親輕重而服之故云上下各以其親庾蔚云上下猶尊卑也正尊周禮猶不降則知所明者旁尊也鄭恐尊名亂於正尊故變文言遠也 滕伯至父也謂滕國之伯名文爲叔父孟虎著齊衰之服其虎是滕伯文叔父也爲孟皮齊衰其叔父也謂滕伯爲兄弟之子孟皮著齊衰之服其滕伯是皮之叔父也言滕伯上爲叔父下爲兄弟之子皆著齊衰是上不降遠下不降卑也

后木曰喪吾聞諸縣子曰夫喪不可不深長思也 后木魯孝公子惠伯鞏之後 買棺外內易我死則亦然 此孝子之事非所託 疏 正義曰此一節論屬子以死事非禮之事各依文解之 后木云孝子居喪之禮吾聞之於縣子云夫居喪不可不深思長慮也孝子既深思

足利本第十一卷第八葉

長慮故買棺之時當令精好斲削外内使之平易后木既述縣子之言以語其子又云在後我身若死則亦當然然猶如是我死亦當如是縣子之言買棺外内易也 注后木至之後 正義曰案世本孝公生惠伯革其後爲厚氏世本云革此云輦世本云厚此云后其字異耳則惠伯之子孫無名木者故鄭直云其後 注此孝至所託 正義曰言買棺外内滑易者此是孝子所爲之事非是父母豫所屬託識后木也

曾子曰尸未設飾故帷堂小斂而徹帷仲梁子曰夫婦方亂故帷堂小斂而徹帷斂者動搖尸帷堂爲人褻之言方亂非也仲梁子魯人也小斂之奠子游曰於東方曾子曰於西方斂斯席矣曾子以俗說非又大斂奠於堂乃有席小斂之奠在西方魯禮之末失也末世失禮之爲

疏 正義曰此一節論小斂失禮之事各依文解之 注言方至人也 正義曰知方亂非者以小斂之後豈無夫婦方亂之事何故徹帷乃云方亂明爲動搖尸柩故帷堂案春秋定五年魯有仲梁懷是仲梁魯人之姓故知仲梁子魯人也 曾子曰於西方用禮小斂之奠設於東方奠又無席魯之衰末奠於西方而又有席曾子見時如是謂將爲禮故云小斂於西方斯此也其斂之時於此席上而設奠矣曾子之言失禮故記者正之云小斂之奠所以在西方是魯人行禮末世失其法也 注曾子至有席 正義曰知曾子所言非者案士喪禮小斂之奠設於尸東今曾子言西方故爲非也云大斂奠於堂乃有席者案士喪禮大斂之奠設於室今云堂者後人轉寫之誤當云奠於室故鄭荅趙商堂當爲室也

縣子曰綌衰繐裳非古也非時尚輕涼慢禮 疏

禮記義十一　八　李良

潘本第十一卷第八葉

長慮故買棺之時當令精好斲削外内使之平易后木既述縣子之言以語其子又云在後我身若死則亦當然然猶如是我死亦當如是縣子之言買棺外内易也 注后木至之後 正義曰案世本孝公生惠伯革其後爲厚氏世本云革此云輦世本云厚此云后其字異耳則惠伯之子孫無名木者故鄭直云其後 注此孝至所託 正義曰言買棺外内滑易者此是孝子所爲之事非是父母豫所屬託識后木也

曾子曰尸未設飾故帷堂小斂而徹帷仲梁子曰夫婦方亂故帷堂小斂而徹帷斂者動搖尸帷堂爲人褻之言方亂非也仲梁子魯人也小斂之奠子游曰於東方曾子曰於西方斂斯席矣曾子以俗說非又大斂奠於堂乃有席小斂之奠在西方魯禮之末失也末世失禮之爲

疏 正義曰此一節論小斂失禮之事各依文解之 注言方至人也 正義曰知方亂非者以小斂之後豈無夫婦方亂之事何故徹帷乃云方亂明爲動搖尸柩故帷堂案春秋定五年魯有仲梁懷是仲梁魯人之姓故知仲梁子魯人也 曾子曰於西方用禮小斂之奠設於東方奠又無席魯之衰末奠於西方而又有席曾子見時如是謂將爲禮故云小斂於西方斯此也其斂之時於此席上而設奠矣曾子之言失禮故記者正之云小斂之奠所以在西方是魯人行禮末世失其法也 注曾子至有席 正義曰知曾子所言非者案士喪禮小斂之奠設於尸東今曾子言西方故爲非也云大斂奠於堂乃有席者案士喪禮大斂之奠設於室今云堂者後人轉寫之誤當云奠於室故鄭荅趙商堂當爲室也

縣子曰綌衰繐裳非古也非時尚輕涼慢禮 疏

禮記義十一　八　李良

正義曰此以下論縣子非當時人尚輕凉慢禮之事綌葛也繐布䟽者漢時南陽鄧縣能作之當記時失禮多尚輕細故有喪者不服麤衰但䟽葛爲衰繐布爲裳故云非古也古謂周初制禮時也

子蒲卒哭者呼滅滅蓋子蒲名子皋曰若是野哉非之也唯復呼名子皋孔子弟子高柴哭者改之

疏 正義曰此一節論哭者呼名非禮之事滅子蒲名子蒲卒哭者呼其名故子皋曰若是野哉野不達禮也唯復呼名冀其聞名而反哭則敬鬼神不復呼其名而此家哭獨呼滅子皋深譏之故云野哉也非之乃改也

杜橋之母之喪宮中無相以爲沾也沾猶略也

疏 正義曰此一節論喪須立相導之事沾麤略也禮孝子喪親悲迷不復自知禮節事儀皆須人相導而杜橋家母死宮中不立相侍故時人謂其於禮爲麤略

禮記義十一　九　李信

夫子曰始死羔裘玄冠者易之而已羔裘玄冠夫子不以弔不以吉服弔喪

疏 正義曰此一節論始死易服小斂後不得吉服弔之事但養疾者朝服羔裘玄冠即朝服也始死則易去朝服著深衣故云易之而已記時有不易者又有小斂後羔裘弔者記人引論語鄉黨孔子身自行事之禮以譏當時之事故曰羔裘玄冠夫子不以弔時多失禮唯孔子獨能行之故言之也

子游問喪具夫子曰稱家之有亡子游曰有無惡乎齊惡乎齊問豐省之比夫子曰有毋過禮苟亡矣斂首足形形體還葬還之言便也言已斂即葬不待三月縣棺而封不設碑繂不備禮封當爲窆窆下棺也春

正義曰此以下論縣子非當時人尚輕凉慢禮之事綌葛也繐布䟽者漢時南陽鄧縣能作之當記時失禮多尚輕細故有喪者不服麤衰但䟽葛爲衰繐布爲裳故云非古也古謂周初制禮時也子蒲卒哭者呼滅滅蓋子蒲名子皋曰若是野哉非之也唯復呼名子皋孔子弟子高柴哭者改之疏正義曰此一節論哭者呼名非禮之事滅子蒲名子蒲卒哭者呼其名故子皋曰若是野哉野不達禮也唯復呼名冀其聞名而反哭則敬鬼神不復呼其名而此家哭獨呼滅子皋深譏之故云野哉也非之乃改也杜橋之母之喪宮中無相以爲沾也沾猶略也疏正義曰此一節論喪須立相導之事沾麤略也禮孝子喪親悲迷不復自知禮節事儀皆須人相導而杜橋家母死宮中不立相侍故時人謂其於禮爲麤略禮記義十一　九　李信夫子曰始死羔裘玄冠者易之而已羔裘玄冠夫子不以弔不以吉服弔喪疏正義曰此一節論始死易服小斂後不得吉服弔之事但養疾者朝服羔裘玄冠即朝服也始死則易去朝服著深衣故云易之而已記時有不易者又有小斂後羔裘弔者記人引論語鄉黨孔子身自行事之禮以譏當時之事故曰羔裘玄冠夫子不以弔時多失禮唯孔子獨能行之故言之也子游問喪具夫子曰稱家之有亡子游曰有無惡乎齊惡乎齊問豐省之比夫子曰有毋過禮苟亡矣斂首足形形體還葬還之言便也言已斂即葬不待三月縣棺而封不設碑繂不備禮封當爲窆窆下棺也春

足利本第十一卷第十葉

秋傳作堋人豈有非之者哉不責於人所不能疏正義曰此一節論問送終所須當辦具也夫子曰稱家之有亡稱猶隨也亡無也言各隨其家計豐薄有無也子游曰有無惡乎齊惡乎猶於何也子游言若必隨家之有無貧富於何可齊故子游疑而問之夫子曰有毋過禮此荅是稱富家也毋猶不也禮有節限設若家富有正禮可依而不得過禮苟亡矣斂首足形此荅貧家也亡無也家無財也但使衣衾斂於首足形體不令露見而已還葬還便也禮雖衆多葬日有數若貧者斂竟便葬不須停殯待其月數足也還之言便也言已斂即葬不待三月也縣棺而封封即窆窆下棺內壙中也貴者則用碑繂若貧而即葬者但手縣棺而下之同於庶人不待碑繂不設碑繂不備禮注封當至作堋正義曰春秋傳作堋者案左傳昭十二年鄭簡公卒將為葬除司墓之室有當道者毀之則朝而堋弗毀則日中而堋杜注云司墓之室鄭之

禮記義十一　十

掌公墓大夫徒屬之家堋下棺也司士賁告於子游曰請襲於牀時失之也禮唯始死廢牀子游曰諾縣子聞之曰汰哉叔氏專以禮許人當言禮然言諾非也叔氏子游字疏正義曰此一節論不可以禮許人之事案喪大記始死廢牀至遷尸及襲皆在於牀當時失禮襲在於地故司士賁告子游子游曰諾者子游知襲在牀為是故以許諾之縣子聞之曰汰哉叔氏專以禮許人汰自矜大也叔氏子游別字也言凡有來諮禮事者當據禮以荅之令子游不據前禮以荅之專輒許諾如似禮出於己是自矜大故縣子聞而譏之曰汰哉當言禮也言諾非也宋襄公葬其夫人醯醢百甕曾子曰既曰明器矣而又實之言名之為明器而與

潘本第十一卷第十葉

秋傳作堋人豈有非之者哉不責於人所不能疏正義曰此一節論問送終所須當辦具也夫子曰稱家之有亡稱猶隨也亡無也言各隨其家計豐薄有無也子游曰有無惡乎齊惡乎猶於何也子游言若必隨家之有無貧富於何可齊故子游疑而問之夫子曰有毋過禮此荅是稱富家也毋猶不也禮有節限設若家富有正禮可依而不得過禮苟亡矣斂首足形此荅貧家也亡無也家無財也但使衣衾斂於首足形體不令露見而已還葬還便也禮雖衆多葬日有數若貧者斂竟便葬不須停殯待其月數足也還之言便也言已斂即葬不待三月也縣棺而封封即窆窆下棺內壙中也貴者則用碑繂若貧而即葬者但手縣棺而下之同於庶人不待碑繂不設碑繂不備禮注封當至作堋正義曰春秋傳作堋者案左傳昭十二年鄭簡公卒將為葬除司墓之室有當道者毀之則朝而堋弗毀則日中而堋杜注云司墓之室鄭之

禮記義十一　十

掌公墓大夫徒屬之家堋下棺也司士賁告於子游曰請襲於牀時失之也禮唯始死廢牀子游曰諾縣子聞之曰汰哉叔氏專以禮許人當言禮然言諾非也叔氏子游字疏正義曰此一節論不可以禮許人之事案喪大記始死廢牀至遷尸及襲皆在於牀當時失禮襲在於地故司士賁告子游子游曰諾者子游知襲在牀為是故以許諾之縣子聞之曰汰哉叔氏專以禮許人汰自矜大也叔氏子游別字也言凡有來諮禮事者當據禮以荅之令子游不據前禮以荅之專輒許諾如似禮出於己是自矜大故縣子聞而譏之曰汰哉當言禮也言諾非也宋襄公葬其夫人醯醢百甕曾子曰既曰明器矣而又實之言名之為明器而與

足利本第十一卷第十一葉

祭器皆實之是亂鬼器與人器疏正義曰此一節論宋襄公失禮之事案春秋宋襄公卒在僖二十三年案文十六年傳云宋昭公將田孟諸未至襄夫人周襄王之姊使甸師攻而殺之則宋襄公夫人卒在襄公後其年極多此得云宋襄公葬其夫人者蓋襄公初取夫人死在襄公之時故得葬之其後取夫人是襄王之姊死在襄公之後義不相妨　曾子曰既曰明器而又實之者曾子不識器之多但識其實爲非也言既曰神明之器當虛也故譏云而又實之也言名之爲明器而與祭器皆實之是亂鬼器與人器也案既夕禮陳明器後云無祭器鄭云士禮略也大夫以上兼用鬼器與人器若此大夫諸侯並得人鬼兼用則空鬼而實人故鄭云與祭器皆實之是亂鬼器與人器也士旣無人器則亦實明器故既夕禮云甕三醯醢屑又云甒二醴酒也若夏后氏專用明器則分半以實之殷人全用祭器則亦分半以虛之周人兼用明器人器人器實之明器虛之　孟獻子

禮記義十一　十一

之喪獻子魯大夫仲孫蔑司徒旅歸四布旅下士也司徒使下士歸四方之賻布夫子曰可也時人皆貪善其能廉疏正義曰此一節論因喪不貪利之事孟獻子之喪送終既具賻布有餘其家臣司徒敬子稟承主人之意使旅下士歸還四方賻主人之泉布也謂四方賻者泉布本助喪用今既有餘故歸還之時人皆貪獻子之家獨能如此故夫子曰可也善其能廉皇氏以爲獻子有餘布歸之於君君令國之司徒歸賻於四方案春秋魯上卿季氏也仲孫蔑之卒季氏無謚曰敬子者皇氏之言非也熊氏以爲獻子家臣爲司徒故左傳叔孫氏之司馬鬷戾是家臣亦有司徒司馬也　讀賵曾子曰非古也是再告也曾子言非禮祖而讀賵賓致命將行主人之史又讀賵所以存録之　成子高寢疾成子高齊大夫國成伯高父也慶遺入

潘本第十一卷第十一葉

祭器皆實之是亂鬼器與人器疏正義曰此一節論宋襄公失禮之事案春秋宋襄公卒在僖二十三年案文十六年傳云宋昭公將田孟諸未至襄夫人周襄王之姊使甸師攻而殺之則宋襄公夫人卒在襄公後其年極多此得云宋襄公葬其夫人者蓋襄公初取夫人死在襄公之時故得葬之其後取夫人是襄王之姊死在襄公之後義不相妨　曾子曰既曰明器而又實之者曾子不識器之多但識其實爲非也言既曰神明之器當虛也故譏云而又實之也言名之爲明器而與祭器皆實之是亂鬼器與人器也案既夕禮陳明器後云無祭器鄭云士禮略也大夫以上兼用鬼器與人器若此大夫諸侯並得人鬼兼用則空鬼而實人故鄭云與祭器皆實之是亂鬼器與人器也士旣無人器則亦實明器故既夕禮云甕三醯醢屑又云甒二醴酒也若夏后氏專用明器則分半以實之殷人全用祭器則亦分半以虛之周人兼用明器人器人器實之明器虛之　孟獻子

禮記義十一　十一

之喪獻子魯大夫仲孫蔑司徒旅歸四布旅下士也司徒使下士歸四方之賻布夫子曰可也時人皆貪善其能廉疏正義曰此一節論因喪不貪利之事孟獻子之喪送終既具賻布有餘其家臣司徒敬子稟承主人之意使旅下士歸還四方賻主人之泉布也謂四方賻者泉布本助喪用今既有餘故歸還之時人皆貪獻子之家獨能如此故夫子曰可也善其能廉皇氏以爲獻子有餘布歸之於君君令國之司徒歸賻於四方案春秋魯上卿季氏也仲孫蔑之卒季氏無謚曰敬子者皇氏之言非也熊氏以爲獻子家臣爲司徒故左傳叔孫氏之司馬鬷戾是家臣亦有司徒司馬也　讀賵曾子曰非古也是再告也曾子言非禮祖而讀賵賓致命將行主人之史又讀賵所以存録之　成子高寢疾成子高齊大夫國成伯高父也慶遺入

足利本第十一卷第十二葉

請曰子之病革矣如至乎大病則如之何
觀其意革急也遺慶封之族　子高曰吾聞之也生有益於人
死不害於人吾縱生無益於人吾可以死
害於人乎哉我死則擇不食之地而葬我
焉　不食謂不墾耕　疏　正義曰此一節論臨死不忘儉之事　注　成子至父也　正義
曰知者以其有慶遺入請齊有慶氏故知是齊大夫齊有國子高故知姓國又見齊世本懿伯生貞孟貞孟生成伯
高父國氏以此知也　子夏問諸夫子曰居君之母與妻
之喪居處言語飲食衎爾　衎爾自得貌爲小君惻隱不能至　賓
禮記義十一　十二　李良
客至無所館夫子曰生於我乎館死於我
乎殯　仁者不厄人　疏　正義曰此一節論臣服小君之儀容之事上子夏問居君之
母與妻之喪此居處言語是夫子荅辭不云子曰者記人略也　國子高曰葬也者
藏也藏也者欲人之弗得見也是故衣足
以飾身棺周於衣椁周於棺土周於椁　言皆
所以爲深邃難人發見之也國子高成子高也成謚也　反壤樹之哉　反復也怪不如大古
也而反封樹之意在於儉非周禮　疏　正義曰此一節論重古非今之事子高之意人死可
惡故備以衣衾棺椁欲其深邃不使人知今乃反更封壤爲墳而種樹以標之哉言不可封壤種樹也國子意在於

潘本第十一卷第十二葉

請曰子之病革矣如至乎大病則如之何
觀其意革急也遺慶封之族　子高曰吾聞之也生有益於人
死不害於人吾縱生無益於人吾可以死
害於人乎哉我死則擇不食之地而葬我
焉　不食謂不墾耕　疏　正義曰此一節論臨死不忘儉之事　注　成子至父也　正義
曰知者以其有慶遺入請齊有慶氏故知是齊大夫齊有國子高故知姓國又見齊世本懿伯生貞孟貞孟生成伯
高父國氏以此知也　子夏問諸夫子曰居君之母與妻
之喪居處言語飲食衎爾　衎爾自得貌爲小君惻隱不能至　賓
禮記義十一　十二　李良
客至無所館夫子曰生於我乎館死於我
乎殯　仁者不厄人　疏　正義曰此一節論臣服小君之儀容之事上子夏問居君之
母與妻之喪此居處言語是夫子荅辭不云子曰者記人略也　國子高曰葬也者
藏也藏也者欲人之弗得見也是故衣足
以飾身棺周於衣椁周於棺土周於椁　言皆
所以爲深邃難人發見之也國子高成子高也成謚也　反壤樹之哉　反復也怪不如大古
也而反封樹之意在於儉非周禮　疏　正義曰此一節論重古非今之事子高之意人死可
惡故備以衣衾棺椁欲其深邃不使人知今乃反更封壤爲墳而種樹以標之哉言不可封壤種樹也國子意在於

足利本第十一卷第十三葉

儉非周禮之法 注 怪不至周禮 正義曰唐虞以上謂之大古易繫辭云古之葬者厚衣之以薪不封不樹今既封樹故云怪不如大古也 孔子之喪有自燕來觀者舍於子夏氏子夏曰聖人之葬人與人之葬聖人也子何觀焉 與及也 昔者夫子言之曰吾見封之若堂者矣 封築土爲壟堂形四方而高 見若坊者矣 坊形旁殺平上而長 見若覆夏屋者矣 覆謂茨瓦也夏屋今之門廡也其形旁廣而卑 見若斧者矣 斧形旁殺刃上而長 從若斧者焉 孔子以爲刃上難登狹又易爲功 馬鬣封之謂也 俗間名 今一日而三斬板而

禮記義十一　十三　揚昌

已封 板蓋廣二尺長六尺斬板謂斷其縮也三斷上之旁殺蓋高四尺其廣袤未聞也詩云縮板以載 尚行夫子之志乎哉 尚庶幾也 疏 正義曰此一節論葬夫子封墳之法 燕國人聞葬聖人恐有異禮故從燕來魯觀之舍於子夏氏舍住也燕人來住子夏家也子夏曰聖人之葬人與人之葬聖人也子何觀焉與及也子夏謂燕人云若聖人葬人及人葬聖人皆用一禮而子遠來何所觀乎王肅云聖人葬人與屬上句以言若聖人葬人與則人庶有異聞得來觀者若人之葬聖人與凡人何異而子何觀之然公西赤爲志徧用三王而子夏謂葬聖人與凡人不異者今謂聖凡相葬禮儀不殊而孔子葬異此是賢葬聖師別自表義不施世爲法而子夏恐燕人學斅此禮故懸而拒之云其禮本應如一也而下又述昔聞夫子見四封之異者此處可共是許燕人學之故備陳其教以赴遠觀之意 昔者夫子言之曰吾見封之若堂者矣既

潘本第十一卷第十三葉

儉非周禮之法 注 怪不至周禮 正義曰唐虞以上謂之大古易繫辭云古之葬者厚衣之以薪不封不樹今既封樹故云怪不如大古也 孔子之喪有自燕來觀者舍於子夏氏子夏曰聖人之葬人與人之葬聖人也子何觀焉 與及也 昔者夫子言之曰吾見封之若堂者矣 封築土爲壟堂形四方而高 見若坊者矣 坊形旁殺平上而長 見若覆夏屋者矣 覆謂茨瓦也夏屋今之門廡也其形旁廣而卑 見若斧者矣 斧形旁殺刃上而長 從若斧者焉 孔子以爲刃上難登狹又易爲功 馬鬣封之謂也 俗間名 今一日而三斬板而

禮記義十一　十三　揚昌

已封 板蓋廣二尺長六尺斬板謂斷其縮也三斷上之旁殺蓋高四尺其廣袤未聞也詩云縮板以載 尚行夫子之志乎哉 尚庶幾也 疏 正義曰此一節論葬夫子封墳之法 燕國人聞葬聖人恐有異禮故從燕來魯觀之舍於子夏氏舍住也燕人來住子夏家也子夏曰聖人之葬人與人之葬聖人也子何觀焉與及也子夏謂燕人云若聖人葬人及人葬聖人皆用一禮而子遠來何所觀乎王肅云聖人葬人與屬上句以言若聖人葬人與則人庶有異聞得來觀者若人之葬聖人與凡人何異而子何觀之然公西赤爲志徧用三王而子夏謂葬聖人與凡人不異者今謂聖凡相葬禮儀不殊而孔子葬異此是賢葬聖師別自表義不施世爲法而子夏恐燕人學斅此禮故懸而拒之云其禮本應如一也而下又述昔聞夫子見四封之異者此處可共是許燕人學之故備陳其教以赴遠觀之意 昔者夫子言之曰吾見封之若堂者矣既

足利本第十一卷第十四葉

巳語燕人無觀又此歷述孔子之言者欲以此語與燕人爲法封謂墳之也若如堂基四方而高　見若坊者矣坊堤也堤坊水上平而兩旁殺其南北長也言又見有築墳形如坊者也見若覆夏屋者矣殷人以來始屋四阿夏家之屋唯兩下而已無四阿如漢之門廡又言見其封墳如覆夏屋唯兩下而殺卑而寬廣又見封如斧之形其刃嚮上長而高也既言四墳之異夫子之意從若斧者焉以爲刃上難登狹又易爲功力子夏既道從若斧形恐燕人不識故舉俗稱馬騣鬣封之謂也以語燕人馬騣鬣之上其肉薄封形似之　今一日而三斬板子夏前述明夫子語又謂令作孔子墳正用一日之功儉約不假多時於一日之引令會古竟更述其令葬孔子既是從斧之墳令一日者中而三斬板者謂作墳法也築墳之法所安板側於兩邊而用繩約板令立後復内土於板之上中央築之令土與板平則斬所約板繩斷而更置於見築土上又載土其中三編如此其墳乃成故云令一日而三斬板也　而已封

禮記義十一　十四

者爲三編設板築土而止巳其封也故鄭注板蓋廣二尺長六尺板廣二尺疊側三板應高六尺而云四尺者但形旁衺漸斂上狹下舒如斧刃之形使三板取高四尺以合周制也　尚行夫子之志乎哉者尚庶幾也言今一日三斬板是庶幾慕行於孔子平生所志也以示燕人　注板蓋至以載　正義曰知板蓋廣二尺案祭義曰築宮仞有三尺是牆高一丈公羊傳云五板爲堵則板廣二尺故五板高一丈也知板長六尺者以春秋左氏説雉長三丈高一丈公羊傳云五板爲堵五堵爲雉接五堵而爲雉則堵長六尺故詩箋云雉長三丈則板六尺知蓋高四尺者以上合葬於防崇四尺今葬夫子不可過之又板廣二尺三板斜殺唯高四尺耳其東西之廣南北之衺則未聞也引詩縮板以載是大雅緜之篇也引之者證縮爲約板之繩孫毓難云孔子墓魯城北門外西墳四方前高後下形似臥斧高八九尺今無馬鬣封之形不止于三板記似誤者孫毓云據當時所見其墳或後人增益不與元葬墳同無

潘本第十一卷第十四葉

巳語燕人無觀又此歷述孔子之言者欲以此語與燕人爲法封謂墳之也若如堂基四方而高　見若坊者矣坊堤也堤坊水上平而兩旁殺其南北長也言又見有築墳形如坊者也見若覆夏屋者矣殷人以來始屋四阿夏家之屋唯兩下而已無四阿如漢之門廡又言見其封墳如覆夏屋唯兩下而殺卑而寬廣又見封如斧之形其刃嚮上長而高也既言四墳之異夫子之意從若斧者焉以爲刃上難登狹又易爲功力子夏既道從若斧形恐燕人不識故舉俗稱馬騣鬣封之謂也以語燕人馬騣鬣之上其肉薄封形似之　今一日而三斬板子夏前述明夫子語又謂令作孔子墳正用一日之功儉約不假多時於一日之引令會古竟更述其令葬孔子既是從斧之墳令一日者中而三斬板者謂作墳法也築墳之法所安板側於兩邊而用繩約板令立後復内土於板之上中央築之令土與板平則斬所約板繩斷而更置於見築土上又載土其中三編如此其墳乃成故云令一日而三斬板也　而已封

禮記義十一　十四

者爲三編設板築土而止巳其封也故鄭注板蓋廣二尺長六尺板廣二尺疊側三板應高六尺而云四尺者但形旁衺漸斂上狹下舒如斧刃之形使三板取高四尺以合周制也　尚行夫子之志乎哉者尚庶幾也言今一日三斬板是庶幾慕行於孔子平生所志也以示燕人　注板蓋至以載　正義曰知板蓋廣二尺案祭義曰築宮仞有三尺是牆高一丈公羊傳云五板爲堵則板廣二尺故五板高一丈也知板長六尺者以春秋左氏説雉長三丈高一丈公羊傳云五板爲堵五堵爲雉接五堵而爲雉則堵長六尺故詩箋云雉長三丈則板六尺知蓋高四尺者以上合葬於防崇四尺今葬夫子不可過之又板廣二尺三板斜殺唯高四尺耳其東西之廣南北之衺則未聞也引詩縮板以載是大雅緜之篇也引之者證縮爲約板之繩孫毓難云孔子墓魯城北門外西墳四方前高後下形似臥斧高八九尺今無馬鬣封之形不止于三板記似誤者孫毓云據當時所見其墳或後人增益不與元葬墳同無

足利本第十一卷第十五葉

足怪也　婦人不葛帶　婦人質不變重者至期除之卒哭變絰而已　疏　正義曰此論齊斬婦人帶要絰也葬後卒哭變麻易葛而婦人重要而質不變所重故不葛帶至期除之卒哭直變絰而已大功以下輕至卒哭並變爲葛與男子同絰首絰也婦人輕首重要故也　有薦新如朔奠　重新物爲之殺奠　疏　正義曰薦新謂未葬中間得新味而薦之者如朔奠者謂未葬前月朔大奠於殯宮者大奠則牲饌豐也朔禮視大斂士則特豚三鼎今若有新物及五穀始熟薦於云者則其禮牲物如朔之奠也大夫以上則朔望大奠若士但朔而不望　既葬各以其服除　卒哭當變衰麻者變之或有除者不視主人　疏　正義曰既葬謂三月葬竟後至卒哭重親客隨所受而變服若三月之親至三月數滿應除者葬竟各自除不待主人卒哭之變故云各以其服除也

禮記義十一　十五　余政

池視重霤　如堂之有承霤也承霤以木爲之用行水亦宮之飾也柳宮象也以竹爲池衣以青布縣銅魚焉今宮中有承霤云以銅爲之　疏　正義曰池者柳車之池也重霤者屋承霤也以木爲之承於屋霤入此木中又從木中而霤於地故謂此木爲重霤也天子則四注四面爲重霤諸侯四注重霤則差降去後餘三大夫唯餘前後二士則唯一在前而生特既屋有重霤以行水死時柳車亦象宮室而於車覆鼈甲之下牆帷之上織竹爲之形如籠衣以青布以承鼈甲名之爲池以象重霤方面之數各視生時重霤　君即位而爲椑　椑謂杝棺親尸者椑堅著之言也言天子椑內又有水兕革棺　歲壹漆之　若未成然　藏焉　虛之不合　疏　正義曰此一節論人君尊即位得爲椑之事君諸侯也言諸侯則王可知也椑杝棺也漆之堅強甓甓然也人君無論少長而體尊備物故亦即位而造

潘本第十一卷第十五葉

足怪也　婦人不葛帶　婦人質不變重者至期除之卒哭變絰而已　疏　正義曰此論齊斬婦人帶要絰也葬後卒哭變麻易葛而婦人重要而質不變所重故不葛帶至期除之卒哭直變絰而已大功以下輕至卒哭並變爲葛與男子同絰首絰也婦人輕首重要故也　有薦新如朔奠　重新物爲之殺奠　疏　正義曰薦新謂未葬中間得新味而薦之者如朔奠者謂未葬前月朔大奠於殯宮者大奠則牲饌豐也朔禮視大斂士則特豚三鼎今若有新物及五穀始熟薦於云者則其禮牲物如朔之奠也大夫以上則朔望大奠若士但朔而不望　既葬各以其服除　卒哭當變衰麻者變之或有除者不視主人　疏　正義曰既葬謂三月葬竟後至卒哭重親客隨所受而變服若三月之親至三月數滿應除者葬竟各自除不待主人卒哭之變故云各以其服除也

禮記義十一　十五　余政

池視重霤　如堂之有承霤也承霤以木爲之用行水亦宮之飾也柳宮象也以竹爲池衣以青布縣銅魚焉今宮中有承霤云以銅爲之　疏　正義曰池者柳車之池也重霤者屋承霤也以木爲之承於屋霤入此木中又從木中而霤於地故謂此木爲重霤也天子則四注四面爲重霤諸侯四注重霤則差降去後餘三大夫唯餘前後二士則唯一在前而生特既屋有重霤以行水死時柳車亦象宮室而於車覆鼈甲之下牆帷之上織竹爲之形如籠衣以青布以承鼈甲名之爲池以象重霤方面之數各視生時重霤　君即位而爲椑　椑謂杝棺親尸者椑堅著之言也言天子椑內又有水兕革棺　歲壹漆之　若未成然　藏焉　虛之不合　疏　正義曰此一節論人君尊即位得爲椑之事君諸侯也言諸侯則王可知也椑杝棺也漆之堅強甓甓然也人君無論少長而體尊備物故亦即位而造

爲此棺也椑謂杝棺親尸者也古者天子椑内又有水兕而諸侯無但用杝在内以親尸也　歲壹漆之者雖爲尊得造交未供用故不欲即成但每年一漆示如未成也唯云漆杝則知不漆杝棺外屬等　藏焉者棺中不欲空虛如急有待也虛之不令也令善也言若虛空便爲不善故藏物於其中一本爲虛之不合者謂不以蓋合覆其上旣不合覆不欲令人見故藏焉

復楔齒綴足飯設飾帷堂並作

設飾謂遷尸又加新衣

父兄命赴者

謂大夫以上也士主人親命之

疏正義曰此一節論始死之事復招䰟也楔柱也招䰟之後用角柶柱亡人之齒令開使含時不閉也　綴足者復用燕几綴亡人之足令直使著屨時不辟戾也　飯者飯含也設飾者謂襲歛遷尸之時及又加著新衣也　帷堂者謂小斂時並作者作起爲也自復以下諸事並起以帷堂故云並作　父兄命赴者亦復後之事　赴謂死者生時於他人有恩識者今死則其家宜使人往相赴告也士喪禮則孝子自命赴者若大夫以上則父兄命之也何以然尊許其病深故使人代命之也雖代命之猶稱孝子名也

禮記義十一　十六

君復於小寢大寢小祖大祖庫門四郊

尊者求之備也亦他日所嘗有事

疏正義曰此一節論人君禮備復處又多自小寢以下明招䰟處所也君王侯也於小寢者前曰廟後曰寢爾雅云室有東西廂曰廟無東西廂有室曰寢此小寢者所謂高祖以下寢也王侯同大寢謂天子始祖諸侯大祖也小祖高祖以下廟也王侯同大祖天子始祖諸侯大祖廟也兩言於廟求神備也周禮夏采以冕服復於大祖廟是也其小廟則祭僕復之其小寢大寢則隷僕復之故祭僕云復于小廟鄭注云小廟高祖以下也隷僕云復于小寢大寢注云小寢高祖以下廟之寢也始祖曰大寢　四郊則夏采復之故夏采云乘車建綏復於四郊此天子之事也其諸侯復則小臣故喪大記

爲此棺也椑謂杝棺親尸者也古者天子椑内又有水兕而諸侯無但用杝在内以親尸也　歲壹漆之者雖爲尊得造交未供用故不欲即成但每年一漆示如未成也唯云漆杝則知不漆杝棺外屬等　藏焉者棺中不欲空虛如急有待也虛之不令也令善也言若虛空便爲不善故藏物於其中一本爲虛之不合者謂不以蓋合覆其上旣不合覆不欲令人見故藏焉

復楔齒綴足飯設飾帷堂並作

設飾謂遷尸又加新衣

父兄命赴者

謂大夫以上也士主人親命之

疏正義曰此一節論始死之事復招䰟也楔柱也招䰟之後用角柶柱亡人之齒令開使含時不閉也　綴足者復用燕几綴亡人之足令直使著屨時不辟戾也　飯者飯含也設飾者謂襲歛遷尸之時及又加著新衣也　帷堂者謂小斂時並作者作起爲也自復以下諸事並起以帷堂故云並作　父兄命赴者亦復後之事　赴謂死者生時於他人有恩識者今死則其家宜使人往相赴告也士喪禮則孝子自命赴者若大夫以上則父兄命之也何以然尊許其病深故使人代命之也雖代命之猶稱孝子名也

禮記義十一　十六

君復於小寢大寢小祖大祖庫門四郊

尊者求之備也亦他日所嘗有事

疏正義曰此一節論人君禮備復處又多自小寢以下明招䰟處所也君王侯也於小寢者前曰廟後曰寢爾雅云室有東西廂曰廟無東西廂有室曰寢此小寢者所謂高祖以下寢也王侯同大寢謂天子始祖諸侯大祖也小祖高祖以下廟也王侯同大祖天子始祖諸侯大祖廟也兩言於廟求神備也周禮夏采以冕服復於大祖廟是也其小廟則祭僕復之其小寢大寢則隷僕復之故祭僕云復于小廟鄭注云小廟高祖以下也隷僕云復于小寢大寢注云小寢高祖以下廟之寢也始祖曰大寢　四郊則夏采復之故夏采云乘車建綏復於四郊此天子之事也其諸侯復則小臣故喪大記

足利本第十一卷第十七葉

云小臣復案周禮内小臣職小臣上士四人案雜記云復西上注各如其命數上公九命侯伯七命則小臣不足明更有餘官又復人雖依命數復處既多則復人不足當於此復了更轉鄉他處　喪不剥奠也與祭肉也與　剥猶倮也有牲肉則巾之爲其久設塵埃加也脯醢之奠不巾　疏　正義曰此一節論祭肉不可露見之事剥猶倮露也言喪奠脯醢不復設巾可得倮露與是語辭謂喪不倮露奠者爲有祭肉也無祭肉即得倮露　注　有牲至不巾　正義曰案士喪禮小斂陳一鼎小斂既奠于尸東祝受巾巾之是有牲肉則巾之也士喪禮又云始死脯醢醴酒奠于尸東無巾又殯後朝夕乃奠醴酒脯醢如初設不巾是脯醢醴酒不巾也案既夕禮柩朝廟重先奠從奠設如初巾之此亦脯醢之奠巾之者爲其在堂恐埃塵故雖脯醢亦巾之此文脯醢之奠不巾者據室内也

禮記義十一　十七　[illegible]

既殯旬而布材與明器　木工宜乾腊且豫成材椁材也　朝奠日出夕奠逮日　陰陽交接庶幾遇之　疏　正義曰此一節論葬禮須豫備之事　既殯旬謂殯後十日也　而布材與明器者布班也材謂椁材也殯後十日而班布告下覓椁材及送葬明器之材或云布其木宜乾腊故豫須暴之也士喪禮筮宅吉左還椁獻明器之材于殯門外是也　父母之喪哭無時使必知其反也　謂既練或時爲君服金革之事反必有祭　疏　正義曰禮哭無時有三種一是初喪未殯之前哭不絕聲二是殯後除朝夕之外廬中思憶則哭三是小祥之後哀至而哭或一日二日而無復朝夕之時也此云哭無時謂小祥之後也何以知然下云使必知其反是其可使之時也　使必知其反也者使謂君使之也既小祥哭無時其時可爲君所使金革之事也反還也若爲使還家當必設祭告親之神令知其反亦出必告反必面之義也　注　謂既練或時爲君服金革之

潘本第十一卷第十七葉

云小臣復案周禮内小臣職小臣上士四人案雜記云復西上注各如其命數上公九命侯伯七命則小臣不足明更有餘官又復人雖依命數復處既多則復人不足當於此復了更轉鄉他處　喪不剥奠也與祭肉也與　剥猶倮也有牲肉則巾之爲其久設塵埃加也脯醢之奠不巾　疏　正義曰此一節論祭肉不可露見之事剥猶倮露也言喪奠脯醢不復設巾可得倮露與是語辭謂喪不倮露奠者爲有祭肉也無祭肉即得倮露　注　有牲至不巾　正義曰案士喪禮小斂陳一鼎小斂既奠于尸東祝受巾巾之是有牲肉則巾之也士喪禮又云始死脯醢醴酒奠于尸東無巾又殯後朝夕乃奠醴酒脯醢如初設不巾是脯醢醴酒不巾也案既夕禮柩朝廟重先奠從奠設如初巾之此亦脯醢之奠巾之者爲其在堂恐埃塵故雖脯醢亦巾之此文脯醢之奠不巾者據室内也

禮記義十一　十七　[illegible]

既殯旬而布材與明器　木工宜乾腊且豫成材椁材也　朝奠日出夕奠逮日　陰陽交接庶幾遇之　疏　正義曰此一節論葬禮須豫備之事　既殯旬謂殯後十日也　而布材與明器者布班也材謂椁材也殯後十日而班布告下覓椁材及送葬明器之材或云布其木宜乾腊故豫須暴之也士喪禮筮宅吉左還椁獻明器之材于殯門外是也　父母之喪哭無時使必知其反也　謂既練或時爲君服金革之事反必有祭　疏　正義曰禮哭無時有三種一是初喪未殯之前哭不絕聲二是殯後除朝夕之外廬中思憶則哭三是小祥之後哀至而哭或一日二日而無復朝夕之時也此云哭無時謂小祥之後也何以知然下云使必知其反是其可使之時也　使必知其反也者使謂君使之也既小祥哭無時其時可爲君所使金革之事也反還也若爲使還家當必設祭告親之神令知其反亦出必告反必面之義也　注　謂既練或時爲君服金革之

足利本第十一卷第十八葉

事反必有祭者禮運云三年之喪期不使公羊傳亦期不使是知期内不使則期外可使也而曾子問云卒哭服金革之事無辟此魯侯有爲爲之也喪大記云卒哭而服金革之事鄭云權禮也是知卒哭而使非正禮也

練，練衣黃裏縓緣，小祥練冠練中衣以黃爲内縓爲飾黃之色卑於纁縓纁之類明外除

葛要絰，繩屨無絇，角瑱，瑱充耳也吉時以玉人君有瑱

鹿裘衡長袪，衡當爲橫字之誤也袪謂褎緣袂口也練而爲裘橫廣之又長之又爲袪則先時狹短無袪可知吉時麛裘

袪裼之可也。裼表裘也有袪而裼之備飾也玉藻曰麛裘青犴褎絞衣以裼之鹿裘亦用絞乎

【疏】正義曰練小祥也小祥而著練冠練中衣故曰練也練衣者練爲中衣黃裏者黃爲中衣裏也正服不可變中衣非正服但承衰而已故小祥而爲之黃袷裏也縓緣者縓爲淺絳色也緣謂中衣領及褎緣也裏用黃而領緣用縓者領緣外也明其外除故飾見外也　葛要絰者亦小祥後事也小祥男子去首絰唯餘要葛也　繩屨者謂父喪菅屨卒哭受齊衰蒯藨屨至小祥受大功繩麻屨也無絇者絇屨頭飾也吉有喪無　角瑱者瑱充耳也人君平常吉用玉爲之以掩於耳在初喪亦無至小祥微飾以角爲之　鹿裘者亦小祥後也爲冬時吉凶衣裏皆有裘吉時則貴賤有異喪時則同用大鹿皮爲之鹿色近白與喪相宜也　衡長袪者衡橫也袪褎緣口也小祥之前裘狹而短袂又無袪至小祥稍飾則更易作橫廣大者也又長之又設其袪也練而爲裘者爲猶作也前時已有裘但短小至小祥更作大長者橫廣之又長之爲袪更新造之又加此三法也　袪裼之可也者裼謂裘上又加衣也吉時裘上皆有裼衣喪已後既凶質雖有裘裘上未有裼衣至小祥裘既橫長及有袪爲吉轉文故加裼之可也案如此文明小祥時外有衰衰内有練中衣中衣内有裼衣裼衣内有鹿裘鹿裘内自有常著襦衣　注黃

禮記義十一　十八

潘本第十一卷第十八葉

事反必有祭者禮運云三年之喪期不使公羊傳亦期不使是知期内不使則期外可使也而曾子問云卒哭服金革之事無辟此魯侯有爲爲之也喪大記云卒哭而服金革之事鄭云權禮也是知卒哭而使非正禮也

練，練衣黃裏縓緣，小祥練冠練中衣以黃爲内縓爲飾黃之色卑於纁縓纁之類明外除

葛要絰，繩屨無絇，角瑱，瑱充耳也吉時以玉人君有瑱

鹿裘衡長袪，衡當爲橫字之誤也袪謂褎緣袂口也練而爲裘橫廣之又長之又爲袪則先時狹短無袪可知吉時麛裘

袪裼之可也。裼表裘也有袪而裼之備飾也玉藻曰麛裘青犴褎絞衣以裼之鹿裘亦用絞乎

【疏】正義曰練小祥也小祥而著練冠練中衣故曰練也練衣者練爲中衣黃裏者黃爲中衣裏也正服不可變中衣非正服但承衰而已故小祥而爲之黃袷裏也縓緣者縓爲淺絳色也緣謂中衣領及褎緣也裏用黃而領緣用縓者領緣外也明其外除故飾見外也　葛要絰者亦小祥後事也小祥男子去首絰唯餘要葛也　繩屨者謂父喪菅屨卒哭受齊衰蒯藨屨至小祥受大功繩麻屨也無絇者絇屨頭飾也吉有喪無　角瑱者瑱充耳也人君平常吉用玉爲之以掩於耳在初喪亦無至小祥微飾以角爲之　鹿裘者亦小祥後也爲冬時吉凶衣裏皆有裘吉時則貴賤有異喪時則同用大鹿皮爲之鹿色近白與喪相宜也　衡長袪者衡橫也袪褎緣口也小祥之前裘狹而短袂又無袪至小祥稍飾則更易作橫廣大者也又長之又設其袪也練而爲裘者爲猶作也前時已有裘但短小至小祥更作大長者橫廣之又長之爲袪更新造之又加此三法也　袪裼之可也者裼謂裘上又加衣也吉時裘上皆有裼衣喪已後既凶質雖有裘裘上未有裼衣至小祥裘既橫長及有袪爲吉轉文故加裼之可也案如此文明小祥時外有衰衰内有練中衣中衣内有裼衣裼衣内有鹿裘鹿裘内自有常著襦衣　注黃

禮記義十一　十八　胡昌

足利本第十一卷第十九葉

之至外除正義曰纁是赤色也其色華美黃雖是正色卑質於纁爾雅釋器云一染謂之縓三染謂之纁故言纁類也華者在外故云明外除注吉時以玉人君有瑱正義曰案吉時君大夫士皆有瑱此唯云人君有瑱者以經云角瑱故鄭云吉時以玉據人君吉時又云人君有瑱故知人臣凶時無瑱注玉藻至絞乎正義曰引玉藻者以此經鹿裘直云裼之可不知裼用何衣大者曰麛小者曰麛同類之物麛裘既用絞爲裼則鹿裘亦用絞乎乎者疑辭然麛裘用青豻爲褎則鹿裘之褎亦用青豻也有殯聞遠兄弟之喪雖緦必往親骨肉也非兄弟雖鄰不往疏無親也所識其兄弟不同居者皆弔就其家弔之成恩舊也疏正義曰此一節論哭弔之事所識其兄弟不同居者皆弔者此文連上有殯之下若其骨血兄弟雖緦必往若其非兄弟骨血疏外之人雖鄰不往今有既非兄弟又非疏外平生所共識知往來同恩好今若身死者兄弟雖不同居亦就往弔之成其死者之恩舊也其死者兄弟不同居尚往弔之則死者子孫就弔可知舉疏以見親也已有殯得弔之者以其死者與我有恩舊也皇氏以爲别更起文不連有殯之事所識者謂識其死者之兄弟是小功以下之親既識兄弟雖不同居皆一一就弔之未知然否故兩存焉天子之棺四重尚深邃也諸公三重諸侯再重大夫一重士不重水兕革棺被之其厚三寸以水牛兕牛之革以爲棺被革各厚三寸合六寸也此爲一重杝棺一所謂椑棺也爾雅曰椵杝梓棺二所謂屬與大棺四者皆周周帀也凡棺用能濕之物棺束縮二衡三衽每束一衡亦當爲橫衽今小要衽或作漆或作髹柏椁以端長六尺

禮記義十一　十九

潘本第十一卷第十九葉

之至外除正義曰纁是赤色也其色華美黃雖是正色卑質於纁爾雅釋器云一染謂之縓三染謂之纁故言纁類也華者在外故云明外除注吉時以玉人君有瑱正義曰案吉時君大夫士皆有瑱此唯云人君有瑱者以經云角瑱故鄭云吉時以玉據人君吉時又云人君有瑱故知人臣凶時無瑱注玉藻至絞乎正義曰引玉藻者以此經鹿裘直云裼之可不知裼用何衣大者曰麛小者曰麛同類之物麛裘既用絞爲裼則鹿裘亦用絞乎乎者疑辭然麛裘用青豻爲褎則鹿裘之褎亦用青豻也有殯聞遠兄弟之喪雖緦必往親骨肉也非兄弟雖鄰不往疏無親也所識其兄弟不同居者皆弔就其家弔之成恩舊也疏正義曰此一節論哭弔之事所識其兄弟不同居者皆弔者此文連上有殯之下若其骨血兄弟雖緦必往若其非兄弟骨血疏外之人雖鄰不往今有既非兄弟又非疏外平生所共識知往來同恩好今若身死者兄弟雖不同居亦就往弔之成其死者之恩舊也其死者兄弟不同居尚往弔之則死者子孫就弔可知舉疏以見親也已有殯得弔之者以其死者與我有恩舊也皇氏以爲别更起文不連有殯之事所識者謂識其死者之兄弟是小功以下之親既識兄弟雖不同居皆一一就弔之未知然否故兩存焉天子之棺四重尚深邃也諸公三重諸侯再重大夫一重士不重水兕革棺被之其厚三寸以水牛兕牛之革以爲棺被革各厚三寸合六寸也此爲一重杝棺一所謂椑棺也爾雅曰椵杝梓棺二所謂屬與大棺四者皆周周帀也凡棺用能濕之物棺束縮二衡三衽每束一衡亦當爲橫衽今小要衽或作漆或作髹柏椁以端長六尺

禮記義十一　十九

以端題湊也　疏　正義曰此一節論天子諸侯以下棺槨其方蓋一尺　厚薄長短之事　天子之棺四重者尊者尚深邃也四重者水牛兕牛皮二物爲一重也又杝爲第二重也又屬爲第三重也又大棺爲第四重也四重凡五物也以次而差之上公三重則去水牛餘兕杝屬大棺也侯伯子男再重又去兕餘杝屬大棺大夫一重又去杝餘屬大棺也士不重又去屬唯單用大棺也天子大棺厚八寸屬六寸椑四寸又二皮六寸合二尺四寸也上公去水牛之三寸餘兕椑屬大棺則合二尺一寸諸侯又去兕之三寸餘合一尺八寸也列國上卿又除椑四寸餘合一尺四寸也大夫大棺六寸屬四寸合一尺士則不重但大棺六寸耳故庶人四寸矣而天子卿大夫文不見有通者云天子卿大夫並與列國君同若天子之士與諸侯大夫同也喪質不得依吉時祭服也若吉時祭服則天子臣與諸侯同然春秋時多僭趙簡子言罰乃不設屬椑非也水兕二皮並不能厚三寸故合被之令各厚三寸也二皮能

濕故最在裏近尸也　杝棺一者椵也材亦能濕故次皮也杝唯一種故云一也諸侯無革則杝親尸也所謂椑棺也即前言君即位爲椑是也杝即椵木鄭引爾雅曰椵杝一物二名名椵又名杝也　梓棺二者杝棺之外又有屬棺屬棺之外又有大棺大棺與屬棺並用梓故云二也則喪大記云屬六寸大棺八寸也　四者皆周者四重也周帀也謂四重之棺上下四方悉周帀也唯槨不周下有茵上有抗席故也　棺束者古棺木無釘故用皮束合之　縮二者縮縱也縱束者用二行也　衡三者橫束者三行也　衽每束一者衽小要也其形兩頭廣中央小也既不用釘棺但先鑿棺邊及兩頭合際處作坎形則以小要連之令固棺並相對每束之處以一行之衽連之若豎束之處則豎著其衽以連棺蓋及底之木使與棺頭尾之材相固漢時呼衽爲小要也　柏槨者謂爲槨用柏也天子柏諸侯松大夫柏士雜木也鄭注方相職云天子槨柏黃腸爲裏而表以石焉　以端者端猶頭也積柏材作槨並

以端題湊也　疏　正義曰此一節論天子諸侯以下棺槨其方蓋一尺　厚薄長短之事　天子之棺四重者尊者尚深邃也四重者水牛兕牛皮二物爲一重也又杝爲第二重也又屬爲第三重也又大棺爲第四重也四重凡五物也以次而差之上公三重則去水牛餘兕杝屬大棺也侯伯子男再重又去兕餘杝屬大棺大夫一重又去杝餘屬大棺也士不重又去屬唯單用大棺也天子大棺厚八寸屬六寸椑四寸又二皮六寸合二尺四寸也上公去水牛之三寸餘兕椑屬大棺則合二尺一寸諸侯又去兕之三寸餘合一尺八寸也列國上卿又除椑四寸餘合一尺四寸也大夫大棺六寸屬四寸合一尺士則不重但大棺六寸耳故庶人四寸矣而天子卿大夫文不見有通者云天子卿大夫並與列國君同若天子之士與諸侯大夫同也喪質不得依吉時祭服也若吉時祭服則天子臣與諸侯同然春秋時多僭趙簡子言罰乃不設屬椑非也水兕二皮並不能厚三寸故合被之令各厚三寸也二皮能

禮記義十一　二十

濕故最在裏近尸也　杝棺一者椵也材亦能濕故次皮也杝唯一種故云一也諸侯無革則杝親尸也所謂椑棺也即前言君即位爲椑是也杝即椵木鄭引爾雅曰椵杝一物二名名椵又名杝也　梓棺二者杝棺之外又有屬棺屬棺之外又有大棺大棺與屬棺並用梓故云二也則喪大記云屬六寸大棺八寸也　四者皆周者四重也周帀也謂四重之棺上下四方悉周帀也唯槨不周下有茵上有抗席故也　棺束者古棺木無釘故用皮束合之　縮二者縮縱也縱束者用二行也　衡三者橫束者三行也　衽每束一者衽小要也其形兩頭廣中央小也既不用釘棺但先鑿棺邊及兩頭合際處作坎形則以小要連之令固棺並相對每束之處以一行之衽連之若豎束之處則豎著其衽以連棺蓋及底之木使與棺頭尾之材相固漢時呼衽爲小要也　柏槨者謂爲槨用柏也天子柏諸侯松大夫柏士雜木也鄭注方相職云天子槨柏黃腸爲裏而表以石焉　以端者端猶頭也積柏材作槨並

足利本第十一卷第二十一葉

葺材頭也故云以端　長六尺者天子椑材每段長六尺而方一尺天子以下庶人以上鄭注喪大記具之　注衽或作漆或作髹　正義曰經之衽字諸禮記本或有作漆字者或有作髹字者　注以端至一尺　正義曰以此木之端首題湊嚮内知其方蓋一尺者以庶人四寸之棺五寸之椑椑厚於棺一寸案喪大記君大棺八寸君謂諸侯則天子之大棺或當九寸其椑厚一尺故云其方蓋一尺則椑之厚也如鄭此言椑材並皆從下壘至上始為題湊湊嚮也言木之頭相嚮而作四阿也如此乃得椑之厚薄與棺相準皇氏以為壘椑材從下即題湊椑六尺與椑全不相應又鄭何云其方蓋一尺皇氏之義非也

天子之哭諸侯也爵弁經紂衣　服士之祭服以哭之明為變也天子至尊不見尸柩不弔服麻不加於采此言經衍字也時人聞有弁經因云之耳周禮王弔諸侯弁經緦衰也

或曰使有司哭之　非也哀戚之事不可虛

為之不以樂食　蓋謂殯斂之間　疏　正義曰此一節論天子哭諸侯之事　注服士至衰也　正義曰天子至尊不見尸柩不弔服者葬在本國天子遥哭之不親見尸柩不服緦衰弔而服爵弁紂衣絲衣也則諸侯以下雖不見尸柩仍弔服也　或曰使有司哭之者或人云天子不自哭但令有司哭之耳非也　為之不以樂食此是記者之言非復或人之說也天子食有樂今喪諸侯故食不復奏樂也此不以樂食者蓋謂殯斂之間鄭以意斷不用樂之期也諸侯五日殯也然諸侯為其臣或至葬不食肉卒哭不舉樂蓋臣少而已卑不得同王也

天子之殯也菆塗龍輴以椁　菆木以周龍輴如椁而塗之天子殯以輴車畫轅為龍

加斧于椁上畢塗屋　斧謂之黼白黑文也以刺繡於緣幕加椁以覆棺已乃屋其上盡塗之

天子之禮也　疏　正義

禮記義十一　二十一　高

潘本第十一卷第二十一葉

葺材頭也故云以端　長六尺者天子椑材每段長六尺而方一尺天子以下庶人以上鄭注喪大記具之　注衽或作漆或作髹　正義曰經之衽字諸禮記本或有作漆字者或有作髹字者　注以端至一尺　正義曰以此木之端首題湊嚮内知其方蓋一尺者以庶人四寸之棺五寸之椑椑厚於棺一寸案喪大記君大棺八寸君謂諸侯則天子之大棺或當九寸其椑厚一尺故云其方蓋一尺則椑之厚也如鄭此言椑材並皆從下壘至上始為題湊湊嚮也言木之頭相嚮而作四阿也如此乃得椑之厚薄與棺相準皇氏以為壘椑材從下即題湊椑六尺與椑全不相應又鄭何云其方蓋一尺皇氏之義非也

天子之哭諸侯也爵弁經紂衣　服士之祭服以哭之明為變也天子至尊不見尸柩不弔服麻不加於采此言經衍字也時人聞有弁經因云之耳周禮王弔諸侯弁經緦衰也

或曰使有司哭之　非也哀戚之事不可虛

為之不以樂食　蓋謂殯斂之間　疏　正義曰此一節論天子哭諸侯之事　注服士至衰也　正義曰天子至尊不見尸柩不弔服者葬在本國天子遥哭之不親見尸柩不服緦衰弔而服爵弁紂衣絲衣也則諸侯以下雖不見尸柩仍弔服也　或曰使有司哭之者或人云天子不自哭但令有司哭之耳非也　為之不以樂食此是記者之言非復或人之說也天子食有樂今喪諸侯故食不復奏樂也此不以樂食者蓋謂殯斂之間鄭以意斷不用樂之期也諸侯五日殯也然諸侯為其臣或至葬不食肉卒哭不舉樂蓋臣少而已卑不得同王也

天子之殯也菆塗龍輴以椁　菆木以周龍輴如椁而塗之天子殯以輴車畫轅為龍

加斧于椁上畢塗屋　斧謂之黼白黑文也以刺繡於緣幕加椁以覆棺已乃屋其上盡塗之

天子之禮也　疏　正義

禮記義十一　二十一　高

曰此一節論菆塗爲古天子殯法也菆叢也謂用木叢棺而四面塗之故云菆塗也　龍輴者殯時輴車載柩而畫轅爲龍故云龍輴也　以椁者亦題湊叢木象椁之形故云以椁　加斧于椁上者斧謂繡覆棺之衣爲斧文也先菆四面爲椁使上與棺齊而上猶開也以棺衣從椁上入覆於棺故云加斧于椁上也　畢塗屋者畢盡也斧覆既竟又四注爲屋覆上而下四面盡塗之也故云畢塗屋鄭云菆木以周龍輴者謂叢衆木直壘周龍輴至上乃題湊則諸侯至上不題湊也

唯天子之喪有別姓而哭　使諸侯同姓異姓庶姓相從而爲位別於朝覲來時朝覲爵同同位　疏　正義曰此一節論哭天子之事各依文解之　注使諸至同位　正義曰異姓者鄭注周禮云王昏姻甥舅庶姓者謂與王無親者此言朝覲爵同同位則不分別同姓異姓然覲禮諸侯受舍於朝同姓西面異姓東面鄭注云分別同姓異姓受之將有先後也與此不同者覲禮先公而後侯先侯而後伯是亦爵同同位但就同姓之中先爵尊耳與此無別

禮記義十一　二十二

魯哀公誄孔丘曰天不遺耆老莫相予位焉嗚呼哀哉尼父　誄其行以爲謚也莫無也相佐也言孔子死無佐助我處位者尼父因且一字以爲之謚　疏　正義曰此一節論哀公誄孔子之事孔子以哀公十六年夏四月己丑日卒哀公欲爲作謚作謚宜先列其生時行狀謂之爲誄　曰天不遺耆老莫相予位焉者作誄辭也遺置也耆老謂孔子也莫無也相佐也言上天不置孔子故無復佐助我處於位者也　嗚呼哀哉傷痛之辭也　尼父尼則謚也父且字甫是丈夫之美稱稱字而呼之尼父也

國亡大縣邑公卿大夫士皆厭冠哭於大廟三日君不舉　軍敗失地以喪歸也厭冠今喪冠其服未聞　**或曰君舉**

曰此一節論菆塗爲古天子殯法也菆叢也謂用木叢棺而四面塗之故云菆塗也　龍輴者殯時輴車載柩而畫轅爲龍故云龍輴也　以椁者亦題湊叢木象椁之形故云以椁　加斧于椁上者斧謂繡覆棺之衣爲斧文也先菆四面爲椁使上與棺齊而上猶開也以棺衣從椁上入覆於棺故云加斧于椁上也　畢塗屋者畢盡也斧覆既竟又四注爲屋覆上而下四面盡塗之也故云畢塗屋鄭云菆木以周龍輴者謂叢衆木直壘周龍輴至上乃題湊則諸侯至上不題湊也

唯天子之喪有別姓而哭　使諸侯同姓異姓庶姓相從而爲位別於朝覲來時朝覲爵同同位　疏　正義曰此一節論哭天子之事各依文解之　注使諸至同位　正義曰異姓者鄭注周禮云王昏姻甥舅庶姓者謂與王無親者此言朝覲爵同同位則不分別同姓異姓然覲禮諸侯受舍於朝同姓西面異姓東面鄭注云分別同姓異姓受之將有先後也與此不同者覲禮先公而後侯先侯而後伯是亦爵同同位但就同姓之中先爵尊耳與此無別

禮記義十一　二十二

魯哀公誄孔丘曰天不遺耆老莫相予位焉嗚呼哀哉尼父　誄其行以爲謚也莫無也相佐也言孔子死無佐助我處位者尼父因且一字以爲之謚　疏　正義曰此一節論哀公誄孔子之事孔子以哀公十六年夏四月己丑日卒哀公欲爲作謚作謚宜先列其生時行狀謂之爲誄　曰天不遺耆老莫相予位焉者作誄辭也遺置也耆老謂孔子也莫無也相佐也言上天不置孔子故無復佐助我處於位者也　嗚呼哀哉傷痛之辭也　尼父尼則謚也父且字甫是丈夫之美稱稱字而呼之尼父也

國亡大縣邑公卿大夫士皆厭冠哭於大廟三日君不舉　軍敗失地以喪歸也厭冠今喪冠其服未聞　**或曰君舉**

而哭於后土 后土社也 疏 正義曰此一節論人君爲國致憂之事 國亡大縣邑者亡失也國之軍敗亡失土邑也 公卿大夫士皆厭冠哭於大廟三日者公孤也士喪禮云公卿大夫繼主人鄭云公大國之孤四命者是也厭冠喪冠也國既失地是諸侯無德所招故諸臣皆著喪冠而哭於君之大廟三日也失地爲先祖所哀故在廟也 君不舉者舉謂舉樂也臣入廟三日哭故君亦三日不舉樂也或曰君舉而哭於后土者后土社也又有或者言亦舉樂而自於社中哭之社主土故也然二處之哭鄭皆不非未知孰是庾蔚云舉者謂舉饌引周禮膳夫王日一舉又王齊日三舉注云殺牲盛饌曰舉案庾蔚及前通合而爲用也 **孔子惡野哭者** 爲其變衆周禮銜枚氏掌禁野叫呼歎嗚於國中者行歌哭於國中之道者 疏 正義曰哭非其地謂之野爲變衆故惡之也 **未仕者不敢稅人如稅人則以父兄之命** 不專家財也稅謂遺予人 疏 正義曰此論人子之法也 稅人謂以物遺人也未仕未尊則亦不敢專家財餉人也如稅人謂己仕者也雖得遺人亦當必稱父兄以將遺之 **士備入而后朝夕踊** 備猶盡也國君之喪嫌主人哭入則踊 疏 正義曰此一節論君喪羣臣朝夕哭踊之事備盡也國君喪羣臣則朝夕即位哭踊嗣君孝子雖先入即位哭必待諸臣皆入列位畢後乃俱踊者也士卑最後故舉士入爲畢也所入有前後而相待踊者孝子哀深故前入也踊須相視爲節故侯齊也 **祥而縞** 縞冠素紕也 **是月禫徙月樂** 言禫明月可以用樂 疏 正義曰祥大祥也縞謂縞冠大祥日著之故小記除成喪者其祭也朝服縞冠是也 是月禫徙月樂者鄭志曰既禫徙月而樂作禮之正也孔子五日彈琴自省樂哀未忘耳踰月可以歌皆自身踰月所爲也此非當月

禮記義十一 二十三 高畯

而哭於后土 后土社也 疏 正義曰此一節論人君爲國致憂之事 國亡大縣邑者亡失也國之軍敗亡失土邑也 公卿大夫士皆厭冠哭於大廟三日者公孤也士喪禮云公卿大夫繼主人鄭云公大國之孤四命者是也厭冠喪冠也國既失地是諸侯無德所招故諸臣皆著喪冠而哭於君之大廟三日也失地爲先祖所哀故在廟也 君不舉者舉謂舉樂也臣入廟三日哭故君亦三日不舉樂也或曰君舉而哭於后土者后土社也又有或者言亦舉樂而自於社中哭之社主土故也然二處之哭鄭皆不非未知孰是庾蔚云舉者謂舉饌引周禮膳夫王日一舉又王齊日三舉注云殺牲盛饌曰舉案庾蔚及前通合而爲用也 **孔子惡野哭者** 爲其變衆周禮銜枚氏掌禁野叫呼歎嗚於國中者行歌哭於國中之道者 疏 正義曰哭非其地謂之野爲變衆故惡之也 **未仕者不敢稅人如稅人則以父兄之命** 不專家財也稅謂遺予人 疏 正義曰此論人子之法也 稅人謂以物遺人也未仕未尊則亦不敢專家財餉人也如稅人謂己仕者也雖得遺人亦當必稱父兄以將遺之 **士備入而后朝夕踊** 備猶盡也國君之喪嫌主人哭入則踊 疏 正義曰此一節論君喪羣臣朝夕哭踊之事備盡也國君喪羣臣則朝夕即位哭踊嗣君孝子雖先入即位哭必待諸臣皆入列位畢後乃俱踊者也士卑最後故舉士入爲畢也所入有前後而相待踊者孝子哀深故前入也踊須相視爲節故侯齊也 **祥而縞** 縞冠素紕也 **是月禫徙月樂** 言禫明月可以用樂 疏 正義曰祥大祥也縞謂縞冠大祥日著之故小記除成喪者其祭也朝服縞冠是也 是月禫徙月樂者鄭志曰既禫徙月而樂作禮之正也孔子五日彈琴自省樂哀未忘耳踰月可以歌皆自身踰月所爲也此非當月

禮記義十一 二十三 高畯

所受樂名既禫始得備樂而在心猶未忘能歡從月之樂極歡也哀殺有漸是以樂亦隨之也

君於士有賜帟帟幕之小者所以承塵賜之則張於殯上大夫以上幕人職供焉

〔疏〕正義曰賜惠賜也帟者幕之小者也大夫以上喪則幕人職供之也士唯有君恩賜之乃得有帟也

禮記正義卷第十一

二十四　馬奉

足利本第十一卷第二十四葉

所受樂名既禫始得備樂而在心猶未忘能歡從月之樂極歡也哀殺有漸是以樂亦隨之也

君於士有賜帟帟幕之小者所以承塵賜之則張於殯上大夫以上幕人職供焉

〔疏〕正義曰賜惠賜也帟者幕之小者也大夫以上喪則幕人職供之也士唯有君恩賜之乃得有帟也

禮記正義卷第十一

禮記正義十一　二十四　馬奉

潘本第十一卷第二十四葉

足利本第十二卷第一葉

禮記正義卷第十二

國子祭酒上護軍曲阜縣開國子臣孔穎達等奉
勑撰

檀弓下第四

正義曰案鄭目録云義同前篇以簡策繁多故分爲上下二卷

君之適長殤車三乘公之庶長殤車一乘大夫之適長殤車一乘 皆下成人也自上而下降殺以兩成人遣車五乘長殤三乘下殤一乘尊卑以此差之庶子言公卑遠之傳曰大功之殤中從上

疏 正義曰此一節論諸侯及卿大夫之子送葬遣車之數 君者五等諸侯也今此謂諸侯適子在長殤而死故云君之適長殤也車三乘者遣車也葬柩朝廟畢將行設遣奠竟取遣奠牲體臂臑折之爲段用此車載之以遣送之者故謂之遣車然遣車之形甚小周禮巾車云大喪飾遣車鄭云使人以次舉之以如墓也又雜記遣車視牢具置于四隅鄭云四隅椁中之四隅以此而推故知小也所以必須遣車者雜記云大饗既饗卷三牲之俎歸于賓館父母而賓客之所以爲哀也是言父母方將遠去亦如賓客之義所以載牲體送之也但遣車之數貴賤不同若生有爵命車馬之賜則死有遣車送之諸侯七乘大夫五乘此後有明文鄭推諸侯既七乘降殺宜兩則國王宜九乘士三乘也今此所明並是殤未成人未有爵命車馬之賜而得遣車者言其父有之得與子也王九乘若適子成人則應七乘在長殤而死則五乘中殤從上亦五乘下殤三乘也若有國王庶子成人則應五乘長殤中殤三乘下殤一乘也諸侯既自得七乘其適子成人五乘長殤三乘故君之適長殤車三乘也中則從

潘本第十二卷第一葉

禮記正義卷第十二

國子祭酒上護軍曲阜縣開國子臣孔穎達等奉
勑撰

檀弓下第四

正義曰案鄭目録云義同前篇以簡策繁多故分爲上下二卷

君之適長殤車三乘公之庶長殤車一乘大夫之適長殤車一乘 皆下成人也自上而下降殺以兩成人遣車五乘長殤三乘下殤一乘尊卑以此差之庶子言公卑遠之傳曰大功之殤中從上

疏 正義曰此一節論諸侯及卿大夫之子送葬遣車之數 君者五等諸侯也今此謂諸侯適子在長殤而死故云君之適長殤也車三乘者遣車也葬柩朝廟畢將行設遣奠竟取遣奠牲體臂臑折之爲段用此車載之以遣送之者故謂之遣車然遣車之形甚小周禮巾車云大喪飾遣車鄭云使人以次舉之以如墓也又雜記遣車視牢具置于四隅鄭云四隅椁中之四隅以此而推故知小也所以必須遣車者雜記云大饗既饗卷三牲之俎歸于賓館父母而賓客之所以爲哀也是言父母方將遠去亦如賓客之義所以載牲體送之也但遣車之數貴賤不同若生有爵命車馬之賜則死有遣車送之諸侯七乘大夫五乘此後有明文鄭推諸侯既七乘降殺宜兩則國王宜九乘士三乘也今此所明並是殤未成人未有爵命車馬之賜而得遣車者言其父有之得與子也王九乘若適子成人則應七乘在長殤而死則五乘中殤從上亦五乘下殤三乘也若有國王庶子成人則應五乘長殤中殤三乘下殤一乘也諸侯既自得七乘其適子成人五乘長殤三乘故君之適長殤車三乘也中則從

足利本第十二卷第二葉

上若下殤則一乘也　公之庶長殤車一乘者公亦諸侯也適長殤既三乘庶子若成人乃三乘而長殤則一乘故云車一乘也中殤亦從上若下殤則無　大夫之適長殤車一乘者大夫自得五乘適子成人三乘長殤降二故一乘也中殤從上亦一乘若下殤及庶殤並不得也案下注云人臣賜車馬乃得有遣車禮三命始賜車馬然諸侯大夫再命而下則不合有遣車今大夫適子長殤得有遣車一乘者以其身爲大夫德位既重雖未三命得有遣車約鄭注雜記云則士無遣車禮天子上士三命得有車馬之賜而云士無遣車者謂諸侯之士及天子中士下士也但喪禮質略天子之臣與諸侯之臣命數雖殊喪禮不異故鄭云大夫以上乃有遣車文主天子大夫其實兼諸侯大夫也鄭以士無遣車者文主諸侯之士其實亦兼天子中下士也諸侯及大夫之子熊氏云人臣得車馬賜者遣車得及子若不得車馬賜者雖爲大夫遣車不得及子案此經云大夫之適長殤車一乘則大夫之身五乘下云大夫

禮記義十二　二　張[illegible]

五个遣車五乘二文正同但此揔爲殤而言之故言其子下文爲晏子大儉故舉國君及大夫之身本無及子不及子之義橫生異意無所證據熊氏非也雜記云遣車視牢具則遣車一乘當苞一个士無遣車既夕禮苞三个者亦是豐小殺大禮之義若服虔之意視牢具者視饔餼牢具故襄二十五年崔杼葬莊公下車七乘服注云上公饔餼九牢遣車九乘與此異也　注庶子至從上　正義曰君是對臣之名有地大夫以上皆有君號公則五等之上又同三公之尊今庶子言公就其尊號是卑遠於庶子也此有公君相對故爲此解若文無所對嫡亦稱公故喪服云公子嫡子是也又鄭引喪服傳云大功之殤中從上者證此遣車亦中從上也必知然者服是生人所著哀念死者車亦生者所有被及亡人車服雖殊皆緣生者之事故車馬與服同中從上若其瓦棺聖周之屬本爲死者中殤年實童幼故從於下盧植以爲遣車亦中從下非其宜　公之喪諸達官之長

潘本第十二卷第二葉

上若下殤則一乘也　公之庶長殤車一乘者公亦諸侯也適長殤既三乘庶子若成人乃三乘而長殤則一乘故云車一乘也中殤亦從上若下殤則無　大夫之適長殤車一乘者大夫自得五乘適子成人三乘長殤降二故一乘也中殤從上亦一乘若下殤及庶殤並不得也案下注云人臣賜車馬乃得有遣車禮三命始賜車馬然諸侯大夫再命而下則不合有遣車今大夫適子長殤得有遣車一乘者以其身爲大夫德位既重雖未三命得有遣車約鄭注雜記云則士無遣車禮天子上士三命得有車馬之賜而云士無遣車者謂諸侯之士及天子中士下士也但喪禮質略天子之臣與諸侯之臣命數雖殊喪禮不異故鄭云大夫以上乃有遣車文主天子大夫其實兼諸侯大夫也鄭以士無遣車者文主諸侯之士其實亦兼天子中下士也諸侯及大夫之子熊氏云人臣得車馬賜者遣車得及子若不得車馬賜者雖爲大夫遣車不得及子案此經云大夫之適長殤車一乘則大夫之身五乘下云大夫

禮記義十二　二　張[illegible]

五个遣車五乘二文正同但此揔爲殤而言之故言其子下文爲晏子大儉故舉國君及大夫之身本無及子不及子之義橫生異意無所證據熊氏非也雜記云遣車視牢具則遣車一乘當苞一个士無遣車既夕禮苞三个者亦是豐小殺大禮之義若服虔之意視牢具者視饔餼牢具故襄二十五年崔杼葬莊公下車七乘服注云上公饔餼九牢遣車九乘與此異也　注庶子至從上　正義曰君是對臣之名有地大夫以上皆有君號公則五等之上又同三公之尊今庶子言公就其尊號是卑遠於庶子也此有公君相對故爲此解若文無所對嫡亦稱公故喪服云公子嫡子是也又鄭引喪服傳云大功之殤中從上者證此遣車亦中從上也必知然者服是生人所著哀念死者車亦生者所有被及亡人車服雖殊皆緣生者之事故車馬與服同中從上若其瓦棺聖周之屬本爲死者中殤年實童幼故從於下盧植以爲遣車亦中從下非其宜　公之喪諸達官之長

足利本第十二卷第三葉

杖謂君所命雖有官職不達於君則不服斬疏正義曰此一節論臣爲君杖法　公者五等諸侯也諸者
非一之辭達官謂國之卿大夫士被君命者也旣被君命
故稱達官也旣達於官而貴有其職此對不達者爲長故
云長也若遭君喪則備服衰杖故云諸達官之長杖也不
云衰從可知也注謂君至服斬　正義曰不達於君謂
府史之屬也賤不被命是不達於君也不服斬衰但服齊
衰三月耳故喪服齊衰三月章有庶人爲國君鄭云不言
民而言庶人庶人或有在官者案彼注卽是不達者也皆
謂凡是庶人在官者若其近臣閽寺之屬雖無爵命但嗣
君服斬則亦服斬與此異也故喪服斬衰章云公士大夫
之衆臣爲其君布帶繩屨傳曰近臣君服斯服矣鄭注云
近臣閽寺之屬若大夫之臣雖不被命於諸侯得爲大
夫之君服斬與杖但衆臣降其帶屨用布帶繩屨耳君
於大夫將葬弔於宮及出命引之三步

禮記義十二　三

則止以義奪孝子宮殯宮出謂柩已在路如是者三君退退去也三命引
之凡移九步朝亦如之哀次亦如之君弔不必於宮朝喪朝廟也次
他日賓客所受大門外舍也孝
子至此而哀君或於是弔焉疏正義曰此一節論君
弔臣之禮君於大夫
之喪將至葬時君必親往弔於殯宮謂就殯宮以弔孝子
弔禮旣畢及其柩出殯宮之門孝子號慕攀轅柩車不動
君奪孝子之情命遣引之引者三步則止所以止者引者
不忍頓奪孝子之情故且止柩住君又命引之引之者三
步而止君又命引之引之者三步而止故如是者三君又
命引之柩車遂行君便退去君或來弔參差早晚不必恒
在殯宮或當朝廟明日將發之時亦如柩出殯宮命引之
三步如是者三之事故云朝亦如之君弔或晚不及朝廟
之時朝廟已畢柩出大門至平生待賓客次舍之處孝子
哀其平生次舍之處停柩不行君於是始弔弔畢君命引

潘本第十二卷第三葉

杖謂君所命雖有官職不達於君則不服斬疏正義曰此一節論臣爲君杖法　公者五等諸侯也諸者
非一之辭達官謂國之卿大夫士被君命者也旣被君命
故稱達官也旣達於官而貴有其職此對不達者爲長故
云長也若遭君喪則備服衰杖故云諸達官之長杖也不
云衰從可知也注謂君至服斬　正義曰不達於君謂
府史之屬也賤不被命是不達於君也不服斬衰但服齊
衰三月耳故喪服齊衰三月章有庶人爲國君鄭云不言
民而言庶人庶人或有在官者案彼注卽是不達者也皆
謂凡是庶人在官者若其近臣閽寺之屬雖無爵命但嗣
君服斬則亦服斬與此異也故喪服斬衰章云公士大夫
之衆臣爲其君布帶繩屨傳曰近臣君服斯服矣鄭注云
近臣閽寺之屬若大夫之臣雖不被命於諸侯得爲大
夫之君服斬與杖但衆臣降其帶屨用布帶繩屨耳君
於大夫將葬弔於宮及出命引之三步

禮記義十二　三

則止以義奪孝子宮殯宮出謂柩已在路如是者三君退退去也三命引
之凡移九步朝亦如之哀次亦如之君弔不必於宮朝喪朝廟也次
他日賓客所受大門外舍也孝
子至此而哀君或於是弔焉疏正義曰此一節論君
弔臣之禮君於大夫
之喪將至葬時君必親往弔於殯宮謂就殯宮以弔孝子
弔禮旣畢及其柩出殯宮之門孝子號慕攀轅柩車不動
君奪孝子之情命遣引之引者三步則止所以止者引者
不忍頓奪孝子之情故且止柩住君又命引之引之者三
步而止君又命引之引之者三步而止故如是者三君又
命引之柩車遂行君便退去君或來弔參差早晚不必恒
在殯宮或當朝廟明日將發之時亦如柩出殯宮命引之
三步如是者三之事故云朝亦如之君弔或晚不及朝廟
之時朝廟已畢柩出大門至平生待賓客次舍之處孝子
哀其平生次舍之處停柩不行君於是始弔弔畢君命引

之使行如上來之事故云哀次亦如之 注 宮殯至在路
正義曰知此是宮者以下云朝及哀次以朝廟及出大
門哀次之事此文在其前以事前後故知是殯宮也云出
謂柩已在路者對宮中未行今已出殯門將往禰廟謂之
在路賀瑒以路謂載柩之車義亦通也 注 退去至九步
正義曰鄭嫌退謂逡巡且退故云退去也云三命引之
凡移九步者以禮成於三故知凡爲九步鄭必分明言九
步者以經上云引之三步則止下云如是者三恐別更爲
三通前爲四有十二步之嫌故明言九步也九步既停君
又須命引之則當四命也或可君既三命柩雖三步暫停
孝子更須有事君即退 注 君弔至弔焉 正義曰君於
大夫恩義或有厚薄或弔有早晚故云君弔不必於宮也
宮謂殯宮也從上可知也知朝是喪朝廟者朝與哀次相
對故知朝廟也柩之朝廟今日至廟明日乃去此弔謂明
日將去之時故有命引之云次他日賓客所受大門外舍
也者以覲禮諸侯受次舍于廟門外明大夫大門外亦有

禮記正義十二 四 姜仲

賓次也然主位在門東孝子必哀門西賓次者以平生門
東待賓客無次孝子見門西張次之處而哀故云哀次云
君或於是弔焉者以君弔正禮當於殯宮或於朝祖廟無
門外君弔之禮君來弔或晚有避近於是弔焉故云或或
是不定之辭 五十無車者不越疆而弔人 氣力始衰 疏
正義曰此一節論衰老不許徒行遠弔之事所以特不許
越疆而弔人者五十既衰越疆則道路遥遠弔人又悲慼
哀戚恐增衰惡故不許也 季武子寢疾蟜固不說齊衰
而入見曰斯道也將亡矣士唯公門說
齊衰 季武子魯大夫季孫夙也世爲上卿強且專政國人事之如君蟜固能守禮不畏之矯失俗也道猶禮也
武子曰不亦善乎君子表微 時無如之何佯若善之表

足利本第十二卷第四葉

之使行如上來之事故云哀次亦如之 注 宮殯至在路
正義曰知此是宮者以下云朝及哀次以朝廟及出大
門哀次之事此文在其前以事前後故知是殯宮也云出
謂柩已在路者對宮中未行今已出殯門將往禰廟謂之
在路賀瑒以路謂載柩之車義亦通也 注 退去至九步
正義曰鄭嫌退謂逡巡且退故云退去也云三命引之
凡移九步者以禮成於三故知凡爲九步鄭必分明言九
步者以經上云引之三步則止下云如是者三恐別更爲
三通前爲四有十二步之嫌故明言九步也九步既停君
又須命引之則當四命也或可君既三命柩雖三步暫停
孝子更須有事君即退 注 君弔至弔焉 正義曰君於
大夫恩義或有厚薄或弔有早晚故云君弔不必於宮也
宮謂殯宮也從上可知也知朝是喪朝廟者朝與哀次相
對故知朝廟也柩之朝廟今日至廟明日乃去此弔謂明
日將去之時故有命引之云次他日賓客所受大門外舍
也者以覲禮諸侯受次舍于廟門外明大夫大門外亦有

禮記義十二 四 姜仲

賓次也然主位在門東孝子必哀門西賓次者以平生門
東待賓客無次孝子見門西張次之處而哀故云哀次云
君或於是弔焉者以君弔正禮當於殯宮或於朝祖廟無
門外君弔之禮君來弔或晚有避近於是弔焉故云或或
是不定之辭 五十無車者不越疆而弔人 氣力始衰 疏
正義曰此一節論衰老不許徒行遠弔之事所以特不許
越疆而弔人者五十既衰越疆則道路遥遠弔人又悲慼
哀戚恐增衰惡故不許也 季武子寢疾蟜固不說齊衰
而入見曰斯道也將亡矣士唯公門說
齊衰 季武子魯大夫季孫夙也世爲上卿強且專政國人事之如君蟜固能守禮不畏之矯失俗也道猶禮也
武子曰不亦善乎君子表微 時無如之何佯若善之表

潘本第十二卷第四葉

猶明也**及其喪也曾點倚其門而歌**明己不與也點字晳曾參父 疏 正義曰此一節論季武子無禮蟜固正之事武子魯之執政上卿時人畏之事之如君入其門皆說衰唯蟜固不說齊衰而入見武子謂武子曰我所以著齊衰而入者以此著齊衰之道將亡絕矣以時人畏爾入門者皆說齊衰故此著衰入大夫之門其道將絕又語武子若依正禮士唯入公門乃說齊衰而入大夫之門不合說也言將亡者其時猶餘大夫之門猶有著齊衰者故云將亡將亡者未絕之辭武子既得蟜固之言心雖恚恨身既寢疾無柰之何乃佯言若美之汝之所言不亦善乎所以善者若失禮顯著凡人皆知若失禮微細唯君子乃能表明之今說齊衰失禮之微汝能知之是君子之人故云君子表微及武子之喪曾點慕蟜固之直乃倚武子之門而歌明己不與武子故無哀戚 注 季武至禮也 正義曰知是上卿專政者左傳文云國人事之如君者入君

禮記疏十二 五 鄭復

門說齊衰今入武子之門亦說齊衰是與君同也此謂不杖齊衰若杖齊衰雖入公門亦不說之具在下曲禮疏云蟜固能守禮不畏之矯失俗也者謂失禮風俗矯而正之據鄭此言則蟜固人之姓名其字從虫若矯正之字從矢熊氏云或有人矯武子固陋對文不知一何甚也 注 時無至善之 正義曰知非實善云佯善者其實善則尋常不合說齊衰故知佯若善蟜固也心實不善而佯善之是無如之何凡外貌爲陽內心爲陰實無內心但有外貌者謂之爲陽故史記韓非說難云陽收其身而實䟽之陰用其言而顯棄之是也此陽或言佯者字相假借義亦通也 注 點字晳曾參父 正義曰此史記仲尼弟子傳文彼文點字作蒧**大夫弔當事而至則辭焉**辭猶告也擯者以主人有事告也主人無事則爲大夫出**弔於人是日不樂**君子哀樂不同日子於是日哭則不歌**婦人不越疆而**

足利本第十二卷第五葉

潘本第十二卷第五葉

猶明也**及其喪也曾點倚其門而歌**明己不與也點字晳曾參父 疏 正義曰此一節論季武子無禮蟜固正之事武子魯之執政上卿時人畏之事之如君入其門皆說衰唯蟜固不說齊衰而入見武子謂武子曰我所以著齊衰而入者以此著齊衰之道將亡絕矣以時人畏爾入門者皆說齊衰故此著衰入大夫之門其道將絕又語武子若依正禮士唯入公門乃說齊衰而入大夫之門不合說也言將亡者其時猶餘大夫之門猶有著齊衰者故云將亡將亡者未絕之辭武子既得蟜固之言心雖恚恨身既寢疾無柰之何乃佯言若美之汝之所言不亦善乎所以善者若失禮顯著凡人皆知若失禮微細唯君子乃能表明之今說齊衰失禮之微汝能知之是君子之人故云君子表微及武子之喪曾點慕蟜固之直乃倚武子之門而歌明己不與武子故無哀戚 注 季武至禮也 正義曰知是上卿專政者左傳文云國人事之如君者入君

禮記疏十二 五 鄭復

門說齊衰今入武子之門亦說齊衰是與君同也此謂不杖齊衰若杖齊衰雖入公門亦不說之具在下曲禮疏云蟜固能守禮不畏之矯失俗也者謂失禮風俗矯而正之據鄭此言則蟜固人之姓名其字從虫若矯正之字從矢熊氏云或有人矯武子固陋對文不知一何甚也 注 時無至善之 正義曰知非實善云佯善者其實善則尋常不合說齊衰故知佯若善蟜固也心實不善而佯善之是無如之何凡外貌爲陽內心爲陰實無內心但有外貌者謂之爲陽故史記韓非說難云陽收其身而實䟽之陰用其言而顯棄之是也此陽或言佯者字相假借義亦通也 注 點字晳曾參父 正義曰此史記仲尼弟子傳文彼文點字作蒧**大夫弔當事而至則辭焉**辭猶告也擯者以主人有事告也主人無事則爲大夫出**弔於人是日不樂**君子哀樂不同日子於是日哭則不歌**婦人不越疆而**

弔人（不通於外）行弔之日不飲酒食肉焉（以全哀也）弔於葬者必執引若從柩及壙皆執紼（示助之以力車曰引棺曰紼從柩贏者）喪公弔之必有拜者（往謝之）雖朋友州里舍人可也（謂無主後）弔曰寡君承事（示亦爲執事來）主人曰臨（君辱臨其臣之喪）君遇柩於路必使人弔之（君於民臣有父母之恩）大夫之喪庶子不受弔（不以賤者爲有爵者主）疏 正義曰此一節論弔哭之禮各依文解之大夫弔謂大夫弔士也當事當主人有大小斂殯之事也大夫尊來弔士則孝子應出下堂迎之若正有事而至則孝子遣人辭告之道

禮記義十二　六　楊昌

有事不得出也〇注辭猶至夫出〇正義曰此出者正謂出之於庭不得出門外以男子之事自堂及門故也若未小斂以前唯君命出故士喪禮云唯君命出鄭注云大夫以下時來弔襚不出始喪哀戚甚在室是小斂以前不爲大夫出也正當小斂之節大夫來弔則辭之以有事斂畢當踊之時延大夫而入絶踊而拜之或大夫正當斂後踊時始來則亦絶踊拜之故雜記云當袒大夫至雖當踊絶踊而拜之注云尊大夫來至則拜之不待事已也若士來弔雖當斂不告以有事事畢踊後引士入然後拜之故雜記云於士既事成踊襲而后拜之是也此云不當事則爲大夫出於士雖不當事則不爲之出然士喪禮既小斂以後主人降自西階遂拜賓大夫特拜士旅之得出拜士者以主人將襲絰於序東因降階而拜之非故爲士而出拜之不當事爲大夫出謂出迎至庭若大夫退則出送于門外故士喪禮賓出主人拜送于門外鄭注云廟門外也廟門謂殯宮門也　婦人不越疆而弔人此是凡弔之法

弔人（不通於外）行弔之日不飲酒食肉焉（以全哀也）弔於葬者必執引若從柩及壙皆執紼（示助之以力車曰引棺曰紼從柩贏者）喪公弔之必有拜者（往謝之）雖朋友州里舍人可也（謂無主後）弔曰寡君承事（示亦爲執事來）主人曰臨（君辱臨其臣之喪）君遇柩於路必使人弔之（君於民臣有父母之恩）大夫之喪庶子不受弔（不以賤者爲有爵者主）疏 正義曰此一節論弔哭之禮各依文解之大夫弔謂大夫弔士也當事當主人有大小斂殯之事也大夫尊來弔士則孝子應出下堂迎之若正有事而至則孝子遣人辭告之道

禮記義十二　六　楊昌

有事不得出也〇注辭猶至夫出〇正義曰此出者正謂出之於庭不得出門外以男子之事自堂及門故也若未小斂以前唯君命出故士喪禮云唯君命出鄭注云大夫以下時來弔襚不出始喪哀戚甚在室是小斂以前不爲大夫出也正當小斂之節大夫來弔則辭之以有事斂畢當踊之時延大夫而入絶踊而拜之或大夫正當斂後踊時始來則亦絶踊拜之故雜記云當袒大夫至雖當踊絶踊而拜之注云尊大夫來至則拜之不待事已也若士來弔雖當斂不告以有事事畢踊後引士入然後拜之故雜記云於士既事成踊襲而后拜之是也此云不當事則爲大夫出於士雖不當事則不爲之出然士喪禮既小斂以後主人降自西階遂拜賓大夫特拜士旅之得出拜士者以主人將襲絰於序東因降階而拜之非故爲士而出拜之不當事爲大夫出謂出迎至庭若大夫退則出送于門外故士喪禮賓出主人拜送于門外鄭注云廟門外也廟門謂殯宮門也　婦人不越疆而弔人此是凡弔之法

足利本第十二卷第七葉

婦人無外事故不越疆而弔人　弔於葬者必執引　引柩車索也弔葬本爲助執事故必相助引柩車也　若從柩及壙皆執紼　者及至也紼引棺索也凡執引用人貴賤有數若其數足則餘人不得逕行皆散而從柩也至壙下棺窆時則不限人數皆悉執紼示助力也　注示助至贏者　正義曰引者長遠之名故在車車行遠也紼是撥舉之義故在棺棺唯撥舉不長遠也云從柩贏者贏餘也從柩者是執引所餘贏長者也何東山云天子千人諸侯五百人大夫三百人士五十人贏數外也　喪公弔之必有拜者　喪謂諸侯臣之喪公來親弔或遣人來弔喪家雖無主後必有以次疏親而往拜之以謝其恩疏親亦無雖死者朋友及同州同里及喪家典舍之人而往拜之可也此以無後故許他人拜謝若其有後主人故自當親拜是以既夕禮云主人乘惡車鄭注云拜君命是也　弔曰寡君承事　者此是君來語擯者使傳君來之辭也弔爲助事故雖君之尊亦稱承事也　主人曰臨　者主人辭謝之曰君

禮記義十二　七　宋瑁

屈辱降臨某之喪文稱寡君應是弔他國之臣上承公弔之下則是己國之臣稱寡君者以其示欲供承喪家之事故謙言寡君此謂大夫之喪也若弔士直稱君故士喪禮君使某弔如何不淑是也　君遇柩於路　君於其臣當特弔於家故喪大記於大夫及士皆親弔之又禮讖蕢尚受弔及杞梁之妻不受野弔是也其或卑小之臣及庶人之等君不豫知其喪造次遇柩於路既有民臣之恩以此使人弔故鄭答張逸謂行而遇之謂凡民也雖以民爲主亦兼微小臣君不豫知其喪故此云兼臣也　大夫之喪庶子不受弔　不受弔者謂不爲主人也適子主喪受弔拜賓若適子或有他故不在則雖庶子不敢受弔明已卑辟適也言大夫庶子不受弔則士之庶子得受弔也言不受弔不可以賤者爲有爵者喪主也　妻之昆弟爲父後者死哭之適室　以其正也　子爲主袒免哭踊　親者主之　夫入

潘本第十二卷第七葉

婦人無外事故不越疆而弔人　弔於葬者必執引　引柩車索也弔葬本爲助執事故必相助引柩車也　若從柩及壙皆執紼　者及至也紼引棺索也凡執引用人貴賤有數若其數足則餘人不得逕行皆散而從柩也至壙下棺窆時則不限人數皆悉執紼示助力也　注示助至贏者　正義曰引者長遠之名故在車車行遠也紼是撥舉之義故在棺棺唯撥舉不長遠也云從柩贏者贏餘也從柩者是執引所餘贏長者也何東山云天子千人諸侯五百人大夫三百人士五十人贏數外也　喪公弔之必有拜者　喪謂諸侯臣之喪公來親弔或遣人來弔喪家雖無主後必有以次疏親而往拜之以謝其恩疏親亦無雖死者朋友及同州同里及喪家典舍之人而往拜之可也此以無後故許他人拜謝若其有後主人故自當親拜是以既夕禮云主人乘惡車鄭注云拜君命是也　弔曰寡君承事　者此是君來語擯者使傳君來之辭也弔爲助事故雖君之尊亦稱承事也　主人曰臨　者主人辭謝之曰君

禮記義十二　七　宋瑁

屈辱降臨某之喪文稱寡君應是弔他國之臣上承公弔之下則是己國之臣稱寡君者以其示欲供承喪家之事故謙言寡君此謂大夫之喪也若弔士直稱君故士喪禮君使某弔如何不淑是也　君遇柩於路　君於其臣當特弔於家故喪大記於大夫及士皆親弔之又禮讖蕢尚受弔及杞梁之妻不受野弔是也其或卑小之臣及庶人之等君不豫知其喪造次遇柩於路既有民臣之恩以此使人弔故鄭答張逸謂行而遇之謂凡民也雖以民爲主亦兼微小臣君不豫知其喪故此云兼臣也　大夫之喪庶子不受弔　不受弔者謂不爲主人也適子主喪受弔拜賓若適子或有他故不在則雖庶子不敢受弔明已卑辟適也言大夫庶子不受弔則士之庶子得受弔也言不受弔不可以賤者爲有爵者喪主也　妻之昆弟爲父後者死哭之適室　以其正也　子爲主袒免哭踊　親者主之　夫入

門右北面辟正主使人立于門外告來者狎則入哭狎相習知者父在哭於妻之室不以私喪干尊非爲父後者哭諸異室有殯聞遠兄弟之喪哭于側室嫌哭殯無側室哭于門內之右近南者爲之變位同國則往哭之喪無外事疏正義曰此一節論哭無服者之事　適室正寢也禮女子適人者爲昆弟爲父後者不降以其正故也故姊妹之夫爲之哭於適室之中庭也　子爲主者子己子也甥服舅緦故命己子爲主受弔拜賓也　袒免哭踊者冠尊不居肉袒上必先免故凡哭哀則踊踊必先袒袒必先免故袒免哭踊也　夫入門右者夫謂此子之父即哭妻兄弟者也言夫者據妻之爲喪也子既爲主位在

東階之下西鄉父入門右近南而北鄉哭也鄭注知此北面者鄭推子既爲主在阼階下西鄉父不爲主若又西鄉便似二主故入門右而北面示辟爲主之處也鄭又所以知父必北面者曾子問云衛靈公弔季康子魯哀公爲主康子立於門右北面辟主人之位故鄭知此當北面辟主人之位也而禮本多將鄭注北面爲經文者非也案古舊本及盧王禮亦無北面字唯鄭注云北面耳庾蔚亦謂非經文也　使人立于門外告來者者以門內有哭則鄉里聞之必來相弔故主人所使人出門外告語來弔者述所哭之由明爲主在子不關己也　狎則入哭者若弔人與此亡者曾經相識狎習當進入共哭父在哭於妻之室者此夫若父在則適室由父故但於妻室之前而哭之亦子爲主使人立於門外也故鄭注云不以私喪干尊　非爲父後者哭諸異室者案奔喪禮妻之黨哭諸寢此哭於適室及異室者寢是大名雖適室及妻室異室摠皆曰寢此云子爲主袒免哭踊則夫入門右亦哭踊知者以其上文申

門右北面辟正主使人立于門外告來者狎則入哭狎相習知者父在哭於妻之室不以私喪干尊非爲父後者哭諸異室有殯聞遠兄弟之喪哭于側室嫌哭殯無側室哭于門內之右近南者爲之變位同國則往哭之喪無外事疏正義曰此一節論哭無服者之事　適室正寢也禮女子適人者爲昆弟爲父後者不降以其正故也故姊妹之夫爲之哭於適室之中庭也　子爲主者子己子也甥服舅緦故命己子爲主受弔拜賓也　袒免哭踊者冠尊不居肉袒上必先免故凡哭哀則踊踊必先袒袒必先免故袒免哭踊也　夫入門右者夫謂此子之父即哭妻兄弟者也言夫者據妻之爲喪也子既爲主位在

禮記義十二　八　董嵩

東階之下西鄉父入門右近南而北鄉哭也鄭注知此北面者鄭推子既爲主在阼階下西鄉父不爲主若又西鄉便似二主故入門右而北面示辟爲主之處也鄭又所以知父必北面者曾子問云衛靈公弔季康子魯哀公爲主康子立於門右北面辟主人之位故鄭知此當北面辟主人之位也而禮本多將鄭注北面爲經文者非也案古舊本及盧王禮亦無北面字唯鄭注云北面耳庾蔚亦謂非經文也　使人立于門外告來者者以門內有哭則鄉里聞之必來相弔故主人所使人出門外告語來弔者述所哭之由明爲主在子不關己也　狎則入哭者若弔人與此亡者曾經相識狎習當進入共哭父在哭於妻之室者此夫若父在則適室由父故但於妻室之前而哭之亦子爲主使人立於門外也故鄭注云不以私喪干尊　非爲父後者哭諸異室者案奔喪禮妻之黨哭諸寢此哭於適室及異室者寢是大名雖適室及妻室異室摠皆曰寢此云子爲主袒免哭踊則夫入門右亦哭踊知者以其上文申

祥之哭言思婦人倡踊故知夫入門右亦踊但文不備耳
注 近南者爲之變位　正義曰此哭於門内之右謂庶
人無側室者故内則云庶人無側室者言近南爲之變位
以其尋常爲主當在阼階東西面今稱門内之右故知近
南爲之變位也必變之者以哭於大門内之右既非常哭之
處故繼門而近於南也鄭云近南則猶西面但近南耳必
知西面者案士喪禮朝夕哭衆主人衆兄弟繼婦人南皆
西面明此哭兄弟亦西面也下云同國則往哭之上云聞
遠兄弟之喪謂異國也所以同國則往哭異國則否
者以其已有喪殯不得嚮他國故鄭云喪無外事

子張死曾子有母之喪齊衰而往哭之或曰齊衰不以弔以其無服非之曾子曰我弔也與哉於朋友哀痛甚而往哭之非若凡弔

疏 正義曰此一節論哭朋友失禮之事 注 以其無服非之　正義曰言曾子與子張無服不應往哭故或人非之也若有服者雖緦亦往也

有若之喪悼公弔焉悼公魯哀公之子子游擯由左擯相侑喪禮者喪禮廢亡時人以爲此儀當如詔辭而皆由右相是善子游正之孝經說曰以身擯侑

疏 正義曰此一節論擯相之法在主人曰擯在客曰介 注 擯相至擯侑　正義曰庾蔚云
相主人以禮接賓皆謂之擯亦無常於吉凶鄭以爲相侑
喪禮據此事而言之大宗伯注出接賓曰擯入詔禮曰相
云喪禮廢亡時人以爲此儀當如詔辭而皆由右相是善
子游正之者少儀云詔辭自右鄭云爲君出命也立者尊
右案立者尊右若已傳君之詔辭詔辭爲尊則宜處右今
擯者居右也若於喪事則推賓主居右而已自居左而當
時禮廢言相喪亦如傳君詔辭已自居右子游知禮故推
賓居右已居左也云孝經說曰以身擯侑者引孝經說證擯
是相侑也孔子身爲君作擯侑故論語云君召使擯是也

祥之哭言思婦人倡踊故知夫入門右亦踊但文不備耳
注 近南者爲之變位　正義曰此哭於門内之右謂庶
人無側室者故内則云庶人無側室者言近南爲之變位
以其尋常爲主當在阼階東西面今稱門内之右故知近
南爲之變位也必變之者以哭於大門内之右既非常哭之
處故繼門而近於南也鄭云近南則猶西面但近南耳必
知西面者案士喪禮朝夕哭衆主人衆兄弟繼婦人南皆
西面明此哭兄弟亦西面也下云同國則往哭之上云聞
遠兄弟之喪謂異國也所以同國則往哭異國則否
者以其已有喪殯不得嚮他國故鄭云喪無外事

子張死曾子有母之喪齊衰而往哭之或曰齊衰不以弔以其無服非之曾子曰我弔也與哉於朋友哀痛甚而往哭之非若凡弔

疏 正義曰此一節論哭朋友失禮之事 注 以其無服非之　正義曰言曾子與子張無服不應往哭故或人非之也若有服者雖緦亦往也

有若之喪悼公弔焉悼公魯哀公之子子游擯由左擯相侑喪禮者喪禮廢亡時人以爲此儀當如詔辭而皆由右相是善子游正之孝經說曰以身擯侑

疏 正義曰此一節論擯相之法在主人曰擯在客曰介 注 擯相至擯侑　正義曰庾蔚云
相主人以禮接賓皆謂之擯亦無常於吉凶鄭以爲相侑
喪禮據此事而言之大宗伯注出接賓曰擯入詔禮曰相
云喪禮廢亡時人以爲此儀當如詔辭而皆由右相是善
子游正之者少儀云詔辭自右鄭云爲君出命也立者尊
右案立者尊右若已傳君之詔辭詔辭爲尊則宜處右今
擯者居右也若於喪事則推賓主居右而已自居左而當
時禮廢言相喪亦如傳君詔辭已自居右子游知禮故推
賓居右已居左也云孝經說曰以身擯侑者引孝經說證擯
是相侑也孔子身爲君作擯侑故論語云君召使擯是也

禮記疏卷十二　九

足利本第十二卷第十葉

齊穀王姬之喪穀當爲告聲之誤也王姬周女齊襄公之夫人魯莊公爲之大功或曰由魯嫁故爲之服姊妹春秋周女由魯嫁卒之服或曰外祖母也故爲之服服之如內女服姊妹是也天子爲之無服嫁於王者之後乃服之莊公齊襄公女弟文姜之子當爲舅之妻非外祖母也外祖母又小功也【疏】正義曰此一節論諸侯爲王姬著服之事案莊二年秋齊王姬卒齊來告魯云王姬之喪魯莊公爲之大功或人解之云王姬周女也命魯爲主由魯嫁比之魯女故爲之服出嫁姊妹之服更有或人解云王姬爲莊公外祖母故爲之著大功之服此或人之言乃爲二非也王姬是莊公舅妻不得爲外祖母是一非假令爲外祖母正合小功不服大功是二非也【注】王姬至夫人　正義曰案莊公十一年王女共姬爲齊桓公夫人知此王姬非齊桓公夫人者以桓公夫人經無卒文是不告於魯襄公夫人莊二年經書王姬卒是來告魯此言齊告王姬之喪故知是襄公夫人【注】春秋至服之　正義曰春秋莊二年齊王姬卒穀梁傳云爲之主者卒之也案莊元年秋築王姬之館于外下云王姬歸于齊是由魯嫁也喪服大功章君爲姑姊妹女子子嫁於國君者著大功之服王姬既比之內女故服大功也云天子爲之無服者以尊卑不敵故也若嫁於王者之後天子以賓禮待之則亦大功也其女反爲兄弟爲諸侯者亦大功以喪服女子出嫁爲兄弟大功故也案喪服云女子子爲父後者期謂大夫士之妻有往來歸宗之義故喪服傳云婦人雖在外必有歸宗曰小宗鄭答趙商云自其家之宗言宗及小宗故知是大夫士也諸侯夫人父母卒無復歸寧之理故知諸侯夫人爲兄弟爲諸侯者但大功耳不得服期熊氏以爲服期非也案喪服小記云與諸侯爲兄弟者服斬卑賤降等雖不爲臣猶服斬衰與此別也

晉獻

禮記義十二　十　吳宗

潘本第十二卷第十葉

齊穀王姬之喪穀當爲告聲之誤也王姬周女齊襄公之夫人魯莊公爲之大功或曰由魯嫁故爲之服姊妹春秋周女由魯嫁卒之服或曰外祖母也故爲之服服之如內女服姊妹是也天子爲之無服嫁於王者之後乃服之莊公齊襄公女弟文姜之子當爲舅之妻非外祖母也外祖母又小功也【疏】正義曰此一節論諸侯爲王姬著服之事案莊二年秋齊王姬卒齊來告魯云王姬之喪魯莊公爲之大功或人解之云王姬周女也命魯爲主由魯嫁比之魯女故爲之服出嫁姊妹之服更有或人解云王姬爲莊公外祖母故爲之著大功之服此或人之言乃爲二非也王姬是莊公舅妻不得爲外祖母是一非假令爲外祖母正合小功不服大功是二非也【注】王姬至夫人　正義曰案莊公十一年王女共姬爲齊桓公夫人知此王姬非齊桓公夫人者以桓公夫人經無卒文是不告於魯襄公夫人莊二年經書王姬卒是來告魯此言齊告王姬之喪故知是襄公夫人【注】春秋至服之　正義曰春秋莊二年齊王姬卒穀梁傳云爲之主者卒之也案莊元年秋築王姬之館于外下云王姬歸于齊是由魯嫁也喪服大功章君爲姑姊妹女子子嫁於國君者著大功之服王姬既比之內女故服大功也云天子爲之無服者以尊卑不敵故也若嫁於王者之後天子以賓禮待之則亦大功也其女反爲兄弟爲諸侯者亦大功以喪服女子出嫁爲兄弟大功故也案喪服云女子子爲父後者期謂大夫士之妻有往來歸宗之義故喪服傳云婦人雖在外必有歸宗曰小宗鄭答趙商云自其家之宗言宗及小宗故知是大夫士也諸侯夫人父母卒無復歸寧之理故知諸侯夫人爲兄弟爲諸侯者但大功耳不得服期熊氏以爲服期非也案喪服小記云與諸侯爲兄弟者服斬卑賤降等雖不爲臣猶服斬衰與此別也

晉獻

禮記義十二　十　吳宗

足利本第十二卷第十一葉

公之喪秦穆公使人弔公子重耳（獻公殺其世子申生重耳辟難出奔是時在翟就弔之）且曰寡人聞之亡國恒於斯得國恒於斯（言在喪代之際）雖吾子儼然在憂服之中喪亦不可久也時亦不可失也孺子其圖之（勸其反國意欲納之喪謂亡失位孺稺也）以告舅犯（舅犯重耳之舅狐偃也字子犯）舅犯曰孺子其辭焉喪人無寶仁親以爲寶（寶謂善道可守者仁親親行仁義）父死之謂何又因以爲利（欲反國求爲後是利父死）而天下其孰能

禮記義十一　十一

說之孺子其辭焉（說猶解也）公子重耳對客曰君惠弔亡臣重耳身喪父死不得與於哭泣之哀以爲君憂（謝之）父死之謂何或敢有他志以辱君義稽顙而不拜哭而起起而不私（他志謂利心）子顯以致命於穆公（使者公子縶也盧氏云古者名字相配顯當作韅）穆公曰仁夫公子重耳夫稽顙而不拜則未爲後也故不成拜哭而起則愛父也起而不私則

潘本第十二卷第十一葉

公之喪秦穆公使人弔公子重耳（獻公殺其世子申生重耳辟難出奔是時在翟就弔之）且曰寡人聞之亡國恒於斯得國恒於斯（言在喪代之際）雖吾子儼然在憂服之中喪亦不可久也時亦不可失也孺子其圖之（勸其反國意欲納之喪謂亡失位孺稺也）以告舅犯（舅犯重耳之舅狐偃也字子犯）舅犯曰孺子其辭焉喪人無寶仁親以爲寶（寶謂善道可守者仁親親行仁義）父死之謂何又因以爲利（欲反國求爲後是利父死）而天下其孰能

禮記義十一　十一

說之孺子其辭焉（說猶解也）公子重耳對客曰君惠弔亡臣重耳身喪父死不得與於哭泣之哀以爲君憂（謝之）父死之謂何或敢有他志以辱君義稽顙而不拜哭而起起而不私（他志謂利心）子顯以致命於穆公（使者公子縶也盧氏云古者名字相配顯當作韅）穆公曰仁夫公子重耳夫稽顙而不拜則未爲後也故不成拜哭而起則愛父也起而不私則

足利本第十二卷第十二葉

遠利也【疏】正義曰此一節論公子重耳不因父喪以取國之事各依文解之　且曰至圖之
使者弔重耳重耳受弔禮已畢使者出門則應遂還賓館
使者方須致穆公之命以勸重耳故言且曰言且者非持
弔耳且若兼有餘事使者且更言曰稱穆公之命言寡人聞
前古以來失亡其國恒於此喪禍交代之時得其國家亦
恒在於此交代之時言此喪禍交代之際是得國失國之
機求之則得不求則失雖吾子儼然端靜在憂慼喪服之
中無求國之意然身喪在外亦不可久爲言辛苦也得國
之時亦不可失言當求也欲使重耳從其言故云孺子其
圖之　父死至君義　言父身死亡謂是何事正是凶禍
之事既是凶禍豈得又因此凶禍以有爲己利欲求反國
必其如此而天下聞之其誰解說我以爲無罪公子重耳
用舅犯之言出而對客既叙其弔意又謝其欲納之言君
惠弔亡臣重耳此一句是叙其弔意言身喪父死不得在
國與於哭泣之哀以爲君之憂慮欲納於我既謝其恩又

禮記疏卷十二　十二　蔣仲

道不可之意言以父死謂是何事豈復敢悲哀之外別有
他志以虽辱君之義事乎言已無他志不敢受君勸以反
國之義言義者宜也穆公之意以重耳反國爲宜故云義
也　稽顙至利也　此穆公本意勸重耳反國重耳若其
爲後則當拜謝其恩今不受其勸故不拜謝穆公以其不
拜故云未爲後也所以稽顙者自爲父喪哀號也凡喪禮
先稽顙而後拜乃成今直稽顙而不拜故云不成拜也今
既聞父死勸其反國之義哀慟而起若欲攀轅然故云哭
而起則愛父也以其愛父故起若欲攀轅既哭而起不私
與使者言必無心反國是遠利也鄭注知在翟弔之及使
者公子縶者並國語文云縶弔重耳而退弔公子夷吾於
梁如弔重耳之命夷吾見使者再拜稽首起而不哭退而
私於公子縶曰里克與我矣吾命之以汾陽之田百萬丕
鄭與我矣吾命之以負蔡之田七十萬亡人苟入埽祭宗
廟定社稷且入河外列城五言亡人之所懷案國語
之說夷吾則穆公美重耳之言皆是形夷吾而起　帷

潘本第十二卷第十二葉

遠利也【疏】正義曰此一節論公子重耳不因父喪以取國之事各依文解之　且曰至圖之
使者弔重耳重耳受弔禮已畢使者出門則應遂還賓館
使者方須致穆公之命以勸重耳故言且曰言且者非持
弔耳且若兼有餘事使者且更言曰稱穆公之命言寡人聞
前古以來失亡其國恒於此喪禍交代之時得其國家亦
恒在於此交代之時言此喪禍交代之際是得國失國之
機求之則得不求則失雖吾子儼然端靜在憂慼喪服之
中無求國之意然身喪在外亦不可久爲言辛苦也得國
之時亦不可失言當求也欲使重耳從其言故云孺子其
圖之　父死至君義　言父身死亡謂是何事正是凶禍
之事既是凶禍豈得又因此凶禍以有爲己利欲求反國
必其如此而天下聞之其誰解說我以爲無罪公子重耳
用舅犯之言出而對客既叙其弔意又謝其欲納之言君
惠弔亡臣重耳此一句是叙其弔意言身喪父死不得在
國與於哭泣之哀以爲君之憂慮欲納於我既謝其恩又

禮記疏卷十二　十二　蔣仲

道不可之意言以父死謂是何事豈復敢悲哀之外別有
他志以虽辱君之義事乎言已無他志不敢受君勸以反
國之義言義者宜也穆公之意以重耳反國爲宜故云義
也　稽顙至利也　此穆公本意勸重耳反國重耳若其
爲後則當拜謝其恩今不受其勸故不拜謝穆公以其不
拜故云未爲後也所以稽顙者自爲父喪哀號也凡喪禮
先稽顙而後拜乃成今直稽顙而不拜故云不成拜也今
既聞父死勸其反國之義哀慟而起若欲攀轅然故云哭
而起則愛父也以其愛父故起若欲攀轅既哭而起不私
與使者言必無心反國是遠利也鄭注知在翟弔之及使
者公子縶者並國語文云縶弔重耳而退弔公子夷吾於
梁如弔重耳之命夷吾見使者再拜稽首起而不哭退而
私於公子縶曰里克與我矣吾命之以汾陽之田百萬丕
鄭與我矣吾命之以負蔡之田七十萬亡人苟入埽祭宗
廟定社稷且入河外列城五言亡人之所懷案國語
之說夷吾則穆公美重耳之言皆是形夷吾而起　帷

殯非古也自敬姜之哭穆伯始也穆伯魯大夫季悼子之子公甫靖也敬姜穆伯妻文伯歜之母也禮朝夕哭不帷

疏　正義曰此一節論哭殯不合帷殯之事

注穆伯至不帷　正義曰知穆伯是季悼子之子公甫靖者世本文知敬姜是文伯歜之母者下文云文伯之喪敬姜晝夜哭又國語云敬姜自績文伯諫之是也朝夕哭不帷是雜記文以孝子思念其親故朝夕哭時乃褰徹其帷也今敬姜之哭穆伯以辟嫌之故遂朝夕哭不復徹帷故下文云穆伯之喪敬姜晝哭與此同也案春秋文十五年公孫敖之喪聲己不視帷堂而哭公孫敖亦是穆伯此不云聲己之哭穆伯始者聲己是帷堂非帷殯也聲己哭在堂下怨恨穆伯不欲見其堂故帷堂敬姜哭於堂上遠嫌不欲見夫之殯故帷殯案張逸荅陳鏗云敬姜早寡晝哭以辟嫌帷殯或亦辟嫌表夫之遠色也

禮記正義十二　十三　章忠

喪禮哀戚之至也節哀順變也君子念始之者也始猶生也念父母生已不欲傷其性復盡愛之道也有禱祠之心焉復謂招䰟且分禱五祀庶幾其精氣之反望反諸幽求諸鬼神之道也鬼神處幽闇望其從鬼神所來北面求諸幽之義也鄉其所從來也禮復者升屋北面拜稽顙哀戚之至隱也稽顙隱之甚也隱痛也稽顙者觸地無容飯用米貝弗忍虛也不以食道用美焉爾尊之也食道褻米貝美銘明旌也神明之旌以死者爲不可別已故以其旗識之不可別形貌不

殯非古也自敬姜之哭穆伯始也穆伯魯大夫季悼子之子公甫靖也敬姜穆伯妻文伯歜之母也禮朝夕哭不帷

疏　正義曰此一節論哭殯不合帷殯之事

注穆伯至不帷　正義曰知穆伯是季悼子之子公甫靖者世本文知敬姜是文伯歜之母者下文云文伯之喪敬姜晝夜哭又國語云敬姜自績文伯諫之是也朝夕哭不帷是雜記文以孝子思念其親故朝夕哭時乃褰徹其帷也今敬姜之哭穆伯以辟嫌之故遂朝夕哭不復徹帷故下文云穆伯之喪敬姜晝哭與此同也案春秋文十五年公孫敖之喪聲己不視帷堂而哭公孫敖亦是穆伯此不云聲己之哭穆伯始者聲己是帷堂非帷殯也聲己哭在堂下怨恨穆伯不欲見其堂故帷堂敬姜哭於堂上遠嫌不欲見夫之殯故帷殯案張逸荅陳鏗云敬姜早寡晝哭以辟嫌帷殯或亦辟嫌表夫之遠色也

禮記義十二　十三　章忠

喪禮哀戚之至也節哀順變也君子念始之者也始猶生也念父母生已不欲傷其性復盡愛之道也有禱祠之心焉復謂招䰟且分禱五祀庶幾其精氣之反望反諸幽求諸鬼神之道也鬼神處幽闇望其從鬼神所來北面求諸幽之義也鄉其所從來也禮復者升屋北面拜稽顙哀戚之至隱也稽顙隱之甚也隱痛也稽顙者觸地無容飯用米貝弗忍虛也不以食道用美焉爾尊之也食道褻米貝美銘明旌也神明之旌以死者爲不可別已故以其旗識之不可別形貌不

足利本第十二卷第十四葉

見愛之斯録之矣敬之斯盡其道焉耳（謂重與奠）重主道也（始死未作主以重主其神也重既虞而埋之乃後作主春秋傳曰虞主用桑練主用栗）殷主綴重焉（綴猶聯也殷人作主而聯其重縣諸廟也夫顯考乃埋之）周主重徹焉（周人作主徹重埋之）奠以素器以生者有哀素之心也（哀素言哀痛無飾也凡物無飾曰素）唯祭祀之禮主人自盡焉爾豈知神之所饗亦以主人有齊敬之心也（哀則以素敬則以飾禮由人心而已）辟踊哀之至也有筭爲之節文也（筭數也）

禮記疏十二　十四

袒括髮變也慍哀之變也去飾去美也袒括髮去飾之甚也有所袒有所襲哀之節也弁絰葛而葬與神交之道也（接神之道不可以純凶天子諸侯變服而葬冠素弁以葛爲環絰既虞卒哭乃服受服也雜記曰凡弁絰其衰侈袂）有敬心焉（踰時哀衰而敬生敬則服有飾大夫士三月而葬未踰時）周人弁而葬殷人冔而葬（周弁殷冔俱象祭冠而素禮同也）歠主人主婦室老爲其病也君命食之也（尊者奪人易也歠歠粥也）反哭升堂反諸其所作也（親所行禮之處）主婦入于室

潘本第十二卷第十四葉

見愛之斯録之矣敬之斯盡其道焉耳（謂重與奠）重主道也（始死未作主以重主其神也重既虞而埋之乃後作主春秋傳曰虞主用桑練主用栗）殷主綴重焉（綴猶聯也殷人作主而聯其重縣諸廟也夫顯考乃埋之）周主重徹焉（周人作主徹重埋之）奠以素器以生者有哀素之心也（哀素言哀痛無飾也凡物無飾曰素）唯祭祀之禮主人自盡焉爾豈知神之所饗亦以主人有齊敬之心也（哀則以素敬則以飾禮由人心而已）辟踊哀之至也有筭爲之節文也（筭數也）

禮記疏十二　十四

袒括髮變也慍哀之變也去飾去美也袒括髮去飾之甚也有所袒有所襲哀之節也弁絰葛而葬與神交之道也（接神之道不可以純凶天子諸侯變服而葬冠素弁以葛爲環絰既虞卒哭乃服受服也雜記曰凡弁絰其衰侈袂）有敬心焉（踰時哀衰而敬生敬則服有飾大夫士三月而葬未踰時）周人弁而葬殷人冔而葬（周弁殷冔俱象祭冠而素禮同也）歠主人主婦室老爲其病也君命食之也（尊者奪人易也歠歠粥也）反哭升堂反諸其所作也（親所行禮之處）主婦入于室

足利本第十二卷第十五葉

反諸其所養也親所饋食之處反哭之弔也哀之
至也反而亡焉失之矣於是爲甚哀痛甚
殷既封而弔周反哭而弔封當爲窆窆下棺也孔子
曰殷已慤吾從周慤者得哀之始未見其甚葬於北方
北首三代之達禮也之幽之故也北方國北也
既封主人贈而祝宿虞尸贈以幣送死者於壙也於主人贈祝
先歸既反哭主人與有司視虞牲日中將虞省其牲
有司以几筵舍奠於墓左反日中而虞

禮記正義十二　十五　齊信

所使奠墓有司來歸乃虞也舍奠墓左爲父母形體在此禮其神也周禮冢人凡祭墓爲尸葬日虞
弗忍一日離也弗忍其無所歸是日也以虞易奠
虞喪祭也卒哭曰成事既虞之後卒哭而祭其辭蓋曰哀薦成事成祭事也祭以吉爲
成是日也以吉祭易喪祭卒哭吉祭明日祔
于祖父祭告於其祖之廟其變而之吉祭也比至
於祔必於是日也接不忍一日末有所
歸也末無也日有所用接之虞禮所謂他用剛日者其祭祝曰哀薦曰成事殷練而
祔周卒哭而祔孔子善殷期而神之人情疏正義曰此

潘本第十二卷第十五葉

反諸其所養也親所饋食之處反哭之弔也哀之
至也反而亡焉失之矣於是爲甚哀痛甚
殷既封而弔周反哭而弔封當爲窆窆下棺也孔子
曰殷已慤吾從周慤者得哀之始未見其甚葬於北方
北首三代之達禮也之幽之故也北方國北也
既封主人贈而祝宿虞尸贈以幣送死者於壙也於主人贈祝
先歸既反哭主人與有司視虞牲日中將虞省其牲
有司以几筵舍奠於墓左反日中而虞

禮記正義十二　十五　齊信

所使奠墓有司來歸乃虞也舍奠墓左爲父母形體在此禮其神也周禮冢人凡祭墓爲尸葬日虞
弗忍一日離也弗忍其無所歸是日也以虞易奠
虞喪祭也卒哭曰成事既虞之後卒哭而祭其辭蓋曰哀薦成事成祭事也祭以吉爲
成是日也以吉祭易喪祭卒哭吉祭明日祔
于祖父祭告於其祖之廟其變而之吉祭也比至
於祔必於是日也接不忍一日末有所
歸也末無也日有所用接之虞禮所謂他用剛日者其祭祝曰哀薦曰成事殷練而
祔周卒哭而祔孔子善殷期而神之人情疏正義曰此

一節記人揔論孝子遭喪所爲哭踊復魄飯含重主殯葬反哭之事各依文解之　喪禮哀戚之至也者言人或有禍災雖或悲哀未是哀之至極唯居父母喪禮是哀戚之至極也既爲至極若無節文恐其傷性故辟踊有節筭裁節其哀也故下文辟踊哀之至有筭爲之節文也所以節哀者欲順孝子悲哀使之漸變也故下文云愠哀之變也所以必此順變者君子思念父母之生已恐其傷性故順變也　復盡至義也　始死招魂復魄者盡此孝子愛親之道也非直招魂又分禱五祀兾精氣之復反故云有禱祠之心焉言招魂之時於平生館舍求魂欲反又於五祀禱請求之復與五祀揔是祈禱故云禱祠之心焉以揔結之又解復魄之時兾望魂神於幽處而來所以望諸幽者求諸鬼神之道也言鬼神處在幽闇故望幽以求之又解望幽所在北方是幽闇復者北面求鬼神之義　注復謂至之反　正義曰招魂者是六國以來之言故楚辭有招魂之篇禮則云復兾精氣反復於身形分禱五祀者既夕

禮文直言乃行禱者謂非直招魂兼有分禱俱是求神之義言分遣其人以禱五祀五祀博言之耳士唯二祀　拜稽至甚也　孝子拜賓之時先爲稽顙而後拜者哀戚之至痛就拜與稽顙二事之中稽顙爲痛之甚此拜稽顙拜文在上以周禮言之將拜稽顙或可下文殷周並陳此云拜稽顙或舉殷禮故先言拜也　注隱痛　正義曰釋詁文　飯用至焉爾　死者既無所知所以飯用米貝不忍虛其口既不忍虛其口所以不用飯食之道以實之必用米貝者以食道褻米貝美尊之不敢用褻故用米美善焉爾飯食人所造作細碎不絜故爲褻也米貝天性自然爲美凡含用米貝案喪大記云君沐粱大夫沐稷士沐粱又以所沐之米以飯之故士喪禮祝淅米于堂又云祝受米奠于貝北主人左扱米實于右是飯用沐米也則是諸侯用粱大夫用稷士用粱士用粱者謂天子之士諸侯之士用稻故士喪禮云稻米一豆實於笲是也以次差之天子當沐黍與是天子飯用黍也其含案周禮典瑞云大喪共

一節記人揔論孝子遭喪所爲哭踊復魄飯含重主殯葬反哭之事各依文解之　喪禮哀戚之至也者言人或有禍災雖或悲哀未是哀之至極唯居父母喪禮是哀戚之至極也既爲至極若無節文恐其傷性故辟踊有節筭裁節其哀也故下文辟踊哀之至有筭爲之節文也所以節哀者欲順孝子悲哀使之漸變也故下文云愠哀之變也所以必此順變者君子思念父母之生已恐其傷性故順變也　復盡至義也　始死招魂復魄者盡此孝子愛親之道也非直招魂又分禱五祀兾精氣之復反故云有禱祠之心焉言招魂之時於平生館舍求魂欲反又於五祀禱請求之復與五祀揔是祈禱故云禱祠之心焉以揔結之又解復魄之時兾望魂神於幽處而來所以望諸幽者求諸鬼神之道也言鬼神處在幽闇故望幽以求之又解望幽所在北方是幽闇復者北面求鬼神之義　注復謂至之反　正義曰招魂者是六國以來之言故楚辭有招魂之篇禮則云復兾精氣反復於身形分禱五祀者既夕

禮記義十二　十六　吴宗

禮文直言乃行禱者謂非直招魂兼有分禱俱是求神之義言分遣其人以禱五祀五祀博言之耳士唯二祀　拜稽至甚也　孝子拜賓之時先爲稽顙而後拜者哀戚之至痛就拜與稽顙二事之中稽顙爲痛之甚此拜稽顙拜文在上以周禮言之將拜稽顙或可下文殷周並陳此云拜稽顙或舉殷禮故先言拜也　注隱痛　正義曰釋詁文　飯用至焉爾　死者既無所知所以飯用米貝不忍虛其口既不忍虛其口所以不用飯食之道以實之必用米貝者以食道褻米貝美尊之不敢用褻故用米美善焉爾飯食人所造作細碎不絜故爲褻也米貝天性自然爲美凡含用米貝案喪大記云君沐粱大夫沐稷士沐粱又以所沐之米以飯之故士喪禮祝淅米于堂又云祝受米奠于貝北主人左扱米實于右是飯用沐米也則是諸侯用粱大夫用稷士用粱士用粱者謂天子之士諸侯之士用稻故士喪禮云稻米一豆實於笲是也以次差之天子當沐黍與是天子飯用黍也其含案周禮典瑞云大喪共

足利本第十二卷第十七葉

飯玉含玉鄭注云含玉如璧形而小耳是天子用璧也又飯玉碎玉以雜米也故云共飯玉雜記云含者執璧將命是諸侯亦含以璧也卿大夫無文案成十七年公孫嬰齊夢贈瓊瑰注云食珠玉含象則卿大夫蓋用珠也案士喪禮貝三實于笄注云貝水物古者以爲貨江水出焉笄竹器名是士用貝三依雜記則大夫當五諸侯七天子九何休注公羊天子以珠諸侯以玉大夫以碧士以貝又禮緯稽命徵天子飯以珠含以玉諸侯飯以珠含以璧卿大夫飯以珠含以貝此等或是異代禮非周法也　銘明旌也案士喪禮爲銘各以其物又司常云大喪共銘旌注云王則大常案司常云王建大常諸侯建旂孤卿建旜大夫士建物則銘旌亦然但以尺寸易之案士喪禮士長三尺大夫五尺諸侯七尺天子九尺從遣車之差以喪事略故也若不命之士則士喪禮云以緇長半幅長一尺經末長終幅長二尺搃長三尺　愛之斯録之矣謂孝子思念其親追愛之道斯此也故於此爲重以存

録其神也　敬之斯盡其道焉耳者謂於此設奠盡其孝養之道焉耳鄭以下文有重及奠故以此一經爲下張本故云重與奠也此愛之斯録之矣及敬之斯盡其道焉爾亦得揔焉於明旌之義故士喪禮爲銘之下鄭注引此愛之敬之二事以解銘旌以義得兩通故鄭彼此二解　重主至徹焉言始死作重猶若吉祭木主之道主者吉祭所以依神在喪重亦所以依神故云重主道也　殷主綴重焉者謂殷人始殯置重于廟庭作虞主訖則綴重縣於新死者所殯之廟也　周主重徹焉者謂周人虞而作主而重則徹去而埋之故云周主重徹焉但殷人綴而不即埋周人即埋不縣於廟爲異也　注始死至用栗　正義曰案士喪禮云士有重無主而此云重主道者此據天子諸侯有主者言之卿大夫以下無主春秋孔悝爲祏主鄭駮異義云孔悝祭所出君故有主云重既虞而埋之乃後作主者謂既虞之後乃始埋重埋重之後乃始作主案天子九虞九虞之後乃埋重重與祔相近故公羊云虞主用桑

潘本第十二卷第十七葉

飯玉含玉鄭注云含玉如璧形而小耳是天子用璧也又飯玉碎玉以雜米也故云共飯玉雜記云含者執璧將命是諸侯亦含以璧也卿大夫無文案成十七年公孫嬰齊夢贈瓊瑰注云食珠玉含象則卿大夫蓋用珠也案士喪禮貝三實于笄注云貝水物古者以爲貨江水出焉笄竹器名是士用貝三依雜記則大夫當五諸侯七天子九何休注公羊天子以珠諸侯以玉大夫以碧士以貝又禮緯稽命徵天子飯以珠含以玉諸侯飯以珠含以璧卿大夫飯以珠含以貝此等或是異代禮非周法也　銘明旌也案士喪禮爲銘各以其物又司常云大喪共銘旌注云王則大常案司常云王建大常諸侯建旂孤卿建旜大夫士建物則銘旌亦然但以尺寸易之案士喪禮士長三尺大夫五尺諸侯七尺天子九尺從遣車之差以喪事略故也若不命之士則士喪禮云以緇長半幅長一尺經末長終幅長二尺搃長三尺　愛之斯録之矣謂孝子思念其親追愛之道斯此也故於此爲重以存

禮記疏卷十二　十七

録其神也　敬之斯盡其道焉耳者謂於此設奠盡其孝養之道焉耳鄭以下文有重及奠故以此一經爲下張本故云重與奠也此愛之斯録之矣及敬之斯盡其道焉爾亦得揔焉於明旌之義故士喪禮爲銘之下鄭注引此愛之敬之二事以解銘旌以義得兩通故鄭彼此二解　重主至徹焉言始死作重猶若吉祭木主之道主者吉祭所以依神在喪重亦所以依神故云重主道也　殷主綴重焉者謂殷人始殯置重于廟庭作虞主訖則綴重縣於新死者所殯之廟也　周主重徹焉者謂周人虞而作主而重則徹去而埋之故云周主重徹焉但殷人綴而不即埋周人即埋不縣於廟爲異也　注始死至用栗　正義曰案士喪禮云士有重無主而此云重主道者此據天子諸侯有主者言之卿大夫以下無主春秋孔悝爲祏主鄭駮異義云孔悝祭所出君故有主云重既虞而埋之乃後作主者謂既虞之後乃始埋重埋重之後乃始作主案天子九虞九虞之後乃埋重重與祔相近故公羊云虞主用桑

足利本第十二卷第十八葉

謂虞祭之末也左傳云祔而作主謂用主之初俱是桑主其義不異故異義公羊說虞而作主左氏說天子九虞十六日祔而作主謂桑主許愼謹案左氏說與禮同鄭氏不駁則是從左氏之義非是虞祭之日即作主也故此注云埋重之後乃作主也其卒哭之祭已用主也必知然者以卒哭曰成事以吉祭易喪祭故知與虞異也 注 殷人至埋之 正義曰知縣之廟者周主重徹焉明殷之作主重不徹焉主之與重本爲死者入廟重既不徹故知重隨死者縣於廟云去顯考乃埋之者謂今死者世世遞遷至爲顯考其重恒在死者去離顯考乃埋其重及主以其既遷無復有廟故顯考謂高祖也其遷早晚左氏以爲三年喪畢乃遷廟故僖三十三年左氏傳云烝嘗禘於廟杜服皆以爲三年禘祭乃遷此廟鄭則以爲練時則不禘而遷廟主故鄭注士虞禮以其班祔之下云練而遷廟又注殷人廟用卣謂始禘時鄭必謂以練者以文二年作僖公主穀梁傳云於練焉壞廟壞廟之道易檐可也改塗可也范甯

禮記義十二　十八

云親過高祖則毀其廟以次而遷將納新神故示有所加是鄭之所據其主之狀范甯云正方穿中央達四方天子長尺二寸諸侯長一尺 注 周人至埋之 正義曰案既夕禮將葬甸人抗重出自道道左倚之鄭注云重既虞將埋之是鄭埋重於門外之道左也若虞主亦埋之於祖廟門外之道左案異義戴禮及公羊說虞主埋於壁兩楹之間一說埋之於廟北牖下左氏說虞主所藏無明文鄭駁之云案士喪禮重與柩相隨之禮柩將出則重倚於道左柩將入於廟則重止於門西虞主與神相隨之禮亦當然練時既特作栗主則入廟之時祝奉虞主於道左練祭訖乃出就虞主而埋之如既虞埋重於道左是鄭既練埋虞主於廟門之道左也 奠以至心也 奠謂始死至葬之時祭名以其時無尸奠置於地故謂之奠也悉用素器者表主人有哀素之心既因用素表孝子哀素遂廣論虞祭之後及卒哭練祥之祭故云此等祭祀之禮既見親終主人自盡致孝養之道焉爾豈知神之所饗須設此祭所以設

潘本第十二卷第十八葉

謂虞祭之末也左傳云祔而作主謂用主之初俱是桑主其義不異故異義公羊說虞而作主左氏說天子九虞十六日祔而作主謂桑主許愼謹案左氏說與禮同鄭氏不駁則是從左氏之義非是虞祭之日即作主也故此注云埋重之後乃作主也其卒哭之祭已用主也必知然者以卒哭曰成事以吉祭易喪祭故知與虞異也 注 殷人至埋之 正義曰知縣之廟者周主重徹焉明殷之作主重不徹焉主之與重本爲死者入廟重既不徹故知重隨死者縣於廟云去顯考乃埋之者謂今死者世世遞遷至爲顯考其重恒在死者去離顯考乃埋其重及主以其既遷無復有廟故顯考謂高祖也其遷早晚左氏以爲三年喪畢乃遷廟故僖三十三年左氏傳云烝嘗禘於廟杜服皆以爲三年禘祭乃遷此廟鄭則以爲練時則不禘而遷廟主故鄭注士虞禮以其班祔之下云練而遷廟又注殷人廟用卣謂始禘時鄭必謂以練者以文二年作僖公主穀梁傳云於練焉壞廟壞廟之道易檐可也改塗可也范甯

六百九十八　禮記義十二　重刊　十八　柳

云親過高祖則毀其廟以次而遷將納新神故示有所加是鄭之所據其主之狀范甯云正方穿中央達四方天子長尺二寸諸侯長一尺 注 周人至埋之 正義曰案既夕禮將葬甸人抗重出自道道左倚之鄭注云重既虞將埋之是鄭埋重於門外之道左也若虞主亦埋之於祖廟門外之道左案異義戴禮及公羊說虞主埋於壁兩楹之間一說埋之於廟北牖下左氏說虞主所藏無明文鄭駁之云案士喪禮重與柩相隨之禮柩將出則重倚於道左柩將入於廟則重止於門西虞主與神相隨之禮亦當然練時既特作栗主則入廟之時祝奉虞主於道左練祭訖乃出就虞主而埋之如既虞埋重於道左是鄭既練埋虞主於廟門之道左也 奠以至心也 奠謂始死至葬之時祭名以其時無尸奠置於地故謂之奠也悉用素器者表主人有哀素之心既因用素表孝子哀素遂廣論虞祭之後及卒哭練祥之祭故云此等祭祀之禮既見親終主人自盡致孝養之道焉爾豈知神之所饗須設此祭所以設

足利本第十二卷第十九葉

之者亦以主人有齊敬之心若親存然故設祭亦如生存
之有齊敬今死亦齊敬故云亦也 注哀則以素敬則以
飾 正義曰哀則以素謂葬前敬則以飾謂虞後故士虞
禮不用素器也知經中祭祀非尋常吉祭者以上下所論
皆是喪事不應吉祭厠在其間其實吉祭主人亦有齊敬
之心也 辟踊至文也 撫心爲辟跳躍爲踊孝子喪親
哀慕至懣男踊女辟是哀痛之至極也若不裁限恐傷其
性故辟踊有筭爲準節文章準節之數其事不一每一踊
三跳三踊九跳都爲一節士含死日三日而殯凡有三踊
初死日襲襲而踊明日小斂小斂而踊又明日大斂大斂
又踊凡三日爲三踊也大夫五踊含死日四日而殯初死日一踊
明日襲又一踊至三日小斂朝一踊至小斂時又一踊至
四日大斂朝不踊當大斂時又一踊凡四日爲五踊諸侯
七踊含死日六日而殯初死日一明日襲又一至三日小
斂朝一當小斂時又一四日無事一五日又一至六日朝
不踊亦當大斂時又一凡六日七踊周禮王九踊含死日

禮記正義十二 十九

八日而殯死日一明日襲一其間二日爲二至五日小斂
爲二其間二日又二至八日大斂則其朝不踊也大斂時
又一凡八日九踊故云爲之節文也故雜記云公七踊大
夫五踊士三踊鄭注云士小斂之朝不踊君大夫大斂之
朝乃不踊是也 袒括至節也 言袒衣括髮者是孝子
形貌之變也悲哀愠恚者是孝子哀情之變也去其尋常
吉時服飾也者是去其華美也孝子去飾雖有多塗袒括髮
者就去飾之中最爲甚也孝子悲哀理應常袒何以有所
袒有所襲時者表明哀之限節哀甚則袒哀輕則襲 注
接神至修袂 正義曰葬時居喪著喪冠麻經身服衰裳
是純凶也又尋常弁經以麻爲環經今乃去喪冠著素弁
又加環經用葛不以麻故云接神之道不可以純凶云天
子諸侯變服而葬者以下云有敬心焉以日月踰時故敬
心乃生大夫與士三月而葬敬心未生故知天子諸侯也
云冠素弁以葛爲環經者素謂素帛爲弁故鄭注周禮司
服云弁如爵弁而素不云麻是用素絹也以葛以弁經連

潘本第十二卷第十九葉

之者亦以主人有齊敬之心若親存然故設祭亦如生存
之有齊敬今死亦齊敬故云亦也 注哀則以素敬則以
飾 正義曰哀則以素謂葬前敬則以飾謂虞後故士虞
禮不用素器也知經中祭祀非尋常吉祭者以上下所論
皆是喪事不應吉祭厠在其間其實吉祭主人亦有齊敬
之心也 辟踊至文也 撫心爲辟跳躍爲踊孝子喪親
哀慕至懣男踊女辟是哀痛之至極也若不裁限恐傷其
性故辟踊有筭爲準節文章準節之數其事不一每一踊
三跳三踊九跳都爲一節士含死日三日而殯凡有三踊
初死日襲襲而踊明日小斂小斂而踊又明日大斂大斂
又踊凡三日爲三踊也大夫五踊含死日四日而殯初死日一踊
明日襲又一踊至三日小斂朝一踊至小斂時又一踊至
四日大斂朝不踊當大斂時又一踊凡四日爲五踊諸侯
七踊含死日六日而殯初死日一明日襲又一至三日小
斂朝一當小斂時又一四日無事一五日又一至六日朝
不踊亦當大斂時又一凡六日七踊周禮王九踊含死日

禮記正義十二 十九

八日而殯死日一明日襲一其間二日爲二至五日小斂
爲二其間二日又二至八日大斂則其朝不踊也大斂時
又一凡八日九踊故云爲之節文也故雜記云公七踊大
夫五踊士三踊鄭注云士小斂之朝不踊君大夫大斂之
朝乃不踊是也 袒括至節也 言袒衣括髮者是孝子
形貌之變也悲哀愠恚者是孝子哀情之變也去其尋常
吉時服飾也者是去其華美也孝子去飾雖有多塗袒括髮
者就去飾之中最爲甚也孝子悲哀理應常袒何以有所
袒有所襲時者表明哀之限節哀甚則袒哀輕則襲 注
接神至修袂 正義曰葬時居喪著喪冠麻經身服衰裳
是純凶也又尋常弁經以麻爲環經今乃去喪冠著素弁
又加環經用葛不以麻故云接神之道不可以純凶云天
子諸侯變服而葬者以下云有敬心焉以日月踰時故敬
心乃生大夫與士三月而葬敬心未生故知天子諸侯也
云冠素弁以葛爲環經者素謂素帛爲弁故鄭注周禮司
服云弁如爵弁而素不云麻是用素絹也以葛以弁經連

足利本第十二卷第二十葉

文故云葛環絰然則要帶猶用麻也云卒哭乃服受服也
者以受服者無文故鄭解不定喪服注天子諸侯既虞大
夫士卒哭乃受服此云卒哭乃受服是不定喪服以大夫
以上卒哭與虞其月不同士虞與卒哭同在一月故解爲
大夫以上既虞士卒哭受服皇氏云檀弓定本當言既虞
與喪服注會云卒哭者誤也引雜記其衰侈袂者證既服
弁絰其衰亦啟案喪服衰袂二尺二寸袪尺二寸則葬時
更制其衰袂三尺三寸袪尺八寸是啟喪服之衰也熊氏
皇氏等並爲錫衰皇氏又引鄭說稱鄭沖云小記曰諸侯
弔必皮弁錫衰則此弁絰之衰亦是弔服也案喪服啟葬
尚服緦麻今葬服錫衰其義疑也　注大夫至踰時　正
義曰案鄭箴膏肓云人君殯數來日葬數往月大夫以上
殯皆以來日數則大夫并死月四月而葬云未踰時者謂
未踰一時假令四月而死七月而葬是未踰越夏之一時
也非如春秋之踰年也若以爲踰年言之則三月死至四
月是亦踰時穀梁傳云古者行役不踰時豈三月行不至

禮記卷十二　二十　壬宗

四月即須反故知不然也　注周弁至同也　正義曰士
冠禮周弁殷冔夏收王制云夏后氏收而祭殷人冔而祭
周人弁而祭此弁既對冔故知俱象祭冠　歠主至之也　此一
節論尊者奪孝子情之法歠者親喪三日之後歠粥之時主人亡
者之子主婦亡者之妻室老家之長相此三者並是大夫
之家貴者爲其歠粥病困之故君必有命食疏飯也若非
三者雖復歠粥致疾病君不命食之以其賤故也其士之
主人主婦君不命也喪大記主婦食疏食謂既殯之後此
主婦歠者謂未殯前故問喪云鄰里爲之糜粥以飲食之
反哭至養也　謂葬窆訖反哭升於廟所以升堂者反
復於親所行禮之處行禮者謂平生祭祀冠昏在於堂也
主婦反哭所以入於室反復於親所饋食供養之處此皆
謂在廟也故既夕禮主人反哭入升自西階東面鄭注云
反諸其所作也又云主婦入于室注云反諸其所養也下
始云遂適殯宮故知初反哭在廟也下云反哭之弔也亦
謂在廟也　注封當爲窆窆下棺也　正義曰知非既封

潘本第十二卷第二十葉

文故云葛環絰然則要帶猶用麻也云卒哭乃服受服也
者以受服者無文故鄭解不定喪服注天子諸侯既虞大
夫士卒哭乃受服此云卒哭乃受服是不定喪服以大夫
以上卒哭與虞其月不同士虞與卒哭同在一月故解爲
大夫以上既虞士卒哭受服皇氏云檀弓定本當言既虞
與喪服注會云卒哭者誤也引雜記其衰侈袂者證既服
弁絰其衰亦啟案喪服衰袂二尺二寸袪尺二寸則葬時
更制其衰袂三尺三寸袪尺八寸是啟喪服之衰也熊氏
皇氏等並爲錫衰皇氏又引鄭說稱鄭沖云小記曰諸侯
弔必皮弁錫衰則此弁絰之衰亦是弔服也案喪服啟葬
尚服緦麻今葬服錫衰其義疑也　注大夫至踰時　正
義曰案鄭箴膏肓云人君殯數來日葬數往月大夫以上
殯皆以來日數則大夫并死月四月而葬云未踰時者謂
未踰一時假令四月而死七月而葬是未踰越夏之一時
也非如春秋之踰年也若以爲踰年言之則三月死至四
月是亦踰時穀梁傳云古者行役不踰時豈三月行不至

禮記卷十二　二十　壬宗

四月即須反故知不然也　注周弁至同也　正義曰士
冠禮周弁殷冔夏收王制云夏后氏收而祭殷人冔而祭
周人弁而祭此弁既對冔故知俱象祭冠　歠主至之也　此一
節論尊者奪孝子情之法歠者親喪三日之後歠粥之時主人亡
者之子主婦亡者之妻室老家之長相此三者並是大夫
之家貴者爲其歠粥病困之故君必有命食疏飯也若非
三者雖復歠粥致疾病君不命食之以其賤故也其士之
主人主婦君不命也喪大記主婦食疏食謂既殯之後此
主婦歠者謂未殯前故問喪云鄰里爲之糜粥以飲食之
反哭至養也　謂葬窆訖反哭升於廟所以升堂者反
復於親所行禮之處行禮者謂平生祭祀冠昏在於堂也
主婦反哭所以入於室反復於親所饋食供養之處此皆
謂在廟也故既夕禮主人反哭入升自西階東面鄭注云
反諸其所作也又云主婦入于室注云反諸其所養也下
始云遂適殯宮故知初反哭在廟也下云反哭之弔也亦
謂在廟也　注封當爲窆窆下棺也　正義曰知非既封

足利本第十二卷第二十一葉

土爲墳者以既夕禮實土三主人拜鄉人乃反哭周既如
此明塴亦然且塴既不爲墳故知封當爲窆 注 愨者至
其甚　正義曰廟是親之平生行禮之處今反哭於廟思
想其親而不見故悲哀爲甚壙者非親存所在之處今柩
暫來至此始有悲哀未是甚極今弔者於此而來哀情質
愨故云愨也　之幽之故也　上之訓往下之語助言葬
於國北及北首者鬼神尚幽闇往詣幽冥故也殯時仍南
首者孝子猶若其生不忍以神待之　既封主人贈　既
封謂葬已下棺鄭不破窆字者從上可知也云主人贈而
祝宿虞尸者謂主人以幣贈死者於壙之時祝先歸宿戒
虞尸案既夕禮主人贈用制幣玄纁束帛也案士虞禮記
云男男尸女女尸是虞有尸也　有司以几筵舍奠於墓
左　此謂既窆之後事也有司脩虞之有司也几依神也
筵坐神席也席敷陳曰筵舍釋也奠置也墓道嚮南以東
爲左孝子先反脩虞故有司以几筵及祭饌置於墓左禮
地神也言以父母形體所託故禮其地神以安之也　反

禮記義二十　二十二　周弆

日中而虞者反謂所使奠墓左有司歸也虞者葬日還殯
宮安神之祭名必用日中者是日時之正也士虞禮云日
中而行事注云朝葬日中而虞君子舉事必用辰正也再
虞三虞皆用質明案周人尚赤大事用日出故朝葬也
注 所使至爲尸　正義曰鄭恐奠墓有司未歸即非虞祭
故云奠墓有司來歸乃虞也必知歸始虞者以經云奠於
墓左反日中而虞是奠墓者廻反日中而虞引周禮冢人凡
祭墓爲尸者證葬畢奠墓案周禮冢人爲尸謂祈禱不同
者以言凡祭墓凡者非一諸祭皆是　注 既虞至爲成
正義曰既虞祭之後至於卒哭其卒哭祭辭蓋曰成事所
以稱蓋者以其士虞禮無文唯雜記及此有卒哭成事故
鄭約之爲解又稱蓋以疑之以虞祭之時以其尚凶祭禮
未成今既卒無時之哭唯有朝夕二哭漸就於吉故云成
事祭以吉爲成故也其虞與卒哭尊卑不同案雜記士三
月而葬是月而卒哭大夫三月而葬五月而卒哭諸侯五
月而葬七月而卒哭約此天子七月而葬九月而卒哭雜

潘本第十二卷第二十一葉

土爲墳者以既夕禮實土三主人拜鄉人乃反哭周既如
此明塴亦然且塴既不爲墳故知封當爲窆 注 愨者至
其甚　正義曰廟是親之平生行禮之處今反哭於廟思
想其親而不見故悲哀爲甚壙者非親存所在之處今柩
暫來至此始有悲哀未是甚極今弔者於此而來哀情質
愨故云愨也　之幽之故也　上之訓往下之語助言葬
於國北及北首者鬼神尚幽闇往詣幽冥故也殯時仍南
首者孝子猶若其生不忍以神待之　既封主人贈　既
封謂葬已下棺鄭不破窆字者從上可知也云主人贈而
祝宿虞尸者謂主人以幣贈死者於壙之時祝先歸宿戒
虞尸案既夕禮主人贈用制幣玄纁束帛也案士虞禮記
云男男尸女女尸是虞有尸也　有司以几筵舍奠於墓
左　此謂既窆之後事也有司脩虞之有司也几依神也
筵坐神席也席敷陳曰筵舍釋也奠置也墓道嚮南以東
爲左孝子先反脩虞故有司以几筵及祭饌置於墓左禮
地神也言以父母形體所託故禮其地神以安之也　反

禮記義二十　二十二　周弆

日中而虞者反謂所使奠墓左有司歸也虞者葬日還殯
宮安神之祭名必用日中者是日時之正也士虞禮云日
中而行事注云朝葬日中而虞君子舉事必用辰正也再
虞三虞皆用質明案周人尚赤大事用日出故朝葬也
注 所使至爲尸　正義曰鄭恐奠墓有司未歸即非虞祭
故云奠墓有司來歸乃虞也必知歸始虞者以經云奠於
墓左反日中而虞是奠墓者廻反日中而虞引周禮冢人凡
祭墓爲尸者證葬畢奠墓案周禮冢人爲尸謂祈禱不同
者以言凡祭墓凡者非一諸祭皆是　注 既虞至爲成
正義曰既虞祭之後至於卒哭其卒哭祭辭蓋曰成事所
以稱蓋者以其士虞禮無文唯雜記及此有卒哭成事故
鄭約之爲解又稱蓋以疑之以虞祭之時以其尚凶祭禮
未成今既卒無時之哭唯有朝夕二哭漸就於吉故云成
事祭以吉爲成故也其虞與卒哭尊卑不同案雜記士三
月而葬是月而卒哭大夫三月而葬五月而卒哭諸侯五
月而葬七月而卒哭約此天子七月而葬九月而卒哭雜

記又云諸侯七虞大夫五士三謂之虞者鄭注士虞禮云虞安也所以安神虞皆用柔日柔日者鄭注士虞禮云柔日陰陰取其靜最後一虞用剛日故士虞記云三虞卒哭他用剛日鄭注云用剛日剛日陽也陽取其動謂動而將祔廟也雜記云諸侯七虞然則天子九虞也士三虞卒哭同在一月初虞已葬日而用柔第二虞亦用柔日假令丁日葬葬日而虞則已日二虞後虞改用剛則庚日三虞也故鄭注士虞禮云士則庚日三虞三虞與卒哭相接則壬日卒哭也士虞禮云明日祔於祖父則祭明日祔也士之三虞用四日則大夫五虞當八日諸侯七虞當十二日天子九虞當十六日最後一虞與卒哭例同用剛日大夫以上卒哭者去虞相校兩月則虞祭既終不得與卒哭相接崔氏解既正禮得終其虞後卒哭之前剛日雖多不須設祭以正禮成也故此下云不忍一日未有所歸也謂不成正禮赴葬赴虞是也崔又一解虞後卒哭之前不可無祭亦以剛日接之恐此解非也　其變至歸也　上云虞卒哭及祔皆據得常正禮此經所云謂不得正禮故謂之變以其變常禮也所以有變者或時有迫促或事有忌諱未及葬期死而即葬者即喪服小記所云赴葬者赴虞者三月而后卒哭彼據士禮而言速葬速虞之後卒哭之前其日尚賒不可無祭謂之爲變其既虞之後變禮而之吉祭也之往也既虞往至吉祭其禮如何既虞比至於祔以來必於是日接謂於是三虞卒哭之間剛日而連接其祭謂恒用剛日所以恒用剛日接之者孝子不忍使親每一日之間無所歸依　【注】末無至成事　正義曰虞禮所謂他用剛日者此經所云變者虞禮謂之他也案士虞禮云三虞卒哭他用剛日哀薦曰成事鄭注云他謂不及時而葬者喪服小記曰赴葬者赴虞者三月而后卒哭則虞與卒哭之間有祭事者亦用剛日其祭無名謂之他者假設言之耳如鄭此言虞禮謂之他此經謂之變其義一也皆據速葬速虞者而言之云其祭祝曰哀薦曰成事雖所行三事虞卒哭及他之下鄭意惟屬於他故引來爲注其依時葬及

記又云諸侯七虞大夫五士三謂之虞者鄭注士虞禮云虞安也所以安神虞皆用柔日柔日者鄭注士虞禮云柔日陰陰取其靜最後一虞用剛日故士虞記云三虞卒哭他用剛日鄭注云用剛日剛日陽也陽取其動謂動而將祔廟也雜記云諸侯七虞然則天子九虞也士三虞卒哭同在一月初虞已葬日而用柔第二虞亦用柔日假令丁日葬葬日而虞則已日二虞後虞改用剛則庚日三虞也故鄭注士虞禮云士則庚日三虞三虞與卒哭相接則壬日卒哭也士虞禮云明日祔於祖父則祭明日祔也士之三虞用四日則大夫五虞當八日諸侯七虞當十二日天子九虞當十六日最後一虞與卒哭例同用剛日大夫以上卒哭者去虞相校兩月則虞祭既終不得與卒哭相接崔氏解既正禮得終其虞後卒哭之前剛日雖多不須設祭以正禮成也故此下云不忍一日未有所歸也謂不成正禮赴葬赴虞是也崔又一解虞後卒哭之前不可無祭亦以剛日接之恐此解非也　其變至歸也　上云虞卒哭及祔皆據得常正禮此經所云謂不得正禮故謂之變以其變常禮也所以有變者或時有迫促或事有忌諱未及葬期死而即葬者即喪服小記所云赴葬者赴虞者三月而后卒哭彼據士禮而言速葬速虞之後卒哭之前其日尚賒不可無祭謂之爲變其既虞之後變禮而之吉祭也之往也既虞往至吉祭其禮如何既虞比至於祔以來必於是日接謂於是三虞卒哭之間剛日而連接其祭謂恒用剛日所以恒用剛日接之者孝子不忍使親每一日之間無所歸依　【注】末無至成事　正義曰虞禮所謂他用剛日者此經所云變者虞禮謂之他也案士虞禮云三虞卒哭他用剛日哀薦曰成事鄭注云他謂不及時而葬者喪服小記曰赴葬者赴虞者三月而后卒哭則虞與卒哭之間有祭事者亦用剛日其祭無名謂之他者假設言之耳如鄭此言虞禮謂之他此經謂之變其義一也皆據速葬速虞者而言之云其祭祝曰哀薦曰成事雖所行三事虞卒哭及他之下鄭意惟屬於他故引來爲注其依時葬及

足利本第十二卷第二十三葉左半葉無圖像

虞者後去卒哭雖遠其間不復祭崔氏一解云雖依時葬虞虞後至卒哭仍以剛日接其義恐非也喪服小記云赴葬者據士故云三月而卒哭此經亦據士故云比至於祔必於是日也接若大夫以上赴葬赴虞之後爲接祭至常葬之月終虞之祭日乃止

其祝亦稱哀薦曰成事焉

禮記正義卷第十二

上杉安房守藤原憲實寄進

禮記義十二　二十三

潘本第十二卷第二十三葉

虞者後去卒哭雖遠其間不復祭崔氏一解云雖依時葬虞虞後至卒哭仍以剛日接其義恐非也喪服小記云赴葬者據士故云三月而卒哭此經亦據士故云比至於祔必於是日也接若大夫以上赴葬赴虞之後爲接祭至常葬之月終虞之祭日乃止

其祝亦稱哀薦曰成事焉

禮記正義卷第十二

禮記義十二　二十三

足利本第十三卷第一葉

禮記正義卷第十三

國子祭酒上護軍曲阜縣開國子臣孔穎達等奉

勑撰　上杉安房守藤原憲實寄進

君臨臣喪以巫祝桃茢執戈惡之也為有凶邪之氣在側君聞大夫之喪去樂卒事而往未襲也其已襲則止巫去桃茢桃鬼所惡茢萑苕可埽不祥**所以異於生也**生人無凶邪〇疏正義曰此一節論君臨臣喪之禮君謂天子臣喪未襲之前君往臨所則以巫執桃祝執茢又使小臣執戈所以然者惡其凶邪之氣必惡之者所以異於生人也若往臨生者但有執戈無巫祝執桃茢之事今有巫祝故云異於生也〇注君聞至桃茢〇正義曰君聞大夫之喪去樂卒事者昭十五年公羊傳文言而往未襲也是鄭意所加之言也公羊直云去樂卒事鄭必知往者以下云柳莊之卒衛侯不脫祭服而往明其王有大臣之喪亦當然也以聞喪即往故知未襲也云已襲則止巫去桃茢者襲謂死之明日則止巫門外去桃茢祝代巫而入又小臣執戈鄭知然者案喪大記大夫之喪將大斂君往巫止于門外祝先入又云喪禮亦如此又士喪禮大斂而往巫止于廟門外祝代之小臣二人執戈先二人後此皆大斂之時小斂及殯更無文明與大斂同直言巫止無桃茢之文喪大記雖記諸侯之禮明天子亦然故云已襲則止巫去桃茢也此經所云謂天子禮故鄭注士喪禮引檀弓云君臨臣喪以巫祝桃茢執戈以惡之所以異於生也皆天子禮也諸侯臨臣之喪則使祝代巫執茢居前下天子也以此言之知此文據天子禮也鄭注士喪禮云諸侯臨臣之喪則使祝代巫執茢亦謂未襲以前也若已襲之後茢亦去之與天子同是天子未襲之前臨臣之喪巫祝桃茢執戈三者並具諸侯臨臣

禮記義十三

潘本第十三卷第一葉

禮記正義卷第十三

國子祭酒上護軍曲阜縣開國子臣孔穎達等奉

勑撰

君臨臣喪以巫祝桃茢執戈惡之也為有凶邪之氣在側君聞大夫之喪去樂卒事而往未襲也其已襲則止巫去桃茢桃鬼所惡茢萑苕可埽不祥**所以異於生也**生人無凶邪〇疏正義曰此一節論君臨臣喪之禮君謂天子臣喪未襲之前君往臨所則以巫執桃祝執茢又使小臣執戈所以然者惡其凶邪之氣必惡之者所以異於生人也若往臨生者但有執戈無巫祝執桃茢之事今有巫祝故云異於生也〇注君聞至桃茢〇正義曰君聞大夫之喪去樂卒事者昭十五年公羊傳文言而往未襲也是鄭意所加之言也公羊直云去樂卒事鄭必知往者以下云柳莊之卒衛侯不脫祭服而往明其王有大臣之喪亦當然也以聞喪即往故知未襲也云已襲則止巫去桃茢者襲謂死之明日則止巫門外去桃茢祝代巫而入又小臣執戈鄭知然者案喪大記大夫之喪將大斂君往巫止于門外祝先入又云喪禮亦如此又士喪禮大斂而往巫止于廟門外祝代之小臣二人執戈先二人後此皆大斂之時小斂及殯更無文明與大斂同直言巫止無桃茢之文喪大記雖記諸侯之禮明天子亦然故云已襲則止巫去桃茢也此經所云謂天子禮故鄭注士喪禮引檀弓云君臨臣喪以巫祝桃茢執戈以惡之所以異於生也皆天子禮也諸侯臨臣之喪則使祝代巫執茢居前下天子也以此言之知此文據天子禮也鄭注士喪禮云諸侯臨臣之喪則使祝代巫執茢亦謂未襲以前也若已襲之後茢亦去之與天子同是天子未襲之前臨臣之喪巫祝桃茢執戈三者並具諸侯臨臣

禮記義十三

足利本第十三卷第二葉

喪未襲之前巫止祝執茢小臣執戈若既襲之後斂殯以來天子與諸侯同並巫止祝代之無桃茢案士喪禮君弔之時當大斂之節而鄭注云巫祝桃茢執戈天子禮也使祝代巫執茢諸侯禮也以當大斂之時而解爲未襲前者以士喪禮未襲之前君無親弔今大斂君來巫止門外故鄭以未襲之前解天子諸侯之異必知襲後無桃茢者案喪大記大斂唯有巫止之文無桃茢之事故注云此已襲則止巫去桃茢下云荆人使公親襚巫先拂柩時荆王以襄二十八年十二月死至明年正月則殯來已久得有始行襲禮巫先拂柩者彼云襲者謂加衣於殯非爲尸加衣故下云拂柩及左傳云祓殯而襚是既殯也公以楚人無禮於己故公用天子未襲之前君臨臣喪之法以巫祝桃茢也

喪有死之道焉言人之死有如鳥獸死之狀鳥獸之死人賤之先王之所難言也聖人不明說爲人甚惡之

疏 正義曰此一節論先王恐生者惡死者之

禮記義十三　二　周泉

事言人喪也有如鳥獸死散之道焉先王之所難言死散之義若言其死散則人之所惡故難言也

喪之朝也順死者之孝心也朝謂遷柩於廟其哀離其室也故至於祖考之廟而后行殷朝而殯於祖周朝而遂葬

疏 正義曰此一節論殷周死者朝廟之事　喪之朝也者謂將葬前以柩朝廟者夫爲人子之禮出必告反必面以盡孝子之情今此所以車載柩而朝是順死者之孝心也然朝廟之禮每廟皆朝故既夕禮云其二廟則饌於禰廟下云降柩如初適祖則天子諸侯以下每廟皆一日至遠祖之廟當日朝畢則爲祖祭至明日設遣奠而行　其哀離其室也者謂死者神靈悲哀棄離其室故至於祖考之廟辭而後行殷人尚質敬鬼神而遠之死則爲神故云朝而殯於祖廟周則尚文親雖亡沒故猶若存在不忍便以神事之故殯於

潘本第十三卷第二葉

喪未襲之前巫止祝執茢小臣執戈若既襲之後斂殯以來天子與諸侯同並巫止祝代之無桃茢案士喪禮君弔之時當大斂之節而鄭注云巫祝桃茢執戈天子禮也使祝代巫執茢諸侯禮也以當大斂之時而解爲未襲前者以士喪禮未襲之前君無親弔今大斂君來巫止門外故鄭以未襲之前解天子諸侯之異必知襲後無桃茢者案喪大記大斂唯有巫止之文無桃茢之事故注云此已襲則止巫去桃茢下云荆人使公親襚巫先拂柩時荆王以襄二十八年十二月死至明年正月則殯來已久得有始行襲禮巫先拂柩者彼云襲者謂加衣於殯非爲尸加衣故下云拂柩及左傳云祓殯而襚是既殯也公以楚人無禮於己故公用天子未襲之前君臨臣喪之法以巫祝桃茢也

喪有死之道焉言人之死有如鳥獸死之狀鳥獸之死人賤之先王之所難言也聖人不明說爲人甚惡之

疏 正義曰此一節論先王恐生者惡死者之

禮記義十三　二　周泉

事言人喪也有如鳥獸死散之道焉先王之所難言死散之義若言其死散則人之所惡故難言也

喪之朝也順死者之孝心也朝謂遷柩於廟其哀離其室也故至於祖考之廟而后行殷朝而殯於祖周朝而遂葬

疏 正義曰此一節論殷周死者朝廟之事　喪之朝也者謂將葬前以柩朝廟者夫爲人子之禮出必告反必面以盡孝子之情今此所以車載柩而朝是順死者之孝心也然朝廟之禮每廟皆朝故既夕禮云其二廟則饌於禰廟下云降柩如初適祖則天子諸侯以下每廟皆一日至遠祖之廟當日朝畢則爲祖祭至明日設遣奠而行　其哀離其室也者謂死者神靈悲哀棄離其室故至於祖考之廟辭而後行殷人尚質敬鬼神而遠之死則爲神故云朝而殯於祖廟周則尚文親雖亡沒故猶若存在不忍便以神事之故殯於

足利本第十三卷第三葉

路寢及朝廟遂葬夫子不論二代得失皆合當代之禮無
所是非以此言之則周人不殯於廟案僖八年致哀姜左
傳云不殯于廟則弗致也則正禮當殯於廟者服氏云不
薨於寢寢謂小寢不殯於廟廟謂殯宮鬼神所在謂之廟
鄭康成以爲春秋變周之文從殷之質故
殯於廟杜預以爲不以殯朝廟未詳孰是　孔子謂爲
明器者知喪道矣備物而不可用也　神與人異道則
不相傷　哀哉死者而用生者之器也不殆於
用殉乎哉　殆幾也殺人以衞死者曰殉用其器者漸幾於用人
神明之也　神明死者異於生人　塗車芻靈自古有之
芻靈束茅爲人馬謂之靈者神之類　明器之道也　言與明器同　孔子謂

禮記義十三　三　李寶

爲芻靈者善謂爲俑者不仁不殆於用
人乎哉　俑偶人也有面目機發有似於生人孔子善古而非周　疏　正義曰此一節皆記者録孔
子之言善古非殷周之事故云孔子謂夏家爲明器者知
死喪之道焉以孝子之事親不可闕故備其器物若似生
存以鬼神異於人故物不可用孔子既論夏家之事是又
言殷代之非故云可哀哉殷之送死者而用生者之祭器
不殆於用生人爲殉乎哉殆近也謂近於用乎生人爲殉
所以近者以生人食器而供死者似若用生人而殉死人
故云近也既言殷代之事將言周代用偶人爲非禮故先
言明器芻靈後論偶人之事故言其曰明器神明之也死
者之物不可用塗車芻靈即明器之物一類自古帝王所
制而有之此則豈不可爲用故云明器之道也記者記録
孔子之言又說孔子臧否古今得失以其語更端故重言
孔子謂古之爲芻靈者善謂周家爲俑者不仁不近於用

潘本第十三卷第三葉

路寢及朝廟遂葬夫子不論二代得失皆合當代之禮無
所是非以此言之則周人不殯於廟案僖八年致哀姜左
傳云不殯于廟則弗致也則正禮當殯於廟者服氏云不
薨於寢寢謂小寢不殯於廟廟謂殯宮鬼神所在謂之廟
鄭康成以爲春秋變周之文從殷之質故
殯於廟杜預以爲不以殯朝廟未詳孰是　孔子謂爲
明器者知喪道矣備物而不可用也　神與人異道則
不相傷　哀哉死者而用生者之器也不殆於
用殉乎哉　殆幾也殺人以衞死者曰殉用其器者漸幾於用人
神明之也　神明死者異於生人　塗車芻靈自古有之
芻靈束茅爲人馬謂之靈者神之類　明器之道也　言與明器同　孔子謂

禮記義十三　三　李寶

爲芻靈者善謂爲俑者不仁不殆於用
人乎哉　俑偶人也有面目機發有似於生人孔子善古而非周　疏　正義曰此一節皆記者録孔
子之言善古非殷周之事故云孔子謂夏家爲明器者知
死喪之道焉以孝子之事親不可闕故備其器物若似生
存以鬼神異於人故物不可用孔子既論夏家之事是又
言殷代之非故云可哀哉殷之送死者而用生者之祭器
不殆於用生人爲殉乎哉殆近也謂近於用乎生人爲殉
所以近者以生人食器而供死者似若用生人而殉死人
故云近也既言殷代之事將言周代用偶人爲非禮故先
言明器芻靈後論偶人之事故言其曰明器神明之也死
者之物不可用塗車芻靈即明器之物一類自古帝王所
制而有之此則豈不可爲用故云明器之道也記者記録
孔子之言又說孔子臧否古今得失以其語更端故重言
孔子謂古之爲芻靈者善謂周家爲俑者不仁不近於用

足利本第十三卷第四葉

生人乎哉言近於用生人所以近者謂刻木爲人而自發動與生人無異但無性靈智識故云近此云用人前言用殉殉是已死之人形貌不動與器物相似故言用殉此云用人者謂用生人入壙今俑者形貌發動有類生人故云用人上文云塗車芻靈此不言塗車直云芻靈者以其束茅爲人與俑者相對故不取塗作車也 注俑偶至非周 正義曰謂造作形體偶類人形故史記有土偶人木偶人是也云孔子善古而非周者古謂周以前虞以後故上云虞氏瓦棺始不用薪明虞氏以來始有塗車芻靈言非周者謂周爲俑人如鄭康成之意則周初即用偶人故冢人職言鸞車象人司農注云象人謂以芻爲人康成注引此謂爲俑者不仁是象人即俑人也其餘車馬器物猶爲塗車芻靈故校人大喪飾遣車之馬及葬埋之鄭注云言埋之則是馬塗車之芻靈是俑人之外猶有塗車芻靈之制雖或用木無機識發動俑人謂之俑者皇氏云機識發動踊躍故謂之俑也 穆公問於子思曰爲舊君反服古與 仕焉而已者穆公魯哀公之曾孫 子思曰古之君子進人以禮退人以禮故有舊君反服之禮也今之君子進人若將加諸膝退人若將隊諸淵毋爲戎首不亦善乎又何反服之禮之有 言放逐之臣不服舊君也爲兵主來攻伐曰戎首 悼公之喪季昭子問於孟敬子曰爲君何食 悼公魯哀公之子昭子康子之曾孫名強敬子武伯之子名捷 敬子曰食粥天下之達禮也吾三臣者之

禮記疏卷十三 四

潘本第十三卷第四葉

生人乎哉言近於用生人所以近者謂刻木爲人而自發動與生人無異但無性靈智識故云近此云用人前言用殉殉是已死之人形貌不動與器物相似故言用殉此云用人者謂用生人入壙今俑者形貌發動有類生人故云用人上文云塗車芻靈此不言塗車直云芻靈者以其束茅爲人與俑者相對故不取塗作車也 注俑偶至非周 正義曰謂造作形體偶類人形故史記有土偶人木偶人是也云孔子善古而非周者古謂周以前虞以後故上云虞氏瓦棺始不用薪明虞氏以來始有塗車芻靈言非周者謂周爲俑人如鄭康成之意則周初即用偶人故冢人職言鸞車象人司農注云象人謂以芻爲人康成注引此謂爲俑者不仁是象人即俑人也其餘車馬器物猶爲塗車芻靈故校人大喪飾遣車之馬及葬埋之鄭注云言埋之則是馬塗車之芻靈是俑人之外猶有塗車芻靈之制雖或用木無機識發動俑人謂之俑者皇氏云機識發動踊躍故謂之俑也 穆公問於子思曰爲舊君反服古與 仕焉而已者穆公魯哀公之曾孫 子思曰古之君子進人以禮退人以禮故有舊君反服之禮也今之君子進人若將加諸膝退人若將隊諸淵毋爲戎首不亦善乎又何反服之禮之有 言放逐之臣不服舊君也爲兵主來攻伐曰戎首 悼公之喪季昭子問於孟敬子曰爲君何食 悼公魯哀公之子昭子康子之曾孫名強敬子武伯之子名捷 敬子曰食粥天下之達禮也吾三臣者之

禮記疏卷十三 四

不能居公室也四方莫不聞矣言鄰國皆知吾等不能居公室以臣禮事君也三臣仲孫叔孫季孫氏勉而爲瘠則吾能毋乃使人疑夫不以情居瘠者乎哉我則食食存時不盡忠喪又不盡禮非也孔子曰喪事不敢不勉【疏】正義曰此一節論不爲舊君著服之事【注】仕焉至曾孫　正義曰案喪服齊衰三月章爲舊君凡有三條其一云爲舊君君之母妻傳云仕焉而已者也注云謂老若有廢疾而致仕者兼服其母妻其二大夫在外其妻長子爲舊國君注云在外待放已去者傳云妻言與民同也長子言未去也注云妻雖從夫而出古者大夫不外娶婦人歸宗往來猶民也長子去可以無服此則大夫身不爲服唯妻與長子爲舊君耳其三爲舊君注云大夫待放未去者傳曰大夫去君埽其宗廟言其以道去君而猶未絶也注云以道去君爲三諫不從待放於郊未絶者言爵祿尚有列於朝出入有詔於國若已絶則不服也以此言之凡舊君若年老致仕退歸在國不仕者身爲之服齊衰三月并各服其母妻也若三諫不從待放已去而絶者唯妻與長子服之已則無服若待放未去爵位未絶身及妻子皆爲之服然則去仕他國已絶之後不服舊君而雜記云違諸侯之大夫不反服則違諸侯之諸侯反服得爲舊君服者雜記所云謂不便其居或辟仇讎有故不得在國者故孟子齊宣王問孟子云禮爲舊君有服何如斯可爲服矣孟子對曰諫行言聽膏澤下於民有故而去則君使人導之出疆送至彼國明其無罪其所往三年不反然後收其田里此之謂三有禮焉如此者得爲舊君反服矣與雜記同鄭注此云仕焉而已者取喪服第一條謂年老致仕在國者鄭必以第一條解之者以穆公所問爲舊君之反服宜問喪服正禮故以第一條致仕者解之其實亦兼三諫未絶及有故出在他國者故下子思云

足利本第十三卷第五葉

不能居公室也四方莫不聞矣言鄰國皆知吾等不能居公室以臣禮事君也三臣仲孫叔孫季孫氏勉而爲瘠則吾能毋乃使人疑夫不以情居瘠者乎哉我則食食存時不盡忠喪又不盡禮非也孔子曰喪事不敢不勉【疏】正義曰此一節論不爲舊君著服之事【注】仕焉至曾孫　正義曰案喪服齊衰三月章爲舊君凡有三條其一云爲舊君君之母妻傳云仕焉而已者也注云謂老若有廢疾而致仕者兼服其母妻其二大夫在外其妻長子爲舊國君注云在外待放已去者傳云妻言與民同也長子言未去也注云妻雖從夫而出古者大夫不外娶婦人歸宗往來猶民也長子去可以無服此則大夫身不爲服唯妻與長子爲舊君耳其三爲舊君注云大夫待放未去者傳曰大夫去君埽其宗廟言其以道去君而猶未絶也注云以道去君爲三諫不從待放於郊未絶者言爵祿尚有列於朝出入有詔於國若已絶則不服也以此言之凡舊君若年老致仕退歸在國不仕者身爲之服齊衰三月并各服其母妻也若三諫不從待放已去而絶者唯妻與長子服之已則無服若待放未去爵位未絶身及妻子皆爲之服然則去仕他國已絶之後不服舊君而雜記云違諸侯之大夫不反服則違諸侯之諸侯反服得爲舊君服者雜記所云謂不便其居或辟仇讎有故不得在國者故孟子齊宣王問孟子云禮爲舊君有服何如斯可爲服矣孟子對曰諫行言聽膏澤下於民有故而去則君使人導之出疆送至彼國明其無罪其所往三年不反然後收其田里此之謂三有禮焉如此者得爲舊君反服矣與雜記同鄭注此云仕焉而已者取喪服第一條謂年老致仕在國者鄭必以第一條解之者以穆公所問爲舊君之反服宜問喪服正禮故以第一條致仕者解之其實亦兼三諫未絶及有故出在他國者故下子思云

潘本第十三卷第五葉

足利本第十三卷第六葉

古之君子進人以禮退人以禮是也云穆公魯哀公之曾孫者案世本云哀公生悼公寧寧生元公嘉嘉生穆公不衍是也 注言放逐之臣不服舊君也 正義曰言放逐之臣者解經中今之君子進人退人不能以禮也如此者不服舊君謂三諫不從去而已絕及不能三諫辟罪逃亡言放者則宣元年晉放其大夫胥甲父于衛是也言逐者則春秋諸侯大夫言出奔是也

衛司徒敬子死司徒官氏公子許之後子夏弔焉主人未小斂絰而往子游弔焉主人既小斂子游出絰反哭皆以朋友之禮往而二人異子夏曰聞之也與曰聞諸夫子主人未改服則不絰 疏 正義曰此一節論弔者主人改服乃改服之事 注皆以至人異 正義曰此唯云絰鄭知是朋友者凡弔者主人成服則客乃服弔絰今此隨主人主人始小斂未成服而已便出著絰故知有緦之恩隨主人變如五服親也又至小斂出絰反哭與子游前狐裘弔朋友同也前子游云帶絰故知是朋友此下不云帶知是朋友者凡弔則應弁絰環絰之屬也此雖不云絰則知有帶猶如喪服云苴絰檀弓爲師二三子皆絰而出及朋友羣居則絰皆是包帶之文也

曾子曰晏子可謂知禮也已恭敬之有焉言禮者敬而已矣有若曰晏子一狐裘三十年遣車一乘及墓而反國君七个遣車七乘大夫五个遣車五乘晏子焉知禮言其大儉偪下非之及墓而反言其既窆之則歸不留賓客有事也人臣賜

潘本第十三卷第六葉

古之君子進人以禮退人以禮是也云穆公魯哀公之曾孫者案世本云哀公生悼公寧寧生元公嘉嘉生穆公不衍是也 注言放逐之臣不服舊君也 正義曰言放逐之臣者解經中今之君子進人退人不能以禮也如此者不服舊君謂三諫不從去而已絕及不能三諫辟罪逃亡言放者則宣元年晉放其大夫胥甲父于衛是也言逐者則春秋諸侯大夫言出奔是也

衛司徒敬子死司徒官氏公子許之後子夏弔焉主人未小斂絰而往子游弔焉主人既小斂子游出絰反哭皆以朋友之禮往而二人異子夏曰聞之也與曰聞諸夫子主人未改服則不絰 疏 正義曰此一節論弔者主人改服乃改服之事 注皆以至人異 正義曰此唯云絰鄭知是朋友者凡弔者主人成服則客乃服弔絰今此隨主人主人始小斂未成服而已便出著絰故知有緦之恩隨主人變如五服親也又至小斂出絰反哭與子游前狐裘弔朋友同也前子游云帶絰故知是朋友此下不云帶知是朋友者凡弔則應弁絰環絰之屬也此雖不云絰則知有帶猶如喪服云苴絰檀弓爲師二三子皆絰而出及朋友羣居則絰皆是包帶之文也

曾子曰晏子可謂知禮也已恭敬之有焉言禮者敬而已矣有若曰晏子一狐裘三十年遣車一乘及墓而反國君七个遣車七乘大夫五个遣車五乘晏子焉知禮言其大儉偪下非之及墓而反言其既窆之則歸不留賓客有事也人臣賜

足利本第十三卷第七葉

車馬者乃得有遣車遣車之差大夫五諸侯七則天子九諸侯不以命數喪數略也个謂所包遣奠牲體之數也雜記曰遣車視牢具

曾子曰國無道君子恥盈禮焉國奢則示之以儉國儉則示之以禮時齊方奢矯之是也

疏 正義曰此一節論晏子故爲非禮以矯齊之事有子者孔子弟子有若也聞曾子說晏子知禮故擧晏子不知禮之事以拒曾子也狐裘貴在輕新而晏子一狐裘三十年是儉不知禮也 遣車一乘者其父晏桓子是大夫大夫遣車五乘其葬父唯用一乘又是儉失禮也 及墓而反者及墓謂葬時也禮窆後孝子贈幣辭親辭親畢而親情賓客應是送別別竟乃反于時晏子窆竟則反賓客並去又是儉失禮也 國君七个遣車七乘大夫五个遣車五乘者此更擧正禮以證晏子失禮也个謂所包遣奠牲體臂臑也折爲七段五段以七乘五乘遣車載之今晏子略不從禮數是不知也 晏子焉知禮者條失事已竟故此并結晏子焉知禮也 注言其至非之 正義曰大儉解三十年一狐裘并及墓而反也偪下解一乘也下謂其子及凡在已下者也大夫五乘適子三乘今其父自用一乘則其子便無是偪下也 注及墓至牢具 正義曰經唯云及墓而反鄭知不以及墓而反而云既窆則歸者晏子雖爲儉約不應柩未入壙則歸故云既窆也云不留賓客有事也者案既夕禮乃窆主人哭踊無筭襲贈用制幣玄纁束拜稽顙踊如初卒袒拜賓主婦亦拜賓賓出則拜送藏器於旁加見藏苞筲於旁加抗席覆之加抗木實土三主人拜鄉人乃反哭今晏子既窆之贈幣拜稽顙踊訖則還不復拜賓及送賓之事故云不留賓客有事也云人臣賜車馬者乃得有遣車案士喪禮無遣車諸侯之士一命曲禮云三賜不及車馬故諸侯之士無遣車也若諸侯大夫雖未三命以其位尊故得有遣車知天子遣車九乘者案雜記諸侯七月而卒哭天子則九月而卒哭今

潘本第十三卷第七葉

車馬者乃得有遣車遣車之差大夫五諸侯七則天子九諸侯不以命數喪數略也个謂所包遣奠牲體之數也雜記曰遣車視牢具

曾子曰國無道君子恥盈禮焉國奢則示之以儉國儉則示之以禮時齊方奢矯之是也

疏 正義曰此一節論晏子故爲非禮以矯齊之事有子者孔子弟子有若也聞曾子說晏子知禮故擧晏子不知禮之事以拒曾子也狐裘貴在輕新而晏子一狐裘三十年是儉不知禮也 遣車一乘者其父晏桓子是大夫大夫遣車五乘其葬父唯用一乘又是儉失禮也 及墓而反者及墓謂葬時也禮窆後孝子贈幣辭親辭親畢而親情賓客應是送別別竟乃反于時晏子窆竟則反賓客並去又是儉失禮也 國君七个遣車七乘大夫五个遣車五乘者此更擧正禮以證晏子失禮也个謂所包遣奠牲體臂臑也折爲七段五段以七乘五乘遣車載之今晏子略不從禮數是不知也 晏子焉知禮者條失事已竟故此并結晏子焉知禮也 注言其至非之 正義曰大儉解三十年一狐裘并及墓而反也偪下解一乘也下謂其子及凡在已下者也大夫五乘適子三乘今其父自用一乘則其子便無是偪下也 注及墓至牢具 正義曰經唯云及墓而反鄭知不以及墓而反而云既窆則歸者晏子雖爲儉約不應柩未入壙則歸故云既窆也云不留賓客有事也者案既夕禮乃窆主人哭踊無筭襲贈用制幣玄纁束拜稽顙踊如初卒袒拜賓主婦亦拜賓賓出則拜送藏器於旁加見藏苞筲於旁加抗席覆之加抗木實土三主人拜鄉人乃反哭今晏子既窆之贈幣拜稽顙踊訖則還不復拜賓及送賓之事故云不留賓客有事也云人臣賜車馬者乃得有遣車案士喪禮無遣車諸侯之士一命曲禮云三賜不及車馬故諸侯之士無遣車也若諸侯大夫雖未三命以其位尊故得有遣車知天子遣車九乘者案雜記諸侯七月而卒哭天子則九月而卒哭今

足利本第十三卷第八葉

諸侯七乘故知天子九乘也云諸侯不以命數喪數略也者案大行人上公九乘侯伯七乘子男五乘今摠云七乘是不以命數喪事略也引雜記云遣車視牢具者以證經个與遣車數同故云个是牢具也故雜記注云天子大牢包九个諸侯亦大牢包七个大夫亦大牢包五个士少牢包三个案既夕禮苞牲取下體鄭注前脛折取臂臑後脛折取骼是一牲取三體士少牢二牲則六體也分爲三个一个有二个體然大夫以上皆用大牢牲有三體凡九體大夫九體分爲十五段三段爲一包凡爲五包諸侯分爲二十一段凡七包天子分爲二十七段凡九包蓋尊者所取三體其肉多卑者雖取三體其肉少鄭又云天子遣奠用馬牲其取个未詳也此遣奠所包皆用左胖以其喪禮反吉士虞禮載左胖也

國昭子之母死問於子張曰葬及墓男子婦人安位國昭子齊大夫子張曰司徒敬子之喪夫子相男子西鄉婦人東鄉夾羨道爲位夫子孔子也曰噫毋噫不寤之聲毋禁止之辭曰我喪也斯沾斯盡也沾讀曰覘覘視也國昭子自謂齊之大家有事人盡視之欲人觀之法其所爲爾專之賔爲賔焉主爲主焉專猶同也時子張相婦人從男子皆西鄉也非

疏 正義曰此一節論葬之在壙男女面位之事曰噫毋者止子張也子張既相以男子西鄉婦人東鄉而昭子不悟禮意乃曰噫毋得如此男子西鄉婦人東鄉既止子張又自言我居喪也既是齊之大家斯盡也人盡來覘視於我當須更爲別禮豈得以依舊禮專猶同也爾當同此婦人與男子一處若婦女之賔爲賔位焉與男子之賔同處婦女之主爲主位焉與男子之主同處於是昭子家婦

潘本第十三卷第八葉

諸侯七乘故知天子九乘也云諸侯不以命數喪數略也者案大行人上公九乘侯伯七乘子男五乘今摠云七乘是不以命數喪事略也引雜記云遣車視牢具者以證經个與遣車數同故云个是牢具也故雜記注云天子大牢包九个諸侯亦大牢包七个大夫亦大牢包五个士少牢包三个案既夕禮苞牲取下體鄭注前脛折取臂臑後脛折取骼是一牲取三體士少牢二牲則六體也分爲三个一个有二个體然大夫以上皆用大牢牲有三體凡九體大夫九體分爲十五段三段爲一包凡爲五包諸侯分爲二十一段凡七包天子分爲二十七段凡九包蓋尊者所取三體其肉多卑者雖取三體其肉少鄭又云天子遣奠用馬牲其取个未詳也此遣奠所包皆用左胖以其喪禮反吉士虞禮載左胖也

國昭子之母死問於子張曰葬及墓男子婦人安位國昭子齊大夫子張曰司徒敬子之喪夫子相男子西鄉婦人東鄉夾羨道爲位夫子孔子也曰噫毋噫不寤之聲毋禁止之辭曰我喪也斯沾斯盡也沾讀曰覘覘視也國昭子自謂齊之大家有事人盡視之欲人觀之法其所爲爾專之賔爲賔焉主爲主焉專猶同也時子張相婦人從男子皆西鄉也非

疏 正義曰此一節論葬之在壙男女面位之事曰噫毋者止子張也子張既相以男子西鄉婦人東鄉而昭子不悟禮意乃曰噫毋得如此男子西鄉婦人東鄉既止子張又自言我居喪也既是齊之大家斯盡也人盡來覘視於我當須更爲別禮豈得以依舊禮專猶同也爾當同此婦人與男子一處若婦女之賔爲賔位焉與男子之賔同處婦女之主爲主位焉與男子之主同處於是昭子家婦

禮記義三　八　李信

入從男子皆西鄉同在主位賓之男子及賓之婦人皆西廂東鄉言非也穆伯之喪敬姜晝哭文伯之喪晝夜哭孔子曰知禮矣喪夫不夜哭嫌思情性也文伯之喪敬姜據其牀而不哭曰昔者吾有斯子也吾以將爲賢人也蓋見其有才藝吾未嘗以就公室未嘗與到公室觀其行也季氏魯之宗卿敬姜有會見之禮今及其死也朋友諸臣未有出涕者而內人皆行哭失聲斯子也必多曠於禮矣夫內人妻室季康子之母死陳褻衣褻衣非上服陳之將以斂敬姜曰婦人不飾不敢見舅姑將有四方之賓來褻衣何爲陳於斯命徹之言四方之賓嚴於舅姑敬姜者康子從祖母

疏 正義曰此一節論喪夫不夜哭并母知子賢愚之事 斯子也必多曠於禮矣夫 正義曰斯此也曠猶踈薄也言此子平生爲行必踈薄於賓客朋友之禮故賓客朋友未有感戀爲之出涕者此不哭者謂暫時不哭故上云晝夜哭是也案家語云文伯歜卒其妻妾皆行哭失聲敬姜戒之曰吾聞好外者士死之好內者女死之今吾子早夭吾惡其好內聞也二三婦共祭祀者無加服孔子聞之曰女智莫若婦公父氏之婦知禮矣與此不同者彼戒婦人而成子之德此論子之惡各舉一邊相包乃具

注 敬姜者康子從祖母 正義曰案世本悼子紇生平子意如意如生桓子斯斯生康子肥世本又云悼子紇生

入從男子皆西鄉同在主位賓之男子及賓之婦人皆西廂東鄉言非也穆伯之喪敬姜晝哭文伯之喪晝夜哭孔子曰知禮矣喪夫不夜哭嫌思情性也文伯之喪敬姜據其牀而不哭曰昔者吾有斯子也吾以將爲賢人也蓋見其有才藝吾未嘗以就公室未嘗與到公室觀其行也季氏魯之宗卿敬姜有會見之禮今及其死也朋友諸臣未有出涕者而內人皆行哭失聲斯子也必多曠於禮矣夫內人妻室季康子之母死陳褻衣褻衣非上服陳之將以斂敬姜曰婦人不飾不敢見舅姑將有四方之賓來褻衣何爲陳於斯命徹之言四方之賓嚴於舅姑敬姜者康子從祖母

疏 正義曰此一節論喪夫不夜哭并母知子賢愚之事 斯子也必多曠於禮矣夫 正義曰斯此也曠猶踈薄也言此子平生爲行必踈薄於賓客朋友之禮故賓客朋友未有感戀爲之出涕者此不哭者謂暫時不哭故上云晝夜哭是也案家語云文伯歜卒其妻妾皆行哭失聲敬姜戒之曰吾聞好外者士死之好內者女死之今吾子早夭吾惡其好內聞也二三婦共祭祀者無加服孔子聞之曰女智莫若婦公父氏之婦知禮矣與此不同者彼戒婦人而成子之德此論子之惡各舉一邊相包乃具

注 敬姜者康子從祖母 正義曰案世本悼子紇生平子意如意如生桓子斯斯生康子肥世本又云悼子紇生

足利本第十三卷第十葉

穆伯靖靖與意如是親兄弟意如是康子祖穆伯是康子祖之兄弟敬姜是穆伯之妻故云康子從祖母也有
子與子游立見孺子慕者有子謂子游
曰予壹不知夫喪之踊也予欲去之久
矣情在於斯其是也夫喪之踊猶孺子之號慕子游曰
禮有微情者節哭踊有以故興物者衰絰之制有
直情而徑行者戎狄之道也哭踊無節衣服無制禮
道則不然與戎狄異人喜則斯陶陶鬱陶也陶斯咏
咏謳也咏斯猶猶當為摇聲之誤也摇謂身動摇也秦人猶摇聲相近猶斯舞
禮記義十三　李憲
手舞之舞斯慍慍猶怒也慍斯戚戚憤恚戚斯歎歎吟息歎
斯辟辟拊心辟斯踊矣踊躍品節斯斯之謂
禮舞踊皆有節乃成禮人死斯惡之矣無能也斯倍
之矣無能心謂之無所復能是故制絞衾設蔞翣為
使人勿惡也絞衾尸之飾蔞翣棺之牆飾周禮蔞作柳始死脯醢之
奠將行遣而行之既葬而食之將行將葬也葬有遣
奠食反虞之祭未有見其饗之者也自上世以來
未之有舍也為使人勿倍也舍猶廢也故子之

潘本第十三卷第十葉

穆伯靖靖與意如是親兄弟意如是康子祖穆伯是康子祖之兄弟敬姜是穆伯之妻故云康子從祖母也有
子與子游立見孺子慕者有子謂子游
曰予壹不知夫喪之踊也予欲去之久
矣情在於斯其是也夫喪之踊猶孺子之號慕子游曰
禮有微情者節哭踊有以故興物者衰絰之制有
直情而徑行者戎狄之道也哭踊無節衣服無制禮
道則不然與戎狄異人喜則斯陶陶鬱陶也陶斯咏
咏謳也咏斯猶猶當為摇聲之誤也摇謂身動摇也秦人猶摇聲相近猶斯舞
禮記義十三　李憲
手舞之舞斯慍慍猶怒也慍斯戚戚憤恚戚斯歎歎吟息歎
斯辟辟拊心辟斯踊矣踊躍品節斯斯之謂
禮舞踊皆有節乃成禮人死斯惡之矣無能也斯倍
之矣無能心謂之無所復能是故制絞衾設蔞翣為
使人勿惡也絞衾尸之飾蔞翣棺之牆飾周禮蔞作柳始死脯醢之
奠將行遣而行之既葬而食之將行將葬也葬有遣
奠食反虞之祭未有見其饗之者也自上世以來
未之有舍也為使人勿倍也舍猶廢也故子之

足利本第十三卷第十一葉

所刺於禮者亦非禮之訾也訾病也

疏正義曰此一節論子游言制禮有節之事　有子與子游同立見孺子號慕者有子謂子游曰予壹不知夫喪之踊也言我專壹不知夫喪之踊也何須有節直似孺子慕者其事足矣予欲去此踊節其意久矣斯此也言孝子之情在於此小兒直號慕而已其是也夫但如小兒其事即是何須爲哭踊之節子游乃對之曰禮有微情者微殺也言若賢者喪親必致滅性故制使三日而食哭踊有數以殺其內情使之俯就也何胤云哭踊之情心發於內謂之微微者不見也　有以故興物者興起也物謂衰絰也若不肖之屬本無哀情故爲衰絰使其覩服思哀起情企及也引由外來故云興物也然衰絰之用一則爲孝子至痛之飾二則使不肖之人企及今止說興物以對微情之故有直情而徑行者戎狄之道也謂直肆己情而徑行之也無哭踊節制乃是夷狄之道　禮道則不然者然猶如是也言中國禮則不如是夷狄也　人喜則斯陶者爲明踊次節而踊由心哀故此以下極言哀樂之本也喜者外竟會心之謂也斯語助也陶者鬱陶鬱陶者心初悅而未暢之意也言人若外竟會心則懷抱欣悅但始發俄爾則鬱陶未暢故云斯陶也爾雅云鬱陶繇喜也何胤云陶懷喜未暢意也孟子曰鬱陶以思君　陶斯咏者咏歌咏也鬱陶情轉暢故口歌咏之也　咏斯猶者揺動身也咏歌不足漸至自揺動身體也　猶斯舞者舞起舞也揺身不足乃至起舞足蹈手揚樂之極也　舞斯慍者慍怒也外竟違心之謂也凡喜怒相對哀樂相生故若舞而無節形疲厭倦事與心違故所以怒生怒生由於舞極故云舞斯慍也故曲禮云樂不可極即此謂也何胤云樂終則慍起非始之慍相連繫也　慍斯戚者戚憤恚也怒來戚心故憤恚起也此句對喜斯陶也　戚斯歎者歎吟息也憤恚轉深故因發吟息也此句對陶斯咏　歎斯辟者辟撫心也歎息不泄故至撫心也此句對咏斯猶　辟斯踊矣者撫心不泄乃至跳踊奮擊

潘本第十三卷第十一葉

所刺於禮者亦非禮之訾也訾病也

疏正義曰此一節論子游言制禮有節之事　有子與子游同立見孺子號慕者有子謂子游曰予壹不知夫喪之踊也言我專壹不知夫喪之踊也何須有節直似孺子慕者其事足矣予欲去此踊節其意久矣斯此也言孝子之情在於此小兒直號慕而已其是也夫但如小兒其事即是何須爲哭踊之節子游乃對之曰禮有微情者微殺也言若賢者喪親必致滅性故制使三日而食哭踊有數以殺其內情使之俯就也何胤云哭踊之情心發於內謂之微微者不見也　有以故興物者興起也物謂衰絰也若不肖之屬本無哀情故爲衰絰使其覩服思哀起情企及也引由外來故云興物也然衰絰之用一則爲孝子至痛之飾二則使不肖之人企及今止說興物以對微情之故有直情而徑行者戎狄之道也謂直肆己情而徑行之也無哭踊節制乃是夷狄之道　禮道則不然者然猶如是也言中國禮則不如是夷狄也　人喜則斯陶者爲明踊次節而踊由心哀故此以下極言哀樂之本也喜者外竟會心之謂也斯語助也陶者鬱陶鬱陶者心初悅而未暢之意也言人若外竟會心則懷抱欣悅但始發俄爾則鬱陶未暢故云斯陶也爾雅云鬱陶繇喜也何胤云陶懷喜未暢意也孟子曰鬱陶以思君　陶斯咏者咏歌咏也鬱陶情轉暢故口歌咏之也　咏斯猶者揺動身也咏歌不足漸至自揺動身體也　猶斯舞者舞起舞也揺身不足乃至起舞足蹈手揚樂之極也　舞斯慍者慍怒也外竟違心之謂也凡喜怒相對哀樂相生故若舞而無節形疲厭倦事與心違故所以怒生怒生由於舞極故云舞斯慍也故曲禮云樂不可極即此謂也何胤云樂終則慍起非始之慍相連繫也　慍斯戚者戚憤恚也怒來戚心故憤恚起也此句對喜斯陶也　戚斯歎者歎吟息也憤恚轉深故因發吟息也此句對陶斯咏　歎斯辟者辟撫心也歎息不泄故至撫心也此句對咏斯猶　辟斯踊矣者撫心不泄乃至跳踊奮擊

足利本第十三卷第十二葉

亦哀之極也此句對猶斯舞也　品節斯斯之謂禮者品
俻格也爲制斷也斯此也此之謂禮生於哀樂也若喜而不節
自陶至舞俄頃而慍生若怒而不節從戚至踊踊極則笑
故夷狄無禮朝殯夕歌童兒任情倏啼欻笑今若品節此
二塗使踊舞有數有數則久長故云此之謂禮如鄭此禮
本云舞斯慍者凡有九句首末各四正明哀樂相對中央
舞斯慍一句是哀樂相生故一句之中有舞及慍也而鄭
諸本亦有無舞斯慍一句者取義不同而鄭又一本云舞
斯蹈蹈斯慍益於一句凡有十句當是後人所加耳亦不
得對而盧禮本亦有舞斯慍之一句而玉禮本又長云人
喜則斯循循斯陶既與盧鄭不同亦當新足耳　人死斯
惡之矣者以上明辟踊之節以下明飾喪及奠祭之事人
死斯惡之者以人身既死形體腐敗故惡之故倍之以其
恐惡之故制絞紟衾設蔞翣以飾之欲使人勿惡也以其
恐倍之故始死設脯醢之奠以至於葬將行之又設遣奠
而行送之既葬反哭設虞祭以食之雖設奠祭未曾見其

禮記義十三　十二　許鑄

死者而饗食之也既不饗食自上世以來未之有舍此奠
祭而不爲者也所以設奠祭者爲使人勿倍其親故也禮
意既然不可無節故子之所譏刺於禮有踊節者亦非禮
之病害也言哭踊有節正是禮之所宜非禮之病上有若
見孺子之慕唯譏哭踊有節不譏絞衾奠祭之事子游秖
應荅以辟踊即止今更陳絞衾脯醢之事者以有若之意
欲直同孺子生者不節其哀死者不加其飾故子游既言
生者節哀遂說死者加飾備言禮之節制與夷狄不同也
吳侵陳斬祀殺厲祀神位有屋樹者厲疫病吳侵陳以魯哀元年秋師
還出竟陳大宰嚭使於師夫差謂行人
儀曰是夫也多言盍嘗問焉師必有名
人之稱斯師也者則謂之何大宰行人官名也夫差吳子光

潘本第十三卷第十二葉

亦哀之極也此句對猶斯舞也　品節斯斯之謂禮者品
俻格也節制斷也斯此也此之謂禮生於哀樂也若喜而不節
自陶至舞俄頃而慍生若怒而不節從戚至踊踊極則笑
故夷狄無禮朝殯夕歌童兒任情倏啼欻笑今若品節此
二塗使踊舞有數有數則久長故云此之謂禮如鄭此禮
本云舞斯慍者凡有九句首末各四正明哀樂相對中央
舞斯慍一句是哀樂相生故一句之中有舞及慍也而鄭
諸本亦有無舞斯慍一句者取義不同而鄭又一本云舞
斯蹈蹈斯慍益於一句凡有十句當是後人所加耳亦不
得對而盧禮本亦有舞斯慍之一句而王禮本又長云人
喜則斯循循斯陶既與盧鄭不同亦當新足耳　人死斯
惡之矣者以上明辟踊之節以下明飾喪及奠祭之事人
死斯惡之者以人身既死形體腐敗故惡之故倍之以其
恐惡之故制絞紟衾設蔞翣以飾之欲使人勿惡也以其
恐倍之故始死設脯醢之奠以至於葬將行之又設遣奠
而行送之既葬反哭設虞祭以食之雖設奠祭未曾見其

禮記義十三　十二　許鑄

死者而饗食之也既不饗食自上世以來未之有舍此奠
祭而不爲者也所以設奠祭者爲使人勿倍其親故也禮
意既然不可無節故子之所譏刺於禮有踊節者亦非禮
之病害也言哭踊有節正是禮之所宜非禮之病上有若
見孺子之慕唯譏哭踊有節不譏絞衾奠祭之事子游秖
應荅以辟踊即止今更陳絞衾脯醢之事者以有若之意
欲直同孺子生者不節其哀死者不加其飾故子游既言
生者節哀遂說死者加飾備言禮之節制與夷狄不同也
吳侵陳斬祀殺厲祀神位有屋樹者厲疫病吳侵陳以魯哀元年秋師
還出竟陳大宰嚭使於師夫差謂行人
儀曰是夫也多言盍嘗問焉師必有名
人之稱斯師也者則謂之何大宰行人官名也夫差吳子光

之子盍何不也嘗猶試也夫差脩舊怨庶幾其師有善名大宰嚭曰古之侵伐者不斬祀不殺厲不獲二毛獲謂係虜之二毛鬢髮班白今斯師也殺厲與其不謂之殺厲之師與欲微切之故其言似若不審然正言殺厲重人曰反爾地歸爾子則謂之何子謂所獲民臣曰君王討敝邑之罪又矜而赦之師與有無名乎又微勸之然其意吴楚僭號稱王

疏正義曰此一節明征伐不合斬祀殺厲之事各依文解之 注吴侵至年秋 正義曰知者案左傳吴伐楚使召陳懷公懷公朝國人而問焉曰欲與楚者右欲與吴者左陳人有田從田無田從黨逢滑當公而進曰楚未

禮記義十三　十三　李寔

可棄吴未可從陳懷公遂不從吴子光之召至今夫差克越乃脩先君之怨秋八月吴侵陳脩舊怨是其事案哀六年吴伐陳鄭知非六年者稱伐不云侵哀元年經雖不見傳云吴侵陳與此文同俱云侵故爲哀元年 夫差至之何 夫差既見陳大宰嚭來謂行人之官名儀曰是夫也多言夫謂大宰嚭言是大宰嚭也博聞强識多有所言盍何不也嘗試也何不試就問焉我脩先君之怨而與此師必有善名在外衆人稱此師也則謂之何欲令行人儀以此辭而問大宰嚭也 注大宰至之子 正義曰據周禮有大宰卿一人又有大小行人故知大宰及行人皆官名此大宰嚭與吴大宰嚭名號同而人異也云夫差吴子光之子者世本及吴世家文也 古之侵伐者不斬祀不殺厲不獲二毛者此謂以至勝攻至暴用兵如此若兩軍相敵則不然左傳云雖及胡耇獲則取之大宰嚭特舉古之善以駮吴師之惡 注正言殺厲重人 正義曰以其殺人故重於斬祀若其不殺直拘囚人而已則輕也故穀梁

之子盍何不也嘗猶試也夫差脩舊怨庶幾其師有善名大宰嚭曰古之侵伐者不斬祀不殺厲不獲二毛獲謂係虜之二毛鬢髮班白今斯師也殺厲與其不謂之殺厲之師與欲微切之故其言似若不審然正言殺厲重人曰反爾地歸爾子則謂之何子謂所獲民臣曰君王討敝邑之罪又矜而赦之師與有無名乎又微勸之然其意吴楚僭號稱王

疏正義曰此一節明征伐不合斬祀殺厲之事各依文解之 注吴侵至年秋 正義曰知者案左傳吴伐楚使召陳懷公懷公朝國人而問焉曰欲與楚者右欲與吴者左陳人有田從田無田從黨逢滑當公而進曰楚未

禮記義十三　十三　李寔

可棄吴未可從陳懷公遂不從吴子光之召至今夫差克越乃脩先君之怨秋八月吴侵陳脩舊怨是其事案哀六年吴伐陳鄭知非六年者稱伐不云侵哀元年經雖不見傳云吴侵陳與此文同俱云侵故爲哀元年 夫差至之何 夫差既見陳大宰嚭來謂行人之官名儀曰是夫也多言夫謂大宰嚭言是大宰嚭也博聞强識多有所言盍何不也嘗試也何不試就問焉我脩先君之怨而與此師必有善名在外衆人稱此師也則謂之何欲令行人儀以此辭而問大宰嚭也 注大宰至之子 正義曰據周禮有大宰卿一人又有大小行人故知大宰及行人皆官名此大宰嚭與吴大宰嚭名號同而人異也云夫差吴子光之子者世本及吴世家文也 古之侵伐者不斬祀不殺厲不獲二毛者此謂以至勝攻至暴用兵如此若兩軍相敵則不然左傳云雖及胡耇獲則取之大宰嚭特舉古之善以駮吴師之惡 注正言殺厲重人 正義曰以其殺人故重於斬祀若其不殺直拘囚人而已則輕也故穀梁

傳云苞人民敺牛馬曰侵斬樹木壞宮室曰伐是侵輕而伐重也　師與有無名乎者既反地歸子其事既善師豈有無善名乎言必有善名也與是語辭　注又微勸之終其意　正義曰上以微切之謂譏斬祀殺厲今復勸之反地歸子故言又也因吴王反地歸子則云師有善名是微勸之也終其意者上譏切斬祀及殺厲是初有其意欲吴哀矜既得吴哀矜則云師有善名是終竟其欲哀矜之意

顔丁善居喪（顔丁魯人）始死皇皇焉如有求而弗得及殯望望焉如有從而弗及既葬慨焉如不及其反而息（從隨也慨憊貌）疏　正義曰此一節論孝子居喪哀殺有漸之事　始死皇皇焉如有求而弗得者皇皇猶彷徨如有所求物不得上檀弓云始死充充如有窮謂形貌窮屈亦彷徨求而不得之意彼此各舉其一

禮記義三　十四　李寓

及殯望望焉如有從而弗及者謂殯後容貌望望焉如有從逐人後行而不及之貌上檀弓云既殯瞿瞿如有求而不得與此亦同也但始死據內心所求殯後據外貌所求故此經始死求而不得據內心也上檀弓云既殯求而不得據外貌也　既葬慨焉如不及者謂既葬之後中心悲慨然如不復所及既不可及　其反而息者上殯後云從而不及似有可及之理既葬慨焉如不及謂不復可及所以文異也上檀弓云既葬皇皇如有望而不至此謂既葬慨焉如不及亦同也此始死皇皇者是皇皇之甚故云如有求而弗得上檀弓云既葬皇皇是輕故云望而不至此既葬則止不説練祥故葬後則慨然上檀弓葬後更説練祥故云練而慨然祥而廓然但親之死亡哀悼在心初則爲甚已後漸輕皆有求而不得望而不及但所據有淺深耳殯後雖據外貌亦猶哀在內心但稍輕耳故鄭注上檀弓云皆哀悼在心之貌

子張問曰書云高宗三年不言

傳云苞人民敺牛馬曰侵斬樹木壞宮室曰伐是侵輕而伐重也　師與有無名乎者既反地歸子其事既善師豈有無善名乎言必有善名也與是語辭　注又微勸之終其意　正義曰上以微切之謂譏斬祀殺厲今復勸之反地歸子故言又也因吴王反地歸子則云師有善名是微勸之也終其意者上譏切斬祀及殺厲是初有其意欲吴哀矜既得吴哀矜則云師有善名是終竟其欲哀矜之意

顔丁善居喪（顔丁魯人）始死皇皇焉如有求而弗得及殯望望焉如有從而弗及既葬慨焉如不及其反而息（從隨也慨憊貌）疏　正義曰此一節論孝子居喪哀殺有漸之事　始死皇皇焉如有求而弗得者皇皇猶彷徨如有所求物不得上檀弓云始死充充如有窮謂形貌窮屈亦彷徨求而不得之意彼此各舉其一

禮記義三　十四　李寓

及殯望望焉如有從而弗及者謂殯後容貌望望焉如有從逐人後行而不及之貌上檀弓云既殯瞿瞿如有求而不得與此亦同也但始死據內心所求殯後據外貌所求故此經始死求而不得據內心也上檀弓云既殯求而不得據外貌也　既葬慨焉如不及者謂既葬之後中心悲慨然如不復所及既不可及　其反而息者上殯後云從而不及似有可及之理既葬慨焉如不及謂不復可及所以文異也上檀弓云既葬皇皇如有望而不至此謂既葬慨焉如不及亦同也此始死皇皇者是皇皇之甚故云如有求而弗得上檀弓云既葬皇皇是輕故云望而不至此既葬則止不説練祥故葬後則慨然上檀弓葬後更説練祥故云練而慨然祥而廓然但親之死亡哀悼在心初則爲甚已後漸輕皆有求而不得望而不及但所據有淺深耳殯後雖據外貌亦猶哀在內心但稍輕耳故鄭注上檀弓云皆哀悼在心之貌

子張問曰書云高宗三年不言

足利本第十三卷第十五葉

言乃讙有諸時人君無行三年之喪禮者問有此與怪之也讙喜說也言乃喜說則民臣望其言久仲尼曰胡爲其不然也古者天子崩王世子聽於冢宰三年冢宰天官卿貳王事者三年之喪使之聽朝

【疏】正義曰此一節論世子遭喪冢宰聽政之事言乃讙者尚書無逸云言乃雍雍讙字相近義得兩通故鄭隨而解之

知悼子卒未葬悼子晉大夫荀盈魯昭九年卒平公飲酒與羣臣燕公晉侯彪師曠李調侍侍與君飲也燕禮記曰請旅侍臣鼓鐘樂作也燕禮賓入門奏肆夏既獻而樂闋獻君亦如之杜蕢自外來聞鐘聲曰安在怪之也杜蕢或作屠蒯曰在寢燕於寢杜蕢

禮記義十三　十五

入寢歷階而升酌曰曠飲斯又酌曰調飲斯又酌堂上北面坐飲之降趨而出三酌皆罰平公呼而進之曰蕢曩者爾心或開予是以不與爾言曩曏也謂始來入時開謂諫爭有所發起爾飲曠何也曰子卯不樂紂以甲子死桀以乙卯亡王者謂之疾日不以舉樂爲吉事所以自戒懼知悼子在堂斯其爲子卯也大矣言大臣喪重於疾日也雜記曰君於卿大夫比葬不食肉比卒哭不舉樂曠也大師也不以詔是以飲之也詔告也大師典奏樂爾飲調

潘本第十三卷第十五葉

言乃讙有諸時人君無行三年之喪禮者問有此與怪之也讙喜說也言乃喜說則民臣望其言久仲尼曰胡爲其不然也古者天子崩王丗子聽於冢宰三年冢宰天官卿貳王事者三年之喪使之聽朝

【疏】正義曰此一節論丗子遭喪冢宰聽政之事言乃讙者尚書無逸云言乃雍雍讙字相近義得兩通故鄭隨而解之

知悼子卒未葬悼子晉大夫荀盈魯昭九年卒平公飲酒與羣臣燕公晉侯彪師曠李調侍侍與君飲也燕禮記曰請旅侍臣鼓鐘樂作也燕禮賓入門奏肆夏既獻而樂闋獻君亦如之杜蕢自外來聞鐘聲曰安在怪之也杜蕢或作屠蒯曰在寢燕於寢杜蕢

禮記義十三　十五

入寢歷階而升酌曰曠飲斯又酌曰調飲斯又酌堂上北面坐飲之降趨而出三酌皆罰平公呼而進之曰蕢曩者爾心或開予是以不與爾言曩曏也謂始來入時開謂諫爭有所發起爾飲曠何也曰子卯不樂紂以甲子死桀以乙卯亡王者謂之疾日不以舉樂爲吉事所以自戒懼知悼子在堂斯其爲子卯也大矣言大臣喪重於疾日也雜記曰君於卿大夫比葬不食肉比卒哭不舉樂曠也大師也不以詔是以飲之也詔告也大師典奏樂爾飲調

足利本第十三卷第十六葉

何也曰調也君之褻臣也爲一飲一食忘君之疾是以飲之也言調貪酒食褻嬖也爾飲何也曰蕢也宰夫也非刀匕是共近臣亦當規君疾憂又敢與知防是以飲之也防禁放溢平公曰寡人亦有過焉酌而飲寡人聞義則服杜蕢洗而揚觶舉爵於君也禮揚作騰揚舉也騰送也揚近得之公謂侍者曰如我死則必毋廢斯爵也欲後世以爲戒至于今既畢獻斯揚觶謂之杜舉此爵遂因杜蕢爲名畢獻獻賓與君

禮記義十三　十六　王佐

疏　正義曰此一節論君有大臣之喪不得有作樂飲酒之事各依文解之　注悼子至年卒　正義曰並左傳文下注云平公晉侯彪亦春秋文　注燕禮記曰請旅侍臣　正義曰案燕禮記云凡公所酬既拜請旅侍臣謂公既酬臣臣受酬者既拜謝公恩請行旅酬於侍臣引之者證師曠李調是侍飲之臣也　鼓鐘鼓猶奏也謂燕奏鐘樂也　注燕禮至如之　正義曰案燕禮記云若以樂納賓則賓及庭奏肆夏賓拜酒主人荅拜而樂闋是賓入門奏肆夏既獻而樂闋燕禮記又云公拜受爵而奏肆夏公卒爵主人升受爵以下而樂闋是獻君亦如之經唯云鼓鐘燕禮云若舞則勺知非工入升歌下管間歌合樂之後無時奏鐘必以爲賓初入門奏肆夏者以鐘師云以鐘鼓奏九夏故知聞鐘是初奏肆夏也　注杜蕢或作屠蒯　正義曰春秋作屠蒯故云或作屠蒯杜蕢屠蒯聲相近故禮傳不同也　注燕於寢　正義曰燕禮記云燕朝服於寢故知燕於寢也　曰蕢至爾言曩鄉也平公呼蕢而

潘本第十三卷第十六葉

何也曰調也君之褻臣也爲一飲一食忘君之疾是以飲之也言調貪酒食褻嬖也爾飲何也曰蕢也宰夫也非刀匕是共近臣亦當規君疾憂又敢與知防是以飲之也防禁放溢平公曰寡人亦有過焉酌而飲寡人聞義則服杜蕢洗而揚觶舉爵於君也禮揚作騰揚舉也騰送也揚近得之公謂侍者曰如我死則必毋廢斯爵也欲後世以爲戒至于今既畢獻斯揚觶謂之杜舉此爵遂因杜蕢爲名畢獻獻賓與君

禮記義十三　十六　王佐

疏　正義曰此一節論君有大臣之喪不得有作樂飲酒之事各依文解之　注悼子至年卒　正義曰並左傳文下注云平公晉侯彪亦春秋文　注燕禮記曰請旅侍臣　正義曰案燕禮記云凡公所酬既拜請旅侍臣謂公既酬臣臣受酬者既拜謝公恩請行旅酬於侍臣引之者證師曠李調是侍飲之臣也　鼓鐘鼓猶奏也謂燕奏鐘樂也　注燕禮至如之　正義曰案燕禮記云若以樂納賓則賓及庭奏肆夏賓拜酒主人荅拜而樂闋是賓入門奏肆夏既獻而樂闋燕禮記又云公拜受爵而奏肆夏公卒爵主人升受爵以下而樂闋是獻君亦如之經唯云鼓鐘燕禮云若舞則勺知非工入升歌下管間歌合樂之後無時奏鐘必以爲賓初入門奏肆夏者以鐘師云以鐘鼓奏九夏故知聞鐘是初奏肆夏也　注杜蕢或作屠蒯　正義曰春秋作屠蒯故云或作屠蒯杜蕢屠蒯聲相近故禮傳不同也　注燕於寢　正義曰燕禮記云燕朝服於寢故知燕於寢也　曰蕢至爾言曩鄉也平公呼蕢而

進之呼其名曰蕢鄉者汝酌三酌是汝之心或開發於子予望汝有諫是以不與汝言 注 紂以甲子死桀以乙卯亡 正義曰案尚書時甲子昧爽武王朝至于商郊又史記云兵敗紂自焚而死是紂甲子死也案昭十八年二月乙卯周毛得殺毛伯過而代之萇弘曰毛得必亡是昆吾稔之日也詩云韋顧既伐昆吾夏桀同誅昆吾既乙卯而亡明桀亦以乙卯被放也鄭司農注春秋以爲五行子卯自刑非鄭義也今所不用也 斯其爲子卯也大矣者言悼子喪在堂此比其爲子卯之忌大矣言悼子之喪大於子卯 爲一飲一食忘君之疾是以飲之也者調是君之嬖褻之臣臣當規正君過唯欲行燕會貪求一飲一食忘君違禮之疾而不諫是以飲之 非刀匕是共又敢與知防者蕢言調是君之嬖褻臣也當規正君憂疾言已身是宰夫亦當規正於君若非因刀匕是共又敢與知防諫之事皇氏云非不也杜蕢言各憂其事宰夫不以刀匕是共乃又敢與諫爭越官侵職是以飲也 注 舉爵至得之 正義曰知揚觶是舉爵於君以上云平公曰寡人亦有過焉酌而飲寡人即云杜蕢洗而揚觶故知舉爵於君案燕禮獻君之後行酬之初媵爵者洗象觶升實之序進坐奠于薦南是舉爵於君也揚作騰者謂燕禮大射凡舉爵皆爲騰此云揚觶鄭云揚舉也燕禮云媵故鄭云媵送也揚騰義得兩通但此云杜舉揚訓爲舉故揚近得之此謂舉爲得也 公謂侍者云我死之後則必無廢棄此爵恒當留之爲後世鑒戒當時在未獻之前故又語侍者云至於今既畢獻之後此所揚之觶是謂之杜舉表明此爵實杜蕢所舉 注 畢獻獻賓與君 正義曰知獻君與賓者以杜蕢此事舉爵在燕禮之初賓主既入得杜蕢之言不可即廢唯獻君與賓燕事則止皇氏以爲至於今謂記録之人至於今爲記之時謂之杜舉春秋傳云晉侯飲酒樂膳宰屠蒯趨入請佐公使尊許之而遂酌以飲工曰女爲君耳將司聰也辰在子卯謂之疾曰君徹宴樂學人舍業爲疾故也君之卿佐是謂股肱股肱或虧何

禮記正義十三　十七　李信

進之呼其名曰蕢鄉者汝酌三酌是汝之心或開發於子予望汝有諫是以不與汝言 注 紂以甲子死桀以乙卯亡 正義曰案尚書時甲子昧爽武王朝至于商郊又史記云兵敗紂自焚而死是紂甲子死也案昭十八年二月乙卯周毛得殺毛伯過而代之萇弘曰毛得必亡是昆吾稔之日也詩云韋顧既伐昆吾夏桀同誅昆吾既乙卯而亡明桀亦以乙卯被放也鄭司農注春秋以爲五行子卯自刑非鄭義也今所不用也 斯其爲子卯也大矣者言悼子喪在堂此比其爲子卯之忌大矣言悼子之喪大於子卯 爲一飲一食忘君之疾是以飲之也者調是君之嬖褻之臣臣當規正君過唯欲行燕會貪求一飲一食忘君違禮之疾而不諫是以飲之 非刀匕是共又敢與知防者蕢言調是君之嬖褻臣也當規正君憂疾言已身是宰夫亦當規正於君若非因刀匕是共又敢與知防諫之事皇氏云非不也杜蕢言各憂其事宰夫不以刀匕是共乃又敢與諫爭越官侵職是以飲也 注 舉爵至得之 正義曰知揚觶是舉爵於君以上云平公曰寡人亦有過焉酌而飲寡人即云杜蕢洗而揚觶故知舉爵於君案燕禮獻君之後行酬之初媵爵者洗象觶升實之序進坐奠于薦南是舉爵於君也揚作騰者謂燕禮大射凡舉爵皆爲騰此云揚觶鄭云揚舉也燕禮云媵故鄭云媵送也揚騰義得兩通但此云杜舉揚訓爲舉故揚近得之此謂舉爲得也 公謂侍者云我死之後則必無廢棄此爵恒當留之爲後世鑒戒當時在未獻之前故又語侍者云至於今既畢獻之後此所揚之觶是謂之杜舉表明此爵實杜蕢所舉 注 畢獻獻賓與君 正義曰知獻君與賓者以杜蕢此事舉爵在燕禮之初賓主既入得杜蕢之言不可即廢唯獻君與賓燕事則止皇氏以爲至於今謂記録之人至於今爲記之時謂之杜舉春秋傳云晉侯飲酒樂膳宰屠蒯趨入請佐公使尊許之而遂酌以飲工曰女爲君耳將司聰也辰在子卯謂之疾曰君徹宴樂學人舍業爲疾故也君之卿佐是謂股肱股肱或虧何

禮記正義十三　十七　李信

足利本第十三卷第十八葉

痛如之女弗聞而樂是不聰也又飲外嬖嬖叔曰女爲君目將司明也服以旌禮禮以行事事有其物物有其容今君之容非其物也而女不見是不明也亦自飲曰味以行氣氣以實志志以定言言以出令臣實司味二御失官而君弗命臣之罪也案春秋與此小異亦所聞不同或二文互相足也 公叔文子卒 文子衛獻公之孫名拔或作發 其子戍請謚於君曰日月有時將葬矣請所以易其名者 謚者行之迹有時猶言有數也大夫士三月而葬 君曰昔者衛國凶饑夫子爲粥與國之餓者是不亦惠乎 君靈公也 昔者衛國有難夫子以其死衛寡人不亦貞乎

禮記義十三　十八　毛端

難謂魯昭公二十年盜殺衛侯之兄縶也時齊豹作亂公如死鳥 夫子聽衛國之政脩其班制以與四鄰交衛國之社稷不辱不亦文乎 班制謂尊卑之差 故謂夫子貞惠文子 後不言貞惠者文足以兼之 疏 正義曰此一節論請君諡臣之謚法各依文解之 注 文子至作發 正義曰案世本衛獻公生成子當當生文子拔拔是獻公孫也或作發者以春秋左氏傳作發故云或作發 請所以易其名者生存之日君呼其名今既死將葬故請所以諱行爲之作謚易代其名者 注 難謂至死鳥 正義曰案昭二十年左傳云衛公孟縶狎齊豹奪之司寇與鄄公孟惡北宮喜褚師圃欲去之公子朝通于襄夫人宣姜懼而欲以作亂故齊豹北宮喜褚師圃公子朝作亂丙辰衛侯在平壽公孟有事於蓋獲之門外又云齊氏用戈擊

潘本第十三卷第十八葉

痛如之女弗聞而樂是不聰也又飲外嬖嬖叔曰女爲君目將司明也服以旌禮禮以行事事有其物物有其容今君之容非其物也而女不見是不明也亦自飲曰味以行氣氣以實志志以定言言以出令臣實司味二御失官而君弗命臣之罪也案春秋與此小異亦所聞不同或二文互相足也 公叔文子卒 文子衛獻公之孫名拔或作發 其子戍請謚於君曰日月有時將葬矣請所以易其名者 謚者行之迹有時猶言有數也大夫士三月而葬 君曰昔者衛國凶饑夫子爲粥與國之餓者是不亦惠乎 君靈公也 昔者衛國有難夫子以其死衛寡人不亦貞乎

禮記義十三　十八　毛端

難謂魯昭公二十年盜殺衛侯之兄縶也時齊豹作亂公如死鳥 夫子聽衛國之政脩其班制以與四鄰交衛國之社稷不辱不亦文乎 班制謂尊卑之差 故謂夫子貞惠文子 後不言貞惠者文足以兼之 疏 正義曰此一節論請君諡臣之謚法各依文解之 注 文子至作發 正義曰案世本衛獻公生成子當當生文子拔拔是獻公孫也或作發者以春秋左氏傳作發故云或作發 請所以易其名者生存之日君呼其名今既死將葬故請所以諱行爲之作謚易代其名者 注 難謂至死鳥 正義曰案昭二十年左傳云衛公孟縶狎齊豹奪之司寇與鄄公孟惡北宮喜褚師圃欲去之公子朝通于襄夫人宣姜懼而欲以作亂故齊豹北宮喜褚師圃公子朝作亂丙辰衛侯在平壽公孟有事於蓋獲之門外又云齊氏用戈擊

足利本第十三卷第十九葉

公孟宗魯以背蔽之斷肱以中公孟之肩皆殺之公聞亂乘驅自閱門入載寶以出又云公如死鳥注云死鳥衛地故謂至文字案謚法愛民好與曰惠外内用情曰貞道德博聞曰文既有道德則能惠能貞故鄭云後不言貞惠者文足以兼之案文次先惠後貞此先云貞者以其致死衛君事重故在前上先言惠者據事先後言之

石駘仲卒駘仲衛大夫石碏之族無適子有庶子六人卜所以爲後者莫適立也曰沐浴佩玉則兆言齊絜則得吉兆五人者皆沐浴佩玉石祁子曰孰有執親之喪而沐浴佩玉者乎不沐浴佩玉心正且知禮石祁子兆衛人以龜爲有知也

禮記義十三　十九　馬春

疏正義曰此一節論龜兆知賢知之事各依文解之卜所至則兆既有庶子六人莫適立也故卜所以堪爲後者其掌卜之人謂之曰若沐浴佩玉則得吉兆所以須有卜者春秋左氏之義故昭二十六年云年鈞以德德鈞以卜王不立愛公卿無私若公羊隱元年云立適以長不以賢立子以貴不以長何休云適夫人無子立右媵右媵無子立左媵左媵無子立嫡姪娣嫡姪娣無子立右媵姪娣右媵姪娣無子立左媵姪娣質家親親先立娣文家尊尊先立姪嫡子有孫而死質家親親先立弟文家尊尊先立孫其雙生也質家據見立先生文家據本意立後生何休作膏肓難左氏云若其以卜隱桓以禍皆由此作乃曰古制固亦謬矣鄭箴之云立長以嫡不以賢固立長矣立子以貴不以長固立貴矣若長均貴均何以别之故須卜禮有詢立君卜立君是有卜也是從左氏之義　孰有至者乎居親之喪必衰絰憔悴安有居親之喪而沐浴佩玉者乎言不可鄭云心正且知禮者不信邪言是心正

潘本第十三卷第十九葉

公孟宗魯以背蔽之斷肱以中公孟之肩皆殺之公聞亂乘驅自閱門入載寶以出又云公如死鳥注云死鳥衛地故謂至文字案謚法愛民好與曰惠外内用情曰貞道德博聞曰文既有道德則能惠能貞故鄭云後不言貞惠者文足以兼之案文次先惠後貞此先云貞者以其致死衛君事重故在前上先言惠者據事先後言之

石駘仲卒駘仲衛大夫石碏之族無適子有庶子六人卜所以爲後者莫適立也曰沐浴佩玉則兆言齊絜則得吉兆五人者皆沐浴佩玉石祁子曰孰有執親之喪而沐浴佩玉者乎不沐浴佩玉心正且知禮石祁子兆衛人以龜爲有知也

禮記義十三　十九　馬春

疏正義曰此一節論龜兆知賢知之事各依文解之卜所至則兆既有庶子六人莫適立也故卜所以堪爲後者其掌卜之人謂之曰若沐浴佩玉則得吉兆所以須有卜者春秋左氏之義故昭二十六年云年鈞以德德鈞以卜王不立愛公卿無私若公羊隱元年云立適以長不以賢立子以貴不以長何休云適夫人無子立右媵右媵無子立左媵左媵無子立嫡姪娣嫡姪娣無子立右媵姪娣右媵姪娣無子立左媵姪娣質家親親先立娣文家尊尊先立姪嫡子有孫而死質家親親先立弟文家尊尊先立孫其雙生也質家據見立先生文家據本意立後生何休作膏肓難左氏云若其以卜隱桓以禍皆由此作乃曰古制固亦謬矣鄭箴之云立長以嫡不以賢固立長矣立子以貴不以長固立貴矣若長均貴均何以别之故須卜禮有詢立君卜立君是有卜也是從左氏之義　孰有至者乎居親之喪必衰絰憔悴安有居親之喪而沐浴佩玉者乎言不可鄭云心正且知禮者不信邪言是心正

足利本第十三卷第二十葉

居喪不沐浴佩玉是知禮也陳子車死於衛其妻與其家
大夫謀以殉葬子車齊大夫定而后陳子亢至子亢子
車弟孔子弟子下地下以告曰夫子疾莫養於下請以殉葬
子亢曰以殉葬非禮也雖然
則彼疾當養者孰若妻與宰得已則吾
欲已不得已則吾欲以二子者之爲之
也度諫之不能止以斯言拒之已猶止也於是弗果用果決疏正義曰此
一節論殉葬非禮之事各依文解之注子亢至弟子
正義曰知孔子弟子者以論語陳亢問於伯魚與伯魚相

禮記義十二　二十　葛昌

問故知孔子弟子又知子車齊大夫者昭二十六年左傳
齊師圍成魯師及齊師戰于炊鼻魯人將擊子車子車射
之殪鄭蓋據此謂齊大夫知亢是子車弟者以子車之妻
謀欲殉葬子車子亢不能止之若是子車之兄當處分由
己故知是子車弟也　子亢至之也　子亢既見兄家謀
殉葬非禮之事自度不能止故云殉葬非禮也又云雖非
禮彼疾當養者彼死者疾病當須養侍於下者以外人疏
誰若妻之與宰言妻宰最親當須侍養若得休已不須侍
養吾意欲休已若其不止必須爲殉
葬則吾欲以妻之與宰二子爲之　子路曰傷哉
貧也生無以爲養死無以爲禮也孔子
曰啜菽飲水盡其歡斯之謂孝斂手足
形還葬而無椁稱其財斯之謂禮還猶疾也謂不

潘本第十三卷第二十葉

居喪不沐浴佩玉是知禮也陳子車死於衛其妻與其家
大夫謀以殉葬子車齊大夫定而后陳子亢至子亢子
車弟孔子弟子下地下以告曰夫子疾莫養於下請以殉葬
子亢曰以殉葬非禮也雖然
則彼疾當養者孰若妻與宰得已則吾
欲已不得已則吾欲以二子者之爲之
也度諫之不能止以斯言拒之已猶止也於是弗果用果決疏正義曰此
一節論殉葬非禮之事各依文解之注子亢至弟子
正義曰知孔子弟子者以論語陳亢問於伯魚與伯魚相

禮記義十二　二十　葛昌

問故知孔子弟子又知子車齊大夫者昭二十六年左傳
齊師圍成魯師及齊師戰于炊鼻魯人將擊子車子車射
之殪鄭蓋據此謂齊大夫知亢是子車弟者以子車之妻
謀欲殉葬子車子亢不能止之若是子車之兄當處分由
己故知是子車弟也　子亢至之也　子亢既見兄家謀
殉葬非禮之事自度不能止故云殉葬非禮也又云雖非
禮彼疾當養者彼死者疾病當須養侍於下者以外人疏
誰若妻之與宰言妻宰最親當須侍養若得休已不須侍
養吾意欲休已若其不止必須爲殉
葬則吾欲以妻之與宰二子爲之　子路曰傷哉
貧也生無以爲養死無以爲禮也孔子
曰啜菽飲水盡其歡斯之謂孝斂手足
形還葬而無椁稱其財斯之謂禮還猶疾也謂不

及其日月疏正義曰此一節論孝子事親稱家之有無之事孔子至謂禮孔子以子路傷貧故荅之云啜菽飲水以菽爲粥以常啜之飲水更無餘物以水而已雖使親啜菽飲水盡其歡樂之情謂使親盡其歡樂此之謂孝荅上生無以爲養　斂手足形者親亡但以衣棺斂其頭首及足形體不露還速葬而無椁材稱其家之財物所有以送終此之謂禮荅上死無以爲禮

衛獻公出奔反於衛及郊將班邑於從者而后入欲賞從者以懼居者獻公以魯襄十四年出奔齊二十六年復歸於衛柳莊曰如皆守社稷則孰執羈靮而從如皆從則孰守社稷言從守若一靮紲也君反其國而有私也毋乃不可乎言有私則生怨弗果班疏正義曰此一節論衛君歸國不合私賞從者之事注欲賞至於衛　正義曰經直云班邑於從者鄭知以懼居者見下柳莊云如皆從則孰守社稷爲居者而言明知獻公欲懼居者也故左傳云獻公反國使人責大叔儀是也知獻公以魯襄公十四年出奔齊者案襄十四年左傳云衛獻公戒孫文子甯惠子食二子皆朝服而朝日旰不召公射鴻於囿二子從之公不釋皮冠而與之言二子怒故攻公公出奔齊二十六年傳云甯惠子之子甯喜以父言攻孫氏而納衛侯二十六年復歸于衛是獻公以魯襄公十四年出奔二十六年復歸於衛也

衛有大史曰柳莊寢疾公曰若疾革雖當祭必告革急也公再拜稽首請於尸曰有臣柳莊也者非寡人之臣社稷之

及其日月疏正義曰此一節論孝子事親稱家之有無之事孔子至謂禮孔子以子路傷貧故荅之云啜菽飲水以菽爲粥以常啜之飲水更無餘物以水而已雖使親啜菽飲水盡其歡樂之情謂使親盡其歡樂此之謂孝荅上生無以爲養　斂手足形者親亡但以衣棺斂其頭首及足形體不露還速葬而無椁材稱其家之財物所有以送終此之謂禮荅上死無以爲禮

衛獻公出奔反於衛及郊將班邑於從者而后入欲賞從者以懼居者獻公以魯襄十四年出奔齊二十六年復歸於衛柳莊曰如皆守社稷則孰執羈靮而從如皆從則孰守社稷言從守若一靮紲也君反其國而有私也毋乃不可乎言有私則生怨弗果班疏正義曰此一節論衛君歸國不合私賞從者之事注欲賞至於衛　正義曰經直云班邑於從者鄭知以懼居者見下柳莊云如皆從則孰守社稷爲居者而言明知獻公欲懼居者也故左傳云獻公反國使人責大叔儀是也知獻公以魯襄公十四年出奔齊者案襄十四年左傳云衛獻公戒孫文子甯惠子食二子皆朝服而朝日旰不召公射鴻於囿二子從之公不釋皮冠而與之言二子怒故攻公公出奔齊二十六年傳云甯惠子之子甯喜以父言攻孫氏而納衛侯二十六年復歸于衛是獻公以魯襄公十四年出奔二十六年復歸於衛也

衛有大史曰柳莊寢疾公曰若疾革雖當祭必告革急也公再拜稽首請於尸曰有臣柳莊也者非寡人之臣社稷之

臣也聞之死請往急弔賢者不釋服而往遂
以襚之脫君祭服以襚臣親賢也所以此襚之者以其不用襲也凡襚以斂與之邑
裘氏與縣潘氏書而納諸棺曰世世萬
子孫毋變也所以厚賢也裘縣潘邑名 疏 正義曰此一節論君急弔臣之事 柳莊
為衛大史今寢疾其家自告公報之曰若疾急困雖當我
祭必須告也其後柳莊果當公祭之時卒而來告公公祭
事雖了與尸為禮未畢公再拜稽首請於尸曰有臣柳
莊也者才能賢異非唯寡人之臣乃是社稷之臣今聞之
身死請往赴之又不釋祭服即往哭遂以所著祭服脫而
襚之又與之采邑曰裘氏及縣潘氏與二邑又書録其賞
辭而納之棺云世世恒受此邑至萬世子孫無有改變案
禮君入廟門全為臣請尸得言寡人者是後人作記者之

禮記注疏十三 二十二 周泉

言也 注 脫君至以斂 正義曰案士喪禮君使人襚不云
祭服襚臣今君以祭服襚故云親賢也得以祭服襚之者禮
諸侯玄冕祭廟大夫自玄冕而下以其俱是玄冕故得襚也
祭服既尊得以襚臣者以其臣卑不敢用君襚衣而襲之也
所以不用襲者襲是近尸形體事褻惡故不敢用君之襚衣
也案士喪禮云君襚衣及親者及庶兄弟之襚皆不用襲故
士喪禮云庶襚繼陳不用注云不用不用襲也至小斂則得
用庶襚故士喪禮小斂凡十有九稱陳衣繼之不必盡用鄭
云陳衣庶襚也既云不必盡用明有用者至大斂得用君
襚故士喪禮大斂君襚祭服散衣庶襚凡三十稱又云君
襚不倒是大斂得用君襚也云凡襚以斂者謂庶襚
以小斂君襚以大斂也鄭言此者明襚衣不用襲也 陳
乾昔寢疾屬其兄弟而命其子尊己曰
如我死則必大為我棺使吾二婢子夾

臣也聞之死請往急弔賢者不釋服而往遂
以襚之脫君祭服以襚臣親賢也所以此襚之者以其不用襲也凡襚以斂與之邑
裘氏與縣潘氏書而納諸棺曰世世萬
子孫毋變也所以厚賢也裘縣潘邑名 疏 正義曰此一節論君急弔臣之事 柳莊
為衛大史今寢疾其家自告公報之曰若疾急困雖當我
祭必須告也其後柳莊果當公祭之時卒而來告公公祭
事雖了與尸為禮未畢公再拜稽首請於尸曰有臣柳
莊也者才能賢異非唯寡人之臣乃是社稷之臣今聞之
身死請往赴之又不釋祭服即往哭遂以所著祭服脫而
襚之又與之采邑曰裘氏及縣潘氏與二邑又書録其賞
辭而納之棺云世世恒受此邑至萬世子孫無有改變案
禮君入廟門全為臣請尸得言寡人者是後人作記者之

禮記注疏十三 二十二 周泉

言也 注 脫君至以斂 正義曰案士喪禮君使人襚不云
祭服襚臣今君以祭服襚故云親賢也得以祭服襚之者禮
諸侯玄冕祭廟大夫自玄冕而下以其俱是玄冕故得襚也
祭服既尊得以襚臣者以其臣卑不敢用君襚衣而襲之也
所以不用襲者襲是近尸形體事褻惡故不敢用君之襚衣
也案士喪禮云君襚衣及親者及庶兄弟之襚皆不用襲故
士喪禮云庶襚繼陳不用注云不用不用襲也至小斂則得
用庶襚故士喪禮小斂凡十有九稱陳衣繼之不必盡用鄭
云陳衣庶襚也既云不必盡用明有用者至大斂得用君
襚故士喪禮大斂君襚祭服散衣庶襚凡三十稱又云君
襚不倒是大斂得用君襚也云凡襚以斂者謂庶襚
以小斂君襚以大斂也鄭言此者明襚衣不用襲也 陳
乾昔寢疾屬其兄弟而命其子尊己曰
如我死則必大為我棺使吾二婢子夾

我婢子妾也陳乾昔死其子曰以殉葬非禮也況又同棺乎弗果殺善尊己不陷父於不義 疏 正義曰此一節論人病時失禮也 屬其兄弟而命其子尊己者尊己乾昔子名也兄弟言屬子云命輕重之義也 曰如我死者此所屬命辭也欲言其死後事也 則必大爲我棺使吾二婢子夾我者婢子妾也屬命云云令大爲己棺又使二妾夾己於棺中也 陳乾昔死 陳乾昔既屬兄弟之後而死上言陳乾昔者亦謂久嬰疾病或陳乾昔揔是人名但先儒無說未知孰是案春秋魏顆父病困命使殺妾以殉又晉趙孟孝伯並將死其語偷又晉程鄭問降階之道鄭然明以將死而有惑疾此等並是將死之時其言皆變常而論語曾子曰人之將死其言也善但人之疾患有深有淺淺則神正深則神亂故魏顆父初欲嫁妾是其神正之時曾子云其言也善是其未困之日且曾子賢人至困猶善其中庸已下未有疾病夭奪之魂魄苟欲偷生則趙孟孝伯程鄭之徒不足怪也

仲遂卒于垂壬午猶繹萬入去籥春秋經在宣八年仲遂魯莊公之子東門襄仲先日辛巳有事於大廟而仲遂卒明日而繹非也萬干舞也籥籥舞也傳曰去其有聲者廢其無聲者

仲尼曰非禮也卿卒不繹 疏 正義曰此一節論卿卒重于繹祭之事 注 春秋至聲者 正義曰此經所云者春秋經文案宣八年六月辛巳有事於大廟仲遂卒於垂是也云仲遂魯莊公之子東門襄仲者世本及左傳文也云萬干舞也籥籥舞也者案宣八年公羊傳云萬者何干舞也籥者何籥舞也萬是執干而舞武舞也即文王世子云春夏學干戈是也籥舞執羽吹籥而舞文舞也文王世子云秋冬學羽籥是也云傳曰去其有聲者廢其無聲者亦宣八年公羊傳文云去其有聲謂去籥舞以吹籥有聲故

我婢子妾也陳乾昔死其子曰以殉葬非禮也況又同棺乎弗果殺善尊己不陷父於不義 疏 正義曰此一節論人病時失禮也 屬其兄弟而命其子尊己者尊己乾昔子名也兄弟言屬子云命輕重之義也 曰如我死者此所屬命辭也欲言其死後事也 則必大爲我棺使吾二婢子夾我者婢子妾也屬命云云令大爲己棺又使二妾夾己於棺中也 陳乾昔死 陳乾昔既屬兄弟之後而死上言陳乾昔者亦謂久嬰疾病或陳乾昔揔是人名但先儒無說未知孰是案春秋魏顆父病困命使殺妾以殉又晉趙孟孝伯並將死其語偷又晉程鄭問降階之道鄭然明以將死而有惑疾此等並是將死之時其言皆變常而論語曾子曰人之將死其言也善但人之疾患有深有淺淺則神正深則神亂故魏顆父初欲嫁妾是其神正之時曾子云其言也善是其未困之日且曾子賢人

至困猶善其中庸已下未有疾病夭奪之魂魄苟欲偷生則趙孟孝伯程鄭之徒不足怪也

仲遂卒于垂壬午猶繹萬入去籥春秋經在宣八年仲遂魯莊公之子東門襄仲先日辛巳有事於大廟而仲遂卒明日而繹非也萬干舞也籥籥舞也傳曰去其有聲者廢其無聲者

仲尼曰非禮也卿卒不繹 疏 正義曰此一節論卿卒重于繹祭之事 注 春秋至聲者 正義曰此經所云者春秋經文案宣八年六月辛巳有事於大廟仲遂卒於垂是也云仲遂魯莊公之子東門襄仲者世本及左傳文也云萬干舞也籥籥舞也者案宣八年公羊傳云萬者何干舞也籥者何籥舞也萬是執干而舞武舞也即文王世子云春夏學干戈是也籥舞執羽吹籥而舞文舞也文王世子云秋冬學羽籥是也云傳曰去其有聲者廢其無聲者亦宣八年公羊傳文云去其有聲謂去籥舞以吹籥有聲故

足利本第十三卷第二十四葉

也廢其無聲謂廢留萬舞而不去以萬舞無聲故也鄭志荅張逸云廢置也於去聲者爲廢謂廢留不去也然鄭引萬干舞籥籥舞雖是傳文鄭翦略其事不全寫傳文故於後始稱傳曰去其有聲廢其無聲以二句全是傳文也

季康子之母死公輸若方小公輸若匠師方小言年尚幼未知禮也斂般請以機封斂下棺於椁般若之族多技巧者見若掌斂事而年尚幼請代之而欲嘗其技巧將從之時人服般之巧公肩假曰不可夫魯有初初謂故事公室視豐碑言視者時僭天子也豐碑斵大木爲之形如石碑於椁前後四角樹之穿中於間爲鹿盧下棺以繂繞天子六繂四碑前後各重鹿盧也三家視桓楹時僭諸侯諸侯下天子也斵之形如大楹耳四植謂之桓諸侯四繂二碑碑如桓矣大夫二繂二碑士二繂無碑般爾以人之母嘗巧則豈不得以以已字言寧有強使女者與僭於禮有似作機巧非也以與已字本同其母以嘗巧者乎則病者乎毋無也於女寧有病苦與止之噫不寤之聲弗果從

禮記義十三　二十四　周泉

疏

正義曰此一節論非禮嘗巧不從之事　季康子母死公輸若爲匠師之官年方幼小主掌窆事欲下棺斂於壙中其若之族人公輸般性有技巧請爲以轉動機關窆而下棺時人服般之巧　將從之時有公肩假止而不許曰不可爲機窆之事夫魯有初始舊禮公室之喪視豐碑豐大也謂用大木爲碑三家之葬視桓楹也桓大也楹柱也其用之碑如大楹柱言之舊事其法如此遂呼般之名般女得以人之毋而嘗巧乎嘗試也欲以人母試已巧事誰有強偪於女而爲此乎豈不得休巳者哉又語之云其無以人母嘗試已巧則於女病者乎言不得嘗巧豈於女有病

潘本第十三卷第二十四葉

也廢其無聲謂廢留萬舞而不去以萬舞無聲故也鄭志荅張逸云廢置也於去聲者爲廢謂廢留不去也然鄭引萬干舞籥籥舞雖是傳文鄭翦略其事不全寫傳文故於後始稱傳曰去其有聲廢其無聲以二句全是傳文也

季康子之母死公輸若方小公輸若匠師方小言年尚幼未知禮也斂般請以機封斂下棺於椁般若之族多技巧者見若掌斂事而年尚幼請代之而欲嘗其技巧將從之時人服般之巧公肩假曰不可夫魯有初初謂故事公室視豐碑言視者時僭天子也豐碑斵大木爲之形如石碑於椁前後四角樹之穿中於間爲鹿盧下棺以繂繞天子六繂四碑前後各重鹿盧也三家視桓楹時僭諸侯諸侯下天子也斵之形如大楹耳四植謂之桓諸侯四繂二碑碑如桓矣大夫二繂二碑士二繂無碑般爾以人之母嘗巧則豈不得以以已字言寧有強使女者與僭於禮有似作機巧非也以與已字本同其母以嘗巧者乎則病者乎毋無也於女寧有病苦與止之噫不寤之聲弗果從

禮記義十三　二十四　周泉

疏

正義曰此一節論非禮嘗巧不從之事　季康子母死公輸若爲匠師之官年方幼小主掌窆事欲下棺斂於壙中其若之族人公輸般性有技巧請爲以轉動機關窆而下棺時人服般之巧　將從之時有公肩假止而不許曰不可爲機窆之事夫魯有初始舊禮公室之喪視豐碑豐大也謂用大木爲碑三家之葬視桓楹也桓大也楹柱也其用之碑如大楹柱言之舊事其法如此遂呼般之名般女得以人之毋而嘗巧乎嘗試也欲以人母試已巧事誰有強偪於女而爲此乎豈不得休巳者哉又語之云其無以人母嘗試已巧則於女病者乎言不得嘗巧豈於女有病

足利本第十三卷第二十五葉

公肩假既告般爲此言乃更噫而傷歎於是衆人遂止不果從般之事 注公輸若匠師 正義曰以匠師主窆故鄉師云及窆執斧以涖匠師是也 注言視至盧也 正義曰凡言視者不正相當比擬之辭也故王制云天子之三公視公侯卿視伯大夫視子男是也故云言視僭天子也云斲大木爲之形如石碑者以禮廟庭有碑故祭義云牲入麗于碑儀禮每云當碑揖此云豐碑故知斲大木爲碑也云於槨前後四角樹之者謂槨前後及兩旁樹之角落相望故云四角非謂正當槨四角也云穿中於間爲鹿盧者謂穿鑿去碑中之木令使空於此空間著鹿盧鹿盧兩頭各入碑木云下棺以繂繞者繂即紼也以紼之一頭繫棺緘以一頭繞鹿盧既訖而人各背碑負紼末頭聽鼓聲以漸卻行而下之云天子六繂四碑者案周禮大喪屬其六引故知天子六繂也喪大記云君四繂二碑諸侯既二碑故知天子四也云前後各重鹿盧也者以六繂四碑明有一碑兩紼者故知一碑上下重著鹿盧知唯前後碑重鹿盧者以棺之入槨南北竪長前後用力深也案春秋天子有隧以羨道下棺所以用碑者凡天子之葬掘地以爲方壙漢書謂之方中又方中之内先累槨於其方中南畔爲羨道以蜃車載柩至壙說而載以龍輴從羨道而入至方中乃屬紼於棺之緘從上而下棺入於槨之中於此之時用碑繂也 注諸侯下天子也斲之形如大楹耳 正義曰以言視桓楹不云碑知不似碑形故云如大楹耳通而言之亦謂之碑也故喪大記云諸侯大夫二碑是也云四植謂之桓者案說文桓亭郵表也謂亭郵之所而立表木謂之桓即今之橋旁表柱也今諸侯二碑兩柱爲一碑而施鹿盧故云四植謂之桓也周禮桓圭而爲雙植者以一圭之上不應四柱但琢爲二柱象道旁二木又宮室兩楹故雙植謂之桓也大夫亦二碑但柱形不得麤大所以異於諸侯也 注以巳至本同 正義曰言經中以用之以義是休巳之字所以以用之以得爲休巳之字者以其本同謂古昔之本用字本同乃得通用謂其兩字本

禮記義十三　二十五

潘本第十三卷第二十五葉

公肩假既告般爲此言乃更噫而傷歎於是衆人遂止不果從般之事 注公輸若匠師 正義曰以匠師主窆故鄉師云及窆執斧以涖匠師是也 注言視至盧也 正義曰凡言視者不正相當比擬之辭也故王制云天子之三公視公侯卿視伯大夫視子男是也故云言視僭天子也云斲大木爲之形如石碑者以禮廟庭有碑故祭義云牲入麗于碑儀禮每云當碑揖此云豐碑故知斲大木爲碑也云於槨前後四角樹之者謂槨前後及兩旁樹之角落相望故云四角非謂正當槨四角也云穿中於間爲鹿盧者謂穿鑿去碑中之木令使空於此空間著鹿盧鹿盧兩頭各入碑木云下棺以繂繞者繂即紼也以紼之一頭繫棺緘以一頭繞鹿盧既訖而人各背碑負紼末頭聽鼓聲以漸卻行而下之云天子六繂四碑者案周禮大喪屬其六引故知天子六繂也喪大記云君四繂二碑諸侯既二碑故知天子四也云前後各重鹿盧也者以六繂四碑明有一碑兩紼者故知一碑上下重著鹿盧知唯前後碑重鹿盧者以棺之入槨南北竪長前後用力深也案春秋天子有隧以羨道下棺所以用碑者凡天子之葬掘地以爲方壙漢書謂之方中又方中之内先累槨於其方中南畔爲羨道以蜃車載柩至壙說而載以龍輴從羨道而入至方中乃屬紼於棺之緘從上而下棺入於槨之中於此之時用碑繂也 注諸侯下天子也斲之形如大楹耳 正義曰以言視桓楹不云碑知不似碑形故云如大楹耳通而言之亦謂之碑也故喪大記云諸侯大夫二碑是也云四植謂之桓者案說文桓亭郵表也謂亭郵之所而立表木謂之桓即今之橋旁表柱也今諸侯二碑兩柱爲一碑而施鹿盧故云四植謂之桓也周禮桓圭而爲雙植者以一圭之上不應四柱但琢爲二柱象道旁二木又宮室兩楹故雙植謂之桓也大夫亦二碑但柱形不得麤大所以異於諸侯也 注以巳至本同 正義曰言經中以用之以義是休巳之字所以以用之以得爲休巳之字者以其本同謂古昔之本用字本同乃得通用謂其兩字本

七百二　禮記義十三　二十五

足利本第十三卷第二十六葉

昔是同故得假借而用後世始以巳義異也云僣於禮有似作機巧非也者皇氏解云僣濫之事於禮猶有所似作機巧之事全非也 注 毋無至止之 正義曰依說文上毋是禁辭故說文毋字從女有人從中欲干犯故禁約之故鄭注論語云毋止其辭讓也故曲禮上篇多言毋毋猶勿也謂勿得如此下無是有無之無此經中之義是有無之無故轉毋作無也 注 不寤之聲 正義曰公肩假唱噫是歎公輸般不曉寤於禮故傷之而爲此聲也

禮記正義卷第十三

禮記義十三　二十六

潘本第十三卷第二十六葉

昔是同故得假借而用後世始以巳義異也云僣於禮有似作機巧非也者皇氏解云僣温之事於禮猶有所似作機巧之事全非也 注 毋無至止之 正義曰依說文上毋是禁辭故說文毋字從女有人從中欲干犯故禁約之故鄭注論語云毋止其辭讓也故曲禮上篇多言毋毋猶勿也謂勿得如此下無是有無之無此經中之義是有無之無故轉毋作無也 注 不寤之聲 正義曰公肩假唱噫是歎公輸般不曉寤於禮故傷之而爲此聲也

禮記正義卷第十三

禮記義十三　二十六

足利本第十四卷第一葉

禮記正義卷第十四

國子祭酒上護軍曲阜縣開國子臣孔穎達等奉

勑撰

戰于郎郎魯近邑也哀十一年齊國書帥師伐我是也公叔禺人遇負杖入保者息遇見也見走辟齊師將入保罷倦加其杖頸上兩手掖之休息者保縣邑小城禺人昭公之子春秋傳曰公叔務人曰使之雖病也謂時繇役任之雖重也謂時賦稅君子不能爲謀也士弗能死也不可君子謂卿大夫也魯政既惡復無謀臣士又不能死難禺人恥之我則既言矣欲敵齊師踐其言與其鄰重汪踦往皆死焉奔敵死齊寇鄰鄰里也重皆當爲童童未冠者之稱姓汪名踦鄰或爲談春秋傳曰童汪踦魯人欲勿殤重汪踦見其死君事有士行欲以成人之喪治之言魯人者死君事國爲斂葬問於仲尼仲尼曰能執干戈以衛社稷雖欲勿殤也不亦可乎善之

疏正義曰此一節論童子死難之事○戰于郎哀十一年齊伐魯魯與齊師戰于郎郎者魯近邑也案哀十一年魯人公叔禺人逢遇國人走辟齊師兩手負杖於頸走入城保困而止息禺人見而言曰國以傜役使此人雖復病困國以賦稅責任人民雖復煩重若上能竭心盡力憂恤在下則無以負愧今君子卿大夫不能爲謀士又不能致死是自全其身不愛民庶於理不可既嫌他不死欲自爲

禮記義十四　一　毛俊

潘本第十四卷第一葉

禮記正義卷第十四

國子祭酒上護軍曲阜縣開國子臣孔穎達等奉

勑撰

戰于郎郎魯近邑也哀十一年齊國書帥師伐我是也公叔禺人遇負杖入保者息遇見也見走辟齊師將入保罷倦加其杖頸上兩手掖之休息者保縣邑小城禺人昭公之子春秋傳曰公叔務人曰使之雖病也謂時繇役任之雖重也謂時賦稅君子不能爲謀也士弗能死也不可君子謂卿大夫也魯政既惡復無謀臣士又不能死難禺人恥之我則既言矣欲敵齊師踐其言與其鄰重汪踦往皆死焉奔敵死齊寇鄰鄰里也重皆當爲童童未冠者之稱姓汪名踦鄰或爲談春秋傳曰童汪踦魯人欲勿殤重汪踦見其死君事有士行欲以成人之喪治之言魯人者死君事國爲斂葬問於仲尼仲尼曰能執干戈以衛社稷雖欲勿殤也不亦可乎善之

疏正義曰此一節論童子死難之事○戰于郎哀十一年齊伐魯魯與齊師戰于郎郎者魯近邑也案哀十一年魯人公叔禺人逢遇國人走辟齊師兩手負杖於頸走入城保困而止息禺人見而言曰國以傜役使此人雖復病困國以賦稅責任人民雖復煩重若上能竭心盡力憂恤在下則無以負愧今君子卿大夫不能爲謀士又不能致死是自全其身不愛民庶於理不可既嫌他不死欲自爲

禮記義十四　毛俊

致死之事故云我則既言矣既巳也云我則巳言之矣乃踐其言於是與隣之童子姓汪名踦往赴齊師而死焉依禮童子爲殤魯人見其死寇欲勿殤童汪踦意以爲疑問於仲尼仲尼報之云汪踦能執干戈以衛社稷勿猶不也雖欲不以爲殤不亦可乎言其可爲不殤也　注郎魯至是也　正義曰案桓十年齊侯衛侯鄭伯來戰于郎公羊傳云郎者何吾近邑也哀十一年齊國書帥師伐我戰于郊是郊頭郎邑故知近也案春秋直云戰于郊知與此戰于郎爲一事者以其俱有童汪踦之事故爲一也　注禺人至務人　正義曰案哀十一年傳云公叔務人僮汪錡死昭公傳云昭公子公爲逐季氏公曰務人爲此禍務人即公爲也故云昭公子此作禺人者禺務聲相近聲轉字異也　注重皆當爲童　正義曰此云重汪踦下云重汪踦以重字有二故云皆當爲童以言魯人欲勿殤故從春秋爲童也　注見其至斂葬　正義曰案喪服小功章大夫爲昆弟之長殤注云謂爲士者若不仕者也以此言之雖見爲士猶以殤服服之何以此云死君事有士行欲以成人之喪治之者喪服所論據尋常死者雖見爲士猶以殤服服之汪踦能致死於敵故以成人之喪治之云國爲斂葬者以其經稱魯人且指衆辭汪踦非是家無親屬但國家哀其死難爲斂葬之

子路去魯謂顏淵曰何以贈我贈送曰吾聞之也去國則哭于墓而后行反其國不哭展墓而入無君事主於孝哭哀去也展省視之謂子路曰何以處我處猶安也子路曰吾聞之也過墓則式過祀則下居者主於敬

疏　正義曰此一節論禮解之　注無君事主於孝　正義曰若有君事去國則不得哭墓故上曲禮云巳受命君言不宿於家是不哭於墓

致死之事故云我則既言矣既巳也云我則巳言之矣乃踐其言於是與隣之童子姓汪名踦往赴齊師而死焉依禮童子爲殤魯人見其死寇欲勿殤童汪踦意以爲疑問於仲尼仲尼報之云汪踦能執干戈以衛社稷勿猶不也雖欲不以爲殤不亦可乎言其可爲不殤也　注郎魯至是也　正義曰案桓十年齊侯衛侯鄭伯來戰于郎公羊傳云郎者何吾近邑也哀十一年齊國書帥師伐我戰于郊是郊頭郎邑故知近也案春秋直云戰于郊知與此戰于郎爲一事者以其俱有童汪踦之事故爲一也　注禺人至務人　正義曰案哀十一年傳云公叔務人僮汪錡死昭公傳云昭公子公爲逐季氏公曰務人爲此禍務人即公爲也故云昭公子此作禺人者禺務聲相近聲轉字異也　注重皆當爲童　正義曰此云重汪踦下云重汪踦以重字有二故云皆當爲童以言魯人欲勿殤故從春秋爲童也　注見其至斂葬　正義曰案喪服小功章大夫爲昆弟之長殤注云謂爲士者若不仕者也以此言之雖見爲士猶以殤服服之何以此云死君事有士行欲以成人之喪治之者喪服所論據尋常死者雖見爲士猶以殤服服之汪踦能致死於敵故以成人之喪治之云國爲斂葬者以其經稱魯人且指衆辭汪踦非是家無親屬但國家哀其死難爲斂葬之

子路去魯謂顏淵曰何以贈我贈送曰吾聞之也去國則哭于墓而后行反其國不哭展墓而入無君事主於孝哭哀去也展省視之謂子路曰何以處我處猶安也子路曰吾聞之也過墓則式過祀則下居者主於敬

疏　正義曰此一節論禮解之　注無君事主於孝　正義曰若有君事去國則不得哭墓故上曲禮云巳受命君言不宿於家是不哭於墓

足利本第十四卷第三葉

也過墓則式過祀則下墓謂他家墳壟祀謂神位有屋樹者居無事主於恭敬故式式或下也他墳尚式則己先祖墳墓當下也工尹商陽與陳弃疾追吳師及之工尹楚官名弃疾楚公子弃疾也以魯昭八年帥師滅陳縣之楚人善之因號焉至十二年楚子狩於州來使蕩侯潘子司馬督囂尹午陵尹喜圍徐以懼吳於時有吳師陳或作陵楚人聲陳弃疾謂工尹商陽曰王事也子手弓而可手弓子射諸商陽仁不忍傷人以王事勸之射之斃一人韔弓不忍復射斃仆也韔韜也又及謂之又斃二人每斃一人揜其目揜其目不忍視之止其御曰朝不坐燕不與殺三人亦足以反命矣朝燕於寢大夫坐於上士立於下然則商陽與御者皆士也兵車參乘射者在左戈盾在右御在中央孔子曰殺人之中又有禮焉善之

疏 正義曰此一節論殺人有禮之事各依文解之

注 工尹至人聲 正義曰案春秋傳楚皆以尹爲官名也故知工尹楚官名也云棄疾楚公子棄疾也者左傳文是楚恭王之子後立爲平王云楚人善之因號焉者案昭十三年左傳晉叔向云棄疾君陳蔡苛慝不作令此云陳棄疾故楚人善之因號爲陳棄疾也云十二年楚子狩于州來者是昭十二年左傳文楚子謂靈王名虔棄疾之兄也使蕩侯一潘子二司馬督三囂尹午四陵尹喜五也五大夫圍徐以偪懼於吳也案左傳直有圍徐不見有吳師之事也又棄疾不與圍徐鄭必知有吳師及棄疾追之者以棄疾昭八年縣陳十三年自立爲王於此之間無與吳師相涉今棄疾追吳師復

潘本第十四卷第三葉

也過墓則式過祀則下曰墓謂他家墳壟祀謂神位有屋樹者居無事主於恭敬故式式或下也他墳尚式則己先祖墳墓當下也工尹商陽與陳弃疾追吳師及之工尹楚官名弃疾楚公子弃疾也以魯昭八年帥師滅陳縣之楚人善之因號焉至十二年楚子狩於州來使蕩侯潘子司馬督囂尹午陵尹喜圍徐以懼吳於時有吳師陳或作陵楚人聲陳弃疾謂工尹商陽曰王事也子手弓而可手弓子射諸商陽仁不忍傷人以王事勸之射之斃一人韔弓不忍復射斃仆也韔韜也又及謂之又斃二人每斃一人揜其目揜其目不忍視之止其御曰朝不坐燕不與殺三人亦足以反命矣朝燕於寢大夫坐於上士立於下然則商陽與御者皆士也兵車參乘射者在左戈盾在右御在中央孔子曰殺人之中又有禮焉善之

疏 正義曰此一節論殺人有禮之事各依文解之

注 工尹至人聲 正義曰案春秋傳楚皆以尹爲官名也故知工尹楚官名也云棄疾楚公子棄疾也者左傳文是楚恭王之子後立爲平王云楚人善之因號焉者案昭十三年左傳晉叔向云棄疾君陳蔡苛慝不作令此云陳棄疾故楚人善之因號爲陳棄疾也云十二年楚子狩于州來者是昭十二年左傳文楚子謂靈王名虔棄疾之兄也使蕩侯一潘子二司馬督三囂尹午四陵尹喜五也五大夫圍徐以偪懼於吳也案左傳直有圍徐不見有吳師之事也又棄疾不與圍徐鄭必知有吳師及棄疾追之者以棄疾昭八年縣陳十三年自立爲王於此之間無與吳師相涉今棄疾追吳師復

足利本第十四卷第四葉

有圉徐懼吳之事故鄭引以明之云陳或作陵楚人聲者
謂陳棄疾餘本有作陵棄疾者故云陳或作陵楚人呼陳
及陵聲相似故云楚人聲　子手弓而可手弓者棄疾謂
商陽射吳之奔者云子是手弓之人謂是能弓之手而可
手弓者謂其堪可稱此能弓之手謂宜須射也又家語云
楚伐吳工尹商陽與棄疾追吳師及之棄疾曰王事也子
手弓而可商陽手弓棄疾曰子射諸射之斃一人韔其弓
則此分句爲異解義亦別言手弓者令其彀弓而射之未
知孰是故兩存焉附之以廣聞見也　注朝燕至中央
正義曰朝之與燕皆在於寢若路門外正朝則大夫以下
皆立若其燕朝在於路寢如孔子攝齊升堂又詩傳云不
脫屨升堂謂之飫明脫屨升堂則坐也是大夫坐於上燕
亦在寢故燕禮云燕朝服於寢案燕禮獻卿大夫及樂作
之後西階上獻士士既得獻者立於東階下西面無升堂
之文是士立於下云兵車參乘射者在左戈盾在右御在
中央者謂兵車參乘之法其事如此若非兵車參乘則尊

禮記義疏　四

者在左故曲禮乘君之乘車不敢曠左鄭注云君存惡空
其位又月令載耒耜於御與車右之間君在左也知兵車
參乘射者在左戈盾在右者案宣十二年左傳云楚許伯
御樂伯攝叔爲右於時樂伯主射樂伯云左射以菆是射
者在左攝叔云右入壘折馘執俘而還是戈盾勇力在右
自然御者在中央此謂凡常戰士也若是元帥則在中央
鼓下御者在左戈盾亦在右故成二年鞌之戰於時郤克
爲中軍將時流血及屨未絕鼓音是將居鼓下也解張御
郤克解張云矢貫余手及肘余折以御左輪朱殷是御者
在左自然戈盾在右若天子諸侯親爲將亦居鼓下故戎
右云贊王鼓成二年齊侯圍龍齊侯親鼓之是也若非元
帥則皆在左御者在中故成二年韓厥自其車左居中代
御而逐齊侯故杜預云兵車自非元帥御者皆在中故熊
氏以爲雖非元帥上軍下軍之將亦居鼓下故成十六年
鄢陵之戰子重將左而云子重鼓之也故爲將皆在鼓下
也以其親鼓故以爲鼓下案周禮諸侯執賁鼓軍將執晉

潘本第十四卷第四葉

有圉徐懼吳之事故鄭引以明之云陳或作陵楚人聲者
謂陳棄疾餘本有作陵棄疾者故云陳或作陵楚人呼陳
及陵聲相似故云楚人聲　子手弓而可手弓者棄疾謂
商陽射吳之奔者云子是手弓之人謂是能弓之手而可
手弓者謂其堪可稱此能弓之手謂宜須射也又家語云
楚伐吳工尹商陽與棄疾追吳師及之棄疾曰王事也子
手弓而可商陽手弓棄疾曰子射諸射之斃一人韔其弓
則此分句爲異解義亦別言手弓者令其彀弓而射之未
知孰是故兩存焉附之以廣聞見也　注朝燕至中央
正義曰朝之與燕皆在於寢若路門外正朝則大夫以下
皆立若其燕朝在於路寢如孔子攝齊升堂又詩傳云不
脫屨升堂謂之飫明脫屨升堂則坐也是大夫坐於上燕
亦在寢故燕禮云燕朝服於寢案燕禮獻卿大夫及樂作
之後西階上獻士士既得獻者立於東階下西面無升堂
之文是士立於下云兵車參乘射者在左戈盾在右御在
中央者謂兵車參乘之法其事如此若非兵車參乘則尊

禮記義疏　四

者在左故曲禮乘君之乘車不敢曠左鄭注云君存惡空
其位又月令載耒耜於御與車右之間君在左也知兵車
參乘射者在左戈盾在右者案宣十二年左傳云楚許伯
御樂伯攝叔爲右於時樂伯主射樂伯云左射以菆是射
者在左攝叔云右入壘折馘執俘而還是戈盾勇力在右
自然御者在中央此謂凡常戰士也若是元帥則在中央
鼓下御者在左戈盾亦在右故成二年鞌之戰於時郤克
爲中軍將時流血及屨未絕鼓音是將居鼓下也解張御
郤克解張云矢貫余手及肘余折以御左輪朱殷是御者
在左自然戈盾在右若天子諸侯親爲將亦居鼓下故戎
右云贊王鼓成二年齊侯圍龍齊侯親鼓之是也若非元
帥則皆在左御者在中故成二年韓厥自其車左居中代
御而逐齊侯故杜預云兵車自非元帥御者皆在中故熊
氏以爲雖非元帥上軍下軍之將亦居鼓下故成十六年
鄢陵之戰子重將左而云子重鼓之也故爲將皆在鼓下
也以其親鼓故以爲鼓下案周禮諸侯執賁鼓軍將執晉

鼓師帥執提旅帥執鼙皆居鼓下也其義恐非也 孔子曰殺人之中又有禮焉者 言其既殺人之中又有禮則韔弓揜目等是也案左氏傳戎昭果毅獲則殺之商陽行仁而孔子善之傳之所云謂彼勍敵與我決戰雖及胡耇獲則殺之此謂吳師既走而後逐之故云又及一人則是不逐奔之義故以為有禮也

諸侯伐秦曹桓公卒于會 魯成十三年曹伯廬卒於師是也廬謚宣言桓聲之誤也 諸侯請含 以朋友有相啖食之道 使之襲 非也襲賤者之事 襄公朝于荆康王卒 在魯襄二十八年康王楚子昭也楚言荆者州言之 荆人曰必請襲 欲使襄公衣之 魯人曰非禮也荆人強之 欲尊康王 巫先拂柩荆人悔之 巫祝桃茢君臨臣喪之禮

疏 正義曰此一節論諸侯失禮之事 注在魯至言之 正義曰不言楚而言荆者楚屬荆故荆言之也春秋莊十年荆敗蔡師于莘公羊傳曰荆者何州名也州不若國國不若氏氏不若人人不若名名不若字字不若子而左氏無此義荆蓋楚之本號魯莊之世告命皆稱荆至僖元年始稱楚故杜預云荆始改號曰楚其巫祝桃茢之事已具於上

滕成公之喪 魯昭三年 使子叔敬叔弔進書 子叔敬叔魯宣公弟叔肸之曾孫叔弓也進書奉君弔書 子服惠伯為介 惠伯慶父玄孫之子名椒介副也 及郊為懿伯之忌不入 郊滕之近郊也懿伯惠伯之叔父忌怨也敬叔有怨於懿伯難惠伯也春秋傳曰敬叔不入 惠伯曰政也不可以叔父之私不將公事 政君命所為敬叔於昭穆以懿伯為叔父 遂

鼓師帥執提旅帥執鼙皆居鼓下也其義恐非也 孔子曰殺人之中又有禮焉者 言其既殺人之中又有禮則韔弓揜目等是也案左氏傳戎昭果毅獲則殺之商陽行仁而孔子善之傳之所云謂彼勍敵與我決戰雖及胡耇獲則殺之此謂吳師既走而後逐之故云又及一人則是不逐奔之義故以為有禮也

諸侯伐秦曹桓公卒于會 魯成十三年曹伯廬卒於師是也廬謚宣言桓聲之誤也 諸侯請含 以朋友有相啖食之道 使之襲 非也襲賤者之事 襄公朝于荆康王卒 在魯襄二十八年康王楚子昭也楚言荆者州言之 荆人曰必請襲 欲使襄公衣之 魯人曰非禮也荆人強之 欲尊康王 巫先拂柩荆人悔之 巫祝桃茢君臨臣喪之禮

疏 正義曰此一節論諸侯失禮之事 注在魯至言之 正義曰不言楚而言荆者楚屬荆故荆言之也春秋莊十年荆敗蔡師于莘公羊傳曰荆者何州名也州不若國國不若氏氏不若人人不若名名不若字字不若子而左氏無此義荆蓋楚之本號魯莊之世告命皆稱荆至僖元年始稱楚故杜預云荆始改號曰楚其巫祝桃茢之事已具於上

滕成公之喪 魯昭三年 使子叔敬叔弔進書 子叔敬叔魯宣公弟叔肸之曾孫叔弓也進書奉君弔書 子服惠伯為介 惠伯慶父玄孫之子名椒介副也 及郊為懿伯之忌不入 郊滕之近郊也懿伯惠伯之叔父忌怨也敬叔有怨於懿伯難惠伯也春秋傳曰敬叔不入 惠伯曰政也不可以叔父之私不將公事 政君命所為敬叔於昭穆以懿伯為叔父 遂

足利本第十四卷第六葉

入惠伯強之乃入【疏】正義曰此一節論不可以私廢公之事各依文解之【注】子叔至弓也　正義曰案
世本叔肸生聲伯嬰齊齊生叔老老生叔弓是叔弓爲叔
肸曾孫也叔是其氏此記云子叔者子是男子通稱故以
子冠叔也【注】惠伯至副也　正義曰案世本慶父生穆
伯敖敖生文伯穀穀生獻子蔑蔑爲慶父曾孫惠伯是蔑
之孫是慶父玄孫之子也案春秋傳曰子服椒故知名椒
也　及郊至公事　敬叔爲使惠伯爲介至滕之近郊懿
伯是惠伯叔父敬叔於先有怨於懿伯今至滕郊爲有懿
伯之怨故畏難惠伯不敢入惠伯知其難已遂開釋之今
既奉君命政令奉使滕國不可以叔父私怨遂欲報讎不
行公事也【注】郊滕至不入　正義曰經直云郊知是滕
之近郊者下云不入謂不入國城則郊與國城相近故知
郊是近郊也知懿伯是惠伯叔父者以下文惠伯云不可
以叔父之私故知懿伯是惠伯叔父也云敬叔有怨於懿
伯難惠伯也者謂敬叔殺懿伯被懿伯家所怨恐惠伯殺

禮記正義十四　六

已故難惠伯不敢入也然敬叔惠伯同在君朝又奉使滕
國相隨在路不相畏難入滕始難者雖有怨讎恒爲防備
今入滕國是由主人其防備之事不復在已故難之引春
秋傳敬叔不入者昭三年左傳文引之者以經直云不入
恐是惠伯不入故引以明之【注】政君至叔父　正義曰
案論語注君之教令爲政臣之教令爲事也故云其事也
如有政云敬叔於昭穆以懿伯爲叔父者此後人轉寫鄭
注之誤當云敬叔於昭穆以惠伯爲叔父撿勘世本敬叔
是桓公七世孫惠伯是桓公六世孫則惠伯是敬叔之父
六從兄弟則敬叔呼惠伯爲叔父敬叔呼懿伯爲五從祖
此注乃云敬叔於昭穆以懿伯爲叔父故知誤也
哀公使人弔蕢尚遇
諸道辟於路畫宮而受弔焉哀公魯君也畫宮畫地爲
宮象
曾子曰蕢尚不如杞梁之妻之知禮

潘本第十四卷第六葉

入惠伯強之乃入【疏】正義曰此一節論不可以私廢公之事各依文解之【注】子叔至弓也　正義曰案
世本叔肸生聲伯嬰齊齊生叔老老生叔弓是叔弓爲叔
肸曾孫也叔是其氏此記云子叔者子是男子通稱故以
子冠叔也【注】惠伯至副也　正義曰案世本慶父生穆
伯敖敖生文伯穀穀生獻子蔑蔑爲慶父曾孫惠伯是蔑
之孫是慶父玄孫之子也案春秋傳曰子服椒故知名椒
也　及郊至公事　敬叔爲使惠伯爲介至滕之近郊懿
伯是惠伯叔父敬叔於先有怨於懿伯今至滕郊爲有懿
伯之怨故畏難惠伯不敢入惠伯知其難已遂開釋之今
既奉君命政令奉使滕國不可以叔父私怨遂欲報讎不
行公事也【注】郊滕至不入　正義曰經直云郊知是滕
之近郊者下云不入謂不入國城則郊與國城相近故知
郊是近郊也知懿伯是惠伯叔父者以下文惠伯云不可
以叔父之私故知懿伯是惠伯叔父也云敬叔有怨於懿
伯難惠伯也者謂敬叔殺懿伯被懿伯家所怨恐惠伯殺

禮記正義十四　六

已故難惠伯不敢入也然敬叔惠伯同在君朝又奉使滕
國相隨在路不相畏難入滕始難者雖有怨讎恒爲防備
今入滕國是由主人其防備之事不復在已故難之引春
秋傳敬叔不入者昭三年左傳文引之者以經直云不入
恐是惠伯不入故引以明之【注】政君至叔父　正義曰
案論語注君之教令爲政臣之教令爲事也故云其事也
如有政云敬叔於昭穆以懿伯爲叔父者此後人轉寫鄭
注之誤當云敬叔於昭穆以惠伯爲叔父撿勘世本敬叔
是桓公七世孫惠伯是桓公六世孫則惠伯是敬叔之父
六從兄弟則敬叔呼惠伯爲叔父敬叔呼懿伯爲五從祖
此注乃云敬叔於昭穆以懿伯爲叔父故知誤也
哀公使人弔蕢尚遇
諸道辟於路畫宮而受弔焉哀公魯君也畫宮畫地爲
宮象
曾子曰蕢尚不如杞梁之妻之知禮

足利本第十四卷第七葉

也行弔禮於野非 齊莊公襲莒于奪杞梁死焉 魯襄二十三年齊侯襲莒是也春秋傳曰杞殖華還載甲夜入且于之隧隧奪聲相近或爲兌梁即殖也 其妻迎其柩於路而哭之哀莊公使人弔之對曰君之臣不免於罪則將肆諸市朝而妻妾執 肆陳尸也大夫以上於朝士以下於市執拘也 君之臣免於罪則有先人之敝廬在君無所辱命 無所辱命辭不受也春秋傳曰齊侯弔諸其室 疏 正義曰此一節論貴尚不如婦人得禮之事 注 肆陳至拘也 正義曰案周禮鄉士職云協日刑殺肆之三日是陳尸曰肆也云大夫以上於朝士以下於市者諸侯大夫士也故襄二十二年楚殺令尹子南尸諸朝三日大夫既於朝士則於市也其天子臣則有爵者皆適甸師氏不在朝故周禮掌囚職云凡有爵者奉而適甸師氏以待刑殺掌戮云有爵者殺之于甸師氏是也天子士宜在朝與諸侯大夫同 孺子䵒之喪 魯哀公之少子 哀公欲設撥 撥可撥引輴車所謂紼 問於有若有若曰其可也君之三臣猶設之 猶尚也以臣況子也三臣仲孫叔孫季孫氏 顏柳曰天子龍輴而槫幬 輴殯車也畫轅爲龍幬覆也殯以槫覆棺而塗之所謂菆塗龍輴以槫 諸侯輴而設幬 輴不畫龍 爲榆沈故設撥 以水澆榆白皮之汁有急以播地於引輴車滑 三臣者廢輴而設撥竊

潘本第十四卷第七葉

也行弔禮於野非 齊莊公襲莒于奪杞梁死焉 魯襄二十三年齊侯襲莒是也春秋傳曰杞殖華還載甲夜入且于之隧隧奪聲相近或爲兌梁即殖也 其妻迎其柩於路而哭之哀莊公使人弔之對曰君之臣不免於罪則將肆諸市朝而妻妾執 肆陳尸也大夫以上於朝士以下於市執拘也 君之臣免於罪則有先人之敝廬在君無所辱命 無所辱命辭不受也春秋傳曰齊侯弔諸其室 疏 正義曰此一節論貴尚不如婦人得禮之事 注 肆陳至拘也 正義曰案周禮鄉士職云協日刑殺肆之三日是陳尸曰肆也云大夫以上於朝士以下於市者諸侯大夫士也故襄二十二年楚殺令尹子南尸諸朝三日大夫既於朝士則於市也其天子臣則有爵者皆適甸師氏不在朝故周禮掌囚職云凡有爵者奉而適甸師氏以待刑殺掌戮云有爵者殺之于甸師氏是也天子士宜在朝與諸侯大夫同 孺子䵒之喪 魯哀公之少子 哀公欲設撥 撥可撥引輴車所謂紼 問於有若有若曰其可也君之三臣猶設之 猶尚也以臣況子也三臣仲孫叔孫季孫氏 顏柳曰天子龍輴而槫幬 輴殯車也畫轅爲龍幬覆也殯以槫覆棺而塗之所謂菆塗龍輴以槫 諸侯輴而設幬 輴不畫龍 爲榆沈故設撥 以水澆榆白皮之汁有急以播地於引輴車滑 三臣者廢輴而設撥竊

足利本第十四卷第八葉

禮之不中者也而君何學焉止其學非禮也廢去也紼繫於輴三臣於禮去輴今有紼是用輴僭禮也殯禮大夫菆置西序士掘肂見衽 疏 正義曰此論諫哀公不得學僭禮之事 ○頹柳至學焉 ○頹柳以有若對非其實恐哀公從之以其正禮而言天子之殯則以龍輴謂畫輴車轅爲龍載柩於上累材作椁而題湊其木幬覆棺上而後塗之其諸侯則以輴載柩不畫爲龍亦累木爲椁設木於上以幬之不爲題湊直橫木覆之亦泥塗其上以其有輴須設楡沈備擬牽引爲有楡沈故須設撥撥謂紼也今三臣者依禮廢輴不合用殯今乃設撥用輴是盜竊於禮不中法式而君何得學焉 注 畫轅至以椁 ○正義曰經直云龍輴知畫轅爲龍者以輴之形狀庳下而寬廣無以龍形唯轅與龍爲形相類故知畫轅也云所謂菆塗龍輴以椁者以其上篇有其文故此言所謂上篇也輴外邊從累其木上與椁齊乃菆木爲題湊爲四阿椁制而塗之 注 輴不畫龍 ○正義曰以上云龍輴此直云輴故云不畫龍其木亦不題湊故鄭注喪大記云諸侯不題湊 注 三臣至見衽 ○正義曰喪大記大夫二綍二碑是大夫有綍綍即紼也又注既夕禮云大夫以上始有四周謂之輴是大夫有輴也此云三臣於禮去輴用輴僭禮不同者大夫以柩朝廟之時用輴紼唯殯時用輁軸不得用輴紼此文據殯時大記及既夕禮謂朝廟及下棺也云大夫菆置西序士掘肂見衽者是喪大記文謂菆叢其木以郭三面倚於西序肂謂穿地爲坎深淺見其棺蓋上小要之衽言棺上小要之衽出於平地 悼公之母死母哀公之妾哀公爲之齊衰有若曰爲妾齊衰禮與譏而問之妾之貴者爲之緦耳公曰吾得已乎哉魯人以妻我言國人皆名之爲我妻重服嬖妾文過非也 疏 正義曰此一節論哀公爲

禮記疏卷十四　八　周泉

潘本第十四卷第八葉

禮之不中者也而君何學焉止其學非禮也廢去也紼繫於輴三臣於禮去輴今有紼是用輴僭禮也殯禮大夫菆置西序士掘肂見衽 疏 正義曰此論諫哀公不得學僭禮之事 ○頹柳至學焉 ○頹柳以有若對非其實恐哀公從之以其正禮而言天子之殯則以龍輴謂畫輴車轅爲龍載柩於上累材作椁而題湊其木幬覆棺上而後塗之其諸侯則以輴載柩不畫爲龍亦累木爲椁設木於上以幬之不爲題湊直橫木覆之亦泥塗其上以其有輴須設楡沈備擬牽引爲有楡沈故須設撥撥謂紼也今三臣者依禮廢輴不合用殯今乃設撥用輴是盜竊於禮不中法式而君何得學焉 注 畫轅至以椁 ○正義曰經直云龍輴知畫轅爲龍者以輴之形狀庳下而寬廣無以龍形唯轅與龍爲形相類故知畫轅也云所謂菆塗龍輴以椁者以其上篇有其文故此言所謂上篇也輴外邊從累其木上與椁齊乃菆木爲題湊爲四阿椁制而塗之 注 輴不畫龍 ○正義曰以上云龍輴此直云輴故云不畫龍其木亦不題湊故鄭注喪大記云諸侯不題湊 注 三臣至見衽 ○正義曰喪大記大夫二綍二碑是大夫有綍綍即紼也又注既夕禮云大夫以上始有四周謂之輴是大夫有輴也此云三臣於禮去輴用輴僭禮不同者大夫以柩朝廟之時用輴紼唯殯時用輁軸不得用輴紼此文據殯時大記及既夕禮謂朝廟及下棺也云大夫菆置西序士掘肂見衽者是喪大記文謂菆叢其木以郭三面倚於西序肂謂穿地爲坎深淺見其棺蓋上小要之衽言棺上小要之衽出於平地 悼公之母死母哀公之妾哀公爲之齊衰有若曰爲妾齊衰禮與譏而問之妾之貴者爲之緦耳公曰吾得已乎哉魯人以妻我言國人皆名之爲我妻重服嬖妾文過非也 疏 正義曰此一節論哀公爲

禮記疏卷十四　八　貴

足利本第十四卷第九葉

妾著服非禮之事【注】妾之貴者爲之緦耳　正義曰天子諸侯絶旁期於妾無服唯大夫貴妾緦以哀公爲妾著齊衰服故舉大夫貴妾緦以對之耳公曰吾得已乎哉魯人以妻我者　公以有若之譏遂文其過云吾豈得休已而不服之乎所以不得休已者雖是其妾魯人以我無夫人皆以爲我妻故不得了服　季子皐葬其妻犯人之禾季子皐孔子弟子高柴孟氏之邑成宰或氏季犯躐也申祥以告曰請庚之申祥子張子庚償也子皐曰孟氏不以是罪予時僭侈朋友不以是弃予言非大故以吾爲邑長於斯也買道而葬後難繼也恃寵虐民非也【疏】正義曰此一節論高柴非禮之事各隨文解之【注】季子至成宰　正義曰案史記仲尼弟子傳云高柴字子皐少孔子三十歲鄭人也知爲成宰者下文云子皐爲成宰云季者高是其正氏今言季子皐故鄭云或氏季以身處季少故以字爲氏而稱季也猶若子游稱叔氏仲由稱季路皆其例也弟子傳及論語作子羔與此文子皐字不同者古字通用　子皐至繼也　子皐見申祥請償故拒之云孟氏不以是犯禾之事罪責於我以孟氏自爲奢暴之故也朋友不以是犯禾之事離棄於我以其小失非大故也斯此也以吾爲邑長於此成邑乃買道而葬清儉大過在後世之人難可繼續也以孟氏不罪於己故鄭云恃寵不肯償禾故云虐民　仕而未有禄者君有饋焉曰獻使焉曰寡君見在臣位與有禄同也君有饋有饋於君違而君薨弗爲服也以其恩輕也違去也【疏】正義曰此一節論臣之仕未得禄者與得禄之臣有同有不同

潘本第十四卷第九葉

妾著服非禮之事【注】妾之貴者爲之緦耳　正義曰天子諸侯絶旁期於妾無服唯大夫貴妾緦以哀公爲妾著齊衰服故舉大夫貴妾緦以對之耳公曰吾得已乎哉魯人以妻我者　公以有若之譏遂文其過云吾豈得休已而不服之乎所以不得休已者雖是其妾魯人以我無夫人皆以爲我妻故不得了服　季子皐葬其妻犯人之禾季子皐孔子弟子高柴孟氏之邑成宰或氏季犯躐也申祥以告曰請庚之申祥子張子庚償也子皐曰孟氏不以是罪予時僭侈朋友不以是弃予言非大故以吾爲邑長於斯也買道而葬後難繼也恃寵虐民非也【疏】正義曰此一節論高柴非禮之事各隨文解之【注】季子至成宰　正義曰案史記仲尼弟子傳云高柴字子皐少孔子三十歲鄭人也知爲成宰者下文云子皐爲成宰云季者高是其正氏今言季子皐故鄭云或氏季以身處季少故以字爲氏而稱季也猶若子游稱叔氏仲由稱季路皆其例也弟子傳及論語作子羔與此文子皐字不同者古字通用　子皐至繼也　子皐見申祥請償故拒之云孟氏不以是犯禾之事罪責於我以孟氏自爲奢暴之故也朋友不以是犯禾之事離棄於我以其小失非大故也斯此也以吾爲邑長於此成邑乃買道而葬清儉大過在後世之人難可繼續也以孟氏不罪於己故鄭云恃寵不肯償禾故云虐民　仕而未有禄者君有饋焉曰獻使焉曰寡君見在臣位與有禄同也君有饋有饋於君違而君薨弗爲服也以其恩輕也違去也【疏】正義曰此一節論臣之仕未得禄者與得禄之臣有同有不同

足利本第十四卷第十葉

之事也故王制云位定然後祿之是先位定而後祿也君有饋焉曰獻者饋餉也君有饋謂臣有物饋獻於君既奉餉君上故曰獻　使焉曰寡君者使焉謂爲君使往他國此臣若出使則自稱己君爲寡君也言臣雖仕未得祿而有物饋君及出使他國所稱則並與得祿者同也嫌其或異故明之也　違而君薨弗爲服也者此一條則異也違而君薨者違去也謂三諫不從以禮去者若已有祿恩重者雖放出仕他國而所仕者敵則猶反服今此未得祿之臣唯在朝時乃服若放出他邦而故君薨所仕雖敵亦不反服也以其本無祿恩輕故也

虞而立尸有几筵卒哭而諱諱辟其名**生事畢而鬼事始已**謂不復饋食於下室而鬼神祭之已辭也**既卒哭宰夫執木鐸以命于宮曰舍故而諱新**故謂高祖之父當遷者也易說

禮記[illegible]十四　一　葛昌

帝乙曰易之帝乙爲成湯書之帝乙六世王天之錫命疏可同名

自寢門至于庫門百官所在庫門官外門明堂位曰庫門天子皐門

疏 正義曰此一節論葬後當以鬼神事之禮未葬由生事之故未有尸既葬親形已藏故立尸以係孝子之心也前所云既窆而祝宿虞尸是也　有几筵者未葬之前殯宮雖有脯醢之奠不立几筵其大斂之奠雖在殯宮但有席而已亦無几也此席素席故前云奠以素器其下室之內有吉几筵今葬訖既設虞祭有素几筵筵雖大斂之時已有至於虞祭更立筵與几相配故云有几筵故士虞禮云祝免澡葛絰帶布席于室中東面右几是也然此虞祭而有几謂士大夫禮若天子諸侯則葬前有几故周禮司几筵云喪事素几鄭注云謂殯奠時天子既爾諸侯南面之君其事亦然　卒哭而諱者諱謂神名也古者生不相諱卒哭之前猶生事之故不諱至卒哭乃有神諱也生事畢而鬼事始已者弁解所以虞立尸卒哭而爲神諱

潘本第十四卷第十葉

之事也故王制云位定然後祿之是先位定而後祿也君有饋焉曰獻者饋餉也君有饋謂臣有物饋獻於君既奉餉君上故曰獻　使焉曰寡君者使焉謂爲君使往他國此臣若出使則自稱己君爲寡君也言臣雖仕未得祿而有物饋君及出使他國所稱則並與得祿者同也嫌其或異故明之也　違而君薨弗爲服也者此一條則異也違而君薨者違去也謂三諫不從以禮去者若已有祿恩重者雖放出仕他國而所仕者敵則猶反服今此未得祿之臣唯在朝時乃服若放出他邦而故君薨所仕雖敵亦不反服也以其本無祿恩輕故也

虞而立尸有几筵卒哭而諱諱辟其名**生事畢而鬼事始已**謂不復饋食於下室而鬼神祭之已辭也**既卒哭宰夫執木鐸以命于宮曰舍故而諱新**故謂高祖之父當遷者也易說

大四四五百四　禮記義十四　十　王全

帝乙曰易之帝乙爲成湯書之帝乙六世王天之錫命疏可同名

自寢門至于庫門百官所在庫門官外門明堂位曰庫門天子皐門

疏 正義曰此一節論葬後當以鬼神事之禮未葬由生事之故未有尸既葬親形已藏故立尸以係孝子之心也前所云既窆而祝宿虞尸是也　有几筵者未葬之前殯宮雖有脯醢之奠不立几筵其大斂之奠雖在殯宮但有席而已亦無几也此席素席故前云奠以素器其下室之內有吉几筵今葬訖既設虞祭有素几筵筵雖大斂之時已有至於虞祭更立筵與几相配故云有几筵故士虞禮云祝免澡葛絰帶布席于室中東面右几是也然此虞祭而有几謂士大夫禮若天子諸侯則葬前有几故周禮司几筵云喪事素几鄭注云謂殯奠時天子既爾諸侯南面之君其事亦然　卒哭而諱者諱謂神名也古者生不相諱卒哭之前猶生事之故不諱至卒哭乃有神諱也生事畢而鬼事始已者弁解所以虞立尸卒哭而爲神諱

義也既虞卒哭則生事畢鬼神之事方爲始也注謂不至辟也　正義曰合釋有尸有几筵及諱也下室謂內寢生時飲食有事處也未葬猶生事當以脯醢奠殯又於下室饋設黍稷謝玆云下室之饋器物几杖如平生鄭君荅張逸云未葬以脯醢奠於殯又於下室設黍稷曰饋下室內寢也至朔月月半而殷奠殷奠有黍稷而下室不設也既虞祭遂用祭禮下室遂無事也然不復饋食於下室文承卒哭之下卒哭之時乃不復饋食於下室皇氏以爲虞則不復饋食於下室於理有疑注故謂至同名　正義曰高祖之父謂孝子高祖之父也於死者高祖也卒哭猶未遷故云當遷也至小祥乃遷毀也易說帝乙曰易之帝乙爲成湯者鄭引易證六世不諱故卒哭而舍高祖之父也易說者鄭引云易緯也凡鄭云說者皆緯候也時禁緯候故轉緯爲說也故鄭志張逸問禮注曰書說書說何書也荅曰尚書緯也當爲注時時在文網中嫌引祕書故諸所牽圖讖皆謂之說云案易云帝乙歸妹易乾鑿度說易

禮記義十四　十一　馬春

之帝乙謂是殷湯也書之帝乙六世王者亦易緯言也書酒誥有帝乙而乾鑿度說云乙是殷六世王也先儒注皆以酒誥帝乙紂父紂父至湯多世不啻於六世也然史記殷本紀云王名乙者甚衆上皆有配字唯紂父稱帝乙耳而湯名乙其六世孫名祖乙即是六世王也既並爲帝故皆得曰帝乙也祖乙是湯六世孫與湯同名是六世得同名云天之錫命疏可同名者此注易緯語也言帝王之名由天所錫則世疏可同故舉六世以爲證也謂天所錫者殷以生日甲乙爲名則生日是天之命曰爲名也白虎通云殷質以生日名子也故殷大甲帝乙武丁　自寢至庫門　前既執木鐸以命宮中又出宮從寢門至于庫門寢門路門庫門是魯之外門也百官及宗廟所在之次至庫門咸使知之也魯三門故至庫門耳若天子五門則至臯門也故鄭引明堂位云庫門天子臯門也若凡諸侯則臯應路也

二名不偏諱夫子之母名徵在言在

義也既虞卒哭則生事畢鬼神之事方爲始也注謂不至辟也　正義曰合釋有尸有几筵及諱也下室謂內寢生時飲食有事處也未葬猶生事當以脯醢奠殯又於下室饋設黍稷謝玆云下室之饋器物几杖如平生鄭君荅張逸云未葬以脯醢奠於殯又於下室設黍稷曰饋下室內寢也至朔月月半而殷奠殷奠有黍稷而下室不設也既虞祭遂用祭禮下室遂無事也然不復饋食於下室文承卒哭之下卒哭之時乃不復饋食於下室皇氏以爲虞則不復饋食於下室於理有疑注故謂至同名　正義曰高祖之父謂孝子高祖之父也於死者高祖也卒哭猶未遷故云當遷也至小祥乃遷毀也易說帝乙曰易之帝乙爲成湯者鄭引易證六世不諱故卒哭而舍高祖之父也易說者鄭引云易緯也凡鄭云說者皆緯候也時禁緯候故轉緯爲說也故鄭志張逸問禮注曰書說書說何書也荅曰尚書緯也當爲注時時在文網中嫌引祕書故諸所牽圖讖皆謂之說云案易云帝乙歸妹易乾鑿度說易

禮記義十四　十一　馬春

之帝乙謂是殷湯也書之帝乙六世王者亦易緯言也書酒誥有帝乙而乾鑿度說云乙是殷六世王也先儒注皆以酒誥帝乙紂父紂父至湯多世不啻於六世也然史記殷本紀云王名乙者甚衆上皆有配字唯紂父稱帝乙耳而湯名乙其六世孫名祖乙即是六世王也既並爲帝故皆得曰帝乙也祖乙是湯六世孫與湯同名是六世得同名云天之錫命疏可同名者此注易緯語也言帝王之名由天所錫則世疏可同故舉六世以爲證也謂天所錫者殷以生日甲乙爲名則生日是天之命曰爲名也白虎通云殷質以生日名子也故殷大甲帝乙武丁　自寢至庫門　前既執木鐸以命宮中又出宮從寢門至于庫門寢門路門庫門是魯之外門也百官及宗廟所在之次至庫門咸使知之也魯三門故至庫門耳若天子五門則至臯門也故鄭引明堂位云庫門天子臯門也若凡諸侯則臯應路也

二名不偏諱夫子之母名徵在言在

足利本第十四卷第十二之十三葉

不稱徵言徵不稱在稱舉也雜記曰妻之諱不舉諸其側疏正義曰此一節論不偏諱之事注稱舉至其側正義曰引雜記者證稱是舉之義軍有憂則素服哭於庫門之外憂謂爲敵所敗也素服者縞冠也赴車不載橐韔兵不戢示當報也以告喪之辭言之謂還告於國橐甲衣韔弓衣疏正義曰此一節論軍敗當報之事赴車不載橐韔者軍既有憂從軍赴國之車袒露載其甲及弓示有報敵之意故甲則不以橐戢之弓則不以韔戢之故注云兵不戢示當報也注以告至弓衣正義曰案春秋左氏傳禍福稱告崩薨稱赴今軍敗應稱告而稱赴故云以告喪之辭言之案詩云載橐弓矢春秋傳云右屬橐韔皆以橐爲韜弓此注爲甲衣者以下有韔文韔既是弓衣故以橐爲甲衣有焚其先人之室則三日哭謂火燒其宗廟哭者哀精神之有虧傷故曰新宮火亦三日哭火人火也新宮火在魯成三年疏正義曰此一節論哀先人宗廟毀傷之事注火人至三年正義曰案宣十六年左傳云人火曰火天火曰災新宮者魯宣公廟故成三年公羊傳云新宮者何宣公之宮也孔子過泰山側有婦人哭於墓者而哀夫子式而聽之怪其哀甚使子貢問之曰子之哭也壹似重有憂者而曰然昔者吾舅死於虎吾夫又死焉今吾子又死焉而猶乃也夫之父曰舅夫子曰何爲不去也曰無苛

潘本第十四卷第十二之十三葉

不稱徵言徵不稱在稱舉也雜記曰妻之諱不舉諸其側疏正義曰此一節論不偏諱之事注稱舉至其側正義曰引雜記者證稱是舉之義軍有憂則素服哭於庫門之外憂謂爲敵所敗也素服者縞冠也赴車不載橐韔兵不戢示當報也以告喪之辭言之謂還告於國橐甲衣韔弓衣疏正義曰此一節論軍敗當報之事赴車不載橐韔者軍既有憂從軍赴國之車袒露載其甲及弓示有報敵之意故甲則不以橐戢之弓則不以韔戢之故注云兵不戢示當報也注以告至弓衣正義曰案春秋左氏傳禍福稱告崩薨稱赴今軍敗應稱告而稱赴故云以告喪之辭言之案詩云載橐弓矢春秋傳云右屬橐韔皆以橐爲韜弓此注爲甲衣者以下有韔文韔既是弓衣故以橐爲甲衣有焚其先人之室則三日哭謂火燒其宗廟哭者哀精神之有虧傷故曰新宮火亦三日哭火人火也新宮火在魯成三年疏正義曰此一節論哀先人宗廟毀傷之事注火人至三年正義曰案宣十六年左傳云人火曰火天火曰災新宮者魯宣公廟故成三年公羊傳云新宮者何宣公之宮也孔子過泰山側有婦人哭於墓者而哀夫子式而聽之怪其哀甚使子貢問之曰子之哭也壹似重有憂者而曰然昔者吾舅死於虎吾夫又死焉今吾子又死焉而猶乃也夫之父曰舅夫子曰何爲不去也曰無苛

政夫子曰小子識之苛政猛於虎也【疏】正義曰此一節論苛政嚴於猛虎之事　子之哭也壹似重有憂者　言子之哭也一似重疊有憂喪者也壹者決定之辭也　而曰然者而乃也婦人哭畢乃荅之曰然然猶如是是重疊有憂也　魯人有周豐也者哀公執摯請見之下賢也摯禽摯也諸侯而用禽摯降尊就卑之義　而曰不可辭君以尊見卑士禮先生異爵者請見之則辭　公曰我其已夫已止也重強變賢　使人問焉曰有虞氏未施信於民而民信之夏后氏未施敬於民而民敬之何施而得斯於民也時公與三桓始有惡懼將不安

禮記義十四　十四　毛尤

對曰墟墓之間未施哀於民而民哀社稷宗廟之中未施敬於民而民敬言民哀之處則悲哀見莊敬之處則莊敬見悲非必有使之者墟毀滅無後之地　殷人作誓而民始畔周人作會而民始疑會謂盟也盟誓所以結衆以信其後外恃衆而信不由中則民畔疑之孔子曰其身正不令而行其身不正雖令不從　苟無禮義忠信誠慤之心以涖之雖固結之民其不解乎涖臨　喪不慮居謂賣舍宅以奉喪　毀不危身謂憔悴將滅性　喪不慮居爲無廟也毀不危身爲

足利本第十四卷第十四葉

政夫子曰小子識之苛政猛於虎也【疏】正義曰此一節論苛政嚴於猛虎之事　子之哭也壹似重有憂者　言子之哭也一似重疊有憂喪者也壹者決定之辭也　而曰然者而乃也婦人哭畢乃荅之曰然然猶如是是重疊有憂也　魯人有周豐也者哀公執摯請見之下賢也摯禽摯也諸侯而用禽摯降尊就卑之義　而曰不可辭君以尊見卑士禮先生異爵者請見之則辭　公曰我其已夫已止也重強變賢　使人問焉曰有虞氏未施信於民而民信之夏后氏未施敬於民而民敬之何施而得斯於民也時公與三桓始有惡懼將不安

[illegible]廿三　禮記正義十四　十四　陳万三

對曰墟墓之間未施哀於民而民哀社稷宗廟之中未施敬於民而民敬言民哀之處則悲哀見莊敬之處則莊敬見悲非必有使之者墟毀滅無後之地　殷人作誓而民始畔周人作會而民始疑會謂盟也盟誓所以結衆以信其後外恃衆而信不由中則民畔疑之孔子曰其身正不令而行其身不正雖令不從　苟無禮義忠信誠慤之心以涖之雖固結之民其不解乎涖臨　喪不慮居謂賣舍宅以奉喪　毀不危身謂憔悴將滅性　喪不慮居爲無廟也毀不危身爲

潘本第十四卷第十四葉

足利本第十四卷第十五葉

無後也 疏 正義曰此一節論君之臨臣民當以禮義忠信爲本之事各依文解之 ○何施而得斯於民也者 有虞氏未施信於民而民信之夏后氏未施敬於民而民敬之言虞之與夏施何政教以化民斯此也而得如此敬信於民也 ○對曰至民敬 ○周豐之意以虞之與夏由行敬信於民民見其敬信民自學之不須設言號令故云古昔丘墟及墳墓之間是所悲哀之處也人在其所未須施設教化令民使哀而民自哀也社稷宗廟之中嚴凝之處人在其中未須施設教化而民自敬言民之從君在君身所行不在言也若身之不行言亦無益故殷人作誓由身不自行徒有言誓而民始畔也周人作會爲身無誠信而民始疑苟誠也人君之身誠無禮義忠信誠實質慤之心以臨化之雖以言辭誓令堅固結之民其不解散離貳乎言當解散離貳也周豐此言欲令哀公身行誠信不當唯以言辭率下而已 注墟毀滅無後地 ○正義曰凡舊居皆曰墟故左傳有莘氏之墟有昆吾之墟

禮記正義四　十五　楊昌

故知毀滅無後者以可悲哀故爲無後也 注會謂至疑之 ○正義曰案昭三年左傳云有事而會不協而盟則盟會別也知此會謂盟者以云而民始疑司盟云邦國有疑則盟詛之故以會爲盟也案尚書夏啓作甘誓此言殷人作誓左傳云夏啓有塗山之會又禹會塗山此云周人作會者此據身無誠信徒作盟誓民因誓因盟而始離畔非謂殷人始作誓周人始作會若夏啓作甘誓禹會塗山皆身有誠信於事善也穀梁傳云告誓不及五帝盟詛不及三王者五帝三王身行德義不專用誥誓盟詛故云不及與此不同云信不由中則民畔疑之者隱三年左傳云信不由中質無益也紂爲苛政而作誓命民乃畔之亦是畔疑之事也

延陵季子適齊於其反也其長子死葬於嬴博之間 季子名札魯昭二十七年吳公子札聘於上國是也季子讓國居延陵因號焉春秋傳謂延陵延州來 嬴博齊地今泰山縣是

潘本第十四卷第十五葉

無後也 疏 正義曰此一節論君之臨臣民當以禮義忠信爲本之事各依文解之 ○何施而得斯於民也者 有虞氏未施信於民而民信之夏后氏未施敬於民而民敬之言虞之與夏施何政教以化民斯此也而得如此敬信於民也 ○對曰至民敬 ○周豐之意以虞之與夏由行敬信於民民見其敬信民自學之不須設言號令故云古昔丘墟及墳墓之間是所悲哀之處也人在其所未須施設教化令民使哀而民自哀也社稷宗廟之中嚴凝之處人在其中未須施設教化而民自敬言民之從君在君身所行不在言也若身之不行言亦無益故殷人作誓由身不自行徒有言誓而民始畔也周人作會爲身無誠信而民始疑苟誠也人君之身誠無禮義忠信誠實質慤之心以臨化之雖以言辭誓令堅固結之民其不解散離貳乎言當解散離貳也周豐此言欲令哀公身行誠信不當唯以言辭率下而已 注墟毀滅無後地 ○正義曰凡舊居皆曰墟故左傳有莘氏之墟有昆吾之墟

禮記正義四　十五　李成

故知毀滅無後者以可悲哀故爲無後也 注會謂至疑之 ○正義曰案昭三年左傳云有事而會不協而盟則盟會別也知此會謂盟者以云而民始疑司盟云邦國有疑則盟詛之故以會爲盟也案尚書夏啓作甘誓此言殷人作誓左傳云夏啓有塗山之會又禹會塗山此云周人作會者此據身無誠信徒作盟誓民因誓因盟而始離畔非謂殷人始作誓周人始作會若夏啓作甘誓禹會塗山皆身有誠信於事善也穀梁傳云告誓不及五帝盟詛不及三王者五帝三王身行德義不專用誥誓盟詛故云不及與此不同云信不由中則民畔疑之者隱三年左傳云信不由中質無益也紂爲苛政而作誓命民乃畔之亦是畔疑之事也

延陵季子適齊於其反也其長子死葬於嬴博之間 季子名札魯昭二十七年吳公子札聘於上國是也季子讓國居延陵因號焉春秋傳謂延陵延州來 嬴博齊地今泰山縣是

足利本第十四卷第十六葉

也孔子曰延陵季子吴之習於禮者也往而觀其葬焉往弔之其坎深不至於泉以生恕死其歛以時服以行時之服不改制節既葬而封廣輪揜坎其高可隱也亦節也輪從也隱據也封可手據謂高四尺所既封左袒右還其封且號者三曰骨肉歸復于土命也若魂氣則無不之也無不之也還圍也號哭且言也命猶性也而遂行行去也孔子曰延陵季子之於禮也其合矣乎疏正義曰此一節論仲尼云

禮記義十四 十六 徐進

季子得禮之事各依文解之注季子至是也正義曰知季子名札者案襄二十九年吴公子札來聘是名札也又案襄二十九年季札來聘于魯遂往聘齊衛及晉知非此時子死而云昭二十七年聘上國者此云孔子聞之往而觀其葬焉若襄二十九年孔子纔年九歲焉得觀其葬而善之故爲昭二十七年也云讓國居延陵者春秋襄二十九年吴公子札來聘公羊云吴無君無大夫此何以有君有大夫賢季子也何賢乎季子讓國也謁也餘祭也夷昧也與季子同母者四季子弱而才兄弟皆愛之同欲立之以爲君兄弟迭爲君而致國乎季子皆曰諾故諸爲君者皆輕死爲勇飲食必祝曰天苟有吴國尚速有悔於予身及闔廬使專諸刺僚而致國乎季子季子不受去之延陵終身不入吴國此即季子本封延陵後讓國又居之鄭舉後事言耳延陵一名延州來故左傳云延州來季子聘於上國所以鄭又引以會之云春秋傳謂延陵延州來即此經延陵即左傳延州來明是一也注以生恕死正

潘本第十四卷第十六葉

也孔子曰延陵季子吴之習於禮者也往而觀其葬焉往弔之其坎深不至於泉以生恕死其歛以時服以行時之服不改制節既葬而封廣輪揜坎其高可隱也亦節也輪從也隱據也封可手據謂高四尺既封左袒右還其封且號者三曰骨肉歸復于土命也若魂氣則無不之也無不之也還圍也號哭且言也命猶性也而遂行行去也孔子曰延陵季子之於禮也其合矣乎疏正義曰此一節論仲尼云

禮記義十四 十六 徐進

季子得禮之事各依文解之注季子至是也正義曰知季子名札者案襄二十九年吴公子札來聘是名札也又案襄二十九年季札來聘于魯遂往聘齊衛及晉知非此時子死而云昭二十七年聘上國者此云孔子聞之往而觀其葬焉若襄二十九年孔子纔年九歲焉得觀其葬而善之故爲昭二十七年也云讓國居延陵者春秋襄二十九年吴公子札來聘公羊云吴無君無大夫此何以有君有大夫賢季子也何賢乎季子讓國也謁也餘祭也夷昧也與季子同母者四季子弱而才兄弟皆愛之同欲立之以爲君兄弟迭爲君而致國乎季子皆曰諾故諸爲君者皆輕死爲勇飲食必祝曰天苟有吴國尚速有悔於予身及闔廬使專諸刺僚而致國乎季子季子不受去之延陵終身不入吴國此即季子本封延陵後讓國又居之鄭舉後事言耳延陵一名延州來故左傳云延州來季子聘於上國所以鄭又引以會之云春秋傳謂延陵延州來即此經延陵即左傳延州來明是一也注以生恕死正

足利本第十四卷第十七葉

義曰言坎以深不至泉以生時不欲近泉故死亦不至於泉以生時之意以恕於死者 注 亦節至尺所 正義曰以上斂以行時之服不更制造是其節也今封墳廣輪揜坎其高可隱又是有其節制故云亦節也云謂高四尺所者言墳之高可四尺之所以人長八尺低而據之半爲四尺且約上墳崇四尺故云四尺所所是不定之辭 既封至之也 既封墳已竟季子乃左袒其衣案鄭注覲禮云凡以禮事者左袒若請罪待刑則右袒故覲禮云乃右肉袒于廟門之東在喪亦是禮事故喪禮直云袒不云左右今季子長子之喪而左袒者季子達死生之命云骨肉歸復于土不須哀慼以自寬慰故從吉禮也左袒訖乃右而圍遶其封兼且號哭而遶墳三帀也號哭且言曰骨肉歸復者言人之骨肉由食土物而生今還入土故云歸復若神魂之氣則遊於地上故云則無不之適也言無所不之適上或適於天旁適四方不可更反再言之者慇傷離訣之意

邾婁考公之喪 考公隱公益之曾孫考或爲定 徐君使容居來弔含 弔且含 曰寡君使容居坐含進侯玉其使容居以含 欲親含非也含不使賤者君行則親含大夫歸含耳言侯玉者時徐僭稱王自比天子 有司曰諸侯之來辱敝邑者易則易于則于易于雜者未之有也 易謂臣禮于謂君禮雜者容居以臣欲行君禮徐自比天子使大夫敵諸侯有司拒之 容居對曰容居聞之事君不敢忘其君亦不敢遺其祖昔我先君駒王西討濟於河無所不用

潘本第十四卷第十七葉

義曰言坎以深不至泉以生時不欲近泉故死亦不至於泉以生時之意以恕於死者 注 亦節至尺所 正義曰以上斂以行時之服不更制造是其節也今封墳廣輪揜坎其高可隱又是有其節制故云亦節也云謂高四尺所者言墳之高可四尺之所以人長八尺低而據之半爲四尺且約上墳崇四尺故云四尺所所是不定之辭 既封至之也 既封墳已竟季子乃左袒其衣案鄭注覲禮云凡以禮事者左袒若請罪待刑則右袒故覲禮云乃右肉袒于廟門之東在喪亦是禮事故喪禮直云袒不云左右今季子長子之喪而左袒者季子達死生之命云骨肉歸復于土不須哀慼以自寬慰故從吉禮也左袒訖乃右而圍遶其封兼且號哭而遶墳三帀也號哭且言曰骨肉歸復者言人之骨肉由食土物而生今還入土故云歸復若神魂之氣則遊於地上故云則無不之適也言無所不之適上或適於天旁適四方不可更反再言之者慇傷離訣之意

邾婁考公之喪 考公隱公益之曾孫考或爲定 徐君使容居來弔含 弔且含 曰寡君使容居坐含進侯玉其使容居以含 欲親含非也含不使賤者君行則親含大夫歸含耳言侯玉者時徐僭稱王自比天子 有司曰諸侯之來辱敝邑者易則易于則于易于雜者未之有也 易謂臣禮于謂君禮雜者容居以臣欲行君禮徐自比天子使大夫敵諸侯有司拒之 容居對曰容居聞之事臣不敢忘其君亦不敢遺其祖昔我先君駒王西討濟於河無所不用

斯言也容居魯人也不敢忘其祖言我祖與今君於諸
侯初如是不聞義則服駒王徐先君僭號容居其子孫也濟渡
也言西討渡於河廣大其國魯魯鈍也言魯鈍者欲自明不妄
疏正義曰此一節論徐之僭禮之事　邾婁考公之喪
徐君使大夫容居來弔且含容居致其君命云寡君
使容居親坐行含進侯玉於邾君此是使致之辭也　其
使容居以含者此是記人錄語云其使容居奉玉以行含
禮邾人有司乃拒之曰諸侯之來屈辱臨於敝邑者若是
臣來其禮簡易者則行臣之簡易之禮于謂廣大若君來
其禮廣大者則行君之廣大之禮易于雜者謂應簡易而
爲廣大實是臣而行君禮是君臣雜亂者未之有也謂由
來未有此禮容居乃對邾之有司云容居聞之謂聞於舊
日之言云臣之事君奉命出使不敢忘其君之言子孫事
祖當先揚先祖亦不敢遺棄其先祖言即不遺先祖之事
也　昔我先君駒王西討濟於河言國土廣大　無所不
用斯言也者所謂處所斯此也謂我從先君駒王以來於
諸侯無一處不用此稱王之言也言我對諸侯恒稱王也
容居恐邾人謂其虛誕故云魯鈍之人不解虛詐唯知不
敢忘其先祖容居云此者先祖實有此事不虛也上云不
敢忘其君不敢遺其祖下直云不敢遺其祖者祖是久遠
猶尚不遺忘君見存是不忘可悉故不言也其言先祖即
是不忘君　注君行至天子　正義曰知君行則親含者
上云曹桓公卒于會諸侯請含是也云大夫歸含者上雜
記諸侯之喪君使人弔含贈襚是也云言侯玉者徐自比
於天子以邾君爲己之諸侯言進侯氏以玉故云進侯玉
案春秋昭三十年吳滅徐此云徐僭稱王者滅而復興至
春秋之後僭號強大稱王猶楚滅陳蔡後更興　注易謂
至拒之　正義曰易是簡易故爲臣禮易既爲臣禮以對
於于故知于爲君禮也君禮謂之于者于音近迂迂是廣
大之義故論語云子之迂也與此同也徐自比天子使大
夫歛諸侯者若諸侯使大夫親含諸侯則不可若天子使

斯言也容居魯人也不敢忘其祖言我祖與今君於諸
侯初如是不聞義則服駒王徐先君僭號容居其子孫也濟渡
也言西討渡於河廣大其國魯魯鈍也言魯鈍者欲自明不妄
疏正義曰此一節論徐之僭禮之事　邾婁考公之喪
徐君使大夫容居來弔且含容居致其君命云寡君
使容居親坐行含進侯玉於邾君此是使致之辭也　其
使容居以含者此是記人錄語云其使容居奉玉以行含
禮邾人有司乃拒之曰諸侯之來屈辱臨於敝邑者若是
臣來其禮簡易者則行臣之簡易之禮于謂廣大若君來
其禮廣大者則行君之廣大之禮易于雜者謂應簡易而
爲廣大實是臣而行君禮是君臣雜亂者未之有也謂由
來未有此禮容居乃對邾之有司云容居聞之謂聞於舊
日之言云臣之事君奉命出使不敢忘其君之言子孫事
祖當先揚先祖亦不敢遺棄其先祖言即不遺先祖之事
也　昔我先君駒王西討濟於河言國土廣大　無所不
用斯言也者所謂處所斯此也謂我從先君駒王以來於
諸侯無一處不用此稱王之言也言我對諸侯恒稱王也
容居恐邾人謂其虛誕故云魯鈍之人不解虛詐唯知不
敢忘其先祖容居云此者先祖實有此事不虛也上云不
敢忘其君不敢遺其祖下直云不敢遺其祖者祖是久遠
猶尚不遺忘君見存是不忘可悉故不言也其言先祖即
是不忘君　注君行至天子　正義曰知君行則親含者
上云曹桓公卒于會諸侯請含是也云大夫歸含者上雜
記諸侯之喪君使人弔含贈襚是也云言侯玉者徐自比
於天子以邾君爲己之諸侯言進侯氏以玉故云進侯玉
案春秋昭三十年吳滅徐此云徐僭稱王者滅而復興至
春秋之後僭號強大稱王猶楚滅陳蔡後更興　注易謂
至拒之　正義曰易是簡易故爲臣禮易既爲臣禮以對
於于故知于爲君禮也君禮謂之于者于音近迂迂是廣
大之義故論語云子之迂也與此同也徐自比天子使大
夫歛諸侯者若諸侯使大夫親含諸侯則不可若天子使

足利本第十四卷第十九葉

大夫敵諸侯則得親含徐欲自比天子故有司拒之 注
言我至不妄　正義曰言我之先祖駒王與今日徐君稱
謂於諸侯自初以來如是稱王非始今日云容居其子孫
也者以經云不敢遺其祖即云我先君駒王故知容居是
駒王子孫云自明不妄者我若是曉利之人或妄稱先祖
之善自言魯鈍似若　識知言語朴實故言欲自明不妄
凡賓行含禮未斂之前以王賓口士則主人親含大夫
以上即使人含若既斂已後至殯葬其有含者親自致
璧於柩及殯上者謂之親含若但致命
以璧授主人主人受之謂之不親含　子思之母
死於衛嫁母也姓庶氏赴於子思子思哭於廟
門人至曰庶氏之母死何爲哭於孔
氏之廟乎門人弟子也嫁母與廟絶族子思曰吾過矣

禮記義十四　十九　李富

吾過矣遂哭於他室　天子崩三日祝
先服祝佐含斂先病五日官長服官長大夫士七日國中
男女服庶人三月天下服諸侯之大夫虞人致百
祀之木可以爲棺椁者斬之虞人掌山澤之官百祀畿內百
縣之祀也以爲棺椁作棺椁也斬伐也不至者廢其祀刎其人
疏 正義曰此一節論天子崩尊卑服杖及葬備椁材之
事天子崩三日祝先服者祝大祝商祝也服服杖也
是喪服之數故呼杖爲服祝佐含斂先病故先杖也然云
祝服故子亦三日而杖也　五日官長服者大夫士也亦
服杖也病在祝後故五日也　七日國中男女服者謂畿
內民及庶人在官者服謂齊衰三月而除之必待七日者

潘本第十四卷第十九葉

大夫敵諸侯則得親含徐欲自比天子故有司拒之 注
言我至不妄　正義曰言我之先祖駒王與今日徐君稱
謂於諸侯自初以來如是稱王非始今日云容居其子孫
也者以經云不敢遺其祖即云我先君駒王故知容居是
駒王子孫云自明不妄者我若是曉利之人或妄稱先祖
之善自言魯鈍似若無識知言語朴實故言欲自明不妄
凡賓行含禮未斂之前以王賓口士則主人親含大夫
以上即使人含若既斂已後至殯葬其有含者親自致
璧於柩及殯上者謂之親含若但致命
以璧授主人主人受之謂之不親含　子思之母
死於衛嫁母也姓庶氏赴於子思子思哭於廟
門人至曰庶氏之母死何爲哭於孔
氏之廟乎門人弟子也嫁母與廟絶族子思曰吾過矣

[illegible]　禮記義十四　十九

吾過矣遂哭於他室　天子崩三日祝
先服祝佐含斂先病五日官長服官長大夫士七日國中
男女服庶人三月天下服諸侯之大夫虞人致百
祀之木可以爲棺椁者斬之虞人掌山澤之官百祀畿內百
縣之祀也以爲棺椁作棺椁也斬伐也不至者廢其祀刎其人
疏 正義曰此一節論天子崩尊卑服杖及葬備椁材之
事天子崩三日祝先服者祝大祝商祝也服服杖也
是喪服之數故呼杖爲服祝佐含斂先病故先杖也然云
祝服故子亦三日而杖也　五日官長服者大夫士也亦
服杖也病在祝後故五日也　七日國中男女服者謂畿
內民及庶人在官者服謂齊衰三月而除之必待七日者

天子七日而殯殯後嗣王成服故民得成服也　三月天下服者謂諸侯之大夫爲王繐衰既葬而除之也近者亦不待三月今據遠者爲言耳然四條皆云服何以知其或杖服或衰服案喪大記云君之喪三日子夫人杖五日既殯授大夫世婦杖又喪服四制云三日授子杖五日授大夫杖七日授士杖案如大記及四制則知今云三日五日是服杖明矣其七日及三月者唯服而已無杖四制云七日授士杖此云五日士杖者士若有地德深者則五日若無地德薄則七日崔氏云此據朝廷之士四制是邑宰之士也　虞人致百祀之木可以爲棺槨者斬之謂王殯後事也虞人者主山澤之官也百祀者王畿內諸臣采地之祀也言百者舉其全數也既殯旬而布材故虞人斬百祀之木可以爲周棺之槨者送之也必取祀木者賀瑒云君者德著幽顯若存則人神均其慶沒則靈祇等其哀傷也

齊大饑黔敖爲食於路以待餓者而食之有餓者蒙袂輯屨貿貿然來蒙袂不欲見人也輯斂也斂屨力憊不能屨也貿貿目不明之貌黔敖左奉食右執飲曰嗟來食揚其目而視之曰予唯不食嗟來之食以至於斯也嗟來食雖閔而呼之非敬辭從而謝焉終不食而死從猶就也曾子聞之曰微與其嗟也可去其謝也可食微猶無也無與止其狂狷之辭

［疏］正義曰此一節論饑者狂狷之事　黔敖既見餓者而來乃左奉其飯右執其飲見其餓者困迫嗟愍之故曰嗟呼來食餓者聞其嗟已無敬已之心於是發怒揚舉其目而視之曰予唯不食嗟來無禮之食以至於斯斯此也以至於此病困

天子七日而殯殯後嗣王成服故民得成服也　三月天下服者謂諸侯之大夫爲王繐衰既葬而除之也近者亦不待三月今據遠者爲言耳然四條皆云服何以知其或杖服或衰服案喪大記云君之喪三日子夫人杖五日既殯授大夫世婦杖又喪服四制云三日授子杖五日授大夫杖七日授士杖案如大記及四制則知今云三日五日是服杖明矣其七日及三月者唯服而已無杖四制云七日授士杖此云五日士杖者士若有地德深者則五日若無地德薄則七日崔氏云此據朝廷之士四制是邑宰之士也　虞人致百祀之木可以爲棺槨者斬之謂王殯後事也虞人者主山澤之官也百祀者王畿內諸臣采地之祀也言百者舉其全數也既殯旬而布材故虞人斬百祀之木可以爲周棺之槨者送之也必取祀木者賀瑒云君者德著幽顯若存則人神均其慶沒則靈祇等其哀傷也

齊大饑黔敖爲食於路以待餓者而食之有餓者蒙袂輯屨貿貿然來蒙袂不欲見人也輯斂也斂屨力憊不能屨也貿貿目不明之貌黔敖左奉食右執飲曰嗟來食揚其目而視之曰予唯不食嗟來之食以至於斯也嗟來食雖閔而呼之非敬辭從而謝焉終不食而死從猶就也曾子聞之曰微與其嗟也可去其謝也可食微猶無也無與止其狂狷之辭

［疏］正義曰此一節論饑者狂狷之事　黔敖既見餓者而來乃左奉其飯右執其飲見其餓者困迫嗟愍之故曰嗟呼來食餓者聞其嗟已無敬已之心於是發怒揚舉其目而視之曰予唯不食嗟來無禮之食以至於斯斯此也以至於此病困

禮記義十四　二十　毛俊

足利本第十四卷第二十一葉

怒而遂去黔敖從逐其後辭謝焉餓者終不食而死曾子聞之曰微與者微無也與語助言餓者無得如是與初時無禮之嗟也可怒之而去其終有禮之謝也可反迴而食曾子嫌其狂狷故爲此辭狂者進取一槩之善仰法夷齊耿介狷者直申己意不從無禮之爲而餓者有此二性故止之邾婁定公之時有弒其父者定公貜且也魯文十四年即位有司以告公瞿然失席曰是寡人之罪也民之無禮教之罪曰寡人嘗學斷斯獄矣臣弒君凡在官者殺無赦子弒父凡在宮者殺無赦言諸臣子孫無尊卑皆得殺之其罪無赦殺其人壞其室洿其宮而豬焉明其大逆不欲人復處之豬都也南方謂都爲豬蓋君踰月而后舉爵自貶損

禮記疏十四　二十一　馬春

疏 正義曰此一節論誅弒父之事　曰寡至無赦　定公既見有司告以人弒其父乃言曰寡人嘗試學斷此弒父之獄矣臣之弒君凡在官之人無問貴賤皆得殺此弒君之人無得縱赦之也子之弒父凡在宮者無問尊卑皆得殺此弒父之人不得縱赦之此在宮字諸本或爲在官恐與上在官相涉而誤也　注諸臣至無赦　正義曰言諸臣解在官者言子孫解在宮者言此等之人若見弒君弒父之人無問尊卑皆得殺之謂理合得殺若力所不能亦不責也故春秋崔杼弒莊公而晏子不討崔杼而不責晏子若力能討而不討則責之春秋董狐書趙盾云子爲正卿亡不出竟反不討賊書以弒君是也鄭此云子孫無問尊卑皆得殺之則似父之弒祖子得殺父然子之於父天性也父雖不孝於祖子不可不孝於父今云子者因孫而連言之或容兄弟之子耳除子以外皆得殺其弒

潘本第十四卷第二十一葉

怒而遂去黔敖從逐其後辭謝焉餓者終不食而死曾子聞之曰微與者微無也與語助言餓者無得如是與初時無禮之嗟也可怒之而去其終有禮之謝也可反迴而食曾子嫌其狂狷故爲此辭狂者進取一槩之善仰法夷齊耿介狷者直申己意不從無禮之爲而餓者有此二性故止之邾婁定公之時有弒其父者定公貜且也魯文十四年即位有司以告公瞿然失席曰是寡人之罪也民之無禮教之罪曰寡人嘗學斷斯獄矣臣弒君凡在官者殺無赦子弒父凡在宮者殺無赦言諸臣子孫無尊卑皆得殺之其罪無赦殺其人壞其室洿其宮而豬焉明其大逆不欲人復處之豬都也南方謂都爲豬蓋君踰月而后舉爵自貶損

禮記疏十四　二十一　馬春

疏 正義曰此一節論誅弒父之事　曰寡至無赦　定公既見有司告以人弒其父乃言曰寡人嘗試學斷此弒父之獄矣臣之弒君凡在官之人無問貴賤皆得殺此弒君之人無得縱赦之也子之弒父凡在宮者無問尊卑皆得殺此弒父之人不得縱赦之此在宮字諸本或爲在官恐與上在官相涉而誤也　注諸臣至無赦　正義曰言諸臣解在官者言子孫解在宮者言此等之人若見弒君弒父之人無問尊卑皆得殺之謂理合得殺若力所不能亦不責也故春秋崔杼弒莊公而晏子不討崔杼而不責晏子若力能討而不討則責之春秋董狐書趙盾云子爲正卿亡不出竟反不討賊書以弒君是也鄭此云子孫無問尊卑皆得殺之則似父之弒祖子得殺父然子之於父天性也父雖不孝於祖子不可不孝於父今云子者因孫而連言之或容兄弟之子耳除子以外皆得殺其弒

足利本第十四卷第二十二葉

父之人異義衛輒拒父公羊以爲孝子不以父命辭王父之命許拒其父左氏以爲子而拒父悖德逆倫大惡也鄭駁異義云以父子私恩言之則傷仁恩則鄭意以公羊所云公義也左氏所云是私恩也故知令子之報殺其父是傷仁恩也若妻則得殺其弒父之夫故異義云妻甲夫乙歐母甲見乙歐母而殺乙公羊說甲爲姑討夫猶武王爲天誅紂鄭駁之云乙雖不孝但歐之耳殺之太甚凡在宫者未得殺之殺之者士官也如鄭此言歐母妻不得殺之若其殺母妻得殺之 注豬都至爲豬 正義曰案孔注尚書云都謂所聚也此經云洿其宫而豬焉謂掘洿其宫使水之聚積焉故云豬都也鄭恐豬不得爲都故引晉南方之人謂都爲豬則彭蠡既豬豬是水聚之名也

獻文子成室晉大夫發焉 文子趙武也作室成晉君獻之謂賀也諸大夫亦發禮以往 張老曰美哉輪焉美哉奐焉 心譏其奢也輪輪囷言高大奐言衆多 歌於斯哭於斯聚國族於斯 祭祀死喪燕會於此足矣言此者欲防其後復爲 文子曰武也得歌於斯哭於斯聚國族於斯是全要領以從先大夫於九京也北面再拜稽首 全要領者免於刑誅也晉卿大夫之墓地在九原京蓋字之誤當爲原 君子謂之善頌善禱 善頌謂張老之言善禱謂文子之言禱求也 仲尼之畜狗死 畜利馴守 使子貢埋之曰吾聞之也敝帷不弃爲埋馬也敝蓋不弃爲埋狗也丘也貧無蓋

禮記義十四　二十二　王佐

潘本第十四卷第二十二葉

父之人異義衛輒拒父公羊以爲孝子不以父命辭王父之命許拒其父左氏以爲子而拒父悖德逆倫大惡也鄭駁異義云以父子私恩言之則傷仁恩則鄭意以公羊所云公義也左氏所云是私恩也故知令子之報殺其父是傷仁恩也若妻則得殺其弒父之夫故異義云妻甲夫乙歐母甲見乙歐母而殺乙公羊說甲爲姑討夫猶武王爲天誅紂鄭駁之云乙雖不孝但歐之耳殺之太甚凡在宫者未得殺之殺之者士官也如鄭此言歐母妻不得殺之若其殺母妻得殺之 注豬都至爲豬 正義曰案孔注尚書云都謂所聚也此經云洿其宫而豬焉謂掘洿其宫使水之聚積焉故云豬都也鄭恐豬不得爲都故引晉南方之人謂都爲豬則彭蠡既豬豬是水聚之名也

獻文子成室晉大夫發焉 文子趙武也作室成晉君獻之謂賀也諸大夫亦發禮以往 張老曰美哉輪焉美哉奐焉 心譏其奢也輪輪囷言高大奐言衆多 歌於斯哭於斯聚國族於斯 祭祀死喪燕會於此足矣言此者欲防其後復爲 文子曰武也得歌於斯哭於斯聚國族於斯是全要領以從先大夫於九京也北面再拜稽首 全要領者免於刑誅也晉卿大夫之墓地在九原京蓋字之誤當爲原 君子謂之善頌善禱 善頌謂張老之言善禱謂文子之言禱求也 仲尼之畜狗死 畜狗馴守 使子貢埋之曰吾聞之也敝帷不弃爲埋馬也敝蓋不弃爲埋狗也丘也貧無蓋

禮記義十四　二十二　王佐

足利本第十四卷第二十三葉

於其封也亦予之席毋使其首陷焉封當爲窆陷謂没於土路馬死埋之以帷路馬君所乘者其他狗馬不能以帷蓋疏正義曰此一節論文子成室相禱頌之事各隨文解之　晉獻文子成室者獻謂慶賀也文子晉卿趙武也成室謂文子作宮室成也文子宮室成晉君往賀也　晉大夫發焉者發禮也晉君既賀則朝廷大夫並發禮同從君往賀之張老曰美哉輪焉者張老亦往慶之一大夫也心譏文子宮室飾麗故佯而美之也輪謂輪囷高大也春秋外傳曰趙文子爲室斲其椽而礱之張老諫之是也　美哉奐焉者奐謂其室奐爛衆多也既高又多文飾故重美之王云奐言其文章之貌也　歌於斯者歌謂祭祀時奏樂也斯此也張老前美其飾麗後又防更造也言此室可以祭祀歌樂也然大夫祭無樂而春秋時或有之也　哭於斯者又言此室亦足居喪哭泣位也　聚國族於斯者又言此室可以燕聚國賓及會宗族也終始永足切勿復更造作　文子曰武也得歌於斯哭於斯聚國族於斯者武文子名也文子覺譏故稱名自陳將自陳數前譏具領述張老之言也　是全要領以從先大夫於九京也者領頸也古者罪重要斬罪輕頸刑也先大夫謂文子父祖以其世爲大夫故稱父祖爲先大夫也九京文子家世舊葬地也文子述張老語竟故説此自陳也言若得保此宅以歌哭終於餘年不被罪討是完全要領壽終而卒以從先大夫葬於九原也　北面再拜稽首者辭畢乃稽首謝過受諫也北面者在堂禮也故鄉飲酒禮賓主皆北面拜　君子謂之善頌善禱者君子者知禮之人也見張老與文子皆能中禮故善之也頌者美盛德之形容禱者求福以自輔也張老因美而譏之故爲善頌文子聞過即服而拜故爲善禱也　注晉卿至爲原　正義曰案墓大夫云令國民族葬注云族葬各從其親是卿大夫墓地得同在一處知京當爲原者案韓詩外傳云晉趙武與叔向觀於九原又爾

潘本第十四卷第二十三葉

於其封也亦予之席毋使其首陷焉封當爲窆陷謂没於土路馬死埋之以帷路馬君所乘者其他狗馬不能以帷蓋疏正義曰此一節論文子成室相禱頌之事各隨文解之　晉獻文子成室者獻謂慶賀也文子晉卿趙武也成室謂文子作宮室成也文子宮室成晉君往賀也　晉大夫發焉者發禮也晉君既賀則朝廷大夫並發禮同從君往賀之張老曰美哉輪焉者張老亦往慶之一大夫也心譏文子宮室飾麗故佯而美之也輪謂輪囷高大也春秋外傳曰趙文子爲室斲其椽而礱之張老諫之是也　美哉奐焉者奐謂其室奐爛衆多也既高又多文飾故重美之王云奐言其文章之貌也　歌於斯者歌謂祭祀時奏樂也斯此也張老前美其飾麗後又防更造也言此室可以祭祀歌樂也然大夫祭無樂而春秋時或有之也　哭於斯者又言此室亦足居喪哭泣位也　聚國族於斯者又言此室可以燕聚國賓及會宗族也終始永足切勿復更造作　文子曰武也得歌於斯哭於斯聚國族於斯者武文子名也文子覺譏故稱名自陳將自陳數前譏具領述張老之言也　是全要領以從先大夫於九京也者領頸也古者罪重要斬罪輕頸刑也先大夫謂文子父祖以其世爲大夫故稱父祖爲先大夫也九京文子家世舊葬地也文子述張老語竟故説此自陳也言若得保此宅以歌哭終於餘年不被罪討是完全要領壽終而卒以從先大夫葬於九原也　北面再拜稽首者辭畢乃稽首謝過受諫也北面者在堂禮也故鄉飲酒禮賓主皆北面拜　君子謂之善頌善禱者君子者知禮之人也見張老與文子皆能中禮故善之也頌者美盛德之形容禱者求福以自輔也張老因美而譏之故爲善頌文子聞過即服而拜故爲善禱也　注晉卿至爲原　正義曰案墓大夫云令國民族葬注云族葬各從其親是卿大夫墓地得同在一處知京當爲原者案韓詩外傳云晉趙武與叔尚觀於九原又爾

足利本第十四卷第二十四葉

雅云絶高爲京廣平曰原京非葬之處原是墳墓之所故爲原也季孫之母死哀公弔焉曾子與子貢弔焉閽人爲君在弗内也閽人守門者曾子與子貢入於其廐而脩容焉更莊飾子貢先入閽人曰鄉者已告矣既不敢止以言下之曾子後入閽人辟之見兩賢相隨彌益恭也涉内霤卿大夫皆辟位公降一等而揖之禮之君子言之曰盡飾之道斯其行者遠矣疏正義曰此一節論君子加服人乃敬之事　卿大至遠矣　二子既入涉至内霤卿與大夫皆逡巡辟位公於堂上降階一等揖而禮之於時君子以二子盛飾備禮遂美之云凡人盡其容飾則被崇禮其盡飾道理斯此此其施行可久遠矣所以可久遠者以二子初時不具衣服則閽人拒之二子退而脩容閽人雖是愚鄙猶知敬畏明其不愚之人則畏敬可知是其盡飾之道行之可長遠矣案喪大記君臨大夫之喪君即位于序端卿大夫即位于堂廉楹西北面東上是辟位者蓋少西逡巡而東面不當北面之位然君在大夫得私爲二子辟位者卿大夫等見公將降故先辟位或可此公始入升堂之後卿大夫猶庭中北面辟位者謂辟中庭之位少近東耳又弔有常服而得特爲盡飾者謂更服新衣也陽門之介夫死陽門宋國門名介夫甲衛士司城子罕入而哭之哀宋以武公諱司空爲司城子罕戴公子樂甫術之後樂喜也晉人之覘宋者反報於晉侯曰陽門之介

潘本第十四卷第二十四葉

雅云絶高爲京廣平曰原京非葬之處原是墳墓之所故爲原也季孫之母死哀公弔焉曾子與子貢弔焉閽人爲君在弗内也閽人守門者曾子與子貢入於其廐而脩容焉更莊飾子貢先入閽人曰鄉者已告矣既不敢止以言下之曾子後入閽人辟之見兩賢相隨彌益恭也涉内霤卿大夫皆辟位公降一等而揖之禮之君子言之曰盡飾之道斯其行者遠矣疏正義曰此一節論君子加服人乃敬之事　卿大至遠矣　二子既入涉至内霤卿與大夫皆逡巡辟位公於堂上降階一等揖而禮之於時君子以二子盛飾備禮遂美之云凡人盡其容飾則被崇禮其盡飾道理斯此此其施行可久遠矣所以可久遠者以二子初時不具衣服則閽人拒之二子退而脩容閽人雖是愚鄙猶知敬畏明其不愚之人則畏敬可知是其盡飾之道行之可長遠矣案喪大記君臨大夫之喪君即位于序端卿大夫即位于堂廉楹西北面東上是辟位者蓋少西逡巡而東面不當北面之位然君在大夫得私爲二子辟位者卿大夫等見公將降故先辟位或可此公始入升堂之後卿大夫猶庭中北面辟位者謂辟中庭之位少近東耳又弔有常服而得特爲盡飾者謂更服新衣也陽門之介夫死陽門宋國門名介夫甲衛士司城子罕入而哭之哀宋以武公諱司空爲司城子罕戴公子樂甫術之後樂喜也晉人之覘宋者反報於晉侯曰陽門之介

夫死而子罕哭之哀而民說殆不可伐也覘闚視也孔子聞之曰善哉覘國乎善其知微詩云凡民有喪扶服救之救猶助也雖微晉而已天下其孰能當之微猶非也疏正義曰此一節論善覘國之事各依文解之注宋以至喜也正義曰宋以武公諱司空者桓六年左傳申繻之辭也知有司城者以春秋之時唯宋有司城無司空又冬官考工記匠人營國是司空主營城郭故知廢司空爲司城服虔杜預注傳皆以爲然云子罕戴公子樂甫術之後者案世本戴公生樂甫術術生石甫願繹繹生夷甫傾傾生東鄉克克生西鄉士曹曹生子罕喜是子罕爲術之五世孫也殆不可伐也言介夫匹庶之賤人而子罕是國之卿相以貴哭賤感動民心皆喜說與上共同生死若有人

禮記義十四　二十五　陳具

伐民必致死故云殆不可伐也殆近也不能正執故云殆不可伐爲疑辭也詩云至當之引詩邶谷風之篇也時有愛其新昏棄其舊室舊室恨之我初來之時爲女盡力所以盡力者以凡人家死喪鄰里尚扶服盡力往救助之況我於女夫家而得不盡力今此引詩斷章云凡民有喪則陽門之介夫死是也在上扶服而救助之則子罕哭之哀是也雖微晉而已者微非也言晉之強盛猶不能當宋雖非晉之強天下更有強於晉者誰能當之言縱有強者不能當宋而已是助句語也魯莊公之喪既葬而絰不入庫門時子般弒慶父作亂閔公不敢居喪葬已吉服而反正君臣欲以防過之微弱之至士大夫既卒哭麻不入麻猶絰也羣臣畢虞卒哭亦除喪也閔公既吉服不與虞卒哭疏正義曰此一節論禮變所由也莊公閔公父也經葛經也諸侯弁經葛而葬也魯之庫門天子之皐門也

夫死而子罕哭之哀而民說殆不可伐也覘闚視也孔子聞之曰善哉覘國乎善其知微詩云凡民有喪扶服救之救猶助也雖微晉而已天下其孰能當之微猶非也疏正義曰此一節論善覘國之事各依文解之注宋以至喜也正義曰宋以武公諱司空者桓六年左傳申繻之辭也知有司城者以春秋之時唯宋有司城無司空又冬官考工記匠人營國是司空主營城郭故知廢司空爲司城服虔杜預注傳皆以爲然云子罕戴公子樂甫術之後者案世本戴公生樂甫術術生石甫願繹繹生夷甫傾傾生東鄉克克生西鄉士曹曹生子罕喜是子罕爲術之五世孫也殆不可伐也言介夫匹庶之賤人而子罕是國之卿相以貴哭賤感動民心皆喜說與上共同生死若有人

禮記義十四　二十五　陳具

伐民必致死故云殆不可伐也殆近也不能正執故云殆不可伐爲疑辭也詩云至當之引詩邶谷風之篇也時有愛其新昏棄其舊室舊室恨之我初來之時爲女盡力所以盡力者以凡人家死喪鄰里尚扶服盡力往救助之況我於女夫家而得不盡力今此引詩斷章云凡民有喪則陽門之介夫死是也在上扶服而救助之則子罕哭之哀是也雖微晉而已者微非也言晉之強盛猶不能當宋雖非晉之強天下更有強於晉者誰能當之言縱有強者不能當宋而已是助句語也魯莊公之喪既葬而絰不入庫門時子般弒慶父作亂閔公不敢居喪葬已吉服而反正君臣欲以防過之微弱之至士大夫既卒哭麻不入麻猶絰也羣臣畢虞卒哭亦除喪也閔公既吉服不與虞卒哭疏正義曰此一節論禮變所由也莊公閔公父也經葛經也諸侯弁經葛而葬也魯之庫門天子之皐門也

莊公以三十二年薨大子般立十月己未共仲使圉人犖
賊子般於黨氏立閔公慶父作亂閔公時年八歲不敢居
喪三年故葬竟除凶服於外吉服反以正君臣故經不入
庫門也所以至庫門而去經 注 時子至而反 正義曰
案春秋左氏傳慶父使圉人犖賊子般於黨氏是子般弑
慶父作亂之事也云閔公不敢居喪者閔公是莊公之子
夫人哀姜之娣叔姜所生以葬畢即除服故云不敢居喪
經云經不入者謂葛經故前文云天子諸侯葛經帶而葬
所以云不入庫門者以魯有三門庫雉路庫門最在外以
從外來故經不入庫門經既不入哀不入可知也 注 麻
猶至卒哭 正義曰經云大夫既卒哭麻不入上云經不
入故云麻猶經也其實上是君身經用葛士大夫是臣故
經用麻也云羣臣卑虞卒哭亦除喪也者亦閔公也閔公
葬而除喪今羣臣卒哭乃除喪者以閔公既葬須即位正
君臣故既葬而除羣臣須行虞卒哭之祭故卒哭乃除之
云閔公既吉服不與虞卒哭者案論語云羔裘玄冠不以

禮記義十四　二十六

弔虞卒哭並是凶事閔公既服吉服故不與也此云麻不
入者承上庫門亦謂不入庫門也謂卒哭巳後麻不復入
案喪服注卿大夫既虞士卒哭而受服則既虞服葛此卒
哭之麻不入者皇氏云時禍亂迫蹙君既服吉服故士大夫
既虞不復受服至卒哭揔除 孔子之故人曰原壤其母死
夫子助之沐椁 沐治也 原壤登木曰久矣予
之不託於音也 木椁材也託寄也謂叩木以作音 歌曰貍首之
斑然執女手之卷然 説人辭也 夫子爲弗聞也
者而過之 佯不知 從者曰子未可以已乎 已猶止也
夫子曰丘聞之親者毋失其爲親也故者

足利本第十四卷第二十六葉

潘本第十四卷第二十六葉

莊公以三十二年薨大子般立十月己未共仲使圉人犖
賊子般於黨氏立閔公慶父作亂閔公時年八歲不敢居
喪三年故葬竟除凶服於外吉服反以正君臣故經不入
庫門也所以至庫門而去經 注 時子至而反 正義曰
案春秋左氏傳慶父使圉人犖賊子般於黨氏是子般弑
慶父作亂之事也云閔公不敢居喪者閔公是莊公之子
夫人哀姜之娣叔姜所生以葬畢即除服故云不敢居喪
經云經不入者謂葛經故前文云天子諸侯葛經帶而葬
所以云不入庫門者以魯有三門庫雉路庫門最在外以
從外來故經不入庫門經既不入哀不入可知也 注 麻
猶至卒哭 正義曰經云大夫既卒哭麻不入上云經不
入故云麻猶經也其實上是君身經用葛士大夫是臣故
經用麻也云羣臣卑虞卒哭亦除喪也者亦閔公也閔公
葬而除喪今羣臣卒哭乃除喪者以閔公既葬須即位正
君臣故既葬而除羣臣須行虞卒哭之祭故卒哭乃除之
云閔公既吉服不與虞卒哭者案論語云羔裘玄冠不以

禮記義十四　二十六

弔虞卒哭並是凶事閔公既服吉服故不與也此云麻不
入者承上庫門亦謂不入庫門也謂卒哭巳後麻不復入
案喪服注卿大夫既虞士卒哭而受服則既虞服葛此卒
哭之麻不入者皇氏云時禍亂迫蹙君既服吉服故士大夫
既虞不復受服至卒哭揔除 孔子之故人曰原壤其母死
夫子助之沐椁 沐治也 原壤登木曰久矣予
之不託於音也 木椁材也託寄也謂叩木以作音 歌曰貍首之
斑然執女手之卷然 説人辭也 夫子爲弗聞也
者而過之 佯不知 從者曰子未可以已乎 已猶止也
夫子曰丘聞之親者毋失其爲親也故者

足利本第十四卷第二十七葉

毋失其爲故也【疏】正義曰此一節論孔子無大故不遺故舊之事原壤登椁材而言曰久矣予之不託於音也託寄也謂我遭喪母以來日月久矣我不得託寄此木以爲音聲於是乎叩衣作音口爲歌曰貍首之斑然者言斲椁材文采似貍之首　執女手之卷然者言孔子手執斤斧如女人之手卷卷然而柔弱以此歡說仲尼故注云說人辭也然在喪而歌非禮之甚夫子爲若不聞也者而過去之從者見其無禮謂夫子曰彼既無禮子未可休已乎言應可休已不須爲治椁也夫子對從者曰朋友無大故不相遺棄丘聞之與我骨肉親者雖有非禮無失其爲親之道尚得與之和睦故舊者雖有非禮無失其爲故之道尚得往來原壤有非禮既是故舊身無殺父害君之故何以絶之案論語云主忠信無友不如己者左傳吴季札識叔孫穆子好善而不能擇人原壤母死登木而歌夫子聖人與之爲友者論語云無友不如己者謂方始爲交遊須擇賢友左傳云好善而不能擇

禮記義疏　二十七

人者謂不善之人不可委之以政今原壤是夫子故舊爲日已久或平生舊交或親屬恩好苟無大惡不可輒離故論語云故舊無大故則不相遺棄彼注云大故謂惡逆之事殺父害君乃爲大故雖登木之歌未至於此且夫子聖人誨人不倦宰我請喪親一期終䏏陳恒之亂互鄉童子許其來進之情故志在攜獎不簡善惡原壤爲舊何足怪也而皇氏云原壤是上聖之人或云是方外之士離文棄本不拘禮節妄爲流宕非但敗於名教亦是誤於學者義不可用其云原壤中庸下愚義實得矣

趙文子與叔譽觀乎九原叔譽叔向也晉羊舌大夫之孫名肸　文子曰死者如可作也吾誰與歸作起也　叔譽曰其陽處父乎陽處父襄公之大傅　文子曰行并植於晉國不沒其身其知不

潘本第十四卷第二十七葉

毋失其爲故也【疏】正義曰此一節論孔子無大故不遺故舊之事原壤登椁材而言曰久矣予之不託於音也託寄也謂我遭喪母以來日月久矣我不得託寄此木以爲音聲於是乎叩木作音口爲歌曰貍首之斑然者言斲椁材文采似貍之首　執女手之卷然者言孔子手執斤斧如女人之手卷卷然而柔弱以此歡說仲尼故注云說人辭也然在喪而歌非禮之甚夫子爲若不聞也者而過去之從者見其無禮謂夫子曰彼既無禮子未可休已乎言應可休已不須爲治椁也夫子對從者曰朋友無大故不相遺棄丘聞之與我骨肉親者雖有非禮無失其爲親之道尚得與之和睦故舊者雖有非禮無失其爲故之道尚得往來原壤有非禮既是故舊身無殺父害君之故何以絶之案論語云主忠信無友不如己者左傳吴季札識叔孫穆子好善而不能擇人原壤母死登木而歌夫子聖人與之爲友者論語云無友不如己者謂方始爲交遊須擇賢友左傳云好善而不能擇

禮記義疏　二十七

人者謂不善之人不可委之以政今原壤是夫子故舊爲日已久或平生舊交或親屬恩好苟無大惡不可輒離故論語云故舊無大故則不相遺棄彼注云大故謂惡逆之事殺父害君乃爲大故雖登木之歌未至於此且夫子聖人誨人不倦宰我請喪親一期終䏏陳恒之亂互鄉童子許其來進之情故志在攜獎不簡善惡原壤爲舊何足怪也而皇氏云原壤是上聖之人或云是方外之士離文棄本不拘禮節妄爲流宕非但敗於名教亦是誤於學者義不可用其云原壤中庸下愚義實得矣

趙文子與叔譽觀乎九原叔譽叔向也晉羊舌大夫之孫名肸　文子曰死者如可作也吾誰與歸作起也　叔譽曰其陽處父乎陽處父襄公之大傅　文子曰行并植於晉國不沒其身其知不

足利本第十四卷第二十八葉

足稱也并猶專也謂剛而專己爲狐射姑所殺沒終也植或爲特其舅犯乎文子曰見利不顧其君其仁不足稱也謂父與文公辟難至將反國無安君之心及河授璧詐請亡要君以利是我則隨武子乎利其君不忘其身謀其身不遺其友武子士會也食邑於隨范字季晉人謂文子知人見其所善於前則知其來所舉文子其中退然如不勝衣中身也退柔和貌鄉射記曰弓二寸以爲侯中退或爲妥其言吶吶然如不出諸其口吶吶舒小貌所舉於晉國管庫之士七十有餘家管庫之士府史以下官長所置也舉之於君以爲大夫士也管鍵也庫物所藏生不交利廉死不屬其子焉絜也

禮記義十四　二十八

疏 正義曰此一節論趙文子知人之事各依文解之 注 叔譽至名肸 正義曰知叔譽是叔向者案韓詩外傳云趙文子與叔向觀於九原故知叔譽是叔向也云晉羊舌大夫之孫名肸者案左氏羊舌是邑名晉大夫公族爲羊舌大夫也故閔二年左傳云羊舌大夫爲尉羊舌大夫生羊舌職職生叔向是羊舌大夫之孫也又昭三年左傳叔向與齊晏子語云肸又無子是名肸 死者如可作也吾誰與歸者 文子云此處先世大夫死者既衆假令生而可作起吾於衆大夫之內而誰最賢可以與歸 文子至稱也 并猶專也植謂剛也文子曰言處父唯行專權剛強於晉國自招殺害不得以理終沒其身是不能防身遠害以其無知故也故云其知不足稱也 注 并猶至爲特 正義曰并者謂并他事以爲己有是專權之事故云并猶專也云植謂剛

潘本第十四卷第二十八葉

足稱也并猶專也謂剛而專己爲狐射姑所殺沒終也植或爲特其舅犯乎文子曰見利不顧其君其仁不足稱也謂父與文公辟難至將反國無安君之心及河授璧詐請亡要君以利是我則隨武子乎利其君不忘其身謀其身不遺其友武子士會也食邑於隨范字季晉人謂文子知人見其所善於前則知其來所舉文子其中退然如不勝衣中身也退柔和貌鄉射記曰弓二寸以爲侯中退或爲妥其言吶吶然如不出諸其口吶吶舒小貌所舉於晉國管庫之士七十有餘家管庫之士府史以下官長所置也舉之於君以爲大夫士也管鍵也庫物所藏生不交利廉死不屬其子焉絜也

禮記義十四　二十八

疏 正義曰此一節論趙文子知人之事各依文解之 注 叔譽至名肸 正義曰知叔譽是叔向者案韓詩外傳云趙文子與叔向觀於九原故知叔譽是叔向也云晉羊舌大夫之孫名肸者案左氏羊舌是邑名晉大夫公族爲羊舌大夫也故閔二年左傳云羊舌大夫爲尉羊舌大夫生羊舌職職生叔向是羊舌大夫之孫也又昭三年左傳叔向與齊晏子語云肸又無子是名肸 死者如可作也吾誰與歸者 文子云此處先世大夫死者既衆假令生而可作起吾於衆大夫之內而誰最賢可以與歸 文子至稱也 并猶專也植謂剛也文子曰言處父唯行專權剛強於晉國自招殺害不得以理終沒其身是不能防身遠害以其無知故也故云其知不足稱也 注 并猶至爲特 正義曰并者謂并他事以爲己有是專權之事故云并猶專也云植謂剛

足利本第十四卷第二十九葉

而專已者剛經中植也丈五年寗嬴從陽處父及温而還
其妻問之嬴曰夫子剛又文六年晉蒐于夷使狐射姑將
中軍趙盾佐之陽處父至自温改蒐于董易中軍以趙盾
爲將狐射姑郤爲佐狐射姑恨之使續鞫居殺陽處父故
傳云賈季怨陽子之易其班也賈季即狐射姑也賈是采
邑季則其字也　見利至稱也　文子云舅犯見君反國
恐不與己利祿遂不顧其君詐欲奔去唯求財利無心念
君無仁愛之心其仁不足稱也　注謂文至利是　正義
曰案左傳僖五年辟驪姬之難至僖二十四年反國是文
與文公辟難也又案僖二十四年左傳云及河子犯以璧
授公子曰臣負羈紲從君巡於天下臣之罪甚多矣臣猶
知之而況君乎請由此亡公子曰所反國不與舅氏同心
者有如白水是要君求利之事也　利其至其友　文子
稱隨武子之德凡人利君者多性行偏特不顧其身今武
子既能利君又能不忘其身利其君者謂進思盡忠不忘
其身者保全父母謀其身不遺其友者凡人謀身多獨善

禮記義卌　二九　宋琳

於己遺棄故舊今武子既能謀身又能不遺其朋友此二
句言武子德行弘廣外內周備故襄二十七年左傳論范
武子之德云夫子之家事治言於晉國無隱情無隱情則
利君也家事治則不忘其身處父舅犯其事顯於春秋故
鄭具言之隨武子之事春秋文無指的故鄭亦不言也文
七年士會與先蔑俱迎公子雍在秦三年不見先蔑及士
會還晉遂不見先蔑而歸是遺其友而云不遺者彼謂共
先蔑俱迎公子雍懼其同罪禍及於己故不見之非是無
故相遺也　文子至其口　作記者美文子知人既美隨
士會於前知其所舉還如隨會之比此論文子之貌文子
身形退然柔和似不勝其衣言形貌之卑退也其發言舒
小似吶吶然如不出於口謂言語卑下也　注鄉射至侯
中　正義曰引之者證中爲身也故儀禮鄉射記曰鄉侯
五十弓弓長六尺謂鄉射去射處五十步一步料二寸以
爲侯中則侯中方一丈中謂身也　注舉之至鍵也　正
義曰知爲大夫士者以經稱家家是大夫士之揔號案月

潘本第十四卷第二十九葉

而專已者剛經中植也丈五年寗嬴從陽處父及温而還
其妻問之嬴曰夫子剛又文六年晉蒐于夷使狐射姑將
中軍趙盾佐之陽處父至自温改蒐于董易中軍以趙盾
爲將狐射姑郤爲佐狐射姑恨之使續鞫居殺陽處父故
傳云賈季怨陽子之易其班也賈季即狐射姑也賈是采
邑季則其字也　見利至稱也　文子云舅犯見君反國
恐不與己利祿遂不顧其君詐欲奔去唯求財利無心念
君無仁愛之心其仁不足稱也　注謂文至利是　正義
曰案左傳僖五年辟驪姬之難至僖二十四年反國是文
與文公辟難也又案僖二十四年左傳云及河子犯以璧
授公子曰臣負羈紲從君巡於天下臣之罪甚多矣臣猶
知之而況君乎請由此亡公子曰所反國不與舅氏同心
者有如白水是要君求利之事也　利其至其友　文子
稱隨武子之德凡人利君者多性行偏特不顧其身今武
子既能利君又能不忘其身利其君者謂進思盡忠不忘
其身者保全父母謀其身不遺其友者凡人謀身多獨善

禮記義卌　廿九　宋琳

於己遺棄故舊今武子既能謀身又能不遺其朋友此二
句言武子德行弘廣外內周備故襄二十七年左傳論范
武子之德云夫子之家事治言於晉國無隱情無隱情則
利君也家事治則不忘其身處父舅犯其事顯於春秋故
鄭具言之隨武子之事春秋文無指的故鄭亦不言也文
七年士會與先蔑俱迎公子雍在秦三年不見先蔑及士
會還晉遂不見先蔑而歸是遺其友而云不遺者彼謂共
先蔑俱迎公子雍懼其同罪禍及於己故不見之非是無
故相遺也　文子至其口　作記者美文子知人既美隨
士會於前知其所舉還如隨會之比此論文子之貌文子
身形退然柔和似不勝其衣言形貌之卑退也其發言舒
小似吶吶然如不出於口謂言語卑下也　注鄉射至侯
中　正義曰引之者證中爲身也故儀禮鄉射記曰鄉侯
五十弓弓長六尺謂鄉射去射處五十步一步料二寸以
爲侯中則侯中方一丈中謂身也　注舉之至鍵也　正
義曰知爲大夫士者以經稱家家是大夫士之揔號案月

足利本第十四卷第三十葉

令注管籥搏鍵器鍵謂鏁之入内者俗謂之鏁須管謂夾取鍵令謂之鑰是則是管鍵爲別物而云管鍵者對則細別散則大同爲鍵而有故云管鍵　生不交利者謂文子生存之日不交涉於利是謂不與利交涉也　死不屬其子焉者謂臨死時不私屬其子於君及朝廷也案禮記文子成室彼張老所譏樂奏肆夏從文子始禮記顯其奢僭者晉爲霸主摠領諸侯武爲晉相光顯威德此乃事勢須然無廢德行之善且仲尼之門尚有柴愚參魯管仲相齊亦有三歸反坫亦何怪也

叔仲皮學子柳 叔仲皮魯叔孫氏之族學教也子柳仲皮之子

叔仲皮死其妻魯人也衣衰而繆絰 衣當爲齊壞字也繆讀爲木樛垂之樛士妻爲舅姑之服也言雖魯鈍其於禮勝學

叔仲衍以告 告子柳言此非也衍蓋皮之弟衍或爲皮

請繐衰而環絰 繐衰小功之縷而四升半之衰環絰弔服之絰時婦人好輕細而多服此者衍既不知禮之本子柳亦以爲然而請於衍使其妻爲舅服之

曰昔者吾喪姑姊妹亦如斯末吾禁也 衍荅子柳也姑姊妹在室齊衰與婦爲舅姑同末無也言無禁我欲其言行

退使其妻繐衰而環絰 婦人以諸侯之大夫爲天子之衰弔服之絰服其舅非

疏 正義曰此一節論子柳失禮之事　叔仲氏也皮是名言叔仲皮教訓其子子柳雖受父教猶不知禮在後叔仲皮死其妻魯人也其子柳之妻是魯鈍婦人雖曰魯鈍猶知爲舅姑而身著齊衰而首服繆絰也謂絞麻爲絰　叔仲衍以告者衍是皮之弟子柳之叔既見當時婦人好尚輕細見子柳之妻身著齊衰以告子柳汝妻何以著非禮之服子柳見時皆爾亦以爲然以妻非禮遂請於衍欲令其妻身著繐衰首服環絰衍荅子柳云昔者吾喪姑姊妹亦如斯斯此也謂如此繐衰環

禮記義十四　三十　宋琳

潘本第十四卷第三十葉

令注管籥搏鍵器鍵謂鏁之入内者俗謂之鏁須管謂夾取鍵令謂之鑰是則是管鍵爲別物而云管鍵者對則細別散則大同爲鍵而有故云管鍵　生不交利者謂文子生存之日不交涉於利是謂不與利交涉也　死不屬其子焉者謂臨死時不私屬其子於君及朝廷也案禮記文子成室彼張老所譏樂奏肆夏從文子始禮記顯其奢僭者晉爲霸主摠領諸侯武爲晉相光顯威德此乃事勢須然無廢德行之善且仲尼之門尚有柴愚參魯管仲相齊亦有三歸反坫亦何怪也

叔仲皮學子柳 叔仲皮魯叔孫氏之族學教也子柳仲皮之子

叔仲皮死其妻魯人也衣衰而繆絰 衣當爲齊壞字也繆讀爲木樛垂之樛士妻爲舅姑之服也言雖魯鈍其於禮勝學

叔仲衍以告 告子柳言此非也衍蓋皮之弟衍或爲皮

請繐衰而環絰 繐衰小功之縷而四升半之衰環絰弔服之絰時婦人好輕細而多服此者衍既不知禮之本子柳亦以爲然而請於衍使其妻爲舅服之

曰昔者吾喪姑姊妹亦如斯末吾禁也 衍荅子柳也姑姊妹在室齊衰與婦爲舅姑同末無也言無禁我欲其言行

退使其妻繐衰而環絰 婦人以諸侯之大夫爲天子之衰弔服之絰服其舅非

疏 正義曰此一節論子柳失禮之事　叔仲氏也皮是名言叔仲皮教訓其子子柳雖受父教猶不知禮在後叔仲皮死其妻魯人也其子柳之妻是魯鈍婦人雖曰魯鈍猶知爲舅姑而身著齊衰而首服繆絰也謂絞麻爲絰　叔仲衍以告者衍是皮之弟子柳之叔既見當時婦人好尚輕細見子柳之妻身著齊衰以告子柳汝妻何以著非禮之服子柳見時皆爾亦以爲然以妻非禮遂請於衍欲令其妻身著繐衰首服環絰衍荅子柳云昔者吾喪姑姊妹亦如斯斯此也謂如此繐衰環

禮記義十四　三十　宋琳

足利本第十四卷第三十一葉

經　末吾禁也者末無也我著繐衰環經無人於吾而相禁者既無禁明其得著繐衰衍告子柳如此子柳得衍言乃退使其妻著繐衰而環經 注 叔仲至之族　正義曰知者案世本桓公生僖叔牙叔牙生武仲休休生惠伯彭彭生皮爲叔仲氏故云叔孫氏之族 注 衣當至勝學　正義曰喪服婦爲舅姑齊衰無衣衰之文故知衣是齊字但齊字壞滅而有衣在云繆讀爲不樛垂之樛者讀從喪服傳文樛垂之樛樛謂兩股相交也五服之經皆然唯弔服環經不樛耳云士妻爲舅姑之服也者以子柳以叔仲爲氏則非庶人也又春秋叔仲皮等經傳無文則非卿大夫也故以爲士妻其實大夫妻爲舅姑亦齊衰 注 衍蓋皮之弟　正義曰知者以叔仲衍叔仲皮皆以單字爲名故疑是兄弟也又子柳請衍則衍尊於子柳是子柳叔也 注 約繐衰至服之　正義曰知繐衰小功之縷而四升半者約喪服傳文云環經弔服之經者約周禮司服首服弁經鄭注云丌經者如爵弁而素加環經又鄭注雜記云環經者

禮記義疏　八　三三　李信

一股所謂纏經也纏而不樛是環經不樛也云時婦人好輕細而多服此者若時人不服此服則衍與子柳應知繐衰爲非今子柳既受學於父不肯粥庶弟之母非是下愚而不知其非禮明當時皆著輕細故也 注 婦以至舅非　正義曰以諸侯之大夫爲天子之衰據喪服謂繐衰也云弔服之經者謂環經既以此服服舅故云非也　成人有其兄死而不爲衰者聞子皐將爲成宰遂爲衰成人曰蠶則績而蟹有匡范則冠而蟬有緌兄則死而子皐爲之衰　蚩兄死者言其衰之不爲兄死如蟹有匡蟬有緌不爲蠶之績范之冠也范蜂也蟬蜩也緌謂蜩喙長在腹下 疏 正義曰此一節論成人無禮之事成孟氏所食采地也即前犯禾之邑也此邑中民有兄死而弟不

潘本第十四卷第三十一葉

經　末吾禁也者末無也我著繐衰環經無人於吾而相禁者既無禁明其得著繐衰衍告子柳如此子柳得衍言乃退使其妻著繐衰而環經 注 叔仲至之族　正義曰知者案世本桓公生僖叔牙叔牙生武仲休休生惠伯彭彭生皮爲叔仲氏故云叔孫氏之族 注 衣當至勝學　正義曰喪服婦爲舅姑齊衰無衣衰之文故知衣是齊字但齊字壞滅而有衣在云繆讀爲不樛垂之樛者讀從喪服傳文樛垂之樛樛謂兩股相交也五服之經皆然唯弔服環經不樛耳云士妻爲舅姑之服也者以子柳以叔仲爲氏則非庶人也又春秋叔仲皮等經傳無文則非卿大夫也故以爲士妻其實大夫妻爲舅姑亦齊衰 注 衍蓋皮之弟　正義曰知者以叔仲衍叔仲皮皆以單字爲名故疑是兄弟也又子柳請衍則衍尊於子柳是子柳叔也 注 約繐衰至服之　正義曰知繐衰小功之縷而四升半者約喪服傳文云環經弔服之經者約周禮司服首服弁經鄭注云丌經者如爵弁而素加環經又鄭注雜記云環經者

禮記義疏　八　三三　李信

一股所謂纏經也纏而不樛是環經不樛也云時婦人好輕細而多服此者若時人不服此服則衍與子柳應知繐衰爲非今子柳既受學於父不肯粥庶弟之母非是下愚而不知其非禮明當時皆著輕細故也 注 婦以至舅非　正義曰以諸侯之大夫爲天子之衰據喪服謂繐衰也云弔服之經者謂環經既以此服服舅故云非也　成人有其兄死而不爲衰者聞子皐將爲成宰遂爲衰成人曰蠶則績而蟹有匡范則冠而蟬有緌兄則死而子皐爲之衰　蚩兄死者言其衰之不爲兄死如蟹有匡蟬有緌不爲蠶之績范之冠也范蜂也蟬蜩也緌謂蜩喙長在腹下 疏 正義曰此一節論成人無禮之事成孟氏所食采地也即前犯禾之邑也此邑中民有兄死而弟不

爲兄制服者也　聞子臯將爲成宰遂爲衰者此不服兄者聞孔子弟子子臯其性至孝來爲成之宰必當治前不孝之人恐罪及己故懼之遂制衰服也　成人曰蠶則績而蟹有匡者成人謂成邑中識禮之人也譏笑不服兄衰仍爲設二譬言也蠶則績絲作繭蟹有匡者蟹背殼似匡仍謂蟹背作匡　范則冠而蟬有緌者范蜂也蜂頭上有物似冠也蟬蜩也緌謂蟬喙長在口下似冠之緌也　兄則死而子臯爲之衰者以是合譬言也蠶則須匡以貯繭而今無匡蟹背有匡匡自著蟹則非爲蠶設蜂冠無緌而蟬口有緌緌自著蟬非爲蜂設譬如成人兄死初不作衰後畏於子臯方爲制服服是子臯爲之非爲兄施亦如蟹匡蟬緌各不關於蠶蜂也

樂正子春之母死五日而不食曰吾悔之勉強過禮子春曾子弟子**自吾母而不得吾情吾惡乎用吾情**惡乎猶於何也

疏　正義曰此一節論孝子遭喪哀過之事樂正子春即曾子弟子坐於牀下者是也此其母死五日而不食者禮三日其五日過二日　曰吾悔之者悔其不以實情勉強而至五日　自吾母而不得吾情吾惡乎用吾情者自我母死而不得吾之實情而矯詐勉強爲之更於何處用吾之實情乎

歲旱穆公召縣子而問然然之言焉也**曰天久不雨吾欲暴尩而奚若**奚若何如也尩者面鄉天覬天哀而雨之**曰天則不雨而暴人之疾子虐毋乃不可與**錮疾人之所哀暴之是虐**然則吾欲暴巫而奚若曰天則不雨而望之愚婦人於以求之毋乃已疏乎**已猶甚也巫主接神亦覬天哀而雨之春秋傳

爲兄制服者也　聞子臯將爲成宰遂爲衰者此不服兄者聞孔子弟子子臯其性至孝來爲成之宰必當治前不孝之人恐罪及己故懼之遂制衰服也　成人曰蠶則績而蟹有匡者成人謂成邑中識禮之人也譏笑不服兄衰仍爲設二譬言也蠶則績絲作繭蟹有匡者蟹背殼似匡仍謂蟹背作匡　范則冠而蟬有緌者范蜂也蜂頭上有物似冠也蟬蜩也緌謂蟬喙長在口下似冠之緌也　兄則死而子臯爲之衰者以是合譬言也蠶則須匡以貯繭而今無匡蟹背有匡匡自著蟹則非爲蠶設蜂冠無緌而蟬口有緌緌自著蟬非爲蜂設譬如成人兄死初不作衰後畏於子臯方爲制服服是子臯爲之非爲兄施亦如蟹匡蟬緌各不關於蠶蜂也

樂正子春之母死五日而不食曰吾悔之勉強過禮子春曾子弟子**自吾母而不得吾情吾惡乎用吾情**惡乎猶於何也

禮記義十四　三十二　徐通

疏　正義曰此一節論孝子遭喪哀過之事樂正子春即曾子弟子坐於牀下者是也此其母死五日而不食者禮三日其五日過二日　曰吾悔之者悔其不以實情勉強而至五日　自吾母而不得吾情吾惡乎用吾情者自我母死而不得吾之實情而矯詐勉強爲之更於何處用吾之實情乎

歲旱穆公召縣子而問然然之言焉也**曰天久不雨吾欲暴尩而奚若**奚若何如也尩者面鄉天覬天哀而雨之**曰天則不雨而暴人之疾子虐毋乃不可與**錮疾人之所哀暴之是虐**然則吾欲暴巫而奚若曰天則不雨而望之愚婦人於以求之毋乃已疏乎**已猶甚也巫主接神亦覬天哀而雨之春秋傳

足利本第十四卷第三十三葉

說巫曰在女曰巫在男曰
覡周禮女巫旱暵則舞雩徙市則奚若曰天子
崩巷市七日諸侯薨巷市三日為之徙
市不亦可乎徙市者庶人之喪禮今
徙市是憂戚於旱若喪疏正義曰
此一節
論歲旱㬥之事　望之愚婦人於以求之毋乃已疏乎
縣子云天道遠人道近天則不雨而望於愚鄙之婦人欲
以暴之以求其雨已甚也無乃甚疏遠於求雨道理乎言
甚疏遠於道理矣注春秋至曰覡　正義曰所引春秋
傳者外傳楚語昭王問觀射父絶地通天之事觀射父對
云民之精爽不攜貳者明神降之在男曰覡在女曰巫然
案楚語精爽不攜貳者始得為巫此經而云愚婦人者據
末世之巫非復是精爽不攜貳之巫也注徙市者庶人
之喪禮　正義曰令徙市是憂戚於旱若居天子諸侯之
喪必巷市者以庶人憂戚無復求覓財利要有急須之物

禮記義卷十四　三十三　楊昌

不得不求故於邑
里之內而為巷市孔子曰衛人之祔也離之祔
謂
合葬也離之有
以閒其椁中魯人之祔也合之善夫善夫善魯
人也祔葬
當合
也疏正義曰此一節論魯衛得失各依文解之　魯
衛兄弟應同周法故並之也祔謂合葬也離之
謂以一物隔二棺之閒於椁中也所以然者明合葬猶生
時男女須隔居處也　魯人之祔也合之善夫者　魯人
則合並兩棺置椁中無別物隔之言異生不
須復隔穀則異室死則同穴故善魯之祔也

禮記正義卷第十四

上杉安房守藤原憲實寄進

潘本第十四卷第三十三葉

說巫曰在女曰巫在男曰
覡周禮女巫旱暵則舞雩徙市則奚若曰天子
崩巷市七日諸侯薨巷市三日為之徙
市不亦可乎徙市者庶人之喪禮今
徙市是憂戚於旱若喪疏正義曰
此一節
論歲旱㬥之事　望之愚婦人於以求之毋乃已疏乎
縣子云天道遠人道近天則不雨而望於愚鄙之婦人欲
以暴之以求其雨已甚也無乃甚疏遠於求雨道理乎言
甚疏遠於道理矣注春秋至曰覡　正義曰所引春秋
傳者外傳楚語昭王問觀射父絶地通天之事觀射父對
云民之精爽不攜貳者明神降之在男曰覡在女曰巫然
案楚語精爽不攜貳者始得為巫此經而云愚婦人者據
末世之巫非復是精爽不攜貳之巫也注徙市者庶人
之喪禮　正義曰令徙市是憂戚於旱若居天子諸侯之
喪必巷市者以庶人憂戚無復求覓財利要有急須之物

禮記義十四　三十三　楊昌

不得不求故於邑
里之內而為巷市孔子曰衛人之祔也離之祔
謂
合葬也離之有
以閒其椁中魯人之祔也合之善夫善夫善魯
人也祔葬
當合
也疏正義曰此一節論魯衛得失各依文解之　魯
衛兄弟應同周法故並之也祔謂合葬也離之
謂以一物隔二棺之閒於椁中也所以然者明合葬猶生
時男女須隔居處也　魯人之祔也合之善夫者　魯人
則合並兩棺置椁中無別物隔之言異生不
須復隔穀則異室死則同穴故善魯之祔也

禮記正義卷第十四

禮記正義卷第十五

國子祭酒上護軍曲阜縣開國子臣孔穎達等奉

勑撰

王制第五

正義曰案鄭目録云名曰王制者以其記先王班爵授禄祭祀養老之法度此於別録屬制度王制之作蓋在秦漢之際知者案下文云有正聽之鄭云漢有正平承秦所置又有古者以周尺之言今以周尺之語則知是周亡之後也秦昭王亡周故鄭荅臨碩云孟子當赧王之際王制之作復在其後盧植云漢孝文皇帝令博士諸生作此王制之書

王者之制禄爵公侯伯子男凡五等諸侯之上大夫卿下大夫上士中士下士凡五等二五象五行剛柔十日禄所受食爵秩次也上大夫曰卿

［疏］正義曰此一經論爲王者之制禄爵公侯卿大夫以下及士之法凡王者之制度禄爵爲重其食禄受爵之人有公侯伯子男並南面之君凡五等也其諸侯之下北面之臣有上大夫卿有下大夫有上士有中士有下士凡五等也南面之君五者法五行之剛日北面之臣五者法五行之柔日不以王朝之臣而以諸侯臣者王朝之臣本是事王今王制統天下故不自在其數謂制統天下之君及天下之臣取君臣自相對故不取王臣也此作記者雖記虞氏皇而祭之文大都揔記三王制度故言王者之制不云帝皇制也不云天子制者白虎通云王是天子爵號穀梁傳曰王者仁義歸往曰王以其身有仁義

禮記正義卷第十五

國子祭酒上護軍曲阜縣開國子臣孔穎達等奉

勑撰

王制第五

正義曰案鄭目録云名曰王制者以其記先王班爵授禄祭祀養老之法度此於別録屬制度王制之作蓋在秦漢之際知者案下文云有正聽之鄭云漢有正平承秦所置又有古者以周尺之言今以周尺之語則知是周亡之後也秦昭王亡周故鄭荅臨碩云孟子當赧王之際王制之作復在其後盧植云漢孝文皇帝令博士諸生作此王制之書

禮記義十五

王者之制禄爵公侯伯子男凡五等諸侯之上大夫卿下大夫上士中士下士凡五等二五象五行剛柔十日禄所受食爵秩次也上大夫曰卿

［疏］正義曰此一經論爲王者之制禄爵公侯卿大夫以下及士之法凡王者之制度禄爵爲重其食禄受爵之人有公侯伯子男並南面之君凡五等也其諸侯之下北面之臣有上大夫卿有下大夫有上士有中士有下士凡五等也南面之君五者法五行之剛日北面之臣五者法五行之柔日不以王朝之臣而以諸侯臣者王朝之臣本是事王今王制統天下故不自在其數謂制統天下之君及天下之臣取君臣自相對故不取王臣也此作記者雖記虞氏皇而祭之文大都揔記三王制度故言王者之制不云帝皇制也不云天子制者白虎通云王是天子爵號穀梁傳曰王者仁義歸往曰王以其身有仁義

足利本第十五卷第二葉

衆所歸往謂之王王者制統海内故云王制不云天子制也凡王者不得稱官故學記云大德不官而得稱職故詩云衮職有闕考工記云國有六職坐而論道謂之王公是也此並互文以見義既天子不官亦當不主一職若以主天下爲職亦得管天下爲官矣禄者穀也故鄭注司禄云禄之言穀年穀豐乃後制禄援神契云禄者録也白虎通云禄者録也上以收録接下下以名録謹以事上是也爵者盡也熊氏云醮盡其才而用之故白虎通云爵者盡也所以盡人才是也案下文云位定然後禄之又大司徒云十有一曰以賢制爵十有二曰以庸制禄並禄在爵後此禄在爵前者禄是田財之物班布在下最是國之重事須裁節得所王者制度重之故在於先故此經下文先云天子之田乃云諸侯之田次云制農田又云下士視上農夫禄又云君十卿禄並先言禄下始云次國上卿當大國中卿是後云爵也熊氏皇氏以爲試功之禄故在爵前案此王者制度必當舉其正禮何得唯明試功之禄下云君十

禮記義十五　二　馬浩

卿禄豈試功乎熊氏皇氏之說於義疑也　公者案元命包云公者爲言平也公平正直　侯者候也候王順逆　伯者伯也爲言白也明白於德也　子者奉恩宣德　男者任功立業此五等者謂虞夏及周制殷則三等公侯伯也此公侯伯子男獨以侯爲名而稱諸侯者舉中而言又爾雅侯爲君故以侯言之伯亦居中不言諸伯者嫌是東西二伯及九州之伯故也　上大夫卿者見下文云下大夫倍上士卿四大夫禄是下大夫之上則有卿故知上大夫即卿也此上大夫卿外唯有下大夫所以下文除卿之外更有上大夫下大夫者謂就下大夫之中更分爲上下耳卿者白虎通云卿之言嚮也爲人所歸嚮大夫者達人謂扶達於人士者事也皇氏熊氏皆爲任職事其大夫之稱亦得兼三公故詩云三事大夫謂三公也上大夫卿亦兼孤也故春秋陽處父爲大傅經云晉殺其大夫陽處父是也孤亦稱公故鄉飲酒禮云公三重是孤也卿亦得稱公故春秋襄三十年傳云鄭伯有之臣稱伯有曰吾公在

潘本第十五卷第二葉

衆所歸往謂之王王者制統海内故云王制不云天子制也凡王者不得稱官故學記云大德不官而得稱職故詩云衮職有闕考工記云國有六職坐而論道謂之王公是也此並互文以見義既天子不官亦當不主一職若以主天下爲職亦得管天下爲官矣禄者穀也故鄭注司禄云禄之言穀年穀豐乃後制禄援神契云禄者録也白虎通云禄者録也上以收録接下下以名録謹以事上是也爵者盡也熊氏云醮盡其才而用之故白虎通云爵者盡也所以盡人才是也案下文云位定然後禄之又大司徒云十有一曰以賢制爵十有二曰以庸制禄並禄在爵後此禄在爵前者禄是田財之物班布在下最是國之重事須裁節得所王者制度重之故在於先故此經下文先云天子之田乃云諸侯之田次云制農田又云下士視上農夫禄又云君十卿禄並先言禄下始云次國上卿當大國中卿是後云爵也熊氏皇氏以爲試功之禄故在爵前案此王者制度必當舉其正禮何得唯明試功之禄下云君十

禮記義十五　二　馬浩

卿禄豈試功乎熊氏皇氏之說於義疑也　公者案元命包云公者爲言平也公平正直　侯者候也候王順逆　伯者伯也爲言白也明白於德也　子者奉恩宣德　男者任功立業此五等者謂虞夏及周制殷則三等公侯伯也此公侯伯子男獨以侯爲名而稱諸侯者舉中而言又爾雅侯爲君故以侯言之伯亦居中不言諸伯者嫌是東西二伯及九州之伯故也　上大夫卿者見下文云下大夫倍上士卿四大夫禄是下大夫之上則有卿故知上大夫即卿也此上大夫卿外唯有下大夫所以下文除卿之外更有上大夫下大夫者謂就下大夫之中更分爲上下耳卿者白虎通云卿之言嚮也爲人所歸嚮大夫者達人謂扶達於人士者事也皇氏熊氏皆爲任職事其大夫之稱亦得兼三公故詩云三事大夫謂三公也上大夫卿亦兼孤也故春秋陽處父爲大傅經云晉殺其大夫陽處父是也孤亦稱公故鄉飲酒禮云公三重是孤也卿亦得稱公故春秋襄三十年傳云鄭伯有之臣稱伯有曰吾公在

壐谷士既命同而分爲三等者言士職卑德薄義取漸進故細分爲三卿與大夫德高位顯各有別命不復細分其諸侯以下及三公至士揔而言之皆謂之官官者管也以管領爲名若指其所主則謂之職故周禮云設官分職通卿大夫士也知諸侯亦爲官者尚書周官云唐虞稽古建官惟百下云外有州牧侯伯是州牧侯伯亦爲官也若細而言之諸侯非偏有所主則非官也故學記云大德不官注云天子諸侯是也諸侯亦稱職故左傳云小有述職大有巡功述職謂諸侯朝天子是諸侯稱職也其爵則殷以前大夫以上有爵故士冠禮云古者生無爵死無謚謂士也周則士亦有爵故鄭注周制以士爲爵死猶不爲謚耳是也　注二五象五行剛柔十日　正義曰知象陰陽者案元命包云周爵五等法五精注云五精是其揔法五行分之則法五剛甲丙戊庚壬其諸侯之臣法五柔乙丁己辛癸是也

天子之田方千里象日月之大亦取晷同也此謂縣內以祿公卿大夫元士

公侯田方百里伯七十里子男五十里不能五十里者不合於天子附於諸侯曰附庸天子之三公之田視公侯天子之卿視伯天子之大夫視子男天子之元士視附庸皆象星辰之大小也不合謂不朝會也小城曰附庸附庸者以國事附於大國未能以其名通也視猶比也元善也善士謂命士也此地殷所因夏爵三等之制也殷有鬼侯梅伯春秋變周之文從殷之質合伯子男以爲一則殷爵三等者公侯伯也異畿內謂之子周武王初定天下更立五等之爵增以子男而猶因殷之地以九州之界尚狹也周公攝政致大平斥大九州之界制禮成武王之意封王者之後爲公及有功之諸侯大者地方五

壐谷士既命同而分爲三等者言士職卑德薄義取漸進故細分爲三卿與大夫德高位顯各有別命不復細分其諸侯以下及三公至士揔而言之皆謂之官官者管也以管領爲名若指其所主則謂之職故周禮云設官分職通卿大夫士也知諸侯亦爲官者尚書周官云唐虞稽古建官惟百下云外有州牧侯伯是州牧侯伯亦爲官也若細而言之諸侯非偏有所主則非官也故學記云大德不官注云天子諸侯是也諸侯亦稱職故左傳云小有述職大有巡功述職謂諸侯朝天子是諸侯稱職也其爵則殷以前大夫以上有爵故士冠禮云古者生無爵死無謚謂士也周則士亦有爵故鄭注周制以士爲爵死猶不爲謚耳是也　注二五象五行剛柔十日　正義曰知象陰陽者案元命包云周爵五等法五精注云五精是其揔法五行分之則法五剛甲丙戊庚壬其諸侯之臣法五柔乙丁己辛癸是也

天子之田方千里象日月之大亦取晷同也此謂縣內以祿公卿大夫元士

公侯田方百里伯七十里子男五十里不能五十里者不合於天子附於諸侯曰附庸天子之三公之田視公侯天子之卿視伯天子之大夫視子男天子之元士視附庸皆象星辰之大小也不合謂不朝會也小城曰附庸附庸者以國事附於大國未能以其名通也視猶比也元善也善士謂命士也此地殷所因夏爵三等之制也殷有鬼侯梅伯春秋變周之文從殷之質合伯子男以爲一則殷爵三等者公侯伯也異畿內謂之子周武王初定天下更立五等之爵增以子男而猶因殷之地以九州之界尚狹也周公攝政致大平斥大九州之界制禮成武王之意封王者之後爲公及有功之諸侯大者地方五

足利本第十五卷第四葉

百里其次侯四百里其次伯三百里其次子二百里其次
男百里所因殷之諸侯亦以功黜陟之其不合者皆益之
地爲百里焉是以周世有爵尊而國小爵卑而國
大者唯天子畿内不增以禄羣臣不主爲治民〔疏〕正義
曰此一節論天子畿内之田及畿外五等諸侯及畿内公
卿受地多少之法各隨文解之〔注〕象日至元士　正義
曰案元命包云日圓望之廣尺以應千里故云象日月之
大亦取畧同也者案考靈耀云地與星辰四遊升降於三
萬里之中夏至之景尺有五寸是半三萬里得萬五千里
故鄭注司徒云凡日景於地千里而差一寸是千里同一
寸也細而言之就千里之内亦漸漸分數不同此云同一
寸者大畧而言之非但象日月大小又取畧同故云亦云
以禄公卿大夫元士者即下文三公之田視公侯天子之
卿視伯以下是也案下注云待封王之子弟此唯言公卿
大夫元士者舉正者言之耳〔注〕皆象至治民　正義曰
皆象星辰之大小也者案元命包云王者封之上應列宿

禮記正義十五　四　馬祐

之位注云若角亢爲鄭房心爲宋之比又云其餘小國不
中星辰者以爲附庸是象星辰大小也非但象星辰其百
里者又象雷故援神契云王者之後稱公大國稱侯皆千
乘象雷震百里是取法於雷也其七十里者倍減於百里
五十里者倍減於七十里故孝經云德不倍者不異其爵
功不倍者不異其土故轉相半别優劣云不合謂不朝會
也者謂不得與諸侯集合朝會天子也云小城曰附庸者
庸城也謂小國之城不能自通以其國事附於大國故曰
附庸此不能五十里故爲小國之城若詩崇墉言言及易
公用射隼于高墉之上是大國之城亦名庸也云元善也
善士謂命士也者案易文言云元者善之長也故元爲善
也案周禮注天子上士三命中士再命下士一命故云善
士謂命士則上中下之士皆稱元士也天子之士所以稱
元者異於諸侯之士也周禮公侯伯之士雖一命不得稱
元士其夏殷以上諸侯之士皆不命也故下文云小國之
卿與下大夫一命是士不得命也云此地殷所因夏爵三

潘本第十五卷第四葉

百里其次侯四百里其次伯三百里其次子二百里其次
男百里所因殷之諸侯亦以功黜陟之其不合者皆益之
地爲百里焉是以周世有爵尊而國小爵卑而國
大者唯天子畿内不增以禄羣臣不主爲治民〔疏〕正義
曰此一節論天子畿内之田及畿外五等諸侯及畿内公
卿受地多少之法各隨文解之〔注〕象日至元士　正義
曰案元命包云日圓望之廣尺以應千里故云象日月之
大亦取畧同也者案考靈耀云地與星辰四遊升降於三
萬里之中夏至之景尺有五寸是半三萬里得萬五千里
故鄭注司徒云凡日景於地千里而差一寸是千里同一
寸也細而言之就千里之内亦漸漸分數不同此云同一
寸者大畧而言之非但象日月大小又取畧同故云亦云
以禄公卿大夫元士者即下文三公之田視公侯天子之
卿視伯以下是也案下注云待封王之子弟此唯言公卿
大夫元士者舉正者言之耳〔注〕皆象至治民　正義曰
皆象星辰之大小也者案元命包云王者封之上應列宿

禮記正義十五　四　馬祐

之位注云若角亢爲鄭房心爲宋之比又云其餘小國不
中星辰者以爲附庸是象星辰大小也非但象星辰其百
里者又象雷故援神契云王者之後稱公大國稱侯皆千
乘象雷震百里是取法於雷也其七十里者倍減於百里
五十里者倍減於七十里故孝經云德不倍者不異其爵
功不倍者不異其土故轉相半别優劣云不合謂不朝會
也者謂不得與諸侯集合朝會天子也云小城曰附庸者
庸城也謂小國之城不能自通以其國事附於大國故曰
附庸此不能五十里故爲小國之城若詩崇墉言言及易
公用射隼于高墉之上是大國之城亦名庸也云元善也
善士謂命士也者案易文言云元者善之長也故元爲善
也案周禮注天子上士三命中士再命下士一命故云善
士謂命士則上中下之士皆稱元士也天子之士所以稱
元者異於諸侯之士也周禮公侯伯之士雖一命不得稱
元士其夏殷以上諸侯之士皆不命也故下文云小國之
卿與下大夫一命是士不得命也云此地殷所因夏爵三

等之制也者以夏會諸侯於塗山執玉帛者萬國若不百里七十里五十里則不得爲萬國也故知夏爵三等之制知此經文不直舉夏時而云殷所因者若經指夏時則下當云萬國不得云凡九州千七百七十三國故以爲殷所因夏爵三等之制也其國則少於夏也云殷有鬼侯梅伯案明堂位云脯鬼侯又呂氏春秋云昔紂爲無道殺梅伯而醢之殺鬼侯而脯之以禮諸侯於廟楚辭云梅伯菹醢是殷有鬼侯梅伯也鄭引此者證殷有侯有伯二王之後稱公則殷亦有公可知也云春秋變周之文從殷之質合伯子男以爲一者案公羊傳桓十一年九月鄭忽出奔衛忽何以名春秋伯子男一也辭無所貶何休云春秋改周之文從殷之質合伯子男爲一一辭無所貶皆從子春秋之時伯亦得稱子子亦得稱伯今鄭是伯爵忽若稱子與成君無異則不見在喪之降貶故在喪降而稱名非爲貶責稱名故云辭無所貶何休之意合伯子男爲一皆從稱子也鄭康成此注之意合伯子男以爲一皆稱伯也與何

禮記義十五　五　馬

休不同故鄭云殷爵三等者公侯伯也若殷家夷狄之君大者亦稱伯故書序云巢伯來朝注云伯爵也南方遠國云則殷爵三等者公侯伯也者則公百里侯七十里伯五十里也云異畿內謂之子者畿外既有公侯伯標異畿內特謂之子爵雖爲子若作三公則受百里之地若作卿則受七十里之地若作大夫則受五十里之地殷家雖因於夏畿內之制與夏不同夏之畿內國皆方五十里故鄭注尚書萬國之數云四百國在畿內是皆五十里殷之畿內據下文有百里之國九七十里之國二十有一五十里之國六十有三凡九十三國是與夏不同也張逸問殷爵三等公侯伯尚書有微子箕子何鄭荅云微子箕子實是畿內采地之爵非畿外治民之君故云子也云周武王初定天下更立五等之爵增以子男者案尚書武成云列爵惟五分土惟三既云列爵惟五故知增以子男也云而猶因殷之地以九州之界尚狹也者解所以列爵既五則應五等之士上公五百里以下猶因殷之地公侯百里伯七十

等之制也者以夏會諸侯於塗山執玉帛者萬國若不百里七十里五十里則不得爲萬國也故知夏爵三等之制知此經文不直舉夏時而云殷所因者若經指夏時則下當云萬國不得云凡九州千七百七十三國故以爲殷所因夏爵三等之制也其國則少於夏也云殷有鬼侯梅伯案明堂位云脯鬼侯又呂氏春秋云昔紂爲無道殺梅伯而醢之殺鬼侯而脯之以禮諸侯於廟楚辭云梅伯菹醢是殷有鬼侯梅伯也鄭引此者證殷有侯有伯二王之後稱公則殷亦有公可知也云春秋變周之文從殷之質合伯子男以爲一者案公羊傳桓十一年九月鄭忽出奔衛忽何以名春秋伯子男一也辭無所貶何休云春秋改周之文從殷之質合伯子男爲一一辭無所貶皆從子春秋之時伯亦得稱子子亦得稱伯今鄭是伯爵忽若稱子與成君無異則不見在喪之降貶故在喪降而稱名非爲貶責稱名故云辭無所貶何休之意合伯子男爲一皆從稱子也鄭康成此注之意合伯子男以爲一皆稱伯也與何

禮記義十五　五　馬

休不同故鄭云殷爵三等者公侯伯也若殷家夷狄之君大者亦稱伯故書序云巢伯來朝注云伯爵也南方遠國云則殷爵三等者公侯伯也者則公百里侯七十里伯五十里也云異畿內謂之子者畿外既有公侯伯標異畿內特謂之子爵雖爲子若作三公則受百里之地若作卿則受七十里之地若作大夫則受五十里之地殷家雖因於夏畿內之制與夏不同夏之畿內國皆方五十里故鄭注尚書萬國之數云四百國在畿內是皆五十里殷之畿內據下文有百里之國九七十里之國二十有一五十里之國六十有三凡九十三國是與夏不同也張逸問殷爵三等公侯伯尚書有微子箕子何鄭荅云微子箕子實是畿內采地之爵非畿外治民之君故云子也云周武王初定天下更立五等之爵增以子男者案尚書武成云列爵惟五分土惟三既云列爵惟五故知增以子男也云而猶因殷之地以九州之界尚狹也者解所以列爵既五則應五等之士上公五百里以下猶因殷之地公侯百里伯七十

足利本第十五卷第六葉

里子男五十里爲三等以雖伐紂九州之地尚陿狹未得
五等之封故也云周公攝政致大平斥大九州之界制禮
成武王之意者斥大謂開斥廣大於先中國方三千里今
方七千是斥大九州之界也武王既列爵惟五是意欲爲五
等之封但爲界狹今周公爲五等之封是成武王之意云
諸侯大者地方五百里以下皆大司徒職文云所因殷之
諸侯亦以功黜陟之者謂周之諸侯既以有功封建其國
所因殷之諸侯既無大罪不可以絶滅亦如周之諸侯以
動多少黜退之升陟之殷之諸侯大者百里今日有功則
升陟或二百里或三百里是陟之也云黜者謂於周家有
過諸侯黨紂爲惡者皆黜退之不復得爲諸侯或黜滅至
七十五十里或有罪黜爲附庸也云其不合者皆益之地
爲百里焉謂其不以功過黜陟者謂平常諸侯皆益之地
使滿百里焉云周世有爵尊而國小爵卑而國大者張逸
疑而不解以問於鄭鄭荅之云設今有五十里之國於此
無功可進無過可退亦就益其地爲百里之國爵尊而國

禮記義十五　六　施珎

小者若虞虢之君爵爲公地方百里爵卑而國大者侯四
百里伯三百里子男二百里皆大於虞虢鄭通言男亦二
百里者據男有功得附庸者言之耳大於虞虢百里之意
云唯天子畿内不增以禄羣臣不主爲治民者解畿外之
地公侯伯子男皆増其地今畿内公卿大夫采地不增益
之者本以禄賜羣臣不須増益其地以其不主爲治民故
也外土諸侯本爲治民須便民利國故須増益其封周之
畿内有百里之國有五十里之國有二十五里之國鄭注
小司徒云百里之國凡四都五十里之國凡四縣二十五
里之國凡四甸故崔氏云畿内有百里之國有五十里之
國有二十五里之國元命包云周爵五等法五情春秋三
等象三光説者因此以爲文家爵五等質家爵三等若然
夏家文應五等虞家質應三等案虞書輯五瑞修五禮五
玉豈復三等乎又禮緯含文嘉云殷爵三等殷正尚白白
者兼正中故三等夏尚黑亦從三等案孝經夏制而云
公侯伯子男是不爲三等也含文嘉之文又不可用也制

潘本第十五卷第六葉

里子男五十里爲三等以雖伐紂九州之地尚陿狹未得
五等之封故也云周公攝政致大平斥大九州之界制禮
成武王之意者斥大謂開斥廣大於先中國方三千里今
方七千是斥大九州之界也武王既列爵惟五是意欲爲五
等之封但爲界狹今周公爲五等之封是成武王之意云
諸侯大者地方五百里以下皆大司徒職文云所因殷之
諸侯亦以功黜陟之者謂周之諸侯既以有功封建其國
所因殷之諸侯既無大罪不可以絶滅亦如周之諸侯以
動多少黜退之升陟之殷之諸侯大者百里今日有功則
升陟或二百里或三百里是陟之也云黜者謂於周家有
過諸侯黨紂爲惡者皆黜退之不復得爲諸侯或黜滅至
七十五十里或有罪黜爲附庸也云其不合者皆益之地
爲百里焉謂其不以功過黜陟者謂平常諸侯皆益之地
使滿百里焉云周世有爵尊而國小爵卑而國大者張逸
疑而不解以問於鄭鄭荅之云設今有五十里之國於此
無功可進無過可退亦就益其地爲百里之國爵尊而國

禮記義十五　六　施珎

小者若虞虢之君爵爲公地方百里爵卑而國大者侯四
百里伯三百里子男二百里皆大於虞虢鄭通言男亦二
百里者據男有功得附庸者言之耳大於虞虢百里之意
云唯天子畿内不增以禄羣臣不主爲治民者解畿外之
地公侯伯子男皆増其地今畿内公卿大夫采地不增益
之者本以禄賜羣臣不須増益其地以其不主爲治民故
也外土諸侯本爲治民須便民利國故須増益其封周之
畿内有百里之國有五十里之國有二十五里之國鄭注
小司徒云百里之國凡四都五十里之國凡四縣二十五
里之國凡四甸故崔氏云畿内有百里之國有五十里之
國有二十五里之國元命包云周爵五等法五情春秋三
等象三光説者因此以爲文家爵五等質家爵三等若然
夏家文應五等虞家質應三等案虞書輯五瑞修五禮五
玉豈復三等乎又禮緯含文嘉云殷爵三等殷正尚白白
者兼正中故三等夏尚黑亦從三等案孝經夏制而云
公侯伯子男是不爲三等也含文嘉之文又不可用也制

足利本第十五卷第七葉

農田百畝百畝之分上農夫食九人其次食八人其次食七人其次食六人下農夫食五人庶人在官者其祿以是爲差也農夫皆受田於公田肥墽有五等收入不同也庶人在官謂府史之屬官長所除不命於天子國君者分或爲糞諸侯之下士視上農夫祿足以代其耕也中士倍下士上士倍中士下大夫倍上士卿四大夫祿君十卿祿次國之卿三大夫祿君十卿祿小國之卿倍

禮記義十五　七　徐着

大夫祿君十卿祿此班祿尊卑之差○疏正義曰此一節論制農田有上中下以祿庶人在官及士大夫并卿及君之祿各隨文解之○注農夫至爲糞　正義曰農夫皆受田於公者以經云制農田是王者制度授農以田是農夫受田於公也云肥墽有五等收入不同也者案周禮地有九等故司徒上地家七人中地家六人下地家五人注云有夫有婦然後爲家自二人以至於十人爲九等一家男女七人以上則授之以上地所養者衆也男女五人以下則授之以下地所養者寡也正以七人六人五人爲率者舉中而言如鄭此言上地家七人者爲中地之上家六人者謂中地之中家五人者謂中地之下此推之下地之上家四人下地之中家三人下地之下家二人則上地之上家十人上地之中家九人上地之下家八人是則有九等從十人而以至於二人此經地唯五等自九人而下至五人不同者大司徒所云農夫授田實有九等此據準庶人在官之祿最下

潘本第十五卷第七葉

農田百畝百畝之分上農夫食九人其次食八人其次食七人其次食六人下農夫食五人庶人在官者其祿以是爲差也農夫皆受田於公田肥墽有五等收入不同也庶人在官謂府史之屬官長所除不命於天子國君者分或爲糞諸侯之下士視上農夫祿足以代其耕也中士倍下士上士倍中士下大夫倍上士卿四大夫祿君十卿祿次國之卿三大夫祿君十卿祿小國之卿倍

禮記義十五　七　徐着

大夫祿君十卿祿此班祿尊卑之差○疏正義曰此一節論制農田有上中下以祿庶人在官及士大夫并卿及君之祿各隨文解之○注農夫至爲糞　正義曰農夫皆受田於公者以經云制農田是王者制度授農以田是農夫受田於公也云肥墽有五等收入不同也者案周禮地有九等故司徒上地家七人中地家六人下地家五人注云有夫有婦然後爲家自二人以至於十人爲九等一家男女七人以上則授之以上地所養者衆也男女五人以下則授之以下地所養者寡也正以七人六人五人爲率者舉中而言如鄭此言上地家七人者爲中地之上家六人者謂中地之中家五人者謂中地之下此推之下地之上家四人下地之中家三人下地之下家二人則上地之上家十人上地之中家九人上地之下家八人是則有九等從十人而以至於二人此經地唯五等自九人而下至五人不同者大司徒所云農夫授田實有九等此據準庶人在官之祿最下

足利本第十五卷第八葉

者猶五人故從上農夫至五人而已司徒上地家十人此云上農夫食九人者謂上中之地亦爲上地即上農夫不言上上者欲取九人當下士禄亦與司徒不異也既有九等案大司徒不易之地家百畮一易之地家二百畮再易之地家三百畮地唯有三等者大司徒言其大綱其實不易一易再易各爲三等則九等也案異義左氏說山林之地九夫爲度九度而當一井藪澤之地九夫爲鳩八鳩當一井京陵之地九夫爲辨七辨而當一井淳鹵之地九夫爲表六表而當一井彊潦之地九夫爲藪五藪而當一井偃豬之地九夫爲規四規而當一井原防之地九夫爲町三町而當一井隰皐之地九夫爲牧二牧而當一井衍沃之地九夫爲井賦法積四十五井除山川坑岸三十六井定出賦者九井則千里之畿地方百萬井除山川坑岸三十六萬井定出賦者六十四萬井長轂萬乘如異義此說則方十里凡百井三十六井爲山川坑岸六十四井爲平地出稅案鄭注小司徒成方十里緣邊一里治爲溝洫則

禮記義十五　八

三十六井其餘方八里爲甸六十四井出田稅與異義不同者異義所云通山林藪澤九等而言之鄭注小司徒者據衍沃平地而言之所以不同也異義九等者據大略國中有山林至衍沃之等言之周禮九等者據授民地肥瘠有九等與異義不同也尚書禹貢注云一井上上出九夫稅上中出八夫稅上下出七夫稅中上出六夫稅中中出五夫稅中下出四夫稅下上出三夫稅下中出二夫稅下下出一夫稅所以又有此九等者以禹貢九州有上中下九等出沒不同故以井田計之以一州當一井假令冀州上上出九百萬夫之稅兖州下下出一百萬夫之稅是九州大較相比如此非謂冀州之民皆出上上兖州之民皆出下下與周禮九等又不同也所以上農夫得食九人者以史記云上地畝一鍾鍾六斛四斗百畝百鍾則六百四十斛案食貨志又云上孰其收自四斛則百畝四百斛也案廩人中歲人食三鬴其九人之內老幼相通不皆人食三鬴故食九人也其民之常稅不過什一又庶民喪祭費用

潘本第十五卷第八葉

者猶五人故從上農夫至五人而已司徒上地家十人此云上農夫食九人者謂上中之地亦爲上地即上農夫不言上上者欲取九人當下士禄亦與司徒不異也既有九等案大司徒不易之地家百畮一易之地家二百畮再易之地家三百畮地唯有三等者大司徒言其大綱其實不易一易再易各爲三等則九等也案異義左氏說山林之地九夫爲度九度而當一井藪澤之地九夫爲鳩八鳩當一井京陵之地九夫爲辨七辨而當一井淳鹵之地九夫爲表六表而當一井彊潦之地九夫爲藪五藪而當一井偃豬之地九夫爲規四規而當一井原防之地九夫爲町三町而當一井隰皐之地九夫爲牧二牧而當一井衍沃之地九夫爲井賦法積四十五井除山川坑岸三十六井定出賦者九井則千里之畿地方百萬井除山川坑岸三十六萬井定出賦者六十四萬井長轂萬乘如異義此說則方十里凡百井三十六井爲山川坑岸六十四井爲平地出稅案鄭注小司徒成方十里緣邊一里治爲溝洫則

禮記義十五卷　八

三十六井其餘方八里爲甸六十四井出田稅與異義不同者異義所云通山林藪澤九等而言之鄭注小司徒者據衍沃平地而言之所以不同也異義九等者據大略國中有山林至衍沃之等言之周禮九等者據授民地肥瘠有九等與異義不同也尚書禹貢注云一井上上出九夫稅上中出八夫稅上下出七夫稅中上出六夫稅中中出五夫稅中下出四夫稅下上出三夫稅下中出二夫稅下下出一夫稅所以又有此九等者以禹貢九州有上中下九等出沒不同故以井田計之以一州當一井假令冀州上上出九百萬夫之稅兖州下下出一百萬夫之稅是九州大較相比如此非謂冀州之民皆出上上兖州之民皆出下下與周禮九等又不同也所以上農夫得食九人者以史記云上地畝一鍾鍾六斛四斗百畝百鍾則六百四十斛案食貨志又云上孰其收自四斛則百畝四百斛也案廩人中歲人食三鬴其九人之內老幼相通不皆人食三鬴故食九人也其民之常稅不過什一又庶民喪祭費用

又少且年有豐儉不恒上執崔氏以爲畝皆一鍾人恒食
四鬴又爲什二而稅又云祭用數之仂者苟欲計筭使合
其義非也云庶人在官謂府史之屬者則周禮大宰云府
六人史十有二人云之屬謂工人賈人及胥徒也云官長
所除不命於天子國君者官長謂冢宰爲天官之長司徒
爲地官之長自所命或若大府爲府藏官之長大司樂爲
樂官之長是也言所除者謂所命之官除去其舊名籍周
禮注云凡府史以下官長所自辟除以其非九命之內故
知不命於天子國君也若子男之士雖無命亦當命於國
君也以其稱士故也 注此班祿尊卑之差 正義曰經
云下士視上農夫祿足以代其耕也則庶人在官者雖食
八人以下不得代耕故載師有官田謂庶人在官之田大
夫以下位卑祿少故大小國不殊卿與君祿重位尊故祿
隨國之大小爲節按周禮天子卿大夫士與諸侯之臣執贄
同則祿亦同也此自下士至小國之卿倍大夫祿皆據無
采地者言之故鄭荅臨碩云王畿方千里者凡九百萬夫

禮記義十五　九　王宗

之地三分去一定受田者三百萬夫出都家之田以其餘
地之稅祿無田者下士食九人中士食十八人上士三十
六人下大夫七十二人中大夫
百四十四人卿二百八十八人 次國之上卿位當
大國之中中當其下下當其上大夫小
國之上卿位當大國之下卿中當其上
大夫下當其下大夫 此諸侯使卿大夫覜聘並會之序也其位爵同小國
在下爵異固在上耳 其有中士下士者數各居其上
之三分 謂其爲介若特行而並會也居猶當也此據大國而言大國之士爲上次國之士爲中小國之
士爲下士之數國皆二十七人各三分之上九中九下九
以位相當則次國之上士當大國之中中當其下小國之

足利本第十五卷第九葉

又少且年有豐儉不恒上執崔氏以爲畝皆一鍾人恒食
四鬴又爲什二而稅又云祭用數之仂者苟欲計筭使合
其義非也云庶人在官謂府史之屬者則周禮大宰云府
六人史十有二人云之屬謂工人賈人及胥徒也云官長
所除不命於天子國君者官長謂冢宰爲天官之長司徒
爲地官之長自所命或若大府爲府藏官之長大司樂爲
樂官之長是也言所除者謂所命之官除去其舊名籍周
禮注云凡府史以下官長所自辟除以其非九命之內故
知不命於天子國君也若子男之士雖無命亦當命於國
君也以其稱士故也 注此班祿尊卑之差 正義曰經
云下士視上農夫祿足以代其耕也則庶人在官者雖食
八人以下不得代耕故載師有官田謂庶人在官之田大
夫以下位卑祿少故大小國不殊卿與君祿重位尊故祿
隨國之大小爲節按周禮天子卿大夫士與諸侯之臣執贄
同則祿亦同也此自下士至小國之卿倍大夫祿皆據無
采地者言之故鄭荅臨碩云王畿方千里者凡九百萬夫

禮記義十五　九　王宗

之地三分去一定受田者三百萬夫出都家之田以其餘
地之稅祿無田者下士食九人中士食十八人上士三十
六人下大夫七十二人中大夫
百四十四人卿二百八十八人 次國之上卿位當
大國之中中當其下下當其上大夫小
國之上卿位當大國之下卿中當其上
大夫下當其下大夫 此諸侯使卿大夫覜聘並會之序也其位爵同小國
在下爵異固在上耳 其有中士下士者數各居其上
之三分 謂其爲介若特行而並會也居猶當也此據大國而言大國之士爲上次國之士爲中小國之
士爲下士之數國皆二十七人各三分之上九中九下九
以位相當則次國之上士當大國之中中當其下小國之

潘本第十五卷第九葉

足利本第十五卷第十葉

上士當大國之下凡非命士亦無出會之事春秋傳謂士爲微 疏 正義曰此一節論諸侯使卿大夫士覜聘班序行列之法各隨文解之 注 此諸至上耳 正義曰經文既稱大國小國大小並在則非是特來故知使卿大夫覜聘並會也云其位爵同小國在下者爵同謂同作卿也據經文小國卑於大國故知小國之卿在大國之卿下云爵異固在上耳者謂大國是大夫小國是卿則經云小國之卿位當大國之上大夫是小國之卿爵異於大國之大夫其爵既異固當在大夫之上必知爵異小國在上者以其卿執羔大夫執鴈又卿絺冕大夫玄冕故知小國之卿不得在大國大夫之下也 其有至三分 中士者謂次國之士下士者謂小國之士大國之士既分爲三分次國小國之士亦分爲三分今大國之士既在朝會若其有中國之士小國之士者其行位之數各居其上國之三分之二謂次國以大國爲上而次國上九當大國中九次國中九當大國下九是當其大國之三分之二小國以次國

禮記義十五 張樞

爲上小國上九當次國中九小國中九當次國下九亦是居上三分之二也是各居上之三分 注 謂其至爲微 正義曰言謂其爲介者若聘禮士介四人是也若特行則隱元年及宋人盟於宿是也本國出使是行至他國與諸國並會也云此據大國而言者以經必云中士下士不云上士是文以大國爲主以中國下國來當之故知據大國而言云大國之士爲上次國之士爲中小國之士爲下者解經之中士爲中國之士下士爲下國之士經雖無上士之文以中士下士類之則上士爲大國之士也就上士中士下士之內各分爲上九中九下九言大國之士爲上不解經之上字者自謂次國以大國爲上小國以次國爲上耳云凡非命士亦無出會之事者即祭法庶士是也云春秋傳謂士爲微者隱元年及宋人盟於宿公羊傳云孰及之內之微者也是謂士爲微也 凡四海之內九州州方千里州建百里之國三十七十里

潘本第十五卷第十葉

上士當大國之下凡非命士亦無出會之事春秋傳謂士爲微 疏 正義曰此一節論諸侯使卿大夫士覜聘班序行列之法各隨文解之 注 此諸至上耳 正義曰經文既稱大國小國大小並在則非是特來故知使卿大夫覜聘並會也云其位爵同小國在下者爵同謂同作卿也據經文小國卑於大國故知小國之卿在大國之卿下云爵異固在上耳者謂大國是大夫小國是卿則經云小國之卿位當大國之上大夫是小國之卿爵異於大國之大夫其爵既異固當在大夫之上必知爵異小國在上者以其卿執羔大夫執鴈又卿絺冕大夫玄冕故知小國之卿不得在大國大夫之下也 其有至三分 中士者謂次國之士下士者謂小國之士大國之士既分爲三分次國小國之士亦分爲三分今大國之士既在朝會若其有中國之士小國之士者其行位之數各居其上國之三分之二謂次國以大國爲上而次國上九當大國中九次國中九當大國下九是當其大國之三分之二小國以次國

禮記義十五 十 張樞

爲上小國上九當次國中九小國中九當次國下九亦是居上三分之二也是各居上之三分 注 謂其至爲微 正義曰言謂其爲介者若聘禮士介四人是也若特行則隱元年及宋人盟於宿是也本國出使是行至他國與諸國並會也云此據大國而言者以經必云中士下士不云上士是文以大國爲主以中國下國來當之故知據大國而言云大國之士爲上次國之士爲中小國之士爲下者解經之中士爲中國之士下士爲下國之士經雖無上士之文以中士下士類之則上士爲大國之士也就上士中士下士之內各分爲上九中九下九言大國之士爲上不解經之上字者自謂次國以大國爲上小國以次國爲上耳云凡非命士亦無出會之事者即祭法庶士是也云春秋傳謂士爲微者隱元年及宋人盟於宿公羊傳云孰及之內之微者也是謂士爲微也 凡四海之內九州州方千里州建百里之國三十七十里

之國六十五十里之國百有二十凡二百一十國名山大澤不以封其餘以爲附庸閒田八州州二百一十國

建立也立大國三十十三公也立次國六十十六卿也立小國百二十十二小卿也名山大澤不以封者與民同財不得障管亦賦稅之而已此大界方三千里三三而九方千里者九也其一爲縣內餘八各立一州此殷制也周公制禮九州大界方七千里七七四十九方千里者四十有九也其一爲畿內餘四十八八州各有方千里者六設法一州封地方五百里者不過四謂之大國又封方四百里者不過六又封方三百里者不過十一謂之次國又封方二百里者不過二十五及餘方百里者謂之小國盈上四等之數并四十六一州二百一十國則餘方百里者百六十四也凡處地方千里者五方百里者五十九其餘方百里者四十一附庸地也

禮記義十五　十一　宋琦

疏 正義曰此一節論四海之內九州州別建國多少及附庸閒田之法如鄭所注此經云是殷法也周禮則九服夷鎮蕃三服謂之四海四海之內謂要服以內殷則服數無文則必不與周同案爾雅釋地云九夷八狄七戎六蠻謂之四海孫炎云海之言晦晦闇於禮義此言四海之內謂夷狄之內也地方三千里以開方計之三三如九方千里者有九其一爲天子縣內下文具之以外八州州別方千里者有一州建百里之國三十是公國也七十里之國六十是侯國也五十里之國百有二十是伯國也是一州凡二百一十國必二百一十國者案元命包云陽成於三列於七三七二十一故二百一十國也其餘以爲附庸閒田謂置二百一十國外之餘地爲附庸閒田也若封人附於大國謂之附庸若未封人謂之閒田每州二百一十國所餘之地者則下文云方百里者十方十里者六十是也 注 建立至地也 正義曰建是樹立之義故建爲立也云立大國三十十三公也者鄭以天

之國六十五十里之國百有二十凡二百一十國名山大澤不以封其餘以爲附庸閒田八州州二百一十國

建立也立大國三十十三公也立次國六十十六卿也立小國百二十十二小卿也名山大澤不以封者與民同財不得障管亦賦稅之而已此大界方三千里三三而九方千里者九也其一爲縣內餘八各立一州此殷制也周公制禮九州大界方七千里七七四十九方千里者四十有九也其一爲畿內餘四十八八州各有方千里者六設法一州封地方五百里者不過四謂之大國又封方四百里者不過六又封方三百里者不過十一謂之次國又封方二百里者不過二十五及餘方百里者謂之小國盈上四等之數并四十六一州二百一十國則餘方百里者百六十四也凡處地方千里者五方百里者五十九其餘方百里者四十一附庸地也

禮記義十五　十一　宋琦

疏 正義曰此一節論四海之內九州州別建國多少及附庸閒田之法如鄭所注此經云是殷法也周禮則九服夷鎮蕃三服謂之四海四海之內謂要服以內殷則服數無文則必不與周同案爾雅釋地云九夷八狄七戎六蠻謂之四海孫炎云海之言晦晦闇於禮義此言四海之內謂夷狄之內也地方三千里以開方計之三三如九方千里者有九其一爲天子縣內下文具之以外八州州別方千里者有一州建百里之國三十是公國也七十里之國六十是侯國也五十里之國百有二十是伯國也是一州凡二百一十國必二百一十國者案元命包云陽成於三列於七三七二十一故二百一十國也其餘以爲附庸閒田謂置二百一十國外之餘地爲附庸閒田也若封人附於大國謂之附庸若未封人謂之閒田每州二百一十國所餘之地者則下文云方百里者十方十里者六十是也 注 建立至地也 正義曰建是樹立之義故建爲立也云立大國三十十三公也者鄭以天

足利本第十五卷第十二葉

子縣内三公之國亦百里令畿外大國亦百里是準擬畿内三公之地故云十三公也每十箇國則準一公是三十國準於三公也云立次國六十十六卿也者亦以畿内六卿之地方七十里令畿外次國亦七十里故知準擬六卿六十也通三孤則謂之九卿㩀有職事者言之故爲六卿也云立小國百二十十二小卿也者小卿則天子畿内大夫國方五十里令畿外小國亦五十里是準擬大夫當十於十二小卿也定本云十十二小卿重有十字俗本直云十二小卿俗本誤也云名山大澤不以封者與民同財者若封諸侯則諸侯爲主民不得取其財物故不封諸侯使民共取故山虞職云令萬民時斬材有期日是也云不得障管亦賦稅之而已者既不封諸侯其諸侯不得障塞管領禁民取物民既取物隨其所取賦稅而已故澤虞云使其地之人守其財物以時入之于玉府是也定本云不得不管亦賦稅而已謂雖不封諸侯諸侯不得不管若如此解則於而已二字爲妨恐定本誤也云此殷制也者以夏

禮記正義十五　十二　張樞

時萬國則地餘三千里周又中國方七千里令大界三千非夏非周故云殷制也其實夏之末年亦與殷同方三千里故下云天子之縣内鄭注云縣内夏時天子所居州界名也又云夏末既衰夷狄内侵土地減國數少是也云周公制禮九州大界方七千里者案大行人邦畿方千里其外方五百里謂之侯服甸服男服采服衛服要服服五百里通王畿四面相距爲七千里大行人要服已外即云九州之外謂之蕃國是要服以内爲中國也云設法一州封地方五百里者不過四者言設法謂假設爲法非實封也故職方云千里封公以方五百里則四公注云每事言則者設法也是不實封必知不實封者以每州有四公八州則三十二公周之上公則唯杞宋耳故知非實封也一州有千里之方六則一箇千里之方爲方百里者百一箇五百里之國爲方百里者二十五四箇二十五用千里之方一是方五百里者不過四也云又封方四百里者不過六者以一箇四百里之國爲方百里者一十六六箇一十六

潘本第十五卷第十二葉

子縣内三公之國亦百里令畿外大國亦百里是準擬畿内三公之地故云十三公也每十箇國則準一公是三十國準於三公也云立次國六十十六卿也者亦以畿内六卿之地方七十里令畿外次國亦七十里故知準擬六卿六十也通三孤則謂之九卿㩀有職事者言之故爲六卿也云立小國百二十十二小卿也者小卿則天子畿内大夫國方五十里令畿外小國亦五十里是準擬大夫當十於十二小卿也定本云十十二小卿重有十字俗本直云十二小卿俗本誤也云名山大澤不以封者與民同財者若封諸侯則諸侯爲主民不得取其財物故不封諸侯使民共取故山虞職云令萬民時斬材有期日是也云不得障管亦賦稅之而已者既不封諸侯其諸侯不得障塞管領禁民取物民既取物隨其所取賦稅而已故澤虞云使其地之人守其財物以時入之于玉府是也定本云不得不管亦賦稅而已謂雖不封諸侯諸侯不得不管若如此解則於而已二字爲妨恐定本誤也云此殷制也者以夏

禮記正義十五　十二　張樞

時萬國則地餘三千里周又中國方七千里令大界三千非夏非周故云殷制也其實夏之末年亦與殷同方三千里故下云天子之縣内鄭注云縣内夏時天子所居州界名也又云夏末既衰夷狄内侵土地減國數少是也云周公制禮九州大界方七千里者案大行人邦畿方千里其外方五百里謂之侯服甸服男服采服衛服要服服五百里通王畿四面相距爲七千里大行人要服已外即云九州之外謂之蕃國是要服以内爲中國也云設法一州封地方五百里者不過四者言設法謂假設爲法非實封也故職方云千里封公以方五百里則四公注云每事言則者設法也是不實封必知不實封者以每州有四公八州則三十二公周之上公則唯杞宋耳故知非實封也一州有千里之方六則一箇千里之方爲方百里者百一箇五百里之國爲方百里者二十五四箇二十五用千里之方一是方五百里者不過四也云又封方四百里者不過六者以一箇四百里之國爲方百里者一十六六箇一十六

足利本第十五卷第十三葉

爲九十六是用百里之方九十六爲六箇四百里之國故云方四百里者不過六用千里之方一猶餘百里之方四云又封方三百里者不過十一者以一箇三百里之國爲方百里者九十一箇九爲九十九是用百里之方九十九故云封方三百里者不過十一用千里之方一猶餘百里之方一一云又封方二百里者不過二十五者以一箇二百里之國爲方百里者四二十五箇二百里國用千里之方一故云封方二百里者不過二十五云盈上四等之數者謂將此百里小國一百六十四添盈公侯伯子四等之數四十六則爲一州二百一十國也云則餘方百里者百六十四也者以其上唯云餘方百里者謂之小國不顯其數多少直言盈上四等之數四等既有四十六若添滿二百一十必須百六十四故云方百里者百六十四也云凡處地方千里者五方百里者五十九者封公則四是用千里之方一封侯則六又用千里之方一封伯十一又用千里之方一封子二十五又用千里之方一封男百又用千里之方

禮記義十五　十三　宋瑜

一是處地方千里者五男國更須六十四則應須百里之方六十四但千里之方六封侯之外猶餘百里之方四千里之方封伯十一之外猶餘百里之方一是五箇千里之方內摠餘百里之方五得爲五箇男國則五箇千里之方外更得五十九箇百里之方是滿六十四也云其餘方百里者四十一附庸地也者以百里之方百去其五十九故餘四十一也案鄭注大司徒云侯附庸九同伯附庸七同子附庸五同男附庸三同今一州唯有方百里者四十一得備侯伯子男二百一十國附庸者鄭注司徒云凡諸侯爲牧正帥長及有德者乃有附庸非國國皆有且此云州別二百一十國及侯附庸九同皆設法而言非實事也注侯附庸九同者諸侯有功可進爲公爲四百里之上加九同得進爲五百里也伯於三百之上加七同得爲四百里進爲侯也子於二百里之上加五同得爲三百里進爲伯也男於百里之上加三同得爲二百里進爲子也言同者謂積累衆附庸而滿同也非謂一附庸居一同也鄭注司

潘本第十五卷第十三葉

爲九十六是用百里之方九十六爲六箇四百里之國故云方四百里者不過六用千里之方一猶餘百里之方四云又封方三百里者不過十一者以一箇三百里之國爲方百里者九十一箇九爲九十九是用百里之方九十九故云封方三百里者不過十一用千里之方一猶餘百里之方一一云又封方二百里者不過二十五者以一箇二百里之國爲方百里者四二十五箇二百里國用千里之方一故云封方二百里者不過二十五云盈上四等之數者謂將此百里小國一百六十四添盈公侯伯子四等之數四十六則爲一州二百一十國也云則餘方百里者百六十四也者以其上唯云餘方百里者謂之小國不顯其數多少直言盈上四等之數四等既有四十六若添滿二百一十必須百六十四故云方百里者百六十四也云凡處地方千里者五方百里者五十九者封公則四是用千里之方一封侯則六又用千里之方一封伯十一又用千里之方一封子二十五又用千里之方一封男百又用千里之方

禮記義十五　十三　宋瑜

一是處地方千里者五男國更須六十四則應須百里之方六十四但千里之方六封侯之外猶餘百里之方四千里之方封伯十一之外猶餘百里之方一是五箇千里之方內摠餘百里之方五得爲五箇男國則五箇千里之方外更得五十九箇百里之方是滿六十四也云其餘方百里者四十一附庸地也者以百里之方百去其五十九故餘四十一也案鄭注大司徒云侯附庸九同伯附庸七同子附庸五同男附庸三同今一州唯有方百里者四十一得備侯伯子男二百一十國附庸者鄭注司徒云凡諸侯爲牧正帥長及有德者乃有附庸非國國皆有且此云州別二百一十國及侯附庸九同皆設法而言非實事也注侯附庸九同者諸侯有功可進爲公爲四百里之上加九同得進爲五百里也伯於三百之上加七同得爲四百里進爲侯也子於二百里之上加五同得爲三百里進爲伯也男於百里之上加三同得爲二百里進爲子也言同者謂積累衆附庸而滿同也非謂一附庸居一同也鄭注司

足利本第十五卷第十四葉

徒云公無附庸以其尊極故又鄭云魯以周公之故得兼四等加二十四附庸方七百里也 天子之縣內方百里之國九七十里之國二十有一五十里之國六十有三凡九十三國名山大澤不以朌其餘以祿士以為間田 縣內夏時天子所居州界名也㪍曰畿詩㪍頌曰邦畿千里維民所止周亦曰畿畿內大國九者三公之田三為有致仕者副之為六也其餘三待封王之子弟次國二十一者卿之田六亦為有致仕者副之為十二又三為三孤之田其餘六亦待封王之子弟小國六十三大夫之田二十七亦為有致仕者副之為五十四其餘九亦以待封王之子弟三孤之田不副者以其無職佐公論道耳雖其致仕猶可即而謀焉朌讀為班 [疏] 正義曰此經明天子縣內之國

數多少及祿士之法案㪍之與周稱畿唐虞稱服無云縣者今此特云縣內故鄭云夏時天子所居州界名也案鄭注益稷云禹會諸侯於塗山執玉帛者萬國四百國在畿內今此畿內唯有九十三國者蓋夏之一代畿內稱縣當夏禹之初有四百國至夏之末土地既減故與禹世不同未知於時縣內國數多少湯承夏末之後制為九十三國記者言縣明其承夏之餘國數是㪍湯之制故與四百國不同也　名山大澤不以朌者畿外列土諸侯有封建之義故云不以封畿內之臣既不世位有朌賜之義故云不以朌所以不朌者亦為與民共財不障管也雖不障民取其財物亦入之王府即周禮山虞澤虞所掌是也其餘以祿士以為間田者謂九十三國之餘則下文云其餘方百里者六十四方十里者九十六是也以九十三國以封公卿大夫故特云以祿士其實公卿之子父死之後既不世爵得食父祿故下文云大夫不世爵未賜爵視天子之元士以君其國是九十三國之外既云視元士則此祿士包之

潘本第十五卷第十四葉

徒云公無附庸以其尊極故又鄭云魯以周公之故得兼四等加二十四附庸方七百里也 天子之縣內方百里之國九七十里之國二十有一五十里之國六十有三凡九十三國名山大澤不以朌其餘以祿士以為間田 縣內夏時天子所居州界名也㪍曰畿詩㪍頌曰邦畿千里維民所止周亦曰畿畿內大國九者三公之田三為有致仕者副之為六也其餘三待封王之子弟次國二十一者卿之田六亦為有致仕者副之為十二又三為三孤之田其餘六亦待封王之子弟小國六十三大夫之田二十七亦為有致仕者副之為五十四其餘九亦以待封王之子弟三孤之田不副者以其無職佐公論道耳雖其致仕猶可即而謀焉朌讀為班 [疏] 正義曰此經明天子縣內之國

禮記正義十五 十四 何

數多少及祿士之法案㪍之與周稱畿唐虞稱服無云縣者今此特云縣內故鄭云夏時天子所居州界名也案鄭注益稷云禹會諸侯於塗山執玉帛者萬國四百國在畿內今此畿內唯有九十三國者蓋夏之一代畿內稱縣當夏禹之初有四百國至夏之末土地既減故與禹世不同未知於時縣內國數多少湯承夏末之後制為九十三國記者言縣明其承夏之餘國數是㪍湯之制故與四百國不同也　名山大澤不以朌者畿外列土諸侯有封建之義故云不以封畿內之臣既不世位有朌賜之義故云不以朌所以不朌者亦為與民共財不障管也雖不障民取其財物亦入之王府即周禮山虞澤虞所掌是也其餘以祿士以為間田者謂九十三國之餘則下文云其餘方百里者六十四方十里者九十六是也以九十三國以封公卿大夫故特云以祿士其實公卿之子父死之後既不世爵得食父祿故下文云大夫不世爵未賜爵視天子之元士以君其國是九十三國之外既云視元士則此祿士包之

足利本第十五卷第十五葉

也其不封公卿大夫及禄士之外並爲閒田則周禮云公邑也不云附庸者以縣內無附庸也所以畿外州建二百一十國之外則閒田少畿內九十三國之外閒田多者以畿外諸侯有大功德始有附庸故閒田少畿內每須肦賜故閒田多依周禮閒田自二百里之外以至五百里其大夫則於三百里爲采地卿則於四百里爲采地公則於五百里爲采地故載師云以公邑之田任甸地以家邑之田任稍地以小都之田任縣地以大都之田任畺地是也未知殷制如何其周之畿內采邑大小未聞則鄭注小司徒云百里之國凡四都五十里之國凡四縣二十五里之國凡四甸是謂畿內大國百里次國五十里小國二十五里又注大司徒云畿內之制未聞是知疑而不定此云禄士謂無地之士給之以地而當其禄不得爲采邑耳其實春秋之時公卿亦有無地者故春秋經劉子單子是有地者稱爵王子虎卒是無地者不稱爵也 注詩殷至謀焉

正義曰引詩殷頌者是玄鳥祀高宗之篇證殷稱畿也

禮記十五　十五　李仁

云周亦曰畿者周禮職方云千里曰王畿是也云爲有致仕者副之者以三公在朝既有正田今身既致仕不可仍食三公采邑身又見不可全無其地故公卿大夫皆有正職之田又有致仕副也云其餘三待封王之子弟者禮運云天子有田以處其子孫又周禮有都宗人家宗人祭祀皆致福於王是有封王之子弟也但王之子弟有同母異母有親疏之異親寵者與三公同平常者與六卿同疏遠者與大夫同故有三等之差也云三孤之田不副者自上差之三公之外其餘有三卿之外其餘有六大夫之外其餘有九皆以次相一若三孤有致仕之副則卿與公同其餘三非差次也云以其無職佐公論道耳雖其致仕猶可即而謀焉者案周禮三公雖無正職猶列於官參六卿之事故司徒云卿老則公一人三孤則不列於官故云無職但佐公論道在家其事一等雖退致仕猶可就而謀事不須致仕朝上更別立官故知不有之副

凡九州千七百七十

潘本第十五卷第十五葉

也其不封公卿大夫及禄士之外並爲閒田則周禮云公邑也不云附庸者以縣內無附庸也所以畿外州建二百一十國之外則閒田少畿內九十三國之外閒田多者以畿外諸侯有大功德始有附庸故閒田少畿內每須肦賜故閒田多依周禮閒田自二百里之外以至五百里其大夫則於三百里爲采地卿則於四百里爲采地公則於五百里爲采地故載師云以公邑之田任甸地以家邑之田任稍地以小都之田任縣地以大都之田任畺地是也未知殷制如何其周之畿內采邑大小未聞則鄭注小司徒云百里之國凡四都五十里之國凡四縣二十五里之國凡四甸是謂畿內大國百里次國五十里小國二十五里又注大司徒云畿內之制未聞是知疑而不定此云禄士謂無地之士給之以地而當其禄不得爲采邑耳其實春秋之時公卿亦有無地者故春秋經劉子單子是有地者稱爵王子虎卒是無地者不稱爵也 注詩殷至謀焉

正義曰引詩殷頌者是玄鳥祀高宗之篇證殷稱畿也

禮記十五　十五　馬

云周亦曰畿者周禮職方云千里曰王畿是也云爲有致仕者副之者以三公在朝既有正田今身既致仕不可仍食三公采邑身又見存不可全無其地故公卿大夫皆有正職之田又有致仕副邑云其餘三待封王之子弟者禮運云天子有田以處其子孫又周禮有都宗人家宗人祭祀皆致福於王是有封王之子弟也但王之子弟有同母異母有親疏之異親寵者封之與三公同平常者與六卿同疏遠者與大夫同故有三等之差也云三孤之田不副者自上差之三公之外其餘有三卿之外其餘有六大夫之外其餘有九皆以次相三若三孤有致仕之副則卿與公同其餘三非差次也云以其無職佐公論道耳雖其致仕猶可即而謀焉者案周禮三公雖無正職猶列於官參六卿之事故司徒云卿老二卿則公一人三孤則不列於官故云無職但佐公論道在朝在家其事一等雖退致仕猶可就而謀事不須致仕之後朝上更別立官故知不有致仕之副

凡九州千七百七十

足利本第十五卷第十六葉

三國天子之元士諸侯之附庸不與不與不在數中也春秋傳曰禹會諸侯於塗山執玉帛者萬國言執玉帛則是唯謂中國耳中國而言萬國則是諸侯之地有方百里有方七十里有方五十里者禹承堯舜而然矣要服之內地方七千里乃能容之夏末既衰夷狄內侵諸侯相并土地減國數少殷湯承之更制中國方三千里之界亦分爲九州而建此千七百七十三國焉周公復唐虞之舊域分其五服爲九其要服之內亦方七千里而因殷諸侯之數廣其土增其爵耳孝經說曰周千八百諸侯布列五千里內此文改周之法關盛衰之中三七之間以爲說也終此說之意五五二十五方千里者二十五也其一爲畿內餘二十四州各有方千里者三其餘諸侯之地大小則未得而聞

【疏】正義曰此一節揔明殷之畿內畿外國數之法前文云凡四海之內明殷之畿外諸侯次經明天子縣內殷之畿內國數此經揔明殷之畿內畿外故云

禮記義十五　十六

凡九州千七百七十三國天子之元士諸侯之附庸不在數中故云不與商王大計地方三千里畿外八州每一州二百一十國封爵三等八州一千六百八十國并王畿內九十三國計千七百七十三國天子之元士則下云方百里者六十四方十里者九十六是天子之元士又下云其餘方百里者十方十里者六十是諸侯附庸不在千七百七十三之數

【注】春秋至而聞　正義曰引春秋傳者哀七年左傳文時魯欲伐邾孟孫不欲諸大夫荅孟孫云禹會諸侯於塗山執玉帛者萬國今其存者無數十焉又襄二十五年傳云若無侵小何以至焉杜預云塗山在壽春東北與會稽別也若鄭康成之意塗山則會稽也故注尚書云禹朝羣臣於會稽執玉帛者萬國是以張逸疑而問鄭案左傳禹會諸侯於塗山執玉帛者萬國外傳云禹朝羣臣於會稽防風氏後至不與注相應何鄭荅云欲明諸侯守土之祀故兼用外傳內傳語者鄭意以塗山會稽爲一以諸侯爲守土之祀故云禹朝羣臣羣臣則諸侯也鄭

潘本第十五卷第十六葉

三國天子之元士諸侯之附庸不與不與不在數中也春秋傳曰禹會諸侯於塗山執玉帛者萬國言執玉帛則是唯謂中國耳中國而言萬國則是諸侯之地有方百里有方七十里有方五十里者禹承堯舜而然矣要服之內地方七千里乃能容之夏末既衰夷狄內侵諸侯相并土地減國數少殷湯承之更制中國方三千里之界亦分爲九州而建此千七百七十三國焉周公復唐虞之舊域分其五服爲九其要服之內亦方七千里而因殷諸侯之數廣其土增其爵耳孝經說曰周千八百諸侯布列五千里內此文改周之法關盛衰之中三七之間以爲說也終此說之意五五二十五方千里者二十五也其一爲畿內餘二十四州各有方千里者三其餘諸侯之地大小則未得而聞

【疏】正義曰此一節揔明殷之畿內畿外國數之法前文云凡四海之內明殷之畿外諸侯次經明天子縣內殷之畿內國數此經揔明殷之畿內畿外故云

禮記義十五　十六

凡九州千七百七十三國天子之元士諸侯之附庸不在數中故云不與商王大計地方三千里畿外八州每一州二百一十國封爵三等八州一千六百八十國并王畿內九十三國計千七百七十三國天子之元士則下云方百里者六十四方十里者九十六是天子之元士又下云其餘方百里者十方十里者六十是諸侯附庸不在千七百七十三之數

【注】春秋至而聞　正義曰引春秋傳者哀七年左傳文時魯欲伐邾孟孫不欲諸大夫荅孟孫云禹會諸侯於塗山執玉帛者萬國今其存者無數十焉又襄二十五年傳云若無侵小何以至焉杜預云塗山在壽春東北與會稽別也若鄭康成之意塗山則會稽也故注尚書云禹朝羣臣於會稽執玉帛者萬國是以張逸疑而問鄭案左傳禹會諸侯於塗山執玉帛者萬國外傳云禹朝羣臣於會稽防風氏後至不與注相應何鄭荅云欲明諸侯守土之祀故兼用外傳內傳語者鄭意以塗山會稽爲一以諸侯爲守土之祀故云禹朝羣臣羣臣則諸侯也鄭

云兼用外傳内傳語者禹朝羣臣於會稽是外傳語執玉帛者萬國是内傳左氏語云言執玉帛則是唯謂中國耳者案覲禮諸侯享王璧以帛是執玉帛也案大行人侯甸男采衛要各以其服貢物下云九州之外謂之蕃國各以其所貴寶爲摯鄭注貴寶若白狼白鹿夷狄不執玉帛故云執玉帛唯謂中國耳云中國而言萬國則是諸侯之地有方百里有方七十里有方五十里者鄭言此者以周之大國方五百里而下則不得有萬國故云然也案萬國之數鄭注皐陶謨堯初制五服更五百里禹所弼每服五百里故始有百里之封焉猶用要服之内爲九州州立十二人爲諸侯師蓋百國一師則州十有二師則每州千二百國也八州九千六百國其餘四百國在畿内鄭又云百里者三封國七有奇所以百里三封國七者以百里之方一爲公侯之國一又以百里之方一爲伯七十里之國二又以百里之方一爲子男五十里之國四是百里之方三封國七也言有奇者謂百里之方一封七十里之國二有奇

禮記義十五　十七　李仁

者以百里之方一爲十里之方百七十里之國一用十里之方四十九七十里之國二用十里之方九十八餘有十里之方二故云有奇以此計之州有千里之方六以千里之方二爲公侯之國二百又以千里之方二爲伯七十里之國四百有奇又以千里之方二爲子男五十里之國八百捴爲一千四百國以二百國及奇餘爲附庸山澤故州有千二百國鄭云四百國在畿内者以大略據子男爲言非實法也趙商不達鄭旨而問鄭云以王制論之畿内之城關遂郊郭卿大夫之采地數不在中今就四百似頗不合鄭荅之云三代異物王制之法唐虞或不盡然堯舜之德守在四疆鄉遂有無無以言也公卿大夫有田禄者其四百國非采地爲何王城之大郊關之處幾何而子責急也此鄭亦隨問而荅非事實也必知非實者以地形不可平如圖又有山不封之地何有同積棊無空缺之處故知略計地爲四百國耳云禹承堯舜而然矣者以堯未遭洪

足利本第十五卷第十七葉

云無用外傳内傳語者禹朝羣臣於會稽是外傳語執玉帛者萬國是内傳左氏語云言執玉帛則是唯謂中國耳者案覲禮諸侯享王璧以帛是執玉帛也案大行人侯甸男采衛要各以其服貢物下云九州之外謂之蕃國各以其所貴寶爲摯鄭注貴寶若白狼白鹿夷狄不執玉帛故云執玉帛唯謂中國耳云中國而言萬國則是諸侯之地有方百里有方七十里有方五十里者鄭言此者以周之大國方五百里而下則不得有萬國故云然也案萬國之數鄭注皐陶謨堯初制五服更五百里禹所弼每服五百里故始有百里之封焉猶用要服之内爲九州州立十二人爲諸侯師蓋百國一師則州十有二師則每州千二百國也八州九千六百國其餘四百國在畿内鄭又云百里者三封國七有奇所以百里三封國七者以百里之方一爲公侯之國一又以百里之方一爲伯七十里之國二又以百里之方一爲子男五十里之國四是百里之方三封國七也言有奇者謂百里之方一封七十里之國二有奇

禮記義二十　十七　系

者以百里之方一爲十里之方百七十里之國一用十里之方四十九七十里之國二用十里之方九十八餘有十里之方二故云有奇以此計之州有千里之方六以千里之方二爲公侯之國二百又以千里之方二爲伯七十里之國四百有奇又以千里之方二爲子男五十里之國八百捴爲一千四百國以二百國及奇餘爲附庸山澤故州有千二百國鄭云四百國在畿内者以大略據子男爲言非實法也趙商不達鄭旨而問鄭云以王制論之畿内之城關遂郊郭卿大夫之采地數不在中今就四百似頗不合鄭荅之云三代異物王制之法唐虞或不盡然堯舜之德守在四疆鄉遂有無無以言也公卿大夫有田禄者其四百國非采地爲何王城之大郊關之處幾何而子責急也此鄭亦隨問而荅非事實也必知非實者以地形不可方平如圖又有山不封之地何有同積棊無空缺之處故知略計地爲四百國耳云禹承堯舜而然矣者以堯未遭洪

潘本第十五卷第十七葉

足利本第十五卷第十八葉

水之前帝德寬遠不制以法故中國五千禹因治水之後德化漸大故中國更廣而有萬國云要服之內地方七千里乃能容之者王畿內五百里又五百里外侯服去城外五百里是一千里又五百里甸服是一千五百里又五百里男服是二千里又五百里采服是二千五百里又五百里衛服是三千里又五百里爲要服是三千五百里要服去王城三千五百里四面相距爲七千里是九州之內此云要服之內地方七千里也案尚書咎繇注禹弼成五服去王城五百里曰甸服其弼當侯服去王城千里其外五百里爲侯服當甸服去王城一千五百里其弼當男服去王城二千里又其外五百里爲綏服當采服去王城二千五百里其弼當衛服去王城三千里又其外五百里爲要服與周要服相當去王城三千五百里四面相距爲七千里是九州之內也故此云要服之內地方七千里咎繇注又云要服之弼當其夷服去王城四千里又其外五百里曰荒服當鎮服其弼當蕃服去王城五千里四面相距

禮記義十五　十八　李仁

爲方萬里也云夏末既衰夷狄內侵諸侯相并土地減國數少者以湯承於夏末中國唯方三千里明所因有漸承夏末之地上云天子縣內是夏末殷初其界相似也必知此王制之文以爲殷制者正以百里七十里五十里之國與周不同又千七百七十三國與禹萬國數復異又虞夏及周皆曰牧此經稱伯故知大略皆據殷而言也其天子七廟及下雜論虞夏商周四代之制亦兼載焉云周公復唐虞之舊域分其五服爲九其要服之內亦方七千里者言復唐虞舊域謂治水之後舊域也案周禮職方云方千里曰王畿其外方五百里曰侯服又其外方五百里曰甸服又其外方五百里曰男服又其外方五百里曰采服又其外方五百里曰衛服又其外方五百里曰蠻服又其外方五百里曰夷服又其外方五百里曰鎮服又其外方五百里曰藩服蠻服則要服是分其五服爲九以要服之內方七千里也云因殷諸侯之數廣其土增其爵耳者案洛誥傳云天下諸侯之來進受命於周退見文武尸者千七百七十

潘本第十五卷第十八葉

水之前帝德寬遠不制以法故中國五千禹因治水之後德化漸大故中國更廣而有萬國云要服之內地方七千里乃能容之者王畿內五百里又五百里外侯服去城外五百里是一千里又五百里甸服是一千五百里又五百里男服是二千里又五百里采服是二千五百里又五百里衛服是三千里又五百里爲要服是三千五百里要服去王城三千五百里四面相距爲七千里是九州之內此云要服之內地方七千里也案尚書咎繇注禹弼成五服去王城五百里曰甸服其弼當侯服去王城千里其外五百里爲侯服當甸服去王城一千五百里其弼當男服去王城二千里又其外五百里爲綏服當采服去王城二千五百里其弼當衛服去王城三千里又其外五百里爲要服與周要服相當去王城三千五百里四面相距爲七千里是九州之內也故此云要服之內地方七千里咎繇注又云要服之弼當其夷服去王城四千里又其外五百里曰荒服當鎮服其弼當蕃服去王城五千里四面相距

禮記義十五　十八

爲方萬里也云夏末既衰夷狄內侵諸侯相并土地減國數少者以湯承於夏末中國唯方三千里明所因有漸承夏末之地上云天子縣內是夏末殷初其界相似也必知此王制之文以爲殷制者正以百里七十里五十里之國與周不同又千七百七十三國與禹萬國數復異又虞夏及周皆曰牧此經稱伯故知大略皆據殷而言也其天子七廟及下雜論虞夏商周四代之制亦兼載焉云周公復唐虞之舊域分其五服爲九其要服之內亦方七千里者言復唐虞舊域謂治水之後舊域也案周禮職方云方千里曰王畿其外方五百里曰侯服又其外方五百里曰甸服又其外方五百里曰男服又其外方五百里曰采服又其外方五百里曰衛服又其外方五百里曰蠻服又其外方五百里曰夷服又其外方五百里曰鎮服又其外方五百里曰藩服蠻服則要服是分其五服爲九以要服之內方七千里也云因殷諸侯之數廣其土增其爵耳者案洛誥傳云天下諸侯之來進受命於周退見文武尸者千七百七十

三諸侯其數與此同是周因殷諸侯之數也案大司徒公五百里侯四百里與此公侯百里不同是廣其土也殷爵三等周爵五等是増其爵耳云孝經說曰周千八百諸侯布列五千里内者此孝經緯文云千八百者舉成數其實亦千七百七十三諸侯也布列在中國五千里之内云此文改周之法關盛衰之中三七之間以爲說也者此文謂此孝經緯文改周之法謂改周公盛時之法盛謂地方七千里衰謂地方三千里故云關盛衰之中三七之間若指文言之盛謂周公制禮太平時也衰謂夏末殷初之時也盛衰之中謂武王時也若以當代言之衰謂周末幽厲之時與夏末同盛衰之中謂昭王恭王之時與武王同云終此說之意者謂終竟此孝經緯所說之意云其餘諸侯之地大小則未得而聞者謂一州之内千里之方有三而一州建二百一十國但未知國之大小及封建制度故云未聞異義公羊說殷三千諸侯周千八百諸侯古春秋左氏傳說禹會諸侯於塗山執玉帛者萬國唐虞之地萬里容

禮記義十五　十九　李仕

百里地萬國其侯伯七十里子男五十里餘爲天子閒田許慎謹案易曰萬國咸寧尚書云協和萬邦從左氏說鄭駁之云而諸侯多少異世不同萬國者謂唐虞之制也武王伐紂三分有二八百諸侯則殷末諸侯千二百也至周公制禮之後準王制千七百七十三國而言周千八百者舉其全數又異義今尚書歐陽夏侯說中國方五千里古尚書說五服旁五千里相距萬里許慎謹案以今漢地考之自黒水至東海衡山之陽至於朔方經略萬里從古尚書說鄭氏無駁與許同案易下繫云一君二民君子之道二君一民小人之道鄭注一君二民謂黄帝堯舜謂地方萬里爲方千里者百中國之民居七千里七七四十九方千里者四十九夷狄之民居千里者五十一是中國夷狄二民共事一君二君一民謂三代之末以地方五千里一君有五千里之土五五二十五更足以一君二十五始滿千里之方五十乃當堯舜一民之地故云二君一民實無此二君一民假之以地廣狹爲優劣也

天子百

三諸侯其數與此同是周因殷諸侯之數也案大司徒公五百里侯四百里與此公侯百里不同是廣其土也殷爵三等周爵五等是増其爵耳云孝經說曰周千八百諸侯布列五千里内者此孝經緯文云千八百者舉成數其實亦千七百七十三諸侯也布列在中國五千里之内云此文改周之法關盛衰之中三七之間以爲說也者此文謂此孝經緯文改周之法謂改周公盛時之法盛謂地方七千里衰謂地方三千里故云關盛衰之中三七之間若指文言之盛謂周公制禮太平時也衰謂夏末殷初之時也盛衰之中謂武王時也若以當代言之衰謂周末幽厲之時與夏末同盛衰之中謂昭王恭王之時與武王同云終此說之意者謂終竟此孝經緯所說之意云其餘諸侯之地大小則未得而聞者謂一州之内千里之方有三而一州建二百一十國但未知國之大小及封建制度故云未聞異義公羊說殷三千諸侯周千八百諸侯古春秋左氏傳說禹會諸侯於塗山執玉帛者萬國唐虞之地萬里容

禮記義十五　十九　李仕

百里地萬國其侯伯七十里子男五十里餘爲天子閒田許慎謹案易曰萬國咸寧尚書云協和萬邦從左氏說鄭駁之云而諸侯多少異世不同萬國者謂唐虞之制也武王伐紂三分有二八百諸侯則殷末諸侯千二百也至周公制禮之後準王制千七百七十三國而言周千八百者舉其全數又異義今尚書歐陽夏侯說中國方五千里古尚書說五服旁五千里相距萬里許慎謹案以今漢地考之自黒水至東海衡山之陽至於朔方經略萬里從古尚書說鄭氏無駁與許同案易下繫云一君二民君子之道二君一民小人之道鄭注一君二民謂黄帝堯舜謂地方萬里爲方千里者百中國之民居七千里七七四十九方千里者四十九夷狄之民居千里者五十一是中國夷狄二民共事一君二君一民謂三代之末以地方五千里一君有五千里之土五五二十五更足以一君二十五始滿千里之方五十乃當堯舜一民之地故云二君一民實無此二君一民假之以地廣狹爲優劣也

天子百

足利本第十五卷第二十葉

里之內以共官千里之內以爲御謂此地之田稅所給也官謂其文書財用也御謂衣食【疏】正義曰此一節論畿內千里之地田稅所共給之事【注】謂此至衣食正義曰經云百里之內者謂去王城百里四面相距則二百里經云千里之內以爲御者謂四面相距爲千里去王城四面五百里二者相互云此地之田稅所給也者依周禮有口率出泉恐此是口率之泉故云此地之田稅所給也知非口率出泉所給者案周禮大府九賦之泉各有所給故其職云關市之賦以待王之膳服邦中之賦以待賓客四郊之賦以待稍秣家削之賦以待匪頒邦甸之賦以待工事邦縣之賦以待幣帛邦都之賦以待祭祀山澤之賦以待喪紀幣餘之賦以待賜予是口率出泉各有所用也知官謂其文書財用也者以其稱官是官府所須故爲文書財用御是進御所須故爲衣食但官是卑褻故用近物御爲尊重故用遠物此爲殷法也但未知有口率出泉以否

禮記義十五　二十

千里之外設方伯五國以爲屬屬有長十國以爲連連有帥三十國以爲卒卒有正二百一十國以爲州州有伯屬連卒州猶聚也伯帥正亦長也凡長皆因賢侯爲之殷之州長曰伯虞夏及周皆曰牧八州八伯五十六正百六十八帥三百三十六長八伯各以其屬屬於天子之老二人分天下以爲左右曰二伯老謂上公周禮曰九命作伯春秋傳曰自陝以東周公主之自陝以西召公主之【疏】正義曰此一節論千里之外設方伯及連帥卒正兼二伯之事各隨文解之【注】屬連至曰牧　正義曰屬是繫屬連是連接卒是卒伍

潘本第十五卷第二十葉

里之內以共官千里之內以爲御謂此地之田稅所給也官謂其文書財用也御謂衣食【疏】正義曰此一節論畿內千里之地田稅所共給之事【注】謂此至衣食正義曰經云百里之內者謂去王城百里四面相距則二百里經云千里之內以爲御者謂四面相距爲千里去王城四面五百里二者相互云此地之田稅所給也者依周禮有口率出泉恐此是口率之泉故云此地之田稅所給也知非口率出泉所給者案周禮大府九賦之泉各有所給故其職云關市之賦以待王之膳服邦中之賦以待賓客四郊之賦以待稍秣家削之賦以待匪頒邦甸之賦以待工事邦縣之賦以待幣帛邦都之賦以待祭祀山澤之賦以待喪紀幣餘之賦以待賜予是口率出泉各有所用也知官謂其文書財用也者以其稱官是官府所須故爲文書財用御是進御所須故爲衣食但官是卑褻故用近物御爲尊重故用遠物此爲殷法也但未知有口率出泉以否

礼記義十五　二十

千里之外設方伯五國以爲屬屬有長十國以爲連連有帥三十國以爲卒卒有正二百一十國以爲州州有伯屬連卒州猶聚也伯帥正亦長也凡長皆因賢侯爲之殷之州長曰伯虞夏及周皆曰牧八州八伯五十六正百六十八帥三百三十六長八伯各以其屬屬於天子之老二人分天下以爲左右曰二伯老謂上公周禮曰九命作伯春秋傳曰自陝以東周公主之自陝以西召公主之【疏】正義曰此一節論千里之外設方伯及連帥卒正兼二伯之事各隨文解之【注】屬連至曰牧　正義曰屬是繫屬連是連接卒是卒伍

州是聚居故云屬連卒州猶聚也伯帥正俱是長但異其名云凡長皆因賢侯爲之者旣長諸侯非賢不可故知賢侯爲之言因者因其州内賢侯非州外别取州牧則知以賢侯爲之故下曲禮以侯爲牧周制牧下有二伯則侯伯皆得爲之故詩旄丘責衛伯也衛是侯爵而爲州伯張逸疑而問鄭鄭荅云侯德適任之謂衛侯之德適可任州伯也然則伯之賢者亦可進爲牧故周禮宗伯八命作牧注云謂侯伯有功德者加命得專征伐是伯得爲牧也鄭必知州牧之下更有二伯者以左傳云五侯九伯服杜皆爲五等諸侯九州之伯鄭荅志云若征五等諸侯九州之伯何夾輔之有大公爲王官伯分主自陜以東不可分爲四侯半故稱五侯四州有八伯畿内有一伯故爲九伯也案鄭志注尚書爲八伯張逸問云九州而八伯者何鄭荅云畿内之州不置伯有鄉遂之吏主之伯即牧也故周禮大宰云施典于邦國建其牧立其監是畿外邦國有牧畿内不置也畿内旣不置牧則應無牧下之伯而立五侯九伯

畿内有一伯者但比擬畿外應有而言之其實無也州長旣用賢侯爲之則卒正連帥屬長節級用伯子男賢者而爲之鄭注曲禮云二王之後不爲牧則殷亦當然殷旣亦有連屬卒等則周亦然也故詩旄丘責衛伯不能脩方伯連率之職是也云虞夏及周皆曰牧者案尚書舜典云覲四岳羣牧又云咨十有二牧是虞稱牧也虞雖稱牧亦稱伯故書傳云唯元祀巡此四岳八伯案左傳宣三年云夏之方有德也貢金九牧是夏稱牧也大宰云建其牧是周稱牧也故云虞夏及周皆曰牧　注周禮至主之　正義曰九命作伯大宗伯職文春秋傳曰以下春秋隱五年公羊傳文故傳云三公者何天子之相也自陜而東者周公主之自陜而西者召公主之一相處乎内是也

千里之内曰甸服治田出穀稅千里之外曰采九州之内地取其美物以當穀稅曰流謂九州之外也夷狄流移或貢或不禹貢荒服之外三百里蠻二百里流

州是聚居故云屬連卒州猶聚也伯帥正俱是長但異其名云凡長皆因賢侯爲之者旣長諸侯非賢不可故知賢侯爲之言因者因其州内賢侯非州外别取州牧則知以賢侯爲之故下曲禮以侯爲牧周制牧下有二伯則侯伯皆得爲之故詩旄丘責衛伯也衛是侯爵而爲州伯張逸疑而問鄭鄭荅云侯德適任之謂衛侯之德適可任州伯也然則伯之賢者亦可進爲牧故周禮宗伯八命作牧注云謂侯伯有功德者加命得專征伐是伯得爲牧也鄭必知州牧之下更有二伯者以左傳云五侯九伯服杜皆爲五等諸侯九州之伯鄭荅志云若征五等諸侯九州之伯何夾輔之有大公爲王官伯分主自陜以東不可分爲四侯半故稱五侯四州有八伯畿内有一伯故爲九伯也案鄭志注尚書爲八伯張逸問云九州而八伯者何鄭荅云畿内之州不置伯有鄉遂之吏主之伯即牧也故周禮大宰云施典于邦國建其牧立其監是畿外邦國有牧畿内不置也畿内旣不置牧則應無牧下之伯而立五侯九伯

禮記義十五　二十一

畿内有一伯者但比擬畿外應有而言之其實無也州長旣用賢侯爲之則卒正連帥屬長節級用伯子男賢者而爲之鄭注曲禮云二王之後不爲牧則殷亦當然殷旣亦有連屬卒等則周亦然也故詩旄丘責衛伯不能脩方伯連率之職是也云虞夏及周皆曰牧者案尚書舜典云覲四岳羣牧又云咨十有二牧是虞稱牧也虞雖稱牧亦稱伯故書傳云唯元祀巡此四岳八伯案左傳宣三年云夏之方有德也貢金九牧是夏稱牧也大宰云建其牧是周稱牧也故云虞夏及周皆曰牧　注周禮至主之　正義曰九命作伯大宗伯職文春秋傳曰以下春秋隱五年公羊傳文故傳云三公者何天子之相也自陜而東者周公主之自陜而西者召公主之一相處乎内是也

千里之内曰甸服治田出穀稅千里之外曰采九州之内地取其美物以當穀稅曰流謂九州之外也夷狄流移或貢或不禹貢荒服之外三百里蠻二百里流

足利本第十五卷第二十二葉

正義曰此一節揔論畿內畿外九州治田及采取美物并九州之外或貢或否之事各隨文解之　注　服治田出穀稅　正義曰定本直云服治田出穀稅無甸字知甸是服治田出穀稅者案禹貢五百里曰甸服下又云百里賦納總二百里納銍及秸粟米之等是甸爲治田也　注　九州至穀稅　正義曰經云千里之外曰采謂規方千里之外若於王城五百里之外以畿制言之中國方三千里而面別去王城千五百里今五百里以爲畿內千里之外唯千里耳采取美物故言曰采周則王畿之外面別三千里采取美物則大行人侯服其貢祀物甸服其貢嬪物男服其貢器物采服其貢服物衛服其貢材物要服其貢貨物是也　曰流　正義曰流謂九州之外或貢或否流移不定畿則面別千五百里之外二千五百里之內謂之爲流周三千五百里之外五千里之內爲流也

天子三公九卿二十七大夫八十一元士　此夏制也明堂位曰夏后氏之官百舉成數也　疏　正義曰此一經論夏天子設公卿大夫元士之數　注　此夏至數也　正義曰以周禮其官三百六十此官百二十故云夏制以夏制不明更引明堂位夏后氏之官百以證之直云百不云百二十故云舉成數也王制之文鄭皆以爲殷法此獨云夏制者以明堂殷官二百與此百二十數下相當故不得云殷制也記者故雜記而言之或舉夏或舉殷也

張暉

禮記正義卷第十五

潘本第十五卷第二十二葉

正義曰此一節揔論畿內畿外九州治田及采取美物并九州之外或貢或否之事各隨文解之　注　服治田出穀稅　正義曰定本直云服治田出穀稅無甸字知甸是服治田出穀稅者案禹貢五百里曰甸服下又云百里賦納總二百里納銍及秸粟米之等是甸爲治田也　注　九州至穀稅　正義曰經云千里之外曰采謂規方千里之外若於王城五百里之外以畿制言之中國方三千里而面別去王城千五百里今五百里以爲畿內千里之外唯千里耳采取美物故言曰采周則王畿之外面別三千里采取美物則大行人侯服其貢祀物甸服其貢嬪物男服其貢器物采服其貢服物衛服其貢材物要服其貢貨物是也　曰流　正義曰流謂九州之外或貢或否流移不定畿則面別千五百里之外二千五百里之內謂之爲流周三千五百里之外五千里之內爲流也

天子三公九卿二十七大夫八十一元士　此夏制也明堂位曰夏后氏之官百舉成數也　疏　正義曰此一經論夏天子設公卿大夫元士之數　注　此夏至數也　正義曰以周禮其官三百六十此官百二十故云夏制以夏制不明更引明堂位夏后氏之官百以證之直云百不云百二十故云舉成數也王制之文鄭皆以爲殷法此獨云夏制者以明堂殷官二百與此百二十數下相當故不得云殷制也記者故雜記而言之或舉夏或舉殷也

禮記正義卷第十五

禮記正義卷第十六

國子祭酒上護軍曲阜縣開國子臣孔穎達等奉

勑撰

大國三卿皆命於天子下大夫五人上士二十七人次國三卿二卿命於天子一卿命於其君下大夫五人上士二十七人小國二卿皆命於其君下大夫五人上士二十七人命於天子者天子選用之如今詔書除吏矣小國亦三卿一卿命於天子二卿命於其君此文似誤脫耳或者欲見畿內之國二卿與

【疏】正義曰此一節論夏家天子命諸侯之國卿大夫及士之數前既云夏官此亦夏禮卿大夫士數五等之國悉同但大國三卿並受命於天子也夏之大國謂公與侯也殷周大國並公也崔氏云三卿者依周制而言謂立司徒兼冢宰之事立司馬兼宗伯之事立司空兼司寇之事故春秋左傳云季孫爲司徒叔孫爲司馬孟孫爲司空此是三卿也以此推之故知諸侯不立冢宰宗伯司寇之官也　下大夫五人者崔氏云三卿命於天子則大夫以下皆其君自命之也三卿則上中下三品而含上下今云下大夫五人者取卿爲言耳知大夫有上下者案前云次國之下卿位當大國之上大夫是也何以五人者謂司徒之下置小卿二人一是小宰一是小司徒司空之下亦置二小卿一是小司寇一是小司空也司馬之下唯置一小卿小司馬也故公羊襄十一年作三軍三軍者何三卿也古者上卿下卿上士下士何休云古者諸侯有司徒司空上卿各一下卿

禮記義十六　李師正

足利本第十六卷第一葉

禮記正義卷第十六

國子祭酒上護軍曲阜縣開國子臣孔穎達等奉

勑撰

大國三卿皆命於天子下大夫五人上士二十七人次國三卿二卿命於天子一卿命於其君下大夫五人上士二十七人小國二卿皆命於其君下大夫五人上士二十七人命於天子者天子選用之如今詔書除吏矣小國亦三卿一卿命於天子二卿命於其君此文似誤脫耳或者欲見畿內之國二卿與

【疏】正義曰此一節論夏家天子命諸侯之國卿大夫及士之數前既云夏官此亦夏禮卿大夫士數五等之國悉同但大國三卿並受命於天子也夏之大國謂公與侯也殷周大國並公也崔氏云三卿者依周制而言謂立司徒兼冢宰之事立司馬兼宗伯之事立司空兼司寇之事故春秋左傳云季孫爲司徒叔孫爲司馬孟孫爲司空此是三卿也以此推之故知諸侯不立冢宰宗伯司寇之官也　下大夫五人者崔氏云三卿命於天子則大夫以下皆其君自命之也三卿則上中下三品而含上下今云下大夫五人者取卿爲言耳知大夫有上下者案前云次國之下卿位當大國之上大夫是也何以五人者謂司徒之下置小卿二人一是小宰一是小司徒司空之下亦置二小卿一是小司寇一是小司空也司馬之下唯置一小卿小司馬也故公羊襄十一年作三軍三軍者何三卿也古者上卿下卿上士下士何休云古者諸侯有司徒司空上卿各一下卿

禮記義十六

潘本第十六卷第一葉

各二司馬事省上下卿各一若有軍事上士相上卿下士相下卿足以爲治今襄公乃益司馬故云作三軍踰王制故譏之下卿即大夫也故此云下大夫五人士二十七人者云上士者對府史之屬也周禮五等國悉三卿五大夫二十七士皆與此同但公國長有四命孤一人故典命云公之孤四命以皮帛眡小國之君其卿三命其大夫再命其士壹命侯伯之卿大夫士亦如之子男之卿再命其大夫壹命其士不命而鄭注再引王制以成彼義當恐周之人數與王制同也且曾子問是明當時周法而云國家五官則五大夫大夫若五則知餘亦不異也且冢宰云施典於邦國設其參傳其伍鄭云參謂卿三人伍謂大夫五人

次國三卿二卿命於天子一卿命於其君下大夫五人上士二十七人者次國者夏則伯殷則侯也周則侯伯也而卿大夫士之命及人之數與大國同但一卿其君自命爲異也下文備也　小國二卿皆命於其君下大夫五人上士二十七人者小國者殷謂伯夏周同子男也案鄭注

禮記義十六　二

言小國亦三卿差次而言應一卿命於天子二卿命於其君此唯言二卿則似誤也鄭何以得知應三卿案前云小國又有上中下三卿位當大國之下大夫若無三卿何上中下之有乎故知有三卿也案周禮三命受位鄭云謂此列國之卿始有列位於王爲王之臣也若三命卿始得列位於王則子男之卿再命不應得一卿命於王而鄭今云一卿命於王者謂子男之卿亦得王命而彼注三命下云列國卿三命者此自據侯伯爲言以會彼三命受位者耳

注或者欲見畿内之國二卿與　正義曰鄭又爲一說畿内之國唯置二卿並是其君自命之今記者或欲因子男此文以見畿内之法故捨去子男一卿命於王者而不言也

天子使其大夫爲三監監於方伯之國國三人　使佐方伯領諸侯

疏　正義曰此一節論天子遣大夫往監方伯之國州別各置三人之事　天子使其大夫者謂使在朝之大夫往監於方伯每一州輒

各二司馬事省上下卿各一若有軍事上士相上卿下士相下卿足以爲治今襄公乃益司馬故云作三軍踰王制故譏之下卿即大夫也故此云下大夫五人士二十七人者云上士者對府史之屬也周禮五等國悉三卿五大夫二十七士皆與此同但公國長有四命孤一人故典命云公之孤四命以皮帛眡小國之君其卿三命其大夫再命其士壹命侯伯之卿大夫士亦如之子男之卿再命其大夫壹命其士不命而鄭注再引王制以成彼義當恐周之人數與王制同也且曾子問是明當時周法而云國家五官則五大夫大夫若五則知餘亦不異也且冢宰云施典於邦國設其參傳其伍鄭云參謂卿三人伍謂大夫五人

次國三卿二卿命於天子一卿命於其君下大夫五人上士二十七人者次國者夏則伯殷則侯也周則侯伯也而卿大夫士之命及人之數與大國同但一卿其君自命爲異也下文備也　小國二卿皆命於其君下大夫五人上士二十七人者小國者殷謂伯夏周同子男也案鄭注

禮記義十六　二

言小國亦三卿差次而言應一卿命於天子二卿命於其君此唯言二卿則似誤也鄭何以得知應三卿案前云小國又有上中下三卿位當大國之下大夫若無三卿何上中下之有乎故知有三卿也案周禮三命受位鄭云謂此列國之卿始有列位於王爲王之臣也若三命卿始得列位於王則子男之卿再命不應得一卿命於王而鄭今云一卿命於王者謂子男之卿亦得王命而彼注三命下云列國卿三命者此自據侯伯爲言以會彼三命受位者耳

注或者欲見畿内之國二卿與　正義曰鄭又爲一說畿内之國唯置二卿並是其君自命之今記者或欲因子男此文以見畿内之法故捨去子男一卿命於王者而不言也

天子使其大夫爲三監監於方伯之國國三人　使佐方伯領諸侯

疏　正義曰此一節論天子遣大夫往監方伯之國州別各置三人之事　天子使其大夫者謂使在朝之大夫往監於方伯每一州輒

足利本第十六卷第三葉

三人三八二十四人崔氏云此謂殷之方伯皆有三人以輔之佐其伯謂監所領之諸侯也周則於牧下置二伯亦或因殷使大夫爲三監故燕禮云設諸公之坐鄭云公孤也大國孤公一人而云諸公者容牧有三監然則天子於州牧之國別置三大夫以輔之其尊卑之差則下文其祿視諸侯之卿其爵視次國之君其祿視諸侯之卿者謂公之孤也故燕禮謂之諸公與公孤同也尚書使管叔蔡叔霍叔爲三監者爲武庚也與此別也　**天子之縣內諸侯祿也**選賢置之於位其國之祿如諸侯不得世　疏　正義曰此一經論天子縣內食采邑諸侯得祿不得繼世之事此言縣內則夏法也言諸侯祿者得采國爲祿而不繼世故云祿也故下云大夫不世爵是也此謂畿內公卿大夫之子父死之後得食父之故國采邑之地不得繼父爲公卿大夫也故經直云祿也則子孫恒得食之有罪乃奪之此云諸侯下云大夫不世爵則諸侯揔據大夫以上而司裘諸侯則共熊

禮記義十六　三

侯豹侯鄭注云諸侯謂三公及王子弟鄭唯據三公及王子弟者以下別云卿大夫則共麋侯故諸侯唯止三公及王子弟而已此父死子祿者不在九十三國之數此雖論夏法殷周亦然畿內諸侯父死視元士若有賢德乃復父位若畿外諸侯父死未賜爵亦視元士除服則得襲父故位故下文云未賜爵視天子元士以君其國注云列國及縣內之國也必知列國未賜爵亦視元士者以詩云靺韐有奭以作六師是諸侯世子未爵命服士之靺韐之服是也　**外諸侯嗣也**有功乃封之使之世也冠禮記曰繼世以立諸侯象賢也　疏　正義曰此一經論外諸侯父死子得嗣位之事此畿外諸侯世世象賢傳嗣其國也故下云諸侯世子世國所以畿內諸侯不世爵而畿外得世者以畿內諸侯則公卿大夫輔佐於王非賢不可故不世也畿外諸侯嘗有大功報其勞効又在外少事故得世也異義案公羊穀梁說云卿大夫世則權并一姓妨塞賢路經譏尹氏崔氏是也古春秋左氏

潘本第十六卷第三葉

三人三八二十四人崔氏云此謂殷之方伯皆有三人以輔之佐其伯謂監所領之諸侯也周則於牧下置二伯亦或因殷使大夫爲三監故燕禮云設諸公之坐鄭云公孤也大國孤公一人而云諸公者容牧有三監然則天子於州牧之國別置三大夫以輔之其尊卑之差則下文其祿視諸侯之卿其爵視次國之君其祿視諸侯之卿者謂公之孤也故燕禮謂之諸公與公孤同也尚書使管叔蔡叔霍叔爲三監者爲武庚也與此別也　**天子之縣內諸侯祿也**選賢置之於位其國之祿如諸侯不得世　疏　正義曰此一經論天子縣內食采邑諸侯得祿不得繼世之事此言縣內則夏法也言諸侯祿者得采國爲祿而不繼世故云祿也故下云大夫不世爵是也此謂畿內公卿大夫之子父死之後得食父之故國采邑之地不得繼父爲公卿大夫也故經直云祿也則子孫恒得食之有罪乃奪之此云諸侯下云大夫不世爵則諸侯揔據大夫以上而司裘諸侯則共熊

禮記義十六　三

侯豹侯鄭注云諸侯謂三公及王子弟鄭唯據三公及王子弟者以下別云卿大夫則共麋侯故諸侯唯止三公及王子弟而已此父死子祿者不在九十三國之數此雖論夏法殷周亦然畿內諸侯父死視元士若有賢德乃復父位若畿外諸侯父死未賜爵亦視元士除服則得襲父故位故下文云未賜爵視天子元士以君其國注云列國及縣內之國也必知列國未賜爵亦視元士者以詩云靺韐有奭以作六師是諸侯世子未爵命服士之靺韐之服是也　**外諸侯嗣也**有功乃封之使之世也冠禮記曰繼世以立諸侯象賢也　疏　正義曰此一經論外諸侯父死子得嗣位之事此畿外諸侯世世象賢傳嗣其國也故下云諸侯世子世國所以畿內諸侯不世爵而畿外得世者以畿內諸侯則公卿大夫輔佐於王非賢不可故不世也畿外諸侯嘗有大功報其勞効又在外少事故得世也異義案公羊穀梁說云卿大夫世則權并一姓妨塞賢路經譏尹氏崔氏是也古春秋左氏

說卿大夫得世祿不世位父爲大夫死子得食其故采地
如有賢才則復父故位許慎謹案易爻位三爲三公食舊
德謂食父故祿尚書云世選爾勞論語云興滅國繼絶世
詩云凡周之士不顯亦世孟子云文王之治岐也仕者世
祿知周世祿也從左氏義鄭氏無駁與許同殷之大夫亦
世祿故祭義云殷人貴富而尚齒注云臣能世祿曰富是
也其諸侯之大夫則下文云不世爵祿謂殷禮也若周制
諸侯之大夫有功者亦得世祿故隱公八年無駭卒左傳
云官有世功則有官族論語云管氏奪伯氏
駢邑三百以無功而奪之若有功則不奪也

制三公一命卷若有加則賜也不過九命次國之君不過七命小國之君不過五命

卷俗讀也其通則曰衮三公八命矣復加一命則服龍衮與王者之後同多於此則賜非命服也虞夏之制天子服有日月星辰周禮曰諸公之服自衮冕而下如王之服

禮記義十六　四　高政

疏　正義曰此一經論王制三公已下次國小國之君爵命之數制謂王者制度言王者制度三公八命身著鷩冕若加一命則爲上公與王者之後齊同而著衮冕故云一命卷　若有加則賜也者謂九命卷龍之外依制不合有其服若有加益者則是君之特賜非禮法之常也則雜記謂之褒衣也此則禮緯九賜之衣服也與宗伯再命受服不同此篇之作皆是王者之制而於此特言制者以三公位尊又加一命其事極重記者以其重故特云制也　不過九命不過七命不過五命者此謂夏殷之制也亦與周同　注卷俗至之服　正義曰禮記文皆作卷字是記者承俗人之言故云卷俗讀也云其通則曰衮者謂以通理正法言之則曰衮故周禮司服及覲禮皆作衮是禮之正經也故云其通則曰衮云　虞夏之制天子服有日月星辰者以此經雖以殷爲王亦雜記虞夏之事故鄭引虞夏之制言之案有虞氏皇而祭之下注云夏殷未聞此云虞夏之制天子服有日月

足利本第十六卷第四葉

說卿大夫得世祿不世位父爲大夫死子得食其故采地
如有賢才則復父故位許慎謹案易爻位三爲三公食舊
德謂食父故祿尚書云世選爾勞論語云興滅國繼絶世
詩云凡周之士不顯亦世孟子云文王之治岐也仕者世
祿知周世祿也從左氏義鄭氏無駁與許同殷之大夫亦
世祿故祭義云殷人貴富而尚齒注云臣能世祿曰富是
也其諸侯之大夫則下文云不世爵祿謂殷禮也若周制
諸侯之大夫有功者亦得世祿故隱公八年無駭卒左傳
云官有世功則有官族論語云管氏奪伯氏
駢邑三百以無功而奪之若有功則不奪也

制三公一命卷若有加則賜也不過九命次國之君不過七命小國之君不過五命

卷俗讀也其通則曰衮三公八命矣復加一命則服龍衮與王者之後同多於此則賜非命服也虞夏之制天子服有日月星辰周禮曰諸公之服自衮冕而下如王之服

禮記義十六　四

疏　正義曰此一經論王制三公已下次國小國之君爵命之數制謂王者制度言王者制度三公八命身著鷩冕若加一命則爲上公與王者之後齊同而著衮冕故云一命卷　若有加則賜也者謂九命卷龍之外依制不合有其服若有加益者則是君之特賜非禮法之常也則雜記謂之褒衣也此則禮緯九賜之衣服也與宗伯再命受服不同此篇之作皆是王者之制而於此特言制者以三公位尊又加一命其事極重記者以其重故特云制也　不過九命不過七命不過五命者此謂夏殷之制也亦與周同　注卷俗至之服　正義曰禮記文皆作卷字是記者承俗人之言故云卷俗讀也云其通則曰衮者謂以通理正法言之則曰衮故周禮司服及覲禮皆作衮是禮之正經也故云其通則曰衮云　虞夏之制天子服有日月星辰者以此經雖以殷爲王亦雜記虞夏之事故鄭引虞夏之制言之案有虞氏皇而祭之下注云夏殷未聞此云虞夏之制天子服有日月

潘本第十六卷第四葉

星辰者此云特謂虞舜與禹相接事相關穿故尚書堯舜
禹之書謂之虞夏書伏生書傳有虞夏傳以皐陶謨云予
欲觀古人之象皐陶謨是虞夏之書故云虞夏之制其實
虞也下文有虞夏殷周四代並陳故云夏殷未聞也云周
禮曰諸公之服自衮冕而下如王之服者是司服文引之
者證三公一命衮然則此經三公一命衮謂周制也故以
周制解之若周以前則山在衮上不得云一命衮也衣服
之制歷代不同案易繫辭云黃帝堯舜垂衣裳而天下治
蓋取諸乾坤玄衣法天黃裳法地故易坤六五黃裳元吉
是也衣裳從黃帝以來而有也虞氏以來其裳用纁故下
文歷陳虞夏殷周注云其服皆玄上纁下裳用纁者鄭注
易下繫辭云土託位南方南方色赤黃而兼赤故爲纁也
案禮祭地牲玉用黃以放地色裳既法地而用纁者凡衣
服著其身有章采文物以黃色太質故用纁也衣爲天色
云禮天牲玉用蒼者以天色晝則蒼夜則玄衣不用蒼亦
以其大質故也然祭天亦有牲用玄者尚書及論語云敢

禮記義十六　五

用玄牡敢昭告于皇皇后帝是也虞夏之制天子祭服自
日月而下十有二章故尚書皐陶云予欲觀古人之象
日月星辰山龍華蟲作會宗彝藻火粉米黼黻絺繡是也
日一也月二也星辰三也山四也龍五也華蟲六也此六
者皆畫於衣故言作會以法於天其數六者法天之陽氣
之六律也宗彝七也藻八也火九也粉米十也黼十一也
黻十二也此六者皆繡於裳故云絺繡絺紩也謂紩刺以
爲繡文以法地之陰氣六呂也案鄭注司服云至周登龍
於山登火於宗彝尊其神明也龍取其神火取其明然則
諸物各有所象故說日月星辰取其明山者安静養物畫
山者必兼畫山物故考工記云山以章龍者取其神化龍
是水物畫龍必兼畫水故考工記云水以龍華蟲者謂雉
也取其文采又性能耿介必知華蟲是雉者以周禮差之
而當鷩冕故爲雉也雉是鳥類其頸毛及尾似蛇兼有細
毛似獸故考工記云鳥獸蛇此六者以高遠在上故畫於
衣宗彝者謂宗廟彝尊之飾有虎蜼二獸虎有猛蜼能辟

星辰者此云特謂虞舜與禹相接事相關穿故尚書堯舜
禹之書謂之虞夏書伏生書傳有虞夏傳以皐陶謨云予
欲觀古人之象皐陶謨是虞夏之書故云虞夏之制其實
虞也下文有虞夏殷周四代並陳故云夏殷未聞也云周
禮曰諸公之服自衮冕而下如王之服者是司服文引之
者證三公一命衮然則此經三公一命衮謂周制也故以
周制解之若周以前則山在衮上不得云一命衮也衣服
之制歷代不同案易繫辭云黃帝堯舜垂衣裳而天下治
蓋取諸乾坤玄衣法天黃裳法地故易坤六五黃裳元吉
是也衣裳從黃帝以來而有也虞氏以來其裳用纁故下
文歷陳虞夏殷周注云其服皆玄上纁下裳用纁者鄭注
易下繫辭云土託位南方南方色赤黃而兼赤故爲纁也
案禮祭地牲玉用黃以放地色裳既法地而用纁者凡衣
服著其身有章采文物以黃色太質故用纁也衣爲天色
云禮天牲玉用蒼者以天色晝則蒼夜則玄衣不用蒼亦
以其大質故也然祭天亦有牲用玄者尚書及論語云敢

禮記義十六　五

用玄牡敢昭告于皇皇后帝是也虞夏之制天子祭服自
日月而下十有二章故尚書皐陶云予欲觀古人之象
日月星辰山龍華蟲作會宗彝藻火粉米黼黻絺繡是也
日一也月二也星辰三也山四也龍五也華蟲六也此六
者皆畫於衣故言作會以法於天其數六者法天之陽氣
之六律也宗彝七也藻八也火九也粉米十也黼十一也
黻十二也此六者皆繡於裳故云絺繡絺紩也謂紩刺以
爲繡文以法地之陰氣六呂也案鄭注司服云至周登龍
於山登火於宗彝尊其神明也龍取其神火取其明然則
諸物各有所象故說日月星辰取其明山者安静養物畫
山者必兼畫山物故考工記云山以章龍者取其神化龍
是水物畫龍必兼畫水故考工記云水以龍華蟲者謂雉
也取其文采又性能耿介必知華蟲是雉者以周禮差之
而當鷩冕故爲雉也雉是鳥類其頸毛及尾似蛇兼有細
毛似獸故考工記云鳥獸蛇此六者以高遠在上故畫於
衣宗彝者謂宗廟彝尊之飾有虎蜼二獸虎有猛蜼能辟

害故象之不言虎蜼而謂之宗彝者取其美名案周禮有
六彝有雞彝鳥彝斝彝黄彝虎彝蜼彝此直云宗彝知非
雞彝鳥彝斝黄必爲虎蜼者案明堂位云夏后氏雞彝殷以
斝周以黄目又周禮陳六尊六彝皆遠代者在後故六尊
之次犧象著壺大山大是虞氏之尊山是夏后之尊六彝
之次亦虎彝蜼彝在後故知虎蜼虞夏巳飾於尊但舜時
巳稱宗彝不得有雞斝之等以周禮差之而當毳冕故知
虎蜼有毛之物也虎蜼淺毛細毳故也藻者取其絜清有
文火者取其明照烹飪粉米取其絜白生養黼謂斧也取
其決斷之義黻謂兩已相背取其善惡分辨大意取象如
此而皇氏乃繁文曲説横生義例恐非本旨此是天子之
服其諸侯以下未得而聞案臯陶謨云五服五章哉鄭注
云五服十二也九也七也五也三也如鄭之意九者謂公
侯之服自山而下七也是伯之服自華蟲而下五也謂子
男之服自藻而下三也卿大夫之服自粉米而下與孝經
注不同者孝經舉其大綱或云孝經非鄭注以上所云虞

禮記義十六　六　馬春

舜之制而夏殷注云未聞至周則日月星辰畫於旌旗又
登龍於山登火於宗彝故注司服云王者相變至周而以
日月星辰畫於旌旗所謂三辰旂旗昭其明也而冕服九
章初一曰龍次二曰山次三曰華蟲次四曰火次五曰宗
彝皆畫以爲繢六曰藻次七曰粉米次八曰黼次九曰黻
皆希以爲繡則袞之衣五章裳四章凡九也鷩之衣三章
裳四章凡七也毳之衣三章裳二章凡五也希之衣一章
裳二章凡三也玄者衣無文裳刺黻而已是以謂玄焉鄭
必知日月星辰畫於旌旗者以司服王自袞冕而下則袞
服最尊尚無日月星辰故知日月星辰不在衣服畫於旌
旗也知登龍於山者依舊山在龍上若不登龍則袞冕不
爲最尊故知登龍於山也知登火於宗彝者若不登火則
五章之服自藻而下不得稱爲毳冕若登火於宗彝之上
則五章自宗彝而下與毳冕相當然宗彝之下有藻火兩
章知不登藻而必登火者火有光明之盛春秋傳云火龍
黼黻禮記殷火周龍章是火貴於藻也故知登火不登藻

害故象之不言虎蜼而謂之宗彝者取其美名案周禮有
六彝有雞彝鳥彝斝彝黄彝虎彝蜼彝此直云宗彝知非
雞彝鳥彝斝黄必爲虎蜼者案明堂位云夏后氏雞彝殷以
斝周以黄目又周禮陳六尊六彝皆遠代者在後故六尊
之次犧象著壺大山大是虞氏之尊山是夏后之尊六彝
之次亦虎彝蜼彝在後故知虎蜼虞夏巳飾於尊但舜時
巳稱宗彝不得有雞斝之等以周禮差之而當毳冕故知
虎蜼有毛之物也虎蜼淺毛細毳故也藻者取其絜清有
文火者取其明照烹飪粉米取其絜白生養黼謂斧也取
其決斷之義黻謂兩已相背取其善惡分辨大意取象如
此而皇氏乃繁文曲説横生義例恐非本旨此是天子之
服其諸侯以下未得而聞案臯陶謨云五服五章哉鄭注
云五服十二也九也七也五也三也如鄭之意九者謂公
侯之服自山而下七也是伯之服自華蟲而下五也謂子
男之服自藻而下三也卿大夫之服自粉米而下與孝經
注不同者孝經舉其大綱或云孝經非鄭注以上所云虞

禮記義十六　六　馬春

舜之制而夏殷注云未聞至周則日月星辰畫於旌旗又
登龍於山登火於宗彝故注司服云王者相變至周而以
日月星辰畫於旌旗所謂三辰旂旗昭其明也而冕服九
章初一曰龍次二曰山次三曰華蟲次四曰火次五曰宗
彝皆畫以爲繢六曰藻次七曰粉米次八曰黼次九曰黻
皆希以爲繡則袞之衣五章裳四章凡九也鷩之衣三章
裳四章凡七也毳之衣三章裳二章凡五也希之衣一章
裳二章凡三也玄者衣無文裳刺黻而已是以謂玄焉鄭
必知日月星辰畫於旌旗者以司服王自袞冕而下則袞
服最尊尚無日月星辰故知日月星辰不在衣服畫於旌
旗也知登龍於山者依舊山在龍上若不登龍則袞冕不
爲最尊故知登龍於山也知登火於宗彝者若不登火則
五章之服自藻而下不得稱爲毳冕若登火於宗彝之上
則五章自宗彝而下與毳冕相當然宗彝之下有藻火兩
章知不登藻而必登火者火有光明之盛春秋傳云火龍
黼黻禮記殷火周龍章是火貴於藻也故知登火不登藻

自九章而下以次相差故知袞之衣五章驚衣毳衣皆三
章絺衣一章衣法天故章數奇裳法地故章數偶以下其
數漸少則裳上之章漸勝於衣事勢須然非有義意皇氏
每事曲爲其説恐理非也衣章並畫絺冕之衣獨繡者以
粉米地物養人服之以祭社稷又地祇並是陰類故衣章
亦繡也周之衣服旣無日月而郊特牲云袞冕日月之章
者謂魯禮也魯以周公之故袞冕亦日月之章其周之天
子所用祭服則司服云王祀昊天上帝則服大裘而冕祀
五帝亦如之享先王則袞冕享先公饗射則驚冕祀四望
山川則毳冕祭社稷五祀則希冕祭羣小祀則玄冕鄭司
農云大裘羔裘也知羔裘者以祭天至質故知羔裘以天
色玄謂黑羔裘其六冕所祀依冕之先後祭神之尊卑以
袞冕之服華故祭先王以絺冕陰類故祭社稷五祀以玄
冕質素故祭羣小祀日月雖尊以天神從質故亦玄冕故
玉藻云天子玄端以朝日鄭注云端當爲冕其祭地之服
無文案詩昊天有成命郊祀天地也天地相對則祭地亦

用大裘故孝經援神契云祭地之禮與祭天同亦據衣服
同也又有皮弁以日視朝韋弁以即戎冠弁以田獵故司
服云凡兵事韋弁服注云韋弁以韎韋爲弁又以爲衣裳
詩采芑注云韋弁服朱衣裳則韎韋也其事同鄭志又以
韋弁爲素裳未知孰是司服又云眡朝則皮弁服鄭注云
視朝視内外朝之事皮弁之服十五升白布衣積素以爲
裳王受諸侯朝覲於廟則袞冕其皮弁又以燕諸公故詩
云有頍者弁注云弁皮弁詩人責王不以皮弁燕諸公此
則朝服燕也又以食故玉藻云皮弁以日視朝遂以食又
郊祭之前服之以聽祭報故郊特牲云皮弁以聽祭報又
著以舞大夏故明堂位云皮弁素積以舞大夏雖是魯禮
王所同之其賓射燕射時亦皮弁也知者案射人職賓射
在朝故知用朝服也燕禮記云燕朝服於寢明天子燕亦
以朝服故知賓射燕射亦皮弁也司服又云凡甸冠弁服
注云甸田獵也冠弁委貌其服緇布衣亦積素以爲裳王
卒食而居則玄端此玄端亦緇衣朱裳故玉藻注云天子

足利本第十六卷第七葉

潘本第十六卷第七葉

自九章而下以次相差故知袞之衣五章驚衣毳衣皆三
章絺衣一章衣法天故章數奇裳法地故章數偶以下其
數漸少則裳上之章漸勝於衣事勢須然非有義意皇氏
每事曲爲其説恐理非也衣章並畫絺冕之衣獨繡者以
粉米地物養人服之以祭社稷又地祇並是陰類故衣章
亦繡也周之衣服旣無日月而郊特牲云袞冕日月之章
者謂魯禮也魯以周公之故袞冕亦日月之章其周之天
子所用祭服則司服云王祀昊天上帝則服大裘而冕祀
五帝亦如之享先王則袞冕享先公饗射則驚冕祀四望
山川則毳冕祭社稷五祀則希冕祭羣小祀則玄冕鄭司
農云大裘羔裘也知羔裘者以祭天至質故知羔裘以天
色玄謂黑羔裘其六冕所祀依冕之先後祭神之尊卑以
袞冕之服華故祭先王以絺冕陰類故祭社稷五祀以玄
冕質素故祭羣小祀日月雖尊以天神從質故亦玄冕故
玉藻云天子玄端以朝日鄭注云端當爲冕其祭地之服
無文案詩昊天有成命郊祀天地也天地相對則祭地亦

禮記義十六 七 毛俊

用大裘故孝經援神契云祭地之禮與祭天同亦據衣服
同也又有皮弁以日視朝韋弁以即戎冠弁以田獵故司
服云凡兵事韋弁服注云韋弁以韎韋爲弁又以爲衣裳
詩采芑注云韋弁服朱衣裳則韎韋也其事同鄭志又以
韋弁爲素裳未知孰是司服又云眡朝則皮弁服鄭注云
視朝視内外朝之事皮弁之服十五升白布衣積素以爲
裳王受諸侯朝覲於廟則袞冕其皮弁又以燕諸公故詩
云有頍者弁注云弁皮弁詩人責王不以皮弁燕諸公此
則朝服燕也又以食故玉藻云皮弁以日視朝遂以食又
郊祭之前服之以聽祭報故郊特牲云皮弁以聽祭報又
著以舞大夏故明堂位云皮弁素積以舞大夏雖是魯禮
王所同之其賓射燕射時亦皮弁也知者案射人職賓射
在朝故知用朝服也燕禮記云燕朝服於寢明天子燕亦
以朝服故知賓射燕射亦皮弁也司服又云凡甸冠弁服
注云甸田獵也冠弁委貌其服緇布衣亦積素以爲裳王
卒食而居則玄端此玄端亦緇衣朱裳故玉藻注云天子

諸侯玄端朱裳謂之端者已外之服其袂三尺三寸其袪
尺八寸其玄端則二尺二寸袪尺二寸端正也以幅廣二
尺二寸袂廣二尺二寸與之正方故云玄端也哭諸侯則
爵弁故檀弓云天子之哭諸侯也爵弁紂衣爵弁者如爵
頭色又有素服內荒則服之故司服云大札大荒大烖素
服其衣服首飾大裘之冕其冕無旒故注弁師云冕服有
六而言五冕者大裘之冕蓋無旒不聯數也凡冕之制皆
玄上纁下故注弁師云皆玄覆朱裏師説以木版為中以
三十升玄布衣之於上謂之延也以朱為裏但不知用布
繒耳當應以繒為之以其前後旒用絲故也案漢禮器制
度廣八寸長尺六寸也又董巴輿服志云廣七寸長尺二
寸皇氏謂此為諸侯之冕應劭漢官儀廣七寸長八寸皇
氏以為卿大夫之冕服也若如皇氏言豈董巴專記諸侯
應劭專記卿大夫蓋冕隨代變異大小不同今依漢禮器
制度為定也今天子五冕之旒皆用五采之絲為旒垂五
采之玉故弁師云掌王之五冕五采繅十有二就皆五采

禮記義十六 八 馬春

玉十有二鄭注云每就間蓋一寸旒別有五采玉十有二
袞冕故前後各十一旒用玉二百八十八鷩冕九旒用玉
二百一十六毳冕七旒用玉一百六十八絺冕五旒用玉
百二十玄冕三旒用玉七十二皮弁縫中亦五采玉十二
故弁師云玉之皮弁會五采玉璂鄭注云會縫中也縫中
每貫結五采玉十二以為飾韋弁亦然故弁師云諸侯及
孤卿大夫之冕韋弁皮弁弁經各以其等為之則知天子
韋弁與皮弁同也其冠弁亦與皮弁同故注弁師云不言
冠弁冠弁兼於韋弁皮弁矣自此以前皆王者之服祭服
則以衣名冕象上古先有衣後有冕皮弁以下則以弁名
衣餘服既輕舉首為重故也其諸侯以下則司服云公之
服自袞冕而下侯伯之服自鷩冕而下子男之服自毳冕
而下孤之服自希冕而下卿大夫之服自玄冕而下士之
服自皮弁而下公之袞冕章數與玉同其就數則異故鄭
注覲禮云上公袞無升龍其旒則九不十二也其三公司
服無文案射人三公執璧與子男同則服毳冕也凡此諸

足利本第十六卷第八葉

諸侯玄端朱裳謂之端者已外之服其袂三尺三寸其袪
尺八寸其玄端則二尺二寸袪尺二寸端正也以幅廣二
尺二寸袂廣二尺二寸與之正方故云玄端也哭諸侯則
爵弁故檀弓云天子之哭諸侯也爵弁紂衣爵弁者如爵
頭色又有素服內荒則服之故司服云大札大荒大烖素
服其衣服首飾大裘之冕其冕無旒故注弁師云冕服有
六而言五冕者大裘之冕蓋無旒不聯數也凡冕之制皆
玄上纁下故注弁師云皆玄覆朱裏師説以木版為中以
三十升玄布衣之於上謂之延也以朱為裏但不知用布
繒耳當應以繒為之以其前後旒用絲故也案漢禮器制
度廣八寸長尺六寸也又董巴輿服志云廣七寸長尺二
寸皇氏謂此為諸侯之冕應劭漢官儀廣七寸長八寸皇
氏以為卿大夫之冕服也若如皇氏言豈董巴專記諸侯
應劭專記卿大夫蓋冕隨代變異大小不同今依漢禮器
制度為定也今天子五冕之旒皆用五采之絲為旒垂五
采之玉故弁師云掌王之五冕五采繅十有二就皆五采

禮記義十六 八 馬春

玉十有二鄭注云每就間蓋一寸旒別有五采玉十有二
袞冕故前後各十一旒用玉二百八十八鷩冕九旒用玉
二百一十六毳冕七旒用玉一百六十八絺冕五旒用玉
百二十玄冕三旒用玉七十二皮弁縫中亦五采玉十二
故弁師云玉之皮弁會五采玉璂鄭注云會縫中也縫中
每貫結五采玉十二以為飾韋弁亦然故弁師云諸侯及
孤卿大夫之冕韋弁皮弁弁經各以其等為之則知天子
韋弁與皮弁同也其冠弁亦與皮弁同故注弁師云不言
冠弁冠弁兼於韋弁皮弁矣自此以前皆王者之服祭服
則以衣名冕象上古先有衣後有冕皮弁以下則以弁名
衣餘服既輕舉首為重故也其諸侯以下則司服云公之
服自袞冕而下侯伯之服自鷩冕而下子男之服自毳冕
而下孤之服自希冕而下卿大夫之服自玄冕而下士之
服自皮弁而下公之袞冕章數與玉同其就數則異故鄭
注覲禮云上公袞無升龍其旒則九不十二也其三公司
服無文案射人三公執璧與子男同則服毳冕也凡此諸

潘本第十六卷第八葉

侯所著之服皆爲助祭於王若助王祭天地及祭先王大祀之等皆服巳上之服若其從王祭祀小祀雖有應著上服皆逐王所著之服不得踰王也自在國祭其先君則皆玄冕故玉藻云諸侯玄端以祭鄭云端當爲冕其二王之後祭受命之王各服巳上之服其自祭餘廟與諸侯同有孤之國其孤則絺冕卿大夫玄冕士爵弁此皆謂助君祭服也無孤之國卿絺冕大夫玄冕以注玉藻云諸侯之臣皆分爲三等其夫卿也則服鞠衣其夫大夫則服襢衣其夫士則服禄衣以此言之卿絺冕大夫玄冕士爵弁也此服皆謂助祭君也若其自祭則皆降焉諸侯士則玄端大夫則朝服故儀禮特牲士祭玄端少牢上大夫祭朝服公之孤爵弁以自祭故雜記云大夫冕而祭於公弁而祭於已士弁而祭於公冠而祭於已鄭注云爵弁而祭於已唯孤爾其天子卿大夫則無文諸侯當玄冕以祭其孤卿之等當爵弁也大夫則皮弁知者以諸侯大夫朝服自祭故知天子大夫亦用朝服自祭朝服則皮弁故鄭注玉藻云

禮記義十六　九　徐仁

四命以上齊祭異冠案玉藻云玄冠丹組纓諸侯之齊冠也諸侯既用玄冠而齊則孤卿大夫以下並用玄冠齊也諸侯玄冕而祭天子孤卿及公之孤卿爵弁而祭天子大夫皮弁而祭之皆與齊時玄冠不同故云四命以上齊祭異冠其三命以下玄冠齊玄冠祭是齊祭同冠其諸侯則皮弁以視朔朝服以視朝韋弁以即戎與天子同諸侯田獵亦用韋弁故左傳衛獻公射鴻於囿不釋皮冠而與孫林父言又昭十二年楚子狩於州來皮冠豹舄諸侯又以皮弁受聘享故聘禮公皮弁天子諸侯亦以玄端燕居故玉藻注云天子諸侯玄端朱裳是也諸侯亦以朝服食夕則深衣故玉藻云朝服以食夕深衣祭牢肉又大祥之祭服朝服故喪服小記除成喪者其祭也朝服縞冠大祥以後則麻衣麻衣則白布深衣也但緣之以布耳又有長衣遭喪權時所服故聘禮主國之喪主人長衣待賓是也其長衣制與深衣同但緣之以素長衣之袂稍長故玉藻注云長衣中衣繼揜尺深衣則緣而已其中衣制如長衣

足利本第十六卷第九葉

潘本第十六卷第九葉

侯所著之服皆爲助祭於王若助王祭天地及祭先王大祀之等皆服巳上之服若其從王祭祀小祀雖有應著上服皆逐王所著之服不得踰王也自在國祭其先君則皆玄冕故玉藻云諸侯玄端以祭鄭云端當爲冕其二王之後祭受命之王各服巳上之服其自祭餘廟與諸侯同有孤之國其孤則絺冕卿大夫玄冕士爵弁此皆謂助君祭服也無孤之國卿絺冕大夫玄冕以注玉藻云諸侯之臣皆分爲三等其夫卿也則服鞠衣其夫大夫則服襢衣其夫士則服禄衣以此言之卿絺冕大夫玄冕士爵弁也此服皆謂助祭君也若其自祭則皆降焉諸侯士則玄端大夫則朝服故儀禮特牲士祭玄端少牢上大夫祭朝服公之孤爵弁以自祭故雜記云大夫冕而祭於公弁而祭於已士弁而祭於公冠而祭於已鄭注云爵弁而祭於已唯孤爾其天子卿大夫則無文諸侯當玄冕以祭其孤卿之等當爵弁也大夫則皮弁知者以諸侯大夫朝服自祭故知天子大夫亦用朝服自祭朝服則皮弁故鄭注玉藻云

禮記義十六　九　徐仁

四命以上齊祭異冠案玉藻云玄冠丹組纓諸侯之齊冠也諸侯既用玄冠而齊則孤卿大夫以下並用玄冠齊也諸侯玄冕而祭天子孤卿及公之孤卿爵弁而祭天子大夫皮弁而祭之皆與齊時玄冠不同故云四命以上齊祭異冠其三命以下玄冠齊玄冠祭是齊祭同冠其諸侯則皮弁以視朔朝服以視朝韋弁以即戎與天子同諸侯田獵亦用韋弁故左傳衛獻公射鴻於囿不釋皮冠而與孫林父言又昭十二年楚子狩於州來皮冠豹舄諸侯又以皮弁受聘享故聘禮公皮弁天子諸侯亦以玄端燕居故玉藻注云天子諸侯玄端朱裳是也諸侯亦以朝服食夕則深衣故玉藻云朝服以食夕深衣祭牢肉又大祥之祭服朝服故喪服小記除成喪者其祭也朝服縞冠大祥以後則麻衣麻衣則白布深衣也但緣之以布耳又有長衣遭喪權時所服故聘禮主國之喪主人長衣待賓是也其長衣制與深衣同但緣之以素長衣之袂稍長故玉藻注云長衣中衣繼揜尺深衣則緣而已其中衣制如長衣

足利本第十六卷第十葉

在上服之自天子以下皆有若祭服中衣用素故詩云素
衣朱襮其他服中衣用布故玉藻云以帛裏布非禮也其
天子卿大夫士以皮弁爲朝服諸侯卿大夫上以玄冠緇
衣素裳爲朝服凡在朝君臣上下同服但士服則謂之玄
端袂廣二尺二寸故也其大夫以上則皆侈袂袂三尺三
寸故也其大夫以上所論玄端者皆其制與士同其大夫
士案玉藻云朝玄端夕深衣其大祥朝服及既祥麻衣並
與諸侯同天子祥禫其服無文或亦與諸侯無異其首飾
諸侯皆以三采爲藻垂三采之玉公衮冕九旒鷩冕七旒
毳冕五旒絺冕三旒玄冕蓋無旒旒皆九玉侯伯鷩冕七
旒以下與公同旒皆七玉子男毳冕五旒以下與公同旒
皆五玉若熊氏之義公以下諸冕其旒並依命數不減其
韋弁皮弁冠弁縫中之玉各依命數玉皆三采朱白蒼也
孤絺冕而下其旒及玉皆二采朱綠各依命數其皮弁韋
弁冠弁玉亦二采各依其命數其一命大夫玄冕及士則
爵弁皆無旒知諸侯以下首飾藻旒玉數如此者案弁師

禮記義十六 十 周泉

云諸侯及孤卿大夫之冕韋弁皮弁各以其等爲之故鄭
注云繅斿玉璂如其命數也冕則侯伯繅七就用玉九十
八子男繅五就用玉五十藻玉皆三采孤繅四就用玉三
十二三命之卿繅三就用玉十八再命之大夫繅再就用
玉八藻玉皆朱綠韋弁皮弁則侯伯璂飾七子男璂飾五
玉亦三采孤則璂飾四三命之卿璂飾三再命之大夫璂
飾二玉亦二采一命之大夫冕而無斿士變冕爲爵弁其
韋弁皮弁之會無結飾不言冠弁冠弁兼於韋弁皮弁矣
是也

大國之卿不過三命下卿再命小國之卿與下大夫一命不著次國之卿者以大國之下互明之此卿命則異大夫皆同周禮公侯伯之卿三命其大夫再命子男之卿再命其大夫一命〔疏〕正義曰此一節論大國小國卿大夫命數多少不同之事〔注〕不著至一命　正義曰經直云大國之卿及小國之卿不云次國故云不著次國之卿云

潘本第十六卷第十葉

在上服之自天子以下皆有若祭服中衣用素故詩云素
衣朱襮其他服中衣用布故玉藻云以帛裏布非禮也其
天子卿大夫士以皮弁爲朝服諸侯卿大夫上以玄冠緇
衣素裳爲朝服凡在朝君臣上下同服但士服則謂之玄
端袂廣二尺二寸故也其大夫以上則皆侈袂袂三尺三
寸故也其大夫以上所論玄端者皆其制與士同其大夫
士案玉藻云朝玄端夕深衣其大祥朝服及既祥麻衣並
與諸侯同天子祥禫其服無文或亦與諸侯無異其首飾
諸侯皆以三采爲藻垂三采之玉公衮冕九旒鷩冕七旒
毳冕五旒絺冕三旒玄冕蓋無旒旒皆九玉侯伯鷩冕七
旒以下與公同旒皆七玉子男毳冕五旒以下與公同旒
皆五玉若熊氏之義公以下諸冕其旒並依命數不減其
韋弁皮弁冠弁縫中之玉各依命數玉皆三采朱白蒼也
孤絺冕而下其旒及玉皆二采朱綠各依命數其皮弁韋
弁冠弁玉亦二采各依其命數其一命大夫玄冕及士則
爵弁皆無旒知諸侯以下首飾藻旒玉數如此者案弁師

禮記義十六 十 周泉

云諸侯及孤卿大夫之冕韋弁皮弁各以其等爲之故鄭
注云繅斿玉璂如其命數也冕則侯伯繅七就用玉九十
八子男繅五就用玉五十藻玉皆三采孤繅四就用玉三
十二三命之卿繅三就用玉十八再命之大夫繅再就用
玉八藻玉皆朱綠韋弁皮弁則侯伯璂飾七子男璂飾五
玉亦三采孤則璂飾四三命之卿璂飾三再命之大夫璂
飾二玉亦二采一命之大夫冕而無斿士變冕爲爵弁其
韋弁皮弁之會無結飾不言冠弁冠弁兼於韋弁皮弁矣
是也

大國之卿不過三命下卿再命小國之卿與下大夫一命不著次國之卿者以大國之下互明之此卿命則異大夫皆同周禮公侯伯之卿三命其大夫再命子男之卿再命其大夫一命〔疏〕正義曰此一節論大國小國卿大夫命數多少不同之事〔注〕不著至一命　正義曰經直云大國之卿及小國之卿不云次國故云不著次國之卿云

足利本第十六卷第十一葉

以大國之下互明之者以大國之卿不過三命則知次國之卿不過再命大國下卿再命則知次國下卿一命故云互明之云此卿命則異者以大國上卿三命下卿再命次國上卿再命下卿一命小國上下卿並皆一命故云卿命則異云大夫皆同者謂大國次國小國大夫皆同一命令經云小國之卿與下大夫一命既與小國連文知非直據小國下大夫一命者以經云大國下卿再命以次差之明大夫一命自然次國大夫亦一命故云大夫皆同此夏殷制也案周禮云公國之孤四命與餘卿不同則知此大國之卿不過三命亦謂孤也大國下卿再命者謂除孤以外之卿就再命之中分爲中卿下卿也故前文云次國之上卿位當大國之中是也次國之卿再命亦謂上卿執政者若魯之季孫下卿一命亦分爲中下二等故前文云中當其下下當其上大夫是也小國之卿雖同一命亦分爲三等故前文云小國之上卿位當大國之下卿中當其上大夫下當其下大夫其大國次國小國大夫雖同一命當皆

禮記義十六　十一　許富

分爲上下二等文已具於上令摠云下大夫者對卿言之云周禮公侯伯之卿三命以下者皆周禮典命文以經云大國之卿不過三命故引公侯伯之卿三命以對之周禮公之孤四命不與三命相當故不引之也　凡官民材必先論之論謂考其德行道藝論辨然後使之辨謂考問得其定也易曰問以辨之任事然後爵之爵謂正其秩次位定然後祿之與之以常食

疏 正義曰此一節論擇賢材任以爵祿之事各隨文解之　注辨謂至辨之　正義曰辨謂考問得其定也者謂官其人必先論量德行道藝令論量考問事已分辨得其定實故云辨謂考問得其定也引易曰問以辨之是易文言文　任事然後爵之　爵謂正其秩次言雖考問知其實有德行道藝未明其幹能故試任以事事又幹了然後正其秩次除授位定然後與之以祿　爵人於朝與士

潘本第十六卷第十一葉

以大國之下互明之者以大國之卿不過三命則知次國之卿不過再命大國下卿再命則知次國下卿一命故云互明之云此卿命則異者以大國上卿三命下卿再命次國上卿再命下卿一命小國上下卿並皆一命故云卿命則異云大夫皆同者謂大國次國小國大夫皆同一命令經云小國之卿與下大夫一命既與小國連文知非直據小國下大夫一命者以經云大國下卿再命以次差之明大夫一命自然次國大夫亦一命故云大夫皆同此夏殷制也案周禮云公國之孤四命與餘卿不同則知此大國之卿不過三命亦謂孤也大國下卿再命者謂除孤以外之卿就再命之中分爲中卿下卿也故前文云次國之上卿位當大國之中是也次國之卿再命亦謂上卿執政者若魯之季孫下卿一命亦分爲中下二等故前文云中當其下下當其上大夫是也小國之卿雖同一命亦分爲三等故前文云小國之上卿位當大國之下卿中當其上大夫下當其下大夫其大國次國小國大夫雖同一命當皆

禮記義十六　十一　許富

分爲上下二等文已具於上令摠云下大夫者對卿言之云周禮公侯伯之卿三命以下者皆周禮典命文以經云大國之卿不過三命故引公侯伯之卿三命以對之周禮公之孤四命不與三命相當故不引之也　凡官民材必先論之論謂考其德行道藝論辨然後使之辨謂考問得其定也易曰問以辨之任事然後爵之爵謂正其秩次位定然後祿之與之以常食

疏 正義曰此一節論擇賢材任以爵祿之事各隨文解之　注辨謂至辨之　正義曰辨謂考問得其定也者謂官其人必先論量德行道藝令論量考問事已分辨得其定實故云辨謂考問得其定也引易曰問以辨之是易文言文　任事然後爵之　爵謂正其秩次言雖考問知其實有德行道藝未明其幹能故試任以事事又幹了然後正其秩次除授位定然後與之以祿　爵人於朝與士

足利本第十六卷第十二葉

共之刑人於市與衆弃之必共之者所以審愼之也書曰克明德愼
罰　是故公家不畜刑人大夫弗養士遇之
塗弗與言也屛之四方唯其所之不及以
政亦弗故生也屛猶放去也已施刑則放之弃之役賦不與亦不授之以田困乏又無賙
餼也虞書曰五流有宅五宅三居是也周則墨者使守門劓者使守關宮者使守内刖者使守囿髡者使守積　疏
正義曰此一節論爵人及刑人之事各依文解之　此云
爵人於朝謂朌法也周則天子特假祖廟而拜授之故洛
誥云烝祭歲文王騂牛一武王騂牛一時冊命周公故特
祭文武若諸侯爵人因嘗祭之日故祭統云祭之日一獻
君降立于阼階之南南鄉所命北面是也　刑人於市與
衆弃之者亦謂朌法謂貴賤皆刑於市周則有爵者刑於

禮記義十六　十二　李湑

甸師氏也　是故公家不畜刑人者既與衆弃之以是之
故天子諸侯之家不畜刑人也大夫不得育養士遇刑人
於塗弗與言也謂逢遇於塗不與之言　屛之四方唯其
所之者屛猶放去也謂已施刑暴故放逐弃去使嚮四方
量其罪之輕重合所之適處而居之既是罪人被放不干
及以政教之事謂不以王政賦役驅使非但不使意在亦
不欲使生困乏又無賙餼直放之化外任其自死自生也
注　役賦至守積　正義曰役賦不與謂役賦之事不干
與於刑人解經不及以政云亦不授之以田困乏又無賙
餼也者解經亦弗故生也田里所以安其身賙餼所以養
其命皆是爲生之具今並不與是不故欲使其生也云虞
書曰五流有宅五宅三居是也者證經屛之四方此云虞
書者舜典文鄭注云宅讀曰咤懲刈之器謂五刑之流皆
有器懲刈五咤者是五種之器謂桎一梏二拲二三居謂
周之夷服鎮服蕃服云周則墨者使守門以下是周禮掌
戮文案掌戮墨者使守門注云黥者無妨於禁御云劓者

潘本第十六卷第十二葉

共之刑人於市與衆弃之必共之者所以審愼之也書曰克明德愼
罰　是故公家不畜刑人大夫弗養士遇之
塗弗與言也屛之四方唯其所之不及以
政亦弗故生也屛猶放去也已施刑則放之弃之役賦不與亦不授之以田困乏又無賙
餼也虞書曰五流有宅五宅三居是也周則墨者使守門劓者使守關宮者使守内刖者使守囿髡者使守積　疏
正義曰此一節論爵人及刑人之事各依文解之　此云
爵人於朝謂朌法也周則天子特假祖廟而拜授之故洛
誥云烝祭歲文王騂牛一武王騂牛一時冊命周公故特
祭文武若諸侯爵人因嘗祭之日故祭統云祭之日一獻
君降立于阼階之南南鄉所命北面是也　刑人於市與
衆弃之者亦謂朌法謂貴賤皆刑於市周則有爵者刑於

禮記義十六　十二　李湑

甸師氏也　是故公家不畜刑人者既與衆弃之以是之
故天子諸侯之家不畜刑人也大夫不得育養士遇刑人
於塗弗與言也謂逢遇於塗不與之言　屛之四方唯其
所之者屛猶放去也謂已施刑暴故放逐弃去使嚮四方
量其罪之輕重合所之適處而居之既是罪人被放不干
及以政教之事謂不以王政賦役驅使非但不使意在亦
不欲使生困乏又無賙餼直放之化外任其自死自生也
注　役賦至守積　正義曰役賦不與謂役賦之事不干
與於刑人解經不及以政云亦不授之以田困乏又無賙
餼也者解經亦弗故生也田里所以安其身賙餼所以養
其命皆是爲生之具今並不與是不故欲使其生也云虞
書曰五流有宅五宅三居是也者證經屛之四方此云虞
書者舜典文鄭注云宅讀曰咤懲刈之器謂五刑之流皆
有器懲刈五咤者是五種之器謂桎一梏二拲二三居謂
周之夷服鎮服蕃服云周則墨者使守門以下是周禮掌
戮文案掌戮墨者使守門注云黥者無妨於禁御云劓者

足利本第十六卷第十三葉

使守闕注云截鼻亦無㓕以貌醜遠之云宮者使守內注云以人道絕也云刖者使守囿注云斷足驅衛禽獸無急行云髡者使守積注云王之同族不宮之者髡頭而已守積積在隱者宜也引之者欲明周家畜刑人異於夏殷法也

諸侯之於天子也，比年一小聘，三年一大聘，五年一朝。比年每歲也小聘使大夫大聘使卿朝則君自行然此大聘與朝晉文霸時所制也虞夏之制諸侯歲朝周之制侯甸男采衛要服六者各以其服數來朝

天子五年一巡守。天子以海內爲家時一巡省之五年者虞夏之制也周則十二歲一巡守

疏正義曰此一經論諸侯遣卿大夫聘問及自親朝之事　注小聘至來朝　正義曰知小聘使大夫者案聘禮記云小聘曰問三介大聘使卿爲介有五人其小聘唯三介故知小聘使大夫云此大聘與朝晉文霸時所制也者案昭三年左傳鄭子大叔曰文襄之霸也其務不煩諸侯令諸侯三歲而聘五歲而朝故云晉文霸時所制而晉文霸時亦應有比年大夫之聘但子大叔略而不言此亦據傳文直云大聘與朝不云比年小聘案左傳文三年聘五年朝諸侯相朝之法今此經文云諸侯之於天子三年一大聘五年一朝則文襄之制諸侯朝天子與自相朝同也如鄭此注唯據文襄故鄭云此晉文霸時所制又鄭駁異義云公羊說比年一小聘三年一大聘五年一朝以爲文襄之制録王制者記文襄之制耳非虞夏及殷法也熊氏或以此爲虞夏法或以爲殷法文義雜亂不復相當曲爲解說其義非也云虞夏之制諸侯歲朝者案尚書堯典云五載一巡守羣后四朝鄭注云巡守之年諸侯朝於方岳之下其間四年四方諸侯分來朝於京師歲徧是也案孝經注諸侯五年一朝天子天子亦五年一巡守熊氏以爲虞夏制法諸侯歲朝分爲四部四年乃徧揔是五年一朝天子乃巡守故云諸侯五年一朝天子天子亦五年一巡守案鄭注尚書

禮記義十六　十三　方堅

潘本第十六卷第十三葉

使守闕注云截鼻亦無㓕以貌醜遠之云宮者使守內注云以人道絕也云刖者使守囿注云斷足驅衛禽獸無急行云髡者使守積注云王之同族不宮之者髡頭而已守積積在隱者宜也引之者欲明周家畜刑人異於夏殷法也
諸侯之於天子也，比年一小聘，三年一大聘，五年一朝。……案鄭注尚書
禮記義十六　十三　方堅

足利本第十六卷第十四葉

四方諸侯分來朝於京師歲徧則非五年乃徧又孝經之注多與鄭義乖違儒者疑非鄭注今所不取熊氏之說非也虞夏之制但有歲朝之文其諸侯自相朝聘及天子之事則無文不可知也鄭此注虞夏之制即云周之制不云殷者虞夏及周經有明文故指而言之殷則經籍不見故不言也案春秋文十五年左傳云諸侯五年再相朝以脩王命古之制也案鄭志孫皓問云諸侯五年再相朝不知所合典禮鄭荅云古者據時而道前代之言唐虞之禮五載一巡守夏殷之時天子蓋六年一巡守諸侯間而朝天子其不朝者朝罷朝五年再朝似如此制禮典不可得而詳如鄭志之言則夏殷天子六年一巡守其間諸侯分為五部每年一部來朝天子朝罷還國其不朝者朝罷朝諸侯至後年不朝者往朝天子而還前年朝者今既不朝又朝罷朝諸侯是再相朝也故鄭云朝罷朝也如鄭之意此為夏殷之禮而鄭又云虞夏之制諸侯歲朝以夏與虞同與鄭志乖者以羣后四朝文在堯典堯典是虞夏之書故

禮記義十六　十四　高彥

連言夏其實虞也故鄭志云唐虞之禮五載一巡守今知諸侯歲朝唯指唐虞也其夏殷朝天子及自相朝其禮則然其聘天子及自相聘則無文也云周之制以下周禮大行人文故大行人云侯服歲壹見甸服二歲壹見男服三歲壹見采服四歲壹見衛服五歲壹見要服六歲壹見是六者各以其服數來朝皆當方分為四部分隨四時而來鄭注大行人云朝貢之歲四方各四分趨四時而來是方別各為四分也近東者朝春近南者宗夏近西者覲秋近北者遇冬故韓侯是北方諸侯而近於西故稱韓侯入覲鄭云秋見天子曰覲又鄭注明堂位云魯在東方朝必以春魯於東方近東故也以此言之則侯服朝者東方以秋南方以冬西方以春北方以夏以其近京師舉此一隅自外可知悉案大宗伯云春見曰朝注云朝猶朝也欲其來之早夏見曰宗注云宗尊也欲其尊王秋見曰覲注云覲之言勤也欲其勤王之事冬見曰遇注云遇偶也欲其若不期而俱至時見曰會注云時見者言無常期諸侯有不

潘本第十六卷第十四葉

四方諸侯分來朝於京師歲徧則非五年乃徧又孝經之注多與鄭義乖違儒者疑非鄭注今所不取熊氏之說非也虞夏之制但有歲朝之文其諸侯自相朝聘及天子之事則無文不可知也鄭此注虞夏之制即云周之制不云殷者虞夏及周經有明文故指而言之殷則經籍不見故不言也案春秋文十五年左傳云諸侯五年再相朝以脩王命古之制也案鄭志孫皓問云諸侯五年再相朝不知所合典禮鄭荅云古者據時而道前代之言唐虞之禮五載一巡守夏殷之時天子蓋六年一巡守諸侯間而朝天子其不朝者朝罷朝五年再朝似如此制禮典不可得而詳如鄭志之言則夏殷天子六年一巡守其間諸侯分為五部每年一部來朝天子朝罷還國其不朝者朝罷朝諸侯至後年不朝者往朝天子而還前年朝者今既不朝又朝罷朝諸侯是再相朝也故鄭云朝罷朝也如鄭之意此為夏殷之禮而鄭又云虞夏之制諸侯歲朝以夏與虞同與鄭志乖者以羣后四朝文在堯典堯典是虞夏之書故

禮記義十六　十四　高彥

連言夏其實虞也故鄭志云唐虞之禮五載一巡守今知諸侯歲朝唯指唐虞也其夏殷朝天子及自相朝其禮則然其聘天子及自相聘則無文也云周之制以下周禮大行人文故大行人云侯服歲壹見甸服二歲壹見男服三歲壹見采服四歲壹見衛服五歲壹見要服六歲壹見是六者各以其服數來朝皆當方分為四部分隨四時而來鄭注大行人云朝貢之歲四方各四分趨四時而來是方別各為四分也近東者朝春近南者宗夏近西者覲秋近北者遇冬故韓侯是北方諸侯而近於西故稱韓侯入覲鄭云秋見天子曰覲又鄭注明堂位云魯在東方朝必以春魯於東方近東故也以此言之則侯服朝者東方以秋南方以冬西方以春北方以夏以其近京師舉此一隅自外可知悉案大宗伯云春見曰朝注云朝猶朝也欲其來之早夏見曰宗注云宗尊也欲其尊王秋見曰覲注云覲之言勤也欲其勤王之事冬見曰遇注云遇偶也欲其若不期而俱至時見曰會注云時見者言無常期諸侯有不

順服者王將有征討之事即春秋左傳云有事而會也殷見曰同注云殷衆也十二歲王如不巡守則六服盡朝四方四時分來歲終則徧每當一時一方摠來不四分也此六者諸侯朝王之禮又諸侯有聘問王之禮故宗伯云時聘曰問注云時聘者亦無常期天子有事乃聘之焉殷頫曰視注云殷頫謂一服朝之歲以朝者少諸侯乃使卿以大禮衆聘焉一服朝在元年七年十一年其諸侯自相朝則大行人云凡諸侯之邦交歲相問也殷相聘也世相朝也注云小聘曰問殷中也久無事又於殷朝者及而相聘也父死子立曰世凡君即位大國朝焉小國聘焉鄭知久無事而相聘者案昭九年左傳稱孟僖子如齊殷聘禮也知凡君即位大國朝焉小國聘焉者以襄元年邾子來朝衛子叔晉知武子來聘左傳云凡諸侯即位小國朝之大國聘焉邾是小國故稱朝衛晉是大國故稱聘若俱是敵國亦得來聘朝故司儀云諸侯相爲賓是也若已初即位亦朝聘大國故文公元年公孫敖如齊左傳云凡君即位

禮記義十六　十五　楊昌

卿出並聘若已是小國則往朝大國故文十一年曹伯來朝左傳云即位而來見也其天子亦有使大夫聘諸侯之禮故大行人云間問以諭諸侯之志歲徧存三歲徧頫五歲徧省間年一聘以至十一歲案昭十三年左傳云歲聘以志業間朝以講禮再朝而會以示威再會而盟以顯昭明賈逵服虔皆以爲朝天子之法崔氏以爲朝霸主之法鄭康成以爲不知何代之禮故異義云公羊說諸侯比年一小聘三年一大聘五年一朝天子左氏說十二年之間八聘四朝再會一盟許慎謹案公羊說虞夏制左氏說周制傳曰三代不同物明古今異說鄭駁之云三年聘五年朝文襄之霸制周禮大行人諸侯各以服數來朝其諸侯歲聘間朝之屬說無所出晉文公彊盛諸侯耳非所謂三代異物也是鄭以歲聘間朝文無所出不用其義也言晉文公但強盛諸侯耳何能制禮而云三代異物乎是難許慎之辭也異義朝名公羊說諸侯四時見天子及相聘皆曰朝以朝時行禮卒而相逢於路曰遇古周禮說春曰朝

順服者王將有征討之事即春秋左傳云有事而會也殷見曰同注云殷衆也十二歲王如不巡守則六服盡朝四方四時分來歲終則徧每當一時一方摠來不四分也此六者諸侯朝王之禮又諸侯有聘問王之禮故宗伯云時聘曰問注云時聘者亦無常期天子有事乃聘之焉殷頫曰視注云殷頫謂一服朝之歲以朝者少諸侯乃使卿以大禮衆聘焉一服朝在元年七年十一年其諸侯自相朝則大行人云凡諸侯之邦交歲相問也殷相聘也世相朝也注云小聘曰問殷中也久無事又於殷朝者及而相聘也父死子立曰世凡君即位大國朝焉小國聘焉鄭知久無事而相聘者案昭九年左傳稱孟僖子如齊殷聘禮也知凡君即位大國朝焉小國聘焉者以襄元年邾子來朝衛子叔晉知武子來聘左傳云凡諸侯即位小國朝之大國聘焉邾是小國故稱朝衛晉是大國故稱聘若俱是敵國亦得來聘朝故司儀云諸侯相爲賓是也若已初即位亦朝聘大國故文公元年公孫敖如齊左傳云凡君即位

禮記義十六　十五　楊昌

卿出並聘若已是小國則往朝大國故文十一年曹伯來朝左傳云即位而來見也其天子亦有使大夫聘諸侯之禮故大行人云間問以諭諸侯之志歲徧存三歲徧頫五歲徧省間年一聘以至十一歲案昭十三年左傳云歲聘以志業間朝以講禮再朝而會以示威再會而盟以顯昭明賈逵服虔皆以爲朝天子之法崔氏以爲朝霸主之法鄭康成以爲不知何代之禮故異義云公羊說諸侯比年一小聘三年一大聘五年一朝天子左氏說十二年之間八聘四朝再會一盟許慎謹案公羊說虞夏制左氏說周制傳曰三代不同物明古今異說鄭駁之云三年聘五年朝文襄之霸制周禮大行人諸侯各以服數來朝其諸侯歲聘間朝之屬說無所出晉文公彊盛諸侯耳非所謂三代異物也是鄭以歲聘間朝文無所出不用其義也言晉文公但強盛諸侯耳何能制禮而云三代異物乎是難許慎之辭也異義朝名公羊說諸侯四時見天子及相聘皆曰朝以朝時行禮卒而相逢於路曰遇古周禮說春曰朝

夏曰宗秋曰覲冬曰遇許慎案禮有覲經詩曰韓侯入覲書曰江漢朝宗于海知有朝覲宗遇之禮從周禮説鄭駮之云此皆有似不爲古昔案覲禮曰諸侯前朝皆受舍于朝朝通名如鄭此言公羊言其揔號周禮指其別名異義天子聘諸侯公羊説天子無下聘義周禮説間問以諭諸侯之志許慎謹案禮臣疾君親問之天子有下聘之義從周禮説鄭無駮與許慎同也

注五年至巡守　正義曰知五年是虞夏之制者堯典云五載一巡守此正謂虞也以虞夏同科連言夏耳若夏與殷依鄭志當六年一巡守也云周則十二歲一巡守者大行人云十有二歲王巡守殷國故知周制十二年也案白虎通云所以巡守者何巡者循也守者收也爲天子循行守土收民道德大平恐遠近不同化幽隱不得其所者故必親自行之謙敬重民之至也所以不歲巡守何爲大煩過五年爲其大疏因天道三歲一閏天道小備五歲再閏天道大備故五年一巡守以此言之夏殷六歲者取半一歲之律呂也周十二歲者

禮記義十六　十六　李倚

象歲星一周也　歲二月東巡守至于岱宗岱宗東嶽柴而望祀山川柴祭天告至也覲諸侯覲見也問百年者就見之就見老人命大師陳詩以觀民風陳詩謂采其詩而視之命市納賈以觀民之所好惡志淫好辟市典市者賈謂物貴賤厚薄也質則用物貴淫則侈物貴民之志淫邪則其所好者不正命典禮考時月定日同律禮樂制度衣服正之同陰律也山川神祇有不舉者爲不敬不敬者君削以地舉猶祭也宗廟有不順者爲不孝不孝者君絀

足利本第十六卷第十六葉

夏曰宗秋曰覲冬曰遇許慎案禮有覲經詩曰韓侯入覲書曰江漢朝宗于海知有朝覲宗遇之禮從周禮説鄭駮之云此皆有似不爲古昔案覲禮曰諸侯前朝皆受舍于朝朝通名如鄭此言公羊言其揔號周禮指其別名異義天子聘諸侯公羊説天子無下聘義周禮説間問以諭諸侯之志許慎謹案禮臣疾君親問之天子有下聘之義從周禮説鄭無駮與許慎同也

注五年至巡守　正義曰知五年是虞夏之制者堯典云五載一巡守此正謂虞也以虞夏同科連言夏耳若夏與殷依鄭志當六年一巡守也云周則十二歲一巡守者大行人云十有二歲王巡守殷國故知周制十二年也案白虎通云所以巡守者何巡者循也守者收也爲天子循行守土收民道德大平恐遠近不同化幽隱不得其所者故必親自行之謙敬重民之至也所以不歲巡守何爲大煩過五年爲其大疏因天道三歲一閏天道小備五歲再閏天道大備故五年一巡守以此言之夏殷六歲者取半一歲之律呂也周十二歲者

禮記義十六　十六　李倚

象歲星一周也　歲二月東巡守至于岱宗岱宗東嶽柴而望祀山川柴祭天告至也覲諸侯覲見也問百年者就見之就見老人命大師陳詩以觀民風陳詩謂采其詩而視之命市納賈以觀民之所好惡志淫好辟市典市者賈謂物貴賤厚薄也質則用物貴淫則侈物貴民之志淫邪則其所好者不正命典禮考時月定日同律禮樂制度衣服正之同陰律也山川神祇有不舉者爲不敬不敬者君削以地舉猶祭也宗廟有不順者爲不孝不孝者君絀

潘本第十六卷第十六葉

足利本第十六卷第十七葉

以爵不順者謂若逆昭穆變禮易樂者爲不從不從者
君流流放也革制度衣服者爲畔畔者君討討誅也
有功德於民者加地進律律法也五月南巡守
至于南嶽如東巡守之禮八月西巡守至于西
嶽如南巡守之禮十有一月北巡守至于北
嶽如西巡守之禮歸假于祖禰用特假至也特特牛
也祖下及禰皆一牛疏正義曰此一經論王者巡守四嶽柴望及
黜陟之事各依文解之　歲二月東巡守
者皆以夏之仲月以夏時仲月者律曆當得其中也二月
八月又晝夜分五月十一月者陰陽終故取四仲月也注

禮記義十六　十七　許富

云岱宗東嶽　正義曰嶽者何嶽之爲言桷也桷功德也
必先於此岱山者言萬物皆相代於東方故歲二月東巡
守至于岱宗宗者尊也岱爲五嶽之首故爲尊也注柴
祭天告至也　正義曰柴祭天告至謂燔柴以祭上天而
告至其祭天之後乃望祀山川所祭之天則蒼帝靈威仰
觀諸侯　觀見也謂見東方諸侯其見之禮案覲禮云
諸侯覲於天子爲宮方三百步四門壇十有二尋深四尺
鄭注云王巡守至于方嶽之下諸侯會之亦爲此宮以見
之是也覲禮又云天子乘龍載大旂拜日於東門之外反
祀方明鄭注引朝事儀曰天子冕而執鎭圭尺有二寸云
帥諸侯而朝日於東郊所以教尊尊也退而朝諸侯由此
二者言之已祀方明乃以會同之禮見諸侯也凡會同者
不協而盟盟時設方明於壇上乃以載辭告焉如覲禮及
鄭注所云既告至之後爲宮加方明於壇天子出宮東門
外拜日反祀方明祀方明之後乃徹去方明故鄭云由此
二者言之已祀方明乃以會同之禮見諸侯云二者謂覲

潘本第十六卷第十七葉

以爵不順者謂若逆昭穆變禮易樂者爲不從不從者
君流流放也革制度衣服者爲畔畔者君討討誅也
有功德於民者加地進律律法也五月南巡守
至于南嶽如東巡守之禮八月西巡守至于西
嶽如南巡守之禮十有一月北巡守至于北
嶽如西巡守之禮歸假于祖禰用特假至也特特牛
也祖下及禰皆一牛疏正義曰此一經論王者巡守四嶽柴望及
黜陟之事各依文解之　歲二月東巡守
者皆以夏之仲月以夏時仲月者律曆當得其中也二月
八月又晝夜分五月十一月者陰陽終故取四仲月也注

禮記義十六　十七　許富

云岱宗東嶽　正義曰嶽者何嶽之爲言桷也桷功德也
必先於此岱山者言萬物皆相代於東方故歲二月東巡
守至于岱宗宗者尊也岱爲五嶽之首故爲尊也注柴
祭天告至也　正義曰柴祭天告至謂燔柴以祭上天而
告至其祭天之後乃望祀山川所祭之天則蒼帝靈威仰
觀諸侯　觀見也謂見東方諸侯其見之禮案覲禮云
諸侯覲於天子爲宮方三百步四門壇十有二尋深四尺
鄭注云王巡守至于方嶽之下諸侯會之亦爲此宮以見
之是也覲禮又云天子乘龍載大旂拜日於東門之外反
祀方明鄭注引朝事儀曰天子冕而執鎭圭尺有二寸云
帥諸侯而朝日於東郊所以教尊尊也退而朝諸侯由此
二者言之已祀方明乃以會同之禮見諸侯也凡會同者
不協而盟盟時設方明於壇上乃以載辭告焉如覲禮及
鄭注所云既告至之後爲宮加方明於壇天子出宮東門
外拜日反祀方明祀方明之後乃徹去方明故鄭云由此
二者言之已祀方明乃以會同之禮見諸侯云二者謂覲

足利本第十六卷第十八葉

禮經文朝日東門反祀方明朝事儀云朝日東郊退而朝
諸侯故云由此二者言之已祀方明乃以會同之禮見諸
侯也今於覲禮未祀方明之前未有見諸侯之事皇氏以
爲未祀方明之前已見諸侯非也其祀方明之後見諸侯
之時王升立於壇上南面諸公中階之前北面諸侯東階
之東西面諸伯西階之西東面諸子門東北面諸男門西
北面王降階南面而見之三揖旣升壇使諸侯升公拜於
上等侯伯於中等子男於下等見諸侯訖若有不恊更加
方明於壇上諸侯等俱北面戎右傳敦血以授歃者司盟
主其職故司盟云掌其盟約之載及其禮儀北面詔明神
於時王立無文不可與諸侯同北面當於阼階上西面此
是見諸侯之禮祀方明之時祭天則燔柴也天謂日也與
此岱宗柴所用事别覲禮云祭天燔柴謂天子之盟也祭
地瘞謂王官之伯盟也祭山丘陵升及祭川沈者是諸侯
之盟也此是巡守及諸侯之盟祭也故注云升沈必就祭
者也就祭則是謂王巡守及諸侯之盟祭也祭天柴謂祭

禮記義十六　十八　李倚

日也祭地瘞者祭月也王巡守之盟其神主日諸侯之盟
其神主山川則王官之伯會諸侯而盟其神主月與今此
王制所注岱宗柴者謂祭天告至而覲禮注引王制云王
巡守至于岱宗柴是王巡守之盟其神主日又以柴爲盟
之所用不同者告至與盟必非一事鄭意謂巡守盟時有
柴故引岱宗以證之其實别也覲禮云爲宫卽言加方明
此宫則亦有方明但文不具耳故巡守祭天燔柴祭地瘞
經文相連鄭注云王巡守至於方嶽之下諸侯會之亦爲
埋皆是祭方明也故鄭於方明設六玉之下注云上宜以
蒼璧下宜以黃琮而不以者則上下之神非天地之至貴
者也以此言之明天子巡守之祭有方明也而皇氏云諸
侯來就王會同有方明王巡守見諸侯無方明皇氏用之
爲說其義非也　問百年者就見之　此謂到方嶽之下
見諸侯之後問百年者就見之若未至方嶽於道路之上
有百年者則亦王先見之故祭義云天子巡守諸侯待於
竟天子先見百年者下云八十九十者東行西行者弗敢

潘本第十六卷第十八葉

禮經文朝日東門反祀方明朝事儀云朝日東郊退而朝
諸侯故云由此二者言之已祀方明乃以會同之禮見諸
侯也今於覲禮未祀方明之前未有見諸侯之事皇氏以
爲未祀方明之前已見諸侯非也其祀方明之後見諸侯
之時王升立於壇上南面諸公中階之前北面諸侯東階
之東西面諸伯西階之西東面諸子門東北面諸男門西
北面王降階南面而見之三揖旣升壇使諸侯升公拜於
上等侯伯於中等子男於下等見諸侯訖若有不恊更加
方明於壇上諸侯等俱北面戎右傳敦血以授歃者司盟
主其職故司盟云掌其盟約之載及其禮儀北面詔明神
於時王立無文不可與諸侯同北面當於阼階上西面此
是見諸侯之禮祀方明之時祭天則燔柴也天謂日也與
此岱宗柴所用事别覲禮云祭天燔柴謂天子之盟也祭
地瘞謂王官之伯盟也祭山丘陵升及祭川沈者是諸侯
之盟也此是巡守及諸侯之盟祭也故注云升沈必就祭
者也就祭則是謂王巡守及諸侯之盟祭也祭天柴謂祭

六百九一八　禮記義十六　十八　葛昌

日也祭地瘞者祭月也王巡守之盟其神主日諸侯之盟
其神主山川則王官之伯會諸侯而盟其神主月與今此
王制所注岱宗柴者謂祭天告至而覲禮注引王制云王
巡守至于岱宗柴是王巡守之盟其神主日又以柴爲盟
之所用不同者告至與盟必非一事鄭意謂巡守盟時有
柴故引岱宗以證之其實别也覲禮云爲宫卽言加方明
此宫則亦有方明但文不具耳故巡守祭天燔柴祭地瘞
經文相連鄭注云王巡守至於方嶽之下諸侯會之亦爲
埋皆是祭方明也故鄭於方明設六玉之下注云上宜以
蒼璧下宜以黃琮而不以者則上下之神非天地之至貴
者也以此言之明天子巡守之祭有方明也而皇氏云諸
侯來就王會同有方明王巡守見諸侯無方明皇氏用之
爲說其義非也　問百年者就見之　此謂到方嶽之下
見諸侯之後問百年者就見之若未至方嶽於道路之上
有百年者則亦王先見之故祭義云天子巡守諸侯待於
竟天子先見百年者下云八十九十者東行西行者弗敢

足利本第十六卷第十九葉

過道經之則見之則知百年者道雖不經所在就見之與此少別　命大師陳詩以觀民風　此謂王巡守見諸侯畢乃命其方諸侯大師是掌樂之官各陳其國風之詩以觀其政令之善惡若政善詩辭亦善政惡則詩辭亦惡觀其詩則知君政善惡故天保詩云民之質矣日用飲食是其政和若其政惡則十月之交徹我牆屋田卒汙萊是也　命市至好辟　命典市之官進納物賈之書以觀民之所有愛好所有嫌惡若民志淫邪則愛好邪辟之物民志所以淫邪由在上教之不正此陳詩納賈所以觀民風俗是欲知君上善惡也　命典至正之　典禮之官於周則大史也考校四時及十二月之大小時有節氣早晚月有弦望晦朔考之使各當其節又正定甲乙之日陰管之同陽管之律玉帛之禮鐘鼓之樂及制度衣服各有等差當正之使正堯典云協時月正日同律度量衡文雖小異大意與此同也　注同陰律也　正義曰鄭以先儒以同為齊同此律故辨之云同陰律也故大師云執同律以聽軍

禮記義十六　十九　包端

聲又典同注云同陰律也不以陽律名管者因其先言耳所以先言者以同為平聲平為發語之本今古悉然故先言耳　山川至以爵　山川是外神故云不舉不舉不敬也山川在其國竟故削以地宗廟是內神故云不順不順不孝也宗廟可以表明爵等故絀以爵　注不順者謂若逆昭穆　正義曰案文二年秋八月丁卯大事于大廟躋僖公逆祀也左傳曰夏父弗忌為宗伯曰吾見新鬼大故鬼小先大後小順也於是躋僖公於閔公之上是逆昭穆也　變禮至君討　禮樂雖為大事非是切急所須故以為不從君唯流放制度衣服便是政治之急故以為畔君須誅討此四罪先輕後重　注律法也　正義曰律法釋詁文法謂法度諸事皆是即大行人上公九命繅藉九寸冕服九章建常九斿之等是也　五月至用特　言五月南巡至于南嶽者孔注尚書云自東嶽南巡守五月至則是從東嶽而去故鄭注尚書云每歸格于祖既言每歸似是嶽別一歸若嶽別一歸而更去便是路遠無由可至尚

潘本第十六卷第十九葉

過道經之則見之則知百年者道雖不經所在就見之與此少別　命大師陳詩以觀民風　此謂王巡守見諸侯畢乃命其方諸侯大師是掌樂之官各陳其國風之詩以觀其政令之善惡若政善詩辭亦善政惡則詩辭亦惡觀其詩則知君政善惡故天保詩云民之質矣日用飲食是其政和若其政惡則十月之交徹我牆屋田卒汙萊是也　命市至好辟　命典市之官進納物賈之書以觀民之所有愛好所有嫌惡若民志淫邪則愛好邪辟之物民志所以淫邪由在上教之不正此陳詩納賈所以觀民風俗是欲知君上善惡也　命典至正之　典禮之官於周則大史也考校四時及十二月之大小時有節氣早晚月有弦望晦朔考之使各當其節又正定甲乙之日陰管之同陽管之律玉帛之禮鐘鼓之樂及制度衣服各有等差當正之使正堯典云協時月正日同律度量衡文雖小異大意與此同也　注同陰律也　正義曰鄭以先儒以同為齊同此律故辨之云同陰律也故大師云執同律以聽軍

禮記義十六　十九　包端

聲又典同注云同陰律也不以陽律名管者因其先言耳所以先言者以同為平聲平為發語之本今古悉然故先言耳　山川至以爵　山川是外神故云不舉不舉不敬也山川在其國竟故削以地宗廟是內神故云不順不順不孝也宗廟可以表明爵等故絀以爵　注不順者謂若逆昭穆　正義曰案文二年秋八月丁卯大事于大廟躋僖公逆祀也左傳曰夏父弗忌為宗伯曰吾見新鬼大故鬼小先大後小順也於是躋僖公於閔公之上是逆昭穆也　變禮至君討　禮樂雖為大事非是切急所須故以為不從君唯流放制度衣服便是政治之急故以為畔君須誅討此四罪先輕後重　注律法也　正義曰律法釋詁文法謂法度諸事皆是即大行人上公九命繅藉九寸冕服九章建常九斿之等是也　五月至用特　言五月南巡至于南嶽者孔注尚書云自東嶽南巡守五月至則是從東嶽而去故鄭注尚書云每歸格于祖既言每歸似是嶽別一歸若嶽別一歸而更去便是路遠無由可至尚

書既云巡守四嶽郭云五載一巡守鄭云每歸者謂每五年巡守而歸也其南嶽西嶽北嶽者案爾雅釋山云泰山爲東嶽郭景純注云泰山爲東嶽在奉高縣西北霍山爲南嶽郭注云在衡陽湘南縣南郭又云今在廬江潛縣西漢武帝以衡山遼曠因讖緯皆以霍山爲南嶽故移其神於此其土俗人皆呼爲南嶽南嶽本自兩山爲名非從近也如郭此言則南嶽衡山自有兩名一名衡山一名霍山自魏武帝以來始從南嶽之神於廬江霍山耳華山爲西嶽郭注云在弘農華陰縣西南恒山爲北嶽郭注云在常山上曲陽縣西北〔注〕假至至一牛　正義曰假至也釋詁文也云祖下及禰皆一牛者謂從始祖下及於禰廟別皆一牛鄭以經云祖禰用特恐同用一牛必知每廟皆一牛者以尚書堯典云歸格于藝祖用特祖既用特明知各用特也唐虞及夏五廟則用五特也殷用六周用七也又尚書洛誥云文王騂牛一武王騂牛一是各用一牛也自此以上皆是巡守之禮雖未太平得爲之故詩時邁巡

守告祭柴望也時邁是武王詩邁行也時未太平而巡守也故大司馬云及師大合軍以行禁令以救無辜伐有罪鄭注云師所謂王巡守若會同不言大者未有敵不尚武又注云大師王出征伐也以此故知未太平得巡守皇氏以爲未太平不巡守非也其封禪者必因巡守大平乃始爲之故中候準讖哲云桓公欲封禪管仲曰昔聖王功成道洽符出乃封泰山今皆不至鳳皇不臻麒麟遁逃未可以封又禮器云升中於天鳳皇降龜龍假又鉤命決云刑罰藏頌聲作鳳皇至麒麟應封泰山禪梁甫管子又云封禪者須北里禾鄗上黍江淮之間三脊茅以爲藉乃得封禪是太平祥瑞揔至乃得封禪也然武王之時未太平而時邁巡守之下注云天子巡行邦國至于方嶽之下而封禪也似武上得封禪者鄭因巡守連言封禪耳不謂當時封禪也白虎通云封禪所以必於泰山何萬物之始交代之處必於其上何因高告高順其類也故升封者增高也下禪梁甫之基廣厚也天以高爲尊故增泰山之高以

書既云巡守四嶽郭云五載一巡守鄭云每歸者謂每五年巡守而歸也其南嶽西嶽北嶽者案爾雅釋山云泰山爲東嶽郭景純注云泰山爲東嶽在奉高縣西北霍山爲南嶽郭注云在衡陽湘南縣南郭又云今在廬江潛縣西漢武帝以衡山遼曠因讖緯皆以霍山爲南嶽故移其神於此其土俗人皆呼爲南嶽南嶽本自兩山爲名非從近也如郭此言則南嶽衡山自有兩名一名衡山一名霍山自魏武帝以來始從南嶽之神於廬江霍山耳華山爲西嶽郭注云在弘農華陰縣西南恒山爲北嶽郭注云在常山上曲陽縣西北〔注〕假至至一牛　正義曰假至也釋詁文也云祖下及禰皆一牛者謂從始祖下及於禰廟別皆一牛鄭以經云祖禰用特恐同用一牛必知每廟皆一牛者以尚書堯典云歸格于藝祖用特祖既用特明知各用特也唐虞及夏五廟則用五特也殷用六周用七也又尚書洛誥云文王騂牛一武王騂牛一是各用一牛也自此以上皆是巡守之禮雖未太平得爲之故詩時邁巡

禮記義十六　二十　閩差

守告祭柴望也時邁是武王詩邁行也時未太平而巡守也故大司馬云及師大合軍以行禁令以救無辜伐有罪鄭注云師所謂王巡守若會同不言大者未有敵不尚武又注云大師王出征伐也以此故知未太平得巡守皇氏以爲未太平不巡守非也其封禪者必因巡守大平乃始爲之故中候準讖哲云桓公欲封禪管仲曰昔聖王功成道洽符出乃封泰山今皆不至鳳皇不臻麒麟遁逃未可以封又禮器云升中於天鳳皇降龜龍假又鉤命決云刑罰藏頌聲作鳳皇至麒麟應封泰山禪梁甫管子又云封禪者須北里禾鄗上黍江淮之間三脊茅以爲藉乃得封禪是太平祥瑞揔至乃得封禪也然武王之時未太平而時邁巡守之下注云天子巡行邦國至于方嶽之下而封禪也似武上得封禪者鄭因巡守連言封禪耳不謂當時封禪也白虎通云封禪所以必於泰山何萬物之始交代之處必於其上何因高告高順其類也故升封者增高也下禪梁甫之基廣厚也天以高爲尊故增泰山之高以

足利本第十六卷第二十一葉左半葉無圖像

報天地以厚爲德附梁甫之基以報地刻石紀號者著巳之功跡或曰封以金泥銀繩或曰石泥金繩封之印璽孝經緯[illegible]封於泰山考績燔燎禪於梁甫刻石紀號又管子云自古封禪七十二家夷吾所識十有二焉無懷氏封泰山伏犧神農少皥黃帝顓頊帝嚳帝堯舜禹湯周成王皆封泰山唯禹禪會稽成王禪社首爲異自外皆禪云云白虎通云三皇禪於繹繹之山明已成功而去有德者居之繹繹者無窮之意五帝禪於亭亭之山亭亭者制度審諦道德著明也三王禪於梁甫之山梁者信也甫者輔也信輔天地之道而行之所禪之山與管子不同者異人之說未知孰是云云亭亭繹繹梁甫並泰山旁小山名也

上杉安房守藤原憲實寄進

禮記正義卷第十六

禮記義十六

潘本第十六卷第二十一葉

報天地以厚爲德附梁甫之基以報地刻石紀號者著巳之功跡或曰封以金泥銀繩或曰石泥金繩封之印璽孝經緯云封於泰山考績燔燎禪於梁甫刻石紀號又管子云自古封禪七十二家夷吾所識十有二焉無懷氏封泰山伏犧神農少皥黃帝顓頊帝嚳帝堯舜禹湯周成王皆封泰山唯禹禪會稽成王禪社首爲異自外皆禪云云白虎通云三皇禪於繹繹之山明已成功而去有德者居之繹繹者無窮之意五帝禪於亭亭之山亭亭者制度審諦道德著明也三王禪於梁甫之山梁者信也甫者輔也信輔天地之道而行之所禪之山與管子不同者異人之說未知孰是云云亭亭繹繹梁甫並泰山旁小山名也

禮記正義卷第十六

禮記義十六

禮記正義卷第十七

國子祭酒上護軍曲阜縣開國子臣孔穎達等奉

勑撰

天子將出類乎上帝宜乎社造乎禰諸侯將出宜乎社造乎禰帝謂五德之帝所祭於南郊者類宜造皆祭名其禮亡

疏正義曰此一經論天子巡守之禮也將出謂初出時也知此是巡守者以下別云天子將出征類乎上帝故知此是巡守也類乎上帝者謂祭告天也宜乎社者此巡行方事誅殺封割應載社主也云宜者令誅伐得宜亦隨其宜而告也社主於地又為陰而誅殺亦陰故於社也故書云弗用命戮于社是也　造乎禰者造至也謂至父祖之廟也然此出歷至七廟知者前歸假既云祖禰明出亦告祖禰也今唯云禰者白虎通云獨見禰何辭從卑不敢留尊者之命至禰不嫌不至祖也皇氏申之云行必有主無則主命載于齊車書云用命賞于祖是也今出辭別先從卑起最後至祖仍取遷主則行也若前至祖後至禰是留尊者之命為不敬也故曲禮曰已受命君言不宿於家亦其類也若還則先祖後禰如前所言也所以然者先應反行主祖廟故也然出告天地及廟還唯告廟不告天地者白虎通云還不復告天者天道無外內故不復告也　諸侯將出者謂朝王及自相朝盟會征伐之事也　宜乎社者不得告天故從社始也亦載社主也　造乎禰者亦告祖及載主也唯言出告則歸亦告也曾子問曰出反必親告于祖禰是也天子用特牲諸侯卑則否也曾子問注云皆奠幣以告之是也　注帝謂至禮亡　正義曰謹天子類帝是祭五德帝也鄭注月令祈穀於上帝為大微之帝注此上帝為五德五德似如大皞五人之帝二文不

禮記正義卷第十七

國子祭酒上護軍曲阜縣開國子臣孔穎達等奉

勑撰

天子將出類乎上帝宜乎社造乎禰諸侯將出宜乎社造乎禰帝謂五德之帝所祭於南郊者類宜造皆祭名其禮亡

疏正義曰此一經論天子巡守之禮也將出謂初出時也知此是巡守者以下別云天子將出征類乎上帝故知此是巡守也類乎上帝者謂祭告天也宜乎社者此巡行方事誅殺封割應載社主也云宜者令誅伐得宜亦隨其宜而告也社主於地又為陰而誅殺亦陰故於社也故書云弗用命戮于社是也　造乎禰者造至也謂至父祖之廟也然此出歷至七廟知者前歸假既云祖禰明出亦告祖禰也今唯云禰者白虎通云獨見禰何辭從卑不敢留尊者之命至禰不嫌不至祖也皇氏申之云行必有主無則主命載于齊車書云用命賞于祖是也今出辭別先從卑起最後至祖仍取遷主則行也若前至祖後至禰是留尊者之命為不敬也故曲禮曰已受命君言不宿於家亦其類也若還則先祖後禰如前所言也所以然者先應反行主祖廟故也然出告天地及廟還唯告廟不告天地者白虎通云還不復告天者天道無外內故不復告也　諸侯將出者謂朝王及自相朝盟會征伐之事也　宜乎社者不得告天故從社始也亦載社主也　造乎禰者亦告祖及載主也唯言出告則歸亦告也曾子問曰出反必親告于祖禰是也天子用特牲諸侯卑則否也曾子問注云皆奠幣以告之是也　注帝謂至禮亡　正義曰謹天子類帝是祭五德帝也鄭注月令祈穀於上帝為大微之帝注此上帝為五德五德似如大皞五人之帝二文不

同庾蔚云謂大微五帝應於五行五行各有德故謂五德
之帝木神仁金神義火神禮水神知土神信是五德也云
所祭於南郊者案五德之帝應祭四郊此獨云祭於南郊
者謂王者將行各祭所出之帝於南郊猶周人祭靈威仰
於南郊是五帝之中一帝故上揔云帝謂五德之帝此據
特祭所出之帝故云祭於南郊云類宜造皆祭名者案小
宗伯云凡天地之大烖類社稷宗廟則爲位鄭注云禱祈
禮輕類者依其正禮而爲之是類爲祭名也案爾雅釋天
云起大事動大衆必先有事乎社而後出謂之宜孫炎注
云求便宜也是宜爲祭名也案大祝六祈一曰類二曰造
是造爲祭名也但天道懸遠以事類告之社主殺戮故
求其便宜廟爲親近故以奉至言之各隨義立名也

天子無事與諸侯相見曰朝事謂征伐**考禮正刑一德以尊于天子天子賜諸侯樂則以柷將之賜伯子男樂則以鼗將之**將謂執以致命柷鼗皆所以節樂**諸侯賜弓矢然後征賜鈇鉞然後殺賜圭瓚然後爲鬯未賜圭瓚則資鬯於天子**得其器乃敢爲其事圭瓚鬯爵也鬯秬酒也

疏　正義曰此一節論諸侯朝天子天子賜之事各隨文解之

注事謂征伐　正義曰知事非喪故而爲征伐者若王室有喪則朝赴不廢故傳云天子七月而葬同軌畢至此朝謂常朝雖四時而來朝朝是揔名也若時會之禮有征伐之事則與此常朝別也　考禮正刑一德以尊于天子者考禮謂諸侯相與朝王之時考校禮儀正定刑法專一道德以尊崇天子不言樂者禮中兼之禮刑是施用於人故先言之道德是己之所行故後言之　注將謂至節樂　正義曰凡與人之物置其所與大者於地執其小者以

禮記義十七　二

足利本第十七卷第二葉

同庾蔚云謂大微五帝應於五行五行各有德故謂五德之帝木神仁金神義火神禮水神知土神信是五德也云所祭於南郊者案五德之帝應祭四郊此獨云祭於南郊者謂王者將行各祭所出之帝於南郊猶周人祭靈威仰於南郊是五帝之中一帝故上揔云帝謂五德之帝此據特祭所出之帝故云祭於南郊云類宜造皆祭名者案小宗伯云凡天地之大烖類社稷宗廟則爲位鄭注云禱祈禮輕類者依其正禮而爲之是類爲祭名也案爾雅釋天云起大事動大衆必先有事乎社而後出謂之宜孫炎注云求便宜也是宜爲祭名也案大祝六祈一曰類二曰造是造爲祭名也但天道懸遠以事類告之社主殺戮故求其便宜廟爲親近故以奉至言之各隨義立名也
天子無事與諸侯相見曰朝事謂征伐考禮正刑一德以尊于天子天子賜諸侯樂則以柷將之賜伯子男樂則以鼗將之將謂執以致命柷鼗皆所以節樂諸侯賜弓矢然後征賜鈇鉞然後殺賜圭瓚然後爲鬯未賜圭瓚則資鬯於天子得其器乃敢爲其事圭瓚鬯爵也鬯秬酒也
疏　正義曰此一節論諸侯朝天子天子賜之事各隨文解之
注事謂征伐　正義曰知事非喪故而爲征伐者若王室有喪則朝赴不廢故傳云天子七月而葬同軌畢至此朝謂常朝雖四時而來朝朝是揔名也若時會之禮有征伐之事則與此常朝別也　考禮正刑一德以尊于天子者考禮謂諸侯相與朝王之時考校禮儀正定刑法專一道德以尊崇天子不言樂者禮中兼之禮刑是施用於人故先言之道德是己之所行故後言之　注將謂至節樂　正義曰凡與人之物置其所與大者於地執其小者以
禮記義十七　二

潘本第十七卷第二葉

足利本第十七卷第三葉

致命於人將行也謂執以行命云柷敔皆所以節樂者案
漢禮器制度柷狀如漆筩中有椎將作樂先擊之敔如小
鼓長柄旁有耳搖之使自擊柷之節樂節一曲之始其事
寬故以將諸侯之命敔所以節一唱之終其事狹故以將
伯子男之命　諸侯至天子　賜弓矢者謂八命作牧者
若不作牧則不得賜弓矢故宗伯云八命作牧注云謂侯
伯有功德者加命得專征伐此謂征伐當州之內若九命
爲二伯則得專征一方五侯九伯也若七命以下不得弓
矢賜者尚書大傳云以兵屬於得專征伐者此弓矢則尚
書彤弓一彤矢百盧弓十盧矢千於周禮則當唐弓大弓
合七而成規者故司弓矢云唐弓大弓以授使者勞者注
云若晉文侯文公受王弓矢之賜者賜鈇鉞者謂上公九
命得賜鈇鉞然後鄰國臣弒君子弒父者得專討之晉文
侯雖受弓矢不受鈇鉞崔氏云以不得鈇鉞不得專殺故
執衛侯歸之於京師　賜圭瓚者亦謂上公九命者若未
賜圭瓚者則用璋瓚故周禮小宗伯注云天子圭瓚諸侯

禮記義十七　三　馬泰

璋瓚既不得鬯則用薰故王度記云天子以鬯諸侯以薰
圭瓚之制案玉人職大璋中璋之下云黃金勺青金外朱
中鼻寸衡四寸鄭注云鼻勺流也凡流皆爲龍口也三璋
之勺形如圭瓚又典瑞注瓚槃大五升口徑八寸下有槃
口徑一尺又明堂位注云以大圭爲柄玉人注又云有流
前注此是圭瓚之形也鬯者釀秬黍爲酒和以鬱金之草
謂之鬱鬯不以鬱和直謂之鬯此鬯者謂鬯也此弓矢鈇
鉞圭瓚等八命九命而加九賜也晉文侯雖以州牧之禮
命之所賜者皆九賜之物但無鈇鉞之賜其前文賜樂者
非九賜之樂故伯子男亦得受之魯無弓矢之賜陳恒弒
君孔子請討之者春秋之時見鄰國簒逆亦得專征伐若
鄰國無罪而輒征之則不可故哀公八年魯伐邾吳子討
之是也　天子命之教然後爲學小學在公宮南
之左大學在郊　學所以學士之宮尚書傳曰百里之
國二十里之郊七十里之國九里之

潘本第十七卷第三葉

致命於人將行也謂執以行命云柷敔皆所以節樂者案
漢禮器制度柷狀如漆筩中有椎將作樂先擊之敔如小
鼓長柄旁有耳搖之使自擊柷之節樂節一曲之始其事
寬故以將諸侯之命敔所以節一唱之終其事狹故以將
伯子男之命　諸侯至天子　賜弓矢者謂八命作牧者
若不作牧則不得賜弓矢故宗伯云八命作牧注云謂侯
伯有功德者加命得專征伐此謂征伐當州之內若九命
爲二伯則得專征一方五侯九伯也若七命以下不得弓
矢賜者尚書大傳云以兵屬於得專征伐者此弓矢則尚
書彤弓一彤矢百盧弓十盧矢千於周禮則當唐弓大弓
合七而成規者故司弓矢云唐弓大弓以授使者勞者注
云若晉文侯文公受王弓矢之賜者賜鈇鉞者謂上公九
命得賜鈇鉞然後鄰國臣弒君子弒父者得專討之晉文
侯雖受弓矢不受鈇鉞崔氏云以不得鈇鉞不得專殺故
執衛侯歸之於京師　賜圭瓚者亦謂上公九命者若未
賜圭瓚者則用璋瓚故周禮小宗伯注云天子圭瓚諸侯

禮記義十七　三　馬泰

璋瓚既不得鬯則用薰故王度記云天子以鬯諸侯以薰
圭瓚之制案玉人職大璋中璋之下云黃金勺青金外朱
中鼻寸衡四寸鄭注云鼻勺流也凡流皆爲龍口也三璋
之勺形如圭瓚又典瑞注瓚槃大五升口徑八寸下有槃
口徑一尺又明堂位注云以大圭爲柄玉人注又云有流
前注此是圭瓚之形也鬯者釀秬黍爲酒和以鬱金之草
謂之鬱鬯不以鬱和直謂之鬯此鬯者謂鬯也此弓矢鈇
鉞圭瓚等八命九命而加九賜也晉文侯雖以州牧之禮
命之所賜者皆九賜之物但無鈇鉞之賜其前文賜樂者
非九賜之樂故伯子男亦得受之魯無弓矢之賜陳恒弒
君孔子請討之者春秋之時見鄰國簒逆亦得專征伐若
鄰國無罪而輒征之則不可故哀公八年魯伐邾吳子討
之是也　天子命之教然後爲學小學在公宮南
之左大學在郊　學所以學士之宮尚書傳曰百里之
國二十里之郊七十里之國九里之

足利本第十七卷第四葉

郊五十里之國三里之郊此小學大學别之制天子曰辟廱諸侯曰頖宮尊卑學異名辟明也廱和也所以明和天下頖之言班也所以班政教也〔疏〕正義曰此一節論天子命諸侯立學及學名之事各依文解之〔注〕尚書至之制　正義曰所引書傳者伏生多士傳文假令百里之國國城居中面有五十里二十里置郊郊外仍有三十里七十里之國國城居中面有三十五里九里置郊郊外仍有二十六里五十里之國國城居中面有二十五里三里置郊郊外仍有二十二里此皆以四里爲差此經小學在公宮南之左大學在郊既是别制故引書傳郊之所在以明之若周制則司馬法云百里郊天子畿内方千里百里爲郊則諸侯之郊皆計竟大小故聘禮注云遠郊上公五十里侯伯三十里子男十里也近郊各半之鄭必知近郊半遠郊者案書序云命君陳分正東郊成周注云東郊周之近郊也蓋五十里今河南洛陽相去則然以天子近郊半遠郊則知

禮記義十七　四　本月

諸侯近郊皆半遠郊也以經文承上諸侯之下故直云天子命之教不云命諸侯從可知云此小學大學别之制者以下文云别人養國老於右學養庶老於左學則左學小右學大此經云小學在公宮南之左故知别制也周則大學在國小學在西郊下文具也〔注〕辟明至教也　正義曰釋詁云辟君也君則尊明廱和也釋訓文云所以明和天下者謂於此學中習學道藝欲使天下之人悉皆明達諧和故云明和天下云頖之言班也所以班政教也者頖是分判之義故爲班於此學中施化使人觀之故云所以班政教也案詩注云築土雝水之外圓如璧注又云頖之言半以南通水北無也二注不同者此注解其義詩注解其形於此必解其義者以上云天子命之教是政教治理之事故以義解之詩云王在靈沼於牣魚躍又云思樂泮水薄采其芹皆論水之形狀故詩注以形言之天子將出征類乎上帝宜乎社造乎禰禡於所征

潘本第十七卷第四葉

郊五十里之國三里之郊此小學大學别之制天子曰辟廱諸侯曰頖宮尊卑學異名辟明也廱和也所以明和天下頖之言班也所以班政教也〔疏〕正義曰此一節論天子命諸侯立學及學名之事各依文解之〔注〕尚書至之制　正義曰所引書傳者伏生多士傳文假令百里之國國城居中面有五十里二十里置郊郊外仍有三十里七十里之國國城居中面有三十五里九里置郊郊外仍有二十六里五十里之國國城居中面有二十五里三里置郊郊外仍有二十二里此皆以四里爲差此經小學在公宮南之左大學在郊既是别制故引書傳郊之所在以明之若周制則司馬法云百里郊天子畿内方千里百里爲郊則諸侯之郊皆計竟大小故聘禮注云遠郊上公五十里侯伯三十里子男十里也近郊各半之鄭必知近郊半遠郊者案書序云命君陳分正東郊成周注云東郊周之近郊也蓋五十里今河南洛陽相去則然以天子近郊半遠郊則知

禮記義十七　四　本月

諸侯近郊皆半遠郊也以經文承上諸侯之下故直云天子命之教不云命諸侯從可知云此小學大學别之制者以下文云别人養國老於右學養庶老於左學則左學小右學大此經云小學在公宮南之左故知别制也周則大學在國小學在西郊下文具也〔注〕辟明至教也　正義曰釋詁云辟君也君則尊明廱和也釋訓文云所以明和天下者謂於此學中習學道藝欲使天下之人悉皆明達諧和故云明和天下云頖之言班也所以班政教也者頖是分判之義故爲班於此學中施化使人觀之故云所以班政教也案詩注云築土雝水之外圓如璧注又云頖之言半以南通水北無也二注不同者此注解其義詩注解其形於此必解其義者以上云天子命之教是政教治理之事故以義解之詩云王在靈沼於牣魚躍又云思樂泮水薄采其芹皆論水之形狀故詩注以形言之天子將出征類乎上帝宜乎社造乎禰禡於所征

足利本第十七卷第五葉

之地禡師祭也爲兵禱其禮亦云受命於祖告祖也受成於學
定兵謀也出征執有罪反釋奠于學以訊馘告釋菜
奠幣禮先師也訊馘所生獲斷耳者詩曰執訊獲醜又曰在頖獻馘馘或爲國疏正義曰此一經論天子出
征所祭之事各依文解之注禡師祭也爲兵禱正義
曰案釋天云是類是禡師祭也故知禡爲師祭也謂之禡
者案肆師注云貉讀如十百之百爲師祭造軍法者禱氣
勢之增倍也其神蓋蚩蚘或曰黃帝鄭既云祭造軍法者
則是不祭地熊氏以禡爲祭地非師祭皆稱類爾雅類既
爲師祭所以上文云天子將出巡守類乎上帝及舜之攝
位亦類乎上帝並非師祭皆稱類者但爾雅所釋多爲釋
詩以皇矣云是類是禡止釋皇矣類禡爲師祭不謂餘文
類皆爲師祭但類者以事類告天若以攝位事類告天亦
謂之爲類若以巡守事類告天亦謂之爲類故異義夏侯

歐陽說以類祭天者以事類祭之古尚書說非時祭天謂
之類許慎謹案周禮郊天無言類者知類非常祭從古尚
書說鄭氏無駁與許同也然今尚書及古尚書二說其文
雖異其意同也以事類告祭則是非常故孔注尚書亦云
以攝位事類告天鄭又以類雖非常祭亦比類正禮而爲
之故小宗伯注云類者依其正禮而爲之是也 受命至
馘告 受命於祖謂出時告祖是不敢自專有所稟承故
言受命祖禰皆告以祖爲尊故特言祖此受命於祖則前
文造乎禰也但前文據告行故云造乎禰此據以征伐之
事故云受命於祖所以重起其文也然則受命於祖在造
乎禰之前但前文類帝宜社禡於所征之地總說出行之
時然後郤本初時受命於祖受成於學之事所以文倒也
受成於學者謂在學謀論兵事好惡可否其謀成定受
此成定之謀在於學裏故云受成於學 出征執有罪者
謂出師征伐執此有罪之人還反而歸釋菜奠幣在於學
以可言問之訊截左耳之馘告先聖先師也注釋菜至

潘本第十七卷第五葉

之地禡師祭也爲兵禱其禮亦云受命於祖告祖也受成於學
定兵謀也出征執有罪反釋奠于學以訊馘告釋菜
奠幣禮先師也訊馘所生獲斷耳者詩曰執訊獲醜又曰在頖獻馘馘或爲國疏正義曰此一經論天子出
征所祭之事各依文解之注禡師祭也爲兵禱正義
曰案釋天云是類是禡師祭也故知禡爲師祭也謂之禡
者案肆師注云貉讀如十百之百爲師祭造軍法者禱氣
勢之增倍也其神蓋蚩蚘或曰黃帝鄭既云祭造軍法者
則是不祭地熊氏以禡爲祭地非師祭皆稱類爾雅類既
爲師祭所以上文云天子將出巡守類乎上帝及舜之攝
位亦類乎上帝並非師祭皆稱類者但爾雅所釋多爲釋
詩以皇矣云是類是禡止釋皇矣類禡爲師祭不謂餘文
類皆爲師祭但類者以事類告天若以攝位事類告天亦
謂之爲類若以巡守事類告天亦謂之爲類故異義夏侯
禮記義十七 五
歐陽說以類祭天者以事類祭之古尚書說非時祭天謂
之類許慎謹案周禮郊天無言類者知類非常祭從古尚
書說鄭氏無駁與許同也然今尚書及古尚書二說其文
雖異其意同也以事類告祭則是非常故孔注尚書亦云
以攝位事類告天鄭又以類雖非常祭亦比類正禮而爲
之故小宗伯注云類者依其正禮而爲之是也 受命至
馘告 受命於祖謂出時告祖是不敢自專有所稟承故
言受命祖禰皆告以祖爲尊故特言祖此受命於祖則前
文造乎禰也但前文據告行故云造乎禰此據以征伐之
事故云受命於祖所以重起其文也然則受命於祖在造
乎禰之前但前文類帝宜社禡於所征之地總說出行之
時然後郤本初時受命於祖受成於學之事所以文倒也
受成於學者謂在學謀論兵事好惡可否其謀成定受
此成定之謀在於學裏故云受成於學 出征執有罪者
謂出師征伐執此有罪之人還反而歸釋菜奠幣在於學
以可言問之訊截左耳之馘告先聖先師也注釋菜至

獻馘　正義曰案大胥職云春入學舍采合舞文王世子亦云釋菜鄭注云釋菜禮輕也則釋菜唯釋蘋藻而已無牲牢無幣帛文王世子又云始立學者旣興器用幣注云禮樂之器成則釁之又用幣告先聖先師以器成此則徒用幣而無菜亦無牲牢也文王世子又云凡始立學者必釋奠於先聖先師及行事必以幣是釋奠有牲牢又有幣帛無用菜之文熊氏以此爲釋菜奠幣者謂釋奠之禮以獻俘馘故云釋菜奠幣言釋奠之時旣有牲牢菜幣兩有今案注云釋菜解經中釋字奠幣解經中奠字又云禮先師不云祭先師則似訊馘告之時但有菜幣而已未必爲釋奠有牲牢也於事有疑未知孰是故備存焉然則釋菜奠幣皆告先聖先師此直云先師文不具耳云訊馘所生獲斷耳者以生獲解訊以斷耳解馘案釋言云訊言也故詩注云執其可言問者釋詁云馘獲也訊是生者馘是死而截耳者云詩曰執訊獲醜者詩小雅出車篇文也云又曰在頖獻馘者魯頌泮水篇文也案周禮宗伯師還獻愷於祖司馬職云愷樂獻于社此記不云祖及社者文不具周禮不云獻愷於學者亦文不具

天子諸侯無事則歲三田一爲乾豆二爲賓客三爲充君之庖　三田者夏不田蓋夏時也周禮春曰蒐夏曰苗秋曰獮冬曰狩乾豆謂腊之以爲祭祀豆實也庖今之厨也　無事而不田曰不敬田不以禮曰暴天物　不敬者簡祭祀略賓客　天子不合圍諸侯不掩羣　爲盡物也　天子殺則下大綏諸侯殺則下小綏　綏當爲緌緌有虞氏之旌旗也下謂弊之　大夫殺則止佐車佐車止則百姓田獵　佐車驅逆之車　獺祭魚然後虞

獻馘　正義曰案大胥職云春入學舍采合舞文王世子亦云釋菜鄭注云釋菜禮輕也則釋菜唯釋蘋藻而已無牲牢無幣帛文王世子又云始立學者旣興器用幣注云禮樂之器成則釁之又用幣告先聖先師以器成此則徒用幣而無菜亦無牲牢也文王世子又云凡始立學者必釋奠於先聖先師及行事必以幣是釋奠有牲牢又有幣帛無用菜之文熊氏以此爲釋菜奠幣者謂釋奠之禮以獻俘馘故云釋菜奠幣言釋奠之時旣有牲牢菜幣兩有今案注云釋菜解經中釋字奠幣解經中奠字又云禮先師不云祭先師則似訊馘告之時但有菜幣而已未必爲釋奠有牲牢也於事有疑未知孰是故備存焉然則釋菜奠幣皆告先聖先師此直云先師文不具耳云訊馘所生獲斷耳者以生獲解訊以斷耳解馘案釋言云訊言也故詩注云執其可言問者釋詁云馘獲也訊是生者馘是死而截耳者云詩曰執訊獲醜者詩小雅出車篇文也云又曰在頖獻馘者魯頌泮水篇文也案周禮宗伯師還獻愷於祖司馬職云愷樂獻于社此記不云祖及社者文不具周禮不云獻愷於學者亦文不具

禮記義十七　六

天子諸侯無事則歲三田一爲乾豆二爲賓客三爲充君之庖　三田者夏不田蓋夏時也周禮春曰蒐夏曰苗秋曰獮冬曰狩乾豆謂腊之以爲祭祀豆實也庖今之厨也　無事而不田曰不敬田不以禮曰暴天物　不敬者簡祭祀略賓客　天子不合圍諸侯不掩羣　爲盡物也　天子殺則下大綏諸侯殺則下小綏　綏當爲緌緌有虞氏之旌旗也下謂弊之　大夫殺則止佐車佐車止則百姓田獵　佐車驅逆之車　獺祭魚然後虞

人入澤梁。豺祭獸然後田獵。鳩化爲鷹然後設罻羅。草木零落然後入山林。昆蟲未蟄不以火田。取物必順時候也。梁絕水取魚者。罻小網也。昆明也。明蟲者得陽而生得陰而藏。不麛不卵不殺胎不殀夭重傷未成物。殀斷殺少長曰夭。不覆巢。覆敗也。疏 正義曰此一節論天子以下田獵之事各隨文解之。天子諸侯無事者謂無征伐出行喪凶之事。則一歲三時田獵。獵在田中又爲田除害故稱田也。一爲乾豆者謂乾之以爲豆實豆實非醢而云乾者謂作醢及臡先乾其肉故云乾豆是上殺者也。二爲賓客中殺者也。三爲充君之庖下殺者也。故穀梁桓四年范甯云上殺中心死速乾之以爲豆實次殺射髀骼死差遲故爲賓客下殺中腸汚泡死最遲故充庖

禮記義十七

廚又車攻毛傳云自左膘而射之達於右腢爲上殺射右耳本次之射左髀達於右鶻爲下殺是亦有三等之殺先宗廟次賓客者尊神敬賓之義 注 三田至曰狩 正義曰夏不田蓋夏時也者以夏是生養之時夏禹以仁讓得天下又觸其夏名故夏不田鄭之此注取春秋緯運斗樞之文故以爲夏不田若何休稍異於此案穀梁傳桓四年公狩于郎傳曰春曰田夏曰苗秋曰蒐冬曰狩何休云運斗樞曰夏不田穀梁有夏田於義爲短鄭玄釋之云四時皆田夏殷之禮詩云之子于苗選徒囂囂夏田明矣孔子雖有聖德不敢顯然改先王之法以教授於世若其所欲改其陰書於緯藏之以傳後王穀梁四時田者近孔子故也公羊正當六國之亡讖緯見讀而傳爲三時田作傳有先後雖異不足以斷穀梁也如鄭此言三時之田不敢顯露陰書於緯四時之田顯然在春秋之經穀梁爲傳之時去孔子既近不見所藏之緯唯覩春秋見經故以爲四時田也公羊當六國之時去孔子既遠緯書見行於世公羊

人入澤梁。豺祭獸然後田獵。鳩化爲鷹然後設罻羅。草木零落然後入山林。昆蟲未蟄不以火田。取物必順時候也。梁絕水取魚者。罻小網也。昆明也。明蟲者得陽而生得陰而藏。不麛不卵不殺胎不殀夭重傷未成物。殀斷殺少長曰夭。不覆巢。覆敗也。疏 正義曰此一節論天子以下田獵之事各隨文解之。天子諸侯無事者謂無征伐出行喪凶之事。則一歲三時田獵。獵在田中又爲田除害故稱田也。一爲乾豆者謂乾之以爲豆實豆實非醢而云乾者謂作醢及臡先乾其肉故云乾豆是上殺者也。二爲賓客中殺者也。三爲充君之庖下殺者也。故穀梁桓四年范甯云上殺中心死速乾之以爲豆實次殺射髀骼死差遲故爲賓客下殺中腸汚泡死最遲故充庖

禮記義十七

廚又車攻毛傳云自左膘而射之達於右腢爲上殺射右耳本次之射左髀達於右鶻爲下殺是亦有三等之殺先宗廟次賓客者尊神敬賓之義 注 三田至曰狩 正義曰夏不田蓋夏時也者以夏是生養之時夏禹以仁讓得天下又觸其夏名故夏不田鄭之此注取春秋緯運斗樞之文故以爲夏不田若何休稍異於此案穀梁傳桓四年公狩于郎傳曰春曰田夏曰苗秋曰蒐冬曰狩何休云運斗樞曰夏不田穀梁有夏田於義爲短鄭玄釋之云四時皆田夏殷之禮詩云之子于苗選徒囂囂夏田明矣孔子雖有聖德不敢顯然改先王之法以教授於世若其所欲改其陰書於緯藏之以傳後王穀梁四時田者近孔子故也公羊正當六國之亡讖緯見讀而傳爲三時田作傳有先後雖異不足以斷穀梁也如鄭此言三時之田不敢顯露陰書於緯四時之田顯然在春秋之經穀梁爲傳之時去孔子既近不見所藏之緯唯覩春秋見經故以爲四時田也公羊當六國之時去孔子既遠緯書見行於世公羊

旣見緯文故以爲三時田又鄭釋廢疾云歲三田謂以三
事爲田即上一曰乾豆之等是深塞何休之言當以此注
爲正云周禮春曰蒐以下周禮大司馬職文彼注云夏田
爲苗擇取不孕任者若治苗去不秀實者秋田爲獮獮殺
也中殺者多也冬田爲狩言守取之無所擇也鄭不釋蒐
者蒐擇也亦謂擇取不孕者以義可知故不解也然春秋
四時田獵皆曰蒐者以春蒐之禮行之故也　田不以禮
曰暴天物者　若田獵不以其禮殺傷過多是暴害天之
所生之物以禮田者則下文天子不合圍以下至不覆巢
皆是也　天子不合圍者天子四時田獵皆得圍但圍而
不合若諸侯唯春田不得圍其夏秋冬皆得圍圍亦不合
故下曲禮云國君春田不圍澤　諸侯不掩羣者是畿內
諸侯爲天子大夫故下曲禮云大夫不掩羣此皆是熊氏
之說若皇氏以此爲夏殷禮下曲禮爲周禮義或然也
注綏當至弊之　正義曰綏字是系旁妥是登車之索綏
字是系旁委是旌旗之名經作綏字故云綏當爲緌云有

禮記義十七　八

虞氏之旌旗也者案明堂位云有虞氏之旂夏后氏之綏
鄭注云有虞氏當言緌旌旗無旒者周謂之大麾於周則
春夏田用緌故鄭荅趙商云春夏用大麾秋冬用大常云
下謂弊之者謂弊仆於地也若初殺時則抗之巳殺獵止
之時則弊之故詩傳云天子發抗大綏諸侯發抗小綏此
抗綏以表天子諸侯之獲周禮大司馬以旗致民注云以
旗者立旗期民於其下也山虞云植虞旗澤虞云植虞旌
謂田獵罷致禽旌旗也並與此緌不同也　大夫至田獵
大夫殺則止佐車則天子諸侯殺未止佐車也云佐車
止則百姓田獵以此推之則天子殺然後諸侯殺諸侯殺
然後大夫殺故詩傳云天子發然後諸侯發諸侯發然後
大夫士發是也此云佐車止則百姓田獵謂冬獵之時然
則大緌小緌者是夏殷之法秋冬皆用緌異於周也注
佐車驅逆之車　正義曰案大司馬云乃設驅逆之車注
云驅驅出禽獸使趨田者也逆逆要不得令走凡四時田
獵欲止之時各不同也案大司馬春火弊謂春時田獵殺

旣見緯文故以爲三時田又鄭釋廢疾云歲三田謂以三
事爲田即上一曰乾豆之等是深塞何休之言當以此注
爲正云周禮春曰蒐以下周禮大司馬職文彼注云夏田
爲苗擇取不孕任者若治苗去不秀實者秋四爲獮獮殺
也中殺者多也冬田爲狩言守取之無強擇也鄭不釋蒐
者蒐擇也亦謂擇取不孕者以義可知故不解也然春秋
四時田獵皆曰蒐者以春蒐之禮行之故也　田不以禮
曰暴天物者　若田獵不以其禮殺傷過多是暴害天之
所生之物以禮田者則下文天子不合圍以下至不覆巢
皆是也　天子不合圍者天子四時田獵皆得圍但圍而
不合若諸侯唯春田不得圍其夏秋冬皆得圍圍亦不合
故下曲禮云國君春田不圍澤　諸侯不掩羣者是畿內
諸侯爲天子大夫故下曲禮云大夫不掩羣此皆是熊氏
之說若皇氏以此爲夏殷禮下曲禮爲周禮義或然也
注綏當至弊之　正義曰綏字是系旁妥是登車之索綏
字是系旁委是旌旗之名經作綏字故云綏當爲緌云有

禮記義十七　八

虞氏之旌旗也者案明堂位云有虞氏之旂夏后氏之綏
鄭注云有虞氏當言緌旌旗無旒者周謂之大麾於周則
春夏田用緌故鄭荅趙商云春夏用大麾秋冬用大常云
下謂弊之者謂弊仆於地也若初殺時則抗之巳殺獵止
之時則弊之故詩傳云天子發抗大綏諸侯發抗小綏此
抗綏以表天子諸侯之獲周禮大司馬以旗致民注云以
旗者立旗期民於其下也山虞云植虞旗澤虞云植虞旌
謂田獵罷致禽旌旗也並與此緌不同也　大夫至田獵
大夫殺則止佐車則天子諸侯殺未止佐車也云佐車
止則百姓田獵以此推之則天子殺然後諸侯殺諸侯殺
然後大夫殺故詩傳云天子發然後諸侯發諸侯發然後
大夫士發是也此云佐車止則百姓田獵謂冬獵之時然
則大緌小緌者是夏殷之法秋冬皆用緌異於周也注
佐車驅逆之車　正義曰案大司馬云乃設驅逆之車注
云驅驅出禽獸使趨田者也逆逆要不得令走凡四時田
獵欲止之時各不同也案大司馬春火弊謂春時田獵殺

足利本第十七卷第九葉

獲禽獸將畢揔放火焚萊而後止春用火者鄭注因焚萊除陳草皆殺而火止大司馬又云夏車弊注云車弊驅獸之車止也謂獵人殺禽既畢布列車乘揔驅禽獸而後止息鄭云夏田主用車示所取物希皆殺而車止鄭即引王制云大夫殺則止佐車佐車止則百姓田獵是殺禽既畢佐車休止但夏時佐車止百姓未得田獵鄭云百姓田獵者因引王制之成文大司馬又云秋羅弊注云秋田主用罔中殺者多也皆殺而罔止大司馬又云冬徒弊注云冬田主用衆物多衆得取也　獺祭至火田　案月令正月獺祭魚孝經緯云獸蟄伏獺祭魚則十月中也是獺一歲再祭魚此下文鳩化爲鷹草木零落文相連接則獺祭魚然後虞人入澤梁謂十月時案魯語李革云鳥獸孕水蟲成於是乎禁罝罜羅綱又云獸長麛夭鳥翼鷇卵注云謂季春時然則正月雖獺祭魚虞人不得入澤梁　豺祭獸然後田獵者案月令九月豺乃祭獸夏小正十月豺祭獸則是九月末十月之初豺祭獸之後百姓可以田獵　鳩化

禮記義十七　九　李良

爲鷹然後設罻羅者謂八月時但鳩化有漸故月令季夏云鷹乃學習孟秋云鷹乃祭鳥其鳩化爲鷹則八月時也以月令二月時鷹化爲鳩則八月鳩化爲鷹也故周禮司裘云中秋獻良裘鄭司農注云中秋鳩化爲鷹是也設罻羅者案說文云罻捕鳥網也又爾雅云鳥罟謂之羅罻羅揔是捕鳥之網　草木零落然後入山林者謂十月時案月令季秋草木黄落其零落芟折則在十月也故毛詩傳云草木不折不操斧斤不入山林此謂官民揔取材木若依時取者則山虞云仲冬斬陽木仲夏斬陰木不在零落之時　昆蟲未蟄不以火田者謂未十月之時十月則得火田故羅氏云蜡則作羅襦注云今俗放火張羅從十月以後至仲春皆得火田故司馬職云春火弊是也若陶鑄之火則季春出火季秋內火案司爟云季春出火季秋內火知是陶鑄之火者案春秋昭六年左傳云三月鄭人鑄刑鼎士文伯曰火未出而作火鄭其有災乎刑鼎則陶鑄也

注昆明也　正義曰案說文曰昆同也今云明者以字

潘本第十七卷第九葉

獲禽獸將畢揔放火焚萊而後止春用火者鄭注因焚萊除陳草皆殺而火止大司馬又云夏車弊注云車弊驅獸之車止也謂獵人殺禽既畢布列車乘揔驅禽獸而後止息鄭云夏田主用車示所取物希皆殺而車止鄭即引王制云大夫殺則止佐車佐車止則百姓田獵是殺禽既畢佐車休止但夏時佐車止百姓未得田獵鄭云百姓田獵者因引王制之成文大司馬又云秋羅弊注云秋田主用罔中殺者多也皆殺而罔止大司馬又云冬徒弊注云冬田主用衆物多衆得取也　獺祭至火田　案月令正月獺祭魚孝經緯云獸蟄伏獺祭魚則十月中也是獺一歲再祭魚此下文鳩化爲鷹草木零落文相連接則獺祭魚然後虞人入澤梁謂十月時案魯語李革云鳥獸孕水蟲成於是乎禁罝罜羅綱又云獸長麛夭鳥翼鷇卵注云謂季春時然則正月雖獺祭魚虞人不得入澤梁　豺祭獸然後田獵者案月令九月豺乃祭獸夏小正十月豺祭獸則是九月末十月之初豺祭獸之後百姓可以田獵　鳩化

禮記義十七　九　李良

爲鷹然後設罻羅者謂八月時但鳩化有漸故月令季夏云鷹乃學習孟秋云鷹乃祭鳥其鳩化爲鷹則八月時也以月令二月時鷹化爲鳩則八月鳩化爲鷹也故周禮司裘云中秋獻良裘鄭司農注云中秋鳩化爲鷹是也設罻羅者案說文云罻捕鳥網也又爾雅云鳥罟謂之羅罻羅揔是捕鳥之網　草木零落然後入山林者謂十月時案月令季秋草木黄落其零落芟折則在十月也故毛詩傳云草木不折不操斧斤不入山林此謂官民揔取材木若依時取者則山虞云仲冬斬陽木仲夏斬陰木不在零落之時　昆蟲未蟄不以火田者謂未十月之時十月則得火田故羅氏云蜡則作羅襦注云今俗放火張羅從十月以後至仲春皆得火田故司馬職云春火弊是也若陶鑄之火則季春出火季秋內火案司爟云季春出火季秋內火知是陶鑄之火者案春秋昭六年左傳云三月鄭人鑄刑鼎士文伯曰火未出而作火鄭其有災乎刑鼎則陶鑄也

注昆明也　正義曰案說文曰昆同也今云明者以字

從日故爲明　不麛至殀夭　不麛卵不卵據春時特甚不殀夭之等亦然故國語云獸長麛夭鳥翼鷇卵是春尤甚此注云重傷未成物則四時皆然也國語既云獸長麛夭夭與麛相連故鄭云少長曰夭　冢宰制國用必於歲之杪五穀皆入然後制國用　制國用如今度支經用杪末也　用地小大視年之豐耗　小國大國豐凶之年各以歲之收入制其用多少多不過禮少有所殺　以三十年之通制國用量入以爲出　通三十年之率當有九年之蓄出謂所當給爲　祭用數之仂　筭今年一歲經用之數用其什一　喪三年不祭唯祭天地社稷爲越紼而行事　不敢以卑廢尊越猶蹠也紼輴車索　喪用三年之仂　喪大事用三歲之什一　喪祭用不足曰暴有餘曰浩　暴猶耗也浩猶饒也　祭豐年不奢凶年不儉　常用數之仂　國無九年之蓄曰不足無六年之蓄曰急無三年之蓄曰國非其國也三年耕必有一年之食九年耕必有三年之食以三十年之通雖有凶旱水溢民無菜色然後天子食日舉以樂　菜色食菜之色民無食菜之飢色天子乃日舉樂以食

疏　正義曰此一節論冢宰制國用及年之豐耗并喪祭及所蓄積之法各隨文解之　用地小大視年之豐耗者　用謂制國之用凡制國用多少必計地小大又視年之豐耗若地大年豐則

禮記義十七　十　許富

從日故爲明　不麛至殀夭　不麛卵不卵據春時特甚不殀夭之等亦然故國語云獸長麛夭鳥翼鷇卵是春尤甚此注云重傷未成物則四時皆然也國語既云獸長麛夭夭與麛相連故鄭云少長曰夭　冢宰制國用必於歲之杪五穀皆入然後制國用　制國用如今度支經用杪末也　用地小大視年之豐耗　小國大國豐凶之年各以歲之收入制其用多少多不過禮少有所殺　以三十年之通制國用量入以爲出　通三十年之率當有九年之蓄出謂所當給爲　祭用數之仂　筭今年一歲經用之數用其什一　喪三年不祭唯祭天地社稷爲越紼而行事　不敢以卑廢尊越猶蹠也紼輴車索　喪用三年之仂　喪大事用三歲之什一　喪祭用不足曰暴有餘曰浩　暴猶耗也浩猶饒也　祭豐年不奢凶年不儉　常用數之仂　國無九年之蓄曰不足無六年之蓄曰急無三年之蓄曰國非其國也三年耕必有一年之食九年耕必有三年之食以三十年之通雖有凶旱水溢民無菜色然後天子食日舉以樂　菜色食菜之色民無食菜之飢色天子乃日舉樂以食

疏　正義曰此一節論冢宰制國用及年之豐耗并喪祭及所蓄積之法各隨文解之　用地小大視年之豐耗者　用謂制國之用凡制國用多少必計地小大又視年之豐耗若地大年豐則

禮記義十七　十　許富

足利本第十七卷第十一葉

制用多若地小年耗則制用少故鄭云多不過禮少有所
殺以三十年之通制國用量入以爲出者言欲制國用
之時先以三十年通融之法留九年蓄外計見在之物以
制國用假令一年有四萬斛以一萬斛擬三十年通融積
聚爲九年之蓄以見在三萬斛制國之來歲一年之用量
其今年入之多少以爲來年出用之數 注通三至給爲
正義曰通三十年之率者每年之率入物分爲四分一
分擬爲儲積三分爲當年所用二年又留一分三年又留
一分是三年揔得三分爲一年之蓄三十年之率當有十
年之蓄此云當有九年之蓄者崔氏云三十年之間大略
有閏月十二足爲一年故唯有九年之蓄也王肅以爲二
十七年有九年之蓄而言三十者舉全數兩義皆通未知
孰是也云出謂所當給爲者給謂給百官賓客及民人也
爲謂爲造國家器物也 注筭今至什一 正義曰知用
今年一歲經用者以下文云喪用三年之仂此直云數之
仂故知是一歲之仂也又知仂爲什一者以仂是分散之

禮記義十七　十一　周泉

名故考工記云石有時以泐考工記又云以其圍之防捎
其藪彼注仂謂三分之一此云什一者以民稅一歲之十
一則國祭所用亦什一也此謂當年經用之内用其什一
非是通計擬三年儲積之蓄也故鄭云一歲經用之數
注不敢至車索 正義曰私喪者是其卑天地社稷是其
尊今雖遭私喪既殯已後若有天地社稷之祭即行之故
云不敢以卑廢尊也越是踐躡之義故云越猶躡也但未
葬之前屬紼於輴以備火災今既祭天地社稷須越躡此
紼而往祭所故云越紼云紼輴車索者以停住之時指其
繩體則謂之紼若在塗人挽而行之則謂之引故鄭注雜
記云廟中曰紼在塗曰引天地社稷故有越紼之禮六宗
及山川之等卑於天地社稷待喪終乃祭故鄭志荅田瓊
云天地郊社至尊不可廢故越紼祭之六宗山川之神則
否其宮中五祀在喪内則亦祭之故曾子問云君薨五祀
之祭不行既殯而祭之自啓至於反哭五祀之祭不行既
葬而祭之但祭時須人既少衆官不皆使盡去不須越紼

潘本第十七卷第十一葉

制用多若地小年耗則制用少故鄭云多不過禮少有所
殺以三十年之通制國用量入以爲出者言欲制國用
之時先以三十年通融之法留九年蓄外計見在之物以
制國用假令一年有四萬斛以一萬斛擬三十年通融積
聚爲九年之蓄以見在三萬斛制國之來歲一年之用量
其今年入之多少以爲來年出用之數 注通三至給爲
正義曰通三十年之率者每年之率入物分爲四分一
分擬爲儲積三分爲當年所用二年又留一分三年又留
一分是三年揔得三分爲一年之蓄三十年之率當有十
年之蓄此云當有九年之蓄者崔氏云三十年之間大略
有閏月十二足爲一年故唯有九年之蓄也王肅以爲二
十七年有九年之蓄而言三十者舉全數兩義皆通未知
孰是也云出謂所當給爲者給謂給百官賓客及民人也
爲謂爲造國家器物也 注筭今至什一 正義曰知用
今年一歲經用者以下文云喪用三年之仂此直云數之
仂故知是一歲之仂也又知仂爲什一者以仂是分散之

禮記義十七　十一　周泉

名故考工記云石有時以泐考工記又云以其圍之防捎
其藪彼注仂謂三分之一此云什一者以民稅一歲之十
一則國祭所用亦什一也此謂當年經用之内用其什一
非是通計擬三年儲積之蓄也故鄭云一歲經用之數
注不敢至車索 正義曰私喪者是其卑天地社稷是其
尊今雖遭私喪既殯已後若有天地社稷之祭即行之故
云不敢以卑廢尊也越是踐躡之義故云越猶躡也但未
葬之前屬紼於輴以備火災今既祭天地社稷須越躡此
紼而往祭所故云越紼云紼輴車索者以停住之時指其
繩體則謂之紼若在塗人挽而行之則謂之引故鄭注雜
記云廟中曰紼在塗曰引天地社稷故有越紼之禮六宗
及山川之等卑於天地社稷待喪終乃祭故鄭志荅田瓊
云天地郊社至尊不可廢故越紼祭之六宗山川之神則
否其宮中五祀在喪内則亦祭之故曾子問云君薨五祀
之祭不行既殯而祭之自啓至於反哭五祀之祭不行既
葬而祭之但祭時須人既少衆官不皆使盡去不須越紼

故鄭荅田瓊云五祀宮中之神喪時朝夕出入所祭不爲
越紼也天地社稷之祭豫卜時日今忽有喪故旣殯越紼
行事若遭喪之後當天地郊社常祭之日其啓殯至於反
哭則避此郊社祭日而爲之案禮卒哭而祔練而禘於廟
此等爲新死者而爲之則非常祭也其常祭法必待三年
喪畢也其春秋之時末至三年而爲吉祭者皆非禮也若
杜預之意以爲旣祔以後宗廟得四時常祭三年大禘乃
同於吉故僖公三十三年凡君薨卒哭而祔祔而作主特
祀於主烝甞禘於廟杜注云新主旣特祀於寢則宗廟四
時常祀三年禮畢又大禘乃皆同於吉如杜之意與三年
不祭違者案釋例云禮記後儒所作不正與春秋同是杜
不盡用禮記也　注暴猶至饒也　正義曰暴是殘暴物
被殘暴則虛耗故云暴猶耗也浩浩是多大之義故堯典
云浩浩滔天故云浩猶饒也　雖有凶旱水溢民無菜色
者、凶旱謂凶荒遭旱也水溢謂水之汎溢凡水旱之歲
歷運有常案律曆志云十九歲爲一章四章爲一部二十
禮記義十七　十二　李倚
部爲一統三統爲一元則一元有四千五百六十歲初入
元一百六歲有陽九謂旱九年次三百七十四歲陰九謂
水九年以一百六歲并三百七十四歲爲四百八十歲注
云六乘八之數次四百八十歲有陽九謂旱九年次七百
二十歲陰七謂水七年次七百二十歲陽七謂旱七年又
注云七百二十者九乘八之數次六百歲陰五謂水五年
次六百歲陽五謂旱五年注云六百歲者以八乘八八
六十四又以七乘八七八五十六相并爲一千二百歲於
易七八不變氣不通故合而數之各得六百歲次四百八
十歲陰三次四百八十歲陽三從入元至陽三除去災歲
揔有四千五百六十年其災歲兩箇陽九年一箇陰九年
一箇陰陽各七年一箇陰陽各五年一箇陰陽各三年災
歲揔有五十七年并前四千五百六十年通爲四千六百
一十七歲此一元之氣終矣如律曆之言此是陰陽水旱
之大數也所以正用七八九六相乘者以水數六火數七
木數八金數九故以此交互相乘也以七八九六陰陽之

足利本第十七卷第十二葉

故鄭荅田瓊云五祀宮中之神喪時朝夕出入所祭不爲
越紼也天地社稷之祭豫卜時日今忽有喪故旣殯越紼
行事若遭喪之後當天地郊社常祭之日其啓殯至於反
哭則避此郊社祭日而爲之案禮卒哭而祔練而禘於廟
此等爲新死者而爲之則非常祭也其常祭法必待三年
喪畢也其春秋之時末至三年而爲吉祭者皆非禮也若
杜預之意以爲旣祔以後宗廟得四時常祭三年大禘乃
同於吉故僖公三十三年凡君薨卒哭而祔祔而作主特
祀於主烝甞禘於廟杜注云新主旣特祀於寢則宗廟四
時常祀三年禮畢又大禘乃皆同於吉如杜之意與三年
不祭違者案釋例云禮記後儒所作不正與春秋同是杜
不盡用禮記也　注暴猶至饒也　正義曰暴是殘暴物
被殘暴則虛耗故云暴猶耗也浩浩是多大之義故堯典
云浩浩滔天故云浩猶饒也　雖有凶旱水溢民無菜色
者、凶旱謂凶荒遭旱也水溢謂水之汎溢凡水旱之歲
歷運有常案律曆志云十九歲爲一章四章爲一部二十
禮記義十七　十二　李倚
部爲一統三統爲一元則一元有四千五百六十歲初入
元一百六歲有陽九謂旱九年次三百七十四歲陰九謂
水九年以一百六歲并三百七十四歲爲四百八十歲注
云六乘八之數次四百八十歲有陽九謂旱九年次七百
二十歲陰七謂水七年次七百二十歲陽七謂旱七年又
注云七百二十者九乘八之數次六百歲陰五謂水五年
次六百歲陽五謂旱五年注云六百歲者以八乘八八
六十四又以七乘八七八五十六相并爲一千二百歲於
易七八不變氣不通故合而數之各得六百歲次四百八
十歲陰三次四百八十歲陽三從入元至陽三除去災歲
揔有四千五百六十年其災歲兩箇陽九年一箇陰九年
一箇陰陽各七年一箇陰陽各五年一箇陰陽各三年災
歲揔有五十七年并前四千五百六十年通爲四千六百
一十七歲此一元之氣終矣如律曆之言此是陰陽水旱
之大數也所以正用七八九六相乘者以水數六火數七
木數八金數九故以此交互相乘也以七八九六陰陽之

潘本第十七卷第十二葉

足利本第十七卷第十三葉

數自然故有九年七年五年三年之災須三年六年九年之蓄也然災歲有陽七陰七陽五陰五此記直云三年六年九年之蓄不云七五者此各以其三相因故不言七五也舉六年則七年五年之蓄可知若貯積滿九年之後則腐壞當隨時給用也

天子七日而殯七月而葬諸侯五日而殯五月而葬大夫士庶人三日而殯三月而葬 尊者舒卑者速春秋傳曰天子七月而葬同軌畢至諸侯五月同盟至大夫三月同位至士踰月外姻至

三年之喪自天子達 下通庶人於父母同天子諸侯降期

庶人縣封葬不爲雨止不封不樹喪不貳事 縣封當爲縣窆縣窆者至卑不得引紼下棺雖雨猶葬以其禮儀少封謂聚土爲墳不封之不樹之又爲至卑無飾也周禮曰以爵等爲丘封之度與其樹數則士以上乃皆封樹貳之言二也庶人終喪無二事不使從政也喪大記曰大夫士既葬公政入於家既卒哭弁絰帶金革之事無辟也

自天子達於庶人喪從死者祭從生者支子不祭 從死者謂衣衾棺槨從生者謂奠祭之牲器

疏 正義曰此一節明天子以下殯葬日月不同及衣衾牲器之數各依文解之

注尊者至姻至 正義曰天子諸侯位既尊重送終禮物其數既多身在於喪許其申遂故日月緩也大夫及士禮數既卑送終之物其數簡少又職唯促遽義許奪情故日月促也必至三日者與其更生三日不生亦不生矣所引春秋傳以下隱元年左氏文同軌者杜預云言同軌以別四夷之國謂中國諸侯車同軌轍盡皆來至同盟者杜預云同在方嶽之盟同位者杜預云古者行役不踰時諸侯以下不言畢至者有來有否不必盡來故不云畢案左傳

禮記正義十七 十三 李寔

潘本第十七卷第十三葉

數自然故有九年七年五年三年之災須三年六年九年之蓄也然災歲有陽七陰七陽五陰五此記直云三年六年九年之蓄不云七五者此各以其三相因故不言七五也舉六年則七年五年之蓄可知若貯積滿九年之後則腐壞當隨時給用也

天子七日而殯七月而葬諸侯五日而殯五月而葬大夫士庶人三日而殯三月而葬 尊者舒卑者速春秋傳曰天子七月而葬同軌畢至諸侯五月同盟至大夫三月同位至士踰月外姻至

三年之喪自天子達 下通庶人於父母同天子諸侯降期

庶人縣封葬不爲雨止不封不樹喪不貳事 縣封當爲縣窆縣窆者至卑不得引紼下棺雖雨猶葬以其禮儀少封謂聚土爲墳不封之不樹之又爲至卑無飾也周禮曰以爵等爲丘封之度與其樹數則士以上乃皆封樹貳之言二也庶人終喪無二事不使從政也喪大記曰大夫士既葬公政入於家既卒哭弁絰帶金革之事無辟也

自天子達於庶人喪從死者祭從生者支子不祭 從死者謂衣衾棺槨從生者謂奠祭之牲器

疏 正義曰此一節明天子以下殯葬日月不同及衣衾牲器之數各依文解之

注尊者至姻至 正義曰天子諸侯位既尊重送終禮物其數既多身在於喪許其申遂故日月緩也大夫及士禮數既卑送終之物其數簡少又職唯促遽義許奪情故日月促也必至三日者與其更生三日不生亦不生矣所引春秋傳以下隱元年左氏文同軌者杜預云言同軌以別四夷之國謂中國諸侯車同軌轍盡皆來至同盟者杜預云同在方嶽之盟同位者杜預云古者行役不踰時諸侯以下不言畢至者有來有否不必盡來故不云畢案左傳

禮記正義十七 十三 李寔

大夫言三月士言踰月此摠云大夫士三月而葬者此記者皆以降二爲差故摠云三月左傳細言其別故云大夫三月士踰月其實大夫三月者除死月爲三月士三月者數死月爲三月正是踰越一月故言踰月耳案膏肓休以爲士禮三月而葬今左氏云踰月於義左氏爲短玄箴之曰禮人君之喪殯葬皆數來月來日士殯葬皆數死月死日尊卑相下之差數故大夫士俱三月其實不同士之三月及大夫之踰月也鄭箴膏肓以正禮而言故云人君殯葬數來月來日若春秋之時天子諸侯之葬皆數死月故文八年八月天王崩九年二月葬襄王又成十八年八月公薨十二月葬傳云書順也是皆數死月也故鄭又云人君殯數來日葬數往月據春秋爲說其殯日之義已具在上曲禮疏其諸侯奔喪案異義公羊說天王喪赴者至諸侯哭雖有父母之喪越紼而行事葬畢乃還左氏說王喪赴者至諸侯既哭問故遂服斬衰使上卿弔上卿會葬經書叔孫得臣如京師葬襄王以爲得禮許愼謹案易下邳

禮記義十七　十四　毛端

傳甘容說諸侯在千里內皆奔喪千里外不奔喪若同姓千里外猶奔喪親親也容說爲近禮鄭駁之云天子於諸侯無服諸侯爲天子斬衰三年尊卑有差案魯夫人成風薨王使榮叔歸含且賵召伯來會葬傳曰禮也襄王崩叔孫得臣如周葬襄王天子於魯既含且賵又會葬爲得禮則是魯於天子一大夫會爲不得禮可知又左傳云鄭游吉云靈王之喪我先君簡公在楚我先大夫印段實往敝邑之少卿也王吏不討恤所無也豈非左氏諸侯奔天子之喪及會葬之明文說左氏者云諸侯不得棄其所守奔喪自違其傳同姓雖千里外猶奔喪又與禮乖鄭之所駁從公羊之義又以左氏傳諸侯亦奔喪但說左氏者自違其傳云不奔喪又難許愼云千里外同姓猶奔喪與禮乖也此是鄭氏之意其諸侯自相奔喪禮案公羊說遣大夫弔君會其葬左氏說諸侯之喪士弔大夫會葬文襄之霸令大夫弔卿共葬事許愼謹案周禮無諸侯會葬義知不相會葬從左氏義鄭氏無駁與許同其諸侯夫人喪公羊

大夫言三月士言踰月此摠云大夫士三月而葬者此記者皆以降二爲差故摠云三月左傳細言其別故云大夫三月士踰月其實大夫三月者除死月爲三月士三月者數死月爲三月正是踰越一月故言踰月耳案膏肓休以爲士禮三月而葬今左氏云踰月於義左氏爲短玄箴之曰禮人君之喪殯葬皆數來月來日士殯葬皆數死月死日尊卑相下之差數故大夫士俱三月其實不同士之三月及大夫之踰月也鄭箴膏肓以正禮而言故云人君殯葬數來月來日若春秋之時天子諸侯之葬皆數死月故文八年八月天王崩九年二月葬襄王又成十八年八月公薨十二月葬傳云書順也是皆數死月也故鄭又云人君殯數來日葬數往月據春秋爲說其殯日之義已具在上曲禮疏其諸侯奔喪案異義公羊說天王喪赴者至諸侯哭雖有父母之喪越紼而行事葬畢乃還左氏說王喪赴者至諸侯既哭問故遂服斬衰使上卿弔上卿會葬經書叔孫得臣如京師葬襄王以爲得禮許愼謹案易下邳

禮記義十七　十四　毛端

傳甘容說諸侯在千里內皆奔喪千里外不奔喪若同姓千里外猶奔喪親親也容說爲近禮鄭駁之云天子於諸侯無服諸侯爲天子斬衰三年尊卑有差案魯夫人成風薨王使榮叔歸含且賵召伯來會葬傳曰禮也襄王崩叔孫得臣如周葬襄王天子於魯既含且賵又會葬爲得禮則是魯於天子一大夫會爲不得禮可知又左傳云鄭游吉云靈王之喪我先君簡公在楚我先大夫印段實往敝邑之少卿也王吏不討恤所無也豈非左氏諸侯奔天子之喪及會葬之明文說左氏者云諸侯不得棄其所守奔喪自違其傳同姓雖千里外猶奔喪又與禮乖鄭之所駁從公羊之義又以左氏傳諸侯亦奔喪但說左氏者自違其傳云不奔喪又難許愼云千里外同姓猶奔喪與禮乖也此是鄭氏之意其諸侯自相奔喪禮案公羊說遣大夫弔君會其葬左氏說諸侯之喪士弔大夫會葬文襄之霸令大夫弔卿共葬事許愼謹案周禮無諸侯會葬義知不相會葬從左氏義鄭氏無駁與許同其諸侯夫人喪公羊

足利本第十七卷第十五葉

說卿弔君自會葬左氏說諸侯夫人喪士弔士會葬文襄霸士弔大夫會葬叔弓如宋葬宋共姬上卿行過厚非禮許愼謹案公羊說同盟諸侯薨君會葬其夫人薨君又會葬是其不違國政而常在路公羊左氏說俱不別同姓異姓公羊言當會許以爲同姓也左氏云不當會據異姓也鄭駁之云案禮君與夫人尊同故聘禮卿聘君因聘夫人凶時會弔主於相哀愍略於相尊敬故使可降一等士弔大夫會葬禮之正也周禮諸侯之邦交歲相問也殷相聘也世相朝也無異姓同姓親疏之數云夫人喪士會葬說者致之非傳辭者鄭氏意引周禮無同姓異姓之別者破許愼云同姓則會異姓則不會鄭又云夫人喪士會葬說者致之非傳辭破異義左氏說夫人喪士弔士會葬之文也案左氏昭三年傳云君薨大夫弔夫人士弔無士會葬之文故云說者致之言士會葬實非本傳之辭也則鄭氏以爲古者君薨士弔大夫會葬文襄之霸君薨大夫弔卿會葬其夫人之喪則古及文襄之時皆士弔大夫會葬故

禮記義十七　十五　趙通

鄭云士弔大夫會葬禮之正　庶人至貳事　庶人之喪賤無碑繂窆謂下棺縣繩下棺故云縣窆威儀旣少日又促遽將葬之時不爲雨而止庶人旣卑小不須顯異不積土爲封不標墓以樹若士以上負國恩重雖在喪中金革無辟庶人旣無爵命更無殊禮三年之內許其終喪除居喪之外不供他事故下云父母之喪三年不從政　注縣封至辟也　正義曰知縣封當爲縣窆者若封是封土無縣繫之理不得與縣相連故知爲窆也不直云封當爲窆而與縣相連者以經有兩封若不連縣言之恐與下封相涉故連縣言之也云不得引紼下棺者士雖無碑猶有二繂今庶人無紼唯以繩縣棺故云不得引紼下棺云雖雨猶葬以其禮儀少者案異義公羊說雨不克葬謂天子諸侯也卿大夫臣賤不能以雨止穀梁說葬旣有日不爲雨止左氏說卜葬先遠日辟不懷言不汲汲葬其親雨不可行事廢禮不行庶人不爲雨止許愼謹案論語云死葬之以禮以雨而葬是不行禮穀梁說非也從公羊左氏之說

潘本第十七卷第十五葉

說卿弔君自會葬左氏說諸侯夫人喪士弔士會葬文襄霸士弔大夫會葬叔弓如宋葬宋共姬上卿行過厚非禮許愼謹案公羊說同盟諸侯薨君會葬其夫人薨君又會葬是其不違國政而常在路公羊左氏說俱不別同姓異姓公羊言當會許以爲同姓也左氏云不當會據異姓也鄭駁之云案禮君與夫人尊同故聘禮卿聘君因聘夫人凶時會弔主於相哀愍略於相尊敬故使可降一等士弔大夫會葬禮之正也周禮諸侯之邦交歲相問也殷相聘也世相朝也無異姓同姓親疏之數云夫人喪士會葬說者致之非傳辭者鄭氏意引周禮無同姓異姓之別者破許愼云同姓則會異姓則不會鄭又云夫人喪士會葬說者致之非傳辭破異義左氏說夫人喪士弔士會葬之文也案左氏昭三年傳云君薨大夫弔夫人士弔無士會葬之文故云說者致之言士會葬實非本傳之辭也則鄭氏以爲古者君薨士弔大夫會葬文襄之霸君薨大夫弔卿會葬其夫人之喪則古及文襄之時皆士弔大夫會葬故

禮記義十七　十五　趙通

鄭云士弔大夫會葬禮之正　庶人至貳事　庶人之喪賤無碑繂窆謂下棺縣繩下棺故云縣窆威儀旣少日又促遽將葬之時不爲雨而止庶人旣卑小不須顯異不積土爲封不標墓以樹若士以上負國恩重雖在喪中金革無辟庶人旣無爵命更無殊禮三年之內許其終喪除居喪之外不供他事故下云父母之喪三年不從政　注縣封至辟也　正義曰知縣封當爲縣窆者若封是封土無縣繫之理不得與縣相連故知爲窆也不直云封當爲窆而與縣相連者以經有兩封若不連縣言之恐與下封相涉故連縣言之也云不得引紼下棺者士雖無碑猶有二繂今庶人無紼唯以繩縣棺故云不得引紼下棺云雖雨猶葬以其禮儀少者案異義公羊說雨不克葬謂天子諸侯也卿大夫臣賤不能以雨止穀梁說葬旣有日不爲雨止左氏說卜葬先遠日辟不懷言不汲汲葬其親雨不可行事廢禮不行庶人不爲雨止許愼謹案論語云死葬之以禮以雨而葬是不行禮穀梁說非也從公羊左氏之說

足利本第十七卷第十六葉

鄭氏無駁與許同案釋廢疾云雖庶人葬爲雨止公羊説卿大夫臣賤不能以雨止此等之説則在廟未發之時庶人及卿大夫亦得爲雨止若其已發在路及葬則不爲雨止其人君在廟及在路及葬皆爲雨止云封謂聚土爲墳者以對上封爲窆故明之云封謂聚土爲墳云周禮曰以爵等爲丘封之度者是周禮冢人文既云爵等明有爵者乃有丘封周以士爲爵故云則士以上乃皆封樹是庶人不封樹彼注云王公曰丘諸臣曰封又引漢律曰列侯墳高四丈關內侯以下至庶人各有差又禮記云孔子合葬於防崇四尺鄭云蓋周之士制其樹數則無文案白虎通云天子松諸侯柏大夫栗士槐云貳之言二也者上貳是副貳之貳下二是二三之二喪不貳事者謂不爲兩事故讀從二三之二也引喪大記以下者證大夫士在喪有二事也　注從死至牲器　正義曰盧植解云從生者謂除服之後吉祭之時以子孫官禄祭其父祖故云從生者若喪中之祭虞祔練祥仍從死者之爵故小記云士祔於大夫則易牲又云其妻爲大夫而卒而后其夫不爲大夫而祔於其妻則不易牲又雜記云上大夫之虞也少牢卒哭成事祔皆大牢下大夫之虞也犆牲卒哭成事附皆少牢是喪中之祭仍從死者之禮而鄭云謂奠祭之牲器云奠則是喪中之祭得從生者之爵與小記雜記違者小記雜記據死者子孫身無官爵生者又無可祭享故喪中之祭皆用死者之禮若其生者有爵則祭從生者之法喪祭尚爾喪後吉祭可知奠謂葬前祭謂葬後包喪終吉祭也鄭必知祭兼喪祭與盧植別者以此云祭從生者喪從死者相對又中庸云父爲大夫子爲士葬以大夫祭以士又云父爲士子爲大夫葬以士祭以大夫祭又與葬相對皆祭與喪葬連文是一時之事故祭中兼爲喪奠也或云在喪中祭尚從死者爵至吉祭乃用生者禄耳故知盧解鄭言奠者自吉祭之奠及非時祭耳

天子七廟

三昭三穆與大祖之廟而七　此周制七者大祖及文王武王之祧

禮記義十七　十六　李千

潘本第十七卷第十六葉

鄭氏無駁與許同案釋廢疾云雖庶人葬爲雨止公羊説卿大夫臣賤不能以雨止此等之説則在廟未發之時庶人及卿大夫亦得爲雨止若其已發在路及葬則不爲雨止其人君在廟及在路及葬皆爲雨止云封謂聚土爲墳者以對上封爲窆故明之云封謂聚土爲墳云周禮曰以爵等爲丘封之度者是周禮冢人文既云爵等明有爵者乃有丘封周以士爲爵故云則士以上乃皆封樹是庶人不封樹彼注云王公曰丘諸臣曰封又引漢律曰列侯墳高四丈關內侯以下至庶人各有差又禮記云孔子合葬於防崇四尺鄭云蓋周之士制其樹數則無文案白虎通云天子松諸侯柏大夫栗士槐云貳之言二也者上貳是副貳之貳下二是二三之二喪不貳事者謂不爲兩事故讀從二三之二也引喪大記以下者證大夫士在喪有二事也　注從死至牲器　正義曰盧植解云從生者謂除服之後吉祭之時以子孫官禄祭其父祖故云從生者若喪中之祭虞祔練祥仍從死者之爵故小記云士祔於大夫則易牲又云其妻爲大夫而卒而后其夫不爲大夫而祔於其妻則不易牲又雜記云上大夫之虞也少牢卒哭成事祔皆大牢下大夫之虞也犆牲卒哭成事附皆少牢是喪中之祭仍從死者之禮而鄭云謂奠祭之牲器云奠則是喪中之祭得從生者之爵與小記雜記違者小記雜記據死者子孫身無官爵生者又無可祭享故喪中之祭皆用死者之禮若其生者有爵則祭從生者之法喪祭尚爾喪後吉祭可知奠謂葬前祭謂葬後包喪終吉祭也鄭必知祭兼喪祭與盧植別者以此云祭從生者喪從死者相對又中庸云父爲大夫子爲士葬以大夫祭以士又云父爲士子爲大夫葬以士祭以大夫祭又與葬相對皆祭與喪葬連文是一時之事故祭中兼爲喪奠也或云在喪中祭尚從死者爵至吉祭乃用生者禄耳故知盧解鄭言奠者自吉祭之奠及非時祭耳

天子七廟

三昭三穆與大祖之廟而七　此周制七者大祖及文王武王之祧

禮記義十七　十六　李千

足利本第十七卷第十七葉

與親廟四大祖后稷殷則六廟契及湯與二昭二穆夏則五廟無大祖禹與二昭二穆而已

諸侯五廟二昭二穆與大祖之廟而五 大祖始封之君王者之後不爲始封之君廟 大夫三廟一昭一穆與大祖之廟而三 大祖別子始爵者大傳曰別子爲祖謂此雖非別子始爵者亦然 士一廟 謂諸侯之中士下士名曰官師者上士二廟 庶人祭於寢 寢適寢也

疏 正義曰此一節明天子以下立廟多少不同之事各隨文解之 注此周至而已 正義曰鄭氏之意天子立七廟唯謂周也鄭必知然者案禮緯稽命徵云唐虞五廟親廟四始祖廟一夏四廟至子孫五殷五廟至子孫六鉤命決云唐堯五廟親廟四與始祖五禹四廟至子孫五殷五廟至子孫六周六廟至子孫七鄭據此爲說故謂七廟周制也周所以七者以文王武王受命其廟不毀以爲二祧并始祖后稷及高祖以下親廟四故爲七也若王肅則以爲天子七廟者謂高祖之父及高祖之祖廟爲二祧并始祖及親廟四爲七故聖證論肅難鄭云周之文武受命之王不遷之廟權禮所施非常廟之數殷之三宗宗其德而存其廟亦不以爲數凡七廟者皆不稱周室禮器云有以多爲貴者天子七廟孫卿云有天下者事七世又云自上以下降殺以兩今使天子諸侯立廟並親廟四而止則君臣同制尊卑不別禮名位不同禮亦異數況其君臣乎又祭法云王下祭殤五及五世來孫則下及無親之孫而祭上不及無親之祖不亦詭哉穀梁傳云天子七廟諸侯五家語云子羔問尊卑立廟制孔子云禮天子立七廟諸侯立五廟大夫立三廟又云遠廟爲祧有二祧焉又儒者難鄭云祭法遠廟爲祧鄭注周禮云遷主所藏曰祧違經正文鄭又云先公之遷主藏於后稷之廟先王之遷主藏於文武之廟便有三祧何得祭法云有二祧難鄭之義凡有數條大略如此不能具載鄭必爲

潘本第十七卷第十七葉

與親廟四大祖后稷殷則六廟契及湯與二昭二穆夏則五廟無大祖禹與二昭二穆而已

諸侯五廟二昭二穆與大祖之廟而五 大祖始封之君王者之後不爲始封之君廟 大夫三廟一昭一穆與大祖之廟而三 大祖別子始爵者大傳曰別子爲祖謂此雖非別子始爵者亦然 士一廟 謂諸侯之中士下士名曰官師者上士二廟 庶人祭於寢 寢適寢也

疏 正義曰此一節明天子以下立廟多少不同之事各隨文解之 注此周至而已 正義曰鄭氏之意天子立七廟唯謂周也鄭必知然者案禮緯稽命徵云唐虞五廟親廟四始祖廟一夏四廟至子孫五殷五廟至子孫六鉤命決云唐堯五廟親廟四與始祖五禹四廟至子孫五殷五廟至子孫六周六廟至子孫七鄭據此爲說故謂七廟周制也周所以七者以文王武王受命其廟不毀以爲二祧并始祖后稷及高祖以下親廟四故爲七也若王肅則以爲天子七廟者謂高祖之父及高祖之祖廟爲二祧并始祖及親廟四爲七故聖證論肅難鄭云周之文武受命之王不遷之廟權禮所施非常廟之數殷之三宗宗其德而存其廟亦不以爲數凡七廟者皆不稱周室禮器云有以多爲貴者天子七廟孫卿云有天下者事七世又云自上以下降殺以兩今使天子諸侯立廟並親廟四而止則君臣同制尊卑不別禮名位不同禮亦異數況其君臣乎又祭法云王下祭殤五及五世來孫則下及無親之孫而祭上不及無親之祖不亦詭哉穀梁傳云天子七廟諸侯五家語云子羔問尊卑立廟制孔子云禮天子立七廟諸侯立五廟大夫立三廟又云遠廟爲祧有二祧焉又儒者難鄭云祭法遠廟爲祧鄭注周禮云遷主所藏曰祧違經正文鄭又云先公之遷主藏於后稷之廟先王之遷主藏於文武之廟便有三祧何得祭法云有二祧難鄭之義凡有數條大略如此不能具載鄭必爲

足利本第十七卷第十八葉

天子七廟唯周制者馬昭難王義云案喪服小記王者立四廟又引禮緯夏無大祖宗禹而已則五廟殷人祖契而宗湯則六廟周尊后稷宗文王武王則七廟自夏及周少不減五多不過七禮器云周旅酬六尸一人發爵則周七尸七廟明矣今使文武不在七數既不同祭又不享嘗豈禮也哉故漢侍中盧植說云二祧謂文武曾子問當七廟無虛主禮器天子七廟堂九尺王制七廟盧植云皆據周言也穀梁傳天子七廟尹更始說天子七廟據周也漢書韋玄成四十八人議皆云周以后稷始封文武受命石渠論白虎通云周以后稷文武特七廟又張融謹案周禮守祧職奄八人女祧每廟二人自大祖以下與文武及親廟四用七人姜嫄用一人適盡若除文武則奄少二人曾子問孔子說周事而云七廟無虛主若王肅數高祖之父高祖之祖廟與文武而九主當有九孔子何云七廟無虛主乎故云以周禮孔子之言爲本穀梁說及小記爲枝葉韋玄成石渠論白虎通爲證驗七廟斥言玄說爲長是融申

禮記義十七　大

鄭之意且天子七廟者有其人則七無其人則五若諸侯廟制雖有其人不得過五則此天子諸侯七五之異也王肅云君臣同制尊卑不別其義非也又王下祭殤五者非是別立殤廟七廟外親盡之祖禘祫猶當祀之而王肅云下祭無親之孫上不及無親之祖又非通論且家語云先儒以爲肅之所作未足可依案周禮唯存后稷之廟不毀案昭七年傳云余敢忘高圉亞圉注云周人不毀其廟報祭之似高圉亞圉廟亦不毀者此是不合鄭說故馬融說云周人所報而不立廟　注大祖至君廟　正義曰凡始封之君謂王之子弟封爲諸侯爲後世之大祖當此君之身不得立出王之廟則全無廟也故諸侯不敢祖天子若有大功德王特命立之則可若魯有文王之廟鄭祖厲王是也魯非但得立文王之廟又立姜嫄之廟及魯公武公之廟并周公及親廟除文王廟外猶八廟也此皆有功德特賜非禮之正此始封君之子得立一廟始封六世之孫始五廟備也若異姓始封如大公之屬初封則得立五廟

潘本第十七卷第十八葉

天子七廟唯周制者馬昭難王義云案喪服小記王者立四廟又引禮緯夏無大祖宗禹而已則五廟殷人祖契而宗湯則六廟周尊后稷宗文王武王則七廟自夏及周少不減五多不過七禮器云周旅酬六尸一人發爵則周七尸七廟明矣今使文武不在七數既不同祭又不享嘗豈禮也哉故漢侍中盧植說云二祧謂文武曾子問當七廟無虛主禮器天子七廟堂九尺王制七廟盧植云皆據周言也穀梁傳天子七廟尹更始說天子七廟據周也漢書韋玄成四十八人議皆云周以后稷始封文武受命石渠論白虎通云周以后稷文武特七廟又張融謹案周禮守祧職奄八人女祧每廟二人自大祖以下與文武及親廟四用七人姜嫄用一人適盡若除文武則奄少二人曾子問孔子說周事而云七廟無虛主若王肅數高祖之父高祖之祖廟與文武而九主當有九孔子何云七廟無虛主乎故云以周禮孔子之言爲本穀梁說及小記爲枝葉韋玄成石渠論白虎通爲證驗七廟斥言玄說爲長是融申

禮記義十七　大

鄭之意且天子七廟者有其人則七無其人則五若諸侯廟制雖有其人不得過五則此天子諸侯七五之異也王肅云君臣同制尊卑不別其義非也又王下祭殤五者非是別立殤廟七廟外親盡之祖禘祫猶當祀之而王肅云下祭無親之孫上不及無親之祖又非通論且家語云先儒以爲肅之所作未足可依案周禮唯存后稷之廟不毀案昭七年傳云余敢忘高圉亞圉注云周人不毀其廟報祭之似高圉亞圉廟亦不毀者此是不合鄭說故馬融說云周人所報而不立廟　注大祖至君廟　正義曰凡始封之君謂王之子弟封爲諸侯爲後世之大祖當此君之身不得立出王之廟則全無廟也故諸侯不敢祖天子若有大功德王特命立之則可若魯有文王之廟鄭祖厲王是也魯非但得立文王之廟又立姜嫄之廟及魯公武公之廟并周公及親廟除文王廟外猶八廟也此皆有功德特賜非禮之正此始封君之子得立一廟始封六世之孫始五廟備也若異姓始封如大公之屬初封則得立五廟

從諸侯禮也云王者之後不爲始封之君廟者以其始封之君非有功德唯因先代之後以封之不得爲後世之大祖得立此君所出王者之廟必知然者以經傳無文云微子爲宋之始祖故也而左傳云宋祖帝乙是也若二王之後郊天之時則得以遠代之祖配天而祭故禮運云杞之郊也禹也宋之郊也契也　注大祖至亦然　正義曰此據諸侯之子始爲卿大夫謂之別子者也是嫡夫人之次子或衆妾之子別異於正君繼父言之故云別子引大傳者證此大祖是別子也云雖非別子始爵者亦然者此事凡有數條一是別子初雖身爲大夫中間廢退至其遠世子孫始得爵命者則以爲大祖別子不得爲大祖也二是別子及子孫不得爵命者後世始得爵命自得爲大祖三是全非諸侯子孫異姓爲大夫者及他國之臣初來任爲大夫者亦得爲大祖故云雖非別子始爵者亦然此摠包上三事如鄭志荅趙商此王制所論皆殷制故云雖非別子亦得立大祖之廟若其周制別子始爵其後得立別子

禮記義十七　十九　周建

爲大祖若非別子之後雖爲大夫但立父祖曾祖三廟而已隨時而遷不得立始爵者爲大祖故鄭荅趙商問祭法云大夫立三廟曰考廟曰王考廟曰皇考廟注非別子故知祖考無廟商案王制大夫三廟一昭一穆與大祖之廟而三注云大祖別子始爵者雖非別子始爵者亦然二者不知所定鄭荅云祭法周禮王制之云或以夏殷雜不合周制是鄭以爲殷周之別也鄭必知周制別子之後得立別子爲大祖者以大傳云別子爲祖繫之以姓而弗別綴之以食而弗殊雖百世而昏姻不通者周道然也故知別子百世不遷爲大祖也周既如此明殷不繫姓不綴食大傳又云其庶姓別於上而戚單於下五世而昏姻可以通明五世之後不復繼於別子但始爵者則得爲大祖也此大夫三廟者天子諸侯之大夫皆同知者以此及祭法歷陳天子諸侯即云大夫更不別云諸侯之大夫故知與天子大夫同也卿即大夫摠號故春秋殺卿經皆摠號大夫其三公即與諸侯同若附庸之君亦五廟故莊三年公羊

從諸侯禮也云王者之後不爲始封之君廟者以其始封之君非有功德唯因先代之後以封之不得爲後世之大祖得立此君所出王者之廟必知然者以經傳無文云微子爲宋之始祖故也而左傳云宋祖帝乙是也若二王之後郊天之時則得以遠代之祖配天而祭故禮運云杞之郊也禹也宋之郊也契也　注大祖至亦然　正義曰此據諸侯之子始爲卿大夫謂之別子者也是嫡夫人之次子或衆妾之子別異於正君繼父言之故云別子引大傳者證此大祖是別子也云雖非別子始爵者亦然者此事凡有數條一是別子初雖身爲大夫中間廢退至其遠世子孫始得爵命者則以爲大祖別子不得爲大祖也二是別子及子孫不得爵命者後世始得爵命自得爲大祖三是全非諸侯子孫異姓爲大夫者及他國之臣初來任爲大夫者亦得爲大祖故云雖非別子始爵者亦然此摠包上三事如鄭志荅趙商此王制所論皆殷制故云雖非別子亦得立大祖之廟若其周制別子始爵其後得立別子

禮記義十七　十九　周建

爲大祖若非別子之後雖爲大夫但立父祖曾祖三廟而已隨時而遷不得立始爵者爲大祖故鄭荅趙商問祭法云大夫立三廟曰考廟曰王考廟曰皇考廟注非別子故知祖考無廟商案王制大夫三廟一昭一穆與大祖之廟而三注云大祖別子始爵者雖非別子始爵者亦然二者不知所定鄭荅云祭法周禮王制之云或以夏殷雜不合周制是鄭以爲殷周之別也鄭必知周制別子之後得立別子爲大祖者以大傳云別子爲祖繫之以姓而弗別綴之以食而弗殊雖百世而昏姻不通者周道然也故知別子百世不遷爲大祖也周既如此明殷不繫姓不綴食大傳又云其庶姓別於上而戚單於下五世而昏姻可以通明五世之後不復繼於別子但始爵者則得爲大祖也此大夫三廟者天子諸侯之大夫皆同知者以此及祭法歷陳天子諸侯即云大夫更不別云諸侯之大夫故知與天子大夫同也卿即大夫摠號故春秋殺卿經皆摠號大夫其三公即與諸侯同若附庸之君亦五廟故莊三年公羊

足利本第十七卷第二十葉

傳云紀季以酅入于齊傳曰請後五廟以存姑姊妹又附
庸得稱朝是與諸侯同 注 謂諸至二廟 正義曰案祭
法云適士二廟今此云士一廟故知是諸侯之中士下士
祭法云官師一廟故云名曰官師者鄭旣云諸侯之中士
下士一廟則天子之中士下士皆二廟也必知皆二廟者
以其揔稱元士故昏義云八十一元士是不分别上下也
鄭又知諸侯中士與下士同一廟者以祭法云適士二廟
言適士則不得兼中下也 注 寢適寢也 正義曰此庶
人祭寢謂是庶人在官府史之屬及尋常庶人此祭謂薦
物以其無廟故唯薦而已薦獻不可褻處故知適寢也
天子諸侯宗廟之祭春曰礿夏曰禘秋曰
嘗冬曰烝 此蓋夏殷之祭名周則改之春曰祠夏曰礿以禘爲殷祭詩小雅曰礿祠烝嘗于公先王
此周四時祭宗廟之名 天子祭天地諸侯祭社稷大夫祭

禮記義十七 二十 馬春

五祀 五祀謂司命也中霤也門也行也厲也此祭謂大夫有地者其無地祭三耳 天子祭
天下名山大川五嶽視三公四瀆視諸侯 視視其牲
器之數 諸侯祭名山大川之在其地者 魯人祭泰山晉人祭
河是也 疏 正義曰此一節論夏殷天子諸侯大夫四時祭宗
廟及祭天地山川之事各隨文解之 春曰礿者
皇氏云礿薄也春物未成其祭品鮮薄也孫炎云礿者新
菜可礿 夏曰禘者皇氏云禘者次第也夏時物雖未成
宜依時次第而祭之 秋曰嘗者白虎通云嘗者新穀熟
而嘗之 冬曰烝者烝者衆也冬之時物成者衆孫炎云
烝進也進品物也 注 此蓋至之名 正義曰疑爲夏殷
祭名者以其祭名與周不同故以爲夏殷祭名其夏殷之
祭又無文故稱蓋以疑之此云春礿而郊特牲云春禘者
鄭彼注云禘當爲禴從此爲正祭義曰春禘鄭注直云夏

潘本第十七卷第二十葉

傳云紀季以酅入于齊傳曰請後五廟以存姑姊妹又附
庸得稱朝是與諸侯同 注 謂諸至二廟 正義曰案祭
法云適士二廟今此云士一廟故知是諸侯之中士下士
祭法云官師一廟故云名曰官師者鄭旣云諸侯之中士
下士一廟則天子之中士下士皆二廟也必知皆二廟者
以其揔稱元士故昏義云八十一元士是不分别上下也
鄭又知諸侯中士與下士同一廟者以祭法云適士二廟
言適士則不得兼中下也 注 寢適寢也 正義曰此庶
人祭寢謂是庶人在官府史之屬及尋常庶人此祭謂薦
物以其無廟故唯薦而已薦獻不可褻處故知適寢也
天子諸侯宗廟之祭春曰礿夏曰禘秋曰
嘗冬曰烝 此蓋夏殷之祭名周則改之春曰祠夏曰礿以禘爲殷祭詩小雅曰礿祠烝嘗于公先王
此周四時祭宗廟之名 天子祭天地諸侯祭社稷大夫祭

禮記義十七 二十 馬春

五祀 五祀謂司命也中霤也門也行也厲也此祭謂大夫有地者其無地祭三耳 天子祭
天下名山大川五嶽視三公四瀆視諸侯 視視其牲
器之數 諸侯祭名山大川之在其地者 魯人祭泰山晉人祭
河是也 疏 正義曰此一節論夏殷天子諸侯大夫四時祭宗
廟及祭天地山川之事各隨文解之 春曰礿者
皇氏云礿薄也春物未成其祭品鮮薄也孫炎云礿者新
菜可礿 夏曰禘者皇氏云禘者次第也夏時物雖未成
宜依時次第而祭之 秋曰嘗者白虎通云嘗者新穀熟
而嘗之 冬曰烝者烝者衆也冬之時物成者衆孫炎云
烝進也進品物也 注 此蓋至之名 正義曰疑爲夏殷
祭名者以其祭名與周不同故以爲夏殷祭名其夏殷之
祭又無文故稱蓋以疑之此云春礿而郊特牲云春禘者
鄭彼注云禘當爲禴從此爲正祭義曰春禘鄭注直云夏

夥禮不破禘字者以郊特牲已破禘爲禴故於祭義略之
從可知也云周則改之春曰祠夏曰礿者案宗伯云以祠
春享先王以禴夏享先王又知周以禘爲夥祭者案公羊
傳云五年而再夥祭又春秋經僖八年秋七月禘于大廟
是禘爲夥祭夥猶大也謂五年一大祭引詩小雅者是文
王之詩天保之篇謂文王受命已改夥之祭名以夏祭之
禘改名曰礿而詩先言礿後祠者從便文嘗在烝下以韻
句也干公諸盩至不窋也先王謂后稷大王王季也 注
五祀至三耳 正義曰知五祀是司命中霤門行厲者案
祭法云王立七祀曰司命曰中霤曰國門曰國行曰泰厲
曰戶曰竈諸侯五祀無戶竈自外與天子同明大夫五祀
與諸侯同明知是司命中霤門行厲也云此祭謂大夫有
地者以其祭五祀與諸侯同故知大夫有采地者云其無
地祭三耳者以祭法云大夫立三祀曰族厲曰門曰行也
鄭意以此及祭法俱是周禮有地者祭五無地者祭三案
下曲禮大夫祭五祀謂戶竈中霤門行以爲夥禮此大夫

禮記義十七　廿一　萬昌

五祀爲有地大夫五祀之神又別者以曲禮天子諸侯大
夫皆祭五祀更無等差故以月令五祀當之揔爲夥禮此
文天子云祭天地諸侯云祭社稷大夫云祭五祀既別爲
尊卑之差故以周法解之 注視視其牲器之數 正義
者視子男鄭注云謂其牲幣粢盛籩豆爵獻之數非謂尊
曰案夏傳云五嶽視三公四瀆視諸侯其餘山川視伯小
卑案周禮上公饔餼九牢飧五牢饗禮九獻豆四十侯伯
饔餼七牢飧四牢饗禮七獻豆三十有二子男饔餼五牢
飧三牢饗禮五獻豆二十有四又五等諸侯膳皆大牢祭
亦大牢籩皆十有二祭四望山川用毳冕鄭注禮器五獻
察謂祭四望山川也又侯伯無別三公與子男同今此王
制云五嶽視三公四瀆視諸侯則三公尊於諸侯夏傳云
四瀆視諸侯其餘山川視伯小者視子男是伯與侯別令
鄭注此云視視其牲器又注夏傳謂其牲幣粢盛籩豆爵
獻之數參驗上下並與周禮不同不可強解合之爲一此
王制所陳多論夏夥之制夏傳所說又非周代之禮鄭之

夥禮不破禘字者以郊特牲已破禘爲禴故於祭義略之
從可知也云周則改之春曰祠夏曰礿者案宗伯云以祠
春享先王以禴夏享先王又知周以禘爲夥祭者案公羊
傳云五年而再夥祭又春秋經僖八年秋七月禘于大廟
是禘爲夥祭夥猶大也謂五年一大祭引詩小雅者是文
王之詩天保之篇謂文王受命已改夥之祭名以夏祭之
禘改名曰礿而詩先言礿後祠者從便文嘗在烝下以韻
句也干公諸盩至不窋也先王謂后稷大王王季也 注
五祀至三耳 正義曰知五祀是司命中霤門行厲者案
祭法云王立七祀曰司命曰中霤曰國門曰國行曰泰厲
曰戶曰竈諸侯五祀無戶竈自外與天子同明大夫五祀
與諸侯同明知是司命中霤門行厲也云此祭謂大夫有
地者以其祭五祀與諸侯同故知大夫有采地者云其無
地祭三耳者以祭法云大夫立三祀曰族厲曰門曰行也
鄭意以此及祭法俱是周禮有地者祭五無地者祭三案
下曲禮大夫祭五祀謂戶竈中霤門行以爲夥禮此大夫

禮記義十七　廿一　萬昌

五祀爲有地大夫五祀之神又別者以曲禮天子諸侯大
夫皆祭五祀更無等差故以月令五祀當之揔爲夥禮此
文天子云祭天地諸侯云祭社稷大夫云祭五祀既別爲
尊卑之差故以周法解之 注視視其牲器之數 正義
者視子男鄭注云謂其牲幣粢盛籩豆爵獻之數非謂尊
曰案夏傳云五嶽視三公四瀆視諸侯其餘山川視伯小
卑案周禮上公饔餼九牢飧五牢饗禮九獻豆四十侯伯
饔餼七牢飧四牢饗禮七獻豆三十有二子男饔餼五牢
飧三牢饗禮五獻豆二十有四又五等諸侯膳皆大牢祭
亦大牢籩皆十有二祭四望山川用毳冕鄭注禮器五獻
察謂祭四望山川也又侯伯無別三公與子男同今此王
制云五嶽視三公四瀆視諸侯則三公尊於諸侯夏傳云
四瀆視諸侯其餘山川視伯小者視子男是伯與侯別令
鄭注此云視視其牲器又注夏傳謂其牲幣粢盛籩豆爵
獻之數參驗上下並與周禮不同不可強解合之爲一此
王制所陳多論夏夥之制夏傳所說又非周代之禮鄭之

所注者當據異代法也此經云四瀆視諸侯之下云其餘山川視伯小者視子男則此諸侯謂是侯爵者不得摠爲五等諸侯

注魯人至是也　正義曰知魯人祭泰山者以論語云季氏旅於泰山明魯君祭泰山季氏僭之也又公羊云三望祭泰山河海是魯祭泰山但泰山是齊魯之界故齊亦祭之是以禮器云齊人將有事於泰山必先有事於配林禮器又云晉人將有事於河必先有事於惡池是晉人祭河也

禮記正義卷第十七

禮記義十七　二十二

所注者當據異代法也此經云四瀆視諸侯之下云其餘山川視伯小者視子男則此諸侯謂是侯爵者不得摠爲五等諸侯

注魯人至是也　正義曰知魯人祭泰山者以論語云季氏旅於泰山明魯君祭泰山季氏僭之也又公羊云三望祭泰山河海是魯祭泰山但泰山是齊魯之界故齊亦祭之是以禮器云齊人將有事於泰山必先有事於配林禮器又云晉人將有事於河必先有事於惡池是晉人祭河也

禮記正義卷第十七

禮記義十七　二十二

足利本第十八卷第一葉

禮記正義卷第十八

國子祭酒上護軍曲阜縣開國子臣孔穎達等奉

勑撰

天子諸侯祭因國之在其地而無主後者謂所因之國先王先公有功德宜享世祀今絕無後爲之祭主者昔夏后氏郊鯀至杞爲夏後而更郊禹晉侯夢黃熊入國而祀夏郊此其禮也

疏 正義曰此一節論天子置都之所及諸侯所封之內皆因古昔先王先公所居之地今其地子孫絕滅而無主後者則天子諸侯祭此先王先公故云祭因國之在其地而無主後者若天子因先公之後亦祭先公若諸侯因先王之後亦祭先王先公皆謂有德宜世祀者

注 昔夏至禮也 正義曰案祭法夏后氏亦禘黃帝而郊鯀是夏郊鯀云至杞爲夏後而更郊禹者案禮運云杞之郊也禹也是杞郊禹也殷滅夏之時殷則不應郊鯀必應封夏之後但不知名杞與否至周封夏後於杞據禮運成文故云杞更郊禹也不廢殷時夏後已郊禹也云晉侯夢黃熊入國而祀夏郊者案昭七年晉侯有疾夢黃熊入於寢門于時子產聘晉韓宣子問子產其何厲鬼子產曰昔堯殛鯀于羽山其神化爲黃熊以入于羽淵實爲夏郊三代祀之晉爲盟主其或者未之祀也韓子祀夏郊晉侯有間如傳所云夏后之時郊祭鯀以配天至殷周之時鯀雖不配天以其有功列於羣祀故云三代祀之但春秋之時周衰禮廢不能祀鯀晉既爲盟主當代天子祭羣神羣祀傳之意義謂晉當代天子攝羣神之祀不謂因此國在地無主後者今鄭引之以證祭無主後則謂鯀是夏家之先晉居夏之舊地鯀無主後故晉祀之禮之與傳意少異然夏後有杞而云無主後者以杞不祭鯀故云無主後也其黃熊之言稱入羽淵案爾雅鱉

禮記義十八 一 徐通

潘本第十八卷第一葉

禮記正義卷第十八

國子祭酒上護軍曲阜縣開國子臣孔穎達等奉

勑撰

天子諸侯祭因國之在其地而無主後者謂所因之國先王先公有功德宜享世祀今絕無後爲之祭主者昔夏后氏郊鯀至杞爲夏後而更郊禹晉侯夢黃熊入國而祀夏郊此其禮也

疏 正義曰此一節論天子置都之所及諸侯所封之內皆因古昔先王先公所居之地今其地子孫絕滅而無主後者則天子諸侯祭此先王先公故云祭因國之在其地而無主後者若天子因先公之後亦祭先公若諸侯因先王之後亦祭先王先公皆謂有德宜世祀者

注 昔夏至禮也 正義曰案祭法夏后氏亦禘黃帝而郊鯀是夏郊鯀云至杞爲夏後而更郊禹者案禮運云杞之郊也禹也是杞郊禹也殷滅夏之時殷則不應郊鯀必應封夏之後但不知名杞與否至周封夏後於杞據禮運成文故云杞更郊禹也不廢殷時夏後已郊禹也云晉侯夢黃熊入國而祀夏郊者案昭七年晉侯有疾夢黃熊入於寢門于時子產聘晉韓宣子問子產其何厲鬼子產曰昔堯殛鯀于羽山其神化爲黃熊以入于羽淵實爲夏郊三代祀之晉爲盟主其或者未之祀也韓子祀夏郊晉侯有間如傳所云夏后之時郊祭鯀以配天至殷周之時鯀雖不配天以其有功列於羣祀故云三代祀之但春秋之時周衰禮廢不能祀鯀晉既爲盟主當代天子祭羣神羣祀傳之意義謂晉當代天子攝羣神之祀不謂因此國在地無主後者今鄭引之以證祭無主後則謂鯀是夏家之先晉居夏之舊地鯀無主後故晉祀之禮之與傳意少異然夏後有杞而云無主後者以杞不祭鯀故云無主後也其黃熊之言稱入羽淵案爾雅鱉

禮記義十八 一 徐通

三足爲能先師或以爲黄能義或然也 天子犆礿祫禘祫嘗祫烝 犆猶一也祫合也天子諸侯之喪畢合先君之主於祖廟而祭之謂之祫後因以爲常天子先祫而後時祭諸侯先時祭而後祫凡祫之歲春一礿而已不祫以物無成者不殷祭周改夏祭曰礿以禘爲殷祭也魯禮三年喪畢而祫於大祖明年春禘於羣廟自爾之後五年而再殷祭一祫一禘 諸侯礿則不禘禘則不嘗嘗則不烝烝則不礿 虞夏之制諸侯歲朝廢一時祭 諸侯礿犆 互明犆礿文 禘一犆一祫 下天子也祫歲不禘 嘗祫烝祫

疏正義曰此一節論夏殷天子諸侯大祭及時祭之事各隨文解之 天子之祭當祫之歲以春物未成不爲祫祭唯犆爲時祭之礿故云犆礿夏秋冬之時先爲祫祭後爲時祭故云祫禘祫嘗祫烝 注天子至一禘 正義曰案文二年八月丁卯大事于太廟公羊傳云大事者何大祫也案僖公三十三年十二月薨至文二年八月二十一月於禮少四月未得喪畢是喪畢當祫諸侯既爾明天子亦然故云天子諸侯之喪畢合先君之主於祖廟而祭之謂之祫云後因以爲常者案禮緯三年一祫五年一禘故知每三年爲一祫祭是後因以爲常云天子先祫而後時祭者以經云祫禘祫嘗祫烝天子位尊故先爲大禮也云諸侯先時祭而後祫者以下文云諸侯嘗祫烝祫諸侯位卑取其漸備故先小禮後大禮此等皆殷巳前之制但不知幾年一祫禮緯云三年一祫五年一禘鄭云百王通義則虞夏及殷皆與周同祫亦三年爲一也皇氏取先儒之義以爲虞夏祫祭每年皆爲又云三時祫者謂夏秋冬或一時得祫則爲之不三時俱祫然案鄭云三年一祫五年一禘百王通義鄭又注此云春一礿而已不祫以物無成者不殷祭又禘祫志云王制記先王之法祫爲大祭祫於秋於夏於冬周公制禮祭不欲數如鄭此言則夏殷

禮記義十八 二 徐進

三足爲能先師或以爲黄能義或然也 天子犆礿祫禘祫嘗祫烝 犆猶一也祫合也天子諸侯之喪畢合先君之主於祖廟而祭之謂之祫後因以爲常天子先祫而後時祭諸侯先時祭而後祫凡祫之歲春一礿而已不祫以物無成者不殷祭周改夏祭曰礿以禘爲殷祭也魯禮三年喪畢而祫於大祖明年春禘於羣廟自爾之後五年而再殷祭一祫一禘 諸侯礿則不禘禘則不嘗嘗則不烝烝則不礿 虞夏之制諸侯歲朝廢一時祭 諸侯礿犆 互明犆礿文 禘一犆一祫 下天子也祫歲不禘 嘗祫烝祫

疏正義曰此一節論夏殷天子諸侯大祭及時祭之事各隨文解之 天子之祭當祫之歲以春物未成不爲祫祭唯犆爲時祭之礿故云犆礿夏秋冬之時先爲祫祭後爲時祭故云祫禘祫嘗祫烝 注天子至一禘 正義曰案文二年八月丁卯大事于太廟公羊傳云大事者何大祫也案僖公三十三年十二月薨至文二年八月二十一月於禮少四月未得喪畢是喪畢當祫諸侯既爾明天子亦然故云天子諸侯之喪畢合先君之主於祖廟而祭之謂之祫云後因以爲常者案禮緯三年一祫五年一禘故知每三年爲一祫祭是後因以爲常云天子先祫而後時祭者以經云祫禘祫嘗祫烝天子位尊故先爲大禮也云諸侯先時祭而後祫者以下文云諸侯嘗祫烝祫諸侯位卑取其漸備故先小禮後大禮此等皆殷巳前之制但不知幾年一祫禮緯云三年一祫五年一禘鄭云百王通義則虞夏及殷皆與周同祫亦三年爲一也皇氏取先儒之義以爲虞夏祫祭每年皆爲又云三時祫者謂夏秋冬或一時得祫則爲之不三時俱祫然案鄭云三年一祫五年一禘百王通義鄭又注此云春一礿而已不祫以物無成者不殷祭又禘祫志云王制記先王之法祫爲大祭祫於秋於夏於冬周公制禮祭不欲數如鄭此言則夏殷

禮記義十八 二 徐進

三時俱殷祭皇氏之說非也云魯禮三年喪畢而祫於大
祖者僖公以三十三年十二月薨文二年八月大事于大
廟於禮少四月文公應合二年十二月而祫大祖廟也是
新君即位之二年而云三年喪畢者通死君之年爲三年
云明年春禘於羣廟者以僖公八年禘于大廟宣公八年
辛巳有事于大廟有事禘也爲仲遂卒略言有事僖也宣
也皆八年禘既五年一禘則後禘去前禘五年也前禘當
三年今二年而祫故云明年春禘於羣廟案閔二年五月
吉禘于莊公昭十五年禘于武宮昭二十五年將禘於襄
公禘皆各就廟爲之故云羣廟云自爾之後五年而再殷
祭者公羊傳文云自爾者謂自三年禘羣廟之後每五年
之内再爲殷祭故鄭禘祫志云閔公之喪僖三年禘僖六
年祫僖八年禘凡三年喪畢新君二年爲祫新君三年爲
禘皆祫在禘前閔公二年五月吉禘于莊公則祫當在吉
禘之前故禘祫志云四月祫五月禘不識祫者慶父作亂
國家多難故莊公既葬絰不入庫門閔公早厭其亂故四

禮記正義十八　三　許宗

月祫不識五月即禘比月而爲大祭又於禮少四月故書
譏其速也鄭禘祫志云魯莊三十二年八月公薨閔二年
五月吉禘時慶父殺子般之後公懼於難不得時葬葬則
去首絰於門外乃入務自尊成以厭其禍若已練然免喪
又速二年四月夏則祫既祫又即以五月禘於其廟比月
大祭故譏其速也閔公之服凡二十一月於禮少四月又
不禫云吉禘譏其無恩也閔公以二年八月薨僖二年除
喪始祫大廟明年禘於羣廟自此而後五年再殷祭六年
祫故八年禘僖公以三十三年十二月薨至文二年七月
間有閏積二十一月明月即祫經云八月丁卯大事于大
廟躋僖公於文公之服亦少四月以其逆祀故特譏之文
公十八年二月薨宣二年除喪而祫三年禘於羣廟自此
之後亦五年再殷祭與僖同六年祫故八年禘昭十一年
五月夫人齊歸薨十三年平丘之會歸不及祫冬公如晉
昭十四年春歸乃祫故十五年春乃禘經云二月癸酉有
事于武宮至十八年祫二十年禘二十三年祫昭二十五

三時俱殷祭皇氏之說非也云魯禮三年喪畢而祫於大
祖者僖公以三十三年十二月薨文二年八月大事于大
廟於禮少四月文公應合二年十二月而祫大祖廟也是
新君即位之二年而云三年喪畢者通死君之年爲三年
云明年春禘於羣廟者以僖公八年禘于大廟宣公八年
辛巳有事于大廟有事禘也爲仲遂卒略言有事僖也宣
也皆八年禘既五年一禘則後禘去前禘五年也前禘當
三年今二年而祫故云明年春禘於羣廟案閔二年五月
吉禘于莊公昭十五年禘于武宮昭二十五年將禘於襄
公禘皆各就廟爲之故云羣廟云自爾之後五年而再殷
祭者公羊傳文云自爾者謂自三年禘羣廟之後每五年
之内再爲殷祭故鄭禘祫志云閔公之喪僖三年禘僖六
年祫僖八年禘凡三年喪畢新君二年爲祫新君三年爲
禘皆祫在禘前閔公二年五月吉禘于莊公則祫當在吉
禘之前故禘祫志云四月祫五月禘不識祫者慶父作亂
國家多難故莊公既葬絰不入庫門閔公早厭其亂故四

小七百卅四　禮記正義十八　三　朱来

月祫不識五月即禘比月而爲大祭又於禮少四月故書
譏其速也鄭禘祫志云魯莊三十二年八月公薨閔二年
五月吉禘時慶父殺子般之後公懼於難不得時葬葬則
去首絰於門外乃入務自尊成以厭其禍若已練然免喪
又速二年四月夏則祫既祫又即以五月禘於其廟比月
大祭故譏其速也閔公之服凡二十一月於禮少四月又
不禫云吉禘譏其無恩也閔公以二年八月薨僖二年除
喪始祫大廟明年禘於羣廟自此而後五年再殷祭六年
祫故八年禘僖公以三十三年十二月薨至文二年七月
間有閏積二十一月明月即祫經云八月丁卯大事于大
廟躋僖公於文公之服亦少四月以其逆祀故特譏之文
公十八年二月薨宣二年除喪而祫三年禘於羣廟自此
之後亦五年再殷祭與僖同六年祫故八年禘昭十一年
五月夫人齊歸薨十三年平丘之會歸不及祫冬公如晉
昭十四年春歸乃祫故十五年春乃禘經云二月癸酉有
事于武宮至十八年祫二十年禘二十三年祫昭二十五

年禘于襄公也此是鄭論魯之禘祫鄭又云明堂位曰魯王禮也以此相推况可知是鄭以天子之禮與魯同也案穀梁傳以年數者不數閏而鄭數莊公及僖公之喪皆云通閏二十一月者鄭欲盛言日月闕少假令通閏止有二十一月耳鄭於禘祫志除莊公之喪少四月而荅趙商云於禮少六月者通禫月言之也哀姜之喪僖三年乃除僖二年得除閔公喪而祫者以是喪祭雖在前喪之內亦得爲後喪之祭故雜記云三年之喪則既顈其練祥皆行是也此云三年喪畢祫於大祖廟明年春禘於羣廟案玄鳥箋云三年既畢禘於其廟而後祫祭於大祖更有禘於其廟之文不同者謂練時遷主遞廟新死者當禘祭於其廟以安之故鬯人云廟用脩注云謂始禘時左氏說禘謂既期之後然則禘於其廟在於練時而玄鳥箋云喪三年既畢禘於其廟者鄭將練禘揔就喪畢祫於大祖而言之其實禘廟在練時也熊氏一說謂三年除喪特禘新死者於廟未知然否其禘祫大小鄭以公羊傳云大事者何大祫也毁廟之主陳于大祖未毁廟之主皆升合食于大祖故爲大事若王肅張融孔晁皆以禘爲大祫爲小故王肅論引賈逵說吉禘於莊公禘者遞也審諦昭穆遷主遞位孫居王父之處又引禘於大廟逸禮其昭尸穆尸其祝辭揔稱孝子孝孫則是父子並列逸禮又云皆升合於大祖所以劉歆賈逵鄭衆馬融等皆以爲然鄭不從者以公羊傳爲正逸禮不可用也又曾子問云七廟五廟無虛主虛主者唯天子崩與祫祭祝取羣廟之主明禘祭不取羣廟之主可知爾雅云禘大祭也謂比四時爲大也故孫炎等注爾雅云皆以禘爲五年一大祭若左氏說及杜元凱皆以禘爲三年一大祭在大祖之廟傳無祫文然則祫即禘也取其序昭穆謂之禘取其合集羣祖謂之祫鄭康成祫禘及四時祭所以異者此祫謂祭於始祖之廟毁廟之主及未毁廟之主皆在始祖廟中始祖之主於西方東面始祖之子爲昭北方南面始祖之孫爲穆南方北面自此以下皆然從西爲上禘則大王王季以上遷主祭於后稷之廟

年禘于襄公也此是鄭論魯之禘祫鄭又云明堂位曰魯王禮也以此相推况可知是鄭以天子之禮與魯同也案穀梁傳以年數者不數閏而鄭數莊公及僖公之喪皆云通閏二十一月者鄭欲盛言日月闕少假令通閏止有二十一月耳鄭於禘祫志除莊公之喪少四月而荅趙商云於禮少六月者通禫月言之也哀姜之喪僖三年乃除僖二年得除閔公喪而祫者以是喪祭雖在前喪之內亦得爲後喪之祭故雜記云三年之喪則既顈其練祥皆行是也此云三年喪畢祫於大祖廟明年春禘於羣廟案玄鳥箋云三年既畢禘於其廟而後祫祭於大祖更有禘於其廟之文不同者謂練時遷主遞廟新死者當禘祭於其廟以安之故鬯人云廟用脩注云謂始禘時左氏說禘謂既期之後然則禘於其廟在於練時而玄鳥箋云喪三年既畢禘於其廟者鄭將練禘揔就喪畢祫於大祖而言之其實禘廟在練時也熊氏一說謂三年除喪特禘新死者於廟未知然否其禘祫大小鄭以公羊傳云大事者何大祫也毁廟之主陳于大祖未毁廟之主皆升合食于大祖故爲大事若王肅張融孔晁皆以禘爲大祫爲小故王肅論引賈逵說吉禘於莊公禘者遞也審諦昭穆遷主遞位孫居王父之處又引禘於大廟逸禮其昭尸穆尸其祝辭揔稱孝子孝孫則是父子並列逸禮又云皆升合於大祖所以劉歆賈逵鄭衆馬融等皆以爲然鄭不從者以公羊傳爲正逸禮不可用也又曾子問云七廟五廟無虛主虛主者唯天子崩與祫祭祝取羣廟之主明禘祭不取羣廟之主可知爾雅云禘大祭也謂比四時爲大也故孫炎等始爾雅云皆以禘爲五年一大祭若左氏說及杜元凱皆以禘爲三年一大祭在大祖之廟傳無祫文然則祫即禘也取其序昭穆謂之禘取其合集羣祖謂之祫鄭康成祫禘及四時祭所以異者此祫謂祭於始祖之廟毁廟之主及未毁廟之主皆在始祖廟中始祖之主於西方東面始祖之子爲昭北方南面始祖之孫爲穆南方北面自此以下皆然從西爲上禘則大王王季以上遷主祭於后稷之廟

足利本第十八卷第五葉

其坐位乃與祫相似其文武以下遷主若穆之遷主祭於
文王之廟文王東面穆主皆北面無昭主若昭之遷主祭
於武王之廟武王東面其昭主皆南面無穆主又祭親廟
四其四時之祭唯后稷文武及親四廟也　諸侯至不礿
　礿則不禘者虞夏之制歲朝皆闕一時之祭也此從南
方始也南方諸侯春礿祭竟夏來朝故闕夏禘故云礿則
不禘也　禘則不嘗此西方諸侯秋來朝也行夏祭竟而
秋來朝故不嘗也　嘗則不烝此北方諸侯冬來朝者也
行秋祭竟而冬來朝故廢烝也　烝則不礿此東方諸侯
春來朝者也行冬祭竟而春來朝故廢礿也然各廢一時
耳餘三時皆祭也今不從東方始而從南方始者欲舉春
礿得祭者爲始故也　注虞夏至時祭　正義者此云虞
夏之制者雜明諸代不專殷又此春礿而注云夏殷則知
夏殷春祭俱名礿也　諸侯至烝祫　諸侯降於天子故
礿在犆上也欲見先時祭故礿在犆上　禘一犆一祫者
言諸侯當在夏祭一禘之時不爲禘祭唯犆一祫而已闕

禮記義十八　五

時祭也不云一禘而云禘一者禘在一前與礿在犆前其
義同皆見先時祭也　嘗祫烝祫者謂諸侯先作時祭烝
嘗然後爲大祭之祫故云嘗祫烝祫鄭既云諸侯祫歲不
禘是諸侯當祫之歲法不作禘而皇氏云諸侯夏時若祫
則不禘若禘則不祫故違鄭注其義非也　天子社
稷皆大牢諸侯社稷皆少牢大夫士宗廟之祭有田則祭無
田則薦有田者既祭又薦新祭以首時薦以仲月士薦牲用特豚大夫以上用羔所謂羔豚而祭百官皆足詩曰四之日其早獻羔祭韭
庶人春薦韭夏薦麥秋薦黍冬薦稻韭以卵麥以魚黍以豚稻以鴈庶人無常牲取與新物相宜而已
祭天地之牛角繭栗宗廟之牛角

潘本第十八卷第五葉

其坐位乃與祫相似其文武以下遷主若穆之遷主祭於
文王之廟文王東面穆主皆北面無昭主若昭之遷主祭
於武王之廟武王東面其昭主皆南面無穆主又祭親廟
四其四時之祭唯后稷文武及親四廟也　諸侯至不礿
　礿則不禘者虞夏之制歲朝皆闕一時之祭也此從南
方始也南方諸侯春礿祭竟夏來朝故闕夏禘故云礿則
不禘也　禘則不嘗此西方諸侯秋來朝也行夏祭竟而
秋來朝故不嘗也　嘗則不烝此北方諸侯冬來朝者也
行秋祭竟而冬來朝故廢烝也　烝則不礿此東方諸侯
春來朝者也行冬祭竟而春來朝故廢礿也然各廢一時
耳餘三時皆祭也今不從東方始而從南方始者欲舉春
礿得祭者爲始故也　注虞夏至時祭　正義曰此云虞
夏之制者雜明諸代不專殷又此春礿而注云夏殷則知
夏殷春祭俱名礿也　諸侯至烝祫　諸侯降於天子故
礿在犆上也欲見先時祭故礿在犆上　禘一犆一祫者
言諸侯當在夏祭一禘之時不爲禘祭唯犆一祫而已闕

禮記義十八　五

時祭也不云一禘而云禘一者禘在一前與礿在犆前其
義同皆見先時祭也　嘗祫烝祫者謂諸侯先作時祭烝
嘗然後爲大祭之祫故云嘗祫烝祫鄭既云諸侯祫歲不
禘是諸侯當祫之歲法不作禘而皇氏云諸侯夏時若祫
則不禘若禘則不祫故違鄭注其義非也　天子社
稷皆大牢諸侯社稷皆少牢大夫士宗廟之祭有田則祭無
田則薦有田者既祭又薦新祭以首時薦以仲月士薦牲用特豚大夫以上用羔所謂羔豚而祭百官皆足詩曰四之日其早獻羔祭韭
庶人春薦韭夏薦麥秋薦黍冬薦稻韭以卵麥以魚黍以豚稻以鴈庶人無常牲取與新物相宜而已
祭天地之牛角繭栗宗廟之牛角

握賓客之牛角尺握謂長不出膚諸侯無故不殺牛大夫無故不殺羊士無故不殺犬豕庶人無故不食珍故謂祭饗庶羞不踰牲祭以羊則不以牛肉爲羞燕衣不踰祭服寢不踰廟疏正義曰此一節論天子諸侯祭用牲牢及庶人所薦之物各隨文解之注有田至祭韭正義曰知有田既祭又薦新者以月令天子祭廟又有薦新故月令四月以彘嘗麥先薦寢廟又士喪禮有薦新如朔奠謂有地之士大斂小斂以特牲而云薦新故知既祭又薦新也云祭以首時薦以仲月者晏子春秋云天子以下至士皆祭以首時故禮記明堂位云季夏六月以禘禮祀周公於大廟周六月是夏四月也又雜記云七月而禘獻子爲之也譏其用七月明當用六月是也魯以孟月爲祭魯王禮也則天

子亦然大夫士無文從可知也其周禮四仲祭者因田獵而獻禽非正祭也服虔注桓公五年傳云魯祭天以孟月祭宗廟以仲月非鄭義也此薦以仲月謂大夫士也既以首時祭故薦用仲月若天子諸侯禮尊物熟則薦之不限孟仲季故月令孟夏薦麥孟秋薦黍季秋薦稻是也大夫既薦以仲月而服虔注昭元年傳祭人君用孟月人臣用仲月不同者非鄭義也南師解云祭以首時者謂大夫士也若得祭天者祭天以孟月祭宗廟以仲月其禘祭祫祭其祭亦用孟月其餘諸侯不得祭天者大祭及時祭皆用孟月既無明據未知孰是義得兩通故並存焉案春秋桓八年正月己卯烝夏五月丁丑烝書者左氏見其瀆桓十四年八月乙亥嘗書以御廩災左氏公羊以爲不應嘗僖八年七月禘鄭以爲公會王人于洮故歸七月乃禘昭十五年二月禘于武宮者鄭禘祫志以十一年齊歸薨十五年喪終之禘不擇月定公八年冬十月順祀先公以陽虎作亂求福先公特爲此祭故不用常月此等皆不用孟月

握賓客之牛角尺握謂長不出膚諸侯無故不殺牛大夫無故不殺羊士無故不殺犬豕庶人無故不食珍故謂祭饗庶羞不踰牲祭以羊則不以牛肉爲羞燕衣不踰祭服寢不踰廟疏正義曰此一節論天子諸侯祭用牲牢及庶人所薦之物各隨文解之注有田至祭韭正義曰知有田既祭又薦新者以月令天子祭廟又有薦新故月令四月以彘嘗麥先薦寢廟又士喪禮有薦新如朔奠謂有地之士大斂小斂以特牲而云薦新故知既祭又薦新也云祭以首時薦以仲月者晏子春秋云天子以下至士皆祭以首時故禮記明堂位云季夏六月以禘禮祀周公於太廟周六月是夏四月也又雜記云七月而禘獻子爲之也譏其用七月明當用六月是也魯以孟月爲祭魯王禮也則天

禮記義十八　六　故

子亦然大夫士無文從可知也其周禮四仲祭者因田獵而獻禽非正祭也服虔注桓公五年傳云魯祭天以孟月祭宗廟以仲月非鄭義也此薦以仲月謂大夫士也既以首時祭故薦用仲月若天子諸侯禮尊物熟則薦之不限孟仲季故月令孟夏薦麥孟秋薦黍季秋薦稻是也大夫既薦以仲月而服虔注昭元年傳祭人君用孟月人臣用仲月不同者非鄭義也南師解云祭以首時者謂大夫士也若得祭天者祭天以孟月祭宗廟以仲月其禘祭祫祭其祭亦用孟月其餘諸侯不得祭天者大祭及時祭皆用孟月既無明據未知孰是義得兩通故並存焉案春秋桓八年正月己卯烝夏五月丁丑烝書者左氏見其瀆桓十四年八月乙亥嘗書以御廩災左氏公羊以爲不應嘗僖八年七月禘鄭以爲公會王人于洮故歸七月乃禘昭十五年二月禘于武宮者鄭禘祫志以十一年齊歸薨十五年喪終之禘不擇月定公八年冬十月順祀先公以陽虎作亂求福先公特爲此祭故不用常月此等皆不用孟月

足利本第十八卷第七葉

者以春秋亂世不能如禮故參差不一難以禮論也云士薦牲用特豚者案儀禮特牲是有地之士用特牲今無地之士薦宜貶降不用成牲故用特豚云大夫以上用羔者以諸侯大夫有地祭者用少牢其無地薦者則用羔也言以上則包天子皆用羔也雖用羔天子諸侯亦用餘牲不皆用羔故月令以彘嘗麥以犬嘗麻云所謂羔豚而祭百官皆足者所謂是禮器文士薦而云百官者舉大夫以上而言士之屬吏以衆言之亦曰百官故任厥問云天官司裘注云士不大射士無臣祭無所擇此云百官皆足則有臣矣記閣荅曰此上下兼説之耳士雖無臣猶有屬官佐祭特牲饋食云公有司私臣皆殽脅百官皆足抑謂此也引詩曰者是豳風七月之篇也云四之日謂周之四月夏之二月其朔旦之時獻羔祭用韭薦於廟引之者證薦用羔之義 注新物相宜 正義曰言相宜者謂四時之間有此牲穀兩物俱有故云相宜非謂氣味相宜其相宜者若牛宜稌羊宜黍之屬是也 注握謂長不出膚 正義

禮記義一八　七　徐通

曰公羊傳曰膚寸而合鄭注投壺禮云四指曰扶扶則膚也 注故謂祭饗 正義曰案膳夫王日一舉鼎十有二物謂大牢也是周公制禮天子日食大牢則諸侯日食少牢大夫日食特牲士日食特豚至後世衰亂玉藻云天子食日少牢朔月大牢諸侯食日特牲朔月少牢則知大夫食日特豚朔月特牲士日食無文朔月特豚故内則曰見子具視朔食注云天子大牢諸侯少牢大夫特豕士特豚是常食有限不得踰越故知謂祭也謂諸侯祭以大牢得殺牛諸侯之大夫祭以少牢得殺羊天子大夫祭亦得殺牛其諸侯及大夫饗食賓得用牛也故大行人掌客諸侯待賓皆用牛也公食大夫禮大夫食賓禮亦用牛也故云謂祭饗也 注祭以至爲羞 正義曰案有司徹是少牢之祭云宰夫羞房中之羞注配食糝食内則云糝取牛羊豕之肉得用牛者祭既用少牢則糝亦不用牛肉以羊肉爲羞

古者公田藉而不稅 藉之言借也借民力治公田美惡取於此不稅民之所自

潘本第十八卷第七葉

者以春秋亂世不能如禮故參差不一難以禮論也云士薦牲用特豚者案儀禮特牲是有地之士用特牲今無地之士薦宜貶降不用成牲故用特豚云大夫以上用羔者以諸侯大夫有地祭者用少牢其無地薦者則用羔也言以上則包天子皆用羔也雖用羔天子諸侯亦用餘牲不皆用羔故月令以彘嘗麥以犬嘗麻云所謂羔豚而祭百官皆足者所謂是禮器文士薦而云百官者舉大夫以上而言士之屬吏以衆言之亦曰百官故任厥問云天官司裘注云士不大射士無臣祭無所擇此云百官皆足則有臣矣記閣荅曰此上下兼説之耳士雖無臣猶有屬官佐祭特牲饋食云公有司私臣皆殽脅百官皆足抑謂此也引詩曰者是豳風七月之篇也云四之日謂周之四月夏之二月其朔旦之時獻羔祭用韭薦於廟引之者證薦用羔之義 注新物相宜 正義曰言相宜者謂四時之間有此牲穀兩物俱有故云相宜非謂氣味相宜其相宜者若牛宜稌羊宜黍之屬是也 注握謂長不出膚 正義

大八ケ小六七十ケ　禮記義十八　七　李德球刊

曰公羊傳曰膚寸而合鄭注投壺禮云四指曰扶扶則膚也 注故謂祭饗 正義曰案膳夫王日一舉鼎十有二物謂大牢也是周公制禮天子日食大牢則諸侯日食少牢大夫日食特牲士日食特豚至後世衰亂玉藻云天子食日少牢朔月大牢諸侯食日特牲朔月少牢則知大夫食日特豚朔月特牲士日食無文朔月特豚故内則曰見子具視朔食注云天子大牢諸侯少牢大夫特豕士特豚是常食有限不得踰越故知謂祭也謂諸侯祭以大牢得殺牛諸侯之大夫祭以少牢得殺羊天子大夫祭亦得殺牛其諸侯及大夫饗食賓得用牛也故大行人掌客諸侯待賓皆用牛也公食大夫禮大夫食賓禮亦用牛也故云謂祭饗也 注祭以至爲羞 正義曰案有司徹是少牢之祭云宰夫羞房中之羞注配食糝食内則云糝取牛羊豕之肉得用牛者祭既用少牢則糝亦不用牛肉以羊肉爲羞

古者公田藉而不稅 藉之言借也借民力治公田美惡取於此不稅民之所自

足利本第十八卷第八葉

治也孟子曰夏后氏五十而貢殷人七十而助周人百畝而徹則所云古者謂殷時 **市廛而不稅** 廛市物邸舍稅其舍不稅其物 **關譏而不征** 譏譏異服識異言征亦稅也周禮國凶札則無門關之征猶譏也 **林麓川澤以時入而不禁** 麓山足也 **夫圭田無征** 夫猶治也征稅也孟子曰卿以下必有圭田治圭田者不稅所以厚賢也此則周禮之士田以任近郊之地稅什一

疏 正義曰此一節論古者公田不稅及關市圭田無征之事各隨文解之 自古者以下至夫圭田無征並非周法故云古者其藉而不稅正謂殷時市廛而不稅以下或兼虞夏無以言之 公田藉而不稅者謂民田之外別作公田一井之中凡有九夫中央一夫以為公田藉之言借也唯借八家之力以治此公田美惡取於此而不稅民之私田 市廛而不稅者廛謂公家邸舍使商人停物於中直稅其所舍之處價不稅其在市所賣之物市內空地曰廛城內空地曰肆 關譏而不征者征稅也關竟上門也譏謂呵察公家但呵察非違不稅行人之物此夏殷法周則有關門之征但不知稅之輕重若凶年則無稅也猶須譏禁禁謂防遏 林麓川澤以時入而不禁者以時入者獺祭魚然後虞人入澤梁謂民庶須有采取隨時而入官不限禁之 夫圭田無征者夫猶治也畿內無公田故有圭田卿大夫士皆以治此圭田公家不稅其物故云無征必云圭者圭絜白也言卿大夫德行絜白乃與之田此殷禮也殷政寬緩厚重賢人故不稅之周則兼通士稅之故注云周禮之士田以任近郊之地稅什一

注 藉之至殷時 正義曰治公田美惡取於此不稅民之所自治也者案宣十五年初稅畝傳云非禮謂稅民所自治為非禮明依禮唯取公田之物故云美惡取於此引孟子者證三代稅法不同案孟子滕文公問為國於孟子孟子對曰夏后氏五十而貢殷人七十而助周人百畝而徹其實皆什一劉氏及皇氏皆云夏時民多家

潘本第十八卷第八葉

治也孟子曰夏后氏五十而貢殷人七十而助周人百畝而徹則所云古者謂殷時 **市廛而不稅** 廛市物邸舍稅其舍不稅其物 **關譏而不征** 譏譏異服識異言征亦稅也周禮國凶札則無門關之征猶譏也 **林麓川澤以時入而不禁** 麓山足也 **夫圭田無征** 夫猶治也征稅也孟子曰卿以下必有圭田治圭田者不稅所以厚賢也此則周禮之士田以任近郊之地稅什一

疏 正義曰此一節論古者公田不稅及關市圭田無征之事各隨文解之 自古者以下至夫圭田無征並非周法故云古者其藉而不稅正謂殷時市廛而不稅以下或兼虞夏無以言之 公田藉而不稅者謂民田之外別作公田一井之中凡有九夫中央一夫以為公田藉之言借也唯借八家之力以治此公田美惡取於此而不稅民之私田 市廛而不稅者廛謂公家邸舍使商人停物於中直稅其所舍之處價不稅其在市所賣之物市內空地曰廛城內空地曰肆 關譏而不征者征稅也關竟上門也譏謂呵察公家但呵察非違不稅行人之物此夏殷法周則有關門之征但不知稅之輕重若凶年則無稅也猶須譏禁禁謂防遏 林麓川澤以時入而不禁者以時入者獺祭魚然後虞人入澤梁謂民庶須有采取隨時而入官不限禁之 夫圭田無征者夫猶治也畿內無公田故有圭田卿大夫士皆以治此圭田公家不稅其物故云無征必云圭者圭絜白也言卿大夫德行絜白乃與之田此殷禮也殷政寬緩厚重賢人故不稅之周則兼通士稅之故注云周禮之士田以任近郊之地稅什一

注 藉之至殷時 正義曰治公田美惡取於此不稅民之所自治也者案宣十五年初稅畝傳云非禮謂稅民所自治為非禮明依禮唯取公田之物故云美惡取於此引孟子者證三代稅法不同案孟子滕文公問為國於孟子孟子對曰夏后氏五十而貢殷人七十而助周人百畝而徹其實皆什一劉氏及皇氏皆云夏時民多家

足利本第十八卷第九葉

得五十畝而貢五畝殷時民稍稀家得七十畝而助七畝周時其民至稀家得百畝而徹十畝故云其實皆什一而云夏時人衆殷世人稀又十口之家唯得五十畝之地皆不近人情未知可否熊氏一說以爲夏政寬簡一夫之地唯稅五十畝殷政稍急一夫之地稅七十畝周政極煩一夫之地盡皆通稅所稅之中皆十而稅一故云其實皆什一此則計田雖不得什一理稍可通既古意難知故彼此俱載又鄭注匠人云貢者自治其所受田貢其稅穀助者借民之力以治公田又使收斂焉夏則有貢無助殷則有助無貢鄭注匠人又云以載師職及司馬法論之周制畿內用夏之貢法稅夫無公田以詩春秋論語孟子論之周制邦國用殷之助法制公田不稅夫此三代所以別也云古者謂殷時者以春秋宣十五年云穀出不過藉藉謂借民力也此經亦云藉皆謂借民力也助官治田與殷七十而助相當故云古謂殷時鄭知周之畿內用夏貢法者案載師云以廛里任國中之地以場圃任園地以宅田士田

禮記義十八　九

賈田任近郊之地以官田牛田賞田牧田任遠郊之地以公邑之田任甸地以家邑之田任稍地以小都之田任縣地以大都之田任畺地鄭注云廛里邑居里矣廛民居之區域也宅田致仕者之家所受田也仕田自卿以下所受圭田也賈田在市賈人其家所受田也官田庶人在官者其家所受田也牛田牧田畜牧者之家所受田賞田者賞賜之田公邑謂六遂餘地天子使大夫治之家邑大夫之采地小都卿之采地大都公之采地載師又云園廛二十而一近郊十一遠郊二十而三甸稍縣都皆無過十二又司馬云井十爲通通爲匹馬三十家士一人徒二人通十爲成成百井三百家革車一乘士十人徒二十人計一成百井井有九家百井即九百家而云一成三百家者以此田上中下除宮室塗巷三分之一自餘通率一家受二夫故一成爲三百家是一井九家爲定無公田也故鄭云以載師職及司馬法論之周制畿內用夏之貢法不稅夫者謂鄉遂及公邑若采地即爲井田稅夫與畿外同知畿外

潘本第十八卷第九葉

得五十畝而貢五畝殷時民稍稀家得七十畝而助七畝周時其民至稀家得百畝而徹十畝故云其實皆什一而云夏時人衆殷世人稀又十口之家唯得五十畝之地皆不近人情未知可否熊氏一說以爲夏政寬簡一夫之地唯稅五十畝殷政稍急一夫之地稅七十畝周政極煩一夫之地盡皆通稅所稅之中皆十而稅一故云其實皆什一此則計田雖不得什一理稍可通既古意難知故彼此俱載又鄭注匠人云貢者自治其所受田貢其稅穀助者借民之力以治公田又使收斂焉夏則有貢無助殷則有助無貢鄭注匠人又云以載師職及司馬法論之周制畿內用夏之貢法稅夫無公田以詩春秋論語孟子論之周制邦國用殷之助法制公田不稅夫此三代所以別也云古者謂殷時者以春秋宣十五年云穀出不過藉藉謂借民力也此經亦云藉皆謂借民力也助官治田與殷七十而助相當故云古謂殷時鄭知周之畿內用夏貢法者案載師云以廛里任國中之地以場圃任園地以宅田士田

禮記義十八　九

賈田任近郊之地以官田牛田賞田牧田任遠郊之地以公邑之田任甸地以家邑之田任稍地以小都之田任縣地以大都之田任畺地鄭注云廛里邑居里矣廛民居之區域也宅田致仕者之家所受田也仕田自卿以下所受圭田也賈田在市賈人其家所受田也官田庶人在官者其家所受田也牛田牧田畜牧者之家所受田賞田者賞賜之田公邑謂六遂餘地天子使大夫治之家邑大夫之采地小都卿之采地大都公之采地載師又云園廛二十而一近郊十一遠郊二十而三甸稍縣都皆無過十二又司馬云井十爲通通爲匹馬三十家士一人徒二人通十爲成成百井三百家革車一乘士十人徒二十人計一成百井井有九家百井即九百家而云一成三百家者以此田上中下除宮室塗巷三分之一自餘通率一家受二夫故一成爲三百家是一井九家爲定無公田也故鄭云以載師職及司馬法論之周制畿內用夏之貢法不稅夫者謂鄉遂及公邑若采地即爲井田稅夫與畿外同知畿外

用助法者案詩小雅雨我公田遂及我私春秋宣十五年云初稅畝傳云穀出不過藉論語云盍徹乎孟子云方里而井井九百畝其中爲公田八家皆私百畝是皆論公田之事故鄭云以詩春秋論語孟子論之周制邦國用𤰝之助法制公田不稅夫然畿外諸侯雖立公田其實諸侯郊外亦用貢法故孟子云野九夫之田而稅一即九一而助國中什一使自賦故鄭云邦國亦異外内耳但郊内地少郊外地多從多言之故云畿外制公田不稅夫也凡賦法無過十一故孟子云輕於十一大貉小貉重於十一大桀小桀十一而稅堯舜之道但周之畿内有參差皆不同而言之十一若畿外先儒約孟子樂緯皆九夫爲井八家共治公田八十畝巳外二十畝以爲八家井竈廬舍是百畝之外別助是十外稅一郊外既十外稅一郊内亦十外稅一假令治一夫之田得百一十碩粟而貢十碩是亦十外稅一也劉氏以爲匠人注引孟子野九夫而稅一國中什一諸侯謂之徹者通其率以十一爲正則謂野九夫之田而稅一國中十一夫之田而稅一是二十夫之田中而稅二計地言之是十中稅一若計夫實稅猶十外稅一與先儒同也但不知諸侯郊内十夫受十一夫之地若爲作制耳或畿外地寬也一夫受百一十畝之地與畿内異也

注周禮至譏也　正義曰引周禮者證凶荒之時雖無征稅猶須譏禁禁謂防遏爲重其𤰝則雖無凶荒縱不賦稅猶須譏禁與周凶荒時同則門關有稅但不知稅之輕重

注麓山足　正義曰案僖十四年沙鹿崩穀梁傳云林屬於山爲鹿鹿山足也案鄭注大司徒云竹木曰林注瀆曰川水鍾曰澤林麓川澤之異也

注征稅至什一　正義曰載師云漆林之征二十而五又云凡任地國宅無征是征謂稅也引孟子書者證卿以下有圭田謂之圭者圭絜也言德行絜白也而與之田𤰝所不稅者𤰝政寬厚重賢人周則稅之故鄭云此即周禮之士田以任近郊之地稅什一者載師文也

用民之力歲不過三日　治宮室城郭道渠　疏　正義

用助法者案詩小雅雨我公田遂及我私春秋宣十五年云初稅畝傳云穀出不過藉論語云盍徹乎孟子云方里而井井九百畝其中爲公田八家皆私百畝是皆論公田之事故鄭云以詩春秋論語孟子論之周制邦國用𤰝之助法制公田不稅夫然畿外諸侯雖立公田其實諸侯郊外亦用貢法故孟子云野九夫之田而稅一即九一而助國中什一使自賦故鄭云邦國亦異外内耳但郊内地少郊外地多從多言之故云畿外制公田不稅夫也凡賦法無過十一故孟子云輕於十一大貉小貉重於十一大桀小桀十一而稅堯舜之道但周之畿内有參差皆不同而言之十一若畿外先儒約孟子樂緯皆九夫爲井八家共治公田八十畝巳外二十畝以爲八家井竈廬舍是百畝之外別助是十外稅一郊外既十外稅一郊内亦十外稅一假令治一夫之田得百一十碩粟而貢十碩是亦十外稅一也劉氏以爲匠人注引孟子野九夫而稅一國中什一諸侯謂之徹者通其率以十一爲正則謂野九夫之田而稅一國中十一夫之田而稅一是二十夫之田中而稅二計地言之是十中稅一若計夫實稅猶十外稅一與先儒同也但不知諸侯郊内十夫受十一夫之地若爲作制耳或畿外地寬也一夫受百一十畝之地與畿内異也

注周禮至譏也　正義曰引周禮者證凶荒之時雖無征稅猶須譏禁禁謂防遏爲重其𤰝則雖無凶荒縱不賦稅猶須譏禁與周凶荒時同則門關有稅但不知稅之輕重

注麓山足　正義曰案僖十四年沙鹿崩穀梁傳云林屬於山爲鹿鹿山足也案鄭注大司徒云竹木曰林注瀆曰川水鍾曰澤林麓川澤之異也

注征稅至什一　正義曰載師云漆林之征二十而五又云凡任地國宅無征是征謂稅也引孟子書者證卿以下有圭田謂之圭者圭絜也言德行絜白也而與之田𤰝所不稅者𤰝政寬厚重賢人周則稅之故鄭云此即周禮之士田以任近郊之地稅什一者載師文也

用民之力歲不過三日　治宮室城郭道渠　疏　正義

足利本第十八卷第十一葉

曰此一經前明以般法此則兼通周禮三日謂使民治城
郭道渠年歲雖豐不得過三日自下皆然案周禮均人云
豐年旬用三日中年旬用二日無年旬
用一日年歲不同雖豐不得過三日 田里不粥墓
地不請 皆受於公民不得私也粥賣也請求也 疏 正義曰田地里邑既受之於公民不得粥賣冢
墓之地公家所給族葬有常不得輒請求餘處 司空執度度地 司空冬官卿掌邦事
者度丈尺也 居民山川沮澤時四時 觀寒煖燥濕沮謂萊沛 量
地遠近 制邑井之處 興事任力 事謂築邑廬宿市也 凡使民任
老者之事食壯者之食 寬其力饒其食 疏 正義曰此一節論司
空居民井任以事食之事言司空執度度地者謂司空執
丈尺之度以量度於地居處於民觀山川高下之宜沮澤
禮記義十八 十一
浸潤之處又當以時候此四時知其寒煖 注 觀寒至萊
沛 正義曰言觀寒煖解四時燥濕解山川沮澤燥謂山
也濕謂川與沮澤謂萊沛者何胤云沮澤下濕地也草所
生爲萊水所生爲沛言沮地是有水草之處也 注 制邑
井之處 正義曰案小司徒云九夫爲井四井爲邑爲邑
之處謂平原之地衍沃之所堪造邑井即左傳所謂井衍
沃也若山林藪澤則不堪邑井也 注 事謂築邑廬宿市
也 正義曰上云用民之力唯三日而已故注云治宮室
城郭道渠此言興事言興則用力難重故云事謂築邑築
邑則築城也又築廬之與宿及市案遺人云凡國野之道
十里有廬三十里有宿五十里有市是也 凡使民任老
者之事食壯者之食者 凡國家爲役之法老少功程不
同老則功少壯則功多今使民之時雖役壯者限以老者
之功程故曰任老者之事凡稟餼牲體壯者食多老者食
少雖老者給以壯者之料故食壯者之食壯者從
老者之功故注云寬其力老給壯粮故云饒其食 凡居

潘本第十八卷第十一葉

曰此一經前明以穀法此則兼通周禮三日謂使民治城
郭道渠年歲雖豐不得過三日自下皆然案周禮均人云
豐年旬用三日中年旬用二日無年旬
用一日年歲不同雖豐不得過三日 田里不粥墓
地不請 皆受於公民不得私也粥賣也請求也 疏 正義曰田地里邑既受之於公民不得粥賣冢
墓之地公家所給族葬有常不得輒請求餘處 司空執度度地 司空冬官卿掌邦事
者度丈尺也 居民山川沮澤時四時 觀寒煖燥濕沮謂萊沛 量
地遠近 制邑井之處 興事任力 事謂築邑廬宿市也 凡使民任
老者之事食壯者之食 寬其力饒其食 疏 正義曰此一節論司
空居民井任以事食之事言司空執度度地者謂司空執
丈尺之度以量度於地居處於民觀山川高下之宜沮澤
大四小五九三 禮記義十八 十一
浸潤之處又當以時候此四時知其寒煖 注 觀寒至萊
沛 正義曰言觀寒煖解四時燥濕解山川沮澤燥謂山
也濕謂川與沮澤謂萊沛者何胤云沮澤下濕地也草所
生爲萊水所生爲沛言沮地是有水草之處也 注 制邑
井之處 正義曰案小司徒云九夫爲井四井爲邑爲邑
之處謂平原之地衍沃之所堪造邑井即左傳所謂井衍
沃也若山林藪澤則不堪邑井也 注 事謂築邑廬宿市
也 正義曰上云用民之力唯三日而已故注云治宮室
城郭道渠此言興事言興則用力難重故云事謂築邑築
邑則築城也又築廬之與宿及市案遺人云凡國野之道
十里有廬三十里有宿五十里有市是也 凡使民任老
者之事食壯者之食者 凡國家爲役之法老少功程不
同老則功少壯則功多今使民之時雖役壯者限以老者
之功程故曰任老者之事凡稟餼牲體壯者食多老者食
少雖老者給以壯者之料故食壯者之食壯者從
老者之功故注云寬其力老給壯粮故云饒其食 凡居

民材必因天地寒煖燥濕（使其材埶堪地氣也）廣谷大川異制（謂其形象）民生其間者異俗（謂其所好惡）剛柔輕重遲速異齊（謂其情性緩急）五味異和（謂香臭與鹹苦）器械異制（謂作務之用）衣服異宜（謂旃裘與絺綌）脩其教不易其俗齊其政不易其宜（教謂禮義政謂刑禁）中國戎夷五方之民皆有性也不可推移（地氣使之然）東方曰夷被髮文身有不火食者矣南方曰蠻雕題交趾有不火食者矣（雕文謂刻其肌以丹青涅之交趾足相鄉然浴則同川卧則僢不火食地氣煖不爲病）西方曰戎被髮衣皮有不粒食者矣北方曰狄衣毛羽穴居有不粒食者矣（不粒食地氣寒少五穀）中國夷蠻戎狄皆有安居和味宜服利用備器（其事雖異各自足）五方之民言語不通嗜欲不同達其志通其欲東方曰寄南方曰象西方曰狄鞮北方曰譯（皆俗間之名依其事類耳鞮之言知也今冀部有言狄鞮者）

疏 正義曰此一節論中國及四夷居處言語衣服飲食不同之事各隨文解之 凡居民材必因天地寒煖燥濕者材謂氣性材埶言五方之人其能各殊王者居處各須順其

禮記義十八　十二

民材必因天地寒煖燥濕（使其材埶堪地氣也）廣谷大川異制（謂其形象）民生其間者異俗（謂其所好惡）剛柔輕重遲速異齊（謂其情性緩急）五味異和（謂香臭與鹹苦）器械異制（謂作務之用）衣服異宜（謂旃裘與絺綌）脩其教不易其俗齊其政不易其宜（教謂禮義政謂刑禁）中國戎夷五方之民皆有性也不可推移（地氣使之然）東方曰夷被髮文身有不火食者矣南方曰蠻雕題交趾有不火食者矣（雕文謂刻其肌以丹青涅之交趾足相鄉然浴則同川卧則僢不火食地氣煖不爲病）西方曰戎被髮衣皮有不粒食者矣北方曰狄衣毛羽穴居有不粒食者矣（不粒食地氣寒少五穀）中國夷蠻戎狄皆有安居和味宜服利用備器（其事雖異各自足）五方之民言語不通嗜欲不同達其志通其欲東方曰寄南方曰象西方曰狄鞮北方曰譯（皆俗間之名依其事類耳鞮之言知也今冀部有言狄鞮者）

疏 正義曰此一節論中國及四夷居處言語衣服飲食不别之事各隨文解之 凡居民材必因天地寒煖燥濕者材謂氣性材埶言五方之人其能各殊王者居處各須順其

禮記義十八　十二

性氣材埶使堪其地氣故盧植云能寒者使居寒能暑者使居暑即其義也 注 情性緩急 正義曰性謂稟性自然故孝經說云性者生之質若木性則仁金性則義火性則禮水性則信土性則知中庸云天命之謂性是賦命自然情者既有識知心有好惡當逐物而遷故有喜怒哀樂好惡此經云剛柔輕重遲速天生自然是性也而連言情者情是性之小別因性連言情者耳若指而言之則上文異俗是情也故注云謂其所好惡令經有剛柔輕重遲速六事而注唯云緩急者細別則有六大揔唯二剛輕速揔是急也柔重遲揔是緩也此大略而言人性不同亦有柔而躁者剛而遲者故尚書云皋陶行有九德是也 注 謂作務之用 正義曰作務之用者謂民之作務所用五方不同故考工記若粵之用鎛胡之用弓車故云器械異制器謂揔用之器械謂兵器故公羊傳何休云攻守之器曰械 脩其至其宜 俗謂民之風俗宜謂土地器物所宜教謂禮義教化政謂政令施爲言脩此教化之時當隨其

禮記義十八 十三

風俗故云不易其俗 齊其政者謂齊其政令之事當逐物之所宜故云不易其宜教主教化故注云教謂禮義政主政令故注云政謂刑禁也 中國至曰譯 正義曰從此以下至北方曰譯揔論四夷中國之異 中國戎夷五方之民者舉戎夷則蠻狄可知五方之民者謂中國與四夷也 文身者謂以丹青文飾其身 有不火食者以其地氣多煖雖不火食不爲害也言有不火食者亦有火食者 雕題交趾者雕謂刻也題謂額也謂以丹青雕刻其額非唯雕額亦文身也故仲雍居吴越左傳云斷髮文身趾足也言蠻卧時頭嚮外而足在内而相交故云交趾不云被髮者髮斷故也 衣皮有不粒食者矣者以無絲麻唯食禽獸故衣皮 地氣寒少五穀故有不粒食者 衣羽毛穴居者東北方多鳥故衣羽正北多羊故衣毛凝寒至盛林木又少故穴居其有不粒食者與西戎同 中國夷蠻戎狄皆有安居者言中國與四夷雖異各有所安之居和味宜服利用備器者言中國與四夷皆有所和之味

性氣材埶使堪其地氣故盧植云能寒者使居寒能暑者使居暑即其義也 注 情性緩急 正義曰性謂稟性自然故孝經說云性者生之質若木性則仁金性則義火性則禮水性則信土性則知中庸云天命之謂性是賦命自然情者既有識知心有好惡當逐物而遷故有喜怒哀樂好惡此經云剛柔輕重遲速天生自然是性也而連言情者情是性之小別因性連言情者耳若指而言之則上文異俗是情也故注云謂其所好惡令經有剛柔輕重遲速六事而注唯云緩急者細別則有六大揔唯二剛輕速揔是急也柔重遲揔是緩也此大略而言人性不同亦有柔而躁者剛而遲者故尚書云皋陶行有九德是也 注 謂作務之用 正義曰作務之用者謂民之作務所用五方不同故考工記若粵之用鎛胡之用弓車故云器械異制器謂揔用之器械謂兵器故公羊傳何休云攻守之器曰械 脩其至其宜 俗謂民之風俗宜謂土地器物所宜教謂禮義教化政謂政令施爲言脩此教化之時當隨其

禮記義十八 十三

風俗故云不易其俗 齊其政者謂齊其政令之事當逐物之所宜故云不易其宜教主教化故注云教謂禮義政主政令故注云政謂刑禁也 中國至曰譯 正義曰從此以下至北方曰譯揔論四夷中國之異 中國戎夷五方之民者舉戎夷則蠻狄可知五方之民者謂中國與四夷也 文身者謂以丹青文飾其身 有不火食者以其地氣多煖雖不火食不爲害也言有不火食者亦有火食者 雕題交趾者雕謂刻也題謂額也謂以丹青雕刻其額非唯雕額亦文身也故仲雍居吴越左傳云斷髮文身趾足也言蠻卧時頭嚮外而足在内而相交故云交趾不云被髮者髮斷故也 衣皮有不粒食者矣者以無絲麻唯食禽獸故衣皮 地氣寒少五穀故有不粒食者 衣羽毛穴居者東北方多鳥故衣羽正北多羊故衣毛凝寒至盛林木又少故穴居其有不粒食者與西戎同 中國夷蠻戎狄皆有安居者言中國與四夷雖異各有所安之居和味宜服利用備器者言中國與四夷皆有所和之味

所宜之服所利之用所備之器其事雖異各自充足五
方之民言語不通嗜欲不同者以水土各異故言語不通
好惡殊别故嗜欲不同　達其志通其欲者謂帝王立此
傳語之人曉達五方之志通傳五方之欲使相領解其通
傳東方之語官謂之曰寄言傳寄外内言語通傳南方語
官謂之曰象者言放象外内之言其通傳西方語官謂之
狄鞮者鞮知也謂通傳夷狄之語與中國相知其通傳北
方語官謂之曰譯者譯陳也謂陳説外内之言東方謂之
夷者風俗通云東方人好生萬物觝觸地而出夷者觝也
其類有九依東夷傳九種一曰玄菟二曰樂浪三曰高驪
四曰滿飾五曰鳧臾六曰索家七曰東屠八曰倭人九曰
天鄙南方曰蠻者風俗通云君臣同川而浴極爲簡慢蠻
者慢也其類有八李巡注爾雅云一曰天竺二曰咳首三
曰僬僥四曰跛踵五曰穿胷六曰儋耳七曰狗軹八曰旁
春西方曰戎者風俗通云斬伐殺生不得其中戎者兇也
其類有六李巡注爾雅云一曰僥夷二曰戎央三曰老白

禮記義十八　十四

四曰耆羌五曰鼻息六曰天剛北方曰狄者風俗通云父
子嫂叔同穴無别狄者辟也其行邪辟其類有五李巡注
爾雅云一曰月支二曰穢貊三曰匈奴四曰單于五曰白
屋　注雕文至爲病　正義曰案漢書地理志文越俗斷
髮文身以辟蛟龍之害故刻其肌以丹青涅之以東方南
方皆近於海故俱文身云浴則同川卧則僢者言首在外
而足相鄉内故典瑞注云僢而同邸正本直云卧則僢無
同字俗本有同字誤也　注皆俗至鞮者　正義曰言寄
象狄鞮譯皆是四夷與中國皆俗聞之名也云依其事類
耳者中國通傳之人各依其當方事之比類而言説之
即寄者寄付東方之言象者象似南方之言是依其事類
也云今冀部有言狄鞮者今日之言必有從於古欲證
古有狄鞮之言鞮與知聲相近故鞮爲知也　凡居民量地以制邑度地
以居民地邑民居必參相得也得猶足也無曠土

足利本第十八卷第十四葉

所宜之服所利之用所備之器其事雖異各自充足五
方之民言語不通嗜欲不同者以水土各異故言語不通
好惡殊别故嗜欲不同　達其志通其欲者謂帝王立此
傳語之人曉達五方之志通傳五方之欲使相須解其通
傳東方之語官謂之曰寄言傳寄外内言語通傳南方語
官謂之曰象者言放象外内之言其通傳西方語官謂之
狄鞮者鞮知也謂通傳夷狄之語與中國相知其通傳北
方語官謂之曰譯者譯陳也謂陳説外内之言東方謂之
夷者風俗通云東方人好生萬物觝觸地而出夷者觝也
其類有九依東夷傳九種一曰玄菟二曰樂浪三曰高麗
四曰滿飾五曰鳧臾六曰索家七曰東屠八曰倭人九曰
天鄙南方曰蠻者風俗通云君臣同川而浴極爲簡慢蠻
者慢也其類有八李巡注爾雅云一曰天竺二曰咳首三
曰僬僥四曰跛踵五曰穿胷六曰儋耳七曰狗軹八曰章
春西方曰戎者風俗通云斬伐殺生不得其中或者兇戎
其類有六李巡注爾雅云一曰僥夷二曰戎央三曰老白

小六刀廿大字五　禮記義十八　十四　張琇

四曰耆羌五曰鼻息六曰天剛北方曰狄者風俗通云父
子嫂叔同穴無别狄者辟也其行邪辟其類有五李巡注
爾雅云一曰月支二曰穢貊三曰匈奴四曰單于五曰白
屋　注雕文至爲病　正義曰案漢書地理志文越俗被
髮文身以辟蛟龍之害故刻其肌以丹青涅之以東方南
方皆近於海故俱文身云浴則同川卧則僢者言首在外
而足相鄉内故典瑞注云僢而同邸正本直云卧則僢足
同字俗本有同字誤也　注皆俗至鞮者　正義曰言寄
象狄鞮譯皆是四夷與中國皆俗聞之名也云依其事類
耳者中國通傳之人各依其當方事之比類而言説之
即寄者寄付東方之言象者象似南方之言是依其事類
也云今冀部有言狄鞮者今日之言必有從於古欲
古有狄鞮之言鞮與知聲相近故鞮爲知也　凡居民量地以制邑度地
以居民地邑民居必參相得也得猶足也無曠土

潘本第十八卷第十四葉

足利本第十八卷第十五葉左半葉無圖像

無游民食節事時民咸安其居樂事勸功尊君親上然後興學立小學大學【疏】正義曰此一節論居民與地相得及食節事時勸功尊君立學之事食節謂食得其節事時謂事得其時樂事謂民樂悅事務勸功謂勉勵立功尊君謂臣民尊君親上謂在下親愛長上民富而可教謂民事既得如此然後可得興學也

上杉安房守藤原憲實寄進

禮記正義卷第十八

禮記義十八　十五

潘本第十八卷第十五葉

無游民食節事時民咸安其居樂事勸功尊君親上然後興學立小學大學【疏】正義曰此一節論居民與地相得及食節事時勸功尊君立學之事食節謂食得其節事時謂事得其時樂事謂民樂悅事務勸功謂勉勵立功尊君謂臣民尊君親上謂在下親愛長上民富而可教謂民事既得如此然後可得興學也

禮記正義卷第十八

禮記義十八　十五

足利本第十九卷第一葉

禮記正義卷第十九

國子祭酒上護軍曲阜縣開國子臣孔穎達等奉

勅撰

司徒脩六禮以節民性明七教以興民德齊
八政以防淫一道德以同俗養耆老以致孝
恤孤獨以逮不足上賢以崇德簡不肖以絀
惡司徒地官卿掌邦教者逮及也簡差擇也命鄉簡不帥教者以告
帥循也不循教謂敖很不孝弟者司徒使鄉簡擇以告者鄉屬司徒耆老皆朝于庠
元日習射上功習鄉上齒大司徒帥國之
俊士與執事焉將習禮以化之使之觀焉耆老致仕及鄉中老賢者朝猶會也此庠
謂鄉學也鄉謂飲酒也鄉禮春秋射國蜡而飲酒養老不變命國之右鄉簡不
帥教者移之左命國之左鄉簡不帥教者移
之右如初禮中年考校而又不變使轉徙其庠覬其見新人有所化也亦復習禮於鄉學使
之觀焉不變移之郊如初禮郊鄉界之外者也稍出遠之後中年又爲之習
禮於郊學不變移之遂如初禮遠郊之外曰遂遂大夫掌之又中年復移之使
居遂又爲習禮於遂之學不變屏之遠方終身不齒遠方九州之外

潘本第十九卷第一葉

禮記正義卷第十九

國子祭酒上護軍曲阜縣開國子臣孔穎達等奉

勅撰

司徒脩六禮以節民性明七教以興民德齊
八政以防淫一道德以同俗養耆老以致孝
恤孤獨以逮不足上賢以崇德簡不肖以絀
惡司徒地官卿掌邦教者逮及也簡差擇也命鄉簡不帥教者以告
帥循也不循教謂敖很不孝弟者司徒使鄉簡擇以告者鄉屬司徒耆老皆朝于庠
元日習射上功習鄉上齒大司徒帥國之
俊士與執事焉將習禮以化之使之觀焉耆老致仕及鄉中老賢者朝猶會也此庠
謂鄉學也鄉謂飲酒也鄉禮春秋射國蜡而飲酒養老不變命國之右鄉簡不
帥教者移之左命國之左鄉簡不帥教者移
之右如初禮中年考校而又不變使轉徙其庠覬其見新人有所化也亦復習禮於鄉學使
之觀焉不變移之郊如初禮郊鄉界之外者也稍出遠之後中年又爲之習
禮於郊學不變移之遂如初禮遠郊之外曰遂遂大夫掌之又中年復移之使
居遂又爲習禮於遂之學不變屏之遠方終身不齒遠方九州之外

𦒢猶錄也命鄉論秀士升之司徒曰選士移名於司徒也秀士鄉大
夫所考有德行道藝者司徒論選士之秀者而升之學曰
俊士可使習禮者學大學升於司徒者不征於鄉升於
學者不征於司徒曰造士不征不給其繇役造成也能習禮則爲成士
樂正崇四術立四教樂正樂官之長掌國子之教虞書曰夔命汝典樂教冑子
崇高也高尚其術以作教也幼者教之於小學長者教之於大學尚書傳曰年十五始入小學十八入大學順
先王詩書禮樂以造士順此四術而教以成是士也春秋教
以禮樂冬夏教以詩書春夏陽也詩樂者聲聲亦陽也秋冬陰也書禮者事

禮記義十九　二

事亦陰也互言之者皆以其術相成王大子王子羣后之大子卿
大夫元士之適子國之俊選皆造焉皆以四術成之
王子王之庶子也羣后公及諸侯凡入學以齒皆以長幼受學不用尊卑將出學
小胥大胥小樂正簡不帥教者以告于大樂
正大樂正以告于王此所簡者謂王大子王子羣后之大子卿大夫元士之適
子大胥小胥皆樂官屬也出學謂九年大成學止也王命三公九卿大夫元
士皆入學不變王親視學亦謂使習禮以化之不變王又親爲之臨視重
棄賢者子孫也習禮皆於大學也不變王三日不舉去食樂重弃人屏之

足利本第十九卷第二葉

𦒢猶錄也命鄉論秀士升之司徒曰選士移名於司徒也秀士鄉大
夫所考有德行道藝者司徒論選士之秀者而升之學曰
俊士可使習禮者學大學升於司徒者不征於鄉升於
學者不征於司徒曰造士不征不給其繇役造成也能習禮則爲成士
樂正崇四術立四教樂正樂官之長掌國子之教虞書曰夔命汝典樂教冑子
崇高也高尚其術以作教也幼者教之於小學長者教之於大學尚書傳曰年十五始入小學十八入大學順
先王詩書禮樂以造士順此四術而教以成是士也春秋教
以禮樂冬夏教以詩書春夏陽也詩樂者聲聲亦陽也秋冬陰也書禮者事

禮記義十九　二

事亦陰也互言之者皆以其術相成王大子王子羣后之大子卿
大夫元士之適子國之俊選皆造焉皆以四待成之
王子王之庶子也羣后公及諸侯凡入學以齒皆以長幼受學不用尊卑將出學
小胥大胥小樂正簡不帥教者以告于大樂
正大樂正以告于王此所簡者謂王大子王子羣后之大子卿大夫元士之適
子大胥小胥皆樂官屬也出學謂九年大成學止也王命三公九卿大夫元
士皆入學不變王親視學亦謂使習禮以化之不變王又親爲之臨視[redacted]
棄賢者子孫也習禮皆於大學也不變王三日不舉去食樂重弃人屏之

潘本第十九卷第二葉

遠方西方曰棘東方曰寄終身不齒棘當爲僰僰之言偪使之偪寄於夷戎不屏於南北爲其大遠大樂正論造士之秀者以告于王而升諸司馬曰進士移名於司馬司馬夏官卿王邦政者進士可進受爵祿也

疏正義曰此一節論司徒脩禮明教上賢絀惡教學升進之事各隨文解之○脩六禮以節民性者六禮謂冠一昏二喪三祭四鄉五相見六性稟性自然剛柔輕重遲速之屬恐其失中故以六禮而節其性也○明七教以興民德者七教即父子一兄弟二夫婦三君臣四長幼五朋友六賓客七也德者得也恐人不得其所故以七教以興舉其民使之皆得其所也此六禮七教並是殷禮周則五禮十二教也齊八政以防淫者八政一曰飲食二曰衣服三曰事爲四曰異別五曰度六曰量七曰數八曰制淫謂過奢侈故以八政禁令之事以防淫淫過之失貴賤同有故不云民淫○一道德以同俗者道覆蹈而行謂齊一所行之道以同國之風俗敬養耆老所以致恭孝之心哀恤孤獨所以逮及不足謂以恩惠逮及之不足則孤獨者也尊上賢人所以崇獎有德簡去不肖所以絀退惡人從司徒以下至升諸司馬曰進士皆是司徒所掌教之事既云上賢崇德簡不肖絀惡摠之於此從命鄉簡不帥教者至終身不齒論絀惡之事謂鄉人入學不帥師教屏退絀除也自命鄉論至曰造士論崇德之事謂鄉人入學德業有成升名進於司徒又鄉人所學須有經術自樂正崇四術至詩書明所習業之事非唯鄉人所教如此王子公卿之子亦當須教其不肖者亦當退之自王大子以下至終身不齒論教王子等屏退之事但鄉人既畢節級升之故爲選士俊士至於造士若王子與公卿之子本位既尊不須積漸學業既成即爲造士於是大樂正之官摠論鄉人造士及王子等造士以告於王升諸司馬故云大樂正論造士之秀者以告於王而升諸司馬曰進

遠方西方曰棘東方曰寄終身不齒棘當爲僰僰之言偪使之偪寄於夷戎不屏於南北爲其大遠大樂正論造士之秀者以告于王而升諸司馬曰進士移名於司馬司馬夏官卿王邦政者進士可進受爵祿也

疏正義曰此一節論司徒脩禮明教上賢絀惡教學升進之事各隨文解之○脩六禮以節民性者六禮謂冠一昏二喪三祭四鄉五相見六性稟性自然剛柔輕重遲速之屬恐其失中故以六禮而節其性也○明七教以興民德者七教即父子一兄弟二夫婦三君臣四長幼五朋友六賓客七也德者得也恐人不得其所故以七教以興舉其民使之皆得其所也此六禮七教並是殷禮周則五禮十二教也齊八政以防淫者八政一曰飲食二曰衣服三曰事爲四曰異別五曰度六曰量七曰數八曰制淫謂過奢侈故以八政禁令之事以防淫淫過之失貴賤同有故不云民淫○一道德以同俗者道覆蹈而行謂齊一所行之道以同國之風俗敬養耆老所以致恭孝之心哀恤孤獨所以逮及不足謂以恩惠逮及之不足則孤獨者也尊上賢人所以崇獎有德簡去不肖所以絀退惡人從司徒以下至升諸司馬曰進士皆是司徒所掌教之事既云上賢崇德簡不肖絀惡摠之於此從命鄉簡不帥教者至終身不齒論絀惡之事謂鄉人入學不帥師教屏退絀除也自命鄉論至曰造士論崇德之事謂鄉人入學德業有成升名進於司徒又鄉人所學須有經術自樂正崇四術至詩書明所習業之事非唯鄉人所教如此王子公卿之子亦當須教其不肖者亦當退之自王大子以下至終身不齒論教王子等屏退之事但鄉人既畢節級升之故爲選士俊士至於造士若王子與公卿之子本位既尊不須積漸學業既成即爲造士於是大樂正之官摠論鄉人造士及王子等造士以告於王升諸司馬故云大樂正論造士之秀者以告於王而升諸司馬曰進

足利本第十九卷第四葉

士是揔包鄉人及王子及公卿之子學業成者 注帥循至司徒　正義曰帥循也爾雅釋詁文云鄉屬司徒者六鄉大夫皆司徒統領周禮鄉皆屬地官是鄉屬司徒也 耆老至事焉　司徒命此鄉學簡擇不帥教者以告司徒司徒乃命鄉內耆老皆聚會於鄉學之庠乃擇善日於鄉學內爲此不帥教之人習其射禮中者在上故云上功又於鄉學習此鄉飲酒之禮令老者居上故云上齒欲使不帥教之人觀其上功自勵爲功觀其上齒則知尊敬長老大司徒帥領國之英俊之士與在鄉射飲酒執行事焉使俊士與之以爲榮惡者慕之而自勸此言國之俊士則非唯鄉內之人 注耆老至養老　正義曰揔言耆老其數則衆故知致仕及鄉中老賢致仕則書傳略說云大夫爲父師士爲少師是也鄉中老賢謂鄉人不仕年老有德行者故鄉飲酒云以告于先生君子可也注云先生鄉中致仕者君子國中有盛德者云朝猶會也者恐有朝王之嫌故云朝猶會也云此庠謂鄉學也者以習射上功在州學習鄉上齒在黨學恐此是州黨之學故云庠鄉學也謂初時耆老聚會於庠學乃擇元日就州學習射就黨學上齒習射習鄉各在一處則不得同日也云鄉謂飲酒也者言經中習鄉謂飲酒者此鄉既有上齒之文故知謂鄉飲酒也云鄉禮春秋射者案州長職云春秋而射于州序然則射在州序而云鄉射禮者州屬於鄉雖在州序亦得謂之鄉或可鄉居此州更不立州學若州之有事則就鄉學是鄉學得爲射也云鄉禮春秋射者解習射之處也云國蜡而飲酒養老者周之十二月國家蜡祭之時黨正鄉飲酒而養老案黨正云國索鬼神而祭祀則以禮屬民而飲酒于序以正齒位知此經習鄉非正月鄉學飲酒者以鄉學飲酒無正齒位之事此云上齒案黨正職云壹命齒于鄉里再命齒于父族三命而不齒又禮記鄉飲酒義云六十者坐五十者立侍故解此鄉爲黨正飲酒謂之鄉者黨鄉之屬故云鄉也或鄉之所居之黨不別立黨學黨之正齒位就鄉學爲之亦謂之飲酒 注中年至觀焉　正義曰案

潘本第十九卷第四葉

士是揔包鄉人及王子及公卿之子學業成者 注帥循至司徒　正義曰帥循也爾雅釋詁文云鄉屬司徒者六鄉大夫皆司徒統領周禮鄉皆屬地官是鄉屬司徒也 耆老至事焉　司徒命此鄉學簡擇不帥教者以告司徒司徒乃命鄉內耆老皆聚會於鄉學之庠乃擇善日於鄉學內爲此不帥教之人習其射禮中者在上故云上功又於鄉學習此鄉飲酒之禮令老者居上故云上齒欲使不帥教之人觀其上功自勵爲功觀其上齒則知尊敬長老大司徒帥領國之英俊之士與在鄉射飲酒執行事焉使俊士與之以爲榮惡者慕之而自勸此言國之俊士則非唯鄉內之人 注耆老至養老　正義曰揔言耆老其數則衆故知致仕及鄉中老賢致仕則書傳略說云大夫爲父師士爲少師是也鄉中老賢謂鄉人不仕年老有德行者故鄉飲酒云以告于先生君子可也注云先生鄉中致仕者君子國中有盛德者云朝猶會也者恐有朝王之嫌故云朝猶會也云此庠謂鄉學也者以習射上功在州學習鄉上齒在黨學恐此是州黨之學故云庠鄉學也謂初時耆老聚會於庠學乃擇元日就州學習射就黨學上齒習射習鄉各在一處則不得同日也云鄉謂飲酒也者言經中習鄉謂飲酒者此鄉既有上齒之文故知謂鄉飲酒也云鄉禮春秋射者案州長職云春秋而射于州序然則射于州序而云鄉射禮者州屬於鄉雖在州序亦得謂之鄉或可鄉居此州更不立州學若州之有事則就鄉學是鄉學得爲射也云鄉禮春秋射者解習射之處也云國蜡而飲酒養老者周之十二月國家蜡祭之時黨正鄉飲酒而養老案黨正云國索鬼神而祭祀則以禮屬民而飲酒于序以正齒位知此經習鄉非正月鄉學飲酒者以鄉學飲酒無正齒位之事此云上齒案黨正職云壹命齒于鄉里再命齒于父族三命而不齒又禮記鄉飲酒義云六十者坐五十者立侍故解此鄉爲黨正飲酒謂之鄉者黨鄉之屬故云鄉也或鄉之所居之黨不別立黨學黨之正齒位就鄉學爲之亦謂之飲酒 注中年至觀焉　正義曰案

學記一年視離經辨志三年視敬業樂羣五年視博習親
師七年視論學取友謂之小成九年知類通達上云命鄉
簡不帥教者謂初入學一年之終簡不帥教𢽾很之人爲
之習射習鄉此注云中年考校而又不變中猶間也謂間
一年而考校之時不變者右鄉者移左左鄉者移右下云
不變移之郊者謂五年之時更簡不帥教者故注云中年
又爲之習禮間四年之下一年也下云不變移之遂者謂
七年之時故注云又中年移之遂間六年之下一年也下
云不變屏之遠方者謂九年之時鄭注不去間年者以九
年限極不須云間年也云亦復習禮於鄉學者習禮謂習
射上功習鄉上齒故經云如初 注 郊鄉至郊學 正義
曰此郊謂近郊也以遠郊之内六鄉居之若鄉民近國城
及國内之人其學在國中或在公宫之右或在公宫之左
故前云右鄉若鄉人遠國城在近郊之外者則學在近郊
其習禮亦鄉大夫臨之 注 遠郊至之學 正義曰案司
馬法曰百里郊二百里野遂人云掌邦之野既二百里爲

禮記義十九　五　鄭彬

野遂之所居故知遠郊之外云遂大夫掌之者謂遂大夫
掌所職二百里中也且此不帥教者移之在遂不應鄉大
夫臨之故亦遂大夫掌之遂大夫亦帥國之俊選於遂學
而行禮也但六鄉州學主射黨學主正齒位以否亦應與
同鄙與黨同本知縣正主射鄙師主正齒位遂則縣與州
鄉不異但周禮不備耳但縣鄙皆屬於遂雖各立學摠曰
遂學或遂之所居縣鄙不立縣鄙之學有事則在遂學與
鄉同 注 遠方九州之外齒猶録也 正義曰九州之外
於周則夷鎭蕃也蓋隨罪之輕重而爲遠近之差若王子
公卿之子雖屏夷狄但居夷狄之内畔故下注云不屏於
南北爲其大遠明鄉人則屏於南北也齒猶録也者案文
王世子云古者謂年齡齒亦齡也以年相次是録其長幼
故云齒猶録也 注 移名至藝者 正義曰大司徒之官
命鄉大夫論量考校此鄉學之人有秀異之士者升於司
徒先名惟在鄉今移名於司徒謂録名進在司徒其身猶
在鄉學云秀士鄉大夫所考有德行道藝者謂鄉大夫考

足利本第十九卷第五葉

學記一年視離經辨志三年視敬業樂羣五年視博習親
師七年視論學取友謂之小成九年知類通達上云命鄉
簡不帥教者謂初入學一年之終簡不帥教𢽾很之人爲
之習射習鄉此注云中年考校而又不變中猶間也謂間
一年而考校之時不變者右鄉者移左左鄉者移右下云
不變移之郊者謂五年之時更簡不帥教者故注云中年
又爲之習禮間四年之下一年也下云不變移之遂者謂
七年之時故注云又中年移之遂間六年之下一年也下
云不變屏之遠方者謂九年之時鄭注不去間年者以九
年限極不須云間年也云亦復習禮於鄉學者習禮謂習
射上功習鄉上齒故經云如初 注 郊鄉至郊學 正義
曰此郊謂近郊也以遠郊之内六鄉居之若鄉民近國城
及國内之人其學在國中或在公宫之右或在公宫之左
故前云右鄉若鄉人遠國城在近郊之外者則學在近郊
其習禮亦鄉大夫臨之 注 遠郊至之學 正義曰案司
馬法曰百里郊二百里野遂人云掌邦之野既二百里爲

禮記義十九　五　鄭彬

野遂之所居故知遠郊之外云遂大夫掌之者謂遂大夫
掌所職二百里中也且此不帥教者移之在遂不應鄉大
夫臨之故亦遂大夫掌之遂大夫亦帥國之俊選於遂學
而行禮也但六鄉州學主射黨學主正齒位以否亦應與
同鄙與黨同未知縣正主射鄙師主正齒位遂則縣與州
鄉不異但周禮不備耳但縣鄙皆屬於遂雖各立學摠曰
遂學或遂之所居縣鄙不立縣鄙之學有事則在遂學與
鄉同 注 遠方九州之外齒猶録也 正義曰九州之外
於周則夷鎭蕃也蓋隨罪之輕重而爲遠近之差若王子
公卿之子雖屏夷狄但居夷狄之内畔故下注云不屏於
南北爲其大遠明鄉人則屏於南北也齒猶録也者案文
王世子云古者謂年齡齒亦齡也以年相次是録其長幼
故云齒猶録也 注 移名至藝者 正義曰大司徒之官
命鄉大夫論量考校此鄉學之人有秀異之士者升於司
徒先名惟在鄉今移名於司徒謂録名進在司徒其身猶
在鄉學云秀士鄉大夫所考有德行道藝者謂鄉大夫考

潘本第十九卷第五葉

足利本第十九卷第六葉

此鄉學之人有德行道藝者德行謂孝友之徒道藝謂多才藝此唯升名司徒未即貢舉入官也案鄉大夫云三年則大比攷其德行道藝而興賢者能者謂鄉人有能有賢者以鄉飲酒之禮興之獻賢能之書於王名則升於大府身則任以官爵則下文云大樂正論造士之秀者以告於王而升諸司馬曰進士彼據鄉人故三年一舉此據學者故中年考試郟周同也熊氏以爲此中年舉者爲郟禮鄉大夫三年舉者周法其義非也 注可使習禮者學大學 正義曰案內則云二十而冠始學禮此升於大學曰俊士之人年以二十故可使習禮云學大學者案尚書周傳云王子公卿大夫元士之適子十三入小學二十入大學又書傳略說餘子十五入小學十八入大學其鄉人當與餘子同故知二十習禮之時在大學也此升於學者謂身升於大學非唯升名而已 注不征至成士 正義曰征謂力役故云不給繇役此繇役者供學及司徒細碎之繇役也上文命鄉論秀士升之司徒曰選士者雖升名司徒

禮記正義十九　六　王本

猶給鄉之繇役以藝業未成故云司徒論選士之秀者而升之學曰俊士者身雖升學亦以學未成猶給司徒繇役若其學業既成免其繇役定本云升之學無大字升諸司徒則不征於鄉升之於學則不征於司徒皆免其繇役者是爲造成之士云能習禮則爲成士者以二十習禮禮以立身故爲成士然習禮必年二十案書傳適子二十入大學餘子十八入大學然則升名司徒未入大學已能習禮爲造士者二十習禮舉其大綱若其性識聰明則亦早能習之 注樂正至大學 正義曰樂正掌國子之教者案周禮大司樂掌成均之法以教國子引虞書命汝典樂教胄子者證以樂官教胄子之義孔注尚書云胄長也謂王子公卿大夫元士之子云高尚其術以作教也者謂樂正之官當光揚尊崇此四術以爲教謂敷暢義理賛明旨趣使學者知之引尚書傳曰以下書傳略說文順先王詩書禮樂以造士 樂正之官依順此古昔先王之道則詩書禮樂之等教之造成此四術者是道路之名詩書禮樂是

潘本第十九卷第六葉

此鄉學之人有德行道藝者德行謂孝友之徒道藝謂多才藝此唯升名司徒未即貢舉入官也案鄉大夫云三年則大比攷其德行道藝而興賢者能者謂鄉人有能有賢者以鄉飲酒之禮興之獻賢能之書於王名則升於大府身則任以官爵則下文云大樂正論造士之秀者以告於王而升諸司馬曰進士彼據鄉人故三年一舉此據學者故中年考試郟周同也熊氏以爲此中年舉者爲郟禮鄉大夫三年舉者周法其義非也 注可使習禮者學大學 正義曰案內則云二十而冠始學禮此升於大學曰俊士之人年以二十故可使習禮云學大學者案尚書周傳云王子公卿大夫元士之適子十三入小學二十入大學又書傳略說餘子十五入小學十八入大學其鄉人當與餘子同故知二十習禮之時在大學也此升於學者謂身升於大學非唯升名而已 注不征至成士 正義曰征謂力役故云不給繇役此繇役者供學及司徒細碎之繇役也上文命鄉論秀士升之司徒曰選士者雖升名司徒

禮記正義十九　六　王本

猶給鄉之繇役以藝業未成故云司徒論選士之秀者而升之學曰俊士者身雖升學亦以學未成猶給司徒繇役若其學業既成免其繇役定本云升之學無大字升諸司徒則不征於鄉升之於學則不征於司徒皆免其繇役者是爲造成之士云能習禮則爲成士者以二十習禮禮以立身故爲成士然習禮必年二十案書傳適子二十入大學餘子十八入大學然則升名司徒未入大學已能習禮爲造士者二十習禮舉其大綱若其性識聰明則亦早能習之 注樂正至大學 正義曰樂正掌國子之教者案周禮大司樂掌成均之法以教國子引虞書命汝典樂教胄子者證以樂官教胄子之義孔注尚書云胄長也謂王子公卿大夫元士之子云高尚其術以作教也者謂樂正之官當光揚尊崇此四術以爲教謂敷暢義理賛明旨趣使學者知之引尚書傳曰以下書傳略說文順先王詩書禮樂以造士 樂正之官依順此古昔先王之道則詩書禮樂之等教之造成此四術者是道路之名詩書禮樂是

足利本第十九卷第七葉

先王之道路謂之術　注春夏至相成　正義曰鄭以經
云春秋教以禮樂則秋教禮春教樂冬夏教以詩書則冬
教書夏教詩故云春夏陽也詩樂者聲聲亦陽也所以詩
得爲聲者詩是樂章詩之文義以樂聲播之故爲聲若以
聲對舞則聲爲安靜舞爲鼓動舞爲陽聲爲陰故大胥云
春釋采合舞秋頒學合聲是也就舞之中奮動甚者屬陽
奮動靜者屬陰故文王世子云春夏學干戈秋冬學羽籥
是也云秋冬陰也書禮者事事亦陰也者書者言事之經
禮者行事之法事爲安靜故云書禮者事事亦陰也文王
世子云秋學禮冬讀書與此同也云互言之者皆以其術
相成者若不互言當云春夏教以樂詩秋冬教以禮書則
是春夏但教以樂詩不教禮書秋冬但教以禮書不教以
樂詩言其四術不可暫時而闕今交互言之云春教樂明
兼有禮秋教禮兼有樂夏教詩兼有書冬教書兼有詩故
云皆以其術相成但逐其陰陽以爲偏主耳　注皆以至
諸侯　正義曰皆以四術成之解經皆造焉謂王大子公

禮記義十九　七

卿大夫元士之子國之俊選皆以四術造焉云王子王之
庶子也者以經云王大子乃云王子故知是庶子也云羣
后公及諸侯者以經羣后之下即云卿大夫士無諸侯之
文故知羣后之中是三公及諸侯也　注皆以長幼受學
　正義曰長幼受學雖王大子亦然故文王世子云將君
我而與我齒讓何也是其事也　注此所至止也　正義
曰此所簡者謂王大子以下者承上鄉之學下恐所簡兼
有鄉人故明之也云大胥小胥皆樂官屬也者案周禮大
司樂中大夫二人大胥中士四人小胥下士八人皆屬大
司樂故云樂官屬也云出學謂九年大成學止也者以上
文鄉人中年考校恐此亦中年故明之也知九年者以下
即云王親視學不變王三日不舉無移左鄉右鄉及移郊
遂之事故知是九年學止也　注習禮皆於大學也　正
義曰若射人習禮在於大學即明堂位云瞽宗射學文王
世子云禮在瞽宗射之大學也若周則大學曰東膠瞽宗
不得爲周之大學也故鄭注儀禮鄉射云周立四代之學

潘本第十九卷第七葉

先王之道路謂之術　注春夏至相成　正義曰鄭以經
云春秋教以禮樂則秋教禮春教樂冬夏教以詩書則冬
教書夏教詩故云春夏陽也詩樂者聲聲亦陽也所以詩
得爲聲者詩是樂章詩之文義以樂聲播之故爲聲若以
聲對舞則聲爲安靜舞爲鼓動舞爲陽聲爲陰故大胥云
春釋采合舞秋頒學合聲是也就舞之中奮動甚者屬陽
奮動靜者屬陰故文王世子云春夏學干戈秋冬學羽籥
是也云秋冬陰也書禮者事事亦陰也者書者言事之經
禮者行事之法事爲安靜故云書禮者事事亦陰也文王
世子云秋學禮冬讀書與此同也云互言之者皆以其術
相成者若不互言當云春夏教以樂詩秋冬教以禮書則
是春夏但教以樂詩不教禮書秋冬但教以禮書不教以
樂詩言其四術不可暫時而闕今交互言之云春教樂明
兼有禮秋教禮兼有樂夏教詩兼有書冬教書兼有詩故
云皆以其術相成但逐其陰陽以爲偏主耳　注皆以至
諸侯　正義曰皆以四術成之解經皆造焉謂王大子公

禮記義十九　七

卿大夫元士之子國之俊選皆以四術造焉云王子王之
庶子也者以經云王大子乃云王子故知是庶子也云羣
后公及諸侯者以經羣后之下即云卿大夫士無諸侯之
文故知羣后之中是三公及諸侯也　注皆以長幼受學
　正義曰長幼受學雖王大子亦然故文王世子云將君
我而與我齒讓何也是其事也　注此所至止也　正義
曰此所簡者謂王大子以下者承上鄉之學下恐所簡兼
有鄉人故明之也云大胥小胥皆樂官屬也者案周禮大
司樂中大夫二人大胥中士四人小胥下士八人皆屬大
司樂故云樂官屬也云出學謂九年大成學止也者以上
文鄉人中年考校恐此亦中年故明之也知九年者以下
即云王親視學不變王三日不舉無移左鄉右鄉及移郊
遂之事故知是九年學止也　注習禮皆於大學也　正
義曰若射人習禮在於大學即明堂位云瞽宗射學文王
世子云禮在瞽宗射之大學也若周則大學曰東膠瞽宗
不得爲周之大學也故鄭注儀禮鄉射云周立四代之學

於國而又以有虞氏之庠爲鄉學則周之尋常習禮於殷學之中至九年爲王子不變其習禮當於東膠大學然則餘子十八入大學嫡子二十入大學者皆是殷法也若周法立當代大學在公宮左大學即東膠也又立小學於西郊小學即有虞氏之庠其習書於虞氏之學習禮樂於殷之學習舞於夏后氏之學故文王世子云春夏學干戈秋冬學羽籥皆於東序春誦夏弦大師詔之瞽宗又云禮在瞽宗書在上庠詩則無文鄭注云弦謂以絲播詩則習詩亦在瞽宗然詩與禮樂雖各在其學習之至二十入大學之時仍於大學之中兼習四術故此注云習禮皆於大學是周之大學亦習禮也禮既在瞽宗又在大學則其餘亦可知也 注棘當至大遠 正義曰僰之言偪者案漢書云西南有僰夷知非彼夷而讀爲偪者以與寄文相對寄非東方夷名是寄旅之意則僰亦非西方夷名故以爲偪迫於夷狄也云不屏於南北爲其大遠者案漢書地理志云南北萬三千里東西九千里又帝王世紀南北萬三千三百六十八里東西九千三百二里漢地既然則古亦應爾皆南北長東西短故鄭此注云不屏於南北爲其大遠

大樂至進士 此大樂正之官論造士之中最秀異者以告於王而升名於司馬論之曰進士言進受爵祿也此文承王子公卿大夫之子下似專據王子等其實鄉人入學爲造士者亦同於此其鄉人不在學者及邦國所貢之士所貢於王亦當升諸司馬以司馬掌爵祿故有司士屬焉其職云以德詔爵以功詔祿即知但入仕者皆司馬主之下文更不見鄉人及邦國所貢之士故知此中兼之但文不具耳

司馬辨論官材辨其論官其材觀其所長論進士之賢者以告於王而定其論各署其所長論定然後官之使之試守任官然後爵之命之位定然後祿之大夫廢其事終身不仕死以

於國而又以有虞氏之庠爲鄉學則周之尋常習禮於殷學之中至九年爲王子不變其習禮當於東膠大學然則餘子十八入大學嫡子二十入大學者皆是殷法也若周法立當代大學在公宮左大學即東膠也又立小學於西郊小學即有虞氏之庠其習書於虞氏之學習禮樂於殷之學習舞於夏后氏之學故文王世子云春夏學干戈秋冬學羽籥皆於東序春誦夏弦大師詔之瞽宗又云禮在瞽宗書在上庠詩則無文鄭注云弦謂以絲播詩則習詩亦在瞽宗然詩與禮樂雖各在其學習之至二十入大學之時仍於大學之中兼習四術故此注云習禮皆於大學是周之大學亦習禮也禮既在瞽宗又在大學則其餘亦可知也 注棘當至大遠 正義曰僰之言偪者案漢書云西南有僰夷知非彼夷而讀爲偪者以與寄文相對寄非東方夷名是寄旅之意則僰亦非西方夷名故以爲偪迫於夷狄也云不屏於南北爲其大遠者案漢書地理志云南北萬三千里東西九千里又帝王世紀南北萬三千三百六十八里東西九千三百二里漢地既然則古亦應爾皆南北長東西短故鄭此注云不屏於南北爲其大遠

大樂至進士 此大樂正之官論造士之中最秀異者以告於王而升名於司馬論之曰進士言進受爵祿也此文承王子公卿大夫之子下似專據王子等其實鄉人入學爲造士者亦同於此其鄉人不在學者及邦國所貢之士所貢於王亦當升諸司馬以司馬掌爵祿故有司士屬焉其職云以德詔爵以功詔祿即知但入仕者皆司馬主之下文更不見鄉人及邦國所貢之士故知此中兼之但文不具耳

司馬辨論官材辨其論官其材觀其所長論進士之賢者以告於王而定其論各署其所長論定然後官之使之試守任官然後爵之命之位定然後祿之大夫廢其事終身不仕死以

足利本第十九卷第九葉

士禮葬之（以不任大夫也）有發則命大司徒教士以車甲（乘兵車衣甲之儀有發謂有軍師發卒）凡執技論力適四方羸股肱決射御（謂擐衣出其臂脛使之射御決勝負見勇力）凡執技以事上者祝史射御醫卜及百工（言技謂此七者）凡執技以事上者不貳事不移官（欲專其事亦爲不德）出鄉不與士齒（賤也於其鄉中則齒親親也）仕於家者出鄉不與士齒（亦賤）

疏 正義曰此一節主論司馬之官用其人及發兵論射御及居官黜退之事 司馬辨論官材大樂正論造士之秀者以告于王王必以樂正所論之狀授與司馬司馬得此所論之狀乃更論辨之觀其材能高下知其堪任何官是準擬其官以其材故云官材也

禮記正義十九　九　王佐

論進士之賢者謂司馬辨論之後不堪者屏退論量進士賢者以告於王告王之時而正定其論各署其所長若長於禮者署擬於禮官長於樂者署擬於樂官論定然後官之者謂既論擬定然後試之以所能之官 任官然後爵之者謂堪任此官然後爵命之 位定然後祿之者謂既受爵命使有職位然後與之以祿 注以不任大夫也 正義曰以經云大夫廢其事故知不堪任大夫也致仕而退死得以大夫禮葬故論語注云大夫退死葬以士禮致仕以大夫禮葬是也 有發至車甲 有發謂國有軍旅以發士卒是司馬之事王則命大司徒教此士卒以車甲之事謂教以乘兵車及衣甲之儀容必司徒者以司徒主衆又主教故與司馬相參也 注有發謂有軍師發卒 正義曰知發是發卒者以經云教士以車甲故知發謂軍師發卒也 凡執至士齒 執技之事凡有三條上條論課試武夫技藝之事中條論執技之人并射御之外祝史

潘本第十九卷第九葉

士禮葬之（以不任大夫也）有發則命大司徒教士以車甲（乘兵車衣甲之儀有發謂有軍師發卒）凡執技論力適四方羸股肱決射御（謂擐衣出其臂脛使之射御決勝負見勇力）凡執技以事上者祝史射御醫卜及百工（言技謂此七者）凡執技以事上者不貳事不移官（欲專其事亦爲不德）出鄉不與士齒（賤也於其鄉中則齒親親也）仕於家者出鄉不與士齒（亦賤）

疏 正義曰此一節主論司馬之官用其人及發兵論射御及居官黜退之事 司馬辨論官材大樂正論造士之秀者以告于王王必以樂正所論之狀授與司馬司馬得此所論之狀乃更論辨之觀其材能高下知其堪任何官是準擬其官以其材故云官材也

禮記正義十九　九　王佐

論進士之賢者謂司馬辨論之後不堪者屏退論量進士賢者以告於王告王之時而正定其論各署其所長若長於禮者署擬於禮官長於樂者署擬於樂官論定然後官之者謂既論擬定然後試之以所能之官 任官然後爵之者謂堪任此官然後爵命之 位定然後祿之者謂既受爵命使有職位然後與之以祿 注以不任大夫也 正義曰以經云大夫廢其事故知不堪任大夫也致仕而退死得以大夫禮葬故論語注云大夫退死葬以士禮致仕以大夫禮葬是也 有發至車甲 有發謂國有軍旅以發士卒是司馬之事王則命大司徒教此士卒以車甲之事謂教以乘兵車及衣甲之儀容必司徒者以司徒主衆又主教故與司馬相參也 注有發謂有軍師發卒 正義曰知發是發卒者以經云教士以車甲故知發謂軍師發卒也 凡執至士齒 執技之事凡有三條上條論課試武夫技藝之事中條論執技之人并射御之外祝史

足利本第十九卷第十葉

醫卜之等下條論執技之人不得更爲二事以其賤故出
鄉不與士齒　凡執技論力適四方羸股肱決射御者言
之擐露臂脛角材力決射御勝負見勇武 注 言技謂此
此既無道藝唯論力以事上故適往四方境界之外則使
七者　正義曰七者謂祝一史二射三御四醫五卜六百
工七射御前經以顯此重云者上論所試之時此論與祝
史醫卜並列見其色目 注 欲專其事亦爲不德　正義
曰所以不貳事不移官者欲使專一其所有之事非但欲
使專事亦爲技藝賤薄不
是道德之事故不許之　司寇正刑明辟以聽獄
訟　司寇秋官卿掌刑者辟罪也　必三刺　以求民情斷其獄訟之中一曰訊羣臣二曰訊羣吏
三曰訊萬民　有旨無簡不聽　簡誠也有其意無其誠者不論以爲罪　附從
輕　附施刑也求出之使從輕　赦從重　雖是罪可重猶赦之　凡制五刑必即

天論　制斷也即就也必即天論言與天意合　閔子
曰古之道不即人心即或爲則論或爲倫　郵罰
麗於事　郵過也麗附也過人罰人當各附於其事不可假他以喜怒　凡聽五刑
之訟必原父子之親立君臣之義以權之　權平
也　意論輕重之序愼測淺深之量以別之　意思
念也淺深謂俱有罪本心有善惡　悉其聰明致其忠愛以盡之　盡其
情　疑獄氾與衆共之衆疑赦之必察小大之比
以成之　小大猶輕重已行故事曰比　成獄辭史以獄成告於
正　正聽之　史司寇吏也正於周鄉師之屬今漢有正平丞秦所置　正以獄成告

潘本第十九卷第十葉

醫卜之等下條論執技之人不得更爲二事以其賤故出
鄉不與士齒　凡執技論力適四方羸股肱決射御者言
之擐露臂脛角材力決射御勝負見勇武 注 言技謂此
此既無道藝唯論力以事上故適往四方境界之外則使
七者　正義曰七者謂祝一史二射三御四醫五卜六百
工七射御前經以顯此重云者上論所試之時此論與祝
史醫卜並列見其色目 注 欲專其事亦爲不德　正義
曰所以不貳事不移官者欲使專一其所有之事非但欲
使專事亦爲技藝賤薄不
是道德之事故不許之　司寇正刑明辟以聽獄
訟　司寇秋官卿掌刑者辟罪也　必三刺　以求民情斷其獄訟之中一曰訊羣臣二曰訊羣吏
三曰訊萬民　有旨無簡不聽　簡誠也有其意無其誠者不論以爲罪　附從
輕　附施刑也求出之使從輕　赦從重　雖是罪可重猶赦之　凡制五刑必即

天論　制斷也即就也必即天論言與天意合　閔子
曰古之道不即人心即或爲則論或爲倫　郵罰
麗於事　郵過也麗附也過人罰人當各附於其事不可假他以喜怒　凡聽五刑
之訟必原父子之親立君臣之義以權之　權平
也　意論輕重之序愼測淺深之量以別之　意思
念也淺深謂俱有罪本心有善惡　悉其聰明致其忠愛以盡之　盡其
情　疑獄氾與衆共之衆疑赦之必察小大之比
以成之　小大猶輕重已行故事曰比　成獄辭史以獄成告於
正　正聽之　史司寇吏也正於周鄉師之屬今漢有正平丞秦所置　正以獄成告

足利本第十九卷第十一葉

于大司寇大司寇聽之棘木之下周禮鄉師之屬辨其獄訟異其死刑之罪而要之職聽於朝司寇聽之朝王之外朝也左九棘孤卿大夫位焉右九棘公侯伯子男位焉面三槐三公位焉大司寇以獄之成告於王王命三公參聽之王使三公復與司寇及正共平之重刑也周禮王欲免之乃命公會其期三公以獄之成告於王王三又然後制刑又當作宥宥寬也一宥曰不識再宥曰過失三宥曰遺忘凡作刑罰輕無赦法雖輕不赦之爲人易犯刑者侀也侀者成也一成而不可變故君子盡心焉夔更也析言破律亂名改作執左

禮記義十九　七　李良

道以亂政殺析言破律巧賣法令者也亂名改作謂變易官與物之名更造法度左道若巫蠱及俗禁作淫聲異服奇技奇器以疑衆殺淫聲鄭衛之屬也異服若聚鷸冠瓊弁也奇技奇器若公輸般請以機窆行僞而堅言僞而辯學非而博順非而澤以疑衆殺皆謂虛華捷給無誠者也假於鬼神時日卜筮以疑衆殺今時持喪葬築蓋嫁取卜數文書使民倍禮違制此四誅者不以聽爲其爲害大而辭不可明凡執禁以齊衆不赦過亦爲人將易犯有圭璧金璋不粥於市命服命車不粥於市宗廟之器不粥於市犧

潘本第十九卷第十一葉

于大司寇大司寇聽之棘木之下周禮鄉師之屬辨其獄訟異其死刑之罪而要之職聽於朝司寇聽之朝王之外朝也左九棘孤卿大夫位焉右九棘公侯伯子男位焉面三槐三公位焉大司寇以獄之成告於王王命三公參聽之王使三公復與司寇及正共平之重刑也周禮王欲免之乃命公會其期三公以獄之成告於王王三又然後制刑又當作宥宥寬也一宥曰不識再宥曰過失三宥曰遺忘凡作刑罰輕無赦法雖輕不赦之爲人易犯刑者侀也侀者成也一成而不可變故君子盡心焉夔更也析言破律亂名改作執左

禮記義十九　七　李良

道以亂政殺析言破律巧賣法令者也亂名改作謂變易官與物之名更造法度左道若巫蠱及俗禁作淫聲異服奇技奇器以疑衆殺淫聲鄭衛之屬也異服若聚鷸冠瓊弁也奇技奇器若公輸般請以機窆行僞而堅言僞而辯學非而博順非而澤以疑衆殺皆謂虛華捷給無誠者也假於鬼神時日卜筮以疑衆殺今時持喪葬築蓋嫁取卜數文書使民倍禮違制此四誅者不以聽爲其爲害大而辭不可明凡執禁以齊衆不赦過亦爲人將易犯有圭璧金璋不粥於市命服命車不粥於市宗廟之器不粥於市犧

足利本第十九卷第十二葉

牲不粥於市戎器不粥於市尊物非民所宜有戎器軍器也粥賣也用器不中度不粥於市兵車不中度不粥於市布帛精麤不中數幅廣狹不中量不粥於市姦色亂正色不粥於市凡以其不可用也用器弓矢耒耜飲食器也度丈尺也數升縷多少錦文珠玉成器不粥於市衣服飲食不粥於市不示民以奢貪也成猶善也五穀不時果實未孰不粥於市物未成不利人木不中伐不粥於市伐之非時冬斬陽木仲夏斬陰木禽獸魚鼈不中殺不粥於市殺之非時不中用月令季冬始漁周禮春獻鼈蜃關執禁以譏禁異服識異言關竟上門譏呵察疏正義曰此一節摠明論司寇聽訟刑罰禁止之事各隨文解之從此至赦從重論司寇正刑明辟之法正刑明辟者謂司寇當正定刑書明斷罪法使刑不差二法不傾邪以聽天下獄訟必三刺者言正刑明辟聽訟之時刑法宜慎不可專制故必須三刺以求民情有旨無簡不聽求民情既得其所犯之罪雖有旨意無誠實之狀則不聽之不論以為罪也附從輕者附謂施刑之時此人所犯之罪在輕重之間可輕可重則當求可輕之刑而附之則罪疑惟輕是也赦從重者謂所犯之罪本非意故為而入重罪今放赦之時從重罪之上而赦之其意輕故也即尚書云眚災肆赦是也注一曰至萬民正義曰案周禮司刺云壹刺曰訊羣臣再刺曰訊羣吏三刺曰訊萬民刺殺也謂欲

禮記義十九　十七　李寔

潘本第十九卷第十二葉

牲不粥於市戎器不粥於市尊物非民所宜有戎器軍器也粥賣也用器不中度不粥於市兵車不中度不粥於市布帛精麤不中數幅廣狹不中量不粥於市姦色亂正色不粥於市凡以其不可用也用器弓矢耒耜飲食器也度丈尺也數升縷多少錦文珠玉成器不粥於市衣服飲食不粥於市不示民以奢貪也成猶善也五穀不時果實未孰不粥於市物未成不利人木不中伐不粥於市伐之非時冬斬陽木仲夏斬陰木禽獸魚鼈不中殺不粥於市殺之非時不中用月令季冬始漁周禮春獻鼈蜃關執禁以譏禁異服識異言關竟上門譏呵察疏正義曰此一節摠明論司寇聽訟刑罰禁止之事各隨文解之從此至赦從重論司寇正刑明辟之法正刑明辟者謂司寇當正定刑書明斷罪法使刑不差二法不傾邪以聽天下獄訟必三刺者言正刑明辟聽訟之時刑法宜慎不可專制故必須三刺以求民情有旨無簡不聽求民情既得其所犯之罪雖有旨意無誠實之狀則不聽之不論以為罪也附從輕者附謂施刑之時此人所犯之罪在輕重之間可輕可重則當求可輕之刑而附之則罪疑惟輕是也赦從重者謂所犯之罪本非意故為而入重罪今放赦之時從重罪之上而赦之其意輕故也即尚書云眚災肆赦是也注一曰至萬民正義曰案周禮司刺云壹刺曰訊羣臣再刺曰訊羣吏三刺曰訊萬民刺殺也謂欲

禮記義十九　十七　李寔

殺犯罪之人其一問可殺與否於羣臣羣臣謂公卿大夫士其二問可殺與否於羣吏羣吏謂庶人在官者其三問可殺與否於庶人庶人謂萬姓衆來觀者此三刺雖以殺爲本其被刑不殺者亦當問之 正義曰旨意也簡誠也言犯罪者雖有其意而無誠實者則不論之以爲罪也 注雖是罪可重猶赦之 正義曰此赦從重與上附從輕皆是從重入輕所以再見其文者附從輕謂施刑從輕赦從重謂放赦從重所以異也 凡制至於事 此一條論造制五刑須合天意輕重施於刑罰必附本情 必即天論者即就也論謂論議言制五刑之時必就上天之意論議輕重天意好生又有時以生有時以殺言論議刑時亦當好生又就天道使生殺得中論或爲倫倫理也謂就天之倫理即是好生及好殺得中之理故鄭云言與天意合 郵罰麗於事者郵過也謂斷人罪過罰謂責罰其身麗附也言斷人罪過及責罰其身皆依附於所犯之事不可離其本事假他別事而爲喜怒也 注

禮記義十九　十三　鄭彬

制斷至爲倫 正義曰經云制五刑必論古人造制五刑下云必即天論及郵罰麗於事皆論斷罪之法故以制爲斷非言初制五刑制是裁制故爲斷也引閔子曰古之道不即人心者證經即爲即就之義案宣元年公羊傳云古者臣有大喪則君三年不呼其門已練可以弁冕服金革之事君使之非也臣行之禮也閔子要絰而服事既而曰若此乎古之道不即人心退而致仕孔子蓋善之也閔子性孝以爲在喪從戎不即人情爲制此禮是古之所制故閔子嫌之言論或爲倫者諸本或有作倫者故云或爲倫也 凡聽至成之 原本也權本也凡犯罪之人或子爲父隱臣爲國諱雖觸刑禁而非其本惡故聽訟者本其宿情立其恩義爲平量之恕而免放意論輕重之序者意謂思念也聽訟者以盡意思念論量罪之輕重次序不有越濫也 愼測淺深之量以別之者謂謹愼測度罪人意之善惡淺深之量以別之謂分別善惡使不相亂 悉其聰明致其忠愛以盡之者謂聽獄之人盡悉己之聰明尋其

殺犯罪之人其一問可殺與否於羣臣羣臣謂公卿大夫士其二問可殺與否於羣吏羣吏謂庶人在官者其三問可殺與否於庶人庶人謂萬姓衆來觀者此三刺雖以殺爲本其被刑不殺者亦當問之 正義曰旨意也簡誠也言犯罪者雖有其意而無誠實者則不論之以爲罪也 注雖是罪可重猶赦之 正義曰此赦從重與上附從輕皆是從重入輕所以再見其文者附從輕謂施刑從輕赦從重謂放赦從重所以異也 凡制至於事 此一條論造制五刑須合天意輕重施於刑罰必附本情 必即天論者即就也論謂論議言制五刑之時必就上天之意論議輕重天意好生又有時以生有時以殺言論議刑時亦當好生又就天道使生殺得中論或爲倫倫理也謂就天之倫理即是好生及好殺得中之理故鄭云言與天意合 郵罰麗於事者郵過也謂斷人罪過罰謂責罰其身麗附也言斷人罪過及責罰其身皆依附於所犯之事不可離其本事假他別事而爲喜怒也 注

禮記義十九　十三　鄭彬

制斷至爲倫 正義曰經云制五刑必論古人造制五刑下云必即天論及郵罰麗於事皆論斷罪之法故以制爲斷非言初制五刑制是裁制故爲斷也引閔子曰古之道不即人心者證經即爲即就之義案宣元年公羊傳云古者臣有大喪則君三年不呼其門已練可以弁冕服金革之事君使之非也臣行之禮也閔子要絰而服事既而曰若此乎古之道不即人心退而致仕孔子蓋善之也閔子性孝以爲在喪從戎不即人情爲制此禮是古之所制故閔子嫌之言論或爲倫者諸本或有作倫者故云或爲倫也 凡聽至成之 原本也權本也凡犯罪之人或子爲父隱臣爲國諱雖觸刑禁而非其本惡故聽訟者本其宿情立其恩義爲平量之恕而免放意論輕重之序者意謂思念也聽訟者以盡意思念論量罪之輕重次序不有越濫也 愼測淺深之量以別之者謂謹愼測度罪人意之善惡淺深之量以別之謂分別善惡使不相亂 悉其聰明致其忠愛以盡之者謂聽獄之人盡悉己之聰明尋其

足利本第十九卷第十四葉

事之根本又致其忠恕仁愛不使嚴酷枉濫以盡犯罪人情不有抑屈　疑獄汜與衆共之者疑獄謂事可疑難斷者也汜廣也已若疑彼罪而不能斷決當廣與衆庶共論決之也　衆疑赦之者若衆人疑惑則當放赦之故書云與其殺不辜寧失不經　必察小大之比以成之者小大猶輕重也比例也已行故事曰比此言雖疑而赦之不可直爾而放當必察案舊法輕重之例以成於事　成獄至制刑　成獄辭者謂獄史初責覈罪人之辭已成定也史以獄成告於正者史司寇吏也正獄之正也吏以成辭告於正也　正聽之者正得吏告罪成之辭而又聽察也　正以獄成告於大司寇者正聽已竟又以獄成之辭告於大司寇也　大司寇聽之棘木之下者大司寇得正之告而又聽察於棘木之下謂王之外朝也　大司寇以獄之成告於王者大司寇與公卿在朝槐棘之下聽獄訟成以告於王也　王命三公參聽之王既得司寇之告成辭而刑辟不可謬妄故王又命三公與司寇及正吏共參準

禮記正義十九　十四　毛俊

聽之也　三公以獄之成告於王者三公參聽得其情實以獄成辭以告於王也　王三又者三三事也又當為宥宥寬也王得三公之告則以三事命寬之也　注正於至所置　正義曰案周禮鄉師屬地官不掌獄訟而云鄉師者鄉謂鄉士也師謂士師也云之屬者謂遂士縣士方士之等云今漢有正平丞秦所置者案漢書百官公卿表廷尉秦官掌刑辟有正左右監宣帝地節三年初置左右平鄭見古有正連言平耳此王制多是殷法秦則放殷置之　注周禮至位焉　正義曰周禮鄉師之屬至職聽於朝是鄉士及遂士縣士職文云異其死刑之罪者鄭云異謂殊其文書謂殊異其應死刑之罪別為簿書而要之鄭云要之為其罪法之要辭如今劾矣即是囚之伏辯錄為要狀云司寇聽之朝王之外朝也者案朝士職掌外朝之法云左嘉石平罷民焉右肺石達窮民焉罷民則是犯罪之人故知聽於外朝也云左九棘至三公位焉皆朝士職文故其職云左九棘孤卿大夫位焉羣士在其後右九棘公

潘本第十九卷第十四葉

事之根本又致其忠恕仁愛不使嚴酷枉濫以盡犯罪人情不有抑屈　疑獄汜與衆共之者疑獄謂事可疑難斷者也汜廣也已若疑彼罪而不能斷決當廣與衆庶共論決之也　衆疑赦之者若衆人疑惑則當放赦之故書云與其殺不辜寧失不經　必察小大之比以成之者小大猶輕重也比例也已行故事曰比此言雖疑而赦之不可直爾而放當必察案舊法輕重之例以成於事　成獄至制刑　成獄辭者謂獄史初責覈罪人之辭已成定也史以獄成告於正者史司寇吏也正獄之正也吏以成辭告於正也　正聽之者正得吏告罪成之辭而又聽察也　正以獄成告於大司寇者正聽已竟又以獄成之辭告於大司寇也　大司寇聽之棘木之下者大司寇得正之告而又聽察於棘木之下謂王之外朝也　大司寇以獄之成告於王者大司寇與公卿在朝槐棘之下聽獄訟成以告於王也　王命三公參聽之王既得司寇之告成辭而刑辟不可謬妄故王又命三公與司寇及正吏共參準

小六九十　禮記正義十九　十四　楮

聽之也　三公以獄之成告於王者三公參聽得其情實以獄成辭以告於王也　王三又者三三事也又當為宥宥寬也王得三公之告則以三事命寬之也　注正於至所置　正義曰案周禮鄉師屬地官不掌獄訟而云鄉師者鄉謂鄉士也師謂士師也云之屬者謂遂士縣士方士之等云今漢有正平丞秦所置者案漢書百官公卿表廷尉秦官掌刑辟有正左右監宣帝地節三年初置左右平鄭見古有正連言平耳此王制多是殷法秦則放殷置之　注周禮至位焉　正義曰周禮鄉師之屬至職聽於朝是鄉士及遂士縣士職文云異其死刑之罪者鄭云異謂殊其文書謂殊異其應死刑之罪別為簿書而要之鄭云要之為其罪法之要辭如今劾矣即是囚之伏辯錄為要狀云司寇聽之朝王之外朝也者案朝士職掌外朝之法云左嘉石平罷民焉右肺石達窮民焉罷民則是犯罪之人故知聽於外朝也云左九棘至三公位焉皆朝士職文故其職云左九棘孤卿大夫位焉羣士在其後右九棘公

足利本第十九卷第十五葉

侯伯子男位焉羣吏在其後面三槐三公位焉州長衆庶在其後鄭云棘取赤心而外刺槐之言懷也懷來人於此鄭康成以爲此外朝位在皐門内庫門之外 注王使至其期 正義曰經直云王命三公參聽之得知三公復與聽之上既有正與司寇故知司寇及正在焉云周禮王欲司寇及正共平之者以參聽之是三公之外共人相參而免之乃命三公會其期者案周禮鄉士掌六鄉之獄若欲免之則王會其期遂士掌六遂之獄若欲免之則王令三公會其期縣士掌野獄若欲免之則王命六卿會其期此遂士職文也獨舉遂士公會其期者以經云王命三公故舉遂士言之舉中以見上下則六鄉王自會之縣野之獄王命六卿會之六卿以獄告于王也 注一宥至遺忘 正義曰此一宥以下是周禮司刺文鄭康成云識審也不審若仇讎當報甲見乙誠以爲甲而殺之者過失者若舉刃欲斫伐而軼中人者遺忘若閒帷薄忘有在焉而以兵矢投射之王恐有此三事致罪故令以三事宥之若不當三事故造罪者然後制刑 凡作刑罰輕無赦此文起例故云凡作刑罰也此非疑獄故雖輕不赦也若輕者輒赦則犯者衆也故書云刑故無小雖輕不赦之爲人易犯也 刑者至心焉 此說刑之不可變改故云刑者侀也上刑是刑罰之刑下侀是侀體之侀訓此刑罰之刑以爲侀體之侀言刑罰之刑加人侀體又云侀者成也言侀體之侀是人之成就容貌容貌一成之後若以刀鋸鑿之斷者不可續死者不可生故云不可變故君子盡心以聽刑焉則上惡其聰明致其忠愛是也 注左道若巫蠱及俗禁 正義曰盧云左道謂邪道地道尊右右爲貴故漢書云右賢左愚右貴左賤故正道爲右不正道爲左若巫蠱及俗禁者案漢書武帝時江充埋桐人於大子宫是也初江充曾犯大子後王將老欲立大子大子立必誅充充遂謀大子爲桐人六枚埋在大子宫中乃譖大子於帝曰臣觀大子宫有巫氣王遂令江充檢之果掘得桐人六枚盡以鈄刺之大子以自無此事意不服遂殺充武帝故怒遂遣

潘本第十九卷第十五葉

侯伯子男位焉羣吏在其後面三槐三公位焉州長衆庶在其後鄭云棘取赤心而外刺槐之言懷也懷來人於此鄭康成以爲此外朝位在皐門内庫門之外 注王使至其期 正義曰經直云王命三公參聽之得知三公復與聽之上既有正與司寇故知司寇及正在焉云周禮王欲司寇及正共平之者以參聽之是三公之外共人相參而免之乃命三公會其期者案周禮鄉士掌六鄉之獄若欲免之則王會其期遂士掌六遂之獄若欲免之則王令三公會其期縣士掌野獄若欲免之則王命六卿會其期此遂士職文也獨舉遂士公會其期者以經云王命三公故舉遂士言之舉中以見上下則六鄉王自會之縣野之獄王命六卿會之六卿以獄告于王也 注一宥至遺忘 正義曰此一宥以下是周禮司刺文鄭康成云識審也不審若仇讎當報甲見乙誠以爲甲而殺之者過失者若舉刃欲斫伐而軼中人者遺忘若閒帷薄忘有在焉而以兵矢投射之王恐有此三事致罪故令以三事宥之若不當三事故造罪者然後制刑 凡作刑罰輕無赦此文起例故云凡作刑罰也此非疑獄故雖輕不赦也若輕者輒赦則犯者衆也故書云刑故無小雖輕不赦之爲人易犯也 刑者至心焉 此說刑之不可變改故云刑者侀也上刑是刑罰之刑下侀是侀體之侀訓此刑罰之刑以爲侀體之侀言刑罰之刑加人侀體又云侀者成也言侀體之侀是人之成就容貌容貌一成之後若以刀鋸鑿之斷者不可續死者不可生故云不可變故君子盡心以聽刑焉則上惡其聰明致其忠愛是也 注左道若巫蠱及俗禁 正義曰盧云左道謂邪道地道尊右右爲貴故漢書云右賢左愚右貴左賤故正道爲右不正道爲左若巫蠱及俗禁者案漢書武帝時江充埋桐人於大子宫是也初江充曾犯大子後王將老欲立大子大子立必誅充充遂謀大子爲桐人六枚埋在大子宫中乃譖大子於帝曰臣觀大子宫有巫氣王遂令江充檢之果掘得桐人六枚盡以鈄刺之大子以自無此事意不服遂殺充武帝故怒遂遣

足利本第十九卷第十六葉

丞相劉屈氂將兵伐大子大子急竄於湖縣民家而藏後
事發大子遂自殺而死於其處湖關老人訟大子無罪帝
乃悔之因立園陵於湖縣故思子望子歸來蠱者損壞之
名故左傳云皿蟲爲蠱是蟲食器皿巫行邪術損壞於人
俗禁者若前漢張竦行辟反支後漢書郭躬傳有陳伯子
者出辟往亡入辟歸忌是也 注淫聲至機窔 正義曰
淫聲鄭衛之屬者以鄭衛多淫風故鄭衛爲淫聲云之屬
者則桑間濮上之音故樂記云鄭衛之音亂世之音桑間
濮上之音亡國之音是也云異服若聚鷸冠瓊弁者案僖
二十四年左傳云鄭子臧好聚鷸冠鄭伯聞而惡之使盜
殺之于陳宋之間瓊弁者僖二十八年左傳云初楚子玉
自爲瓊弁玉纓服虔注云謂馬飾云若公輸般請以機窔
者指其人巧謂之奇技指其機窔謂之奇器故奇技奇器
揔謂般也 行僞至衆殺 行僞而堅者行此詐僞而守
之堅固不肯變改言僞而辯者謂言談僞事辭理明辯不
可屈止 學非而博者謂習學非違之書而又廣博 順

禮記義十九 十六 鄭彩

非而澤者謂順從非違之事而能光澤文飾以疑於衆如
此者殺案史記孔子爲魯司寇七日而誅少正卯之類是
也 注皆謂虛華捷給無誠者也 正義曰習僞習非是
虛華辯博而澤是捷給不可依用是無誠也 假於至衆
殺 妄陳邪術恐懼於人假託吉凶以求財利假於鬼神
時日卜筮者謂假託鬼神假託時日假託卜筮以疑於衆
鬼神時日卜筮共有假文 注今時至違制 正義曰謂
今時之人持執此喪葬築蓋嫁娶卜數之文書以惑於衆
妄陳禍福浪説妖祥築謂垣牆蓋謂舍宇 注尊物至賣
也 正義曰言圭璧金璋及犧牲戎器皆是尊貴所合蓄
之物非民所宜有防民之僭僞也軍器防民之賊亂也
注凡以至多少 正義曰此經之物若其合法度則得粥
之其不合法度者則不得粥也 布帛精麤者若朝服之
布十五升斬衰三升齊衰四升之類是也 廣狹者布廣
二尺二寸帛則未聞鄭注周禮引逸巡守禮幅廣四尺八
寸爲尺鄭注四當爲三則帛廣二尺四寸用器弓矢耒耜

潘本第十九卷第十六葉

丞相劉屈氂將兵伐大子大子急竄於湖縣民家而藏後
事發大子遂自殺而死於其處湖關老人訟大子無罪帝
乃悔之因立園陵於湖縣故思子望子歸來蠱者損壞之
名故左傳云皿蟲爲蠱是蟲食器皿巫行邪術損壞於人
俗禁者若前漢張竦行辟反支後漢書郭躬傳有陳伯子
者出辟往亡入辟歸忌是也 注淫聲至機窔 正義曰
淫聲鄭衛之屬者以鄭衛多淫風故鄭衛爲淫聲云之屬
者則桑間濮上之音故樂記云鄭衛之音亂世之音桑間
濮上之音亡國之音是也云異服若聚鷸冠瓊弁者案僖
二十四年左傳云鄭子臧好聚鷸冠鄭伯聞而惡之使盜
殺之于陳宋之間瓊弁者僖二十八年左傳云初楚子玉
自爲瓊弁玉纓服虔注云謂馬飾云若公輸般請以機窔
者指其人巧謂之奇技指其機窔謂之奇器故奇技奇器
揔謂般也 行僞至衆殺 行僞而堅者行此詐僞而守
之堅固不肯變改言僞而辯者謂言談僞事辭理明辯不
可屈止 學非而博者謂習學非違之書而又廣博 順

禮記義十九 十六 鄭彩

非而澤者謂順從非違之事而能光澤文飾以疑於衆如
此者殺案史記孔子爲魯司寇七日而誅少正卯之類是
也 注皆謂虛華捷給無誠者也 正義曰習僞習非是
虛華辯博而澤是捷給不可依用是無誠也 假於至衆
殺 妄陳邪術恐懼於人假託吉凶以求財利假於鬼神
時日卜筮者謂假託鬼神假託時日假託卜筮以疑於衆
鬼神時日卜筮共有假文 注今時至違制 正義曰謂
今時之人持執此喪葬築蓋嫁娶卜數之文書以惑於衆
妄陳禍福浪説妖祥築謂垣牆蓋謂舍宇 注尊物至賣
也 正義曰言圭璧金璋及犧牲戎器皆是尊貴所合蓄
之物非民所宜有防民之僭僞也軍器防民之賊亂也
注凡以至多少 正義曰此經之物若其合法度則得粥
之其不合法度者則不得粥也 布帛精麤者若朝服之
布十五升斬衰三升齊衰四升之類是也 廣狹者布廣
二尺二寸帛則未聞鄭注周禮引逸巡守禮幅廣四尺八
寸爲尺鄭注四當爲三則帛廣二尺四寸用器弓矢耒耜

足利本第十九卷第十七葉

飲食器者既夕禮文既夕敦杅之屬即飲食器也〔注〕不示民以奢與貪也　正義曰錦文珠玉成器衣服等不粥者不示民以奢飲食不粥者不示民以貪此衣服飲食與珠玉連文據華美者不得粥之恐民貪若尋常飲食則得粥之不得羣聚耳故周禮司虣云禁屬遊飲食于市者是也前經圭璧金璋之等是貴者之器故注云非民所宜有謂全不合有以其名位卑故也此錦文珠玉等是華麗之物富人合有但不得聚之過多故云不粥於市不示民以奢也前文圭璧金璋各是一物即考工記金飾璋也皇氏以爲用金爲印璋案定本璋字從玉圭璧之類也且周時稱印曰璽未有稱璋皇氏之義非也〔注〕周禮至陰木　正義曰此周禮山虞文鄭注云陽木生山南者陰木生山北者冬斬陽夏斬陰堅濡調　關執禁以識禁異服識異言　司關之官執此戒禁之書以識察出入之人故云執禁以識禁此身著異服之人又記識口爲異言之人防姦僞察非違　**大史典禮執簡**

禮記義十九　十七　高畋

記奉諱惡　簡記策書也諱先王名惡忌日若子卯〔疏〕正義曰此一經論大史之官典掌禮事國之得失是其所掌執此簡記策書奉其諱惡之事奉謂進也諱謂先王之名惡謂子卯忌日謂奉進於王以所諱所惡〔注〕諱先王名　正義曰下文云天子齊戒受諫傳云名終將諱之故以諱爲先王之名其實餘諱亦大史奉之故禮運云天子適諸侯必舍其祖廟不以禮籍入是謂天子壞法亂紀鄭注云以禮籍入謂大史典禮執簡記奉諱惡是亦諱諸侯之祖父也云惡忌日若子卯者忌日謂先王之亡日及子卯故云若子卯紂以甲子日死桀以乙卯日亡已具下檀弓疏此惡亦兼餘事故誦訓云掌道方慝以詔辟忌鄭注云方慝四方言語所惡是也　**天子齊戒受諫**　歲終羣臣奏歲事諫王當所改爲也　**司會以歲之成質於天子**　司會冢宰之屬掌計要者成計要也質猶平也平其計要　**冢宰齊**

潘本第十九卷第十七葉

飲食器者既夕禮文既夕敦杅之屬即飲食器也〔注〕不示民以奢與貪也　正義曰錦文珠玉成器衣服等不粥者不示民以奢飲食不粥者不示民以貪此衣服飲食與珠玉連文據華美者不得粥之恐民貪若尋常飲食則得粥之不得羣聚耳故周禮司虣云禁屬遊飲食于市者是也前經圭璧金璋之等是貴者之器故注云非民所宜有謂全不合有以其名位卑故也此錦文珠玉等是華麗之物富人合有但不得聚之過多故云不粥於市不示民以奢也前文圭璧金璋各是一物即考工記金飾璋也皇氏以爲用金爲印璋案定本璋字從玉圭璧之類也且周時稱印曰璽未有稱璋皇氏之義非也〔注〕周禮至陰木　正義曰此周禮山虞文鄭注云陽木生山南者陰木生山北者冬斬陽夏斬陰堅濡調　關執禁以識禁異服識異言　司關之官執此戒禁之書以識察出入之人故云執禁以識禁此身著異服之人又記識口爲異言之人防姦僞察非違　大史典禮執簡

禮記義十九　十七　高畋

記奉諱惡　簡記策書也諱先王名惡忌日若子卯〔疏〕正義曰此一經論大史之官典掌禮事國之得失是其所掌執此簡記策書奉其諱惡之事奉謂進也諱謂先王之名惡謂子卯忌日謂奉進於王以所諱所惡〔注〕諱先王名　正義曰下文云天子齊戒受諫傳云名終將諱之故以諱爲先王之名其實餘諱亦大史奉之故禮運云天子適諸侯必舍其祖廟不以禮籍入是謂天子壞法亂紀鄭注云以禮籍入謂大史典禮執簡記奉諱惡是亦諱諸侯之祖父也云惡忌日若子卯者忌日謂先王之亡日及子卯故云若子卯紂以甲子日死桀以乙卯日亡已具下檀弓疏此惡亦兼餘事故誦訓云掌道方慝以詔辟忌鄭注云方慝四方言語所惡是也　天子齊戒受諫　歲終羣臣奏歲事諫王當所改爲也　司會以歲之成質於天子　司會冢宰之屬掌計要者成計要也質猶平也平其計要　冢宰齊

足利本第十九卷第十八葉

戒受質贊王受之大樂正大司寇市三官以其成
從質於天子大樂正於周宗伯之屬市司市也於周司徒之屬從於司會也大司
徒大司馬大司空齊戒受質百官各以其成
質於三官大司徒大司馬大司空以百官之
成質於天子百官此三官之屬百官齊戒受質受平報也然
後休老勞農饗養之成歲事斷計要也制國用疏
正義曰此下至制國用論歲終天子受質及百官質於天
子休老勞農制國用之事也 齊戒受諫者以其歲終舊
來所施之事或有不便須有改爲百官以此上諫於王天
子以其事重故先齊戒而後受於諫也 司會以歲之成

質於天子司會摠主羣官治要故以一歲治要之成質於
天子質平也謂奏上文簿聽天子平量之 冢宰齊戒受
質者冢宰是貳王治事故亦齊戒贊王受羣官所平之事
謂共王論定也大樂正大司寇市三官以其成從質於天
子者謂此三官各以其當司成要隨從司會平於天子以
周法言之司會摠主羣官簿書則司徒司馬司空簿書亦
司會掌之質於天子所以下文司徒司馬司空各質於天
子不由司會唯大樂正大司寇市三官從司會質於天子
者司會摠主治要先質於王若今時先申帳目樂正司寇
司市當司事少即徑從司會以質於王其司徒司馬司空
摠主萬民其事既大雖司會進其治要仍須各受質屬官
親自質於天子百官齊戒受質以司徒司馬司空質於天
子天子平斷畢當須報於下故在下百官齊戒受天子所
平之要 然後休老勞農者即十月蜡祭之時飲酒勞農
也 成歲事者斷定計要一歲事成乃制來歲之國用故
云制國用也 注歲終至爲也 正義曰知齊戒受諫是

潘本第十九卷第十八葉原缺抄補

戒受質贊王受之大樂正大司寇市三官以其
成從質於天子大樂正於周宗伯之屬市司市也於周司徒之屬從於司會也
大司徒大司馬大司空齊戒受質百官各
以其成質於三官大司徒大司馬大司空
以百官之成質於天子百官此三官之屬百官齊戒
受質受平報也然後休老勞農饗養之成歲事斷計
要也制國用疏天子至國用 正義曰此下至制國用論天子受質及百官質於天子休老勞
農制國用之事也齊戒受諫者以其歲終舊來所施之事或有不便須有改爲百官以此上諫於王天子以其事重

故先齊戒而後受於諫也司會以歲之成質於天子司會
總主羣官治要故以一歲治要之成質於天子質平也謂
奏上文簿聽天子平量之 冢宰齊戒受質者冢宰是貳
王治事故亦齊戒贊王受羣官所平之事謂共王論定也
大樂正大司寇市三官以其成從質於天子者謂此三官
各以其當司成要隨從司會平於天子以周法言之司會
總主羣官簿書則司徒司馬司空簿書亦司會掌之質於
天子所以下文司徒司馬司空各質於天子不由司會惟
大樂正大司寇市三官從司會質於天子者司會總主治
要先質於王若今時先申帳目樂正司寇司市當司事少
即徑從司會以質於王其司徒司馬司空總主萬民其事既大雖司
會進其治要仍須各受質屬官親自質於天子 百官齊戒
受質以司徒司馬司空質於天子天子平斷畢當須報於下故在下百官齊
戒受天子所平之要 然後休老勞農者即十月蜡祭之
時飲酒勞農也 成歲事者斷定計要一歲事成乃制來歲之國
用故云制國用也 注歲終至爲也 正義曰知齊戒受諫是

歲終者以下云休老勞農文相連接故知是歲終也以其歲終受質故知諫王當所改爲謂改其舊事更爲新事故用歲終襄十四年左傳師曠云正月孟春於是乎有之諫失常也彼諫王過惡故用正月與此別也 注司會至計要 正義曰案天官司會中大夫二人屬冢宰故云冢宰之屬云成計要也者案周禮注歲計曰會月計曰要日計曰成彼對文耳此則揔而言之故云成計要也謂一歲簿書揔要成就 注大樂至會也 正義曰案上文司會直云冢宰之屬不云於周此大樂正及市皆云於周者以此文司會與周禮正同故不須云於周此大樂正於周是大司樂此市亦於周爲司市與周禮不同故以周禮明之云從從於司會也者以文承上司會質於天子故知從質者從司會也然此大樂正大司寇及市亦當受屬官之質以其事少文不見耳 注百官此三官之屬 正義曰司徒司馬司空受百官質故云三官之屬若以殷法言之案曲禮云司徒司馬司空司寇司士若以周法言之案直傳司徒司馬司空三官分主九卿則兼羣官焉但大樂正大司寇司市特自質於天子也

禮記義十九　十九　余政

禮記正義卷第十九

歲終者以下云休老勞農文相連接故知是歲終也以其歲終受質故知諫王當所改爲謂改其舊事更爲新事故用歲終襄十四年左傳師曠云正月孟春於是乎有之諫失常也彼諫王過惡故用正月與此別也 注司會至計要 正義曰案天官司會中大夫二人屬冢宰故云冢宰之屬云成計要也者案周禮注歲計曰會月計曰要日計曰成彼對文耳此則揔而言之故云成計要也謂一歲簿書揔要成就 注大樂至會也 正義曰案上文司會直云冢宰之屬不云於周此大樂正及市皆云於周者以此文司會與周禮正同故不須云於周此大樂正於周是大司樂此市亦於周爲司市與周禮不同故以周禮明之云從從於司會也者以文承上司會質於天子故知從質者從司會也然此大樂正大司寇及市亦當受屬官之質以其事少文不見耳 注百官此三官之屬 正義曰司徒司馬司空受百官質故云三官之屬若以殷法言之案曲禮云司徒司馬司空司寇司士若以周法言之案直傳司徒司馬司空三官分主九卿則兼羣官焉但大樂正大司寇司市特自質於天子也

禮記義十九　十九　余政

禮記正義卷第十九

足利本第二十卷第一葉

禮記正義卷第二十

國子祭酒上護軍曲阜縣開國子臣孔穎達等奉

勑撰

凡養老有虞氏以燕禮夏后氏以饗禮殷人以食禮周人脩而兼用之（兼用之備陰陽也凡飲養陽氣凡食養陰氣陽用春夏陰用秋冬）五十養於鄉六十養於國七十養於學達於諸侯（天子諸侯養老同也國國中小學在王宮之左學大學也在郊小學在國中大學在郊此殷制明矣）

疏 正義曰此一節論虞夏殷周養老不同之事各依文解之 凡養老者皇氏云人君養老有四種一是養三老五更二是子孫爲國難而死王養死者父祖三是養致仕之老四是引戶校年養庶人之老熊氏云天子視學之年養老一歲有七謂四時皆養老故鄭此注凡飲養陽氣凡食養陰氣陽用春夏陰用秋冬是四時凡四也案文王世子云凡大合樂必遂養老注云大合樂謂春入學舍菜合舞秋頒學合聲通前爲六又季春大合樂天子視學亦養老世子云凡視學必遂養老是摠爲七也 有虞氏以燕禮者盧氏云燕禮脫屨升堂崔氏云燕者殺烝於俎行一獻之禮坐而飲酒以至於醉以虞氏帝道弘大故養老以燕禮 夏后氏以饗禮者崔氏云饗則體薦而不食爵盈而不飲依尊卑而爲獻取數畢而已夏既受禪於虞是三王之首貴尚於禮故養老以饗禮相養敬也 殷人以食禮者崔氏云不飲酒享大牢以禮食之殷人質素威儀簡少故養老以食禮 周人脩而兼用之者謂周人脩三代之禮而兼用之以養老春夏養老之時用虞氏燕禮夏后氏饗禮之法若

禮記義二十　一　葛昌

潘本第二十卷第一葉

禮記正義卷第二十

國子祭酒上護軍曲阜縣開國子臣孔穎達等奉

勑撰

凡養老有虞氏以燕禮夏后氏以饗禮殷人以食禮周人脩而兼用之（兼用之備陰陽也凡飲養陽氣凡食養陰氣陽用春夏陰用秋冬）五十養於鄉六十養於國七十養於學達於諸侯（天子諸侯養老同也國國中小學在王宮之左學大學也在郊小學在國中大學在郊此殷制明矣）

疏 正義曰此一節論虞夏殷周養老不同之事各依文解之 凡養老者皇氏云人君養老有四種一是養三老五更二是子孫爲國難而死王養死者父祖三是養致仕之老四是引戶校年養庶人之老熊氏云天子視學之年養老一歲有七謂四時皆養老故鄭此注凡飲養陽氣凡食養陰氣陽用春夏陰用秋冬是四時凡四也案文王世子云凡大合樂必遂養老注云大合樂謂春入學舍菜合舞秋頒學合聲通前爲六又季春大合樂天子視學亦養老世子云凡視學必遂養老是摠爲七也 有虞氏以燕禮者盧氏云燕禮脫屨升堂崔氏云燕者殺烝於俎行一獻之禮坐而飲酒以至於醉以虞氏帝道弘大故養老以燕禮 夏后氏以饗禮者崔氏云饗則體薦而不食爵盈而不飲依尊卑而爲獻取數畢而已夏既受禪於虞是三王之首貴尚於禮故養老以饗禮相養敬也 殷人以食禮者崔氏云不飲酒享大牢以禮食之殷人質素威儀簡少故養老以食禮 周人脩而兼用之者謂周人脩三代之禮而兼用之以養老春夏養老之時用虞氏燕禮夏后氏饗禮之法若

禮記義二十　一　葛昌

秋冬養老之時用殷人食禮之法以周極文故兼用三代之法也皇氏云饗有四種一是諸侯來朝天子饗之則周禮大行人職云上公之禮其饗禮九獻是也其牲則體薦體薦則房烝故春秋宣十六年左傳云饗有體薦又國語云王公立飫則有房烝其所云飫即謂饗也立而成禮謂之爲飫也其禮亦有飯食故舂人云凡饗食共其食米鄭云饗有食米則饗禮兼燕與食是也二是王親戚及諸侯之臣來聘王饗之禮亦有飯食及酒者親戚及賤臣不須禮隆但示慈惠故並得飲食之也其酌數亦當依命其牲折俎亦曰殽烝也故國語云親戚宴饗則有餚烝謂以燕禮而饗則有之也又左傳宣十六年云饗有體薦宴有折俎公當饗卿當宴王室之禮也時定王饗士會而用折俎以國語及左傳故知王親戚及諸侯之大夫來聘皆折俎饗也其饗朝廷之臣亦當然也三是戎狄之君使來王饗之其禮則委饗也其來聘賤故王不親饗之但以牲全體委與之也故國語云戎翟貪而不讓坐諸門外而體委與

禮記義二十　二

之是也此謂戎狄使臣賤之故委饗若夷狄君來則當與中國子男同故小行人職掌小賓小客所陳牲牢當不異也四是饗宿衛及耆老孤子則以醉爲度故酒正云凡饗士庶子饗耆老孤子皆共其酒無酌數鄭云要以醉爲度食禮者有飯有殽雖設酒而不飲其禮以飯爲主故曰食也其禮有二種一是禮食故大行人云諸公三食之禮有九舉及公食大夫禮之屬是也二是燕食者謂臣下自與賓客旦夕共食是也案鄭注曲禮酒漿處右云此大夫士與賓客燕食之禮燕禮者凡正饗食在廟燕則於寢燕以示慈惠故在於寢也燕禮則折俎有酒而無飯也其牲用狗謂爲燕者詩毛傳云燕安也其禮最輕升堂行一獻禮畢而說屨升堂坐飲以至醉也儀禮猶有諸侯燕禮一篇也然凡燕禮亦有二種一是燕同姓二是燕異姓若燕同姓夜則飲之其於異姓讓之而止故詩湛露天子燕諸侯篇鄭箋云夜飲之禮同姓則成之其庶姓讓之則止其此燕饗食致仕之老皇氏云則當用正饗正食正燕之禮以

秋冬養老之時用殷人食禮之法以周極文故兼用三代之法也皇氏云饗有四種一是諸侯來朝天子饗之則周禮大行人職云上公之禮其饗禮九獻是也其牲則體薦體薦則房烝故春秋宣十六年左傳云饗有體薦又國語云王公立飫則有房烝其所云飫即謂饗也立而成禮謂之爲飫也其禮亦有飯食故舂人云凡饗食共其食米鄭云饗有食米則饗禮兼燕與食是也二是王親戚及諸侯之臣來聘王饗之禮亦有飯食及酒者親戚及賤臣不須禮隆但示慈惠故並得飲食之也其酌數亦當依命其牲折俎亦曰殽烝也故國語云親戚宴饗則有餚烝謂以燕禮而饗則有之也又左傳宣十六年云饗有體薦宴有折俎公當饗卿當宴王室之禮也時定王饗士會而用折俎以國語及左傳故知王親戚及諸侯之大夫來聘皆折俎饗也其饗朝廷之臣亦當然也三是戎狄之君使來王饗之其禮則委饗也其來聘賤故王不親饗之但以牲全體委與之也故國語云戎翟貪而不讓坐諸門外而體委與

禮記義二十　二

之是也此謂戎狄使臣賤之故委饗若夷狄君來則當與中國子男同故小行人職掌小賓小客所陳牲牢當不異也四是饗宿衛及耆老孤子則以醉爲度故酒正云凡饗士庶子饗耆老孤子皆共其酒無酌數鄭云要以醉爲度食禮者有飯有殽雖設酒而不飲其禮以飯爲主故曰食也其禮有二種一是禮食故大行人云諸公三食之禮有九舉及公食大夫禮之屬是也二是燕食者謂臣下自與賓客旦夕共食是也案鄭注曲禮酒漿處右云此大夫士與賓客燕食之禮燕禮者凡正饗食在廟燕則於寢燕以示慈惠故在於寢也燕禮則折俎有酒而無飯也其牲用狗謂爲燕者詩毛傳云燕安也其禮最輕升堂行一獻禮畢而說屨升堂坐飲以至醉也儀禮猶有諸侯燕禮一篇也然凡燕禮亦有二種一是燕同姓二是燕異姓若燕同姓夜則飲之其於異姓讓之而止故詩湛露天子燕諸侯篇鄭箋云夜飲之禮同姓則成之其庶姓讓之則止其此燕饗食致仕之老皇氏云則當用正饗正食正燕之禮以

足利本第二十卷第三葉

其有賢德者不可以褻禮待之其饗死事之老不必有德
又是老人不宜久立當用折俎之饗燕食之食老人不合
夜飲當用異姓之燕禮 注 兼用至秋冬 正義曰兼用
之備陰陽者以燕之與饗是飲酒之禮是陽陽而無陰食
是飯飯是陰陰而無陽周兼用之故云備陰陽也云凡飲
養陽氣凡食養陰氣者郊特牲文所以飲養陽者飲是清
虛陽氣之象食是形質陰體之義云陽用春夏陰用秋冬
者案郊特牲云饗禘有樂而食嘗無樂是故春禘而秋嘗
饗與禘連文故知饗在春食與嘗連文故知食在秋彼不
云冬夏者彼是殷禮此言冬夏者據周法也或鄭因春而
言夏因秋而見冬雖周冬夏不養老也就如熊義去冬夏
則一年有五養老也又春合舞秋合聲即是春秋養老之
事冬夏與無養老通季春大合樂有三養老也熊氏以爲
春秋各再養老故爲一年七養老也去冬夏猶爲五義實
可疑皇氏云春夏雖以飲爲主亦有食先行饗次燕次食
秋冬以食爲主亦有饗先行食次燕次饗一日之中三事

禮記正義二十 三

行舉義或然也 五十至諸侯 此謂子孫爲國死難而
王養其父祖也五十始衰故養於鄉學 六十養於國者
六十漸衰養禮彌厚故養之於小學小學在國中也 七
十養於學者七十大衰養禮轉重故養於大學 達於諸
侯者 言此養老之事非唯天子之法乃通達於諸侯盧
王等以爲養於鄉云不爲力政養於國云不與服戎皆謂
養庶人之老也非鄭義故鄭注云國中小學也 注 國國
至明矣 正義曰養於國與養於學文相對故知國亦是
學也六十少於七十者六十者宜養於小學七十者宜養
於大學故云國國中小學云在王宮之左者據上文而知
云小學在國中大學在郊此殷制明矣者以上文云小學
在公宮南之左大學在郊下文云殷人養國老於右學養
庶老於左學貴右而賤左小學在國中左也大學在郊右
也與殷同也故云此殷制明矣以此篇從上以來雖解爲
殷制無正據可馮因此小學
大學是殷制不疑故云明矣 八十拜君命一坐再至

潘本第二十卷第三葉

其有賢德者不可以褻禮待之其饗死事之老不必有德
又是老人不宜久立當用折俎之饗燕食之食老人不合
夜飲當用異姓之燕禮 注 兼用至秋冬 正義曰兼用
之備陰陽者以燕之與饗是飲酒之禮是陽陽而無陰食
是飯飯是陰陰而無陽周兼用之故云備陰陽也云凡飲
養陽氣凡食養陰氣者郊特牲文所以飲養陽者飲是清
虛陽氣之象食是形質陰體之義云陽用春夏陰用秋冬
者案郊特牲云饗禘有樂而食嘗無樂是故春禘而秋嘗
饗與禘連文故知饗在春食與嘗連文故知食在秋彼不
云冬夏者彼是殷禮此言冬夏者據周法也或鄭因春而
言夏因秋而見冬雖周冬夏不養老也就如熊義去冬夏
則一年有五養老也又春合舞秋合聲即是春秋養老之
事冬夏更無養老通季春大合樂有三養老也熊氏以爲
春秋各再養老故爲一年七養老也去冬夏猶爲五義實
可疑皇氏云春夏雖以飲爲主亦有食先行饗次燕次食
秋冬以食爲主亦有饗先行食次燕次饗一日之中三事

禮記正義二十 三

行舉義或然也 五十至諸侯 此謂子孫爲國死難而
王養其父祖也五十始衰故養於鄉學 六十養於國者
六十漸衰養禮彌厚故養之於小學小學在國中也 七
十養於學者七十大衰養禮轉重故養於大學 達於諸
侯者 言此養老之事非唯天子之法乃通達於諸侯盧
王等以爲養於鄉云不爲力政養於國云不與服戎皆謂
養庶人之老也非鄭義故鄭注云國中小學也 注 國國
至明矣 正義曰養於國與養於學文相對故知國亦是
學也六十少於七十者六十者宜養於小學七十者宜養
於大學故云國國中小學云在王宮之左者據上文而知
云小學在國中大學在郊此殷制明矣者以上文云小學
在公宮南之左大學在郊下文云殷人養國老於右學養
庶老於左學貴右而賤左小學在國中左也大學在郊右
也與殷同也故云此殷制明矣以此篇從上以來雖解爲
殷制無正據可馮因此小學
大學是殷制不疑故云明矣 八十拜君命一坐再至

足利本第二十卷第四葉

瞽亦如之九十使人受命謂君不親饗食必以其禮致之五十異
粻六十宿肉七十貳膳八十常珍九十飲食
不離寢膳飲從於遊可也粻糧也貳副也遊謂出入止觀六十
歲制七十時制八十月制九十日脩唯絞紟
衾冒死而后制絞紟衾冒一日二日而可爲者五十始衰六十
非肉不飽七十非帛不煖八十非人不煖九
十雖得人不煖矣煖溫五十杖於家六十杖於
鄉七十杖於國八十杖於朝九十者天子欲

禮記義二十　四　李憲

有問焉則就其室以珍從尊養之七十不俟朝
大夫士之老者揖君則退八十月告存每月致膳九十日有秩秩常
也有常膳五十不從力政六十不與服戎七十不與
賓客之事八十齊喪之事弗及也力稍衰也力政城道之役
也與及也八十不齊則不祭也子代之祭是謂宗子不孤五十而爵賢者命爲大夫六十
不親學不能備弟子禮七十致政唯衰麻爲喪致政還君
事【疏】正義曰此一節論老人力衰與少不同之事各隨文解之七十養於大學至於八十年漸衰弱不
堪來學受養君以饗食之禮使人就家致之其受君命之
時理須再拜不堪爲勞一坐於地而首再至於地瞽人無

潘本第二十卷第四葉

瞽亦如之九十使人受命謂君不親饗食必以其禮致之五十異
粻六十宿肉七十貳膳八十常珍九十飲食
不離寢膳飲從於遊可也粻糧也貳副也遊謂出入止觀六十
歲制七十時制八十月制九十日脩唯絞紟
衾冒死而后制絞紟衾冒一日二日而可爲者五十始衰六十
非肉不飽七十非帛不煖八十非人不煖九
十雖得人不煖矣煖溫五十杖於家六十杖於
鄉七十杖於國八十杖於朝九十者天子欲

禮記義二十　四　李憲

有問焉則就其室以珍從尊養之七十不俟朝
大夫士之老者揖君則退八十月告存每月致膳九十日有秩秩常
也有常膳五十不從力政六十不與服戎七十不與
賓客之事八十齊喪之事弗及也力稍衰也力政城道之役
也與及也八十不齊則不祭也子代之祭是謂宗子不孤五十而爵賢者命爲大夫六十
不親學不能備弟子禮七十致政唯衰麻爲喪致政還君
事【疏】正義曰此一節論老人力衰與少不同之事各隨文解之七十養於大學至於八十年漸衰弱不
堪來學受養君以饗食之禮使人就家致之其受君命之
時理須再拜不堪爲勞一坐於地而首再至於地瞽人無

足利本第二十卷第五葉

目恐其傾倒拜君命之時亦當如此故云亦如之　五十
至可也　自此以下雜記卿大夫士及庶人年老節制在
家自養之法隨年爲品也　五十異粻者粻糧也五十始
衰糧宜自異不可與少壯者同也　六十宿肉者轉老故
恒宿肉在帳下不使求而不得也　七十貳膳者貳副也
膳善食也恒令善食有儲副不使有闕也　八十常珍者
珍謂常食之皆珍奇美食尋常使有　九十飲食不離寢
者謂老人飲食無時或急求須得故不離於寢　膳飲從
於遊可也者謂美善之膳水漿之飲從於老人所遊之處
其理可也　六十至后制　六十歲制者明老而預爲送
終之具也年既衰老故逆辦之也歲制謂棺也不易可成
故歲制然此謂大夫以下耳人君即位爲椑不待六十也
其椁則死後爲之以其葬尚賖故檀弓云旬而布材是也
七十時制者時制謂一時可辦是衣物之難得者是年
轉老所須辦轉切也　八十月制者月制謂一月可辦衣
物易得者也漸老彌切也　九十日脩者至九十棺衣

禮記義二十　五　葛昌

皆畢但日日脩理之爲近於終故也　唯絞紟衾冒死而
后制者此四物易成故生不逆爲須云乃制也故檀弓云
一日二日而可爲也者君子弗爲也　七十至有秩　此
謂大夫士老年而聽致事者則七十杖於國朝君之時入
門至朝位君出揖之即退不待朝事畢也若不聽致仕則
祭義云七十杖於朝八十不俟朝　八十月告存者告謂
問也君每月使人致膳告問存否　九十日有秩者以至
年老方極秩常也君則日使人以常膳致之故云日有秩
注大夫士之老者揖君則退　正義曰案儀禮大射卿
大夫皆入門右北面公降立于阼階之東南南鄉揖大夫
大夫皆少進彼鄭注云變爾言揖使近北者爾揖君則退
謂就位君揖之時七十老者則退故祭義注云君揖之即
退不待朝事畢其少壯者則待朝事之終也　注每月致
膳　正義曰經直云月告存知非直遣人告問存否必知
致膳者以下云九十日有秩上文云天子欲有問焉則就
其室以珍從明八十每月告存之時必當致膳也　注力

潘本第二十卷第五葉

目恐其傾倒拜君命之時亦當如此故云亦如之　五十
至可也　自此以下雜記卿大夫士及庶人年老節制在
家自養之法隨年爲品也　五十異粻者粻糧也五十始
衰糧宜自異不可與少壯者同也　六十宿肉者轉老故
恒宿肉在帳下不使求而不得也　七十貳膳者貳副也
膳善食也恒令善食有儲副不使有闕也　八十常珍者
珍謂常食之皆珍奇美食尋常使有　九十飲食不離寢
者謂老人飲食無時或急求須得故不離於寢　膳飲從
於遊可也者謂美善之膳水漿之飲從於老人所遊之處
其理可也　六十至后制　六十歲制者明老而預爲送
終之具也年既衰老故逆辦之也歲制謂棺也不易可成
故歲制然此謂大夫以下耳人君即位爲椑不待六十也
其椁則死後爲之以其葬尚賖故檀弓云旬而布材是也
七十時制者時制謂一時可辦是衣物之難得者是年
轉老所須辦轉切也　八十月制者月制謂一月可辦衣
物易得者也漸老彌切也　九十日脩者至九十棺衣

禮記義二十　五　葛昌

皆畢但日日脩理之爲近於終故也　唯絞紟衾冒死而
后制者此四物易成故生不逆爲須云乃制也故檀弓云
一日二日而可爲也者君子弗爲也　七十至有秩　此
謂大夫士老年而聽致事者則七十杖於國朝君之時入
門至朝位君出揖之即退不待朝事畢也若不聽致仕則
祭義云七十杖於朝八十不俟朝　八十月告存者告謂
問也君每月使人致膳告問存否　九十日有秩者以至
年老方極秩常也君則日使人以常膳致之故云日有秩
注大夫士之老者揖君則退　正義曰案儀禮大射卿
大夫皆入門右北面公降立于阼階之東南南鄉揖大夫
大夫皆少進彼鄭注云變爾言揖使近北者爾揖君則退
謂就位君揖之時七十老者則退故祭義注云君揖之即
退不待朝事畢其少壯者則待朝事之終也　注每月致
膳　正義曰經直云月告存知非直遣人告問存否必知
致膳者以下云九十日有秩上文云天子欲有問焉則就
其室以珍從明八十每月告存之時必當致膳也　注力

稍至不孤　正義曰以上文歲制及杖於家之屬兼含大夫士及庶人之老此五十不從力政及不與服戎唯據庶人之事故云力政城道之役也謂築城垣治道也其大夫士六十未致仕若爲軍將當與服戎故知此據庶人也案異義禮戴說王制云五十不從力政六十不與服戎易孟氏韓詩說年二十行役三十受兵六十還兵古周禮說國中自七尺以及六十野自六尺以及六十有五皆征之許愼謹案云五經說皆不同是無明文所據漢承百王而制二十三而役五十六而免六十五已老而周復征之非用民意是許以周禮爲非鄭駁之云周禮是周公之制王制是孔子之後大賢所記先王之事周禮所謂皆征之者使爲胥徒給公家之事如今之正衛耳六十而不與服戎胥徒事暇坐息之間多其五歲又何太違之云徒給公家之事云非用民意取王制所云力政挽引築作之事所謂服戎謂從軍爲士卒也二者皆勞於胥徒故早舍之如鄭此言力政田役爲重故云五十免之故此五十不從力政祭

禮記義二十　六

義云五十不爲甸徒也戎事差輕六十不與服戎及孟氏說六十還兵是也胥徒又輕故野外六十五猶征之若四郊之內以其多役其胥徒之事六十則免初受役之時始年二十也其野王城之外力役又少胥徒之事十五則征之至六十五其力政之事皆二十受之兵革之事則三十受之故易孟氏詩韓氏皆云二十行役三十受兵也云是謂宗子不孤者以父是宗子年已八十子則代之而祭若父不爲宗子則不主祭祀無祭可代今已是父嫡子代父而祭之是有父之宗子案喪服云宗子孤爲殤以無父則稱孤明有父則不孤故云是謂宗子不孤也　注賢者命爲大夫　正義曰經直云五十而爵鄭知非命爲士而云大夫者以王制朥法朥則士無爵此經云而爵故知是大夫也此謂凡常之人有賢德故五十始爲大夫若其有德不必五十則喪服小功章云大夫爲昆弟之長殤是幼爲大夫爲兄之長殤

有虞氏養國老於上庠養庶老於下

稍至不孤　正義曰以上文歲制及杖於家之屬兼含大夫士及庶人之老此五十不從力政及不與服戎唯據庶人之事故云力政城道之役也謂築城垣治道也其大夫士六十未致仕若爲軍將當與服戎故知此據庶人也案異義禮戴說王制云五十不從力政六十不與服戎易孟氏韓詩說年二十行役三十受兵六十還兵古周禮說國中自七尺以及六十野自六尺以及六十有五皆征之許愼謹案云五經說皆不同是無明文所據漢承百王而制二十三而役五十六而免六十五已老而周復征之非用民意是許以周禮爲非鄭駁之云周禮是周公之制王制是孔子之後大賢所記先王之事周禮所謂皆征之者使爲胥徒給公家之事如今之正衛耳六十而不與服戎胥徒事暇坐息之間多其五歲又何太違之云徒給公家之事云非用民意取王制所云力政挽引築作之事所謂服戎謂從軍爲士卒也二者皆勞於胥徒故早舍之如鄭正言力政田役爲重故云五十免之故此五十不從力政祭

禮記義二十　六

義云五十不爲甸徒也戎事差輕六十不與服戎及孟氏說六十還兵是也胥徒又輕故野外六十五猶征之若郊之內以其多役其胥徒之事六十則免初受役之時始年二十也其野王城之外力役又少胥徒之事十五則征之至六十五其力政之事皆二十受之兵革之事則三十受之故易孟氏詩韓氏皆云二十行役三十受兵也云是謂宗子不孤者以父是宗子年已八十子則代之而祭若父不爲宗子則不主祭祀無祭可代今已是父嫡子代父而祭之是有父之宗子案喪服云宗子孤爲殤以無父則稱孤明有父則不孤故云是謂宗子不孤也　注賢者命爲大夫　正義日經文云五十而爵鄭知非命爲士而云大夫者以王制殷法殷則士無爵此經云而爵故知是大夫也此謂凡常之人有賢德故五十始爲大夫若其有不必五十則喪服小功章云大夫爲昆弟之長殤是幼爲大夫爲兄之長殤

有虞氏養國老於上庠養庶老於下

庠夏后氏養國老於東序養庶老於西序殷人養國老於右學養庶老於左學周人養國老於東膠養庶老於虞庠虞庠在國之西郊皆學名也異者四代相變耳或上西或上東或貴在國或貴在郊上庠右學大學也在西郊下庠左學小學也在國中王宮之東東序東膠亦大學在國中王宮之東西序虞庠亦小學也西序在西郊周立小學於西郊膠之言糾也庠之言養也周之小學爲有虞氏之庠制是以名庠云其立鄉學亦如之膠或作絿有虞氏皇而祭深衣而養老夏后氏收而祭燕衣而養老殷人冔而祭縞衣而養老周人冕而祭玄衣而養老皇冕屬也畫羽飾焉凡冕屬其服皆玄上纁下有虞氏十二章周九章夏殷未聞凡養老之服皆其時與羣臣燕之服有虞氏質深衣而已夏而改之尚黑而黑衣裳殷尚白而縞衣裳周則兼用之玄衣素裳其冠則牟追章甫委貌也諸侯以天子之燕服爲朝服燕禮曰燕朝服服是服也王者之後亦以燕服爲之魯季康子朝服以縞僭宋之禮也天子皮弁以日視朝也凡三王養老皆引年已而引戶校年當行復除也老人衆多非賢者不可皆養八十者一子不從政九十者其家不從政廢疾非人不養者一人不從政廢廢於人事父母之喪三年不從政齊衰大功之喪三月不從政將

足利本第二十卷第七葉

庠夏后氏養國老於東序養庶老於西序殷人養國老於右學養庶老於左學周人養國老於東膠養庶老於虞庠虞庠在國之西郊皆學名也異者四代相變耳或上西或上東或貴在國或貴在郊上庠右學大學也在西郊下庠左學小學也在國中王宮之東東序東膠亦大學在國中王宮之東西序虞庠亦小學也西序在西郊周立小學於西郊膠之言糾也庠之言養也周之小學爲有虞氏之庠制是以名庠云其立鄉學亦如之膠或作絿有虞氏皇而祭深衣而養老夏后氏收而祭燕衣而養老殷人冔而祭縞衣而養老周人冕而祭玄衣而養老皇冕屬也畫羽飾焉凡冕屬其服皆玄上纁下有虞氏十二章周九章夏殷未聞凡養老之服皆其時與羣臣燕之服有虞氏質深衣而已夏而改之尚黑而黑衣裳殷尚白而縞衣裳周則兼用之玄衣素裳其冠則牟追章甫委貌也諸侯以天子之燕服爲朝服燕禮曰燕朝服服是服也王者之後亦以燕服爲之魯季康子朝服以縞僭宋之禮也天子皮弁以日視朝也凡三王養老皆引年已而引戶校年當行復除也老人衆多非賢者不可皆養八十者一子不從政九十者其家不從政廢疾非人不養者一人不從政廢廢於人事父母之喪三年不從政齊衰大功之喪三月不從政將

潘本第二十卷第七葉

足利本第二十卷第八葉

從於諸侯三月不從政自諸侯來徙家期
不從政也自從 疏 正義曰此一節明養致仕老及庶人老給賜之事各依文解之 注 皆學
至如之 正義曰此四代養老之處雖其名不同以殷人
云右學左學虞氏云上庠下庠學記云黨有庠文王世子
云學干戈羽籥於東序以此約之故知皆學名也養老必
在學者以學教孝悌之處故於中養老熊氏云國老謂卿
大夫致仕者庶老謂士也皇氏云庶老兼庶人在官者其
致仕之老大夫以上當養從國老之法士養從庶老之法
故外饔云邦饗耆老掌其割亨鄭注引此周人養國老於
東膠養庶老於虞庠是也虞殷尚質貴取物成故大學在
西小學在東夏周貴文取積漸長養故大學在東小學在
西故云上庠右學大學也在西郊下庠左學小學也在國
中王宮之東以虞殷質俱貴於西故併言之夏周為文皆
上東故亦併言之云東序東膠亦大學在國中王宮之東

禮記義二十 八 高政

西序虞庠亦小學也西序在西郊周立小學於西郊是也
云周之小學為有虞氏之庠制者庠則後有室前有堂若
夏后氏之序及周之學所在序者皆與庠制同其州黨之
序則歇前而已序則豫也故鄉射云豫則鉤楹內堂則由
楹外彼鄭注豫讀如成周宣榭災之榭是也云其立鄉學
亦如之者言鄉學亦為庠制故上文云耆老皆朝于庠是
也周大學在國之西郊鄭駁異義云三靈一雍在郊者熊
氏云文王之時猶從殷禮故辟廱大學在郊劉氏以為周
之小學為辟廱在郊 注 皇冕至朝也 正義曰以皇與
下冕相對故為冕屬案周禮有設皇邸又云有皇舞皆為
鳳皇之字鳳羽五采故云畫羽飾之案上注云虞夏之制
天子服有日月星辰此云夏殷未聞者以皐陶謨謂之虞
夏書因彼之成文故云虞夏之制其實唯謂虞也云凡養
老之服皆其時與羣臣燕之服鄭知然者以經云夏后氏
燕衣而養老周人玄衣而養老周人燕用玄衣故知養老
燕羣臣之服也云有虞氏質深衣而已者深衣謂白布衣

潘本第二十卷第八葉

從於諸侯三月不從政自諸侯來徙家期
不從政也自從 疏 正義曰此一節明養致仕老及庶人老給賜之事各依文解之 注 皆學
至如之 正義曰此四代養老之處雖其名不同以殷人
云右學左學虞氏云上庠下庠學記云黨有庠文王世子
云學干戈羽籥於東序以此約之故知皆學名也養老必
在學者以學教孝悌之處故於中養老熊氏云國老謂卿
大夫致仕者庶老謂士也皇氏云庶老兼庶人在官者其
致仕之老大夫以上當養從國老之法士養從庶老之法
故外饔云邦饗耆老掌其割亨鄭注引此周人養國老於
東膠養庶老於虞庠是也虞殷尚質貴取物成故大學在
西小學在東夏周貴文取積漸長養故大學在東小學在
西故云上庠右學大學也在西郊下庠左學小學也在國
中王宮之東以虞殷質俱貴於西故併言之夏周為文皆
上東故亦併言之云東序東膠亦大學在國中王宮之東

禮記義二十 八 高政

西序虞庠亦小學也西序在西郊周立小學於西郊是也
云周之小學為有虞氏之庠制者庠則後有室前有堂若
夏后氏之序及周之學所在序者皆與庠制同其州黨之
序則歇前而已序則豫也故鄉射云豫則鉤楹內堂則由
楹外彼鄭注豫讀如成周宣榭災之榭是也云其立鄉學
亦如之者言鄉學亦為庠制故上文云耆老皆朝于庠是
也周大學在國之西郊鄭駁異義云三靈一雍在郊者熊
氏云文王之時猶從殷禮故辟廱大學在郊劉氏以為周
之小學為辟廱在郊 注 皇冕至朝也 正義曰以皇與
下冕相對故為冕屬案周禮有設皇邸又云有皇舞皆為
鳳皇之字鳳羽五采故云畫羽飾之案上注云虞夏之制
天子服有日月星辰此云夏殷未聞者以皐陶謨謂之虞
夏書因彼之成文故云虞夏之制其實唯謂虞也云凡養
老之服皆其時與羣臣燕之服鄭知然者以經云夏后氏
燕衣而養老周人玄衣而養老周人燕用玄衣故知養老
燕羣臣之服也云有虞氏質深衣而已者深衣謂白布衣

以質用白布而已其冠未聞皇氏云以爲養老首還服皇冠崔氏云以爲與夏同冠未知然否案郊特牲云大古冠布齊則緇之大古則虞氏或用白布冠也云夏而改之尚黑而黑衣裳者以殷人尚白用縞衣夏旣尚黑燕衣黑衣也云殷尚白而縞衣裳者縞白色生絹亦名爲素此縞衣謂白布深衣也云周則兼用之玄衣素裳者以經云玄衣而養老若衣裳俱玄則與夏不異又儀禮朝服緇布衣素裳緇則玄故爲玄衣素裳上養老云周人脩而兼用之故養老之衣亦脩而兼用之云其冠則牟追章甫委貌也者案儀禮朝服首著玄冠玄冠卽委貌以此推之則殷之朝服則皆著章甫之冠夏之朝服著牟追云諸侯以天子之燕服爲朝服者以燕禮諸侯燕臣子用朝服明天子之燕亦朝服也引燕禮曰燕朝服者證朝燕同云服是服也者言燕時服是玄衣素裳之服崔氏云天子燕饗內諸侯以緇衣燕饗外諸侯以玄冠諸侯各以爲朝服事無明文不可依也云王者之後亦以燕服爲之者玉藻云魯季康

禮記正義二十　九　許詠

子朝服以縞若當時無朝服以縞康子不應服之明是宋人所著故康子僭效之宋旣朝服以縞杞當朝服以玄云天子皮弁以日視朝也者玉藻文引之者證天子與諸侯朝服之別案詩頍弁注云禮天子諸侯朝服以燕天子之朝服以皮弁服以皮弁服燕不用玄衣者詩所謂燕同姓諸公及異姓甥舅等故用皮弁尚質故也若燕其諸侯則用玄衣明諸侯則朝服以日視朝服則玄冕素裳也冠禮記云周弁殷冔夏收鄭云弁名出於槃槃大也言所以自光大也冔名出於幠幠覆也所以自覆飾也收言所以收斂髮也其制之異亦未聞冠禮記又云委貌周道也章甫殷道也毋追夏后氏之道也鄭注云委猶安也言所以安正容貌章明也殷質言以表明丈夫也毋發聲也追猶堆也夏后氏質以其形名之其制之異同未聞　將徙至從政　此謂大夫采地之民徙於諸侯爲民以其新徙當須復除但諸侯地寬役少爲人所欲故唯三月不從政　自諸侯來徙於家者謂諸侯之民來徙於大夫之邑以大夫

足利本第二十卷第九葉

以質用白布而已其冠未聞皇氏云以爲養老首還服皇冠崔氏云以爲與夏同冠未知然否案郊特牲云大古冠布齊則緇之大古則虞氏或用白布冠也云夏而改之尚黑而黑衣裳者以殷人尚白用縞衣夏旣尚黑燕衣黑衣也云殷尚白而縞衣裳者縞白色生絹亦名爲素此縞衣謂白布深衣也云周則兼用之玄衣素裳者以經云玄衣而養老若衣裳俱玄則與夏不異又儀禮朝服緇布衣素裳緇則玄故爲玄衣素裳上養老云周人脩而兼用之故養老之衣亦脩而兼用之云其冠則牟追章甫委貌也者案儀禮朝服首著玄冠玄冠卽委貌以此推之則殷之朝服則皆著章甫之冠夏之朝服著牟追云諸侯以天子之燕服爲朝服者以燕禮諸侯燕臣子用朝服明天子之燕亦朝服也引燕禮曰燕朝服者證朝燕同云服是服也者言燕時服是玄衣素裳之服崔氏云天子燕饗內諸侯以緇衣燕饗外諸侯以玄冠諸侯各以爲朝服事無明文不可依也云王者之後亦以燕服爲之者玉藻云魯季康

禮記正義二十　九　許詠

子朝服以縞若當時無朝服以縞康子不應服之明是宋人所著故康子僭效之宋旣朝服以縞杞當朝服以玄云天子皮弁以日視朝也者玉藻文引之者證天子與諸侯朝服之別案詩頍弁注云禮天子諸侯朝服以燕天子之朝服以皮弁服以皮弁服燕不用玄衣者詩所謂燕同姓諸公及異姓甥舅等故用皮弁尚質故也若燕其諸侯則用玄衣明諸侯則朝服以日視朝服則玄冕素裳也冠禮記云周弁殷冔夏收鄭云弁名出於槃槃大也言所以自光大也冔名出於幠幠覆也所以自覆飾也收言所以收斂髮也其制之異亦未聞冠禮記又云委貌周道也章甫殷道也毋追夏后氏之道也鄭注云委猶安也言所以安正容貌章明也殷質言以表明丈夫也毋發聲也追猶堆也夏后氏質以其形名之其制之異同未聞　將徙至從政　此謂大夫采地之民徙於諸侯爲民以其新徙當須復除但諸侯地寬役少爲人所欲故唯三月不從政　自諸侯來徙於家者謂諸侯之民來徙於大夫之邑以大夫

潘本第二十卷第九葉

足利本第二十卷第十葉

役多地狹欲令人貪之故期不從政案旅師云新甿之治皆聽之使無征役鄭注引此文以證之是據民之遷徙王肅及庾氏等以爲據仕者從大夫家出仕諸侯從諸侯退仕大夫非鄭義也　少而無父者謂之孤老而無子者謂之獨老而無妻者謂之矜老而無夫者謂之寡此四者天民之窮而無告者也皆有常餼餼廩也

疏　正義曰此一節論矜恤鰥寡孤獨之事無妻無夫謂之矜寡者案孝經云男子六十無妻曰鰥婦人五十無夫曰寡舜年三十而尚書謂之鰥者以其父頑母嚚無爲娶之端故雖三十而亦稱鰥詩云何草不玄何人不矜據久役在外嫁娶失時亦謂之爲矜矜與鰥同其男子無妻亦謂之寡左傳云崔杼生成及彊而寡案劉熙釋名云無妻曰鰥愁悒不能寐目恒鰥鰥然其字從魚魚目恒不閉無夫曰寡寡倮也倮然單獨也無父曰孤孤顧也顧望無所瞻見也無子曰獨獨鹿也鹿鹿無所依也

瘖聾跛躃斷者侏儒百工各以其器食之斷謂支節絕也侏儒短人也器能也　道路男子由右婦人由左車從中央道有三塗遠別也　父之齒隨行兄之齒鴈行朋友不相踰廣敬也謂於塗中

疏　正義曰此一節論矜恤疾民之事瘖謂口不能言聾謂耳不聞聲跛躃謂足不能行斷者謂支節解絕侏儒謂容貌短小百工謂有雜技藝此等既非老無告不可特與常餼既有疾病不可不養以其病尚輕不可虛費官物故各以其器食之器能也因其各有所能供官役使以稟餼食之案晉語云文公問八疾胥臣對云戚施植鎛注云使擊鐘蘧蒢蒙璆注云璆是玉磬使擊之侏儒扶盧注云扶

潘本第二十卷第十葉

役多地狹欲令人貪之故期不從政案旅師云新甿之治皆聽之使無征役鄭注引此文以證之是據民之遷徙王肅及庾氏等以爲據仕者從大夫家出仕諸侯從諸侯退仕大夫非鄭義也　少而無父者謂之孤老而無子者謂之獨老而無妻者謂之矜老而無夫者謂之寡此四者天民之窮而無告者也皆有常餼餼廩也

疏　正義曰此一節論矜恤鰥寡孤獨之事無妻無夫謂之矜寡者案孝經云男子六十無妻曰鰥婦人五十無夫曰寡舜年三十而尚書謂之鰥者以其父頑母嚚無爲娶之端故雖三十而亦稱鰥詩云何草不玄何人不矜據久役在外嫁娶失時亦謂之爲矜矜與鰥同其男子無妻亦謂之寡左傳云崔杼生成及彊而寡案劉熙釋名云無妻曰鰥愁悒不能寐目恒鰥鰥然其字從魚魚目恒不閉無夫曰寡寡倮也倮然單獨也無父曰孤孤顧也顧望無所瞻見也無子曰獨獨鹿也鹿鹿無所依也

瘖聾跛躃斷者侏儒百工各以其器食之斷謂支節絕也侏儒短人也器能也　道路男子由右婦人由左車從中央道有三塗遠別也　父之齒隨行兄之齒鴈行朋友不相踰廣敬也謂於塗中

疏　正義曰此一節論矜恤疾民之事瘖謂口不能言聾謂耳不聞聲跛躃謂足不能行斷者謂支節解絕侏儒謂容貌短小百工謂有雜技藝此等既非老無告不可特與常餼既有疾病不可不養以其病尚輕不可虛費官物故各以其器食之器能也因其各有所能供官役使以稟餼食之案晉語云文公問八疾胥臣對云戚施植鎛注云使擊鐘蘧蒢蒙璆注云璆是玉磬使擊之侏儒扶盧注云扶

持也盧戟柄也 瞽矇循聲注云歌詠琴瑟聾聵司火注云使主然火其童昏嚚瘖僬僥官師所不材宜於掌土是各以器食之外傳不云跛躃此不云蘧篨戚施設文不具外傳瘖與僬僥置於掌土此瘖與侏儒其器食之者今古法異也

輕任并重任分班白者不提挈 皆謂少者雜色曰班

君子耆老不徒行庶人耆老不徒食 徒猶空也

疏 正義曰父齒者也任謂有擔負者俱應擔負老少並輕則并與少者擔之也 重任分者老少並重不可并與少者一人則分爲輕重重與少者輕與老者

大夫祭器不假祭器未成不造燕器 造爲也

疏 正義曰皇氏云此謂有地大夫故祭器不假若無地大夫則當假之故禮運云大夫祭器不假聲樂皆具非禮也謂無地大夫也

方一里者爲田九百畝 一里方三百步

方十里者爲方一里者百爲田九萬畝方百里者爲方十里者百爲田九十億畝 億今十萬

方千里者爲方百里者百爲田九萬億畝 萬億今萬萬也

疏 正義曰此一節論開方之法揔計天子畿外內諸侯之地小大各依文解之 方一里者爲田九百畝案論語云步百爲畝是長一百步闊一步畝百爲夫是一頃也長闊一百步夫三爲屋是三頃也闊三百步長一百步屋三爲井并是九百畝也長闊一里 注億今十萬 正義曰方十里爲田九萬畝方百里者爲方十里者百一箇十里之方既爲田九萬畝則十箇十里之方爲田九十萬畝一百箇十里之方爲田九百萬畝今云九十億畝是一億有十萬十億有一百萬九十億爲九百萬畝故云億今十

禮記正義二十　十一　李信

足利本第二十卷第十一葉

持也盧戟柄也 瞽矇循聲注云歌詠琴瑟聾聵司火注云使主然火其童昏嚚瘖僬僥官師所不材宜於掌土是各以器食之外傳不云跛躃此不云蘧篨戚施設文不具外傳瘖與僬僥置於掌土此瘖與侏儒其器食之者今古法異也

輕任并重任分班白者不提挈 皆謂少者雜色曰班

君子耆老不徒行庶人耆老不徒食 徒猶空也

疏 正義曰父齒者也任謂有擔負者俱應擔負老少並輕則并與少者擔之也 重任分者老少並重不可并與少者一人則分爲輕重重與少者輕與老者

大夫祭器不假祭器未成不造燕器 造爲也

疏 正義曰皇氏云此謂有地大夫故祭器不假若無地大夫則當假之故禮運云大夫祭器不假聲樂皆具非禮也謂無地大夫也

方一里者爲田九百畝 一里方三百步

方十里者爲方一里者百爲田九萬畝方百里者爲方十里者百爲田九十億畝 億今十萬

方千里者爲方百里者百爲田九萬億畝 萬億今萬萬也

疏 正義曰此一節論開方之法揔計天子畿外內諸侯之地小大各依文解之 方一里者爲田九百畝案論語云步百爲畝是長一百步闊一步畝百爲夫是一頃也長闊一百步夫三爲屋是三頃也闊三百步長一百步屋三爲井并是九百畝也長闊一里 注億今十萬 正義曰方十里爲田九萬畝方百里者爲方十里者百一箇十里之方既爲田九萬畝則十箇十里之方爲田九十萬畝一百箇十里之方爲田九百萬畝今云九十億畝是一億有十萬十億有一百萬九十億爲九百萬畝故云億今十

禮記正義二十　十一　李信

潘本第二十卷第十一葉

萬尹文子云百姓千品萬官億醜皆以數相十此謂小億也此鄭氏所用毛詩傳云數萬至萬曰億是大億也非鄭義 注萬億今萬萬也 正義曰計千里之方爲方百里者百一箇百里之方既爲九十億畝則十箇百里方爲九百億畝百箇百里方爲九千億畝今乃云九萬億畝與數不同者若以億言之當云九千億畝若以萬言之當云九萬萬畝但書經戰國及秦之世經籍錯亂此經上下或億或萬字相交涉遂誤爲萬億鄭未注之前書本既爾鄭更不顯言其錯因此錯本萬億之言即云此經萬億者即今之萬萬皇氏以爲億數不定或以十萬爲億或以萬萬爲億或以一萬爲億此云萬億者秪是萬萬也六國時或將萬爲億故云萬億但古事難委未知孰是故備存焉 自恒山至於南河千里而近 冀州域 自南河至於江千里而近 豫州域 自江至於衡山千里而

遥 荊州域 自東河至於東海千里而遥 徐州域 自東河至於西河千里而近 亦冀州域 自西河至於流沙千里而遥 雍州域 西不盡流沙南不盡衡山東不盡東海北不盡恒山凡四海之内斷長補短方三千里爲田八十萬億一萬億畝 九州之大計 方百里者爲田九十億畝山陵林麓川澤溝瀆城郭宮室塗巷三分去一其餘六十億畝 以一大國爲率其餘所以授民也山足曰麓 疏 正義曰此一節

萬尹文子云百姓千品萬官億醜皆以數相十此謂小億也此鄭氏所用毛詩傳云數萬至萬曰億是大億也非鄭義 注萬億今萬萬也 正義曰計千里之方爲方百里者百一箇百里之方既爲九十億畝則十箇百里方爲九百億畝百箇百里方爲九千億畝今乃云九萬億畝與數不同者若以億言之當云九千億畝若以萬言之當云九萬萬畝但書經戰國及秦之世經籍錯亂此經上下或億或萬字相交涉遂誤爲萬億鄭未注之前書本既爾鄭更不顯言其錯因此錯本萬億之言即云此經萬億者即今之萬萬皇氏以爲億數不定或以十萬爲億或以萬萬爲億或以一萬爲億此云萬億者秪是萬萬也六國時或將萬爲億故云萬億但古事難委未知孰是故備存焉 自恒山至於南河千里而近 冀州域 自南河至於江千里而近 豫州域 自江至於衡山千里而

禮記義二十 十二

遥 荊州域 自東河至於東海千里而遥 徐州域 自東河至於西河千里而近 亦冀州域 自西河至於流沙千里而遥 雍州域 西不盡流沙南不盡衡山東不盡東海北不盡恒山凡四海之内斷長補短方三千里爲田八十萬億一萬億畝 九州之大計 方百里者爲田九十億畝山陵林麓川澤溝瀆城郭宮室塗巷三分去一其餘六十億畝 以一大國爲率其餘所以授民也山足曰麓 疏 正義曰此一節

足利本第二十卷第十三葉

論四海之内地遠近里數也言千里而近者皇氏云自恒山至南河以千里言之其地稍近言不滿千里下云自江至於衡山千里而遥謂以千里言之其地稍遠言不啻千里熊氏以爲近者謂過千里遥者謂不滿千里其義似非也其餘遥近皆放此也　爲田八十萬億一萬億畝　以一州方千里九州方三千里三三如九爲方千里者有九一箇千里有九萬億畝九箇千里九九八十一故有八十一萬億畝但記文詳具於八十整數之下云萬億是八十箇萬億又云一萬億言是詳也以前文誤爲萬億此則因前文之誤更以萬億言之

古者以周尺八尺爲步今以周尺六尺四寸爲步古者百畝當今東田百四十六畝三十步古者百里當今百二十一里六十步四尺二寸二分

周尺之數未詳聞也案禮制周猶以十寸爲尺蓋六國時多變亂法度或言周尺八寸則步更爲八八六十四寸以此計之古者百畝當今百五十六畝二十五步古者百里當今百二十五里

疏正義曰古者八寸爲尺今以周尺八尺爲步則一步有六尺四寸今以周尺六尺四寸爲步則一步有五十二寸是今步比古步每步剩出一十二寸以此計之則古者百畝當今東田百五十二畝七十一步有餘與此百四十六畝三十步不相應也又今步每步剩古步十二寸以此計之則古之百里當今百二十三里一百一十五步二十寸與此經百二十一里六十步四尺二寸二分又不相應故鄭云六國時多變亂法度經文錯亂不可用也

注案禮至五里　正義曰玉人職云鎮圭尺有二寸又云桓圭九寸是周猶以十寸爲尺也今經云以周尺六尺四寸爲步乃是六十四寸則謂周八寸爲尺也故云蓋六國時多變亂法度或言周尺八寸也鄭即以古周尺十寸爲尺八尺爲步則

禮記義二十　十三　徐通

潘本第二十卷第十三葉

論四海之内地遠近里數也言千里而近者皇氏云自恒山至南河以千里言之其地稍近言不滿千里下云自江至於衡山千里而遥謂以千里言之其地稍遠言不啻千里熊氏以爲近者謂過千里遥者謂不滿千里其義似非也其餘遥近皆放此也　爲田八十萬億一萬億畝　以一州方千里九州方三千里三三如九爲方千里者有九一箇千里有九萬億畝九箇千里九九八十一故有八十一萬億畝但記文詳具於八十整數之下云萬億是八十箇萬億又云一萬億言是詳也以前文誤爲萬億此則因前文之誤更以萬億言之

古者以周尺八尺爲步今以周尺六尺四寸爲步古者百畝當今東田百四十六畝三十步古者百里當今百二十一里六十步四尺二寸二分

周尺之數未詳聞也案禮制周猶以十寸爲尺蓋六國時多變亂法度或言周尺八寸則步更爲八八六十四寸以此計之古者百畝當今百五十六畝二十五步古者百里當今百二十五里

疏正義曰古者八寸爲尺今以周尺八尺爲步則一步有六尺四寸今以周尺六尺四寸爲步則一步有五十二寸是今步比古步每步剩出一十二寸以此計之則古者百畝當今東田百五十二畝七十一步有餘與此百四十六畝三十步不相應也又今步每步剩古步十二寸以此計之則古之百里當今百二十三里一百一十五步二十寸與此經百二十一里六十步四尺二寸二分又不相應故鄭云六國時多變亂法度經文錯亂不可用也

注案禮至五里　正義曰玉人職云鎮圭尺有二寸又云桓圭九寸是周猶以十寸爲尺也今經云以周尺六尺四寸爲步乃是六十四寸則謂周八寸爲尺也故云蓋六國時多變亂法度或言周尺八寸也鄭即以古周尺十寸爲尺八尺爲步則

禮記義二十　十三　徐通

足利本第二十卷第十四葉

步八十寸鄭又以今周尺八寸爲尺八尺爲步則今步皆少於古步一十六寸也是今步別剩六十寸云以此計之者謂以古步又以今周尺八寸八尺爲步外剩十六寸而計之則古之四步剩出今之一步古之四十步爲今之五十步古之八十步爲今之一百步計古之一畝之田長百步得爲今田一百二十五步是今田每一畝之上剩出二十五步則方百畝之田從北嚮南每畝剩二十五步揔爲二千五百步從東嚮西每畝二十五步亦揔爲二千五百步相併爲五千步是揔爲五十畝又西南一角南北長二十五步應南畔所剩之度東西亦長二十五步應西畔所剩之度計方二十五步開方乘之揔積得六百二十五步六百步則爲六畝餘有二十五步故云古者百畝當今百五十六畝二十五步也又古四步剩今一步則古者四里剩今一里爲五里則古者四十里剩今十里爲五十里則古者八十里剩今二十里揔爲百里是古者八十里爲今百里今之百里之外猶有古之二十里四里剩一里其古

禮記義二十　十四　高彦

二十里爲今之二十五里故云古者百里當今百二十五里

方千里者爲方百里者百封方百里者三十國其餘方百里者七十又封方七十里者六十爲方百里者二十九方十里者四十其餘方百里者四十方十里者六十又封方五十里者百二十爲方百里者三十其餘方百里者十方十里者六十名山大澤不以封其餘以爲附庸閒田諸侯之有功者取於閒田以

潘本第二十卷第十四葉

步八十寸鄭又以今周尺八寸爲尺八尺爲步則今步皆少於古步一十六寸也是今步別剩六十寸云以此計之者謂以古步又以今周尺八寸八尺爲步外剩十六寸而計之則古之四步剩出今之一步古之四十步爲今之五十步古之八十步爲今之一百步計古之一畝之田長百步得爲今田一百二十五步是今田每一畝之上剩出二十五步則方百畝之田從北嚮南每畝剩二十五步揔爲二千五百步從東嚮西每畝二十五步亦揔爲二千五百步相併爲五千步是揔爲五十畝又西南一角南北長二十五步應南畔所剩之度東西亦長二十五步應西畔所剩之度計方二十五步開方乘之揔積得六百二十五步六百步則爲六畝餘有二十五步故云古者百畝當今百五十六畝二十五步也又古四步剩今一步則古者四里剩今一里爲五里則古者四十里剩今十里爲五十里則古者八十里剩今二十里揔爲百里是古者八十里爲今百里今之百里之外猶有古之二十里四里剩一里其古

禮記義二十　十四　高彦

二十里爲今之二十五里故云古者百里當今百二十五里

方千里者爲方百里者百封方百里者三十國其餘方百里者七十又封方七十里者六十爲方百里者二十九方十里者四十其餘方百里者四十方十里者六十又封方五十里者百二十爲方百里者三十其餘方百里者十方十里者六十名山大澤不以封其餘以爲附庸閒田諸侯之有功者取於閒田以

足利本第二十卷第十五葉

禄之其有削地者歸之間田　疏　正義曰此一經論畿外九州建國之法九州州別方千里凡千里之方以開方計之爲方百里者凡有一百故云爲方百里者百封方百里者三十國者前文云立大國三十故此云封方百里者三十國謂公也以百中去三十故其餘方百里者有七十又封方七十里者六十爲方百里者二十九方十里者四十謂侯國也凡百里之方開方計之爲十里之方百其七十里之國一用十里之方四十九七十里之國二則用十里之方九十八則一箇百里爲七十里之國二剩十里之方二然則二十箇七十里之國用百里之方十剩十里方有二十七十里之國六十用百里之方三十剩十里之方六十今就百里之方三十之中抽去十里之方六十是用百里之方二十九方十里者四十故其餘方百里者四十方十里者六十　又封方五十里者百二十者上云小國百二十謂伯國也凡百里之方一封五十里之國四則十箇百里之方封五十里之國四十今小國百二十故用百里之方三十則其餘方百里者十方十里者六十以爲附庸間田

天子之縣内方千里者爲方百里者百封方百里者九其餘方百里者九十一又封方七十里者二十一爲方百里者十方十里者二十九其餘方百里者八十方十里者七十一又封方五十里者六十三爲方百里者十五方十里者七十五其餘方百里者六十四方十里者九十六　疏　正義曰天子縣内地

潘本第二十卷第十五葉

禄之其有削地者歸之間田　疏　正義曰此一經論畿外九州建國之法九州州別方千里凡千里之方以開方計之爲方百里者凡有一百故云爲方百里者百封方百里者三十國者前文云立大國三十故此云封方百里者三十國謂公也以百中去三十故其餘方百里者有七十又封方七十里者六十爲方百里者二十九方十里者四十謂侯國也凡百里之方開方計之爲十里之方百其七十里之國一用十里之方四十九七十里之國二則用十里之方九十八則一箇百里爲七十里之國二剩十里之方二然則二十箇七十里之國用百里之方十剩十里方有二十七十里之國六十用百里之方三十剩十里之方六十今就百里之方三十之中抽去十里之方六十是用百里之方二十九方十里者四十故其餘方百里者四十方十里者六十　又封方五十里者百二十者上云小國百二十謂伯國也凡百里之方一封五十里之國四則十箇百里之方封五十里之國四十今小國百二十故用百里之方三十則其餘方百里者十方十里者六十以爲附庸間田

天子之縣内方千里者爲方百里者百封方百里者九其餘方百里者九十一又封方七十里者二十一爲方百里者十方十里者二十九其餘方百里者八十方十里者七十一又封方五十里者六十三爲方百里者十五方十里者七十五其餘方百里者六十四方十里者九十六　疏　正義曰天子縣内地

足利本第二十卷第十六葉

方千里爲方百里者百既用九箇擬封百里之國故其餘方百里者九十一也　又封方七十里者二十一者凡百里之方十爲七十里之國二十剩十里之方二十今以十里之方二十又更取其外十里之方二十九添前二十爲四十九爲七十里之國一是次國二十一也揔用百里之方十十里之方二十九是其餘方百里者八十方十里者七十一　又封方五十里者六十三者謂小國也凡百里之方一爲五十里之國四則百里之方十爲五十里之國四十又百里之方五爲五十里之國二十揔爲五十里之國六十更有五十里之國三凡一箇五十里之國用十里之方二十五則三箇五十里國揔用十里之方七十五是用地方百里者一十五方十里者七十五是其餘方百里者六十四方十里者九十六然畿外千里封國之外所餘地少其畿內千里所餘地多者以畿外之土本擬封建諸侯故國數多餘地少畿內本供天子又有郊關鄉遂準擬公卿王子弟采邑故建國數少餘地多　諸侯

禮記正義二十　十六　馬春

之下士祿食九人中士食十八人上士食三十六人下大夫食七十二人卿食二百八十八人君食二千八百八十人次國之卿食二百一十六人君食二千一百六十人小國之卿食百四十四人君食千四百四十人次國之卿命於其君者如小國之卿天子之大夫爲三監監於諸侯之國者其祿視諸侯之卿其爵視次國之君其祿

潘本第二十卷第十六葉

方千里爲方百里者百既用九箇擬封百里之國故其餘方百里者九十一也　又封方七十里者二十一者凡百里之方十爲七十里之國二十剩十里之方二十今以十里之方二十又更取其外十里之方二十九添前二十爲四十九爲七十里之國一是次國二十一也揔用百里之方十十里之方二十九是其餘方百里者八十方十里者七十一　又封方五十里者六十三者謂小國也凡百里之方一爲五十里之國四則百里之方十爲五十里之國四十又百里之方五爲五十里之國二十揔爲五十里之國六十更有五十里之國三凡一箇五十里之國用十里之方二十五則三箇五十里國揔用十里之方七十五是用地方百里者一十五方十里者七十五是其餘方百里者六十四方十里者九十六然畿外千里封國之外所餘地少其畿內千里所餘地多者以畿外之土本擬封建諸侯故國數多餘地少畿內本供天子又有郊關鄉遂準擬公卿王子弟采邑故建國數少餘地多　諸侯

禮記正義二十　十六　馬春

之下士祿食九人中士食十八人上士食三十六人下大夫食七十二人卿食二百八十八人君食二千八百八十人次國之卿食二百一十六人君食二千一百六十人小國之卿食百四十四人君食千四百四十人次國之卿命於其君者如小國之卿天子之大夫爲三監監於諸侯之國者其祿視諸侯之卿其爵視次國之君其祿

取之於方伯之地方伯爲朝天子皆有湯沐之邑於天子之縣內視元士（給齊戒自絜清之用浴用湯沐用潘）諸侯世子世國（也象賢）大夫不世爵使以德爵以功（謂縣內及列國諸侯爲天子大夫者不世爵而世祿辟賢也）未賜爵視天子之元士以君其國（列國及縣內之國也）諸侯之大夫不世爵祿

疏 正義曰此一節論士大夫及諸侯等食祿之數兼明臣之世與不世之事今各隨文解之 前以有諸侯之下士以上及大夫卿君故此依前而釋也諸侯之士旣明則天子士同之可知故此文發畿外之卿也前云諸侯下士視上農夫故有九人也前云上士倍中士故三十六也前文下大夫倍上士則食七十二人前云卿四大夫祿則二百八十八人 君食二千八百八十人者君謂大國之君也前云君十卿祿故二千八百八十人 次國之卿食二百一十六人者謂夏殷侯周則侯伯國也此大夫以下亦如大國大夫而卿惟得三大夫祿耳故特言卿也 君食二千一百六十人者君亦十卿祿也 小國之卿食百四十四人者小國謂夏周子男殷之伯國也大夫以下亦如大國大夫而卿則二大夫祿耳 君食千四百四十人者君亦十卿祿也 次國之卿命於其君者大國三卿皆命於天子則其祿各食二百八十八人若次國三卿二卿命於天子祿各食二百一十六人而一卿命於其君爲賤則祿不可等命天子者故視小國卿小國卿食一百四十四人也其若子男一卿命於天子二卿命於其君則祿猶如此其命天子卿無以異也其國小故不復差降也或云視大夫也其天子之士卿大夫無文宜準大國之卿大夫士也

注 給齊至用潘 正義曰以方伯朝天子故給以湯沐

禮記義二十　十七　方伯之

取之於方伯之地方伯爲朝天子皆有湯沐之邑於天子之縣內視元士（給齊戒自絜清之用浴用湯沐用潘）諸侯世子世國（也象賢）大夫不世爵使以德爵以功（謂縣內及列國諸侯爲天子大夫者不世爵而世祿辟賢也）未賜爵視天子之元士以君其國（列國及縣內之國也）諸侯之大夫不世爵祿

疏 正義曰此一節論士大夫及諸侯等食祿之數兼明臣之世與不世之事今各隨文解之 前以有諸侯之下士以上及大夫卿君故此依前而釋也諸侯之士旣明則天子士同之可知故此文發畿外之卿也前云諸侯下士視上農夫故有九人也前云上士倍中士故三十六也前文下大夫倍上士則食七十二人前云卿四大夫祿則二百八十八人 君食二千八百八十人者君謂大國之君也前云君十卿祿故二千八百八十人 次國之卿食二百一十六人者謂夏殷侯周則侯伯國也此大夫以下亦如大國大夫而卿惟得三大夫祿耳故特言卿也 君食二千一百六十人者君亦十卿祿也 小國之卿食百四十四人者小國謂夏周子男殷之伯國也大夫以下亦如大國大夫而卿則二大夫祿耳 君食千四百四十人者君亦十卿祿也 次國之卿命於其君者大國三卿皆命於天子則其祿各食二百八十八人若次國三卿二卿命於天子祿各食二百一十六人而一卿命於其君爲賤則祿不可等命天子者故視小國卿小國卿食一百四十四人也其若子男一卿命於天子二卿命於其君則祿猶如此其命天子卿無以異也其國小故不復差降也或云視大夫也其天子之士卿大夫無文宜準大國之卿大夫士也

注 給齊至用潘 正義曰以方伯朝天子故給以湯沐

禮記義二十　十七　方伯之

之邑。案前文云不能五十里曰附庸，又云天子元士視附庸，以湯沐之邑視元士亦五十里以下。異義：公羊說諸侯朝天子，天子之郊皆有朝宿之邑，從泰山之下皆有湯沐之邑。左氏說諸侯有功德於王室，京師有朝宿之邑，泰山有湯沐之邑，魯周公之後，鄭宣王母弟，此皆有湯沐邑，其餘則否。許慎謹案：京師之地皆有朝宿邑，周千八百諸侯，盡京師地不能容之，不合事理之宜。是許慎不從公羊之說，鄭無駁，當從許說。注謂縣至賢也。正義曰：知此大夫是天子大夫者，以下云諸侯之大夫不世爵祿，此直云大夫不世爵，與諸侯大夫文異，故知是天子大夫也。知是縣內及列國諸侯入為天子大夫者，案禮運云天子有田以處其子孫，則周召畢原之等是縣內諸侯也。詩衛武公入相於周，又尚書顧命齊侯為虎賁，衛侯為司寇，是列國諸侯也，並入為天子大夫。案司褒諸侯則共熊侯豹侯，是畿內亦曰諸侯，此不云諸侯而云大夫者，辟上諸侯世子之文，故云大夫。然畿內諸侯有為三公，則周召是也；列國

禮記義二十　十八　徐通

諸侯入為六卿，則鄭武公是也。今揔云為天子大夫者，若言公卿大夫，於文為煩，故揔言大夫以包之。詩云三事大夫，謂三公也；春秋諸侯殺大夫，謂卿也；是大夫為揔號。未賜爵視天子之元士以君其國者，未賜爵謂列國諸侯及縣內諸侯，其身既死，其子未得爵賜，其衣服禮制視天子元士，若畿外者君其本國，畿內者亦君畿內之國，故鄭注云列國及縣內之國。鄭必知兼畿外列國者，以詩小雅韎韐有奭，謂諸侯世子未遇爵命，服士服而來，此云視天子之元士以君其國，故知兼列國也。其畿內諸侯有大功德，元子出封畿外，則王命次子守其采邑，若其賢才則世為公卿，則春秋周公召伯之屬是也。諸侯之大夫不世爵祿者，諸侯降於天子，故大夫不世爵祿，若有大功德亦得世之，故隱八年官有世功則有官族，邑亦如之，是據諸侯卿大夫也。六禮：冠、昏、喪、祭、鄉、相見。鄉飲酒、鄉射。七教：父子、兄弟、夫婦、君臣、長

足利本第二十卷第十八葉

之邑。案前文云不能五十里曰附庸，又云天子元士視附庸，以湯沐之邑視元士亦五十里以下。異義：公羊說諸侯朝天子，天子之郊皆有朝宿之邑，從泰山之下皆有湯沐之邑。左氏說諸侯有功德於王室，京師有朝宿之邑，泰山有湯沐之邑，魯周公之後，鄭宣王母弟，此皆有湯沐邑，其餘則否。許慎謹案：京師之地皆有朝宿邑，周千八百諸侯，盡京師地不能容之，不合事理之宜。是許慎不從公羊之說，鄭無駁，當從許說。注謂縣至賢也。正義曰：知此大夫是天子大夫者，以下云諸侯之大夫不世爵祿，此直云大夫不世爵，與諸侯大夫文異，故知是天子大夫也。知是縣內及列國諸侯入為天子大夫者，案禮運云天子有田以處其子孫，則周召畢原之等是縣內諸侯也。詩衛武公入相於周，又尚書顧命齊侯為虎賁，衛侯為司寇，是列國諸侯也，並入為天子大夫。案司裘諸侯則共熊侯豹侯，是畿內亦曰諸侯，此不云諸侯而云大夫者，辟上諸侯世子之文，故云大夫。然畿內諸侯有為三公，則周召是也；列國

禮記義二十　十八　徐通

諸侯入為六卿，則鄭武公是也。今揔云為天子大夫者，若言公卿大夫，於文為煩，故揔言大夫以包之。詩云三事大夫，謂三公也；春秋諸侯殺大夫，謂卿也；是大夫為揔號。未賜爵視天子之元士以君其國者，未賜爵謂列國諸侯及縣內諸侯，其身既死，其子未得爵賜，其衣服禮制視天子元士，若畿外者君其本國，畿內者亦君畿內之國，故鄭注云列國及縣內之國。鄭必知兼畿外列國者，以詩小雅韎韐有奭，謂諸侯世子未遇爵命，服士服而來，此云視天子之元士以君其國，故知兼列國也。其畿內諸侯有大功德，元子出封畿外，則王命次子守其采邑，若其賢才則世為公卿，則春秋周公召伯之屬是也。諸侯之大夫不世爵祿者，諸侯降於天子，故大夫不世爵祿，若有大功德亦得世之，故隱八年官有世功則有官族，邑亦如之，是據諸侯卿大夫也。六禮：冠、昏、喪、祭、鄉、相見。鄉飲酒、鄉射。七教：父子、兄弟、夫婦、君臣、長

潘本第二十卷第十八葉

足利本第二十卷第十九葉左半葉無圖像

幼朋友賓客八政飲食衣服事爲異別度
量數制飲食爲上衣服次之事爲謂百工技藝也異別五方用器不同也度丈尺也量斗斛也數百十
也制布帛幅廣狹也

禮記正義卷第二十

上杉安房守藤原憲實寄進

潘本第二十卷第十九葉

幼朋友賓客八政飲食衣服事爲異別度
量數制飲食爲上衣服次之事爲謂百工技藝也異別五方用器不同也度丈尺也量斗斛也數百十
也制布帛幅廣狹也

禮記正義卷第二十

禮記義二十　十九

禮記正義卷第二十一

國子祭酒上護軍曲阜縣開國子臣孔穎達等奉

勅撰

月令第六

正義曰案鄭目録云名曰月令者以其記十二月政之所行也本吕氏春秋十二月紀之首章也以禮家好事抄合之後人因題之名曰禮記言周公所作其中官名時事多不合周法此於别録屬明堂陰陽記此卷所出解者不同今且申鄭旨釋之案吕不韋集諸儒士著爲十二月紀合十餘萬言名爲吕氏春秋篇首皆有月令與此文同是一證也又周無大尉唯秦官有大尉而此月令云乃命大尉此是官名不合周法二證也又秦以十月建亥爲歲首而月令云爲來歲授朔日即是九月爲歲終十月爲授朔此是時不合周法三證也又周有六冕郊天迎氣則用大裘乘玉輅建大常日月之章而月令服飾車旗並依時色此是事不合周法四證也故鄭云其中官名時事多不合周法然案秦始皇十二年吕不韋死十六年并天下然後以十月爲歲首歲首用十月時不韋已死十五年而不韋不得以十月爲正又云周書先有月令何得云不韋所造又秦并天下立郡何得云諸侯又秦以好兵殺害毒被天下何能布德施惠春不興兵既如此不同鄭必謂不韋作者以吕氏春秋十二月紀正與此同不過三五字别且不韋集諸儒所作爲一代大典亦採擇善言之事遵立舊章但秦自不能依行何怪不韋所作也又秦爲水位其來已久秦文公獲黑龍以爲水瑞何怪未平天下前不以十月爲歲首乎是鄭以月令不韋所作　月令者包天地陰陽之事然天地有上下之形陰陽有生成之理日月有運

禮記正義卷第二十一

國子祭酒上護軍曲阜縣開國子臣孔穎達等奉

勅撰

月令第六

正義曰案鄭目録云名曰月令者以其記十二月政之所行也本吕氏春秋十二月紀之首章也以禮家好事抄合之後人因題之名曰禮記言周公所作其中官名時事多不合周法此於别録屬明堂陰陽記此卷所出解者不同今且申鄭旨釋之案吕不韋集諸儒士著爲十二月紀合十餘萬言名爲吕氏春秋篇首皆有月令與此文同是一證也又周無大尉唯秦官有大尉而此月令云乃命大尉此是官名不合周法二證也又秦以十月建亥爲歲首而月令云爲來歲授朔日即是九月爲歲終十月爲授朔此是時不合周法三證也又周有六冕郊天迎氣則用大裘乘玉輅建大常日月之章而月令服飾車旗並依時色此是事不合周法四證也故鄭云其中官名時事多不合周法然案秦始皇十二年吕不韋死十六年并天下然後以十月爲歲首歲首用十月時不韋已死十五年而不韋不得以十月爲正又云周書先有月令何得云不韋所造又秦并天下立郡何得云諸侯又秦以好兵殺害毒被天下何能布德施惠春不興兵既如此不同鄭必謂不韋作者以吕氏春秋十二月紀正與此同不過三五字别且不韋集諸儒所作爲一代大典亦採擇善言之事遵立舊章但秦自不能依行何怪不韋所作也又秦爲水位其來已久秦文公獲黑龍以爲水瑞何怪未平天下前不以十月爲歲首乎是鄭以月令不韋所作　月令者包天地陰陽之事然天地有上下之形陰陽有生成之理日月有運

行之度星辰有次舍之常令既賛釋其文不得不略言
其趣案老子云道生一一生二二生三三生萬物易云
易有大極是生兩儀禮運云禮必本於大一分而爲天
地易乾鑿度云大極者未見其氣大初者氣之始大始
者形之始大素者質之始此四者同論天地之前及天
地之始老子云道生一道與大易自然虛无之氣無象
不可以形求不可以類取強名曰道強謂之大易也道
生一者一則混元之氣與大初大始大素同又與易之
大極禮之大一其義不殊皆爲氣形之始也一生二者
謂混元之氣分爲二二則天地也與易之兩儀又與禮
之大一分而爲天地同也二生三者謂叅之以人爲三
才也三生萬物者謂天地人既定萬物備生其間分爲
天地說有多家形狀之殊凡有六等一曰蓋天文見周
髀如蓋在上二曰渾天形如彈丸地在其中天包其外
猶如雞卵白之繞黄楊雄桓譚張衡蔡邕陸績王肅鄭
玄之徒並所依用三曰宣夜舊說云殷代之制其形體

禮記義二十一　二　方堅

事義無所出以言之四曰昕天昕讀爲軒言天北高南
下若車之軒是吳時姚信所說五曰穹天云穹隆在上
虞氏所說不知其名也六曰安天是晉時虞喜所論注
考靈耀用渾天之法今禮記是鄭氏所注當用鄭義以
渾天爲說案鄭注考靈耀云天者純陽清明無形聖人
則之制璿璣玉衡以度其象如鄭此言則天是大虛本
無形體但指諸星運轉以爲天耳但諸星之轉從東而
西必三百六十五日四分日之一星復舊處星既左轉
日則右行亦三百六十五日四分日之一至舊星之處
即以一日之行而爲一度計二十八宿一周天凡三百
六十五度四分度之一是天之一周之數也天如彈丸
圍圜三百六十五度四分度之一案考靈耀云一度二
千九百三十二里千四百六十一分里之三百四十八
周天百七萬一千里者是天圍周之里數也以圍三徑
一言之則直徑三十五萬七千里此爲二十八宿周廻
直徑之數也然二十八宿之外上下東西各有萬五千

行之度星辰有次舍之常令既賛釋其文不得不略言
其趣案老子云道生一一生二二生三三生萬物易云
易有大極是生兩儀禮運云禮必本於大一分而爲天
地易乾鑿度云大極者未見其氣大初者氣之始大始
者形之始大素者質之始此四者同論天地之前及天
地之始老子云道生一道與大易自然虛无之氣無象
不可以形求不可以類取強名曰道強謂之大易也道
生一者一則混元之氣與大初大始大素同又與易之
大極禮之大一其義不殊皆爲氣形之始也一生二者
謂混元之氣分爲二二則天地也與易之兩儀又與禮
之大一分而爲天地同也二生三者謂叅之以人爲三
才也三生萬物者謂天地人既定萬物備生其間分爲
天地說有多家形狀之殊凡有六等一曰蓋天文見周
髀如蓋在上二曰渾天形如彈丸地在其中天包其外
猶如雞卵白之繞黄楊雄桓譚張衡蔡邕陸績王肅鄭
玄之徒並所依用三曰宣夜舊說云殷代之制其形體

禮記義二十一　二　方堅

事義無所出以言之四曰昕天昕讀爲軒言天北高南
下若車之軒是吳時姚信所說五曰穹天云穹隆在上
虞氏所說不知其名也六曰安天是晉時虞喜所論注
考靈耀用渾天之法今禮記是鄭氏所注當用鄭義以
渾天爲說案鄭注考靈耀云天者純陽清明無形聖人
則之制璿璣玉衡以度其象如鄭此言則天是大虛本
無形體但指諸星運轉以爲天耳但諸星之轉從東而
西必三百六十五日四分日之一星復舊處星既左轉
日則右行亦三百六十五日四分日之一至舊星之處
即以一日之行而爲一度計二十八宿一周天凡三百
六十五度四分度之一是天之一周之數也天如彈丸
圍圜三百六十五度四分度之一案考靈耀云一度二
千九百三十二里千四百六十一分里之三百四十八
周天百七萬一千里者是天圍周之里數也以圍三徑
一言之則直徑三十五萬七千里此爲二十八宿周廻
直徑之數也然二十八宿之外上下東西各有萬五千

足利本第二十一卷第三葉

里是爲四遊之極謂之四表據四表之内并星宿内揔有三十八萬七千里然則天之中央上下正半之處則一十九萬三千五百里地在於中是地去天之數也鄭注考靈耀云地蓋厚三萬里春分之時地正當中自此地漸漸而下至夏至之時地下遊萬五千里地之上畔與天中平夏至之後地漸漸向上至秋分地正當天之中央自此地漸漸而上至冬至上遊萬五千里地之下畔與天中平自冬至後地漸漸而下此是地之升降於三萬里之中但渾天之體雖繞於地地則中央正平天則北高南下北極高於地三十六度南極下於地三十六度然則北極之下三十六度常見不没南極之上三十六度常没不見南極去北極一百二十一度餘若逐曲計之則一百八十一度餘若以南北中半言之謂之赤道去南極九十一度餘去北極亦九十一度餘此是春秋分之日道也赤道之北二十四度爲夏至之日道去北極六十七度也赤道之南二十四度爲冬至之日

禮記義二十一　三　李詢

道去南極亦六十七度地有升降星辰有四遊又鄭注考靈耀云天旁行四表之中冬南夏北春西秋東皆薄四表而止地亦升降於天之中冬至而下夏至而上二至上下蓋極地厚也地與星辰俱有四遊升降四遊者自立春地與星辰西遊春分西遊之極地雖西極升降正中從此漸漸而東至春末復正自立夏之後北遊夏至北遊之極地則升降極下至夏季復正立秋之後東遊秋分東遊之極地則升降正中至秋季復正立冬之後南遊冬至南遊之極地則升降極上冬季復正此是地及星辰四遊之義也星辰亦隨地升降故鄭注考靈耀云夏日道上與四表平下去東井十二度爲三萬里則是夏至之日上極萬五千里星辰下極萬五千里故夏至之日下至東井三萬里也日有九道故考靈耀云萬世不失九道謀鄭注引河圖帝覽嬉云黄道一青道二出黄道東赤道二出黄道南白道二出黄道西黑道二出黄道北日春東從青道夏南從赤道秋西從白道

潘本第二十一卷第三葉

里是爲四遊之極謂之四表據四表之内并星宿内揔有三十八萬七千里然則天之中央上下正半之處則一十九萬三千五百里地在於中是地去天之數也鄭注考靈耀云地蓋厚三萬里春分之時地正當中自此地漸漸而下至夏至之時地下遊萬五千里地之上畔與天中平夏至之後地漸漸向上至秋分地正當天之中央自此地漸漸而上至冬至上遊萬五千里地之下畔與天中平自冬至後地漸漸而下此是地之升降於三萬里之中但渾天之體雖繞於地地則中央正平天則北高南下北極高於地三十六度南極下於地三十六度然則北極之下三十六度常見不没南極之上三十六度常没不見南極去北極一百二十一度餘若逐曲計之則一百八十一度餘若以南北中半言之謂之赤道去南極九十一度餘去北極亦九十一度餘此是春秋分之日道也赤道之北二十四度爲夏至之日道去北極六十七度也赤道之南二十四度爲冬至之日

禮記義二十一　三　李詢

道去南極亦六十七度地有升降星辰有四遊又鄭注考靈耀云天旁行四表之中冬南夏北春西秋東皆薄四表而止地亦升降於天之中冬至而下夏至而上二至上下蓋極地厚也地與星辰俱有四遊升降四遊者自立春地與星辰西遊春分西遊之極地雖西極升降正中從此漸漸而東至春末復正自立夏之後北遊夏至北遊之極地則升降極下至夏季復正立秋之後東遊秋分東遊之極地則升降正中至秋季復正立冬之後南遊冬至南遊之極地則升降極上冬季復正此是地及星辰四遊之義也星辰亦隨地升降故鄭注考靈耀云夏日道上與四表平下去東井十二度爲三萬里則是夏至之日上極萬五千里星辰下極萬五千里故夏至之日下至東井三萬里也日有九道故考靈耀云萬世不失九道謀鄭注引河圖帝覽嬉云黄道一青道二出黄道東赤道二出黄道南白道二出黄道西黑道二出黄道北日春東從青道夏南從赤道秋西從白道

足利本第二十一卷第四葉

冬北從黑道立春星辰西遊日則東遊春分星辰西遊之極日東遊之極日與星辰相去三萬里夏則星辰北遊日則南遊夏至星辰北遊之極日南遊之極日與星辰相去三萬里以此推之秋冬放此可知計夏至之日日在井星正當嵩高之上以其南遊之極故在嵩高之南萬五千里所以夏至有尺五寸之景也於時日又上極星辰下極故日下去東井三萬里也然鄭四遊之極元出周髀之文但日與星辰四遊相反春分日在婁則婁星極西日體在婁星之東去婁三萬里以度言之十二度也則日沒之時去昏中之星近校十度旦時日極於東去旦中之星遠校十度若秋分日在角則角星極東日體在角星之西去角三萬里則日沒之時去昏中之星遠校十度旦時日極於西去旦中之星近校十度此皆曆乖違於數不合鄭無指解其事有疑但禮是鄭學故具言之耳賢者裁焉但二十八宿從東而左行日從西而右行一度逆泝二十八宿案漢書律曆志云冬

禮記義疏二十一　四　余敬

至之時日在牽牛初度春分之時日在婁四度夏至之時日在東井三十一度秋分之時日在角十度若日在東井則極長八尺之表尺五寸之景若春分在婁秋分在角晝夜等八尺之表七尺五寸之景冬至日在斗則晝極短八尺之表一丈三尺之景一丈三尺之中去其一尺五寸則餘有一丈一尺五寸之景是冬夏往來之景也凡於地千里而差一寸則夏至去冬至體漸南漸下相去一十萬五千里又考靈耀云正月假上八萬里假下一十萬四千里所以有假上假下者鄭注考靈耀之意以天去地十九萬三千五百里正月雨水之時日在上假於天八萬里下至地一十一萬三千五百里夏至之時日上極與天表平也後日漸向下故鄭注考靈耀云夏至日與表平冬至之時日下至於地八萬里上至於天十一萬三千五百里也委曲俱見考靈耀注凡二十八宿及諸星皆循天左行一日一夜一周天一周天之外更行一度計一年三百六十五周天四分度之

潘本第二十一卷第四葉

冬北從黑道立春星辰西遊日則東遊春分星辰西遊之極日東遊之極日與星辰相去三萬里夏則星辰北遊日則南遊夏至星辰北遊之極日南遊之極日與星辰相去三萬里以此推之秋冬放此可知計夏至之日日在井星正當嵩高之上以其南遊之極故在嵩高之南萬五千里所以夏至有尺五寸之景也於時日又上極星辰下極故日下去東井三萬里也然鄭四遊之極元出周髀之文但日與星辰四遊相反春分日在婁則婁星極西日體在婁星之東去婁三萬里以度言之十二度也則日沒之時去昏中之星近校十度旦時日極於東去旦中之星遠校十度若秋分日在角則角星極東日體在角星之西去角三萬里則日沒之時去昏中之星遠校十度旦時日極於西去旦中之星近校十度此皆曆乖違於數不合鄭無指解其事有疑但禮是鄭學故具言之耳賢者裁焉但二十八宿從東而左行日從西而右行一度逆泝二十八宿案漢書律曆志云冬

禮記義疏二十一　四　余敬

至之時日在牽牛初度春分之時日在婁四度夏至之時日在東井三十一度秋分之時日在角十度若日在東井則極長八尺之表尺五寸之景若春分在婁秋分在角晝夜等八尺之表七尺五寸之景冬至日在斗則晝極短八尺之表一丈三尺之景一丈三尺之中去其一尺五寸則餘有一丈一尺五寸之景是冬夏往來之景也凡於地千里而差一寸則夏至去冬至體漸南漸下相去一十萬五千里又考靈耀云正月假上八萬里假下一十萬四千里所以有假上假下者鄭注考靈耀之意以天去地十九萬三千五百里正月雨水之時日在上假於天八萬里下至地一十一萬三千五百里夏至之時日上極與天表平也後日漸向下故鄭注考靈耀云夏至日與表平冬至之時日下至於地八萬里上至於天十一萬三千五百里也委曲俱見考靈耀注凡二十八宿及諸星皆循天左行一日一夜一周天一周天之外更行一度計一年三百六十五周天四分度之

足利本第二十一卷第五葉

一日月五星則右行日一日一度月一日一十三度十九分度之七此相通之數也今曆象之說則月一日至於四日行最疾日行十四度餘自五日至八日行次疾日行十三度餘自九日至十九日行則遲日行十二度餘自二十日至二十三日又小疾日行十三度餘自二十四日至於晦行又最疾日行一十四度餘此是月行之大率也二十七日月行一周天至二十九日强半月及於日與日相會乃爲一月故考靈耀云九百四十分爲一日二十九日與四百九十九分爲月是一月二十九日之外至第三十日分至四百九十九分月及於日計九百四十分則四百七十爲半今四百九十九分是過半二十九分也但月是陰精日爲陽精故周髀云日猶火月猶水火則外光水則含景故月光生於日所照魄生於日所蔽當日則光盈就日則明盡京房云月與星辰陰者也有形無光日照之乃有光先師以爲日似彈丸月似鏡體或以爲月亦似彈丸日照處則明不照

禮記義二十一　五

處則闇案律曆志云二十八宿之度角一十二度亢九氐十五房五心五尾十八箕十一東方七十五度斗二十六牛八女十二虛十危十七營室十六壁九北方九十八度奎十六婁十二胃十四昴十一畢十六觜二參九西方八十度井三十三鬼四柳十五星七張十八翼十八軫十七南方一百一十二度丑爲星紀初斗十二度終婺女七度子爲玄枵初婺女八度終於危十五度亥爲娵訾初危十六度終於奎四度戌爲降婁初奎五度終於胃六度酉爲大梁初胃七度終於畢十一度申爲實沈初畢十二度終於井十五度未爲鶉首初井十六度終於柳八度午爲鶉火初柳九度終於張十六度巳爲鶉尾初張十八度終於軫十一度辰爲壽星初軫十二度終於氐四度卯爲大火初氐五度終於尾九度寅爲析木初尾十度終於斗十一度五星者東方歲星南方熒惑西方大白北方辰星中央鎭星其行之遲速俱在律曆志不更煩說春秋說題辭云天之爲言顚也說

潘本第二十一卷第五葉

一日月五星則右行日一日一度月一日一十三度十九分度之七此相通之數也今曆象之說則月一日至於四日行最疾日行十四度餘自五日至八日行次疾日行十三度餘自九日至十九日行則遲日行十二度餘自二十日至二十三日又小疾日行十三度餘自二十四日至於晦行又最疾日行一十四度餘此是月行之大率也二十七日月行一周天至二十九日强半月及於日與日相會乃爲一月故考靈耀云九百四十分爲一日二十九日與四百九十九分爲月是一月二十九日之外至第三十日分至四百九十九分月及於日計九百四十分則四百七十爲半今四百九十九分是過半二十九分也但月是陰精日爲陽精故周髀云日猶火月猶水火則外光水則含景故月光生於日所照魄生於日所蔽當日則光盈就日則明盡京房云月與星辰陰者也有形無光日照之乃有光先師以爲日似彈丸月似鏡體或以爲月亦似彈丸日照處則明不照

禮記義二十一　五

處則闇案律曆志云二十八宿之度角一十二度亢九氐十五房五心五尾十八箕十一東方七十五度斗二十六牛八女十二虛十危十七營室十六壁九北方九十八度奎十六婁十二胃十四昴十一畢十六觜二參九西方八十度井三十三鬼四柳十五星七張十八翼十八軫十七南方一百一十二度丑爲星紀初斗十二度終婺女七度子爲玄枵初婺女八度終於危十五度亥爲娵訾初危十六度終於奎四度戌爲降婁初奎五度終於胃六度酉爲大梁初胃七度終於畢十一度申爲實沈初畢十二度終於井十五度未爲鶉首初井十六度終於柳八度午爲鶉火初柳九度終於張十六度巳爲鶉尾初張十八度終於軫十一度辰爲壽星初軫十二度終於氐四度卯爲大火初氐五度終於尾九度寅爲析木初尾十度終於斗十一度五星者東方歲星南方熒惑西方大白北方辰星中央鎭星其行之遲速俱在律曆志不更煩說春秋說題辭云天之爲言顚也說

文云天顛也劉熙釋名云天顯也又云坦也地底也其體底下載萬物又云地諦也五土所生莫不信諦元命包云日之爲言實也月闕也劉熙釋名云日實也大明盛實月闕也滿則缺也説題辭云星精陽之榮也陽精爲日日分爲星故其字日下生也釋名云星散也布散於天又云陰蔭也氣在内奥蔭也陽揚也陽氣在外發揚此等是天地陰陽日月之名也祭法黄帝正名百物其名蓋黄帝而有也或後人更有增是其天高地下日盈月闕觜星度少井斗度多日月右行星辰左轉四遊升降之差二儀運動之法非由人事所作皆是造化自然先儒因其自然遂以人事爲義或據理是實或構虚不經既無正文可憑今皆略而不録

孟春之月日在營室昏參中旦尾中 孟長也日月之行一歲十二會聖王因其會而分之以爲大數焉觀斗所建命其四時此云孟春者日月會於諏訾而斗建寅之辰也凡記昏明中星者爲人君南面而聽天下視時候以授民事

疏 正義曰此言孟春者夏正建寅之月也呂不韋在於秦世秦以十月爲歲首不用秦正而用夏時者以夏數得天正故用之也周禮雖以建子爲正其祭祀田獵亦用夏正也 日在營室者案三統曆立春日在危十六度正月中日在室十四度元嘉曆立春日在危三度正月中日在室一度 昏參中者案三統曆立春昏畢十度中去日八十九度正月中昏井二度中去日九十三度元嘉曆立春昏昴九度中月半昏觜觿一度中皆不昏參中者月令昏明中星皆大略而言不與曆正同但有一月之内有中者即得載之計正月昏參中依三統曆在立春之後六日參星初度昏得中也但二十八宿其星體有廣狹相去遠近或月節月中之日昏明之時前星以過於午後星未至正南又星有明暗見有早晚明者昏早見而旦晚没暗者則昏晚見而旦早没所以昏明之星不可正依曆法但舉大略耳餘月昏明從此可知 注 孟長至民事

禮記義二十一　六

文云天顛也劉熙釋名云天顯也又云坦也地底也其體底下載萬物又云地諦也五土所生莫不信諦元命包云日之爲言實也月闕也劉熙釋名云日實也大明盛實月闕也滿則缺也説題辭云星精陽之榮也陽精爲日日分爲星故其字日下生也釋名云星散也布散於天又云陰蔭也氣在内奥蔭也陽揚也陽氣在外發揚此等是天地陰陽日月之名也祭法黄帝正名百物其名蓋黄帝而有也或後人更有增是其天高地下日盈月闕觜星度少井斗度多日月右行星辰左轉四遊升降之差二儀運動之法非由人事所作皆是造化自然先儒因其自然遂以人事爲義或據理是實或構虚不經既無正文可憑今皆略而不録

孟春之月日在營室昏參中旦尾中 孟長也日月之行一歲十二會聖王因其會而分之以爲大數焉觀斗所建命其四時此云孟春者日月會於諏訾而斗建寅之辰也凡記昏明中星者爲人君南面而聽天下視時候以授民事

疏 正義曰此言孟春者夏正建寅之月也呂不韋在於秦世秦以十月爲歲首不用秦正而用夏時者以夏數得天正故用之也周禮雖以建子爲正其祭祀田獵亦用夏正也 日在營室者案三統曆立春日在危十六度正月中日在室十四度元嘉曆立春日在危三度正月中日在室一度 昏參中者案三統曆立春昏畢十度中去日八十九度正月中昏井二度中去日九十三度元嘉曆立春昏昴九度中月半昏觜觿一度中皆不昏參中者月令昏明中星皆大略而言不與曆正同但有一月之内有中者即得載之計正月昏參中依三統曆在立春之後六日參星初度昏得中也但二十八宿其星體有廣狹相去遠近或月節月中之日昏明之時前星以過於午後星未至正南又星有明暗見有早晚明者昏早見而旦晚没暗者則昏晚見而旦早没所以昏明之星不可正依曆法但舉大略耳餘月昏明從此可知 注 孟長至民事

禮記義二十一　六

正義曰禮緯爲庶長稱孟故云孟長也若於人言之庶爲孟若於物言之直爲長也不取庶長之義先儒以孟春亦爲之庶長案尚書康誥云孟侯書傳天子之子十八稱孟侯並皆稱孟豈亦庶長乎先儒以孟春稱庶長者非也云日月之行一歲十二會者日行遲一月行二十九度半餘月行疾一月行天一帀三百六十五度四分度之一過帀更行二十九度半餘逐及於日而與日會所會之處謂之爲辰鄭注周禮大師職云十一月辰在星紀十二月辰在玄枵正月辰在娵訾二月辰在降婁三月辰在大梁四月辰在實沈五月辰在鶉首六月辰在鶉火七月辰在鶉尾八月辰在壽星九月辰在大火十月辰在析木此是一歲十二會也云聖王因其會而分之以爲大數焉者聖王因其日月自然之會而分爲十二分以爲大略之數焉所以爲大略之數者以二十九日過半月及於日日不可分兩月各有二十九日又兩月各有強半之日合兩半而成一日是一月有三十日一月二十九日一大一小之外仍有

禮記義二十一　七　李憲

餘分一年十二月六大六小揔有三百五十四日是歲十二會之實數也仍少十一日四分日之一未得周天聖王揔以三百六十五日四分日之一爲十二會之大數一會即一辰也是一辰有三十度十二辰揔有三百六十度餘有五度四分度之一度別爲九十六分揔五度有四百八十分又四分度之一爲二十四分并之爲五百四分十二辰分之各得四十二分則是每辰有三十度九十六分度之四十二計之日月實行一會唯二十九分過半若通均一歲會數則每會有三十度九十六分度之四十二是以分之爲大數也此云孟春者日月會於諏訾而斗建寅之辰者諏訾是亥次之號立春之時日在危十六度月半雨水之時日在營室十四度營室號諏訾但星次西流日行東轉東西相逆若月初之時則日在星分之初月半之時則在星分之半月終之時在星分之末凡十二月日之所在或舉月初或舉月末皆據其大略不細與曆數齊同其昬明中星亦皆如此斗謂比斗循天而轉行建一月一辰

足利本第二十一卷第七葉

潘本第二十一卷第七葉

正義曰禮緯爲庶長稱孟故云孟長也若於人言之庶爲孟若於物言之直爲長也不取庶長之義先儒以孟春亦爲之庶長案尚書康誥云孟侯書傳天子之子十八稱孟侯並皆稱孟豈亦庶長乎先儒以孟春稱庶長者非也云日月之行一歲十二會者日行遲一月行二十九度半餘月行疾一月行天一帀三百六十五度四分度之一過帀更行二十九度半餘逐及於日而與日會所會之處謂之爲辰鄭注周禮大師職云十一月辰在星紀十二月辰在玄枵正月辰在娵訾二月辰在降婁三月辰在大梁四月辰在實沈五月辰在鶉首六月辰在鶉火七月辰在鶉尾八月辰在壽星九月辰在大火十月辰在析木此是一歲十二會也云聖王因其會而分之以爲大數焉者聖王因其日月自然之會而分爲十二分以爲大略之數焉所以爲大略之數者以二十九日過半月及於日日不可分兩月各有二十九日又兩月各有強半之日合兩半而成一日是一月有三十日一月二十九日一大一小之外仍有

禮記義二十一　七　李憲

餘分一年十二月六大六小揔有三百五十四日是歲十二會之實數也仍少十一日四分日之一未得周天聖王揔以三百六十五日四分日之一爲十二會之大數一會即一辰也是一辰有三十度十二辰揔有三百六十度餘有五度四分度之一度別爲九十六分揔五度有四百八十分又四分度之一爲二十四分并之爲五百四分十二辰分之各得四十二分則是每辰有三十度九十六分度之四十二計之日月實行一會唯二十九分過半若通均一歲會數則每會有三十度九十六分度之四十二是以分之爲大數也此云孟春者日月會於諏訾而斗建寅之辰者諏訾是亥次之號立春之時日在危十六度月半雨水之時日在營室十四度營室號諏訾但星次西流日行東轉東西相逆若月初之時則日在星分之初月半之時則在星分之半月終之時在星分之末凡十二月日之所在或舉月初或舉月末皆據其大略不細與曆數齊同其昬明中星亦皆如此斗謂比斗循天而轉行建一月一辰

足利本第二十一卷第八葉

辰三十度九十六分度之四十二正月建寅二月建卯三月建辰四月建巳五月建午六月建未七月建申八月建酉九月建戌十月建亥十一月建子十二月建丑也其十二辰之名案律曆志云孳萌於子則子孳也又云紐牙於丑則丑紐也又云引達於寅則寅引也又云冒茆於卯則卯冒也又云振美於辰則辰振也又云巳盛於巳則巳巳也又云蕚布於午則午蕚也又云昧薆於未則未昧也又云申堅於申則申堅也又云留孰於酉則酉留也又云畢入於戌則戌畢也又云該閡於亥則亥該也律曆志又云北伏也陽氣伏於下於時爲冬冬終也萬物終藏南任也陽氣任養萬物於時爲夏夏假也假大也西遷也陰氣遷落萬物於時爲秋秋者揫也物揫斂也東者動也陽氣動物於時爲春春蠢也物蠢生也云凡記昏明中星者爲人君南面而聽天下視時候授民事者案書緯考靈耀云主春者鳥星昏中可以種稷主夏者心星昏中可以種黍主秋者虛星昏中可以種麥主冬者昴星昏中則入山可以斬伐

禮記義二十一　八

具器械王者南面而坐視四星之中者而知民之緩急急則不賦力役故敬授民時是觀時候授民事也

其日甲乙　乙之言軋也日之行春東從青道發生萬物月爲之佐時萬物皆解孚甲自抽軋而出因以爲日名焉乙不爲月名者君統臣功也【疏】正義曰其當孟春仲春季春之時日之生養之功謂爲甲乙【注】乙之至臣功　正義曰乙軋聲相近故云乙之言軋也云日之行春東從青道者以星辰之次謂之黃道春時星辰西遊黃道近西黃道之東謂之青道日體不移依舊而行當青道之上故云東從青道云月爲之佐者以日月皆經天而行月亦從青道陰佐於陽故云月爲之佐知月亦從青道者以緯云月行九道九道者並與日同而青道二黃道東赤道二黃道南白道二黃道西黑道二黃道北并黃道而爲九道也並與日同也云萬物皆解孚甲自抽軋而出因以爲日名焉者以日能生養萬物萬物皆抽軋而生因其抽軋以爲日功之名也孚甲在前抽軋在後則應孟春爲甲

潘本第二十一卷第八葉

辰三十度九十六分度之四十二正月建寅二月建卯三月建辰四月建巳五月建午六月建未七月建申八月建酉九月建戌十月建亥十一月建子十二月建丑也其十二辰之名案律曆志云孳萌於子則子孳也又云紐牙於丑則丑紐也又云引達於寅則寅引也又云冒茆於卯則卯冒也又云振美於辰則辰振也又云巳盛於巳則巳巳也又云蕚布於午則午蕚也又云昧薆於未則未昧也又云申堅於申則申堅也又云留孰於酉則酉留也又云畢入於戌則戌畢也又云該閡於亥則亥該也律曆志又云北伏也陽氣伏於下於時爲冬冬終也萬物終藏南任也陽氣任養萬物於時爲夏夏假也假大也西遷也陰氣遷落萬物於時爲秋秋者揫也物揫斂也東者動也陽氣動物於時爲春春蠢也物蠢生也云凡記昏明中星者爲人君南面而聽天下視時候授民事者案書緯考靈耀云主春者鳥星昏中可以種稷主夏者心星昏中可以種黍主秋者虛星昏中可以種麥主冬者昴星昏中則入山可以斬伐

禮記義二十一　八

具器械王者南面而坐視四星之中者而知民之緩急急則不賦力役故敬授民時是觀時候授民事也

其日甲乙　乙之言軋也日之行春東從青道發生萬物月爲之佐時萬物皆解孚甲自抽軋而出因以爲日名焉乙不爲月名者君統臣功也【疏】正義曰其當孟春仲春季春之時日之生養之功謂爲甲乙【注】乙之至臣功　正義曰乙軋聲相近故云乙之言軋也云日之行春東從青道者以星辰之次謂之黃道春時星辰西遊黃道近西黃道之東謂之青道日體不移依舊而行當青道之上故云東從青道云月爲之佐者以日月皆經天而行月亦從青道陰佐於陽故云月爲之佐知月亦從青道者以緯云月行九道九道者並與日同而青道二黃道東赤道二黃道南白道二黃道西黑道二黃道北并黃道而爲九道也並與日同也云萬物皆解孚甲自抽軋而出因以爲日名焉者以日能生養萬物萬物皆抽軋而生因其抽軋以爲日功之名也孚甲在前抽軋在後則應孟春爲甲

季春爲乙今三春揔云甲乙者孚甲抽軋相去不遠早生者即孟春孚甲而抽軋也晩生者即季春孚甲而抽軋也律曆志云出甲於甲則甲是孚甲也又云奮軋於乙則乙軋也又云明炳於丙則丙炳也又云大成於丁則丁成也又云豐茂於戊則戊茂也又云理紀於己則己理也理謂正紀綱也又云改更於庚則庚更也謂物改更也又云悉新於辛則辛新也又云懷任於壬則壬任也又云陳揆於癸則癸揆也謂物之陳列可揆度也云乙不爲月名者君統臣功也者月既佐日同有甲乙之功今獨以甲乙爲日名不以乙爲月名故云君統臣功君謂日也日統領月之功猶若君統領臣之功以爲己功俗本云君統臣功定本云君統功無臣字義俱通也

其帝大皡

其神句芒此倉精之君木官之臣自古以來著德立功者也大皡宓戲氏句芒少皡氏之子曰重爲木官

其蟲鱗象物孚甲將解鱗龍蛇之屬

疏正義曰自孟春之月訖其日甲乙明於天道其

事略竟從此以下至鴻鴈來明聖人奉天時及萬物節候也故蔡邕云法象莫大乎天地變通莫大乎四時縣象著明莫大乎日月故先建春以奉天奉天然後立帝立帝然後言佐言佐然後列昆蟲之別物有形可見然後音聲可聞故陳音有音然後清濁可聽故言鍾律均聲可以章故陳酸羶之屬也群品以著五行爲用於人然後宗而祀之故陳五祀此以上者聖人記事之次也東風以下者效初氣之序也二者既立然後人君承天時行庶政故言帝者居處之宜衣服之制布政之節所明欽若昊天然後奉天時也　其帝大皡者謂自古以來木德之君其帝大皡也謂之皡者案異義古尚書說元氣廣大謂之皡天則皡皡廣大之意以伏犧德能同天故稱皡以東方生養元氣盛大西方收斂元氣便小故東方之帝謂之大皡西方之帝謂之少皡　其神句芒者謂自古以來主春立功之臣其祀以爲神是句芒者主木之官木初生之時句屈而有芒角故云句芒言大皡句芒者以此二人生時木王主春立

季春爲乙今三春揔云甲乙者孚甲抽軋相去不遠早生者即孟春孚甲而抽軋也晩生者即季春孚甲而抽軋也律曆志云出甲於甲則甲是孚甲也又云奮軋於乙則乙軋也又云明炳於丙則丙炳也又云大成於丁則丁成也又云豐茂於戊則戊茂也又云理紀於己則己理也理謂正紀綱也又云改更於庚則庚更也謂物改更也又云悉新於辛則辛新也又云懷任於壬則壬任也又云陳揆於癸則癸揆也謂物之陳列可揆度也云乙不爲月名者君統臣功也者月既佐日同有甲乙之功今獨以甲乙爲日名不以乙爲月名故云君統臣功君謂日也日統領月之功猶若君統領臣之功以爲己功俗本云君統臣功定本云君統功無臣字義俱通也

其帝大皡

其神句芒此倉精之君木官之臣自古以來著德立功者也大皡宓戲氏句芒少皡氏之子曰重爲木官

其蟲鱗象物孚甲將解鱗龍蛇之屬

疏正義曰自孟春之月訖其日甲乙明於天道其

禮記義二十一　九

事略竟從此以下至鴻鴈來明聖人奉天時及萬物節候也故蔡邕云法象莫大乎天地變通莫大乎四時縣象著明莫大乎日月故先建春以奉天奉天然後立帝立帝然後言佐言佐然後列昆蟲之別物有形可見然後音聲可聞故陳音有音然後清濁可聽故言鍾律均聲可以章故陳酸羶之屬也群品以著五行爲用於人然後宗而祀之故陳五祀此以上者聖人記事之次也東風以下者效初氣之序也二者既立然後人君承天時行庶政故言帝者居處之宜衣服之制布政之節所明欽若昊天然後奉天時也　其帝大皡者謂自古以來木德之君其帝大皡也謂之皡者案異義古尚書說元氣廣大謂之皡天則皡皡廣大之意以伏犧德能同天故稱皡以東方生養元氣盛大西方收斂元氣便小故東方之帝謂之大皡西方之帝謂之少皡　其神句芒者謂自古以來主春立功之臣其祀以爲神是句芒者主木之官木初生之時句屈而有芒角故云句芒言大皡句芒者以此二人生時木王主春立

足利本第二十一卷第十葉

德立功及其死後春祀之時則祀此大皡句芒故言也此之言據死後享祭之時不論生存之日故云其神句芒句芒言其神則大皡亦神也大皡言帝則句芒當云臣也互而相通大皡在前句芒在後相去縣遠非是一時大皡木王句芒有主木之功故取以相配也　注此蒼精至木官也　正義曰蒼是東方之色故下云駕蒼龍服蒼玉此是蒼精之君也則東方當木行之君也云著德立功者著德謂大皡立功謂句芒也云大皡宓戲氏者以東方立德則謂之大皡德能執伏犧牲謂之伏犧即宓戲也律曆志云大皡作罔罟以田漁取犧牲故天下號曰庖犧氏又帝王世紀云取犧牲以供庖厨食天下故號曰庖犧氏或作宓戲氏者宓字誤也當宂下著必是古之伏字案帝王世紀云大皡帝庖犧氏風姓也母曰華胥遂人之世有大人之迹出於雷澤之中華胥履之生庖犧於成紀蛇身人首有聖德爲百王先帝出於震未有所因故位在東主春象日之明是以稱大皡一號黄熊氏云少皡氏之子曰重爲木官者

禮記義二十一　十　趙通

案昭二十九年左傳蔡墨云少皡氏有四叔曰重曰該曰脩曰熙重爲句芒該爲蓐收脩及熙爲玄冥顓頊氏有子曰犂爲祝融共工氏有子曰句龍爲后土是重爲句芒若然案楚語云重爲南正司天犂爲火正司地所以又爲南正火正不同者蓋重爲木正兼爲南正司天犂爲火正兼爲北正司地故韋昭注國語云火當爲北重既顓頊時爲南正案楚世家高辛氏誅重犂依帝繫顓頊高辛各有一人爲帝則重既事顓頊又事高辛鄭則依命曆序以顓頊傳九世帝嚳傳十世則重何得事顓頊又事高辛者師解重人號雖子孫皆號曰重猶若羿爲堯時射官至夏后相之時猶有羿也自古以來紀君臣之號案昭十七年左傳云顓頊以來不能紀遠乃紀於近命以民事服注云自少皡以上天子之號以其德百官之號以其徵自顓頊以來天子之號以其地百官之紀以其事則伏犧神農黄帝少皡皆以德爲號也高陽高辛唐虞皆以地爲號也雖以其地爲號兼有德號則帝嚳顓頊堯舜是其德號　其

潘本第二十一卷第十葉

德立功及其死後春祀之時則祀此大皡句芒故言也此之言據死後享祭之時不論生存之日故云其神句芒句芒言其神則大皡亦神也大皡言帝則句芒當云臣也互而相通大皡在前句芒在後相去縣遠非是一時大皡木王句芒有主木之功故取以相配也　注此蒼精至木官也　正義曰蒼是東方之色故下云駕蒼龍服蒼玉此是蒼精之君也則東方當木行之君也云著德立功者著德謂大皡立功謂句芒也云大皡宓戲氏者以東方立德則謂之大皡德能執伏犧牲謂之伏犧即宓戲也律曆志云大皡作罔罟以田漁取犧牲故天下號曰庖犧氏又帝王世紀云取犧牲以供庖厨食天下故號曰庖犧氏或作宓戲氏者宓字誤也當宂下著必是古之伏字案帝王世紀云大皡帝庖犧氏風姓也母曰華胥遂人之世有大人之迹出於雷澤之中華胥履之生庖犧於成紀蛇身人首有聖德爲百王先帝出於震未有所因故位在東主春象日之明是以稱大皡一號黄熊氏云少皡氏之子曰重爲木官者

禮記義二十一　十　趙通

案昭二十九年左傳蔡墨云少皡氏有四叔曰重曰該曰脩曰熙重爲句芒該爲蓐收脩及熙爲玄冥顓頊氏有子曰犂爲祝融共工氏有子曰句龍爲后土是重爲句芒若然案楚語云重爲南正司天犂爲火正司地所以又爲南正火正不同者蓋重爲木正兼爲南正司天犂爲火正兼爲北正司地故韋昭注國語云火當爲北重既顓頊時爲南正案楚世家高辛氏誅重犂依帝繫顓頊高辛各有一人爲帝則重既事顓頊又事高辛鄭則依命曆序以顓頊傳九世帝嚳傳十世則重何得事顓頊又事高辛者師解重人號雖子孫皆號曰重猶若羿爲堯時射官至夏后相之時猶有羿也自古以來紀君臣之號案昭十七年左傳云顓頊以來不能紀遠乃紀於近命以民事服注云自少皡以上天子之號以其德百官之號以其徵自顓頊以來天子之號以其地百官之紀以其事則伏犧神農黄帝少皡皆以德爲號也高陽高辛唐虞皆以地爲號也雖以其地爲號兼有德號則帝嚳顓頊堯舜是其德號　其

音角謂樂器之聲也三分羽益一以生角角數六十四屬木者以其清濁中民象也春氣和則角聲調樂記曰角亂則憂其民怨凡聲尊卑取象五行 疏 正義曰其春時數多者濁數少者清大不過宮細不過羽之音爲當於角取象木之聲不云其聲角而云其音者單出曰聲雜比曰音音則樂曲也以春時調和樂以角爲主故云其音角 注謂樂至過羽 正義曰恐是他物之聲故云樂器也但角是扣木之聲但作樂器之體象此扣木之聲云三分羽益一以生角角數六十四者以天地人謂之三才又陽數極於九故律曆志云五聲之本生於黃鐘律之九寸爲宮於管則九寸於弦則九九八十一絲也律曆志又云或損或益以定宮商角徵羽宮三分去一下生徵徵數五十四徵三分益一上生商商數七十二商三分去一下生羽羽數四十八羽三分益一上生角角數六十四是其損益相生之數也律曆志云商之爲言章也物成孰可章度也角觸也觸地而出戴芒角也宮中也居中央暢

禮記義二十一　十一

四方唱始施生爲四聲綱也徵祉也物盛大而蕃祉也羽聚也聚藏宇覆之也云屬木者以其清濁中民象也者木之聲清於土金之聲濁於水火之聲今角聲亦清於宮商濁於徵羽故角聲屬木所以清濁中凡數多者濁數少者清今宮數八十一商數七十二徵數五十四羽數四十八角數六十四少於宮商多於徵羽故云清濁中既尊者爲濁卑者爲清民則卑於君臣尊於事物亦是尊卑之中故云民之象也案樂記及律曆志云宮爲君商爲臣角爲民徵爲事羽爲物羽屬北方其數少所以黃鐘在子其數多者冬時凝寒之氣在於地上水又清輕羽既稟其寒氣又象水聲故其數少冬至陽氣伏於地下温積土中黃鐘含藏陽氣又象土聲故其數多各自爲義不相須也引樂記曰角亂則憂其民怨者證明角主於人云凡聲尊卑取象五行者宮主土土聲濁其數多故主君商主金金聲稍重其數稍多故爲臣角主木木聲清濁中其數多少中故爲民徵主火火聲稍輕其數稍少故爲事事謂人之所營事

音角謂樂器之聲也三分羽益一以生角角數六十四屬木者以其清濁中民象也春氣和則角聲調樂記曰角亂則憂其民怨凡聲尊卑取象五行 疏 正義曰其春時數多者濁數少者清大不過宮細不過羽之音爲當於角取象木之聲不云其聲角而云其音者單出曰聲雜比曰音音則樂曲也以春時調和樂以角爲主故云其音角 注謂樂至過羽 正義曰恐是他物之聲故云樂器也但角是扣木之聲但作樂器之體象此扣木之聲云三分羽益一以生角角數六十四者以天地人謂之三才又陽數極於九故律曆志云五聲之本生於黃鐘律之九寸爲宮於管則九寸於弦則九九八十一絲也律曆志又云或損或益以定宮商角徵羽宮三分去一下生徵徵數五十四徵三分益一上生商商數七十二商三分去一下生羽羽數四十八羽三分益一上生角角數六十四是其損益相生之數也律曆志云商之爲言章也物成孰可章度也角觸也觸地而出戴芒角也宮中也居中央暢

禮記義二十一　十一

四方唱始施生爲四聲綱也徵祉也物盛大而蕃祉也羽聚也聚藏宇覆之也云屬木者以其清濁中民象也者木之聲清於土金之聲濁於水火之聲今角聲亦清於宮商濁於徵羽故角聲屬木所以清濁中凡數多者濁數少者清今宮數八十一商數七十二徵數五十四羽數四十八角數六十四少於宮商多於徵羽故云清濁中既尊者爲濁卑者爲清民則卑於君臣尊於事物亦是尊卑之中故云民之象也案樂記及律曆志云宮爲君商爲臣角爲民徵爲事羽爲物羽屬北方其數少所以黃鐘在子其數多者冬時凝寒之氣在於地上水又清輕羽既稟其寒氣又象水聲故其數少冬至陽氣伏於地下温積土中黃鐘含藏陽氣又象土聲故其數多各自爲義不相須也引樂記曰角亂則憂其民怨者證明角主於人云凡聲尊卑取象五行者宮主土土聲濁其數多故主君商主金金聲稍重其數稍多故爲臣角主木木聲清濁中其數多少中故爲民徵主火火聲稍輕其數稍少故爲事事謂人之所營事

務也羽主水水聲極輕其數最少故爲物也物謂人之所用財物指其所營謂之事論其所用之體謂之物人是萬物之靈事物是人營作故甲於人也云大不過宮細不過羽者案國語景王欲鑄無射伶州鳩諫云大不踰宮細不踰羽踰即過也

律中大蔟律候氣之管以銅爲之中猶應也孟春氣至則大蔟之律應應謂吹灰也大蔟者林鍾之所生三分益一律長八寸凡律空圍九分周語曰大蔟所以金奏贊陽出滯

其數八數者五行佐天地生物成物之次也易曰天一地二天三地四天五地六天七地八天九地十而五行自水始火次之木次之金次之土爲後木生數三成數八但言八者舉其成數

其味酸其臭羶木之臭味也凡酸羶者皆屬焉

其祀戶祭先脾春陽氣出祀之於戶內陽也祀之先祭脾者春爲陽中於藏直脾脾爲尊凡祭五祀於廟用特牲有主有尸皆先設席于奥祀戶之禮南面設主于戶內之西

禮記義二十一　十二　李寶

乃制脾及腎爲俎奠于主北又設盛于俎西祭黍稷祭肉祭醴皆三祭肉脾一腎再既祭徹之更陳鼎俎設饌于筵前迎尸略如祭宗廟之儀

疏 正義曰上從其日甲乙下終其祀戶皆揔主三月一時之事此律中大蔟唯主正月之氣宜與東風解凍文次相連必在於其此者角是春時之音律審正月之氣音由氣成以其音氣相須故律角同處言正月之時候氣之管中於大蔟中猶應也謂候氣飛灰應於大蔟其大蔟夾鍾六律六呂之等皆是候氣管名言正月之時律之候氣應於大蔟之管又計大蔟管數倍而更半鑄之爲鐘名曰大蔟之鐘是大蔟之鐘元生於大蔟之律是律在於前鐘生於後故律曆志云黃帝使伶倫氏自大夏之西崑崙之陰取竹之解谷斷兩節間而吹之以爲黃鐘之宮制十二筩以聽鳳皇之鳴其雄鳴則爲六律雌鳴爲六呂是律生在前蔡氏以爲大蔟鐘名先有其鐘後有其律言律中此大蔟之鐘其義非也陽管爲律律法也言陽氣與陰氣爲法鄭云律述也述氣之管陰

足利本第二十一卷第十二葉

務也羽主水水聲極輕其數最少故爲物也物謂人之所用財物指其所營謂之事論其所用之體謂之物人是萬物之靈事物是人營作故甲於人也云大不過宮細不過羽者案國語景王欲鑄無射伶州鳩諫云大不踰宮細不踰羽踰即過也

律中大蔟律候氣之管以銅爲之中猶應也孟春氣至則大蔟之律應應謂吹灰也大蔟者林鍾之所生三分益一律長八寸凡律空圍九分周語曰大蔟所以金奏贊陽出滯

其數八數者五行佐天地生物成物之次也易曰天一地二天三地四天五地六天七地八天九地十而五行自水始火次之木次之金次之土爲後木生數三成數八但言八者舉其成數

其味酸其臭羶木之臭味也凡酸羶者皆屬焉

其祀戶祭先脾春陽氣出祀之於戶內陽也祀之先祭脾者春爲陽中於藏直脾脾爲尊凡祭五祀於廟用特牲有主有尸皆先設席于奥祀戶之禮南面設主于戶內之西

禮記義二十一　十二　李寶

乃制脾及腎爲俎奠于主北又設盛于俎西祭黍稷祭肉祭醴皆三祭肉脾一腎再既祭徹之更陳鼎俎設饌于筵前迎尸略如祭宗廟之儀

疏 正義曰上從其日甲乙下終其祀戶皆揔主三月一時之事此律中大蔟唯主正月之氣宜與東風解凍文次相連必在於其此者角是春時之音律審正月之氣音由氣成以其音氣相須故律角同處言正月之時候氣之管中於大蔟中猶應也謂候氣飛灰應於大蔟其大蔟夾鍾六律六呂之等皆是候氣管名言正月之時律之候氣應於大蔟之管又計大蔟管數倍而更半鑄之爲鐘名曰大蔟之鐘是大蔟之鐘元生於大蔟之律是律在於前鐘生於後故律曆志云黃帝使伶倫氏自大夏之西崑崙之陰取竹之解谷斷兩節間而吹之以爲黃鐘之宮制十二筩以聽鳳皇之鳴其雄鳴則爲六律雌鳴爲六呂是律生在前蔡氏以爲大蔟鐘名先有其鐘後有其律言律中此大蔟之鐘其義非也陽管爲律律法也言陽氣與陰氣爲法鄭云律述也述氣之管陰

潘本第二十一卷第十二葉

管爲呂律曆志云呂助也言助陽宣氣又云呂拒也言與陽相承更迭而至又陰律稱同言與陽同也揔而言之陰陽皆稱律故十二月皆云律中是也案律曆志云黄鍾黄者中之色君之服也鍾者種也陽氣施種於黄泉孳萌萬物爲六氣元也變動不居周流六虛位於子在十一月大呂呂旅也言陰氣大旅助黄鍾宣氣而牙物也位於丑在於十二月大蔟蔟湊也言陽氣大湊地而達物也位於寅在正月夾鍾鍾種也夾助也言陰夾助大蔟宣四方之氣而出種物也位於卯在二月姑洗洗絜也言陽氣洗物姑絜之也位於辰在三月仲呂言微陰始起未成著於其中旅助姑洗宣氣齊物也位於巳在四月蕤賓蕤繼也賓道也言陽氣始道陰氣使繼養物也位於午在五月林鍾林君也陰氣受任助蕤賓君主種物使長大茂盛也位於未在六月夷則則法也言陽正法度而使陰氣夷當傷之物位於申在七月南呂南任也言陰氣旅助夷則任成萬物也位於酉在八月無射射厭也言陽氣究物而

禮記義二十一　十三　毛端

使陰氣畢剝落之終而復始無厭已也位於戌在九月應鍾言陰氣應無射該藏萬物而雜陽閡種也位於亥在十月其十二律則有上生下生同位異位長短分寸之別故鄭注周禮大師職云其相生則以陰陽六體爲黄鍾初九也下生林鍾之初六林鍾又上生大蔟之九二大蔟又下生南呂之六二南呂又上生姑洗之九三姑洗又下生應鍾之六三應鍾又上生蕤賓之九四蕤賓又上生大呂之六四大呂又下生夷則之九五夷則又上生夾鍾之六五夾鍾又下生無射之上九無射又上生中呂之上六同位者象夫妻異位者象子母所謂律取妻而呂生子也黄鍾長九寸其實一龠下生者三分去一上生者三分益一五下六上乃一終矣大呂長八寸二百四十三分寸之一百四大蔟長八寸夾鍾長七寸二千一百八十七分寸之千七十五姑洗長七寸九分寸之一中呂長六寸萬九千六百八十三分寸之萬二千九百七十四蕤賓長六寸八十一分寸之一十六林鍾長六寸夷則長五寸七百二十九

管爲呂律曆志云呂助也言助陽宣氣又云呂拒也言與陽相承更迭而至又陰律稱同言與陽同也揔而言之陰陽皆稱律故十二月皆云律中是也案律曆志云黄鍾黄者中之色君之服也鍾者種也陽氣施種於黄泉孳萌萬物爲六氣元也變動不居周流六虛位於子在十一月大呂呂旅也言陰氣大旅助黄鍾宣氣而牙物也位於丑在於十二月大蔟蔟湊也言陽氣大湊地而達物也位於寅在正月夾鍾鍾種也夾助也言陰夾助大蔟宣四方之氣而出種物也位於卯在二月姑洗洗絜也言陽氣洗物姑絜之也位於辰在三月仲呂言微陰始起未成著於其中旅助姑洗宣氣齊物也位於巳在四月蕤賓蕤繼也賓道也言陽氣始道陰氣使繼養物也位於午在五月林鍾林君也陰氣受任助蕤賓君主種物使長大茂盛也位於未在六月夷則則法也言陽正法度而使陰氣夷當傷之物位於申在七月南呂南任也言陰氣旅助夷則任成萬物也位於酉在八月無射射厭也言陽氣究物而

禮記義二十一　十三　毛端

使陰氣畢剝落之終而復始無厭已也位於戌在九月應鍾言陰氣應無射該藏萬物而雜陽閡種也位於亥在十月其十二律則有上生下生同位異位長短分寸之別故鄭注周禮大師職云其相生則以陰陽六體爲黄鍾初九也下生林鍾之初六林鍾又上生大蔟之九二大蔟又下生南呂之六二南呂又上生姑洗之九三姑洗又下生應鍾之六三應鍾又上生蕤賓之九四蕤賓又上生大呂之六四大呂又下生夷則之九五夷則又上生夾鍾之六五夾鍾又下生無射之上九無射又上生中呂之上六同位者象夫妻異位者象子母所謂律取妻而呂生子也黄鍾長九寸其實一龠下生者三分去一上生者三分益一五下六上乃一終矣大呂長八寸二百四十三分寸之一百四大蔟長八寸夾鍾長七寸二千一百八十七分寸之千七十五姑洗長七寸九分寸之一中呂長六寸萬九千六百八十三分寸之萬二千九百七十四蕤賓長六寸八十一分寸之二十六林鍾長六寸夷則長五寸七百二十九

分寸之四百五十一南吕長五寸三分寸之一無射長四
寸六千五百六十一分寸之六千五百二十四應鐘長四
寸二十七分寸之二十是也同位象夫妻者則黄鐘之初
九下生林鐘之初六同是初位故爲夫婦又是律取妻也
異位爲子母者謂林鐘上生大蔟林鐘是初位大蔟是二
位故云異位爲子母又是吕生子也云五下六上者謂林
鐘夷則南吕無射應鐘皆被子午巳東之管三分減一而
下生之六上者謂大吕大蔟夾鐘姑洗中吕蕤賓皆被子
午巳西之管三分益一而上生之子午皆屬上生應云七
上而云六上者以黄鐘爲諸律之首物莫之先似若無所
禀生故不數黄鐘也其實十二律終於仲吕還反歸黄鐘
生於仲吕三分益一大略得應黄鐘九寸之數也律曆志
云黄鐘爲天統林鐘爲地統大蔟爲人統故數整餘律則
各有分數　注　律候至出滯　正義曰案司農注周禮云陽
律以竹爲管陰律以銅爲管鄭康成則以皆用銅爲之知
者案律曆志量者龠合升斗斛本起黄鐘之龠而五量加

之其法皆用銅聲中黄鐘以此準之故知用銅也司農云
陽律以竹陰律以銅非也云應謂吹灰也者蔡邕云以法
爲室三重戶閉塗釁必周密布緹縵室中以木爲案每律
各一案内庳外高從其方位加律其上以葭灰實其端其
月氣至則灰飛而管通如蔡所云則是爲十二月律則布
室内十二辰若其月氣至則其辰之管灰飛而管空也然
則十二律各當其辰邪埋地下入地處庳出地處高故云
内庳外高黄鐘之管埋於子位上頭嚮南以外諸管推之
可悉知又律云以河内葭莩爲灰宜陽金門山竹爲管熊
氏云案吹灰者謂作十二律管於室中四時位上埋之地
蘆莩燒之作灰而實之律管中以羅縠覆之氣至則吹灰
動縠矣小動爲氣和大動爲君弱臣強專政之應不動縠
爲君嚴猛之應云凡律空圍九分者以黄鐘爲諸律之首
諸律雖長短有差其圍皆以九分爲限孟康云林鐘長六
寸圍六分則圍之大小逐管長短然則分寸之數不可定
也故鄭皆爲圍九分也引周語曰以下者案周語景王欲

分寸之四百五十一南吕長五寸三分寸之一無射長四
寸六千五百六十一分寸之六千五百二十四應鐘長四
寸二十七分寸之二十是也同位象夫妻者則黄鐘之初
九下生林鐘之初六同是初位故爲夫婦又是律取妻也
異位爲子母者謂林鐘上生大蔟林鐘是初位大蔟是二
位故云異位爲子母又是吕生子也云五下六上者謂林
鐘夷則南吕無射應鐘皆被子午巳東之管三分減一而
下生之六上者謂大吕大蔟夾鐘姑洗中吕蕤賓皆被子
午巳西之管三分益一而上生之子午皆屬上生應云七
上而云六上者以黄鐘爲諸律之首物莫之先似若無所
禀生故不數黄鐘也其實十二律終於仲吕還反歸黄鐘
生於仲吕三分益一大略得應黄鐘九寸之數也律曆志
云黄鐘爲天統林鐘爲地統大蔟爲人統故數整餘律則
各有分數　注　律候至出滯　正義曰案司農注周禮云陽
律以竹爲管陰律以銅爲管鄭康成則以皆用銅爲之知
者案律曆志量者龠合升斗斛本起黄鐘之龠而五量加
禮記義二十一　十四　周泉
之其法皆用銅聲中黄鐘以此準之故知用銅也司農云
陽律以竹陰律以銅非也云應謂吹灰也者蔡邕云以法
爲室三重戶閉塗釁必周密布緹縵室中以木爲案每律
各一案内庳外高從其方位加律其上以葭灰實其端其
月氣至則灰飛而管通如蔡所云則是爲十二月律則布
室内十二辰若其月氣至則其辰之管灰飛而管空也然
則十二律各當其辰邪埋地下入地處庳出地處高故云
内庳外高黄鐘之管埋於子位上頭嚮南以外諸管推之
可悉知又律云以河内葭莩爲灰宜陽金門山竹爲管熊
氏云案吹灰者謂作十二律管於室中四時位上埋之地
蘆莩燒之作灰而實之律管中以羅縠覆之氣至則吹灰
動縠矣小動爲氣和大動爲君弱臣強專政之應不動縠
爲君嚴猛之應云凡律空圍九分者以黄鐘爲諸律之首
諸律雖長短有差其圍皆以九分爲限孟康云林鐘長六
寸圍六分則圍之大小逐管長短然則分寸之數不可定
也故鄭皆爲圍九分也引周語曰以下者案周語景王欲

足利本第二十一卷第十五葉

鑄無射伶州鳩對以此辭案彼注云大蔟正聲商故爲金奏所以助陽出滯物也注數者至成數　正義曰五行佐天地生成萬物之次者五行謂金木水火土謂之五行者案白虎通云行者言欲爲天行氣也謂之水者白虎通云水訓準是平均法則之稱也言水在黄泉養物平均有準則也木觸也陽氣動躍觸地而出也火之爲言化也陽氣用事萬物變化也金訓禁也言秋時萬物陰氣所禁止也土訓吐也言土居中摠吐萬物也生物者謂木火七八之數也成物者謂金水九六之數也則春夏生物也秋冬成物也故易繫辭云精氣爲物遊魂爲變也注云精氣謂七八遊魂謂九六則是七八生物九六終物是也引易曰以下者易下繫文也天陽地陰陽數奇陰數耦陽所以奇者陽爲氣氣則渾沌爲一無分別之象又爲日日體常明無虧盈之異故其數奇其陰數所以耦者陰爲形形則有彼此之殊又爲月月則有晦朔之别故其數耦也案律曆志云天數二十五所以二十五者天一天三天五天七天九

禮記正義二十一　十五

摠爲二十五律曆志又云地數三十所以三十者地二地四地六地八地十故三十也以天地之數相合則易之大衍之數五十五也云五行自水始火次之木次之金次之土爲後者天一生水於北地二生火於南天三生木於東地四生金於西天五生土於中以益五行生之本案尚書洪範云一曰水二曰火三曰木四曰金五曰土故其次如是也所以一曰水者乾貞於十一月子十一月一陽生故水數一也又天地之内水體最微故水爲始也二曰火者坤貞於六月未六月兩陰生陰不敢當午火比於水嚴厲著見故次火也三曰木者正月三陽生是建寅之月故三曰木木比火象有體質故次木也四曰金者八月四陰生是建酉之月故四曰金金比木其體堅剛故次金也五曰土者三月五陽生三月建辰之月辰爲土是四季之首土王四季故五曰土載四行又廣大故次土也水所以在北方者從盛陰之氣所以潤下者下從陰也火所以在南方者從盛陽之氣炎上者從陽也木所以在東者東是半陰

潘本第二十一卷第十五葉

鑄無射伶州鳩對以此辭案彼注云大蔟正聲商故爲金奏所以助陽出滯物也注數者至成數　正義曰五行佐天地生成萬物之次者五行謂金木水火土謂之五行者案白虎通云行者言欲爲天行氣也謂之水者白虎通云水訓準是平均法則之稱也言水在黄泉養物平均有準則也木觸也陽氣動躍觸地而出也火之爲言化也陽氣用事萬物變化也金訓禁也言秋時萬物陰氣所禁止也土訓吐也言土居中摠吐萬物也生物者謂木火七八之數也成物者謂金水九六之數也則春夏生物也秋冬成物也故易繫辭云精氣爲物遊魂爲變也注云精氣謂七八遊魂謂九六則是七八生物九六終物是也引易曰以下者易下繫文也天陽地陰陽數奇陰數耦陽所以奇者陽爲氣氣則渾沌爲一無分別之象又爲日日體常明無虧盈之異故其數奇其陰數所以耦者陰爲形形則有彼此之殊又爲月月則有晦朔之别故其數耦也案律曆志云天數二十五所以二十五者天一天三天五天七天九

禮記正義二十一　十五

摠爲二十五律曆志又云地數三十所以三十者地二地四地六地八地十故三十也以天地之數相合則易之大衍之數五十五也云五行自水始火次之木次之金次之土爲後者天一生水於北地二生火於南天三生木於東地四生金於西天五生土於中以益五行生之本案尚書洪範云一曰水二曰火三曰木四曰金五曰土故其次如是也所以一曰水者乾貞於十一月子十一月一陽生故水數一也又天地之内水體最微故水爲始也二曰火者坤貞於六月未六月兩陰生陰不敢當午火比於水嚴厲著見故次火也三曰木者正月三陽生是建寅之月故三曰木木比火象有體質故次木也四曰金者八月四陰生是建酉之月故四曰金金比木其體堅剛故次金也五曰土者三月五陽生三月建辰之月辰爲土是四季之首土王四季故五曰土載四行又廣大故次土也水所以在北方者從盛陰之氣所以潤下者下從陰也火所以在南方者從盛陽之氣炎上者從陽也木所以在東者東是半陰

足利本第二十一卷第十六葉

半陽曲直以陰陽俱有體質尚柔故可曲可直也金所以在西方者西方亦半陰半陽但物既成就體性堅剛雖可改革猶須火柔之土所以在中者以其包載四行含養萬物爲萬物之主稼穡者所以養萬物也云木生數三成數八者鄭注易繫辭云天一生水於北地二生火於南天三生木於東地四生金於西天五生土於中陽無耦陰無配未得相成地六成水於北與天一并天七成火於南與地二并地八成木於東與天三并天九成金於西與地四并地十成土於中與天五并也大衍之數五十有五五行各氣并氣并而減五惟有五十以五十之數不可以爲七八九六卜筮之占以用之故更減其一故四十有九也是鄭注之意水數一成數六火數二成數七木數三成數八金數四成數九土數五成數十故此云木生數三成數八但言八者舉其成數者金木水火以成數爲功皇氏用先儒之義以爲金木水火得土而成以水數一得土數五故六也火數二得土數五爲成數七木數三得土數五爲成

禮記義二十一　二六

數八又金數四得土數五爲成數九此非鄭義今所不取　注木之至屬焉　正義曰通於鼻者謂之臭在口者謂之味臭則氣也所以木味酸者尚書孔傳云木實之性然則木實酸凡草木所生其氣羶也夏其味苦其臭焦者尚書孔傳云焦之氣味火燒物焦焦則味苦中央云其味甘其臭香孔傳云甘味生於百穀味甘則氣香秋其味辛其臭腥者孔傳云金之氣味言金臭之氣則腥在口則辛冬云其味鹹其臭朽者孔傳云水鹵所生故味鹹又水受惡穢故有朽腐之氣　注春陽至之儀　正義曰春陽氣出祀之於户者户在内從外向内户又在内故云内陽也户是人之出入户則有神故祭法注七祀云小神居人之間司察小過作譴告者爾此户神則陽氣在户内之神故云祀之於户内陽也由位在户内又秋其祀門注云秋陰氣出祀之於門者門在外從内向外門又在外故云外陰也則門神陰氣之神是陰陽別氣在門户者與人作神也又云春爲陽中於藏值脾脾爲尊者以祭户之時脾腎俱有先用

潘本第二十一卷第十六葉

半陽曲直以陰陽俱有體質尚柔故可曲可直也金所以在西方者西方亦半陰半陽但物既成就體性堅剛雖可改革猶須火柔之土所以在中者以其包載四行含養萬物爲萬物之主稼穡者所以養萬物也云木生數三成數八者鄭注易繫辭云天一生水於北地二生火於南天三生木於東地四生金於西天五生土於中陽無耦陰無配未得相成地六成水於北與天一并天七成火於南與地二并地八成木於東與天三并天九成金於西與地四并地十成土於中與天五并也大衍之數五十有五五行各氣并氣并而減五惟有五十以五十之數不可以爲七八九六卜筮之占以用之故更減其一故四十有九也是鄭注之意水數一成數六火數二成數七木數三成數八金數四成數九土數五成數十故此云木生數三成數八但言八者舉其成數者金木水火以成數爲功皇氏用先儒之義以爲金木水火得土而成以水數一得土數五故六也火數二得土數五爲成數七木數三得土數五爲成

禮記義二十一　十六

數八又金數四得土數五爲成數九此非鄭義今所不取　注木之至屬焉　正義曰通於鼻者謂之臭在口者謂之味臭則氣也所以木味酸者尚書孔傳云木實之性然則木實酸凡草木所生其氣羶也夏其味苦其臭焦者尚書孔傳云焦之氣味火燒物焦焦則味苦中央云其味甘其臭香孔傳云甘味生於百穀味甘則氣香秋其味辛其臭腥者孔傳云金之氣味言金臭之氣則腥在口則辛冬云其味鹹其臭朽者孔傳云水鹵所生故味鹹又水受惡穢故有朽腐之氣　注春陽至之儀　正義曰春陽氣出祀之於户者户在内從外向内户又在内故云内陽也户是人之出入户則有神故祭法注七祀云小神居人之間司察小過作譴告者爾此户神則陽氣在户内之神故云祀之於户内陽也由位在户内又秋其祀門注云秋陰氣出祀之於門者門在外從内向外門又在外故云外陰也則門神陰氣之神是陰陽別氣在門户者與人作神也又云春爲陽中於藏值脾脾爲尊者以祭户之時脾腎俱有先用

足利本第二十一卷第十七葉

脾以祭之者以春爲陽中於藏値脾脾既春時最尊故先祭之脾爲尊也所以春位當脾者牲立南首肺最在前而當夏也腎最在後而當冬也從冬稍前而當春從腎稍前而當脾故春位當脾從肺稍却而當心故中央主心從心稍却而當肝故秋位主肝此等直據牲之五藏所在而當春夏秋冬之位耳若其五行所生主五藏則不然矣故異義云今文尚書歐陽說肝木也心火也脾土也肺金也腎水也古尚書說脾木也肺火也心土也肝金也腎水也許慎謹案月令春祭脾夏祭肺季夏祭心秋祭肝冬祭腎與古尚書同鄭駮之云月令祭四時之位及其五藏之上下次之耳冬位在後而腎在下夏位在前而肺在上春位小前故祭先脾秋位小却故祭先肝腎也脾也俱在鬲下肺也心也肝也俱在鬲上祭者必三故有先後焉不得同五行之氣令醫病之法以肝爲木心爲火脾爲土肺爲金腎爲水則有瘳也若反其術不死爲劇如鄭此言五行所主則從今文尚書之說不同許慎之義云凡祭五祀於廟用

禮記義二十一　十七　周琳

特牲之下皆中霤禮文云祭五祀於廟者設祭戶祭中霤在於廟室之中先設席於廟堂之奧若祀竈祀門祀行皆在廟門外先設席於廟門之奧雖廟室廟門有別揔而言之皆謂之廟故云凡祭五祀於廟此謂殷禮也若周則七祀加司命與厲也不審祀之處所亦當與竈門行等俱在廟門之外祀也若周揔在宮內故宮正注云祭社稷七祀於宮中此特牲謂特牛故小司徒云小祭祀奉牛牲注云小祭祀王玄冕所祭若諸侯或亦當然其大夫所祭或特羊也云有主有尸者謂天子諸侯若卿大夫廟無主則五祀無主也云祀之禮設主於戶內西者先設席于奧乃更設席於廟戶西夾北嚮置主位設主之人南面設主於戶西位上使主北面云乃制脾及腎爲俎奠於主北者謂設主之後以割制脾之與腎爲俎實奠于主北主既北面奠於主前云又設盛於俎西者盛謂黍稷俎在主前稍東故黍稷之簋在主前稍西云祭黍稷祭肉祭醴皆三者當時惟始設主未有迎尸則是祝官祭簋中黍稷祭俎中脾腎

潘本第二十一卷第十七葉

脾以祭之者以春爲陽中於藏値脾脾既春時最尊故先祭之脾爲尊也所以春位當脾者牲立南首肺最在前而當夏也腎最在後而當冬也從冬稍前而當春從腎稍前而當脾故春位當脾從肺稍却而當心故中央主心從心稍却而當肝故秋位主肝此等直據牲之五藏所在而當春夏秋冬之位耳若其五行所生主五藏則不然矣故異義云今文尚書歐陽說肝木也心火也脾土也肺金也腎水也古尚書說脾木也肺火也心土也肝金也腎水也許慎謹案月令春祭脾夏祭肺季夏祭心秋祭肝冬祭腎與古尚書同鄭駮之云月令祭四時之位及其五藏之上下次之耳冬位在後而腎在下夏位在前而肺在上春位小前故祭先脾秋位小却故祭先肝腎也脾也俱在鬲下肺也心也肝也俱在鬲上祭者必三故有先後焉不得同五行之氣令醫病之法以肝爲木心爲火脾爲土肺爲金腎爲水則有瘳也若反其術不死爲劇如鄭此言五行所主則從今文尚書之說不同許慎之義云凡祭五祀於廟用

禮記義二十一　十七　周琳

特牲之下皆中霤禮文云祭五祀於廟者設祭戶祭中霤在於廟室之中先設席於廟堂之奧若祀竈祀門祀行皆在廟門外先設席於廟門之奧雖廟室廟門有別揔而言之皆謂之廟故云凡祭五祀於廟此謂殷禮也若周則七祀加司命與厲也不審祀之處所亦當與竈門行等俱在廟門之外祀也若周揔在宮內故宮正注云祭社稷七祀於宮中此特牲謂特牛故小司徒云小祭祀奉牛牲注云小祭祀王玄冕所祭若諸侯或亦當然其大夫所祭或特羊也云有主有尸者謂天子諸侯若卿大夫廟無主則五祀無主也云祀之禮設主於戶內西者先設席于奧乃更設席於廟戶西夾北嚮置主位設主之人南面設主於戶西位上使主北面云乃制脾及腎爲俎奠於主北者謂設主之後以割制脾之與腎爲俎實奠于主北主既北面奠於主前云又設盛於俎西者盛謂黍稷俎在主前稍東故黍稷之簋在主前稍西云祭黍稷祭肉祭醴皆三者當時惟始設主未有迎尸則是祝官祭簋中黍稷祭俎中脾腎

足利本第二十一卷第十八葉

之肉祭薦之醴皆三度祭之黍亦三祭醴亦三祭肉亦三祭故云皆三祭云肉脾一腎再者申明祭肉三度之事其祭肉三者脾尊故一祭腎卑故再祭云既祭徹之更陳鼎俎設饌于筵前者謂既祭黍稷祭肉醴之後徹去俎之與盛更陳列鼎俎設其饌食於初設奧之筵前其時主巳移於筵上主人出戶迎尸尸入即筵而坐但宗廟之祭尸入之後始祭籩豆及黍稷醴其祭戶之時巳於西祭黍祭肉祭醴令迎尸而入則應坐而饌食不更祭黍稷祭肉祭醴故云略如祭宗廟之儀祭戶所以先設席於奧乃設饌筵迎尸皆在奧者就尊之處也中間設主祭黍祭肉戶西者就戶處也其餘五祀所祭設主皆就其處也

東風解凍，蟄蟲始振，魚上冰，獺祭魚，鴻鴈來。皆記時候也。振，動也。夏小正正月啓蟄，魚陟負冰。漢始亦以驚蟄爲正月中。此時魚肥美，獺將食之，先以祭也。鴈自南方來，將北反其居。今月令鴻皆爲候。

【疏】正義曰：此記正月之時候。然十二月之時候體例不一，而正月七月記時候凡有五句，自餘皆四句，多少不同者，時候多則五句，少則四句，無義例也。其二至二分之月皆再記於時候者，以二至是陰陽之始終，二分是陰陽之交會，是節之大者，故再記之。季春亦記時候者，蠶之將生，故記其蠶候也。故季春鳴鳩拂其羽，戴勝降于桑，注"蠶將生之候"是也。凡記時候，先言者則氣候在前，後言者則氣候在後。言蟄蟲始振者，謂正月中氣之時，蟄蟲得陽氣初始振動，至二月乃大驚而出，對二月，故云始振。云魚上冰者，魚當盛寒之時，伏於水下，逐其溫暖，至正月陽氣旣上，魚遊於水上，近於冰，故云魚上冰也。【注】夏小至爲候。正義曰：夏小正，大戴禮之篇名。云正月啓蟄者，證經中蟄蟲始振，始振則啓蟄也。云魚陟負冰者，陟，升也，謂魚從水下升於水上而負冰，證經中魚上冰。云漢始亦以驚蟄爲正月中者，以漢之時立春爲正月節，驚蟄爲正月中氣，雨水爲二月節，春分爲二月中氣。至前漢之末，以雨水爲正月中，驚蟄爲

潘本第二十一卷第十八葉

之肉祭薦之醴皆三度祭之黍亦三祭醴亦三祭肉亦三祭故云皆三祭云肉脾一腎再者申明祭肉三度之事其祭肉三者脾尊故一祭腎卑故再祭云既祭徹之更陳鼎俎設饌于筵前者謂既祭黍稷祭肉醴之後徹去俎之與盛更陳列鼎俎設其饌食於初設奧之筵前其時主巳移於筵上主人出戶迎尸尸入即筵而坐但宗廟之祭尸入之後始祭籩豆及黍稷醴其祭戶之時巳於西祭黍祭肉祭醴令迎尸而入則應坐而饌食不更祭黍稷祭肉祭醴故云略如祭宗廟之儀祭戶所以先設席於奧乃設饌筵迎尸皆在奧者就尊之處也中間設主祭黍祭肉戶西者就戶處也其餘五祀所祭設主皆就其處也

東風解凍，蟄蟲始振，魚上冰，獺祭魚，鴻鴈來。皆記時候也。振，動也。夏小正正月啓蟄，魚陟負冰。漢始亦以驚蟄爲正月中。此時魚肥美，獺將食之，先以祭也。鴈自南方來，將北反其居。今月令鴻皆爲候。

【疏】正義曰：此記正月之時候。然十二月之時候體例不一，而正月七月記時候凡有五句，自餘皆四句，多少不同者，時候多則五句，少則四句，無義例也。其二至二分之月皆再記於時候者，以二至是陰陽之始終，二分是陰陽之交會，是節之大者，故再記之。季春亦記時候者，蠶之將生，故記其蠶候也。故季春鳴鳩拂其羽，戴勝降于桑，注"蠶將生之候"是也。凡記時候，先言者則氣候在前，後言者則氣候在後。言蟄蟲始振者，謂正月中氣之時，蟄蟲得陽氣初始振動，至二月乃大驚而出，對二月，故云始振。云魚上冰者，魚當盛寒之時，伏於水下，逐其溫暖，至正月陽氣旣上，魚遊於水上，近於冰，故云魚上冰也。【注】夏小至爲候。正義曰：夏小正，大戴禮之篇名。云正月啓蟄者，證經中蟄蟲始振，始振則啓蟄也。云魚陟負冰者，陟，升也，謂魚從水下升於水上而負冰，證經中魚上冰。云漢始亦以驚蟄爲正月中者，以漢之時立春爲正月節，驚蟄爲正月中氣，雨水爲二月節，春分爲二月中氣。至前漢之末，以雨水爲正月中，驚蟄爲

二月節故律曆志云正月立春節雨水中二月驚蟄節春分中是前漢之末劉歆作三統曆改驚蟄爲二月節鄭以舊曆正月啓蟄即驚也故云漢始亦以驚蟄爲正月中但蟄蟲正月始驚二月大驚故在後移驚蟄爲二月節雨水爲正月中凡二十四氣案三統曆正月節立春雨水中二月節驚蟄春分中三月節穀雨清明中四月節立夏小滿中五月節芒種夏至中六月節小暑大暑中七月節立秋處暑中八月節白露秋分中九月節寒露霜降中十月節立冬小雪中十一月節大雪冬至中十二月節小寒大寒中案通卦驗及今曆以清明爲三月節穀雨爲三月中餘皆與律曆志並同謂之雨水者言雪散爲雨水也謂之驚蟄者蟄蟲驚而走出謂之穀雨者言雨以生百穀謂之清明者謂物生清淨明絜謂之小滿者言物長於此小得盈滿謂之芒種者言有芒之穀可稼種謂之小暑大暑者就極熱之中分爲小大月初爲小月半爲大謂之處暑者謂暑既將退伏而潛處謂之白露者陰氣漸重露濃色白

禮記義二十一　十九　高彥

謂之寒露言露氣寒將欲凝結謂之小雪大雪者以霜雨凝結而雪十月猶小十一月轉大謂之小寒大寒者十二月極寒之時相對爲大小月初寒爲小月半寒爲大凡二十四氣氣有十五日有餘每氣中半分之爲四十八氣氣有七日半有餘故鄭注周禮云有四十八箭是一氣易一箭也凡二十四氣每三分之七十二氣氣間五日有餘故一年有七十二候也故通卦驗冬至之前五日商賈不行兵甲伏匿人主與羣臣左右從東爾五日以五日一候也案通卦驗云立春雨水降條風至雉雊雞乳冰解條風即東風也冰解即解凍也與月令同雨水者謂節氣早月初雨水也雉雊雞乳於月令在季冬若節氣晚亦得退在正月通卦驗云正月中猛風至注云猛風動摇樹木有聲者猛風即東風之甚也獺祭魚與此同案下季冬鴈北鄉據其從南始北正月來至中國故此云鴻鴈來但來有先後後者二月始來故通卦驗二月節云候鴈北云今月令鴻皆爲候者但月令出有先後入禮記者爲古不入禮記者

二月節故律曆志云正月立春節雨水中二月驚蟄節春分中是前漢之末劉歆作三統曆改驚蟄爲二月節鄭以舊曆正月啓蟄即驚也故云漢始亦以驚蟄爲正月中但蟄蟲正月始驚二月大驚故在後移驚蟄爲二月節雨水爲正月中凡二十四氣案三統曆正月節立春雨水中二月節驚蟄春分中三月節穀雨清明中四月節立夏小滿中五月節芒種夏至中六月節小暑大暑中七月節立秋處暑中八月節白露秋分中九月節寒露霜降中十月節立冬小雪中十一月節大雪冬至中十二月節小寒大寒中案通卦驗及今曆以清明爲三月節穀雨爲三月中餘皆與律曆志並同謂之雨水者言雪散爲雨水也謂之驚蟄者蟄蟲驚而走出謂之穀雨者言雨以生百穀謂之清明者謂物生清淨明絜謂之小滿者言物長於此小得盈滿謂之芒種者言有芒之穀可稼種謂之小暑大暑者就極熱之中分爲小大月初爲小月半爲大謂之處暑者謂暑既將退伏而潛處謂之白露者陰氣漸重露濃色白

禮記義二十一　十九　高彥

謂之寒露言露氣寒將欲凝結謂之小雪大雪者以霜雨凝結而雪十月猶小十一月轉大謂之小寒大寒者十二月極寒之時相對爲大小月初寒爲小月半寒爲大凡二十四氣氣有十五日有餘每氣中半分之爲四十八氣氣有七日半有餘故鄭注周禮云有四十八箭是一氣易一箭也凡二十四氣每三分之七十二氣氣間五日有餘故一年有七十二候也故通卦驗冬至之前五日商賈不行兵甲伏匿人主與羣臣左右從東爾五日以五日一候也案通卦驗云立春雨水降條風至雉雊雞乳冰解條風即東風也冰解即解凍也與月令同雨水者謂節氣早月初雨水也雉雊雞乳於月令在季冬若節氣晚亦得退在正月通卦驗云正月中猛風至注云猛風動摇樹木有聲者猛風即東風之甚也獺祭魚與此同案下季冬鴈北鄉據其從南始北正月來至中國故此云鴻鴈來但來有先後後者二月始來故通卦驗二月節云候鴈北云今月令鴻皆爲候者但月令出有先後入禮記者爲古不入禮記者

足利本第二十一卷第二十葉

爲今則呂氏春秋是
也鴻字皆爲候也

禮記正義卷第二十一

潘本第二十一卷第二十葉

爲今則呂氏春秋是
也鴻字皆爲候也

禮記正義卷第二十一

禮記義二十一　二十　周泉

禮記正義卷第二十二

國子祭酒上護軍曲阜縣開國子臣孔穎達等奉

勑撰

天子居青陽左个乘鸞路駕倉龍載青旂衣青衣服倉玉食麥與羊其器疏以達

皆所以順時氣也青陽左个大寢東堂北偏鸞路有虞氏之車有鸞和之節而飾之以青取其名耳春言鸞冬夏言色互文馬八尺以上爲龍凡所服玉謂冠飾及所佩者之衡璜也麥實有孚甲屬木羊火畜也時尚寒食之以安性也器疏者刻鏤之象物當貫土而出也凡此車馬衣服皆所取於殷時而有變焉非周制也周禮朝祀戎獵車服各

禮記義二十二　一

以其事不以四時爲異又玉藻曰天子龍衮以祭玄端而朝日皮弁以日視朝與此皆殊

疏 正義曰此巳前明天時氣候早晚此明天子每時居處及所乘車馬所建旌旗所服衣玉所食牲穀及器物之屬龍與玉言蒼者蒼亦青也遠望則蒼旂與衣云青者欲見人功所爲故以近色言之

注 皆所至皆殊 正義曰色則順時食與器則順氣也云青陽左个大寢東堂北偏者北偏近北也然則此是明堂北偏而云大寢者欲明明堂與大廟大寢制同故兼明於明堂聽朔竟次還大廟次還大寢也然云東堂則知聽朔皆堂不於五角之室中也云鸞車有虞氏之車者明堂位云鸞車有虞氏之路也今既云鸞路故知是有虞氏之車也用有虞氏則知非周也云有鸞和之節而飾之以青取其名耳者因其有鸞故不言青而云鸞也云春言鸞冬夏言色互文者春言鸞則夏秋冬並鸞也夏云朱冬云玄則春青秋白可知也云馬八尺以上爲龍者出廋人職云凡所服玉謂冠飾及所佩者之衡璜者冠飾即冕之

足利本第二十二卷第一葉

禮記正義卷第二十二

國子祭酒上護軍曲阜縣開國子臣孔穎達等奉

勑撰

天子居青陽左个乘鸞路駕倉龍載青旂衣青衣服倉玉食麥與羊其器疏以達

皆所以順時氣也青陽左个大寢東堂北偏鸞路有虞氏之車有鸞和之節而飾之以青取其名耳春言鸞冬夏言色互文馬八尺以上爲龍凡所服玉謂冠飾及所佩者之衡璜也麥實有孚甲屬木羊火畜也時尚寒食之以安性也器疏者刻鏤之象物當貫土而出也凡此車馬衣服皆所取於殷時而有變焉非周制也周禮朝祀戎獵車服各

禮記義二十二　一

以其事不以四時爲異又玉藻曰天子龍衮以祭玄端而朝日皮弁以日視朝與此皆殊

疏 正義曰此巳前明天時氣候早晚此明天子每時居處及所乘車馬所建旌旗所服衣玉所食牲穀及器物之屬龍與玉言蒼者蒼亦青也遠望則蒼旂與衣云青者欲見人功所爲故以近色言之

注 皆所至皆殊 正義曰色則順時食與器則順氣也云青陽左个大寢東堂北偏者北偏近北也然則此是明堂北偏而云大寢者欲明明堂與大廟大寢制同故兼明於明堂聽朔竟次還大廟次還大寢也然云東堂則知聽朔皆堂不於五角之室中也云鸞車有虞氏之車者明堂位云鸞車有虞氏之路也今既云鸞路故知是有虞氏之車也用有虞氏則知非周也云有鸞和之節而飾之以青取其名耳者因其有鸞故不言青而云鸞也云春言鸞冬夏言色互文者春言鸞則夏秋冬並鸞也夏云朱冬云玄則春青秋白可知也云馬八尺以上爲龍者出廋人職云凡所服玉謂冠飾及所佩者之衡璜者冠飾即冕之

潘本第二十二卷第一葉

旒及笄也衡璜即是所佩玉之名也佩玉之制案韓詩外傳云佩玉上有葱衡下有雙璜牙蠙珠以納其間則古之佩玉上以葱爲衡横置於上以貫珠之繩三條懸於衡上垂之而下以雙璜懸於兩畔繩之下端又以牙懸於中繩下端使前後觸璜以爲聲衡之下璜之上皆貫蠙珠故云蠙珠以納其間謂納於衡璜之間也云麥實有孚甲屬木者鄭云黍秀舒散屬火麻實有文理屬金菽實孚甲堅合屬水稷五穀之長屬土是五穀所配之方也云羊火畜也者案尚書五行傳曰貌之不恭則有雞禍注雞畜之有冠翼者屬貌言之不從則有犬禍注犬畜之以口吠守者屬言視之不明則有羊禍注羊畜之遠視者屬視聽之不聰則有豕禍注豕畜之居閑衛而聽者屬聽思之不睿則有牛禍注地厚德載物牛畜之任重者屬思皇之不極則有馬禍注天行健馬畜之疾行者屬皇極是雞爲木畜羊爲火畜牛爲土畜犬爲金畜豕爲水畜但陰陽取象多塗故午爲馬酉爲雞不可一定也云時尚寒食之以安性也者

禮記義二十二　二　李信

羊是火畜而春時食之明其有意食以安性也春時尚寒故食火畜以助之夏食菽與雞者以氣尤熱水能剋火木必抑土故食北方之穀與東方之牲減其熱氣亦以安性秋食麻與犬者秋氣既涼又將嚮寒不有其害故食當方之穀牲也冬食黍與彘者冬氣極寒故食火穀以減寒寒勝於熱故食當方之牲云器疏者刻鏤之象物當貫土而出也者刻鏤爲文使文理麤疏直而通達也云凡此車馬衣服皆所取於殷時而有變焉非周制也者以虞夏之制有日月星辰十二章之服周之制朝祀戎獵車服各有殊今此下與周禮不同上與虞夏又異故云取殷時也殷乘木路此乘鸞路不純用殷故云而有變焉謂變殷而乘虞路也云周禮朝祀戎獵車服各以其事不以四時爲異者案周禮朝則皮弁服祀則六冕服戎則韋弁服田獵冠弁服又周禮朝乘象路祀乘玉路戎乘革路獵乘木路是車服各以其事不以四時爲異也又引玉藻天子龍衮以祭者證四時皆龍衮玄衣纁裳不隨時而別又引玉藻玄端

旒及笄也衡璜即是所佩玉之名也佩玉之制案韓詩外傳云佩玉上有葱衡下有雙璜牙蠙珠以納其間則古之佩玉上以葱爲衡横置於上以貫珠之繩三條懸於衡上垂之而下以雙璜懸於兩畔繩之下端又以牙懸於中繩下端使前後觸璜以爲聲衡之下璜之上皆貫蠙珠故云蠙珠以納其間謂納於衡璜之間也云麥實有孚甲屬木者鄭云黍秀舒散屬火麻實有文理屬金菽實孚甲堅合屬水稷五穀之長屬土是五穀所配之方也云羊火畜也者案尚書五行傳曰貌之不恭則有雞禍注雞畜之有冠翼者屬貌言之不從則有犬禍注犬畜之以口吠守者屬言視之不明則有羊禍注羊畜之遠視者屬視聽之不聰則有豕禍注豕畜之居閑衛而聽者屬聽思之不睿則有牛禍注地厚德載物牛畜之任重者屬思皇之不極則有馬禍注天行健馬畜之疾行者屬皇極是雞爲木畜羊爲火畜牛爲土畜犬爲金畜豕爲水畜但陰陽取象多塗故午爲馬酉爲雞不可一定也云時尚寒食之以安性也者

禮記義二十二　二　李信

羊是火畜而春時食之明其有意食以安性也春時尚寒故食火畜以助之夏食菽與雞者以氣尤熱水能剋火木必抑土故食北方之穀與東方之牲減其熱氣亦以安性秋食麻與犬者秋氣既涼又將嚮寒不有其害故食當方之穀牲也冬食黍與彘者冬氣極寒故食火穀以減寒寒勝於熱故食當方之牲云器疏者刻鏤之象物當貫土而出也者刻鏤爲文使文理麤疏直而通達也云凡此車馬衣服皆所取於殷時而有變焉非周制也者以虞夏之制有日月星辰十二章之服周之制朝祀戎獵車服各有殊今此下與周禮不同上與虞夏又異故云取殷時也殷乘木路此乘鸞路不純用殷故云而有變焉謂變殷而乘虞路也云周禮朝祀戎獵車服各以其事不以四時爲異者案周禮朝則皮弁服祀則六冕服戎則韋弁服田獵冠弁服又周禮朝乘象路祀乘玉路戎乘革路獵乘木路是車服各以其事不以四時爲異也又引玉藻天子龍衮以祭者證四時皆龍衮玄衣纁裳不隨時而別又引玉藻玄端

而朝日者證此朝日不玄端而著青衣又引皮弁以日視朝者皮弁白布衣四時皆然不隨時而變是與此皆殊明月令所云非周法也

是月也以立春先立春三日大史謁之天子曰某日立春盛德在木天子乃齊

大史禮官之屬掌正歲年以序事謁告也

立春之日天子親帥三公九卿諸侯大夫以迎春於東郊還反賞公卿諸侯大夫於朝

迎春祭倉帝靈威仰於東郊之兆也王居明堂禮曰出十五里迎歲蓋殷禮也周近郊五十里賞謂有功德者有以顯賜之也朝大寢門外

疏 正義曰此一節論立春天子迎春氣及行賞之事各依文解之 是月也以立春者十二月節氣有早晚若節氣晚則月之節氣在當月之內若節氣早則月之節氣在前月之中故立春爲正月之節有在十二月之時但至立春之節雖在十二月即行立春之事云是月者謂是月之氣不謂是月之日也凡四立之月天子車服之下皆云是月以其爲下立春立夏立秋立冬事重故云是月其非四立之月仲夏即云養壯佼季夏云命漁師十一月云飭死事十二月云命有司大難皆不云是月者或是事爲細小或是事通他月故不云是月季冬難事雖大唯此月爲之亦不云是月者以年事既終唯難而已故不須云是月或作記之人辭有詳略不爲義例也凡言是月者是月之後若是事相連接辭有首尾則因前是月不別起是月之文若別事異端則更云是月也他皆倣此此云是月下至以初爲常是皆立春之時告命之事故不更云是月次云祈穀於上帝至命曰勞酒論祈穀耕藉反迴勞飲是其一事故不更云是月次云是月也命樂正入學習舞至埋胔論習舞修祭毋用牝牲是合養之事故毋覆巢及掩骼埋胔中間小異事亦相連故

禮記義二十二　三　馬松

而朝日者證此朝日不玄端而著青衣又引皮弁以日視朝者皮弁白布衣四時皆然不隨時而變是與此皆殊明月令所云非周法也

是月也以立春先立春三日大史謁之天子曰某日立春盛德在木天子乃齊

大史禮官之屬掌正歲年以序事謁告也

立春之日天子親帥三公九卿諸侯大夫以迎春於東郊還反賞公卿諸侯大夫於朝

迎春祭倉帝靈威仰於東郊之兆也王居明堂禮曰出十五里迎歲蓋殷禮也周近郊五十里賞謂有功德者有以顯賜之也朝大寢門外

疏 正義曰此一節論立春天子迎春氣及行賞之事各依文解之 是月也以立春者十二月節氣有早晚若節氣晚則月之節氣在當月之內若節氣早則月之節氣在前月之中故立春爲正月之節有在十二月之時但至立春之節雖在十二月即行立春之事云是月者謂是月之氣不謂是月之日也凡四立之月天子車服之下皆云是月以其爲下立春立夏立秋立冬事重故云是月其非四立之月仲夏即云養壯佼季夏云命漁師十一月云飭死事十二月云命有司大難皆不云是月者或是事爲細小或是事通他月故不云是月季冬難事雖大唯此月爲之亦不云是月者以年事既終唯難而已故不須云是月或作記之人辭有詳略不爲義例也凡言是月者是月之後若是事相連接辭有首尾則因前是月不別起是月之文若別事異端則更云是月也他皆倣此此云是月下至以初爲常是皆立春之時告命之事故不更云是月次云祈穀於上帝至命曰勞酒論祈穀耕藉反迴勞飲是其一事故不更云是月次云是月也命樂正入學習舞至埋胔論習舞修祭毋用牝牲是合養之事故毋覆巢及掩骼埋胔中間小異事亦相連故

禮記義二十二　三　馬松

足利本第二十二卷第四葉

不別云是月次云是月也不可以稱兵與上事別又論天地人之大道故別云是月舉此爲例其餘月或云是月或不云是月就文可知　先立春三日者周法五時迎氣皆前期十日而齋散齋七日致齋三日今秦法簡省故三日也蓋散齋二日致齋一日　盛德在木者天以覆蓋生民爲德四時各有盛時春則爲生天之生育盛德在於木位故云盛德在木 注大史至謁告也　正義曰案周禮大史屬春官春官主禮故云大史禮官之屬云掌正歲年以序事者大史職文鄭注云中數曰歲朔數曰年中數者謂十二月中氣一周揔三百六十五日四分日之一謂之一歲朔數者朔十二月之朔一周謂三百五十四日謂之爲年此是歲年相對故有朔數中數之别若散而言之歲亦年也故爾雅釋天云唐虞曰載夏曰歲商曰祀周曰年是也案釋言云告謁請也同訓爲請是謁爲告也　立春至於朝　此立春立秋云天子親帥三公九卿諸侯大夫立夏立冬云親帥三公九卿大夫不云諸侯文不備當亦有諸侯

禮記義二十二　四　李寵

故立夏下云乃封諸侯於夏既然明冬諸侯亦然在孟春云賞公卿諸侯大夫於朝孟夏云還乃行賞封諸侯慶賜遂行無不欣説孟秋云還乃賞軍帥武人於朝孟冬云還乃賞死事恤孤寡四時所賞不同者庾云順時氣也春陽氣始著仁澤之時故順其時而賞朝臣及諸侯也至夏陽氣尤盛萬物增長故用是時慶賜轉廣是以無不欣説也秋陰氣始著嚴凝之時故從其時而賞軍帥及武人也至冬陰氣尤盛萬物衰殺故用是時賞死事者及其妻子也 注迎春至門外　正義曰案賈馬蔡邕皆爲迎春祭大皞及句芒以上云其帝大皞其神句芒故也今鄭獨以爲蒼帝靈威仰者以春秋文燿鉤云蒼帝靈威仰禮器云饗帝於郊而風雨節寒暑時是人帝何能使風雨寒暑得時又詩乃尚書云上帝皆爲天也周禮司服云王祀昊天上帝則服大裘而冕祀五帝亦如之五帝若是人帝何得與天帝同服故以爲靈威仰上云盛德在木者盛德則靈威仰之盛德也云王居明堂禮者逸禮之篇名引之者證十五里

潘本第二十二卷第四葉

不別云是月次云是月也不可以稱兵與上事別又論天地人之大道故別云是月舉此爲例其餘月或云是月或不云是月就文可知　先立春三日者周法五時迎氣皆前期十日而齋散齋七日致齋三日今秦法簡省故三日也蓋散齋二日致齋一日　盛德在木者天以覆蓋生民爲德四時各有盛時春則爲生天之生育盛德在於木位故云盛德在木 注大史至謁告也　正義曰案周禮大史屬春官春官主禮故云大史禮官之屬云掌正歲年以序事者大史職文鄭注云中數曰歲朔數曰年中數者謂十二月中氣一周揔三百六十五日四分日之一謂之一歲朔數者朔十二月之朔一周謂三百五十四日謂之爲年此是歲年相對故有朔數中數之别若散而言之歲亦年也故爾雅釋天云唐虞曰載夏曰歲商曰祀周曰年是也案釋言云告謁請也同訓爲請是謁爲告也　立春至於朝　此立春立秋云天子親帥三公九卿諸侯大夫立夏立冬云親帥三公九卿大夫不云諸侯文不備當亦有諸侯

禮記義二十二　四

故立夏下云乃封諸侯於夏既然明冬諸侯亦然在孟春云賞公卿諸侯大夫於朝孟夏云還乃行賞封諸侯慶賜遂行無不欣説孟秋云還乃賞軍帥武人於朝孟冬云還乃賞死事恤孤寡四時所賞不同者庾云順時氣也春陽氣始著仁澤之時故順其時而賞朝臣及諸侯也至夏陽氣尤盛萬物增長故用是時慶賜轉廣是以無不欣説也秋陰氣始著嚴凝之時故從其時而賞軍帥及武人也至冬陰氣尤盛萬物衰殺故用是時賞死事者及其妻子也 注迎春至門外　正義曰案賈馬蔡邕皆爲迎春祭大皞及句芒以上云其帝大皞其神句芒故也今鄭獨以爲蒼帝靈威仰者以春秋文燿鉤云蒼帝靈威仰禮器云饗帝於郊而風雨節寒暑時是人帝何能使風雨寒暑得時又詩乃尚書云上帝皆爲天也周禮司服云王祀昊天上帝則服大裘而冕祀五帝亦如之五帝若是人帝何得與天帝同服故以爲靈威仰上云盛德在木者盛德則靈威仰之盛德也云王居明堂禮者逸禮之篇名引之者證十五里

迎春與周不同故云蓋殷禮也云周近郊五十里者鄭注尚書君陳序云天子近郊五十里今河南洛陽相去則然是也云朝大寢門外者大寢則路寢天子有三朝一是燕朝在路寢也二是治朝則此路寢門外應門之內以其賞賜公卿大夫宜在治事之朝故云大寢門外三是外朝在庫門之外皐門之內大詢衆庶聽斷罪人之處也

命相布德和令行慶施惠下及兆民 相語三公相王之事也德謂善教也令謂時禁也慶謂休其善也惠謂恤其不足也天子曰兆民 **慶賜遂行毋有不當** 遂猶達也言使當得者皆得得者無非其人

疏 正義曰此一經因上天子迎春反國命三公布教施惠之事各依文解之

注 相謂至兆民 正義曰案公羊隱五年傳云三公者何天子之相也自陝而東者周公主之自陝而西者召公主之一相處乎內是三公相王之事也至六國時一人知事者特謂之相故史

禮記義二十二 五 蒍昌

記稱穰侯范睢蔡澤皆爲秦相後又爲丞相也云天子曰兆民者左傳閔元年晉卜偃之辭也

注 遂猶至其人 正義曰遂是申遂故尚書云顯忠遂良商頌云莫遂莫達是遂爲達言慶賜之事通達施行使之周徧云使當得者皆得得者無非其人也者謂當慶賜之人皆是有功可慶賜無此不合得慶之人非人謂無功無德之徒

乃命大史守典奉法司天日月星辰之行宿離不貸毋失經紀以初爲常 典六典法八法也離讀如儷偶之儷宿儷謂其屬馮相氏保章氏掌天文者相與宿偶當審候伺不得過差也經紀謂天文進退度數

疏 正義曰迎春既還行賞以畢乃命大史之官令守其六典奉其八法司主天文及日月星辰之行天則左還一日一度一年三百六十五度四分度之一又至周一度日月五星並逆行天右行各有多少辰有二十八宿亦隨天左行大史

足利本第二十二卷第五葉

迎春與周不同故云蓋殷禮也云周近郊五十里者鄭注尚書君陳序云天子近郊五十里今河南洛陽相去則然是也云朝大寢門外者大寢則路寢天子有三朝一是燕朝在路寢也二是治朝則此路寢門外應門之內以其賞賜公卿大夫宜在治事之朝故云大寢門外三是外朝在庫門之外皐門之內大詢衆庶聽斷罪人之處也

命相布德和令行慶施惠下及兆民 相語三公相王之事也德謂善教也令謂時禁也慶謂休其善也惠謂恤其不足也天子曰兆民 **慶賜遂行毋有不當** 遂猶達也言使當得者皆得得者無非其人

疏 正義曰此一經因上天子迎春反國命三公布教施惠之事各依文解之

注 相謂至兆民 正義曰案公羊隱五年傳云三公者何天子之相也自陝而東者周公主之自陝而西者召公主之一相處乎內是三公相王之事也至六國時一人知事者特謂之相故史

[illegible]字大[illegible]字 禮記義二十二 五 朱祥

記稱穰侯范睢蔡澤皆爲秦相後又爲丞相也云天子曰兆民者左傳閔元年晉卜偃之辭也

注 遂猶至其人 正義曰遂是申遂故尚書云顯忠遂良商頌云莫遂莫達是遂爲達言慶賜之事通達施行使之周徧云使當得者皆得得者無非其人也者謂當慶賜之人皆是有功可慶賜無此不合得慶之人非人謂無功無德之徒

乃命大史守典奉法司天日月星辰之行宿離不貸毋失經紀以初爲常 典六典法八法也離讀如儷偶之儷宿儷謂其屬馮相氏保章氏掌天文者相與宿偶當審候伺不得過差也經紀謂天文進退度數

疏 正義曰迎春既還行賞以畢乃命大史之官令守其六典奉其八法司主天文及日月星辰之行天則左還一日一度一年三百六十五度四分度之一又至周一度日月五星並逆行天右行各有多少辰有二十八宿亦隨天左行大史

潘本第二十二卷第五葉

足利本第二十二卷第六葉

令其屬官在其候處止宿配偶相與審候不得貸變過差若應候不候應知不知則是候過差　無失經紀者經紀謂天文進退度數言當推勘考校使得其中應進則言進應退則言退若其推步不明筭曆失所遲疾不依其度進退或失其常是失經紀　以初爲常者初謂舊來所法恒須遵奉以爲常行故云以初爲常　注典六至度數　正義曰六典者則大宰云天官治典地官教典春官禮典夏官政典秋官刑典冬官事典八法者一曰官屬二曰官職三曰官聯四曰官常五曰官成六曰官灋七曰官刑八曰官計云離讀爲儷偶之儷者案成十一年左傳云鳥獸猶不失儷禮有儷皮儷是配偶故云讀如儷偶之儷云馮相氏保章氏掌天文者馮相保章皆中士二人馮相者鄭注馮乘也相視也世登高臺以視天文之次序保章者鄭注保守也世守天文之變雖俱掌天文其事不同馮相氏主日月五星年氣節候推步遲疾審知所在之處若今之司曆主其筭術也保章者謂守天之文章謂天文違變度數失

禮記義二十二　六　李周

其恒次妖孽所在吉凶所生若今之天文家唯志變異也此其所掌別也云相與宿偶當審候伺不得過差者言大史之官使其僚屬馮相保章恒在候處相與止宿配偶共審察伺候不得怠慢不覺天之變異也　是月也天子乃以元日祈穀于上帝　謂以上辛郊祭天也春秋傳曰夫郊祀后稷以祈農事是故啓蟄而郊郊而後耕上帝大微之帝也　乃擇元辰天子親載耒耜措之于參保介之御間帥三公九卿諸侯大夫躬耕帝藉天子三推三公五推卿諸侯九推　元辰蓋郊後吉亥也耒耜之上曲也保介車右也置耒於車右與御者之間明己勸農非農者也人君之車必使勇士衣甲居右而參乘備非常也保猶衣也介甲也帝藉爲天神借民力所治之田也　反

潘本第二十二卷第六葉

令其屬官在其候處止宿配偶相與審候不得貸變過差若應候不候應知不知則是候過差　無失經紀者經紀謂天文進退度數言當推勘考校使得其中應進則言進應退則言退若其推步不明筭曆失所遲疾不依其度進退或失其常是失經紀　以初爲常者初謂舊來所法恒須遵奉以爲常行故云以初爲常　注典六至度數　正義曰六典者則大宰云天官治典地官教典春官禮典夏官政典秋官刑典冬官事典八法者一曰官屬二曰官職三曰官聯四曰官常五曰官成六曰官灋七曰官刑八曰官計云離讀爲儷偶之儷者案成十一年左傳云鳥獸猶不失儷禮有儷皮儷是配偶故云讀如儷偶之儷云馮相氏保章氏掌天文者馮相保章皆中士二人馮相者鄭注馮乘也相視也世登高臺以視天文之次序保章者鄭注保守也世守天文之變雖俱掌天文其事不同馮相氏主日月五星年氣節候推步遲疾審知所在之處若今之司曆主其筭術也保章者謂守天之文章謂天文違變度數失

禮記義二十二　六　李周

其恒次妖孽所在吉凶所生若今之天文家唯志變異也此其所掌別也云相與宿偶當審候伺不得過差者言大史之官使其僚屬馮相保章恒在候處相與止宿配偶共審察伺候不得怠慢不覺天之變異也　是月也天子乃以元日祈穀于上帝　謂以上辛郊祭天也春秋傳曰夫郊祀后稷以祈農事是故啓蟄而郊郊而後耕上帝大微之帝也　乃擇元辰天子親載耒耜措之于參保介之御間帥三公九卿諸侯大夫躬耕帝藉天子三推三公五推卿諸侯九推　元辰蓋郊後吉亥也耒耜之上曲也保介車右也置耒於車右與御者之間明己勸農非農者也人君之車必使勇士衣甲居右而參乘備非常也保猶衣也介甲也帝藉爲天神借民力所治之田也　反

執爵于大寢三公九卿諸侯大夫皆御命曰勞酒既耕而宴飲以勞羣臣也太寢路寢御侍也疏正義曰此一節論迎春既反春事已起當祈穀親耕燕勞之事各依文解之注謂以至之帝正義曰案郊特牲云郊之用辛鄭注凡爲人君當齋戒自新又云郊之祭也迎長日之至鄭注引易說云三王之郊一用夏正春分而日漸長故云迎長日之至郊特牲云郊不言祈穀此經言祈穀不言郊鄭以爲二祭是一故此注謂以上辛郊祭天也鄭既以二祭爲一恐人爲疑故引春秋傳以明之案襄七年左傳云孟獻子曰郊祀后稷以祈農事也是故啓蟄而郊郊而後耕彼祈農事者則此祈穀也彼云郊而後耕此是祈穀之後即躬耕帝藉是祈穀與郊一也云上帝大微之帝者春秋緯文紫微宮爲大帝太微爲天庭中有五帝坐是即靈威仰赤熛怒白招拒汁光紀含樞紐祈穀郊天之時各祭所感之帝殷人則祭汁光

禮記義二十二　七

紀周人則祭靈威仰以其不定故揔云大微之帝若迎春之時前帝後王皆祭靈威仰故前注云迎春祭蒼帝靈威仰特指一帝也此郊雖祈穀亦是報天故郊特牲云郊之祭也大報天而主日也　乃擇元辰至九推　甲乙丙丁等謂之日郊之用辛上云元日子丑寅卯之等謂之爲辰耕用亥日故云元辰　天子親載耒耜者謂天子所乘車上親載耕田之耒耜措之於參保介御之間者措置也保介車右也御者御車之人車右及御人皆是主參乘於時天子在左御者在中車右在右言置此耒器於參乘保介及御者之間然後帥三公九卿而往南郊躬耕藉田也注元辰至之田　正義曰知用亥者以陰陽式法正月亥爲天倉以其耕事故用天倉也盧植蔡邕並云郊天是陽故用日耕藉是陰故用辰元者善也郊雖用日亦有辰但日爲吉主耕之用辰亦有日但辰爲主皇氏云正月建寅日月會辰在亥故耕用亥也未知然否云置耒耜於車右與御者之間明已勸農非農者也王既親載耒器置耒應須

執爵于大寢三公九卿諸侯大夫皆御命曰勞酒既耕而宴飲以勞羣臣也太寢路寢御侍也疏正義曰此一節論迎春既反春事已起當祈穀親耕燕勞之事各依文解之注謂以至之帝正義曰案郊特牲云郊之用辛鄭注凡爲人君當齋戒自新又云郊之祭也迎長日之至鄭注引易說云三王之郊一用夏正春分而日漸長故云迎長日之至郊特牲云郊不言祈穀此經言祈穀不言郊鄭以爲二祭是一故此注謂以上辛郊祭天也鄭既以二祭爲一恐人爲疑故引春秋傳以明之案襄七年左傳云孟獻子曰郊祀后稷以祈農事也是故啓蟄而郊郊而後耕彼祈農事者則此祈穀也彼云郊而後耕此是祈穀之後即躬耕帝藉是祈穀與郊一也云上帝大微之帝者春秋緯文紫微宮爲大帝太微爲天庭中有五帝坐是即靈威仰赤熛怒白招拒汁光紀含樞紐祈穀郊天之時各祭所感之帝殷人則祭汁光

禮記義二十二　七

紀周人則祭靈威仰以其不定故揔云大微之帝若迎春之時前帝後王皆祭靈威仰故前注云迎春祭蒼帝靈威仰特指一帝也此郊雖祈穀亦是報天故郊特牲云郊之祭也大報天而主日也　乃擇元辰至九推　甲乙丙丁等謂之日郊之用辛上云元日子丑寅卯之等謂之爲辰耕用亥日故云元辰　天子親載耒耜者謂天子所乘車上親載耕田之耒耜措之於參保介御之間者措置也保介車右也御者御車之人車右及御人皆是主參乘於時天子在左御者在中車右在右言置此耒器於參乘保介及御者之間然後帥三公九卿而往南郊躬耕藉田也注元辰至之田　正義曰知用亥者以陰陽式法正月亥爲天倉以其耕事故用天倉也盧植蔡邕並云郊天是陽故用日耕藉是陰故用辰元者善也郊雖用日亦有辰但日爲吉主耕之用辰亦有日但辰爲主皇氏云正月建寅日月會辰在亥故耕用亥也未知然否云置耒耜於車右與御者之間明已勸農非農者也王既親載耒器置耒應須

足利本第二十二卷第八葉

近王今置耒乃於參御二人之間不近王者明王之己身但是勸農故載耒耜非實農人故不近耒器也所以車右衣甲者以人君尊重故使勇士衣甲居右備非常也云保猶衣者保卽襍保保謂小被所以衣覆小兒故云保猶衣也云帝藉爲天神借民力所治之田者耕藉所以爲帝藉者舉尊言之故祭義云天子爲藉千畝以共齊盛又國語云宣王卽位不藉千畝虢文公諫曰夫民之大事在農上帝之粢盛於是乎出是藉田共上帝故云爲天神借民力所治之田也案此立春後始郊郊之後始耕案國語先時九日大史告以耕事注先先立春日也謂先立春之前以耕與此不同者國語告耕在立春之前其實耕時在立春之後故國語下云先時五日王卽齋宮注先耕時也是耕前五日王卽齋宮而齋是知親耕在立春之後也此言天子三推公五推卿諸侯九推案國語王耕一墢班三之賈逵注班次也謂公卿大夫也三之下各三其上也王一墢公三墢卿九墢大夫二十七墢天子三推公五推卿諸侯

八　禮記義二十二

九推此是貴賤耕墢相三之數也不云士者士賤不與耕也故國語云庶人終於千畝又周禮甸師是下士云帥其屬而耕耨王藉鄭注云庶人謂徒三百人【注】旣耕至路寢正義曰案國語耕後宰夫陳饗膳夫贊王王歆大牢是耕後設饗而此云旣耕而燕飲者饗禮在廟燕禮在寢此云執爵于大寢故知燕也國語云饗者蓋用饗之饌具而行燕禮以勞羣臣案上迎春而反賞公卿大夫於路寢門外正朝此耕藉而反勞羣臣在於路寢不同者爵賞公事與衆共之故在正朝燕勞私禮主於歡心故在路寢

是月也天氣下降地氣上騰天地和同草木萌動此陽氣蒸達可耕之候也農書曰土長冒橛陳根可拔耕者急發**王命布農事命田舍東郊皆脩封疆審端徑術**田謂田畯主農之官也舍東郊順時氣而居以命其事也封疆田首

潘本第二十二卷第八葉

近王今置耒乃於參御二人之間不近王者明王之己身但是勸農故載耒耜非實農人故不近耒器也所以車右衣甲者以人君尊重故使勇士衣甲居右備非常也云保猶衣者保卽襍保保謂小被所以衣覆小兒故云保猶衣也云帝藉爲天神借民力所治之田者耕藉所以爲帝藉者舉尊言之故祭義云天子爲藉千畝以共齊盛又國語云宣王卽位不藉千畝虢文公諫曰夫民之大事在農上帝之粢盛於是乎出是藉田共上帝故云爲天神借民力所治之田也案此立春後始郊郊之後始耕案國語先時九日大史告以耕事注先先立春日也謂先立春之前以耕與此不同者國語告耕在立春之前其實耕時在立春之後故國語下云先時五日王卽齋宮注先耕時也是耕前五日王卽齋宮而齋是知親耕在立春之後也此言天子三推公五推卿諸侯九推按國語王耕一墢班三之賈逵注班次也謂公卿大夫也三之下各三其上也王一墢公三墢卿九墢大夫二十七墢天子三推公五推卿諸侯

八　禮記義二十二

九推此是貴賤耕墢相三之數也不云士者士賤不與耕也故國語云庶人終於千畝又周禮甸師是下士云帥其屬而耕耨王藉鄭注云庶人謂徒三百人【注】旣耕至路寢正義曰案國語耕後宰夫陳饗膳夫贊王王歆大牢是耕後設饗而此云旣耕而燕飲者饗禮在廟燕禮在寢此云執爵于大寢故知燕也國語云饗者蓋用饗之饌具而行燕禮以勞羣臣案上迎春而反賞公卿大夫於路寢門外正朝此耕藉而反勞羣臣在於路寢不同者爵賞公事與衆共之故在正朝燕勞私禮主於歡心故在路寢

是月也天氣下降地氣上騰天地和同草木萌動此陽氣蒸達可耕之候也農書曰土長冒橛陳根可拔耕者急發**王命布農事命田舍東郊皆脩封疆審端徑術**田謂田畯主農之官也舍東郊順時氣而居以命其事也封疆田首

之分職術周禮作遂夫間有遂遂上有徑遂小
溝也步道曰徑今尚書曰分命羲仲宅嵎夷也**善相丘**
陵阪險原隰土地所宜五穀所殖以教道
民必躬親之相視也**田事既飭先定準直農**
乃不惑說所以命田舍東郊之意也準直謂封疆徑遂也夏小正曰農率均田 疏 正義曰此
一節論少陽之月務其始生故既耕之後當勸農事各依
文解之 天氣下降者天地之氣謂之陰陽一年之中或
升或降故聖人作象各分爲六爻以象十二月陽氣之升
從十一月爲始陽氣漸升陰氣漸下至四月六陽皆升六
陰皆伏至五月一陰初升陰氣漸升陽氣漸伏至十月六
陰盡升六陽盡伏然則天氣下降地氣上騰五月至十月
也地氣下降天氣上騰十一月至四月也今正月云天氣
下降地氣上騰者陽氣五月之時爲陰從下起上嚮排陽

禮記義二十二　九　高取

氣第六陽氣上極反退至十月之時六陽退盡皆伏於下
至十一月陽之一爻始動地中至十二月陽漸升陽尚微
未能生物之極正月三陽既上成爲乾卦乾體在下三陰
爲坤坤體在上乾爲天坤爲地今天居地下故云天氣下
降地在天上故云地氣上騰是陽氣五月初降至正月爲
天體而在坤下也十一月一陽初生而上排陰陰之上六
漸退反歸於下至四月陰爻伏盡六陽在上五月一陰生
六月二陰生陰氣尚微成物未具七月三陰生而成坤體
坤體在下三陽爲乾而體在上則是地氣在下天氣在上
故正月爲泰泰通也天地交通七月爲否否塞也言天地
隔塞所以十月云地氣下降天氣上騰者以十月之時純
陰用事地體凝凍寒氣逼物地又在下故云地氣下降於
時六陽從上退盡無復用事天體在上不近於物似若陽
歸於天故云天氣上騰其實十月天氣反歸地下若審察
於此不足可疑而劉洽氾闊皇侃之徒既不審知其理又
不能定其旨趣諠諠撓撓亦無取焉 注 此陽至急發 正

足利本第二十二卷第九葉

之分職術周禮作遂夫間有遂遂上有徑遂小
溝也步道曰徑今尚書曰分命羲仲宅嵎夷也**善相丘**
陵阪險原隰土地所宜五穀所殖以教道
民必躬親之相視也**田事既飭先定準直農**
乃不惑說所以命田舍東郊之意也準直謂封疆徑遂也夏小正曰農率均田 疏 正義曰此
一節論少陽之月務其始生故既耕之後當勸農事各依
文解之 天氣下降者天地之氣謂之陰陽一年之中或
升或降故聖人作象各分爲六爻以象十二月陽氣之升
從十一月爲始陽氣漸升陰氣漸下至四月六陽皆升六
陰皆伏至五月一陰初升陰氣漸升陽氣漸伏至十月六
陰盡升六陽盡伏然則天氣下降地氣上騰五月至十月
也地氣下降天氣上騰十一月至四月也今正月云天氣
下降地氣上騰者陽氣五月之時爲陰從下起上嚮排陽

禮記義二十二　九　尚取

氣第六陽氣上極反退至十月之時六陽退盡皆伏於下
至十一月陽之一爻始動地中至十二月陽漸升陽尚微
未能生物之極正月三陽既上成爲乾卦乾體在下三陰
爲坤坤體在上乾爲天坤爲地今天居地下故云天氣下
降地在天上故云地氣上騰是陽氣五月初降至正月爲
天體而在坤下也十一月一陽初生而上排陰陰之上六
漸退反歸於下至四月陰爻伏盡六陽在上五月一陰生
六月二陰生陰氣尚微成物未具七月三陰生而成坤體
坤體在下三陽爲乾而體在上則是地氣在下天氣在上
故正月爲泰泰通也天地交通七月爲否否塞也言天地
隔塞所以十月云地氣下降天氣上騰者以十月之時純
陰用事地體凝凍寒氣逼物地又在下故云地氣下降於
時六陽從上退盡無復用事天體在上不近於物似若陽
歸於天故云天氣上騰其實十月天氣反歸地下若審察
於此不足可疑而劉洽氾闊皇侃之徒既不審知其理又
不能定其旨趣諠諠撓撓亦無取焉 注 此陽至急發 正

潘本第二十二卷第九葉

足利本第二十二卷第十葉

義曰經云天氣下降注陽氣蒸達又似陽氣上升者以陽氣從五月下降至十一月從下初升至正月始成乾體而在三陰之下故云天氣下降其實於時陽從地中升也引農書曰下者案漢書藝文志農書有九家百一十四篇神農二十篇野老十七篇宰氏十七篇董安國十六尹都尉十四趙氏五篇鄭所引農書勝之十八篇王氏六篇蔡癸一篇鄭所引農書先師以爲氾勝之書也漢書注氾濇成帝時爲侍郎使教田三輔也土長冒橛者謂冒橛以候土土長冒橛陳根朽爛可拔而去之耕者急速開發其地也 王命至徑術 於是春氣既和王命羣官分布檢校農之事命遣田畯之官舍於郊之上令農夫皆脩理地之封疆審正田之徑路及田之溝洫故云審端徑術 注田謂至嵎夷 正義曰知田謂田畯者以經云命田田是受之人詩云田畯至喜故知田謂田畯云舍東郊順時氣而居者以其耕作歲時之氣起於東方爲始故令田畯舍國之東郊以命其事其諸侯都邑田畯各舍國邑之東郊也云

禮記義二十二 十

封疆田首之分職者封疆則九夫爲井四井爲邑各有封境界域部分職掌也云術周禮作遂以田農之事無稱術者術遂聲相近故疑術爲遂學記云術有序義同於此云夫間有遂遂上有徑者遂人職文案匠人云廣二尺深二尺遂小溝也步道曰徑遂人職云徑容牛馬云今尚書曰分命羲仲宅嵎夷者證命田畯舍東郊之事云今尚書者尚書有古有今壁裏所得膠東庸生所傳者謂之古文尚書晁錯所受伏生二十九篇夏侯歐陽所傳者謂之今文尚書鄭據而引之故云今尚書 田事至不惑 作記之人解說天子所以命田畯舍於東郊者欲明其政理田事若田事既能正又先定此封疆徑遂以勸農夫農夫知田事先後審疆界畔域乃不有疑惑 準直至均田 正義曰準謂輕重平均直謂繩墨得中也封疆有界限徑遂有闊狹皆先平均正直之故云準直謂封疆徑遂云夏小正曰農率均田者夏小正是大戴禮篇也農率則田畯也均田則審端徑遂也 是月也命樂

潘本第二十二卷第十葉

義曰經云天氣下降注陽氣蒸達又似陽氣上升者以陽氣從五月下降至十一月從下初升至正月始成乾體而在三陰之下故云天氣下降其實於時陽從地中升也引農書曰下者案漢書藝文志農書有九家百一十四篇神農二十篇野老十七篇宰氏十七篇董安國十六尹都尉十四趙氏五篇鄭所引農書勝之十八篇王氏六篇蔡癸一篇鄭所引農書先師以爲氾勝之書也漢書注氾濇成帝時爲侍郎使教田三輔也土長冒橛者謂冒橛以候土土長冒橛陳根朽爛可拔而去之耕者急速開發其地也 王命至徑術 於是春氣既和王命羣官分布檢校農之事命遣田畯之官舍於郊之上令農夫皆脩理地之封疆審正田之徑路及田之溝洫故云審端徑術 注田謂至嵎夷 正義曰知田謂田畯者以經云命田田是受之人詩云田畯至喜故知田謂田畯云舍東郊順時氣而居者以其耕作歲時之氣起於東方爲始故令田畯舍國之東郊以命其事其諸侯都邑田畯各舍國邑之東郊也云

禮記義二十二 十

封疆田首之分職者封疆則九夫爲井四井爲邑各有封境界域部分職掌也云術周禮作遂以田農之事無稱術者術遂聲相近故疑術爲遂學記云術有序義同於此云夫間有遂遂上有徑者遂人職文案匠人云廣二尺深二尺遂小溝也步道曰徑遂人職云徑容牛馬云今尚書曰分命羲仲宅嵎夷者證命田畯舍東郊之事云今尚書者尚書有古有今壁裏所得膠東庸生所傳者謂之古文尚書晁錯所受伏生二十九篇夏侯歐陽所傳者謂之今文尚書鄭據而引之故云今尚書 田事至不惑 作記之人解說天子所以命田畯舍於東郊者欲明其政理田事若田事既能正又先定此封疆徑遂以勸農夫農夫知田事先後審疆界畔域乃不有疑惑注準直至均田 正義曰準謂輕重平均直謂繩墨得中也封疆有界限徑遂有闊狹皆先平均正直之故云準直謂封疆徑遂云夏小正曰農率均田者夏小正是大戴禮篇也農率則田畯也均田則審端徑遂也 是月也命樂

足利本第二十二卷第十一葉

正入學習舞爲仲春將釋菜乃脩祭典重祭禮歲始省録也命祀山林川澤犧牲毋用牝爲傷妊生之類疏正義曰此一節論此春爲四時之首當脩祀典及祭山川之事各依文解之　○犧牲毋用牝者以山林川澤其祀既卑餘月之時牲皆用牝唯此月不用故注爲傷任生之類若天地宗廟大祭之時雖非正月皆不用牝禁止伐木盛德所在毋覆巢毋殺孩蟲胎夭飛鳥毋麛毋卵爲傷萌幼之類毋聚大衆毋置城郭爲妨農之始掩骼埋胔爲死氣逆生也骨枯曰骼肉腐曰胔是月也不可以稱兵稱兵必天殃逆生氣兵戎不起不可從

禮記義二十二　十一　李涓

我始爲客不利主人則可毋變天之道以陰政犯陽毋絕地之理易剛柔之宜毋亂人之紀仁之時而舉義事疏正義曰此一節論時氣之事各依文解之　○禁止伐木者禁謂禁其欲伐止謂止其已伐者此伐木在山中或在禁隆之處十月許人採取至正月之時禁令止息故王制云草木零落然後入山林詩魚麗傳云草木不折不操斧斤不入山林是也若國家隨時所須以爲材用者雖非冬月亦得取之故山虞有仲冬斬陽木仲夏斬陰木又云邦工入山林而掄材不禁是也其非是所禁之處春秋亦得取之故周禮云春秋之斬木不入禁鄭注斬四野之木可若於正月皆禁之　○毋覆至毋卵　此一節論禮法餘月皆無覆巢因初春施生之時故設戒也巢若其夭鳥之巢則覆之故硩蔟氏云掌覆夭鳥之巢此月亦禁之胎謂在腹中未出夭爲生而已出者故魯語云獸長麑夭此飛鳥謂初飛之鳥故注云爲

潘本第二十二卷第十一葉

正入學習舞爲仲春將釋菜乃脩祭典重祭禮歲始省録也命祀山林川澤犧牲毋用牝爲傷妊生之類疏正義曰此一節論此春爲四時之首當脩祀典及祭山川之事各依文解之　○犧牲毋用牝者以山林川澤其祀既卑餘月之時牲皆用牝唯此月不用故注爲傷任生之類若天地宗廟大祭之時雖非正月皆不用牝禁止伐木盛德所在毋覆巢毋殺孩蟲胎夭飛鳥毋麛毋卵爲傷萌幼之類毋聚大衆毋置城郭爲妨農之始掩骼埋胔爲死氣逆生也骨枯曰骼肉腐曰胔是月也不可以稱兵稱兵必天殃逆生氣兵戎不起不可從

禮記義二十二　十一　李涓

我始爲客不利主人則可毋變天之道以陰政犯陽毋絕地之理易剛柔之宜毋亂人之紀仁之時而舉義事疏正義曰此一節論時氣之事各依文解之　○禁止伐木者禁謂禁其欲伐止謂止其已伐者此伐木在山中或在禁隆之處十月許人採取至正月之時禁令止息故王制云草木零落然後入山林詩魚麗傳云草木不折不操斧斤不入山林是也若國家隨時所須以爲材用者雖非冬月亦得取之故山虞有仲冬斬陽木仲夏斬陰木又云邦工入山林而掄材不禁是也其非是所禁之處春秋亦得取之故周禮云春秋之斬木不入禁鄭注斬四野之木可若於正月皆禁之　○毋覆至毋卵　此一節論禮法餘月皆無覆巢因初春施生之時故設戒也巢若其夭鳥之巢則覆之故硩蔟氏云掌覆夭鳥之巢此月亦禁之胎謂在腹中未出夭爲生而已出者故魯語云獸長麑夭此飛鳥謂初飛之鳥故注云爲

足利本第二十二卷第十二葉

傷萌幼之類麛卵四時皆禁但於此月尤甚若須薦獻亦得取之故王制云非以卵庖人秋行犢麛是也　掩骼埋胔者蜡氏云掌除骴司農云骴骨之尚有肉者也及禽獸之骨皆是康成不注從司農義也骼言掩胔言埋互言耳

注爲客不利主人則可也　正義曰起兵伐人者謂之客敵來禦捍者謂之主此經云兵戎不合興起之時不可從我而始我謂主人也主人既不先起兵彼來伐我我不得不應故云主則可客既先興兵故云爲客不利　毋變天之紀　天有陰陽之道路恐人改變故云毋變天之道地有剛柔之理恐人斷絶故云毋絶地之理人有禮義綱紀恐其迷亂故云毋亂人之紀案易說卦云立天之道曰陰與陽故鄭此注以陰政犯陽說卦云立地之道曰柔與剛故注地理云易剛柔之宜說卦云立人之道曰仁與義春爲仁故注仁之時而舉義事天云道地云理人云紀互辭也

孟春行夏令則雨水不時　巳之氣乘之也四月於消息爲乾

禮記義二十二　十二　李良

草木蚤落　生日促　國時有恐　以火訖相驚　行秋令則其民大疫　申之氣乘之也七月始殺　猋風暴雨摠至　正月宿直尾箕箕好風其氣逆也回風爲猋　藜莠蓬蒿並興　生氣亂惡物茂　行冬令則水潦爲敗雪霜大摯首種不入　亥之氣乘之也舊說首種謂稷

疏 正義曰從上以來論當月施令之事若施之順時則氣序調釋若施令失所則災害滋興故自此而下論政失致災之事上既云毋變天之道毋絶地之理毋亂人之紀今若施之不失則三才相應以人與天地共相感動故也施令有失三才俱應者則此孟春行夏令雨水不時天也草木早落地也國時有恐人也十二月之節內三才俱應者多就三才俱應之中論天地及人亦先後不建或先言天者則此孟春行夏令雨水不

潘本第二十二卷第十二葉

傷萌幼之類麛卵四時皆禁但於此月尤甚若須薦獻亦得取之故王制云非以卵庖人秋行犢麛是也　掩骼埋胔者蜡氏云掌除骴司農云骴骨之尚有肉者也及禽獸之骨皆是康成不注從司農義也骼言掩胔言埋互言耳

注爲客不利主人則可也　正義曰起兵伐人者謂之客敵來禦捍者謂之主此經云兵戎不合興起之時不可從我而始我謂主人也主人既不先起兵彼來伐我我不得不應故云主則可客既先興兵故云爲客不利　毋變天之紀　天有陰陽之道路恐人改變故云毋變天之道地有剛柔之理恐人斷絶故云毋絶地之理人有禮義綱紀恐其迷亂故云毋亂人之紀案易說卦云立天之道曰陰與陽故鄭此注以陰政犯陽說卦云立地之道曰柔與剛故注地理云易剛柔之宜說卦云立人之道曰仁與義春爲仁故注仁之時而舉義事天云道地云理人云紀互辭也

孟春行夏令則雨水不時　巳之氣乘之也四月於消息爲乾

禮記義二十二　十二　李良

草木蚤落　生日促　國時有恐　以火訖相驚　行秋令則其民大疫　申之氣乘之也七月始殺　猋風暴雨摠至　正月宿直尾箕箕好風其氣逆也回風爲猋　藜莠蓬蒿並興　生氣亂惡物茂　行冬令則水潦爲敗雪霜大摯首種不入　亥之氣乘之也舊說首種謂稷

疏 正義曰從上以來論當月施令之事若施之順時則氣序調釋若施令失所則災害滋興故自此而下論政失致災之事上既云毋變天之道毋絶地之理毋亂人之紀今若施之不失則三才相應以人與天地共相感動故也施令有失三才俱應者則此孟春行夏令雨水不時天也草木早落地也國時有恐人也十二月之節內三才俱應者多就三才俱應之中論天地及人亦先後不建或先言天者則此孟春行夏令雨水不

時是也或先言民者則孟春行秋令其民大疫是也或先言地者則孟春行冬令水潦爲敗是也所以然者爲害重者則在先言之爲害輕者後言之大略於文可以意得次第其輕重無義例也皇氏曲爲別說非經之旨施令失所亦唯有二才應者故仲春行夏令則國乃大旱煖氣早來蟲螟爲害大旱煖氣並爲天災如此之類是也以施令失所唯二才應就二才之中或有天有人無地或有地有人無天隨應則書不爲義例也行令失之於前氣則應之於後至如春夏及秋施令有失氣來爲應唯在當年則孟春行夏令雨水不時草木早落之類是也若其冬時失令則氣應在於後年故仲冬行秋令則天時雨汁瓜瓠不成行春令蝗蟲爲敗仲冬非瓜瓠不成之時又非蝗蟲爲敗之日是據來年又録記之人序行令之事各次第先後則有夏有秋有冬孟春舉夏爲始仲春舉秋爲始季春舉冬爲始至於夏時之下則有秋有冬次有來年之春孟夏則舉秋爲始仲夏舉冬爲始季夏舉春爲始以此推例秋冬亦

然不能備說也 注已之至爲乾也 正義曰此風雨不時者謂風雨少不得應時所以風雨不應時者以孟春建寅其宿直箕星箕星好風孟春行夏令寅氣不足故風少巳來乘之四月純陽用事純陽來乘故雨少云四月於消息爲乾者陽生爲息陰死爲消十一月至四月爲息言萬物得陽氣蕃息五月至十月爲消言萬物得陰氣消盡凡孟月失令則三時孟月之氣乘之仲月失令則仲月之氣乘之季月失令則季月之氣乘之所以然者以同爲孟仲季氣情相通如其不和則迭相乘入鄭之所注例亦不同或一句之下則云某之氣乘之即此風雨不時一句之下云巳之氣乘之或兩句之下則云某之氣乘之故仲春行秋令則其國大水寒氣揔至注酉之氣乘之以二句俱當酉氣故也或有三句之下始云某之氣乘之者故孟春行冬令則水潦爲敗雪霜大摯首種不入注云亥之氣乘之以三句共當亥氣也氣當則言無義例也凡一句爲一事亦有兩句共爲一事者則孟夏行冬令云後乃大水敗其城

時是也或先言民者則孟春行秋令其民大疫是也或先言地者則孟春行冬令水潦爲敗是也所以然者爲害重者則在先言之爲害輕者後言之大略於文可以意得次第其輕重無義例也皇氏曲爲別說非經之旨施令失所亦唯有二才應者故仲春行夏令則國乃大旱煖氣早來蟲螟爲害大旱煖氣並爲天災如此之類是也以施令失所唯二才應就二才之中或有天有人無地或有地有人無天隨應則書不爲義例也行令失之於前氣則應之於後至如春夏及秋施令有失氣來爲應唯在當年則孟春行夏令雨水不時草木早落之類是也若其冬時失令則氣應在於後年故仲冬行秋令則天時雨汁瓜瓠不成行春令蝗蟲爲敗仲冬非瓜瓠不成之時又非蝗蟲爲敗之日是據來年又録記之人序行令之事各次第先後則有夏有秋有冬孟春舉夏爲始仲春舉秋爲始季春舉冬爲始至於夏時之下則有秋有冬次有來年之春孟夏則舉秋爲始仲夏舉冬爲始季夏舉春爲始以此推例秋冬亦

然不能備說也 注已之至爲乾也 正義曰此風雨不時者謂風雨少不得應時所以風雨不應時者以孟春建寅其宿直箕星箕星好風孟春行夏令寅氣不足故風少巳來乘之四月純陽用事純陽來乘故雨少云四月於消息爲乾者陽生爲息陰死爲消十一月至四月爲息言萬物得陽氣蕃息五月至十月爲消言萬物得陰氣消盡凡孟月失令則三時孟月之氣乘之仲月失令則仲月之氣乘之季月失令則季月之氣乘之所以然皆以同爲孟仲季氣情相通如其不和則迭相乘入鄭之所注例亦不同或一句之下則云某之氣乘之即此風雨不時一句之下云巳之氣乘之或兩句之下則云某之氣乘之故仲春行秋令則其國大水寒氣揔至注酉之氣乘之以二句俱當酉氣故也或有三句之下始云某之氣乘之者故孟春行冬令則水潦爲敗雪霜大摯首種不入注云亥之氣乘之以三句共當亥氣也氣當則言無義例也凡一句爲一事亦有兩句共爲一事者則孟夏行冬令云後乃大水敗其城

郭是也 注火訛相驚 正義曰以巳來乘寅巳爲火故火來
也寅爲天漢之津火雖欲來而畏水終竟不來但訛言道
火相恐動也 注申之氣乘之七月始殺 正義曰七月
建申陰氣始殺殺氣乘寅故人多大疫 注正月至爲猋
正義曰案鄭注洪範中央土氣爲風東方木氣爲雨箕
屬東方木木剋土土爲妃尚妃之所好故箕星好風也西
方金氣爲陰剋東方木木爲妃畢屬西方尚妻之所好故
好雨也今申氣乘寅兩相衝破申來逆寅寅爲風風之被
逆故爲猋風寅往破申申爲雨雨之被逆故爲暴雨也案
爾雅扶搖謂之猋謂風之迴轉也故云迴風爲猋 注生
氣亂惡物茂 正義曰惡物所以害生氣今生氣既亂惡
物乘之故惡物茂 注首種謂稷 正義曰案考靈耀云
日中星鳥可以種稷則百穀之內稷先種
故云首種首即先也種在百穀之先也

仲春之月日在奎昏弧中旦建星中 仲中也仲春者日月會於
降婁而斗建卯之辰也弧在輿鬼南建星在斗上 其日甲乙其帝大皞其
神句芒其蟲鱗其音角律中夾鍾其數
八其味酸其臭羶其祀戶祭先脾 夾鍾者夷則之所生
三分益一律長七寸二千一百八十七分寸之千七十
五仲春氣至則夾鍾之律應周語曰夾鍾出四隙之細 始
雨水桃始華倉庚鳴鷹化爲鳩 皆記時候也倉庚驪
黃也鳩搏穀也漢始以雨水爲二月節 天子居青陽大廟乘鸞路
駕倉龍載青旂衣青衣服倉玉食麥與羊
其器疏以達 青陽大廟東堂當太室 疏 正義曰案三統曆云二
月節日在奎五度昏井

郭是也 注火訛相驚 正義曰以巳來乘寅巳爲火故火來
也寅爲天漢之津火雖欲來而畏水終竟不來但訛言道
火相恐動也 注申之氣乘之七月始殺 正義曰七月
建申陰氣始殺殺氣乘寅故人多大疫 注正月至爲猋
正義曰案鄭注洪範中央土氣爲風東方木氣爲雨箕
屬東方木木剋土土爲妃尚妃之所好故箕星好風也西
方金氣爲陰剋東方木木爲妃畢屬西方尚妻之所好故
好雨也今申氣乘寅兩相衝破申來逆寅寅爲風風之被
逆故爲猋風寅往破申申爲雨雨之被逆故爲暴雨也案
爾雅扶搖謂之猋謂風之迴轉也故云迴風爲猋 注生
氣亂惡物茂 正義曰惡物所以害生氣今生氣既亂惡
物乘之故惡物茂 注首種謂稷 正義曰案考靈耀云
日中星鳥可以種稷則百穀之內稷先種
故云首種首即先也種在百穀之先也

仲春之月日在奎昏弧中旦建星中 仲中也仲春者日月會於
降婁而斗建卯之辰也弧在輿鬼南建星在斗上 其日甲乙其帝大皞其
神句芒其蟲鱗其音角律中夾鍾其數
八其味酸其臭羶其祀戶祭先脾 夾鍾者夷則之所生
三分益一律長七寸二千一百八十七分寸之千七十
五仲春氣至則夾鍾之律應周語曰夾鍾出四隙之細 始
雨水桃始華倉庚鳴鷹化爲鳩 皆記時候也倉庚驪
黃也鳩搏穀也漢始以雨水爲二月節 天子居青陽大廟乘鸞路
駕倉龍載青旂衣青衣服倉玉食麥與羊
其器疏以達 青陽大廟東堂當太室 疏 正義曰案三統曆云二
月節日在奎五度昏井

二十二度中去日九十七度旦斗五度中春分日在婁四度昏柳五度中去日一百二度旦斗十六度中案元嘉曆二月節日在壁一度昏井十度中旦箕四度中春分日在奎七度昏東井三十度中旦斗四度中餘月昏旦中星皆舉二十八宿此昏云弧中旦云建星中獨非二十八宿者以弧星近井建星近斗以井斗度多其星體廣不可的指昏旦之中故舉弧建定其昏旦之中也 注 日月會於降婁而斗建卯之辰 正義曰從奎五度至胃六度在戌捴曰降婁降降也婁斂也言物降落而收斂而斗建卯之辰者斗星隨天而轉一日一夜過轉一周而行一度故正月建寅二月建卯也云弧在輿鬼南建星在斗上者熊氏說云石氏星經文弧與建星非二十八宿而昏明舉之者由弧星近井建星近斗井有三十三度斗有二十六度其度既寬若舉井斗不知何日的至井斗之中故舉弧星建星也然春分之時日夜中計春分昏中之星去日九十一度今日在奎五度奎與鬼之初乃一百九度所以不同者鄭雖云弧在鬼南其實仍當井之分域故皇氏云從奎第五度爲二月節數至井第十五度得九十一度是弧星當井之十六度也若從井星十六度至斗之初一百七十二度計昏中星與明中之星春秋分時相去分天之半應一百八十二度餘但日入以後二刻半始昏不盡二刻半爲明昏明相去少晝五刻一刻有三度半強五刻有十七度餘則昏之中星去明之中星一百六十五度餘則建星不得在斗初在斗十度也此仲春之月昏弧中案尚書云日中星鳥不同者如鄭康成之意南方七宿捴爲鳥星井鬼則鳥星之分故云星鳥與此同也案仲夏昏亢中尚書云日永星火不同者案鄭荅孫顥云星火非謂心星也卯之三十度捴爲大火其曰大火之次有星者月令舉其月初尚書捴舉一月故不同也案仲秋之月昏牽牛中尚書云宵中星虛其仲冬之月云東壁中尚書云日短星昴不同者亦是月令舉其初朔尚書捴舉一月之中理亦不異孔安國注尚書與此則別尚書所舉星者自取畢見之義不謂

禮記義二十二　十九

二十二度中去日九十七度旦斗五度中春分日在婁四度昏柳五度中去日一百二度旦斗十六度中案元嘉曆二月節日在壁一度昏井十度中旦箕四度中春分日在奎七度昏東井三十度中旦斗四度中餘月昏旦中星皆舉二十八宿此昏云弧中旦云建星中獨非二十八宿者以弧星近井建星近斗以井斗度多其星體廣不可的指昏旦之中故舉弧建定其昏旦之中也 注 日月會於降婁而斗建卯之辰 正義曰從奎五度至胃六度在戌捴曰降婁降降也婁斂也言物降落而收斂而斗建卯之辰者斗星隨天而轉一日一夜過轉一周而行一度故正月建寅二月建卯也云弧在輿鬼南建星在斗上者熊氏說云石氏星經文弧與建星非二十八宿而昏明舉之者由弧星近井建星近斗井有三十三度斗有二十六度其度既寬若舉井斗不知何日的至井斗之中故舉弧星建星也然春分之時日夜中計春分昏中之星去日九十一度今日在奎五度奎與鬼之初乃一百九度所以不同者鄭雖云弧在鬼南其實仍當井之分域故皇氏云從奎第五度爲二月節數至井第十五度得九十一度是弧星當井之十六度也若從井星十六度至斗之初一百七十二度計昏中星與明中之星春秋分時相去分天之半應一百八十二度餘但日入以後二刻半始昏不盡二刻半爲明昏明相去少晝五刻一刻有三度半強五刻有十七度餘則昏之中星去明之中星一百六十五度餘則建星不得在斗初在斗十度也此仲春之月昏弧中案尚書云日中星鳥不同者如鄭康成之意南方七宿捴爲鳥星井鬼則鳥星之分故云星鳥與此同也案仲夏昏亢中尚書云日永星火不同者案鄭荅孫顥云星火非謂心星也卯之三十度捴爲大火其曰大火之次有星者月令舉其月初尚書捴舉一月故不同也案仲秋之月昏牽牛中尚書云宵中星虛其仲冬之月云東壁中尚書云日短星昴不同者亦是月令舉其初朔尚書捴舉一月之中理亦不異孔安國注尚書與此則別尚書所舉星者自取畢見之義不謂

禮記義二十二　十五

足利本第二十二卷第十六葉

南方之中 注 夾鍾至之細 正義曰夷則長五寸七百二十九分寸之四百五十一今上生夾鍾當三分益一就夷則五寸之中取三寸更益一寸爲四寸餘有整二寸又於七百二十九分寸之中有細分四百五十一此細分各三分之是於一寸分爲二千一百八十七分有四百五十一者爲一千三百五十三則是二千一百八十七分寸之一千三百五十三也以整二寸各二千一百八十七分則二寸摠有四千三百七十四分益前一千三百五十三摠爲五千七百二十七爲實數但上生者三分益一以實數更三分之各有一千九百九分以三分益一則益一分一千九百九併前五千七百二十七摠爲七千六百三十六爲積分摠數也然後除之爲寸一寸用二千一百八十七則三寸摠用六千五百六十一以三寸益前四寸爲七寸餘有一千七十五分不成寸是爲夾鍾長七寸二千一百八十七分寸之千七十五也云周語曰夾鍾出四隙之細者周語注夾鍾云夾助陽四隙謂黄鍾大呂大蔟夾鍾凡助

禮記義二十二 十六

出四隙之微氣令不滯伏於下也 始雨水至爲鴻 正義曰此一經記候 注 皆記至月節 正義曰言皆記時候者謂經中四事言之先後逐氣之早晚故周書時訓驚蟄之日桃始花又五日倉庚鳴又五日鷹化爲鳩至秋則鳩化爲鷹故王制云鳩化爲鷹然後設罻羅司裘注中秋鳩化爲鷹夏小正云正月鷹化爲鳩五月鳩化爲鷹鄭無所言則不信用也案通卦驗云倉庚爲正月中與此不同者蓋是國土各異氣有早晚云倉庚驪黄者案釋鳥云倉庚商庚郭景純云即鵹黄也釋鳥又云鵹黄楚雀某氏云鵹黄一名倉庚又云商庚李巡云一名楚雀方言云齊人謂之摶黍云鳩摶穀者釋鳥云鳲鳩鴶鵴郭景純云今之布穀也謝氏云布穀者近之彼云布此云摶者布摶聲相近謂之摶穀以聲呼之或以爲此鳥鳴布種其穀云漢始以雨水爲二月節者證此雨水爲二月節也但雨水驚蟄據其早作在正月若其晚在二月故漢初驚蟄爲正月中雨水爲二月節至在後以來事稍變改故律曆志云雨水爲

潘本第二十二卷第十六葉

南方之中 注 夾鍾至之細 正義曰夷則長五寸七百二十九分寸之四百五十一今上生夾鍾當三分益一就夷則五寸之中取三寸更益一寸爲四寸餘有整二寸又於七百二十九分寸之中有細分四百五十一此細分各三分之是於一寸分爲二千一百八十七分有四百五十一者爲一千三百五十三則是二千一百八十七分寸之一千三百五十三也以整二寸各二千一百八十七分則二寸摠有四千三百七十四分益前一千三百五十三摠爲五千七百二十七爲實數但上生者三分益一以實數更三分之各有一千九百九分以三分益一則益一分一千九百九併前五千七百二十七摠爲七千六百三十六爲積分摠數也然後除之爲寸一寸用二千一百八十七則三寸摠用六千五百六十一以三寸益前四寸爲七寸餘有一千七十五分不成寸是爲夾鍾長七寸二千一百八十七分寸之千七十五也云周語曰夾鍾出四隙之細者周語注夾鍾云夾助陽四隙謂黄鍾大呂太蔟夾鍾凡助

禮記正義二十二 十六

出四隙之微氣令不滯伏於下也 始雨水至爲鴻 正義曰此一經記候 注 皆記至月節 正義曰言皆記時候者謂經中四事言之先後逐氣之早晚故周書時訓驚蟄之日桃始花又五日倉庚鳴又五日鷹化爲鳩至秋則鳩化爲鷹故王制云鳩化爲鷹然後設罻羅司裘注中秋鳩化爲鷹夏小正云正月鷹化爲鳩五月鳩化爲鷹鄭無所言則不信用也案通卦驗云倉庚爲正月中與此不同者蓋是國土各異氣有早晚云倉庚驪黄者案釋鳥云倉庚商庚郭景純云即鵹黄也釋鳥又云鵹黄楚雀某氏云鵹黄一名倉庚又云商庚李巡云一名楚雀方言云齊人謂之摶黍云鳩摶穀者釋鳥云鳲鳩鴶鵴郭景純云今之布穀也謝氏云布穀者近之彼云布此云摶者布摶聲相近謂之摶穀以聲呼之或以爲此鳥鳴布種其穀云漢始以雨水爲二月節者證此雨水爲二月節也但雨水驚蟄據其早作在正月若其晚在二月故漢初驚蟄爲正月中雨水爲二月節至在後以來事稍變改故律曆志云雨水爲

正月中驚蟄爲二月節由氣有參差故也是月也安萌牙養幼少存諸孤助生氣也擇元日命民社社后土也使民祀焉神其農業也祀社日用甲命有司省囹圄去桎梏毋肆掠止獄訟順陽寬也省減也囹圄所以禁守繫者若今別獄矣桎梏今械也在手曰梏在足曰桎肆謂死刑暴尸也周禮曰肆之三日掠謂捶治人是月也玄鳥至至之日以大牢祠于高禖天子親往玄鳥燕也燕以施生時來巢人堂宇而孚乳嫁娶之象也媒氏之官以爲候高辛氏之世玄鳥遺卵娀簡吞之而生契後王以爲媒官嘉祥而立其祠焉變媒言禖神之也后妃帥九嬪御御謂從往侍祠周禮天子有夫人有九嬪有世婦有女御獨云帥九嬪舉中

禮記義二十二　十七　高欧

言也乃禮天子所御帶以弓韣授以弓矢于高禖之前天子所御謂今有娠者於祠大祝酌酒飲於高禖之庭以神惠顯之也帶以弓韣授以弓矢求男之祥也王居明堂禮曰帶以弓韣禮之禖下其子必得天材

【疏】正義曰此一節論助其生氣止其獄刑自玄鳥至之日至高禖之前論天子親祭高禖妃嬪從行之事故更云是月也自日夜分至平權概論日夜既分雷聲將發婦人須戒其容止度量須審正平均故更云是月自耕者少舍至以妨農事論耕者少舍脩理門閭無爲大事以致妨農故更云是月自毋竭川澤云順陽養物至開冰釋菜習舞入學習樂揔是助陽鼓動其物故更云是月自祀不用犧牲以下論季春犧牲騰合與上事殊故別云是月各依文解之

【注】社后至用甲　正義曰后土者謂五官之后土即社神也與左傳僖十五年云君履后土者別也但句龍爲配社之人又爲后土之官

正月中驚蟄爲二月節由氣有參差故也是月也安萌牙養幼少存諸孤助生氣也擇元日命民社社后土也使民祀焉神其農業也祀社日用甲命有司省囹圄去桎梏毋肆掠止獄訟順陽寬也省減也囹圄所以禁守繫者若今別獄矣桎梏今械也在手曰梏在足曰桎肆謂死刑暴尸也周禮曰肆之三日掠謂捶治人是月也玄鳥至至之日以大牢祠于高禖天子親往玄鳥燕也燕以施生時來巢人堂宇而孚乳嫁娶之象也媒氏之官以爲候高辛氏之世玄鳥遺卵娀簡吞之而生契後王以爲媒官嘉祥而立其祠焉變媒言禖神之也后妃帥九嬪御御謂從往侍祠周禮天子有夫人有九嬪有世婦有女御獨云帥九嬪舉中

禮記義二十二　十七　高欧

言也乃禮天子所御帶以弓韣授以弓矢于高禖之前天子所御謂今有娠者於祠大祝酌酒飲於高禖之庭以神惠顯之也帶以弓韣授以弓矢求男之祥也王居明堂禮曰帶以弓韣禮之禖下其子必得天材

【疏】正義曰此一節論助其生氣止其獄刑自玄鳥至之日至高禖之前論天子親祭高禖妃嬪從行之事故更云是月也自日夜分至平權概論日夜既分雷聲將發婦人須戒其容止度量須審正平均故更云是月自耕者少舍至以妨農事論耕者少舍脩理門閭無爲大事以致妨農故更云是月自毋竭川澤云順陽養物至開冰釋菜習舞入學習樂揔是助陽鼓動其物故更云是月自祀不用犧牲以下論季春犧牲騰合與上事殊故別云是月各依文解之

【注】社后至用甲　正義曰后土者謂五官之后土即社神也與左傳僖十五年云君履后土者別也但句龍爲配社之人又爲后土之官

足利本第二十二卷第十八葉

也云祀社日用甲者解經元日也案郊特牲云祀社日用甲用日之始也召誥戊午乃社于新邑用戊者周公告營洛邑位成非常祭也　注囹圄至治人　正義曰云囹圄所以禁守繫者若今別獄矣者蔡云囹牢也圄止也所以止出入皆罪人所舍也崇精問曰獄周曰圜土殷曰羑里夏曰均臺囹圄何代之獄焦氏荅曰月令秦書則秦獄名也漢曰若盧魏曰司空是也云在手曰梏在足曰桎者案掌囚云上罪梏拲而桎拲爲在手梏與拲連文故知梏亦在手則桎在足也易大畜六四童牛之牿冷剛問云牛四足何以稱梏鄭荅云牛無手前足施梏也云肆謂死刑暴尸者肆陳也謂陳尸而暴之故周禮鄉士縣士皆肆之三日然春陽既動理無殺人何得更有死尸而禁其陳肆者蓋是大逆不孝罪甚之徒容得春時殺之殺則埋之故禁其陳肆　注高辛至神之　正義曰知玄鳥遺卵娀簡吞之而生契者案殷本紀云簡狄行浴見玄鳥墮其卵簡狄取吞之因孕生契又中候契握云玄鳥翔水遺卵娀簡狄吞之

禮記義二十二　十八

生契娀者簡狄之國名故大戴禮云有娀氏之女曰簡狄故云娀簡狄也云後王以爲禖官嘉祥而立其祠焉者謂高辛氏之世有此吞鳥之異是爲媒官嘉祥後代之王立此高辛而爲禖神故也蔡邕以爲禖神高辛已前舊有高者尊也謂尊高之禖不由高辛氏而始有高禖又生民及玄鳥毛傳云姜嫄從帝而祠于郊禖又云簡狄從帝而祈于郊禖則是姜嫄簡狄之前先有禖神矣而此注立高辛氏爲禖神是高辛氏已前未有禖神參差不同者鄭志焦喬荅王權云先契之時必自有媒氏祓除之祀位在於南郊蓋以玄鳥至之日祀之矣然其禋祀乃於上帝也娀簡狄吞鳳子之後後王爲媒官嘉祥祀之以配帝謂之高禖據此言之則郊禖之祭契已前祭天南郊以先媒配之故謂之郊禖至高辛氏之時既簡狄之異後王以是爲媒官之嘉祥即以高辛之君立爲禖神以配天其古昔先媒則廢之矣高辛氏配之後謂之高禖鄭義稷契當堯時案命曆序云帝嚳傳十世則稷契不得爲帝嚳之子是帝嚳後

潘本第二十二卷第十八葉

也云祀社日用甲者解經元日也案郊特牲云祀社日用甲用日之始也召誥戊午乃社于新邑用戊者周公告營洛邑位成非常祭也　注囹圄至治人　正義曰云囹圄所以禁守繫者若今別獄矣者蔡云囹牢也圄止也所以止出入皆罪人所舍也崇精問曰獄周曰圜土殷曰羑里夏曰均臺囹圄何代之獄焦氏荅曰月令秦書則秦獄名也漢曰若盧魏曰司空是也云在手曰梏在足曰桎者案掌囚云上罪梏拲而桎拲爲在手梏與拲連文故知梏亦在手則桎在足也易大畜六四童牛之牿冷剛問云牛四足何以稱梏鄭荅云牛無手前足施梏也云肆謂死刑暴尸者肆陳也謂陳尸而暴之故周禮鄉士縣士皆肆之三日然春陽既動理無殺人何得更有死尸而禁其陳肆者蓋是大逆不孝罪甚之徒容得春時殺之殺則埋之故禁其陳肆　注高辛至神之　正義曰知玄鳥遺卵娀簡吞之而生契者案殷本紀云簡狄行浴見玄鳥墮其卵簡狄取吞之因孕生契又中候契握云玄鳥翔水遺卵娀簡狄吞之

禮記義二十二　十八

生契娀者簡狄之國名故大戴禮云有娀氏之女曰簡狄故云娀簡狄也云後王以爲禖官嘉祥而立其祠焉者謂高辛氏之世有此吞鳥之異是爲媒官嘉祥後代之王立此高辛而爲禖神故也蔡邕以爲禖神高辛已前舊有高者尊也謂尊高之禖不由高辛氏而始有高禖又生民及玄鳥毛傳云姜嫄從帝而祠于郊禖又云簡狄從帝而祈于郊禖則是姜嫄簡狄之前先有禖神矣而此注立高辛氏爲禖神是高辛氏已前未有禖神參差不同者鄭志焦喬荅王權云先契之時必自有媒氏祓除之祀位在於南郊蓋以玄鳥至之日祀之矣然其禋祀乃於上帝也娀簡狄吞鳳子之後後王爲媒官嘉祥祀之以配帝謂之高禖據此言之則郊禖之祭契已前祭天南郊以先媒配之故謂之郊禖至高辛氏之時既簡狄之異後王以是爲媒官之嘉祥即以高辛之君立爲禖神以配天其古昔先媒則廢之矣高辛氏配之後謂之高禖鄭義稷契當堯時案命曆序云帝嚳傳十世則稷契不得爲帝嚳之子是帝嚳後

足利本第二十二卷第十九葉

世子孫之子故鄭注生民云姜嫄高辛氏之世妃則簡狄亦高辛氏之後世之妃此立爲禖神者是簡狄之夫不得爲帝嚳此祭高禖是祭天故生民傳云從於帝而見于天高禖爲配祭之人祭天特牲此用大牢者此謂配祭之人也云變媒言禖神之者案周禮媒氏職注媒之言謀也謀合異類使和成者但不知初爲媒者其人是誰案世本及譙周古本伏犧制以儷皮嫁娶之禮既用之配天其尊貴先媒當是伏犧也媒字從女今從示旁爲之示是神明告示之義故云變媒言禖神之也　乃禮至之前　正義曰祭高禖既畢祝官乃禮接天子所御幸有娠之人謂酌酒以飲之飲酒既畢乃屬帶此所御之人以弓韣又授之以弓矢於高禖之前而北面也　注天子至天材　正義曰天子所御謂今有娠者若揔論幸御則羣妃皆是何得直云乃禮天子所御故知有娠者漢書音義娠音身也云王居明堂禮者逸禮篇名也云禮之禖下其子必得天材者謂禮此所御之人於禖神之前禖在壇上御者在下故云禖

禮記義二十二　十九　馬春

下以祭神必福降故云其子必得天材

是月也日夜分雷乃發聲始電蟄蟲咸動啓戶始出又記時候發猶出也先雷三日奮木鐸以令兆民曰雷將發聲有不戒其容止者生子不備必有凶災主戒婦人有娠者也容止猶動靜日夜分則同度量鈞衡石角斗甬正權概因晝夜等而平當平也同角正皆謂平之也丈尺曰度斗斛曰量三十斤曰鈞稱上曰衡百二十斤曰石甬今斛也稱錘曰權概平斗斛者是月也耕者少舍乃脩闔扇寢廟畢備舍猶止也因蟄蟲啓戶耕事少閒而治門戶也

潘本第二十二卷第十九葉

世子孫之子故鄭注生民云姜嫄高辛氏之世妃則簡狄亦高辛氏之後世之妃此立爲禖神者是簡狄之夫不得爲帝嚳此祭高禖是祭天故生民傳云從於帝而見于天高禖爲配祭之人祭天特牲此用大牢者此謂配祭之人也云變媒言禖神之者案周禮媒氏職注媒之言謀也謀合異類使和成者但不知初爲媒者其人是誰案世本及譙周古本伏犧制以儷皮嫁娶之禮既用之配天其尊貴先媒當是伏犧也媒字從女今從示旁爲之示是神明告示之義故云變媒言禖神之也　乃禮至之前　正義曰祭高禖既畢祝官乃禮接天子所御幸有娠之人謂酌酒以飲之飲酒既畢乃屬帶此所御之人以弓韣又授之以弓矢於高禖之前而北面也　注天子至天材　正義曰天子所御謂今有娠者若揔論幸御則羣妃皆是何得直云乃禮天子所御故知有娠者漢書音義娠音身也云王居明堂禮者逸禮篇名也云禮之禖下其子必得天材者謂禮此所御之人於禖神之前禖在壇上御者在下故云禖

禮記義二十二　十九

下以祭神必福降故云其子必得天材

是月也日夜分雷乃發聲始電蟄蟲咸動啓戶始出又記時候發猶出也先雷三日奮木鐸以令兆民曰雷將發聲有不戒其容止者生子不備必有凶災主戒婦人有娠者也容止猶動靜日夜分則同度量鈞衡石角斗甬正權概因晝夜等而平當平也同角正皆謂平之也丈尺曰度斗斛曰量三十斤曰鈞稱上曰衡百二十斤曰石甬今斛也稱錘曰權概平斗斛者是月也耕者少舍乃脩闔扇寢廟畢備舍猶止也因蟄蟲啓戶耕事少閒而治門戶也

用木曰闔用竹葦曰扇畢猶皆也凡廟前曰廟後曰寢 毋作大事以妨農之事 大事兵役之屬 是月也毋竭川澤毋漉陂池毋焚山林 順陽養物也畜水曰陂穿地通水曰池 天子乃鮮羔開冰先薦寢廟 鮮當為獻聲之誤也獻羔謂祭司寒也祭司寒而出冰薦於宗廟乃後賦之春秋傳曰古者日在北陸而藏冰西陸朝覿而出之其藏冰也深山窮谷固陰冱寒於是乎取之其出之也朝之祿位賓食喪祭於是乎用之其藏之也黑牡秬黍以享司寒其出之也桃弧棘矢以除其災其出入也時食肉之祿冰皆與焉大夫命婦喪浴用冰祭寒而藏之獻羔而啓之公始用之火出而畢賦自命夫命婦至于老疾無不受冰 上丁命樂正習舞釋菜 樂正樂官之長也命習舞者順萬物始出

禮記義二十二　二十　王恭

地鼓舞也將舞必釋菜於先師以禮之夏小正曰丁亥萬用入學 天子乃帥三公九卿諸侯大夫親往視之 順時達物也 仲丁又命樂正入學習樂 為季春將合樂也習樂者習歌與八音

疏 正義曰日夜分謂晝夜漏刻馬融云晝有五十刻夜有五十刻據日出日入為限蔡邕以為星見為夜日入後三刻日出前三刻皆屬晝晝有五十六刻夜有四十四刻鄭康成注尚書云日中星以為日見之漏五十五刻不見之漏四十五刻與蔡校一刻也大略亦同 雷乃發聲者雷是陽氣之聲將上與陰相衝蔡邕云季冬雷在地下則雉應而雊孟春動於地之上則蟄蟲應而振出至此升而動於天之下其聲發揚也以雷出有漸故言乃云始電者電是陽光陽微則光不見此月陽氣漸盛以擊於陰其光乃見故云始電 蟄蟲咸動啓戶始出者戶謂穴也謂發所蟄之穴蟄蟲早者

用木曰闔用竹葦曰扇畢猶皆也凡廟前曰廟後曰寢 毋作大事以妨農之事 大事兵役之屬 是月也毋竭川澤毋漉陂池毋焚山林 順陽養物也畜水曰陂穿地通水曰池 天子乃鮮羔開冰先薦寢廟 鮮當為獻聲之誤也獻羔謂祭司寒也祭司寒而出冰薦於宗廟乃後賦之春秋傳曰古者日在北陸而藏冰西陸朝覿而出之其藏冰也深山窮谷固陰冱寒於是乎取之其出之也朝之祿位賓食喪祭於是乎用之其藏之也黑牡秬黍以享司寒其出之也桃弧棘矢以除其災其出入也時食肉之祿冰皆與焉大夫命婦喪浴用冰祭寒而藏之獻羔而啓之公始用之火出而畢賦自命夫命婦至于老疾無不受冰 上丁命樂正習舞釋菜 樂正樂官之長也命習舞者順萬物始出

禮記義二十二　二十　王恭

地鼓舞也將舞必釋菜於先師以禮之夏小正曰丁亥萬用入學 天子乃帥三公九卿諸侯大夫親往視之 順時達物也 仲丁又命樂正入學習樂 為季春將合樂也習樂者習歌與八音

疏 正義曰日夜分謂晝夜漏刻馬融云晝有五十刻夜有五十刻據日出日入為限蔡邕以為星見為夜日入後三刻日出前三刻皆屬晝晝有五十六刻夜有四十四刻鄭康成注尚書云日中星以為日見之漏五十五刻不見之漏四十五刻與蔡校一刻也大略亦同 雷乃發聲者雷是陽氣之聲將上與陰相衝蔡邕云季冬雷在地下則雉應而雊孟春動於地之上則蟄蟲應而振出至此升而動於天之下其聲發揚也以雷出有漸故言乃云始電者電是陽光陽微則光不見此月陽氣漸盛以擊於陰其光乃見故云始電 蟄蟲咸動啓戶始出者戶謂穴也謂發所蟄之穴蟄蟲早者

孟春乃出則左傳啓蟄而郊是也蟄蟲晚者則二月始出故此云蟄蟲咸動則正月末皆動重記時候者庾蔚云謂蓋先記時候以明應節後言時候以應二分二至所應不同故重記之也 注主戒至動静 正義曰以其生子不備必有凶災故知主戒婦人也云容止猶静動者蔡云迅雷風烈孔子必變玉藻云迅雷甚雨則必變雖夜必興衣服冠而坐所以畏天威也小人不畏天威慢褻瀆或至夫婦交接君子制法不可指斥言之故曰有不戒其容止者言此時夫婦交接生子支節性情必不備其父母必有災也 注因晝至斗斛 正義曰平當平者謂度量鈞衡之等人之所用當須平均人君於晝夜分等之時而平正此當平之物云同角正皆謂平之者經中度量鈞衡石五者揔蒙同文云丈尺曰度斗斛曰量三十斤曰鈞稱上曰衡百二十斤爲石皆漢書律曆志文案志文云黒秬一黍爲一分十分爲一寸十寸爲一尺十尺爲一丈十丈爲一引五度審矣又云黄鐘之管長九寸圍九分其實一籥合籥爲

合十合爲升十升爲斗十斗爲斛五量加矣志又云黄鐘之管一籥容千二百黍重十二銖二十四銖爲兩十六兩爲斤三十斤爲鈞百二十斤爲石志又云權與物鈞而生衡衡運生規規圓生矩矩方生繩繩直生準注權錘也與物正等則衡平是權爲稱錘稱上曰衡甬與斗連文律曆志十斗爲斛故知甬則斛也云槩平斗斛者今之猶然 注用木至曰寢 正義曰案襄十八年左傳云晉州綽以枚數闔闔是齊城門而云闔是闔用木也此扇與闔相對文又此耕者少舍謂庶人庶人蓽門故以爲竹葦曰扇云凡廟前曰廟後曰寢者廟是接神之處其處尊故在前寢衣冠所藏之處對廟爲卑故在後但廟制有東西廂有序牆寢制唯室而已故釋宫云室有東西廂曰廟無東西廂有室曰寢是也 注鮮當至受冰 正義曰鮮當爲獻者案詩豳風七月云四之日其蚤獻羔祭韭故知鮮爲獻也云獻羔謂祭司寒者以經云獻羔啓冰先薦寢廟恐是獻羔寢廟故云祭司寒左傳直云獻羔而啓之知祭司寒者以傳云

孟春乃出則左傳啓蟄而郊是也蟄蟲晚者則二月始出故此云蟄蟲咸動則正月末皆動重記時候者庾蔚云謂蓋先記時候以明應節後言時候以應二分二至所應不同故重記之也 注主戒至動静 正義曰以其生子不備必有凶災故知主戒婦人也云容止猶静動者蔡云迅雷風烈孔子必變玉藻云迅雷甚雨則必變雖夜必興衣服冠而坐所以畏天威也小人不畏天威慢褻瀆或至夫婦交接君子制法不可指斥言之故曰有不戒其容止者言此時夫婦交接生子支節性情必不備其父母必有災也 注因晝至斗斛 正義曰平當平者謂度量鈞衡之等人之所用當須平均人君於晝夜分等之時而平正此當平之物云同角正皆謂平之者經中度量鈞衡石五者揔蒙同文云丈尺曰度斗斛曰量三十斤曰鈞稱上曰衡百二十斤爲石皆漢書律曆志文案志文云黒秬一黍爲一分十分爲一寸十寸爲一尺十尺爲一丈十丈爲一引五度審矣又云黄鐘之管長九寸圍九分其實一籥合籥爲

禮記義二十二　二十一

合十合爲升十升爲斗十斗爲斛五量加矣志又云黄鐘之管一籥容千二百黍重十二銖二十四銖爲兩十六兩爲斤三十斤爲鈞百二十斤爲石志又云權與物鈞而生衡衡運生規規圓生矩矩方生繩繩直生準注權錘也與物正等則衡平是權爲稱錘稱上曰衡甬與斗連文律曆志十斗爲斛故知甬則斛也云槩平斗斛者今之猶然 注用木至曰寢 正義曰案襄十八年左傳云晉州綽以枚數闔闔是齊城門而云闔是闔用木也此扇與闔相對文又此耕者少舍謂庶人庶人蓽門故以爲竹葦曰扇云凡廟前曰廟後曰寢者廟是接神之處其處尊故在前寢衣冠所藏之處對廟爲卑故在後但廟制有東西廂有序牆寢制唯室而已故釋宫云室有東西廂曰廟無東西廂有室曰寢是也 注鮮當至受冰 正義曰鮮當爲獻者案詩豳風七月云四之日其蚤獻羔祭韭故知鮮爲獻也云獻羔謂祭司寒者以經云獻羔啓冰先薦寢廟恐是獻羔寢廟故云祭司寒左傳直云獻羔而啓之知祭司寒者以傳云

足利本第二十二卷第二十二葉

祭寒而藏之既祭司寒明啓時亦祭之云薦於宗廟乃後賦之者薦於宗廟謂仲春也乃後賦之謂孟夏也故凌人云夏頒冰左傳云火出而畢賦是也引春秋傳曰者昭四年左傳申豐之辭也從古者以至無不受冰皆左傳文也案昭四年春大雨雹季武子問於申豐申豐對以此辭云日在北陸者北陸虛也謂十二月日在虛之時而藏冰云西陸朝覿而出之者西陸昴也鄭康成以爲四月之時日在昴畢之星朝見東方於時出冰以須賜百官若其初出薦廟時在二月是也云固陰沍寒者杜預注沍閉也謂堅固之陰閉塞不通陽之處於是取之云朝之祿位賓食喪祭於是乎用之者朝之祿位謂大夫已上故下云命夫命婦無不受冰是也賓謂接迎賓客食謂尋常飲食喪謂死喪祭謂祭祀云黑牡秬黍者以其祭水神色尚黑云桃弧棘矢者桃去不祥棘則刺禦惡云祭寒而藏之者寒謂司寒之神則玄冥水神也所用黑牡秬黍黑牡則黑羔云獻羔而啓之者獻羔則黑牡也亦用秬黍啓之謂二月時也

禮記義二十二　二十二　蕭昌

故云公始用之云火出而畢賦者畢盡也謂應是得冰之人無問尊卑盡賦與之案左傳云火出於夏爲三月於商爲四月於周爲五月則火出季春建辰之月以周禮夏頒冰乃建巳之月不同者但建辰火星在卯火星始出至建巳火星漸高摠而言之亦得稱火出早則三月之末晚則四月之初不甚相遠又三月內有得四月節時故據夏而言之案月令季冬藏冰詩豳風三之日納于凌陰三之日是建寅之月不同者鄭注豳地晚寒所以校一月也 注 命舞至入學 正義曰以春陽既動萬物出地故王者習舞所以應之故孟春命樂正入學習舞此仲春又云習舞釋菜皆以陽氣動故此仲春習舞則大胥春入學舍采合舞一也據人所學謂之習舞節奏齊同謂之合舞此亦謂之大合樂故文王世子云凡大合樂注春舍菜合舞秋頒學合聲孟春習之至仲春習而合之自是春秋常所合樂也非爲季春而習舞也故大胥春合舞秋合聲自是春秋之常事也孟春習舞及仲春習舞及仲丁習樂并季春合樂

潘本第二十二卷第二十二葉

祭寒而藏之既祭司寒明啓時亦祭之云薦於宗廟乃後賦之者薦於宗廟謂仲春也乃後賦之謂孟夏也故凌人云夏頒冰左傳云火出而畢賦是也引春秋傳曰者昭四年左傳申豐之辭也從古者以至無不受冰皆左傳文也案昭四年春大雨雹季武子問於申豐申豐對以此辭云日在北陸者北陸虛也謂十二月日在虛之時而藏冰云西陸朝覿而出之者西陸昴也鄭康成以爲四月之時日在昴畢之星朝見東方於時出冰以須賜百官若其初出薦廟時在二月是也云固陰沍寒者杜預注沍閉也謂堅固之陰閉塞不通陽之處於是取之云朝之祿位賓食喪祭於是乎用之者朝之祿位謂大夫已上故下云命夫命婦無不受冰是也賓謂接迎賓客食謂尋常飲食喪謂死喪祭謂祭祀云黑牡秬黍者以其祭水神色尚黑云桃弧棘矢者桃去不祥棘則刺禦惡云祭寒而藏之者寒謂司寒之神則玄冥水神也所用黑牡秬黍黑牡則黑羔云獻羔而啓之者獻羔則黑牡也亦用秬黍啓之謂二月時也

小七百　禮記義二十二　二十二　陳新

故云公始用之云火出而畢賦者畢盡也謂應是得冰之人無問尊卑盡賦與之案左傳云火出於夏爲三月於商爲四月於周爲五月則火出季春建辰之月以周禮夏頒冰乃建巳之月不同者但建辰火星在卯火星始出至建巳火星漸高摠而言之亦得稱火出早則三月之末晚則四月之初不甚相遠又三月內有得四月節時故據夏而言之案月令季冬藏冰詩豳風三之日納于凌陰三之日是建寅之月不同者鄭注豳地晚寒所以校一月也 注 命舞至入學 正義曰以春陽既動萬物出地故王者習舞所以應之故孟春命樂正入學習舞此仲春又云習舞釋菜皆以陽氣動故此仲春習舞則大胥春入學舍采合舞一也據人所學謂之習舞節奏齊同謂之合舞此亦謂之大合樂故文王世子云凡大合樂注春舍菜合舞秋頒學合聲孟春習之至仲春習而合之自是春秋常所合樂也非爲季春而習舞也故大胥春合舞秋合聲自是春秋之常事也孟春習舞及仲春習舞及仲丁習樂并季春合樂

皆在大學仲春釋菜合舞季春大合樂皆天子親往餘則不也孟夏乃命樂師習合禮樂爲當月飲酎也命樂師者以仲春習舞習樂之時既命樂正此則稍輕故惟命樂師此習禮樂在學也其事既輕天子不親往孟夏又云天子飲酎用禮樂鄭注飲之於朝正尊卑是飲酎在朝天子親在不云樂正者文不備也飲酎大禮必樂正在焉熊氏禮本云飲之於廟以爲漢禮獻酎在廟故也若是獻酎祭廟當云天子獻酎不得云飲酎且夏月時祭已用酎也何須別云飲酎故知天子飲酎在朝仲夏云樂師脩鞀鞞爲大雩帝用盛樂故也命樂師者預脩習其事輕其雩帝用樂之時則命樂正天子親往其季夏孟秋仲秋以季夏土王秋又陰始國無大事不用樂也季秋亦得習吹者爲將大享帝也其習吹之時在於學中亦樂師習之但文不備也所以習吹者鄭云春夏重舞秋冬重吹但以重爲主其實春亦有吹秋亦有舞季秋習吹之時天子不親往也案大胥秋頒學合聲周禮也月令仲秋無合聲者殷法也故不

禮記義二十二　二十三

同或可秋合聲者即此季秋習吹是也孟冬大飲蒸者亦用禮樂也故鄭飲酎之下注云季冬云大飲蒸此言用禮樂互其文明飲蒸亦有禮樂也此飲蒸在大學也天子親往故鄭引詩云十月滌場躋彼公堂以證之公堂則學校也季冬命樂師大合吹而罷者歲終王與族人燕於大寢其事輕故命樂師知與族人燕者鄭注引王居明堂禮云季冬命國爲酒以合三族故知之也云將舞必釋菜於先師者以經文習舞釋菜文在於後恐習舞釋菜共是一事故云將欲習舞必先釋菜必知然者以釋菜之時不爲舞也故文王世子云釋菜不舞不授器是知釋菜無舞也此云習舞在前釋菜在後何知不先習舞乃後釋菜必知先有釋菜者以大胥云舍采合舞舍即釋故知釋菜在合舞之前云夏小正曰丁亥萬用入學者引之證習舞之意謂用此萬舞以入學于舞稱萬者何休注公羊云周武王以萬人服天下商頌萬舞有奕蓋殷湯亦以萬人得天下此夏小正是夏時之書亦云萬者其義未聞或以爲禹以萬

皆在大學仲春釋菜合舞季春大合樂皆天子親往餘則不也孟夏乃命樂師習合禮樂爲當月飲酎也命樂師者以仲春習舞習樂之時既命樂正此則稍輕故惟命樂師此習禮樂在學也其事既輕天子不親往孟夏又云天子飲酎用禮樂鄭注飲之於朝正尊卑是飲酎在朝天子親在不云樂正者文不備也飲酎大禮必樂正在焉熊氏禮本云飲之於廟以爲漢禮獻酎在廟故也若是獻酎祭廟當云天子獻酎不得云飲酎且夏月時祭已用酎也何須別云飲酎故知天子飲酎在朝仲夏云樂師脩鞀鞞爲大雩帝用盛樂故也命樂師者預脩習其事輕其雩帝用樂之時則命樂正天子親往其季夏孟秋仲秋以季夏土王秋又陰始國無大事不用樂也季秋亦得習吹者爲將大享帝也其習吹之時在於學中亦樂師習之但文不備也所以習吹者鄭云春夏重舞秋冬重吹但以重爲主其實春亦有吹秋亦有舞季秋習吹之時天子不親往也案大胥秋頒學合聲周禮也月令仲秋無合聲者殷法也故不

禮記義二十二　二十三

同或可秋合聲者即此季秋習吹是也孟冬大飲蒸者亦用禮樂也故鄭飲酎之下注云季冬云大飲蒸此言用禮樂互其文明飲蒸亦有禮樂也此飲蒸在大學也天子親往故鄭引詩云十月滌場躋彼公堂以證之公堂則學校也季冬命樂師大合吹而罷者歲終王與族人燕於大寢其事輕故命樂師知與族人燕者鄭注引王居明堂禮云季冬命國爲酒以合三族故知之也云將舞必釋菜於先師者以經文習舞釋菜文在於後恐習舞釋菜共是一事故云將欲習舞必先釋菜必知然者以釋菜之時不爲舞也故文王世子云釋菜不舞不授器是知釋菜無舞也此云習舞在前釋菜在後何知不先習舞乃後釋菜必知先有釋菜者以大胥云舍采合舞舍即釋故知釋菜在合舞之前云夏小正曰丁亥萬用入學者引之證習舞之意謂用此萬舞以入學于舞稱萬者何休注公羊云周武王以萬人服天下商頌萬舞有奕蓋殷湯亦以萬人得天下此夏小正是夏時之書亦云萬者其義未聞或以爲禹以萬

足利本第二十二卷第二十四葉

人以上治水故樂亦稱萬[注]爲季春至八音　正義曰此習者爲季春合樂預習之故鄭云然上習舞釋菜鄭不云爲季春合樂則仲春合舞自當爲之不爲季春合樂而習也熊氏以爲仲春習舞爲季春合樂者若然鄭何以不言之又大胥無季春合樂何以亦云春舍采合舞熊氏說非也云習歌與八音者以仲春習舞雖不爲季春而發但孟春仲春習舞以久不須更習故知唯習歌與八音歌謂合聲也八音謂樂器響也

是月也祀不用犧牲用圭璧更皮幣爲季春將選而合騰之也更猶易也當祀者古以玉帛而已

仲春行秋令則其國大水寒氣揔至酉之氣乘之也八月宿直昴畢昴畢好雨寇戎來征金氣動也畢又爲邊兵行冬令則陽氣不勝麥乃不孰子之氣乘之也十一月爲大陰民多

禮記義二十二　二十四　鄭樵

相掠陰姦衆也行夏令則國乃大旱煖氣早來午之氣乘之也蟲螟爲害暑氣所生爲災害也[疏]正義曰以季春將騰合牝牡不用殺其犧牲其應祀之時圭璧更易此犧牲非但用圭璧更易又用皮幣以更之故在圭璧皮幣之中上下有也蔡氏云此祀不用犧牲者祈不用犧牲謂祈禱小祀也不用犧牲若大祀則依常法故上云以大牢祠高禖是也　其國大水至來征　正義曰其國大水則地災也寒氣揔至則天災也寇戎來征則人災也[注]畢又爲邊兵　正義曰案元命包云畢七星十六度主邊兵　陽氣至相掠　正義曰陽氣不勝天災麥乃不孰地災民多相掠人災也　國乃至爲害　正義曰國乃大旱煖氣早來天災蟲螟爲害地災行令失所人災之應故無其災也

禮記正義卷第二十二

上杉安房守藤原憲實寄進

潘本第二十二卷第二十四葉

人以上治水故樂亦稱萬[注]爲季春至八音　正義曰此習者爲季春合樂預習之故鄭云然上習舞釋菜鄭不云爲季春合樂則仲春合舞自當爲之不爲季春合樂而習也熊氏以爲仲春習舞爲季春合樂者若然鄭何以不言之又大胥無季春合樂何以亦云春舍采合舞熊氏說非也云習歌與八音者以仲春習舞雖不爲季春而發但孟春仲春習舞以久不須更習故知唯習歌與八音歌謂合聲也八音謂樂器響也

是月也祀不用犧牲用圭璧更皮幣爲季春將選而合騰之也更猶易也當祀者古以玉帛而已

仲春行秋令則其國大水寒氣揔至酉之氣乘之也八月宿直昴畢昴畢好雨寇戎來征金氣動也畢又爲邊兵行冬令則陽氣不勝麥乃不孰子之氣乘之也十一月爲大陰民多

禮記義二十二　二十四

相掠陰姦衆也行夏令則國乃大旱煖氣早來午之氣乘之也蟲螟爲害暑氣所生爲災害也[疏]正義曰以季春將騰合牝牡不用殺其犧牲其應祀之時圭璧更易此犧牲非但用圭璧更易又用皮幣以更之故在圭璧皮幣之中上下有也蔡氏云此祀不用犧牲者祈不用犧牲謂祈禱小祀也不用犧牲若大祀則依常法故上云以大牢祠高禖是也　其國大水至來征　正義曰其國大水則地災也寒氣揔至則天災也寇戎來征則人災也[注]畢又爲邊兵　正義曰案元命包云畢七星十六度主邊兵　陽氣至相掠　正義曰陽氣不勝天災麥乃不孰地災民多相掠人災也　國乃至爲害　正義曰國乃大旱煖氣早來天災蟲螟爲害地災行令失所人災之應故無其災也

禮記正義卷第二十二

禮記正義卷第二十三

國子祭酒上護軍曲阜縣開國子臣孔穎達等奉

勅撰 上杉安房守藤原憲實寄進

季春之月日在胃昏七星中旦牽牛中季少也季春者日月會於大梁而斗建辰之辰其日甲乙其帝大皞其神句芒其蟲鱗其音角律中姑洗其數八其味酸其臭羶其祀戶祭先脾姑洗者南呂之所生也三分益一律長七寸九分寸之一季春氣至則姑洗之律應周語 所以脩絜百物考神納賓桐始華田鼠化爲鴽虹始見萍始生皆記時候也鴽鴾母無螮蝀謂之虹萍蓱也其大者曰蘋天子居青陽右个乘鸞路駕倉龍載青旂衣青衣服倉玉食麥與羊其器疏以達青陽右个東堂南偏

疏 正義曰案三統曆云三月之節日在胃七度昏張二度中去日一百七度旦斗二十六度中清明日在昴八度昏翼四度中去日一百一十一度旦女三度中案元嘉曆三月節日在婁六度昏柳十二度中旦斗十四度中三月中日在胃九度凡三十度日月行一會凡三十度故三月日在胃七度律曆志又云大梁初日在胃七度是也昏七星中者案律曆志云胃十四度昴十一度畢十六度觜二度參九度井三十三度鬼四度柳十五度七星七度從胃七度至七星之初度有九十九度以

禮記正義卷第二十三

國子祭酒上護軍曲阜縣開國子臣孔穎達等奉

勅撰

季春之月日在胃昏七星中旦牽牛中季少也季春者日月會於大梁而斗建辰之辰其日甲乙其帝大皞其神句芒其蟲鱗其音角律中姑洗其數八其味酸其臭羶其祀戶祭先脾姑洗者南呂之所生也三分益一律長七寸九分寸之一季春氣至則姑洗之律應周語曰姑洗所以脩絜百物考神納賓桐始華田鼠化爲鴽虹始見萍始生皆記時候也鴽鴾母無螮蝀謂之虹萍蓱也其大者曰蘋天子居青陽右个乘鸞路駕倉龍載青旂衣青衣服倉玉食麥與羊其器疏以達青陽右个東堂南偏

疏 正義曰案三統曆云三月之節日在胃七度昏張二度中去日一百七度旦斗二十六度中清明日在昴八度昏翼四度中去日一百一十一度旦女三度中案元嘉曆三月節日在婁六度昏柳十二度中旦斗十四度中三月中日在胃九度凡三十度日月行一會凡三十度故三月日在胃七度律曆志又云大梁初日在胃七度是也昏七星中者案律曆志云胃十四度昴十一度畢十六度觜二度參九度井三十三度鬼四度柳十五度七星七度從胃七度至七星之初度有九十九度以

日漸長日没之時稍在酉北去七星之初九十八度故昏時七星在南方之中旦牽牛中者從七星之初至牽牛之初 注姑洗至納賓 正義曰南呂六二上生姑洗之九三南呂長五寸三分寸之一就南呂三分益一取三寸益一寸爲四寸餘有整二寸三分寸之一整二寸者各九分之二九爲十八分寸之一者爲三分揔二十一分三七二十一三分益一更益七分揔二十八分以九分爲一寸二十七分爲三寸益前四寸爲七寸餘有一分在故云律長七寸九分寸之一云周語曰至納賓證姑洗之義云脩絜百物考神納賓者案國語注云是月之物脩絜故用之宗廟致神納賓 注皆記至曰蘋 正義曰鴽毋無爾雅釋鳥文某氏云謂鶉也李巡云鴽鴽一名牟毋郭景純云鶉也青州呼鴾毋舍人云毋作無今此注毋無毋當作牟謂牟無也聲轉字誤牟字作毋云螮蝀謂之虹者爾雅釋天文郭氏云雄者曰虹雌者曰蜺雄謂明盛者雌謂闇微者虹是陰陽交會之氣純陰純陽則虹不見若雲薄漏日日

禮記義二十三 二

照雨滴則虹生云萍萍其大者蘋爾雅釋草文郭景純云水中浮萍也江東謂之薸舍人云萍一名苹大者名蘋凡云化者若鼠化爲鴽鴽還化爲鼠皇氏云反歸舊形謂之化案易云乾道變化謂先有舊形漸漸改者謂之變雖有舊形忽改者謂之化及本無舊形非類而改亦謂之化故鄭注周禮云能生非類曰化也 是月也天子乃薦鞠衣于先帝 爲將蠶求福祥之助也鞠衣黃桑之服先帝大皞之屬 命舟牧覆舟五覆五反乃告舟備具于天子焉 舟牧主舟之官也覆反舟者備傾漏也 天子始乘舟薦鮪于寢廟 進時美物 乃爲麥祈實 於含秀求其成也不言所祈承寢廟可知 是月也生氣方盛陽氣發泄句者畢出萌

日漸長日没之時稍在酉北去七星之初九十八度故昏時七星在南方之中旦牽牛中者從七星之初至牽牛之初 注姑洗至納賓 正義曰南呂六二上生姑洗之九三南呂長五寸三分寸之一就南呂三分益一取三寸益一寸爲四寸餘有整二寸三分寸之一整二寸者各九分之二九爲十八分寸之一者爲三分揔二十一分三七二十一三分益一更益七分揔二十八分以九分爲一寸二十七分爲三寸益前四寸爲七寸餘有一分在故云律長七寸九分寸之一云周語曰至納賓證姑洗之義云脩絜百物考神納賓者案國語注云是月之物脩絜故用之宗廟致神納賓 注皆記至曰蘋 正義曰鴽毋無爾雅釋鳥文某氏云謂鶉也李巡云鴽鴽一名牟毋郭景純云鶉也青州呼鴾毋舍人云毋作無今此注毋無毋當作牟謂牟無也聲轉字誤牟字作毋云螮蝀謂之虹者爾雅釋天文郭氏云雄者曰虹雌者曰蜺雄謂明盛者雌謂闇微者虹是陰陽交會之氣純陰純陽則虹不見若雲薄漏日日

禮記義二十三 二

照雨滴則虹生云萍萍其大者蘋爾雅釋草文郭景純云水中浮萍也江東謂之薸舍人云萍一名苹大者名蘋凡云化者若鼠化爲鴽鴽還化爲鼠皇氏云反歸舊形謂之化案易云乾道變化謂先有舊形漸漸改者謂之變雖有舊形忽改者謂之化及本無舊形非類而改亦謂之化故鄭注周禮云能生非類曰化也 是月也天子乃薦鞠衣于先帝 爲將蠶求福祥之助也鞠衣黃桑之服先帝大皞之屬 命舟牧覆舟五覆五反乃告舟備具于天子焉 舟牧主舟之官也覆反舟者備傾漏也 天子始乘舟薦鮪于寢廟 進時美物 乃爲麥祈實 於含秀求其成也不言所祈承寢廟可知 是月也生氣方盛陽氣發泄句者畢出萌

足利本第二十三卷第三葉

者盡達不可以內時可宣出不可收斂也句屈生者芒而直曰萌疏正義曰從此以下至爲麥祈實論薦衣告帝薦鮪於寢廟舟牧告舟論所告之事故言是月從生氣方盛至禮賢者論陽氣將盛振恤貧窮勉勸諸侯禮聘賢者皆是助陽宣發之事故云是月也自命司空以下論時雨將降道達溝瀆又禁斷羅罔以助時生乳之事事別於上故更云是月自命野虞至無有敢惰論養蠶之事事別於上故云是月也自命工師以下至以蕩上心論工師之官不得爲淫巧之作事異於上故更云是月自擇吉日至親往視之論天子合樂之事事異於上故更言是月也以其月末爲之故變云是月之末自乃合累牛騰馬至以畢春氣論牛馬犧牲合育之事并磔攘九門事雖異於牛馬難事既輕不可別言是月也故繫之牛馬犧牲總異於上故更云是月也注爲將至之屬　正義曰依禮祭五帝自服大裘今薦鞠衣與桑同色蓋薦於神坐故知爲蠶求福云鞠衣黃桑之服者鄭注內司服云鞠衣黃桑服也色如鞠塵象桑葉始生菊者草名花色黃故季秋之月云菊有黃華是鞠衣黃也與桑同色又當桑生之時故云黃桑之服也云先帝大皡之屬者以其言先不言上故知非天唯大皡之屬春時惟祭大皡云之屬者以蠶功既大非獨祭大皡故何胤云總祭五方之帝其所祭之處王權賀瑒熊氏等並以爲在明堂以大皡祭在明堂故也　薦鮪於寢廟　正義曰案爾雅釋魚云鮥鮛鮪郭景純云似鱣而小建平人呼鮥子一本云王鮪似鱣口在頷下音義云大者爲王鮪小者爲鮛鮪似鱣長鼻體無鱗甲　不可以內　正義曰以物宣散之時當順天散物不可積聚納之在內　天子布德行惠命有司發倉廩賜貧窮振乏絕振猶救也開府庫出幣帛周天下勉諸侯聘名士禮賢者周謂

潘本第二十三卷第三葉

者盡達不可以內時可宣出不可收斂也句屈生者芒而直曰萌疏正義曰從此以下至爲麥祈實論薦衣告帝薦鮪於寢廟舟牧告舟論所告之事故言是月從生氣方盛至禮賢者論陽氣將盛振恤貧窮勉勸諸侯禮聘賢者皆是助陽宣發之事故云是月也自命司空以下論時雨將降道達溝瀆又禁斷羅罔以助時生乳之事事別於上故更云是月自命野虞至無有敢惰論養蠶之事事別於上故云是月也自命工師以下至以蕩上心論工師之官不得爲淫巧之作事異於上故更云是月自擇吉日至親往視之論天子合樂之事事異於上故更言是月也以其月末爲之故變云是月之末自乃合累牛騰馬至以畢春氣論牛馬犧牲合育之事并磔攘九門事雖異於牛馬難事既輕不可別言是月也故繫之牛馬犧牲總異於上故更云是月也注爲將至之屬　正義曰依禮祭五帝自服大裘今薦鞠衣與桑同色蓋薦於神坐故知爲蠶求福云鞠衣黃桑之服者鄭注內司服云鞠衣黃桑服也色如鞠塵象桑葉始生菊者草名花色黃故季秋之月云菊有黃華是鞠衣黃也與桑同色又當桑生之時故云黃桑之服也云先帝大皡之屬者以其言先不言上故知非天唯大皡之屬春時惟祭大皡云之屬者以蠶功既大非獨祭大皡故何胤云總祭五方之帝其所祭之處王權賀瑒熊氏等並以爲在明堂以大皡祭在明堂故也　薦鮪於寢廟　正義曰案爾雅釋魚云鮥鮛鮪郭景純云似鱣而小建平人呼鮥子一本云王鮪似鱣口在頷下音義云大者爲王鮪小者爲鮛鮪似鱣長鼻體無鱗甲　不可以內　正義曰以物宣散之時當順天散物不可積聚納之在內　天子布德行惠命有司發倉廩賜貧窮振乏絕振猶救也開府庫出幣帛周天下勉諸侯聘名士禮賢者周謂

足利本第二十三卷第四葉

給不足也勉猶勸也聘問也名士不仕者是月也命司空曰時雨將
降下水上騰循行國邑周視原野脩利隄
防道達溝瀆開通道路毋有障塞廣平曰原國也邑也
平野也溝瀆與道路皆不得不通所以除水潦便民事也古者溝上有路田獵罝罘羅罔
畢翳餧獸之藥毋出九門爲鳥獸方孚乳傷之逆天時也獸罟
曰罝罘鳥罟曰羅罔小而柄長謂之畢翳射者所以自隱也凡諸罟及毒藥禁其出九門明其常有時不得用耳天
子九門者路門也應門也雉門也庫門也皐門也城門也近郊門也遠郊門也關門也今月令無罘翳爲弋是
月也命野虞無伐桑柘愛蠶食也野虞謂主田及山林之官鳴
鳩拂其羽戴勝降于桑蠶將生之候也鳴鳩飛且翼相擊趨農急

禮記義二十三　四

也戴勝織紝之鳥是時恒在桑言降者若時始自天來重之也具曲植籧筐時所以養
蠶器也曲薄也植槌也后妃齊戒親東鄉躬桑禁婦
女毋觀省婦使以勸蠶事后妃親採桑示帥先天下也東鄉者
鄉時氣也是明其不常留養蠶也留養者所卜夫人與世婦婦謂世婦及諸臣之妻也內宰職曰仲春詔后帥外內
命婦始蠶于北郊女外內子女也夏小正曰妾子始蠶執養宮事毋觀去容飾也婦使縫線組紃之事蠶
事既登分繭稱絲效功以共郊廟之服
無有敢惰登成也敕往蠶者蠶畢將課功以勸戒之是月也命工師

潘本第二十三卷第四葉

給不足也勉猶勸也聘問也名士不仕者是月也命司空曰時雨將
降下水上騰循行國邑周視原野脩利隄
防道達溝瀆開通道路毋有障塞廣平曰原國也邑也
平野也溝瀆與道路皆不得不通所以除水潦便民事也古者溝上有路田獵罝罘羅罔
畢翳餧獸之藥毋出九門爲鳥獸方孚乳傷之逆天時也獸罟
曰罝罘鳥罟曰羅罔小而柄長謂之畢翳射者所以自隱也凡諸罟及毒藥禁其出九門明其常有時不得用耳天
子九門者路門也應門也雉門也庫門也皐門也城門也近郊門也遠郊門也關門也今月令無罘翳爲弋是
月也命野虞無伐桑柘愛蠶食也野虞謂主田及山林之官鳴
鳩拂其羽戴勝降于桑蠶將生之候也鳴鳩飛且翼相擊趨農急

禮記義二十三　四

也戴勝織紝之鳥是時恒在桑言降者若時始自天來重之也具曲植籧筐時所以養
蠶器也曲薄也植槌也后妃齊戒親東鄉躬桑禁婦
女毋觀省婦使以勸蠶事后妃親採桑示帥先天下也東鄉者
鄉時氣也是明其不常留養蠶也留養者所卜夫人與世婦婦謂世婦及諸臣之妻也內宰職曰仲春詔后帥外內
命婦始蠶于北郊女外內子女也夏小正曰妾子始蠶執養宮事毋觀去容飾也婦使縫線組紃之事蠶
事既登分繭稱絲效功以共郊廟之服
無有敢惰登成也敕往蠶者蠶畢將課功以勸戒之是月也命工師

令百工審五庫之量金鐵皮革筋角齒
羽箭幹脂膠丹漆毋或不良工師司空之屬官也五庫藏此
諸物之舍也量謂物善惡之舊法也幹疏正義曰蔡氏
器之木也凡輮幹有當用脂良善也云穀藏曰倉
米藏曰廩無財曰貧無親曰窮暫無曰乏不續曰絕皇氏
云長無謂之貧窮暫無謂之乏絕　勉諸至賢者　正義
曰謂王者勉勸此諸侯令聘問有名之士禮接德行之賢
蔡氏云名士者謂其德行貞純道術通明王者不得臣而
隱居不在位者也賢者名士之次亦隱者也名士優故加
束帛賢者禮之而已　注廣平至有路　正義曰廣平曰
原爾雅釋地文云國也邑也平野也溝瀆與道路皆不得
不通者言國也解經中國邑也解經中邑平野也解經中
原野以其各是一物故每以也結之溝瀆道路各兩事共
爲一句故云溝瀆與道路揔結之不云隄防者以云不得

禮記正義二十三　五

不通隄防非可通之物故鄭不言之云古者溝上有路者
此既爲雨決水而云開通道路恐道路非決之物故云溝
上有路言道達溝瀆之時須脩此溝上道路案周禮遂人
職云溝上有畛川上有路此言溝上有路者是道路之揔
名與彼別也　毋出九門　正義曰謂此月非田獵之時
其罝罘羅網畢翳之器及餧獸之藥毋得出於九門若路
門內有者不得出路門應門內有者不得出應門舉此可
知城門內有者不得出城門既不得出城門則近郊之內
無所用也若近郊之內先有者不得出近郊之門近郊之
門尚不得出則近郊之內雖有亦不得用也舉此而言遠
郊關門亦可知是此月之時所在之處遠近皆不得用故
云毋出九門　注獸罟至爲弋　正義曰案爾雅云兔罟
謂之罝郭景純云罝猶遮也是罝爲獸罟知罘亦獸罟者
案釋器云罬謂之罦罦覆車也孫炎云覆車是兩轅網既
是兩轅可以網鳥非但網鳥亦可以網獸廣雅云網謂之
罟罘兔罟也是獸罟曰罝罘也此罘與罦一也鳥罟曰羅

足利本第二十三卷第五葉

令百工審五庫之量金鐵皮革筋角齒
羽箭幹脂膠丹漆毋或不良工師司空之屬官也五庫藏此
諸物之舍也量謂物善惡之舊法也幹疏正義曰蔡氏
器之木也凡輮幹有當用脂良善也云穀藏曰倉
米藏曰廩無財曰貧無親曰窮暫無曰乏不續曰絕皇氏
云長無謂之貧窮暫無謂之乏絕　勉諸至賢者　正義
曰謂王者勉勸此諸侯令聘問有名之士禮接德行之賢
蔡氏云名士者謂其德行貞純道術通明王者不得臣而
隱居不在位者也賢者名士之次亦隱者也名士優故加
束帛賢者禮之而已　注廣平至有路　正義曰廣平曰
原爾雅釋地文云國也邑也平野也溝瀆與道路皆不得
不通者言國也解經中國邑也解經中邑平野也解經中
原野以其各是一物故每以也結之溝瀆道路各兩事共
爲一句故云溝瀆與道路揔結之不云隄防者以云不得

禮記正義二十三　五

不通隄防非可通之物故鄭不言之云古者溝上有路者
此既爲雨決水而云開通道路恐道路非決之物故云溝
上有路言道達溝瀆之時須脩此溝上道路案周禮遂人
職云溝上有畛川上有路此言溝上有路者是道路之揔
名與彼別也　毋出九門　正義曰謂此月非田獵之時
其罝罘羅網畢翳之器及餧獸之藥毋得出於九門若路
門內有者不得出路門應門內有者不得出應門舉此可
知城門內有者不得出城門既不得出城門則近郊之內
無所用也若近郊之內先有者不得出近郊之門近郊之
門尚不得出則近郊之內雖有亦不得用也舉此而言遠
郊關門亦可知是此月之時所在之處遠近皆不得用故
云毋出九門　注獸罟至爲弋　正義曰案爾雅云兔罟
謂之罝郭景純云罝猶遮也是罝爲獸罟知罘亦獸罟者
案釋器云罬謂之罦罦覆車也孫炎云覆車是兩轅網既
是兩轅可以網鳥非但網鳥亦可以網獸廣雅云網謂之
罟罘兔罟也是獸罟曰罝罘也此罘與罦一也鳥罟曰羅

潘本第二十三卷第五葉

足利本第二十三卷第六葉

釋器文云網小而柄長謂之畢者以其似天上畢星毛詩傳云畢所以掩兔是也明其常有時不得用耳謂此等之物四時常有於此季春之時不得用耳案周禮迹人云禁毒矢射者乃謂四時也云九門路門應門之等者自路門皐門已內皆宮室所在非田獵之處亦禁羅網毒藥不得出者此等門內雖是宮室所在亦有林苑及空閒之處得有羅網及毒藥所施云今月令無罘罳爲弋者以今月令之本云田獵罝罘羅網畢弋與此經不同 注鳴鳩至之鳥 正義曰鳩鳴且翼相擊者案釋鳥云鶌鳩鶻鵃郭景純云鶌音九物反鵃音嘲鶻鵃似山鵲而小青黑色短尾多聲孫炎云鶻鵃一名鳴鳩月令云鳴鳩拂其羽是也云戴勝織紝之鳥者案釋鳥云鵖鴔戴鵀郭景純云鵀即頭上勝今亦呼爲戴勝李巡云戴勝一名鵖鴔孫炎云鳴鳩自關而東謂之戴鵀非也 注曲薄也植槌也 正義曰案方言云宋魏陳江淮之閒謂之曲或謂之麴自關而西謂之薄故云曲薄方言注槌縣蠶薄柱也宋魏陳楚江淮之

禮記義三十三　六

閒謂之植自關而西謂之槌齊謂之㭼 注東鄉至之事 正義曰若尋常養蠶或東西南北面無所在今后唯東面採桑明知不常留養蠶也暫示法而已留養者所卜夫人與世婦者案祭義云卜三宮之夫人世婦之吉者使蠶是常留養蠶也祭義又云夫人副褘而受之言副褘則據王后言三宮夫人則似據諸侯不同者祭義所云雜明天子諸侯之法副褘據王后上公夫人亦副褘也三宮夫人據諸侯亦得通王之三夫人也云婦謂世婦及諸臣之妻者釋經中婦字知不兼三夫人九嬪者以經云禁婦女無觀則尊者不應在禁限故知無夫人與嬪也及女御亦當在焉特云世婦者以祭義云世婦之吉者故特言之引內宰職蠶于北郊者證躬桑之事案此經是季春躬桑內宰云仲春者以仲春既帥命婦躬桑浴種至季春又更躬桑浴蠶也故熊氏云案馬質注云蠶爲龍精月直大火則浴其種是二月浴種也祭義云大昕之朝奉種浴于川注云大昕季春朔日是三月又浴蠶也皇氏云二月浴之三月

潘本第二十三卷第六葉

釋器文云網小而柄長謂之畢者以其似天上畢星毛詩傳云畢所以掩兔是也明其常有時不得用耳謂此等之物四時常有於此季春之時不得用耳案周禮迹人云禁毒矢射者乃謂四時也云九門路門應門之等者自路門皐門已內皆宮室所在非田獵之處亦禁羅網毒藥不得出者此等門內雖是宮室所在亦有林苑及空閒之處得有羅網及毒藥所施云今月令無罘罳爲弋者以今月令之本云田獵罝罘羅網畢弋與此經不同 注鳴鳩至之鳥 正義曰鳩鳴且翼相擊者案釋鳥云鶌鳩鶻鵃郭景純云鶌音九物反鵃音嘲鶻鵃似山鵲而小青黑色短尾多聲孫炎云鶻鵃一名鳴鳩月令云鳴鳩拂其羽是也云戴勝織紝之鳥者案釋鳥云鵖鴔戴鵀郭景純云鵀即頭上勝今亦呼爲戴勝李巡云戴勝一名鵖鴔孫炎云鳴鳩自關而東謂之戴鵀非也 注曲薄也植槌也 正義曰案方言云宋魏陳江淮之閒謂之曲或謂之麴自關而西謂之薄故云曲薄方言注槌縣蠶薄柱也宋魏陳楚江淮之

禮記義三十三　六

閒謂之植自關而西謂之槌齊謂之㭼 注東鄉至之事 正義曰若尋常養蠶或東西南北面無所在今后唯東面採桑明知不常留養蠶也暫示法而已留養者所卜夫人與世婦者案祭義云卜三宮之夫人世婦之吉者使蠶是常留養蠶也祭義又云夫人副褘而受之言副褘則據王后言三宮夫人則似據諸侯不同者祭義所云雜明天子諸侯之法副褘據王后上公夫人亦副褘也三宮夫人據諸侯亦得通王之三夫人也云婦謂世婦及諸臣之妻者釋經中婦字知不兼三夫人九嬪者以經云禁婦女無觀則尊者不應在禁限故知無夫人與嬪也及女御亦當在焉特云世婦者以祭義云世婦之吉者故特言之引內宰職蠶于北郊者證躬桑之事案此經是季春躬桑內宰云仲春者以仲春既帥命婦躬桑浴種至季春又更躬桑浴蠶也故熊氏云案馬質注云蠶爲龍精月直大火則浴其種是二月浴種也祭義云大昕之朝奉種浴于川注云大昕季春朔日是三月又浴蠶也皇氏云二月浴之三月

乃躬其義非也云女外内子女者解經中女字外子女謂
王外姓甥之女者内子女者王之同姓子女則周禮之外
宗内宗皆以嫁有爵者故内宰云帥外内命婦言内命則
未出嫁者不在焉鄭注周禮士妻亦爲命婦則士妻亦在
云夏小正曰妾子始蠶執養宫事者引之證明子女養蠶
之事皇氏云妾謂外内命婦子謂外内子女執養宫事執
操也養長也謂操持養長蠶宫之事云無觀去容飾者以
其祭先蠶又志在採桑養蠶無暇爲飾之事故禁之以示
法 注登成至戒之 正義曰登成釋詁文以分繭稱絲
是課効其功故云以勸戒之 注工師至善也 正義曰
周禮考工記無工師知是司空屬官者以司空掌工巧此
稱工巧師長故知司空之屬云量謂物善惡之舊法者言
此等之物善惡先有舊法當審察之故云審五庫之量五
庫者熊氏云各以類相從金鐵爲一庫皮革筋爲一庫角
齒爲一庫羽箭幹爲一庫脂膠丹漆爲一庫義或然云幹
器之木者案周禮弓人掌作弓云凡析幹故知幹弓幹此
則揔論材幹不獨指弓但器之
材樸揔謂之幹故云幹器之木 百工咸理監工日號
毋悖于時毋或作爲淫巧以蕩上心 咸皆
也於百工皆理治其事之時工師則監之日號令之戒之
以此二事也悖猶逆也百工作器物各有時逆之則不善
時若弓人春液角夏治筋秋合三材冬定體之屬也淫
巧謂僞飾不如法也蕩謂動之使生奢泰也今月令無于
時作爲 疏 正義曰言於此之時天氣和適百工造作器
爲詐僞 物當依百工皆治理其事之時監工之官日
日號令之言造作器物當依氣序無得悖逆於時使物不
牢固又所作器物當依舊常無得有作淫過巧妙以蕩動
在上使生奢泰之心者 注若弓至詐僞 正義曰案考
工記弓人云春液角言春時先浸液其角豫和濡筋柔於
角故於夏暑濕之時始治筋秋合三材者秋時陰陽氣調
合膠漆絲之三材角在内面筋在外面幹在中冬定體者

乃躬其義非也云女外内子女者解經中女字外子女謂
王外姓甥之女者内子女者王之同姓子女則周禮之外
宗内宗皆以嫁有爵者故内宰云帥外内命婦言内命則
未出嫁者不在焉鄭注周禮士妻亦爲命婦則士妻亦在
云夏小正曰妾子始蠶執養宫事者引之證明子女養蠶
之事皇氏云妾謂外内命婦子謂外内子女執養宫事執
操也養長也謂操持養長蠶宫之事云無觀去容飾者以
其祭先蠶又志在採桑養蠶無暇爲飾之事故禁之以示
法 注登成至戒之 正義曰登成釋詁文以分繭稱絲
是課効其功故云以勸戒之 注工師至善也 正義曰
周禮考工記無工師知是司空屬官者以司空掌工巧此
稱工巧師長故知司空之屬云量謂物善惡之舊法者言
此等之物善惡先有舊法當審察之故云審五庫之量五
庫者熊氏云各以類相從金鐵爲一庫皮革筋爲一庫角
齒爲一庫羽箭幹爲一庫脂膠丹漆爲一庫義或然云幹
器之木者案周禮弓人掌作弓云凡析幹故知幹弓幹此
則揔論材幹不獨指弓但器之
材樸揔謂之幹故云幹器之木 百工咸理監工日號
毋悖于時毋或作爲淫巧以蕩上心 咸皆
也於百工皆理治其事之時工師則監之日號令之戒之
以此二事也悖猶逆也百工作器物各有時逆之則不善
時若弓人春液角夏治筋秋合三材冬定體之屬也淫
巧謂僞飾不如法也蕩謂動之使生奢泰也今月令無于
時作爲 疏 正義曰言於此之時天氣和適百工造作器
爲詐僞 物當依百工皆治理其事之時監工之官日
日號令之言造作器物當依氣序無得悖逆於時使物不
牢固又所作器物當依舊常無得有作淫過巧妙以蕩動
在上使生奢泰之心者 注若弓至詐僞 正義曰案考
工記弓人云春液角言春時先浸液其角豫和濡筋柔於
角故於夏暑濕之時始治筋秋合三材者秋時陰陽氣調
合膠漆絲之三材角在内面筋在外面幹在中冬定體者

謂往來之體冬氣凝寒物皆牢實故内之槷中使弓體堅強云之屬者用時非一故云之屬考工記石有時以泐水有時以凝又云材美工巧然而不良則不時是也

是月之末擇吉日大合樂天子乃率三公九卿諸侯大夫親往視之

大合樂者所以助陽達物風化天下也其禮亡今天子以大射郡國以鄉射禮代之

是月也乃合累牛騰馬遊牝于牧

累騰皆乘匹之名是月所合牛馬謂繫在廏者其牝欲遊則就牧之牡而合之

犧牲駒犢舉書其數

以在牧而校數書之明出時無他故至秋當録内且以知生息之多少也

命國難九門磔攘以畢春氣

此難難陰氣也陰寒至此不止害將及人所以及人者陰氣右行此月之中日行歷昴昴有大陵積尸之氣氣佚則厲鬼隨而出行命方相氏帥百隸索室歐疫以逐之又磔牲以攘於四方之神所以畢止其災也王居明堂禮曰季春出疫于郊以攘春氣

疏 正義曰累牛謂相累之牛騰馬相騰逐之馬以季春陽將盛物皆產乳故合此所累之牛相騰之馬故遊此繫牧之牝於牧田之中就牡而合之其在廏牝馬須擬乘用者則不放之

犧牲駒犢舉書其數者既遊牝於牧之後畜皆在野所有犧牲及小馬之駒小牛之犢皆書其見在之數所以然者至秋畜產入時知其舊數不欠少以否又舊數之外知其生息多少

注 此難至春氣 正義曰以季春恐有難陽氣之嫌故云難難陰氣也云陰氣右行此月之中日行歷昴昴有大陵積尸之氣者天氣左轉故斗建左行謂之陽氣日月右行日月比天爲陰故云陰氣右行以此月之初日在於胃此月之中從胃歷昴云有大陵積尸者元命包云大陵主尸熊氏引石氏星經大陵八星在胃北主死喪云方相氏帥百隸索

禮記正義二十三　八　馬松

潘本第二十三卷第八葉

謂往來之體冬氣凝寒物皆牢實故内之槷中使弓體堅強云之屬者用時非一故云之屬考工記石有時以泐水有時以凝又云材美工巧然而不良則不時是也

是月之末擇吉日大合樂天子乃率三公九卿諸侯大夫親往視之

大合樂者所以助陽達物風化天下也其禮亡今天子以大射郡國以鄉射禮代之

是月也乃合累牛騰馬遊牝于牧

累騰皆乘匹之名是月所合牛馬謂繫在廏者其牝欲遊則就牧之牡而合之

犧牲駒犢舉書其數

以在牧而校數書之明出時無他故至秋當録内且以知生息之多少也

命國難九門磔攘以畢春氣

此難難陰氣也陰寒至此不止害將及人所以及人者陰氣右行此月之中日行歷昴昴有大陵積尸之氣氣佚則厲鬼隨而出行命方相氏帥百隸索室歐疫以逐之又磔牲以攘於四方之神所以畢止其災也王居明堂禮曰季春出疫于郊以攘春氣

疏 正義曰累牛謂相累之牛騰馬相騰逐之馬以季春陽將盛物皆產乳故合此所累之牛相騰之馬故遊此繫牧之牝於牧田之中就牡而合之其在廏牝馬須擬乘用者則不放之

犧牲駒犢舉書其數者既遊牝於牧之後畜皆在野所有犧牲及小馬之駒小牛之犢皆書其見在之數所以然者至秋畜產入時知其舊數不欠少以否又舊數之外知其生息多少

注 此難至春氣 正義曰以季春恐有難陽氣之嫌故云難難陰氣也云陰氣右行此月之中日行歷昴昴有大陵積尸之氣者天氣左轉故斗建左行謂之陽氣日月右行日月比天爲陰故云陰氣右行以此月之初日在於胃此月之中從胃歷昴云有大陵積尸者元命包云大陵主尸熊氏引石氏星經大陵八星在胃北主死喪云方相氏帥百隸索

禮記正義二十三　八　馬松

室敺疫以逐之者案方相氏云帥百隸而時難以索室敺疫鄭注云時難謂四時難引月令季冬命國難故知於時命方相氏也引王居明堂禮曰以下者證季春國難之事○季春行冬令則寒氣時發草木皆肅丑之氣乘之也肅謂枝葉縮栗國有大恐以水訛相驚疏正義曰寒氣時發天災也草木皆肅地災也國有大恐人災也注肅謂枝葉縮栗正義曰案詩九月肅霜肅謂嚴肅故云肅縮栗言枝葉減縮而急栗注以水訛相驚正義曰案孟春國時有恐注云以火訛相驚知此是水者以上孟春行夏令故爲火訛此季春行冬令故云水訛雖初訛言相驚水竟不至所以然者以冬氣來乘水欲來至以季春是土土能制水故知水不來行夏令則民多疾疫時雨不降未之氣乘之也六月宿直鬼鬼爲天尸時又有暑也山陵不收高者暵於熱也疏正義曰民多病疫人災也時雨不降天災也山陵不收地災也行秋令則天多沈陰淫雨蚤降戌之氣乘之也九月多陰淫霖也雨三日以上爲霖今月令曰衆雨兵革並起陰氣勝也疏正義曰天多沈陰淫雨早降並天災也兵革並起人災也注淫霖也雨三日以上爲霖正義曰雨三日以上爲霖隱公九年左傳文

孟夏之月日在畢昏翼中旦婺女中孟夏者日月會於實沈而斗建巳之辰其日丙丁丙之言炳也日之行夏南從赤道長育萬物月爲之佐時萬物皆炳然著見而強大又因以爲日名焉易曰齊平巽相見乎離其帝炎帝其神祝融此赤精之君火官之臣自古以來著德立功者也炎帝大庭氏也祝融顓頊氏之子曰黎爲火官其

潘本第二十三卷第九葉

室敺疫以逐之者案方相氏云帥百隸而時難以索室敺疫鄭注云時難謂四時難引月令季冬命國難故知於時命方相氏也引王居明堂禮曰以下者證季春國難之事○季春行冬令則寒氣時發草木皆肅丑之氣乘之也肅謂枝葉縮栗國有大恐以水訛相驚疏正義曰寒氣時發天災也草木皆肅地災也國有大恐人災也注肅謂枝葉縮栗正義曰案詩九月肅霜肅謂嚴肅故云肅縮栗言枝葉減縮而急栗注以水訛相驚正義曰案孟春國時有恐注云以火訛相驚知此是水者以上孟春行夏令故爲火訛此季春行冬令故云水訛雖初訛言相驚水竟不至所以然者以冬氣來乘水欲來至以季春是土土能制水故知水不來行夏令則民多疾疫時雨不降未之氣乘之也六月宿直鬼鬼爲天尸時又有暑也山陵不收高者暵於熱也疏正義曰民多病疫人災也時雨不降天災也山陵不收地災也行秋令則天多沈陰淫雨蚤降戌之氣乘之也九月多陰淫霖也雨三日以上爲霖今月令曰衆雨兵革並起陰氣勝也疏正義曰天多沈陰淫雨早降並天災也兵革並起人災也注淫霖也雨三日以上爲霖正義曰雨三日以上爲霖隱公九年左傳文

孟夏之月日在畢昏翼中旦婺女中孟夏者日月會於實沈而斗建巳之辰其日丙丁丙之言炳也日之行夏南從赤道長育萬物月爲之佐時萬物皆炳然著見而強大又因以爲日名焉易曰齊平巽相見乎離其帝炎帝其神祝融此赤精之君火官之臣自古以來著德立功者也炎帝大庭氏也祝融顓頊氏之子曰黎爲火官其

足利本第二十三卷第十葉

蟲羽象物從風鼓葉飛鳥之屬其音徵三分宫去一以生徵徵數五十四屬火者以其徵清
事之象也夏氣和則徵聲調樂記曰徵亂則哀其事勤律中中呂孟夏氣至則中呂之律應中呂
者無射之所生三分益一律長六寸萬九千六百八十三分寸之萬二千九百七十四周語曰中呂宣中氣其
數七火生數二成數七但言七者亦舉其成數其味苦其臭焦火之臭味也凡
苦焦者皆屬焉其祀竈祭先肺夏陽氣盛熱於外祀之於竈從熱類也祀之先祭肺
者陽位在上肺亦在上肺爲尊也竈在廟門外之東祀竈之禮先席於門之奧東面設主于竈陘乃制肺及心肝爲
俎奠于主西又設盛于俎南亦祭黍三祭肺心肝各一祭醴三亦既祭徹之更陳鼎俎設饌于筵前迎尸如祀戶之
禮螻蟈鳴丘蚓出王瓜生苦菜秀皆記時候也螻蟈蛙

禮記義二十三　十

也王瓜萆挈也今月令云王萯生夏小正云王萯秀未聞孰是天子居明堂左个
乘朱路駕赤騮載赤旂衣朱衣服赤玉
食菽與雞其器高以粗明堂左个大寢南堂東偏也菽實孚甲堅合屬
木雞木畜時熱食之亦以安性也粗猶大也器高大者象物盛長是月也以立夏先
立夏三日大史謁之天子曰某日立夏盛
德在火天子乃齊謁告也立夏之日天子親帥
三公九卿大夫以迎夏於南郊還反行賞
封諸侯慶賜遂行無不欣說迎夏祭赤帝赤熛怒於南郊之

潘本第二十三卷第十葉

蟲羽象物從風鼓葉飛鳥之屬其音徵三分宫去一以生徵徵數五十四屬火者以其徵清
事之象也夏氣和則徵聲調樂記曰徵亂則哀其事勤律中中呂孟夏氣至則中呂之律應中呂
者無射之所生三分益一律長六寸萬九千六百八十三分寸之萬二千九百七十四周語曰中呂宣中氣其
數七火生數二成數七但言七者亦舉其成數其味苦其臭焦火之臭味也凡
苦焦者皆屬焉其祀竈祭先肺夏陽氣盛熱於外祀之於竈從熱類也祀之先祭肺
者陽位在上肺亦在上肺爲尊也竈在廟門外之東祀竈之禮先席於門之奧東面設主于竈陘乃制肺及心肝爲
俎奠于主西又設盛于俎南亦祭黍三祭肺心肝各一祭醴三亦既祭徹之更陳鼎俎設饌于筵前迎尸如祀戶之
禮螻蟈鳴丘蚓出王瓜生苦菜秀皆記時候也螻蟈蛙

禮記義二十三　十

也王瓜萆挈也今月令云王萯生夏小正云王萯秀未聞孰是天子居明堂左个
乘朱路駕赤騮載赤旂衣朱衣服赤玉
食菽與雞其器高以粗明堂左个大寢南堂東偏也菽實孚甲堅合屬
木雞木畜時熱食之亦以安性也粗猶大也器高大者象物盛長是月也以立夏先
立夏三日大史謁之天子曰某日立夏盛
德在火天子乃齊謁告也立夏之日天子親帥
三公九卿大夫以迎夏於南郊還反行賞
封諸侯慶賜遂行無不欣說迎夏祭赤帝赤熛怒於南郊之

足利本第二十三卷第十一葉

兆也不言歸諸侯而云封諸侯諸侯時或無在京師者空
其文也祭統曰古者於禘也發爵賜服順陽義也於嘗也
出田邑發秋政順陰義也今此行賞可也而封諸侯〔疏〕
則違於古封諸侯出土地之事於時未可似失之
正義曰三統曆四月節日在畢十二度昬軫四度中去
日一百一十四度旦虛三度中四月中日在井初度昬角
六度中去日一百一十七度旦危六度中案元嘉曆四月
節日在昴十一度昬翼十度中旦女三度中四月中日在
畢十五度昬軫十度中旦虛九度中畢者案律曆志立夏
日在畢十二度昬翼中者日既在畢十二度畢有十六度
而終則中取五度觜二度參九度井三十三度鬼四度柳
十五度七星七度張十八度計從畢十二度至翼初摠九
十三度言昬三月之時昬中之星九十八度四月日漸長
校三月三刻則昬中之星去日多校一刻半餘以度言之
則校五度則四月昬中之星去日合有一百二度計翼星
中之時當在翼十二度也〔注〕易曰齊乎巽相見乎離

禮記義二十三　十一

正義曰引易者證丙丁是著明之義此易說卦文〔注〕炎
帝至火官　正義曰何胤云春秋說云炎帝號大庭氏下
爲地皇作耒耜播百穀曰神農也云犂爲火官者案昭二
十九年左傳云顓頊氏有子曰犂爲祝融杜注云祝融明
貌〔注〕三分至事勤　正義曰三分宮去一以生徵者宮
數八十一三分分之各二十七去二十七餘有五十四故
徵數五十四也云屬火者以其微清事之象者微清者數
少爲清羽數最少爲極清徵數次少爲微清徵於清濁爲
第四事於尊卑亦爲第四故云事之象引樂記者證爲事
也〔注〕中呂至中氣　正義曰無射之律長四寸六千五
百六十一分寸之六千五百二十四三分益一以生中呂
於無射四寸之內取三寸益一寸爲四寸餘有整寸一又
有六千五百六十一分寸之六千五百二十四以六千五
百六十一各三分之則一寸分爲一萬九千六百八十三
分也六千五百二十四分各三分之則爲一萬九千五百
七十二又整一寸分爲一萬九千六百八十三併之摠爲

潘本第二十三卷第十一葉

兆也不言歸諸侯而云封諸侯諸侯時或無在京師者空
其文也祭統曰古者於禘也發爵賜服順陽義也於嘗也
出田邑發秋政順陰義也今此行賞可也而封諸侯〔疏〕
則違於古封諸侯出土地之事於時未可似失之
正義曰三統曆四月節日在畢十二度昬軫四度中去
日一百一十四度旦虛三度中四月中日在井初度昬角
六度中去日一百一十七度旦危六度中案元嘉曆四月
節日在昴十一度昬翼十度中旦女三度中四月中日在
畢十五度昬軫十度中旦虛九度中畢者案律曆志立夏
日在畢十二度昬翼中者日既在畢十二度畢有十六度
而終則中取五度觜二度參九度井三十三度鬼四度柳
十五度七星七度張十八度計從畢十二度至翼初摠九
十三度言昬三月之時昬中之星九十八度四月日漸長
校三月三刻則昬中之星去日多校一刻半餘以度言之
則校五度則四月昬中之星去日合有一百二度計翼星
中之時當在翼十二度也〔注〕易曰齊乎巽相見乎離

禮記義二十三　十一

正義曰引易者證丙丁是著明之義此易說卦文〔注〕炎
帝至火官　正義曰何胤云春秋說云炎帝號大庭氏下
爲地皇作耒耜播百穀曰神農也云犂爲火官者案昭二
十九年左傳云顓頊氏有子曰犂爲祝融杜注云祝融明
貌〔注〕三分至事勤　正義曰三分宮去一以生徵者宮
數八十一三分分之各二十七去二十七餘有五十四故
徵數五十四也云屬火者以其微清事之象者微清者數
少爲清羽數最少爲極清徵數次少爲微清徵於清濁爲
第四事於尊卑亦爲第四故云事之象引樂記者證爲事
也〔注〕中呂至中氣　正義曰無射之律長四寸六千五
百六十一分寸之六千五百二十四三分益一以生中呂
於無射四寸之內取三寸益一寸爲四寸餘有整寸一又
有六千五百六十一分寸之六千五百二十四以六千五
百六十一各三分之則一寸分爲一萬九千六百八十三
分也六千五百二十四分各三分之則爲一萬九千五百
七十二又整一寸分爲一萬九千六百八十三併之摠爲

足利本第二十三卷第十二葉

三萬九千二百五十五也更三分之一分有一萬三千八十五上生者三分益一以一萬三千八十五益上之數揔爲五萬二千三百四十爲積分之數然後除之爲寸一寸除一萬九千六百八十三則二寸除二萬九千三百六十六爲二寸通前爲六寸餘有一萬二千九百七十四不成寸是中吕長六寸萬九千六百八十三分寸之萬二千九百七十四也 注竈在至之禮 正義曰知竈在廟門外之東者案少牢及特牲禮皆竈在廟門外之東西面北上云祀竈之禮以下皆逸中霤禮文云先席於門之奥謂廟門外西室之奥以神位在西故知在西室之奥以祀戸在戸内故祭在廟室之奥祀竈在門外故設主在門室之奥各從其義云東面設主於竈陘者謂設主人東面也竈陘謂竈邊承器之物以土爲之云乃制肺及心肝爲俎奠於主西者制謂截割心肝皆萬上之物故從肺類俱置俎上奠此俎於主之西此主位西嚮故置俎在西而對主也云又設盛于俎南者盛謂黍稷盛之於簋皇氏以爲此祭老

禮記義二十三　十二

婦盛於盆非其義也云亦祭黍三祭肺心肝各一祭醴三者亦上祀戸之禮祭必三者以禮成於三故也上祀戸云祭肉三脾一腎再此云祭肺心肝各一亦爲肉祭三也此醴實於尊祭三者始扱一祭又扱再祭云既祭徹之更陳鼎俎設饌于筵前者筵前謂初設廟室奥之筵前准特牲少牢鼎當陳於廟門室之前稍東西面執俎者以俎就鼎載肉入設於筵前在菹醢之東其黍稷等設於俎南此唯云祭黍或無稷也此配竈神而祭者是先炊之人禮器云竈者是老婦之祭 注螻蟈至執是 正義曰案周禮蟈氏鄭司農注云蟈蝦蟇玄謂蟈今御所食蛙也李巡注爾雅蟾諸蝦蟆也王瓜萆挈者本草文今月令王萯生者此云王瓜生今月令王萯生疑王萯則王瓜也云夏小正云王萯秀未聞孰是者今月令既云王萯生小正又云王萯秀故鄭以爲疑云未聞孰是未聞孰是凡有二意一疑王瓜是王萯以否二疑生之與秀其文不一故云未聞孰是此物記時先生者在月初後者在月末以次相配餘皆倣

潘本第二十三卷第十二葉

三萬九千二百五十五也更三分之一分有一萬三千八十五上生者三分益一以一萬三千八十五益上之數揔爲五萬二千三百四十爲積分之數然後除之爲寸一寸除一萬九千六百八十三則二寸除二萬九千三百六十六爲二寸通前爲六寸餘有一萬二千九百七十四不成寸是中吕長六寸萬九千六百八十三分寸之萬二千九百七十四也 注竈在至之禮 正義曰知竈在廟門外之東者案少牢及特牲禮皆竈在廟門外之東西面北上云祀竈之禮以下皆逸中霤禮文云先席於門之奥謂廟門外西室之奥以神位在西故知在西室之奥以祀戸在戸内故祭在廟室之奥祀竈在門外故設主在門室之奥各從其義云東面設主於竈陘者謂設主人東面也竈陘謂竈邊承器之物以土爲之云乃制肺及心肝爲俎奠於主西者制謂截割心肝皆萬上之物故從肺類俱置俎上奠此俎於主之西此主位西嚮故置俎在西而對主也云又設盛于俎南者盛謂黍稷盛之於簋皇氏以爲此祭老

禮記義二十三　十二

婦盛於盆非其義也云亦祭黍三祭肺心肝各一祭醴三者亦上祀戸之禮祭必三者以禮成於三故也上祀戸云祭肉三脾一腎再此云祭肺心肝各一亦爲肉祭三也此醴實於尊祭三者始扱一祭又扱再祭云既祭徹之更陳鼎俎設饌于筵前者筵前謂初設廟室奥之筵前准特牲少牢鼎當陳於廟門室之前稍東西面執俎者以俎就鼎載肉入設於筵前在菹醢之東其黍稷等設於俎南此唯云祭黍或無稷也此配竈神而祭者是先炊之人禮器云竈者是老婦之祭 注螻蟈至執是 正義曰案周禮蟈氏鄭司農注云蟈蝦蟇玄謂蟈今御所食蛙也李巡注爾雅蟾諸蝦蟆也王瓜萆挈者本草文今月令王萯生者此云王瓜生今月令王萯生疑王萯則王瓜也云夏小正云王萯秀未聞孰是者今月令既云王萯生小正又云王萯秀故鄭以爲疑云未聞孰是未聞孰是凡有二意一疑王瓜是王萯以否二疑生之與秀其文不一故云未聞孰是此物記時先生者在月初後者在月末以次相配餘皆倣

足利本第二十三卷第十三葉

此乘朱路駕赤騮 正義曰路與服言朱騮與旂及玉言赤者色淺曰赤色深曰朱路與衣服人功所為染必色深故云朱玉與騮馬自然之性皆不可色深故云赤旂旂雖人功所為染之不須色深故亦云赤案詩傳天子純朱諸侯黃朱又鄭注儀禮云朱則四入與是朱深於赤也

注不言至失之 正義曰案上迎春云帥三公九卿諸侯大夫今此直云三公九卿大夫故云不言帥諸侯既不帥諸侯而云封諸侯故鄭解其意云諸侯當迎夏之時或無在京師者故空其諸侯之文諸侯既無而得封者鄭云或無在京師者言或則容有在者故得封也或可諸侯身雖不在遥封之皇氏以為迎時不在至還時諸侯或來故得封也然迎夏往反暫時之事不應迎時未到還時則來非其義也引祭統以下證夏時未可封諸侯故云今此行賞可也而封諸侯則違於古也

乃命樂師習合禮樂 為將飲酎 命大尉贊桀俊遂賢良舉

禮記卷二十三 十三 包端

長大 助長氣也贊猶出也桀俊能者也遂猶進也三王之官有司馬無大尉秦官則有大尉今俗人皆云周公作月令未通於古 行爵出祿必當其位 使順之也

是月也繼長增高 謂草木盛蕃廡 毋有壞墮 亦為逆時氣 毋起土功毋發大衆 為妨蠶農之事 毋伐大樹 亦為逆時氣

是月也天子始絺 初服暑服 命野虞出行田原為天子勞農勸民毋或失時 重敕之 命司徒巡行縣鄙命農勉作毋休于都 急趨於農也縣鄙鄉遂之屬主民者也王居明堂禮曰毋宿于國今月令休為伏

是月也驅獸毋害五穀毋大

潘本第二十三卷第十三葉

此乘朱路駕赤騮 正義曰路與服言朱騮與旂及玉言赤者色淺曰赤色深曰朱路與衣服人功所為染必色深故云朱玉與騮馬自然之性皆不可色深故云赤旂旂雖人功所為染之不須色深故亦云赤案詩傳天子純朱諸侯黃朱又鄭注儀禮云朱則四入與是朱深於赤也

注不言至失之 正義曰案上迎春云帥三公九卿諸侯大夫今此直云三公九卿大夫故云不言帥諸侯既不帥諸侯而云封諸侯故鄭解其意云諸侯當迎夏之時或無在京師者故空其諸侯之文諸侯既無而得封者鄭云或無在京師者言或則容有在者故得封也或可諸侯身雖不在遥封之皇氏以為迎時不在至還時諸侯或來故得封也然迎夏往反暫時之事不應迎時未到還時則來非其義也引祭統以下證夏時未可封諸侯故云今此行賞可也而封諸侯則違於古也

乃命樂師習合禮樂 為將飲酎 命大尉贊桀俊遂賢良舉

禮記卷二十三 十三 包端

長大 助長氣也贊猶出也桀俊能者也遂猶進也三王之官有司馬無大尉秦官則有大尉今俗人皆云周公作月令未通於古 行爵出祿必當其位 使順之也

是月也繼長增高 謂草木盛蕃廡 毋有壞墮 亦為逆時氣 毋起土功毋發大衆 為妨蠶農之事 毋伐大樹 亦為逆時氣

是月也天子始絺 初服暑服 命野虞出行田原為天子勞農勸民毋或失時 重敕之 命司徒巡行縣鄙命農勉作毋休于都 急趨於農也縣鄙鄉遂之屬主民者也王居明堂禮曰毋宿于國今月令休為伏

是月也驅獸毋害五穀毋大

足利本第二十三卷第十四葉

田獵爲傷蕃廡之氣農乃登麥天子乃以彘嘗麥先
薦寢廟登進也麥之新氣尤盛以彘食之散其熱也彘水畜是月也聚畜
百藥蕃廡之時毒氣盛靡草死麥秋至斷薄刑決
小罪舊說云靡草薺亭歷之屬祭統曰草艾則墨謂立秋後也刑無輕於墨者今以純陽之月斷刑決罪
與毋有壞墮自相違似非出輕繫崇寬【疏】正義曰乃命樂師習合禮樂不云是月者以承
上是月立夏之文也至行爵出祿必當其位皆立夏之日
處分之所爲猶如立春之後云命相布德施惠皆同時之
事故不云是月也自繼長增高至毋伐大樹論順時生養
不違逆時氣事異於上故言是月自天子始絺至毋休於
都論天子初服暑服爲勞農之時亦事異於前故復言是
月自驅獸至寢廟論生長五穀麥成薦寢廟其事相類亦

禮記義二十三　十四　李甫

事異於上故更言是月自聚畜百藥至出輕繫論熱毒方
盛可以聚畜百藥斷決小罪因斷之時崇尚寬恕事異於
前故言是月蠶事既畢不言是月者以季春養蠶孟夏始
了非一月之事故不言是月天子飲酎事之大者又異於
前故言是月【注】贊出至於古　正義曰贊是贊佐之義
故云出然俊或未仕沈滯者故云出賢良或職卑位下故
云遂賢良謂有德行傑俊謂多才藝故鄭注鄉大夫職云
賢者有德行者能者有道藝者蔡氏辯名記曰十人曰選
倍選曰俊萬人曰傑尹文子及毛詩傳皆云萬人爲英異
人之說故不同云三王之官有司馬無大尉者案書傳有
司馬公司徒公司空公領三卿此夏制也案曲禮下云司
徒司馬司空司士司寇此殷制也周禮則有夏官司馬是
三王有司馬無大尉案中候握何紀云舜爲大尉此堯時
置之三王不置也云秦官則有大尉者案漢書百官表云
大尉秦官是也云今俗人皆云周公作月令未通於古者
俗人謂賈逵馬融之徒皆云月令周公所作故王肅用焉

潘本第二十三卷第十四葉

田獵爲傷蕃廡之氣農乃登麥天子乃以彘嘗麥先
薦寢廟登進也麥之新氣尤盛以彘食之散其熱也彘水畜是月也聚畜
百藥蕃廡之時毒氣盛靡草死麥秋至斷薄刑決
小罪舊說云靡草薺亭歷之屬祭統曰草艾則墨謂立秋後也刑無輕於墨者今以純陽之月斷刑決罪
與毋有壞墮自相違似非出輕繫崇寬【疏】正義曰乃命樂師習合禮樂不云是月者以承
上是月立夏之文也至行爵出祿必當其位皆立夏之日
處分之所爲猶如立春之後云命相布德施惠皆同時之
事故不云是月也自繼長增高至毋伐大樹論順時生養
不違逆時氣事異於上故言是月自天子始絺至毋休於
都論天子初服暑服爲勞農之時亦事異於前故復言是
月自驅獸至寢廟論生長五穀麥成薦寢廟其事相類亦

禮記義二十三　十四　李甫

事異於上故更言是月自聚畜百藥至出輕繫論熱毒方
盛可以聚畜百藥斷決小罪因斷之時崇尚寬恕事異於
前故言是月蠶事既畢不言是月者以季春養蠶孟夏始
了非一月之事故不言是月天子飲酎事之大者又異於
前故言是月【注】贊出至於古　正義曰贊是贊佐之義
故云出然俊或未仕沈滯者故云出賢良或職卑位下故
云遂賢良謂有德行傑俊謂多才藝故鄭注鄉大夫職云
賢者有德行者能者有道藝者蔡氏辯名記曰十人曰選
倍選曰俊萬人曰傑尹文子及毛詩傳皆云萬人爲英異
人之說故不同云三王之官有司馬無大尉者案書傳有
司馬公司徒公司空公領三卿此夏制也案曲禮下云司
徒司馬司空司士司寇此殷制也周禮則有夏官司馬是
三王有司馬無大尉案中候握何紀云舜爲大尉此堯時
置之三王不置也云秦官則有大尉者案漢書百官表云
大尉秦官是也云今俗人皆云周公作月令未通於古者
俗人謂賈逵馬融之徒皆云月令周公所作故王肅用焉

此等未通識於古古謂秦以前不知三王無大尉是未通於古經云舉長大者謂用長大之人故王肅云舉形貌壯大者　繼長增高　正義曰是月草木蕃廡王者施化當繼續長養之道謂勸民長養增益高大之物謂勸其種殖　注縣鄙鄉遂之屬主民者　正義曰案地官遂人職云五家爲鄰五鄰爲里四里爲酇五酇爲鄙五鄙爲縣縣二千五百家鄙五百家是遂之屬令云鄉遂之屬經直云遂屬舉遂以包鄉故鄭兼云鄉也　注舊說至似非　正義曰靡草無文故引舊說以明之葶藶之屬以其枝葉靡細故云靡草引祭統以下者證此月不當斷薄刑決小罪

蠶事畢后妃獻繭乃收繭稅以桑爲均貴賤長幼如一以給郊廟之服　后妃獻繭者内命婦獻繭於后妃收繭稅者收於外命婦外命婦雖就公桑蠶室而蠶其夫亦當有祭服以助祭收以近郊之稅耳貴賤長幼如一國服同

禮記義二十三　十五　李信

是月也天子飲酎用禮樂　酎之言醇也謂重釀之酒也春酒至此始成與羣臣以禮樂飲之於朝正尊卑也孟冬云大飲蒸此言用禮樂互其文　疏　正義曰天子春養蠶此時畢了故云蠶事畢后妃獻繭者謂后妃受内命婦之獻繭乃收繭稅者謂既受内命婦獻繭乃收外命婦繭之賦稅以桑爲均者言收稅之時以受桑多少爲賦之均齊桑多則賦多桑少則賦少貴賤長幼如一者貴謂公卿大夫之妻賤謂士之妻長幼謂婦老幼無問貴賤長少出之時齊同如一皆以近郊之稅十而稅一也所稅之物以供給天子郊廟之服　注后妃至服同　正義曰内命婦獻繭于后妃者以其經云后妃獻繭恐后妃獻繭於王故明之也知非后妃獻繭於王者祭義曰世婦卒蠶奉繭以示於君遂以獻於夫人是夫人不獻繭也云收繭稅者收於外命婦者内命婦既以獻繭更別云收繭稅故知於外命婦也雖就公桑蠶室而蠶其夫亦有祭服以助祭也皇氏云外命婦

此等未通識於古古謂秦以前不知三王無大尉是未通於古經云舉長大者謂用長大之人故王肅云舉形貌壯大者　繼長增高　正義曰是月草木蕃廡王者施化當繼續長養之道謂勸民長養增益高大之物謂勸其種殖　注縣鄙鄉遂之屬主民者　正義曰案地官遂人職云五家爲鄰五鄰爲里四里爲酇五酇爲鄙五鄙爲縣縣二千五百家鄙五百家是遂之屬令云鄉遂之屬經直云遂屬舉遂以包鄉故鄭兼云鄉也　注舊說至似非　正義曰靡草無文故引舊說以明之葶藶之屬以其枝葉靡細故云靡草引祭統以下者證此月不當斷薄刑決小罪

蠶事畢后妃獻繭乃收繭稅以桑爲均貴賤長幼如一以給郊廟之服　后妃獻繭者内命婦獻繭於后妃收繭稅者收於外命婦外命婦雖就公桑蠶室而蠶其夫亦當有祭服以助祭收以近郊之稅耳貴賤長幼如一國服同

禮記義二十三　十五　李信

是月也天子飲酎用禮樂　酎之言醇也謂重釀之酒也春酒至此始成與羣臣以禮樂飲之於朝正尊卑也孟冬云大飲蒸此言用禮樂互其文　疏　正義曰天子春養蠶此時畢了故云蠶事畢后妃獻繭者謂后妃受内命婦之獻繭乃收繭稅者謂既受内命婦獻繭乃收外命婦繭之賦稅以桑爲均者言收稅之時以受桑多少爲賦之均齊桑多則賦多桑少則賦少貴賤長幼如一者貴謂公卿大夫之妻賤謂士之妻長幼謂婦老幼無問貴賤長少出之時齊同如一皆以近郊之稅十而稅一也所稅之物以供給天子郊廟之服　注后妃至服同　正義曰内命婦獻繭于后妃者以其經云后妃獻繭恐后妃獻繭於王故明之也知非后妃獻繭於王者祭義曰世婦卒蠶奉繭以示於君遂以獻於夫人是夫人不獻繭也云收繭稅者收於外命婦者内命婦既以獻繭更別云收繭稅故知於外命婦也雖就公桑蠶室而蠶其夫亦有祭服以助祭也皇氏云外命婦

足利本第二十三卷第十六葉

既就公家之桑而養蠶則繭當悉輸於公所以唯皆稅其繭餘得自入者以其夫當有祭服以助王祭故令繭得自入以供造也今謂夫助祭之服當公家所爲故禮再命受服言外命婦雖就公桑蠶室而蠶既是官家之桑繭應全入於己所以有稅者以其夫亦當有祭服官家所給故輸繭稅以供造之但稅寡少故云收以近郊稅耳知收以近郊稅者載師云近郊十一公桑在國北近郊故知收以近郊云貴賤長幼如一國服同者案泉府云凡賒者以國服爲之息國服謂國家貢賦服事在上各有等限謂之國服言貴賤長幼出繭稅俱以十一等限齊同故云國服同其受桑則貴賤異也貴者桑多賤者桑少爲皆計繭爲稅十一之稅 注 酎之至其文 正義曰酎音近稠稠醲厚故爲醇也詩豳風云爲此春酒至此始成以用禮樂故飲之於朝正尊卑故左傳云朝以帥長幼之序若漢嘗酎及春秋見於嘗酎皆謂在廟祭而獻酎與此別也孟冬云大飲蒸此言用禮樂明孟冬亦用禮樂故云互其文

禮記義二十三　十六　金

孟夏行秋令則苦雨數來五穀不滋 申之氣乘之也苦雨白露之類時物得雨傷 四鄙入保 金氣爲害也鄙界上邑小城曰保 疏 正義曰苦雨數來天災五穀不滋地災四鄙入保人災也 行冬令則草木蚤枯 長日促 後乃大水敗其城郭 亥之氣乘之也 疏 正義曰草木蚤枯地災後乃大水敗其城郭天災此二句共爲一事 行春令則蝗蟲爲災暴風來格 寅之氣乘之也必以蝗蟲爲災者寅有啓蟄之氣行於初暑則當蟄者大出矣格至也 秀草不實 氣更生之不得成也 疏 正義曰蝗蟲爲災及秀草不實地災暴風來格天災也

仲夏之月日在東井昏亢中旦危中 仲夏者日月會

潘本第二十三卷第十六葉

既就公家之桑而養蠶則繭當悉輸於公所以唯皆稅其繭餘得自入者以其夫當有祭服以助王祭故令繭得自入以供造也今謂夫助祭之服當公家所爲故禮再命受服言外命婦雖就公桑蠶室而蠶既是官家之桑繭應全入於己所以有稅者以其夫亦當有祭服官家所給故輸繭稅以供造之但稅寡少故云收以近郊稅耳知收以近郊稅者載師云近郊十一公桑在國北近郊故知收以近郊云貴賤長幼如一國服同者案泉府云凡賒者以國服爲之息國服謂國家貢賦服事在上各有等限謂之國服言貴賤長幼出繭稅俱以十一等限齊同故云國服同其受桑則貴賤異也貴者桑多賤者桑少爲皆計繭爲稅十一之稅 注 酎之至其文 正義曰酎音近稠稠醲厚故爲醇也詩豳風云爲此春酒至此始成以用禮樂故飲之於朝正尊卑故左傳云朝以帥長幼之序若漢嘗酎及春秋見於嘗酎皆謂在廟祭而獻酎與此別也孟冬云大飲蒸此言用禮樂明孟冬亦用禮樂故云互其文

禮記義二十三　十六　金

孟夏行秋令則苦雨數來五穀不滋 申之氣乘之也苦雨白露之類時物得雨傷 四鄙入保 金氣爲害也鄙界上邑小城曰保 疏 正義曰苦雨數來天災五穀不滋地災四鄙入保人災也 行冬令則草木蚤枯 長日促 後乃大水敗其城郭 亥之氣乘之也 疏 正義曰草木蚤枯地災後乃大水敗其城郭天災此二句共爲一事 行春令則蝗蟲爲災暴風來格 寅之氣乘之也必以蝗蟲爲災者寅有啓蟄之氣行於初暑則當蟄者大出矣格至也 秀草不實 氣更生之不得成也 疏 正義曰蝗蟲爲災及秀草不實地災暴風來格天災也

仲夏之月日在東井昏亢中旦危中 仲夏者日月會

足利本第二十三卷第十七葉

於鶡首而斗建午之辰也 其日丙丁其帝炎帝其神祝融

其蟲羽其音徵律中蕤賓其數七其味苦

其臭焦其祀竈祭先肺 蕤賓者應鍾之所生三分益一律長六寸八十一分寸之二十六仲夏氣至則蕤賓之律應周語曰蕤賓所以安靜神人獻酬交酢 小暑至螳蜋

生鵙始鳴反舌無聲 皆記時候也螳蜋螵蛸母也鵙搏勞也反舌百舌鳥 天子

居明堂大廟乘朱路駕赤騮載赤旂衣朱

衣服赤玉食菽與雞其器高以粗 明堂太廟南堂當大室也

養壯佼 助長氣也 疏 正義曰案三統曆五月節日在井十六度昏氐二度中去日一百一十九度旦

禮記義二十三 十二 李光祖

室三度中五月中日在井三十一度昬房二度中去日一百一十九度旦奎十一度中元嘉曆五月節日在井三度昬角十度中旦危九度中五月中日在井十八度昬氐五度中旦室五度中 注 蕤賓至交酢 正義曰應鍾律長四寸二十七分寸之二十上生蕤賓三分益一取應鍾三寸更益一寸爲四寸其二十七分寸之二十各三分之則一寸分爲八十一分也二十七分寸之二十則爲八十一分寸之六十其整寸一爲八十一分又以六十分益之摠爲一百四十一分更三分益一一分有四十七更以四十七益前一百四十一分摠爲一百八十八分是爲積分之數除之爲寸除八十一分則一百六十二分爲二寸益前四寸爲六寸餘有二十六分不成寸故云蕤賓長六寸八十一分寸之二十六也引周語曰以下者證蕤賓之律何胥云乾九四是月陽反於下爲復陰生陽中爲姤各應其時所以安靜是安靜神人也陰生爲主陽謝爲賓賓主之象獻酬之禮獻酢又酬之陰陽代謝之義也 注 螳蜋至舌鳥 正義曰案釋蟲云不蝸蟷蠰其子蜱蛸舍人云不蝸名蟷蠰今之螳蜋

潘本第二十三卷第十七葉

於鶡首而斗建午之辰也 其日丙丁其帝炎帝其神祝融

其蟲羽其音徵律中蕤賓其數七其味苦

其臭焦其祀竈祭先肺 蕤賓者應鍾之所生三分益一律長六寸八十一分寸之二十六仲夏氣至則蕤賓之律應周語曰蕤賓所以安靜神人獻酬交酢 小暑至螳蜋

生鵙始鳴反舌無聲 皆記時候也螳蜋螵蛸母也鵙搏勞也反舌百舌鳥 天子

居明堂大廟乘朱路駕赤騮載赤旂衣朱

衣服赤玉食菽與雞其器高以粗 明堂太廟南堂當大室也

養壯佼 助長氣也 疏 正義曰案三統曆五月節日在井十六度昏氐二度中去日一百一十九度旦

禮記義二十三 十二 李光祖

室三度中五月中日在井三十一度昬房二度中去日一百一十九度旦奎十一度中元嘉曆五月節日在井三度昬角十度中旦危九度中五月中日在井十八度昬氐五度中旦室五度中 注 蕤賓至交酢 正義曰應鍾律長四寸二十七分寸之二十上生蕤賓三分益一取應鍾三寸更益一寸爲四寸其二十七分寸之二十各三分之則一寸分爲八十一分也二十七分寸之二十則爲八十一分寸之六十其整寸一爲八十一分又以六十分益之摠爲一百四十一分更三分益一一分有四十七更以四十七益前一百四十一分摠爲一百八十八分是爲積分之數除之爲寸除八十一分則一百六十二分爲二寸益前四寸爲六寸餘有二十六分不成寸故云蕤賓長六寸八十一分寸之二十六也引周語曰以下者證蕤賓之律何胥云乾九四是月陽反於下爲復陰生陽中爲姤各應其時所以安靜是安靜神人也陰生爲主陽謝爲賓賓主之象獻酬之禮獻酢又酬之陰陽代謝之義也 注 螳蜋至舌鳥 正義曰案釋蟲云不蝸蟷蠰其子蜱蛸舍人云不蝸名蟷蠰今之螳蜋

足利本第二十三卷第十八葉

也孫炎云螳蠰螳蜋一名不蝸李巡云其子名蜱蛸則螵
蛸故云螵蛸毋方言云譚魯以南謂之蟷蠰三河之域謂
之螳蜋燕趙之際謂之食虍齊杞以東謂之馬穀然名其
子同云螵蛸也云搏勞者詩云七月鳴鵙箋云伯勞鳴將
寒之候五月則鳴豳地晩寒鳥物之候從其氣焉云百舌
鳥者蔡云蟲名蝳蝐也今謂之蝦蟇其舌本前著口側而末
嚮內故謂之反舌通卦驗曰搏勞鳴蝦蟇無聲又靡信云
昔於長安中與書生數十共往城北水中取蝦蟇屠割視
之其舌反嚮後如此鄭君得不通乎蟜凤問曰誠如緯與
子言爲蝦蟇五月中始得水適當聒人耳何反無聲此者
著時候今猶昔也是以知蝦蟇非反舌反舌鳥春始鳴至
五月稍止其聲數轉故名反舌時候言之今人識之故不
從緯與俗儒也或蝦蟇舌性自然不必爲反舌也　養壯
佼　正義曰壯謂容體盛大佼謂形容佼好以盛夏長養
之時故養壯佼
之人助長氣也　是月也命樂師脩鞀鞞鼓均琴

禮記義二十三　十八　許富

瑟管簫執干戚戈羽調竽笙箎簧飭鐘磬
柷敔　爲將大雩帝習樂也脩均執調
飭者治其器物習其事之言　疏　正義曰鞀字或
從兆下鼓案周
禮小師注云鼗如鼓而小持其柄搖之旁耳還自擊鄭注
詩云小鼓在大鼓旁應鞞之屬也鞞鼓者則周禮鼓人職
掌六鼓雷鼓鼓神祀之屬是也劉熙釋名云鞀導也所以
導樂作鞞裨也裨助鼓節鼓廓也張皮以冒之其中空廓
琴者釋樂云大琴謂之離孫炎云聲留離廣雅云琴長三
尺六寸六分五絃劉熙釋名云施絃張之瑟者釋樂云大
瑟謂之灑孫炎云音之布告如埽灑郭景純云瑟長八尺
一寸二十七絃管者釋樂云大管謂之簥音驕郭景純云
管長尺圍寸併漆之有底賈氏以爲如箎六孔鄭注周禮
云管如遂而小併兩而吹之簫者釋樂云大簫謂之言郭
景純云編二十二管長尺四寸鄭注周禮簫編小竹管如
今賣飴餳所吹者劉熙釋名云簫肅也干盾也戚斧也戈鉤

潘本第二十三卷第十八葉

也孫炎云螳蠰螳蜋一名不蝸李巡云其子名蜱蛸則螵
蛸故云螵蛸毋方言云譚魯以南謂之蟷蠰三河之域謂
之螳蜋燕趙之際謂之食虍齊杞以東謂之馬穀然名其
子同云螵蛸也云搏勞者詩云七月鳴鵙箋云伯勞鳴將
寒之候五月則鳴豳地晩寒鳥物之候從其氣焉云百舌
鳥者蔡云蟲名蝳蝐也今謂之蝦蟇其舌本前著口側而末
嚮內故謂之反舌通卦驗曰搏勞鳴蝦蟇無聲又靡信云
昔於長安中與書生數十共往城北水中取蝦蟇屠割視
之其舌反嚮後如此鄭君得不通乎蟜凤問曰誠如緯與
子言爲蝦蟇五月中始得水適當聒人耳何反無聲此者
著時候今猶昔也是以知蝦蟇非反舌反舌鳥春始鳴至
五月稍止其聲數轉故名反舌時候言之今人識之故不
從緯與俗儒也或蝦蟇舌性自然不必爲反舌也　養壯
佼　正義曰壯謂容體盛大佼謂形容佼好以盛夏長養
之時故養壯佼
之人助長氣也　是月也命樂師脩鞀鞞鼓均琴

禮記義二十三　十八　許富

瑟管簫執干戚戈羽調竽笙箎簧飭鐘磬
柷敔　爲將大雩帝習樂也脩均執調
飭者治其器物習其事之言　疏　正義曰鞀字或
從兆下鼓案周
禮小師注云鼗如鼓而小持其柄搖之旁耳還自擊鄭注
詩云小鼓在大鼓旁應鞞之屬也鞞鼓者則周禮鼓人職
掌六鼓雷鼓鼓神祀之屬是也劉熙釋名云鞀導也所以
導樂作鞞裨也裨助鼓節鼓廓也張皮以冒之其中空廓
琴者釋樂云大琴謂之離孫炎云聲留離廣雅云琴長三
尺六寸六分五絃劉熙釋名云施絃張之瑟者釋樂云大
瑟謂之灑孫炎云音之布告如埽灑郭景純云瑟長八尺
一寸二十七絃管者釋樂云大管謂之簥音驕郭景純云
管長尺圍寸併漆之有底賈氏以爲如箎六孔鄭注周禮
云管如遂而小併兩而吹之簫者釋樂云大簫謂之言郭
景純云編二十二管長尺四寸鄭注周禮簫編小竹管如
今賣飴餳所吹者劉熙釋名云簫肅也干盾也戚斧也戈鉤

子戟羽鳥羽周禮羽舞皇舞之屬是也竽者鄭注周禮云竽三十六簧釋名云竽汙也其中汙空笙者鄭注周禮云十三簧釋樂云大笙謂之巢郭景純云列管匏中施簧管端大者十九簧釋名云笙生也象物出地所生篪者釋樂云大篪謂之沂郭景純云篪以竹爲之長尺四寸圍三寸一孔上出寸三分名翹橫吹之廣雅云八孔鄭司農注周禮云篪七空釋名云篪嗁也聲如嬰兒嗁簧者竽笙之名也氣鼓之而爲聲釋名云簧橫也於管頭橫施之鍾者案釋樂云大鍾謂之鏞釋名云鍾空也内空受氣多磬者釋樂云大磬謂之毊音囂以玉石爲之釋名云磬罄也聲堅罄罄然柷者釋樂云所以鼓柷謂之止郭景純云柷如漆桶方二尺四寸深一尺八寸中有椎柄連底挏之令左右擊止者其椎名敔者釋樂云所以鼓敔謂之籈郭景純云敔如伏虎背上有二十七鉏鋙刻以木長尺櫟之　注脩均至之言　正義曰脩者脩理舊物均者均平其聲執者操持營爲調者調和音曲飭者整頓器物故云治其器物習其事之言也

禮記義二十三　十九

命有司爲民祈祀山川百源大雩帝用盛樂乃命百縣雩祀百辟卿士有益於民者以祈穀實　陽氣盛而常旱山川百源能興雲雨者也衆水始所出爲百源必先祭其本乃雩雩吁嗟求雨之祭也雩帝謂爲壇南郊之旁雩五精之帝配以先帝也自鞀鞞至柷敔皆作曰盛樂凡他雩用歌舞而已百辟卿士古者上公若句龍后稷之類也春秋傳曰龍見而雩雩之正當以四月凡周之秋三月之中而旱亦脩雩禮以求雨因著正雩此月失之矣天子雩上帝諸侯以下雩上公周冬及春夏雖旱禮有禱無雩

農乃登黍　登進也

是月也天子乃以雛嘗黍羞以含桃先薦寢廟　此嘗雛也而云以嘗黍不以牲主穀也必以黍者黍火穀氣之主也

子戟羽鳥羽周禮羽舞皇舞之屬是也竽者鄭注周禮云竽三十六簧釋名云竽汙也其中汙空笙者鄭注周禮云十三簧釋樂云大笙謂之巢郭景純云列管匏中施簧管端大者十九簧釋名云笙生也象物出地所生篪者釋樂云大篪謂之沂郭景純云篪以竹爲之長尺四寸圍三寸一孔上出寸三分名翹橫吹之廣雅云八孔鄭司農注周禮云篪七空釋名云篪嗁也聲如嬰兒嗁簧者竽笙之名也氣鼓之而爲聲釋名云簧橫也於管頭橫施之鍾者案釋樂云大鍾謂之鏞釋名云鍾空也内空受氣多磬者釋樂云大磬謂之毊音囂以玉石爲之釋名云磬罄也聲堅罄罄然柷者釋樂云所以鼓柷謂之止郭景純云柷如漆桶方二尺四寸深一尺八寸中有椎柄連底挏之令左右擊止者其椎名敔者釋樂云所以鼓敔謂之籈郭景純云敔如伏虎背上有二十七鉏鋙刻以木長尺櫟之　注脩均至之言　正義曰脩者脩理舊物均者均平其聲執者操持營爲調者調和音曲飭者整頓器物故云治其器物習其事之言也

禮記義二十三　十九

命有司爲民祈祀山川百源大雩帝用盛樂乃命百縣雩祀百辟卿士有益於民者以祈穀實　陽氣盛而常旱山川百源能興雲雨者也衆水始所出爲百源必先祭其本乃雩雩吁嗟求雨之祭也雩帝謂爲壇南郊之旁雩五精之帝配以先帝也自鞀鞞至柷敔皆作曰盛樂凡他雩用歌舞而已百辟卿士古者上公若句龍后稷之類也春秋傳曰龍見而雩雩之正當以四月凡周之秋三月之中而旱亦脩雩禮以求雨因著正雩此月失之矣天子雩上帝諸侯以下雩上公周冬及春夏雖旱禮有禱無雩

農乃登黍　登進也

是月也天子乃以雛嘗黍羞以含桃先薦寢廟　此嘗雛也而云以嘗黍不以牲主穀也必以黍者黍火穀氣之主也

含桃櫻桃也令民毋艾藍以染爲傷長氣也此月藍始可別夏小正曰五月啓灌藍蓼毋燒灰爲傷火氣也火之氣於是爲盛火之滅者爲灰毋暴布不以陰功干大陽之事門閭毋閉關市毋索順陽敷縱不難物挺重囚爲其益其食挺猶寬也游牝別羣孕妊之欲止也則縶騰駒爲其壯氣有餘相蹄齧也班馬政馬政謂養馬之政教也廋人職曰掌十有二閑之政教以阜馬佚特教駣攻駒此之謂也疏正義曰正以將欲雩祭故先命有司爲祈祀山川百源爲將雩之漸重民之義也故先爲民大雩帝用盛樂者爲民祈穀後天子乃大雩天帝用上鞀鞞之等故云用盛樂乃命百縣雩祀百辟卿士者謂天子既雩之後百縣謂諸侯也命此諸侯以雩祀古之百辟及卿士等生存之日能立功有益於人者注陽氣至無

禮記正義二十三　二十　李寔

雩正義曰以四月純陽用事故云陽氣盛而恒旱故制禮此月爲雩縱令雩祭時不旱亦爲雩祭云雩以吁嗟求雨之祭者以雩音近吁又女巫職云凡邦之大烖歌哭而請歌哭則吁嗟之類旱又是大烖故須吁嗟求雨注春秋者以雩爲遠謂遠爲百穀求雨非鄭義也云雩帝謂爲壇南郊之旁雩五精之帝者以雩是祭天當從陽位以五天揔祭不可徧在四方故知在南郊也以春夏秋冬共成歲功不可偏祭一天故雩五精之帝以自外至者無主不止當以人帝配之大皞配靈威仰炎帝配赤熛怒黃帝配含樞紐少皞配白招拒顓頊配汁光紀故云配以先帝也云凡他雩用歌舞而已者案女巫云旱暵則舞雩是用歌舞正雩則非唯歌舞兼有餘樂故論語云舞雩詠而歸是也云百辟卿士古者上公句龍后稷之類也者百辟則古之上公則國語鯀爲崇伯而禮記祭法有祀之文社稷五祀雖爲王朝卿士兼帶上公之官故左氏云封爲上公祀爲貴神是身爲百辟又爲卿士案左傳有社稷五官今直云

含桃櫻汝桃也令民毋艾藍以染爲傷長氣也此月藍始可別夏小正曰五月啓灌藍蓼毋燒灰爲傷火氣也火之氣於是爲盛火之滅者爲灰毋暴布不以陰功干大陽之事門閭毋閉關市毋索順陽敷縱不難物挺重囚爲其益其食挺猶寬也游牝別羣孕妊之欲止也則縶騰駒爲其壯氣有餘相蹄齧也班馬政馬政謂養馬之政教也廋人職曰掌十有二閑之政教以阜馬佚特教駣攻駒此之謂也疏正義曰正以將欲雩祭故先命有司爲祈祀山川百源爲將雩之漸重民之義也故先爲民大雩帝用盛樂者爲民祈穀後天子乃大雩天帝用上鞀鞞之等故云用盛樂乃命百縣雩祀百辟卿士者謂天子既雩之後百縣謂諸侯也命此諸侯以雩祀古之百辟及卿士等生存之日能立功有益於人者注陽氣至無

禮記正義二十三　二十

雩正義曰以四月純陽用事故云陽氣盛而恒旱故制禮此月爲雩縱令雩祭時不旱亦爲雩祭云雩以吁嗟求雨之祭者以雩音近吁又女巫職云凡邦之大烖歌哭而請歌哭則吁嗟之類旱又是大烖故須吁嗟求雨注春秋者以雩爲遠謂遠爲百穀求雨非鄭義也云雩帝謂爲壇南郊之旁雩五精之帝者以雩是祭天當從陽位以五天揔祭不可徧在四方故知在南郊也以春夏秋冬共成歲功不可偏祭一天故雩五精之帝以自外至者無主不止當以人帝配之大皞配靈威仰炎帝配赤熛怒黃帝配含樞紐少皞配白招拒顓頊配汁光紀故云配以先帝也云凡他雩用歌舞而已者案女巫云旱暵則舞雩是用歌舞正雩則非唯歌舞兼有餘樂故論語云舞雩詠而歸是也云百辟卿士古者上公句龍后稷之類也者百辟則古之上公則國語鯀爲崇伯而禮記祭法有祀之文社稷五祀雖爲王朝卿士兼帶上公之官故左氏云封爲上公祀爲貴神是身爲百辟又爲卿士案左傳有社稷五官今直云

足利本第二十三卷第二十一葉

若句龍后稷不云句芒蓐收之等舉有益於民功之顯者
言之引春秋傳曰龍見而雩者欲明正雩在四月不在五
月也云凡周之秋三月之中旱亦脩雩禮以求雨者釋此
經大雩在五月之中爲五月不雨脩雩祭作記者言五月
之雩是常雩故記之於五月也云天子雩上帝者以此云
大雩帝也云諸侯以下雩上公者此云乃命百縣雩祀百
辟卿士是也云周冬及春夏雖旱禮有禱無雩者案春秋
周七月八月九月皆書雩穀梁不譏成七年冬大雩穀梁
云無爲雩是譏其冬雩是冬無雩也春秋周之春及周之
四月五月皆無雩文春夏不雩雖旱不爲脩雩之祭其周
季夏當有正雩則龍見而雩是也案春秋桓五年秋大雩
傳云書不時服注■雩遠也遠爲百穀祈膏雨言大別山
川之雩也僖十一年秋八月大雩十三年秋九月大雩成
公三年秋大雩七年冬大雩襄五年秋大雩傳曰旱八年
九月大雩傳曰旱十六年秋大雩十七年秋九月大雩二
十八年秋八月大雩傳曰旱昭三年秋八月大雩傳曰旱

禮記義二十三　二十一

六年九月大雩傳曰旱八年秋大雩十六年秋九月大雩
傳曰旱二十四年秋八月大雩傳曰旱二十五年秋七月
上辛大雩季辛又雩傳曰秋書再雩旱甚定元年秋九月
大雩七年秋大雩九月大雩十二年秋大雩僖二十一年
夏大旱宣七年秋大旱莊三十一年冬不雨僖二年冬十
月不雨三年正月不雨夏四月不雨六月雨傳曰自十月
不雨至于五月不曰旱不爲災文二年自十有二月不雨
至于秋七月十年云自正月不雨至于秋七月十三年云
自正月不雨至于秋七月是春秋之中不雨有七大旱有
二大雩有二十一都并有三十莊三十一年冬不雨以冬
時旱氣以過故不數僖二十一年夏大旱宣七年秋大旱
二旱災成故不數昭二十五年一月再雩秪是一旱之事
爲再雩一雩不數定七年秋大雩亦一時之事而爲二雩
一雩不數成七年冬大雩穀梁云冬無爲雩明亦不數三
十之中去此六事不數唯有二十四在就二十四之中分
爲四部桓五年秋大雩說雩禮是一部也僖二年冬十月

潘本第二十三卷第二十一葉

若句龍后稷不云句芒蓐收之等舉有益於民功之顯者
言之引春秋傳曰龍見而雩者欲明正雩在四月不在五
月也云凡周之秋三月之中旱亦脩雩禮以求雨者釋此
經大雩在五月之中爲五月不雨脩雩祭作記者言五月
之雩是常雩故記之於五月也云天子雩上帝者以此云
大雩帝也云諸侯以下雩上公者此云乃命百縣雩祀百
辟卿士是也云周冬及春夏雖旱禮有禱無雩者案春秋
周七月八月九月皆書雩穀梁不譏成七年冬大雩穀梁
云無爲雩是譏其冬雩是冬無雩也春秋周之春及周之
四月五月皆無雩文春夏不雩雖旱不爲脩雩之祭其周
季夏當有正雩則龍見而雩是也案春秋桓五年秋大雩
傳云書不時服注云雩遠也遠爲百穀祈膏雨言大別山
川之雩也僖十一年秋八月大雩十三年秋九月大雩成
公三年秋大雩七年冬大雩襄五年秋大雩傳曰旱八年
九月大雩傳曰旱十六年秋大雩十七年秋九月大雩二
十八年秋八月大雩傳曰旱昭三年秋八月大雩傳曰旱

禮記義二十三　二十一

六年九月大雩傳曰旱八年秋大雩十六年秋九月大雩
傳曰旱二十四年秋八月大雩傳曰旱二十五年秋七月
上辛大雩季辛又雩傳曰秋書再雩旱甚定元年秋九月
大雩七年秋大雩九月大雩十二年秋大雩僖二十一年
夏大旱宣七年秋大旱莊三十一年冬不雨僖二年冬十
月不雨三年正月不雨夏四月不雨六月雨傳曰自十月
不雨至于五月不曰旱不爲災文二年自十有二月不雨
至于秋七月十年云自正月不雨至于秋七月十三年云
自正月不雨至于秋七月是春秋之中不雨有七大旱有
二大雩有二十一都并有三十莊三十一年冬不雨以冬
時旱氣以過故不數僖二十一年夏大旱宣七年秋大旱
二旱災成故不數昭二十五年一月再雩秪是一旱之事
爲再雩一雩不數定七年秋大雩亦一時之事而爲二雩
一雩不數成七年冬大雩穀梁云冬無爲雩明亦不數三
十之中去此六事不數唯有二十四在就二十四之中分
爲四部桓五年秋大雩說雩禮是一部也僖二年冬十月

足利本第二十三卷第二十二葉

不雨僖三年正月不雨夏四月不雨說禱禮是二部也文二年文十年文十三年皆云正月不雨至于秋七月說旱餘有十七條說旱氣所由故鄭釋癈疾云春秋凡書二十而不爲災是三部也此三部揔有七條於二十四去七條四旱考異郵說云分爲四部各有義焉是其事也凡正雩在周之六月常事不書書秋大雩傳不云旱者皆過雩也傳言旱者皆爲旱脩雩也雩書月者爲脩旱雩得禮故定元年穀梁傳曰雩月雩之正也秋大雩非正也案玉藻云至于八月不雨君不舉注云建子之月不雨盡建未乃始成災而僖二十一年夏大旱未至建未而爲災者若霧露霑濡蘢中有苗雖歷時不爲災也文二年十年十三年自十二月正月不雨至秋七月是也至八月不雨乃爲災若無霧露霑濡蘢中無苗雖未至八月則爲災故僖十一年夏大旱是也穀梁說云得雨曰雩不得雨曰旱公羊說言雩則旱見言旱則雩不見此二家之說不同鄭釋癈疾從穀梁之義雩之興禱所以異者考異郵說云天子禱九州

山川諸侯禱封內大夫禱所食邑又僖公三時不雨帥羣臣禱山川以過自讓凡雩必先禱故此經云乃命百縣祈祀山川百源始大雩帝是也禱者不雩僖公二年冬十月及三年春正月夏四月直爲禱祭不爲雩以非雩月故不雩　注必以至櫻桃　正義曰黍是火穀於夏時與雛同薦之如鄭此言則黍非新成直取舊黍故下孟秋云農乃登穀注云黍稷於是始孰明仲夏未孰也蔡氏以爲此時黍新孰令蟬鳴黍是也非鄭義也案月令諸月無薦果之文此獨羞含桃者以此果先成異於餘物故特記之其實諸果亦時薦　注此月至藍蓼　正義曰別種藍之體初必叢生若及早栽移則有所傷損此月藍既長大始可分移布散引小正啓灌藍蓼者證此月養藍熊氏云灌謂叢生也言開闢此叢生藍蓼分移使之稀散　門閭至毋索　正義曰蔡云門謂城門閭謂二十五家爲閭關市毋索者關市停物之所商旅或隱藏其物以避征稅是月從長之時故不搜索其物　益其食　正義曰益其食挺重

潘本第二十三卷第二十二葉

不雨僖三年正月不雨夏四月不雨說禱禮是二部也文二年文十年文十三年皆云正月不雨至于秋七月說旱餘有十七條說旱氣所由故鄭釋癈疾云春秋凡書二十而不爲災是三部也此三部揔有七條於二十四去七條四旱考異郵說云分爲四部各有義焉是其事也凡正雩在周之六月常事不書書秋大雩傳不云旱者皆過雩也傳言旱者皆爲旱脩雩也雩書月者爲脩旱雩得禮故定元年穀梁傳曰雩月雩之正也秋大雩非正也案玉藻云至于八月不雨君不舉注云建子之月不雨盡建未乃始成災而僖二十一年夏大旱未至建未而爲災者若霧露霑濡蘢中有苗雖歷時不爲災也文二年十年十三年自十二月正月不雨至秋七月是也至八月不雨乃爲災若無霧露霑濡蘢中無苗雖未至八月則爲災故僖十一年夏大旱是也穀梁說云得雨曰雩不得雨曰旱公羊說言雩則旱見言旱則雩不見此二家之說不同鄭釋癈疾從穀梁之義雩之興禱所以異者考異郵說云天子禱九州

禮記義二十三　二十二　許詳

山川諸侯禱封內大夫禱所食邑又僖公三時不雨帥羣臣禱山川以過自讓凡雩必先禱故此經云乃命百縣祈祀山川百源始大雩帝是也禱者不雩僖公二年冬十月及三年春正月夏四月直爲禱祭不爲雩以非雩月故不雩　注必以至櫻桃　正義曰黍是火穀於夏時與雛同薦之如鄭此言則黍非新成直取舊黍故下孟秋云農乃登穀注云黍稷於是始孰明仲夏未孰也蔡氏以爲此時黍新孰令蟬鳴黍是也非鄭義也案月令諸月無薦果之文此獨羞含桃者以此果先成異於餘物故特記之其實諸果亦時薦　注此月至藍蓼　正義曰別種藍之體初必叢生若及早栽移則有所傷損此月藍既長大始可分移布散引小正啓灌藍蓼者證此月養藍熊氏云灌謂叢生也言開闢此叢生藍蓼分移使之稀散　門閭至毋索　正義曰蔡云門謂城門閭謂二十五家爲閭關市毋索者關市停物之所商旅或隱藏其物以避征稅是月從長之時故不搜索其物　益其食　正義曰益其食挺重

足利本第二十三卷第二十三葉

因連文鄭又無注皇氏以爲增益因之飲食義當然也熊氏以爲益羣臣祿食其義非也 注 馬政至攻駒 正義曰庾人職曰掌十有二閑之政教案校人職云天子十有二閑諸侯六閑大夫四閑每閑馬有二百一十六疋又皁馬佚特敎駣攻駒注云皁盛壯也鄭司農云二歲曰駒三歲曰駣云謂逸者用之不使甚勞安其血氣也敎駣始乘習之攻駒騬其蹄齧者

是月也日長至陰陽爭死生分 爭者陽方盛陰欲起也分猶半也 君子齊戒處必掩身毋躁 掩猶隱翳也躁猶動也今月令毋躁爲欲靜 止聲色毋或進 進猶御見也聲謂樂也易及樂春秋說夏至人主與羣臣從八能之士作樂五日今止之非其道也 薄滋味毋致和 爲其氣異此時傷人 節嗜欲定心氣 微陰扶精不可散也 百官靜事

禮記義二十三　二十三　王佐

毋刑 罪罰之事不可以聞今月令刑爲徑 以定晏陰之所成 晏安也陰稱安 鹿角解蟬始鳴半夏生木堇榮 又記時候也半夏藥草木堇王蒸也 是月也毋用火南方 陽氣盛又用火於其方害微陰也 可以居高明可以遠眺望可以升山陵可以處臺榭 順陽在上也高明謂樓觀也闍者謂之臺有木者謂之榭 疏 正義曰長至者謂此月之時日長之至極大史漏刻夏至晝漏六十五刻夜漏三十五刻是日長至也死生分者分半也陰氣既起故物半死半生蔡云感陽氣長者生感陰氣成者死故於夏至日相與分也　君子至或進　正義曰蔡氏云君子謂人君以下至在位士也齊戒所以敬道萌陰也處必掩身處猶居也掩隱翳也陰既始萌故君子居處不顯露恐

潘本第二十三卷第二十三葉

因連文鄭又無注皇氏以爲增益因之飲食義當然也熊氏以爲益羣臣祿食其義非也 注 馬政至攻駒 正義曰庾人職曰掌十有二閑之政教案校人職云天子十有二閑諸侯六閑大夫四閑每閑馬有二百一十六疋又皁馬佚特敎駣攻駒注云皁盛壯也鄭司農云二歲曰駒三歲曰駣云謂逸者用之不使甚勞安其血氣也敎駣始乘習之攻駒騬其蹄齧者

是月也日長至陰陽爭死生分 爭者陽方盛陰欲起也分猶半也 君子齊戒處必掩身毋躁 掩猶隱翳也躁猶動也今月令毋躁爲欲靜 止聲色毋或進 進猶御見也聲謂樂也易及樂春秋說夏至人主與羣臣從八能之士作樂五日今止之非其道也 薄滋味毋致和 爲其氣異此時傷人 節嗜欲定心氣 微陰扶精不可散也 百官靜事

禮記義二十三　二十三

毋刑 罪罰之事不可以聞今月令刑爲徑 以定晏陰之所成 晏安也陰稱安 鹿角解蟬始鳴半夏生木堇榮 又記時候也半夏藥草木堇王蒸也 是月也毋用火南方 陽氣盛又用火於其方害微陰也 可以居高明可以遠眺望可以升山陵可以處臺榭 順陽在上也高明謂樓觀也闍者謂之臺有木者謂之榭 疏 正義曰長至者謂此月之時日長之至極大史漏刻夏至晝漏六十五刻夜漏三十五刻是日長至也死生分者分半也陰氣既起故物半死半生蔡云感陽氣長者生感陰氣成者死故於夏至日相與分也　君子至或進　正義曰蔡氏云君子謂人君以下至在位士也齊戒所以敬道萌陰也處必掩身處猶居也掩隱翳也陰既始萌故君子居處不顯露恐

足利本第二十三卷第二十四葉

干陰也　無躁者躁動也既不顯露又不得躁動宜靜以
安萌陰也鄭引今月令無躁爲欲靜欲靜則無躁之義止
聲色者歌樂華麗之事爲助陰靜故止之無或進者進御
見也既止聲色故嬪房不得進御侍夕也亦爲微陰始動
不可動於陰事也蔡云方齋戒故止色內御之屬勿或有
所進也　注　易及至其道　正義曰案易緯通卦驗云夏
至人主從八能之士或調黃鍾或調六律或調五音或調
五聲或調五行或調律曆或調陰陽或調正德所行注從
八能之士謂選於天下人衆之中取其習曉者而使之調
黃鍾者縣黃鍾於子其以大小之差服其聲調六律者六
律管陽也又有六呂爲之合管有長短吹之以調樂器之
聲調五音者金爲鍾革爲鼓石爲磬竹爲管絲爲絃皆有
聲變舒疾也匏也木也土也不言調者聲少變故不調調
五聲者宮商角徵羽聲弘殺緩急凡黃鍾六律之聲五音
之動與神靈之氣通人君聽之可以察已之得失而知羣
臣賢否調五行者五行謂五英調律曆者律曆謂六莖也

禮記義二十三　二十四　許才

調陰陽者謂雲門咸池調正德所行者謂之大韶大夏大
濩大武此鄭云五英謂顓頊樂名云六莖者帝嚳樂名云
從八能之士注云從就也謂人主就八能之士於習樂之
處而觀之作樂五日者謂日至之前豫前五日令八能之
士習作其樂以迎日至樂緯協圖徵亦云從八能之士令
月令於日至止聲色與諸緯文違故云非其道必知其緯
文作樂爲是者以周禮大司樂冬至祭天圜丘夏至祭地
方澤皆有作樂之文不得云止樂故知月令非也　注　爲
其氣異此時傷人　正義曰滋味和調氣味殊異他時可
食此時傷人　以定晏陰之所成　正義曰上從君子齋
戒以下至無刑以上皆是清靜止息之事以正定身中安
陰之所成就謂初感安陰若不清靜則微陰與人爲病故
須定之王肅及蔡氏皆云晏爲以安定陰陽之所成非鄭
旨也　注　木槿王蒸　正義曰釋草云椵木槿櫬木槿某
氏云別三名可食或呼爲日及亦云王蒸其花朝生暮落
注云闇者謂之臺有木者謂之榭恭正義曰案釋宮云闇

潘本第二十三卷第二十四葉

干陰也　無躁者躁動也既不顯露又不得躁動宜靜以
安萌陰也鄭引今月令無躁爲欲靜欲靜則無躁之義止
聲色者歌樂華麗之事爲助陰靜故止之無或進者進御
見也既止聲色故嬪房不得進御侍夕也亦爲微陰始動
不可動於陰事也蔡云方齋戒故止色內御之屬勿或有
所進也　注　易及至其道　正義曰案易緯通卦驗云夏
至人主從八能之士或調黃鍾或調六律或調五音或調
五聲或調五行或調律曆或調陰陽或調正德所行注從
八能之士謂選於天下人衆之中取其習曉者而使之調
黃鍾者縣黃鍾於子其以大小之差服其聲調六律者六
律管陽也又有六呂爲之合管有長短吹之以調樂器之
聲調五音者金爲鍾革爲鼓石爲磬竹爲管絲爲絃皆有
聲變舒疾也匏也木也土也不言調者聲少變故不調調
五聲者宮商角徵羽聲弘殺緩急凡黃鍾六律之聲五音
之動與神靈之氣通人君聽之可以察已之得失而知羣
臣賢否調五行者五行謂五英調律曆者律曆謂六莖也

禮記義二十三　二十四　許才

調陰陽者謂雲門咸池調正德所行者謂之大韶大夏大
濩大武此鄭云五英謂顓頊樂名云六莖者帝嚳樂名云
從八能之士注云從就也謂人主就八能之士於習樂之
處而觀之作樂五日者謂日至之前豫前五日令八能之
士習作其樂以迎日至樂緯協圖徵亦云從八能之士令
月令於日至止聲色與諸緯文違故云非其道必知其緯
文作樂爲是者以周禮大司樂冬至祭天圜丘夏至祭地
方澤皆有作樂之文不得云止樂故知月令非也　注　爲
其氣異此時傷人　正義曰滋味和調氣味殊異他時可
食此時傷人　以定晏陰之所成　正義曰上從君子齋
戒以下至無刑以上皆是清靜止息之事以正定身中安
陰之所成就謂初感安陰若不清靜則微陰與人爲病故
須定之王肅及蔡氏皆云晏爲以安定陰陽之所成非鄭
旨也　注　木槿王蒸　正義曰釋草云椵木槿櫬木槿某
氏云別三名可食或呼爲日及亦云王蒸其花朝生暮落
注云闇者謂之臺有木者謂之榭　正義曰案釋宮云闇

謂之臺李巡云積土爲之所以觀望郭景純云積土四方又云無室曰榭李巡云但有大殿無室名曰榭郭景純云榭今之堂堭

仲夏行冬令則雹凍傷穀子之氣乘之也陽爲雨陰起脅之凝爲雹道路不通暴兵來至盜賊攻刼亦雹之類疏正義曰雹凍傷穀天災道路不通暴兵來至人災也

行春令則五穀晚孰卯之氣乘之也生日長百螣時起其國乃饑螣蝗之屬言百者明衆類並爲害疏正義曰五穀晚孰天災百螣時起地災其國乃飢人災也

行秋令則草木零落酉之氣乘之也八月宿直昴畢昴爲天獄主殺果實早成生日短民殃於疫大陵之氣來爲害也疏正義曰草木零落果實早成地災民殃於疫人災也

禮記義二十三　二十五　趙通

禮記正義卷第二十三

謂之臺李巡云積土爲之所以觀望郭景純云積土四方又云無室曰榭李巡云但有大殿無室名曰榭郭景純云榭今之堂堭

仲夏行冬令則雹凍傷穀子之氣乘之也陽爲雨陰起脅之凝爲雹道路不通暴兵來至盜賊攻刼亦雹之類疏正義曰雹凍傷穀天災道路不通暴兵來至人災也

行春令則五穀晚孰卯之氣乘之也生日長百螣時起其國乃饑螣蝗之屬言百者明衆類並爲害疏正義曰五穀晚孰天災百螣時起地災其國乃飢人災也

行秋令則草木零落酉之氣乘之也八月宿直昴畢昴爲天獄主殺果實早成生日短民殃於疫大陵之氣來爲害也疏正義曰草木零落果實早成地災民殃於疫人災也

禮記義二十三　二十五　趙通

禮記正義卷第二十三

足利本第二十四卷第一葉

禮記正義卷第二十四

國子祭酒上護軍曲阜縣開國子臣孔穎達等奉

勅撰

季夏之月日在柳昏火中旦奎中季夏者日月會於鶉火而斗建未之辰也其日丙丁其帝炎帝其神祝融其蟲羽其音徵律中林鍾其數七其味苦其臭焦其祀竈祭先肺林鍾者黃鍾之所生三分去一律長六寸季夏氣至則林鍾之律應周語曰林鍾和展百物俾莫不任肅純恪

疏正義曰案三統曆六月節日在柳九度昏尾七度中去日一百一十九度旦婁八度中六月中日在張三度昏箕三度中去日一百一十七度旦胃十四度中元嘉曆六月節日在井三十二度昏房四度中旦東壁八度中六月中日在柳十二度昏尾八度中旦奎十二度中注林鍾至純恪正義曰案律曆志黃鍾長九寸三分去一下生林鍾故林鍾長六寸引周語曰下者證林鍾之義故周語云林鍾和展百物俾莫不任肅純恪案注云坤初六也林衆鍾聚肅速純大恪敬言時務和審百事無有詭詐使莫不任其職事速其功而大敬其職

温風始至蟋蟀居壁鷹乃學習腐草爲螢皆記時候也鷹學習攫搏也夏小正曰六月鷹始摯螢飛蟲螢火也天子居明堂右个乘朱路駕赤騮載赤旂衣朱衣服赤玉食菽與雞其器高以粗明堂右个南堂西偏也

禮記義二十四　一　方堅

潘本第二十四卷第一葉

禮記正義卷第二十四

國子祭酒上護軍曲阜縣開國子臣孔穎達等奉

勅撰

季夏之月日在柳昏火中旦奎中季夏者日月會於鶉火而斗建未之辰也其日丙丁其帝炎帝其神祝融其蟲羽其音徵律中林鍾其數七其味苦其臭焦其祀竈祭先肺林鍾者黃鍾之所生三分去一律長六寸季夏氣至則林鍾之律應周語曰林鍾和展百物俾莫不任肅純恪

疏正義曰案三統曆六月節日在柳九度昏尾七度中去日一百一十九度旦婁八度中六月中日在張三度昏箕三度中去日一百一十七度旦胃十四度中元嘉曆六月節日在井三十二度昏房四度中旦東壁八度中六月中日在柳十二度昏尾八度中旦奎十二度中注林鍾至純恪正義曰案律曆志黃鍾長九寸三分去一下生林鍾故林鍾長六寸引周語曰下者證林鍾之義故周語云林鍾和展百物俾莫不任肅純恪案注云坤初六也林衆鍾聚肅速純大恪敬言時務和審百事無有詭詐使莫不任其職事速其功而大敬其職

温風始至蟋蟀居壁鷹乃學習腐草爲螢皆記時候也鷹學習攫搏也夏小正曰六月鷹始摯螢飛蟲螢火也天子居明堂右个乘朱路駕赤騮載赤旂衣朱衣服赤玉食菽與雞其器高以粗明堂右个南堂西偏也

禮記義二十四　一　方堅

足利本第二十四卷第二葉

命漁師伐蛟取鼉登龜取黿四者甲類秋乃堅成周禮曰秋獻龜魚又曰凡取龜用秋時是夏之秋也作月令者以爲此秋據周之時也周之八月夏之六月因書於此似誤也蛟言伐者以其有兵衛也龜言登者尊之也鼉黿言取着物賤也鼉皮又可以冒鼓今月令漁師爲榜人 命澤人納材葦蒲葦之屬此時柔刃可取作器物也 疏 正義曰蟋蟀居壁者此物生在於土中至季夏羽翼稍成未能遠飛但居其壁至七月則能遠飛在野案爾雅釋蟲云蟋蟀蛬也孫炎曰蜻蛚也梁國謂蛬郭景純云今促織蔡以爲蟋蟀斯螽非也 鷹乃學習者於時二陰既起鷹感陰氣乃有殺心學習搏擊之事案鄭志焦氏問云仲秋乃鳩化爲鷹仲春鷹化爲鳩此六月何言有鷹學習乎張逸荅曰鷹雖爲鳩亦自有真鷹可習矣 腐草爲螢者腐草此時得暑濕之氣故爲螢不云化者蔡氏云鳩化爲鷹鷹還化爲鳩故稱化今腐草爲螢螢不復爲腐草故不稱化 注 謂攫至螢火 正義曰攫謂以足取物搏謂以翼擊物云螢飛蟲者案釋蟲云螢火即炤李巡云螢火夜飛腹下如火故曰即炤 命漁至取黿 正義曰此命漁師及仲夏養壯佼之等皆是煩細之事或非止一月所爲故不言是月也故注云四者甲類秋乃堅成明非獨季夏而取 注 周禮至榜人 正義曰引周禮秋獻龜魚是歔人職文又云凡取龜用秋時是龜人職文引之者證作記之人謂此禮是周之秋八月當夏之六月故誤書於此言記者之非 是月也命四監大合百縣之秩芻以養犧牲令民無不咸出其力四監主山林川澤之官百縣鄉遂之屬地有山林川澤者也秩常也百縣給國養犧牲之芻多少有常民皆當出力爲艾之令月令四爲田 以共皇天上帝名山大川四方之神以

禮記義二四　二

潘本第二十四卷第二葉

命漁師伐蛟取鼉登龜取黿四者甲類秋乃堅成周禮曰秋獻龜魚又曰凡取龜用秋時是夏之秋也作月令者以爲此秋據周之時也周之八月夏之六月因書於此似誤也蛟言伐者以其有兵衛也龜言登者尊之也鼉黿言取着物賤也鼉皮又可以冒鼓今月令漁師爲榜人 命澤人納材葦蒲葦之屬此時柔刃可取作器物也 疏 正義曰蟋蟀居壁者此物生在於土中至季夏羽翼稍成未能遠飛但居其壁至七月則能遠飛在野案爾雅釋蟲云蟋蟀蛬也孫炎曰蜻蛚也梁國謂蛬郭景純云今促織蔡以爲蟋蟀斯螽非也 鷹乃學習者於時二陰既起鷹感陰氣乃有殺心學習搏擊之事案鄭志焦氏問云仲秋乃鳩化爲鷹仲春鷹化爲鳩此六月何言有鷹學習乎張逸荅曰鷹雖爲鳩亦自有真鷹可習矣 腐草爲螢者腐草此時得暑濕之氣故爲螢不云化者蔡氏云鳩化爲鷹鷹還化爲鳩故稱化今腐草爲螢螢不復爲腐草故不稱化 注 謂攫至螢火 正義曰攫謂以足取物搏謂以翼擊物云螢飛蟲者案釋蟲云螢火即炤李巡云螢火夜飛腹下如火故曰即炤 命漁至取黿 正義曰此命漁師及仲夏養壯佼之等皆是煩細之事或非止一月所爲故不言是月也故注云四者甲類秋乃堅成明非獨季夏而取 注 周禮至榜人 正義曰引周禮秋獻龜魚是歔人職文又云凡取龜用秋時是龜人職文引之者證作記之人謂此禮是周之秋八月當夏之六月故誤書於此言記者之非 是月也命四監大合百縣之秩芻以養犧牲令民無不咸出其力四監主山林川澤之官百縣鄉遂之屬地有山林川澤者也秩常也百縣給國養犧牲之芻多少有常民皆當出力爲艾之令月令四爲田 以共皇天上帝名山大川四方之神以

禮記義二四　二

祠宗廟社稷之靈以爲民祈福牲以供祠神靈爲民
求福明使民艾芻是不虛取也皇天北辰燿
魄寶冬至所祭於圜丘也上帝太微五帝疏正義曰以四監
合其秩芻以共皇天上帝其事既大又異於上故言是月
自命婦官至等級之度論黼黻文章給郊廟祭祀之服事
異於上帝養犧牲故言是月自樹木方盛至則有天殃論
禁斷餘事助時生養亦事異於上故言是月自土潤溽暑
至土彊論上暑下潤糞地爲宜事異於上故復言是月
注四監至爲田　正義曰案周禮有山虞澤虞林衡川衡
之官秩芻出於山林又季冬云乃命四監收秩薪柴薪柴
亦出於山林川澤云百縣鄉遂之屬地有山林川澤者知
百縣非諸侯而云鄉遂之屬以其取芻養牲不可大遠故
知是畿内鄉遂仲夏云乃命百縣雩祀百辟卿士者兼外
内諸侯也此云鄉遂之屬者不兼公卿大夫之采邑秩常
釋古文云今月令四爲田者令田監大合秩芻義亦通也

禮記義二十四　三　包端

注爲民至五帝　正義曰爲民求福者雖是尋常事神因
事神之時爲民祈福云是不虛取者若不爲祈福浪使民
艾芻是在上虛取民力今還祈福與民民皆蒙福是不虛
取民力役使之也云上帝大微五帝者案周禮司服云昊
天上帝鄭以爲昊天上帝秖是一神北極燿魄寶也知此
皇天上帝不秖是燿魄寶之上帝爲大微者以周禮司服
云祀昊天上帝大裘而冕祀五帝亦如之既別云五帝故
知昊天上帝亦唯一神此月令皇天上帝之下更無別五
帝之文故分爲二　是月也命婦官染采黼黻文章
必以法故無或差貸婦官染人也采五色　黑黃倉赤莫
不質良毋敢詐僞質正也良善也所用染者當得真采正善也　以給
郊廟祭祀之服以爲旗章以別貴賤等給

祠宗廟社稷之靈以爲民祈福牲以供祠神靈爲民
求福明使民艾芻是不虛取也皇天北辰燿
魄寶冬至所祭於圜丘也上帝太微五帝疏正義曰以四監
合其秩芻以共皇天上帝其事既大又異於上故言是月
自命婦官至等級之度論黼黻文章給郊廟祭祀之服事
異於上帝養犧牲故言是月自樹木方盛至則有天殃論
禁斷餘事助時生養亦事異於上故言是月自土潤溽暑
至土彊論上暑下潤糞地爲宜事異於上故復言是月
注四監至爲田　正義曰案周禮有山虞澤虞林衡川衡
之官秩芻出於山林又季冬云乃命四監收秩薪柴薪柴
亦出於山林川澤云百縣鄉遂之屬地有山林川澤者知
百縣非諸侯而云鄉遂之屬以其取芻養牲不可大遠故
知是畿内鄉遂仲夏云乃命百縣雩祀百辟卿士者兼外
内諸侯也此云鄉遂之屬者不兼公卿大夫之采邑秩常
釋古文云今月令四爲田者令田監大合秩芻義亦通也

禮記義二十四　三　包端

注爲民至五帝　正義曰爲民求福者雖是尋常事神因
事神之時爲民祈福云是不虛取者若不爲祈福浪使民
艾芻是在上虛取民力今還祈福與民民皆蒙福是不虛
取民力役使之也云上帝大微五帝者案周禮司服云昊
天上帝鄭以爲昊天上帝秖是一神北極燿魄寶也知此
皇天上帝不秖是燿魄寶之上帝爲大微者以周禮司服
云祀昊天上帝大裘而冕祀五帝亦如之既別云五帝故
知昊天上帝亦唯一神此月令皇天上帝之下更無別五
帝之文故分爲二　是月也命婦官染采黼黻文章
必以法故無或差貸婦官染人也采五色　黑黃倉赤莫
不質良毋敢詐僞質正也良善也所用染者當得真采正善也　以給
郊廟祭祀之服以爲旗章以別貴賤等給

之度旗章旌旗及章識也 疏 正義曰於此月之時命掌婦功之官謂染人也染此五色之采白與黑謂之黼黑與青謂之黻青與赤謂之文赤與白謂之章染此等之物必以舊法故事無得有參差貸變必以此月染之者以其盛暑濕染帛爲宜此是秦法也若周則於夏豫浸治染纁玄之石至秋乃揔染五色故染人云夏纁玄秋染夏是也蓋從夏至秋皆得染物周秦各用一時也此云黼黻文章下云黑黃蒼赤互相備也 注 婦官染人也采五色 正義曰案周禮婦官有典婦功典枲染人等此據染采故爲染人采五色者鄭注皐陶謨曰采施曰色未用謂之采已用謂之色此對文耳散則通 注 旗章至章識 正義曰旌旗者則周禮司常九旗是也章識者則周禮事名號故司常云官府象其事州里象其名家象其號鄭注引士喪禮以緇廣三寸長半幅頳末長終幅詩織文鳥章是也 是月也樹木方盛乃命虞人入山行

禮記義二十四　四

木毋有斬伐爲其未堅刃也不可以興土功不可以合諸侯不可以起兵動衆土將用事氣欲靜毋舉大事以搖養氣大事興繇役以有爲毋發令而待以妨神農之事也發令而待謂出繇役之令以預驚民也民驚則心動是害土神之氣土神稱曰神農者以其主於稼穡水潦盛昌神農將持功舉大事則有天殃言土以受天雨澤安靜養物爲功動之則致害也孝經說曰地順受澤謙虛開張含泉任萌滋物歸中 疏 注 土將用事氣欲靜 正義曰土雖寄王於四季但南方火生中央土土生西方金金火之閒位當建未之月故云土將用事氣欲靜也 無發至之事 正義曰發令者發動徵召之令也而待者

之度旗章旌旗及章識也 疏 正義曰於此月之時命掌婦功之官謂染人也染此五色之采白與黑謂之黼黑與青謂之黻青與赤謂之文赤與白謂之章染此等之物必以舊法故事無得有參差貸變必以此月染之者以其盛暑濕染帛爲宜此是秦法也若周則於夏豫浸治染纁玄之石至秋乃揔染五色故染人云夏纁玄秋染夏是也蓋從夏至秋皆得染物周秦各用一時也此云黼黻文章下云黑黃蒼赤互相備也 注 婦官染人也采五色 正義曰案周禮婦官有典婦功典枲染人等此據染采故爲染人采五色者鄭注皐陶謨曰采施曰色未用謂之采已用謂之色此對文耳散則通 注 旗章至章識 正義曰旌旗者則周禮司常九旗是也章識者則周禮事名號故司常云官府象其事州里象其名家象其號鄭注引士喪禮以緇廣三寸長半幅頳末長終幅詩織文鳥章是也 是月也樹木方盛乃命虞人入山行

禮記義二十四　四

木毋有斬伐爲其未堅刃也不可以興土功不可以合諸侯不可以起兵動衆土將用事氣欲靜毋舉大事以搖養氣大事興繇役以有爲毋發令而待以妨神農之事也發令而待謂出繇役之令以預驚民也民驚則心動是害土神之氣土神稱曰神農者以其主於稼穡水潦盛昌神農將持功舉大事則有天殃言土以受天雨澤安靜養物爲功動之則致害也孝經說曰地順受澤謙虛開張含泉任萌滋物歸中 疏 注 土將用事氣欲靜 正義曰土雖寄王於四季但南方火生中央土土生西方金金火之閒位當建未之月故云土將用事氣欲靜也 無發至之事 正義曰發令者發動徵召之令也而待者

足利本第二十四卷第五葉

謂時未順而豫動召以待後時乃使也以妨神農之事者解所以不豫發令也神農者土神也爾時土神用事若逆令召民民驚心動是妨土神之氣事也 注 土稱至稼穡 正義曰土神能吐生萬物成其農事故曰神農知土主稼穡者尚書洪範云土爰稼穡孔傳曰種曰稼斂曰穡蔡氏云神農則炎帝非鄭義也 水潦至天殃 正義曰六月主未未有東井東井是水故六月而水潦盛昌也神農將持功者神農猶土神也土地本受天雨澤水潦以爲生養之功此月多水故土神方得將持功也 舉大事則有天殃者神農方持功若人君有舉大事干養氣者非唯神農罪之則天亦殃罰之也犯土而天罰之者地受天澤得以含養今若干地則是干天也 注 言土至歸中 正義曰解所以犯天殃之義也云動之則致災害者若動地則致干災害是地功由天也云孝經說曰地順受澤謙虛開張者引孝經説説地受天澤爲成己功也地體卑順故受天之雨澤而體得謙虛開張也云含泉任萌滋物歸中者亦

禮記義二十四 五 李光祖

孝經説也既謙虛開張故能含於水泉任萌一切之物並滋繁而歸地中也 是月也土潤溽暑 潤溽謂塗溫也 大雨時行燒薙行水利以殺草如以熱湯 薙謂迫地芟草也此謂欲稼萊地先薙其草草乾燒之至此月大雨流水潦畜於其中則草死不復生而地美可稼也薙人掌殺草職曰夏日至而薙之又曰如欲其化也則以水火變之 可以糞田疇可以美土疆 土潤溽暑膏澤易行也糞美互文耳土疆強檃之地 疏 正義曰六月建未未值井井主水大雨時行土既潤溽又大雨應時行也不云降降止是下耳欲言其流義故云行行猶通被也蔡云大雨時行行降也從土潤以下皆爲下句燒薙謂迫地芟除草名也周禮立其官使除田草也五月夏至芟殺暴之至六月合燒之故云燒薙也行水者其時也大雨時行行於所燒田中仍壅遏蓄之以漬燒薙故

潘本第二十四卷第五葉

謂時未順而豫動召以待後時乃使也以妨神農之事者解所以不豫發令也神農者土神也爾時土神用事若逆令召民民驚心動是妨土神之氣事也 注 土稱至稼穡 正義曰土神能吐生萬物成其農事故曰神農知土主稼穡者尚書洪範云土爰稼穡孔傳曰種曰稼斂曰穡蔡氏云神農則炎帝非鄭義也 水潦至天殃 正義曰六月主未未有東井東井是水故六月而水潦盛昌也神農將持功者神農猶土神也土地本受天雨澤水潦以爲生養之功此月多水故土神方得將持功也 舉大事則有天殃者神農方持功若人君有舉大事干養氣者非唯神農罪之則天亦殃罰之也犯土而天罰之者地受天澤得以含養今若干地則是干天也 注 言土至歸中 正義曰解所以犯天殃之義也云動之則致災害者若動地則致干災害是地功由天也云孝經說曰地順受澤謙虛開張者引孝經説説地受天澤爲成己功也地體卑順故受天之雨澤而體得謙虛開張也云含泉任萌滋物歸中者亦

禮記義二十四 五 李光祖

孝經説也既謙虛開張故能含於水泉任萌一切之物並滋繁而歸地中也 是月也土潤溽暑 潤溽謂塗溼也 大雨時行燒薙行水利以殺草如以熱湯 薙謂迫地芟草也此謂欲稼萊地先薙其草草乾燒之至此月大雨流水潦畜於其中則草死不復生而地美可稼也薙人掌殺草職曰夏日至而薙之又曰如欲其化也則以水火變之 可以糞田疇可以美土疆 土潤溽暑膏澤易行也糞美互文耳土疆強檃之地 疏 正義曰六月建未未值井井主水大雨時行土既潤溽又大雨應時行也不云降降止是下耳欲言其流義故云行行猶通被也蔡云大雨時行行降也從土潤以下皆爲下句燒薙謂迫地芟除草名也周禮立其官使除田草也五月夏至芟殺暴之至六月合燒之故云燒薙也行水者其時也大雨時行行於所燒田中仍壅遏蓄之以漬燒薙故

足利本第二十四卷第六葉

云行水也 利以殺草者利益也先芟後燒又蓄水漬之即草根爛死是利益得殺田中之草也如以熱湯者曰暴水於爛草田中水熱而沫沸如熱湯漬之也 注薙人至變之 正義曰引薙人證芟草時節案薙氏云春始生而萌之夏日至而夷之秋繩而芟之冬日至而耜之杜子春云萌謂耕反其萌牙康成云萌之者以兹其斫其生者夷之以鉤鐮迫地芟之也若今取茭矣含實曰繩芟其繩則實不成孰耜之以耜測凍土剗之案皇氏云夷音薙繩音孕云又曰如欲其化則以水火變之者謂先以火焚燒其草在後以水浸漬之變此埆地爲肥故云水火變之先火後水而云水火者便言也 可以至土彊 正義曰於此月之中又可行以下二事也糞壅苗之根也蔡云穀田曰田麻田曰疇言爛草可以糞田使肥也可以美土彊者彊者彊㯺磊磈難耕之地此月亦可止水漬之乃壅糞之使田美也 注土潤至之地 正義曰土潤辱則土之膏澤易行故可糞美之使肥易也蔡前云從土潤以下皆爲下

禮記義二十四 六 李询

句是與鄭相合也云糞美互文耳者亦可以美田疇可以糞土彊故言互文也云土彊強㯺之地者強是不歉㯺是墝埆也並謂礫𥗋磊磈之地也草人職云彊㯺用蕡彊㯺強堅者也 季夏行春令則穀實鮮落國多風欬 辰之氣乘之也未屬巽辰又在巽位二氣相亂爲害 民乃遷徙 象風轉移物也 疏 正義曰穀實鮮落謂鮮少墮落由風多故也或云以夏召春氣初鮮絜而逢秋氣肅殺故穀鮮絜而墮落也此地災 國多風欬此是天災也民乃遷徙是人災也 注未屬巽 正義曰案易林云震主庚子午巽主辛丑未坎主戊寅申离主己卯酉艮主丙辰戌兑主丁巳亥是未屬巽也 行秋令則丘隰水潦 戌之氣乘之也九月宿直奎奎爲溝瀆溝瀆與此月大雨并而高下皆水 禾稼不孰 傷於水也 乃多女災 含任之類敗也 疏 正義曰丘隰水潦及禾稼

潘本第二十四卷第六葉

云行水也 利以殺草者利益也先芟後燒又蓄水漬之即草根爛死是利益得殺田中之草也如以熱湯者曰暴水於爛草田中水熱而沫沸如熱湯漬之也 注薙人至變之 正義曰引薙人證芟草時節案薙氏云春始生而萌之夏日至而夷之秋繩而芟之冬日至而耜之杜子春云萌謂耕反其萌牙康成云萌之者以兹其斫其生者夷之以鉤鐮迫地芟之也若今取茭矣含實曰繩芟其繩則實不成孰耜之以耜測凍土剗之案皇氏云夷音薙繩音孕云又曰如欲其化則以水火變之者謂先以火焚燒其草在後以水浸漬之變此埆地爲肥故云水火變之先火後水而云水火者便言也 可以至土彊 正義曰於此月之中又可行以下二事也糞壅苗之根也蔡云穀田曰田麻田曰疇言爛草可以糞田使肥也可以美土彊者彊者彊㯺磊磈難耕之地此月亦可止水漬之乃壅糞之使田美也 注土潤至之地 正義曰土潤辱則土之膏澤易行故可糞美之使肥易也蔡前云從土潤以下皆爲下

禮記義二十四 六 李询

句是與鄭相合也云糞美互文耳者亦可以美田疇可以糞土彊故言互文也云土彊強㯺之地者強是不歉㯺是墝埆也並謂礫𥗋磊磈之地也草人職云彊㯺用蕡彊㯺強堅者也 季夏行春令則穀實鮮落國多風欬 辰之氣乘之也未屬巽辰又在巽位二氣相亂爲害 民乃遷徙 象風轉移物也 疏 正義曰穀實鮮落謂鮮少墮落由風多故也或云以夏召春氣初鮮絜而逢秋氣肅殺故穀鮮絜而墮落也此地災 國多風欬此是天災也民乃遷徙是人災也 注未屬巽 正義曰案易林云震主庚子午巽主辛丑未坎主戊寅申离主己卯酉艮主丙辰戌兑主丁巳亥是未屬巽也 行秋令則丘隰水潦 戌之氣乘之也九月宿直奎奎爲溝瀆溝瀆與此月大雨并而高下皆水 禾稼不孰 傷於水也 乃多女災 含任之類敗也 疏 正義曰丘隰水潦及禾稼

足利本第二十四卷第七葉

不孰地災也以其水氣多故也乃多女災人災也亦爲水傷含任也　行冬令則風寒不時丑之氣乘之也　鷹隼蚤鷙得疾厲之氣也　四鄙入保象鳥雀之走竄也都邑之城曰保

疏　正義曰以丑未屬巽十二月建丑得巽之氣故爲風又建丑之月大寒中故多風寒此天災也鷹隼蚤鷙季夏地氣殺害之象地災也

中央土火休而盛德在土也　其日戊己戊之言茂也己之言起也日之行四時之間從黃道月爲之佐至此萬物皆枝葉茂盛其含秀者抑屈而起故因以爲日名焉　其帝黃帝其神后土此黃精之君土官之神自古以來著德立功者也黃帝軒轅氏也后土亦顓頊氏之子曰黎兼爲土官　其蟲倮象物露見不隱藏虎豹之屬恒淺毛　其音宮聲始於宮宮數八十一屬土者以其最濁君之象也季夏之氣和則宮聲調樂記曰宮亂則荒其君驕　律中黃鍾之宮黃鍾之宮最長也十二律轉相生五聲具終於六十焉季夏之氣至則黃鍾之宮應禮運曰五聲六律十二管還相爲宮　其數五土生數五成數十但言五者土以生爲本　其味甘其臭香土之臭味也凡甘香者皆屬之　其祀中霤祭先心中霤猶中室也土主中央而神在室古者復穴是以名室爲霤云祀之先祭心者五藏之次心次肺至此心爲尊也祀中霤之禮設主於牖下乃制心及肺肝爲俎其祭肉心肺肝各一他皆如祀戶之禮　天子居大廟大室乘大路駕黃騮載黃旂衣黃衣服黃玉食稷與牛其器圜以閎大廟大室中央室也大路殷路也車如殷路之制而飾之以黃稷五穀之長牛土畜也器圜者象土周帀

五百三十五　禮記義二十四　七　徐[illegible]

潘本第二十四卷第七葉

不孰地災也以其水氣多故也乃多女災人災也亦爲水傷含任也　行冬令則風寒不時丑之氣乘之也　鷹隼蚤鷙得疾厲之氣也　四鄙入保象鳥雀之走竄也都邑之城曰保

疏　正義曰以丑未屬巽十二月建丑得巽之氣故爲風又建丑之月大寒中故多風寒此天災也鷹隼蚤鷙季夏地氣殺害之象地災也

中央土火休而盛德在土也　其日戊己戊之言茂也己之言起也日之行四時之間從黃道月爲之佐至此萬物皆枝葉茂盛其含秀者抑屈而起故因以爲日名焉　其帝黃帝其神后土此黃精之君土官之神自古以來著德立功者也黃帝軒轅氏也后土亦顓頊氏之子曰黎兼爲土官　其蟲倮象物露見不隱藏虎豹之屬恒淺毛　其音宮聲始於宮宮數八十一屬土者以其最濁君之象也季夏之氣和則宮聲調樂記曰宮亂則荒其君驕　律中黃鍾之宮黃鍾之宮最長也十二律轉相生五聲具終於六十焉季夏之氣至則黃鍾之宮應禮運曰五聲六律十二管還相爲宮　其數五土生數五成數十但言五者土以生爲本　其味甘其臭香土之臭味也凡甘香者皆屬之　其祀中霤祭先心中霤猶中室也土主中央而神在室古者復穴是以名室爲霤云祀之先祭心者五藏之次心次肺至此心爲尊也祀中霤之禮設主於牖下乃制心及肺肝爲俎其祭肉心肺肝各一他皆如祀戶之禮　天子居大廟大室乘大路駕黃騮載黃旂衣黃衣服黃玉食稷與牛其器圜以閎大廟大室中央室也大路殷路也車如殷路之制而飾之以黃稷五穀之長牛土畜也器圜者象土周帀

五百三十五　禮記義二十四　七　徐[illegible]

於四時閡讀如紘紘謂中寬象土含物　疏　正義曰夫四時五行同是天地所生而四時是氣五行是物氣是輕虛所以麗天物體質礙所以屬地四時係天年有三百六十日則春夏秋冬各分居九十日五行分配四時布於三百六十日間以木配春以火配夏以金配秋以水配冬以土則每時輒寄王十八日也雖每分寄而位本未宜處於季夏之末金火之間故在此陳之也其曰戊己正義曰雖處於夏末而實爲四行之主不可没其生用之功故因亦爲日名也　注　日之至之佐　正義曰案考靈耀春則星辰西遊謂星辰在黄道之西遊也日依常行在黄道之東至季春之月星辰入黄道復其正處日依黄道而行是春夏之間日從黄道夏則星辰北遊謂星辰在黄道之北遊也日依常行在黄道之南至季夏星辰入黄道復正位日依常行黄道至夏秋之間日從黄道也秋則星辰東遊謂星辰在黄道東遊日依常行在黄道之西至季秋星辰入黄道還復正位日依黄道而行至秋冬之間日

從黄道也冬則星辰南遊謂星辰在黄道南遊日依常行在黄道之北至季冬星辰入黄道還正位日依常行黄道至冬春之間日從黄道也鄭注洪範云四時之間合於黄道也月之行道與日同故云月爲之佐也　注　后土至土官　正義曰案昭二十九年左傳云顓頊氏有子曰犂爲祝融共工氏有子曰句龍爲后土后土爲土官知此經后土非句龍而爲犂者以句龍初爲后土後轉爲社后土官闕犂則兼之故鄭注大宗伯云黎食於火土以宗伯别云社稷又云五祀句龍爲社神則不得又爲五祀故云黎兼也　注　象物至淺毛　正義曰大戴禮及樂緯云鱗蟲三百六十龍爲之長羽蟲三百六十鳳爲之長毛蟲三百六十麟爲之長介蟲三百六十龜爲之長倮蟲三百六十聖人爲之長云象物露見不隱藏者案仲夏云可以居高明可以處臺榭至六月土王之時物轉壯大露見不隱藏也云虎豹之屬恒淺毛者諸鄭之所云皆據四時之物與鱗羽毛介相似者言之不取五靈之長故中央不言人西云

足利本第二十四卷第八葉

於四時閡讀如紘紘謂中寬象土含物　疏　正義曰夫四時五行同是天地所生而四時是氣五行是物氣是輕虛所以麗天物體質礙所以屬地四時係天年有三百六十日則春夏秋冬各分居九十日五行分配四時布於三百六十日間以木配春以火配夏以金配秋以水配冬以土則每時輒寄王十八日也雖每分寄而位本未宜處於季夏之末金火之間故在此陳之也其曰戊己正義曰雖處於夏末而實爲四行之主不可没其生用之功故因亦爲日名也　注　日之至之佐　正義曰案考靈耀春則星辰西遊謂星辰在黄道之西遊也日依常行在黄道之東至季春之月星辰入黄道復其正處日依黄道而行是春夏之間日從黄道夏則星辰北遊謂星辰在黄道之北遊也日依常行在黄道之南至季夏星辰入黄道復正位日依常行黄道至夏秋之間日從黄道也秋則星辰東遊謂星辰在黄道東遊日依常行在黄道之西至季秋星辰入黄道還復正位日依黄道而行至秋冬之間日

禮記義二十四　八　毛俊

從黄道也冬則星辰南遊謂星辰在黄道南遊日依常行在黄道之北至季冬星辰入黄道還正位日依常行黄道至冬春之間日從黄道也鄭注洪範云四時之間合於黄道也月之行道與日同故云月爲之佐也　注　后土至土官　正義曰案昭二十九年左傳云顓頊氏有子曰犂爲祝融共工氏有子曰句龍爲后土后土爲土官知此經后土非句龍而爲犂者以句龍初爲后土後轉爲社后土官闕犂則兼之故鄭注大宗伯云黎食於火土以宗伯别云社稷又云五祀句龍爲社神則不得又爲五祀故云黎兼也　注　象物至淺毛　正義曰大戴禮及樂緯云鱗蟲三百六十龍爲之長羽蟲三百六十鳳爲之長毛蟲三百六十麟爲之長介蟲三百六十龜爲之長倮蟲三百六十聖人爲之長云象物露見不隱藏者案仲夏云可以居高明可以處臺榭至六月土王之時物轉壯大露見不隱藏也云虎豹之屬恒淺毛者諸鄭之所云皆據四時之物與鱗羽毛介相似者言之不取五靈之長故中央不言人西云

潘本第二十四卷第八葉

足利本第二十四卷第九葉

狐狢之屬東方兼言虵北方兼言鼈是不取五靈也注聲始至之象　正義曰案律曆志五聲始於宮陽數極於九九九相乘故數八十一以五聲中最尊故云以其最濁君之象也　律中黃鍾之宮　正義曰黃鍾之宮於諸宮爲長季夏土工其聲最重謂土之聲氣應此黃鍾之宮聲非黃鍾一聲也故特云律中者黃鍾之宮也黃鍾候氣之管本位在子此是黃鍾宮聲與中央土聲相應但土無候氣之法取黃鍾宮聲以應土耳非候氣也故賀瑒云黃鍾是十一月管何緣復應此月正以土義居中故虛設律於其月實不用候氣也十二律互相爲宮據律主言之也崔靈恩云凡陰陽之管合有十二律律各爲一調迭相爲宮而生五聲合而成樂黃鍾宮最長爲聲調之始十二宮之主宮音者是五音之長故與黃鍾之調宮聲相應此論宮聲相應非論候此月氣之相應是以注云季夏氣至則黃鍾之宮應不直云黃鍾之律應也然則直言律應不言宮者明主爲所候之氣應也直言律中黃鍾之宮不言律應

禮記義二十四　九　十佐

者明謂中央土聲與黃鍾爲宮音相應非爲氣應也故鄭引禮運云迭相爲宮以證之也四時之律皆取氣應而土王之律獨取聲應者一者欲與四行爲互二者爲無別候土氣之管故也土無候氣之管者以寄王四季之末故從四時之管而不別候也唯以四行末十八日爲土之氣也蔡氏及熊氏以爲黃鍾之宮謂黃鍾少宮也半黃鍾九寸之數管長四寸五分六月用爲候氣案六月林鍾之律長六寸七月夷則長五寸三分有餘何以四寸五分之律於六月候之乎又土聲最濁何得以黃鍾半聲相應乎蔡熊之說非也　注黃鍾至爲宮　正義曰不云黃鍾律最長而云黃鍾之宮最長者唯黃鍾宮聲於諸宮最長故云之宮也云十二律轉相生五聲具終於六十者案黃鍾之調均則黃鍾爲宮黃鍾生林鍾爲徵林鍾生大蔟爲商大蔟生南呂爲羽南呂生姑洗爲角此是黃鍾一調之五聲凡十二律律各有五聲則揔有六十聲故云終於六十聲至禮運更具詳之云季夏氣至則黃鍾之宮應者謂季夏土

潘本第二十四卷第九葉

狐狢之屬東方兼言虵北方兼言鼈是不取五靈也注聲始至之象　正義曰案律曆志五聲始於宮陽數極於九九九相乘故數八十一以五聲中最尊故云以其最濁君之象也　律中黃鍾之宮　正義曰黃鍾之宮於諸宮爲長季夏土王其聲最重謂土之聲氣應此黃鍾之宮聲非黃鍾一聲也故特云律中者黃鍾之宮也黃鍾候氣之管本位在子此是黃鍾宮聲與中央土聲相應但土無候氣之法取黃鍾宮聲以應土耳非候氣也故賀瑒云黃鍾是十一月管何緣復應此月正以土義居中故虛設律於其月實不用候氣也十二律互相爲宮據律主言之也崔靈恩云凡陰陽之管合有十二律律各爲一調迭相爲宮而生五聲合而成樂黃鍾宮最長爲聲調之始十二宮之主宮音者是五音之長故與黃鍾之調宮聲相應此論宮聲相應非論候此月氣之相應是以注云季夏氣至則黃鍾之宮應不直云黃鍾之律應也然則直言律應不言宮者明主爲所候之氣應也直言律中黃鍾之宮不言律應

禮記義二十四　九　三佐

者明謂中央土聲與黃鍾爲宮音相應非爲氣應也故鄭引禮運云迭相爲宮以證之也四時之律皆取氣應而土王之律獨取聲應者一者欲與四行爲互二者爲無別候土氣之管故也土無候氣之管者以寄王四季之末故從四時之管而不別候也唯以四行末十八日爲土之氣也蔡氏及熊氏以爲黃鍾之宮謂黃鍾少宮也半黃鍾九寸之數管長四寸五分六月用爲候氣案六月林鍾之律長六寸七月夷則長五寸三分有餘何以四寸五分之律於六月候之乎又土聲最濁何得以黃鍾半聲相應乎蔡熊之說非也　注黃鍾至爲宮　正義曰不云黃鍾律最長而云黃鍾之宮最長者唯黃鍾宮聲於諸宮最長故云之宮也云十二律轉相生五聲具終於六十者案黃鍾之調均則黃鍾爲宮黃鍾生林鍾爲徵林鍾生大蔟爲商大蔟生南呂爲羽南呂生姑洗爲角此是黃鍾一調之五聲凡十二律律各有五聲則揔有六十聲故云終於六十聲至禮運更具詳之云季夏氣至則黃鍾之宮應者謂季夏土

足利本第二十四卷第十葉

聲與黃鐘之宮聲相應以其非實候氣故不云黃鐘之律應或本云律應者誤也引禮運還相爲宮者證所明十二律循環爲宮聲調則具而此經得黃鐘之宮　注中霤至之禮　正義曰鄭意言中霤猶中室乃是開牖象中霤之取明則其地不當棟而在室之中央故喪禮云浴於中霤飯於牖下明中霤不關牖下也主中央而神在室者所以必在室中祭土神之義也土五行之主故其神在室之中央也是明中霤所祭則土神也故杜注春秋云在家則祀中霤在野則爲社也又郊特牲云家主中霤而國主社社神亦中霤神也云古者復穴是以名室爲霤云者解所以謂室中爲中霤之由也古者謂未有宮室之時也復穴者謂窟居也古者窟居隨地而造若平地則不鑿但累土爲之謂之爲復言於地上重複爲之也若高地則鑿爲坎謂之爲穴其形皆如陶竈故詩云陶復陶穴是也故毛云陶其土而復之陶其壤而穴之鄭云復者復於土上鑿地曰穴皆如陶然故庾蔚云複謂地上累土謂之穴則穿地也

禮記義二十四　十

復穴皆開其上取明故雨霤之是以後因名室爲中霤也云祀之先祭心者五藏之次心次肺至此心爲尊也云祀中霤之禮設主於牖下者開牖象霤故設主於牖下也五祀皆先席於室之奧此不言者前祀戶注已備言也此別設主當廟室牖內之下而北嚮也云乃制心及肺肝爲俎其祭肉心肺肝各一他皆如祀戶之禮者亦祭竟徹之更陳鼎俎迎尸如祭戶也　注大廟至含物也　正義曰案考工記云周人明堂東西九筵南北七筵凡室二筵則五室並皆二筵無大小也今中央室稱大室者以中央是土室土爲五行之主尊之故稱大以夏之世室則四旁之室皆南北三步東西三步三尺中央土室南北四步東西四步四尺則周之明堂亦應土室在中央大於四角之室也但文不具耳云大路殷路者明堂位文也形制似殷之路者但服色尚黃飾之黃耳四時用鸞路此用大路者以土五行之主故取尊大之名乘殷之大路又尚質之義春有青蒼兩色夏有朱赤二色此及秋唯有黃白不更加他色

潘本第二十四卷第十葉

聲與黃鐘之宮聲相應以其非實候氣故不云黃鐘之律應或本云律應者誤也引禮運還相爲宮者證所明十二律循環爲宮聲調則具而此經得黃鐘之宮　注中霤至之禮　正義曰鄭意言中霤猶中室乃是開牖象中霤之取明則其地不當棟而在室之中央故喪禮云浴於中霤飯於牖下明中霤不關牖下也主中央而神在室者所以必在室中祭土神之義也土五行之主故其神在室之中央也是明中霤所祭則土神也故杜注春秋云在家則祀中霤在野則爲社也又郊特牲云家主中霤而國主社社神亦中霤神也云古者復穴是以名室爲霤云者解所以謂室中爲中霤之由也古者謂未有宮室之時也復穴者謂窟居也古者窟居隨地而造若平地則不鑿但累土爲之謂之爲復言於地上重複爲之也若高地則鑿爲坎謂之爲穴其形皆如陶竈故詩云陶復陶穴是也故毛云陶其土而復之陶其壤而穴之鄭云復者復於土上鑿地曰穴皆如陶然故庾蔚云複謂地上累土謂之穴則穿地也

禮記義二十四

復穴皆開其上取明故雨霤之是以後因名室爲中霤也云祀之先祭心者五藏之次心次肺至此心爲尊也云祀中霤之禮設主於牖下者開牖象霤故設主於牖下也五祀皆先席於室之奧此不言者前祀戶注已備言也此別設主當廟室牖內之下而北嚮也云乃制心及肺肝爲俎其祭肉心肺肝各一他皆如祀戶之禮者亦祭竟徹之更陳鼎俎迎尸如祭戶也　注大廟至含物也　正義曰案考工記云周人明堂東西九筵南北七筵凡室二筵則五室並皆二筵無大小也今中央室稱大室者以中央是土室土爲五行之主尊之故稱大以夏之世室則四旁之室皆南北三步東西三步三尺中央土室南北四步東西四步四尺則周之明堂亦應土室在中央大於四角之室也但文不具耳云大路殷路者明堂位文也形制似殷之路者但服色尚黃飾之黃耳四時用鸞路此用大路者以土五行之主故取尊大之名乘殷之大路又尚質之義春有青蒼兩色夏有朱赤二色此及秋唯有黃白不更加他色

足利本第二十四卷第十一葉

者黃與白更無餘色相涉故不言之耳牛土畜者案易乾爲馬坤爲牛又五行傳云思之不睿則有牛禍是牛屬土也云器圜者象土周帀於四時者方則有所不足圜則無所不覆故云象土周帀於四時云閎讀如紘紘謂中寬者祭義云天子冕而朱紘故讀從此紘謂組上屬於冕屈從頤下度而還上屬於冕以中央寬緩象土之含物也故云中寬象土含物也

○孟秋之月日在翼昏建星中旦畢中孟秋者日月會於鶉尾而斗建申之辰也其日庚辛庚之言更也辛之言新也日之行秋西從白道成孰萬物月爲之佐萬物皆肅然改更秀實新成又因以爲日名焉其帝少皞其神蓐收此白精之君金官之臣自古以來著德立功者也少皞金天氏蓐收少皞氏之子曰該爲金官其蟲毛象物應涼氣而備寒狐貉之屬生旃毛也其音商三分徵益一以生商商數七十二屬金者

禮記義二十四　十一　王允

以其濁次宮臣之象也秋氣和則商聲調樂記曰商亂則陂其官壞律中夷則孟秋氣至則夷則之律應夷則者大呂之所生也三分去一律長五寸七百二十九分寸之四百五十一周語曰夷則所以詠歌九則平民無貳其數九金生數四成數九但言九者亦舉其成數其味辛其臭腥金之臭味也凡辛腥者皆屬焉其祀門祭先肝秋陰氣出祀之於門外陰也祀之先祭肝者秋爲陰中於藏直肝肝爲尊也祀門之禮北面設主于門左樞乃制肝及肺心爲俎奠于主南又設盛于俎東其他皆如祭竈之禮涼風至白露降寒蟬鳴鷹乃祭鳥用始行戮皆記時候也寒蟬寒蜩謂蜺也鷹祭鳥者將食之示有先也既祭之後不必盡食若人君行刑戮之而已天子居總章左个乘戎路駕

潘本第二十四卷第十一葉

者黃與白更無餘色相涉故不言之耳牛土畜者案易乾爲馬坤爲牛又五行傳云思之不睿則有牛禍是牛屬土也云器圜者象土周帀於四時者方則有所不足圜則無所不覆故云象土周帀於四時云閎讀如紘紘謂中寬者祭義云天子冕而朱紘故讀從此紘謂組上屬於冕屈從頤下度而還上屬於冕以中央寬緩象土之含物也故云中寬象土含物也

○孟秋之月日在翼昏建星中旦畢中孟秋者日月會於鶉尾而斗建申之辰也其日庚辛庚之言更也辛之言新也日之行秋西從白道成孰萬物月爲之佐萬物皆肅然改更秀實新成又因以爲日名焉其帝少皞其神蓐收此白精之君金官之臣自古以來著德立功者也少皞金天氏蓐收少皞氏之子曰該爲金官其蟲毛象物應涼氣而備寒狐貉之屬生旃毛也其音商三分徵益一以生商商數七十二屬金者

禮記義二十四　十一　王允

以其濁次宮臣之象也秋氣和則商聲調樂記曰商亂則陂其官壞律中夷則孟秋氣至則夷則之律應夷則者大呂之所生也三分去一律長五寸七百二十九分寸之四百五十一周語曰夷則所以詠歌九則平民無貳其數九金生數四成數九但言九者亦舉其成數其味辛其臭腥金之臭味也凡辛腥者皆屬焉其祀門祭先肝秋陰氣出祀之於門外陰也祀之先祭肝者秋爲陰中於藏直肝肝爲尊也祀門之禮北面設主于門左樞乃制肝及肺心爲俎奠于主南又設盛于俎東其他皆如祭竈之禮涼風至白露降寒蟬鳴鷹乃祭鳥用始行戮皆記時候也寒蟬寒蜩謂蜺也鷹祭鳥者將食之示有先也既祭之後不必盡食若人君行刑戮之而已天子居總章左个乘戎路駕

白駱載白旂衣白衣服白玉食麻與犬其器
廉以深 總章左个大寢西堂南偏戎路兵車也制如周
革路而飾之以白白馬黑鬣曰駱麻實有文理
屬金犬金畜也器廉以 疏 正義曰案三統曆七月節日
深象金傷害物入藏 在張十八度昏斗四度中去
日一百一十四度旦畢八度中七月中日在翼十五度昏
斗十六度中去日一百一十一度旦井初度中元嘉曆七
月節日在張五度昏箕二度中旦胃二度中七月中日在
翼十度昏斗三度中旦昴七度中 注 少皞至金官 正
義曰案此秋云其帝少皞在西方金位左傳昭元年云昔
金天氏有裔子曰昧爲玄冥師生允格臺駘稱金天氏與
少皞金位相當故少皞則金天氏也又帝王世紀少皞帝
號曰金天氏云少皞氏之子曰該爲金官者案左傳昭二
十九年蔡墨云少昊氏之子該又云該爲蓐收是爲金神
佐少皞於秋蓐收者言秋時萬物摧蓐而收斂 注 三分

禮記義二十四　十二

至宮壞 正義曰案律曆志云徵數五十四三分之則一
分有十八令於徵數五十四上更加十八是商數七十二
也凡五聲濁者尊清者卑爲商聲之濁次於宮宮旣爲君
商則爲臣故云以其濁次君臣之象也引樂記云者證商
爲臣之義云商亂則陂者謂商聲雜亂感動人心令情性
傾陂情旣不正是以官司敗壞也 注 夷則至無二 正
義曰大呂長八寸二百四十三分寸之一百四三分去一
下生夷則故夷則律長五寸七百二十九分寸之四百五
十一也六寸去二寸餘有四寸在又大呂一寸爲二百四
十三分令每寸更三分之則一寸爲七百二十九分兩个
整寸揔有一千四百五十八分其大呂二百四十三分寸
之一百四每又三分之此一百四爲三百一十二分益前
一千四百五十八則揔爲一千七百七十分下生三分去
一分作三分則每一分得五百九十去其一分五百九十
餘有一千一百八十在是其積分以七百二十九分爲一
寸益前四寸爲五寸餘有四百五十一分在故云夷則律

白駱載白旂衣白衣服白玉食麻與犬其器
廉以深 總章左个大寢西堂南偏戎路兵車也制如周
革路而飾之以白白馬黑鬣曰駱麻實有文理
屬金犬金畜也器廉以 疏 正義曰案三統曆七月節日
深象金傷害物入藏 在張十八度昏斗四度中去
日一百一十四度旦畢八度中七月中日在翼十五度昏
斗十六度中去日一百一十一度旦井初度中元嘉曆七
月節日在張五度昏箕二度中旦胃二度中七月中日在
翼十度昏斗三度中旦昴七度中 注 少皞至金官 正
義曰案此秋云其帝少皞在西方金位左傳昭元年云昔
金天氏有裔子曰昧爲玄冥師生允格臺駘稱金天氏與
少皞金位相當故少皞則金天氏也又帝王世紀少皞帝
號曰金天氏云少皞氏之子曰該爲金官者案左傳昭二
十九年蔡墨云少昊氏之子該又云該爲蓐收是爲金神
佐少皞於秋蓐收者言秋時萬物摧蓐而收斂 注 三分

禮記義二十四　十二

至宮壞 正義曰案律曆志云徵數五十四三分之則一
分有十八令於徵數五十四上更加十八是商數七十二
也凡五聲濁者尊清者卑爲商聲之濁次於宮宮旣爲君
商則爲臣故云以其濁次君臣之象也引樂記云者證商
爲臣之義云商亂則陂者謂商聲雜亂感動人心令情性
傾陂情旣不正是以官司敗壞也 注 夷則至無二 正
義曰大呂長八寸二百四十三分寸之一百四三分去一
下生夷則故夷則律長五寸七百二十九分寸之四百五
十一也六寸去二寸餘有四寸在又大呂一寸爲二百四
十三分令每寸更三分之則一寸爲七百二十九分兩个
整寸揔有一千四百五十八分其大呂二百四十三分寸
之一百四每又三分之此一百四爲三百一十二分益前
一千四百五十八則揔爲一千七百七十分下生三分去
一分作三分則每一分得五百九十去其一分五百九十
餘有一千一百八十在是其積分以七百二十九分爲一
寸益前四寸爲五寸餘有四百五十一分在故云夷則律

長五寸七百二十九分寸之四百五十一也引周語以下者證夷則之義案周語注云乾九五用事夷平則法也言法度平故可詠歌九功之法平民使不貸也 注祀之至之禮 正義曰云祀之先祭肝者秋爲陰中於藏值肝者以陰氣始於五月終於十月其七月八月爲陰之中故云秋爲陰中其陽氣始於十一月終於四月正月二月爲陽中故正月云春爲陽中然陰中之時兼有陽陽中之時兼有陰亦是陰陽之中也今五藏肺最在前心次之肝次之脾次之腎爲後肝在心肺之下脾腎之上故云於藏值肝然脾在肺心肝之下腎之上則是上有肺心肝下唯有腎不當其中而云春爲陽中於藏值脾者但五行相次水則次木故春繼於冬腎後則次脾其火後則次土土後乃次金故秋不得繼夏由腸於土由此脾不得繼肺腸於心也爲此肝之上有肺有心脾之下唯有腎俱得爲藏之中也云北面設主於門左樞者謂廟門外左樞北面以在門外故主得南鄉而北面設之云乃制肝及肺心爲俎奠于主

禮記義二十四　十三　李良

南設盛於俎東者皆約中霤禮文也其他皆如祭竈之禮也謂祭心肺肝各一及祭醴三并設席於奧迎尸之屬也 注寒蟬至而已 正義曰案釋蟲云蜺寒蜩郭景純云寒蜩也似蟬而小青赤云鷹祭鳥者將食之示有先者謂鷹欲食鳥之時先殺鳥而不食與人之祭食相似猶若供祀先神不敢即食故云示有先也云既祭之後不必盡食若人君行刑戮之而已者以經用始行戮不據事以經唯記時候謂鷹祭鳥之後殺鳥不必盡食猶若人君行刑但戮之而已以人君行戮明鷹之殺言鷹於此時始行戮鳥之事 是月也以立秋先立秋三日大史謁之天子曰某日立秋盛德在金（謁告）天子乃齊立秋之日天子親帥三公九卿諸侯大夫以迎秋於西郊還反賞軍帥

長五寸七百二十九分寸之四百五十一也引周語以下者證夷則之義案周語注云乾九五用事夷平則法也言法度平故可詠歌九功之法平民使不貸也 注祀之至之禮 正義曰云祀之先祭肝者秋爲陰中於藏值肝者以陰氣始於五月終於十月其七月八月爲陰之中故云秋爲陰中其陽氣始於十一月終於四月正月二月爲陽中故正月云春爲陽中然陰中之時兼有陽陽中之時兼有陰亦是陰陽之中也今五藏肺最在前心次之肝次之脾次之腎爲後肝在心肺之下脾腎之上故云於藏值肝然脾在肺心肝之下腎之上則是上有肺心肝下唯有腎不當其中而云春爲陽中於藏值脾者但五行相次水則次木故春繼於冬腎後則次脾其火後則次土土後乃次金故秋不得繼夏由腸於土由此脾不得繼肺腸於心也爲此肝之上有肺有心脾之下唯有腎俱得爲藏之中也云北面設主於門左樞者謂廟門外左樞北面以在門外故主得南鄉而北面設之云乃制肝及肺心爲俎奠于主

禮記義二十四　十三　李良

南設盛於俎東者皆約中霤禮文也其他皆如祭竈之禮也謂祭心肺肝各一及祭醴三并設席於奧迎尸之屬也 注寒蟬至而已 正義曰案釋蟲云蜺寒蜩郭景純云寒蜩也似蟬而小青赤云鷹祭鳥者將食之示有先者謂鷹欲食鳥之時先殺鳥而不食與人之祭食相似猶若供祀先神不敢即食故云示有先也云既祭之後不必盡食若人君行刑戮之而已者以經用始行戮不據事以經唯記時候謂鷹祭鳥之後殺鳥不必盡食猶若人君行刑但戮之而已以人君行戮明鷹之殺言鷹於此時始行戮鳥之事 是月也以立秋先立秋三日大史謁之天子曰某日立秋盛德在金（謁告）天子乃齊立秋之日天子親帥三公九卿諸侯大夫以迎秋於西郊還反賞軍帥

足利本第二十四卷第十四葉

武人於朝 迎秋者祭白帝白招拒於西郊之兆也軍帥諸將也武人謂環人之屬有勇力者 天子乃命將帥選士厲兵簡練桀俊專任有功以征不義 征之言正也伐也 詰誅暴慢以明好惡順彼遠方 詰謂問其罪窮治之也順猶服也 是月也命有司脩法制繕囹圄具桎梏禁止姦愼罪邪務搏執 順秋氣政尚嚴 命理瞻傷察創視折 理治獄官也有虞氏曰士夏曰大理周曰大司寇創之淺者曰傷 審斷決獄訟必端平 端猶正也 戮有罪嚴斷刑天地始肅不可

禮記義二十四 十四

以贏 肅嚴急之言也贏猶解也 是月也農乃登穀天子嘗新先薦寢廟 黍稷之屬於是始孰 命百官始收斂 順秋氣收斂物 完隄坊謹壅塞以備水潦 備者備八月也八月宿直畢畢好雨 脩宮室坏牆垣補城郭 象秋收斂物當藏也 是月也毋以封諸侯立大官毋以割地行大使出大幣 古者於嘗出田邑此其月也而禁封諸侯割地失其義 疏 正義曰案仲秋云以犬嘗麻令不云牲者皇氏云不云牲記文略也 注古者至其義 正義曰案祭統古者於嘗也出田邑嘗謂秋祭於此嘗祭之時王者割出田邑以與諸侯今正是嘗祭之月而禁封諸侯及割地之事故云失其義也鄭唯偏云不

潘本第二十四卷第十四葉

武人於朝 迎秋者祭白帝白招拒於西郊之兆也軍帥諸將也武人謂環人之屬有勇力者 天子乃命將帥選士厲兵簡練桀俊專任有功以征不義 征之言正也伐也 詰誅暴慢以明好惡順彼遠方 詰謂問其罪窮治之也順猶服也 是月也命有司脩法制繕囹圄具桎梏禁止姦愼罪邪務搏執 順秋氣政尚嚴 命理瞻傷察創視折 理治獄官也有虞氏曰士夏曰大理周曰大司寇創之淺者曰傷 審斷決獄訟必端平 端猶正也 戮有罪嚴斷刑天地始肅不可

禮記義二十四 十四

以贏 肅嚴急之言也贏猶解也 是月也農乃登穀天子嘗新先薦寢廟 黍稷之屬於是始孰 命百官始收斂 順秋氣收斂物 完隄坊謹壅塞以備水潦 備者備八月也八月宿直畢畢好雨 脩宮室坏牆垣補城郭 象秋收斂物當藏也 是月也毋以封諸侯立大官毋以割地行大使出大幣 古者於嘗出田邑此其月也而禁封諸侯割地失其義 疏 正義曰案仲秋云以犬嘗麻令不云牲者皇氏云不云牲記文略也 注古者至其義 正義曰案祭統古者於嘗也出田邑嘗謂秋祭於此嘗祭之時王者割出田邑以與諸侯今正是嘗祭之月而禁封諸侯及割地之事故云失其義也鄭唯偏云不

足利本第二十四卷第十五葉

封諸侯及割地失其義則毋立大官毋行大使毋出大幣爲得禮以其收斂之月故也

孟秋行冬令則陰氣大勝亥之氣乘之也介蟲敗穀介甲也甲蟲屬冬敗穀者稻蟹之屬戎兵乃來十月宿直營室營室之氣爲害也營室主武士疏正義曰陰氣大勝天災介蟲敗穀地災戎兵乃來人災也注介蟲至之屬正義曰案越語云越伐吴吴王使王孫雄請成於越越王欲許之范蠡不許王孫雄曰先人有言曰無助天爲虐助天爲虐者不祥今吴稻蟹無遺種子將助天爲虐乎注稻蟹謂蟹食稻也注營室至武士正義曰案元命包云營室星十六度主軍之糧是主武士也

行春令則其國乃旱寅之氣乘之也雲雨以風除也陽氣復還五穀無實陽氣能生而不能成行夏令則國多

禮記義二十四　十五　葛昌

火災巳之氣乘之也寒熱不節民多瘧疾瘧疾寒熱所爲也今月令瘧疾爲疾疫疏正義曰其國乃旱陽氣復還天災也五穀無實地災也國多至瘧疾正義曰國多火災寒熱不節天災也民多瘧疾人災也

○仲秋之月日在角昏牽牛中旦觜觿中仲秋者日月會於壽星而斗建酉之辰也其日庚辛其帝少皞其神蓐收其蟲毛其音商律中南吕其數九其味辛其臭腥其祀門祭先肝南吕者大蔟之所生三分去一律長五寸三分寸之一仲秋氣至則南吕之律應周語曰南吕者贊陽秀物盲風至鴻鴈來玄鳥歸羣鳥養

潘本第二十四卷第十五葉

封諸侯及割地失其義則毋立大官毋行大使毋出大幣爲得禮以其收斂之月故也

孟秋行冬令則陰氣大勝亥之氣乘之也介蟲敗穀介甲也甲蟲屬冬敗穀者稻蟹之屬戎兵乃來十月宿直營室營室之氣爲害也營室主武士疏正義曰陰氣大勝天災介蟲敗穀地災戎兵乃來人災也注介蟲至之屬正義曰案越語云越伐吴吴王使王孫雄請成於越越王欲許之范蠡不許王孫雄曰先人有言曰無助天爲虐助天爲虐者不祥今吴稻蟹無遺種子將助天爲虐乎注稻蟹謂蟹食稻也注營室至武士正義曰案元命包云營室星十六度主軍之糧是主武士也

行春令則其國乃旱寅之氣乘之也雲雨以風除也陽氣復還五穀無實陽氣能生而不能成行夏令則國多

禮記義二十四　十五　葛昌

火災巳之氣乘之也寒熱不節民多瘧疾瘧疾寒熱所爲也今月令瘧疾爲疾疫疏正義曰其國乃旱陽氣復還天災也五穀無實地災也國多至瘧疾正義曰國多火災寒熱不節天災也民多瘧疾人災也

○仲秋之月日在角昏牽牛中旦觜觿中仲秋者日月會於壽星而斗建酉之辰也其日庚辛其帝少皞其神蓐收其蟲毛其音商律中南吕其數九其味辛其臭腥其祀門祭先肝南吕者大蔟之所生三分去一律長五寸三分寸之一仲秋氣至則南吕之律應周語曰南吕者贊陽秀物盲風至鴻鴈來玄鳥歸羣鳥養

羞皆記時候也盲風疾風也玄鳥燕也歸謂去蟄也凡
鳥隨陰陽者不以中國爲居羞謂所食也夏小正曰
九月丹鳥羞白鳥說曰丹鳥也者謂丹良也白鳥也者謂
閩蚋也其謂之鳥者重其養者也有翼爲鳥養也者不盡
食也二者文異羣鳥丹良未聞孰是天子居總章大廟乘戎路
駕白駱載白旂衣白衣服白玉食麻與
犬其器廉以深總章大廟西堂當大室也疏正義曰三統曆八月節日在軫
十二度昏斗二十六度中去日一百六度旦井二度中八
月中日在角十度昏女三度中去日一百二度旦井二十
一度中案元嘉曆八月節日在翼十七度昏斗十四度中
旦畢十六度中八月中日在軫十五度昏斗二十四度中
旦井九度中注南呂至陽秀正義曰大蔟長八寸三
分去一下生南呂三寸去一寸六寸去二寸得四寸又有

禮記義二十四　十六

釐二寸在分一寸作三分二寸爲六分更三分去一餘有
四分在以三分爲一寸益前四寸爲五寸仍有一分在故
云南呂律長五寸三分寸之一也引周語曰以下者證南
呂之義案周語注坤六二也南任也陰任陽事助成萬物
贊佐也陰佐陽秀成物也注盲風至孰是正義曰盲
風疾風者皇氏云秦人謂疾風爲盲風玄鳥驚者釋鳥文
玄鳥歸爲仲秋之候玄鳥至不爲仲春之候由別與郊禖
爲候或可仲春時候非一故記時候之中不載玄鳥云凡
鳥隨陰陽者不以中國爲居者凡鳥鴻鴈之屬也故季秋
云鴻鴈來賓言來賓是不以中國爲居皇氏之說即兼云
玄鳥以其稱歸故也然玄鳥之蟄不遠在四夷而云不以
中國爲居者他物之蟄近在本處今玄鳥之蟄雖不遠在
四夷必於幽僻之處非中國之所常見故云不以中國爲
居也云羞謂所食者案夏小正云羞者進也若食之珍羞
相似故云羞謂所食者也云夏小正曰九月丹鳥羞白鳥
者今案大戴禮八月丹鳥羞白鳥今云九月者鄭所見本

羞皆記時候也盲風疾風也玄鳥燕也歸謂去蟄也凡
鳥隨陰陽者不以中國爲居羞謂所食也夏小正曰
九月丹鳥羞白鳥說曰丹鳥也者謂丹良也白鳥也者謂
閩蚋也其謂之鳥者重其養者也有翼爲鳥養也者不盡
食也二者文異羣鳥丹良未聞孰是天子居總章大廟乘戎路
駕白駱載白旂衣白衣服白玉食麻與
犬其器廉以深總章大廟西堂當大室也疏正義曰三統曆八月節日在軫
十二度昏斗二十六度中去日一百六度旦井二度中八
月中日在角十度昏女三度中去日一百二度旦井二十
一度中案元嘉曆八月節日在翼十七度昏斗十四度中
旦畢十六度中八月中日在軫十五度昏斗二十四度中
旦井九度中注南呂至秀物正義曰大蔟長八寸三
分去一下生南呂三寸去一寸六寸去二寸得四寸又有

禮記義二十四　十六

釐二寸在分一寸作三分二寸爲六分更三分去一餘有
四分在以三分爲一寸益前四寸爲五寸仍有一分在故
云南呂律長五寸三分寸之一也引周語曰以下者證南
呂之義案周語注坤六二也南任也陰任陽事助成萬物
贊佐也陰佐陽秀成物也注盲風至孰是正義曰盲
風疾風者皇氏云秦人謂疾風爲盲風玄鳥驚者釋鳥文
玄鳥歸爲仲秋之候玄鳥至不爲仲春之候由別與郊禖
爲候或可仲春時候非一故記時候之中不載玄鳥云凡
鳥隨陰陽者不以中國爲居者凡鳥鴻鴈之屬也故季秋
云鴻鴈來賓言來賓是不以中國爲居皇氏之說即兼云
玄鳥以其稱歸故也然玄鳥之蟄不遠在四夷而云不以
中國爲居者他物之蟄近在本處今玄鳥之蟄雖不遠在
四夷必於幽僻之處非中國之所常見故云不以中國爲
居也云羞謂所食者案夏小正云羞者進也若食之珍羞
相似故云羞謂所食者也云夏小正曰九月丹鳥羞白鳥
者今案大戴禮八月丹鳥羞白鳥今云九月者鄭所見本

足利本第二十四卷第十七葉

異也丹鳥以白鳥爲珍羞故云丹鳥羞白鳥云說曰丹鳥
也者以下至不盡食皆小正文白鳥也者謂閩蚋也其謂
之鳥者重其所養者丹良是蟲乃謂之鳥是重其所養之
物不盡食之雖蟲而謂鳥也但未知丹良竟是何物皇氏
以爲丹良是熒火今案爾雅釋蟲郭氏等諸釋皆不云熒
火是丹良未聞皇氏何所依據云二者文異羣鳥丹良未
聞孰是者月令云羣鳥養羞夏小正云丹鳥羞白鳥是二
者文異月令云羣鳥夏小正說者云丹良故云羣鳥丹良
未聞孰是是月也養衰老授几杖行糜粥飲食
助老氣也行猶賜也乃命司服具飭衣裳文繡有恒制
有小大度有短長此謂祭服也文謂畫也祭服之制畫衣而繡裳衣服
有量必循其故此謂朝燕及他服凡此爲寒益至也詩云七月流火九月授衣於是
禮記義二四 十七 王佐
作之可也冠帶有常因制衣服而作之也乃命有司申嚴百
刑斬殺必當毋或枉橈枉橈不當反受其
殃申重也當謂值其罪疏正義曰此論養老及制衣服之事皆此月所爲故言是月所命有司斬殺必當
雖異衣服養老但此事起孟秋此月申嚴而已故附於養
老衣服之下不更別言是月也自乃命祝宰至先薦寢廟
論循行犧牲享祭上帝并難以達秋氣犬以嘗麻揔是祠
祀之事事異於上故言是月自可以築城郭至行罪无疑
論築造城邑收斂積聚勸課種麥爲農爲民亦事異於上
故云是月自日夜分至角斗甬論晝夜既等齊平度量又
事異於前故言是月自易關市至悼因其類論秋物新成
使民財豐備無遺于天有順於時亦事異於前故言是月
注此謂至繡裳正義曰此云文繡又下文別云衣服有
量故鄭知此經謂祭服也經云具飭衣裳飭謂正也言備

潘本第二十四卷第十七葉

異也丹鳥以白鳥爲珍羞故云丹鳥羞白鳥云說曰丹鳥
也者以下至不盡食皆小正文白鳥也者謂閩蚋也其謂
之鳥者重其所養者丹良是蟲乃謂之鳥是重其所養之
物不盡食之雖蟲而謂鳥也但未知丹良竟是何物皇氏
以爲丹良是熒火今案爾雅釋蟲郭氏等諸釋皆不云熒
火是丹良未聞皇氏何所依據云二者文異羣鳥丹良未
聞孰是者月令云羣鳥養羞夏小正云丹鳥羞白鳥是二
者文異月令云羣鳥夏小正說者云丹良故云羣鳥丹良
未聞孰是是月也養衰老授几杖行糜粥飲食
助老氣也行猶賜也乃命司服具飭衣裳文繡有恒制
有小大度有短長此謂祭服也文謂畫也祭服之制畫衣而繡裳衣服
有量必循其故此謂朝燕及他服凡此爲寒益至也詩云七月流火九月授衣於是
禮記義二四 十七 王佐
作之可也冠帶有常因制衣服而作之也乃命有司申嚴百
刑斬殺必當毋或枉橈枉橈不當反受其
殃申重也當謂值其罪疏正義曰此論養老及制衣服之事皆此月所爲故言是月所命有司斬殺必當
雖異衣服養老但此事起孟秋此月申嚴而已故附於養
老衣服之下不更別言是月也自乃命祝宰至先薦寢廟
論循行犧牲享祭上帝并難以達秋氣犬以嘗麻揔是祠
祀之事事異於上故言是月自可以築城郭至行罪无疑
論築造城邑收斂積聚勸課種麥爲農爲民亦事異於上
故云是月自日夜分至角斗甬論晝夜既等齊平度量又
事異於前故言是月自易關市至悼因其類論秋物新成
使民財豐備無遺于天有順於時亦事異於前故言是月
注此謂至繡裳正義曰此云文繡又下文別云衣服有
量故鄭知此經謂祭服也經云具飭衣裳飭謂正也言備

足利本第二十四卷第十八葉

具正理衣裳云文謂畫也者以經文與繡相對祭服裳繡而衣畫故以文爲畫也云祭服之制畫衣而繡裳者案尚書咎繇謨云予欲觀古人之象日月星辰山龍華蟲作會是衣畫也宗彝藻火粉米黼黻絺繡是裳繡也畫色輕故在衣以法天繡色重故在裳以法地也　衣服有量必循其故　正義曰此朝燕等之衣服小大長短及制度采色皆有度量必因循故法也不得別更改造此云循其故上云文繡有恒恒則故也但上是祭服委曲言之　注此謂至之可　正義曰上是祭服故知此是朝燕也及他服者謂戰伐田獵等之服引詩七月流火者證寒之益至故作衣服此詩是豳風周公所作周公因管蔡流言遂陳先公居豳施化之事言七月之時火星西流九月之時當授民以衣服　注申重至其罪　正義曰申重也釋古文云當謂值其罪者言斷決罪人之時必須當值所犯之罪經云枉撓不當枉謂違法曲斷撓謂有理不申應重乃輕應輕更重是其不當也

是月也乃命宰

禮記義二十四　十八　王礎

祝循行犧牲視全具案芻豢瞻肥瘠察物色必比類量小大視長短皆中度五者備當上帝其饗　於鳥獸肥充之時宜省羣牲也宰祝大宰大祝主祭祀之官也養牛羊曰芻犬豕曰豢五者謂所視也所案也所瞻也所察也所量也此皆得其正則上帝饗之上帝饗之而無神不饗也

天子乃難以達秋氣　此難難陽氣也陽暑至此不衰害亦將及人所以及人者陽氣左行此月宿直昴畢昴畢亦得大陵積尸之氣氣佚則厲鬼亦隨而出行於是亦命方相氏帥百隸而難之王居明堂禮曰仲秋九門磔攘以發陳氣禦止疾疫

以犬嘗麻先薦寢廟　麻始孰也

是月也可以築城郭建都邑穿竇窖

潘本第二十四卷第十八葉

其正理衣裳云文謂畫也者以經文與繡相對祭服裳繡而衣畫故以文爲畫也云祭服之制畫衣而繡裳者案尚書咎繇謨云予欲觀古人之象日月星辰山龍華蟲作會是衣畫也宗彝藻火粉米黼黻絺繡是裳繡也畫色輕故在衣以法天繡色重故在裳以法地也　衣服有量必循其故　正義曰此朝燕等之衣服小大長短及制度采色皆有度量必因循故法也不得別更改造此云循其故上云文繡有恒恒則故也但上是祭服委曲言之　注此謂至之可　正義曰上是祭服故知此是朝燕也及他服者謂戰伐田獵等之服引詩七月流火者證寒之益至故作衣服此詩是豳風周公所作周公因管蔡流言遂陳先公居豳施化之事言七月之時火星西流九月之時當授民以衣服　注申重至其罪　正義曰申重也釋古文云當謂值其罪者言斷決罪人之時必須當值所犯之罪經云枉撓不當枉謂違法曲斷撓謂有理不申應重乃輕應輕更重是其不當也

是月也乃命宰

禮記義二十四　十八　王礎

祝循行犧牲視全具案芻豢瞻肥瘠察物色必比類量小大視長短皆中度五者備當上帝其饗　於鳥獸肥充之時宜省羣牲也宰祝大宰大祝主祭祀之官也養牛羊曰芻犬豕曰豢五者謂所視也所案也所瞻也所察也所量也此皆得其正則上帝饗之上帝饗之而無神不饗也

天子乃難以達秋氣　此難難陽氣也陽暑至此不衰害亦將及人所以及人者陽氣左行此月宿直昴畢昴畢亦得大陵積尸之氣氣佚則厲鬼亦隨而出行於是亦命方相氏帥百隸而難之王居明堂禮曰仲秋九門磔攘以發陳氣禦止疾疫

以犬嘗麻先薦寢廟　麻始孰也

是月也可以築城郭建都邑穿竇窖

足利本第二十四卷第十九葉

脩囷倉爲民將入物當藏也穿竇窖者入地隋曰竇方曰窖王居明堂禮曰仲秋命庶民畢入于室曰時殺將至毋罹其災乃命有司趣民收斂務畜菜多積聚始爲禦冬之備乃勸種麥毋或失時其有失時行罪無疑麥者接絶續乏之穀尤重之是月也日夜分雷始收聲蟄蟲坏戶殺氣浸盛陽氣日衰水始涸又記時候也雷始收聲在地中動内物也坏益也蟄蟲坏戶謂稍小之也涸竭也此甫八月中雨氣未止而云水竭非也周語曰辰角見而雨畢天根見而水涸又曰雨畢而除道水涸而成梁辰角見九月本也天根見九月末也王居明堂禮曰季秋除道致梁以利農也日夜分則同度

禮記義二十四　十九　高政

量平權衡正鈞石角斗甬疏正義曰此月鳥獸肥充因宜省視故命之循行犧牲以下之事也視全具者亦宰祝所視也下皆然王肅云純色曰犧體完曰全案芻豢者食草曰芻食穀曰豢皆案行之也瞻肥瘠者瞻亦視也肥充也瘠瘦也案物色者物色騂黝之别也周禮陽祀用騂陰祀用黝望祀各以其方之色也必比類者已行故事曰比品物相隨曰類五方本異其色是比也大皞配東亦用青是其類也量小大者大謂牛羊豕成牲者小謂羔豚之屬也視長短者謂天地之牛角繭栗宗廟之牛角握之屬也五者備當上帝其饗者上帝天也若事事當法則天神饗之也注宰祝至曰豢正義曰案周禮大宰職祀五帝則掌百官之誓戒及執事眡滌濯及納亨贊王牲事故鄭知此視牲由大宰云養牛羊曰芻犬豕曰豢者案充人云祀五帝繫于牢芻之三月是牛羊曰芻案樂記云豢豕爲酒周禮槁人云掌豢祭祀之犬是犬豕曰豢

潘本第二十四卷第十九葉

脩囷倉爲民將入物當藏也穿竇窖者入地隋曰竇方曰窖王居明堂禮曰仲秋命庶民畢入于室曰時殺將至毋罹其災乃命有司趣民收斂務畜菜多積聚始爲禦冬之備乃勸種麥毋或失時其有失時行罪無疑麥者接絶續乏之穀尤重之是月也日夜分雷始收聲蟄蟲坏戶殺氣浸盛陽氣日衰水始涸又記時候也雷始收聲在地中動内物也坏益也蟄蟲坏戶謂稍小之也涸竭也此甫八月中雨氣未止而云水竭非也周語曰辰角見而雨畢天根見而水涸又曰雨畢而除道水涸而成梁辰角見九月本也天根見九月末也王居明堂禮曰季秋除道致梁以利農也日夜分則同度

禮記義二十四　十九　高政

量平權衡正鈞石角斗甬疏正義曰此月鳥獸肥充因宜省視故命之循行犧牲以下之事也視全具者亦宰祝所視也下皆然王肅云純色曰犧體完曰全案芻豢者食草曰芻食穀曰豢皆案行之也瞻肥瘠者瞻亦視也肥充也瘠瘦也案物色者物色騂黝之别也周禮陽祀用騂陰祀用黝望祀各以其方之色也必比類者已行故事曰比品物相隨曰類五方本異其色是比也大皞配東亦用青是其類也量小大者大謂牛羊豕成牲者小謂羔豚之屬也視長短者謂天地之牛角繭栗宗廟之牛角握之屬也五者備當上帝其饗者上帝天也若事事當法則天神饗之也注宰祝至曰豢正義曰案周禮大宰職祀五帝則掌百官之誓戒及執事眡滌濯及納亨贊王牲事故鄭知此視牲由大宰云養牛羊曰芻犬豕曰豢者案充人云祀五帝繫于牢芻之三月是牛羊曰芻案樂記云豢豕爲酒周禮槁人云掌豢祭祀之犬是犬豕曰豢

足利本第二十四卷第二十葉

注難難至疾疫　正義曰季冬及季春難皆難陰氣也恐此亦難陰氣故云難陽氣言陽氣至此不衰害亦將及人也秋涼之後陽氣應退至此不退是涼反熱故害及於人云亦將及人者亦謂對季春言季春之時陰氣右行日在昴畢之間得大陵積尸之氣故爲災今此月陽氣左行至於昴畢亦得大陵積尸之氣故云亦將及人云陽氣左行此月宿直昴畢者以天左旋星辰與斗建循天而行此月斗建在酉酉是昴畢本位故云宿直昴畢也其八月合昏之時斗柄建指昴畢本位其昴畢之星於時在寅云氣佚則厲鬼隨而出行者大陵既爲積尸秋時又得陽氣增益疾病應氣相感故厲鬼隨而出行云亦命方相氏者亦季冬以周禮季冬命方相氏故云亦也引王居明堂禮者證仲秋難義云以發陳氣者謂秋時涼氣新至發去陽之陳氣防禦禁止疾疫之事也既引明堂禮仲秋九門磔攘則此亦磔攘也但文不備耳季冬云大難明九門磔攘季冬稱大則貴賤皆爲也季春云國難熊氏云唯天子諸侯有

禮記義二十四　廿

國爲難此云天子乃難唯天子得難以其難陽氣陽是君象則諸侯以下不得難氣也案陰氣陽氣至大陵俱致積尸疫氣案十一月陽氣至于危虛而不難十二月陰氣至于虛危而爲難者以十一月陽氣初起未能與陰相競故無疫疾可難六月宿直柳鬼陰氣至微陰始動未能與陽相競故無疾害可難也季冬亦陽初起而爲難者以陰氣在虛危又是一歲之終摠除疫氣故爲難也其磔攘之牲案小司徒職云小祭祀奉牛牲又牧人云凡毀事用尨可也是則用牛也羊人云凡沈辜侯禳共其羊牲犬人云凡幾珥沈辜用駹可也雞人云面禳共其雞牲是則用羊用犬用雞也蓋大難用牛其餘雜攘大者用羊用犬小者用雞此皆熊氏之說也　注隋曰至其災　正義曰隋者似方非方似圓非圓以其名竇與窖相似故云隋曰竇方曰窖者竇既爲隋圓故以窖爲方也引王居明堂禮證此月築城郭建都邑之意云殺氣將至無罹其災者於此仲秋之時戒勑於民曰此時殺害氣將欲至民當入室無在田

潘本第二十四卷第二十葉

注難難至疾疫　正義曰季冬及季春難皆難陰氣也恐此亦難陰氣故云難陽氣言陽氣至此不衰害亦將及人也秋涼之後陽氣應退至此不退是涼反熱故害及於人云亦將及人者亦謂對季春言季春之時陰氣右行日在昴畢之間得大陵積尸之氣故爲災今此月陽氣左行至於昴畢亦得大陵積尸之氣故云亦將及人云陽氣左行此月宿直昴畢者以天左旋星辰與斗建循天而行此月斗建在酉酉是昴畢本位故云宿直昴畢也其八月合昏之時斗柄建指昴畢本位其昴畢之星於時在寅云氣佚則厲鬼隨而出行者大陵既爲積尸秋時又得陽氣增益疾病應氣相感故厲鬼隨而出行云亦命方相氏者亦季冬以周禮季冬命方相氏故云亦也引王居明堂禮者證仲秋難義云以發陳氣者謂秋時涼氣新至發去陽之陳氣防禦禁止疾疫之事也既引明堂禮仲秋九門磔攘則此亦磔攘也但文不備耳季冬云大難明九門磔攘季冬稱大則貴賤皆爲也季春云國難熊氏云唯天子諸侯有

禮記義二十四　廿

國爲難此云天子乃難唯天子得難以其難陽氣陽是君象則諸侯以下不得難氣也案陰氣陽氣至大陵俱致積尸疫氣案十一月陽氣至于危虛而不難十二月陰氣至于虛危而爲難者以十一月陽氣初起未能與陰相競故無疫疾可難六月宿直柳鬼陰氣至微陰始動未能與陽相競故無疾害可難也季冬亦陽初起而爲難者以陰氣在虛危又是一歲之終摠除疫氣故爲難也其磔攘之牲案小司徒職云小祭祀奉牛牲又牧人云凡毀事用尨可也是則用牛也羊人云凡沈辜侯禳共其羊牲犬人云凡幾珥沈辜用駹可也雞人云面禳共其雞牲是則用羊用犬用雞也蓋大難用牛其餘雜攘大者用羊用犬小者用雞此皆熊氏之說也　注隋曰至其災　正義曰隋者似方非方似圓非圓以其名竇與窖相似故云隋曰竇方曰窖者竇既爲隋圓故以窖爲方也引王居明堂禮證此月築城郭建都邑之意云殺氣將至無罹其災者於此仲秋之時戒勑於民曰此時殺害氣將欲至民當入室無在田

足利本第二十四卷第二十一葉

野羅被其災案豳詩十月之後云嗟我婦子曰爲改歲入
此室處此仲秋已入室者但仲秋之時耘鋤既了暫時入
室以避陰災未盡成孰須出野收斂至十月之後又入室
避寒所以不同 注 麥者接絶續乏之穀尤重之 正義
曰前年秋穀至夏絶盡後年秋穀夏時未登是其絶也夏
時人民糧食闕短是其乏也麥乃夏時而孰是接其絶續
其乏也尤重之者以黍稷百穀不云勸種於麥獨勸之是
尤重故也蔡氏云陽氣初胎於酉故八月薺麥應時而生
也 注 雷始至利農 正義曰知動内物者以雷是陽氣
主於動不惟地中潛伏而已至十一月一陽初生震下坤
上復卦用事震爲動坤爲地是動於地下是從此月爲始
故云動内物也云蟄蟲益戶稍小之者戶謂穴也以土增
益穴之四畔使通明處稍小所以然者以陰氣將至此以
坏之稍小以時氣尚温猶須出入故十月寒甚乃閉之也
云此甫八月中氣雨未止而云水竭非也者甫始也以雨
畢在九月之初今此始八月之中對九月爲始八月宿直

禮記義二十四　二十　詩才

昴畢畢星主雨故云雨氣未止今言水竭非也引周語以
下者證九月水始涸不得在八月也云辰角見而雨畢注
云辰角大辰蒼龍之角角星名見者朝見東方穀氣日盛
雨氣盡也云天根見而水涸者注云天根亢氐之閒謂寒
露雨畢之後五日天根朝見水潦盡竭又云雨畢而除道
水涸而成梁者以國語上文既云水涸下又云水畢除道
故云又曰所以除道治梁者國語注治道所以便行旅通
也成梁所以使民不涉皆國語文云辰角見九月本天根
見九月末此鄭之言也九月本謂九月之初也案律曆志
角十二度亢九度天根在亢之後辰角與天根相去二十
一度餘日校一度則九月本與九月末相去二十一日有
餘也而韋昭注國語辰角見雨畢之後五日天根見不同
者蓋辰角見後雨以漸而畢畢後五日始天根見中間亦
校二十餘日也非謂辰角見後五日則天根見也國語皆
謂朝見以今管曆驗之亦然而皇氏云九月之時辰角天
根昏見東方未聞也不知何意如此之説此周語所云單

潘本第二十四卷第二十一葉

野羅被其災案豳詩十月之後云嗟我婦子曰爲改歲入
此室處此仲秋已入室者但仲秋之時耘鋤既了暫時入
室以避陰災未盡成孰須出野收斂至十月之後又入室
避寒所以不同 注 麥者接絶續乏之穀尤重之 正義
曰前年秋穀至夏絶盡後年秋穀夏時未登是其絶也夏
時人民糧食闕短是其乏也麥乃夏時而孰是接其絶續
其乏也尤重之者以黍稷百穀不云勸種於麥獨勸之是
尤重故也蔡氏云陽氣初胎於酉故八月薺麥應時而生
也 注 雷始至利農 正義曰知動内物者以雷是陽氣
主於動不惟地中潛伏而已至十一月一陽初生震下坤
上復卦用事震爲動坤爲地是動於地下是從此月爲始
故云動内物也云蟄蟲益戶稍小之者戶謂穴也以土增
益穴之四畔使通明處稍小所以然者以陰氣將至此以
坏之稍小以時氣尚温猶須出入故十月寒甚乃閉之也
云此甫八月中氣雨未止而云水竭非也者甫始也以雨
畢在九月之初今此始八月之中對九月爲始八月宿直

禮記義二十四　二十　詩才

昴畢畢星主雨故云雨氣未止今言水竭非也引周語以
下者證九月水始涸不得在八月也云辰角見而雨畢注
云辰角大辰蒼龍之角角星名見者朝見東方穀氣日盛
雨氣盡也云天根見而水涸者注云天根亢氐之閒謂寒
露雨畢之後五日天根朝見水潦盡竭又云雨畢而除道
水涸而成梁者以國語上文既云水涸下又云水畢除道
故云又曰所以除道治梁者國語注治道所以便行旅通
也成梁所以使民不涉皆國語文云辰角見九月本天根
見九月末此鄭之言也九月本謂九月之初也案律曆志
角十二度亢九度天根在亢之後辰角與天根相去二十
一度餘日校一度則九月本與九月末相去二十一日有
餘也而韋昭注國語辰角見雨畢之後五日天根見不同
者蓋辰角見後雨以漸而畢畢後五日始天根見中間亦
校二十餘日也非謂辰角見後五日則天根見也國語皆
謂朝見以今管曆驗之亦然而皇氏云九月之時辰角天
根昏見東方未聞也不知何意如此之説此周語所云單

襄公聘宋假道於陳見靈公與孔寧儀行父如夏氏單襄公歸告周定王之辭也鄭又引王居明堂禮以下者證雨畢水涸在季秋也云除道致梁以利農者農既收刈當運輦故法地治道水上爲梁便利民之轉運故云以利農也

是月也易關市來商旅納貨賄以便民事四方來集遠鄉皆至則財不匱上無乏用百事乃遂易關市謂輕其稅使民利之商旅賈客也匱亦乏也遂猶成也凡舉大事毋逆大數必順其時愼因其類事謂興土功合諸侯舉兵衆也季夏禁之孟秋始征伐此月築城郭季秋教田獵是以於中爲之戒焉

疏 正義曰關市之處輕其賦稅不爲節譏是易關市也關市既易則商旅自來是來商旅也商旅既來則貨賄自入是納貨賄也以此之故便

利民之事四方總來聚集遠鄉於是皆至貨賄既多則庫財不匱所須皆供故國無乏用上下豐足故百事乃遂遂成也百事皆成於此之時興舉其事無逆天之大數必須順其陰陽之時謹愼因其事類不可煩亂妄爲

注 事謂至戒焉 正義曰以此月云築城郭故云事謂興土功孟秋云始征伐季秋云教田獵故云合諸侯舉兵衆也但此月上有孟秋始征伐下以季秋教田獵故云是以於中爲之戒焉

仲秋行春令則秋雨不降卯之氣乘之也卯宿直房心心爲大火草木生榮應陽動也國乃有恐以火訛相驚

疏 正義曰秋雨不降天災草木生榮地災國乃有恐人災

注 宿直房心心爲大火 正義曰鄭云此者解仲秋行春令時雨不降之意仲秋是應雨之時今行春之令位當卯致大火之氣火是積陽故時雨不降

注 以火訛相驚 正義曰以仲秋致仲春火氣故有火但仲秋爲金仲春爲木金能尅

足利本第二十四卷第二十二葉

襄公聘宋假道於陳見靈公與孔寧儀行父如夏氏單襄公歸告周定王之辭也鄭又引王居明堂禮以下者證雨畢水涸在季秋也云除道致梁以利農者農既收刈當運輦故法地治道水上爲梁便利民之轉運故云以利農也

是月也易關市來商旅納貨賄以便民事四方來集遠鄉皆至則財不匱上無乏用百事乃遂易關市謂輕其稅使民利之商旅賈客也匱亦乏也遂猶成也凡舉大事毋逆大數必順其時愼因其類事謂興土功合諸侯舉兵衆也季夏禁之孟秋始征伐此月築城郭季秋教田獵是以於中爲之戒焉

疏 正義曰關市之處輕其賦稅不爲節譏是易關市也關市既易則商旅自來是來商旅也商旅既來則貨賄自入是納貨賄也以此之故便

禮記正義二十四　二十二

利民之事四方總來聚集遠鄉於是皆至貨賄既多則庫財不匱所須皆供故國無乏用上下豐足故百事乃遂遂成也百事皆成於此之時興舉其事無逆天之大數必須順其陰陽之時謹愼因其事類不可煩亂妄爲

注 事謂至戒焉 正義曰以此月云築城郭故云事謂興土功孟秋云始征伐季秋云教田獵故云合諸侯舉兵衆也但此月上有孟秋始征伐下以季秋教田獵故云是以於中爲之戒焉

仲秋行春令則秋雨不降卯之氣乘之也卯宿直房心心爲大火草木生榮應陽動也國乃有恐以火訛相驚

疏 正義曰秋雨不降天災草木生榮地災國乃有恐人災

注 宿直房心心爲大火 正義曰鄭云此者解仲秋行春令時雨不降之意仲秋是應雨之時今行春之令位當卯致大火之氣火是積陽故時雨不降

注 以火訛相驚 正義曰以仲秋致仲春火氣故有火但仲秋爲金仲春爲木金能尅

潘本第二十四卷第二十二葉

足利本第二十四卷第二十三葉

木又仲秋雨水水又尅火火竟不能爲害但以訛僞言語相驚故云以火訛相驚行夏令則其國乃旱蟄蟲不藏五穀復生午之氣乘之也疏正義曰其國乃旱天災也蟄蟲不藏五穀復生地災也行冬令則風災數起子之氣乘之也北風殺物收雷先行先猶蚤也冬主閉草木蚤死寒氣盛也疏正義曰風災數起收雷先丁天災草木蚤死地災○季秋之月日在房昏虛中旦柳中季秋者日月會於大火而斗建戌之辰也其日庚辛其帝少皡其神蓐收其蟲毛其音商律中無射其數九其味辛其臭腥其

禮記義二十四　二十三　李甫

祀門祭先肝無射者夾鍾之所生三分去一律長四寸六千五百六十一分寸之六千五百二十四季秋氣至則無射之律應周語曰無射所以宣布哲人之令德示民軌儀鴻鴈來賓爵入大水爲蛤鞠有黃華豺乃祭獸戮禽皆記時候也來賓言其客止未去也大水海也戮猶殺也天子居總章右个乘戎路駕白駱載白旂衣白衣服白玉食麻與犬其器廉以深總章右个西堂北偏疏正義曰三統曆九月節日在氐五度昏虛二度中去日九十七度旦張初度中九月中日在房五度昏危三度中去日九十三度旦張十八度中案元嘉曆九月節日在亢一度昏牛八度中旦井二十九度中九月中日在氐七度昏女十一度中旦柳十一度中

潘本第二十四卷第二十三葉

木又仲秋雨水水又尅火火竟不能爲害但以訛僞言語相驚故云以火訛相驚行夏令則其國乃旱蟄蟲不藏五穀復生午之氣乘之也疏正義曰其國乃旱天災也蟄蟲不藏五穀復生地災也行冬令則風災數起子之氣乘之也北風殺物收雷先行先猶蚤也冬主閉草木蚤死寒氣盛也疏正義曰風災數起收雷先丁天災草木蚤死地災○季秋之月日在房昏虛中旦柳中季秋者日月會於大火而斗建戌之辰也其日庚辛其帝少皡其神蓐收其蟲毛其音商律中無射其數九其味辛其臭腥其

禮記義二十四　二十三　李甫

祀門祭先肝無射者夾鍾之所生三分去一律長四寸六千五百六十一分寸之六千五百二十四季秋氣至則無射之律應周語曰無射所以宣布哲人之令德示民軌儀鴻鴈來賓爵入大水爲蛤鞠有黃華豺乃祭獸戮禽皆記時候也來賓言其客止未去也大水海也戮猶殺也天子居總章右个乘戎路駕白駱載白旂衣白衣服白玉食麻與犬其器廉以深總章右个西堂北偏疏正義曰三統曆九月節日在氐五度昏虛二度中去日九十七度旦張初度中九月中日在房五度昏危三度中去日九十三度旦張十八度中案元嘉曆九月節日在亢一度昏牛八度中旦井二十九度中九月中日在氐七度昏女十一度中旦柳十一度中

足利本第二十四卷第二十四葉

注無射至軌儀　正義曰案夾鍾之律長七寸二千一百
八十七分寸之千七十五下生者三分去一今夾鍾七寸
取六寸三分去一有四寸在夾鍾以一寸爲二千一百八
十七分今更三分之則一寸者分爲六千五百六十一分
夾鍾二千一百八十七分寸之千七十五者又三分之則
爲三千二百二十五其夾鍾整寸有六千五百六十一又
以三千二百二十五益之摠爲九千七百八十六分三分
至一則去三千二百六十二餘有六千五百二十四在故
云無射律長四寸六千五百六十一分寸之六千五百二
十四也引周語曰以下者證無射之義云宣布哲人之令
德示民軌儀者案周語注云乾上九用事無射陽氣上升
陰氣收藏萬物無射者也哲人后稷布其德教示以法儀
當及時銍穫而收藏之　注來賓至殺也　正義曰上仲
秋直云鴻鴈來今季秋云來賓以仲秋初來則過去故不
云賓今季秋鴻鴈來賓者客止未去也猶如賓客故云客
止未去也大水海也者案國語云雀入于海爲蛤故知大

八　禮記義二十四　二十四　李㫒

水是海也云戮猶殺也者以經祭獸戮禽禽獸皆殺之但
殺獸而又陳戮禽則殺之而已不以爲祭故直云戮禽此
亦互文也禽獸初得皆殺而祭之後得者殺而不祭也

是月也申嚴號令　申重
命百官貴賤無不務内以會天地之藏無
有宣出　內謂收斂入之也會猶聚也　乃命冢宰農事備
收舉五穀之要　備猶盡也　定其租稅之簿　藏帝藉之收
於神倉祗敬必飭　重粢盛之委也帝藉所耕千畝也藏祭祀之穀爲神倉祗亦敬也

疏　正義曰於此月之時勑命百官貴之與賤無不
務内内謂收斂其物言貴之與賤無有一人不
勤務收斂内物以會天地之藏者會猶趣也言心皆趣嚮
天地所藏之事謂心順天地以深閉藏也無有宣出者以

潘本第二十四卷第二十四葉

注無射至軌儀　正義曰案夾鍾之律長七寸二千一百
八十七分寸之千七十五下生者三分去一今夾鍾七寸
取六寸三分去一有四寸在夾鍾以一寸爲二千一百八
十七分今更三分之則一寸者分爲六千五百六十一分
夾鍾二千一百八十七分寸之千七十五者又三分之則
爲三千二百二十五其夾鍾整寸有六千五百六十一又
以三千二百二十五益之摠爲九千七百八十六分三分
至一則去三千二百六十二餘有六千五百二十四在故
云無射律長四寸六千五百六十一分寸之六千五百二
十四也引周語曰以下者證無射之義云宣布哲人之令
德示民軌儀者案周語注云乾上九用事無射陽氣上升
陰氣收藏萬物無射者也哲人后稷布其德教示以法儀
當及時銍穫而收藏之　注來賓至殺也　正義曰上仲
秋直云鴻鴈來今季秋云來賓以仲秋初來則過去故不
云賓今季秋鴻鴈來賓者客止未去也猶如賓客故云客
止未去也大水海也者案國語云雀入于海爲蛤故知大

八　禮記義二十四　二十四　李㫒

水是海也云戮猶殺也者以經祭獸戮禽禽獸皆殺之但
殺獸而又陳戮禽則殺之而已不以爲祭故直云戮禽此
亦互文也禽獸初得皆殺而祭之後得者殺而不祭也

是月也申嚴號令　申重
命百官貴賤無不務内以會天地之藏無
有宣出　內謂收斂入之也會猶聚也　乃命冢宰農事備
收舉五穀之要　備猶盡也　定其租稅之簿　藏帝藉之收
於神倉祗敬必飭　重粢盛之委也帝藉所耕千畝也藏祭祀之穀爲神倉祗亦敬也

疏　正義曰於此月之時勑命百官貴之與賤無不
務内内謂收斂其物言貴之與賤無有一人不
勤務收斂内物以會天地之藏者會猶趣也言心皆趣嚮
天地所藏之事謂心順天地以深閉藏也無有宣出者以

足利本第二十四卷第二十五葉

物皆收斂時又閉藏無得有宣露出散其物以逆時氣藏帝至必飭 正義曰帝藉者供上帝之藉田也神倉者貯祀鬼神之倉也言天子於此月命冢宰藏此帝藉所收禾穀於此神倉之中當須敬而復敬必使飭正 注重粢至亦敬 正義曰委謂委積之物重此粢盛委積之物故內於神倉 公羊傳桓十四年御廩災御廩者何粢盛委之所藏皇氏云委謂輸也其義非云帝藉所耕千畝者鄭康成云藉之言借也借民力所治之田也祭義云天子爲藉千畝冕而朱紘躬秉耒祭統云天子親耕於南郊是藉田在南郊也云藏祭祀之穀爲神倉者以其供神之物故曰神倉祗亦敬者經有敬字祗又訓爲敬故云祗亦敬言敬者恒以敬敬爲心不有怠慢也 是月也霜始降則百工休 寒而膠漆之作不堅好也 乃命有司曰寒氣總至民力不堪其皆入室 總猶猥卒 上丁

禮記二十四　二十五　本用

命樂正入學習吹 爲將饗帝也春夏重舞秋冬重吹也 是月也大饗帝 言大饗者遍祭五帝也曲禮曰大饗不問卜謂此也 嘗犧牲告備于天子 嘗者謂嘗羣神也天子親嘗帝使有司祭于羣神禮畢而告焉 合諸侯制百縣爲來歲受朔日與諸侯所稅於民輕重之法貢職之數以遠近土地所宜爲度以給郊廟之事無有所私 秦以建亥之月爲歲首於是歲終使諸侯及鄉遂之官受此法焉合諸侯制者定其國家宮室車旗衣服禮儀也諸侯言合制百縣言受朔日互文也貢職謂所入天子凡周之法以正月和之正歲而縣於象魏 疏 正義曰上文自申嚴號令至祗敬必飭論務內必須

潘本第二十四卷第二十五葉

物皆收斂時又閉藏無得有宣露出散其物以逆時氣藏帝至必飭 正義曰帝藉者供上帝之藉田也神倉者貯祀鬼神之倉也言天子於此月命冢宰藏此帝藉所收禾穀於此神倉之中當須敬而復敬必使飭正 注重粢至亦敬 正義曰委謂委積之物重此粢盛委積之物故內於神倉 公羊傳桓十四年御廩災御廩者何粢盛委之所藏皇氏云委謂輸也其義非云帝藉所耕千畝者鄭康成云藉之言借也借民力所治之田也祭義云天子爲藉千畝冕而朱紘躬秉耒祭統云天子親耕於南郊是藉田在南郊也云藏祭祀之穀爲神倉者以其供神之物故曰神倉祗亦敬者經有敬字祗又訓爲敬故云祗亦敬言敬者恒以敬敬爲心不有怠慢也 是月也霜始降則百工休 寒而膠漆之作不堅好也 乃命有司曰寒氣總至民力不堪其皆入室 總猶猥卒 上丁

禮記二十四　二十五　本用

命樂正入學習吹 爲將饗帝也春夏重舞秋冬重吹也 是月也大饗帝 言大饗者遍祭五帝也曲禮曰大饗不問卜謂此也 嘗犧牲告備于天子 嘗者謂嘗羣神也天子親嘗帝使有司祭于羣神禮畢而告焉 合諸侯制百縣爲來歲受朔日與諸侯所稅於民輕重之法貢職之數以遠近土地所宜爲度以給郊廟之事無有所私 秦以建亥之月爲歲首於是歲終使諸侯及鄉遂之官受此法焉合諸侯制者定其國家宮室車旗衣服禮儀也諸侯言合制百縣言受朔日互文也貢職謂所入天子凡周之法以正月和之正歲而縣於象魏 疏 正義曰上文自申嚴號令至祗敬必飭論務內必須

敬慎從此霜始降至習吹論霜降寒來人皆入室又爲饗帝當習吹順時氣習吹雖與入室不同但饗帝大事則須更云是月故習吹之事附於入室之下自大饗帝至無有所私論大饗明堂及嘗犧牲告備并諸侯來歲之制稅民輕重貢賦之數皆大事相連事異於上故言是月天子乃教田獵及祭禽于四方論順時田獵以習兵戎事異於前故言是月草木黃落至供養之不宜論草木黃落蟄蟲閉戶斷決獄刑收減祿秩事異於前故又言是月天子以犬嘗稻先薦寢廟事重故特言是月也 注爲將至重吹 正義曰以下有饗帝之文此有習吹之事故云爲將饗帝其習舞吹必用丁者取其丁壯成就之義欲使學者藝業成故也 注言大至謂此 正義曰若祭一帝之時則禮器謂之饗帝今云大饗故知徧祭五帝也此大饗與帝連文故謂祭天禮器大饗其王事與彼下云三牲魚腊九州之美味是四方助祭之物故以大饗爲祫也與此不同引曲禮云大饗不問卜謂此者以曲禮大饗不云帝此云大

禮記義二十四　二十六

饗帝不云不問卜恐是別事諸儒多以爲疑故鄭執之云曲禮所云謂此也鄭必知曲禮大饗非指祫祭必是此大饗帝者以周禮祀大神享大鬼帥執事而卜日若祫祭不得云不問卜也此既五帝皆饗莫適卜可從故知不問卜謂此也 嘗犧牲告備於天子 正義曰嘗犧牲者謂嘗祭羣神以犧牲於時有司嘗祭其事既畢告祭備具於天子也 注嘗者至告焉 正義曰此犧牲之文繼饗帝之下知非欲饗帝之時使有司展犧牲告其備具而云嘗謂嘗羣神者以四月大雩以祈穀實雩上帝之後云雩祀百辟卿士是雩帝之外別雩羣神九月大饗以報功明饗帝之外亦饗羣神故知此嘗嘗羣神云使有司祭於羣神者以其經云告備於天子故知是有司帝是尊神故知天子親祭經云饗帝鄭云天子親嘗者嘗是秋祭之名因經有嘗犧牲之文雖天子亦曰嘗以秋物新成故也 合諸至所私 正義曰合諸侯制者秦十月爲歲首此月歲之終也當入新歲故合此諸侯之法制又命百縣爲來歲受朔

足利本第二十四卷第二十六葉

敬慎從此霜始降至習吹論霜降寒來人皆入室又爲饗帝當習吹順時氣習吹雖與入室不同但饗帝大事則須更云是月故習吹之事附於入室之下自大饗帝至無有所私論大饗明堂及嘗犧牲告備并諸侯來歲之制稅民輕重貢賦之數皆大事相連事異於上故言是月天子乃教田獵及祭禽于四方論順時田獵以習兵戎事異於前故言是月草木黃落至供養之不宜論草木黃落蟄蟲閉戶斷決獄刑收減祿秩事異於前故又言是月天子以犬嘗稻先薦寢廟事重故特言是月也 注爲將至重吹 正義曰以下有饗帝之文此有習吹之事故云爲將饗帝其習舞吹必用丁者取其丁壯成就之義欲使學者藝業成故也 注言大至謂此 正義曰若祭一帝之時則禮器謂之饗帝今云大饗故知徧祭五帝也此大饗與帝連文故謂祭天禮器大饗其王事與彼下云三牲魚腊九州之美味是四方助祭之物故以大饗爲祫也與此不同引曲禮云大饗不問卜謂此者以曲禮大饗不云帝此云大

禮記正義二十四　二十六

饗帝不云不問卜恐是別事諸儒多以爲疑故鄭執之云曲禮所云謂此也鄭必知曲禮大饗非指祫祭必是此大饗帝者以周禮祀大神享大鬼帥執事而卜日若祫祭不得云不問卜也此既五帝皆饗莫適卜可從故知不問卜謂此也 嘗犧牲告備於天子 正義曰嘗犧牲者謂嘗祭羣神以犧牲於時有司嘗祭其事既畢告祭備具於天子也 注嘗者至告焉 正義曰此犧牲之文繼饗帝之下知非欲饗帝之時使有司展犧牲告其備具而云嘗謂嘗羣神者以四月大雩以祈穀實雩上帝之後云雩祀百辟卿士是雩帝之外別雩羣神九月大饗以報功明饗帝之外亦饗羣神故知此嘗嘗羣神云使有司祭於羣神者以其經云告備於天子故知是有司帝是尊神故知天子親祭經云饗帝鄭云天子親嘗者嘗是秋祭之名因經有嘗犧牲之文雖天子亦曰嘗以秋物新成故也 合諸至所私 正義曰合諸侯制者秦十月爲歲首此月歲之終也當入新歲故合此諸侯之法制又命百縣爲來歲受朔

潘本第二十四卷第二十六葉

足利本第二十四卷第二十七葉

日之政令并授諸侯所稅於民輕重之法貢職之數天子有朔日政令諸侯所稅民輕重之法貢職之數皆天子制之百縣此來受處分故云受朔與諸侯所稅於民輕重之法貢職之數皆天子之制言與者兼事之辭以遠近土地所宜爲度者言定稅輕重入貢多少皆以去京遠近之差土地所宜之物爲節度無有所私者言旣給郊廟重事事百縣等物無得有所偏私不如法制也 注秦以至象魏正義曰案史記秦文公獲黑龍自爲水瑞命河爲德水以十月爲歲首云定其國家宮室車旗衣服禮儀者此皆周禮典命文也彼注云國家國之所居謂城方也云互文者諸侯言合制則百縣亦合制百縣言來歲受朔日則諸侯亦來歲受朔日也故云互文諸侯謂畿外國百縣謂鄉遂云貢職謂所入天子者以經云稅於民輕重之法又云貢職之數其文旣重故知稅於民者是積貯本國貢職之數者是輸納天子云周之法以正月和之者案大宰職正月之吉始和布治于邦國都鄙云正歲而縣于象魏者小宰

禮記義二十四　二十七　毛諧

職云正歲縣治象之法于象魏是也

上杉安房守藤原憲實寄進

禮記正義卷第二十四

潘本第二十四卷第二十七葉

日之政令并授諸侯所稅於民輕重之法貢職之數天子有朔日政令諸侯所稅民輕重之法貢職之數皆天子制之百縣此來受處分故云受朔與諸侯所稅於民輕重之法貢職之數皆天子之制言與者兼事之辭以遠近土地所宜爲度者言定稅輕重入貢多少皆以去京遠近之差土地所宜之物爲節度無有所私者言旣給郊廟重事事百縣等物無得有所偏私不如法制也 注秦以至象魏正義曰案史記秦文公獲黑龍自爲水瑞命河爲德水以十月爲歲首云定其國家宮室車旗衣服禮儀者此皆周禮典命文也彼注云國家國之所居謂城方也云互文者諸侯言合制則百縣亦合制百縣言來歲受朔日則諸侯亦來歲受朔日也故云互文諸侯謂畿外國百縣謂鄉遂云貢職謂所入天子者以經云稅於民輕重之法又云貢職之數其文旣重故知稅於民者是積貯本國貢職之數者是輸納天子云周之法以正月和之者案大宰職正月之吉始和布治于邦國都鄙云正歲而縣于象魏者小宰

禮記義二十四　二十七　毛諧

職云正歲縣治象之法于象魏是也

禮記正義卷第二十四

足利本第二十五卷第一葉

禮記正義卷第二十五

國子祭酒上護軍曲阜縣開國子臣孔穎達等奉

勑撰

是月也，天子乃教於田獵以習五戎，班馬政。教於田獵，因田獵之禮教民以戰法也。五戎謂五兵弓矢殳矛戈戟也。馬政謂齊其色度其力，使同乘也。校人職曰：凡軍事物馬而頒之。

疏 正義曰：天子乃教於田獵者，天子於此陰殺之時，乃教人以戰法於田獵之事，謂因田獵而教之也。以習五戎者，謂於田獵之時，令人習用五種兵戎之器。班馬政者，謂班布乘馬之政令。

注 五戎至頒之　正義曰：知五戎是五兵者，以別云班馬政，則五戎非馬也。下文云七騶咸駕，則知五戎非五戎事也。凡車不須更習，故知五戎五兵也。案周禮司兵掌五兵，鄭司農注五兵者，戈殳戟酋矛夷矛。後鄭又注云：步卒之五兵則無夷矛而有弓矢。如鄭所云，則此注據步卒五兵，弓矢一也，殳長丈二二也，矛長二丈三也，戈長六尺六寸四也，戟長一丈六尺五也。此隨便而言，不依周禮長短之次也。云馬政謂齊其色度其力者，案毛詩傳云：宗廟齊豪，尚純也；戎事齊力，尚強也；田獵齊足，尚疾也。此對文言之，則戎事齊力，故校人職云凡軍事物馬而頒之，注云物馬齊其力。但戎車以力爲主耳，亦須齊色，故詩云駟騵彭彭，是齊色也。

命僕及七騶咸駕，載旌旐，授車以級，整設于屏外。僕戎僕及御夫也。七騶謂趣馬，主爲諸官駕說者也。既駕之，又爲之載旌旗。司馬職曰：仲秋教治兵，如振旅之陳，辨旗物之用：王載大常，諸侯載旂，軍吏載旗，師都載旜，鄉遂載物，郊野載旐，百官載旟，是也。級，等次也。整，正列也。設，陳也。屏，所田

八禮記正義二十五　一　壽信

潘本第二十五卷第一葉

禮記正義卷第二十五

國子祭酒上護軍曲阜縣開國子臣孔穎達等奉

勑撰

是月也，天子乃教於田獵以習五戎，班馬政。教於田獵，因田獵之禮教民以戰法也。五戎謂五兵弓矢殳矛戈戟也。馬政謂齊其色度其力，使同乘也。校人職曰：凡軍事物馬而頒之。

疏 正義曰：天子乃教於田獵者，天子於此陰殺之時，乃教人以戰法於田獵之事，謂因田獵而教之也。以習五戎者，謂於田獵之時，令人習用五種兵戎之器。班馬政者，謂班布乘馬之政令。

注 五戎至頒之　正義曰：知五戎是五兵者，以別云班馬政，則五戎非馬也。下文云七騶咸駕，則知五戎非五戎車也。且車不須更習，故知五戎五兵也。案周禮司兵掌五兵，鄭司農注五兵者，戈殳戟酋矛夷矛。後鄭又注云：步卒之五兵則無夷矛而有弓矢。如鄭所云，則此注據步卒五兵，弓矢一也，殳長丈二二也，矛長二丈三也，戈長六尺六寸四也，戟長一丈六尺五也。此隨便而言，不依周禮長短之次也。云馬政謂齊其色度其力者，案毛詩傳云：宗廟齊豪，尚純也；戎事齊力，尚強也；田獵齊足，尚疾也。此對文言之，則戎事齊力，故校人職云凡軍事物馬而頒之，注云物馬齊其力。但戎車以力爲主耳，亦須齊色，故詩云駟騵彭彭，是齊色也。

命僕及七騶咸駕，載旌旐，授車以級，整設于屏外。僕戎僕及御夫也。七騶謂趣馬，主爲諸官駕說者也。既駕之，又爲之載旌旗。司馬職曰：仲秋教治兵，如振旅之陳，辨旗物之用：王載大常，諸侯載旂，軍吏載旗，師都載旜，鄉遂載物，郊野載旐，百官載旟，是也。級，等次也。整，正列也。設，陳也。屏，所田

八禮記正義二十五　一　壽信

足利本第二十五卷第二葉

之地門外之蔽司徒搢扑北面誓之誓衆以軍法也天子乃厲
飾執弓挾矢以獵厲飾謂戎服尚威武也今月令獵爲射之命主祠
祭禽于四方以所獲禽祀四方之神也司馬職曰羅弊致禽以祀祊疏命僕至屏
外　正義曰前既班馬政乃命戎僕御夫及七騶等皆以
馬駕車又載旌旐既畢授此七戎之車以其尊卑等級正
其行列設於軍門屏之外東西廂以爲行陳於是司徒在
兩行之間北面誓之或者屏之外左右六軍嚮南而陳司
徒於陳前北面誓之也注僕戎至之蔽　正義曰案周
禮戎僕掌馭戎車故知僕是戎僕也以其教戰故不用田
僕云及御夫者案周禮馭夫掌馭從車使車注云從車戎
路田路之副也使車驅逆之車故知及御夫也云七騶謂
趣馬主爲諸官駕說者案周禮趣馬職云掌駕說之頒謂
第次也是貴賤等列故云爲諸官駕說也七騶者皇氏云

禮記正義二十五　二

天子馬有六種種別有騶則六騶也又有揔主之人并六
騶爲七故爲七騶引司馬職以下者證九旗之異也載
旌旐者課舉以言之案周禮司常云日月爲常交龍爲旂
通帛爲旜雜帛爲物熊虎爲旗鳥隼爲旟龜蛇爲旐全羽
爲旞析羽爲旌及國之大閱賛司馬頒旗物王建大常諸
侯建旂孤卿建旜大夫士建物師都建旗州里建旟縣鄙建
旐道車載旞斿車載旌注云師都六鄉六遂大夫也州里
縣鄙鄉遂之官互約言之則州里謂鄉中之州長黨正族
師遂中里宰鄰長也縣鄙者遂中縣正鄙師鄰長及鄉之
閭胥比長也道車象路也視朝行道斿車木路也王以田
以鄙此是仲冬大閱之時各象治民之事空習其事故所
建旌旗不如仲秋治兵實出軍之事故鄭注大司馬云空
辟實也言大閱是空治兵是實故云空辟實實者則此所
引司馬職仲秋治兵是也案司馬職云王載大常諸侯載
旂軍吏載旗師都載旜鄉遂載物郊野載旐百官載旟注
軍吏諸帥也師都遂大夫也鄉遂鄉大夫也或載旜或載

潘本第二十五卷第二葉

之地門外之蔽司徒搢扑北面誓之誓衆以軍法也天子乃厲
飾執弓挾矢以獵厲飾謂戎服尚威武也今月令獵爲射之命主祠
祭禽于四方以所獲禽祀四方之神也司馬職曰羅弊致禽以祀祊疏命僕至屏
外　正義曰前既班馬政乃命戎僕御夫及七騶等皆以
馬駕車又載旌旐既畢授此七戎之車以其尊卑等級正
其行列設於軍門屏之外東西廂以爲行陳於是司徒在
兩行之間北面誓之或者屏之外左右六軍嚮南而陳司
徒於陳前北面誓之也注僕戎至之蔽　正義曰案周
禮戎僕掌馭戎車故知僕是戎僕也以其教戰故不用田
僕云及御夫者案周禮馭夫掌馭從車使車注云從車戎
路田路之副也使車驅逆之車故知及御夫也云七騶謂
趣馬主爲諸官駕說者案周禮趣馬職云掌駕說之頒謂
第次也是貴賤等列故云爲諸官駕說也七騶者皇氏云

禮記正義二十五　二

天子馬有六種種別有騶則六騶也又有揔主之人并六
騶爲七故爲七騶引司馬職以下者證九旗之異也載
旌旐者課舉以言之案周禮司常云日月爲常交龍爲旂
通帛爲旜雜帛爲物熊虎爲旗鳥隼爲旟龜蛇爲旐全羽
爲旞析羽爲旌及國之大閱賛司馬頒旗物王建大常諸
侯建旂孤卿建旜大夫士建物師都建旗州里建旟縣鄙建
旐道車載旞斿車載旌注云師都六鄉六遂大夫也州里
縣鄙鄉遂之官互約言之則州里謂鄉中之州長黨正族
師遂中里宰鄰長也縣鄙者遂中縣正鄙師鄰長及鄉之
閭胥比長也道車象路也視朝行道斿車木路也王以田
以鄙此是仲冬大閱之時各象治民之事空習其事故所
建旌旗不如仲秋治兵實出軍之事故鄭注大司馬云空
辟實也言大閱是空治兵是實故云空辟實實者則此所
引司馬職仲秋治兵是也案司馬職云王載大常諸侯載
旂軍吏載旗師都載旜鄉遂載物郊野載旐百官載旟注
軍吏諸帥也師都遂大夫也鄉遂鄉大夫也或載旜或載

足利本第二十五卷第三葉

物衆屬軍吏無所將也郊謂鄉遂之州長縣正以下也野謂公邑大夫載旐者以其將羨卒也百官卿大夫也載旟者以其屬衛王也案周禮云鄉遂今此注師遂載物者轉寫誤也既以師都爲遂大夫載旜無容故違周禮云鄉遂載物然王侯所載與仲冬大閱同尊故不變也其餘則異隨時事也以其出兵教戰故無道車斿車也其王建大常皆乘戎路異於在國也故司常注云玉路金路不出春教振旅者以陽氣方長兵宜止息也夏茇舍者以草木茂盛故教以草舍秋教治兵者以殺氣方盛則匿邪惡故教兵冬教大閱者以冬閑無事備習威儀故因其田獵教以簡閱云屏所田之地門外之藏者案詩傳云褐纏旃以爲門驅而入擊則不得入既門外驅車則不得有屏此門外之屏者蓋車入之時則去屏無事之時則設屏也　司徒搢扑北面以誓之　正義曰司徒地官掌邦教誓者也故司徒職云施十有二教八曰以誓教恤則民不怠司馬職云遂以蒐田有司表貉誓民鄭云有司大司徒也掌大田役

禮記正義二十五　三　鄭復

治徒庶之政令誓民誓以犯田法之罰也誓曰無干車無自後射案於經注則司徒主誓今田獵出軍亦於所獵之地而搢扑北面誓之也搢插也　注誓衆以軍法也　正義曰軍法之誓有異田獵之誓則云無干車如蒐田之法也今此大閱之誓以依軍法故司馬中冬大閱云羣吏聽誓于陳前斬牲以左右徇陳曰不用命者斬之鄭注云凡誓之大略甘誓湯誓之屬是也今又案經注則軍法之誓必斬殺也其誓尚書甘誓云左不攻于左右不攻于右予則孥戮汝之屬是也然鄭注司馬中冬大閱引此九月季秋之令將爲大閱之誓而云作月令者說季秋之政於周爲中冬失之矣而今在此不非之者緣已非於彼不復重言於此也而注旌旐不作冬法而依秋禮言之者此文記者雖誤將作周中冬而文既在夏秋故因言秋禮也熊氏以爲此文載旌旐故解爲中秋治兵大司馬有羣吏聽誓故引此司徒北面以誓證爲中冬兩解其義俱得通也

注厲飾至爲射　正義曰厲飾謂嚴厲武猛容飾定本飾

潘本第二十五卷第三葉

物衆屬軍吏無所將也郊謂鄉遂之州長縣正以下也野謂公邑大夫載旐者以其將羨卒也百官卿大夫也載旟者以其屬衛王也案周禮云鄉遂今此注師遂載物者轉寫誤也既以師都爲遂大夫載旜無容故違周禮云鄉遂載物然王侯所載與仲冬大閱同尊故不變也其餘則異隨時事也以其出兵教戰故無道車斿車也其王建大常皆乘戎路異於在國也故司常注云玉路金路不出春教振旅者以陽氣方長兵宜止息也夏茇舍者以草木茂盛故教以草舍秋教治兵者以殺氣方盛則匿邪惡故教兵冬教大閱者以冬閑無事備習威儀故因其田獵教以簡閱云屏所田之地門外之藏者案詩傳云褐纏旃以爲門驅而入擊則不得入既門外驅車則不得有屏此門外之屏者蓋車入之時則去屏無事之時則設屏也　司徒搢扑北面以誓之　正義曰司徒地官掌邦教誓者也故司徒職云施十有二教八曰以誓教恤則民不怠司馬職云遂以蒐田有司表貉誓民鄭云有司大司徒也掌大田役

禮記正義二十五　三　鄭復

治徒庶之政令誓民誓以犯田法之罰也誓曰無干車無自後射案於經注則司徒主誓今田獵出軍亦於所獵之地而搢扑北面誓之也搢插也　注誓衆以軍法也　正義曰軍法之誓有異田獵之誓則云無干車如蒐田之法也今此大閱之誓以依軍法故司馬中冬大閱云羣吏聽誓于陳前斬牲以左右徇陳曰不用命者斬之鄭注云凡誓之大略甘誓湯誓之屬是也今又案經注則軍法之誓必斬殺也其誓尚書甘誓云左不攻于左右不攻于右予則孥戮汝之屬是也然鄭注司馬中冬大閱引此九月季秋之令將爲大閱之誓而云作月令者說季秋之政於周爲中冬失之矣而今在此不非之者緣已非於彼不復重言於此也而注旌旐不作冬法而依秋禮言之者此文記者雖誤將作周中冬而文既在夏秋故因言秋禮也熊氏以爲此文載旌旐故解爲中秋治兵大司馬有羣吏聽誓故引此司徒北面以誓證爲中冬兩解其義俱得通也

注厲飾至爲射　正義曰厲飾謂嚴厲武猛容飾定本飾

足利本第二十五卷第四葉

謂容飾也俗本作儆非也熊氏云謂戎服者韋弁服也以秋冬之田故韋弁服若春夏則冠弁服故司服云凡甸冠弁服義或然也　命主祠祭禽于四方　正義曰謂獵竟也主祠謂典祭祀者也禽者獸之通名也四方四方有功於方之神也四時田獵皆祭宗廟而分時各以爲主也春時土方施生獵則祭社爲主也夏時陰氣始起象神之在內獵則祭宗廟爲主也秋時萬物以成獵則以報祭社及四方爲主也冬時萬物衆多獵則主用衆物以祭宗廟而亦報於物有功之神於四方也此天子獵旣畢因命典祀之官取田獵所獲之禽還祭於郊以報四方之神也冬獵亦何以知然案鄭注秋獮祀方云秋田主祭四方報成萬物詩曰以社以方下云方迎四方氣於郊也鄭又云秋祭社與四方爲五穀成孰報其功也又司馬冬狩云致禽饁獸于郊入獻禽以享烝鄭云冬田主用衆物多衆得取也致禽饁獸于郊聚所獲禽因以祭四方神於郊也月令季秋天子旣田命主祠祭禽四方是也入又以禽祭宗廟案

禮記義二十五　四　阮林

於經注更相引證如可見矣其祭四方但用此禽又用別牲故甫田云與我犧羊以社以方是也此祀四方者謂四方五行之神也　是月也草木黃落乃伐薪爲炭　伐木必因殺氣　蟄蟲咸俯在內皆墐其戶　墐謂塗閉之辟殺氣　乃趣獄刑毋留有罪　殺氣已至有罪者卽決也　收祿秩之不當供養之不宜者　天氣殺而萬物咸藏可以去之也祿秩之不當恩所增加也供養之不宜欲所貪耆熊蹯之屬非常食　是月也天子乃以犬嘗稻先薦寢廟　稻始孰也　季秋行夏令則其國大水冬藏殃敗民多鼽嚏　未之氣乘之也六月宿直東井氣多暑雨　行

潘本第二十五卷第四葉

謂容飾也俗本作儆非也熊氏云謂戎服者韋弁服也以秋冬之田故韋弁服若春夏則冠弁服故司服云凡甸冠弁服義或然也　命主祠祭禽于四方　正義曰謂獵竟也主祠謂典祭祀者也禽者獸之通名也四方四方有功於方之神也四時田獵皆祭宗廟而分時各以爲主也春時土方施生獵則祭社爲主也夏時陰氣始起象神之在內獵則祭宗廟爲主也秋時萬物以成獵則以報祭社及四方爲主也冬時萬物衆多獵則主用衆物以祭宗廟而亦報於物有功之神於四方也此天子獵旣畢因命典祀之官取田獵所獲之禽還祭於郊以報四方之神也冬獵亦何以知然案鄭注秋獮祀方云秋田主祭四方報成萬物詩曰以社以方下云方迎四方氣於郊也鄭又云秋祭社與四方爲五穀成孰報其功也又司馬冬狩云致禽饁獸于郊入獻禽以享烝鄭云冬田主用衆物多衆得取也致禽饁獸于郊聚所獲禽因以祭四方神於郊也月令季秋天子旣田命主祠祭禽四方是也入又以禽祭宗廟案

禮記義二十五　四　阮林

於經注更相引證如可見矣其祭四方但用此禽又用別牲故甫田云與我犧羊以社以方是也此祀四方者謂四方五行之神也　是月也草木黃落乃伐薪爲炭　伐木必因殺氣　蟄蟲咸俯在內皆墐其戶　墐謂塗閉之辟殺氣　乃趣獄刑毋留有罪　殺氣已至有罪者卽決也　收祿秩之不當供養之不宜者　天氣殺而萬物咸藏可以去之也祿秩之不當恩所增加也供養之不宜欲所貪耆熊蹯之屬非常食　是月也天子乃以犬嘗稻先薦寢廟　稻始孰也　季秋行夏令則其國大水冬藏殃敗民多鼽嚏　未之氣乘之也六月宿直東井氣多暑雨　行

足利本第二十五卷第五葉

冬令則國多盜賊邊竟不寧土地分裂丑之氣乘之也極陰為外邊竟之象也大寒之時地隆坼也

行春令則煖風來至

民氣解惰辰之氣乘之也巽為風師興不居辰宿直角角主兵不居象風行不休止也

疏 蟄蟲至其戶 正義曰俯垂頭也墐塗也前月但藏而坏戶至此月既寒故垂頭嚮下以隨陽氣陽氣稍沈在下也而又塗塞其戶穴以避地上陰殺之氣也 收祿至宜者 正義曰春夏陽氣寬施許人主從時雖祿秩不當亦所權許今秋陰氣急斂禁罰必當是春夏所權置者今悉收停之也祿秩不當謂彼人不應得祿而王恩私與之者供養不宜謂非常之膳求不可得者也 季秋至鼽嚏 正義曰其國大水天災冬藏殃敗地災民多鼽嚏人災 行冬至分裂 正義曰國多盜賊邊竟不寧人災土地分裂地災 注極陰為外邊竟之象

禮記義二十五 五 應俊

正義曰以十一月一陽生十二月二陽生陽在內伏於地下四陰在地上故云極陰為外也 行春至不居 正義曰煖風來至天災民氣解惰師興不居人災

孟冬之月日在尾昏危

中旦七星中孟冬者日月會於析木之津而斗建亥之辰也

其日壬癸壬之言任也癸之言揆也日之行冬北從黑道閉藏萬物月為之佐時萬物懷任於下揆然萌芽又因以為日名焉

其帝顓頊其神玄冥此黑精之君水官之臣自古以來著德立功者也顓頊高陽氏也玄冥少皞氏之子曰脩曰熙為水官

其蟲介介甲也象物閉藏地中龜鼈之屬

其音羽三分商去一以生羽羽數四十八屬水者以為最清物之象也冬氣和則羽聲調樂記曰羽亂則危其財匱

律中應鍾孟冬氣至則應鍾之律應應鍾者姑洗之所生三分去一律長四寸

潘本第二十五卷第五葉

冬令則國多盜賊邊竟不寧土地分裂丑之氣乘之也極陰為外邊竟之象也大寒之時地隆坼也

行春令則煖風來至

民氣解惰辰之氣乘之也巽為風師興不居辰宿直角角主兵不居象風行不休止也

疏 蟄蟲至其戶 正義曰俯垂頭也墐塗也前月但藏而坏戶至此月既寒故垂頭嚮下以隨陽氣陽氣稍沈在下也而又塗塞其戶穴以避地上陰殺之氣也 收祿至宜者 正義曰春夏陽氣寬施許人主從時雖祿秩不當亦所權許今秋陰氣急斂禁罰必當是春夏所權置者今悉收停之也祿秩不當謂彼人不應得祿而王恩私與之者供養不宜謂非常之膳求不可得者也 季秋至鼽嚏 正義曰其國大水天災冬藏殃敗地災民多鼽嚏人災 行冬至分裂 正義曰國多盜賊邊竟不寧人災土地分裂地災 注極陰為外邊竟之象

禮記義二十五 五 應俊

正義曰以十一月一陽生十二月二陽生陽在內伏於地下四陰在地上故云極陰為外也 行春至不居 正義曰煖風來至天災民氣解惰師興不居人災

孟冬之月日在尾昏危

中旦七星中孟冬者日月會於析木之津而斗建亥之辰也

其日壬癸壬之言任也癸之言揆也日之行冬北從黑道閉藏萬物月為之佐時萬物懷任於下揆然萌芽又因以為日名焉

其帝顓頊其神玄冥此黑精之君水官之臣自古以來著德立功者也顓頊高陽氏也玄冥少皞氏之子曰脩曰熙為水官

其蟲介介甲也象物閉藏地中龜鼈之屬

其音羽三分商去一以生羽羽數四十八屬水者以為最清物之象也冬氣和則羽聲調樂記曰羽亂則危其財匱

律中應鍾孟冬氣至則應鍾之律應應鍾者姑洗之所生三分去一律長四寸

足利本第二十五卷第六葉

二十七分寸之二十周語曰應鍾均利器用俾應復其數六水生數一成數六但言六者亦舉其成數其味鹹其臭朽水之臭味也凡鹹朽者皆屬焉氣若有若無爲朽其祀行祭先腎冬陰盛寒於水祀之於行從辟除之類也祀之先祭腎者陰位在下腎亦在下腎爲尊也行在廟門外之西爲軷壤厚二寸廣五尺輪四尺祀行之禮北面設主于軷上乃制腎及脾爲俎奠于主南又設盛于俎東祭肉腎一脾再其他皆如祀門之禮水始冰地始凍雉入大水爲蜃虹藏不見皆記時候也大水淮也大蛤曰蜃天子居玄堂左个乘玄路駕鐵驪載玄旂衣黑衣服玄玉食黍與彘其器閎以奄玄堂左个北堂西偏也鐵驪色如鐵黍秀

禮記義二十五　六　揚昌

舒散屬火寒時食之亦以安性也彘水畜也器閎而奄象物閉藏也今月令曰乘軫路似當爲袗字之誤也［疏］孟冬至星中　正義曰案三統曆十月節日在尾十度昏危十四度中去日八十九度旦翼初度中十月中日在箕七度昏室十度中去日八十六度旦軫五度中案元嘉曆十月節日在心二度昏危一度中旦張八度中十月中日在尾十二度昏危十三度中旦翼八度中［注］顓頊至水官　正義曰案五帝德云顓頊高陽氏姬姓也又帝王世紀云生十年而佐少皞十二年而冠二十年而登帝位在位七十八年而崩以水承金也云玄冥少皞氏之子曰脩曰熙者案昭二十九年左傳云少皞氏有子曰脩曰熙又云脩及熙爲玄冥是相代爲水官也［注］三分至十八　正義曰尚數七十二三分之每一分有二十四去其二十四餘有四十八故羽數四十八也其數既少故爲最清清者最賤物比於人亦爲賤故云物之象也［注］應鍾至應復　正義曰姑洗之律長七寸九分寸之一三分去一則

潘本第二十五卷第六葉

二十七分寸之二十周語曰應鍾均利器用俾應復其數六水生數一成數六但言六者亦舉其成數其味鹹其臭朽水之臭味也凡鹹朽者皆屬焉氣若有若無爲朽其祀行祭先腎冬陰盛寒於水祀之於行從辟除之類也祀之先祭腎者陰位在下腎亦在下腎爲尊也行在廟門外之西爲軷壤厚二寸廣五尺輪四尺祀行之禮北面設主于軷上乃制腎及脾爲俎奠于主南又設盛于俎東祭肉腎一脾再其他皆如祀門之禮水始冰地始凍雉入大水爲蜃虹藏不見皆記時候也大水淮也大蛤曰蜃天子居玄堂左个乘玄路駕鐵驪載玄旂衣黑衣服玄玉食黍與彘其器閎以奄玄堂左个北堂西偏也鐵驪色如鐵黍秀

禮記義二十五　六　揚昌

舒散屬火寒時食之亦以安性也彘水畜也器閎而奄象物閉藏也今月令曰乘軫路似當爲袗字之誤也［疏］孟冬至星中　正義曰案三統曆十月節日在尾十度昏危十四度中去日八十九度旦翼初度中十月中日在箕七度昏室十度中去日八十六度旦軫五度中案元嘉曆十月節日在心二度昏危一度中旦張八度中十月中日在尾十二度昏危十三度中旦翼八度中［注］顓頊至水官　正義曰案五帝德云顓頊高陽氏姬姓也又帝王世紀云生十年而佐少皞十二年而冠二十年而登帝位在位七十八年而崩以水承金也云玄冥少皞氏之子曰脩曰熙者案昭二十九年左傳云少皞氏有子曰脩曰熙又云脩及熙爲玄冥是相代爲水官也［注］三分至十八　正義曰尚數七十二三分之每一分有二十四去其二十四餘有四十八故羽數四十八也其數既少故爲最清清者最賤物比於人亦爲賤故云物之象也［注］應鍾至應復　正義曰姑洗之律長七寸九分寸之一三分去一則

足利本第二十五卷第七葉

六寸去二寸有四寸在餘有整一寸九分寸之一更三分
一寸爲二十七分九分寸之一爲三分并二十七分揔爲
三十分三分去一去其十分餘有二十分在故云應鍾律
長四寸二十七分寸之二十也引周語以下者證應鍾之
義案春秋説云應其鍾注云應鍾應其種類律曆志應鍾
言陰氣應無射該藏萬物而雜陽閡種注云閡藏塞也陰
雜陽氣藏塞爲萬物作種晉灼曰外閉曰閡以此言之云
應其種類正謂應無射也云均利器用俾應復者案周語
注坤六三用事應當也言陰當代陽用事百物可鍾藏則
均利百工之器俾應復者陰陽用事終而復始也 注 行在
至之禮 正義曰知行在廟門外之西者約檀弓云毀宗
躐行自此以下皆中霤禮文廣五尺輪四尺者謂軷壇東
西爲廣南北爲輪常祀行神之壇則然若於國外祖道軷
祭其壇隨路所嚮而爲廣輪尺數同也案鄭注聘禮云禮
畢乘車轢而遂行唯車之一輪轢耳所以然者以兩輪相
去八尺今軷唯廣五尺故知不兩輪俱轢云北面設主軷

禮記正義二十五　七　鄭注復

上者以主須南嚮故人北面設之其主則鄭注大馭云蓋
以菩芻棘柏爲神主也 注 大水淮也 正義曰知大水淮
者晉語云雉入于淮爲蜃 載玄旂衣黑衣服玄玉 正
義曰春云載青旂衣青衣服蒼玉青深而蒼淺旂與衣雖
人功所爲不可淺深異色故同用青也玉是自然之色不
可純青故用蒼之淺色夏云載赤旂衣朱衣服赤玉與春
不類者亦以朱深而赤淺旂可用淺衣必用深故衣旂異
色赤玉與蒼玉同俱是其色淺也冬云載玄旂衣黑衣服
玄玉者亦以黑深而玄淺旂用淺色故其色玄衣用深色
故其色黑與夏同也服玄玉者玉從自然之色故其色淺
而用玄玉也猶如夏云赤玉春云蒼玉相似也 注 今月至
之誤 正義曰鄭以此月乘軫路軫是車之後材路皆有
軫何得云乘軫路此軫字當衣旁著㐱袗是玄色故以今
月令軫字似當爲袗字錯誤以車旁爲之必知袗字爲色
者以此經云乘玄路玄袗義同故昏禮云女
從者畢袗玄鄭雖以袗爲同要袗是玄之類 是月也

潘本第二十五卷第七葉

六寸去二寸有四寸在餘有整一寸九分寸之一更三分
一寸爲二十七分九分寸之一爲三分并二十七分揔爲
三十分三分去一去其十分餘有二十分在故云應鍾律
長四寸二十七分寸之二十也引周語以下者證應鍾之
義案春秋説云應其鍾注云應鍾應其種類律曆志應鍾
言陰氣應無射該藏萬物而雜陽閡種注云閡藏塞也陰
雜陽氣藏塞爲萬物作種晉灼曰外閉曰閡以此言之云
應其種類正謂應無射也云均利器用俾應復者案周語
注坤六三用事應當也言陰當代陽用事百物可鍾藏則
均利百工之器俾應復者陰陽用事終而復始也 注 行在
至之禮 正義曰知行在廟門外之西者約檀弓云毀宗
躐行自此以下皆中霤禮文廣五尺輪四尺者謂軷壇東
西爲廣南北爲輪常祀行神之壇則然若於國外祖道軷
祭其壇隨路所嚮而爲廣輪尺數同也案鄭注聘禮云禮
畢乘車轢而遂行唯車之一輪轢耳所以然者以兩輪相
去八尺今軷唯廣五尺故知不兩輪俱轢云北面設主軷

禮記正義二十五　七　鄭注復

上者以主須南嚮故人北面設之其主則鄭注大馭云蓋
以菩芻棘柏爲神主也 注 大水淮也 正義曰知大水淮
者晉語云雉入于淮爲蜃 載玄旂衣黑衣服玄玉 正
義曰春云載青旂衣青衣服蒼玉青深而蒼淺旂與衣雖
人功所爲不可淺深異色故同用青也玉是自然之色不
可純青故用蒼之淺色夏云載赤旂衣朱衣服赤玉與春
不類者亦以朱深而赤淺旂可用淺衣必用深故衣旂異
色赤玉與蒼玉同俱是其色淺也冬云載玄旂衣黑衣服
玄玉者亦以黑深而玄淺旂用淺色故其色玄衣用深色
故其色黑與夏同也服玄玉者玉從自然之色故其色淺
而用玄玉也猶如夏云赤玉春云蒼玉相似也 注 今月至
之誤 正義曰鄭以此月乘軫路軫是車之後材路皆有
軫何得云乘軫路此軫字當衣旁著㐱袗是玄色故以今
月令軫字似當爲袗字錯誤以車旁爲之必知袗字爲色
者以此經云乘玄路玄袗義同故昏禮云女
從者畢袗玄鄭雖以袗爲同要袗是玄之類 是月也

足利本第二十五卷第八葉

以立冬先立冬三日大史謁之天子曰某日立冬盛德在水天子乃齊謁告立冬之日天子親帥三公九卿大夫以迎冬於北郊還反賞死事恤孤寡迎冬者祭黒帝叶光紀於北郊之兆也死事謂以國事死者若公叔禺人顔涿聚者也孤寡其妻子也有以惠賜之大功加賞 疏 天子至孤寡○正義曰亦率羣臣至北郊迎黒帝叶光紀而顓頊玄冥配之不言諸侯亦如夏空其文也 還反賞死事者還於郊反亦反於朝也 賞死事謂臣人有爲國事死者北郊還因殺氣之盛而賞其家後也 恤孤寡者恤供給也孤寡即死事者妻子也財禄供給之也 注 死事至加賞 正義曰舉死事之人證之也春秋左傳魯哀公十一年魯師與齊戰公叔務人曰上不能謀士不能死何以治民吾既言之矣敢不勉乎乃與其嬖僮汪錡赴敵皆死雖無賞賜之文而亦死事之義故以證之哀二十三年晉知伯親禽顔庚注云齊大夫顔涿聚二十七年齊師將興屬孤子三日朝設乘車兩馬繫五邑焉召顔涿聚之子晉曰隰之役而父死焉今君命女以是邑也服車而朝是其加賞也兼平常惠賜養幼少恤孤寡亦是也是月也命太史釁龜筴占兆審卦吉凶筴蓍也占兆龜之繇文也周禮龜人上春釁龜謂建寅之月也秦以其歲首使大史釁龜筴與周異矣卦吉凶謂易也審省録之而不釁筮短賤於兆也今月令曰釁祠祠衍字是察阿黨則罪無有掩蔽阿黨謂治獄吏以私恩曲橈相爲也 疏 是月至吉凶○正義曰從命大史至無有掩蔽論釁祠龜筴察阿黨事異於上立冬之日故别言是月也從天子始裘至貴賤之等級論天子身蚕及命

禮記義二十五　八　施俊

潘本第二十五卷第八葉

以立冬先立冬三日大史謁之天子曰某日立冬盛德在水天子乃齊謁告立冬之日天子親帥三公九卿大夫以迎冬於北郊還反賞死事恤孤寡迎冬者祭黒帝叶光紀於北郊之兆也死事謂以國事死者若公叔禺人顔涿聚者也孤寡其妻子也有以惠賜之大功加賞 疏 天子至孤寡○正義曰亦率羣臣至北郊迎黒帝叶光紀而顓頊玄冥配之不言諸侯亦如夏空其文也 還反賞死事者還於郊反亦反於朝也 賞死事謂臣人有爲國事死者北郊還因殺氣之盛而賞其家後也 恤孤寡者恤供給也孤寡即死事者妻子也財禄供給之也 注 死事至加賞 正義曰舉死事之人證之也春秋左傳魯哀公十一年魯師與齊戰公叔務人曰上不能謀士不能死何以治民吾既言之矣敢不勉乎乃與其嬖僮汪錡赴敵皆死雖無賞賜之文而亦死事之義故以證之哀二十三年晉知伯親禽顔庚注云齊大夫顔涿聚二十七年齊師將興屬孤子三日朝設乘車兩馬繫五邑焉召顔涿聚之子晉曰隰之役而父死焉今君命女以是邑也服車而朝是其加賞也兼平常惠賜養幼少恤孤寡亦是也是月也命太史釁龜筴占兆審卦吉凶筴蓍也占兆龜之繇文也周禮龜人上春釁龜謂建寅之月也秦以其歲首使大史釁龜筴與周異矣卦吉凶謂易也審省録之而不釁筮短賤於兆也今月令曰釁祠祠衍字是察阿黨則罪無有掩蔽阿黨謂治獄吏以私恩曲橈相爲也 疏 是月至吉凶○正義曰從命大史至無有掩蔽論釁祠龜筴察阿黨事異於上立冬之日故别言是月也從天子始裘至貴賤之等級論天子身蚕及命

禮記義十五　八　施俊

飭百官葢藏之事及喪紀棺椁等級以事異於上故言是月也自命工師至以窮其情論飭工匠營造盡情事異於前故言是月自大飲烝至射御角力論祭祀之事勞農講武亦事異於前故更言是月自乃命水虞至行罪無赦論收斂藪澤之賦必須得所勿侵削下民亦事異於前故言是月也　命大史至吉凶　是月大史之官釁龜筴謂殺牲以血塗釁其龜及筴筴謂蓍也亦以血塗之占兆者龜之繇文非但釁此龜筴又釁此占兆繇文此占兆之語蒙上釁文也審卦吉凶者卦吉凶謂易也易有六十四卦或吉或凶故云卦吉凶卦之吉凶但是筮耳筮短賤於龜兆不得塗釁但省視録之而已故云審卦吉凶卦既云吉凶明兆亦有吉凶但占兆與龜筴連文故略而不言吉凶也、注筴蓍至衍事　正義曰曲禮云筴爲筮知是蓍也云占兆龜之繇文者上與龜筴不同下與卦吉凶又別故言龜之繇文則占兆之書也則周禮大卜云其經皆百有二十其頌皆千有二百是也引周禮龜人上春釁龜謂建寅之月

秦以孟冬爲歲首謂建亥月釁龜筴故云與周異也鄭之此注與周禮不同周禮云上春釁龜注引月令孟冬釁祠龜筴相互矣者周禮云上春釁龜明秦亦以上春釁龜秦以孟冬釁龜筴明周亦孟冬釁龜筴故云相互也注周禮又云月令秦世之書亦或從以歲首釁龜耳則與此同也謂秦十月爲歲首一釁而已周禮上春者亦謂夏之建寅之月但歲首一釁而已無一年兩釁之事此鄭氏注周禮別解其義也今此月令之注與周禮上春釁龜以爲建寅之月則此與周禮不同彼此鄭爲兩解也云審省録之而不釁筮短賤於兆者以卦吉凶謂易也直言審不云釁故言審省録之而不釁所以不釁者易是筮卦之書賤於龜之書故龜繇云釁之筮書則省録而已觀鄭注占兆釁之分明而皇氏云唯釁龜筴命大史唯占視兆書不釁與鄭注違其義非也云筮短者左傳僖四年晉獻公卜驪姬不吉筮之吉公曰從筮卜人曰筮短龜長不如從長杜元凱注云筮以數告故短龜以象示故長是筮短龜長之事也

足利本第二十五卷第九葉

潘本第二十五卷第九葉

飭百官葢藏之事及喪紀棺椁等級以事異於上故言是月也自命工師至以窮其情論飭工匠營造盡情事異於前故言是月自大飲烝至射御角力論祭祀之事勞農講武亦事異於前故更言是月自乃命水虞至行罪無赦論收斂藪澤之賦必須得所勿侵削下民亦事異於前故言是月也　命大史至吉凶　是月大史之官釁龜筴謂殺牲以血塗釁其龜及筴筴謂蓍也亦以血塗之占兆者龜之繇文非但釁此龜筴又釁此占兆繇文此占兆之語蒙上釁文也審卦吉凶者卦吉凶謂易也易有六十四卦或吉或凶故云卦吉凶卦之吉凶但是筮耳筮短賤於龜兆不得塗釁但省視録之而已故云審卦吉凶卦既云吉凶明兆亦有吉凶但占兆與龜筴連文故略而不言吉凶也、注筴蓍至衍事　正義曰曲禮云筴爲筮知是蓍也云占兆龜之繇文者上與龜筴不同下與卦吉凶又別故言龜之繇文則占兆之書也則周禮大卜云其經皆百有二十其頌皆千有二百是也引周禮龜人上春釁龜謂建寅之月

禮記義二十五　九　章仲

秦以孟冬爲歲首謂建亥月釁龜筴故云與周異也鄭之此注與周禮不同周禮云上春釁龜注引月令孟冬釁祠龜筴相互矣者周禮云上春釁龜明秦亦以上春釁龜秦以孟冬釁龜筴明周亦孟冬釁龜筴故云相互也注周禮又云月令秦世之書亦或從以歲首釁龜耳則與此同也謂秦十月爲歲首一釁而已周禮上春者亦謂夏之建寅之月但歲首一釁而已無一年兩釁之事此鄭氏注周禮別解其義也今此月令之注與周禮上春釁龜以爲建寅之月則此與周禮不同彼此鄭爲兩解也云審省録之而不釁筮短賤於兆者以卦吉凶謂易也直言審不云釁故言審省録之而不釁所以不釁者易是筮卦之書賤於龜之書故龜繇云釁之筮書則省録而已觀鄭注占兆釁之分明而皇氏云唯釁龜筴命大史唯占視兆書不釁與鄭注違其義非也云筮短者左傳僖四年晉獻公卜驪姬不吉筮之吉公曰從筮卜人曰筮短龜長不如從長杜元凱注云筮以數告故短龜以象示故長是筮短龜長之事也

足利本第二十五卷第十葉

是月至掩蔽　正義曰是察阿黨者謂當是正審察獄吏阿黨之事則在下犯罪之人獄吏不能掩蔽故云無有掩蔽

是月也天子始裘　九月授衣至此可以加裘

命有司曰天氣上騰地氣下降天地不通閉塞而成冬　使有司助閉藏之氣門户可閉閉之窻牖可塞塞之

命百官謹蓋藏　謂府庫囷倉有藏物

命司徒循行積聚無有不斂　謂芻禾薪蒸之屬

坏城郭戒門閭脩鍵閉愼管籥固封疆備邊竟完要塞謹關梁塞徯徑　坏益也鍵牡閉牝也管籥搏鍵器也固封疆謂使有司循其溝樹及其衆庶之守法也要塞邊城要害處也梁橋横也徯徑禽獸之道也今月令疆或爲壃

禮記義二十五　十　婁仲

飭喪紀辨衣裳審棺椁之薄厚塋丘壟之大小高卑薄厚之度貴賤之等級　此亦閉藏之具順時飭正之也辨衣裳謂襲斂尊卑所用也所用又有多少

䟽　天氣至下降　正義曰若以易卦言之七月三陽在上則天氣上騰三陰在下則地氣下降也今十月乃云天氣上騰地氣下降者易含萬象言非一槩周流六虚事無定體若以爻象言之則七月爲天氣上騰地氣下降若氣應言之則從五月地氣上騰至十月地氣六陰俱升天氣六陽並謝天體在上陽歸於虚无故云上騰地氣六陰用事地體在下陰氣下連於地故云地氣下降各取其義不相妨也

坏城至徯徑　正義曰城郭當須牢厚故言坏門閭備擬非常故云戒鍵閉或有破壞故云脩管籥不可妄開故云審封疆理當險阻故云固

潘本第二十五卷第十葉

是月至掩蔽　正義曰是察阿黨者謂當是正審察獄吏阿黨之事則在下犯罪之人獄吏不能掩蔽故云無有掩蔽

是月也天子始裘　九月授衣至此可以加裘

命有司曰天氣上騰地氣下降天地不通閉塞而成冬　使有司助閉藏之氣門户可閉閉之窻牖可塞塞之

命百官謹蓋藏　謂府庫囷倉有藏物

命司徒循行積聚無有不斂　謂芻禾薪蒸之屬

坏城郭戒門閭脩鍵閉愼管籥固封疆備邊竟宇要塞謹關梁塞徯徑　坏益也鍵牡閉牝也管籥搏鍵器也固封疆謂使有司循其溝樹及其衆庶之守法也要塞邊城要害處也梁橋横也徯徑禽獸之道也今月令疆或爲壃

禮記義二十五　十　婁仲

飭喪紀辨衣裳審棺椁之薄厚塋丘壟之大小高卑薄厚之度貴賤之等級　此亦閉藏之具順時飭正之也辨衣裳謂襲斂尊卑所用也所用又有多少

䟽　天氣至下降　正義曰若以易卦言之七月三陽在上則天氣上騰三陰在下則地氣下降也今十月乃云天氣上騰地氣下降者易含萬象言非一槩周流六虚事無定體若以爻象言之則七月爲天氣上騰地氣下降若氣應言之則從五月地氣上騰至十月地氣六陰俱升天氣六陽並謝天體在上陽歸於虚无故云上騰地氣六陰用事地體在下陰氣下連於地故云地氣下降各取其義不相妨也

坏城至徯徑　正義曰城郭當須牢厚故言坏門閭備擬非常故云戒鍵閉或有破壞故云脩管籥不可妄開故云審封疆理當險阻故云固

邊竟防擬盜賊故云備要塞理宜牢固故云完關梁禁禦姦非故云謹徯徑細小狹路故須塞皆隨事戒約故設文不同也注坏益至爲壘　正義曰鍵牡閉牝者凡鏁器入者謂之牡受者謂之牝若禽獸牝牡然管籥與鍵閉別文則非鍵閉之物故云搏鍵器此物以鐵爲之似樂器之管籥搢於鏁內以搏取其鍵也案檀弓注云管鍵也則管鍵一物此爲別者熊氏云管是鍵之伴類仍非鍵也注稱管鍵者以類言之若云鄰里然也管籥云搏鍵器則管籥一物義或然也而何脩云鍵是門扇之後樹兩木穿上端爲孔閉者謂將扃關門以內孔中案漢書五行志每云牝飛及牡亡謂失其鏁須須則牡也何脩云兩邊樹木非其義也云固封疆謂使有司脩其溝樹及其衆庶之守法者溝樹謂掘溝壍而種樹木也令使衆庶可守之注衣裳至多少　正義曰其衣裳襲斂多少及棺槨厚薄具在喪大記丘壟小大案鄭注冢人云漢律列侯墳高四丈關內侯以下各有等差又注檀弓云墳高四尺蓋周之士制外無文

是月也命工師效功陳祭器案度程毋或作爲淫巧以蕩上心必功致爲上霜降而百工休至此物皆成也工師工官之長也效功錄見百工所作器物也主於祭器祭器尊也度謂制大小也程謂器所容也淫巧謂奢僞怪好也蕩謂搖動生其奢淫物勒工名以考其誠勤刻也刻工姓名於其器以察其信知其不功致功有不當必行其罪以窮其情功不當者取材美而器不堅也疏命工至其情　正義曰於是之時冬命工師之官師長也命此工官之長效實百工所造之物陳列祭器善惡案度程者謂於案此器舊來制度大小及容受程限多少　無或作爲淫巧者或有也勿得有作過制之巧以搖動在上生奢侈之心必功致爲上者言作

邊竟防擬盜賊故云備要塞理宜牢固故云完關梁禁禦姦非故云謹徯徑細小狹路故須塞皆隨事戒約故設文不同也注坏益至爲壘　正義曰鍵牡閉牝者凡鏁器入者謂之牡受者謂之牝若禽獸牝牡然管籥與鍵閉別文則非鍵閉之物故云搏鍵器此物以鐵爲之似樂器之管籥搢於鏁內以搏取其鍵也案檀弓注云管鍵也則管鍵一物此爲別者熊氏云管是鍵之伴類仍非鍵也注稱管鍵者以類言之若云鄰里然也管籥云搏鍵器則管籥一物義或然也而何脩云鍵是門扇之後樹兩木穿上端爲孔閉者謂將扃關門以內孔中案漢書五行志每云牝飛及牡亡謂失其鏁須須則牡也何脩云兩邊樹木非其義也云固封疆謂使有司脩其溝樹及其衆庶之守法者溝樹謂掘溝壍而種樹木也令使衆庶可守之注衣裳至多少　正義曰其衣裳襲斂多少及棺槨厚薄具在喪大記丘壟小大案鄭注冢人云漢律列侯墳高四丈關內侯以下各有等差又注檀弓云墳高四尺蓋周之士制外無文

禮記義二十五　十一　嚴信

是月也命工師效功陳祭器案度程毋或作爲淫巧以蕩上心必功致爲上霜降而百工休至此物皆成也工師工官之長也效功錄見百工所作器物也主於祭器祭器尊也度謂制大小也程謂器所容也淫巧謂奢僞怪好也蕩謂搖動生其奢淫物勒工名以考其誠勤刻也刻工姓名於其器以察其信知其不功致功有不當必行其罪以窮其情功不當者取材美而器不堅也疏命工至其情　正義曰於是之時冬命工師之官師長也命此工官之長效實百工所造之物陳列祭器善惡案度程者謂於案此器舊來制度大小及容受程限多少　無或作爲淫巧者或有也勿得有作過制之巧以搖動在上生奢侈之心必功致爲上者言作

足利本第二十五卷第十二葉

器不須靡麗華侈必功力密致爲上又每物之上刻勒所造工匠之名於後以考其誠信與不若其用材精美而器不堅固則功有不當必行其罪罰以窮其詐僞之情 注 主於至所容 正義曰百工造作器物則諸器皆營令經直主於祭故云主於祭器祭器尊云度謂制大小程謂器所容者以經度程文別度是制度大小除制度之外唯有容受多少故以程爲器所容也

是月也大飲烝 十月農功畢天子諸侯與其羣臣飲酒於太學以正齒位謂之大飲別之於他其禮亡今天子以燕禮郡國以鄉飲酒禮代之燕謂有牲體爲俎也黨正職曰國索鬼神而祭祀則以禮屬民而飲酒于序以正齒位亦謂此時也詩云十月滌場朋酒斯饗曰殺羔羊躋彼公堂稱彼兕觥受福無疆是頌大飲之詩

天子乃祈來年于天宗大割祠于公社及門閭臘先祖五祀 此周禮所謂蜡祭也天宗謂日月星辰也大割大殺羣牲割之也臘謂以田獵所得禽祭也五祀門戶中霤竈行也或言祈年或言大割或言臘互文

禮記義二十五　十二　嚴信

勞農以休息之 黨正屬民飲酒正齒位是也

天子乃命將帥講武習射御角力 爲仲冬將大閱簡習之亦因營室主武士也凡田之禮唯狩最備夏小正十一月王狩

疏 大飲烝 正義曰言於是月之時天子諸侯與羣臣大行飲酒爲饗禮以正齒位烝升也升此牲體於俎之上故云大飲烝 注 十月至之詩 正義曰天子諸侯與其羣臣飲酒於大學者案此大飲烝是天子之禮詩豳風躋彼公堂庠諸侯之事是諸侯之禮故云天子諸侯與羣臣也豳詩云躋彼公堂毛傳云公堂學校也黨正以禮屬民飲酒于序故云此飲酒於大學也云以正齒位者約黨正文必約黨正者以此是孟冬黨正云國索鬼神謂蜡祭也與此同月故鄭下注引黨正文亦謂此時也云烝謂有牲體爲俎

潘本第二十五卷第十二葉

器不須靡麗華侈必功力密致爲上又每物之上刻勒所造工匠之名於後以考其誠信與不若其用材精美而器不堅固則功有不當必行其罪罰以窮其詐僞之情 注 主於至所容 正義曰百工造作器物則諸器皆營令經直主於祭故云主於祭器祭器尊云度謂制大小程謂器所容者以經度程文別度是制度大小除制度之外唯有容受多少故以程爲器所容也

是月也大飲烝 十月農功畢天子諸侯與其羣臣飲酒於太學以正齒位謂之大飲別之於他其禮亡今天子以燕禮郡國以鄉飲酒禮代之燕謂有牲體爲俎也黨正職曰國索鬼神而祭祀則以禮屬民而飲酒于序以正齒位亦謂此時也詩云十月滌場朋酒斯饗曰殺羔羊躋彼公堂稱彼兕觥受福無疆是頌大飲之詩

天子乃祈來年于天宗大割祠于公社及門閭臘先祖五祀 此周禮所謂蜡祭也天宗謂日月星辰也大割大殺羣牲割之也臘謂以田獵所得禽祭也五祀門戶中霤竈行也或言祈年或言大割或言臘互文

禮記義二十五　十二　嚴信

勞農以休息之 黨正屬民飲酒正齒位是也

天子乃命將帥講武習射御角力 爲仲冬將大閱簡習之亦因營室主武士也凡田之禮唯狩最備夏小正十一月王狩

疏 大飲烝 正義曰言於是月之時天子諸侯與羣臣大行飲酒爲饗禮以正齒位烝升也升此牲體於俎之上故云大飲烝 注 十月至之詩 正義曰天子諸侯與其羣臣飲酒於大學者案此大飲烝是天子之禮詩豳風躋彼公堂庠諸侯之事是諸侯之禮故云天子諸侯與羣臣也豳詩云躋彼公堂毛傳云公堂學校也黨正以禮屬民飲酒于序故云此飲酒於大學也云以正齒位者約黨正文必約黨正者以此是孟冬黨正云國索鬼神謂蜡祭也與此同月故鄭下注引黨正文亦謂此時也云烝謂有牲體爲俎

者案國語云王公立飫則有房烝此既大飲饗禮當用房烝半體之俎若黨正飲酒雖饗而用餚烝故宜十六年左傳云王享有體薦宴有折俎公當享卿當宴是也鄭又引黨正及詩者證大飲是十月正齒位飲羣臣之事云十月滌場者謂場功畢入滌埽其場朋酒斯饗者毛傳云兩樽曰朋鄭云饗謂饗禮而殺羔羊行禮之時升彼公之學校之堂舉彼兕觥之爵以罰失禮臣下慶君命受福無疆也

天子至五祀　正義曰祈來年于天宗者謂祭日月星辰也大割祠于公社者謂大割牲以祀公社以上公配祭故云公社及門閭者非但祭社又祭門閭但先祭社後祭門閭故云及臘先祖五祀者臘獵也謂獵取禽獸以祭先祖五祀也此等之祭揔謂之蜡若細別言之天宗公社門閭謂之蜡其祭則皮弁素服葛帶榛杖其臘先祖五祀謂之息民之祭其服則黄衣黄冠鄭注郊特牲云息民與蜡異也案黨正云國索鬼神而祭祀則以禮屬民而飲酒于序以正齒位則飲酒在蜡祭之後此大飲在蜡祭之前者若

禮記義二十五　十三　馬祐

黨正屬民飲酒在蜡之後故下云勞農以休息之注黨正飲酒是也若天子諸侯羣臣大飲在蜡祭之前故以大飲叙在祈年之前然鄭爲大飲之下注引黨正飲酒者證其正齒位同在此月不謂大飲即黨正飲酒也而熊氏以爲大飲烝在蜡之後非其義也凡蜡皆在建亥之月而皇氏以爲夏殷蜡各在巳之歲終若如此夏家季冬則計耦耕事也脩耒耜具田器不得方始勞農以休息皇氏之義非也

注此周至互之　正義曰知此周禮所謂蜡者以郊特牲蜡者索也索萬物而饗之案籥章云國祭蜡龡豳頌以息老物蜡而後息老此經亦先祭衆神乃後勞農休息文與籥章相當故經廣祭衆神是周禮籥章所謂蜡祭也而熊氏皇氏皆爲周禮六樂一變而致羽物以至六變而蜡祭此亦廣祭衆神故指彼一變二變而爲之蜡也然彼樂一變二變鄭自解爲蜡耳非周禮正文言蜡何得云周禮所謂蜡也云天宗謂日月星者以蜡祭唯公社不祭地故知祭天宗者不祭天若是祭天何須稱宗下季冬云天之神

足利本第二十五卷第十三葉

者案國語云王公立飫則有房烝此既大飲饗禮當用房烝半體之俎若黨正飲酒雖饗而用餚烝故宜十六年左傳云王享有體薦宴有折俎公當享卿當宴是也鄭又引黨正及詩者證大飲是十月正齒位飲羣臣之事云十月滌場者謂場功畢入滌埽其場朋酒斯饗者毛傳云兩樽曰朋鄭云饗謂饗禮而殺羔羊行禮之時升彼公之學校之堂舉彼兕觥之爵以罰失禮臣下慶君命受福無疆也

天子至五祀　正義曰祈來年于天宗者謂祭日月星辰也大割祠于公社者謂大割牲以祀公社以上公配祭故云公社及門閭者非但祭社又祭門閭但先祭社後祭門閭故云及臘先祖五祀者臘獵也謂獵取禽獸以祭先祖五祀也此等之祭揔謂之蜡若細別言之天宗公社門閭謂之蜡其祭則皮弁素服葛帶榛杖其臘先祖五祀謂之息民之祭其服則黄衣黄冠鄭注郊特牲云息民與蜡異也案黨正云國索鬼神而祭祀則以禮屬民而飲酒于序以正齒位則飲酒在蜡祭之後此大飲在蜡祭之前者若

禮記義二十五　十三　馬祐

黨正屬民飲酒在蜡之後故下云勞農以休息之注黨正飲酒是也若天子諸侯羣臣大飲在蜡祭之前故以大飲叙在祈年之前然鄭爲大飲之下注引黨正飲酒者證其正齒位同在此月不謂大飲即黨正飲酒也而熊氏以爲大飲烝在蜡之後非其義也凡蜡皆在建亥之月而皇氏以爲夏殷蜡各在巳之歲終若如此夏家季冬則計耦耕事也脩耒耜具田器不得方始勞農以休息皇氏之義非也

注此周至互之　正義曰知此周禮所謂蜡者以郊特牲蜡者索也索萬物而饗之案籥章云國祭蜡龡豳頌以息老物蜡而後息老此經亦先祭衆神乃後勞農休息文與籥章相當故經廣祭衆神是周禮籥章所謂蜡祭也而熊氏皇氏皆爲周禮六樂一變而致羽物以至六變而蜡祭此亦廣祭衆神故指彼一變二變而爲之蜡也然彼樂一變二變鄭自解爲蜡耳非周禮正文言蜡何得云周禮所謂蜡也云天宗謂日月星者以蜡祭唯公社不祭地故知祭天宗者不祭天若是祭天何須稱宗下季冬云天之神

潘本第二十五卷第十三葉

足利本第二十五卷第十四葉

是天之衆神有司中司命不稱宗明稱宗者謂日月星也案異義六宗賈逵等以爲天宗三謂日月星地宗三謂泰山河海鄭玄六宗以爲星也辰也司中也司命也風師也雨師也不同賈逵之義今此云天宗謂日月星者尚書六宗文承肆類上帝之下凡郊天之時日月從祀故祭以日月配日月在類上帝之中故六宗不得復有日月此不云六宗而云天宗與彼別也蔡邕云日爲陽宗月爲陰宗北辰爲星宗也云臘謂田獵所得禽祭者以欲臘祭之時暫出田獵以取禽非仲冬大閱之獵也左傳云唯君用鮮則天子諸侯祭用鮮獸皇氏云仲秋獵得禽獸以爲乾豆至臘用之其義非也云五祀門戶中霤竈行者月令祁禮言之若周則七祀云或言祈年或言大割或言臘互文者天宗公社門閭先祖五祀等皆祈年大割臘祭之事故云互也皇氏云天宗故云祈社是報功故云大割先祖已之親故臘祭也 注 黨正至是也 正義曰案黨正職國索鬼神而祭祀則以禮屬民此亦祭衆神之後勞農休息文正相

禮記義二十五 十四 金彥

當故云是此等休息是正齒位案雜記子貢觀蜡云一國之人皆若狂者案鄉飲酒初立賓行禮至禮終說屨升堂而燕行無筭爵然則初時正齒位後則皆狂蜡祭蔡邕云夏曰清祀殷曰嘉平周曰蜡秦曰臘案左傳云虞不臘矣是周亦有臘名也 注 營室至最備 正義曰春秋說云營室主軍士之粮云凡田之禮唯狩最備者解此經孟冬云乃命將帥講武習射御言習是未正用也備擬仲冬教戰之事所須故言唯狩最備謂狩禮大也故仲冬教大閱禮儀備

是月也乃命水虞漁師收水泉池澤之賦毋或敢侵削衆庶兆民以爲天子取怨于下其有若此者行罪無赦因盛德在水收其稅孟冬行春令則凍閉不密地氣上泄寅之氣乘之也民多

潘本第二十五卷第十四葉

是天之衆神有司中司命不稱宗明稱宗者謂日月星也案異義六宗賈逵等以爲天宗三謂日月星地宗三謂泰山河海鄭玄六宗以爲星也辰也司中也司命也風師也雨師也不同賈逵之義今此云天宗謂日月星者尚書六宗文承肆類上帝之下凡郊天之時日月從祀故祭以日月配日月在類上帝之中故六宗不得復有日月此不云六宗而云天宗與彼別也蔡邕云日爲陽宗月爲陰宗北辰爲星宗也云臘謂田獵所得禽祭者以欲臘祭之時暫出田獵以取禽非仲冬大閱之獵也左傳云唯君用鮮則天子諸侯祭用鮮獸皇氏云仲秋獵得禽獸以爲乾豆至臘用之其義非也云五祀門戶中霤竈行者月令祁禮言之若周則七祀云或言祈年或言大割或言臘互文者天宗公社門閭先祖五祀等皆祈年大割臘祭之事故云互也皇氏云天宗故云祈社是報功故云大割先祖已之親故臘祭也 注 黨正至是也 正義曰案黨正職國索鬼神而祭祀則以禮屬民此亦祭衆神之後勞農休息文正相

禮記義二十五 十四 金彥

當故云是此等休息是正齒位案雜記子貢觀蜡云一國之人皆若狂者案鄉飲酒初立賓行禮至禮終說屨升堂而燕行無筭爵然則初時正齒位後則皆狂蜡祭蔡邕云夏曰清祀殷曰嘉平周曰蜡秦曰臘案左傳云虞不臘矣是周亦有臘名也 注 營室至最備 正義曰春秋說云營室主軍士之粮云凡田之禮唯狩最備者解此經孟冬云乃命將帥講武習射御言習是未正用也備擬仲冬教戰之事所須故言唯狩最備謂狩禮大也故仲冬教大閱禮儀備

是月也乃命水虞漁師收水泉池澤之賦毋或敢侵削衆庶兆民以爲天子取怨于下其有若此者行罪無赦因盛德在水收其稅孟冬行春令則凍閉不密地氣上泄寅之氣乘之也民多

流亡象蟄蟲動行夏令則國多暴風方冬不寒蟄蟲復出巳之氣乘之也立夏巽用事巽爲風行秋令則雪霜不時申之氣乘之也小兵時起土地侵削申陰氣尚微申宿直參伐參伐爲兵疏孟冬至流亡　正義曰凍閉不密地氣上泄地災也民多流亡人災也　國多至復出　正義曰國多暴風方冬不寒天災也蟄蟲復出地災也　雪霜至侵削　正義曰雪霜不時天災也　小兵時起土地侵削人災也　注申宿直參伐參伐爲兵　正義曰案春秋說云參伐主斬刈示威行伐也

仲冬之月日在斗昏東辟中旦軫中仲冬者日月會於星紀而斗建子之辰也其日壬癸其帝顓頊其神玄冥其蟲介其音羽律中黃鍾黃鍾者律之始也九寸仲冬氣至則黃鍾之律應周語曰黃鍾所以宣養六氣九德其數六其味鹹其臭朽其祀行祭先腎冰益壯地始坼鶡旦不鳴虎始交皆記時候也鶡旦求旦之鳥也交猶合也天子居玄堂太廟乘玄路駕鐵驪載玄旂衣黑衣服玄玉食黍與彘其器閎以奄玄堂大廟北堂當大室飭死事飭軍士戰必有死志命有司曰土事毋作愼毋發蓋毋發室屋及起大衆以固而閉地氣沮泄是謂發天地之房

禮記義二十五　十五

流亡象蟄蟲動行夏令則國多暴風方冬不寒蟄蟲復出巳之氣乘之也立夏巽用事巽爲風行秋令則雪霜不時申之氣乘之也小兵時起土地侵削申陰氣尚微申宿直參伐參伐爲兵疏孟冬至流亡　正義曰凍閉不密地氣上泄地災也民多流亡人災也　國多至復出　正義曰國多暴風方冬不寒天災也蟄蟲復出地災也　雪霜至侵削　正義曰雪霜不時天災也　小兵時起土地侵削人災也　注申宿直參伐參伐爲兵　正義曰案春秋說云參伐主斬刈示威行伐也

仲冬之月日在斗昏東辟中旦軫中仲冬者日月會於星紀而斗建子之辰也其日壬癸其帝顓頊其神玄冥其蟲介其音羽律中黃鍾黃鍾者律之始也九寸仲冬氣至則黃鍾之律應周語曰黃鍾所以宣養六氣九德其數六其味鹹其臭朽其祀行祭先腎冰益壯地始坼鶡旦不鳴虎始交皆記時候也鶡旦求旦之鳥也交猶合也天子居玄堂太廟乘玄路駕鐵驪載玄旂衣黑衣服玄玉食黍與彘其器閎以奄玄堂大廟北堂當大室飭死事飭軍士戰必有死志命有司曰土事毋作愼毋發蓋毋發室屋及起大衆以固而閉地氣沮泄是謂發天地之房

禮記義二十五　十五

足利本第二十五卷第十六葉

諸蟄則死民必疾疫又隨以喪命之曰暢
月 而猶女也暢猶充也 大陰用事尤重閉藏 疏 仲冬至軫中 正義曰案律曆志云仲冬之初日在斗十
二度故云日在斗也三統曆大雪日在斗十二度昏壁五
度中去日八十二度旦亢七度中元嘉曆云大雪日在
十度中去日八十四度旦角三度中冬至日在牛初度昏奎
箕十度昏氐九度中旦軫八度中冬至日在斗十四度昏
東壁八度中晝漏四十五刻旦角七度中 注 周語至九德
正義曰案元命包黃鍾者始黃注云始萌黃泉中律曆志
云黃者中之色君之服鍾種也又云黃五色莫盛焉故陽
氣始種於泉孳萌萬物爲六氣元也周語曰黃鍾所以宣
養六氣九德者案彼注十一月建子陽氣在中六氣陰陽
風雨晦明九德金木水火土穀正德利用厚生作事宣徧
黃鍾象氣伏地物始萌所以徧養六氣九功之德此養之
者若施於人六情正德天德利用地德厚生人德六府者

禮記義二十五　十六　應俊

金木水火土穀也 飭死事 正義曰事異前也因殺氣
之盛以飭軍士使戰者必有死志故曰飭死事也 命有
至暢月 正義曰此不云是月者揔是冬月閉藏之事從
十月爲漸非唯仲冬一月之事故不言是月自命奄尹至
淵澤井泉論命奄尹之官謹愼房室命酒正之職以爲酒
醴命掌祠之官祈祀四海井泉事雖各別同是命告羣官
事異於上故揔言是月自農有不收藏積聚至罪之不赦
論收斂尤急之時務須積聚之事事異於上故云是月自
日短至至取竹箭論日至之時須有所爲之事事異於收
斂積聚故云是月自可以罷官之無事至閉藏論去間務
助時寧靜亦事異於前故言是月云土事毋作愼毋發蓋
者於此之時土地之事毋得興作又須謹愼毋得開發掩
蓋之物則孟冬云謹蓋藏是也非唯仲冬一月之事故不
言是月良爲此也爲陰氣凝固陽須閉藏若起土功開蓋
物發室屋起大衆開泄陽氣故下云諸蟄則死人則疾疫
也以固而閉者而洩也命此有司云於此之時以堅固洩

潘本第二十五卷第十六葉

諸蟄則死民必疾疫又隨以喪命之曰暢
月 而猶女也暢猶充也 大陰用事尤重閉藏 疏 仲冬至軫中 正義曰案律曆志云仲冬之初日在斗十
二度故云日在斗也三統曆大雪日在斗十二度昏壁五
度中去日八十二度旦亢七度中元嘉曆云大雪日在
十度中去日八十四度旦角三度中冬至日在牛初度昏奎
箕十度昏氐九度中旦軫八度中冬至日在斗十四度昏
東壁八度中晝漏四十五刻旦角七度中 注 周語至九德
正義曰案元命包黃鍾者始黃注云始萌黃泉中律曆志
云黃者中之色君之服鍾種也又云黃五色莫盛焉故陽
氣始種於泉孳萌萬物爲六氣元也周語曰黃鍾所以宣
養六氣九德者案彼注十一月建子陽氣在中六氣陰陽
風雨晦明九德金木水火土穀正德利用厚生作事宣徧
黃鍾象氣伏地物始萌所以徧養六氣九功之德此養之
者若施於人六情正德天德利用地德厚生人德六府者

禮記義二十五　十六　應俊

金木水火土穀也 飭死事 正義曰事異前也因殺氣
之盛以飭軍士使戰者必有死志故曰飭死事也 命有
至暢月 正義曰此不云是月者揔是冬月閉藏之事從
十月爲漸非唯仲冬一月之事故不言是月自命奄尹至
淵澤井泉論命奄尹之官謹愼房室命酒正之職以爲酒
醴命掌祠之官祈祀四海井泉事雖各別同是命告羣官
事異於上故揔言是月自農有不收藏積聚至罪之不赦
論收斂尤急之時務須積聚之事事異於上故云是月自
日短至至取竹箭論日至之時須有所爲之事事異於收
斂積聚故云是月自可以罷官之無事至閉藏論去間務
助時寧靜亦事異於前故言是月云土事毋作愼毋發蓋
者於此之時土地之事毋得興作又須謹愼毋得開發掩
蓋之物則孟冬云謹蓋藏是也非唯仲冬一月之事故不
言是月良爲此也爲陰氣凝固陽須閉藏若起土功開蓋
物發室屋起大衆開泄陽氣故下云諸蟄則死人則疾疫
也以固而閉者而洩也命此有司云於此之時以堅固洩

所塞之事勿令開動地氣沮泄是謂發天地之房者約束有司若其不固洩所閉之事令地沮泄謂泄漏地之陽氣是發徹天地之房房是人次舍之處擁蔽於此之時天地亦擁蔽萬物不使宣露與房舍相似令地氣泄漏是開發天地之房也如此則諸蟄則死人必疾疫非但蟄死人疾又隨以喪者國有大喪隨逐其後命之曰暢月者告有司云所以須閉藏以其命此月曰暢月暢充也言名此月為充實之月當使萬物充實不發動故也皇氏云又隨以喪者謂逃亡人為疾疫皆逃亡故云又隨以喪 是月也命奄尹申宮令審門閭謹房室必重閉 奄尹主領奄豎之官也於周則為内宰掌治王之内政宮令譏出入及開閉之屬重閉外内閉也 省婦事毋得淫雖有貴戚近習毋有不禁 省婦事所以靜陰類也淫謂女功奢僞怪好物也貴戚謂姑姊妹之屬近習天子所親幸者 乃命

禮記義二十五　十七

大酋秫稻必齊麴糵必時湛熾必絜水泉必香陶器必良火齊必得兼用六物大酋監之毋有差貸 酒熟曰酋大酋者酒官之長也於周則為酒人秫稻必齊謂熟成也湛漬也熾炊也火齊腥熟之調也物猶事也差貸謂失誤有善有惡也古者穫稻而漬米麴至春而為酒詩云十月穫稻為此春酒以介眉壽 天子命有司祈祀四海大川名源淵澤井泉 順其德盛之時祭之也今月令淵為深 是月也農有不收藏積聚者馬牛畜獸有放佚者取之不詰 此收斂尤急之時人有取者公罪所以警懼其主也王居明堂禮曰孟冬之月命農畢積聚繫收牛馬 山林藪澤

足利本第二十五卷第十七葉

所塞之事勿令開動地氣沮泄是謂發天地之房者約束有司若其不固洩所閉之事令地沮泄謂泄漏地之陽氣是發徹天地之房房是人次舍之處擁蔽於此之時天地亦擁蔽萬物不使宣露與房舍相似令地氣泄漏是開發天地之房也如此則諸蟄則死人必疾疫非但蟄死人疾又隨以喪者國有大喪隨逐其後命之曰暢月者告有司云所以須閉藏以其命此月曰暢月暢充也言名此月為充實之月當使萬物充實不發動故也皇氏云又隨以喪者謂逃亡人為疾疫皆逃亡故云又隨以喪 是月也命奄尹申宮令審門閭謹房室必重閉 奄尹主領奄豎之官也於周則為内宰掌治王之内政宮令譏出入及開閉之屬重閉外内閉也 省婦事毋得淫雖有貴戚近習毋有不禁 省婦事所以靜陰類也淫謂女功奢僞怪好物也貴戚謂姑姊妹之屬近習天子所親幸者 乃命

禮記義二十五　十七

大酋秫稻必齊麴糵必時湛熾必絜水泉必香陶器必良火齊必得兼用六物大酋監之毋有差貸 酒熟曰酋大酋者酒官之長也於周則為酒人秫稻必齊謂熟成也湛漬也熾炊也火齊腥熟之調也物猶事也差貸謂失誤有善有惡也古者穫稻而漬米麴至春而為酒詩云十月穫稻為此春酒以介眉壽 天子命有司祈祀四海大川名源淵澤井泉 順其德盛之時祭之也今月令淵為深 是月也農有不收藏積聚者馬牛畜獸有放佚者取之不詰 此收斂尤急之時人有取者公罪所以警懼其主也王居明堂禮曰孟冬之月命農畢積聚繫收牛馬 山林藪澤

潘本第二十五卷第十七葉

足利本第二十五卷第十八葉

有能取蔬食田獵禽獸者野虞敎道之其
有相侵奪者罪之不赦 務收斂野物也大澤曰藪草木之實爲蔬食
是月也日短至陰陽爭諸生蕩 爭者陰方盛陽欲起也蕩
謂物動將萌牙也 君子齊戒處必掩身身欲寧去聲
色禁耆欲安形性事欲靜以待陰陽之所
定 寧安也聲謂樂也易及樂春秋說云冬至人主與羣臣從八能之士作樂五日此言去聲色又相反 芸
始生荔挺出蚯蚓結麋角解水泉動 又記時候
也芸香草也荔挺馬薤也水泉動潤上行 日短至則伐木取竹箭 此其

堅成之極時 是月也可以罷官之無事去器之無
用者 謂先時權所建作者也天地閉藏而萬物休可以去之 塗闕廷門閭築
囹圄此所以助天地之閉藏也 順時氣也 仲冬
行夏令則其國乃旱 午之氣乘之也 氛霧冥冥 霜露之氣
散相亂也 雷乃發聲 震氣動也午屬震 行秋令則天時雨汁
瓜瓠不成 酉之氣乘之也酉宿直昴畢畢好雨雨汁者水雪雜下也子宿直虛危內有瓜瓠 國
有大兵 兵亦軍之氣 行春令則蝗蟲爲敗 當蟄者出卯之氣乘
之也 水泉咸竭 大火爲旱 民多疥癘 疥癘之病孚甲象也

潘本第二十五卷第十八葉

有能取蔬食田獵禽獸者野虞敎道之其
有相侵奪者罪之不赦 務收斂野物也大澤曰藪草木之實爲蔬食
是月也日短至陰陽爭諸生蕩 爭者陰方盛陽欲起也蕩
謂物動將萌牙也 君子齊戒處必掩身身欲寧去聲
色禁耆欲安形性事欲靜以待陰陽之所
定 寧安也聲謂樂也易及樂春秋說云冬至人主與羣臣從八能之士作樂五日此言去聲色又相反 芸
始生荔挺出蚯蚓結麋角解水泉動 又記時候
也芸香草也荔挺馬薤也水泉動潤上行 日短至則伐木取竹箭 此其

禮記義二十五 十八

堅成之極時 是月也可以罷官之無事去器之無
用者 謂先時權所建作者也天地閉藏而萬物休可以去之 塗闕廷門閭築
囹圄此所以助天地之閉藏也 順時氣也 仲冬
行夏令則其國乃旱 午之氣乘之也 氛霧冥冥 霜露之氣
散相亂也 雷乃發聲 震氣動也午屬震 行秋令則天時雨汁
瓜瓠不成 酉之氣乘之也酉宿直昴畢畢好雨雨汁者水雪雜下也子宿直虛危內有瓜瓠 國
有大兵 兵亦軍之氣 行春令則蝗蟲爲敗 當蟄者出卯之氣乘
之也 水泉咸竭 大火爲旱 民多疥癘 疥癘之病孚甲象也

命奄至不禁　正義曰命奄尹者謂正也謂命奄官正長
申重之政令常察門閭之事謹愼房室之處必重閉者謂
門閭房室必外内重閉遠者謂之門閭近者謂之房室皆
有外内門戸必重疊閉之此月陰氣既靜故减省婦人之
事順陰類也婦人須事者務所質素無得過爲淫巧其所
禁婦人無限貴戚姑姊妹之徒及王親近愛習嬖寵之類
無有不禁言禁之無得淫巧也　注於周至之屬　正義曰
此奄尹奄官之尹於周則内宰俱是主領奄官身非奄人
故云於周爲内宰内宰非奄也云掌治王之内政者皆解
經中申宫令也宫令則内政也云譏出入及開閉之屬者
解經審門閭謹房室也　乃命至差貸　正義曰大酋者
酒官之長於此之時始爲春酒先須治擇秫稻故云秫稻
必齊齊得成孰又須以時料理麴糵故云必時湛熾必絜
者湛漬也熾炊也謂炊漬米麴之時必須清絜水泉必香
陶器必良者謂所用水泉必須香美所盛陶器必須良善
火齊必得者謂炊米和酒之時用火齊生孰必得中也兼

禮記義二十五　十九　金昇

用六物者秫稻一麴糵二湛熾三水泉四陶器五火齊六
也物事也謂作酒之人用此六事作酒大酋監督之無使
有參差貸變使酒誤其善惡　注酒孰至眉壽　正義曰酒孰
曰酋然則酋者酒孰之名也云於周則爲酒人者周禮酒
正引此大酋爲酒正也此注大酋爲酒人不同者以酒正
掌作酒法或及酒材之事故引大酋證之其實酒正掌酒
之政令及酒出入之事不親監作此大酋監作故爲酒人
也以酒人監作酒故也云古者穫稻而漬米麴至春而爲
酒者證此十一月命大酋作酒之事以十月穫稻於此月
漬米麴至春而爲酒者謂春成也非春始釀故毛詩傳云
春酒凍醪又注酒正云清酒今中山冬釀接夏而成是於
仲冬季冬以釀也引詩者豳風七月之詩以證穫稻作酒
之事　注明堂至牛馬　正義曰引之者證若不積聚收牛
馬他人取之不詰俗本作牧定本作收　注大澤至蔬食
正義曰案鄭注周禮　水鍾曰澤水希曰藪今言大澤曰
藪者以有水之處謂之澤旁無水之處謂之藪草木之實

命奄至不禁　正義曰命奄尹者謂正也謂命奄官正長
申重之政令常察門閭之事謹愼房室之處必重閉者謂
門閭房室必外内重閉遠者謂之門閭近者謂之房室皆
有外内門戸必重疊閉之此月陰氣既靜故减省婦人之
事順陰類也婦人須事者務所質素無得過爲淫巧其所
禁婦人無限貴戚姑姊妹之徒及王親近愛習嬖寵之類
無有不禁言禁之無得淫巧也　注於周至之屬　正義曰
此奄尹奄官之尹於周則内宰俱是主領奄官身非奄人
故云於周爲内宰内宰非奄也云掌治王之内政者皆解
經中申宫令也宫令則内政也云譏出入及開閉之屬者
解經審門閭謹房室也　乃命至差貸　正義曰大酋者
酒官之長於此之時始爲春酒先須治擇秫稻故云秫稻
必齊齊得成孰又須以時料理麴糵故云必時湛熾必絜
者湛漬也熾炊也謂炊漬米麴之時必須清絜水泉必香
陶器必良者謂所用水泉必須香美所盛陶器必須良善
火齊必得者謂炊米和酒之時用火齊生孰必得中也兼

禮記義二十五　十九　金昇

用六物者秫稻一麴糵二湛熾三水泉四陶器五火齊六
也物事也謂作酒之人用此六事作酒大酋監督之無使
有參差貸變使酒誤其善惡　注酒孰至眉壽　正義曰酒孰
曰酋然則酋者酒孰之名也云於周則爲酒人者周禮酒
正引此大酋爲酒正也此注大酋爲酒人不同者以酒正
掌作酒法或及酒材之事故引大酋證之其實酒正掌酒
之政令及酒出入之事不親監作此大酋監作故爲酒人
也以酒人監作酒故也云古者穫稻而漬米麴至春而爲
酒者證此十一月命大酋作酒之事以十月穫稻於此月
漬米麴至春而爲酒者謂春成也非春始釀故毛詩傳云
春酒凍醪又注酒正云清酒今中山冬釀接夏而成是於
仲冬季冬以釀也引詩者豳風七月之詩以證穫稻作酒
之事　注明堂至牛馬　正義曰引之者證若不積聚收牛
馬他人取之不詰俗本作牧定本作收　注大澤至蔬食
正義曰案鄭注周禮　水鍾曰澤水希曰藪今言大澤曰
藪者以有水之處謂之澤旁無水之處謂之藪草木之實

足利本第二十五卷第二十葉

爲蔬食者爾雅云蔬不孰爲饉蔬謂菜蔬以其麤𧄍蔬經言
蔬食故爲草木實也山林蔬食榛栗之屬藪澤蔬食菱芡
之屬 注 易及至相違 正義曰此易乾鑿度文及樂緯春
秋緯其語同也其八能之士以具在仲夏䟽文又相違者
以夏已違今此復違故言又也 芸始至泉動 正義曰
芸始生荔挺出者皇氏云以其俱香草故應陽氣而出而
蚯蚓結者蔡云結猶屈也蚯蚓在穴屈首下嚮陽氣氣動
則宛而上首故其結而屈也麋角解者說者多家皆無明
據熊氏云鹿是山獸夏至得陰氣而解角麋是澤獸故冬
至得陽氣而解角今以麋爲陰獸情淫而遊澤冬至陰方
退故解角從陰退之象鹿是陽獸情淫而遊山夏至得陰
而解角從陽退之象旣無明據故略論焉若節氣早則麋
角十一月解故夏小正云十一月麋角隕墜是也若節氣
晚則十二月麋角解故小正云十二月隕麋角 其國至
發聲 正義曰其國乃旱氛霧冥冥雷乃發聲皆天災也
天時至大兵 正義曰天時雨汁天災也瓜瓠不成地災

禮記義二十五 二十

也國有大兵人災也 注 虛危內有瓜瓠 正義曰案天文
志瓜瓠四星在危東 蟲蝗至疥癘 正義曰蟲蝗爲敗
水泉咸竭地災也
民多疥癘人災也 季冬之月日在婺女昏婁中
旦氐中 季冬者日月會於玄枵而斗建丑之辰也 其日壬癸其帝顓
頊其神玄冥其蟲介其音羽律中大呂其
數六其味鹹其臭朽其祀行祭先腎 大呂者蕤
賓之所生也三分益一律長八寸二百四十三分寸之
百四季冬氣至則大呂之律應周語曰大呂助陽宣物 鴈
北鄉鵲始巢雉雊雞乳 皆記時候也雊雉鳴也詩云雉之朝雊尚求其
雌 天子居玄堂右个乘玄路駕鐵驪載玄

潘本第二十五卷第二十葉

爲蔬食者爾雅云蔬不孰爲饉蔬謂菜蔬以其麤𧄍蔬經言
蔬食故爲草木實也山林蔬食榛栗之屬藪澤蔬食菱芡
之屬 注 易及至相違 正義曰此易乾鑿度文及樂緯春
秋緯其語同也其八能之士以具在仲夏䟽文又相違者
以夏已違今此復違故言又也 芸始至泉動 正義曰
芸始生荔挺出者皇氏云以其俱香草故應陽氣而出而
蚯蚓結者蔡云結猶屈也蚯蚓在穴屈首下嚮陽氣氣動
則宛而上首故其結而屈也麋角解者說者多家皆無明
據熊氏云鹿是山獸夏至得陰氣而解角麋是澤獸故冬
至得陽氣而解角今以麋爲陰獸情淫而遊澤冬至陰方
退故解角從陰退之象鹿是陽獸情淫而遊山夏至得陰
而解角從陽退之象旣無明據故略論焉若節氣早則麋
角十一月解故夏小正云十一月麋角隕墜是也若節氣
晚則十二月麋角解故小正云十二月隕麋角 其國至
發聲 正義曰其國乃旱氛霧冥冥雷乃發聲皆天災也
天時至大兵 正義曰天時雨汁天災也瓜瓠不成地災

禮記義二十五 二十

也國有大兵人災也 注 虛危內有瓜瓠 正義曰案天文
志瓜瓠四星在危東 蟲蝗至疥癘 正義曰蟲蝗爲敗
水泉咸竭地災也
民多疥癘人災也 季冬之月日在婺女昏婁中
旦氐中 季冬者日月會於玄枵而斗建丑之辰也 其日壬癸其帝顓
頊其神玄冥其蟲介其音羽律中大呂其
數六其味鹹其臭朽其祀行祭先腎 大呂者蕤
賓之所生也三分益一律長八寸二百四十三分寸之
百四季冬氣至則大呂之律應周語曰大呂助陽宣物 鴈
北鄉鵲始巢雉雊雞乳 皆記時候也雊雉鳴也詩云雉之朝雊尚求其
雌 天子居玄堂右个乘玄路駕鐵驪載玄

足利本第二十五卷第二十一葉

旂衣黑衣服玄玉食黍與彘其器閎以奄
玄堂右个北堂東偏命有司大難旁磔出土牛以送寒
氣此難難陰氣也難陰始於此者陰氣右行此月之中日歷虛危虛危有墳墓四司之氣爲厲鬼將隨強陰
出害人也旁磔於四方之門磔攘也出猶作也作土牛者丑爲牛牛可牽止也送猶畢也征鳥厲疾
殺氣當極也征鳥題肩也齊人謂之擊征或名曰鷹仲春化爲鳩乃畢山川之祀
及帝之大臣天之神祇四時之功成於冬孟月祭其宗至此可以祭其
佐也帝之大臣句芒之屬天之神祇司中司命風師雨師是月也命漁師始漁
天子親往乃嘗魚先薦寢廟天子必親往視漁明漁非常事

禮記義二十五　二十一　陳頤

重之也此時魚絜美冰方盛水澤腹堅命取冰腹厚也此月日在北
陸冰堅厚之時也北陸謂虛也今月令無堅冰以入令告民出五種
冰既入而令田官告民出五種明大寒氣過農事將起也命農計耦耕事脩耒
耜具田器耜者耒之金也廣五寸田器鎡錤之屬命樂師大合吹
而罷歲將終與族人大飲作樂於大寢以綴恩也言罷者此用禮樂於族人最盛後年若時乃復然也凡
用樂必有禮用禮則有不用樂者王居明堂禮季冬命國爲酒以合三族君子說小人樂乃命四
監收秩薪柴以共郊廟及百祀之薪燎四監
主山林川澤之官也大者可析謂之薪小者合束謂之柴薪施炊爨柴以給燎春秋傳曰其父析薪今月令無及百

潘本第二十五卷第二十一葉

旂衣黑衣服玄玉食黍與彘其器閎以奄
玄堂右个北堂東偏命有司大難旁磔出土牛以送寒
氣此難難陰氣也難陰始於此者陰氣右行此月之中日歷虛危虛危有墳墓四司之氣爲厲鬼將隨強陰
出害人也旁磔於四方之門磔攘也出猶作也作土牛者丑爲牛牛可牽止也送猶畢也征鳥厲疾
殺氣當極也征鳥題肩也齊人謂之擊征或名曰鷹仲春化爲鳩乃畢山川之祀
及帝之大臣天之神祇四時之功成於冬孟月祭其宗至此可以祭其
佐也帝之大臣句芒之屬天之神祇司中司命風師雨師是月也命漁師始漁
天子親往乃嘗魚先薦寢廟天子必親往視漁明漁非常事

禮記義二十五　二十一　陳頤

重之也此時魚絜美冰方盛水澤腹堅命取冰腹厚也此月日在北
陸冰堅厚之時也北陸謂虛也今月令無堅冰以入令告民出五種
冰既入而令田官告民出五種明大寒氣過農事將起也命農計耦耕事脩耒
耜具田器耜者耒之金也廣五寸田器鎡錤之屬命樂師大合吹
而罷歲將終與族人大飲作樂於大寢以綴恩也言罷者此用禮樂於族人最盛後年若時乃復然也凡
用樂必有禮用禮則有不用樂者王居明堂禮季冬命國爲酒以合三族君子說小人樂乃命四
監收秩薪柴以共郊廟及百祀之薪燎四監
主山林川澤之官也大者可析謂之薪小者合束謂之柴薪施炊爨柴以給燎春秋傳曰其父析薪今月令無及百

祀之　季冬至氐中　正義曰案律曆志季冬初日在
薪燎【疏】婺女八度三統曆小寒日在婺女八度昏婁十
一度中去日八十四度旦氐十二度中大寒日在危初度
昏昴二度中去日八十度旦心五度中元嘉曆日在牛三
度昏奎十五度中晝漏四十五刻六分旦亢九度中大寒
日在女十度昏胃四度中晝漏四十六刻七分旦氐十三
度中　大呂至宣物　正義曰案蕤賓長六寸八十一分
寸之二十六上生大呂三分益一三寸益一寸六寸益二寸
八分三分益一更益一箇二十六則爲一百四故云律長
八寸二百四十三分寸之一百四也引周語大呂助陽宣
物者譜大呂之義也案律曆志云大呂呂旅也言陰大旅
助黃鍾宣氣而聚物　鴈北至雞乳　正義曰鴈北鄉有早
有晚早者則此月北鄉晚者二月乃北鄉故易說云二月
驚蟄候鴈北鄉鵲始巢者此據晚者若早者十一月始巢
故詩緯推度災云復之日鵲始巢是也雊雉雞乳者易通
禮記義二十五　二十二　姜仲
卦驗云雊雉雞乳在立春節與此同以立春在此月也通
卦驗又云小寒虎始交豺祭獸此季冬不言者文不具也
若節氣晚則季冬虎交若節氣早則在仲冬故仲冬虎始
交案月令九月豺祭獸通卦驗季冬豺祭獸者熊氏云舊
祭也一曰易說誤也無此文　命有至寒氣　正義曰此
月之時命有司之官大爲難祭令難去陰氣言大者以季
春唯國家之難仲秋唯天子之難此則下及庶人故云大
難旁磔者旁謂四方之門皆披磔其牲以禳除陰氣出土
牛以送寒氣者出猶作也此時強陰既盛年歲已終陰若
不去凶邪恐來歲更爲人害其時月建丑又土能刻水持
水之陰氣故特作土牛以畢送寒氣也　【注】此月至畢也
正義曰此月之中者中猶内也謂此月之内也皇氏以爲
此月中氣非也云日歷虛危危有墳墓四司之氣者熊氏
引石氏星經云司命二星在虛北司祿二星在司命北司
危二星在司祿北司中二星在司危北史遷云四司鬼官
之長又云墳四星在危東南是危虛有墳墓四司之氣也

足利本第二十五卷第二十二葉

潘本第二十五卷第二十二葉

祀之　季冬至氐中　正義曰案律曆志季冬初日在
薪燎【疏】婺女八度三統曆小寒日在婺女八度昏婁十
一度中去日八十四度旦氐十二度中大寒日在危初度
昏昴二度中去日八十度旦心五度中元嘉曆日在牛三
度昏奎十五度中晝漏四十五刻六分旦亢九度中大寒
日在女十度昏胃四度中晝漏四十六刻七分旦氐十三
度中　大呂至宣物　正義曰案蕤賓長六寸八十一分
寸之二十六上生大呂三分益一三寸益一寸六寸益二寸
八分三分益一更益一箇二十六則爲一百四故云律長
八寸二百四十三分寸之一百四也引周語大呂助陽宣
物者譜大呂之義也案律曆志云大呂呂旅也言陰大旅
助黃鍾宣氣而聚物　鴈北至雞乳　正義曰鴈北鄉有早
有晚早者則此月北鄉晚者二月乃北鄉故易說云二月
驚蟄候鴈北鄉鵲始巢者此據晚者若早者十一月始巢
故詩緯推度災云復之日鵲始巢是也雊雉雞乳者易通
禮記義二十五　二十二　姜仲
卦驗云雊雉雞乳在立春節與此同以立春在此月也通
卦驗又云小寒虎始交豺祭獸此季冬不言者文不具也
若節氣晚則季冬虎交若節氣早則在仲冬故仲冬虎始
交案月令九月豺祭獸通卦驗季冬豺祭獸者熊氏云舊
祭也一曰易說誤也無此文　命有至寒氣　正義曰此
月之時命有司之官大爲難祭令難去陰氣言大者以季
春唯國家之難仲秋唯天子之難此則下及庶人故云大
難旁磔者旁謂四方之門皆披磔其牲以禳除陰氣出土
牛以送寒氣者出猶作也此時強陰既盛年歲已終陰若
不去凶邪恐來歲更爲人害其時月建丑又土能刻水持
水之陰氣故特作土牛以畢送寒氣也　【注】此月至畢也
正義曰此月之中者中猶内也謂此月之内也皇氏以爲
此月中氣非也云日歷虛危危有墳墓四司之氣者熊氏
引石氏星經云司命二星在虛北司祿二星在司命北司
危二星在司祿北司中二星在司危北史遷云四司鬼官
之長又云墳四星在危東南是危虛有墳墓四司之氣也

足利本第二十五卷第二十三葉

皇氏以為北方盖藏故為埴墓北方歲終以司主四時故云四司其義皆非也皇氏又云以季春國難下及於民以比季冬大難為不及民也然皇氏解禮違鄭解義也今鄭注論語鄉人難云十二月命方相氏索室中驅疫鬼鄭既分明云十二月鄉人難而皇氏解季冬難云不及鄉人不知何意如此云送猶畢者此時寒實未畢而言畢者但意欲全畢耳　征鳥厲疾　正義曰亦命有司辭也征鳥謂鷹隼之屬也謂為征鳥如征厲嚴猛疾捷速也時殺氣盛極故鷹隼之屬取鳥捷疾嚴猛也蔡云大陰殺氣將盡故猛疾與時競也　注殺氣至為鳩　正義曰案釋鳥云鷹鶆鳩某氏云鶆鷹鶆鳩月令云鷹化為鳩左傳曰爽鳩氏司寇也郭景純云鶆當為鷞即鷞鳩也此征鳥者則鷞鳩之謂也　注四時至雨師　正義曰案上孟冬祈來年于天宗大割祠於公社臘先祖五祀是謂蜡祭則百神皆祭則一變而致羽物山林之祇再變而致鱗物川澤之祇是蜡祭並祭山川也是嶽瀆及衆山川也孟冬不見者文不具孟冬

禮記義二十五　二十三　施俊

祭嶽瀆因及衆山川至此又更祭衆山川山川少於嶽瀆是孟月祭其宗此月祭其佐前孟冬是祭先嗇神農并祭五帝但孟冬其文不具則五帝為宗大臣句芒等為佐是孟月祭其宗此月祭其佐也孟冬祭司中等是孟月祭宗此月祭佐則天神人鬼山川等皆有宗有佐也故鄭先云孟月祭宗至此祭佐後解帝之大臣天神地祇若然山川卑於帝之大臣在先言故以為尊卑之序無義例也熊氏云孟冬祭宗至此祭佐唯天恐非也　天子至絜羙　正義曰案仲秋以犬嘗麻季秋以犬嘗稻皆不云天子親往今此天子親往特云嘗魚故云明漁非常事重之也以四時薦新是其常事魚則非常祭之物故云重之也　冰方至取冰　正義曰言此月冰既方盛於時極寒冰實至盛而云方盛者此謂月半以前小寒之節冰猶未盛故云方也至於月半以後大寒乃盛水澤腹堅者腹厚也謂水瀰濯澤厚實堅固冰既堅固故命取冰　腹厚至謂虛　正義曰腹者形體腹長故為厚也云此月日在北陸者當此月

潘本第二十五卷第二十三葉

皇氏以為北方盖藏故為埴墓北方歲終以司主四時故云四司其義皆非也皇氏又云以季春國難下及於民以比季冬大難為不及民也然皇氏解禮違鄭解義也今鄭注論語鄉人難云十二月命方相氏索室中驅疫鬼鄭既分明云十二月鄉人難而皇氏解季冬難云不及鄉人不知何意如此云送猶畢者此時寒實未畢而言畢者但意欲全畢耳　征鳥厲疾　正義曰亦命有司辭也征鳥謂鷹隼之屬也謂為征鳥如征厲嚴猛疾捷速也時殺氣盛極故鷹隼之屬取鳥捷疾嚴猛也蔡云大陰殺氣將盡故猛疾與時競也　注殺氣至為鳩　正義曰案釋鳥云鷹鶆鳩某氏云鶆鷹鶆鳩月令云鷹化為鳩左傳曰爽鳩氏司寇也郭景純云鶆當為鷞即鷞鳩也此征鳥者則鷞鳩之謂也　注四時至雨師　正義曰案上孟冬祈來年于天宗大割祠於公社臘先祖五祀是謂蜡祭則百神皆祭則一變而致羽物山林之祇再變而致鱗物川澤之祇是蜡祭並祭山川也是嶽瀆及衆山川也孟冬不見者文不具孟冬

禮記義二十五　二十三　施俊

祭嶽瀆因及衆山川至此又更祭衆山川山川少於嶽瀆是孟月祭其宗此月祭其佐前孟冬是祭先嗇神農并祭五帝但孟冬其文不具則五帝為宗大臣句芒等為佐是孟月祭其宗此月祭其佐也孟冬祭司中等是孟月祭宗此月祭佐則天神人鬼山川等皆有宗有佐也故鄭先云孟月祭宗至此祭佐後解帝之大臣天神地祇若然山川卑於帝之大臣在先言故以為尊卑之序無義例也熊氏云孟冬祭宗至此祭佐唯天恐非也　天子至絜羙　正義曰案仲秋以犬嘗麻季秋以犬嘗稻皆不云天子親往今此天子親往特云嘗魚故云明漁非常事重之也以四時薦新是其常事魚則非常祭之物故云重之也　冰方至取冰　正義曰言此月冰既方盛於時極寒冰實至盛而云方盛者此謂月半以前小寒之節冰猶未盛故云方也至於月半以後大寒乃盛水澤腹堅者腹厚也謂水瀰濯澤厚實堅固冰既堅固故命取冰　腹厚至謂虛　正義曰腹者形體腹長故為厚也云此月日在北陸者當此月

足利本第二十五卷第二十四葉

之時日在玄枵之次其星當女虛危也陸道也言女虛危
是北方七宿之道故釋天云北陸虛也舉中央星以言之
冰以至五種　正義曰冰以藏入之後大寒以過暖氣方
來故令此典農之官出五種之物以擬種之　注耜者至之
屬　正義曰耒者以木爲之長六尺六寸底長尺有一寸
中央直者三尺有三寸句者二尺有二寸底謂耒下嚮前
曲接耜者頭而著耜耜金鐵爲之故云耜者耒之金云田
器鎡錤之屬者何胤云鎡今之鋤類孟子云齊人曰雖有
鎡基不如待時云之屬者以田器非一也　命樂師大合
吹而罷　正義曰於此歲終必族人燕飲樂師之官大合
諸樂管籥之吹以綴恩慈之心而遂休罷至來年季冬乃
更爲之　注歲將至人樂　正義曰與族人大飲者以王居
明堂禮云季冬命國爲酒以合三族故知與族人飲也云
作樂於大寢者以其命樂師合吹故知作樂也大寢則路
寢也與宗人圖事之處既飲族人故知於大寢云以綴恩
者綴謂連綴恩謂恩親大傳云繫之以姓而弗別綴之以

禮記義二十五　二十四　茂宣

食而弗殊云罷者此用禮樂於族人最盛後年若時乃復
然者謂後年季冬乃復如此作樂以一年頓停故云罷云
凡用樂必有禮而用禮則有不用樂者以大合吹必當有
禮與族人燕飲今唯云命樂師作樂故云用樂必有禮而
食當無樂故云禮有不用樂也引明堂禮以合三族者三
族父子及身則小記云親親以三爲五以五爲九是也君
子說謂卿大夫士小人樂謂凡庶也　注四監至薪燎　正
義曰以薪柴出於山林川澤故四監爲山林川澤之官也
薪施炊爨柴以給燎者以薪柴並文故知各有所用上云
薪柴下云薪燎故知柴以給燎引春秋傳曰其父析薪者
此昭七年左傳辭也其父析薪其子弗克負荷引之者證
薪是麤大可析之物云今月令無及百祀之薪燎者謂無
此句之文也　是月也日窮于次月窮于紀星回于
天數將幾終　言日月星辰運行于此月皆周匝於故處也次舍也紀會也　歲且

潘本第二十五卷第二十四葉

之時日在玄枵之次其星當女虛危也陸道也言女虛危
是北方七宿之道故釋天云北陸虛也舉中央星以言之
冰以至五種　正義曰冰以藏入之後大寒以過暖氣方
來故令此典農之官出五種之物以擬種之　注耜者至之
屬　正義曰耒者以木爲之長六尺六寸底長尺有一寸
中央直者三尺有三寸句者二尺有二寸底謂耒下嚮前
曲接耜者頭而著耜耜金鐵爲之故云耜者耒之金云田
器鎡錤之屬者何胤云鎡今之鋤類孟子云齊人曰雖有
鎡基不如待時云之屬者以田器非一也　命樂師大合
吹而罷　正義曰於此歲終必族人燕飲樂師之官大合
諸樂管籥之吹以綴恩慈之心而遂休罷至來年季冬乃
更爲之　注歲將至人樂　正義曰與族人大飲者以王居
明堂禮云季冬命國爲酒以合三族故知與族人飲也云
作樂於大寢者以其命樂師合吹故知作樂也大寢則路
寢也與宗人圖事之處既飲族人故知於大寢云以綴恩
者綴謂連綴恩謂恩親大傳云繫之以姓而弗別綴之以

禮記義二十五　二十四　茂宣

食而弗殊云罷者此用禮樂於族人最盛後年若時乃復
然者謂後年季冬乃復如此作樂以一年頓停故云罷云
凡用樂必有禮而用禮則有不用樂者以大合吹必當有
禮與族人燕飲今唯云命樂師作樂故云用樂必有禮而
食當無樂故云禮有不用樂也引明堂禮以合三族者三
族父子及身則小記云親親以三爲五以五爲九是也君
子說謂卿大夫士小人樂謂凡庶也　注四監至薪燎　正
義曰以薪柴出於山林川澤故四監爲山林川澤之官也
薪施炊爨柴以給燎者以薪柴並文故知各有所用上云
薪柴下云薪燎故知柴以給燎引春秋傳曰其父析薪者
此昭七年左傳辭也其父析薪其子弗克負荷引之者證
薪是麤大可析之物云今月令無及百祀之薪燎者謂無
此句之文也　是月也日窮于次月窮于紀星回于
天數將幾終　言日月星辰運行于此月皆周匝於故處也次舍也紀會也　歲且

足利本第二十五卷第二十五葉

更始專而農民毋有所使 而猶女也言專一女農民之心令之豫有志於耕稼之事不可徭役徭役之則志散失業也 天子乃與公卿大夫共飭國典論時令以待來歲之宜 飭國典者和六典之法也周禮以正月爲之建寅而縣之今用此月則所因於夏殷也 乃命大史次諸侯之列賦之犧牲以共皇天上帝社稷之饗 此所與諸侯共者也列國有大小也賦之犧牲大者出多小者出少饗獻也 乃命同姓之邦共寢廟之芻豢 此所以與同姓共也芻豢猶犧牲 命宰歷卿大夫至于庶民土田之數而賦犧牲以

禮記義二十五　二十五　吳宣

共山林名川之祀 此所與卿大夫庶民共者也歷猶次也卿大夫采地亦有大小其非采地以其邑之民多少賦之 凡在天下九州之民者無不咸獻其力以共皇天上帝社稷寢廟山林名川之祀 民非神之福不生雖有其邦國采地此賦要由民出 季冬行秋令則白露蚤降介蟲爲妖 戌之氣乘之也九月初尚有白露月中乃爲霜丑爲鱉蟹 四鄙入保 畏兵辟寒象 行春令則胎夭多傷 辰之氣乘之也夭少長也此月物甫萌牙季春乃句者畢出萌者盡達胎夭多傷者生氣早至不充其性 國多固疾 生不充性有久疾也 命之曰逆 衆害莫大於此 行夏令

潘本第二十五卷第二十五葉

更始專而農民毋有所使 而猶女也言專一女農民之心令之豫有志於耕稼之事不可徭役徭役之則志散失業也 天子乃與公卿大夫共飭國典論時令以待來歲之宜 飭國典者和六典之法也周禮以正月爲之建寅而縣之今用此月則所因於夏殷也 乃命大史次諸侯之列賦之犧牲以共皇天上帝社稷之饗 此所與諸侯共者也列國有大小也賦之犧牲大者出多小者出少饗獻也 乃命同姓之邦共寢廟之芻豢 此所以與同姓共也芻豢猶犧牲 命宰歷卿大夫至于庶民土田之數而賦犧牲以

禮記義二十五　二十五　吳宣

共山林名川之祀 此所與卿大夫庶民共者也歷猶次也卿大夫采地亦有大小其非采地以其邑之民多少賦之 凡在天下九州之民者無不咸獻其力以共皇天上帝社稷寢廟山林名川之祀 民非神之福不生雖有其邦國采地此賦要由民出 季冬行秋令則白露蚤降介蟲爲妖 戌之氣乘之也九月初尚有白露月中乃爲霜丑爲鱉蟹 四鄙入保 畏兵辟寒象 行春令則胎夭多傷 辰之氣乘之也夭少長也此月物甫萌牙季春乃句者畢出萌者盡達胎夭多傷者生氣早至不充其性 國多固疾 生不充性有久疾也 命之曰逆 衆害莫大於此 行夏令

足利本第二十五卷第二十六葉

則水潦敗國時雪不降冰凍消釋未之氣乘之也季夏大雨時行疏日窮至幾終 正義曰日窮于次者謂去年季冬日次於玄枵從此以來每月移次他辰至此月窮盡還次玄枵故云日窮于次月窮于紀者紀猶會也去年季冬月與日相會於玄枵自此以來月與日相會在於他辰至此月窮盡還復會於玄枵故云月窮于紀 星迴于天者謂二十八宿隨天而行每日雖周天一帀早晚不同至於此月復其故處與去年季冬早晚相似故云星迴于天數將幾終者幾近也以去年季冬至今年季冬三百五十四日未滿三百六十五日未得正終唯近於終故云數將幾終 歲且至所使 正義曰此脩月令之人爲國家戒令之法此月既終歲且更始而女也言在上專一女農之事無得興起造作有所使役也此是制禮者摠爲約戒之辭此月令之内不云乃命某官之屬者皆是禮家摠禁也他皆倣此注飭國至夏旹 正義曰經云共飭國典調和飭政之故云和六典之法六典者則治典敎典禮典政典刑典事典是也云周禮以正月爲之建寅而縣之者案大宰職云正月之吉始和布治小宰云正歲而觀治象之灋是也云今用此月則所因於夏旹者不用周法故知因於夏旹以王者損益不出三代故也 乃命至之享 正義曰此至之享皆命大史也列次也來歲方祭祀須犧牲犧牲出諸侯之國國有大小故命大史書列之以共賦也諸侯同王南面專王之土故命之出牲以與王共事天地也既漫言諸侯則異姓同姓俱然也賦之犧牲者賦稅出也次之隨國大小而出之也以共皇天者賦牲所共也皇天天皇大帝也上帝者靈威仰五帝也社稷者王之社稷也諸侯乃自有社稷而始封亦割王社土與之故賦牲共王社稷也享獻也出牲以共獻於上帝諸神也 乃命至芻豢 正義曰芻豢猶犧牲也皇天社稷與天下共之故通賦天下國家也寢廟先王與同姓國共之故別又命同姓國共之也言芻乃是牛羊而又云豢則是犬豕

禮記義二十五 二十六

潘本第二十五卷第二十六葉

則水潦敗國時雪不降冰凍消釋未之氣乘之也季夏大雨時行疏日窮至幾終 正義曰日窮于次者謂去年季冬日次於玄枵從此以來每月移次他辰至此月窮盡還次玄枵故云日窮于次月窮于紀者紀猶會也去年季冬月與日相會於玄枵自此以來月與日相會在於他辰至此月窮盡還復會於玄枵故云月窮于紀 星迴于天者謂二十八宿隨天而行每日雖周天一帀早晚不同至於此月復其故處與去年季冬早晚相似故云星迴于天數將幾終者幾近也以去年季冬至今年季冬三百五十四日未滿三百六十五日未得正終唯近於終故云數將幾終 歲且至所使 正義曰此脩月令之人爲國家戒令之法此月既終歲且更始而女也言在上專一女農之事無得興起造作有所使役也此是制禮者摠爲約戒之辭此月令之内不云乃命某官之屬者皆是禮家摠禁也他皆倣此注飭國至夏旹 正義曰經云共飭國典調和飭政之故云和六典之法六典者則治典敎典禮典政典刑典事典是也云周禮以正月爲之建寅而縣之者案大宰職云正月之吉始和布治小宰云正歲而觀治象之灋是也云今用此月則所因於夏旹者不用周法故知因於夏旹以王者損益不出三代故也 乃命至之享 正義曰此至之享皆命大史也列次也來歲方祭祀須犧牲犧牲出諸侯之國國有大小故命大史書列之以共賦也諸侯同王南面專王之土故命之出牲以與王共事天地也既漫言諸侯則異姓同姓俱然也賦之犧牲者賦稅出也次之隨國大小而出之也以共皇天者賦牲所共也皇天天皇大帝也上帝者靈威仰五帝也社稷者王之社稷也諸侯乃自有社稷而始封亦割王社土與之故賦牲共王社稷也享獻也出牲以共獻於上帝諸神也 乃命至芻豢 正義曰芻豢猶犧牲也皇天社稷與天下共之故通賦天下國家也寢廟先王與同姓國共之故別又命同姓國共之也言芻乃是牛羊而又云豢則是犬豕

禮記義二十五 二十六

足利本第二十五卷第二十七葉

也天地不用犬豕社稷大牢乃有豕而不用犬故沒其芻豢而徒云夫地犧牲也宗廟備六牲故云芻豢也　命宰至之祀　正義曰宰小宰也歷亦次也卿大夫謂畿内有采地者歲終又小宰列次畿内之地大小并至於庶民受田准土田多少之數賦之犧牲以共山林名川之祀不云士者上舉卿大夫下舉庶民則士在其中省文耳注云此所與卿大夫庶人共之則各賦稅之卿大夫出其采地賦稅無采地出其邑之賦稅庶人無邑出其賦稅以與邑宰邑宰以共上是庶人亦出賦也故下云凡在天下九州之人無不咸獻其力是也　注民非至民出　正義曰雖有其邦國采地此賦要由民出者有邦國諸侯有采地謂卿大夫賦稅所來皆由民出必由民者以經中云天下九州之民不云諸侯卿大夫獨云民故鄭云此也　白露至入保　正義曰白露早降天災介蟲爲妖地災四鄙入保人災　注丑爲鼈蟹　正義曰案陰陽式法丑魚鼈蟹季冬建丑而行秋令丑氣失故云介蟲爲妖　胎夭至曰逆　正義曰

禮記疏二十五　二十七　金彦

胎夭多傷國多固疾命之曰逆皆人災也　注辰之至其性　正義曰云此月物甫萌牙季春乃句者畢出萌者盡達者甫始也此十二月萌者始牙至三月乃出達地上也云胎夭多傷者生氣蚤至不充其性者三月之氣在十二月内至故胎萌而暴長出既性不得充滿所以多傷也　注衆害莫大於此　正義曰以胎夭既傷國多固疾衆種之害莫大於此故經云命之曰逆命猶名也言名此曰特逆之事謂惡之甚也　水潦至消釋　正義曰水潦敗國時雪不降天災也冰凍消釋地災也

禮記正義卷第二十五

潘本第二十五卷第二十七葉

也天地不用犬豕社稷大牢乃有豕而不用犬故沒其芻豢而徒云天地犧牲也宗廟備六牲故云芻豢也　命宰至之祀　正義曰宰小宰也歷亦次也卿大夫謂畿内有采地者歲終又小宰列次畿内之地大小并至於庶民受田准土田多少之數賦之犧牲以共山林名川之祀不云士者上舉卿大夫下舉庶民則士在其中省文耳注云此所與卿大夫庶人共之則各賦稅之卿大夫出其采地賦稅無采地出其邑之賦稅庶人無邑出其賦稅以與邑宰邑宰以共上是庶人亦出賦也故下云凡在天下九州之人無不咸獻其力是也　注民非至民出　正義曰雖有其邦國采地此賦要由民出者有邦國諸侯有采地謂卿大夫賦稅所來皆由民出必由民者以經中云天下九州之民不云諸侯卿大夫獨云民故鄭云此也　白露至入保　正義曰白露早降天災介蟲爲妖地災四鄙入保人災　注丑爲鼈蟹　正義曰案陰陽式法丑魚鼈蟹季冬建丑而行秋令丑氣失故云介蟲爲妖　胎夭至曰逆　正義曰

禮記疏二十五　二十七　金彦

胎夭多傷國多固疾命之曰逆皆人災也　注辰之至其性　正義曰云此月物甫萌牙季春乃句者畢出萌者盡達者甫始也此十二月萌者始牙至三月乃出達地上也云胎夭多傷者生氣蚤至不充其性者三月之氣在十二月内至故胎萌而暴長出既性不得充滿所以多傷也　注衆害莫大於此　正義曰以胎夭既傷國多固疾衆種之害莫大於此故經云命之曰逆命猶名也言名此曰特逆之事謂惡之甚也　水潦至消釋　正義曰水潦敗國時雪不降天災也冰凍消釋地災也

禮記正義卷第二十五